“一带一路”东盟国家农食产品法律法规及安全限量标准指南

李志勇　主编

中国质检出版社
中国标准出版社
北　京

图书在版编目（CIP）数据

“一带一路”东盟国家农食产品法律法规及安全限量标准指南 / 李志勇主编．—北京：中国标准出版社，2018.10

ISBN 978-7-5066-9062-1

Ⅰ.①一… Ⅱ.①李… Ⅲ.①东南亚国家联盟—食品卫生法—指南 ②东南亚国家联盟—食品标准—指南 Ⅳ.① D933.021.6－62 ② TS207.2－62

中国版本图书馆 CIP 数据核字（2018）第 185312 号

中国质检出版社
中国标准出版社 出版发行

北京市朝阳区和平里西街甲 2 号（100029）

北京市西城区三里河北街 16 号（100045）

网址：www.spc.net.cn

总编室：（010）68533533　发行中心：（010）51780238

读者服务部：（010）68523946

中国标准出版社秦皇岛印刷厂印刷

各地新华书店经销

*

开本 880×1230　1/16　印张 60.75　字数 1346 千字

2018 年 10 月第一版　　2018 年 10 月第一次印刷

*

定价：245.00 元

编委会

前言

全球一体化背景下，技术性贸易措施已成为各国政府维护国家利益、实施经济调控、参与国际竞争的重要手段。据联合国报告，全球受技术性贸易措施影响的贸易量高达70%，技术性贸易壁垒已成为多边贸易体制最重要的领域之一。

2013年9月和10月，习近平主席分别提出建设“新丝绸之路经济带”和“21世纪海上丝绸之路”的构想。2015年，国家发展和改革委员会、外交部、商务部联合发布了《推动共建丝绸之路经济带和21世纪海上丝绸之路的愿景与行动》，标志着“一带一路”倡议进入了全面推进阶段。东盟是东南亚地区以经济合作为基础的政治、经济、安全一体化合作组织，成员国有越南、新加坡、马来西亚、泰国、印度尼西亚、菲律宾、缅甸、柬埔寨、老挝和文莱，是“21世纪海上丝绸之路”的关键枢纽。随着“一带一路”倡议的推进，中国与东盟的经贸往来日渐频繁，2016年，中国出口东盟贸易额达2720.55亿美元，十年来增长了170.3%。其中，中国出口东盟的农食产品148.08亿美元，占中国当年农食产品总出口量的20.8%，十年间中国农食产品出口东盟的出口量提升近4倍。

随着中国东盟农食产品贸易往来迅速增加，由技术性贸易措施引起的贸易摩擦也相伴而生。自1995年至2016年，东盟共提交了1169件SPS通报。原国家质量监督检验检疫总局在全国范围内组织的调查显示，2016年，技术性贸易措施给中国出口东盟国家企业带来直接损失147.6亿元、新增成本67.1亿元，其中农食产品企业直接损失达2亿元、新增成本达15.5亿元，农食产品已成为遭遇东盟技术性贸易措施的“重灾区”。

本书由4章和附录组成。第1章介绍了中国和东盟贸易情况，以及中国出口东盟遭遇技术性贸易措施情况；第2章按照国别介绍了东盟十国农食产品技术性贸易措施体系；第3章分别从农药残留、兽药残留、食品添加剂、重金属残留和微生物限量5个方面详细对比了中国与东盟国家农食产品具体限量要求；第4章主要提出中国应对东盟技术性贸易措施的对策及建议。附录整理了东盟主要国家食品添加剂、农药残留和兽药残留的具体限量值，同时还收录了1995—2016年东盟国家被提出的SPS特别贸易关注。

本书在撰写过程中得到了原国家质量监督检验检疫总局检验检疫标准与技术法规研究中心、原广东出入境检验检疫局、原汕头出入境检验检疫局、原广州机场出入境检验检疫局、原西藏检验检疫局、原黑龙江检验检疫局等单位的大力支持，在此一并表示感谢。由于东盟各国发展水平不一、资料获取难度大、语言多样，且时间仓促和著者水平有限，纰漏和欠缺在所难免，恳请各位专家和广大读者批评指正。

编　者

2018年8月

目录

第 1 章　中国农食产品出口东盟遭遇技术性贸易措施现状

随着经济全球化和贸易自由化的推进，作为传统贸易限制措施的关税壁垒得到大幅削减，技术性贸易措施因其名义上的合法性、手段上的隐蔽性等特点，已成为发达国家实施贸易保护的利器，并越来越多地为发展中国家所应用，东盟也不例外。2010 年，中国 - 东盟自贸区正式建成，中国与东盟之间的贸易往来更加紧密和频繁，技术性贸易措施方面的博弈也随之而来。农食产品作为关乎国计民生、涉及国民健康安全的产品种类，更加被东盟各国关注。

1.1　中国出口东盟贸易现状 [1]

1.1.1　2007—2016 年中国出口东盟贸易情况

2016 年，中国出口东盟 2720.55 亿美元，同比下降 7.7%，略高于同期中国出口增长率。2007—2016 年，中国出口东盟贸易额增长了 170.3%，年增长率 11.7%。除受 2009 年美国次级信贷危机以及 2016 年全球经济疲软影响外，中国出口东盟贸易额均保持增长，超过一半的年份增长率高于 10%。除 2010 年外，中国出口东盟贸易额的增长率均高于同期出口增长率，2012—2014 年出口东盟贸易额的增长率更是同期出口增长率的两倍。具体见图 1−1。

10 年间，中国出口东盟贸易额占出口的比例从 7.8% 增长到 12.2%，2010 年该比例曾略微下滑（主要是前一年全国出口下降 16%，导致前一年同期基数较低），其余年份均是增长，2012—2014 年尤为迅猛（年均增长 9.0%），具体见图 1−2。

近 10 年，出口贸易额年增长率最高的依次是老挝（21.0%）、越南（19.9%）、缅甸（19.1%）、文莱（18.2%）。2013 年，越南超过新加坡、马来西亚和印度尼西亚，一举从中国出口东盟第四大贸易国家变为第一，2014 年差距进一步拉开。具体见图 1−3。

1　United Nations. UN Comtrade Database［DB/OL］. http：//comtrade. un. org/data/，2017-09-01.

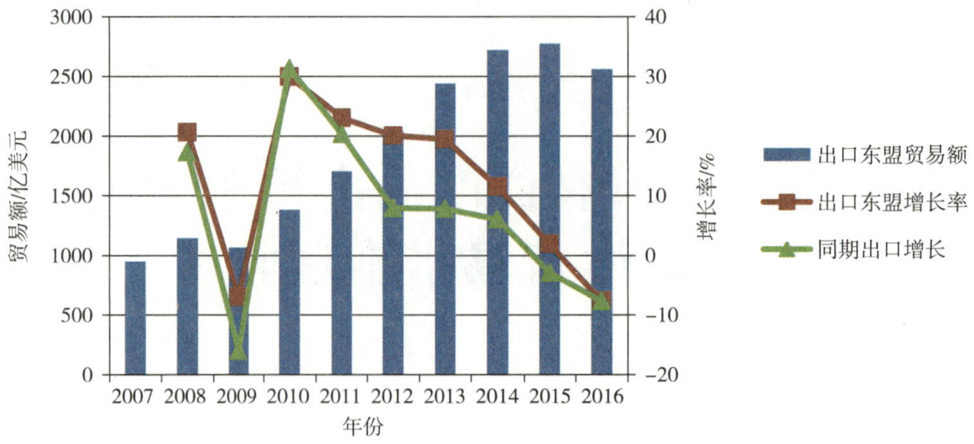

图 1-1　2007—2016 年中国出口东盟贸易额

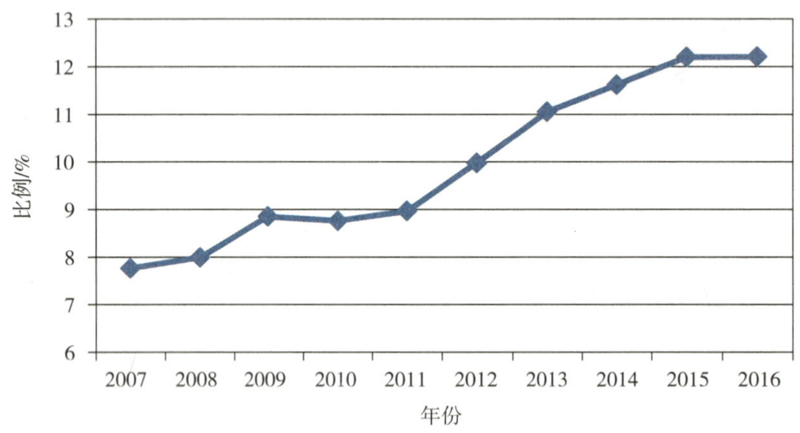

图 1-2　2007—2016 年中国出口东盟贸易占比

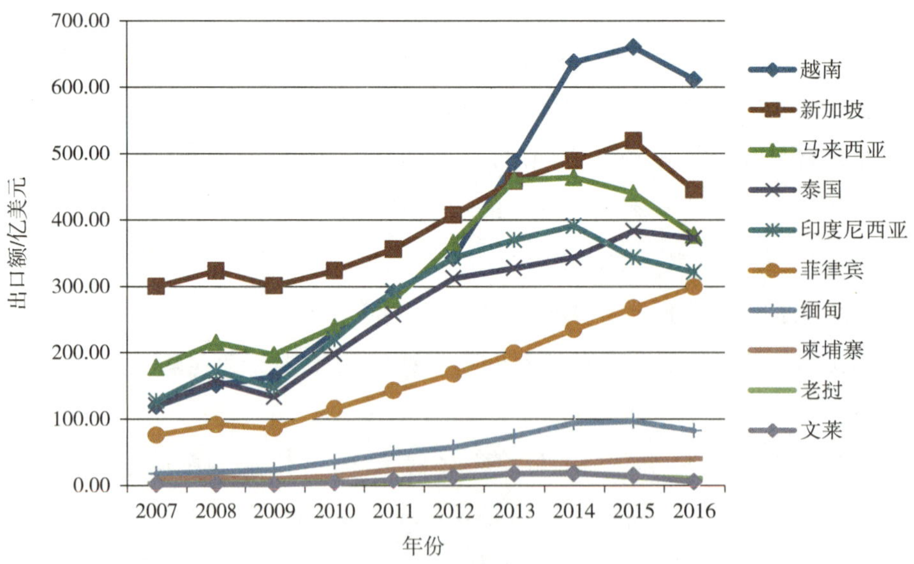

图 1-3　2007—2016 年出口东盟十国贸易额

1.1.2 中国农食产品出口东盟情况

1.1.2.1 农食产品贸易量及占比

2016 年，中国农食产品出口东盟 148.08 亿美元，在中国出口东盟总额中占比 6%，却占中国当年农食产品总出口量的 20.8%。2007—2016 年，中国出口东盟农食产品无论是贸易总量，还是农食出口总额的占比，一直保持稳步提升，10 年间贸易总额提升近 4 倍，占比提升 10%，由此可见东盟农食产品相关技术性贸易措施的变化对国内相关产业影响较大，对此展开针对性的研究也有重要的现实意义。10 年中唯一一次增长放缓出现在 2012 年，该年中国出口东盟的农食产品中，蔬菜出口（H.S 编码第七章）较上年锐减了 60% 以上，原因为 2012 年中国将蔬菜的出口退税率大幅调整，加上蔬菜种植规模波动，使当年中国蔬菜出口整体受挫，从而导致了 2012 年中国对东盟农食产品出口增速放缓。具体见图 1−4。

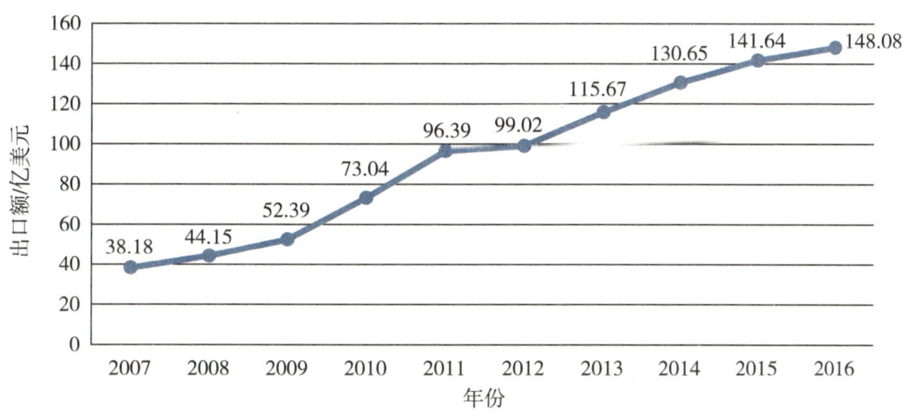

图 1−4 2007—2016 年中国出口东盟农食产品情况

1.1.2.2 2016 年东盟各国进口中国农食产品情况

根据 2016 年数据，东盟各国中，泰国较为依赖中国农食产品进口，占本国农食产品进口额的近 25%，其次是菲律宾和马来西亚，占比接近 18%，10 国中有 6 个国家占比高于 10%。具体见图 1−5。

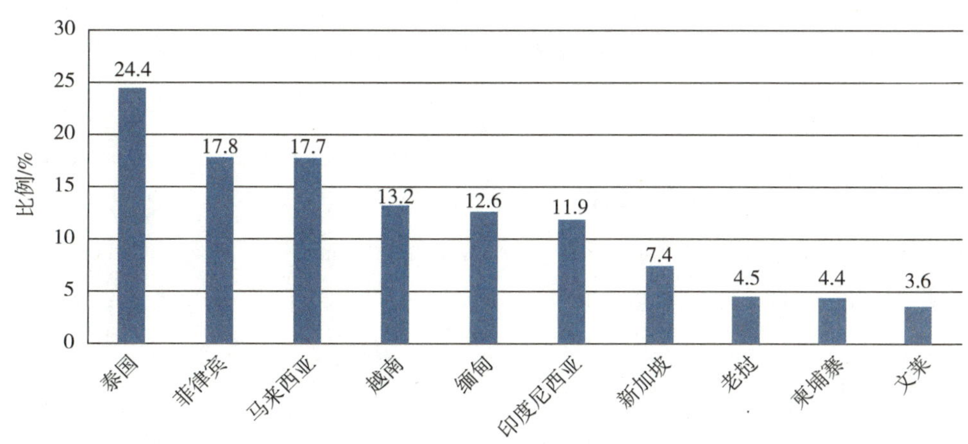

图 1−5 2016 年东盟各国进口中国农食产品占本国农食进口比例

具体到农食产品种类，东盟各国进口产品类别构成各有差异。2016 年，印度尼西亚进口中国农食产品 19.25 亿美元，其中食用蔬菜占 37%，单是大蒜类产品就占 34.75%，其他主要有苹果、梨、葡萄等北方水果，全部植物产品占比近 55%；食品类占近 40%，其中烟草产品及糖类占较大比例。

2016 年，马来西亚进口中国农食产品共计 25.75 亿美元，其中食用蔬菜占近 28%，主要包括大蒜类产品、干制菌类、甘蓝类蔬菜、干木耳等；食用水果及坚果类超过 15%，主要包括橘类、梨、葡萄等，全部植物产品占比超过 50%；动物及动物产品中绝大部分是鱼类及其他水生动物，占全部农食产品的 17%，主要包括冻虾、冻鱼、干制墨鱼及鱿鱼等；食品类进口品类较杂，主要有腌制咸菜、糖渍蔬菜水果、花生制品等。

2016 年，菲律宾进口中国农食产品共计 18.47 亿美元，鱼类及其他水生动物占 27.6%，几乎占据全部动物产品，其中单是干制墨鱼、鱿鱼就占 12.34%，其他还主要有冻鲭鱼、冻带鱼等各种冻鱼肉；糖类产品占 21%，占全部食品类的近一半，主要包括糖食、糖浆、绵白糖、葡萄糖等；植物产品主要包含食用水果及坚果和食用蔬菜，其中食用水果及坚果占 14.35%，主要包括苹果、柑橘、梨、橙、柚等北方水果；其他食品主要是杂项食品及干制蔬菜及水果。

2016 年，新加坡进口中国农食产品共计 8.86 亿美元，其中肉、鱼等其他动物制品占 21.9%，单是制作或保藏的蟹、鲍鱼就占 11.8%，其他还有制作或保藏的虾、鳗鱼等，鱼类及其他水生动物占 14.2%，主要包括干制扇贝类、冻金枪鱼和鲣鱼、干制墨鱼鱿鱼等；食用蔬菜、水果及坚果等占 21.4%，主要包括苹果、干制菌类、蒜类制品、甘蓝类蔬菜、柑橘、梨等；其他食品主要涉及烟草制品、干制蔬菜水果、酒及饮料等。

2016 年，泰国进口中国农食产品共计 33.06 亿美元，其中食用水果及坚果占 28.86%，多是葡萄、苹果、梨、枣、哈密瓜和板栗等北方水果；鱼类和其他水生动物占 27.5%，主要是干制墨鱼及鱿鱼；食用蔬菜占 13.5%，主要包括干制菌类、干木耳、甘蓝类蔬菜等，另外动物肠衣和腌制咸菜也有较大比例。

2016 年，文莱进口中国农食产品共计 0.14 亿美元，食用蔬菜占 35.12%，其中单是大蒜类产品就占 13.06%，其他还包括马铃薯、甘蓝类蔬菜、萝卜等；其他植物制品占 13.3%，主要包括荔枝和龙眼罐头、花生制品、蘑菇罐头等；水果及坚果占 11.3%，主要包括柑橘、苹果、梨、哈密瓜等；其他主要的品类还有冻鱼、干制墨鱼鱿鱼、肉罐头、鱼罐头等。

2016 年，缅甸进口中国农食产品共计 3.75 亿美元，植物产品占全部农食产品近 60%，其中食用水果及坚果占 38.67%，单是苹果就占 24.8%，其他还包括柑橘、梨、葡萄、乌龙茶、普洱茶、红茶等；食品类占比 34.33%，主要包括酒精制品、调味品、烟草制品等。

2016 年，柬埔寨进口中国农食产品共计 0.386 亿美元，食品类占全部农食产品超过 70%，其中猫粮狗粮及动物饲料占 19.3%，烟草制品占 18.8%，其他主要还包括荔枝和龙眼罐头、蒸馏酒等；植物产品占 23.69%，主要包括未焙制麦芽。

2016 年，老挝进口中国农食产品共计 0.25 亿美元，食品类几乎占据全部农食产品，达到 93.3%，其中烟草制品占 72.8%，蒸馏酒和啤酒占 17.1%，仅烟酒两项就占据全部农食产品近 90%；食用蔬菜占 6.69%，主要包括包心生菜、甘蓝等蔬菜。

2016 年，越南进口中国农食产品共计 38.18 亿美元，植物产品占 75.07%，其中食用蔬菜、水果及坚果等占 64.53%，主要包括干制菌类、干木耳、葱蒜制品、葡萄、苹果、柑橘等；食品类占 17.85%，主要包括油渣饼、动物饲料等。

2016 年，东盟各国进口中国农食产品贸易情况见表 1—1。

表 1–1　2016 年东盟各国进口中国农食产品贸易情况　　　　单位：美元

HS编码	印度尼西亚	马来西亚	菲律宾	新加坡	泰国	文莱	缅甸	柬埔寨	老挝	越南
01	77845	46363	1700	245122	138109	—	200	200	2500	3525333
02	—	30193703	—	6090365	79522	205695	33012	183786	—	14300
03	99860086	439429001	510478903	125593594	909114509	1356610	1817	106292	—	89540850
04	557066	4367123	1041638	12026245	19407241	513693	2249895	—	700	67517
05	21830045	11200899	993502	99129	218164444	—	19055773	1870350	—	163666282
06	261402	5626834	2720793	9669124	12170517	111926	12267116	608919	5450	9879892
07	714943938	719224134	148721194	123047470	447117267	4935418	4223947	880573	1067291	1583740479
08	251808116	396737922	265395866	66905170	953667213	1583180	145460810	1021907	123979	879846443
09	11065857	114690829	6300982	20981500	80515527	820762	34902240	61008	172170	188007536
10	5647299	369029	25140866	140574	136912	—	620000	19300	303116	17766764
11	28634274	7802101	22236044	19994694	63039530	600	13330641	6404577	—	56900878
12	7968911	59790632	8199479	28610056	61912308	15027	13192025	70899	—	119257130
13	33817991	14497852	21546621	9531498	25842015	5728	471319	19000	61	10833741
14	111911	2061226	16369	1022578	972576	—	4889	59245	—	40895
15	7316683	8698147	1077228	14383671	10069974	119327	184847	89792	—	13366078
16	—	136880861	—	194301461	—	1194589	1124039	1209491	—	10470147
17	187960503	77125475	389084477	25570420	54231635	26350	7979855	325368	19980	55018863
18	10790557	13257008	30592335	13441930	16223289	44552	77571	23666	—	2465091
19	14537307	47076625	32352486	24018417	38257800	290081	9100951	1012494	45095	10754737
20	93117014	221216774	138735505	44965980	227048424	1870023	706932	5089914	747924	138636731
21	143388611	122061140	149779624	47269296	100073660	501281	53320265	1110776	21055	134168490
22	2040354	37702527	20397495	44744818	10807635	18794	29663784	3748054	4286326	6931431
23	98438252	46248287	19298595	7939322	56956566	437386	5258018	7439715	—	273469077
24	190799532	58515281	52571163	45130276	—	—	21340797	7245317	18210255	49636289

注：

（1）“/”代表该项贸易额为 0。

（2）HS 编码具体如下：

01：活动物

02：肉及食用杂碎

03：鱼、甲壳动物、软体动物及其他水生无脊椎动物

04：乳品；蛋品；天然蜂蜜；其他食用动物产品

05：其他动物产品

06：活树及其他活植物；鳞茎、根及类似品；插花及装饰用簇叶

07：食用蔬菜、根及块茎

08：食用水果及坚果；柑橘属水果或甜瓜的果皮

09：咖啡、茶、马黛茶及调味香料

10：谷物

11：制粉工业产品；麦芽；淀粉；菊粉；面筋

12：含油子仁及果实；杂项子仁及果实；工业用或药用植物；稻草、秸秆及饲料

13：虫胶；树胶、树脂及其他植物液、汁

14：编结用植物材料；其他植物产品

15：动、植物油、脂及其分解产品；精制的食用油脂；动、植物蜡

16：肉、鱼、甲壳动物、软体动物及其他水生无脊椎动物的制品

17：糖及糖食

18：可可及可可制品

19：谷物、粮食粉、淀粉或乳的制品；糕饼点心

20：蔬菜、水果、坚果或植物其他部分的制品

21：杂项食品

22：饮料、酒及醋

23：食品工业的残渣及废料；配制的动物饲料

24：烟草、烟草及烟草代用品的制品

1.2 东盟各国发布的农食产品技术性贸易措施情况

1.2.1 东盟各国发布的农食产品技术性贸易措施通报

按照规定，WTO 成员国发布农食产品相关技术性贸易措施时，须向 WTO 进行通报（与农食产品相关的 TBT 通报主要包含食品标签相关要求，本文中不统计 TBT 中食品标准通报）。截至 2016 年，东盟共提交了 1169 件 SPS 通报，其中常规通报 623 件、紧急通报 280 件、补遗 / 勘误 266 件，详见图 1－6。

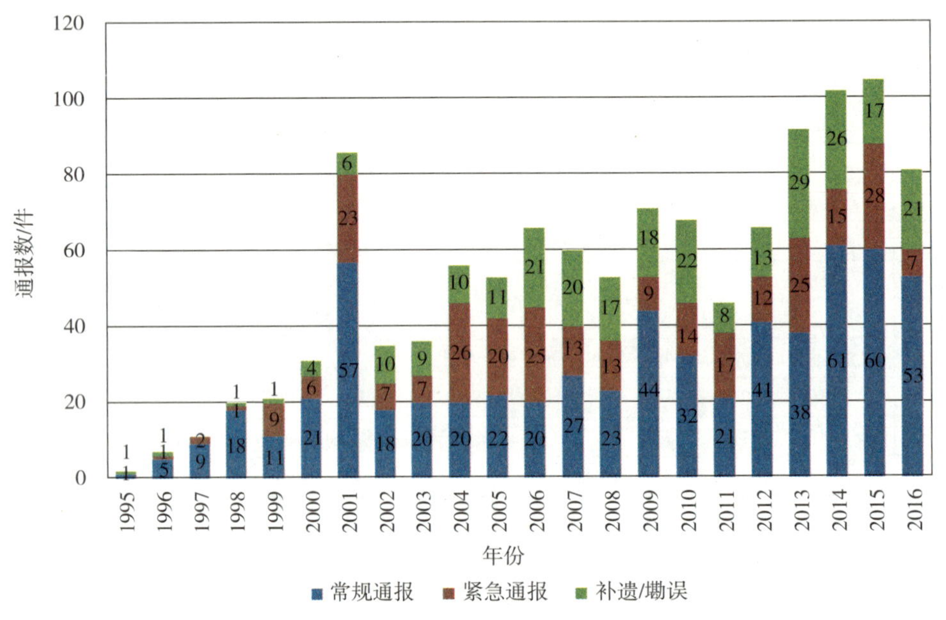

图 1-6　1995—2016 年东盟 SPS 通报总数

自 1995 年 WTO 成立以来至 2016 年 12 月 31 日，东盟各国中提交 SPS 通报数量最多的是菲律宾，占 40.89%；其次是泰国，占 28.49%；文莱和老挝分别仅提交了 4 件和 1 件 SPS 通报；缅甸和柬埔寨没有提交 SPS 通报。各国通报数量及通报类型详见表 1－2。

表 1-2　东盟 SPS 通报情况一览表

通报成员	通报数量 / 件	所占比例 /%	通报类型		
			常规通报 / 件	紧急通报 / 件	补遗、勘误 / 件
菲律宾	478	40.89	161	188	129
泰国	333	28.49	208	46	79
印度尼西亚	126	10.78	103	11	12
越南	99	8.47	87	0	12

表1-2（续）

通报成员	通报数量 / 件	所占比例 /%	通报类型		
			常规通报 / 件	紧急通报 / 件	补遗、勘误 / 件
新加坡	75	6.42	37	20	18
马来西亚	53	4.53	26	11	16
文莱	4	0.34	0	4	0
老挝	1	0.09	1	0	0
总计	1169	100.00	623	280	266

1.2.2 东盟各国发布的农食产品重点技术性贸易措施被关注情况

为消除技术性贸易措施，包括TBT措施（包括技术法规、标准和合格评定程序）和SPS措施（卫生与植物卫生措施，即动植物卫生和食品安全措施，包括有关法律、法规、规章、标准等）对国际贸易可能造成不必要的障碍，或成为对国际贸易变相限制的工具，WTO/TBT委员会和WTO/SPS委员会例会均设立有专门的议题就此进行磋商和讨论，在例会上提出的议题则被称为特别贸易关注（Specific Trade Concerns，STC）。1995—2016年，其他贸易成员国向东盟10国提出的SPS特别贸易关注议题共31项，先后提出关注次数86次，这些被提出的SPS特别贸易关注可以认为是东盟颁布的影响较大、重点的农食产品技术性贸易措施。

1.2.2.1 被提出关注的东盟国家

东盟10国中，只有印度尼西亚、马来西亚、越南、泰国、菲律宾、新加坡6国被提出SPS特别贸易关注，文莱、老挝、柬埔寨、缅甸4国没有被提出特别贸易关注。被提出贸易关注最多的成员为印度尼西亚，为14项，占比45.16%（见表1-3）。

表1-3 1995—2016年被提出SPS特别贸易关注的东盟成员分布表

东盟成员	议题数 / 项	关注次数 / 次
印度尼西亚	14	43
马来西亚	5	8
越南	4	12
泰国	3	6
菲律宾	3	5
新加坡	2	12

1.2.2.2 提出关注的国家

东盟被提出的31项特别贸易关注议题关注国家分布情况为：美国7项，巴西6项，欧盟、瑞士、新西兰、智利各3项，中国、阿根廷、墨西哥各2项，加拿大、南非、澳大利亚、菲律宾各1项。

对印度尼西亚关注较多的国家为巴西、美国、阿根廷、新西兰；对马来西亚关注最多的国家为巴西；对越南关注最多的国家为智利；对新加坡提起关注的都是瑞士（见表 1—4）。中国分别在 2002 年对菲律宾关于中国水果进口的通告和 2012 年对印度尼西亚关闭口岸提出 SPS 特别贸易关注。

表 1-4　1995—2016 年对东盟国家提出关注的国家分布表

成员	议题数 / 项	关注次数 / 次
美国	7	20
巴西	6	12
欧盟	3	13
瑞士	3	13
新西兰	3	12
智利	3	11
阿根廷	2	12
中国	2	9
墨西哥	2	3
加拿大	1	2
南非	1	2
澳大利亚	1	1
菲律宾	1	1

1.2.2.3　年度分布

1995—2016 年，东盟每 5 年均有 6 项及以上特别贸易关注被提出（见表 1—5）。其中新加坡被提出贸易关注的时间较早，均在 2000 年之前；越南被提出特别贸易关注时间都在近期，其中 2015 年被提出 3 次；印度尼西亚、马来西亚、菲律宾、泰国在早期及近期均有特别贸易关注被提出。

表 1-5　东盟十国被提出特别贸易关注数量年度分布表

项目	年度				
	1996—2001 年	2002—2006 年	2007—2011 年	2012—2016 年	总计
被提出关注议题数 / 项	6	8	10	7	31
关注次数 / 次	24	19	29	14	86

1.2.2.4　关注次数

31 项议题中，被提出 1~3 次关注的有 25 项，占 80.65%（见表 1—6）。最多的 1 项关注被提了 11 次，为瑞士 1996 年提起的新加坡等 19 国与疯牛病相关的措施。

表 1-6　东盟十国被提出关注次数分布表

关注次数 / 次	1	2	3	4	5	6	7	8	9	≥ 10
议题数量 / 项	13	7	5	1	1	0	1	1	1	1

1.2.2.5 主题分布

31 项特别贸易关注议题中，主题范围涉及广泛，涉及人类健康 15 项，食品安全 12 项，动物健康 10 项，植物卫生 9 项，控制、检查和批准程序 8 项，国际标准 / 协调 7 项，风险评估与区域化各 6 项，害虫和疾病状态 4 项，透明度 3 项，人畜共患病和不必要延误各 2 项，成员的监管信息 1 项，见表 1—7。人类、动物健康和食品安全是东盟被提特别贸易关注的重点主题，一项议题可涉及多个主题，例如，2005 年美国对泰国第 11 号公共卫生法规的关注，涉及控制、检查和批准程序，食品安全，人类健康，国际标准 / 协调，成员的监管信息，透明度共 6 个主题。

表 1–7 东盟十国被提出特别贸易关注内容分布表

主题	议题数量 / 项
人类健康	15
食品安全	12
动物健康	10
植物卫生	9
控制、检查和批准程序	8
国际标准 / 协调	7
风险评估	6
区域化	6
害虫和疾病状态	4
透明度	3
人畜共患病	2
不必要延误	2
成员的监管信息	1

1.2.2.6 解决情况

东盟被提出关注的 31 项议题中，有 7 项得以解决、3 项部分解决、其余 21 项未通报解决情况，未解决比例高达 67.74%。从解决情况来看，除关注被提出时间较早的新加坡已全部解决之外，其他国家均存在关注未解决的情况：泰国及越南未解决比例均为 100%、马来西亚未解决比例为 80%、印度尼西亚未解决比例为 71.43%、菲律宾未解决比例为 50%。

1.2.3 东盟各国发布的农食产品重点技术性贸易措施分析（被提出的 SPS 特别贸易关注）

1.2.3.1 印度尼西亚为东盟最易受关注国家

东盟十国成员中，被提出特别贸易关注最多的成员为印度尼西亚，为 14 项，占比 45.16%。

印度尼西亚是东南亚地区人口最多的国家，也是东南亚地区最大的经济体，自 1995 年 1 月 1 日加入世界贸易组织以来，积极参与全球贸易。但在 1997 年遭受经济危机之后，印度尼西亚的政治经济背景发生了明显的变化，其贸易政策具有强烈的本土保护主义趋势，其中，农业一直是该国保护的重点领域。在国际贸易协议的压力下，印度尼西亚虽然在 1998 年放宽了对农产品贸易的限制，但仍实行进口配额、补贴、技术性贸易壁垒、外贸业务准入制度、分类产品许可证制度等非关税贸易壁垒，以削减外国农产品的进口量。另外，印度尼西亚国内繁琐的政府行政审批等给贸易带来了严重的阻碍，容易引起贸易伙伴的不满。并且，印度尼西亚政府在执行贸易措施时，存在明显的缺乏沟通和透明度不够等问题，印度尼西亚政府在执行有关政策措施前未能及时通知贸易伙伴，从而造成不必要的贸易争端。

1.2.3.2 文莱、老挝、柬埔寨、缅甸四国参与度太少

东盟十国成员中，文莱、老挝、柬埔寨、缅甸四国没有被提出特别贸易关注。四国均为 WTO 成员。文莱，国小民寡，却是世界上最富裕的国家之一，是以生产、出口石油和天然气为主，食品、农产品等主要依赖从国外进口的单一经济国家，其主要贸易对象是韩国、日本、美国和东盟其他国家。文莱的进出口市场、贸易结构与合作伙伴具有较高的互补性，加之文莱政府为改变其单一经济模式而颁布了一系列优惠政策，因此对外贸易具有广泛的认可度。缅甸、柬埔寨、老挝是东盟 10 国中最贫穷的 3 个国家，也是世界上最不发达的国家之一，国家财政严重依赖对外贸易。国内经济以农业为主，经济结构单一。另外，资金短缺，市场机制运转不善，工业基础薄弱，交通、通信等基础设施落后，吸引外资的机制不完善等因素都严重制约了国内经济的发展。加入世界贸易组织之后，老挝、柬埔寨、缅甸的对外贸易虽有了一定程度的发展，但参与度仍然有限，市场份额比例较少。

1.2.3.3 东盟被提关注的主题涉及范围广

东盟被提出特别贸易关注议题中，主题涉及范围很广，包括人类健康，食品安全，动物健康，植物卫生，控制、检查和批准程序，国际标准 / 协调，风险评估，区域化，害虫和疾病状态，透明度，人畜共患病和不必要延误。东盟十国中，除新加坡和文莱是发达国家，其他 8 国都不发达：马来西亚和泰国接近中等发达国家，印度尼西亚、菲律宾和越南属于发展中国家，老挝、缅甸和柬埔寨属于最不发达国家。总体而言，东盟国家经济水平较落后，综合国力较差，东盟国家的产品多为初级、低附加值的商品，在世界贸易中与发达国家相比缺少竞争力。因此，东盟多采用全方位、多领域的贸易保护政策，包括卫生与动植物检疫措施、技术性贸易壁垒、进出口相关限制、政府采购政策、原产地规则、价格控制措施、标准检验手续等手段，以促进自身产品在本国的流通。

1.2.3.4 人类、动物健康和食品安全是特别贸易关注的重点主题

水果、蔬菜、乳制品、肉类和鱼类等属于食品安全高风险食物，尤其是摄入肉类容易导致人畜共患病传播和流行。东盟特别贸易关注的议题中，涉及水果、蔬菜、乳制品、肉类产品进

口的限制较多，可见人类、动物健康和食品安全已经成为东盟被提特别贸易关注的重点主题。1997 年，澳大利亚和美国对印度尼西亚新鲜水果和蔬菜限制提出关注；2001 年，阿根廷对印度尼西亚口蹄疫限制提起贸易关注；2002 年，美国对印度尼西亚动物产品中激素的禁令提出关注；2009 年，墨西哥对印度尼西亚由于甲型 H1N1 流感对猪肉产品的进口限制提出关注；2011 年，智利对越南不当延误乳制品和肉类产品的批准程序提出关注；2015 年，美国对越南关于内脏的禁令提出关注。

1.2.3.5 东盟对外贸易的透明度有待提高

透明度原则是世贸组织的重要原则，要求进口国在贸易进程中保持贸易政策、贸易程序以及相关行政管理的透明化，尤其在应对特别贸易关注时，应对其他国家提出的疑惑以及具体要求给予迅速答复。东盟在贸易过程中的透明度有待提高，1997 年，澳大利亚和美国的代表要求印度尼西亚澄清在 G/SPS/N/IDN/2 通告中的关于新鲜水果和蔬菜的法定范围。2011 年，欧盟对马来西亚关于猪肉和猪肉产品的进口限制提出了关注，欧盟方认为马来西亚采用了非自动的进口许可系统，耗时长、效率低，批准申请经常不能得到马方兽医局的及时处理，且整个过程具有不透明性。贸易的不透明性已成为一些国家实施贸易保护主义的手段，增加了国际贸易的风险和成本，破坏了国际贸易的正常秩序，给贸易便利化带来了障碍。

1.3 中国农食产品出口东盟受阻情况

1.3.1 中国农食产品出口东盟损失情况

从 2012 年到 2016 年 5 年间，原国家质检总局在全国范围内组织了国外技术性贸易措施对中国出口企业影响情况的调查。调查采用了双层复合不等比例抽样法，经过对调查结果的统计分析，从分析报告中抽取其近 5 年涉及东盟农食产品的相关数据进行统计分析如下。

从 2012 年到 2016 年 5 年间，中国企业出口到东盟国家的主要损失形式包括丧失订单、退回货物和降级处理，分别占总数的 55.9%、13.1% 和 9.7%。其中，由于东盟国家贸易保护主义抬头等原因，2015 年中国企业出口到东盟国家贸易损失形式为近 5 年最多。具体如表 1—8 所示。

2016 年，技术性贸易措施给中国出口东盟国家企业带来直接损失最多，直接损失总额达到 147.6 亿元。近 5 年，出口到东盟国家所遭受的直接损失年均增长 32.7%。其中，小型出口企业遭受直接损失近 5 年增长明显，年均增长率高达 46.1%，是大型出口企业直接损失年均增长的 14 倍，应予以重视。具体如表 1—9 所示。

表 1-8 近 5 年中国产品出口到东盟国家遭受损失的主要形式

年份	损失形式 / 次							
	丧失订单	扣留货物	销毁货物	退回货物	口岸处理	改变用途	降级处理	其他
2016	75	6	1	21	4	1	13	18
2015	83	5	7	22	8	2	16	14
2014	79	3	3	16	11	6	15	8
2013	46	2	—	6	2	1	9	3
2012	45	1	—	12	6	1	4	12
总计	328	17	11	77	31	11	57	55

表 1-9 近 5 年出口到东盟国家所遭受的直接损失估算值

年份	大型企业直接损失额 / 万元	小型企业直接损失额 / 万元	直接损失总额 / 万元
2016	195360.9	1280820.9	1476181.9
2015	177757.2	491453.2	669210.5
2014	387264.3	227417.9	614682.2
2013	85504.1	228214.4	313718.4
2012	165954	192681.9	358635.9

近 5 年，不同规模农食产品类企业出口到东盟国家所遭受的直接损失额估算值相当，都达到了 7.4 亿元左右。其中 2012 年大型农食产品类企业与 2014 年小型农食产品类企业遭受直接损失额为近 5 年之最，分别达到 4.4 亿元与 5.0 亿元。具体具体如表 1－10 所示。

表 1-10 近 5 年农食产品类企业出口到东盟国家所遭受的直接损失额估算值

企业规模	直接损失 / 万元					
	2016 年	2015 年	2014 年	2013 年	2012 年	总计
大型农食产品企业	11151.0	9253.3	2450.8	7900.3	43946.4	74701.8
小型农食产品企业	9235.2	4995.4	49512.0	10318.7	324.2	74385.5

近 5 年，中国出口东盟国家企业新增成本均超过 8 亿元，其中，2016 年新增成本高达 67.1 亿元，为近 5 年之最，出口东盟产品新增成本年均增长率为 48.6%。另外，近 5 年小型农食产品类企业出口到东盟国家新增成本总和为 15.9 亿元，是大型农食产品类企业的 2 倍。2016 年，小型农食产品类企业出口到东盟国家新增成本为 15.5 亿元，为近 5 年之最。具体如表 1－11、表 1－12 所示。

表 1-11 近 5 年出口到东盟国家产品新增成本估算值

年份	新增成本 / 万元
2016	671030.0
2015	132066.1
2014	86820.4
2013	113353.7
2012	92606.2

表 1–12 近 5 年农食产品类企业出口到东盟国家新增成本

企业规模	新增成本 / 万元					
	2016 年	2015 年	2014 年	2013 年	2012 年	总计
大型农食产品企业	74201.0	442.5	528.2	796.6	4501.4	80469.7
小型农食产品企业	154865.6	484.4	2595.3	1749.1	218.0	159912.4

1.3.2 受阻原因分析

由于印度尼西亚颁布的农食产品技术性贸易措施较多，被提出的 SPS 特别贸易关注次数最多，在国际上造成的影响较大，本文以代表性最强的印度尼西亚为例分析我国农食产品出口东盟受阻原因，主要集中在以下几个方面。

一是从法律法规层面建立新规，引入更加严格的准入体系和监控措施。例如，印度尼西亚《进出口新鲜植物源性食品安全管理规定》实施以来，要求新鲜植物源性食品安全监管体系获得印度尼西亚官方认证的国家才能获得出口资格，未获得认证的国家需提供经印度尼西亚官方注册登记实验室出具的检测报告，否则产品将被拒绝进入。同时，新规要求出口食品原料产地须通过 GAP（良好农业规范）认证，出口企业须通过 GMP（良好生产规范）或 GHP（良好处理规范）认证。目前，我国仅原山东出入境检验检疫局检验检疫技术中心获得了印度尼西亚注册登记，但产品仅限于印度尼西亚紧缺的大蒜。江苏出口印度尼西亚大蒜数量居全国第一，新规实施后，预计将有 74.5% 大蒜出口受阻。

二是从技术标准层面，增加产品检测项目，执行更严格的安全限量，从而增加我国出口企业的检测费用和成本。例如，印度尼西亚《进出口新鲜植物源性食品安全管理规定》实施以来，检测标准要求更加苛刻。新规涉及的植物源性食品包含水果、蔬菜、谷物、坚果、豆类、庄园作物 6 大类，涉及产品由原来的 38 种增加到 103 种。由抽批检测变为批批检测，并须在获得注册登记的实验室进行全项目检测。监控项目由 556 项增加到 2161 项，部分限量要求严于我国标准，如对 30 种新鲜果蔬制定了致病菌限量，而我国没有相关要求；苹果检测项目增加到 34 项，6 项严于我国；大蒜检测项目增加到 13 项，1 项严于我国。由于检测项目增加，产品检测费用大幅提高。以大蒜为例，单批货物的检测费用由 900 元增加到 1550 元。此外，原料产地和企业认证费用也大幅增加，按我国年出口印度尼西亚大蒜 50 万吨计，仅 GMP 和 GHP 认证费用就将因此增加约 88 万元。此外，印度尼西亚还将在港口实施监控，所需费用也由产品所有人承担。这将进一步增加企业出口成本，延长通关周期，削弱企业竞争优势。

三是从合格评定层面，实施实验室认证，提高认证门槛，增加认证费用。例如，印度尼西亚要求出口国食品安全控制系统得到认可的前提是执行 GAP、GHP、GMP 的相关政策 / 条例，并且要求输印度尼西亚企业必须进行体系认证，企业需付出不菲的认证费用，且需要大量专门人才，管理成本大幅增加。

四是密集颁布或修订农食产品各项安全限量，企业应对乏力。例如，印度尼西亚 2014 年密集颁布20多项食品添加剂限量标准；食品重金属和微生物限量标准2011年颁布后，2017年修订；进口新鲜植物源性食品的法规于2015年颁布、2016年1月正式实施，然而仅实施几个月又于2016年5月、11月陆续进行了2次修订。这些法规频繁的颁布或修订使得企业要不断适应新要求，增加企业压力，导致应对乏力。

第 2 章　东盟国家农食产品技术性贸易措施体系

2.1　越南

越南位于中南半岛东部，北与中国广西、云南接壤，中越陆地边界线长 1347 公里；西与老挝、柬埔寨交界；东和东南濒临南中国海。陆地面积 32.9 万平方公里。越南地形狭长，呈 S 形。南北最长处约 1640 公里，东西最宽处约 600 公里，最窄处仅 50 公里。地势西北高，东南低，境内 3/4 为山地和高原。有红河三角洲和湄公河三角洲等两大平原，面积分别为 2 万平方公里和 5 万平方公里，是主要农业产区。北部和西北部为高山和高原，中部长山山脉纵贯南北。越南河流密布，其中长度在 10 公里以上的河流达 2860 条，海岸线长 3260 公里。

越南盛产大米、玉米、橡胶、椰子、胡椒、腰果、咖啡和水果等作物。2016 年，越南出口大米 489 万吨，产值 21.2 亿美元，分别比 2015 年减少 25.5% 和 20.57%。森林面积约 1000 万公顷（1 公顷 $=1\times10^4$ 平方米）。越南渔业资源丰富，沿海有 1200 种鱼、70 种虾，仅北部湾就有 900 种鱼，盛产红鱼、鳘鱼等多种鱼类。中部沿海、南部东区沿海和暹罗湾等海域，每年的海鱼产量都可达到数十万吨。

近年来，中越经贸合作稳步发展。据中国海关统计，2016 年中越双边贸易总额 982.3 亿美元，同比增长 2.5%，越南超过马来西亚成为中国在东盟的第一大贸易伙伴。截至 2017 年 6 月底，中国在越南有效投资项目 1683 个，投资总额达 104.3 亿美元。据不完全统计，中国有逾 13 万人在越南从事商务和旅游等活动，仅越南芒街市就有超过 1000 家中国各类贸易企业。随着越南市场不断开放，进一步加深融入国际经济，越南已签署和达成 12 个自贸协定，包括 7 个区域性和 5 个双边性自贸协定，对外开放格局不断扩大。

2.1.1　监管机构概况

越南农食产品监管机构主要包括科学技术部、卫生部、农业乡村发展部、工商部等。

2.1.1.1 科学技术部

科学技术部统一管理国内市场和进出口货物的质量和标识，同时负责协调其他相关部门组织对口岸货物的质量进行检测。

科学技术部 TBT 办公室是越南 TBT 国家咨询点，负责履行《技术性贸易壁垒协定》（TBT 协定）义务，提交通报，接收其他成员的咨询和评议并进行答复，使法规、标准及合格评定程序的制定和实施透明化。同时，对其他成员提出咨询和对通报提出评议意见。

科学技术部越南标准与质量局（STMEQ）是负责全国标准、计量、认证认可、质量管理的政府机构，也是越南 WTO－TBT 国家咨询点。其主要职责包括：建立标准化、计量和质量组织体系；批准标准化、计量和质量方面的法规；监督发布的标准化、计量和质量法规的实施；实施国家的质量检验和认可活动；参加国际、区域在标准化、计量和质量领域的论坛和合作。

科学技术部下设国家知识产权局，负责制定、修改和转让知识产权的程序以及处理知识产权纠纷。国家知识产权局会同工业产权办公室负责标签注册登记管理。

2.1.1.2 卫生部

负责国家食品安全方针政策及重大规划的制定、发布和实施；发布涉及食品、制作工具、食品包装材料安全标准和限量要求的法规，具体负责食品添加剂、食品加工辅助材料、瓶装水、功能食品以及国家规定由其负责的其他食品在生产、加工、储藏、运输、出口、进口及交易中的食品安全管理。

下设食品管理局，负责对供国内消费的进口食品（加工食品）、食品供应链中分销环节的食品、国内市场上销售的食品进行卫生、安全监督管理和检验签证。

2.1.1.3 农业与农村发展部

农业与农村发展部负责其主管领域内涉及农食产品安全的政策、重大规划、技术法规等的制定、发布和实施，是越南农业、林业和畜牧业的主管部门。2007 年 8 月将越南渔业部并入，从而统一了包括食品质量管理、动植物保护（包括水生、陆生和两栖类动植物）、国内食品生产链安全管理、食品质量安全检验、深加工用途的初级食品的进出口检疫及签证在内的各项职能，负责农产品、林产品、水产品和食盐的食品卫生和安全检验，也负责动植物的进口、出口检验。

农业与农村发展部具体负责粮食、肉及肉制品、渔业及水产品、蔬菜、球茎植物、水果、蛋及蛋制品、原料级鲜奶、蜂蜜、蜂蜜制品、转基因食品、食盐以及国家规定由其负责的其他食品在生产、收购、宰杀、初级加工、加工、储藏、运输、出口、进口及交易中的食品安全管理。

农业与农村发展部 SPS 办公室是越南 SPS 国家咨询点，负责履行《实施卫生与植物卫生措施协定》（SPS 协定）义务，提交通报，接收其他成员的咨询和评议并进行答复，同时对其他成员提出咨询和对通报提出评议意见。

兽医局是负责动物检疫的主要官方管理机构。植物保护局是负责植物检疫的主要官方机构。国家农林水产品质量管理局（NAFIQAD）、畜牧局参与部分水产品、植物及植物产品的质量管理工作。兽医局主管全国的动物防疫和出入境动物检疫，并由设在各省的兽医站执行地方动物防疫和口岸出入境动物检疫工作。在农业与农村发展部发出进出境动物及其产品检疫要求和程序通知前，兽医局负责临时指导地方兽医部门对进出境、进口加工后再出口、出口加工后再进口、保税区、便民互市贸易区以及转运过境的动物及其产品实施检疫。指导农作物种子、植物种苗、动物种苗、肥料和动物饲料的进出口。

2.1.1.4 工商部

工商部负责其主管领域内涉及食品安全的政策、重大规划、技术法规等的制定、发布和实施，具体负责酒、啤酒、饮料、加工级牛奶、熟菜油、制作面粉和淀粉用的原料级产品以及国家规定由其负责的其他食品在生产、收购、宰杀、加工、贮藏、运输、出口、进口及交易中的食品安全管理。

2.1.2 法规体系概况

越南有关农食产品的主要法规包括:《商品质量法》《保护消费者权益条例》《计量法》《标准与技术法规法》《食品安全法》《兽医法令》《渔业法》《植物保护检疫法》《关于动植物及水生产品进出口的检疫监督联合发文》和《动物饲料管理条例》等。

2.1.3 技术性贸易措施体系

2.1.3.1 技术法规

2.1.3.1.1 基本法规

(1)《商品质量法》

越南于 2008 年 7 月 1 日实施《商品质量法》，取代 2003 年颁布的《商品质量条例》。该法授权科学技术部作为主管部门对商品（包括食品）的质量进行监督管理，而涉及食品卫生和安全则由卫生部负责。

(2)《标准与技术法规法》

《标准与技术法规法》于 2006 年实施，是越南规范各种标准和技术法规的制定、发布和实施的国家法律。该法授权科学技术部负责对全国的标准和技术法规进行全面管理，对提交的标准和法规草案组织审定和发布，并负责符合标准和法规的合格评定。

(3)《食品安全法》

越南卫生部于 2003 年发布了《食品安全法令》，对食品的安全和卫生进行了规范管理。2011 年 7 月 1 日，正式实施《食品安全法》，取代了原来的《食品安全法令》，明确规定了食品安全管理要求和几个部级主管部门的职责范围。2012 年 4 月 25 日，越南总理签发了第 38 号令，就《食品安全法》的落实和实施作了进一步规定，形成了比较完善的安全规范体系。第 38 号令于 2012 年 6 月 11 日起正式实施，其主要特点如下：

①明确了法律管理和适用范围。详细规定了食品产品、食品生产及贸易活动安全保障条件；食品广告和标签；进出口食品；食品污染风险控制；应对、预防和处理食品安全事故；签发食品生产企业合格证书的职权、文件和程序；食品检测；有关食品安全的信息、教育和沟通；有关食品安全的国家管理及食品安全专职检查员等相关内容。明确了《食品安全法》以及其他关于食品生产贸易活动的食品安全法律法规和国际条约在食品生产贸易和其他有关食品安全活动中的适用范围。为了保障法律正确实施，就食品安全方面的一些条款作了具体解释说明。

②确立了食品安全管理体制。明确了国家食品安全管理活动的相关内容，规定了监管部门和其他部门的职责，界定了卫生部、农业部、工商部和其他有关国家管理部门的具体职责，以及明确了各级人民委员会在食品安全方面的相关职责。

③制定了食品安全管理准则和国家政策。规定了食品生产贸易的机构 / 个人以及食品安全的管理机构的法律责任，明确了各部门之间的具体分工，依照国家主管机构和标准发布机构发布的技术规定和其他法规进行食品安全管理。出台了关于食品安全活动的政策法规，完善了食品安全检验、检查和管理制度，如规定将先进科学技术应用于食品生产贸易活动中；强制将 GMP、GAP、GHP、HACCP 和其他先进的管理体系用于食品生产贸易等。指出了食品生产贸易中严格禁止的行为，规定了食品、食品原料、食品添加剂、食品加工助剂生产贸易的违法行为，强调了食品生产经营者违反有关法规要负相应的法律责任，确立了生产不符合食品安全标准的食品或者销售明知不符合食品安全标准食品的惩罚性赔偿制度。

④规定了食品产品、食品生产及贸易活动安全保障条件。规定了食品产品必须符合食品安全保障条例，限制在食品中含有病原生物、农药残留、兽药、重金属、污染物及其他可能危害消费者健康的物质。制定了食品产品、生鲜食品、保健品、转基因食品、辐照食品、街头食品及食品包装的生产贸易安全条例。规定了食品生产贸易的基础设施、设备、人员以及食品贮藏、运输条件，确保加工贸易过程中食品的安全，无交叉污染、不接触污染物和有毒物质，食品生产经营者必须符合法律规定的直接从事食品生产经营人员所具备的健康标准和知识的要求，制定了食品生产加工小作坊和食品摊贩从事食品生产经营活动管理办法。

⑤制定了生鲜食品生产贸易安全保障条例。提出了生鲜食品生产过程中所需水源、土壤等要求，规定了植物品种、肥料、饲料、农药、兽药、食物防腐剂等影响生鲜食品生产的因素。规定了生鲜食品的贸易必须按照法律法规进行。

⑥规范了未包装食品的生产和贸易。未包装食品须经定期检查，及时清除损坏或过期食品，确保食品不与昆虫、动物、灰尘和其他污染物接触。

⑦制定了街头食品的安全管理条例。提出了对街头食品存放和销售场所的严格要求。对餐饮服务活动实行监督管理，严格规定了餐饮设备、餐饮用具和餐饮人员的条件，餐饮用具及餐饮设备必须在使用前进行清洗和消毒。规定进行食品交易和服务人员必须遵循相关法律，符合从事餐饮人员的健康和知识要求。

⑧规范了食品进出口的安全监管制度。强化了对进口食品、食品添加剂、加工助剂、食品包装材料、保健品、转基因食品、辐照食品等食品相关产品的监管工作，规定了进口食品的登记注册、证明的出示等相关流程，进一步明确了进口食品的安全检查范围及方法。制定了食品出口和出口食

品认证条例，出口食品须符合越南和相关进口国的有关技术规程，越南主管机构或其他相关部门发放出口需要的相关证明。

⑨规范了食品广告和标签的宣传和使用。规定食品广告的登记注册必须向有关医疗保健机构提交广告产品信息，医疗保健机构必须核查广告的详细资料。规定了食品广告登记审查程序，食品广告须遵守广告法，食品生产贸易的组织 / 个人或广告服务公司对食品广告负责宣传。规定食品的标签必须符合相关法律法规的要求，对食品添加剂、辐照食品或转基因食品原料等特殊食品和进口食品的标签作了特殊要求。

⑩强化了食品检验工作。明确了食品检验要求和原则，食品检验工作须根据检验技术要求，依照客观性、准确性和透明性的原则进行。规范了食品检验机构，规定食品检验机构必须具备了符合国家标准或国际标准的检测装备、技术和管理制度等条件，方可从事食品检验活动，并对其提交的检测结果负法律责任；检验机构部门对食品进行抽样检验时，根据具体情况确定是否收取检验费和其他费用。

⑪强化了食品安全风险的控制和评估。规定了卫生部及其他部门制定、实施食品安全监测计划，对食源性疾病、食品污染以及食品中的有害因素进行监测以及对食品、食品添加剂中生物性、化学性和物理性危害进行风险评估。通过食品污染风险评估和控制，发布食品污染公布或警告，预防因食品污染所引起的食物中毒或食源性疾病的发生，尽量减少和克服影响公众健康的事件发生。

⑫建立了食品安全事故应对、预防和处理机制。明确了食品安全管理部门和相关个人 / 组织预防和处理食品安全事故的责任与义务，提出了应对、预防和处理食品安全事故的具体措施。规定了造成食物中毒的组织和个人必须承担对受害者的所有治疗费用，获知食品安全事故的相关部门，应当及时通报。

⑬建立了非安全食品的追踪、召回和处理制度。明确了非安全食品追踪的主体，及追踪过程中对组织和个人的具体要求，规定了召回食品种类和召回方式，公布了对非安全食品处理的具体方法。规定了非安全食品信息的发布、召回和处理费用及相关部门的职责。对于违反食品安全事件，相关部门依据违法情节轻重对个人或组织进行行政处罚或追究其刑事责任。

⑭加强了有关食品安全的信息、教育和沟通。为了提高公众的食品安全意识和保护公众生命健康，制定了食品安全的信息、教育和沟通要求和相关细则。加强了关于食品安全生产、加工、贸易和消费知识，提出了食物中毒、食源性疾病和食品安全风险预防和控制措施，发布影响公众生命健康和国家社会经济发展的非安全食品相关信息。明确了卫生部、农业部、工商部、信息部、教育部等相关部门在食品安全信息、教育和沟通方面的具体职责和要求，以及确立了各级人民委员会负责当地人民的食品安全信息、教育和交流的制度。

⑮规定了食品安全检查和检验以及食品安全专职检查员的职责。明确了卫生部、农业部、工商部在食品安全检查的职责与义务，规定了各管理部门的食品安全检验管理范围；明确了国家食品安全管理部门及其他部门对食品安全检测的职责，规定了食品安全检测的原则、内容、权限和内容。明确规定了食品安全专职检查团体的设立，详细规定了食品安全专职检测团体和检测员在食品安全检查和检测方面的任务和职权。

（4）《兽医法令》

越南于2004年实施新的《兽医法令》，取代了1993年的旧条例。该法令为规范管理动物及动物产品，防范和防治动物疫病，规范兽医行为和兽药的使用等提供了法律依据，在其主管部门方面也作了明确规定：越南农业与农村发展部负责全国陆地动物的兽医管理，其他部门必要时协助开展相关工作。

（5）《渔业法》

《渔业法》制定于2003年，2004年7月1日起实施，废除了原来的《水生资源保护与开发法令》（1989年国务院令）。由越南农林水产品质量管理局依法主管全国的渔业事务。

（6）《植物保护检疫法》

2013年颁布的《植物保护检疫法》规定了植物保护及检疫活动（包括控制和预防植物有害生物）、国家植物保护、检疫和杀虫剂管理的法律框架，是2001年版法令的修订和替代版。

（7）其他法规

包括《关于动植物及水生产品进出口的检疫监督联合发文》《动物饲料管理条例》等。

2.1.3.1.2　一般农食产品法规

2.1.3.1.2.1　关于食品添加剂的法规

2010年3月，越南卫生部通报了国家发酵乳制品食品安全技术法规，规定物理及化学规范和食品添加剂等安全要求。

2014年5月，越南卫生部食品管理局发布了食品添加剂管理指导通知的修改通知，修订食品添加剂规范、范围、应用和限制的标准。

2014年7月，越南卫生部食品管理局发布了有关加工助剂的国家技术法规。该加工助剂要求、测试方法及管理的国家技术法规草案包括以下助剂的法规：（1）固酶剂及辅助剂；（2）微生物控制剂；（3）润滑剂、脱模剂和防粘剂、模塑剂；（4）催化剂；（5）包装充气；（6）锅炉水添加剂；（7）溶剂、萃取物及加工；（8）澄清剂 / 过滤剂；（9）离子交换树脂、膜及分子筛；（10）洗涤和去皮剂。

2014年8月，越南卫生部食品管理局发布了有关食品调味剂的国家技术法规。有关食品调味剂要求、测试方法及管理的国家技术法规草案包括：（1）柠檬和橘子香精；（2）桃子香精；（3）草莓香精；（4）椰子香精；（5）木本香精；（6）烟熏香精；（7）蘑菇香精；（8）爆米花香精；（9）茉莉花香精；（10）巧克力香精；（11）香草香精；（12）苹果香精。

2015年4月，越南卫生部食品管理局发布了准许食品添加的微量营养物名单通知。

2015年7月，越南卫生部食品管理局通报了强化食品法令草案，该法令规定了食品中强制添加的微量元素及须经微量元素强化的食品，以避免民众缺乏微量元素。须添加微量元素的食品包括：油、面、食用盐和酱油。第5条第1款第（b）、（c）、（d）项规定的食品在法令生效后1年须强制遵守要求。鼓励生产商、销售商和进口商在执行日期之前实施标准。第4条、第5条规定的食品，在生效日期之前生产的，允许流通至产品包装上的有效期结束。

2.1.3.1.2.2　关于农药、兽药残留的法规

2009年10月，越南发布了国家技术法规 – 动物饲料 – 配合鸡饲料内的抗生素、药物、微生

物及重金属的最大限量。

2009年10月，越南发布了国家技术法规－动物饲料－牛犊及肉牛配合饲料内抗生素、药物、微生物及重金属最大限量。

2009年10月，越南发布了国家技术法规－动物饲料－配合鸭饲料内抗生素、药物、微生物及重金属限量。

2009年10月，越南发布了国家技术法规－动物饲料－配合猪饲料内抗生素、药物、微生物及重金属最大限量。

2009年11月，越南发布了国家技术法规－动物饲料磨房－食品安全条件、兽医健康及环境保护。

2009年11月，越南发布了国家技术法规－动物饲养材料－动物饲料安全及最高许可限制标准。

2010年1月，越南发布了规定食品安全标准名单及进口、国产和流通的动物源性食品最高残留限量的部级通知（草案）。

2013年1月，越南卫生部食品管理局发布了规定食品内兽药最大残留限量的通告草案。本通告草案法规涉及食品内兽药的范围、适用对象、术语解释及最大残留限量。

2014年5月，越南卫生部食品管理局发布了食品内杀虫剂最大残留限量通知。

2015年11月，越南农业与农村发展部发布关于越南抗生素、饲养动物准用药名单及剂量的通报，规定了促进越南牲畜生长，防止球虫病的18种饲料准用抗生素、药物名单和剂量；牲畜类别包括1~28日龄的雏鸡或鹌鹑、繁殖蛋鸡、体重不足60kg猪及6月龄牛。该通知将被抗生素法规及颁布越南动物饲料国家技术法规的第81/2009/TT－BNNPTNT号通知所替代。

2.1.3.1.2.3 关于微生物的法规

2010年12月，越南卫生部食品管理局发布了有关食品细菌污染物安全限量的国家技术法规，规定食品最高和最低细菌污染程度、越南食品细菌污染标签和测试方法。

2013年7月，越南农业与农村发展部畜产司动物饲料处发布了国家技术法规－动物饲料－浓缩牛饲料内霉菌毒素、重金属及微生物的最大限量。有关浓缩牛饲料内霉菌毒素（黄曲霉毒素B_1、黄曲霉素总量）、重金属（砷、镉、铅、汞）及微生物（所有细菌、大肠菌群、金黄色葡萄球菌、梭状芽孢杆菌、产气荚膜梭菌、大肠杆菌、沙门氏菌）最大限量的技术法规草案。

2013年7月，越南农业与农村发展部畜产司动物饲料处发布了国家技术法规－动物饲料－全价和浓缩鸡和鹌鹑饲料内霉菌毒素、重金属及微生物的最大限量。有关全价和浓缩鸡和鹌鹑饲料内霉菌毒素（黄曲霉毒素B_1、黄曲霉素总量）、重金属（砷、镉、铅、汞）及微生物（细菌总数、大肠菌群、金黄色葡萄球菌、梭状芽孢杆菌、产气荚膜梭菌、大肠杆菌、沙门氏菌）最大限量的技术法规草案。

2013年7月，越南农业与农村发展部畜产司动物饲料处发布了国家技术法规－动物饲料－全价和浓缩猪饲料内霉菌毒素、重金属及微生物的最大限量。有关全价和浓缩猪饲料内霉菌毒素（黄曲霉毒素B_1、黄曲霉素总量）、重金属（砷、镉、铅、汞）及微生物（细菌总数、大肠菌群、金黄色葡萄球菌、梭状芽孢杆菌、产气荚膜梭菌、大肠杆菌、沙门氏菌）最大限量的技术法规草案。

2013 年 7 月，越南农业与农村发展部畜产司动物饲料处发布了国家技术法规 – 动物饲料 – 鸭及疣鼻栖鸭全价和浓缩饲料内霉菌毒素、重金属及微生物的最大限量。有关鸭及疣鼻栖鸭全价和浓缩饲料内霉菌毒素（黄曲霉毒素 B_1、黄曲霉素总量）、重金属（砷、镉、铅、汞）及微生物（细菌总数、大肠菌群、金黄色葡萄球菌、梭状芽孢杆菌、产气荚膜梭菌、大肠杆菌、沙门氏菌）最大限量的技术法规草案。

2.1.3.1.2.4　关于有毒有害物质的法规

2011 年 7 月，越南农业与农村发展部（MARD）、国家农林渔业质量保证司（NAFIQAD）发布了部级草案通知，规定准许接受辐照处理的食品名单及农业与农村发展部分配管理的食品允许吸收限量值。主要内容：通知规定了辐照食品控制的法规，包括批准电离辐射的食品类名单、辐照食品文件，还规定了食品组允许吸收限量值（最高和最低）及处理目的。

2.1.3.1.2.5　关于食品标签的法规

2010 年 3 月，越南卫生部通报了国家酒精饮料食品安全技术法规，法规提案对加工酒精饮料的主要原料规定了管理和技术要求，包括：水和食用酒精；安全规范方面的化学和微生物参数、重金属和食品添加剂及标签要求。据此通报，越南国家酒精饮料食品安全技术法规（G/TBT/N/VNM/10）于 2010 年 12 月 22 日颁布并于 2011 年 7 月 1 日生效。

2010 年 3 月，越南卫生部通报了国家香烟安全技术法规，法规提案规定了香烟中有毒物质（焦油、烟碱）技术要求、标签要求和健康警告信息（格式、内容）。

2012 年 8 月，越南工业贸易部通报了酒精饮料生产和贸易法令草案，草案旨在修订和代替 2008 年 4 月 7 日法令 No 40/2008/ND－CP。主要修订如下：酒精产品印花税适用于进口或国内生产的产品；酒精产品生产、批发和零售许可条件。据此通报，酒精生产和贸易法令（G/TBT/N/VNM/19）于 2012 年 11 月 12 日颁布，并于 2013 年 1 月 1 日生效。

2012 年 11 月，越南卫生部食品管理局发布了预包装食品标签指导通知草案。通知草案包括以下相关法规：（1）要求内容和标签方法包括：产品名称、成分、定量产品、有效期、建议与安全警告、保存、负责人或组织名称及地址、产地等；（2）某些具体产品标签内容，包括零售食品添加剂、基因食品、辐照处理食品；（3）其他法规：营养标签，其他标签方法。

2013 年 1 月，越南卫生部通报了功能食品管理通知，规定了功能食品要求，包括功能食品生产、进口、标签和多媒体广告。

2013 年 1 月，越南卫生部通报了预包装食品标签通知，通知规定了预包装食品标签要求，包括产品名称、成分、数量、有效期、建议和安全警告、责任人或组织的名称和地址、产地、标签和多媒体广告。在越南境内从事预包装食品生产、进口和分销的本国和外国企业及个人应遵守本通知规定。

2013 年 1 月，越南卫生部科学培训局通报了关于在烟草制品包装上的标签和健康警告印刷的卫生部和工业贸易部联合颁布通告。2012 年 6 月 18 日，国民大会发布了《烟草控制法》。这是关于在越南烟草控制工作的第一份和综合的法律文件。依照法律的第 15 条，在国内生产或进口到越南供消费的烟草制品应当标示和印刷健康警告。卫生部长负有主要责任，并且协同工业贸易部长发布关于该主题的细则。因此，卫生部和工业贸易部起草了本通告，用以管理在越南生产和进口到越南供消费的烟草包装上的标签和健康警告的印刷。在越南境内从事和参与烟草制品业务的国内外实体应当遵守本通告的规定。

2014 年 10 月，越南农业与农村发展部科学技术和环境司通报了关于指导含有转基因生物和转基因生物产品的食品标签的联合通知草案，该草案规定了在越南境内销售的含有转基因生物和转基因生物产品的包装食品的标签要求。

2.1.3.1.2.6 关于食品接触材料的法规

2011 年 1 月，越南卫生部食品管理局发布了有关直接接触食品的塑料设备卫生安全的国家技术法规，规定了直接接触食品塑料包装材料的国家技术法规和检验措施。

2011 年 1 月，越南卫生部食品管理局发布了有关直接接触食品的金属设备卫生安全的国家技术法规，规定了直接接触食品金属包装材料的国家技术法规和检验措施。

2012 年 11 月，越南卫生部食品管理局发布了有关直接接触食品玻璃和陶瓷包装材料卫生国家技术法规，规定了有关直接接触食品玻璃和陶瓷包装材料要求、测试方法和管理要求。

2013 年 4 月，越南卫生部食品管理局发布了直接接触食品的玻璃、陶瓷或搪瓷品、容器和包装材料的安全与卫生相关国家技术法规草案。本技术法规草案规定了越南境内直接接触食品的玻璃、陶瓷或搪瓷品、容器和包装材料的质量、卫生和安全技术要求。

2.1.3.2 技术标准

2.1.3.2.1 标准机构概况

越南国家标准化管理机构最初为越南标准与计量协会，成立于 1962 年，经几度变迁于 1994 年正式更名为越南标准质量局（Directorate for Standards，Metrology and Quality，STAMEQ ）。

STAMEQ 隶属越南科学与技术部，总部设在河内，两个分支机构分别设在岘港和胡志明市。STAMEQ 主管越南国内标准化与质量管理工作，直接领导其国内 64 个省市的地方标准化、计量和质量管理部门开展各项标准化工作，并代表越南参加相关的国际和区域性组织及其活动。主要职能为：

建立标准化、计量和质量组织体系；

批准标准化、计量和质量方面的法规；

监督发布的标准化、计量和质量法的实施；

实施国家的质量检验和认可活动，引导和规范合格评定；

参加国际、地区在标准化、计量和质量领域的论坛，在标准化、计量、质量管理、生产力和条码领域举办科研、培训、信息等咨询和国际合作活动。

STAMEQ 组织结构如图 2—1 所示。

由图 2—1 可以看出，STAMEQ 有 21 个分支机构，涵盖了标准、计量和质量工作的各个方面，其中越南标准和质量协会（VSQI）下设标准部、立法规划部、国家质量奖办公室、越南 GS1 办公室、咨询部、出版发行部和印刷部等。其职能具体包括：

研究越南关于标准化及与标准化相关事项的学科；

制定越南国家 TCVN 标准、国际性和区域性标准的发展和采用的纲要和计划；

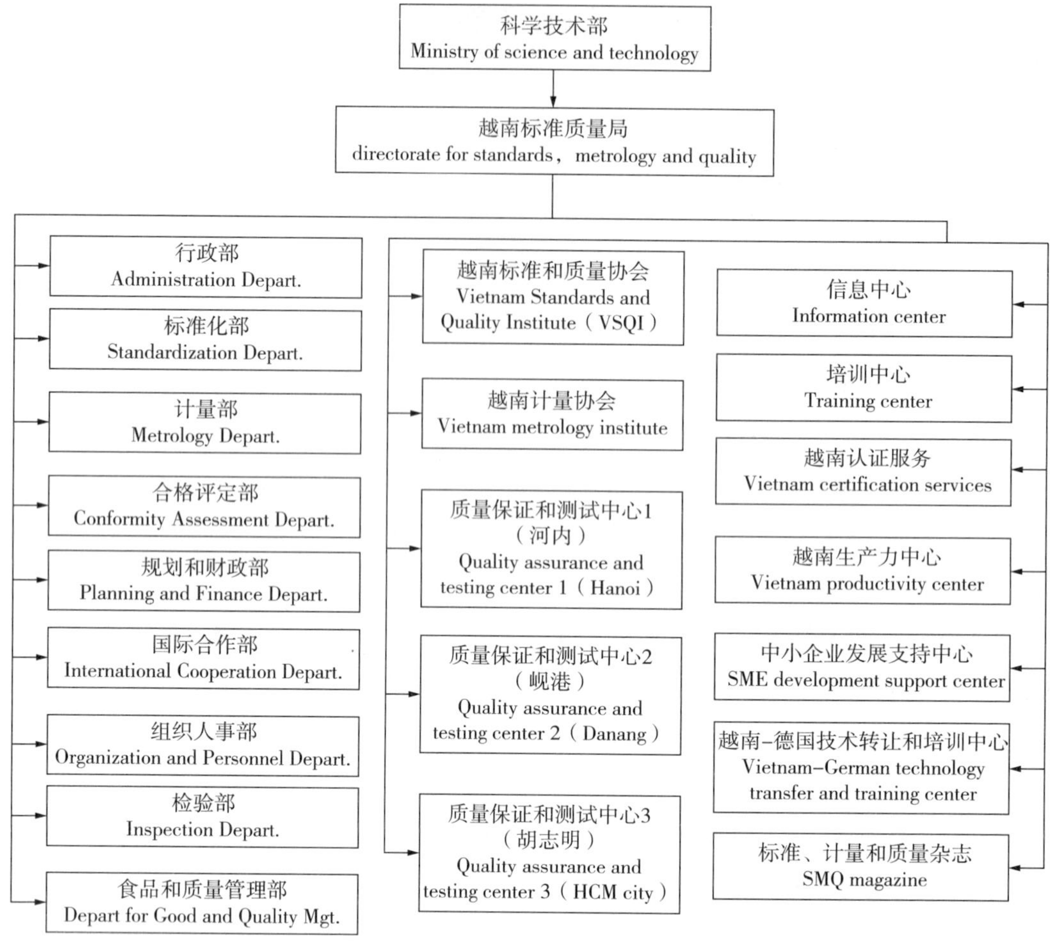

图 2-1　越南 STAMEQ 组织结构图

组织 TCVN 标准的发展和参与国际标准的发展，建立和监督越南的技术委员会和附设委员会；

发行和分发与标准化相关的 TCVN 标准及其他文献；

举办标准化领域的报道、宣传、培训和咨询活动，提供申请管理体系（ISO 9001、ISO 14000 等）的咨询服务，提供与地方标准、企业标准和标准采用及其他活动发展有关的咨询服务；

在 STAMEQ 的授权下与区域性和国际性的标准组织及其他国家在标准化领域进行合作。

2.1.3.2.2　标准化相关法规

越南从 2004 年起开始研究制定本国的标准化法，历经 2 年，2006 年制定颁布了《标准与技术法规法》，并于 2007 年 1 月 1 日生效。其他相关的法律和规章变化情况如下：2000 年颁布实施《产品质量条例》（2008 年 7 月 1 日由《产品质量法》替代）；2000 年颁布实施《计量条例》（2008 年由《计量法》替代，2012 年 7 月 1 日最新修订）；2000 年颁布实施《保护消费者权益条例》。

2.1.3.2.3　标准体系

（1）标准的分级

越南的标准分为 2 级，一种是国家标准（TCVN），由科技部审批后发布，另一种是企业 / 组织标准（TC），企业 / 组织提出并批准在其业务活动范围内使用；技术法规也分为两个等级，一是国家技术法规（QCVN），由各部委和部级单位颁发；二是地方技术法规（QCDP），由各省或直辖市的人民委员会颁布，所有技术法规都是强制性的。截至 2013 年 4 月，越南的标准中强制性标准

QCVN 为 300 个左右，约占 3%，其他均为自愿性标准。

（2）TCVN 的制定和发布程序

①部长级机构起草：组织或个人、STAMEQ 技术委员会提议；

②征求意见：发出草案征求意见（时间为 60 天）；在 STAMEQ 网站上发出通知；相关机构组织会议进行讨论；

③完成标准草案；

④专家委员会评估；

⑤由科技部采纳为国家标准并发布。

TCVN 的制定和发布遵循以下程序：

①对 TCVN 的发展任何个人或组织都可以提出建议；

②每年 VSQI 收集军工部、企业、行业协会和个人等指定领域的新标准项目提案并提交至 STAMEQ 以供参考；

③ STAMEQ 分析新标准制定的必要性并制定 TCVN 发展计划（年度或者中 / 长期），所提交的项目提案有可能被采纳或不被采纳。

标准制定和发布流程如图 2-2 所示。

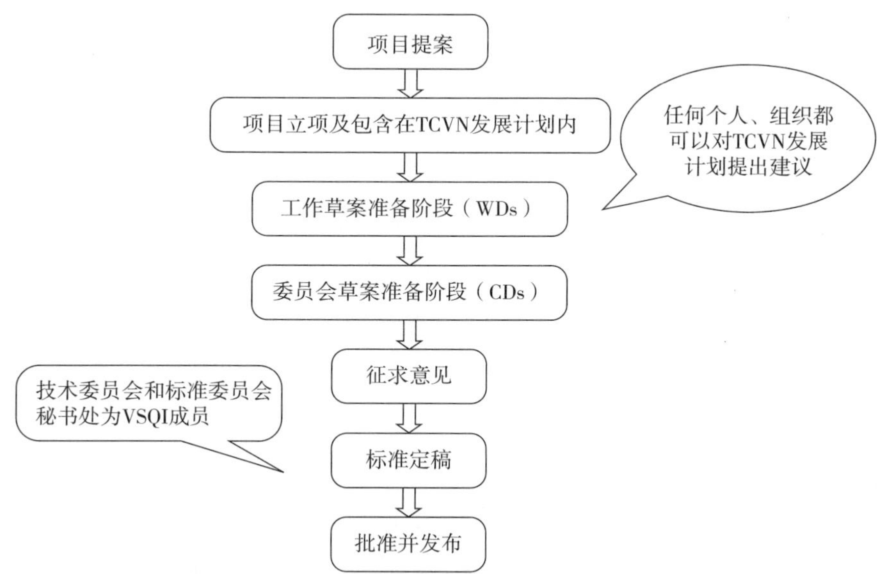

图 2-2　越南标准制定和发布流程

（3）标准研发过程的责任和分工

技术委员会（TCs）、标准委员会（SCs）、工作组和专门组起草标准；

VSQI 负责成立 TCs、SCs 秘书处并审查 TCs、SCs 提交的标准终稿；

STAMEQ 负责审查标准相关记录的完整性并提交 TCVN 标准定稿至科技部；

科技部负责审批并发布。

（4）TCVN 标准总数和采标率

越南有 7000 余项标准，采标率约 36%，但食品行业远远高于平均水平。2008 年 2 月 29 日以前，越南食品标准总数 845 项，采标率为 58%。2008 年 3 月 1 日 ~2009 年 3 月 31 日，越南颁布了食品标准162条，采标为113条，采标率达到了87%。越南标准数量仅次于印度尼西亚，约97%的标准为推荐性标准。

2.1.3.2.4 越南参与国际与区域性组织活动情况

自1977年起越南成为ISO的正式成员，2002年成为IEC协会成员，同时越南也是国际法定计量组织（OIML）、国际实验室认证联盟（ILAC）、食品法典委员会（CAC）、GS1等14个国际和区域性组织的成员。STAMEQ与联合国工业发展组织等26个国际和区域性组织签署了合作备忘录。

2.1.3.3 合格评定程序

2.1.3.3.1 认证认可机构

越南认证中心（QUACERT）由越南科技部设立，隶属于越南标准质量局。其职责主要包括产品认证、体系认证和培训等业务。此外，越南标准质量局下有3个质量保证和测试中心（QUATEST）负责产品认证检测，其中Quatest 1在河内（北部）、Quatest 2在岘港（中部地区）、Quatest 3在胡志明市（南部）。其职责主要包括对进出口产品的检验、生产设备越南认证的确认、测量设备的计量和确认、产品测试和审查、产品和质量体系评定及培训、咨询等。越南认证中心和3个质量保证和测试中心都是指定合格评定机构，可以根据强制性技术法规进行认证。

越南认可机构是越南科技部认可局（Bureauof Accreditation，BoA），成立于1995年11月10日，是亚太实验认证联盟（APLAC）、国际实验室认证联盟（ILAC）、太平洋认证联盟（PAC），以及多边承认协议（MLA/MRA）所列的认证机构成员，主要负责实验室、认证机构、检测机构等符合性评估机构执行测试、校正及验证的技术能力符合国际标准，截至2010年3月，共完成了460多个实验室的认证工作。2009年7月，越南标准质量局发布G/TBT/N/VNM/5号通知中规定电器及电子产品的供应商，必须具备由第三方验证机构的符合法规要求的证书。执行检测或验证电器和电子产品的验证机构和检测实验室，应由越南国家认证机构、亚太实验认证联盟（APLAC）、国际实验室认证联盟（ILAC）、太平洋认证联盟（PAC）会员中的其他机构或MLA/MRA中列出的认证机构认证。

2.1.3.3.2 认证制度

越南开展的认证制度共两大类：一是质量管理体系；二是产品认证。其中管理体系有质量管理体系（QMS）、环境管理体系（EMS）、职业健康安全体系（OHS）、食品安全管理体系、有机产品认证和有机农业GAP认证等制度。对高风险食品卫生和安全产品，法令要求必须经过HACCP认证。另外，还依据相关法律对药品加工企业开展GMP认证等。

2.1.3.3.3 自愿认证和强制认证

越南的产品认证体系，包括自愿认证和强制认证两大体系，其中自愿认证适用于《产品和商品质量法》中定义的低风险产品，自愿认证以越南标准（TCVN和TCCS）或者其他适用的国际标准为依据。自愿认证可以通过第三方认证机构进行，也可以由认证申请方采用自我声明的形式。

强制性认证适用于《产品和商品质量法》中定义的高风险产品。强制性产品认证以国家技术法规（QCVN）和地方技术法规（QCDP）为依据，所有技术法规都是强制性的。强制性认证包括合格评定和符合性声明注册两个步骤。合格评定由指定第三方认证机构进行，或者由认证申请方依据指定实验室的检测结果进行。越南总理决议50/2006/QD−TTg《强制性质量控制产品目录》中列明了强制性认证产品，指定部委将根据政府指派制定特定产品技术法规和程序，指定合格评定机构进行合格评定及指定授权机构进行注册，并对整个合格评定过程进行监督。《强制性质量控制产品目录》对8大领域涉及114种产品实施国家质量检验，并作为国产和进口产品市场准入管理的范围。主要包括：（1）渔业饲料、即食类水产品和即食食品共16类产品；（2）除草剂和杀虫剂、肥料、兽药及兽药原料以及动物饲料等共19类产品。

2008年1月，越南农业与农村发展部发布了转基因作物生物安全管理法规。本法规适用于国内外申请转基因作物（GMC）生物安全认证的组织和个人、国内田间试验操作者，组织和个人指的是与拟作为植物种类的GMCs风险评估活动和安全认证事务相关的在越南境内从事生产、销售、进出口转基因植物品种的组织和个人。

2.1.4 进出口安全监管机制

2.1.4.1 进出境动物及其产品检验检疫程序

（1）所有从事进出境、进口加工后再出口、出口加工后再进口、保税区、边民互市贸易区以及转运过境的动物及其产品贸易的经营者必须经兽医局注册登记。

（2）进境动物及水生动物产品的检疫要求：

①兽医局负责对食用或非食用的进境水生动物及其产品实施检疫并颁发检疫进口许可证。

②以食用为目的的水产品：贸易商必须在国家农林水产品质量管理局进行注册登记，并抽样检验证明其产品符合卫生和食用安全。

2.1.4.2 进出境植物及其产品检验检疫程序

（1）植物及植物产品的进口

①申报

货主及其代理人应当在货物到达入境口岸24小时内填写入境申报单，向最近的植物检疫机关申报。植物检疫机关在第一入境口岸办理检疫手续，在有特殊植物检疫手续的情况下，将在有隔离条件的地点办理检疫手续。

②查验和检疫

植物检疫机关接到货主报验后，应当在24小时内检查货物并开具植物检疫单，特殊情况下超过24小时的，应当向货主通报有关情况。越南植物检疫对象名录及植物检疫范围，由农业与农村发展部部长按照各个时期的不同要求确定并公布。

③检疫处理

发现货物被植物检疫对象感染时，如货物受到在越南尚无分布的植物检疫对象感染时，则禁止其入境，应当监督退回出口国或销毁；如货物受到在越南已有局部分布的植物检疫对象感染时，则按照植物检疫机关确定的办法进行处理后，准其进入越南，而当根据越南现有条件尚不能处理时，应当退回出口国或销毁。

④出证

对于不带有植物检疫对象和有害生物或者已经过处理的货物，植物检疫机关签发入境植物检疫证书，允许入境。

⑤放行

符合要求的植物及植物产品允许进境。

⑥进口植物种子和有益生物

批准进口的种子类货物只允许运往已在口岸注册登记时指定的地点种植，到达指定地点后，应当向当地的国家植物保护机关和植物检疫机关申报，以便继续跟踪检疫，及时发现有害生物的情况；第一次引种进口的种子，只能在植物检疫机关规定的地点播种，以便植物检疫机关跟踪有害生物发生情况，在植物检疫机关得出不带有越南检疫对象的结论后，方可推广生产。

（2）植物及植物产品的出口

①申报

出境货物到达最后口岸或将由该地直接出境时，货主应当在24小时内填写出境申报单，向最近的植物检疫机关申报。

②查验和检疫

植物检疫机关按货主请求，采取检查基层生产单位、内地保管地等有关材料和在最后口岸进行复查的方式，24小时内办理检疫手续并开具植物检疫单，特殊情况下超过24小时的，应当向货主通报有关情况。检疫货物范围包括：贸易合同中列明检疫要求的、越南对外签署的协议或缔结的国际条约中有检疫规定的、货主有检疫要求的。

③出证

在检查和最后复查合格的情况下，签发植物检疫证书。

④放行

带有植物检疫证书的植物及植物产品允许出境。

2.1.4.3 进境农食产品认证认可要求

2.1.4.3.1 自由销售许可证

越南主管部门要求具备自由销售许可证（CFS），以证明该产品对消费者的健康是安全的，且其生产符合《食品安全条例》的规定。CFS应由原产地主管部门授予，注明商品名称、商品分类、签发日期、生产商名称和地址、许可证的参考编号以及颁发许可证的组织/主管部门的名称和地址。可提供CFS原件或经公证/合法的文件副本。

2.1.4.3.2 分析许可证

越南主管部门要求出具分析许可证（CA），以核实产品规格是否符合越南有关食品安全和质量的技术法规。分析许可证（CA）应在生产之日起12个月内签发，并应提供原件或经公证/合法的文件副本。隶属越南卫生部（MOH）的食品管理局（VFA）接受下列机构颁发的分析许可证：由出口国的国家主管机构指定的实验室、独立认证的实验室或越南主管机构批准的原产国实验室。

2.1.4.3.3　出口 / 卫生许可证

越南对动物和动物产品实行了一系列进口要求。出口许可证应包括由越南动物卫生部（DAH）接受的许可证范本为基础的额外认证。

对于肉类、肉类制品和海产食品，只有经核准的加工生产商其出口越南的产品，才能进入越南。经核准的生产商也可能再次接受越南的检查。经批准允许出口动物源性食品的食品经营者（FBOs）清单可在越南国家农业林业渔业质量保证部（NAFIQAD）网站上获取。

2.1.4.3.4　植物检疫许可证

要求提交植物检疫许可证以表明进口植物和植物产品符合植物检疫进口要求的有关规定，并由出口国有关植物卫生主管部门进行检验。与兽医许可证不同，所有的植物产品只有一个许可证范本，并根据越南法规的具体要求，对许可证的附加声明进行验证。

2.1.4.3.5　加工植物产品许可证

越南农业和农村发展部（MARD）在其网站上公开了有资质获取加工植物产品出口许可证的商品目录以及不适合任何类型的加工植物产品（PPQ）认证的无资质商品目录，在第 30/2014 号通知中广泛定义了植物检疫商品清单，然后根据第 2515 号决议中的植物检疫要求，具体说明了协调系统（HS）列表中的主体产品编码。该列表包括各种包装前期的、面向消费者的、高度加工食品的植物源性商品。

2.1.4.3.6　动物和动物产品的检疫进口许可证

越南农业和农村发展部（MARD）/ 动物卫生部（DAH）要求在动物和动物产品、家禽和肉类以及海鲜的进口之前，出具由越南动物卫生部签发的检疫进口许可证（QIP）。进口商须向越南动物卫生部提交检疫登记表格。在收到有效档案的 5 个工作日内，根据越南和出口国的疾病情况，越南动物卫生部应颁发检疫许可证，并通知检疫机构的进口方，以便为受检货物办理检疫程序。

2.1.4.3.7　植物和植物产品检疫进口许可证

越南农业和农村发展部（MARD）/ 植物保护部（PPD）要求在植物和植物产品的进口之前，出具由越南植物保护部签发的植物检疫进口许可证，包括基于虫害风险分析的货物列表。进口商必须向植物保护部提交注明货物产地和数量的申请档案。在收到有效档案之日起 15 日内，植物保护部应签发植物检疫进口许可证，或书面通知进口商拒绝检疫。

2.1.5　监管特点

（1）基本完成了食品安全管理和动植物卫生保护的立法，并以政府或部委令、标准和技术法规的形式明确并指导法律、条例的实施。

（2）建立并完善了相关政府部门的执法能力，并明确规定了主管当局食品质量安全管理的权限，以保障消费者健康和动植物卫生。各部门各自管理管辖范围内产品的安全和质量，几乎所有的中央级技术性管理部门都设置了质量管理司。

（3）加强了对进口食品的检验和管理要求。根据《食品安全法》第六章第一节第 39 款的规定：所有进口食品、食品添加剂、食品加工原料、工具、包装材料均须经过国家法定检验合格才能通关。食品的进口检验按严格程度分三类：一是严格检验；二是正常检验；三是宽松检验。具体检验规定和规程分别由产品主管部门即卫生部、农业与农村发展部和工贸部按 2012 年第 38 号令要求进行制定和发布。

（4）内部有协调。新的食品安全法出台前，越南政府指定科技部作为协调部门负责统一管理国内流通领域的产品和进出口货物的质量和标识；负责召集和协调其他相关部门组织对口岸货物和市场的产品质量进行检验和检测。负责涉及食品质量安全的部门有 5 个部级部门：一是科学技术部，负责所有一般商品包括食品的质量检验；二是卫生部，负责食品的卫生和安全检验；三是工商部，负责食品在生产、销售以及流通环节中的事务；四是农业与农村发展部，负责农产品、林产品、水产品和食盐的食品卫生和安全检验，也负责动、植物的进、出口检验；五是自然资源及环境部，负责食品生产、加工和贸易过程对环境的保护。根据新的《食品安全法》，国家将食品安全管理部门整合为 3 个部门：卫生部、农业与农村发展部和工商部，分工也按产品所辖范围进行了明确的分工。卫生部作为负责国家食品安全方针政策及重大规划的制定、发布和实施政府部门，在内部协调上担当了更多的责任。

2.2 新加坡

新加坡位于马来半岛南端、马六甲海峡出入口，北隔柔佛海峡与马来西亚相邻，南隔新加坡海峡与印度尼西亚相望。由新加坡岛及附近 63 个小岛组成。新加坡岛东西约 50 公里，南北约 26 公里，地势低平，平均海拔 15 米，最高峰 163.63 米，海岸线长 200 余公里。20 世纪 60 年代，新加坡陆地面积 581.5 平方公里，经过多年填海造地，目前已增加 24%，政府计划到 2030 年再填海造地 100 平方公里。自 1965 年独立以来，政局稳定，社会和谐，司法公正严明，政府廉洁高效，经济建设取得了举世瞩目的成就。

2009 年以来，新加坡经济实现持续增长。2016 年，新加坡国内生产总值 2970 亿美元，增长 2.0%，人均 GDP 为 52962 美元，成为全球经济最具活力、前景持续看好的新兴经济体之一。新加坡面积小、人口少、资源匮乏，吸引外资是其经济增长的重要保障。新加坡政府实施有利于工商企业发展的各项政策，连续多年在世界银行评定的"亲商经济体"中名列前茅。总体而言，新加坡外资准入政策相当宽松，对外资企业实行无差别的国民待遇，既没有针对外资的特殊限制，也没有专门针对外资的特殊优惠政策。外资在新加坡设立企业，注册手续简便，一般无出资比例和出资方式的限制，外汇自由进出，政府对内、外资企业的监管也一视同仁，外资企业同样可以享受新加坡政府对企业的扶持政策。

中新是互为重要的经贸合作伙伴，近年来双边经贸合作取得长足发展，合作领域日益广泛，合作机制逐步健全，合作层次不断提高，合作内容与各自国家发展战略的结合日趋紧密。2009 年，《中新自由贸易协定》正式实施以来，双边经贸合作进入更为密切、成熟的新阶段，成为双边关系的"压舱石"和"推进器"。据新方统计，目前中国为新加坡第一大货物贸易伙伴（自 2013 年起）、第二大服务贸易伙伴（2014年起）、对外投资第一大目的国（自2007年起）。据中方统计，2013年以来新加坡成为中国第一大外资来源国、第三大外派劳务市场，2015年起新加坡成为中国第二大对外直接投资目的国，同时，以单个国家和地区计，新加坡在中国全球货物贸易和服务贸易伙伴中，也均排名第10名左右。同时，新加坡在我国建设“一带一路”，特别是“21世纪海上丝绸之路”中可以发挥积极作用，成为重要的战略支点之一。据中方统计，2016年新加坡对中国投资占“一带一路”沿线60多个国家和地区对华投资总额的85.2%，中国对新加坡投资占中国对“一带一路”沿线国家和地区投资总额的28.9%，中新货物贸易额占中国与“一带一路”沿线国家和地区贸易总额的8%，同时新加坡也是中国在“一带一路”沿线国家和地区中的第一大服务贸易伙伴。新加坡的地位和作用凸显。

2.2.1 监管机构概况

新加坡农食产品监管机构主要包括农粮兽医局、国家环境公共卫生署、环境和水资源部、贸易与工业部等。

2.2.1.1 农粮兽医局

农粮兽医局（Agri-Food and Veterinary Authority）是5个执行局之一，隶属卫生基础设施司，负责新加坡食品零售前的安全，其职责包括：动植物和食品来源的检验和认可/审批；动植物和食品的进出口审批和检验；动物和植物的检疫；风险评估和食品安全、动物卫生和植物卫生标准的制定；食物携带的危害物质以及动植物疫病和病虫害的监测。下设2个中心以提供试验室检测服务：动植物卫生中心（Animal and Plant Health Centre）、兽医公共卫生中心（Veterinary Public Health Centre）。

2.2.1.2 国家环境公共卫生署

国家环境公共卫生署（简称公共卫生署，EPHD）负责：①固体废物管理；公共区域清扫；垃圾收集（环境部的合同公司执行）；废物最小化；②维护公共卫生；③执行食品卫生标准；④虫害控制；⑤食品加工厂的许可；⑥流行病控制与防疫；⑦全民公众教育，提高环境意识——废物最小化与绿色消费主义。国家环境公共卫生署下设小贩处、环境卫生处、环境卫生研究所，环境卫生处负责宏观管理、政策制定、项目策划和培训工作，具体检查、协调、督导、执法、考核等工作由外设5个执行机构分区办事处负责。

2.2.1.3 环境和水资源部

新加坡环境和水资源部（Ministry of the Environment and Water Resources）原名为环境部，2004年水资源管理职责加入后更名而来，其职责之一便是保障公共卫生（public health），其中包括食品卫生（food hygiene），负责食品零售领域的管理。主要管理食品经营店（公司、销售摊点等）的环境卫生、食品卫生和个人卫生等，确保销售的食品安全可靠。

2.2.1.4 贸易与工业部

贸易与工业部（Ministry of Trade and Industry）是新加坡贸易和工业的主管部门，其下属机构标准、生产力与创新局（Standards，Productivity and Innovation Board）负责加工食品的加工标准和食品加工技术研究等工作。

2.2.2 法规体系概况

新加坡的食品安全立法体系是由刑法典以及行政法共同规定的，包含的食品安全犯罪行为种类非常繁杂。其主要的食品安全行政法包括《食品销售法》《环境公共卫生法》《饲料原料法》《农食兽医管理局法》《动物和鸟类法》《植物管制法》《渔业法》，以及这些行政法附属的大量行政条例等。其中主要规范是《食品销售法》《环境公共卫生法》及其附属性条例。

2.2.2.1 《食品销售法》

《食品销售法》（Sale of Food Act）于1973年根据第12号法令制定，并于1985年、2002年和2005年进行了修订，其立法宗旨为："一件确保食品纯洁而有益于健康并且确定此种标准、避免销售、处置、使用有害于或者危及健康的食品的法律"。

《食品销售法》制定于1973年5月1日，现用2005年的修订版。该法旨在于加强对进口加工食品的监督和管理，确保国家食品的安全和公平交易。食品零售之前的质量安全管理由新加坡农产品兽医局负责，食品的零售卫生安全管理由国家环境署负责。根据此法制定的一系列法规有：《食品法规》《食品销售规定》（禁止销售口香糖的规定）、《食品销售（处罚）规定》《食品销售（企业）管理规定》《农业食品和兽医管理法案》（2000年第16号法案）等。

2.2.2.2 《环境公共卫生法》

《环境公共卫生法》于1987年根据第14号法令制定，并于1987年至2002年进行了6次修订，其立法宗旨为："一件旨在加强公共环境卫生及相关事宜的法律"。《环境公共卫生法》是一部国家环境局主管公共环境卫生的综合性法律，第四部分是对食品设施、市场和商贩的相关规定。

2.2.2.3 《鱼及肉制品健康法》

《鱼及肉制品健康法》（Wholesome Meat and Fish Act）制定于1999年12月10日，2000年进行了修订。该法旨在规范动物的屠宰、加工、包装、卫生检验、进出口、运输、销售等环节的管理，确保肉及鱼产品的安全和民众健康。根据该法制定的规定包括：《鱼及肉制品健康（收费）规定》《鱼及肉制品健康（进、出口及转口）管理规定》《鱼及肉制品健康（加工企业及冷库）管理规定》《鱼及肉制品健康（屠宰场）管理规定》《鱼及肉制品健康（肉制品运输）管理规定》《鱼及肉制品健康（批发销售）管理规定》等。

2.2.2.4 其他相关法规

《饲料原料法》《农食兽医管理局法》《动物和鸟类法》《植物管制法》《渔业法》《进出口管理法》《必需品控制法》《消费者保护法》也对农食品安全问题作出了相关规定。

2.2.3 技术性贸易措施体系

2.2.3.1 技术法规体系

2.2.3.1.1 基本法规

新加坡的大部分粮食和蔬菜都是依靠进口，所以，新加坡在农食品贸易壁垒法律体系上是最严苛的。新加坡法律体系中，涉及贸易的主要有《海关法》《战略物资控制法》《进出口商品管理法》《进出口贸易规则法令》和《自由贸易区法令》等。新加坡的经济政策比较开放，一般不会对进口商品实施配额限制，大部分货物可免税进口，仅对部分产品限制进口或征收关税。新加坡的农业贸易技术性贸易壁垒主要表现在法律、标识标签、查验检疫等。法律法规上，2008 年中新之间的《自由贸易协定》对双方贸易作出了原则性规定，其中第 8 条第 2 款、第 3 款更是明确了非关税壁垒的实施前提和实施透明度；新加坡《进出口商品管理法》也作了明确规定；新加坡《食品销售法令》(283 章) 规定了食品的原产地要求、食品的注册等制度。

新加坡的食品安全立法体系是由刑法典以及行政法共同规定的，包含的食品安全犯罪行为种类非常繁杂。其主要的食品安全行政法包括《食品销售法》《饲料原料法》《农食兽医管理局法》《动物和鸟类法》《植物管制法》《渔业法》以及这些行政法附属的大量行政条例等。

新加坡食品安全立法以预防为主，从食品生产、制造和加工的源头严格控制，预防不安全的食品流入市场，造成食品安全事故。如《农食兽医管理局法》规定了严格食品生产许可证管理制度，任何转让、租借或不按期更新许可证的行为都构成犯罪；《健康肉类与鱼类法》规定没有屠宰证而屠宰、进口、出口家畜及家禽或者鱼类，以及制作假检验检疫证明、私屠滥宰、无执照开设肉类冷库都构成犯罪；《饲料原料法》规定如没有许可证而生产或者进口饲料的，也将构成犯罪。

新加坡食品安全犯罪处罚的行为非常广泛，包括了从食品原料、生产、加工、包装、运输、贮藏、销售、进口、监管等各个环节，法网编织的非常严密。新加坡食品安全刑法的犯罪主体范围较广，除了食品行业的生产者、经营者之外，食品行业从业人员、动物饲料的提供者、食品原料的供应者、食品仓储保管人、食品运输人都可能构成食品安全犯罪。例如，根据《食品销售法》，食品运输车辆的管理人员或者所有人不能保证食品运输车辆达到法规要求的适宜运输食品条件的，将构成运输食品车辆不清洁罪。

2.2.3.1.2 一般食品法规

新加坡农粮兽医局 (AVA) 制定了食品条例，本条例内容包括：Ⅰ定义。Ⅱ行政管理。Ⅲ基本条款。1) 基本标签要求；营养信息表；虚假声称；日期标识；维生素或矿物质有关的声称；食品进口；2) 食品添加剂；食品杂质 (杂质、农药残留、重金属 / 砷 / 铅 / 铜、抗生素残留、雌激素残留、霉菌毒素、3－氯－1，2－丙二醇、微生物污染）；矿物质的使用；食品容器；食品辐照。Ⅳ食品标准及特殊标签要求。面粉、焙烤及谷物产品；充气配料；肉及肉制品；鱼及鱼类制品；食用油脂；乳及乳制品；冰激凌、冷冻糖果及相关产品；酱油、醋及调味品；糖及糖制品；茶、咖啡及可可；果汁及水果压榨类产品；果酱；不含酒精饮料；酒精类饮料；盐；香辛料及调味品；香精及提取物；风味增强剂（味精）；特殊用途食品（特殊用途食品及标签、低能量食品、糖尿病患者食品、含有植物甾醇及酯/植物甾烷醇及酯的食品、婴幼儿食品、婴幼儿配方食品、婴幼儿配方奶粉或婴幼儿奶粉制品、婴幼儿配方奶粉标签要求）；其他食品（琼脂、吉士粉、食用明胶、鱼形饼干及虾片）；大米。Ⅴ处罚。附录1允许使用的配料名称表述。附录2预包装食品日期标识。附录3允许使用的抗氧化剂及限量规定。附录4允许使用的化学防腐剂及限量规定。附录5允许使用的色素物质。附录6允许使用的乳化剂及稳定剂。附录7允许使用的营养强化剂。附录8允许使用的一般用途食品添加剂。附录9规定农药最高残留限量的食品。附录10食品中砷、铅、铜的最高允许限量。附录11食品微生物标准。附录12营养信息表格式。附录13某些食品类别中允许使用的甜味剂及最高允许限量。附录14允许使用的声称标准。

（1）关于食品添加剂的法规

①在食品条例中，"一般用途食品添加剂"是指提供食品加工或包装过程中的有具体用途的食品添加剂，包括加工助剂。

②任何人不得使用除第八条所指明以外的一般用途食品添加剂列表。

③若食品中含有经许可用于一般用途的食品添加剂，除非该食品适合人们使用，否则任何人不得进口、销售、宣传、生产、运输或投递该食品。

④任何人不得进口、销售、宣传、生产、运输或投递任何含丙酮残留食物，以下情况除外：

a. 在香料生产过程中，丙酮可用作加工助剂，其残留量不许超过5mg/kg；

b. 在任何食物或含香料的食物中，丙酮可作为一种或多种配料的加工助剂，其残留量不许超过0.1mg/kg。

⑤甲醇可作为食品中的萃取溶剂，但甲醇的残留量在食品中不许超过5mg/kg。

（2）关于有毒有害物质的法规

新加坡《食品销售条例》中对农食品中的农药及其他污染物的定义及表现形式作出了法律规定，新加坡流通流域的食品必须满足以下要求：

①砷铅铜含量不得超过规定的标准。

②汞含量0.5mg/kg适用于鱼或鱼产品中，含量不超过0.05mg/kg适用于其他产品。

③锡含量不得超过250mg/kg。

④镉含量不超过1mg/kg的标准适用于软体动物，含量不超过0.2mg/kg的标准适用于其他产品。

⑤锑含量不得超过1mg/kg。

⑥硒含量不得超过1mg/kg。

⑦可检测到的抗生素残留物或其降解产物不得超过规定标准。

⑧任何肉类或食品中残留的雌性激素不得超过规定量值。

⑨可检测到的黄曲霉毒素或其他真菌毒素不得超过规定含量。

（3）关于食品标签的法规

①食品包装、标签标识方面，新加坡《食品销售条例》明确规定，标签必须贴在醒目的位置，且标签必须用英文表明产品信息及其他信息，且符合新加坡《食品销售条例》的相关要求。根据该条例，进口食品的标签应标注：品名、成分、生产商等的名称和地址、日期、数 / 重量标示等，此外对某些专用食品的标签也作了特殊规定，如标有“无糖”或“多糖”字样；同时条例还禁止了一系列的标签误导措施，以此规范食品的标签制度。检验检疫上，新加坡对进口产品检验检疫标准和程序相对严格，由农粮兽医局（AVA）实施。在农业贸易中，AVA 特别检验进口水果和蔬菜，抽取部分水果和蔬菜的样本进行化验，以检测农药残留。同时，为了方便鉴别，AVA 规定所有进口的果蔬箱须标明原产国和包装厂。

②新加坡食品条例 Food Regulations —Part3.5 标签通用要求（General requirements for labelling）

核心内容：任何人不得进口、宣传、生产、销售、托运或派送不具有本条例所规定标签要求的预包装食品。除非本条例另有规定，预包装食品的包装显著位置应标记或牢固加贴含有英文版详细说明、声称、信息和字样的标签。食品标签主要包含下列内容：通用名称或食品真实属性的说明；由两种或多种配料制成的食品，每种配料的适当名称，除非明确规定了每种配料的含量或比例，这些配料应依照在食品中的含量比例依次降序排列；含有合成色素柠檬黄的食品配料的标注；包装纸或包装容器内的食品净含量的表达方式等。

③新加坡食品条例 Food Regulations—Part3.8A 营养信息表（Nutrition information panel）

除非标签上包含以本条例表 12 规定的形式或署长可接受的其他相似形式制成的营养信息表——表中可标示能量值、蛋白质含量、碳水化合物、脂肪和任何其他营养素（进行相关营养声称）含量，否则标签上不得标示任何营养声称。另外，标签上标示盐、钠和钾或任意两种或者所有 3 种营养素的营养声称（没有任何其他营养声称）时，可将能量和除钠和钾之外的营养素由营养成分表中删除。第 1 条不适用于总表面积少于 100cm^2 且标签中含有下列项目的预包装食品：进行营养声称的每一种营养素含量的声明；无糖食品的声称、食品能量值声称或食品能量产量的声明。

（4）关于食品接触材料的法规

对于食品包装和容器中的乙烯基单体含量作了严格限定，违反以下要求的将不被允许供应、传递、销售：氯乙烯单体含量超过 1mg/kg；产出或产出的成分中氯乙烯单体超过 0.1mg/kg；产出或产出的成分组成中含有致癌、致突变、致生殖毒性（CMR）物质或者其他有毒有害物质。

（5）近年来食品法规法规的修订

2011 年，新加坡农粮兽医局（AVA）审议了食品法规，并提出以下修改：（ⅰ）准许使用新食品添加剂，并将目前准许的食品添加剂扩大到更多食品类别。这些食品添加剂属功能组：抗结剂、甜味剂、抗氧化剂、调味剂、着色剂、乳化剂、稳定剂、营养强化剂及常用食品添加剂。（ⅱ）纳入干蘑菇及可可和可可制品内镉的具体限量。（ⅲ）将含甜味剂、辐照食品、全谷食物、冷冻肉和鱼、脂肪和油、脂肪涂抹食品、天然矿泉水、婴幼儿食品 / 婴儿奶粉、含有植物甾醇、植物甾烷醇的特用食品和其酯类食品纳入新定 / 修订食品标准。（ⅳ）食品标签方面的新要求：预包装食品净含量声明、液态介质包装食品沥干物重声明和冷冻食品重量声明。含有属于潜在食物过敏原成分的预包装食品需要特别标示，以告知消费者这些成分的存在。扩大需标注日期与失效期预包装食品名单，纳入即食切割果蔬（如削切水果蔬菜），因为这些都是极易腐烂产品。法规修改案具体介绍了卫生许可列表及食品标签和广告使用标准。（ⅴ）修订进口许可申报要求（适用于进口食品）：在申请进口许可时无品名的食品必须声明使用：海外制造商名称或指定品牌。这对追踪产品来源极为重要。（ⅵ）作为减少当地居民摄取反式脂肪的新加坡国家努力的一部分，对于脂肪和油类，采用每100g产品2g反式脂肪的限量，对于零售包装强制性采用反式脂肪标签。

2013年，新加坡农粮兽医局（AVA）于8月1日在其官方公报上刊登了2013年食品条例（修正案），并宣布于发布之日起正式实行。该条例为新加坡食品销售法案的第56部分，此次修订主要包括以下几个方面：一是定义了幼儿的概念，特指1~3岁的儿童；二是新增加了9种食品添加剂，并规定了其在69类食品中的限量要求；三是规定了婴儿配方奶粉中聚葡萄糖的最大含量不得超过0.2g/100mL，以及二甲基二碳酸盐使用量的清晰释义；四是规定了真菌毒素黄曲霉毒素B_1、黄曲霉毒素M_1、棒曲霉素在婴幼儿食品中的最大限量，以及三聚氰胺在婴儿配方食品及其他食品中的最大限量；五是修改了营养信息表中营养素含量的单位等。

2016年1月29日，新加坡农粮兽医局（AVA）发布食品法规2016年修订版，并要求所有进口商遵守该法例要求。食品法规2016年修订版（此前为食品法规2015年修订草案）于2016年2月2日开始实施。食品法规2016年修订版修订内容主要包括：a. 在包括产品贴上"有机"（或类似术语）前，该产品必须被检验和认证系统认证，该系统符合有关有机产品生产、加工、标签和销售的法典准则的要求；b. 按照良好生产规范在食品中允许使用的甜味剂Advantame；c. 允许在婴儿配方中使用牛乳铁蛋白，并设定100mg/100mL的最大允许限量。此外，食品法规2016年修订版还包括：禁止进口、销售供人类直接饮用的生牛乳；使用"变性淀粉"的产品应在标签上注明使用了"变性淀粉"。

2.2.3.2 技术标准

新加坡国家标准现在由SPRING Singapore负责组织制定、批准和发布。SPRING Singapore目前作为新加坡国家标准机构加入IEC和ISO等国际标准组织。新加坡的国家标准，一般直接采用ISO、IEC等国际组织制定的国际标准，或者根据当地特点等效使用。新加坡国家标准的制修订工作通过其标准理事会和下设的9个标准委员会以及相应的技术委员会进行。该9个标准委员会是：建筑标准委员会、化学标准委员会、电子电气委员会、食品标准委员会、一般工程及安全标准委员会、信息技术委员会、管理体系委员会、医疗技术委员会和服务标准委员会。标准委员会的技术委员会负责具体标准的编制和修订，技术委员会的成员一般是来自各有关工业界机构、大学研究院校、政府和工业协会的代表。SPRING还指定了这些标准委员会相应的管理部门，即新加坡资讯通信管理局、新加坡化学工业理事会和新加坡制造商联合会，负责开展和推进各自领域内的标准化工作。

新加坡在采用世界先进标准、推进标准化进程方面成效显著，国际标准采标率达80%以上。其水平较高的标准领域包括石化、水处理、电子、食品质量安全和工程建筑领域等。

新加坡制定的国家标准多为推荐性标准，企业自愿采用。但涉及人身、动植物健康、反欺诈、环境保护等方面的标准，则制定相应法律法规，转变为技术法规，强制执行。

新加坡的国家标准分为两类：新加坡标准（SS）和技术参考（TR）。两者形式相同，都是关于材料、产品、程序或服务的要求规范。但TR是临时制定的过渡性文件，通常是某一产品没有可供参考的标准，或者制定时很难达成统一意见情况下制定的，文件使用期一般不超过两年，旨在通过使用，积累技术经验，当技术成熟即转化为国家标准。TR不用通过政府公报的形式来征求一致性意见。两年期满后，TR被重新评估来决定是否升级为新的新加坡标准，或者继续作为TR，或者因为不适用而被废除。TR作为国家技术文件，可为企业及时提供技术性指导，极大提高了政府对产品质量管理的效能。

2.2.3.3 合格评定程序

新加坡的合格评定活动开始于20世纪60年代，1986年11月，新加坡实施了实验室认可计划（SINGLAS），开始按国际通行要求开展实验室认可活动。1996年10月，新加坡成立了SAC，统一负责质量体系认证机构认可工作。1998年4月，SINGLAS正式并入SAC，由SAC统一负责实施实验室、检查机构和认证机构国家认可制度。

新加坡的认证认可体系与我国相似，由国家统一的主管部门负责认证认可制度的建立和实施。在国际互认方面，新加坡与我国均为两大国际认可组织IAF和ILAC，以及两大区域组织PAC和APLAC的正式成员，并在质量管理体系认证、实验室、检查机构认可领域签署了多边互认协议（MRL和MRA）。

1991年，新加坡贸工部指定SPRING作为安全授权机构实施《消费者保护（安全要求）的注册体系》，开始对45大类受控产品实行注册登记制度，这些产品必须经过认证、登记并加贴标志后才能进入新加坡市场销售。

2.2.4 进出口安全监管机制

2.2.4.1 进出境动物及其产品检验检疫程序

2.2.4.1.1 基本要求

按照新加坡法律规定，指定哪些国家或哪些地区的动物及鸟类、其他特定的动物或鸟类可以进口、转运、受限或不受限。完全禁止或有条件地禁止进口某些特定国家或地区的动物尸体、精液、饲料、幼崽、粪便或其他动物产品，这些有可能引起或传播疾病。

只有获得AVA执照的进口商才可以在新加坡从事商业用途的动物进口。每次进口动物须向AVA申请许可，没有许可证任何人不得进口或转运动物、鸟类或兽医生物制品。

2.2.4.1.2 进境动物及其产品检验检疫

向新加坡进口动物或鸟类，必须在动物或鸟类到达新加坡前由检疫官进行检验，费用由货主承担。

进行动物或鸟类检查，检疫官可以将动物或鸟类扣留在检疫站或经局长批准的其他场所直到检验结束。

如果动物或鸟类被查出有疾病或伤害，检疫官认为不能治疗或消除或者不能消除动物或鸟类有可能扩散的疾病，进口动物或鸟类的货主必须立即销毁动物或鸟类，按照局长或检疫官规定的方式清理尸体，并自己承担损失。

2.2.4.1.3　出境动物及其产品检验检疫

（1）按照规定格式向局长提出申请并交纳规定的费用，取得出口动物、鸟类或其尸体的许可证。除满足以下条件外，任何人不得出口动物、鸟类或其尸体。

①局长签发的许可证；

②许可证规定的条件；

③规定的其他条件。

（2）出口前动物及鸟类的检查和处理

任何人想从新加坡出口动物或鸟类，必须安排动物或鸟类的检查，如有必要，需在出口前由检疫官进行检疫处理，费用由货主承担。

检疫官可以将动物或鸟类扣留在检疫站或经局长批准的其他场所直到查验结束。

如果动物或鸟类被查出染有疾病，在得到局长或检疫官的许可前，不得出口这些动物或鸟类。

局长或检疫官可以指挥出口动物或鸟类的货主按照规定方式处理或销毁动物及鸟类，并自己承担损失。

2.2.4.1.4　患病动物或鸟类的销毁或隔离条件

（1）检疫官确定这些动物或鸟类感染了疾病；

（2）局长或检疫官有其他合理的理由认为这些动物或鸟类感染了疾病；

（3）局长或检疫官有其他合理的理由认为这些动物或鸟类——

①可能已与其他带病的动物或鸟类接触；

②可能已经生病；

③可能带有其他疾病。

2.2.4.2　进出境植物及其产品检验检疫程序

进出境植物及其产品检验检疫基本要求如下：

（1）西马来西亚：目前无任何限制。

（2）非属南非热带地区的国家：若植物进口时未带有土壤或以裸根方式（未带有生长的培养基），须备有原产国的植物检疫证书（phytosanitary certificate），以证明其土壤与培养基中使用的化学品是被允许的。若植物进口时带有土壤或培养基、盆（如泥煤苔等），那么必须备有 AVA 的进口许可证。单次的进口许可证需 18 元，有效期间为 3 个月。进口许可证必须在进口前申请。

（3）南美热带地区的国家：土壤与其他生长的培养基，或是带有土壤或生长基的植物皆被禁止输入新加坡。另外，除了 AVA 进口许可证之外，原产国的植物检疫证书必须注明（本植物无北美枯叶症，或是生产于无北美枯叶症之地区）。

（4）除上述情况，所有植物进口后必须接受 AVA 检查。

（5）受《濒危野生动植物种国际贸易公约》（CITES）保护的濒临绝种植物，必须备有 CITES 的允许证始准进口。

2.2.4.3 进境农食产品认证认可要求

基本上，所有进入新加坡的食品 / 食品产品都必须来自由新加坡农粮兽医局（AVA）批准的来源。出口特定类型食品的海外食品生产机构需要获得相关的认证或经过相关程序，包括肉类和肉类产品、加工鸡蛋、新鲜食用鸡蛋、家禽和家禽产品、某些类型的加工食品以及鱼类和鱼类产品。申请须通过出口国主管部门提交。

新鲜水果、蔬菜和某些类别的加工食品产品，必须来源于境外主管部门监管的生产机构，但不需要申请新加坡农粮兽医局（AVA）认证。

在满足进口食品来源审批要求和特定类型食品的条件下，下一步将需要通过贸易交流系统（trade exchange system）申请进口许可证。无论采取何种运输方式，如空运、陆运、海运或包裹邮递，新加坡农粮兽医局（AVA）要求，进口新加坡的所有食品和食品产品均需具备进口许可证。

2.2.4.3.1 肉类和家禽产品

每一批进口肉类制品必须附有出口国兽医主管部门签发的卫生许可证，用于证明新加坡的动物卫生和食品安全要求得到满足。肉类制品的货运将由新加坡农粮兽医局（AVA）进行检查——包括肉类和家禽货物将接受实物检查以确定符合卫生标准且无疾病和损坏。此外，常规提取肉类和家禽样本提交实验室进行微生物测试。某些货物可能在实验室给出分析结果之前处于“等待和测试”状态。

对出口商的说明：对于加工牛肉和牛内脏产品，出口前必须完成新加坡农粮兽医局（AVA）的登记和批准程序。

2.2.4.3.2 贝类

一般来说，鱼类和鱼类产品在没有获得卫生许可证的情况下也可从任何国家进口。进口鱼类产品在获准销售前须接受新加坡农粮兽医局（AVA）的强制检验，并可能需要进行实验室分析取样。某些货物可能在实验室给出分析结果获准销售前处于“等待和测试”状态。每一批鱼类产品都需要新加坡农粮兽医局（AVA）签发的进口许可证。

对于高风险贝类产品，如牡蛎、蛤蜊、贻贝、扇贝和熟蟹肉实行严格控制。高风险贝类产品只能从合格的贝类卫生计划来源地进口。由于这些选定的贝类产品被视为高风险产品，每一批次货物必须附有出口国主管部门签发的卫生许可证，证明新加坡的动物卫生和食品安全要求已得到遵守。

《濒危野生动植物种国际贸易公约》（CITES）所列举的鱼类也受到严格限制。出口商必须获得下列许可证，这些许可证必须附带在《濒危野生动植物种国际贸易公约》（CITES）项下的每一类产品中：

- 新加坡农粮兽医局（AVA）签发的《濒危野生动植物种国际贸易公约》（CITES）进口许可证；
- 出口国签发的《濒危野生动植物种国际贸易公约》（CITES）出口 / 再出口许可证。

某些高风险产品不允许进口，包括以下内容：

- 冷藏去壳生蚝；

• 冷藏蚶肉；

• 冷藏熟明虾 / 小虾；

• 冷藏蟹肉。

2.2.4.3.3　新鲜水果和蔬菜

一般来说，进口的新鲜水果和蔬菜不需要出口卫生或植物检疫许可证，但是通常必须在货运抵港后进行常规检查，并对农药残留物进行检验。出口商必须确保产品的容器（篮子、纸箱等）贴上正确标签，包括：生产商的名称和地址、产品说明和出口 / 包装日期。对于加工食品和新鲜水果 / 蔬菜，不需要新加坡农粮兽医局（AVA）进行认证。

对于腌制水果和蔬菜，出口商必须遵守《食品法案》中规定的标签要求，包括微生物标准、食品添加剂的使用（如化学防腐剂、甜味剂、色素等）和各种农药残留物的最高限量。对于经过最少加工程序的去皮水果和蔬菜，这些产品需进行微生物和化学试验。对于某些商品，如花生、开心果、腰果和玉米，在进口时应接受检验并进行黄曲霉素或其他霉菌毒素的化学分析。只有在通过了实验室测试后，才允许在新加坡销售。

2.2.4.3.4　加工食品

新加坡食品产品的进口和销售受《食品销售法案》和《食品法案》的管辖。进口商必须确保在新加坡销售的进口食品符合《食品法案》规定的食品标准和标签要求。

申请进口许可证时，某些特定食品产品可能需要证明文件，如卫生许可证和实验室分析报告。提交文件时，请注明每份文件右上角的声明是唯一参考编号和新加坡农粮兽医局（AVA）的注册号码。

对于某些类型的加工食品产品，出口商必须出示相关文件证据，证明该进口产品是在受到监管的生产机构在卫生条件下生产的。

新加坡农粮兽医局（AVA）可接受的作为文件证据的合规文件来源包括：

• 危险分析关键控制点（HACCP）许可证；

• 良好的生产规范（GMP）许可证；

• 卫生许可证（由出口国的食品或兽医主管部门签发）；

• 出口认证（由出口国的食品或兽医主管部门签发）；

• 工厂营业执照（由出口国的监管部门签发）。

所有的进口加工食品产品均须接受检验。可能抽取样品用于实验室分析。对于某些食品种类，进口许可证上会标明一项有条件的批准信息，要求贸易商与新加坡农粮兽医局（AVA）联系进行进一步的检查。

2.2.4.3.5　特定的食品产品

进口特定的食品产品时，在进口许可证申请过程中可能要求提供实验室报告和卫生许可证等补充文件。特定的食品产品包括：如矿泉水、酱油和蚝油。

2.2.4.3.5.1　瓶装天然矿泉水和饮用水

根据新加坡农粮兽医局（AVA）规定，进口新加坡的瓶装饮用水有多种类型，包括以下几类：

在有臭氧或无臭氧条件下，直接从地下获取的天然矿泉水。

天然矿泉水含有微量矿物质。天然矿泉水中含有的矿物质的数量和种类根据水提取地的不同而有差异。

包装饮用水包括泉水、矿物质饮用水和蒸馏水。

这些饮用水来自不同的来源或经历了不同的加工方式。

泉水是自然流向地表的地下水。

矿物质饮用水是添加矿物质的饮用水。

蒸馏水是通过蒸馏过程净化的水，需要经过把水转化为蒸汽并通过冷却重新冷凝的过程。

在进口前，进口商须向新加坡农粮兽医局（AVA）提交下列文件：

• 原产国政府监管机构出具的许可证原件，以证明天然矿泉水或泉水的真实性；

• 天然矿泉水水源地规划图；

• 出具卫生许可证，证明所进口的天然矿泉水符合《食品法案》第183A项条款的标准要求；

• 产品标签应表明标签符合《食品法案》的要求。

所有类型的瓶装饮用水的每一批次货物均需具备在原产国获得的卫生许可证，并提供下列资料：

• 产品说明；

• 产品代码、批号或标识。这些应在产品标签 / 纸箱上注明；

• 离开出口国的日期和运输工具名称；

• 出口商的详细资料；

• 收货人的详细资料；

• 微生物和化学试验结果。

在货物抵达时，新加坡农粮兽医局（AVA）将检查并收集样品进行实验室分析，并将货物密封。只有实验室分析报告表明该产品符合《食品法案》的要求后，该批货物才会被投放市场。

2.2.4.3.5.2　酱油和蚝油

酱油、蚝油和含有酱油或蚝油作为一种成分的酱料，其所含单氯丙二醇（3- monochloropropane-1，2-diol）（即3-MCPD）的检出成分不得超过0.02mg/kg。进口商须在进口前向新加坡农粮兽医局（AVA）提交分析报告。分析报告必须来自独立实验室，在进口前对于酱油、蚝油中单氯丙二醇的含量水平进行分析作为参考。报告应包括酱料的品牌、酱料的种类、酱料的等级及原产地、批号、实验室检验日期、实验室的名称和所属国家、单氯丙二醇的检出水平（根据新鲜酱料的重量）、单氯丙二醇的检测限（检测限应不超过0.01mg/kg）和干物质百分比。

2.2.4.3.5.3　新鲜鸡蛋

鸡蛋必须来自新加坡农粮兽医局（AVA）批准的蛋鸡养殖场，且只能来自以下国家和地区：美国、澳大利亚、日本、马来西亚西部、新西兰、瑞典和韩国。每一批新鲜鸡蛋都必须来自同一家农场。

每一批次进口货物必须附有出口国有关兽医主管部门签发的兽医卫生许可证，且许可证日期必须在进口后七天之内。

2.2.4.3.5.4　加工鸡蛋

鸡蛋必须从新加坡农粮兽医局（AVA）批准的来源进口。

每一批次的加工鸡蛋必须附有出口国主管部门签发的卫生许可证，以证明该批次进口产品符合新加坡动物卫生及食品安全要求。

2.2.5 监管特点

2.2.5.1 食品安全措施体系特点

新加坡国小人少，资源匮乏，基本上没有农业，所需食品的90%均需从国外进口。但由于新加坡重视食品安全，强调执法机构、食品工业和消费者三方的密切配合，使食品安全有了较为可靠的保证。其食品安全管理体系的特点可归纳如下：

（1）对进口食品实行风险管理，对所有食品进口商和生产厂实施注册制度；对高风险食品加强上市前评估和实验室检测；对国内生产的食品，通过推动良好农业和制造规范以及食品工业的食品安全保障体系的建立来保障食品安全，推行4种体系认证：ISO、HACCP、Food Safety Partner、GAP。

（2）利用精良的试验室为动植物病疫、食品病毒和污染物等项目提供诊断、检测和分析服务。2008年，新加坡修建了一座面积达9227m^2的兽医公共卫生中心。该综合设施被誉为全球最先进的食品检验中心。它拥有8个先进的实验室，其中包括1个生物安全三级实验室，有能力处理禽流感病毒和炭疽菌等危险病原体。新中心采用更为先进的技术，每年可对约6万个食品样本进行近百万次的检验，测定果菜中残留的农药含量，检查肉类中的病菌和抗生素，找出可能导致食物受感染的新病菌和毒素等。它的启用将无疑会大大增强新加坡的食品检验能力，并可为邻近国家提供食品检验服务，使新加坡有可能发展成为一个地区食品检验中心。

（3）通过签发卫生证书和对各种出口质量保障体系的管理促进和便利贸易。

2.2.5.2 动物健康措施体系特点

新加坡动物检验检疫的法律法规完整，细致可操作性强。按照新加坡法律规定，指定哪些国家或哪些地区的动物及鸟类、其他特定的动物或鸟类可以进口、转运、受限或不受限；完全禁止或有条件地禁止进口某些特定国家或地区的动物尸体、精液、饲料、幼崽、粪便或其他动物产品，因为这些有可能引起或传播疾病；只有获得AVA执照的进口商才可以在新加坡从事商业用途的动物进口；每次进口动物须向AVA申请许可，没有许可证任何人不得进口或转运动物、鸟类或兽医生物制品。

2.2.5.3 植物健康措施体系特点

2.2.5.3.1 对于进境植物及其产品检验检疫

局长可以签发禁止、有条件或无条件从某一国家和地区进口植物或植物产品；进口商在进口植物和植物产品前都要申请许可证，无局长签发的许可证，任何人不准进口。

在进境水果蔬菜方面，对农药残留有明确规定，要求十分严格。在果菜病虫害方面，法规只规定需要植物检疫证书，没有规定具体的病虫种类，进口商在进口审查时，检疫部门将视不同国家的不同情况，让进口商在销售合约上订明检疫要求。

新加坡对进口水果蔬菜检疫，一般不登轮检疫，允许卸货后在指定地点检疫，检疫后运到果菜批发市场。果菜市场有流动检疫人员随时可对每种商品进行抽检，24小时运作。法规规定市场上出售的果菜包装均需标明生产国家、地点、厂商名称和生产日期。发现蔬果有农药残毒或携带有害生物，则抽取样品送化验机构化验，化验机构出具的结果报告作为确定该批货物是否为合格的依据。若发现携带有毒物质、有害昆虫，则采取退回、除害处理、销毁或再出口。进口的其他植物或繁殖材料，一律要进行检疫试种观察，确认合格后方准进口。

2.2.5.3.2　对于出境植物及其产品检验检疫

出境植物或植物产品也必须申请由局长签发的许可证，无许可证不准出口任何植物或植物产品。农业官员依据局长签发的禁止、有条件或无条件向一些国家出口植物或植物产品的命令进行检疫工作。对篡改、伪造、骗取检疫证书者，将被判犯罪，处以一万元新币以下或3年以下有期徒刑，或两者合并执行。

2.2.5.3.3　检疫作业程序计算机化

新加坡的植物检疫工作，从注册登记、检疫审查，到报检出证，全部利用计算机处理，既提高工作效率，又可防止漏报漏检。对进、出口商实行注册登记制度，没有局长签发的执照不准经营进、出口业务。执照副本输入计算机，计算机与海关等单位联网，对漏报现象随时可以通过计算机系统查出。一经查出，轻者批评警告，处以罚款，重者则吊销执照。只要从计算机中抽取执照副本，打入"黑名单"，海关找不出执照，货主就无法通关、无法取得准运证，这种方式对防止漏检很有作用。

2.3　马来西亚

马来西亚地处东南亚，由马来半岛南部的马来亚和位于加里曼丹岛北部的沙捞越、沙巴组成，位于太平洋和印度洋之间。全境被南中国海分成东马来西亚和西马来西亚两部分。西马位于马来半岛南部，北与泰国接壤，南与新加坡隔海相望，东临南中国海，西濒马六甲海峡；东马位于加里曼丹岛北部，与印度尼西亚、菲律宾、文莱相邻；西马和东马最近处相距600海里。马来西亚国土总面积约33万平方公里，其中，西马13.2万平方公里，东马19.8万平方公里。海岸线长4192公里。

马来西亚农产品以经济作物为主，主要有棕榈油、橡胶、可可、稻米、胡椒、烟草、菠萝、茶叶等。马来西亚棕榈油委员会数据显示，2016年，马来西亚油棕种植面积为573.8万公顷，同比增长1.7%；原棕油产量为1731.9万吨，同比减少13.2%，截至2016年年底，棕油储量为166.7万吨，同比减少36.7%。马来西亚棕油产量和出口量都仅次于印度尼西亚，为世界第二大生产国和出口国。马来西亚橡胶委员会数据显示，2016年天然橡胶产量为67.4万吨，进口量为93万吨，其中54.7%来自泰国；出口64.2万吨，其中46.7%出口到中国。

中马两国经贸战略依存度高，经贸合作规模大、基础深厚。在推进"一带一路"建设及国际产能合作过程中，马方率先响应，积极参与，成为"21世纪海上丝绸之路"重要节点国家。当前，我国企业于马来西亚开展投资、工程、劳务合作步伐加快，互利合作项目不断涌现，呈现出"旗舰引领、百舸争流、西马升级、东马拓展"的态势。双边贸易稳定发展。目前，中马双边贸易额保持1000亿美元规模，中国已连续8年成为马来西亚最大贸易伙伴。受全球经济需求不振、大宗商品价格低迷、马币贬值等因素影响，2016年，中马双边贸易额为868.8亿美元，部分商品呈现"量增价跌"局面，但中马总体贸易依然保持健康稳定发展态势。

2.3.1 监管机构概况

马来西亚农食产品监管机构主要包括卫生部、农业与农基产业部、国际贸易与工业部等。

2.3.1.1 卫生部

卫生部（网站：http：/www.moh.gov.my）是马来西亚公共卫生主管部门，主要负责食品质量安全管理，其下设的公共卫生司（Public Health Department ）的食品安全和质量处按照马来西亚《食品法》对进出口食品安全实施管理，并在全国38个入境口岸设有卫生检疫站。

2.3.1.2 农业与农基产业部

农业与农基产业部（网站：http：/www.moa.gov.my）是国家农业、畜牧业和渔业的主管部门，主管进出境动植物检疫监管；负责制定农业政策、战略和发展规划，包括负责《检疫检验法》《动物法》《植物检疫法》《渔业法》的实施；通过优化资源最大程度地提高农民、牧民和渔民的收入，领导农业转化。该部门下设与食品管理相关的职能部门共有5个，分别是：

农业司（Department of Agriculture）——依据国家《植物检疫法》和《农药法》履行其对植物、植物产品和农药的管理职能。具体执行处室是作物保护和植物检疫处（Crop Protection and Plant Quarantine Division）。

渔业司（Department of Fisheries）——依据国家《渔业法》实施对渔业生产和产品的管理。由水产养殖开发处（Aquaculture Development Division）实施许可、检疫和鱼类卫生政策、对养殖场进行注册、对进出口渔业产品进行检疫、控制和消除鱼类疫病等工作。

兽医司（Department of Veterinary Service）——依据国家《动物法》管理动物的进出境及其在境内的运输，管理动物的屠宰，防止动物疫病的传入和在境内的传播。由检疫和进出口管理处（Quarantine and Import/Export Control Unit）为进出口的活动物和鸟类提供检疫服务、签发进出口许可证和卫生证书等。

马来西亚伊斯兰发展局（Department of Islamic Development，Prime Minister's Department）——是马来西亚唯一一个对清真食品进行认证（Halal Certification）的部门，通过对清真食品生产者卫生操作和企业卫生环境的管理以确保清真食品的质量和安全。

科学创新局（Ministry of Science，Technology and Innovation）——为各行业提供各种科学技术

支持。其下属的化学部拥有10家国家食品安全指定实验室，可以开展食品成分分析、毒素检测等服务。

2.3.1.3 国际贸易与工业部

国际贸易与工业部（网站：http：/www.miti.gov.my）负责进出口商品许可和贸易管理，内设10个司局，其中对外贸易发展局是马来西亚政府为推动对外贸易的发展而设立的主要机构。

2.3.2 法规体系概况

《食品法》（Food Act 1983）
《食品条例》（Food Regulations 1985）
《食品卫生条例》（Food Hygiene Regulations）
《食品进口条例》（Food Import Regulations）
《食品辐照条例》（Food Irradiation Regulations）
《转基因食品条例》（Genetically Modified Food Regulations）
《清真食品生产、制备、处理和存储通用指南》（MS 1500：2009）
《检疫检验法》（Quarantine and Inspection Services Act 2011）（728法案）
《动物法》（Animal Act 1953）
《植物检疫法》（Plant Quarantine Act）
《渔业法》（The Fisheries Act）
《农药法》（The Pesticides Act）
《传染病预防控制法》（Prevention and Control of Infectious Disease Act 1988）
《马来西亚检疫和检验（规费和收费）条例》（2013）
《马来西亚检疫检验（检疫和检验）条例》（2013）
《马来西亚检疫检验（进口商注册和代理）条例》（2013）
《马来西亚检疫检验（建议审批、签证）条例》（2013）
《马来西亚检疫检验（检疫程序）条例》（2013）
《动物条例》（1962）
《联邦动物检疫站（管理和维持）法规》（1984）
《杀虫剂法案》（1974）
《联邦农业营销权威法案》（1965）
《联邦农业营销机构（农产品分级、包装和标签规定）条例》（2008）
《联邦农业营销机构（水果出口许可）条例》（1990）
《联邦农业营销机构（蔬菜营销）条例》（1975）
《国际濒危物种贸易法案》（2008年686号）

2.3.3 技术性贸易措施体系

2.3.3.1 基本法规

2.3.3.1.1 《食品法》(Food Act 1983)

马来西亚独立后加强了对食品安全管理的立法，马来西亚卫生部作为国家食品安全卫生的主管部门，于1983年制定了《食品法》(Food Act 1983)，并于1985年出台了《食品条例》(Food Regulations 1985)。目前已颁布了一系列食品安全管理条例：如《食品卫生条例》(Food Hygiene Regulations)、《食品进口条例》(Food Import Regulations)、《食品辐照条例》(Food Irradiation Regulations)、《转基因食品条例》(Genetically Modified Food Regulations)等。

2.3.3.1.2 《动物法》(Animal Act 1953)

1953年，马来西亚制定了《动物法》(Animal Act 1953)，现采用2006年修订版。该法仅适用于马来西亚半岛，旨在于防止动物疫病传入和在该区域内传播，由国家农业与农基产业部半岛兽医局行使执法职责。1962年出台《动物管理规定》，同年颁布《动物进口指令》，1999年发布《沙拉越兽医健康指令》，并制定了《联邦动物检疫站(管理和维护)细则》(1984)、《沙巴动物条例》(1962)等，以加强对进出口动物以及在本国流通动物的监管，规范动物饲养和宰杀行为。

2.3.3.1.3 《渔业法》(The Fisheries Act)

1985年，马来西亚制定了《渔业法》(The Fisheries Act)，规范了渔业管理，包括马来西亚水域海洋和港湾渔业捕捞的保护和开发，以及水生哺乳动物和龟类水生动物等的保护，并设立海洋公园和海洋保护区等，确保渔业的可持续性发展。由国家农业与农基产业部渔业司履行监督管理和检验检疫执法职能。

2.3.3.1.4 《传染病预防控制法》(Prevention and Control of Infectious Disease Act 1988)

1988年，马来西亚颁布《传染病预防控制法》(Prevention and Control of Infectious Disease Act 1988)，最新修订日期为2006年1月1日。该法共分六部分，第一部分为总则，第二部分为行政机关，第三部分为预防传染病的传入，第四部分为控制传染病的传播，第五部分为违法和惩戒，第六部分为其他事项。该法详尽规定了疫区的宣布，入境交通工具及人员的检查措施，尸体骸骨、病原微生物或生物制品的入出境规定，传染病的报告及其预防和控制措施等。

2.3.3.2 一般食品法规

2.3.3.2.1 关于食品添加剂的法规

关于进出口农食产品中食品添加剂的规定在马来西亚《食品条例》(1985)第五章及总览表中列出。

2.3.3.2.2 关于农药、兽药残留的法规

2.3.3.2.2.1 《农药法》(The Pesticides Act)

马来西亚于1974年颁布了《农药法》，1976年进一步制定了《农药注册管理规定》，规范了对进口农药和本国生产农药的管理。农药未经注册禁止进口、生产和销售，以确保进口或本国生产销

售的农药与注册者声称的一样有效，且不会对人和环境造成危害。

2.3.3.2.2.2 《药品和化妆品管理法》

2007 年，为保护健康和安全，防止欺诈行为，马来西亚制定了《药品和化妆品管理法》的提案，提案所指的兽药包含草药兽药和保健品兽药两部分。提案说明了对兽药执行《药品和化妆品管理法》和提交的数据要求。提案适用于所有本地生产和进口的产品。

2.3.3.2.2.3 《杀虫剂法案》

《杀虫剂法案》第 7~13 章节规定：采用《杀虫剂法案》中的注册体制来控制马来西亚农药的进口和制造。只有本地注册公司可以注册农药。注册申请应当提交至以下地址：农业部门农药董事会秘书处，吉隆坡加拉格尔路，50480。申请表格也从相同地址获得。意见书应尽可能提前于预定的申请日期。一种农药从注册当天开始生效，期限 3 年，除非被注册机构终止或被农药董事会除名。一种农药的注册费用是 3 年一期，每期 400RM。批准的农药名单可从农药董事会获得。

2.3.3.2.2.4 《食品条例》中第七章及《马来西亚食品农产品进口法规与标准》第五章

《马来西亚食品农产品进口法规与标准》中关于"农药残留物"的具体内容包括：真菌、寄生植物或细菌影响或破坏植物、水果、谷物、动物或其他性质；昆虫或其他害虫影响或破坏植物、水果、谷物、动物或其他性质；有害的动物或鸟类；杂草或其他有害的植物以及杀虫剂。当该农药残留物不是《食品条例》第 16 条法规所规定的，任何人不得进口、制备用于销售的含有农药残留物百分比大于《食品条例》第 16 条法规所规定或国际食品法典委员会所推荐的百分比的食品。若《食品条例》第 16 条法规或国际食品法典委员会没有对该类食品规定农药残留限量，那么食品中农药残留限量不应多于 0.1mg/kg。《食品条例》第 16 条法规可以从食品质量控制部网站获得。食品中最大农残限值（MRL）也在《食品条例》第 16 条中列出。

2.3.3.2.3 关于微生物的法规

见马来西亚《食品条例》（1985）第七章。

2.3.3.2.4 关于有毒有害物质的法规

见马来西亚《食品条例》（1985）第七章。

2.3.3.2.5 关于食品标签的法规

见马来西亚《食品条例》（1985）第四章、第八章；《马来西亚食品农产品进口法规与标准》第二章及各总览表。包括：标签的一般要求和详细要求、标签形式、营养标签的详细要求。

2.3.3.2.6 关于食品接触材料的法规

主要见马来西亚《食品条例》（1985）第六章及《马来西亚食品农产品进口法规与标准》第三章包装与容器法规内容。其中规定了包装材料的限制条件及包装材料的检测要求。

2.3.3.3 技术标准

2.3.3.3.1 技术法规体系

马来西亚技术法规的制定遵循良好法规操作规范（GRP），一般是由行业协会或行业主管部门提出法规提案，广泛征求行业意见，经国家部门协调商议，最后由部长签发。

马来西亚成立了"技术法规中央协调委员会"，负责对国家技术法规的审议和实施进行监督管理，同时还制定了国家政府将自愿性标准纳入技术法规的指导文件。并成立"执行强制性标准协调委员会"，以完善马来西亚的技术法规体系。

2.3.3.3.2　标准体系

1996 年，马来西亚颁布实施《标准法》，确定了马来西亚标准局（DSM）作为国家标准管理主管部门，同时也是国家唯一认可机构，监督及协调标准的执行，但不具备强制执行标准的行政能力。

马来西亚标准局是科技与创新部的下设机构，具体负责标准和合格评定认可活动。DSM 由标准委员会、电工委员会、认可委员会和医学检测认可委员会组成，也是马来西亚唯一一家承担实验室认可及认证机构认可相关工作的国家认可机构。自 1996 年成立至今以来，建立的国家标准（MS 标准）多达 6300 个，覆盖 24 个主要领域的产品。

马来西亚也是 ISO 和 IEC 两大国际标准组织成员，国家标准的制定基本遵循基于现行国际标准的原则。产品生产者可以依据马来西亚标准或国际标准，也可以利用产品认证体系，按照国外某个标准机构制定的国外标准来生产。

马来西亚标准与工业研究公司（SIRIM Berhad）的前身是马来西亚标准与工业研究院（SIRIM）。该研究院是 1975 年根据国会颁布的《SIRIM 成立法》，由马来西亚标准协会以及全国科学与工业研究院合并改组而来，此时 SIRIM 是国家标准机构也是政府代言机构。1996 年 9 月，SIRIM 成为一个法人机构，即现在的马来西亚标准与工业研究公司（SIRIM Berhad），该公司退出国家标准机构的角色，但它仍是马来西亚标准局指定的唯一的标准制定机构。SIRIM 下设 23 个行业标准委员会（ISCs），共 120 多个技术委员会和工作组，负责具体的标准制定工作。

2.3.3.4　合格评定程序

2.3.3.4.1　认证认可机构

马来西亚标准局目前开展的认可制度包括：在实验室认可方面开展检测、校准实验室认可和医学检测实验室认可；在认证机构认可方面，开展质量管理体系（QMS）、产品认证、职业健康安全管理体系（OSHMS）、信息安全管理体系（ISMS）及食品安全体系（HACCP）认证机构的认可等。

马来西亚在认证方面，有强制性和自愿性认证两种，重要领域的认证多为强制性。

马来西亚 SIRIM QAS 国际有限公司是马来西亚标准与工业研究院的独资子公司，是马来西亚主要的检验、认证和检测机构，提供多个领域检验、认证和检测服务。

2.3.3.4.2　清真食品认证

2007 年，根据伊斯兰惯例所制定的清真认证要求，马来西亚所有的肉类、加工肉制品、家禽（火鸡除外）、蛋类及蛋制品的进口必须获得由授权伊斯兰中心所颁发的清真认证。屠宰厂、肉加工厂和蛋加工厂的清真牛肉、羊肉、禽肉和蛋的出口也必须接受伊斯兰发展局（JAKIM）的检查和审批，对这些产品的检查由农业部兽医局（DVS）和伊斯兰发展局（JAKIM）共同进行。每一种产品（而不是生产厂）都必须获得清真认证。

2007 年 9 月，伊斯兰发展局（JAKIM）宣布，在 2008 年所有的肉类及其产品都必须由通过审批的清真屠宰厂提供。

2011 年 4 月，马来西亚制定了清真肉禽制品的生产规程。该规程规定了屠宰、致昏方式、加工工艺及清真肉禽制品存储和运输操作指南。该规程旨在提供明确的清真肉禽制品生产指南，适用于所有清真肉禽制品生产企业，包括向马来西亚出口的企业。该规程作为马来西亚标准《清真食品生产、制备、处理和存储通用指南》（MS 1500：2009）的补充要求。

2011 年 12 月，马来西亚制定了关于清真定义和清真认证与标志的法令。《标签（清真定义）法令》根据回教条规（伊斯兰法典）明确了清真的定义，规定任何提供“清真”食品或商品的人应符合该法令的规定要求。《标签（清真认证与标志）法令》规定了对要标示为“清真”的食品或商品的认证和“清真”文字标志规定。认证授权机构是马来西亚伊斯兰教发展局（JAKIM）和各省伊斯兰教事务理事会（MAIN）。对于进口产品，除了马来西亚伊斯兰教发展局（JAKIM）和各省伊斯兰教事务理事会（MAIN）以外，也可由经过认可的清真机构实施认证。违反两法令规定者即视为违法，并将受到惩处。

2.3.4 进出口安全监管机制

马来西亚进出口动植物检验检疫管理机构为农业与农基产业部新设立的马来西亚检疫检验局（Malaysian Quarantine Inspection Services，MAQISS），其管辖范围包括西马来西亚地区及拉布安岛联邦，目前设有 4 个区域机构（吉达洲的北区支局、雪兰莪州的中区支局、柔佛州的南区支局和吉兰丹州的东区支局），并在 11 个州设有 11 个检验检疫分局。同时，马来西亚在全国设有 6 个动物检疫站，在国内空港、海港、内陆（内河）12 个主要入境点设有办事处。

2.3.4.1 进出口动物及其产品检验检疫程序

按照《动物法令》《动物法》《动物进口规则》及《联邦动物检疫站（管理与维护）法规》要求，农业与农基产业部规定可以从某些国家或某国的部分地区进口活体动物、鸟类、家畜制品或其他特殊种类的动物及鸟类。完全或有条件地禁止从指定的国家或一个国家的指定地区进口尸体、精液、饲料、垃圾、粪便、动物或鸟类的其他产品、可能引起疾病传播的物品。

进口活体动物或鸟类需向农业局兽医司提出书面申请并交纳规定的费用，以获得进口许可证。对于已经进口或即将进口的活体动物、鸟类，如果农业局兽医司认为已经感染了疾病或可能与患病的动物、鸟类、尸体、其他带病材料接触，兽医司可以决定拒绝它们或与其接触的其他物品登岸或驶离，并立即销毁，尸体必须按照兽医司规定的方式进行处理；如果兽医司认为有必要，可以在检疫期间对这些动物、鸟类、尸体或与其接触的物品扣留；处理尸体的费用须由货主或负责人支付。对销毁的动物及鸟类不进行赔偿。

对于出口活体动物或鸟类，需向农业局兽医司提出书面申请并交纳规定的费用，获得出口活体动物或动物尸体的许可证。准备出口的每只动物必须在兽医司指定的地点进行检查。如果兽医司认为即将出口的动物感染疾病，可以拒绝这些动物或与其接触的动物出口。

对于肉类与肉制品（猪肉除外），农业局兽医司负责确保动物来源对人类消费是卫生健康、适用消费的。根据《屠宰管理条例》，所有进口到马来西亚的肉类、家畜产品必须通过伊斯兰清真认证，并且产品必须来自通过马来西亚兽医和有效权威检查和认可的屠宰场。有意出口产品到马来西亚的出口商必须让他们的产品在进口许可证发布前通过马来西亚兽医和伊斯兰官方的检查。每个进口委托必须具有进口许可证、兽医卫生证书（由负责国家进口的政府兽医权威工作人员签署）和肉类检验证书（由负责国家进口的政府兽医权威肉类检查人员签署）。进口牛肉还需要证明动物来自无炭疽病和疯牛病地区。所有肉类必须在标签上明确标明屠宰场和食品罐头厂的相关数据，包括批号、生产日期和屠宰类型（穆斯林）。

2.3.4.2 进出口植物及其产品检验检疫程序

马来西亚植物与植物制品的进口是由《农业害虫、有害植物进出口法规》（1981）、《马来西亚检疫检验法案》（2011 年 728 号）及《马来西亚的检疫检验（检疫审批、签证）条例》（2013）、《马来西亚检疫检验（简易程序）条例》（2013）管理的。植物检疫法规的目的在于控制进口植物，阻止其他国家害虫与疾病的传播。进口商必须向马来西亚检验检疫局申请进出口植物检疫许可证。植物、植物组分、植物产品的检测与委托证明要与目前的植物检疫要求一致。植物检疫证明（PC）可从一些植物检疫中心获得并在计划检测的 4 个工作日之前递交。进口许可证由农业部局长签发。进口植物及其产品的情况应在许可证上详细说明，由于大多数植物及其产品要求要从植物的原产国开始进行，因此进口商必须预先告知其供货商上述要求。马来西亚检验检疫局在各主要入境口岸均设有办事处，每天 24 小时提供服务。一般来说，进口检疫许可需逐票货物单独申请，每证有效期为 3 个月；符合条件的申请在一个星期内获得批准，许可证中会列明货物的入境检疫要求以供货物出口国对货物进行检验检疫参考，货物入境时必须出示进出口许可证并满足上述检验检疫要求。

如果检疫官在检查过程中发现植物带病或在某种程度上威胁其他植物，检疫官需要签发书面通告，通知所有者或占用者这些植物的发现地点，要求其在通知规定的时间内采取消灭、阻止有害生物扩散的应急手段。如果检疫官在检查过程中发现这些植物及其产品处于有利于有害生物传入和扩散的环境中，检疫官需要书面通知所有者或占用者，要求其在规定的时间内采取消灭、阻止有害生物扩散的应急手段。按照通知中规定用于患病植物、有害生物、工具或农用器具的处理方法进行根除和阻止，使其处于不利于有害生物传入和扩散的环境中。

2009 年 10 月 13 日，农业与农基产业部公布，马来西亚拟采用国际植物卫生措施标准 No. 15（2009 年修订版）《国际贸易中木质包装材料法规》。该法规的引入将降低进口非植物卫生检验目标货物中由松木及非松木原木制成的木制包装材料（如托盘、垫脚料、板条箱、填塞块、筒、箱、托板、挡板、滑橇等）传入 / 扩散检疫性有害生物的风险。

2.3.4.3 进境农食产品认证认可要求

2011 年 12 月 14 日，马来西亚向世界贸易组织（WTO）通报了有关清真认证和标签的规定。该规定于 2012 年 1 月 1 日生效。马来西亚的食品加工和食品服务部门要求进口食品及其成分须进行清真认证。清真认证必须随同货物附带，而且产品包装上必须贴有经批准的伊斯兰中心的清真标志。 所有进口到马来西亚的肉类及畜牧产品（除猪肉）必须经过清真认证，且产品必须来自经马来西亚兽医服务部（DVS）和官方宗教机构即马来西亚伊斯兰教发展署（JAKIM）检查并批准的屠宰场。马来西亚伊斯兰教发展署（JAKIM）批准的伊斯兰中心需监管屠宰场及其加工过程，并签发肉类和家禽的清真证书。该伊斯兰中心必须由包装工厂在马来西亚伊斯兰教发展署（JAKIM）的申请表原件上列出，或者如使用新的伊斯兰中心，有关申请必须作出适当修改。

2011 年 7 月，马来西亚兽医服务部（DVS）对于出口国的猪肉屠宰场实施了新的要求。所有的生猪肉产品必须来自经马来西亚兽医批准的屠宰场。随同货物附带的卫生许可证必须包括马来西亚兽医服务部（DVS）已经批准的生产机构编码。

2.3.5 监管特点

马来西亚已建立了跨部门的管理体系，确保从农田到餐桌的食品供应链各环节管理严密，不留空隙。马来西亚明确政府、产业界、消费者三方在食品管理中各自的职能和作用。政府是食品安全管理主体，负责入境点监控、国内监测、食品供应链的协调等；产业界严格遵守法规和标准，遵循良好操作规范；消费者接受各种教育了解相关食品知识，增强食品安全意识。

马来西亚对进口食品采用基于风险管理的分级查验法。根据食品风险程度将查验方式从低风险到高风险分为 1~6 级，1 级为自动通关放行，6 级为自动拒绝通关，既加快了通关速度又便于有效监管。

马来西亚对清真产品实施《清真食品生产、制备、处理和存储通用指南》（MS 1500：2009）认证；对传统农场实施良好农业规范生产认证（SALM）；对有机农场实施有机认证（SOM）。

由于食品管理所涉及的部门广泛，为了与利益相关方建立伙伴及合作关系以确保从农田到餐桌的食品安全，共同协商解决食品管理问题，经马来西亚内阁批准，2001 年 3 月，马来西亚成立了国家食品安全与营养理事会（National Food Safety and Nutrition Council），成员由卫生部、农业与农基产业部、伊斯兰发展局等 17 个部委和 2 个非政府组织（消费者协会和食品生产者协会）组成，由卫生部长任主席，每年至少召开一次全体大会，解决食品纠纷等问题。

2.4 泰国

泰国地处中南半岛中部，东南临太平洋泰国湾，西南濒临印度洋安达曼海。西部及西北部与缅甸交界，东北部与老挝毗邻，东连柬埔寨，南接马来西亚。泰国国土面积 51.3 万平方公里，在东南亚地区仅次于印度尼西亚、缅甸，50% 以上为平原和低地。泰国地势北高南低，由西北向东南倾斜。按地形分为肥沃广袤的中部平原，山峦起伏的东北部高原，丛林密布的北部山区，风光迷人的南部半岛。

2016 年，泰国农业产值 256 亿美元，主要农产品包括：稻米、天然橡胶、木薯、玉米、甘蔗、热带水果。2016 年，泰国大米出口 988 万吨，出口额 43.7 亿美元；天然橡胶出口 360 万吨，出口额 44.2 亿美元；木薯出口 895 万吨，木薯淀粉出口 321 万吨，出口额合计 22.4 亿美元。

随着中泰两国政治互信不断加深，在中国－东盟自贸区建成并不断深化，以及"一带一路"倡议全方位推进的大背景下，两国经贸合作已进入历史最好时期。据中国商务部统计，2016 年，中国在泰国投资额达到 9.1 亿美元。中国企业在泰国投资质量稳步提升，经济影响与日俱增，越来越多的大企业在泰投资建厂，一批批大型项目相继投产。中泰之间的投资合作已逐步形成多层次、多渠道、全方位的合作格局。

2.4.1 监管机构概况

泰国农食产品监管部门主要包括农业与合作部、公共卫生部、工业部、商务部等。

2.4.1.1 农业与合作部

农业与合作部（Ministry of Agriculture and Cooperatives）是国家农业、林业、渔业和畜牧业主管部门，也是泰国农产品和食品质量安全最主要的管理和协调部门。设有 14 个司局级管理部门和 7 个附属的国有企业管理机构。

（1）农业局（Department of Agriculture），负责开发农业（植物和蚕丝）的技术研究并负责其成果转换；对土壤、水源、化肥、植物、农资、植物产品、农业产出物等进行分析、检测、检验和出具证书，确保农产品的质量。

（2）渔业局（Department of Fisheries），负责管理泰国的渔业、水生动物的养殖和生产，制定水产品标准和卫生要求，按标准和卫生要求对水生动物及其产品进行分析、检测、出具证书等。

（3）畜牧局（Department of Livestock），负责泰国畜牧业的研究、开发和管理；按照国家相关法规、标准和卫生要求对动物及其产品进行检验检疫，确保肉类食品的质量和安全；开展动物疫病监测和防控，防止人畜传染病的发生。

（4）农产品和国家食品标准办公室（Office of Standard of Agricultural Products and National Food），其作为国家农业产品和食品的标准中心，负责制定农产品、农业转换产品和食品的标准；监督和控制食品安全；对农产品、农业转换产品和食品质量认证机构的资格进行审核、颁发许可证。

2.4.1.2 公共卫生部

公共卫生部（Ministry of Public Health）是泰国公共医疗和卫生健康的主管部门。其下属的食品药品管理局（Food and Drug Administration）是履行其食品安全卫生管理职责的执行机构，负责加工食品在国内加工、零售、餐饮环节的监督、检验和管理，确保向消费者提供的食品安全、卫生和优质。FDA 的职能主要是规划和监督卫生产品符合质量和效能标准；促进卫生产品质量控制和生产中良好生产实践以确保消费者的安全和鼓励出口；研究和发展消费者保护体系的实效；促进支持消费者和社会自我保护能力的提高等。其职能主要体现以下 5 个部分：

一是市场前控制。包括对生产设施、产品质量及产品进入市场前的广告宣传的控制，每一步程序必须依照相关法律法规进行。具体包括：建立食品标准和规格以及卫生和标签要求（食品进入市场销售前须贴有泰文标签并经 FDA 批准）；食品进口和生产的控制（食品厂须经检验、批准并发放生产许可证之后方可进行生产，食品进口商也须申请进口许可证后才能进口食品，指定的食品贮藏室也须经 FDA 检验后才能使用。生产许可证和进口许可证均须每 3 年更新一次）；自由销售证明、卫生证明、GMP 证明、HACCP 证明的发放；特别控制食品注册的审批（无论是国内生产还是进口的食品，如属特别控制食品，必须先到 FDA 注册批准）；广告的审批（通过媒体的任何形式广告均须经 FDA 批准）。

二是市场后控制。主要调查生产设施及产品质量确保符合现行的标准及法律法规。例如，定期对产品的样品进行检验评估是否符合标准。已通过检验的产品也会阶段性再抽查以确保生产及产品始终符合标准。检验主要包括两种类型，即常规检验和怀疑或受请求检验。常规检验是有计划的检验，分为例行检验（定期的特别是发放许可之前的检验）、监测检验（检验生产条件、进口商及卖主的货仓等）和入口检验（食品检验人员驻守港口检验确保进入泰国的食品安全）。怀疑或受请求检验是一种特别的检验，主要是调查和收集证据以便采取法律行动，例如没收扣押、产品召回、起诉等。

三是为了消费者的安全实行监测程序。主要是检测任何负面影响或者消费者使用产品后的意外结果，收集、归纳、分析、研究相关数据和信息并和国内外相关机构交流。

四是对消费者的教育。FDA 通过电视、报纸、广播、互联网等多种渠道为消费者提供足够准确的信息，以便使他们能够明智地选用产品，保护自身的健康。

五是技术支持以及和其他机构的合作。FDA 通过举办或参加各类研讨会，和大学、科研院所以及食品、药品的生产商进行交流并与政府机构、私人及国际组织开展技术方面的合作。

2.4.1.3 工业部

工业部（Ministry of Industry）负责实施《工业产品标准法》，主管工业产品标准的管理和产品符合性检验鉴定等工作。

2.4.1.4 商务部

商务部（Ministry of Commerce）负责按照《进出口商品法》实施对进、出口商品的管理，主要采用审批和许可证管理制度的形式。目前，约有 50 类进口商品和 50 种出口商品被列入商务部的管制清单，需取得许可方可进、出口，其中包括关系国计民生的主要农食产品，如大米和糖。

2.4.2 法规体系概况

《食品法》B.E.2522（1979）是泰国食品安全控制的主要法律，而具体关于进出口农食产品相关的法律法规主要包括：《进出口商品法》（Control on Importation and Exportation of Goods Act）、《动物传染病法》（Animal Epidemics Act 最早制定于 1956 年，1999 年经过了修订）、《动物饲料质量管理法》（Animal Feed Quality Control Act，1982 年制定）、《输入和运经泰国动物及畜体的部颁法规》（Ministerial Regulation on Importation of Animals and Animal Carcasses into and in Transit through the Kingdom of Thailand，2001 年颁布）、《渔业法》（Fisheries Act，1947 年制定，分别于 1953 年和 1985 年经过两次修订）、《植物检疫法》（Plant Quarantine Act，1964 年出台）、《植物种类保护法》（Plant Varieties Protection Law，1999 年出台）、《工业产品标准法》（Control on Importation and Exportation of Goods Act，制定于 1968 年，最近一次修订是在 1992 年）以及其他相关的法律、法规、部门规章、国际条约及多双边协定。

2.4.3 技术性贸易措施体系

2.4.3.1 技术法规

2.4.3.1.1 基本法规

泰国于 1979 年出台了《食品法》（Food Act），此法赋予泰国公共卫生部主管国家食品安全的职责。公共卫生部为此成立了食品药品管理局，依法对全国的食品（主要是加工食品）实施卫生监管，确保食品的健康和安全。《食品法》把食品分为三大类：一是监管食品，此类食品必须经过注册，产品的质量、规格、包装、标签以及生产过程均符合强制标准要求；二是标准食品，此类食品不需要注册，但其质量、标签等必须符合《卫生部公告》上公布的标准要求；三是其他食品，凡不在附件 1 和附件 2 列表内的食品，不管是原料还是熟食品，保藏还是非保藏食品，加工还是非加工食品，均视为一般食品，不需要注册，但其卫生和安全、标签和广告必须受到监管。

泰国与市场准入有关的法律主要是《工业产品标准法》（Control on Importation and Exportation of Goods Act），制定于 1968 年，最近一次修订是在 1992 年。此法规定，成立工业产品标准院（Industrial Product Standards Institute），隶属泰国工业部，负责工业产品标准的管理和产品符合性检验签定等工作。该法详细规定了泰国产品认证的标准、标志、检测及认证要求。

《进出口商品法》（Control on Importation and Exportation of Goods Act）颁布于 1979 年，由商务部依法实施对进、出口商品的管理，主要是以审批和许可证管理制度的形式。目前，约有 50 类进口商品和 50 种出口商品被列入商务部的管制清单，需取得许可方可进、出口。

泰国《渔业法》（Fisheries Act）早在 1947 年制定，分别于 1953 年和 1985 年经过了两次修订。尽管政府多次努力着手新的渔业立法，但是目前仍沿用该法。该法将渔区分为四类进行管理：一是保护渔区，在该区的渔业行为需获得农业部渔业司司长的许可；二是可租用渔区，按主管部门要求提出申请获得在该渔区捕鱼的专权；三是保留渔区，在该渔区的捕捞需获得渔业司的许可；四是公共渔区，任何人都有权在该区捕捞。所有的渔业活动均要符合渔业管理部门即农业部渔业司的管理规定。该法同时赋予该部门管理渔产品安全、卫生的职能，负责渔产品、水产品的检验检疫。

2.4.3.1.2 一般食品法规

2.4.3.1.2.1 关于食品添加剂的法规

2004 年 11 月，泰国食品药品管理局办公室通报了公共卫生部第 281 号 B.E.2547（2004）《食品添加剂》，修订关于食品色素、调料及其他食品添加剂的相关规定，主要包括：（1）食品添加剂是"特殊控制食品"；（2）食品添加剂通常指不作为食物或主要食物成分的材料，不管其是否有营养，但为了其他目的被添加在食品中，包括放入食品中的包装材料，如干燥剂；（3）食品添加剂的质量或标准要求及测试方法应遵循《食品添加剂认证和纯度规范建议法典》或食品药品管理局办公室批准的其他方法；（4）食品添加剂的使用应遵循《食品添加剂通用标准法典》；（5）使用不同于（4）中规定情况的食品添加剂及使用在本通报生效前食品药品管理局批准的食品添加剂应在本通报生效后一年内修正以符合本通报；（6）销售食品添加剂的生产商、进口商应遵守公共卫生部（MOPH）关于食品生产方法、设备和储存的通报；（7）食品添加剂的包装应遵守公共卫生部（MOPH）关于食品包装的通报；（8）食品添加剂的标签应遵守公共卫生部（MOPH）关于食品标签的通报；（9）本通报生效前，有关食品配方注册的官方文件、标签或颁发的食品序列号，如本通报中有相关规定则适用本通报，如无相关规定或与相关规定违背，则在本通报生效后一年内适用。

2011年8月，泰国食品药品管理局通报了公共卫生部《食品添加剂》，旨在修订2004年颁布的《食品添加剂》，修订如下：（1）食品添加剂标签必须有泰语文字（可以与外文一起使用）；（2）作为出口而生产的食品添加剂，标签可以使用任何语种文字，但至少要有以下信息：原产国、食品序号和批号。

2012年12月，泰国食品药品管理局通报了公共卫生部《食品添加剂》，旨在进一步修订《食品添加剂》，主要说明了环璜酸盐（环拉酸及其钠和钙盐）作为食品添加剂的相关规定。

2012年12月，泰国食品药品管理局通报了公共卫生部《食品添加剂》，旨在进一步修订《食品添加剂》，主要说明了甜菊糖作为食品添加剂的相关规定。

2.4.3.1.2.2　关于农药、兽药残留的法规

2005年1月，泰国食品及药物管理局发布了泰国公共卫生部草案《食品内农药残留相关要求》，主要内容如下：（1）残留毒物指污染食品的农药，包括其不同形式的派生物，如转化产物、代谢物、反应产物，或这些物质中任何其他毒性外来物质。农药指在栽培、贮藏、运输、发送或销售过程中为防止、消灭、引诱、驱逐或控制有害生物、动物或非有意混入的植物和动物所应用的物质，以及为控制动物皮外寄生虫和为控制植物生长，如脱叶、落果、抑制嫩叶所应用的物质，或在植物产品收获前或收获后使用的防止其在储存及运输期间腐败的物质，但不包括作为肥料、植物及动物的营养物质、食品添加剂和兽药而使用的物质。（2）关于食品内农药残留，必须符合以下标准：①适用最大残留限量（MRLs）的农业毒物必须是经官方注册且制定了最大残留限量的：MRLs在本MOPH通报附件1内做出了规定。②根据农业合作部通报正式禁止的农药，不允许存在残留。但规定的外来最大残留限量除外，再残留限量（EMRL）在本MOPH通报附件2中作出了规定。除了2.1及2.2之外，残留农药必须符合食品法典委员会、FAO/WHO联合食品标准计划规定的MRLs。

2007年5月，泰国食品药物管理局发布了公共卫生部草案《食品内兽药残留相关要求》，拟修订控制食品内兽药残留的措施，具体如下：（1）撤销MOPH于2001年7月30日发布有关被兽药污染食品的通报（No.231）BE.2544（2001），由本措施取而代之；（2）受兽药污染的食品应受食品标准控制；（3）任何含兽药，包括亲本合成物、其代谢物及相关杂质的动物源性可食用组织、器官或产品，均视为被兽药污染的食品；（4）兽药残留应符合本MOPH通报附件规定的最大残留限量；（5）分析方法应由泰国FDA规定。

2.4.3.1.2.3 关于有毒有害物质的法规

2011 年 4 月，泰国食品药物管理局发布了公共卫生部草案《放射污染食品标准》。本法规目的是取消公共卫生部第 102 号通报及第 116 号第 2 版《放射污染食品标准》，并由本拟定措施替代如下：（1）规定受放射污染食品必须符合放射程度检测规定标准，且不超过以下限值：①碘 −131（^{131}I）不超过 100Bq/kg 或 Bq/L ②铯 −134（^{134}Cs）及铯 −137（^{137}Cs）不超过 500Bq/kg 或 Bq/L；（2）第 2 条规定的食品进口商应在每批货物抵达进口检查点时，提供由政府主管部门或产地国主管部门认可其他机构签发的装船文件，注明放射标准及食品产地，或由指定的官方实验室或符合国际标准的认可实验室提供的分析证书；（3）本通报适用于公共卫生部第 1 条公布的食品类型、场所和任何国家，以控制放射污染食品。

2004 年 2 月，泰国食品和药物管理局发布了公共卫生部 2003 年 7 月 8 日第 273 号通报《关于污染物的食品标准》。主要是修订以下有关砷污染物的食品标准：将 1986 年 1 月 21 日第 98 号通报第 4 条（1）（e）中有关砷物质污染的规定修订为"鱼及渔业产品内无机砷污染物应限定在 2mg/kg，其他食品内的总砷污染物应限定在 2mg/kg"。

2006 年 5 月，泰国食品药物管理局发布了泰国公共卫生部草案《有关化学污染物的食品标准》（No.2），主要是修订第 268 号通报 BE.2546（2003），将"孔雀石绿及其盐"纳入食品禁止物质名单。

2013 年 7 月，泰国农业合作部国家农业商品和食品标准局发布了泰国农业标准草案"花生仁：黄曲霉毒素的最大限量"。本标准规定最大标准及控制措施，以降低拟作为食品用未加工花生仁内的黄曲霉毒素，从而在生产、进、出口未加工干花生仁的生产、贸易和检验中执行。花生仁内的总黄曲霉毒素不应超过 20 μg/kg。另外，还为花生生产商规定了以下控制措施：（1）分销前应筛分出霉仁、碎仁、坏仁及杂质；（2）花生生产商应在每批货物发运前，检查花生米内的黄曲霉毒素的含量。花生出口商应具备相关证明，证明出口未加工花生仁是由持有按本标准授予证书的注册花生生产商生产的，且黄曲霉毒素检测结果不超过进口国规定的限量。花生进口商应具备相关证明，证明进口的未加工花生仁是由采取了本标准规定控制措施的花生生产商生产的，且黄曲霉毒素检测结果不超过主管机构或认可实验室规定的 20 μg/kg。

2003 年 6 月，泰国食品药物管理局发布了 2003 年 4 月 21 日公共卫生部"关于 β − 催动剂污染的食品标准"的 No.269 通报。为保护消费者免于受误用及在食物链中偶然发现的 β − 催动剂污染的危害，卫生部授权通报如下：所有食品内不得含有 β − 催动剂及其盐类和代谢物。这类物质的污染物将根据经食品委员会批准的泰国食品药物管理局有关标准、条件及分析方法进行检验。

2015 年 1 月，泰国工业部工业建设厅通报了工业部关于有害物质清单的通报草案（No.2）B.E.2557（2014），规定根据有害物质法，工业部根据有害物质委员会的建议，制定了有害物质清单草案（No.2）B.E. 2557（2014），纠正和增补 2013 年 8 月 28 日工业部有害物质清单通报 2013 中的有害物质如下：修订了相关负责机构管辖的有害物质。其中，农业部删除了 1 种物质：清单 1.1 No.69 氯酚；修订了 3 种物质：清单 1.1 No.195 百治磷和 No.639 EPN 及清单 1.2 No.1 氯酚。食品药品管理局修订了 2 种物质：清单 4.1 No.164 灭多威和 No.194 EP。

2.4.3.1.2.4 关于食品标签的法规

2001 年 10 月，泰国公共卫生部食品和药品管理局通报了公共卫生部通报通过基因改造 / 基因工程技术得到的食物的标示，规定下列通过基因改造 / 基因工程技术得到的食品应当在标签中表示：（1）大豆；（2）豆腐和炸豆腐；（3）干豆腐、大豆废物、yabu；（4）Natto（发酵大豆）；（5）大豆奶；（6）大豆膏；（7）煮大豆；（8）管装或瓶装或袋装大豆；（9）烘干大豆粉；（10）烘干大豆；（11）包含 1~10 作为主要成分的食品；（12）以大豆粉为主要成分的食品；（13）包含大豆蛋白为主要成分的食品。

2001 年 11 月，泰国公共健康部食品和药品管理局通报了公共卫生部通报（No.245）B.E.2544（2001）含芦荟食物的标识，规定日期为 B.E.2538（1995）2 月 17 日的公共健康部通报（No.160）B.E.2538（1995）含芦荟食物的标识展示被废止，此部一级通报规定了：关于标识，含芦荟的食物必须符合公共健康部关于标识的通报和为此类食物特别签发的通报。含芦荟食物的标识应该包含如下附加声明："不能放到儿童容易接近的地方"，"非药用食物" 和 "若出现不良征兆停止使用" 等文字，文字应该在与标识背景颜色相对的清晰的矩形色框内用不小于 2mm 的红字写出。在此部一级通报生效之前签发的食物标识证明有效期不超过两年。

2001 年 11 月，泰国公共卫生部食品和药品管理局通报了公共卫生部通报（No.229）B.E.2544（2001）回复：撤销公共卫生部通报（No.162）B.E.2538（1995），规定公共卫生部通报（No.162）B.E.2538（1995）回复：为销售而进口的某些种类食品的标示；4 月 28 日的 B.E.2538（1995）被撤销，以便地方产品与进口产品以相同方式控制。关于这些食品的更多的标示要求已在公共卫生部通报（No.194）B.E.2543（2000）中加以规定。

2002 年 10 月，泰国公共卫生部食品与药品管理局通报了公共卫生部通报（No. 255）B.E.2545（2002）含有银杏树叶和银杏树叶提取物的食品标签，规定含有银杏树叶和银杏树叶提取物的食品标签，应与公共卫生部关于标签的通报及所颁布的其他关于此类食品的通报一致，并标示如下陈述："可抑制凝固" 和 "儿童与孕妇"。

2001 年 1 月，泰国公共卫生部食品和药品管理局通报了公共卫生部公告 B.E.2543（2000）食品标签，规定取消日期为 1982 年 4 月 29 日 B.E.2525 的公共卫生部公告（No.68）B.E.2525（1982）食品标签及日期为 1985 年 9 月 30 日 B.E.2528 的公共卫生部公告（No.95）B.E.2528（1985）食品标签，由此部长级公告代替。此公告规定所有食品必须贴标签。标签使用泰语，并用泰语标明食品名称、食品分类号、生产商名称和地址、包装商和进口商等。食品净内容使用公制，基本成分按质量百分率；还要标明："使用防腐剂""添加天然食用色素""添加人造食用色素""使用食品增强剂" 等。

2006 年 10 月，泰国食品药品管理局办公室通报了泰国公共卫生部通报草案 "零食标签要求"，规定为了提醒消费者注意营养的实际情况，特别为防止那些有不良饮食习惯的儿童营养不良，食物委员会建议泰国卫生部告知公众某些零食应贴标签，其主要规定如下：（1）零食包括：炸马铃薯片、炸玉米片、大米花、饼干、夹心维夫饼干及食物委员会认为有必要确定的及泰国食品药品管理局办公室通报的其他零食；（2）卫生部食品标签一般要求及特殊食品特别标记要求所需的食品标签，除此之外，标签上应附上在白色背景框内以 5mm 红色字体写的 "儿童应少吃" 的文字；（3）胆固醇（至少 2mg/ 每食用单位）和其他营养声明相关规定所要求的营养标签；（4）用红绿灯式的颜色形式与矩形框内的清晰文字一起显示能量、糖分、脂肪和钠盐营养含量的营养符号标签，绿色表示低营养含量，黄色表示中等营养含量，红色表示高营养含量；（5）符合这些新规定的过渡期是一年。在考虑了来自国内外利益相关方的所有评议意见之后，泰国食品药品管理局提议采用并由公共卫生部长签署本措施提案。本措施提案修订如下：①由于"点心"不能描述消费者的实际行为，因此本措施的标题修改为"某些制成食品的标签要求"；②除了5个项目之外，下一阶段，点心将不再由泰国食品药品管理局决定，如证明其正当合理，由公共卫生部长予以签署、作出决定；③营养含量的红绿灯标志从本措施提案中撤销，以待将来审议；④食品标签上的警告信息修改成"应当较少食用，做健身运动增强体质"，以便鼓励消费者意识到运动的重要性。

2013年4月，泰国食品药品管理局通报了公共卫生部通告草案，标题"要求带有营养标签的食品和每日摄入量指南，每日摄入量指南（GDA）标签"，规定公共卫生部（MOPH）提议对关于"一些种类的即食食品标签"的MOPH通告修订如下：（1）标题为"一些种类的即食食品标签"的公共卫生部通告No. 305（B.E.2550）和标题为"一些种类的即食食品标签No.2"的公共卫生部通告应当撤销。（2）食品要求带有营养标签和每日摄入量指南，GDA标签如下：①零食包括：a. 油炸或烤薯片；b. 油炸或烤爆米花；c. 炸薯片或膨化小吃；d. 烤制或盐渍烤制或调味花生；e. 油炸或烘烤或调味的紫菜；f. 油炸或烘烤或调味的鱼类小吃；②巧克力及相同种类的产品；③烘焙产品：a. 脆饼或饼干；b. 夹心威化饼干；c. 饼干；d. 蛋糕；e. 有馅和无馅的馅饼、糕点；④半加工的食品：a. 米线、米粉（Guay—Jub）、面条、米面条和绿豆粉皮；b.Kao Tom（米饭）和Joke（稀饭）；⑤冷冻和冷藏的即食。（3）根据第2条，营养标签应当符合以下任一条：①根据公共卫生部通告No.1附件的条款1.1的全营养信息格式：目前的营养表的格式和规定；②根据公共卫生部通告No.1附件的条款1.2和目前的营养表规定的，只显示总能量、总脂肪、蛋白质、总的碳水化合物、糖、钠和胆固醇（如果此食品的每一份餐量含有超过2mg的胆固醇量）的概要营养信息格式。如果食品打算显示营养声明、促销利用价值或在促销中指定消费群体，应当根据通告No.1附件的条款1.1显示营养表的全文形式：格式和公共卫生部关于营养标签通告的显示营养信息规定；③根据公共卫生部通告No.1附件的能量、糖、脂肪和钠盐（每日摄入量指南，GDA）标签；④根据第4（1）~（5）条，食品标签应当显示下列条文：以与盒子的背景形成对比颜色的黑体和明显的字体，并且标示"少量食用并根据健康状况锻炼"。在合装和组合包装，而单件的标签全范围小于65cm^{2}的情况下，应当在组合包装上规定基于单件包装的量计算。（4）本通告对于直接将食品出售给消费者的生产商不是强制性的。（5）遵守新规定的过渡期为180天。

2010年9月，泰国卫生部疾病控制司烟草控制局通报了公共卫生部通报香烟标签及标签声明标准、程序和条件B.E. 2552（2009），规定本通报撤销卫生部通报（No.11）B.E. 2549（2006）及其修订和通报（No.14）B.E.2550（2007）：标签及吸烟有害警告声明的标准、程序和条件，根据烟草产品控制法B.E.2535（1992）颁布。同时规定了10类烟盒或烟箱图示标签和警告声明，以及尺寸、位置和旋转间隔。

2014年3月，泰国食品药品管理局通报了公共卫生部（MOPH）通报草案"食品标签上的优质标志"，规定公共卫生部（MOPH）提出制定关于"食品标签上的优质标志"通报如下：（1）定义："优质"指质量和标准在同类食品中较高。（2）标签上标有"优质"的食品必须由食品药品管理局批准。（3）标签上标有"优质"的食品必须符合以下条款与条件：质量和标准应符合公共卫生部相关通报；从原材料到成品，包括可追溯性，符合关于合格和认证处理系统的国际标准或同等标准；初级和次级生产应符合良好农业规范（GAP）、生产管理规范（GMP）、危害分析与关键控制点（HACCP）、ISO 22000或其他同等系统；产品标准、质量或具体参数应符合具体“优质”产品的相关通报。另外，应符合以下要求：①政府部门、代理机构或政府认可代理机构的有机认证；②商务部地理标志（GI）注册；③原材料、主要成分和成品高于一般产品；④使食品参数高于一般产品的具体加工方法。（4）在本通报之前使用“优质”标志的经营者应在本通报生效后2年内符合通报要求。通报在官方公报上公布之后生效。

2015年5月，泰国公共卫生部食品药品管理局通报了公共卫生部关于依照食品药品管理局职责规定有害物质标签的通报草案，规定依照食品药品管理局职责规定的有害物质标签上的图示、符号和危险声明应符合泰国公共卫生部关于依照食品药品管理局职责对有害物质进行危险分类和建立沟通制度的通报B.E.2558（2015）；标签上的活性物质名称必须用工业部有害物质清单通报B.E.2556（2013）中规定的泰语和英语；修改以前的标签要求以适应现在的情况。

2013年8月，泰国食品药物管理局发布了公共卫生部通报草案，“预包装食品标签”。公共卫生部拟修订MOPH“食品标签”相关通报如下：（1）撤销公共卫生部泰历2543年（2000年）9月19日食品标签（194号）通报、泰历2545年（2002年）5月30日食品标签（252号）通报及泰历2555年（2012年）4月17日食品标签（343号）通报，并由本部级通报代替；（2）本通报规定，制造、进口销售及出口最终消费者的预包装食品应粘贴标签。产品标签应提供以下泰文信息：①产品名称；②序号；③进口商或制造商名称和地址；④数量单位声明；⑤成分名单；⑥定义了引发过敏症的以下致敏原和物质：a.含面筋的粮谷，如小麦、黑麦、大麦、燕麦、斯佩耳特小麦或杂交品种及产品；b.甲壳类和甲壳类产品；c.蛋及蛋制品；d.鱼和鱼制品；e.花生、大豆及其产品；f.乳及乳制品（包括乳糖）；g.硬壳坚果（如开心果），坚果、树坚果（如杏仁、核桃、胡桃）及其产品；h.浓度10mg/kg或以上的亚硫酸盐；⑦准许使用的食品添加剂类型还应提供具体名称或INS代码；⑧注明最佳产品消费期<3个月或按年月形式注明储存期超过3个月的产品；及⑨其他要求信息，如烹饪和储存说明。属非零售的进口预包装食品或餐饮食品可用英文标签；（3）食品名称必须用尺寸不小于2mm的字体标注，除非标签区不足35cm^2；（4）食品序号及度量声明及厂家名称和地址、成分表、添加剂、导致过敏症的致敏原与物质必须用至少1mm、1.5mm或2mm尺寸的字体分别标注在小于100cm^2、（100~250）cm^{2}及超过250cm^{2}的标签区内。成分名单必须标在标签上，除非标签面积不足35cm^2；（5）本通报不适用于以下情况：①销售商能在消费者购买时提供信息的食品，如街头小贩；②新鲜食品或鲜切食品，或能看到食品特性或质量的类似包装产品；③餐馆、旅馆、学校、医院消费的即食食品或家庭订餐的包装食品；（6）任何食品生产商或进口商在本通报生效日前应提交标签修改申请，以符合通知的要求，原标签可在本通报生效后延用2年；（7）本通报自公布于官方公报后180天生效。

2014年1月，泰国疾病控制部酒精控制委员会办公室发布了有关酒精饮料控制的通报草案，参见：酒精饮料标签规则、程序和条件。具体如下：（1）酒精饮料标签不得使用以下信息：①对消费者不公的，或即使提及产品来源、条件、质量或特点或服务，包括产品交货、采购或使用或服务，但会产生重要社会影响的信息。对消费者不公的、或会产生重要社会影响的信息如下：a.虚假或夸张信息；b. 误导消费者产品或服务内容的信息，尽管这些信息提及某学术报告、统计数据，或非实际或夸张信息；c. 直接或间接支持违法或不道德或诋毁国家文化的信息；d. 导致不和谐或偏见的信息；②直接或间接说服消费或故意夸大某一酒精饮料益处或质量的信息；（2）以下任何特点均属第（1）②条范围：①表明饮酒有助于社交成功或壮阳，包括健康的信息；②借用运动员照片的信息；③借用艺术家或歌唱家照片的信息；④借用卡通画像的信息；⑤说服或劝说消费者购买或消费，以为慈善机构捐钱的信息；⑥说服或劝说消费者参加类似音乐、体育、竞赛或娱乐活动的信息；（3）通报草案不适用于在泰国境外生产或销售的酒精饮料，或为明确产品规格而进行测试、分析或研究的，或泰国境内非盈利性目的酒精饮料；（4）本通报生效日前使用标签可自本通报生效后继续适用不超过 180 天；（5）本通报应于公布于政府官方公报日后生效。

2.4.3.1.2.5　关于食品接触材料的法规

2008 年 4 月，泰国食品药品管理局办公室通报了标题为"禁止生产、进口或销售除了装在食品容器和包装中的食品之外，带有物品的食品"的泰国公共卫生部（MOPH）公告，规定 2007 年 8 月 30 日颁布的关于禁止除了包装在食品容器中的食品之外的物品措施的泰国公共卫生部公告 No.304［B.E.2550（2007）］将撤销，并由本规定取代：（1）除了食品之外的物品不得包装在食品容器中，为了保持食品的质量或标准的调味料，或食用附加品除外；（2）除了食品之外的物品只有在其应当不会对人类健康造成危险，或误认为该物品可以食用的情况下，才能与食品容器所包装的东西包装在一起。

2012 年 6 月，泰国消费者保护委员会办公室通报了标签委员会通报草案与食品接触的不锈钢产品须粘贴管制标签，规定与食品接触的不锈钢产品（容器、锅、餐具、杯子及其他产品）须粘贴管制标签并且应符合标签委员会通报。标签必须包含以下信息：（1）所用材料：泰国工业标准（TIS）1378 或国际标准 SST 304、SST 430 规定的不锈钢类型；材料的成分及主要成分如铬、镍的百分比，作为最低要求，不使用缩写或符号；（2）使用说明，作为最低要求包括：对于不符合上述标准的材料制成的产品应标明："避免接触浓酸、盐或化学基""避免用磨料清洗""应使用海绵和快干材料清洗"；（3）作为最低要求用与背景颜色对比强烈的大字体标明警告："不能用于微波炉"。

2.4.3.2　技术标准

泰国国家农业商品和食品标准局（ACFS）成立于 2002 年，是国内消费者和国外买家监管和认证农产品和食品标准制定发布的主要机构，其标准制定主要包含 8 个步骤，程序如下：（1）标准选题；（2）指定一个技术委员会承担草案制定；（3）制定标准草案；（4）提请委员会审议；（5）听取有关各方的意见；（6）提交 ACFS 委员会；（7）通报 WTO（如果是强制性标准）；（8）在皇家宪报发布。其中最重要的是第 3 步制定标准草案，这要求对农产品产品进行研究数据的收集，这些数据主要来源于一些相关机构的工作，例如农业部、渔业部、畜牧发展部，如果相关数据不足则 ACFS 会通过发起自己的研究来填补空白，以便获取更多的基础数据。截至 2017 年底，ACFS 颁布的农业标准共计 69 个，主要分成三大类：商品标准、系统性标准和一般性标准。

泰国 TBT 工作主管部门是泰国工业部国家工业标准院（TISI），负责国家工业标准化活动，以促进国家工业发展和提高消费者生活水平。涉及标准制定和管理工作的还有农业部下属的国家农产品和食品标准局，负责制定农产品、农业转换产品和食品的标准；监督和控制食品安全；对农产品、农业转换产品和食品质量认证机构的资格进行审核、颁发许可证。

国家电信委员会、公共事务及乡镇规划部负责各自领域内的标准制定和管理工作。

国家消费者委员会负责产品质量、法制、计量等综合执法职能，直属国务院领导，具有独立执法权利。

泰国的标准化管理分别由国家工业部、农业部、卫生部等部门负责。部分农产品标准在世界上处于领先地位，水平较高的标准有香蕉、大米、水果等农业标准。

泰国国家标准主要由泰国工业标准院（TISI）来制定发布。农业部负责制定农产品的标准，卫生部负责制定加工食品的标准。国家标准分为强制性和推荐性两种，大多数为推荐性标准。

2.4.3.3　合格评定程序

泰国实行强制认证和自愿认证相结合的 TISI 认证制度。对于符合标准的产品，允许使用 TISI 标志（有强制性认证标志和自愿性认证标志两种）。泰国政府要求实行强制性认证的产品有 60 个大类，涉及电气设备及附件、医疗设备、建筑材料、日用消费品、车辆、PVC 管、LPG 燃气容器及农产品 8 个领域的产品。泰国的认证机构分政府和非政府组织两类，负责强制性产品认证的政府组织是泰国工业标准院（TISI），具体承担政府的强制性认证业务，主要开展各类产品标志（包括安全标志、环境标准和电磁兼容标准标志）以及绿色标签的认证活动、对无标准的产品实行产品注册、开展 ISO 体系认证及 HACCP 认证、人员培训与注册工作和实验室认可等。农产品的强制性认证由泰国农业部负责，非强制性认证可由其他非政府组织负责，如有机农业产品认证由泰国有机农业认证组织（ACT）负责推行。

泰国良好农业操作认证和有机食品认证的主管部门都为泰国农业与合作部（MOAC），由泰国农业与合作部授权给泰国国家农业商品与食品标准委员会（NCACFS）下属的农业商品与食品标准局（ACFS）制定良好农业操作和有机食品认证国家标准，同时负责认证机构的认可工作。泰国的良好农业操作和有机食品认证机构分为三大类：（1）官方认证机构；（2）私人认证机构；（3）国外认证机构。官方认证机构设立在泰国农业与合作部，由 3 个部分组成，分别是：农产品认证处（DOA），主要负责农作物产品认证；畜产品认证处（DOL），主要负责畜禽类产品的认证；水产品认证处（DOF），主要负责淡水养殖产品的认证。但是，官方认证机构的认证权限仅限于泰国国内企业，产品销售也以泰国本国市场为主。泰国的私人认证机构的认证活动以 ACT 为主。私人认证机构的认证范围不仅仅限于国内市场，而是以产品的出口为主，同时也有部分产品在国内市场进行销售。国外认证机构在泰国的认证活动也比较频繁，所占有机食品认证的份额也比较大，几乎达到所有有机食品认证企业的 50% 左右。其中，包括日本的 JONA 和 OMIC，德国的 BCS，法国的 ECOCERT，瑞典的 KRAV 等多家认证机构。这些国外认证机构认证的产品除了销往认证机构所在国市场外，在泰国市场也占据一席之地。

2.4.4 进出口安全监管机制

2.4.4.1 进出境动植物检疫监管机制

2.4.4.1.1 进出境动物及其产品检验检疫程序

由出口国出境口岸的官方兽医官在动物离境前两天内出具的兽医健康证书，证明：动物的种类及数量；动物的品种、性别、年龄、颜色或明显标记、耳号；进境动物的原产地；按照进境许可的要求，动物已做过实验室检验并须符合进境许可的条件；进境动物的血统及系谱，尤其是种用动物。

动物至少在进境前 15 天须得到进境口岸检疫兽医官的许可。

进境许可证及检疫要求由泰国农业与合作部畜牧发展局局长签发。

只有携带由出口国官方检疫兽医官出具的动物健康证书（证明符合进口国要求并有官方印章），进境许可证才是有效的。按照部法规，须交纳检疫费。

所有进境动物在到达进境口岸时，在船上或着陆地必须接受卫生检查，检疫合格后方可进境。

按照检疫要求，着陆后动物需经过一段时间的检疫。

畜牧发展局局长可授权规定其他合理的检疫要求。

动物隔离检疫期间，货主应支付全部费用。

如不符合进境检疫程序要求，进境动物将作退回或扑杀处理。

2.4.4.1.2 进出境植物及其产品检验检疫程序

根据泰国植物检疫法，进口植物及植物产品分为禁止输入之植物及植物产品、限制输入之植物及植物产品及无输入限制之植物及植物产品 3 类。

禁止输入之植物及植物产品表中所列产品依规定不得进口，唯经泰国农业与合作部农业厅事先核准且用于研究及实验目的之项目除外。此类产品包括农业合作部公告自特定地区输入之指定植物及植物产品、植物病虫害寄主、土壤及肥料。

2.4.4.2 进境产品认证认可要求

关于未加工和加工食品和其他包装加工食品需要如下许可证：

（1）自由销售许可证 / 健康和卫生许可证 / 出口许可证（良好生产规范 GMP 许可证）。根据公共卫生部（MOPH）第 342 号通知的规定，许可证要求"特定控制食品"类别需要进行产品登记，"标准化食品、需贴明标签的食品"类别和其他包装加工食品需要进行产品备案。许可证上应注明有效期，如未注明，一般有效期为一年，并可适用于同一产品的多次装运。

（2）原产地证书 。产品入境时，须附带证书原件。

关于无骨牛肉和家禽肉类及其制品需要如下许可证：

（1）肉类和家禽出口卫生许可证。产品入境时，须附带许可证原件。许可证只适用于该批次货物。

（2）信笺许可证。产品入境时，须附带许可证原件。许可证只适用于该批次货物。

（3）原产地证书。产品入境时，须附带证书原件。

（4）出口核查证书（仅适用于无骨牛肉的进口）。产品入境时，须附带许可证原件。许可证只适用于该批次货物。

关于罐头或腌制肉类和家禽产品需要如下许可证：

（1）肉类和家禽出口卫生许可证。产品入境时，须附带证书原件。许可证只适用于该批次货物。

（2）原产地证书。产品入境时，须附带证书原件。

关于密封容器包装的低酸和酸化食品需要如下许可证：

（1）备案文件。要求提供该证明文件用于产品注册。

（2）原产地证书。产品入境时，须附带证书原件。

关于酒糟和干燥谷物需要如下许可证：

原产地证书。产品入境时，须附带证书原件。

关于水果和蔬菜需要如下许可证：

（1）植物检疫许可证。产品入境时，须附带许可证原件。许可证上应注明有效期，如未注明，仅可适用于所注明的货物批次。

（2）原产地证书。产品入境时，须附带证书原件。

关于速冻果蔬需要如下许可证：

（1）质量许可证和状态质量保证书。产品入境时，须附带许可证原件。许可证上应注明有效期，如未注明，仅可适用于所注明的货物批次。

（2）原产地证书。产品入境时，须附带证书原件。

关于兽皮和皮毛需要如下许可证：

（1）卫生许可证。产品入境时，须附带许可证原件。许可证上应注明有效期。

（2）原产地证书 。产品入境时，须附带证书原件。

关于活体动物需要如下许可证：

动物卫生许可证。产品入境时，须附带许可证原件。许可证上应注明有效期，如未注明，仅可适用于所注明的货物批次。

关于其他加工肉类产品需要如下许可证：

（1）肉类和家禽出口卫生许可证。产品入境时，须附带许可证原件。许可证的有效期仅适用于该货物批次。

（2）原产地证书。产品入境时，须附带证书原件。

关于海鲜产品（冷藏、冰冻及加工）需要如下许可证：

（1）卫生许可证和自由销售许可证。产品入境时，须附带许可证原件。许可证上应注明有效期，如未注明，一般有效期为一年，并可适用于同一产品的多次装运。

（2）原产地证书。产品入境时，须附带证书原件。

其他认证要求：

此外，泰国农业部（DOA）和泰国畜牧发展部（DLD）均要求提交进口许可证。进口许可证的签发程序对于某些猪肉和家禽产品有时并不透明。泰国畜牧发展部原则上同意（虽然没有正式书面认可）接受出口机构的“系统审核”，以代替先前要求的“单独的生产厂审核”。然而，泰国畜牧发展部提出了额外的要求，即在泰国畜牧发展部派员到每个出口国实施实地检查之前，动物和动物产品的出口国必须完成泰国畜牧发展部的问卷调查以获取批准。

2.4.5 监管特点

泰国于1979年出台了《食品法》(Food Act)，此法赋予泰国公共卫生部主管国家食品安全的职责。公共卫生部为此成立了食品药品管理局，依法对全国的食品（主要是加工食品）实施卫生监管，确保食品的健康和安全。《食品法》把食品分为三大类：一是监管食品，此类食品必须经过注册，产品的质量、规格、包装、标签以及生产过程均符合强制标准要求；二是标准食品，此类食品不需要注册，但其质量、标签等必须符合《卫生部公告》上公布的标准要求；三是其他食品，凡不在附件1和附件2列表内的食品，不管是原料还是熟食品，保藏还是非保藏食品，加工还是非加工食品，均视为一般食品，不需要注册，但其卫生和安全、标签和广告必须受到监管。

泰国建立了完善的、可追溯的“从农田到餐桌”食品安全管理链，多个部门参与，环环相扣是泰国食品管理的关键。在最初环节加强对农业投入物（包括化肥、农药、兽药、饲料等）等的管理和检验；对农场实行注册/标准认证，1999年开始推行ThaiGAP（泰国良好农业规范认证）；对加工厂开展ISO、GMP、HACCP体系认证；对产品实施实验室检测；在流通市场（国内、国外市场）建立风险预警体系。

在泰国，农产品和食品原来被认为是一种工业产品，其标准由工业部制定。随着泰国食品出口的大幅度增长（目前是世界10大食品出口国之一），食品管理需要更多的协调和统一性，于是在2001年成立了国家农产品食品标准委员会（National Committee on Agricultural Commodity and Food Standards)，成员由农业与合作部各相关司局级部门、公共卫生部、工业部、海关等部委的相关机构以及一些私营部门组成，该委员会及其秘书处设在农业与合作部农产品食品办公室（ACFS)，负责农产品和食品管理的内部协调工作。

泰国是一个农业比较发达的国家，政府对农产品予以高度重视，其很多农产品标准都处于世界一流水平，对农产品采取强制性产品认证制度。在有机农业认证方面比我国开展得要早，虽然对有机农业产品并未实施强制性认证，但近年来为了促进农产品的出口，泰国加强了有机农业认证的管理力度，目前已经形成了较好的运作体系。

2.5 印度尼西亚

印度尼西亚位于亚洲东南部，处于亚洲大陆与澳大利亚之间，由太平洋和印度洋之间的17508个大小岛屿组成，陆地面积190万平方公里，海洋面积317万平方公里，是世界上最大的群岛国家。印度尼西亚是一个农业大国，全国耕地面积约8000万公顷，从事农业人口约4200万人。

印度尼西亚自然条件得天独厚，气候湿润多雨，日照充足，农作物生长周期短，主要经济作物有棕榈油、橡胶、咖啡、可可。2016 年，印度尼西亚棕榈油产量达到 3450 万吨，继续保持全球最大的棕榈油生产国地位。印尼森林覆盖率为 54.25%，达 1 亿公顷，是世界第三大热带森林国家，全国有 3000 万人依靠林业维持生计；胶合板、纸浆、纸张出口在印度尼西亚的出口产品中占很大份额，其中藤条出口占世界 80%~90% 的份额。作为世界上最大的群岛国家，印度尼西亚海岸线 8.1 万公里，水域面积 580 万平方公里，包括领海渔业区 270 万平方公里，专属经济区 310 万平方公里。渔业资源丰富，海洋鱼类多达 7000 种，政府估计潜在捕捞量超过 800 万吨 / 年，目前已开发的海洋渔业产量占总渔业产量的 77.7%，专属经济区的渔业资源还未充分开发。

近年来，印度尼西亚经济发展迅速、社会稳定、民族和睦。作为东盟和 20 国集团的重要成员，印度尼西亚在地区和国际事务中发挥着越来越大的作用。中国和印度尼西亚两国自 1990 年恢复外交关系以来，双边经贸合作全面发展，2016 年贸易额达到 457.83 亿美元，同时双方在双向投资、工程承包和劳务合作等领域的合作也获得快速发展。2013 年 10 月，国家主席习近平访问印度尼西亚并出席亚太经合组织第二十一次领导人非正式会议，两国建立起全面战略伙伴关系，并签署了多项政府间合作文件和约 100 亿美元的经贸协议。

2.5.1 监管机构概况

印度尼西亚农食产品监管部门主要包括农业部、国家药品食品管理局、海洋渔业部、贸易部等。

2.5.1.1 农业部

印度尼西亚农业部（网站：http：//www.pertanian.go.id/）的责任主要包括维护食品营养与安全、增加本国农产品的附加值和竞争力、增加国内农民的收益等，负责《动物、鱼类和植物检疫法》《新鲜植物源性食品进出口安全管理措施》等法律法规。印度尼西亚农业部制定了 2015—2019 年农业发展目标，具体为实现玉米、大豆的自给自主；增加肉类和糖类的产量；完善区域食品配送体系；提高生产的稳定性以稳定物价；加强经济类农作物的发展；提高农民收入；完成农业部改革。农业部负责农食产品生产、收获后的初级加工环节的管理，同时对进口的鲜活农食产品实行许可证管理。农业部下属 9 个部门，分别是作物总局、基础设施设备总局、牲畜和动物卫生总局、林业总局、园艺总局、农业研究和发展机构、农业教育和人力资源开发机构、食品安全局、农业检疫局。

农业检疫局（Indonesia Agricultural Quarantine Agency，IAQA）根据印度尼西亚农业部令第 299/KPTA/OT.140/7/2005 号规定了其职能为负责对植物及其产品、动物及其产品实施检疫，确保国家生物安全。农业检疫局下设 3 个主要职能部门：植物检疫和生物安全中心（The Center of Plant Quarantine and Bio-safety），动物检疫和生物安全中心（The Center for Animal Quarantine and Animal Bio-safety），合规、合作和信息中心（The Center for Compliance，Cooperation and Information）。其中，植物检疫和生物安全中心下设种子检疫处（Seeds Plant Quarantine Division）、非种子检疫处（Non-Seeds Plant Quarantine Division），负责植物检验检疫和植物生物安全；动物检疫和生物安全中心下设动物检疫处（Life Animal Quarantine Division）、动物产品检疫处（Animal Quarantine Division），负责动物及动物产品的检验检疫和动物生物安全。印度尼西亚农业检疫局在全国设有 83 个检疫站，其中动物检疫站 39 个、植物检疫站 44 个，面临的问题有辖区大、人员数量不足、通信手段落后、设施匮乏等。

2.5.1.2 国家药品食品管理局

印度尼西亚国家药品食品管理局（网站：http：//www.pom.go.id/）是印度尼西亚政府根据总统令第 166 号于 2000 年成立的一个特设的主管药品和食品的机构，直接对总统负责，管理国家制药、传统医药、食品、化妆品和医疗器械行业，对食品行业的管理主要是对本国生产和进口的加工食品进行安全和质量监管，其下设 8 个职能部门，其中与食品安全管理相关的部门包括：

（1）食品安全与有害物质控制部（Deputy of Food Safety and Hazardous Substance Control）。负责食品在上市前后的安全评估，包括对产品的生产者和销售者的良好行为规范进行监督检查，对产品标签、有害物质成分以及促销广告进行审查等；

（2）国家药品食品实验室（National Laboratory of Drug and Food Control）。为印度尼西亚的中央实验室，另外还在 26 个地方分支机构设有分支实验室，是印度尼西亚最具权威的药品食品检测中心；

（3）药品食品调查中心（Center of Drug and Food investigation）。负责对药品、食品业中的违规、违法行为进行调查；

（4）药品食品研究中心（Center of Drug and Food Research）。负责开展食品安全、毒力、治疗方面的科研；

（5）药品食品信息中心（Center of Drug and Food Information）。负责有关药品、食品的信息和交流。

2.5.1.3 海洋渔业部

海洋与渔业部负责《渔业法》的实施（网站：http：//www.ropeg.kkp.go.id/），包括与鱼类资源相关的养殖和利用及由此而产生的与环境相关的所有活动监管，即从产前工作到生产、养殖、直至销售的渔业经营系统内开展的所有活动的监管。

2.5.1.4 贸易部

印度尼西亚贸易部（网站：http：//www.kemendag.go.id/）主管贸易事务，其职能包括：制定外贸政策，参与外贸法规的制定，划分进出口产品管理类别，管理进口许可证的申请，制定进口商和分派配额等事务。在实施进口管理时，印度尼西亚政府主要采用配额和许可证两种形式。与进出口贸易相关的下属部门包括外贸总局、国际贸易谈判总局、出口发展总局等。

外贸总局下属 6 个部门，分别是外贸总局秘书处、农林产品出口局、工业和矿产品出口局、进口局、进出口便利化局、贸易安全局，与进出口农食产品有关的主要包括农林产品出口局、进口局、进出口便利化局、贸易安全局。

（1）农林产品出口局。主要负责制定及实施农作物、渔业和畜牧业等相关出口政策，并提供技术指导促进农林产品出口。

（2）进口局。主要负责制定和实施在农产品、林业、工业品、消费品等方面进出口准则、规范、标准和程序等，并提供政策指导和技术评估。

（3）进出口便利化局。主要负责进出口领域便利化提供政策指导和技术评估。

（4）贸易安全局。主要负责实时跟踪及应对世界各国技术贸易措施、反倾销等相关的贸易保护政策，在贸易安全领域提供政策指导和技术评估。

国际贸易谈判总局下设6个部门，分别是国际贸易谈判总局秘书处、多边会谈局、东盟会谈局、APEC及其他国际组织会谈局、双边会谈局、贸易谈判服务局。

2.5.2 法规体系概况

《1934年贸易法》是规范印度尼西亚贸易政策的基本法律，《食品法》No.18（2012年）是印度尼西亚食品安全基本法律，其内容主要包括了食品计划、食品安全、食品标签和广告、食品信息体系、食品研究与开发、公众参与等内容。另外，还包括《渔业法》《动物、鱼和植物检疫法》（1992年第56号印度尼西亚共和国国家公报，第3482号印度尼西亚共和国国家补充公报）、《植物检疫政府条例》（2002年第14号政府条例）、《动物检疫政府条例》《进口活鱼的检疫要求》《新鲜植物源性食品进出口安全管理措施》（04/Permentan/PP.340/2/2015）、2014年第20号关于标准化与合格评定的法律（2014年第216号印度尼西亚共和国国家公报，第5584号印度尼西亚共和国国家补充公报）、2002年第14号关于植物检验检疫的政府规定（2002年第35号印度尼西亚共和国国家公报，第4196号印度尼西亚共和国国家补充公报）、2004年第28号关于食品营养质量和安全的政府规定（2004年第107号印度尼西亚共和国国家公报，第4424号印度尼西亚共和国国家补充公报）、《关于食品中有毒物质含量最大限量的印尼国家标准》（SNI 7385：2009）、《关于食品中微生物含量最大限量的印尼国家标准》（SNI 7388：2009），以及其他相关的法律、法规、部门规章、国际条约及多双边协定。

2.5.3 技术性贸易措施体系

2.5.3.1 技术法规

2.5.3.1.1 基本法规

印度尼西亚食品安全的法律框架主要以《食品法》No.18（2012年）为基础。该法包括有关食品加工、贮藏、包装、标签和运输的基本规定。食品添加剂和基因改造也受该法管理。此外，该法规定食品加工厂必须实施质量管理系统。主管加工食品的部门是国家药品食品管理局（NADFC），鲜活产品分别由农业部和海事渔业部负责。在此法基础上还制定了一系列国家条例，如“关于食品标签和广告的第69/1999号条例”“关于食品安全、质量和营养的第28/2004号条例”等，后者的第36~41款对食品的进出口作了具体的规定。

《渔业法》（Fisheries Law）对渔业作了广泛的定义，它包括水产养殖和捕捞渔业，以及与鱼类生产相关的活动：“渔业包括与鱼类资源相关的养殖和利用及由此而产生的与环境相关的所有活动，即从产前工作到生产、养殖，直至销售的渔业经营系统内开展的所有活动。"该法强调了在渔业发展中可持续利用水产养殖资源的重要性。主要渔业管理部门是海事渔业部（DKP）。

2.5.3.1.2　一般食品法规

2.5.3.1.2.1　关于食品添加剂的法规

2014—2015 年，印度尼西亚国家药品食品管理局（NADFC）陆续颁布各项食品添加剂具体安全限量法规，主要包括：第 4 号法规《作为食品添加剂的碳酸剂最大限量》、第 6 号法规《作为食品添加剂的载体的最大限量》、第 7 号法规《作为食品添加剂的面粉处理剂最大限量》、第 8 号法规《作为食品添加剂酸度调节剂的最大限量》、第 9 号法规《作为食品添加剂的凝固剂最大限量》、第 10 号法规《作为食品添加剂的抗结剂的最大限量》、第 11 号法规《作为食品添加剂的膨松剂最大限量》、第 12 号法规《作为食品添加剂的上光剂最大限量》、第 13 号法规《作为食品添加剂的消泡剂最大限量》、第 14 号法规《作为食品添加剂的压缩气体的最大限量》、第 15 号法规《作为食品添加剂的增稠剂最大限量》、第 16 号法规《作为食品添加剂的乳化剂最大限量》、第 17 号法规《作为食品添加剂的包装气体最大限量》、第 18 号法规《作为食品添加剂的螯合剂最大限量》、第 19 号法规《作为食品添加剂的增稠剂最大限量》、第 20 号法规《作为食品添加剂的乳化剂最大限量》、第 21 号法规《作为食品添加剂的护色剂最大限量》、第 22 号法规《作为食品添加剂的发泡剂的最大限量》、第 23 号法规《作为食品添加剂的增味剂的最大限量》、第 24 号法规《作为食品添加剂的稳定剂的最大限量》、第 25 号法规《作为食品添加剂的填充剂的最大限量》、第 37 号法规《作为食品添加剂的着色剂的最大限量》等法规。

2.5.3.1.2.2　关于农药残留的法规

2015 年，印度尼西亚农业部颁布了部长 4 号令《关于进出口新鲜植物源性食品安全管理的农业部部长规定》（04/Permentan/PP.340/2/2015），该法规于 2016 年 2 月正式实施，该法规里面规定了蔬菜、水果、谷物、豆类、果仁、茶叶 6 大类共 103 种植物源性食品的农药残留最大限量，随后 2016 年农业部分别颁布第 13/Permentan/Kr.040/4/2016 号法规、第 55/Permentan/Kr.040/4/2016 号法规对该法规进行了修订。目前，该法规监管商品由原 103 种减少到 100 种，酸枣、可可豆及橄榄不包括在内，具体类别如下：

（1）水果：葡萄、鳄梨、苹果、杏、浆果、黑莓、蓝莓、无花果、波森莓、哈密瓜、樱桃、蔓越莓、柑橘类水果、醋栗、悬钩子、榴莲、猕猴桃、柚子、橘子、龙眼、葡萄干、红枣、荔枝、柠檬、青柠、柑橘、芒果、甜瓜、哈密瓜、菠萝、油桃、木瓜、桃、柿子、香蕉、梨、李子、文旦/柚子、覆盆子、南瓜、番荔枝、草莓；

（2）蔬菜：朝鲜蓟、芦笋、洋葱、大蒜、葱、菠菜、甜菜、西兰花、花椰菜、胡椒、菊苣、韭菜、十字花科蔬菜、小黄瓜、甜玉米、蘑菇、土豆、甘蓝、大头菜、甘蓝、球芽甘蓝、大白菜、利马豆、萝卜、黄瓜、辣椒、香菜、秋葵、莴苣、芹菜、西红柿、茄子、红薯、胡萝卜；

（3）谷物：大麦、水稻、小麦、玉米、燕麦、黑麦、高粱；

（4）坚果：杏仁、榛子、澳洲坚果、开心果、花生、山核桃；

（5）豆类：大豆、绿豆、蚕豆、豇豆、豌豆；

（6）庄园作物：咖啡豆、胡椒、甘蔗、茶叶。

2.5.3.1.2.3 关于微生物和有毒有害物质的法规

2011年3月，印度尼西亚国家食品药品管理局（NADFC）发布了国家食品药物管理总局关于确定食品内微生物和化学污染物最大许可限量的第HK.00.06.1.52.4011号法规。本法规包括以下食品微生物和化学污染物的类型及最大许可标准：微生污染物：菌落总数、大肠菌群、大肠杆菌、沙门氏菌、金黄色葡萄球菌、蜡样芽孢杆菌、真菌、酵母菌、产气荚膜梭菌、李斯特菌、霍乱弧菌、肠杆菌及阪崎肠杆菌。化学污染物：（1）重金属：砷、镉、汞、锡和铅；（2）霉菌毒素：黄曲霉毒素、脱氧萎镰菌醇、伏马菌素 B_1+B_2、赭曲霉毒素A、棒曲霉素；（3）其他污染物：苯并芘、二噁英、1，3－二氯－2－丙醇、3－氯－1，2二丙醇。2016年7月，印度尼西亚在No.HK.00.06.1.52.4011的基础上，发布加工食品中微生物和化学污染物限量标准修正草案（16/2016）。该草案规定了微生物限量标准，涉及内容包括：规定了产品分类类型；微生物类型及其微生物限量；规定了产品采样方法和实验室微生物检测抽样方法。该草案发布生效后，2009年的NADFC No. HK.00.06.1.52.4011将作废失效。

2015年，印度尼西亚农业部颁布了部长4号令《关于进出口新鲜植物源性食品安全管理的农业部部长规定》（04/Permentan/PP.340/2/2015），该法规于2016年2月正式实施，里面规定了蔬菜、水果、谷物、豆类、果仁、茶叶6大类共103种植物源性食品的微生物、重金属、毒素最大限量，随后2016年农业部分别颁布第13/Permentan/Kr.040/4/2016号法规、第55/Permentan/Kr.040/4/2016号法规对该法规进行了修订。

2.5.3.1.2.4 关于食品标签的法规

2000年7月，印度尼西亚卫生部、食品及药品管理总局发布了关于食品标签及广告的No.69/1999政府法令。该政府法令要求明确叙述所用的成分的标签，尤其是食品添加剂。此外，还有其他的非SPS要求，例如，某些应用于产品的处理技术、某种食品经过辐照处理，应该在标签上声明相关技术信息；如果含有转基因（GMO）成分，也应该在标签上标识清楚。

另外，印度尼西亚国家药品食品管理局还针对某些特殊食品，制定了特殊的食品标签要求，例如，2016年6月，印度尼西亚国家药品食品管理局发布了关于酒精饮料安全质量标准的法规草案，其中规定了酒精饮料的安全质量标准及标签与广告宣传，印度尼西亚国内和进口的酒精饮料应该符合本法规草案规定的具体安全标准、质量标准、标签和广告宣传等要求，其中规定了酒精饮料标签至少应标明以下信息：国家药品食品管理局2015年有关食品类型第1号法规规定的酒精饮料及酒精饮料种类；禁止年龄不足21岁的人群或孕妇消费；酒精含量，并要求以上信息应该用印度尼西亚文书写，禁止任何大众媒体进行酒精饮料的广告宣传。

2.5.3.1.2.5 关于食品接触材料的法规

2011年，印度尼西亚国家药品食品管理局发布了关于调整食品包装控制的第HK. 03.1.23.07.11.6664号法规，规定了单层塑料包装、多层塑料包装重金属迁移要求；大于121℃高温使用的复合结构、121℃以内使用的复合结构和适用于（49~121）℃的复合结构的有害物质总迁移要求。2015年1月，印度尼西亚国家药品食品管理局对第HK. 03.1.23.07.11.6664号法规进行了修订。

2.5.3.2 技术标准

印度尼西亚的标准主要由国家标准局（National Standardization Agency of Indonesia，BSN）负责，该局于1997年根据13/1997号总统令设立，并按照166/2000号总统令予以强化。BSN为政府机构，负责制定和推行印度尼西亚的国家标准，该机构接管了印度尼西亚标准化委员会（DSN）的功能和职责。

印度尼西亚国家标准的应用，原则上遵循自愿原则。确保印度尼西亚标准被广泛地采纳和使用，对所有利益相关方公开、透明和公正，以及与国际标准保持一致，是印度尼西亚国家标准应用的一个非常重要的因素。然而，出于保护公共利益、国家安全和国民经济发展以及环保的需要，政府也可以实施某些强制性标准。必须通过具有监管标准化行为和产品配给权利的政府机构，发布技术规范的办法，开展印度尼西亚的标准化工作，以禁止那些不符合印度尼西亚国家标准的行为和产品出现。因此，应谨慎实施印度尼西亚国家标准，以消除以下影响：妨碍公平竞争；抑制创新变革；约束中小企业的发展。

对于高风险等级的行为和产品，最好的办法是对印度尼西亚国家标准的应用作出限制，因此，有必要对标准化和产品流通的行为制定相应的规范。应使用市场监督的办法，对印度尼西亚国家标准予以支持。既可以是事前的市场监督，用以确立符合强制性的印度尼西亚国家标准的行为或产品；也可以是事后的市场监督，用以监控和纠正那些不符合印度尼西亚国家标准的行为和产品。如果说合格评定具有区域性自愿性的特性，那么印度尼西亚国家标准的强制合格评定就是所有当事各方必须遵守的要求之一。因此，合格评定可以起到监管者对市场实施监督的作用。

考虑到某一国家技术规范的应用同样适用于进口产品，为了避免国际贸易壁垒，包括印度尼西亚在内的世界贸易组织（WTO）成员国就技术性贸易壁垒（TBT）协定与卫生和植物检疫协定已达成一致。每一个WTO成员国应建立一个能起到公告作用的并能对各种观点进行咨询的机构。BSN被指定为公告主体机构，并为技术性贸易壁垒协定进行咨询。为给各方提供平等准备的机会，技术规范或新的强制标准的应用可以在颁布后至少6个月内实施。

根据中国－东盟农产品市场准入标准题录查询，目前SNI标准共有约6991项，其中涉及农食产品的SNI标准共约970项。具体农食产品标准而言，其专业覆盖范围较为全面，主要覆盖范围涵盖污染物、微生物、食品产品、生产经营规范、营养与特殊膳食、检验方法与规程、食品添加剂、农药残留、兽药残留。

2.5.3.3 合格评定程序

目前，印度尼西亚实施的与农食产品相关的认证认可制度包括印度尼西亚SNI认证、质量管理体系（QMS）、环境管理体系（EMS）、食品安全管理体系（HACCP）、清真认证和有机产品认证等。

2.5.3.3.1 印度尼西亚SNI认证

印度尼西亚政府于2007年9月7日起，对相关产品实施国家标准认证（Standard National Indonesia，SNI），规定列入强制认证规范内的国内及进口产品，在未通过印度尼西亚国家标准认证之前，将予以禁售，已流入市面之产品也将予以强制下架撤回。印度尼西亚国家标准总局BSN所有关于认可和认证的活动都是由KAN去执行，KAN全名印度尼西亚国家认可委员会（National Accreditation Committee of Indonesia）。KAN的主要任务是认可认证机构（比如质量体系、产品、公司、培训、环境管理体系、HACCP体系、森林保护管理体系）、实验室和其他符合要求的认证监管认可机构，并协助BSN印度尼西亚国家标准总局对认可和认证体系的建立和完善。KAN被授权根据BSN评估认证申请来指导所有政府和非政府机构进行认证。KAN也负责对其认可的实验室和认证机构颁发的证书进行国际认可。

印度尼西亚SNI认证流程主要包括：（1）制造商或进口商在印度尼西亚进行产品商标注册；（2）向SNI认证机构提出申请；（3）制造商、进口商、SNI三方签署协议；（4）SNI派官员对制造商工作进行初次审查，抽取样品；（5）产品送至印度尼西亚国家实验室进行测试；（6）初审和产品测试通过后，提交相关技术文件进行审核；（7）SNI颁发证书；（8）SNI授权制造商在其认可产品上加贴标签；（9）监督，定期抽查。

2.5.3.3.2　印度尼西亚清真食品认证

印度尼西亚清真食品认证由印度尼西亚乌拉玛委员会（MUI）负责，该部门于1989年1月6日通过决议成立了食品、药品及化妆品评估机构（LP.POM−MUI），该机构在MUI的指导下作为一个独立的组织机构，专门对食品、药品和化妆品进行深入的研究、调查和审核，然后把结果提交给MUI。负责协助支持印度尼西亚安拉理事会关于食品、药品及化妆品政策、法规、建议及指南编制并决定，以确保提供给穆斯林教消费者的食品、药品及化妆品是符合伊斯兰教教规的。发展至今，LP.POM−MUI已经获得了越来越多的信任，无论是消费者还是生产商。这种信任不仅仅是来自国内民众的信任，同时也有来自国际社会的普遍信任。因此，LP.POM−MUI可以执行各种跨国公司的调查和审核，并且能够成为世界上其他类似清真认证机构的参考。通过权威的伊斯兰教食品认证将使公司产品成为全球各区域消费者信赖的产品，该组织颁发的HALAL证书在世界各国通用，在世界上也是权威性最高的机构之一。

根据原国家质量监督检验检疫总局报道，印度尼西亚正在依据“清真产品认证法”（Halal Product Assurance Law）研究制定强制性清真产品的认证及标示，并将设立官方机构（BPJPH）核发清真认证并制定相关行政规则。据悉，印度尼西亚将尽快完成该清真产品认证法的施行细则及相关措施，希望于2019年起正式实施。该法若顺利实施将成为全球第一个强制性清真产品认证及标示法规，印度尼西亚在执法上将要求进口清真相关产品明确标示“清真”或“非清真”。

2.5.3.3.3　印度尼西亚有机食品

2013年9月，印度尼西亚农业部农产品营销加工总司为了实施印度尼西亚有机食品控制、确保有机食品安全、为有机产品生产商提供商业稳定性等需求，发布了农业部有关有机农业体系的第64/Permentan/OT.140/5/2013号法规，该法规是执行有机农业体系的法律依据。法规规定有机农业体系依据有机食品体系的ISO标准执行，法规主要内容包括：有机农业种植（植物源性及动物源性）；生产方式（化肥及杀虫剂的生产）；认证：每个执行了有机农业体系的企业单位可向国家认证委员会（KAN）认可的有机认证机构提交认证申请；标签：所有在印度尼西亚认证和分销的有机产品、国产与进口产品必须带有印度尼西亚有机标识；再包装有机产品在重新认证前不得带有印度尼西亚有机图标；进口有机产品：进口到印度尼西亚本土的有机产品应随附：有机认证机构公布的交易证明，证明原产国的企业；原产国批准机构公布的健康证书或自由销售证书；教育和控制；处罚。根据《2016 年世界有机农业概况与趋势预测》报道，截至 2014 年，印度尼西亚共有有机农地面积为 113638 公顷，位列亚洲国家第四。

2.5.4 进出口安全监管机制

2.5.4.1 进出境动植物及其产品检验检疫程序

2.5.4.1.1 申请出入境和境内运输的基本条件

任何输入印度尼西亚境内动物、动物原材料和动物原产品及鱼、植物及其器官须附有输出国家或过境国家的动物、鱼和植物的健康证书。对于出境动物、动物原材料和动物原产品需印度尼西亚提供的健康证书。如果进境国要求，需有印度尼西亚提供出口的鱼、植物的寄生虫和疾病载体健康证书，若目的国家无要求可不提供。进境、出境和过境只能通过指定的进出口岸进行并且必须通知当地检疫机关实施现场检疫。

2.5.4.1.2 检验

检验是指检查是否有相关文件和检查动物、鱼和植物的检疫寄生虫和疾病。对于动物、动物原材料、动物原产品和鱼的危害人类健康的疾病的检疫，可以和授权检疫影响人的疾病的机构协作完成。

2.5.4.1.3 隔离观察

由于动物、鱼、植物的某些寄生虫和疾病的检测需要较长的时间、特殊的设施和特定的条件，为了检测这些寄生虫和疾病，被检验的动物、鱼和植物寄生虫和疾病的载体可以进一步隔离观察。

2.5.4.1.4 处理

货物被感染（传染）或怀疑被感染（传染）了动物、鱼、植物的检疫性寄生虫或疾病。对其进行处理，确保其没有受到动物、鱼、植物的检疫寄生虫和疾病的感染或传染。

2.5.4.1.5 扣留

发现输入印度尼西亚境内或在印度尼西亚境内运输的动物、鱼和植物寄生虫和疾病的载体没有遵守对进口要求的相关法律，应予扣留，并要求在规定限期内达到相关法规要求。

2.5.4.1.6 禁止入境

检疫人员登上船、飞机、车等运输工具现场检疫发现，货物已感染或被传染了政府指定的动物、鱼、植物寄生虫和疾病，或载体已濒临垂死、腐烂、毁坏，或载体属于国家禁止入境的品种。不符合申请出入境和境内运输基本条件要求的。在交通工具上经处理后，仍有感染或被传染了动物、鱼和植物寄生虫和疾病的。

2.5.4.1.7 销毁

从运载工具上卸载后，经检疫发现感染或被传染了政府指定的动物、鱼和植物寄生虫或疾病，或正濒临死亡、腐烂，或毁坏或属于国家禁运品种。作出禁止入境处理后，但其货主没有在规定的时间内将其运出印度尼西亚共和国境内或其境内目的地区的。卸离运载工具后，经处理后仍有动物、鱼和植物检疫寄生虫和疾病的。

2.5.4.1.8　放行

对检疫合格的进行放行，进口货物出具放行证书，出口货物提供健康证书。

2.5.4.2　进境产品认证认可要求

新鲜水果和蔬菜认证认可要求。只要商品来自已知发生过被管制的检疫果蝇侵害的生产地区，水果和蔬菜应在装运前进行处理［包括熏蒸、热蒸处理（VHT）和辐照处理］或在适合新鲜水果和蔬菜的温度下进行途中冷藏处理。经批准的处理方式应在植物检疫许可证中的处理信息栏里加以解释。对于途中冷藏处理，植物检疫许可证必须附上温度记录。

鱼类和渔业产品认证认可要求。根据印度尼西亚海洋事务和渔业部（MMAF）第 No. 46/2014 号法规，印度尼西亚政府减少了对鱼类和渔业产品进口所需证书的数量。现仅需要一份鱼类和渔业产品卫生许可证和原产地证书。自 2015 年 9 月开始，采用新版卫生许可证。在此之前，印度尼西亚政府对于鱼类和渔业产品要求出具多种出口许可证，包括鱼类检疫卫生许可证和 / 或产品质量卫生许可证、原产地证书、分析证书及良好农业规范（GAP）证书。

另外，还有其他认证认可要求如下：

（1）任何动物、动物来源的材料或由动物来源材料制成的产品，均须满足下列条件：

①进口商必须取得贸易部（MOT）的进口许可证。该许可证有效期为自进口推荐签发之日起 6 个月。

②具有人畜共患传染病传播风险的活体动物、动物产品和加工动物产品的进口许可证，将从农业部获取进口推荐（SRP）后才可放行。农业部指定有关机构向牲畜和动物卫生服务总局局长进行进口推荐的发送。进口推荐可随时申请，但必须在向贸易部申请进口许可证的 3 个月内使用。

③在获得印度尼西亚国家药品和食品管制局（BPOM）局长的进口推荐后，可发放加工动物产品的进口许可证。

④必须附有原产地证书说明动物、动物来源的材料或其产品来自不存在类别 I 中检疫性病害的已知地区。如产品产于境外，则须由印度尼西亚政府的授权官员进行核证。

⑤进口必须通过指定的入境点进行。

（2）原产地证书可以由商业协会或公证处出具。

（3）用于人类食用的动物来源的材料或由动物原料制成的产品，除猪肉外，还包括乳制品，必须附有经认可的海外清真认证机构颁发的清真证书。印度尼西亚清真机构（印度尼西亚宗教学者理事会）仅要求出具一份清真证书副本。有关规定并不要求每批货物都具备单独的证书，但港口检疫官员鼓励出口商和进口商将原始的清真证书提交给检疫总部，并在每批货物中附上副本。建议出口商直接与他们的清真认证机构联系，以确定是否每批货物均需认证。

（4）在进口前，种子进口商必须通过国家种子机构向农业部（MOA）（装饰植物、粮食作物或庄园作物类别）申请进口许可证。许可证有效期为 6 个月。

（5）进口的加工产品必须完成在印度尼西亚国家药品和食品管制局的产品注册。产品注册需要加工食品生产商的委托书。委托书可直接由印度尼西亚经销商提交给印度尼西亚国家药品和食品管制局。这些文件应经过适当的公证，并附有该生产公司法律实体的证明文件（例如，来自商业协会的证明）。

（6）某些食品产品，包括原材料和食品添加剂所需的其他许可证如下：

①生产商或有资质的实验室提交的成分分析证书（针对每批次货物）。证书必须是原件，有效期为 12 个月。

②含有土豆、大豆、玉米、西红柿及其衍生产品（包括食品添加剂）的食品是否为转基因或非转基因食品的声明。然而，如果衍生产品经过进一步的精炼处理达到无法识别其转基因物质（例如，油、脂肪、蔗糖和淀粉）的程度，则不需要任何转基因或非转基因的声明。

③坚果和花生制品的黄曲霉毒素分析结果。

④印度尼西亚宗教学者理事会签发的清真证书需在产品标签上标明清真标识。

⑤小麦粉产品要求出具印度尼西亚国家标准（SNI）证书和不含溴酸钾（$KBrO_3$）的证明书。

⑥原产于日本的产品和来自欧洲的乳制品需具备无辐射证书。

⑦对于大豆分离蛋白、酱油、水解植物蛋白，需有资质的政府实验室对单氯丙二醇（3-MCPD）残留作出分析结果。

⑧列出生产日期和有效期，以及批 / 次号和生产代码的原始文件。

⑨对于保质期较短的产品，如奶和奶制品以及其他高风险食品，在出口时至少应剩余 2/3 的保质期。

⑩瓶装水、可可粉、白糖和盐需出具印度尼西亚国家标准（SNI）证书。

⑪怀疑含有三聚氰胺的原料，如奶、面粉、蛋白蔬菜、蛋类及其加工产品，以及食品添加剂（碳酸氢铵）需要提交三聚氰胺分析结果。

⑫蜂蜜产品需提交氯霉素分析结果。

⑬怀疑含有福尔马林的产品需要提交福尔马林分析结果。

⑭辣椒油产品需要提交苏丹红分析证书。

（7）除提交植物检疫许可证之外，来自植物来源新鲜食品（FFPO）认证国家的进口商品，须提交预先通知。预先通知是关于植物来源新鲜食品认证的声明信函，必须由生产商或出口商在原产国完成。印度尼西亚植物检疫官员收到预先通知的时间不得迟于该批货物抵达印度尼西亚的时间，且该预先通知必须在网上提交。预先通知必须注明装货日期和地点、抵达目的地的日期和地点、运输类型、产品名称、进口数量、原产国、包装单位、进口用途和集装箱标识号。关于植物来源新鲜食品进口手续的更多信息，可在美国农业部全球农业信息网报告 ID1637 中获取。

（8）某些新鲜园艺产品的进口（参见农业部第 86/2013 号规定附件 II）需提交良好农业规范（GAP）证书 / 农场登记和包装工厂登记。获取新鲜园艺产品的蔬菜进口配额（RIPH）所需的文件，按照技术要求的规定，包括良好农业规范证书或农场登记和包装工厂登记。所有文件必须翻译成印度尼西亚语。

（9）根据贸易部（MOT）第 71/2015 号规定，贸易部要求进入印度尼西亚的园艺产品由印度尼

西亚检验员和 / 或其原产国的授权代理商进行核查。此类核查不是食品安全和 / 或检疫检查，而是贸易部监督进口文件的完整性和正确性、产品可靠性和产品实际条件的方法。

（10）除卫生许可证和原产地证书之外，进口的渔业产品也必须贴上标签（散装包装货物）或附有发票 / 装箱单（大宗货物）。

2.5.5 监管特点

2.5.5.1 监管体系特点

（1）通过加强跨部门合作建立严谨的管理体系——在相关政府机构、私营领域和食品安全管理机构之间建立强有力的合作关系。

（2）加强防范管理和风险管理——推行从农田到餐桌食品供应链各环节的良好操作规范，根据企业达到的不同水平实行“星级管理”。

（3）依法处理违法者——对违反法律和政府规章的生产商将依法予以处理。

2.5.5.2 法规体系特点

（1）已建立较为完善的食品安全法规体系。印度尼西亚进出口农产品、食品安全法规体系主要以《食品法》《渔业法》《动物、鱼和植物检疫法》为基础，配合大量的政府规章、实施条例、标准等，对进出口农食产品安全进行监管控制，形成了基本法、规章条例、标准等不同层级的食品安全保障法规体系，能有效保障印度尼西亚农食产品安全。

（2）食品安全限量法规颁布时间不长。关于食品添加剂的最大限量法规主要集中在 2014—2015 年陆续颁布，关于食品微生物的最大限量法规主要于 2011 年颁布、2016 年进行了修订，这些食品安全法规颁布时间不长，有待完善的地方很多，可能会进一步修订，要注意持续跟踪。

（3）部分法规修订频繁。例如，进口新鲜植物源性食品的法规于 2015 年颁布、2016 年 1 月正式实施，然而仅实施几个月又于 2016 年 5 月、11 月陆续进行了 2 次修订，这提示出口至印度尼西亚的新鲜植物源性产品要及时关注该法规的修订，但也可以看出，印度尼西亚对完善农食产品安全法律法规的决心。

（4）新法规的发布会及时通报 WTO。印度尼西亚每次颁布食品安全相关法律法规，均会向 WTO 进行通报，世界各国均可以在 WTO 官网上看到法律法规原文并进行评议，此外，印度尼西亚的政府官方网站上也会公开法律法规原文。

2.6 菲律宾

菲律宾位于亚洲东南部，北隔巴士海峡与中国台湾遥遥相对，南和西南隔苏拉威西海、巴拉巴克海峡与印度尼西亚、马来西亚相望，西濒南中国海，东临太平洋。总面积29.97万平方公里，共有大小岛屿7000多个，其中吕宋岛、棉兰老岛、萨马岛等11个主要岛屿占全国总面积的96%。海岸线长约18533公里。

2016年，农业产值为294.23亿美元，占GDP的8.0%。主要出口产品为：椰子油、香蕉、鱼和虾、糖及糖制品、椰丝、菠萝和菠萝汁、未加工烟草、天然橡胶、椰子粉粕和海藻。森林面积1585万公顷，覆盖率达53%，有乌木、紫檀等名贵木材。境内野生植物有近万种，其中高等植物有2500余种。水产资源丰富，鱼类品种达2400多种，金枪鱼资源居世界前列。

2003—2016年，菲律宾经济起起落落，但年均增长率达5%以上。其中，2007年高速增长，国内生产总值（GDP）同比增长达到7.1%。2009年，受全球金融危机影响，GDP仅增长1.1%。2010年，由于全球经济复苏带动其出口增长以及选举支出的拉动，GDP增长反弹到7.3%，创35年来最高纪录。2012—2014年，菲律宾经济分别增长6.8%、7.2%和6.1%，2015年回落至5.8%，2016年回升至6.8%，是亚洲增长较快的国家。世界银行对菲律宾2018年和2019年预计分别增长6.9%和6.8%。

2.6.1 监管机构概况

菲律宾农食产品监管机构主要包括卫生部、食品药品局、农业部、贸工部、科技部等。

2.6.1.1 卫生部

菲律宾卫生部（Department of Health）是公共卫生主管部门，改善菲律宾人民的生活质量，提供高质量的健康保健和健康产品及服务是其主要职责和宗旨。内设行政司、食品药品局、医疗设施及技术局、卫生检疫局等18个司级执行部门。

2.6.1.2 食品药品局

食品药品局（Bureau of Food and Drugs）是卫生部行使食品药品安全管理职责的主要部门，负责对加工食品、药品、诊断剂、医疗器械、化妆品的管理，确保其安全性、疗效、纯度和质量。根据1963年制定的《菲律宾共和国食品、药品和化妆品法》规定所产生。FDA由一名局长和副局长负责，设有4个主要部门：（1）实验室处；（2）监督和发证处；（3）麻醉品管理处；（4）管理处。其中实验室处、监督和发证处的工作与食品卫生监督管理有关。

根据《菲律宾共和国食品、药品和化妆品法》规定，食品中农药残留、兽药残留、食品添加剂、有毒有害物质、食品标签、食品接触材料的限量以及检测工作由实验室处的食品检验科负责，食品的微生物学检验由实验室处的食品微生物检验科负责。食品产品的质量和生产、加工过程的卫生规范、合格评定、监测由监督和发证处负责。

2.6.1.3 农业部

农业部（Department of Agriculture）是菲律宾农业主管部门，下设国家奶制品局、国家食品局

（谷物）、国家肉品检验局、菲律宾椰子管理局、食糖管理局、畜牧业管理局、植物业局、渔业和水产资源局、农渔产品标准局、化肥与农药管理局等机构。

2.6.1.4 贸工部

贸工部（Department of Trade and Industry）负责监督食品在贸易、运输和交接过程中滋生的安全隐患。下设菲律宾产品标准局（Bureau of Product Standards，BPS），BPS 设有标准发展部、标准信息服务部（包括标准馆和 WTO/TBT 咨询点）、产品认证部、质量体系认证和合格评定机构认可部等单位。BPS 的职能主要是负责开展、实施和协调菲律宾国内所有标准化工作。它主要负责制定和宣传国家标准、开展产品测试和认证、对测试实验室能力的认可以及进行管理体系认证机构的认证，以提高菲律宾产品的全球竞争力，保护消费者和企业的利益。

2.6.1.5 科技部

科技部（Department of Science and Technology）负责通过科研手段协助改善食品加工技术。其下属机构食品和营养研究院（Food and Nutrition Research Institute）负责开展具体科研活动。

2.6.2 法规体系概况

食品卫生基本法：《共和国法 123（1957）》《共和国法 9271（2004）》《菲律宾卫生法》《食品安全法（2013）》。此外，还包括《食品、药品、医疗器械及化妆品法》《菲律宾渔业法则》《植物检疫法》《菲律宾进口肉类及肉制品管理的修订法规、条例及标准规程》《检疫法》。

2.6.3 技术性贸易措施体系

2.6.3.1 技术法规

2.6.3.1.1 基本法规

食品卫生基本法：《共和国法 123（1957）》《共和国法 9271（2004）》《菲律宾卫生法》《食品安全法（2013）》。

《食品、药品、医疗器械及化妆品法》（The Foods，Drugs and Devices and Cosmetics Act）制定于 1987 年 5 月，当时是以菲律宾共和国第 3720 号法颁发，最近一次修订以第 175 号行政令为准。该法以保障公众健康为宗旨，指定根据该法成立的“食品药品管理局”履行管理职能，切实保证加工食品、药品、诊断试剂、医疗器械、化妆品的安全、疗效、纯度和质量。

2013 年 8 月，菲律宾国会颁布了该国首部《食品安全法》（10611 号法案）。该法案分 8 章 42 个条目，对菲律宾的食品生产、销售和进出口作了严格规定，确保食物和食品安全的高标准，菲律宾农业部、卫生部等相关部门将依据该法制定相应的政策和规范。

《农业及渔业现代化法案》（Agriculture and Fisheries Modernization Act of 1997），即菲律宾共和

国第 8435 号法，制定于 1997 年 7 月，是一部规范农业管理，促进农渔业向现代化、产业化可持续发展的国家大法。其中涉及食品安全问题，即要求农渔业供人类食用的产品（鲜活产品或初加工产品）必须符合相关安全卫生规定，由菲律宾农业部依法履行管理职责。

《菲律宾渔业法则》（The Philippine Fisheries Code 1998），即菲律宾共和国第 8550 号法，制定于 1998 年 2 月。该法授权农业部组建一下属部门——"渔业及水产资源局"负责对渔业的全面管理。该局的"渔产品检验检疫处"负责全国的渔产品、水产品进出口检验检疫以及疫病疫情监控。

2.6.3.1.2　一般食品法规

（1）关于食品添加剂的法规

2006 年 1 月，菲律宾卫生部食品药品管理局通报了未编号的管理法令 2005，修订食品添加剂清单，制定无论是在本地生产还是进口、在菲律宾销售的食品和食物中所使用和应用的食品添加剂的指导方针（不同于熟知的已修订的菲律宾食品添加剂法规）（草案 AO，11 页及附录 345 页）。规定本通报据此取消并取代管理法令 No.88－As.1984 及所有其他不一致的管理法令发布。本法令附录 A 清单中列举的食品添加剂应被允许或许可使用或应用于在菲律宾销售的食品和食物中，无论是在本地生产的还是进口的。包含未列入清单的食品添加剂的食品和食物应被禁止且不允许批发。未编号的管理法令草案提出了可能用于所有食品中的食品添加剂应符合的条件，无论其是否以前符合食品药品管理局（BFAD）标准。草案还提出了不容许使用或限制使用食品添加剂的食品分类或单独的食品项目。

2006 年 11 月，菲律宾发布国家标准 / 食品和药品管理局（DPNS/BFAD）《09：2006 芒果饮料产品规范》。该规范适用于芒果饮料产品，包括即用饮料（RTD）、粉状和液体浓缩果汁、专用物理方法保存的、由类似或成熟芒果（*Mangifera indica* L.）制成的加甜味料和未加甜味料的果汁。

2008 年 7 月，菲律宾贸易与工业部产品标准局通报了菲律宾国家标准草案（DPNS）601：2008－卡拉胶－食品级别－规范，规定本通报对通常用作乳化剂、黏结剂、增稠剂或稳定剂的卡拉胶和红藻类海藻（红藻）加工的琼芝属海藻制品（PES）规定了质量要求及理化和微生物检验方法。

（2）关于微生物的法规

2013 年，菲律宾食品药品管理局发布了加工食品的微生物标准。

（3）关于有毒有害物质的法规

2015 年 4 月，菲律宾农业部（DA）、农渔业标准局（BAFS）发布了菲律宾国家标准（PNS）最终草案：预防和减少谷物内霉菌毒素污染实施规程。本预防和减少谷物内霉菌毒素污染实施规程（COP）含有助于农场主 / 生产商遵守谷物内霉菌毒素最大残留限量（MRL）的场 / 内外实施规程，特别是黄曲霉毒素（aflatoxins）、伏马菌素（fumonisins）及脱氧蒌镰菌醇（deoxynivalenol）（DON）。

（4）兽药残留

2015 年 4 月，菲律宾农业部、农业渔业标准局发布了菲律宾食品内兽药最大残留限量国家标准最终草案。菲律宾食品内兽药最大残留限量国家标准草案编制与 Codex 食品法典委员会第 35 次会议（2012 年 7 月）更新的 Codex 食品法典委员会 MRL2－2012 食品内兽药最大残留限量完全一致。

（5）农药残留

2015年6月，菲律宾农业部农业和渔业标准局发布了芦笋内杀虫剂残留的菲律宾国家标准最终草案：最大残留限量。本标准规定芦笋内杀虫剂的最大残留限量。

2015年6月，菲律宾农业部、农业和渔业标准局发布了香蕉内杀虫剂残留的菲律宾国家标准最终草案：最大残留限量。本标准规定香蕉内杀虫剂的最大残留限量。

2015年6月，菲律宾农业部、农业和渔业标准局发布了芒果中的杀虫剂残留菲律宾国家标准最终草案：最大残留限量。本标准规定芒果内杀虫剂残留的最大残留限量。

2015年6月，菲律宾农业部、农业和渔业标准局发布了黄秋葵内杀虫剂残留的菲律宾国家标准最终草案。本标准规定黄秋葵内杀虫剂的最大残留限量。

2015年6月，菲律宾农业部，农业和渔业标准局发布了菠萝内杀虫剂残留的菲律宾国家标准最终草案：最大残留限量。本标准规定菠萝内杀虫剂的最大残留限量。

2015年6月，菲律宾农业部、农业和渔业标准局发布了稻米内杀虫剂残留的菲律宾国家标准最终草案：最大残留限量。本标准规定稻米内杀虫剂的最大残留限量。

（6）关于食品标签的法规

2010年7月，菲律宾卫生部菲律宾食品药品管理局发布关于预包装食品的行政命令草案。该草案修改了预包装食品标签的规则和法规。

2014年，菲律宾发布修订规则后规定预包装食品标签行政命令。

2014年8月，菲律宾卫生部食品药品管理局通报了行政令草案——经修订的管理预包装食品标签，进一步修订行政令No.88－Bs.1984，管理在菲律宾分销的预包装食品标签的规则和法规，以及适合于其他目的的某些规定的规则和法规，规定目的是对食品企业和预包装食品提供连贯性的食品药品管理局的监管制度。

2.6.3.2 技术标准

菲律宾的标准化与质量认证工作由菲律宾贸易与工业部下属的产品标准局（BPS）主管。BPS下设有标准发展部、标准信息服务部（包括标准馆和WTO/TBT咨询点）、产品认证部、质量体系认证和合格评定机构认可部、检验部、实验室认可部、培训和人事部、宣传和媒体联络部等。BPS的主要任务包括：制定和推广使用标准；开展产品检验和认证工作；进行质量的认可和实验室认可等。BPS总部设在首都马尼拉，在全国许多地区设有分支机构。

国家标准方面，2005年，BPS制定4535项菲律宾国家标准，规定了涉及150种产品的产地规则，这些规则不得与菲律宾国内标准相冲突。同时对部分产品实施强制标签制度，该类产品包括：纺织品、衣料、亚麻制品和衣物配件等；菲律宾标准的制定程序和工作方法与制定国际标准的程序和方法相同。BPS通过其技术委员会制定菲律宾标准，一般情况下，每隔5年，进行标准的复审。由于特殊原因，如标准不符合技术的发展需要、消费者强烈要求等，则提前进行标准的修订。

检疫检验方面，菲律宾在对部分禽肉食品限制进口时，往往使用的措施是菲律宾农业部颁发的动物检疫证书或涉及禽肉产品的相关进口检验制度。根据相关政策规定，该证书只发放给最低量进口配额证书的持有者，但由于最低量进口配额的不确定性，很多进口商不愿意申请该证书，由此阻碍进口。在菲律宾，所有进口的新鲜产品都必须事先获得进口许可。进口商向农业部植物工业局提出申请，在审核后决定是否颁发许可证。货物入港后，进口方须递交进口许可证和相关查验检疫证明文件，由菲权责机构审核放行。对部分农产品，如新鲜果蔬等，菲律宾政府对其离岸和进港手续作了特殊规定，其中涉及此类农产品的运输要求、运输证明、原产地的检疫检验证明及入关前菲律宾的抽样检测等；对于首次进口到菲律宾的蔬果，还需进行虫害分析，并要求进口商提供该产品的包装、出口国内的检疫检验证明等信息；2000 年，针对肉和肉制品，菲律宾制定了新的政策和措施，规定了进口商资格、出口商资格，进口肉制品必须符合出口国、菲律宾、国际检疫检验标准等措施。

2.6.3.3 合格评定程序

菲律宾贸工部于 1997 年以贸工部令的形式发布了经修订的《菲律宾标准（PS）质量和 / 或安全认证标志实施条例》，阐述了向本地和国外公司发放使用菲律宾标准（PS）质量和 / 或安全认证标志许可证的具体要求。菲律宾产品认证体系是由菲律宾产品标准局（BPS）下属的产品认证部负责管理和执行。菲律宾实行两种产品认证制度，即菲律宾标准（PS）质量和安全认证制度和进口商品许可证（ICC）认证制度，分别设有不同的标志。

2.6.3.3.1 PS 质量和安全认证

在 PS 质量或安全标志认证中，对企业检查的内容包括：

（1）质量体系审核

在质量体系审核中，申请企业从等同采用 ISO 9001~ISO 9003 的菲律宾标准中，选择适宜的标准建立自己的质量体系。BPS 审核员到企业进行实地考察，按照企业所应用标准的要求检查企业质量体系是否有效地运行。

（2）产品审核

产品审核包括工厂检验和独立检验两种类型。工厂检验是 BPS 审核员实地考察企业使用自身的设备和资源进行产品检验的实际过程，目的是检查企业是否按标准的要求进行操作。这种检查初步确定产品是否符合标准的要求。独立检验是 BPS 审核员从企业生产现场抽取样品送 BPS 或 BPS 认可的实验室进行检验，以确认工厂检验结果。对于国外企业，可通过 BPS 承认的国外国家标准化团体或国外认证机构申请 PS 质量标志认证或安全标志认证。当接到外国企业的申请时，BPS 即与签有相互承认协议的相应国家的认证机构联系，由后者对申请企业进行检查。

申请 PS 质量和安全认证的一般程序如下：

（1）企业将申请送交 BPS 或其主管部门——菲律宾贸易和工业部（DIT）的地区或省的办事机构；

（2）BPS 审议申请书和其支持文件；

（3）BPS 或国外认证机构对企业进行审核，确定申请企业的质量体系是否符合相应的 ISO 9000 系列标准的要求，以及生产过程（产品审核 / 工厂检验）是否符合有关 PNS 标准的要求；

（4）申请企业实施纠正措施，解决审核中指出的问题；

（5）BPS 或国外认证机构对纠正情况进行重新评审；

（6）BPS 或国外认证机构的审核员通过 BPS 实验室或 BPS 认可的实验室进行产品的独立

检验；

（7）BPS 对审核报告和独立检验的结果进行评价；

（8）如果符合要求，BPS 向申请企业颁发使用 PS 质量标志、PS 安全标志的证书；

（9）BPS 或国外认证机构进行监督检查，确保证书持有者始终符合菲律宾标准（PNS）的要求和证书的条件。为保证对申请企业进行合格的和独立的检查，只有经国家注册的审核员或经正式承认的审核员注册机构注册的审核员才能对申请企业进行检查。为维护 PS 质量或安全标志证书的可靠性，BPS 经常对证书持有企业进行监督检查和市场监督活动。

2.6.3.3.2 进口商品许可证（ICC）制度

ICC 制度实行的对象为国外的进口产品，属于菲律宾强制性国家标准指定的产品由境外进口抵达港口时，必须接受 BPS 的取样检验，包括那些在国外已经通过认证符合国外或国际标准要求的产品。经审核符合菲律宾标准的要求时，该进口产品获得进口商品许可证书，同时产品贴 ICC 标志。BPS 除进行进口产品抵港后的检查外，还对通过检查的进口产品进行市场随机抽查，确保进口产品始终符合菲律宾标准的要求。目前，被菲律宾强制性国家标准指定的进口产品有 61 种。申请 ICC 的一般程序如下：

（1）当货物抵达海关时，进口商向 BPS 或 DTI 的地区或省的办事机构递交申请，由 BPS 对申请书和支持文件进行审议。当申请者持有 BPS 承认的实验室的检验证书时，BPS 对检验报告进行审核，并从商品中抽样检验以验证检验的结果；

（2）BPS 颁发条件放行证，让进口商将其货物由海关运送至其储存地；

（3）BPS 从货物中抽取样品送 BPS 实验室或 BPS 认可的实验室检验；

（4）BPS 评价检验报告；

（5）如进口产品符合要求，BPS 向进口商颁发进口商品许可。

ICC 标志认证流程如图 2–3 所示。

2.6.3.3.3 菲律宾 IDCP–halal 认证机构

菲律宾伊斯兰宣教理事会（Islamic Da' wah Council of the Philipines）在菲律宾证券交易委员会（SEC）指导之下，于 1982 年 1 月 4 日注册并登记，该机构的创始人大部分是菲律宾首家注册的穆斯林宗教机构（1953）的成员（CONVISLAM ）。同时，菲律宾伊斯兰宣教理事会（IDCP）已经加入世界清真委员会 World Halal Council（简称 WHC）并成为 WHC 执行委员会的成员，Mr. Atty Abdul RahmanLinzag 担任 WHC 的秘书长。众所周知，WHC 是由世界各国多家 Halal 认证机构所组建的有着一定影响力和权威性的世界清真认证联盟机构，目的是确定国际清真标准的通用规则、制定统一清真标志、研究与发展清真贸易。凡是加入 WHC 并成为其会员资格的 Halal 认证机构，就代表着会员所授予的清真证书可以在全球通用，该机构所颁发的证书除了在本国深受青睐外，也在东南亚、非洲及中东地区等均被认可。

2.6.3.3.4 实验室认可和合格评定机构认可

在实验室认可工作方面，菲律宾实行 BPS 实验室认可制度，按照菲律宾国家标准 PNS 1600（ISO/IEC 指南 25），对实验室 能力提供第三方的评价。实验室认可的程序是：

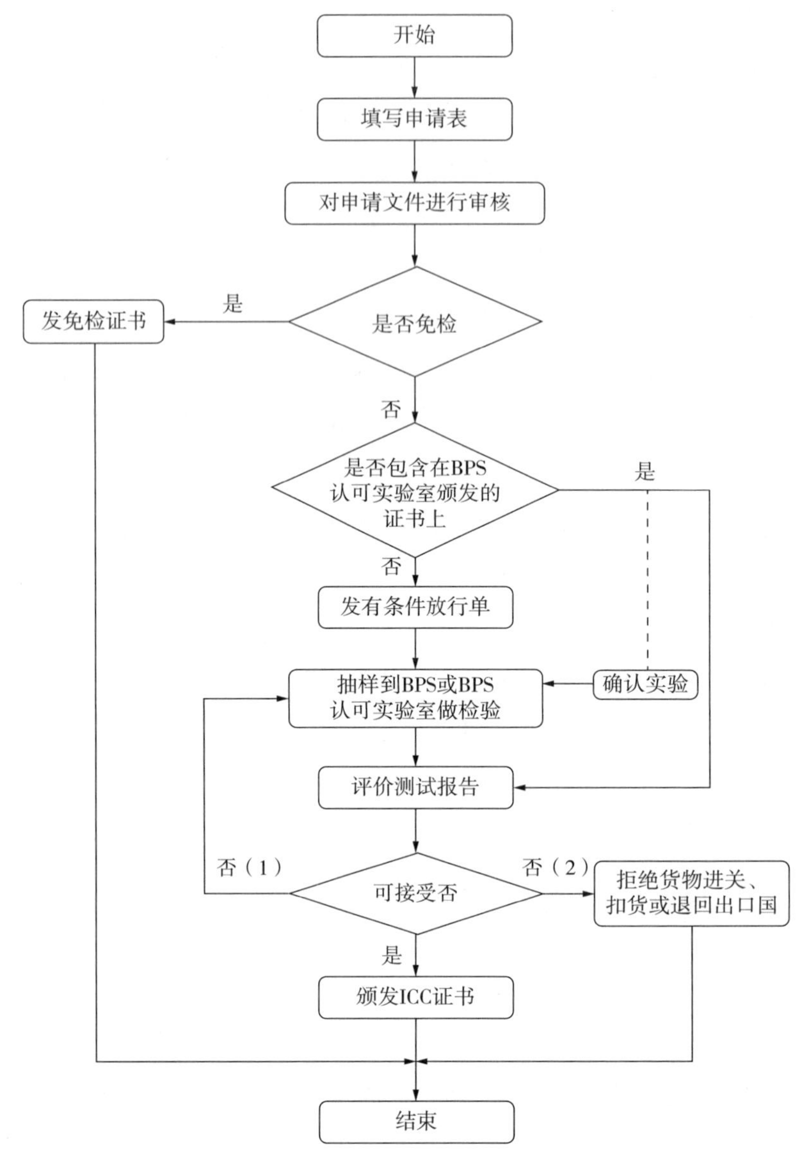

图 2-3 ICC 标志认证流程图

（1）BPS 通过对实验室工作的评价调查表对实验室能力作初步评价；

（2）如果没有必要咨询考察，实验室向 BPS 递交申请表、质量手册和其他有关文件；

（3）BPS 进行实验室评审；

（4）实验室对评审中发现的问题进行纠正和改进；

（5）当实验室全部合格后，BPS 授予认可证书；

（6）BPS 在半年后再次评审，以确保实验室始终符合认可证书的条款和条件。两年后，BPS 对实验室进行重新评审。

对合格评定机构的认可 BPS 按照 PNS 1603（ISO/IEC 指南 62）进行评审。

2.6.4 进出口安全监管机制

2.6.4.1 进出口动物健康监管机制

（1）只有经菲农业部授权的外国肉类屠宰厂才能向菲出口肉类和家禽。这些屠宰厂必须遵守菲卫生部食品药品局颁布的相关规定，如对使用食品包装材料、标签等要求。

（2）所有向菲律宾出口的肉类产品要求出具由出口国动物检疫部门颁发的国际动物检疫证书。

（3）只有在菲农业部注册并取得合格资质的进口商才允许进口肉类和家禽产品。

（4）所有肉类产品在装运发往菲律宾前，必须事先得到菲动物检疫局颁发的动物检疫许可证。该证有效期一般为 60~90 天。

（5）对不是以鲜 / 冷藏 / 冷冻形式进口的加工肉类产品，必须是在菲卫生部食品药品局进行注册后才允许进口。当地进口商负责向食品药品局提供产品资料，如成分分析证书、产品和包装样品，以便于菲食品药品局就该产品是否遵守本地食品规定及包装法律进行评估。

对潜在动物性有害生物的进口：

（1）申请《进口许可证》。禁止进口可危害农业作物或可能成为农作物有害生物的某些动物，如昆虫、鸟类、猴子、啮齿动物、蝙蝠、雀类、兔、蜗牛及其他种类的动物，如此类动物的限量进口有其合理目的，则凭主管部门的书面批准可以进口。首先向动物主管部门提交《申请检疫表》，经动物产业局局长的批准，签发《进口许可证》。

（2）进口申请人进口动物到港时，进口申请人或货物引进人应按要求，正式通知入境口岸的检疫官，说明货物的详细情况。

2.6.4.2 进出口植物健康措施体系

进口下列材料以及有可能隐匿植物有害生物的其他材料，应有植物产业局局长签发的《进口许可证》：

（1）活植物；

（2）苗木，包括其他用于繁殖材料的营养部分；

（3）用于栽种的种子和坚果；

（4）根据特殊的检疫规定，已宣布为禁止或限制进口的新鲜水果、蔬菜和其他植物产品；

（5）纯培养的真菌、细菌、病毒、线虫和其他植物致病材料；

（6）蘑菇（包括菌丝）；

（7）作为豆料根瘤菌种的藻类、根瘤菌；

（8）用于分离生物体的土壤和植物材料；

（9）其他植物。

货物到达口岸时，申请许可方或承运人应立刻通知入境口岸植物检疫官员，说明本批货物的详细信息。进口商提交由原产国的植物检疫部门或相应的技术部门签发的《植物检疫证书》或《植物健康证书》。没有植物检疫部门的国家，《检验检疫证书》由进口商或营运商以《誓言书》的形式完成，《誓言书》必须在原产国经过公证。

2.6.4.3 进境农食产品认证认可要求

2.6.4.3.1 家禽产品

所有家禽产品必须附有出口国相关部门签发的肉类和家禽出口卫生许可证，"兹证明上述家禽的爪来自宰杀前受到官方检验的禽类，并在经过生产机构以卫生的方式进行处理，通过了出口国的工厂加工要求，由菲律宾定义为适合人类食用。"

2.6.4.3.2 新鲜水果和蔬菜

所有新鲜水果和蔬菜必须附有出口国相关部门签发的植物检疫许可证。菲律宾有关机构将仅接受原产国正式批准的由植物检疫官员签发的联邦植物检疫许可证。认证要求：（1）装运货物必须完全没有泥土；（2）货物必须不带有地中海实蝇（*Ceratis Capitata*）、墨西哥果蝇（*Anastrpha Ludens*）、西印度果蝇（*Anastrepha Obliqua*）、蛇果果蝇（*Anastrepha Serpentin*）、东方果蝇（*Bactrocera Dorsalis*）和苹果蠹蛾（*Cydia Pomella*）。

2.6.4.3.3 鱼类和海鲜产品

所有鱼类和海鲜产品必须附有由原产国主管部门签发的国际健康或卫生许可证。下列信息应出现在包装和相关附属文件上：填写完整的原产国；渔业产品的种类、重量和含量；供应商地址；菲律宾渔业和水产资源局（BFAR）的检验印章（用于进一步加工的大宗进口冷冻渔业/水产品不受此要求限制）。

2.6.4.3.4 活体动物

出口动物检疫证书和/或原产地卫生证书。

2.6.4.3.5 活马

马匹必须附有原产地卫生许可证。该许可证应包括发货人和收货人的名称和地址，以及出口动物的完整标识。应包括以下信息：

（1）没有传染性马子宫炎（CEM）、鼻疽、马媾疫和非洲马瘟声明。

（2）这些动物在出口前在出口国出生或长大或至少停留达6个月。

（3）动物来源于在过去6个月没有爆发下列疾病的地区，并且个别动物出口前须提交无此类疾病的临床证据：溃疡性淋巴管炎、马传染性贫血、马脑脊髓炎、马流感、马鼻肺炎、马病毒性动脉炎、水泡性口炎、马流产沙门氏菌病、传染性链状球菌热和梨形虫病。

（4）对动物于出口前30天内________（日期）使用________（产品名称）进行体内外寄生虫治疗。

（5）在出口14天内，未接种任何活体疫苗或减毒活体疫苗。

（6）从检验开始直到出口，动物都与其他未经测试的动物保持隔离，避免直接接触。

（7）动物在出口前不少于15天并不超过6个月内，已使用死体疫苗接种马脑脊髓炎疫苗。

2.6.4.3.6 生猪

生猪必须附有原产地卫生许可证。该许可证应包括发货人和收货人的名称和地址、装货港和卸货港的名称、动物的完整标识，以及动物的总数。还必须提供下列认证声明和所声明的检验日期和结果：

（1）没有非洲猪瘟、传统猪瘟（hog cholera）和口蹄疫声明。

（2）原产地和生猪具备临床证据证明在出口前最后 180 天内，无萎缩性鼻炎、丹毒、钩端螺旋体病、细小病毒病、猪伪狂犬病、猪痢疾、猪流感、传染性胃肠炎（TGE）和水泡性口炎。

（3）生猪来源于无布鲁氏菌病的地区或已确认无布鲁氏菌病的猪群。

（4）生猪来源于伪狂犬病检疫合格的猪群。

（5）生猪来源于出口前 12 个月内没有诊断出结核病的地区。

（6）在出口前 30 天，生猪已从猪群中分离出来。

（7）经过适当的调查，确信生猪在任何时候都没有被喂过垃圾。

（8）生猪将通过清洗和消毒过的车辆被运往港口登船。

（9）生猪还没有接种过伪狂犬病疫苗。

（10）生猪在出口前 7 天于________日期按照 20mg/kg 的比例注射了长效土霉素（oxytetracycline）。

（11）生猪没有接种细小病毒疫苗。

2.6.4.3.7　活牛

活牛必须附有由原产地卫生许可证。该许可证应包括发货人和收货人的名称和地址、装货港和卸货港的名称、动物的完整标识，以及动物的总数。

2.6.4.3.8　活禽 / 鸡苗 / 鸡蛋

所有进口的家禽、鸡苗、鸡蛋和 / 或种蛋应附有在装运前有效的卫生许可证。

（1）家禽无任何传染症状和传染性疾病的迹象。

（2）孵化家禽的鸡蛋来源于没有鸡白痢的鸡群，并且在 60 天内没有暴露于危险传染病（认证无鸡白痢的农场需要所有超过 4 个月的禽类都进行全血凝集试验并得出阴性结果）。应进行随机抽样以确保无鸡白痢状态。必要时应使用已批准的方法尝试进行沙门氏菌鸡白痢的细菌培养。

（3）最近 6 个月在农场产地无一例鸡瘟、纽卡斯尔病、禽脑脊髓炎、禽白血病、马立克氏病、传染性法氏囊病、鸭病毒性肠炎、鸭病毒性肝炎或其他传染症状和传染疾病的发生。

（4）家禽在孵化器中孵化，鸡蛋来自没有接触过化学熏蒸的鸡群并进行孵化，该孵化器在设置和孵化之前已进行熏蒸或消毒。

（5）家禽直接从孵化器进入新的出口包装箱，与家禽以外的禽类无接触。

（6）鸡蛋来自认证无鸡白痢的鸡群，以及已知无鸭病毒性肝炎的种群。

2.6.4.3.9　动物饲料

所有以谷物和谷物产品为主的动物饲料必须附有加工厂产品许可证或植物检疫许可证。

2.6.4.3.10　鱼类和海鲜进口规定

1999 年，菲律宾渔业和水产资源局（BFAR）发布了共和国法案第 8550 号（RA 8550）实施细则和条例，或称渔业法案。该法案要求所有进口商在进口前取得检疫许可证。此外，只有在农业部长核证的情况下，才可进口新鲜 / 冷冻 / 冰冻的渔业 / 水产品。只有用于罐头和加工目的的进口新鲜 / 冷冻 / 冰冻的渔业 / 水产品以及有关机构采购的进口产品可免于该法案约束。并且，所有进口产品必须符合 RA 8550 法案第 67 条规定中危害分析和关键控制点（HACCP）标准。关于鱼类和鱼类产品进口的更多信息可从下列链接 http：//www.bfar.da.gov.ph/ 下载。

进口到菲律宾的鱼类、渔业 / 水产品应当符合下列标准和要求：

国际卫生许可证——进口到菲律宾的用于批发和进一步加工的鱼类和渔业 / 水产品，应经原产国授权机构或主管监管机构认证。国际卫生许可证应随同鱼类和渔业 / 水产品的托运发出，并在货物抵达时作为文件要求的一部分提交。国际卫生许可证的签发应符合下列条件：

（1）鱼类和渔业 / 水产品在冷冻前应符合鲜鱼的质量标准，并应按大小分级。

（2）渔业产品必须由符合卫生标准的加工厂和 / 或冷藏船进行加工。

（3）冰冻渔业产品在运输过程中必须保持在 −18℃或以下冷藏。

（4）鱼类和渔业 / 水产品必须接受寄生虫目视检查。有寄生虫的鱼类产品必须从批量货物中去除。

国际卫生许可证应提供下列实验室检验结果，其结果不得超过有关微生物指标，例如：

• 存活微生物总数 10CFU/g；

• 大肠杆菌 10CFU/g~100CFU/g；

• 25g 样品中不存在沙门氏菌；

• 不存在志贺氏菌；

• 不存在霍乱弧菌。

特殊卫生控制要求——鱼类和渔业 / 水产品包含以下类别：鲭鱼科（Scombridae，金枪鱼和金枪鱼类品种和鲭鱼）和鲱鱼科（Clupeidae，沙丁油鱼）须进行组胺的化学分析。测试应按照国际公认的方法进行。测试结果不得超过 20mg/100g，并应包括在卫生许可证的要求中。

包装和标签要求——鱼类和渔业 / 水产品必须在卫生条件下进行包装，以防止润滑剂、油类、燃料或任何有害物质的污染。包装材料不得损害渔业产品的感官特性，且不得传播有害物质。冰冻鲜鱼使用的包装材料必须留足融水的排水空间。下列信息应出现在包装和附属文件上：

• 填写完整的原产国；

• 鱼类 / 渔业产品的种类、重量和含量；

• 供应商的地址；

• 菲律宾渔业和水产资源局（BFAR）的检验印章。

用于进一步加工的进口冰冻渔业 / 水产品不包括在这项要求中。

储存和运输——鱼类和渔业 / 水产品在储存和运输期间，特定产品应根据温度要求储存。冷冻鲜鱼和水产品应储存并维持在（0~4）℃。除了浓盐水储存的冰冻鱼，用于罐装产品的冰冻鱼产品在运输过程中应储存在 −18℃或以下，温度不得超过 3℃的上浮波动。

2.6.4.3.11　新鲜农产品的进口规定

菲律宾植物产业局（BPI）对新鲜水果和蔬菜的进口作出有关规定。所有进口的新鲜农产品要求具备由菲律宾植物产业局签发的有效的植物检疫清关许可证。这些许可证适用于菲律宾进口商的每批货物。装运日期不应早于进口许可证的签发日期。

2.6.4.3.12　宠物食品的进口规定

宠物食品的要求与肉类和肉类产品的进口程序相似。菲律宾畜牧产业局（BAI）要求狗和猫加工食品的外国生产商和／或菲律宾的进口商在进口前申请认证，并在菲律宾畜牧产业局进行注册。

2.6.4.3.13 加工食品制品的登记

在菲律宾零售销售的所有加工食品制品必须在食品药品监督管理局登记。尽管某些类型产品的某些文件和样品需要由出口商提供，进口产品的登记只能由菲律宾的实体机构进行。

2.6.5 监管特点

在食品管理方面，菲律宾主要采用质量管理认证手段促进产品质量的提高，通过对进口商品粘贴合格标志管理进口商品，使用的标准是 ISO 9000 和 ISO 14000。另外，食品健康和安全规定，如食品成分、添加剂、非酒精饮料及混合物、糖果类、乳制品、蔬菜、水果、肉类等都必须符合食品法典委员会和世界动物卫生组织制定的标准；新鲜、冷冻鱼类产品必须取得菲律宾农业部《195 号行政法规》中的国际健康证和卫生植物检疫证要求；生产化妆品、医药必须取得生产许可证，并提供国际认证机构的临床试验报告。

随着新的《食品安全法》的出台，菲律宾农业部、卫生部等相关部门将依据该法制定相应的政策和规范，以更多的行政手段加强食品的质量与安全。

食品管理制度重点放在：

（1）实行产品评估和注册——根据现行标准对产品的安全性、疗效、纯度和质量进行评估和注册；

（2）加强市场监控——针对假冒伪劣和未经注册、标签不符、过期等产品进行市场定期检查和抽查；

（3）推行良好生产规范（GMP）和危害分析与关键控制点（HACCP）制度——通过科学合理的管理制度确保产品的安全和质量；

（4）国家对食品质量安全管理的内部协调。

2.7 缅甸

缅甸位于中南半岛西侧，西南临安达曼海，西北与印度和孟加拉国为邻，东北靠中国，东南接泰国与老挝，面积 67.6 万平方公里，是东南亚陆地面积最大的国家，首都为内比都，人口约 5300 万，有 135 个民族；缅甸也是东南亚国家联盟成员国之一。1948 年 1 月 4 日脱离英联邦宣布独立，成立缅甸联邦。外交上奉行“不结盟、积极、独立”的外交政策，是“和平共处五项原则”的共同倡导者之一。经济发展相对落后，是以农业为主的国家。缅甸工业基础薄弱，水、电、公路、铁路、港口等基础设施不足，制约了经济的进一步发展，但矿产资源、森林资源、水力资源和海洋资源丰富。

缅甸海岸线长约 2832 公里，专属经济区 48.6 万平方公里，适宜捕捞海域 22.5 万平方公里，平均年捕捞量105万吨。缅甸沿海鱼虾500多种，具有经济价值的石斑鱼、鲳鱼、龙虾、黄鱼、带鱼、鳘鱼、比目鱼、鲥鱼、虎虾、琵琶虾等约105种，820万公顷的内陆江湖内也有大量淡水鱼虾。缅甸水产档次高、品质优，适宜海水、淡水养殖。缅甸现有淡水鱼塘18.24万英亩（1英亩 =4046.86平方米），虾塘20.5万英亩。

两国经贸合作全面深入，中国一直是缅甸第一大投资来源国和第一大贸易伙伴，在贸易、经济技术合作、工程承包和投资等方面对缅甸有着重要影响。当前缅甸致力于发展经济、改善民生，政府先后出台了新经济政策和新投资法以发展经济、扩大对外贸易和改善投资环境。随着国际社会逐步解除对缅甸经济和金融制裁，缅甸发展经济的空间进一步扩大，潜力不断释放，世界银行预测缅甸经济将继续保持高速增长态势。在此形势下，中缅经贸合作方兴未艾、未来可期。

2.7.1 监管机构概况

缅甸农食产品监管机构主要包括卫生部、农业与灌溉部、畜牧与渔业部、贸易部以及教育部下属的研究与创新部等。

2.7.1.1 卫生部

卫生部（网站：http：//www.moh.gov.mm）是缅甸国家公共卫生主管部门，负责依据《国家食品法》制定和实施所有与食品安全有关的必要措施。目前，对食品的生产、进口、出口、储存、流通和销售实施了必要的监督、控制和管理。卫生部卫生司（Department of Health）是负责公共卫生管理的执行部门，下设食品药品管理局（Food and Drug Administration），负责食品（鲜活食品除外）和药品的注册、生产、进出口、分布、销售、标签、宣传和实验室检测。

2.7.1.2 农业与灌溉部

农业与灌溉部（网站：http：//www.moai.gov.mm）负责国家农业生产和农业灌溉管理。下属植物保护处（Plant Protection Division）负责综合病虫害管理、植物检疫和农药分析检测，管理农产品（蔬菜、水果等）的进、出口；农业服务局管理农产品的进出口，并在口岸设立边境检疫站。

2.7.1.3 畜牧与渔业部

畜牧与渔业部（网站：http：//www.livestockfisheries.gov.mm）是缅甸畜牧业与渔业的主管部门。其畜牧养殖和兽医司（Livestock Breeding and Veterinary Department）负责畜牧养殖管理和动物、动物产品的进出口和检验检疫，渔业司（Department of Fisheries）负责渔业生产和渔产品的管理，负责海洋捕捞、淡水捕捞和养殖渔产品的质量和安全监管以及进出口管理。

2.7.1.4 贸易部

贸易部（网站：http：//www.commerce.gov.mm）是缅甸贸易的主管部门，负责：（1）按照市场和贸易政策正确实施设计；（2）扩大出口、促进贸易、现代信息和通信技术（ICT）业务的发展与使用；（3）扩大区域和国际的贸易合作；（4）改善贸易环境；（5）保障国内消费和生产需要；（6）保障商品的价格稳定，包括进出口许可证的审批和商品的检验管理。

2.7.1.5 研究与创新部

研究与创新部（网址 http：//www.myanmarstandards.org.mm）是所属教育部的单位。研究与创新部的主要任务是通过推进测量科学、标准、合格评定和技术来推动经济增长和提高人民的生活质量，以促进缅甸的贸易竞争力。该部将通过国家计量研究所、国家标准化组织，以及国家认可机构的发展来开展活动。研究与创新部（DRI）下属总共有 9 个研究部门和 5 个技术支持部门，主要是由标准发展部、认证司和计量司 3 个直属单位承担工作。研究与创新部是 IEC 的会员成员和 WTO－TBT 咨询点，自 1997 年以来，DRI 参加了 ACCSQ（ASEAN 咨询委员会标准和质量）的区域工作，自 2005 年 7 月 1 日起为 ISO 的通讯会员。研究与创新部目前已经在标准化和计量上起草了两部法律，并建立了 19 个技术委员会来起草缅甸收录的国际标准。一旦获得批准，国家标准机构、国家认证机构和计量科学研究院 3 个机构将有效弥补缅甸国家质量基础设施的不足。

标准发展部（SDD）的主要功能是：（1）提高国民对标准发展的重视；（2）促进贸易和缅甸国家质量基础设施；（3）完善市场准入制度和技术转让制度；（4）鼓励良好的商业惯例和重视可持续的标准记录；（5）消除技术壁垒。标准发展部开发缅甸国家推荐性标准，采用区域和国际标准作为国家标准。目前，缅甸有 34 个来自 77 个国家提出的标准最终草案的国家标准，均采用了国际或地区标准。

国家计量司的主要功能是：（1）建立单位和国际计量活动的国家计量参与制度；（2）建立和维护测量到 SI 的溯源性；（3）在全国各界传播测量的法定计量单位；（4）提供良好的国家计量认可体系基础；（5）对全社会提供关于计量的教育、培训和咨询。该计量司分为 3 个单元，分别是科学计量、法定计量、工业计量。

认证司是缅甸管理局负责合格评定认可机构（CAB），其作用是提供合格评定机构，如检测和校准实验室、质量管理认证机构及检验机构，按照国际认可的标准和程序的技术能力自愿正式认可。另外，认证司还提供：（1）对在合格评定机构工作的组织提供技术援助和培训；（2）组织关于认证认可的讲习班和研讨会；（3）共享相关的技术信息。

2.7.2 法规体系概况

缅甸有关农食产品的主要法规包括：《国家食品法》（National Food Law）、《动物卫生和发展法》（Animal Health and Development Law）、《缅甸海洋渔业法》（Myanmar Marine Fisheries Law）、《缅甸水产品添加剂规定》（Food Additives used in the Fish and Fishery Products）、《植物病虫害检疫法》（Plant Pest Quarantine Law）、《缅甸农药法》（Pesticide Law）等。

2016 年 11 月 24 日，由缅甸卫生部食品及药品管理局（FDA）牵头起草，政府相关部门、国内相关机构和组织、国际相关组织均参与起草，美国国际开发署（USAID）提供协助的缅甸食品法草案已基本完成，目前草案已是第 5 稿，尚未颁布。

2.7.3 技术性贸易措施体系

2.7.3.1 技术法规

2.7.3.1.1 基本法规

缅甸的食品安全法为《国家食品法》(National Food Law),于1997年发布,对食品作了明确的定义,旨在确保国民食用的是优质、无害的食品,保障公共健康,食品添加剂也受该法监管。缅甸卫生部根据该法制定和实施所有与食品安全有关的必要措施,对食品的生产、进口、出口、储存、流通和销售实施质量监控和有效管理,包括食品许可证的颁发规程和处罚条例的制定。该法规定卫生部下属的食品药品管理局具体负责食品和药品的注册、生产、进出口、发送、销售、标签、宣传和实验室检测。《国家食品法》还规定了食品的标签、广告标示必须严格按照食品药品管理局发出的指示执行。

2.7.3.1.2 一般食品法规

2.7.3.1.2.1 关于食品添加剂的法规

《缅甸海洋渔业法》(Myanmar Marine Fisheries Law)颁布于1990年,随后以指令形式发布了多项管理规定和要求,如关于从业人员卫生证明要求的第1/95号指令,关于渔业产品操作规范的第8/96号指令,关于产品标准的第9/96号指令,关于鱼及渔产品中食品添加剂规定的第4/98号指令等。

其中关于食品添加剂的第4/98号指令规定了允许在鱼与渔产品中添加的添加剂种类90种以及被允许添加剂的最大限量。而且这项指令也作为缅甸生产企业取得鱼与渔产品生产许可证的一项评估指标。

2.7.3.1.2.2 关于农药、兽药残留的法规

《缅甸农药法》(Myanmar Pesticide Law)颁布于1990年,旨在规范农药在缅甸国内的使用,该法详细制定农药的登记注册使用、农药的进口审批流程,并严格制定了农药生产、进出口、批发、销售、使用、公司注册、销售等方面的流程和各方职责。

2.7.3.1.2.3 关于微生物限量的法规

1998年8月颁布的关于《缅甸海洋渔业法》(Myanmar Marine Fisheries Law)第3/98号指令和1996年11月颁布的关于《缅甸海洋渔业法》(Myanmar Marine Fisheries Law)第9/96号指令,规定了熟甲壳类和软体贝类动物产品的相关指令,包括熟甲壳类和软体贝类动物的微生物限量规定。

2.7.3.1.2.4 关于重金属的法规

1998年8月颁布的《缅甸海洋渔业法》(Myanmar Marine Fisheries Law)第1/98号指令,规定了渔业产品中汞的最大限量,以及规定了渔业产品的重金属分析方法为原子吸收分光光度法。

其中,鲨鱼、金枪鱼、小金枪鱼、鲣鱼、素鲣鱼、旗鱼、马林鱼、鳗鱼、鲈鱼、鲟鱼、红鱼、大西洋鲶鱼、梭鱼、葡萄牙狗鱼、剑鱼、琵琶鱼中汞的最大限量为1mg/kg鲜重,其他渔业产品中汞的最大限量为0.5mg/kg鲜重。

2.7.3.1.2.5　关于食品接触材料的法规

1996 年 11 月颁布的关于《缅甸海洋渔业法》（Myanmar Marine Fisheries Law）第 11/96 号指令，规定了不得使用于水产品包装的材料，包括规定了不得使用于包装中印刷材料所用的墨水、颜料。

2.7.3.2　技术标准

2.7.3.2.1　农食产品标准体系

缅甸积极参与东盟标准及质量协商委员会的标准化活动，目前，缅甸标准研究所还与其他国家标准化组织开展合作，其中有美国、日本、韩国、泰国、新加坡的标准组织。为加强标准化工作，于 2006 年成立了 19 个标准化与质量促进委员会，包括电子设备和电气化、食品、汽车、管理系统、化妆品、医药产品、农业技术、医疗器械、建筑、传统医药、橡胶、通信与信息技术、化学、机械、能源、人造板、畜牧和渔业、环境保护、锅炉。即将实施的缅甸新国家食品法由多家国外标准组织参与起草，由美国国际开发署（USAID）协助完成。

2.7.3.2.2　标准制定的程序

缅甸标准研究所接受社会团体或各企业提出制定标准的建议，然后起草标准文本，标准草案在正式出版前将进行公示，以征求各方意见。考虑到生产及有效性，缅甸标准研究所将组织数名标准专家，在规定时间内对已经制定的标准进行重新审核、提出改进方案，通过不断颁布标准修订稿来对标准进行完善与更新。

2.7.3.2.3　标准的数量、类别、覆盖面

制定缅甸国家技术标准的工作目前还处于实践当中，其中有 4 个行业目前已制定出少量缅甸国家标准。目前，缅甸有 34 个来自 77 个国家提出的标准最终草案的国家标准，均采用了国际或地区标准。特别是农食产品方面，2008 年，缅甸国家标准只有 11 个农业和食品标准，农食产品分为食品添加剂、特殊膳食食品、瓶装饮用水、一般食品、肉类和奶制品、冷冻食品和功能性食品 7 个方面。

2.7.3.2.4　标准主管部门

缅甸标准工作主管部门是科技部下属的缅甸科技研究院，下设标准研究所，负责本国标准法律法规、规则等的起草；制定国家标准；与国际标准化团体合作；为产业提供标准化技术信息；为实验室及相关机构校准测量仪器等工作。

2.7.3.3　合格评定程序

2.7.3.3.1　认证认可机构

认证司（MNAB）是缅甸管理局负责合格评定认可机构（CAB），由研究与创新部设立，隶属教育部。其作用是提供合格评定机构，如检测和校准实验室、质量管理认证机构及检验机构按照国际认可的标准和程序的技术能力自愿正式认可。另外，认证司还提供：（1）对在合格评定机构工作的组织提供技术援助和培训；（2）组织关于认证认可的讲习班和研讨会；（3）共享相关的技术信息。

2.7.3.3.2　认证认可制度

目前，缅甸认证司正在与新加坡认证委员会（SAC）密切合作，认证工作都是由 SAC 与缅甸

认证司一起提供的联合认证认可服务。未来，MNAB 将参加以下国际认证组织：国际实验室认可合作组织（ILAC）、亚太实验室认可合作组织（APLAC）、国际认可论坛（IAF）、太平洋认可合作组织（PAC）。

2.7.4 进出口安全监管机制

2.7.4.1 进出境动物及其产品检验检疫程序

2.7.4.1.1 动物、动物产品和动物饲料的进口

（1）进口动物、动物产品和动物饲料的人，向缅甸畜牧业与兽医处申请检查。

（2）缅甸畜牧业与兽医处经过畜牧水产部批准后，在所需地区建立检查站，以进行进口的动物、动物产品和动物饲料的检查。

（3）畜牧业与兽医处依照相关规定检查动物是否携带传染性疾病，或动物产品、动物饲料是否符合质量标准，是否携带有害病原体或毒素。

（4）如果进行检查后，证明该动物不携带传染性疾病，或该动物产品或动物饲料符合质量标准或不携带有害病原体或毒素，应给予许可证，允许进口。

（5）如不符合（3）的规定，可以禁止某种动物被输入国内；或可以临时扣留某种动物，完成传染性疾病的检查后，可以批准再进口或进行销毁。可以禁止某种动物产品或动物饲料被输入国内；或可以将其临时扣留，在完成对有害病原体或毒素的检验后，可以批准对其再进口或进行销毁。

2.7.4.1.2 动物、动物产品和动物饲料的出口

（1）出口动物、动物产品或动物饲料的人，按照规定格式向缅甸畜牧业与兽医处提交申请，要求许可证明。

（2）畜牧业与兽医处依照相关规定检查某种动物是否携带传染性疾病；某动物产品或动物饲料是否符合质量标准，或是否携带有害病原体或毒素。如果符合要求，则发放许可证明，准许出口。

2.7.4.2 进出境植物及其产品检验检疫程序

2.7.4.2.1 生物检疫站的设立

根据《植物病虫害检疫法》规定，为负责生物检疫，农业与灌溉部在以下地方设立生物检疫站：仰光国际机场；仰光港口；缅甸邮电部、国际邮件处；中转站（其中，中转站是指准备把植物、植物产品、昆虫、有益生物、土壤等由缅甸边境转运至某一国家时在未从缅甸装车启运前临时设立的转运站）。

2.7.4.2.2 植物、植物产品、昆虫、有益生物或土壤的进口

（1）需要从国外进口植物、植物产品、昆虫、有益生物或土壤的公司或商人向缅甸农业服务公司申请同意进口的证书。

（2）获取同意进口的证书后，向农业与灌溉部申请货物进口执照或许可证。

（3）从国外进口的货物或者旅客自己携带的物品进境时，都必须接受缅甸农业服务公司的检

疫、检查，检疫检查合格后方可进口。

（4）进口商或旅客支付进口许可证费和货物检疫费。

2.7.4.2.3 植物、植物产品、昆虫、有益生物或土壤的出口

（1）具有植物或植物产品出口权的人向农业服务公司申请出口。

（2）农业服务公司进行检疫和检查。

（3）农业服务公司检疫和检查合格后准许出口，并且出口人可以向农业服务公司申请植物检疫证书。在检疫检查过程中如发现需检疫的有害生物时，需进行消毒、除虫、灭菌处理。

（4）出口人缴纳申请植物检疫证书或由农业服务公司给予消毒、除虫、灭菌处理的相关费用。

2.7.5 监管特点

2.7.5.1 形成全过程的多头联动监管

缅甸国内生产的农食产品从原料的种养殖过程就受到农业与灌溉部和畜牧与渔业部的把关，保证原料在种养殖过程中的安全，加工好的农食产品必须经过食品药品管理局的评估，获得批准才能进入销售流通市场。评估包括依据食品卫生和危害分析关键控制点（HACCP）指南对工厂良好卫生规范和良好操作规范的首次检验及定期检查、标签评估、产品安全和质量评估等，实现了加工到销售过程中的监管，保证了农食产品在加工生产过程中和销售过程中的安全；涉及进出口贸易领域，贸易部颁布了进出口食品实行许可证管理制度，只有符合检验合格要求的农食产品才可以颁发进出口食品许可证，保证缅甸进出口食品贸易的安全。缅甸监管体系框架虽然仍然不够完善，但已基本形成了农食产品原材料生产、加工、销售、进出口食品贸易环节等基本覆盖，在农食产品的全过程形成多部门的联动管理。

2.7.5.2 国家对食品质量安全管理的内部协调

《国家食品法》赋予政府对食品实施全面管理的职责。但食品安全工作涉及多个部门，包括：缅甸科技研究部门、渔业、畜牧、农业、商务部、海关等。要做到全面管理、全方位把关就需要各个部门之间相互协调。为此，缅甸专门制定了相关法律，设立了缅甸食品药品管理理事会和中央到地方的各级食品药品监督委员会。通过这些机构，在缅甸全国范围内形成对食品质量的统一、协调、有效的管理。

2.7.5.3 农食产品法规体系的建立主要以国际标准为基础

缅甸的法规体系主要以国际标准为参考标准。其法规体系内容，包括农药残留、兽药残留、食品添加剂、化学污染物、微生物等，直接采用国际标准的部分内容。缅甸法规体系主要参考的标准有 ISO 标准、IEC 标准、英国标准（BS）、印度标准（IS）、德国标准（DIN）、日本标准（JIS）、马来西亚标准（MS）和美国标准（ASTM）等。即将施行的新《国家食品法》也是由美国国际开发署（USAID）提供了协助，国际相关组织等相关单位参与起草的。

2.8 柬埔寨

柬埔寨位于亚洲中南半岛南部，东部和东南部同越南接壤，北部与老挝交界，西部和西北部与泰国毗邻，西南濒临暹罗湾。湄公河自北向南横贯全境。国土面积181035平方公里，海岸线长约460公里。

农业在柬埔寨国民经济中具有举足轻重的地位。尽管存在基础设施和技术落后、资金和人才缺乏等制约因素，但柬埔寨农业资源丰富、自然条件优越、劳动力充足、市场潜力较大。柬埔寨政府将农业列为优先发展的领域，竭力改善农业生产及其投资环境，充分挖掘潜力，发挥优势，开拓市场。2015年，柬埔寨全国水稻种植面积305.1万公顷，2016年，稻谷总产量近1000万吨，除满足国内粮食需求和收割过程中损失外，剩余511万吨。柬埔寨政府高度重视稻谷生产和大米出口，2015年农产品出口415.7万吨，其中大米出口54.48万吨，同比增长48.1%。天然橡胶种植面积38.8万公顷，产量约12.68万吨，同比增长30.7%。

目前，中国已成为柬埔寨第一大贸易伙伴、第一大进口来源地和第一大投资来源地。中方统计，2016年，双边贸易额47.6亿美元，增长7.4%；截至2016年年底，中国对柬埔寨直接投资存量43.69亿美元。2016年，中国企业在柬埔寨新签合同额21.33亿美元，完成营业额16.56亿美元。据柬埔寨发展理事会统计，截至2016年年底，中国累计对柬埔寨协议投资111.7亿美元，占柬埔寨吸引外资总额34.3%。两国在电力、农业、旅游开发、经济特区、信息通信等领域的投资合作取得积极成果，为柬埔寨社会经济发展作出重要贡献。

2.8.1 监管机构概况

柬埔寨农食产品监管机构主要包括商业部、农林渔业部、工业矿产能源部和卫生部等。

2.8.1.1 商业部

商业部主要负责《食品质量安全管理法》的实施，下设进出口检验与反欺诈局，负责进出口货物的边境检查和市场监测，同时负责全国的产品质量安全管理，特别是对加工食品的生产和销售进行安全卫生监管，是柬埔寨食品法典委员会和食品安全部际联席委员会的秘书处，也是柬埔寨SPS国家咨询点和食品法典咨询点。

2.8.1.2 农林渔业部

农林渔业部负责动植物检疫工作，并主管《森林法》《渔业法》《农用物资标准与管理令》等法律法规的实施，下设农用物资标准局、农业检疫局、动物卫生与生产司、农艺与农地改进司等。

（1）农艺与农地改进司（Department of Agronomy & Agricultural Land Improvement）负责植物卫生检疫和控制农业生产中使用的农业资料的质量，制定使用方法和指南。

（2）动物卫生与生产司（Department of Animal Health &Production）管理牲畜的进出口，防止

与动物和动物产品直接或间接接触引起的疾病跨境传染。

（3）农业立法司（Department of Agricultural Legislation）管理农业资料，即对化肥、农药、种子、兽药、饲料和饲料添加剂等农业投入物进行强制性管理。

2.8.1.3 工业矿产能源部

工业矿产能源部（Ministry of Industry，Mines and Energy）是柬埔寨工业、矿产和能源主管部门，其职能之一是制定和管理工业标准，参与食品供应链中“加工”环节的管理。

2.8.1.4 卫生部

卫生部负责口岸卫生检疫，履行《国际卫生条例》义务，下设有卫生检疫局等机构。

2.8.2 法规体系概况

2.8.2.1 《食品质量安全管理法》

《食品质量安全管理法》（Law on Management of Quality and Safety of Products and Services）于2000年6月21日实施，是柬埔寨实施食品管理的框架性法律文件，还有其他相关法律如《标准法》《计量法》等。另有一系列法规，如部颁第91号令（2007年8月1日），明确了商务部的组织机构与职能，并由商务部授予柬埔寨进出口检验与反欺诈局（Cam−control）如下职能：与海关和税务部门联合履行边境管理职责，市场监管（消费者保护），出口检验和官方认证等。第108号令（2007年8月24日），对屠宰场的管理以及对肉及肉制品的卫生监管。第47号令（2007年6月12日），对人类食用食品的卫生管理。第15号令（2003年3月13日），对植物卫生检疫的规定。第16号令（2003年3月13日），对动物及动物源产品的卫生检疫和监管的规定。

2.8.2.2 《森林法》

《森林法》（Law on Forestry）于2002年8月31日颁布，是柬埔寨为管理、开发、利用、发展、保护林业资源而制定的框架性法律，以确保森林的可持续发展，发挥其社会效益、经济效益、环境效益，有助于保护生态多样化和文化遗产。该法律赋予柬埔寨农林渔业部作为主管部门的职责，在涉及保护资源的领域，须与国家环境部协调合作进行管理。国家环境部则按照《环境保护和自然资源管理法》行使其管理职能。

2.8.2.3 《渔业法》

《渔业法》（Law on Fishery）于2006年5月21日颁布，是柬埔寨为执行国家渔业政策，为管理、开发、利用、发展、保护本国渔业资源而制定的框架性法律，该法赋予农林渔业部作为主管部门的职责，明确了管辖范畴。

2.8.2.4 《农用物资标准与管理令》

《农用物资标准与管通令》(第 69 号)于 1998 年 10 月 28 日颁布，明确由农林渔业部负责按照此项管理农用物资(肥料、杀虫剂、种子、兽药、饲料、饲料添加剂)，具体执行部门是其下属单位——农用物资标准局。

2.8.2.5 《入境点卫生检疫令》

1999 年，柬埔寨卫生部发布 193 号令《入境点卫生检疫官员的职责和责任的规定》(Ministry of Health Declaration No 193 on the Roles and Responsibilities of Quarantine Officers at Border Points)；2008 年发布 280 号令《入境点卫生检疫官员履行职责的规定》(Ministry of Health Guideline No 280 on the Implementation of Duties by Health Quarantine Officers at Border Check Points)。

2.8.2.6 《关于实施装运前检验服务的规定》

柬埔寨进口农产品的检疫检验程序主要规定于《关于实施装运前检验服务的规定》中。柬埔寨政府对商品的检疫检验地点和部门都作了详实的规定，进出口货物均接受检验。

2.8.2.7 其他有关法令

主要有《动物及动物制品卫生检疫次法令草案》(2002 年)、《动物和动物源性产品的检验》(2003 年，次法令第 I6 号)、《植物检疫次法令》(2003 年，第 15 号令)、《内阁管理和兽医法实施细则》(1998 年，第 NS/RKT/1198/72 号令)、《关于柬埔寨全境国际边境检验办公室、双边国境核查点、边境地区核查点和海港核查点的决定及其管理》(2001 年，次法令第 64 号)。

2.8.3 技术性贸易措施体系

2.8.3.1 技术法规

2.8.3.1.1 基本法规

涉及农食产品技术性贸易措施的综合性法律法规有：《食品质量安全管理法》《森林法》《渔业法》《农用物资标准与管理令》《货物和服务质量法》《标准法》《计量法》等。

2.8.3.1.2 一般食品法规

《农用物资标准与管通令》(第 69 号)于 1998 年 10 月 28 日颁布，明确由农林渔业部负责按照此项管理农用物资(肥料、杀虫剂、种子、兽药、饲料、饲料添加剂)，具体执行部门是其下属单位——农用物资标准局。

商务部 329 号法令关于食品缺乏适当的包装标签的措施(Ministry of Commerce No. 329 PRAKAS ON MEASURES AGAINST FOOD PRODUCTS—DEVOID OF APPROPRIATE PACKAGING LABELS)。

柬埔寨标准 CS 001—2000 食品标签法规（Cambodian Standard CS 001—2000 on the Labeling of Food Products）。

2010 年，柬埔寨标准局（ISC）制定了《关于食品标签的部颁法规》（No.1045），规定了在柬埔寨生产和销售的食品须符合柬埔寨食品标签要求，并明确了相关要求和程序。

2010 年 7 月，柬埔寨标准局（ISC）通报了柬埔寨工业标准 CS 0051：2005《辣椒酱》（No.530），规定了生产和销售辣椒酱使用的原材料、食品添加剂、有毒物质、包装和标签强制要求。

2.8.3.2 技术标准

柬埔寨标准局（Institute of Standards of Cambodia， ISC）是柬埔寨标准主管机构，下设 5 个部门，分别是信息部、认证部、法规部、标准发展部和柬埔寨实验中心。其中标准发展部负责标准的制定和发布，该部建立 10 个技术委员会分别负责不同产品的标准制修订，其中与农食产品相关的委员会分别是：第 3 技术委员会，主要负责加工食品；第 4 技术委员会，主要负责水果和蔬菜；第 10 技术委员会，主要负责米制品及木制品。

2.8.3.3 合格评定程序

柬埔寨标准局（Institute of Standards of Cambodia， ISC）针对出口到该国的"管制产品"，于 2004 年 10 月开始实施产品认证体系（Product Certification Scheme），主要针对强制与非强制两大类标准。管制产品范围包括化学物质、电子电器以及食品类。2006 年，柬埔寨工业和能源部、商务部联合发布了有关化学品、食品和电子电气产品强制认证要求。以上产品进口到柬埔寨，必须选取产品安全认证，在柬埔寨工业标准部门注册，得到进口产品放行确认信，海关才会放行货物。涉及的产品有 100 多种，主要有：食品类；化学品；电子电气产品。

2.8.4 进出口安全监管机制

2.8.4.1 进出境动物及其产品检验检疫程序

（1）进境动物及其产品检验检疫程序

①需进行检疫的动物及动物产品：a. 所有动物种类；b. 动物源产品或动物食品；c. 运输、饲养材料、动物储存材料和动物源包装材料。

②申报。进口动物、动物源产品或动物食品的个人和法人必须在货物到达前至少 5 天通知检验员。当货物到达柬埔寨边境时，货主必须报告并申请检查。通过水路运输货物的货主，在货物进入柬埔寨领域时，必须通知最近的检查站并申请货物运输工具检查。进行检验后得到检查站的授权，这些运输工具才能停靠在港口的码头。

③检验检疫。进口货物必须按照动物传染病的名录进行检查，禁止进口动物和动物源产品携带名录中的病原。进口货物必须具有出口国发放的卫生证书。

④检疫处理。动物或动物产品不符合柬埔寨的贸易条款、协定或其他条例，执行以下措施：

a. 将货物退回原国；b. 改变货物的用途；c. 在检验员指定的地点运输、装卸货物；d. 在检疫站扣留动物，进行监测、分析、处理、接种疫苗或消毒；e. 销毁。

（2）出境动物及其产品检验检疫程序

①由柬埔寨出口的货物必须在原产地或动物检疫站进行检查，必须遵照贸易条款、协定、惯例或其他相关文件中关于进口国的要求执行。这些动物必须是健康的，来自无病区或未经过病区，且必须按照要求接种疫苗。动物源产品和食品必须按照技术要求包装且符合卫生标准。运输工具、饲养材料、动物储存材料和动物源产品的包装材料必须在运输前后进行消毒。

②其余要求同进境动物及其产品检验检疫。

2.8.4.2 进出境植物及其产品检验检疫

（1）需进行检疫的植物及植物产品

①未经过非疫病认证的植物（或植物部分、植物产品、农产品）。

②包装材料或者木箱、托盘和其他运输及储存工具。

③土壤或附着于植物及其组织部分的土壤。

④活的或死的昆虫或有益微生物。

⑤非植物源性但可能为昆虫提供生活环境的其他物品。

（2）基本要求

①进口货物必须附有出口国植物检疫主管机构按照 1951 年国际植物保护公约规定的模式颁发的"植物检疫证书"。

②进口货物不含柬埔寨的检疫性或危险性有害生物。如果这些货物被上述有害生物损害，必须在投放市场前进行检疫处理。

③出口货物的检疫遵照贸易条款、协定、惯例或其他相关文件中关于进口国的检疫条例执行。

（3）检疫程序

①进口植物的个人或法人必须在货物到达前 10 天通知植物检疫站。

②在到达边境入口的第一个检查站时，货主必须通知最近的植物检疫站并申请检验，检疫站指明植物检疫检验的具体地点。检疫检验工作必须在接到通知后的 24 小时内完成。

③一旦检疫性或危险性有害生物侵入某地，植物检疫部门必须采取恰当、有力的措施立即进行控制和消除，检疫处理的费用须由货主支付。

④检疫合格后，颁发证书放行。

⑤货物出口前 10 天，货主必须向植物检疫局提出申请检疫检验和出具"植物检疫证书"，并为检疫提供便利。在此期间，检疫局必须完成检验检疫和处理工作。其余程序同进口货物的程序。

2.8.5 监管特点

（1）对本国生产的食品采用从农田到餐桌整个食品供应链（原料—生产—加工—贸易）的全程监管，多个部门参与，分工合作。

（2）加强市场监管，减少假冒伪劣产品。

（3）对进口产品制定“高风险”产品清单，加强抽样检验力度。

（4）为了确保国家基于风险管理的“从农田到餐桌”管理纲要得以实施，1995年成立了部际联席委员会（IMC），负责协调食品的生产、质量和安全管理。该委员会由商务部牵头，秘书处设在其进出口检验与反欺诈局。《联合部长决议》明确了涉及食品安全和管理的各部门的职责和分工。

2.9 老挝

老挝是中南半岛北部唯一的内陆国家，北邻中国，南接柬埔寨，东接越南，西北达缅甸，西南毗邻泰国。湄公河流经1900公里，国土面积23.68万平方公里，人口650万。老挝矿产资源丰富，属中国三江成矿带延伸部分，金、银、铜、铁、钾盐、铝土、铅、锌等矿藏储量可观；水电资源充沛，湄公河水能蕴藏量60%以上在老挝境内，全国200公里以上河流20余条，有60多个水能丰富的水电站建站点；土地资源丰厚，日照时间长，雨水充足，农业开发条件较好。近年来，老挝政治保持稳定，经济快速发展。2016年，老挝经济总量133.5亿美元，经济增长率达6.9%，人均国内生产总值约2027美元。

老挝农产品有甘薯、蔬菜、玉米、咖啡、甘蔗、烟草、棉花、茶叶、花生、大米、水牛、猪、牛和家禽。甘蒙、沙湾拿吉两省被列为粮食生产、加工及出口全产业链基地。据老挝官方统计，全国耕地面积98.1万公顷，实际种植面积95.8万公顷。稻谷产量410万吨。其他作物中，甜玉米种植面积2.75万公顷，产量25.99万吨；薯类2.11万公顷，产量26.86万吨；蔬菜15.47万公顷，产量140.27万吨；水果4.1万公顷，产量779.08万吨；咖啡8.4万公顷，产量9.98万吨；甘蔗2.89万公顷，产量175万吨；薏仁米6.02万公顷，产量18.66万吨；烟叶0.68万公顷，产量6.46万吨；黄豆1.13万公顷，产量1.76万吨；花生2.66万公顷，产量6.65万吨。养殖行业增长势头稳定，全年涨幅约5.7%，全年鱼、肉、蛋类制品产量38.77万吨。

中老两国是山水相连的友好邻邦，两国人民自古以来和睦相处。进入21世纪以来，两国关系在“长期稳定、睦邻友好、彼此信赖、全面合作”的方针指导下，一直保持着健康稳定的发展。2009年9月，两国关系提升为全面战略合作伙伴关系，中老关系进入加速发展新时期，双方在经贸、政治、人文、国际和地区事务中的合作不断深化。近年来，随着两国经济快速发展，中老经贸合作成绩显著，中资企业对老挝投资迈出可喜步伐，一批有实力的中资企业进入老挝市场，投资领域不断扩大，投资方式呈现多样化。主要投资领域包括矿产、水电、农林、房地产、园区开发和酒店等。

2.9.1 监管机构概况

老挝农食产品监管机构主要包括农林部、工业贸易部、卫生部等。

2.9.1.1 农林部

老挝政府一直将农业和林业作为经济建设的基础，不断加大政府投资力度，不断扩大产业规模，农业占全国 GDP 的 51%。农林部（网站：http：//www.maf.gov.la）作为老挝的农业、林业、牧业、渔业主管部门，下设农业部、林业部、灌溉部等多个部门，负责出入境动植物检验检疫、进出口许可以及《农业法》《森林法》等相关法规的实施，致力于农林业机械化、集约化生产，扩大基础设施建设，扩大种子、农食产品、化肥等生产企业建设规模，下设在各省的农林服务机构负责农产品进出口管理，并设有进出境动植物检查口岸，依托湄公河流域开发农业、林业、牧业、渔业的发展潜力。

2.9.1.2 工业贸易部

老挝工业基础薄弱，以木材加工、碾米为主的轻工业和以锡为主的采矿业是最重要部门。工业贸易部（网站：http：//www.laotradeportal.gov.la）负责进口许可证管理和工业产品生产质量，包括加工生产的食品和饮料符合法律规定，负责规范和促进生产、贸易、进出口等活动，并在国际商界代表老挝和老挝的利益。

2.9.1.3 卫生部

卫生部（网站：http：//www.moh.gov.la）负责对食品药品和医疗产品的质量安全以及对传染病进行检测控制，履行《国际卫生条例》义务，并按照《食品法》管理进口食品的质量和安全，在口岸设有出入境边境检查站。

2.9.2 法规体系概况

总体来说，老挝的法律还不是很健全，透明度不高，老挝有 13.2% 的平均关税水平，部分进口需要许可证，司法和监管制度可能会阻碍进出口贸易和外国投资。近几年来，老挝为了吸引外资，同时为了满足加入世界贸易组织的要求，对本国经济贸易的相关法律法规进行重大改革。老挝政府积极落实体现在这些法律的承诺，以符合东盟经济共同体（AEC）条约，进一步开放经济贸易环境。此外，世界贸易组织和 AEC 要求加强并全面执行 2005 年美国与老挝双边贸易协定的条件。同时老挝逐步改善了投资的法律环境，多次对《外国在老挝投资法》进行更改和修订，使老挝的投资环境有了法律保障。

在农食产品方面的法律法规主要包括：

（1）《国家兽医法》（National Veterinary Law）

老挝于 2008 年制定和颁布了新的《国家兽医法》，加强对动物疫病疫情的防治并于 2016 年 11 月 11 日进行了修订。

（2）《食品法》（Food Law）

老挝《食品法》是以第 37/PO 号总统令的形式于 2004 年 6 月 14 日颁发的，之后，老挝卫生部进行了修订并于2013年8月20日发布最新版。它明确了食品管理的范畴、要求和目标，指定由老挝卫生部主管该项工作，确保全国食品的安全。

（3）《农业法》（Law on Agriculture）

于1998年10月10日由国会通过，于1998年11月6日由国家元首105号令颁布实施。该法为农业活动和生产提供了全面的法律框架，包括耕地、饲养动物、水产养殖和用于国际或国内工业加工的原材料，强调了推广农业、保护土地和环境。其中涉及进出境动物监管的内容十分有限。

（4）其他相关法规

《关于老挝人民民主共和国植物工作的命令》（1992年总理第66号）和《植物检疫条例》（1993，农部字第0639号）是老挝进出境植物检验检疫的主要依据。其中《关于老挝人民民主共和国植物工作的命令》旨在确定植物检疫工作的目的和原则性规定。其指出植物检疫工作是管理和保护农林资源质量的手段，目的在于阻止或禁止进口过去未曾有过的、危害性极大的植物在老挝人民民主共和国境内传播；检验向国外出口的各种植物和农林产品，确保无病虫害，特别是输入国禁止进口的病虫害；在国内调运或进口和出口植物及农林产品均应当执行有关的国际规则。《植物检疫条例》是为了更好地进行植物检疫工作，而细化和补充“总理令”的相关内容。

2.9.3 技术性贸易措施体系

2.9.3.1 技术法规体系

老挝于1994年8月13日以总统令的形式颁发了《海关法》（No.006NA），标志着老挝的进出口从此走上规范管理的轨道。

老挝自1986年实行新的经济政策，大力鼓励进出口以促进本国经济的腾飞。为了执行国家贸易政策，老挝商务部于1994年2月8日发布了第482号法规，对进出口货物作了一般性规定。其中明确不允许进口的商品包括武器、毒品、有害化学物质、危险工业产品和各种淫秽物品等；不允许出口的物品包括枪支弹药、炸弹、文物、毒品、有害化学物质、珍稀野生动物等。

老挝《食品法》是以第37/PO号总统令的形式于2004年6月14日颁发的，并与2013年8月20日发布了修订版，它明确了食品管理的范畴、要求和目标，指定由老挝卫生部主管该项工作，确保全国食品安全。

《农业法》（Law On Agriculture）于1998年10月10日由国会通过，于1998年11月6日由国家元首105号令颁布实施。该法为农业活动和生产提供了全面的法律框架，包括耕地、饲养动物、水产养殖和用于国际或国内工业加工的原材料，强调了推广农业、保护土地和环境。其中涉及进出境动物监管的内容十分有限。

老挝于2008年制定和颁布了新的《国家兽医法》，加强对动物疫病疫情的防控，以及动物及动物产品的卫生检疫和监管。

《关于老挝人民民主共和国植物工作的命令》（1992年总理第66号）和《植物检疫条例》（1993，农部字第0639号）是老挝进出境植物检验检疫的主要依据。其中《关于老挝人民民主共和国植物工作的命令》旨在确定植物检疫工作的目的和原则性规定。其指出植物检疫工作是管理和保护农林资源质量的手段，目的在于阻止或禁止进口过去未曾有过的、危害性极大的植物在老挝人民民主共和国境内传播；检验向国外出口的各种植物和农林产品，确保无病虫害，特别是输入国禁止进口的病虫害；在国内调运或进口和出口植物及农林产品均应当执行有关的国际规则。《植物检疫条例》是为了更好地进行植物检疫工作，而细化和补充"总理令"的相关内容。

2.9.3.2 标准体系

老挝科技部标准与计量司是老挝政府为加强标准化工作而于 2011 年新成立的司级部门，该部门职责为推进标准化、认可及合格评定工作。目前该部门正在作规划配合政府建立国家质量基础体系。

2.9.3.3 合格评定及认证体系

与标准体系一样，老挝合格评定程序由科技部标准与计量司主管，目前尚未建立完整的体系。在检验检测方面，老挝第一个国家食品安全实验室 2017 年 4 月 24 日在首都万象成立，用于监控全国食品质量和安全，在此之前，老挝食品安全控制不得不依赖于邻国的卫生系统，食品安全事件屡有发生。

2.9.4 进出口安全监管机制

2.9.4.1 进出境动物及其产品检验检疫程序

老挝的动物检验检疫工作相对滞后，目前尚无针对进出境动物及其产品检验检疫的专门法律、法规，其相关监管政策不明确。该国 1998 年颁布的《农业法》中涉及进出境动物监管的内容十分有限。

2.9.4.2 进出境植物及其产品检验检疫程序

2.9.4.2.1 植物及植物产品的进口

（1）申请

输入植物、种子和农产品的机关、组织、公司或个人应当向种植及农业推广局提出申请，经批准后方可输入老挝。

（2）报检

输入植物或农产品的机关、组织、公司或个人应当向驻边境口岸植物检疫机关的报检。

边境口岸植物检疫机关设立：万象市（他德、他拿练、中心邮局）、沙湾拿吉省（沙湾拿吉码头、拉堡口岸）、占巴塞省（纹坎、松棉）、丰沙里省（奔怒）、沙耶武里省（埂陶）、南塔省（孟星、磨丁）、波乔省（波乔口岸码头）、川矿省（南岗）、波里坎赛省（纳北）。

（3）检疫

检疫人员从受检的货物中抽取一定数量用于病虫害分析，各项检疫分析完成以后，除需留作证据的，重量超过 10kg 的样品应当送还货主。

（4）检疫处理

发现病虫害的各种植物和农产品，由植物检疫官员决定是否应当隔离后再做消毒除害处理，或退还货主销毁，或退回货物输出国，同时签发《病虫害污染证明》交予货主保存。

（5）出证

经检疫或检疫处理后，无病虫害植物和农产品可获得《植物检疫证书》，在缴纳手续费后，由植物检疫官员出具《输入许可证》，准予进口。

（6）放行

2.9.4.2.2 植物及植物产品的出口

（1）报检

各机关、组织、公司或个人在向国外输出植物或农产品前，需要《植物检疫证书》的，如果从他德、他拿练边境口岸或万象机场出境则应当向种植及农业推广局递交《申请》，如果从其他口岸出境则应当向设有植物检疫机关的边境省份的农业 — 林业厅提出申请。

（2）检疫

检疫人员从受检的货物中抽取一定数量用于病虫害分析，各项检疫分析完成以后，除需留作证据的，重量超过 10kg 的样品应当送还货主。植物检疫费用均由货主承担，检疫后的货物应当在 21 日内出口。

（3）检疫处理

如果在货物中发现输入国禁止入境的病虫害，则应当进行消毒除害处理。消毒处理由有关的负责官员亲自实施，或者由经批准的持有《消毒除害证书》的私人组织实施。

（4）出证

符合输入国的有关植物检疫规定的货物由直接负责植物检疫工作的官员出具《植物检疫证明》（植物检疫官员是指由农林部下属的有关省份的农业 — 林业厅或种植及农业推广局负责指导并正式任命的植物检疫机关的官员）。《植物检疫证书》应当载明符合国际农产品输出有关规定的内容。

（5）放行

2.9.5 监管特点

老挝实行商品分类管理——禁止进口商品如枪支弹药、鸦片、大麻等商品；禁止出口商品除枪支弹药、鸦片大麻等之外，还禁止出口动物及其制品、原木、锯材、自然林出产的沉香木等植物产品；进口许可证管理商品包含活动物、鱼、水生物、食用肉及其制品、奶制品、稻谷、大米、蔬菜及其制品、饮料、酒、醋、养殖饲料、水泥及其制品、燃油，天然气，损害臭氧层化学物品及其制品、生物化学制品、药品及医疗器械、化肥、部分化妆品、杀虫剂、毒鼠药、细菌、锯材、原木及树苗、书籍、课本、未加工的宝石、银块、金条、钢材、车辆（自行车及手扶犁田机除外）及其配件、游戏机等；出口许可证管理商品包含活动物（含鱼及水生物）、稻谷、大米、虫胶、树脂、林产品、矿产品、木及其制品、未加工的宝石、金条、银块等。

进出口商检——当进出口商品运输车船经过老挝境内关卡时，车船主或货主或其授权代表必须将商品的有关文件材料立即向有关机构申报，商品转运、装卸或更换运输工具均需在海关内进行或者在批准的地点当着海关人员的面进行，经营进出口商品者，外销商品者或向外国采购商品者，均须持有海关规定的申报单向海关有关部门详细申报自己的商品，并在货物到达海关后 5 天内递送到海关。进口单证包含以下全套单证：进口许可证、报送单、税单、商品发票（2 份）、运货单（2 份）、装箱单。出口单证包含以下全套单证：由工业贸易部签发的出口许可证，海关申报单、税单、购货发票（2 份）、运货单（2 份）、装箱单。

老挝的食品安全措施体系的特点主要体现：（1）注册制度，所有食品进入市场之前必须经过注册；（2）重点控制，列出重点控制食品清单，对之实行许可证管理；（3）全面监管，加强管理和组织协调，对所有食品进行质量监管。

老挝政府各部委在各自的管辖范围内各司其责，在职能交叉领域如农食产品加工中要求部委之间相互协调，国家食品安全政策的规划和制定由卫生部组织本部所有司级、处级部门和来自不同部委和不同行业的食品安全相关代表召开全体大会或研讨会，讨论、研究得出一致意见后形成草案，报国会审议。

2.10 文莱

文莱位于加里曼丹岛西北部，北临南中国海，东、西、南三面与东马来西亚沙巴、砂拉越相邻，国土面积 5765 平方公里；人口 41.72 万，其中，马来族占 66%，华人占 10.1%。文莱属于伊斯兰教君主制国家，苏丹为国家元首、政府首脑和宗教领袖，拥有崇高威望，深受民众爱戴。文莱社会和谐，民风淳朴，政局长期保持稳定。文莱经济结构单一，油气产业是其唯一经济支柱，约占国内生产总值的三分之二、财政收入来源的 90% 和外贸出口的 95% 以上。非油气产业主要有建筑业以及旅游、贸易、交通和金融等服务业，制造业几乎空白。

2014 年以来，国际油价暴跌对文莱经济造成巨大冲击，国内生产总值连续 3 年负增长，对外贸易大幅缩水，财政收入锐减，赤字严重，2016 年，文莱名义国内生产总值（GDP）为 157.6 亿文元（折合约 115 亿美元），同比减少 11.5%。为降低对油气资源的过度依赖，实现经济可持续发展，文莱正大力实施经济多元化战略，在延伸油气产业链的同时，努力发展出口加工业、农业、渔业以及物流、金融、旅游和信息服务等产业。

中文两国自古以来就有密切的人文、贸易往来，近年来双边经贸合作快速发展。2011 年 11 月，中国时任总理温家宝访问文莱，两国政府签署了能源领域合作谅解备忘录，双方企业启动油气上下游产业合作。2013 年 4 月，文莱苏丹访华，两国元首同意建立中文战略合作关系，进一步提升两国经贸合作水平，在交通、通信、基础设施建设、金融等领域开展密切合作，支持两国有关企业本着相互尊重、平等互利的原则共同勘探和开采海上油气资源，进一步加强在农业、水产养殖、清真食品等领域的交流与合作。2013 年 10 月，国务院总理李克强访问文莱，两国发表联合声明，决定进一步深化两国关系，并一致同意加强海上合作，推动共同开发。

2.10.1 监管机构概况

文莱农食产品监管机构主要包括卫生部、初级资源和旅游部、宗教事务部等。

2.10.1.1 卫生部

文莱负责食品安全监管的主要部门是卫生部，下设的公共卫生服务司是卫生部履行保护和提高公共卫生与健康职能的执行部门，卫生服务司设有健康服务处、环境卫生处和科技服务处 3 个处。

公共卫生服务司涉及食品安全最重要的部门是食品安全和质量控制处（Food Safety and Quality Control Division，FSQCD）。FSQCD 的主要职责是通过监测和监管食品的质量和安全，预防和控制食源性疾病，对食品经营和加工场所的监督和检查，以及通过开展公共教育活动促进公众对食品相关事务的认识。

2.10.1.2 初级资源和旅游部

文莱初级资源和旅游部创建于 2015 年 10 月 22 日，下设有旅游局、农业局、渔业局和林业局，还有一个农食产品安全中心主要负责对农食产品进行检测。与食品安全监管相关的部门主要有：

农业和农食产品局（Department of Agriculture and Agrifood，DOAA），隶属于初级资源和旅游部（Ministry of Primary Resources and Tourism，MPRT）。农业和农产品是文莱主要的资源和加工部门的主要来源，DOAA 负责农业发展和粮食生产。文莱农业政策的主要目标是确保粮食安全和增加当地生产的作物（主要是大米），牲畜和农产品实现自给自足，通过拟定战略计划，以出口为导向通过提高生产力和高新技术增加农业和产品加工业的产量。

渔业局（Department of Fisheries）同样隶属于初级资源和旅游部，负责按照渔业相关法规管理渔业资源，包括：渔业资源评估、规划、管理和养护，合理、可持续地发展水产养殖业，开发海鲜产品；负责实施水产品加工业的食品安全和质量控制程序，为渔业提供技术和支持服务，以及对进出口鱼类实施检疫检验和进口、出口许可证管理。

农食产品安全中心（Agrifood Safety Center）下设农药实验室部（Pesticide Laboratory Section）、化学实验室部（Chemistry Laboratory Section）、微生物实验室部（Microbiology Laboratory Section）和水生动物健康服务中心（Aquatic Animal Health Service Centre）。农药实验室部负责 N－甲基氨基甲酸酯类有机磷（杀虫剂）有机分析实验室、二硫代氨基甲酸酯（杀真菌剂）分析实验室和农药（农业杀虫剂和无机化肥）进口审批；化学实验室部负责化学污染实验室、兽药残留实验室和毒素分析实验室；微生物实验室部负责水产品微生物实验室；水生动物健康服务中心负责分子诊断实验室、寄生虫学实验室、组织学实验室和水质实验室。

2.10.1.3 宗教事务部

文莱是典型的由政府参与清真食品生产的国家，政府主导着清真食品的生产和供应，即在清真食品的生产阶段就由政府直接介入。由于文莱国土面积狭小，清真食品无法自给，因此需要从海外进口。

清真食品安全监管工作主要由宗教事务部清真食品控制处（Halal Food Control Division）负责。

2.10.2 法规体系概况

所有在文莱的食品，无论是销售、分销、进口或制造都需遵守《公共卫生（食品）法》及《公共卫生（食品）条例》。除此以外，与农食产品相关的主要法律法规包括：《健康肉类令》《清真肉类法》《农业害虫与有害植物法》《疾病检疫和疾病预防法》《渔业令》和《清真食品认证和标签令》等。

2.10.3 技术性贸易措施体系

2.10.3.1 技术法规

2.10.3.1.1 基本法规

（1）《公共卫生（食品）法》

《公共卫生（食品）法》[Public Health（Food）Act]由文莱卫生部发布，属文莱国家法律第182章内容，主要对食品和有关事项作出了具体规定，以保障食品安全和食品质量。内容包括：授予苏丹和杨迪佩尔图安陛下任命食品分析师和食品事务官的权利；明确食品事务官权力包括进入和检查任何食品准备、储备、包装、储存、销售等场所，抽取任何食物样品以供食品分析师检验，并在任何处理食品的场所检查和没收任何书籍、文件或记录。该案进一步规定了卫生部部长的权力、进口要求、食品分析师认证、罪行和处罚、卫生部制定法规的权力等。

（2）《公共卫生（食品）条例》

与《公共卫生（食品）法》相配套，文莱制定了《公共卫生（食品）条例》[Public Health（Food）Regulation]。《公共卫生（食品）条例》规定所有的食品，无论是进口产品还是本地产品，都要安全可靠、具有良好的品质且符合伊斯兰教清真食品的要求。具体内容包括：费用，抽样和处理食品样品的程序，标注食品的方式，标签上的日期标注，任何食品的标准、成分、强度、效力、纯度、质量、重量、保质期等，禁止添加禁用物质或添加超过限量的限用物质，禁止在任何食物中引入任何外来物质、有毒物质、农药、重金属、抗生素、雌激素或毒素，以及禁止进口经电离辐照的食品等。此外，条例的规定包括以分析为目的的抽样程序、食品标签、允许的食品添加剂，以及使用水、蒸汽或冰的标准等。2013年2月6日，文莱对《公共卫生（食品）条例》进行了修订，主要是对"表十四 食品中农药的最大量"的内容进行了增补，修订后的条例称为《公共卫生（食品）（修订）条例》（2013）。

（3）《健康肉类令》

《健康肉类令》（Wholesome Meat Order）是管制肉类和肉类产品的屠宰、加工、包装、检查、进口、分销、销售、转运和出口的处理以及相关事项的命令。法规规定屠宰、加工、销售、进口或出口等的动物处理。该命令禁止进口、出口或转运任何肉类或肉类产品，除非拥有执照以及由农业及农产品局局长批出的许可证，且这些肉类或肉类产品已按规定进行包装、加贴标签、加工等。法规中有获得执照和许可证的程序和条件。法规要求只能在持牌屠宰中心或局长准许的场所屠宰动物。法规规定屠宰中心必须遵守屠体的标记、烙印或加贴标签的条件。法规还规定：局长禁止屠宰不适合人类消费的动物的权力、局长关闭屠宰中心的权力，要求检查文件的权利和罚款等。

（4）《清真肉类法》

《清真肉类法》（Halal Meat Act）属文莱国家法律第183章内容，规定了清真肉类供应和进口的规定，这些肉类是适合穆斯林消费的。该法规定成立清真进口许可证发放委员会（Board for issuing Halal Import Permits）和检查委员会（Inspection Committee），并且明确其内部成员的组成。该法还规定：获得清真肉类制品进口许可的程序和要求，当地清真肉类制品的供应要求，检验委员会在任何时间检查任何屠宰中心的权力，部长制定规则的权力等。

（5）《农业害虫与有害植物法》

《农业害虫与有害植物法》（Agricultural Pests and Noxious Plants Act）属文莱国家法律第43章内容，于1971年8月1日开始实施，于1984年修订并沿用至今。《农业害虫与有害植物法》是一部有关保护植物和栽培产品免受疾病侵害、对有害生物和有害植物进行销毁的法律。该法禁止、限制或监管植物原料，该法还规定了检查官员有权直接销毁或处理有害植物和害虫、土地业权人有责任就出现的有害生物发出危险通知、进口限制、补偿和罚款等内容。

（6）《疾病检疫和疾病预防法》和《传染病令》

《疾病检疫和疾病预防法》（Quarantine and Prevention of Disease）属于文莱国家法律第47章内容，共有8个部分：第一部分为总则，第二部分为传染病报告，第三部分为预防传染病传播，第四部分为疫苗接种，第五部分为预防传染病的传入和传播，第六部分为预防家畜的进出口，第七部分为制定条例，第八部分为其他事项。其附属法规《动物检疫及疾病防控条例》[Quarantine and Prevention of Disease（animals）Regulations]对动物的入境程序作了详细的规定，包括动物进口限制、检疫隔离、检验检疫证书、处罚等；附属法规《动物检疫及疾病防控（动物出口）条例》对动物出口进行了规定，包括出口限制、动物健康证明申请、费用、检疫隔离等。

《传染病令》（Infectious Diseases Order）于2003年5月8日生效，内容包括：第一部分总则，第二部分行政机构，第三部分传染病控制，第四部分艾滋病和HIV感染控制，第五部分预防传染病，第六部分疫苗接种，第七部分其他事项，废除原《疾病检疫和疾病预防法》中相应的内容；根据《传染病令》第77条，《疾病检疫和疾病预防法》的附属法规仍然有效。《传染病令》于2010年修订为文莱国家法律第204章《传染病法》（Infectious Diseases Act）。

（7）《渔业法》和《渔业令》

《渔业法》属于文莱国家法律第61章内容，规定由渔业局负责管理本国的鱼产品生产、进出口及相关的检验检疫工作。

《渔业令》（Fisheries Order）于2009年5月30日生效，是一部关于渔业和鱼类加工管理以及鱼类销售和分销的法规，规定渔业署署长及副署长执行本规定，且局长应准备旨在确保渔业资源最佳利用的渔业计划。法规指出：操作或拥有渔具、操作或建立海洋养殖系统、使用渔船、举办或组织钓鱼体育活动或利用外国渔船进行捕鱼等活动需取得许可证，并设定了许可证申请的条件、有效性和取消等。此外，法规规定建立龙虾捕捞区、海洋保护区和海洋公园，并规定了与这些区域有关的限制。法规还规定了内陆渔业管理、犯罪和惩罚、执行官员的权力、管辖权和证据等内容。2010 年，《渔业令》第 37 条被修订，删除了"第 15（1）条规定"，修订后，该法规可被引用为《渔业（修订）令》（2010）。《渔业令》废除原《渔业法》中相应的内容，根据《渔业法》制定的与《渔业令》规定不冲突的附属法规仍然有效。

（8）《清真食品认证和标签令》

《清真食品认证和标签令》（Halal Certificate and Halal Label Order），于 2005 年 5 月 28 日发布，并于 2008 年 8 月 1 日实施。清真认证和清真标签适用于当地餐馆和食品工厂。该命令对清真食品的定义、清真认证、清真标志、检查委员会、认证程序等内容作了规定。

2.10.3.1.2　一般食品的管理法规

《公共卫生（食品）条例》第四部分设定了：食品标签的要求，包括配料的安全性和适当性；食品添加剂的要求，及可在特定食品中使用的防腐剂的最大限量；食品中允许的农药残留、兽药残留、重金属的最大限量和微生物污染物限量等要求。

（1）关于食品添加剂的技术法规

《公共卫生（食品）条例》"第四部分"中"食品添加剂"部分第 20 条对食品添加剂作了要求：

①任何人不得进口或制造含有超出条例允许使用列表中食品添加剂种类的食品。

②任何食品不能超量和超范围使用食品添加剂。

③食品可以按照条例的规定的种类和使用量添加食品添加剂。

④可以进口、销售、广告、制造、托运或运输纯度达到条例规定技术指标、允许使用的食品添加剂。对于条例中未特别指明纯度的食品添加剂，需符合世界粮农组织和世界卫生组织（Food and Agriculture Organisation of the United Nations and World Health Organisation，FAO/WHO）食品添加剂专家委员会推荐的技术指标。

条例中第 21~ 第 34 条、表 6—13 对抗结剂、抗氧化剂、人造甜味剂、甘油和山梨醇、化学防腐剂、着色剂、乳化剂和稳定剂、调味剂、增味剂、保湿剂、营养强化剂、螯合剂、气体包装剂和其他通用食品添加剂在食品中的使用作出了规定。

（2）关于农药残留的技术法规

《公共卫生（食品）条例》"第四部分"中"食品污染物"第 36 条"农药残留"和表 14 对食品中农药残留限量作出了规定。《公共卫生（食品）（修订）条例》（2013）对此部分内容进行了增补。对于条例中没有作出规定的，应符合 CAC 相应的农药残留限量标准。

根据条例，农药指的是用于或能够用于或预期用于农业、牧场、园艺、家庭或工业，目的是用于控制、破坏或预防任何真菌、细菌、病毒、插入物、螨虫、软体动物、线虫、植物和动物生长发育或其他任何相关目的的物质或化合物。

对于制造或混合食品，如含有一种或多种允许使用农药的食品，其农药残留量不得超过加工该食品所用食品原料数量允许的农药残留量。

食品中不能含表 14 列明的任何两种或多种农药残留物，除非将各种存在的农药的量除以各自单独使用时的最大允许量后获得的分数之和不超过 1。

（3）关于兽药残留的技术法规

《公共卫生（食品）条例》“第四部分”中“食品污染物”部分中仅对动物源性食品中的抗生素（第 38 条）和雌激素（第 39 条）作了规定。

①抗生素

根据条例，抗生素指的是通过化学合成或微生物产生的任何化学物质，其在低浓度下具有抑制细菌和其他微生物生长或破坏细菌和其他微生物的能力。

任何人不应进口、销售、广告、制造、托运和运输含检出抗生素残留及其降解产物的牛奶、肉类、肉制品和其他食品。允许禽肉（未烹煮、冷冻、加工禽肉）中检出不超过 7mg/kg 的金霉素或土霉素；可以将金霉素或土霉素掺入用于保藏新鲜鱼和未剥皮虾的冰中，但产品中抗生素的浓度不能超过 5mg/kg；乳酸链球菌素可用于经充分热处理以破坏肉毒杆菌孢子的干酪和罐头食品的保存。

②激素

条例规定，任何人不应进口、销售、广告、制造、托运和运输含以下激素残留的肉类或动物源性食品：

己烯雌酚 [diethylstilbestrol（3，4—bis（p—hydroxyphenyl）—3—hexene）]、己烷雌酚 [hexoestrol（3，4—bis（p—hydroxyphenyl）—n　hexene）]、己二烯雌酚 [hexoestrol（3，4—bis（p—hydroxyphenyl）—2，4—hexadiene）]。

（4）关于微生物的技术法规

《公共卫生（食品）条例》“第四部分”中“食品污染物”第 41 条“微生物污染”部分对食品中的微生物作了规定。条例表 16 第 1 栏列明的食物须符合该表第 2 栏和第 3 栏所列的微生物标准。

每克或每毫升即食食品中大肠杆菌的量不能超过 20，且不应有其他致病微生物。

（5）关于其他有毒有害物质的法规

《公共卫生（食品）条例》第四部分的“食品污染物”部分中除了对农药残留、抗生素、激素和微生物作出规定以外，还包括对食品中重金属污染物（第 37 条）及真菌毒素（第 40 条）的规定。

①重金属污染：任何食品和食品添加剂中重金属污染物的限量应符合条例规定。

②真菌毒素：条例规定，任何食品不得检出黄曲霉毒素及其他真菌毒素。

（6）关于食品标签的技术法规

文莱《公共卫生（食品）条例》第四部分中“总则”第 9~ 第 17 条、表 2—3 以及第五部分“食品标准及特殊标签要求”对食品标签的要求作出了规定。

条例第 9 条规定，预包装食品包装的显著位置应有标签，标签含法律或条例规定的事项、声称、信息和字样，应使用英语或马来语。食品标签主要包含下列内容：

①食品名称：通用名称或食品真实属性的说明。

②配料：由两种或多种配料制成的食品，每种配料的适当名称，除非明确规定了每种配料的含量或比例，这些配料应依照在食品中的含量比例依次降序排列；如果食品中某种成分是由两种或更多其他子成分构成的复合配料，则须对这些子成分予以恰当的说明，而不必对该复合配料作说明。

③含有牛肉或猪肉或其衍生物、油脂的食品配料视情况标注"含（牛肉或猪肉）""含（牛肉或猪肉的衍生物）"或"含（牛油或猪油）"或其他类似字眼。

④含酒精的食品需用不小于 6 的非衬线字体（non－serif character）的大写粗体字标示"含酒精"或其他类似字眼。

⑤含食用油脂或食用油中的一种或两种的食品，在食品上标注含有的食用油脂或食用油，如可能，同时标注食用油脂或食用油来源的动物或蔬菜的通用名。

⑥含有食品添加剂的食品标注"含许可（食品添加剂种类和来源）"。

⑦净含量。

⑧生产商、包装商、供应商的名称和地址；如食品为进口产品，需标注国内进口商、分销商、代理商的名称以及食品的原产国。

条例第 9 条不适用于称量计重、散装食品和零售店松散包装的食品；糖果、巧克力和巧克力糖果除上述⑥⑧外不适用第 9 条的其他内容；零售店只有松散包装的面包除上述⑥⑦⑧外不适用第 9 条的其他内容。

条例中所指的"营养声称"指使人联想或暗示食品具有营养特性的陈述，一般指：能量，盐、钠和钾，氨基酸、碳水化合物、胆固醇、脂肪、脂肪酸、膳食纤维、蛋白质、淀粉和糖或其他任何营养素（除维生素和矿物质外）。除非标签上有按条例表 14 规定的表格形式或署长批准的其他类似的表格标注的营养信息表：标示能量值、蛋白质含量、碳水化合物、脂肪和任何其他与营养声称相关的营养素含量，否则标签上不得标示任何营养声称；另外，标签上标示盐、钠和钾或任意 2 种或者所有 3 种营养素的营养声称（没有任何其他营养声称）时，可将能量和除钠和钾之外的营养素由营养成分表中删除。该条款不适用于总表面积少于 $100cm^2$ 且标签中含有下列项目的预包装食品：对每一种进行营养声称的营养素都有含量的说明；无糖食品的声称，食品能量值声称或食品产生能量的声明。

除此以外，条例还对误导声称、日期标示、维生素和矿物质的声称也进行了相应的规定。

（7）关于食品容器（食品接触材料）的法规

《公共卫生（食品）条例》第四部分中"食品容器"第 43 条规定了食品容器的要求。

条例规定：

①任何人不得进口、销售、托运、运送、使用或批准使用下列食品包装物或容器：

含检出氯乙烯的包装物或容器；

含已知具有致癌性、致突变性、致畸性或任何其他有毒有害物质化合物的包装物或容器。

②任何人不得进口、销售、托运、运送、使用或批准使用会带入铅、锑、砷、镉或其他任何有毒物质的拟用于储存、制备或烹煮食物的器具、容器或器皿。

③可使用下列食品用陶瓷制品：

内深不大于 25 mm 的扁平餐具，检验的 6 个样品中任一个的铅含量不超过 3.0mg/mL 浸出溶液；

容量小于 1.1 L 的小型中空容器（不包括杯和马克杯），检验的 6 个样品中任一个的铅含量不超过 2.0mg/mL 浸出溶液；

容量为 1.1 L 或以上的大型中空容器（不包括大水罐），检验的 6 个样品中的任何一个的最大铅含量不超过 1.0 mg/mL 浸出溶液；

对于杯和马克杯，检验的 6 个样品中的任何一个的最大铅含量不超过 0.5 mg/mL 浸出溶液；

对于大水罐，检验的 6 个样品中的任何一个的最大铅含量不超过 0.5 mg/mL 浸出溶液。

④不得使用任何铅管输送啤酒、苹果酒、其他饮料或液体食物。

2.10.3.2 技术标准

2.10.3.2.1 标准机构概况

文莱是多个国际和区域标准制定组织的成员，包括：国际标准组织（ISO）、太平洋地区标准大会（Pacific Area Standards Congress）、食品法典委员会（Codex Alimentarius）、东盟标准和质量咨询委员会（ASEAN Consultative Committee on Standards and Quality）、太平洋认可合作组织（Pacific Accreditation Cooperation）、亚太经合组织标准和一致性小组委员会（APEC Sub—Committee on Standards and Conformance）和太平洋实验室认可合作计划（Asia—Pacific Laboratory Accreditation Cooperation scheme）。

2009 年 12 月，文莱成立国家标准委员会（National Standards Council/ Majlis Standard Kebangsaan，MSK），接替隶属于发展部（Ministry of Development）的建筑控制与建筑业管理局（The Authority for Building Control and Construction Industry，ABCI），负责文莱的标准和一致性活动。MSK 在文莱除了提供安全和消费者保护之外，还负责管理标准事务、认证、质量和生产力；MSK 的主要任务是在政策方面提供指导和计划，以促进和鼓励当地企业尝试和获得国际公认的标准和认证。MSK 已经形成建筑、食品、电气和旅游工艺品 4 个国家标准委员会。其中，国家食品标准委员会下设农业作物、管理系统、渔业产品、农产品和食品包装 5 个技术委员会。

国家标准中心（The National Standards Centre，NSC）担任国家标准委员会的秘书。NSC 是能源和工业部（Energy and Industry Department，隶属于总理办公室）下的一个单位，是文莱标准和一致性活动的推动者和行政机构，NSC 已通过 HM 指令：HMPO 33/2005，并于 2010 年 8 月 10 日通过 ISO 9001：2008 认证。

NSC 的主要职能和作用是：监测国家标准委员会（KPI）的进展；确保国家标准符合国际要求；通过提供参考资料等支撑国家标准委员会的运作；收集新标准需求，发布公告征询公众意见；在提交批准前核实标准的最终草案；标准和一致性要求的国家联络点；开展新 PBD 标准的研究和开发。此外，NSC 设有标准参考图书馆供公众查看文莱、英国、马来西亚、新加坡、菲律宾、国际标准组织（ISO）、质量管理和食品安全类的标准和书籍；NSC 还销售标准，目的是向消费者、政府和私营部门提供和传播技术委员会已经通过和目前正在制定的标准的信息，这些标准涉及质量标准和食品安全标准，可以作为文莱企业、服务业、制造商甚至进口商 / 出口商的日常工作参考；NSC 还向企业家提供获得正确认证（质量和产品标准）的相关指导和信息。

2.10.3.2.2 标准体系

（1）标准体系概况

PBD（Piawai Brunei Darussalam）是文莱国家标准，源于行业最佳实践，目的是在材料、产品、工艺、服务和系统的设计、使用或性能等领域提供国家指导。开发 PBD 的关键政策是在适用时采用国际标准，并确保 4 个主要利益相关者（即政府、私人、公众和消费者权益）的信息透明和公众参与。如果国际标准由于诸如气候和地理因素、基础设施、技术和保护水平等合理原因而不适用或无效时，则可制定单独的 PBD 标准。

文莱目前没有强制性标准（技术规范），所有的标准都属于自愿性标准。截至 2016 年 12 月，文莱已有 PBD 标准 100 项，涵盖建筑、质量管理系统、清真、食品和电气 5 个领域，其中 65 项直接采纳国际标准并转化为 PBD 标准，35 项为自主研制标准。

（2）农食产品技术标准

关于农食产品的技术标准，文莱在《公共卫生（食品）法》及《公共卫生（食品）条例》中对食品标签的要求、配料的安全性和适宜性、可在特定食品中使用的防腐剂的最大限量、食品中允许的重金属最大限量和微生物污染物限量设定了标准。《公共卫生（食品）条例》第五部分是"食品标准及特殊标签要求"，设定了下列食品的标准：面粉、焙烤及谷物产品；膨松配料；肉及肉类制品；鱼及鱼类制品；食用脂肪和油脂；乳及乳制品；冰激凌、冷冻甜点及相关产品；酱油、醋及调味品；糖及糖制品；坚果和坚果制品；茶、咖啡及可可；水果和水果制品；果酱；不含酒精饮料；酒精饮料；盐；香辛料及佐料；食用香精香料或提取物；特殊用途食品（特殊用途食品、特殊用途食品标签要求、低能量食品、糖尿病患者食品、婴幼儿食品、婴幼儿配方食品、婴幼儿配方奶粉或婴幼儿奶粉制品、婴幼儿配方奶粉标签要求）。《公共卫生（食品）条例》的第六部分是"水、冰或蒸汽的使用"，第七部分是对大米的要求。

对于《公共卫生（食品）法》及《公共卫生（食品）条例》中没有特定标准的产品，文莱基本采用 Codex 食品法典委员会国际标准，2007 年制定和发布了《清真食品标准（第一版）》（PBD 24：2007），《清真食品标准（第一版）》是清真食品（包括营养强化剂）的配制和加工的食品行业行为指南。近年来，文莱国家食品技术委员会审查并批准了《大众化餐饮中预煮和熟食食品卫生操作规范》（PBD 25：2016）、《文莱有机农业技术规范》（PBD 27：2016）、《文莱良好农业规范 − 食品安全》（PBD 28：2015）和《文莱良好农业规范 − 生产质量》（PBD 29：2015）4 个标准，并由 NSC 公布向公众征询意见。

2.10.3.3　合格评定程序

2.10.3.3.1　质量体系认证

国家标准中心向企业提供国际食品安全标准认证服务，服务包括 GMP 认证、HACCP 认证和 ISO 22000 认证。GMP 认证适合有工厂的本地中小企业，HACCP 适合有工厂并具有出口潜力的当地中小企业。ISO 22000 认证则适合于有工厂的本地中小企业，这些企业有能力实施 GMP 和 HACCP，并且具有出口潜力。企业获得认证后，买家对产品安全更满意以及有更高水平的信心，能获得本地或外国买家更多数量的"贸易咨询"，产品识别方面能符合国际买家设定的标准要求，或是将产品出口到马来西亚、中国台湾、韩国和日本。

2.10.3.3.2　产品认证

文莱政府在 2008 年 8 月 1 日起实施清真认证及商标条例，宗教事务部、卫生部等部门联合为申请文莱清真认证及商标注册的产品进行验证。

清真认证的大致流程是：（1）申请人可在伊斯兰教事务部清真食品控制处（Halal Food Control Division）获得清真认证申请表，填好后将申请表交回清真食品控制处；（2）提交申请表后11天内，清真食品控制处将联系申请人进行口头和书面测试的预约。测试将在清真食品控制处进行；（3）现场检查/审核，申请人完成口头和书面测试后3天，清真食品控制处将再次与申请人联系，预约对商业场所的现场检查和审核；（4）在31天内，文莱清真理事会（Majlis Ugama Islam Brunei，MUIB）会告知申请人他们的申请已被批准，申请人向宗教事务部付款，并取得清真认证证书/清真许可证。清真认证的有效期是自签发日起一年，需在有效期到期前30日内办理续期。

清真认证需提供以下资料：

（1）申请人身份证/护照复印件；

（2）公司简介；

（3）公司其他许可证副本（如有）；

（4）营业执照复印件；

（5）商业登记证副本；

（6）企业类型的名称和信息；

（7）其他营业地点的名称和地址（如有）；

（8）用于验证的产品/菜单的名称和信息。

（9）使用的配料；

（10）生产者/原料供应商的名称和地址；

（11）成分的清真状态及其清真认证或产品关键成分的规格（如适用）；

（12）包装材料类型（如有）；

（13）加工和生产程序；

（14）产品工艺流程；

（15）其他证书或文件：如危害分析和关键控制点（HACCP）计划、国际标准组织（ISO）、良好卫生规范（GHP）、良好生产规范（GMP）、全面质量管理（TQM）、兽医健康标志（VHM）、兽医检查标志（LPV）和其他（如果适用）；

（16）地点或营业地点的地图。

使用清真标志需获得许可证，申请所需资料同清真认证。申请者需对每一类食品单独申请清真标志，当申请获得批准以后可使用清真标志，清真认证标志可以用在相应产品的每个包装或包装盒上。

2.10.4 进出口安全监管机制

2.10.4.1 农食产品进出口检验检疫法规

要求所有进口（不管由陆路、海运还是空运进口）到文莱的食品均需遵守《公共卫生（食品）法》及《公共卫生（食品）条例》。

植物和植物源性食品的进口需符合《农业害虫与有害植物法》，包括禁止、限制或监管植物原料、进口限制等内容。《农业害虫与有害植物法》规定由农业和农产品局依法对植物及其产品进出口进行管理。

动物的进口需符合《疾病检疫和疾病预防法》附属法规《动物检疫及疾病防控条例》对动物的进口的规定，包括动物进口限制、检疫隔离、检验检疫证书、处罚等；动物的出口需符合《疾病检疫和疾病预防法》附属法规《动物检疫及疾病防控（动物出口）条例》的规定，包括出口限制、动物健康证明申请、费用、检疫隔离等。《疾病检疫和疾病预防法》规定，农业和农产品局是动物及其产品进出口管理的主管部门。

《渔业法》和《渔业令》是文莱渔业以及水产品管理、进出口及相关检验检疫工作的主要法律依据。规定渔业局负责文莱进出口水产的检验检疫工作。

肉类和肉类产品进出口需符合《健康肉类令》的规定，包括屠宰、加工、销售、进口或出口程序，该命令要求需持有农业及农产品局局长批出的许可证方能对任何肉类或肉类产品实施进口、出口或转运，且只能在持牌或局长准许的场所屠宰动物。清真肉类供应和进口需符合《清真肉类法》的规定。

2.10.4.2 农食产品进出口检验检疫程序

2.10.4.2.1 农食产品进出口主管政府机构

不同的食品由不同的政府机构实施监管，负责农食产品进出口的部门可见表 2−1，有关部门接到申报单并收缴税款后开始实施监管，进出口企业可从相关主管政府机构获得所需的许可证。

表 2−1 文莱农食产品进出口主管政府机构

食品类型	主管政府机构	许可证类型
加工食品、软饮料和零食（进口）	进出口科，隶属于卫生部食品安全和质量控制处（FSQCD）	进口
植物（包括可以用于种植的新鲜农作物商品和种子，禁止根部带土）、作物、活动物、蔬菜、水果、鸡蛋	农业和农食产品局，隶属于初级资源和旅游部	进 / 出口
大米、糖	（1）供应和国家储存部，隶属于财政部 （2）皇家海关，隶属于财政部	进 / 出口
清真肉类产品	（1）农业和农食产品局，隶属于初级资源和旅游部 （2）清真食品控制处，隶属于宗教事务部 （3）食品安全和质量控制处，隶属于卫生部 （4）皇家海关，隶属于财政部	进口
非清真肉类产品	食品安全和质量控制处，隶属于卫生部	进口
鱼类（包括活整鱼）、虾、贝类、水生生物、鱼养殖和捕鱼设备等	渔业局，隶属于初级资源和旅游部	进 / 出口
酒精饮料	（1）协议和领事局（外交和贸易部） （2）总理办公室 （3）皇家海关，隶属于财政部	进口
瓶装水	（1）工业发展科，隶属于总理办公室能源和工业部 （2）进出口科，隶属于卫生部食品安全和质量控制处（FSQCD）	进口

2.10.4.2.2　农食产品海关通关程序

（1）向文莱皇家海关（Royal Customs & Excise Department，RCED）注册

在文莱从事进口、出口或从文莱过境货物的企业或代理商必须在 RCED 注册。申请人可以通过文莱达鲁萨兰国家单窗口系统（BDNSW）、电子邮件（info@customs.mof.gov.bn）在线提交注册登记，也可以自己前往 RCED 总部的客户服务台提交注册申请表。注册需要以下文件：企业注册证和企业登记证的复印件、公司法人智能身份证的复印件和企业每个合作伙伴智能身份证的复印件。

申请企业可以通过海关代理（货运代理）完成注册，通过海关代理（货运代理）办理时，需提交授权表。这些海关代理（货运代理）需在 RCED 注册，并得到批准获得海关代理（货运代理）执业资格。

向 RCED 注册无需支付任何费用。

（2）申请进 / 出口许可证

根据文莱《海关令》(2006 年）第 31 条，文莱对部分物品禁止或限制进出口。进 / 出口商需核查自己的物品是否在《禁止产品清单》和《限制和控制产品清单》中，如所进 / 出口产品为受管制物品，则在进口 / 出口前需获得相应主管政府机构的许可证。除获得相关政府机构颁发的许可证外，有些受控商品需要获得由 RCED 颁发批准许可证，才能进口或出口。农食产品进 / 出口相关政府机构可见表 2−1。

《禁止产品清单》和《限制和控制产品清单》中的农食产品见表 2−2。

表 2-2　进出口管制农食产品表

物品名称		禁止 / 限制	其他
进口	泰国出口的当地家猪	禁止	—
	活植物或植物材料	限制	需获得许可证
	活家畜和鸟	限制	需获得许可证
	分离奶 / 脱脂奶	限制	需获得许可证
	糖、盐	限制	需获得许可证
	酒精饮料	限制	需获得许可证
出口	虾废物和椰肉饼	禁止	—
	糖	限制	需获得许可证

企业可自行或通过海关代理（货物代理）申请许可证，申请不同的许可证所需的费用也有所不同。

（3）在线海关进 / 出口申报

在进 / 出口货物到达 / 出口之前，进口 / 出口商必须获得海关进口 / 出口声明。所有海关进 / 出口申报必须通过 BDNSW 提交，可自行申报也可委托海关代理（货运代理）申报。海关申报时应充分和真实地说明货物数量、货物描述、价值、重量、数量以及货物的原产国。海关进 / 出口申报都是免费的。

（4）应课税物品缴纳税款和其他费用

①进口课税

根据 2012 年《文莱关税和贸易分类》(Brunei Darussalam Tariff and Trade Classification)确定进口商品分类是否应课税，可通过海关（总部或任何口岸）的缴费柜台或银行缴费支付税款。

②出口课税

自 1973 年以来，为鼓励创业，文莱不对出口货物征收关税。

（5）检验检疫和清关

缴清费用后，经批准的海关申报可以与其他文件一起交给海关分支机构（入境点）相关的值班海关官员，以对货物检查 / 检验和放行货物。

所有受管制物品进 / 出口时在货物清关前都要接受海关检查，在某些情况下，正常货物也将接受检查。

通过海运、空运或陆运进出 / 口时所需文件包括：进口时，需提供获批准的海关进口申报、发票、提货单 / 空运单、受管制物品主管部门颁发的许可证等文件；出口时，需提供获批准的海关出口申报、受管制物品主管部门颁发的许可证等文件。抵达时的乘客手提行李或个人物品、通过邮递抵达的货物（除了应课税品）一般不需要出示海关进口 / 出口申报。

一般来说，必须保留有关购买、进口、销售或进 / 出口货物的相关文件，从海关进 / 出口申报获批准之日起或自购买、进口、销售或出口（通过邮局进 / 出口的物品、手提或托运行李入 / 出境的个人物品或家庭用品）之日起为期 7 年，这些文档可以存储为物理硬拷贝、软拷贝或图像。

受管制物品需接受主管部门的检验检疫。

2.10.4.2.3　农食产品进出口检验检疫程序

进口商需确保产品符合相应的法律要求。包括确保预包装食品产品符合《公共卫生（食品）条例》中规定的通用标签和广告要求，配料安全并适于食用。

食品进口前，需确定产品属于哪个政府机构的监管范围，向主管机构提出申请。例如，如果进口加工食品（如调味汁、香料或甜食），要求向 FSQCD 申请。

（1）食品进口程序

①注册申请

文莱政府要求所有进口（不管由陆路、海运，还是空运进口）到文莱的食品均需注册，由经授权的食品官员评估食品安全性和适应性，以确保在文莱境内销售和分销的食品可安全食用且符合相应的法律法规要求。任何商家和个人在未办理注册之前，不得进口食品在文莱市场销售。一经注册，进口商可向皇家海关和税务部门（财政部）申报其商品，获得通关许可证。

进口商进口食品需向 FSQCD 提出注册申请，现可通过 e-darussalam 公民门户网在线注册，在线填写注册表。注册内容包括：注册用户信息、进口类型（个人用途或是商业用途）、进口食品信息：食品种类、食品名称、生产厂家名称和地址、配料表（如食品含有任何食品添加剂、油脂 / 植物油 / 起酥油需附申报书）、日期（生产时间、保质期等）、通用产品标签和成分声称等内容。然后需要上传注册所需的文档。进口商提交申请后 7 个工作日即可获得注册批复。

需要注册的食品有以下 25 大类：乳酪、奶油；牛奶及奶制品（不含硬奶酪）；巴氏灭菌果汁；巴士灭菌蔬菜汁；豆腐；速冻食品；各种调味料；蛋黄酱；花生酱；添加了维生素的果汁或果汁饮料；添加了维生素的蔬菜汁或蔬菜汁饮料 ；面粉或面粉制品（饼干、面包等）；蛋类制品；葡萄干；巧克力、牛奶巧克力及其他以巧克力或可可为主要原料的食品；谷类食品；婴幼儿食品；椰子、椰奶及椰子制品；食用脂肪和食用油；保质期不超过18个月的食物添加剂；低温食品；非密封容器包装的人造黄油；非密封容器包装的肉类制品；不含碳酸气的巴氏灭菌软饮料和超热处理软饮料；当成食品出售的营养品。

②申请进口许可证

进口许可证是由负责进口商品的相关政府部门/机构提供/发出的核实或批准。进口商可通过BDNSW在线申请进口许可证，进口许可证由系统自动批准。

此外，FSQCD还颁发两种许可证：人工甜味物质许可证和辐照食品许可证。如果食品含有人工甜味剂如阿斯巴甜或糖精，进口商应获得人工甜味物质许可证。如果食品在加工过程中经历了辐射或含有任何辐射的成分，则进口商应申请辐照食品许可证。

③申报通关和获得批准

通过BDNSW在线申报通关并获得RCED批准。

④检验检疫和清关

货物到达后通知海关检查站，并由海关官员检查货物以便放行。

⑤需提交的文件

出口国的健康证书、装箱单、发票、FSQCD颁发的食品进口注册复印件（仅限注册食品）、其他政府机构的批准件复印件（如有）、健康证明书/免费出售证明书/实验室报告/出口证明书/植物检疫证书/兽医证书/有关当局颁发的证明复印件、食品原产国监测卫生的行政机构颁发的工厂许可证/HACCP证书/GMP证书/ISO 22000证书、无二噁英证明（比利时）/无脑炎证明（日本）/无放射性证明（欧洲国家、日本）等。

（2）清真肉类进口程序

①申请进口许可证

如果进口清真肉类，需从3个不同的政府机构获得许可证，这3个政府机构是：农业和农食产品局（DOAA，隶属于初级资源和旅游部），主要是防止外来动物疾病和病原体进入该国；清真食品控制司（隶属于宗教事务部）和食品安全和质量控制司（隶属于卫生部）。获得许可证才可向RCED申报清关。

进口商在线申请FSQCD和DOAA的进口许可证，DOAA进口许可证申请费用为每单申请7文元，FSQCD的进口许可证无需费用。向文莱伊斯兰宗教理事会（Majlis Ugama Islam Brunei，MUIB）和清真食品控制处[Bahagian Kawalan Makanan Halal（Halal Food Control Section），BKMH]付费申请进口许可证（按DOAA批准的数量，每个集装箱收取50文元）。

②申请海关进口许可证

进口商向RCED申请进口许可，获得许可证批准。进口商进口肉类前可先通过文莱达鲁萨兰国家单窗口系统（Brunei Darussalam National single Window，BDNSW）咨询RCED清关程序和向相关政府机构提交许可证申请。

③提交文书和申请

进口商向BKMH的清真检查员提交文书和申请，BKMH回复进口商带有清真检查员名字的批准书。

④申报通关和获得批准

通过 BDNSW 在线申报通关并获得 RCED 批准。

⑤检验检疫和清关

货物到达后通知海关检查站，并由海关官员检查货物以便放行。

⑥申报通关和获得批准

一旦在 BDNSW 系统中申报肉类进口项目并且已获得相关机构的许可批准，需提交以下文件的复印件：发货单 / 发票、由出口国授权政府机构签发的证明（兽医证书、健康证书或任何证明其可安全食用的证书）和由出口国授权政府机构颁发的证书（生产许可证、GMP、HACCP、ISO 22000 或任何能证明产品是在符合卫生条件下生产的证书）、无二噁英证明（比利时）/ 无脑炎证明（日本）/ 无放射性证明（欧洲国家、日本）等。

（3）水产品进口程序

①获得进口许可证

进口商在线向渔业局申请进口许可，提交许可申请后支付费用（每单申请 7 文元 ~20 文元），渔业局验证许可证申请，通过许可证批准。

②申报通关和获得批准

通过 BDNSW 在线申报通关并获得 RCED 批准。

③检验检疫和清关

货物到达后通知海关检查站，并由海关官员检查货物以便放行。

（4）农食产品出口程序

文莱本地制造商、供应商或贸易商如需将其产品出口到另一个国家（销售、展览或任何其他目的），需在出口前，查看将要出口食品的国家 / 地区的法律法规要求和条件；出口国要求的文件可能有所不同，如果出口国要求出口食品的健康证书或出口认证，可向 FSQCD 或其他相关主管机构申请，并非所有国家都需要健康（出口）证书，但可能需要其他形式的文件来证明其安全和卫生。

2.10.4.2.4　动植物及其产品进出口检验检疫程序

文莱是世界动物卫生组织（World Organization for Animal Health，OIE）成员，虽未加入国际植物公约（International Plant Convention，IPPC），但执行国际植物公约。

（1）进出口动物及其产品检验检疫程序

①进口

进口活动物及其产品必须在入境口岸申报检疫，并提供以下材料：农业局的进口许可证、出口国官方兽医在货物装运前 7 天内签发的证明动物没有流行性或传染性疾病的兽医证书、健康证明和其他相关文件。

对于进口，进口商应向农业局在线申请进口许可证，填妥的申请表格必须在动物到达前 2 周（14 天）提交，申请的处理需要 5 个工作日，费用为每个进口许可证 7 文元。进口动物的货主应该在抵达入境点、入境或着陆前向兽医官书面申报。经检疫，兽医官签发兽医官许可证。进口狗和猫要出示动物无狂犬病的证书。在文莱境内禁止进口动物或将动物从一条船调运到另一条船，需经兽医官员明确的书面许可。任何动物在由出口地过境的过程中，在任何港口入境或登陆时，兽医官可以拒绝动物进入到文莱境内。兽医官认为动物感染了疫病或健康状况不好、或处在一个扑杀更有利的状况下可以命令扑杀或将动物隔离监管。海关官员可以拒绝任何动物入境直到获得兽医官为动物出具书面许可。对于在没有任何必要和缺少完整文件的情况下进口的动物，兽医当局有权指示将其销毁或送回原产国。由于健康 / 疾病原因需要，农业部可以禁止进口任何一种动物。进口时需提交的文件包括：BDNSW 进口许可、带有 IP 参考号由 DOAA 发出的官方收据、兽医健康证明、疫苗 / 处理证明、实验室分析测试报告。

下列动物需满足以下进口检疫条件：

a. 水牛、牛、山羊、鹿、绵羊：免检疫，只允许从没有口蹄疫（FMD）、牛海绵状脑病（BSE）和炭疽以及由农业部不时发布的其他危险疾病的国家进口。

b. 猪：禁止进口。

c. 马：免检疫。未获得 Jerudong Royal Polo Club 书面批准前，不允许进口。

d. 鸟类：免检疫。如果出口国发生流行性疾病，如禽流感或任何其他动物或人类的疾病，且疾病被确认或怀疑来源于鸟类，则禁止从该国进口鸟类。

e. 猫和狗：检疫要求按照第 9/1973 号部门规定执行。

f. 食用鸡蛋：不得进口，除非经农业局局长特别批准。

g. 受精鸡蛋：只有在需要时，才允许从诸如禽流感或任何其他与鸟类有关的危害人类健康疾病的国家进口。

牛肉和家禽的进口受限，这些肉类需符合清真要求，并且只能从政府批准的屠宰场进口。文莱伊斯兰宗教委员会有一份批准的屠宰场清单，根据《清真肉类法》和《清真认证和清真标签令》（2005 年）获得进口许可证的企业可以从这些屠宰场进口肉类或家禽。根据《清真肉类法》，如果屠宰场是已经在文莱伊斯兰宗教委员会批准的屠宰场，发放清真进口许可证的清真进口委员会将给予许可证。对于不在名单上的屠宰场，包括宗教事务部、伊斯兰宗教委员会和农业局代表的检查委员会需对屠宰场实施检查和批准。清真进口委员会将进口申请交给伊斯兰宗教委员会进行许可证的最终审批。农业局的授权官员会检查所有的进口清真肉类，并证明其适于人类食用。目前，清真肉类和家禽只能从澳大利亚、中国、印度、印度尼西亚、约旦、马来西亚和菲律宾进口。文莱本土的屠宰场从澳大利亚和马来西亚（沙巴和沙捞越）进口活牛用于屠宰。

②出口

对于出口，如果想要将动物出口到文莱境外的任何地方，不管是为了销售还是其他原因，都应该向动物所在地区的兽医官递交检疫申请，获得动物健康证书。申请检疫动物的数量不限制，但必须是同一种类。收到申请后，兽医官安排对动物进行检查，如果没有发现疫病，动物的健康状况良好，将按规定的形式签发动物健康证书。签发动物健康证书的费用：水牛、牛、马或其他野生动物，每头 20 文元；山羊、狗、猫和其他相关动物，每只 10 文元；鸟类包括小鸟、鸡、鸭、鹅，每只 2 文元；如果由于动物或鸟类的归类不清引发的收费问题，由兽医官的证书作为最终结论。兽医官在检查后，如果认为动物已感染或处在扑杀更有利的状况下，兽医官可以下令将它扑杀或进行隔离检疫。没有兽医官的书面许可，禁止动物出口、换船运输、或以出口为目的在文莱境内调运。

③过境

文莱农产品（动物和动物产品）的过境程序：携带托运农产品（动物或动物产品）的公司或个人必须向农业局提出申请，申请上必须明确说明农产品的类型和数量。每批托运货物必须附有原产国授权机构颁发的健康证书或产品证书，必须附有目的地国颁发的进口许可证（如有）。由农业局进行货物的随机检查，发出过境许可证。申请将交由皇家海关部颁发当地许可证。

（2）进出口植物及其产品检验检疫程序

植物和植物材料（包括水果和蔬菜）进口，需进行进口商注册、获得进口许可证、附有植物检疫证书。

①进口商注册

进口商必须在农业部注册，一经注册，可以提交进口许可证在线申请，需注意的是该要求只适用于植物材料和植物产品的商业进口商。

②获得进口许可证

植物和植物材料进口时由农业局进行强制检验，检验合格后颁发进口许可证，以表明允许进入文莱植物或植物材料的类型和质量、有关此类许可的条款和条件。签发进口许可证所需时间为 3 个工作日。任何没有进口许可证的植物或材料的进口将被没收、销毁或退还给发件人，进口商可根据相应法律被起诉。

③植物检疫证书

植物检疫证书由植物或植物材料原产国的法定签发机构签发，证明植物的健康状况和加工处理情况。植物检疫证书自签发之日起 14 天内有效。

进口蔬菜和水果，进口商必须填写规定的表格并说明：进口物品种类和数量、供应商的名称和地址，所有文件必须为原件。所有进口蔬菜和水果必须适当包装，在包装上注明供应商的名称和地址。来自马来西亚沙巴和沙捞越的进口蔬菜和水果必须具有由马来西亚 FAMA 发布的有效标识标签，并妥善包装。识别标签必须具有以下信息：产品序列号、农民的名称或代码、蔬菜类型、净含量、出口商名称的代码和包装日期；蔬菜和水果应包装在纸板箱、塑料篮或其他类似适宜的包装容器中；不同类型的蔬菜分别包装，每包不超过 30kg；使用塑料或纸材料作为保护层和覆盖物，但不允许使用种植材料。

必须说明进口的入境口岸。蔬菜和水果将在入境口岸接受海关和农业局的检查。进口商必须在入境口岸出示所有相关文件以进行检查，相关文件包括：农业部颁发的进口许可证、出口国签发的植物检疫证书。所有蔬菜和水果必须适当包装，并附有进口许可证列明信息的识别标签。农业部可以抽取蔬菜和水果的样品进行化学分析。只有检查结果符合要求的情况下才允许入境。

植物进口许可证、植物检疫证书、消毒和处理费等服务性收费由进口商承担。农业局有权在到达时扣留和检查所有植物和植物材料。任何违反规定的进口植物和植物材料，将被没收和销毁，或由进口商自费返还原产地，无需补偿。进口商也将受到起诉。

植物和植物材料出口时，由农业部颁发植物检疫证书。出口商需从进口国获得进口许可，植物和植物材料的进口没有此证书将被扣留检查和处理。处理的费用将由进口商承担。

2.10.5 监管特点

文莱的食品监管属于多部门联合监管，主要依据食品类别的不同分部门监管。

卫生部是文莱食品安全监管的主管部门，负责境内和进出口加工食品及其加工企业的监督和管理；初级资源和旅游部下属农业局主要负责境内农食产品及其加工企业的监督和管理，以及农食产品进出口、进出口动植物的检验检疫工作；初级资源和旅游部渔业局主要负责境内水产品及其加工企业的监督和管理，以及进出口水产品的检验检疫工作；宗教事务部主管清真食品的质量安全和规范，进出口清真食品的管理。卫生部负有协调涉及食品安全管理的多个部门，组织相关部门协商、研究和解决食品安全问题的职责。

文莱食品安全管理的主要措施包括：

（1）对进口食品实施注册审批制度

文莱境内是食品大部分依靠进口，文莱政府将25种进口食品列入强制注册清单，要求这些食品的进口商进口这些食品前需先履行注册审批手续。

（2）对食品进行实验室检测

卫生部科技服务处负责对加工食品进行化学、生物学等检测分析，农业局农食产品安全中心负责对农食产品进行化学、微生物学等检测分析，确保国内所有供人食用的产品符合安全卫生标准。

（3）增强民众的食品安全意识

文莱通过开展公共教育活动，如出版发行《文莱健康时事通报》、开展强制性的食品从业者培训班、实施卫生奖励措施等来提高食品安全卫生质量。此外，标准发布后充分咨询公众意见，发挥民众的积极性，积极参与到食品安全监管中，实现食品安全公共治理。

第 3 章　中国与东盟国家农食产品安全限量对比分析

3.1　农药残留限量对比分析

3.1.1　概述

农药广义的定义是指用于预防、消灭或者控制危害农业、林业的病、虫、草和其他有害生物，以及有目的地调节、控制、影响植物和有害生物代谢、生长、发育、繁殖过程的化学合成，或者来源于生物、其他天然产物及应用生物技术产生的一种物质或者几种物质的混合物及其制剂。农药按其用途不同，分为杀虫剂、杀螨剂、杀鼠剂、杀软体动物剂、杀菌剂、杀线虫剂、除草剂、植物生长调节剂等。

农药在农业生产上应用范围日益扩大，从开始的植物病虫害防治扩展到了除草、植物生长调节等诸多领域。但是，农药也是人类主动投放到环境中的一类有毒物质，有机合成农药从 20 世纪 40 年代初起在农业生产中大规模推广应用，目前，全世界使用的农药主要品种已有 300 多种，每年使用的农药量已超过 300 万吨。在农药生产、农业使用等过程中，如果管理、使用不当，会污染环境和农产品，对人类健康、生物安全、生态平衡、农产品出口等产生不利影响。据相关部门统计，我国出口产品因农药残留超标被退回的事件，每年高达五六百起，这些退回事件给我国出口企业造成巨大经济损失。

农药残留最高限量标准的设置除了是为国民健康负责，也是在世界经济贸易一体化环境中保护本国农产品、对其他贸易国设置技术性贸易措施的有力手段。随着发达国家和地区对消费者的健康、环境保护以及持续发展的关注日益加强，新的贸易保护措施不断升级，以农产品的农药残留限量标准的绿色贸易措施形式继而成为出口贸易的一大障碍。随着我国农产品出口贸易量的扩大，世界各国各地区设置的农药残留限量标准对我国农产品出口的压力逐步显现。

东盟国家农业发展水平参差不齐，可分为 3 种类型：一是农业较发达的国家，如泰国、印度尼西亚、马来西亚和菲律宾；二是经济发展水平较低的农业国家，如老挝、缅甸、柬埔寨和越南；三是农业资源缺乏、农业比重不高的国家，如新加坡和文莱。我国对东盟十国的农产品出口贸易水平亦相差较大，通过比较东盟各国农药残留安全限量标准，从中分析出东盟各国制定 MRL 的特点，为我国农产品出口企业提供有效数据分析，促进我国农产品贸易安全，保障与东盟农产品正常贸易往来。

3.1.2 东盟各国农食产品中农药残留限量标准状况

3.1.2.1 马来西亚

3.1.2.1.1 农药残留限量的制定原则及限量现状

马来西亚根据其《食品法 1985》(Food Regulations 1985)第 16 条来执行本国的农药最高残留限量(MRL)标准。对于超出本国 MRL 制定的限量标准部分，马来西亚优先参考食品法典委员会(Codex Alimentarius Commission，CAC)标准。对于既没有本国制定的限量标准，也没有食品法典委员会制定限量的情况下，马来西亚在其农药法规中制定 MRL 的默认条款，这一部分的产品限量以 0.01mg/kg 作为规定。截至目前，马来西亚 MRL 涉及 189 种农药，1064 条限量指标，11 项豁免物质。

《马来西亚食品农产品进口法规与标准》第五章中规定了“农药残留物”的具体定义：

(1)一些准备使用的、可被使用或声称可被使用的，用于阻止以下损害的物质：

①影响和损坏动物、植物或者其他物质的真菌、寄生植物、细菌；

②影响和损坏动物、植物或者其他物质的昆虫或者其他害虫；

③有害的动物或者鸟类；

④杂草或者其他有害的植物。

(2)一些声称为杀虫剂的物质。

3.1.2.1.2 马来西亚农药残留限量执行与监管部门

马来西亚农产品质量安全管理主要由卫生部(Ministry of Health)和农业与农基产业部负责(Ministry of Agriculture and AgroBased Industry)。卫生部是马来西亚公共卫生主管部门，主要负责食品质量安全管理，其下设的公共卫生司的食品安全和质量处(官方网站为：http：//fsq.moh.gov.my)按照马来西亚《食品法》对农产品质量安全实施管理。农业与农基产业部是国家农业、畜牧业和渔业的主管部门，主管出入境动植物检疫监管；负责制定农业政策、战略和发展规划。下设的农业司依据国家《植物检疫法》和《农药法》履行其对植物、植物产品和农药的管理职能。具体执行处室是作物保护和植物检疫处(官方网站为 http：//www.moa.gov.my)。

3.1.2.1.3 马来西亚标准体系现状

1996 年，马来西亚颁布实施《标准法》，确定了马来西亚标准局(Department of Standards Malaysia，官方网站：http：//www.standardsmalaysia.gov.my/)作为国家标准管理主管部门，同时也是国家唯一认可机构，监督及协调标准的执行，但强制执行农药残留标准限量的行政职能还是在卫生部与农业与农基产业部上。

马来西亚标准局是科技与创新部的下设机构，具体负责标准和合格评定认可活动。马来西亚也是 ISO 和 IEC 两大国际标准组织成员，国家标准的制定基本遵循基于现行国际标准的原则。产品生产者可以依据马来西亚标准或国际标准，也可以利用产品认证体系，按照国外某个标准机构制定的国外标准来生产。

马来西亚标准与工业研究公司（SIRIM Berhad）的前身是马来西亚标准与工业研究院（SIRIM）。该研究院是 1975 年根据国会颁布的《SIRIM 成立法》，由马来西亚标准协会以及全国科学与工业研究院合并改组而来，彼时 SIRIM 是国家标准机构也是政府代言机构。1996 年 9 月，SIRIM 成为一个法人机构，即现在的马来西亚标准与工业研究公司（SIRIM Berhad），该公司退出国家标准机构的角色，但它仍是马来西亚标准局指定的唯一的标准制定机构。SIRIM 下设 23 个行业标准委员会（ISCs），共 120 多个技术委员会和工作组，负责具体的标准制定工作。

3.1.2.2　印度尼西亚

3.1.2.2.1　农药残留限量标准的制定原则

印度尼西亚保留自己的最大农药残留限量（MRLs）的名单。早期农药最大残留限量公布在 1996 年卫生部和农业部部长联合法令的《食品法》，以及规范 881/Menkes/SKB/VIII/1996、11/Kpts/TP.270/8/96、部级法令第 27/Permentan/PP.340/5/2009。印度尼西亚并没有保留默认的农药 MRL。2008—2009 年，印度尼西亚更新了其食品安全法规，并于 2010 年生效。这些法规包括部分新的 MRL。这些变化已通过世界贸易组织通报制度公布。

印度尼西亚农业部负责规范食品化学残留物含量，并负责测试和执行 MRL 的相关规定。

3.1.2.2.2　农药残留现行标准

印度尼西亚食品和新鲜农产品中农药和其他污染物的最大残留限量在《食品法》（第 18/2012 号法律）食品安全和质量章节中规定。有关农药最大残留限量的《食品法》实施条例，使用以下规定：

（1）MOMF 第 02/2007 号部级法令《良好水产养殖实践》（Good Aquaculture Practices）强调，用于水产养殖的水必须不含农药、致病微生物、危险化学品和重金属污染。

（2）2016 年，印度尼西亚农业部和印度尼西亚农业检疫局颁布了有关进口植物源新鲜食品的食品安全控制第 55/Permentan/Kr.040/11/2016 号法规，这一法规替代农业部有关进口出口新鲜植物源食品的食品安全控制第 04/Permentan/PP.340/2/2015 号法规及农业部第 13/Permentan/Kr.040/4/2016 号法规，并在 2016 年 11 月 18 日正式生效。该法规规定对向印度尼西亚出口新鲜植物源性食品的国家设立了严格的准入门槛和复杂的准入程序，建立了进口申报、检验、监控措施和食品安全限量标准，共涉及植物源食品包括水果、蔬菜、谷物、坚果、豆类及嗜好性作物 6 大类共 100 种植物源性食品，涉及的限量指标除了农药残留，还包括重金属、毒素、微生物等项目的限量要求。相比农业部第 04/Permentan/PP.340/2/2015 号法规，第 55/Permentan/Kr.040/11/2016 号法规监管的新鲜植物源食品（FFPO）商品种类由原来 103 种减少到 100 种，减少了酸枣、可可豆及橄榄三种食品，涉及的 100 种商品中菊苣和欧芹只有重金属限量要求，未制定农药 MRL。

（3）早期，农业部与卫生部发布 881/Menkes/SKB/VIII/1996，711/Kpts/TP.270/8/96 号联合法令，该联合法令对农药残留的规定为：人类直接或间接消费产品的最大允许残留量按照所附清单的规定；在印度尼西亚流通的农产品，无论是当地生产的还是进口的，不允许含有超过列表允许含量水平的农药；含有超出限量水平农药残留的进口农产品必须拒收；农药残留测试应在卫生部或农业部指定的实验室中进行。联合法令所附的清单包括 218 种农药和每种农药可能污染的一些农产品，但没有提供可使用的替代标准，例如未列举 Codex 农药标准。

（4）国家标准局（BSN）发布的 SNI01－6366－2000，涉及动物源性食品中微生物和化学物质含量的最大残留量。

（5）BSN 发布的 SNI 7313：2008，有关农产品的农药最大残留量。该 SNI 标准规定了 196 类农药的最大残留限量（MRL）。

3.1.2.3　泰国

3.1.2.3.1　农药残留限量标准的制定原则

泰国公共卫生部食品和药物管理局（FDA）监管食品中的农药残留和污染物。泰国 FDA 根据国家农业商品和食品标准局（NBACFS）制定的 MRL 标准制定和实施最大残留限量（MRL）。此外，农业和合作部（Ministry of Agriculture and Cooperatives，MOAC）的农业局（Department of Agriculture，DOA）控制农业化学品的使用。

首先，泰国执行本国的 MRL 标准，其次参考食品法典委员会 CODEX 标准（递延政策，Deferral Policy）。但在缺乏本国标准的情况下，泰国并未在其农药法规中制定 MRL 的默认条款。1979 年食品法案（1979 Food Act B.E. 2522）是规范泰国食品的主要法律框架，近几年泰国 MRL 法规的制定和执行得到长足的发展。

泰国在执行国家 MRL 清单的同时，也在使用再残留限量（EMRL）清单。在形成泰国国内 MRL 的过程中，法典标准作为指导文件得到了多处的体现。EMRL 为在环境中能发现的且可能污染食物的农药，包括那些已不再使用的农药设定了最大残留标准。

3.1.2.3.2　农药残留现行标准

根据《有害物质法》（No.3 B.E.2551：2008），98 种物质被列为第四类有害物质，这些物质禁止生产、进口、出口和拥有。泰国只在该农药没有国家 MRL 标准，而且并不属于 4 类被禁止的有害物质的情况下参考 CODEX 标准。

泰国农业标准分为产品标准、体系标准和通用标准。食品中对农药残留限量的规定属于通用标准，其中最主要的是 TAS 9002《农药残留：最大残留限量》。TAS 9002 经过 2004 年、2006 年、2008 年和 2013 年多次修订，最近的一次修订由泰国 FDA 在 2016 年 12 月 13 日完成修订，修订后食品中农药残留的最大残留限量和标准号为 TAS 9002－2016，TAS 9002－2016 规定了食品中毒死蜱等 52 种农药的最大残留限量、716 条限量指标，规定的食品类别包括新鲜水果（如葡萄、苹果、樱桃、橙子和草莓）、新鲜蔬菜（如土豆）、鲜肉、牛奶、豆类和香料等。

此外，与食品中农药残留限量规定有关的标准还有 TAS 9003—2004《农药残留：再残留限量》、TAS 9007—2005《农食产品安全要求》和 TAS 9025—2008《农药残留检测的样品处理方法》等。

3.1.2.4 新加坡

3.1.2.4.1 农药残留限量的制定原则及限量现状

1973年制定的《食品销售法案》(Sale of Food Act)是新加坡管理MRL的主要法律文件，现用2002年的修订版，依据该法案新加坡建立了一份国家农药MRL清单，该清单附在《食品销售法案》的食品条例中，随食品条例的修改而有所更新。当国家农药MRL清单未涉及相关标准时，则限量不得超过食品法典委员会的标准。新加坡不适用默认MRL政策(Default MRL Policy)。新加坡较少修改其国内农药MRL立法，一般间隔数年修改一次。目前，新加坡农药MRL有114种农药，1750条限量指标。

新加坡在2016年2月2日发布的《食品法规》(Food Regulations)对农药残留进行以下补充说明：

(1)农药是指一种用于或拟用于控制、破坏或预防真菌、细菌、病毒、昆虫、螨类、软体动物、线虫、植物或者动物的生长发育的家用或工业用化合物。

(2)含有一种或多种含有农药残留的食品的制造或混合的食品，不得含有比原材料更高的农药残留。

(3)除本条例另有规定，任何食品的农药残留量不能超过食品法典委员会规定的最大农药残留限量。

3.1.2.4.2 农药残留限量标准的立法与监管机构

新加坡主管农药MRL的立法机构是新加坡农粮局与兽医局(Agri-Food & Veterinary Authority，以下简称农粮局，官方网站：http：//www.ava.gov.sg/)。农粮局除了负责MRL立法外，还负责监管和执行MRL政策。所有的食品都将受到农粮局的常规检查，包括农药残留的检测。

3.1.2.4.3 新加坡标准体系现状

新加坡国家标准现在由标新局(SPRING Singapore，官方网站：https：//www.spring.gov.sg/)负责组织制定、批准和发布。标新局目前作为新加坡国家标准机构加入IEC和ISO等国际标准组织。新加坡的国家标准，一般直接采用ISO、IEC等国际组织制定的国际标准，或者根据当地特点等效使用。新加坡国家标准的制修订工作通过其标准理事会和下设的9个标准委员会以及相应的技术委员会进行，包括食品标准委员会。

新加坡在采用世界先进标准、推进标准化进程方面成效显著，国际标准采标率达80%以上。其水平较高的标准领域包括石油化工、水处理、电子、食品质量安全和工程建筑领域等。

新加坡制定的国家标准多为推荐性标准，企业自愿采用。但涉及人身、动植物健康、反欺诈、环境保护等方面的标准，则制定相应法律法规，转变为技术法规，强制执行。

3.1.2.5 越南

3.1.2.5.1 农药残留限量标准的制定原则

根据食品安全法，国家卫生部(Ministry of Health，MOH)是越南食品安全的管理机构，MOH是唯一负责以国家技术法规的形式颁布相关食品包装工具、食品包装盒容器的安全标准和食品限制的国家技术法规（包括农药残留限量标准）的政府部门。

此外，根据越南《植物健康法》，植物保护部（Department of Plant Protection ，PPD）（下属于越南农业和农村发展部 Ministry of Agricultural and Rural Development，MARD）是农药的注册管理机构，PPD 也是进口植物源性食品农药残留检查的管理机构，在进口口岸对食品安全和植物检疫进行入境检验。

越南执行本国的农药残留标准，在没有国家标准的情况下，参考食品法典委员会 CODEX 的标准。但在缺乏本国标准的情况下，越南并未在其农药法规中制定 MRL 的默认条款。

3.1.2.5.2 农药残留现行标准

2015 年 3 月之前，越南存在两套农药残留标准：一是 MOH 于 2007 年 12 月 19 日颁布的第 46/2007/QD－BYT 号决议（Decision 46/2007/QD－BYT）《食品中生物和化学物质最大残留水平》，另一个是 MARD 发布的公告 Circular 68/2010/TT－BNNPTNT。2015 年 3 月 16 日，MARD 发布第 853 号决议（Decision 853），将 Circular 68/2010/TT－BNNPTNT 从 MARD 的有效部门规定清单中删除。此后，只有卫生部（MOH）颁发的第 46/2007/QD－BYT 号决议（Decision 46/2007/QD－BYT）《食品中生物和化学物质最大残留水平》适用于食品安全检查（包括进口食品安全的检查），第 46/2007/QD－BYT 号决议第 8 部分中规定了食品中的农药残留限量。

2016 年 12 月 30 日，越南 MOH 发布第 50/2016/TT－BYT 号公告（Circular 50/2016/TT－BYT），规定了食品中农药的最大残留限量（MRL），这一公告替代卫生部第 46/2007/QD－BYT 号决议第 8 部分"食品中最大农药残留量"，于 2017 年 7 月 1 日起开始实施。第 50/2016 /TT－BYT 号公告基于 CODEX 的农药 MRL，更新和补充了 205 种农药 4279 项 MRL，这个公告还通过了一些蔬菜和水果的 MRL，以与东盟（ASEAN）的农药 MRL 保持一致。越南 MARD 发布的第 3/2016/TT－BNNPTNT 号通告（Circular 3/2016/TT－BNNPTNT）中符合 CODEX 标准的、在越南禁止使用的某些农药（如硫丹、异狄氏剂、林丹等）的 MRL 仍然保留。

第 50/2016/TT－BYT 号公告《食品中农药最大残留残留的规定》中规定了越南国内生产和进口食品中农药最大残留限量，涉及 205 种农药，4279 条限量指标，增加了矮壮素、百草枯和苯并烯氟菌唑等 90 多种农药的 MRL，适用于广泛的食品，包括：谷物、油籽、蔬菜、水果和浆果、干制水果、坚果、咖啡、茶、果汁、哺乳动物肉类、脂肪、乳制品和内脏、禽类肉、皮肤、蛋类等。

3.1.2.6 菲律宾

3.1.2.6.1 农药残留限量标准的制定程序

化肥和农药管理局（Fertilizer and Pesticide Authority，FPA）于 1977 年根据第 1144 号总统令（PD 1144）创建。FPA 是农药注册事务指定的国家机构。FPA 颁发农药经销商和代理商的行政许可以及发放农药进口证书。当产品误用会导致紧急危险或操作者存在违法行为时，注册会被暂停或取消。对农药操作人员和农业医务官员的教育、培训和认证工作也是 FPA 的重要活动。注册新的和有毒的农药要求 FPA 评估其风险和利益。FPA 还负责农药残留限量的管理执行。

FPA 是农药注册指定的管理机构，植物工业局（Bureau of Plant Industry，BPI）是负责监测农作物中农药残留水平的机构，以保护当地和国际消费者。BPI 还监测农作物及其副产品的化学残留物水平，并就消费者安全提出政策建议。此外，BPI 决定和评估农药应用实践并进行可能的修改，以及负责农药残留的监督和执行。BPI 在菲律宾各地建有多个农药实验室，以对菲律宾本国产的食品和进口食品实施检验。

菲律宾农业部农业和渔业标准局（Bureau of Agriculture and Fisheries Standards，BAFS）成立于 1997 年 12 月，其主要职责包括制定和执行新鲜、一级和二次加工农产品和渔业产品的加工、保鲜、包装、标签、进、出口、分销和广告等质量标准。BAFS 为食品安全、贸易标准和业务守则的建立提供协助，并使其与国际公认的标准和做法相一致。

东盟经济一体化，需要东盟成员国通过建立适当的食品安全标准以加强区域内的食品监管体系，实现贸易自由化。菲律宾作为东盟的积极成员，高度参与食品安全标准的统一（包括 MRL）。2013 年，菲律宾农业和渔业理事会的水果和蔬菜委员会通过了第 4 号决议，建议农业部秘书办公室制定国家农药残留标准。根据 2014 年第 580 号特别令设立了技术工作组（TWG），制定了需制定农药最大残留限量作物的初始清单，包括芦笋、香蕉、芒果、秋葵、菠萝和稻米等一些作物。自 2014 年以来，菲律宾农业部持续努力以建立国际统一的国家农药残留标准，在 2015 年根据第 681 号特别令对技术工作组（Technical Working Group，TWG）进行了修订，以便通过所选作物的农药最大残留限量清单。菲律宾农药最大残留限量项目由以下机构的专家协同努力完成：植物工业局（Bureau of Plant Industry，BPI）、化肥和农药管理局（Fertilizer and Pesticide Authority，FPA）、菲律宾农业和渔业理事会（Philippine Council for Agriculture and Fisheries，PCAF）、DA AgriPinoy 高价值商品发展计划（DA AgriPinoy High Value Commodity Development Program，HVCDP）、菲律宾大学洛斯巴尼奥斯菲分校（University of the Philippines at Los Baños，UPLB）、NFA 食品发展中心（NFA—Food Development Center ，FDC）、DOST 食品和营养研究所（DOST—Food and Nutrition Research Institute ，FNRI）、菲律宾作物生物研究所（CropLife Philippines）、菲律宾作物保护协会（CPAP）、菲律宾作物保护协会（Crop Protection Association of the Philippines，PICMA）和农业和渔业标准局（BAFS）。TWG 会召开数次会议，并在公共信息论坛上提交标准草案，以使利益相关者了解相关限量，然后文件才会最终确定并通过成为菲律宾国家标准（PNS）。

这些作物的最大残留限量是根据 FPA 的农药注册产品、食品法典委员会、东盟、日本农业标准（JAS）和各注册公司按照良好农业实践（GAP）原则生成的数据提出的最大残留限量列表。最大残留限量初始清单需要 FPA 和 BAFS 的 TWG 进行定期审核和更新。对于可能含有 FPA 未注册农药进口食品的残留限量，可以采用 Codex MRL、ASEAN MRL 或其他政府机构规定的 MRL。

3.1.2.6.2 农药残留现行标准

目前，菲律宾已有 6 种作物正式发布最大残留限量国家标准，分别是：PNS/BAFS 157：2015《芦笋（Asparagus）农药残留：最大残留限量（MRL）》、PNS/BAFS 158：2015《黄秋葵（Okra）农药残留：最大残留限量（MRL）》、PNS/BAFS 159：2015《菠萝（Pineapple）农药残留：最大残留限量（MRL）》、PNS/BAFS 160：2015《芒果（Mango）农药残留：最大残留限量（MRL）》、PNS/BAFS 161：2015《香蕉（Banana）农药残留：最大残留限量（MRL）》、PNS/BAFS 162：2015《稻谷（Rice）农药残留：最大残留限量（MRL）》。此外，有一个标准草案《最大残留限量（MRL）：苹果、柑橘类水果、葡萄、龙眼、荔枝、橙、梨》正在征求意见。

3.1.2.7 文莱

文莱食品中农药和其他污染物的最大残留限量在《公共卫生（食品）条例》[Public health（food）regulations]“第四部分总则”食品杂质部分有所规定，在这一部分的“36 农药残留”对食品中的农药残留作了详细规定。法律法规和标准中没有规定的，参照食品法典委员会 CODEX 的标准。

文莱《公共卫生（食品）条例》附表 14 列举了 30 类食品 60 种农药的最大残留限量，文莱 2013 年《公共卫生（食品）修正条例》增加了阿维菌素、氯氟氰菊酯、氰戊菊酯和丙溴磷 4 种农药在辣椒、未成熟大豆、芒果和山竹 4 类食品中的限量，并且修订了毒死蜱在谷物中的限量、氯氰菊酯在非叶类蔬菜和水果中的限量、溴氰菊酯在非叶类蔬菜和水果中的限量，以及马拉硫磷在水果中的限量。

3.1.2.8 缅甸

3.1.2.8.1 缅甸标准制定原则及制定程序

缅甸是经济发展水平比较低的农业国家。本国的农药残留法规标准体系主要以国际标准为参考标准。其农药残留法规标准体系内容直接采用国际标准的部分内容。缅甸农药残留法规体系主要参考的标准有 ISO 标准、IEC 标准、英国标准（BS）、印度标准（IS）、德国标准（DIN）、日本标准（JIS）、马来西亚标准（MS）和美国标准（ASTM）等。即将施行的新国家食品法也是由美国国际开发署（USAID）提供了协助，国际相关组织等相关单位参与起草的。

缅甸标准制定接受社会团体或各企业提出制定标准的建议，然后起草标准文本，标准草案在正式出版前将进行公示，以征求各方意见。考虑到生产及有效性，缅甸标准研究所将组织 10~20 名标准专家，在 6~9 个月时间内对已经制定的标准进行重新审核、提出改进方案，通过不断颁布标准修订稿来对标准进行完善与更新。

3.1.2.8.2 缅甸标准主管部门

缅甸标准工作主管部门是科技部下属的缅甸科技研究院（官方网站：http：// www.myanmarstandards.org.mm），下设标准研究所，负责本国标准法律法规、规则等的起草；制定国家标准；与国际标准化团体合作；为产业提供标准化技术信息。

3.1.2.8.3 缅甸农药残留标准法规现状

《缅甸农药法》（Myanmar Pesticide Law）颁布于 1990 年，旨在规范农药在缅甸国内的使用，该法详细制定农药的登记注册使用、农药的进口审批流程，并严格制定了农药生产、进出口、批发、销售、使用、公司注册、销售等方面的流程和各方职责。

3.1.2.9 柬埔寨

柬埔寨是东盟最不发达国家之一，与老挝和越南一道，得到了 WTO 及其他国际组织和国家的关注。在标准建设方面，老挝注重利用国际技术援助加强工业标准的建立以及与国际标准组织和东盟国家标准的协调一致，开展人员技术培训，加强能力建设等。

3.1.2.9.1　柬埔寨农药监管部门

《农用物资标准与管通令》(第69号)于1998年10月28日颁布，明确由农林渔业部(MAFF，官方网站：http：//www.maff.gov.kh/)负责按照此项监管农药，具体执行部门是其下属单位农用物资标准局。

3.1.2.9.2　柬埔寨标准主管部门与标准制定流程

柬埔寨标准主管部门是柬埔寨标准局(ISC，官方网站：http：//www.isc.gov.kh)，下设标准开发部(DSTC)，负责标准的制定与研究。柬埔寨标准制定分为4个阶段：

(1)消费者、企业、行业协会、非政府组织等个人或机构必须先向DSTC提出申请。然后由DSTC列出申请的优先级别，提交给国家标准化工作理事会。由国家标准化工作理事会审批并成立相关技术委员会来进行标准的起草工作。

(2)标准起草工作组(DCS)会在60天内把标准草案对外公布，申请人、社会各界有关人士应当对草案提出修改意见，最后再由DSTC审查。

(3)把申请人及社会各界有关人士的意见综合起来，完成对标准草案的最终修改后，草案将移交给国家标准化工作理事会审稿，并编写技术共识委托书。

(4)最后把草案终稿和技术共识委托书提交给工业和手工业部部长批准，标准最终授权发布。

3.1.2.9.3　柬埔寨农药残留限量相关法规

2010年，柬埔寨标准局制定了《柬埔寨工业标准CS 0051：2005辣椒酱No.530》，规定了生产和销售辣椒酱使用的原材料、食品添加剂、有毒物质、包装和标签的强制要求。

3.1.2.10　老挝

农业是老挝国民经济的基础性产业，也是老挝国民经济的支柱。总体来说，老挝的法律法规标准体系还不是很健全，透明度不高。与周边国家相比，老挝农业经济相对落后，科技含量低，生产效率低下，农产品国际竞争力弱，未查到有老挝农药残留相关规定。

老挝的标准主管部门是老挝科学技术部(Ministry of Science and Technology 官方网站：http：//www.most.gov.la/)，下设标准及计量司，负责开展老挝国内标准化领域的各项工作，老挝是东盟中经济发展比较落后的国家，标准化体系相对滞后。

3.1.3　农药残留安全限量指标值比较

东盟各国农药残留限量标准的制定普遍参考CAC等国际组织和国家的农药残留限量标准，涉及农产品食品分类指标较细，主要对东南亚原产地的农作物均有详细规定。近年来，东盟主要贸易国贸易保护主义趋势明显，特别是对本国优势农食产品贸易保护主义势头明显，许多限量指标严于我国的农药残留限量指标，给我国农食产品出口制造了很大的贸易技术障碍。

3.1.3.1　我国农药残留限量指标具体情况分析

2016年12月18日，我国发布GB 2763—2016《食品安全国家标准　食品中农药最大残留限量》，这一标准将代替 GB 2763—2014《食品安全国家标准　食品中农药最大残留限量》，于 2017 年 6 月 18 日开始实施。GB 2763—2016 规定了食品中 433 种农药 4140 项最大残留限量，适用于与限量相关的食品。

3.1.3.1.1　覆盖的食品种类

GB 2763—2016 为 318 种（类）食用农产品规定了多种农药的残留限量标准，涵盖 13 大类产品，包括：蔬菜、水果、谷物、油料和油脂、糖料、饮料类、食用菌、调味料、药用植物和动物源性食品（哺乳动物肉类、哺乳动物内脏、禽肉类、禽内脏、蛋类、生乳和水产品）。除了常规的谷物、蔬菜、水果外，还有坚果、干制蔬菜、干制水果等初级加工产品的农残限量值，基本覆盖了百姓经常消费的食品种类（见表 3−1）。标准重点规定了鲜食农产品中农药残留限量，为 106 个蔬菜种（类）、66 个水果种（类）和 19 个食用菌种（类）制定了限量标准。

表 3–1　中国农药残留覆盖食品种类

食品类别	食品类别数量	
谷物	33	
油料和油脂	23	
蔬菜	鳞茎类	9
	芸薹属类	10
	叶菜类	21
	茄果类	7
	瓜类	9
	豆类	11
	茎类	3
	根茎类和薯芋类	17
	水生类	9
	芽菜类	6
	其他类	4
干制蔬菜	3	
水果	柑橘类	7
	仁果类	5
	核果类	7
	浆果和其他小型水果	17
	热带和亚热带水果	24
	瓜果类	6
干制水果	6	
坚果	9	
糖料	2	
饮料类	9	
食用菌	19	
调味料	13	

表 3-1（续）

食品类别	食品类别数量	
药用植物	12	
动物源性食品	哺乳动物肉类	5
	哺乳动物内脏	5
	禽肉类	3
	禽类内脏	1
	蛋类（鲜蛋）	1
	生乳	1
	水产品	1

3.1.3.1.2　农药种类

GB 2763—2016 规定了食品中 2，4－滴等 433 种农药的残留限量标准，基本覆盖了我国常用农药品种。

根据农药的主要用途可将农药分为：杀虫剂、杀螨剂、杀虫 / 杀螨剂、杀菌剂、除草剂、植物生长调节剂等主要类别，此外还有少数的农药属于杀软体动物剂、熏蒸剂、杀线虫剂、植物生长调节剂 / 除草剂、杀菌剂 / 植物生长调节剂、杀螺剂和增效剂等其他类别。杀虫剂的农药种类较多，按化学结构又可将之分为有机磷类、氨基甲酸酯类、拟除虫菊酯类、有机氯类和其他。

3.1.3.2　中国和东盟主要国家农药种类和残留限量项目数量比较（见表 3-2）

表 3-2　中国与东盟主要国家农药种类和限量项目数的比较

国别	农药种类 / 种	限量项目数 / 项
中国	433	4140
马来西亚	185	1064
印度尼西亚	173	1884
泰国	52	716
新加坡	114	1721
越南	205	4279
菲律宾	80	124
文莱	64	403

通过表 3-2 可以看到，我国规定 MRL 的农药种类比上述国家要多，但限量指标数方面，比越南稍少一些。

我国 GB 2763—2016 规定了 2，4－滴等 433 种农药的最大残留限量，豁免物质 33 项。马来西亚共制定出 185 种农药的最大残留限量，豁免物质 11 项，且超出本国 MRL 制定的限量标准部分，马来西亚优先参考 CAC 标准，对于 CAC 也没有规定的限量部分，默认产品限量指标以 0.01mg/kg 执行。印度尼西亚共制定出 173 种农药的最大残留限量，且印度尼西亚并没有保留默认的农药 MRL。泰国共制定出 52 种农药的最大残留限量，泰国把 98 种物质列为第四类有害物质，该类被禁止生产、进出口和拥有，当该农药没有在本国 MRL 标准内且不属于 98 种第四类有害物质的情况下参考CAC标准。另外，泰国还引入了再残留限量标准的概念。新加坡MRL清单目前涉及114种农药，且本国农药清单未涉及相关标准时，限量不得超过CAC标准。另外，新加坡没有执行默认MRL政策。越南MRL清单目前涉及205种农药，在没有本国MRL标准规定的情况下，参考CAC标准，越南未制定MRL的默认条款。菲律宾没有制定本国的农药残留国家标准，完全参照CAC标准规定，目前菲律宾颁布了6种食物的农药残留标准，涉及80个农药残留限量指标，并规定了最后一次对作物施加农药与收割之间的时间隔期（Pre−Harvest Interval，PHI）。文莱MRL清单目前涉及64种农药，对于法律法规和标准中没有规定的，参考CAC标准。缅甸、柬埔寨、老挝3个国家目前未查到相关农药残留限量指标。可以看出，我国在农药残留限量涉及农药数量方面上领先于东盟各国，但我国并未规定最后一次对作物施加农药与收割之间的时间隔期，以及未规定默认MRL条款。

3.1.3.3　东盟主要国家农药残留涵盖食品类别

参照中国食品分类，我们对东盟主要国家农药残留限量涵盖食品进行研究，与中国农药残留限量涵盖食品类别相比：

马来西亚农药残留限量涵盖食品类别包括：谷物、油料与油脂、蔬菜、干制蔬菜、水果、干制水果、坚果、糖料、饮料类、调味料、药用植物、动物源性食品、饲料和其他。马来西亚无水生蔬菜、食用菌类食品的农药残留限量规定，但规定了饲料、动物脂肪的农药残留限量。马来西亚规定10种饲料的农药残留限量，包括：大豆饲料、豆饲料、干大麦秸秆饲料、干黑麦秸秆饲料、干黑小麦秸秆饲料、干小麦秸秆饲料、干燕麦秸秆饲料、未加工的麦麸、苜蓿饲料、玉米饲料（干）。除此以外，马来西亚有农药残留限量规定而中国无规定的食品类别有：油脂有棕榈油、食用橙油和椰子/椰子油；蔬菜有卷心菜头和布鲁塞尔芽菜；水果有石果、玫瑰苹果和西梅；还规定了蔗糖和玉米沙律等食品的农药残留限量。

印度尼西亚农药残留限量涵盖食品类别主要包括：谷物、蔬菜、食用菌、水果、干制水果、坚果、糖料、饮料类和调味料，不涉及动物源性食品。具体的食品类别见表3−3。

泰国农药残留限量涵盖食品类别包括：谷物、油料与油脂、蔬菜、水果、坚果、食用菌、糖料、饮料类、调味料和动物源性食品。泰国的农药残留限量规定得较为具体，但涉及的食品品种较少，谷物为5种、油料与油脂7种、蔬菜32种、水果24种、坚果3种、食用菌1种、糖料1种、饮料类4种、调味料9种和动物源性食品8种。泰国有农药残留限量规定而中国无规定的食品类别主要有：棕榈油、蓖麻子、桑叶、青柠/莱檬、玫瑰苹果、葡萄柚、蒌叶/槟榔、灰罗勒/毛罗勒、甜罗勒和孜然等。

新加坡农药残留限量涵盖食品类别主要包括：谷物、油料与油脂、蔬菜、干制蔬菜、水果、干制水果、食用菌、坚果、糖料、饮料类、调味料、动物源性食品和其他，而且食品类别的界定非常具体，例如稻谷有带壳和抛光的、小麦粉有白色和全麦的、全麦面粉有小麦和黑麦之分、谷物有原谷物、未加工谷物和其他谷物之分，花生有带壳、去壳和无壳之分，辣椒有红辣椒、绿辣椒和小辣椒之分，香蕉有全果、带皮、浆、果肉之分，橄榄有新鲜、未处理、加工之分等。新加坡未规定药用植物的农药残留限量。新加坡规定了：苜、饲料作物（干）和麦麸（未处理和处理后）；面包（全麦面包、白面包）、水和人造奶油的农药残留限量。除此以外，新加坡有农药残留限量规定而中国无规定的食品类别有：红花籽、米糠、米糠原料、亚麻籽油原油、欧洲防风草、莴苣头、小红莓、酸果莓、硬皮甜瓜、百香果、糖、家禽皮肤、家禽脂肪、动物脂肪和鱼干、鱼类（含可食部分）等。

表 3-3 印度尼西亚农药残留覆盖食品类别列表

印度尼西亚食品类别	类别说明
谷物	大麦、稻谷（a. 稻谷、b. 糙米、c. 精米）、小麦、玉米（a. 玉米、b. 玉米粉）、燕麦、黑麦（a. 黑麦、b. 黑麦粉）、高粱
蔬菜	蔬菜：洋蓟、芦笋、洋葱（a. 洋葱、b. 葱）、青葱 / 红葱、大蒜、菠菜、甜菜根、青花菜 / 西兰花、菜花 / 花椰菜、辣椒、韭菜、头状花序类芸薹菜、腌制用小黄瓜 / 嫩黄瓜、甜玉米 [a. 甜玉米（玉米棒）、b. 甜玉米粒]、马铃薯、羽衣甘蓝、大头菜 / 球茎甘蓝、甘蓝（卷心菜）、结球甘蓝 / 甘蓝叶球、皱叶甘蓝、球芽甘蓝 / 抱子甘蓝、中国白菜（a. 小白菜 / 不结球白菜、b. 大白菜）、利马豆、萝卜（a. 萝卜、b. 日本萝卜）、芜菁 / 萝卜、黄瓜、甜椒、黄秋葵、生菜 / 莴苣、莴苣（生菜 / 莴苣、散叶莴苣）、芹菜、番茄、茄子、红薯 / 甘薯、胡萝卜、糖用甜菜（中国食品类别：糖料）、干辣椒（中国食品类别：调味料）、蘑菇类（中国食品类别：食用菌） 豆类：大豆、绿豆、蚕豆、豇豆、豌豆
水果	葡萄、鳄梨、苹果、杏、浆果、黑莓、蓝莓、无花果、博伊森莓、樱桃、蔓越莓、柑橘类水果、加仑子（黑、红、白）、露莓、榴莲、醋栗、葡萄柚、橙、龙眼、猕猴桃、荔枝、柠檬、青柠 / 莱檬、柑橘、芒果、瓜类水果、哈密瓜或网纹瓜、菠萝、油桃、木瓜 / 番木瓜、桃、柿子（a. 柿子、b. 日本甜柿）、香蕉、梨、梅子 / 李子、柚子、覆盆子 / 树莓（红、黑）、南美洲番荔枝（凤梨释迦）、草莓、南瓜、葡萄干（中国食品类别：干制水果）、梅干 / 李子干（中国食品类别：干制水果）
坚果	杏仁、榛子 / 榛实、澳大利亚坚果 / 夏威夷果、开心果、花生、山核桃
嗜好性作物	咖啡豆、胡椒（黑胡椒、白胡椒）、甘蔗、茶叶（绿茶和红茶）（中国食品类别：饮料类）

越南发布第 50/2016 /TT—BYT 号公告《食品中农药最大残留残留的规定》后，涵盖的食品种类丰富，主要包括：谷物、油籽与油脂、蔬菜、干制蔬菜、水果和浆果、干制水果、坚果、糖料、饮料类、香料 / 调味料、蘑菇、人参及其制品、动物源性食品和其他。部分食品类别的界定非常具体，例如谷物这一类别中包括谷物、加工谷物、为加工谷物、碾碎的谷物制品和面包和其他经烹饪的谷物制品等，玉米粉有玉米细粉和玉米粗粉的区分；此外，公告中规定了具体食品的农药 MRL，例如加工谷物：经加工的大麦麦麸、经加工小麦麸、黑麦细粉、黑麦全麦粉、小麦细粉、小麦胚芽、玉米细粉、玉米粗粉、抛光大米、小麦全麦粉；鳞茎类蔬菜：洋葱、大蒜、薤、大葱、纸浆洋葱、胡葱、独头蒜、韭葱、青葱 / 小葱；叶菜类蔬菜：白菜、芹菜、白菜 / 普通白菜、大白菜、莴苣、莴苣叶、莴苣头 / 结球莴苣、芥菜、欧防风、萝卜叶（包括萝卜的顶部）、菠菜、芋头叶、芜菁叶、西洋菜、菊苣（芽）；豆类蔬菜：豆类（蚕豆和大豆除外）、豆类（去荚）、蚕豆（绿色豆荚和未成熟种子）、普通豆类（绿色豆荚和 / 或未成熟种子）、豇豆、豌豆（去荚，多汁种子）、豌豆（嫩荚，多汁不成熟种子）、利马豆（嫩荚和 / 不成熟豆）、长荚豇豆、豌豆（荚和多汁不成熟种子）、豌豆（去荚和多汁不成熟种子）、大豆（未成熟种子）、大豆（未成熟豆荚）、青豆、青豆（嫩荚）、小扁豆、长豇豆；热带和亚热带水果 － 皮可食：杨桃、腰果苹果（肉质假果）、橄榄、美洲柿、日本柿；热带和亚热带水果 － 皮不可食：香蕉、番荔枝、榴莲、荔枝、龙眼、芒果、山竹、西番莲 / 百香果、菠萝、芭蕉、石榴；浆果和其他小型水果：黑莓、蓝莓、缅甸葡萄、蔓藤类浆

果、蔓越莓、醋栗／加仑子（黑、红、白）、露莓（包括波森莓和罗甘莓）、鹅莓／醋栗、猕猴桃、唐棣属植物果实／唐棣、葡萄、桑葚、接骨木果、覆盆子（红、黑）、草莓、鲜食葡萄、酿酒葡萄；梨果类水果：苹果、鳄梨、梨；核果类水果：针叶樱桃、樱桃、樱桃（甜）、杏、枣、桃、油桃、李子（包括梅脯）；干制水果：枣（干果或蜜饯）、葡萄干（包括无核小葡萄干、白葡萄干、苏丹娜葡萄干）、葡萄干（无籽白葡萄变种，部分干燥）、无花果（干果或蜜饯）、桃干、梅脯；香料蔬菜：罗勒叶、薄荷、香草；种子类香料：芫荽种子、孜然种子、茴香籽、罂粟籽；哺乳动物肉类（海洋哺乳动物除外）：牛、山羊、马、猪和绵羊肉类；可食用的哺乳动物内脏：牛、山羊、马、猪和绵羊的可食用内脏；哺乳动物脂肪（乳脂除外）：牛、山羊、马、猪和绵羊脂肪；生乳：牛、山羊和绵羊奶等。除此以外，越南有农药残留限量规定而中国无规定的食品有：斯佩耳特小麦、稻壳、未加工米糠、未加工的大麦麦麸、未加工黑麦麦麸、未经加工小麦麸、红花籽、可食用柑橘油、柠檬精油（精炼、可食用）、芜菁甘蓝、皱叶甘蓝、欧防风、紫花豌豆（干）、晒干的西红柿、腰果苹果（肉质假果）、桑葚、接骨木果、粉红葡萄柚／葡萄柚、玉米沙拉、爆米花、番茄汁、番茄沙司、番茄酱、甜菜糖蜜、甘蔗糖蜜、罂粟籽、人参提取物、禽类皮肤、家禽脂肪和动物脂肪等。

3.1.3.4 中国农药种类多，东盟各国农药种类差别大

中国和东盟主要国家相比，制定了残留限量的农药种类较多，但是各国之间农药种类差别较大，具体可见表 3-4。

表 3-4 中国与东盟主要国家 MRL 农药种类列表

农药中文名	国别							
	中国	马来西亚	印度尼西亚	泰国	新加坡	越南	菲律宾	文莱
2,4-滴	√	√	√	√	√	√	√（2,4-D胺）	√
阿维菌素	√	√	√	√		√	√	√
矮壮素	√		√		√	√		
艾氏剂	√				√	√		
安果								√
安硫磷		√			√			
氨基吡啶钾		√						
氨氯吡啶酸	√	√			√			
胺磷					√			
百草枯	√	√	√	√	√	√		√
百菌清	√	√	√	√	√	√	√	√
保棉磷	√		√		√	√		
倍硫磷	√	√	√		√	√	√	√
苯并烯氟菌唑						√		
苯丁锡	√		√		√	√		

表 3-4（续）

农药中文名	国别							
	中国	马来西亚	印度尼西亚	泰国	新加坡	越南	菲律宾	文莱
苯氟磺胺	√		√			√		
苯菌灵	√	√（表示为多菌灵）			√（苯菌灵，多菌灵和2-氨基苯并脒的总和，表示为多菌灵）		√	√
苯菌酮						√		
苯醚甲环唑	√		√	√		√	√	
苯嘧磺草胺	√	√	√			√		
苯霜灵	√		√			√		
苯酰菌胺	√		√			√		
苯线磷	√	√	√		√	√		√
苯氧威		√						
苯唑嘧菌胺		√						
吡丙醚	√	√	√			√		
吡虫啉	√	√	√	√		√	√	
吡噻菌胺			√			√		
吡嘧磺隆	√	√						
吡蚜酮	√	√					√	
吡唑醚菌酯	√	√	√			√		
吡唑萘菌胺			√			√		
苄嘧磺隆	√	√					√	
丙草胺	√	√					√	
丙环唑	√	√	√			√	√	
丙硫菌唑	√		√			√		
丙硫磷		√		√				
丙炔噁草酮	√	√						
丙森锌	√						√	√
丙溴磷	√	√	√	√		√	√	√
残杀威		√						√
草铵膦	√	√[草甘膦和3-羟甲基氧膦基丙酸的总和，表示为草铵膦（游离酸）]	√			√	√	
草甘膦	√	√	√			√	√	

表 3-4（续）

农药中文名	国别							
	中国	马来西亚	印度尼西亚	泰国	新加坡	越南	菲律宾	文莱
虫螨腈	√	√				√		
虫酰肼	√	√	√			√		
除草定		√			√		√	√
除虫菊素	√		√		√	√		√
除虫脲	√	√	√			√		
哒螨灵	√	√						
代森硫磷	√							√
代森锰					√			√
代森锰锌	√				√		√	
代森锌	√				√			√
稻丰散	√	√		√		√	√	
稻瘟灵	√	√						
滴滴涕	√		√		√（包括DDD和DDE）	√		
狄氏剂	√				√			
敌百虫	√	√			√			√
敌稗	√	√						
敌草胺		√						
敌草腈						√		
敌草快	√		√		√	√		
敌草隆	√	√					√	
敌敌畏	√	√	√	√	√	√		√
敌恶磷					√			
敌菌丹					√			√
敌螨普	√		√		√	√		
敌瘟磷	√							√
丁苯吗琳	√	√	√			√		
丁氟螨酯						√		
丁硫克百威	√		√	√		√		
丁醚脲	√	√						
丁酮威		√						
啶虫脒	√	√	√			√	√	
啶酰菌胺	√		√			√		
啶氧菌酯	√					√		
毒虫畏					√			

表 3-4（续）

农药中文名	国别							
	中国	马来西亚	印度尼西亚	泰国	新加坡	越南	菲律宾	文莱
毒死蜱	√		√	√	√	√	√	√
对硫磷	√				√	√		
多果定	√		√		√	√		
多菌灵	√	√	√	多菌灵 / 苯菌灵	√	√	√	√
多杀霉素	√	√	√			√	√	
噁草酮	√	√					√	
噁虫威					√			√
噁霉灵	√	√						
噁唑菌酮	√		√	√		√		
二苯胺	√		√		√	√		
二苯醚					√			
二甲四氯		√	√			√		
二甲戊灵	√	√						
二硫代氨基甲酸盐		√（代森锰锌、代森锰、丙森锌、福美双、代森锌、福美锌，以CS2表示）	√	√（代森锌、福美锌、福美双、丙森锌、代森锰、代森锰锌）	√（以CS2表示，并分别称为由以下二组氨基甲酸酯组中的任何一个或每个组成的残基：二甲酯、亚乙基二硫代氨基甲酸酯）	√	√（包括代森锰锌、丙森锌）	
二氯奎啉酸	√	√						
二嗪磷	√	√	√	√	√	√		√
二氰蒽醌	√		√			√		
二溴乙烷					√			
伐虫脒盐酸盐		√						
丰索磷					√			
粉唑醇	√		√			√		
呋虫胺	√	√	√			√	√	
呋线威		√						
伏杀硫磷	√		√	√	√	√		
氟苯虫酰胺	√		√			√		
氟苯脲	√	√	√			√		
氟吡禾灵	√		√			√		
氟吡菌胺	√		√			√		

表 3-4（续）

农药中文名	国别							
	中国	马来西亚	印度尼西亚	泰国	新加坡	越南	菲律宾	文莱
氟吡菌酰胺	√	√	√			√	√	
氟虫腈	√	√	√	√		√		
氟虫脲	√					√		
氟啶虫胺腈	√		√			√		
氟啶脲	√	√						
氟硅唑	√		√			√		
氟环脲		√						
氟菌唑	√					√	√	
氟氯苯氰菊酯						√		
氟氯氰菊酯（包括高效氟氯氰菊酯）	√	√	√			√	√	
氟噻草胺		√						
氟酰胺	√	√	√			√		
氟酰脲	√		√			√		
氟唑环菌胺			√			√		
氟唑菌酰胺			√			√		
福美双	√				√			√
福美铁								√
福美锌	√				√			√
咯菌腈	√	√	√			√		
禾草丹	√	√						
禾草敌	√	√						
高效氯氰菊酯	√			√				
环丙吡菌胺		√						
环丙嘧磺隆	√	√						
环丙唑醇	√	√	√			√		
环嗪酮	√	√						
环酰菌胺	√		√			√		
环氧乙烷					√			
磺草灵					√			
己唑醇	√	√						
甲氨基阿维菌素苯甲酸盐	√	√	√			√		
甲胺磷	√	√	√		√	√		√
甲拌磷	√	√	√		√	√		
甲苯氟磺胺	√		√			√		

表 3–4（续）

农药中文名	国别							
	中国	马来西亚	印度尼西亚	泰国	新加坡	越南	菲律宾	文莱
甲草胺	√	√			√			√
甲磺隆	√	√						
甲基毒死蜱	√		√		√	√		
甲基对硫磷	√		√			√		
甲基立枯磷	√	√	√			√		
甲基硫菌灵（甲基托布津和多菌灵的总和，表示为多菌灵）	√	√			√		√	√
甲基嘧啶磷	√	√		√	√	√	√	√
甲基砷酸二钠		√						
甲基乙拌磷		√（表示为硫醇）			√			√
甲硫威	√	√	√		√	√		
甲咪唑烟酸	√	√				√		
甲萘威	√	√	√	√	√	√	√	√
甲氰菊酯	√		√			√		
甲霜灵	√	√	√	√	√	√		√
甲氧虫酰肼	√	√	√			√		
甲氧咪草烟						√		
腈苯唑	√	√	√			√		
腈菌唑	√	√	√			√		
精吡氟禾草灵		√						
精噁唑禾草灵	√	√					√	
精二甲吩草胺	√		√			√		
精甲霜灵	√						√	
精喹禾灵		√					√	
久效磷	√	√			√			
抗倒酯	√					√		
抗蚜威	√		√		√	√		
克百威	√	√（呋喃丹和3–羟基–呋喃丹的总和表示为呋喃丹）	√		√（和3–羟基克百威）	√	√	√
克菌丹	√	√	√	√	√	√	√	√
喹硫磷	√	√						

表 3-4（续）

农药中文名	国别							
	中国	马来西亚	印度尼西亚	泰国	新加坡	越南	菲律宾	文莱
喹氧灵	√		√			√		
乐果	√	√（包括乐果和氧化乐果）	√	√	√（包括其氧核苷类似物）	√	√	√
联苯肼酯	√		√			√		
联苯菊酯	√		√			√		
联苯三唑醇	√	√	√			√	√	
联氟砜						√		
邻苯基苯酚	√		√			√		
林丹	√		√		√	√		
磷胺	√							√
磷化铝	√				√			√
磷化氢	√	√（包括所有称为磷化氢的磷化物）	√	√（磷化铝，磷化镁）		√		
硫丹	√	√	√		√	√		
硫酰氟	√		√	√		√		
硫线磷	√	√	√			√		
螺虫乙酯	√	√	√			√	√	
螺环菌胺							√	
螺螨酯	√	√	√			√		
氯氨吡啶酸	√		√			√		
氯苯胺灵	√		√		√	√		
氯苯嘧啶醇	√		√			√		
氯丙嘧啶酸						√		
氯虫苯甲酰胺	√	√	√			√	√	
氯丹	√		√		√（氯丹和含氧氯丹的顺式和反式的总和）	√		
氯氟吡氧乙酸	√	√						
氯氟氰菊酯（包括高效氟氯氰菊酯）	√	√	√			√	√（包括高效氟氯氰菊酯）	√
氯硅菊酯		√						
氯菊酯	√	√（包括同分异构体）	√	√	√（所有同分异构体）	√	√	√
氯嘧磺隆	√	√					√	
氯氰菊酯	√	√（包括同分异构体）	√（包括甲体和乙体氯氰菊酯）	√	√（包括同分异构体）	√（包括甲体和乙体氯氰菊酯）	√	√

表 3-4（续）

农药中文名	国别							
	中国	马来西亚	印度尼西亚	泰国	新加坡	越南	菲律宾	文莱
氯氰菊酯（包括氯氰菊酯和高效氯氰菊酯）	√						√（包括氯氰菊酯和高效氯氰菊酯）	
氯硝胺	√		√			√		
氯硝柳胺							√	
氯唑磷	√	√						
马拉硫磷	√	√	√	√	√	√		√
麦草畏	√	√	√			√		
咪鲜胺	√	√（丙氯灵及其含有 2,4,6－三氯苯酚部分的代谢物的总和，表示为丙氯灵）	√	√	√（测定为 2,4,6－三氯苯酚）	√	√	
咪唑菌酮						√		
咪唑乙烟酸	√	√						
醚菊酯	√	√	√			√	√	
醚菌酯	√		√			√		
嘧菌环胺	√		√			√		
嘧磺隆		√						
嘧菌酯	√	√	√	√		√	√	
嘧霉胺	√		√			√	√	
灭草松	√	√	√			√		
灭草烟						√		
灭虫威								√
灭多威	√		√		√	√	√	√
灭菌丹	√		√	√	√	√		√
灭螨猛		√						√
灭线磷	√		√			√		
灭锈胺	√	√						
灭蝇胺	√	√	√			√		
内吸磷	√				√			
皮蝇磷					√			
七氯	√		√		√（包括其环氧化物）	√		
嗪氨灵	√		√		√	√		√
嗪草酮	√	√					√	
氰氟虫腙	√		√			√		

表 3-4（续）

农药中文名	国别							
	中国	马来西亚	印度尼西亚	泰国	新加坡	越南	菲律宾	文莱
氰化氢					√			
氰戊菊酯	√	√	√	√	√	√	√	√
S- 氰戊菊酯	√		√			√		
炔螨特	√	√	√		√	√		√
噻草酮		√［表示为环辛啶的 3-硫代 - 戊二酸（TME）和 3- 羟基 -3-硫杂戊三酸（OH-TME）的总和］	√			√		
噻虫胺	√		√	√		√	√	
噻虫啉	√		√			√		
噻虫嗪	√	√	√	√		√		
噻呋酰胺	√	√						
噻节因	√		√			√		
噻菌灵	√		√		√	√		
噻螨酮	√	√	√			√	√	
噻嗪酮	√	√	√	√		√		
三苯基乙酸锡	√							√
三苯锡					√			
三氟羧草醚	√				√			
三环锡	√		√		√	√		
三环唑	√	√						
三硫磷					√			
三氯吡氧乙酸	√	√						
三氯杀螨醇	√	√	√	√	√	√		
三氯杀螨砜	√	√						
三乙膦酸铝	√	√					√	
三唑醇	√	√（包括三唑醇和三唑酮使用的残留）	√			√		
三唑磷	√	√		√		√		
三唑酮	√	√	√		√	√	√	√
三唑锡	√		√		√（三唑锡和氯氟氰菊酯的总残留）	√		
杀草强	√		√			√		√

表 3-4（续）

农药中文名	国别							
	中国	马来西亚	印度尼西亚	泰国	新加坡	越南	菲律宾	文莱
杀虫环	√	√						
杀虫脒	√				√（包括代谢产物）			
杀铃脲	√	√						
杀螟丹	√	√					√	√
杀螟硫磷	√	√	√	√	√	√		√
杀螟松							√	
杀扑磷	√	√	√	√	√	√		√
杀线威	√		√		√	√	√	
莎稗磷	√	√						
生物苄呋菊酯	√		√			√		
虱螨脲	√	√						
十三吗啉		√						
双草醚		√					√	
双胍辛盐			√			√		
双甲脒	√	√	√	√	√	√		√
双炔酰菌胺	√		√			√	√	
霜霉威	√	√	√			√		
霜脲氰	√	√						
四聚乙醛	√	√						
四氯硝基苯	√		√			√		
四螨嗪	√		√			√		
四溴菊酯		√						
速灭磷					√			√
特丁津	√	√						
特丁硫磷	√		√			√		
涕灭威	√	√	√		√	√		
肟菌酯	√	√	√			√	√	
无机溴化物		√			√			
五氯硝基苯	√	√（五苯基五氯苯胺和甲基五氯苯硫醚的总和）	√	√	√	√		
戊菌唑	√		√			√		
戊菌隆		√						
戊唑醇	√	√	√	√		√	√	
烯草酮	√	√	√			√		

表 3-4（续）

农药中文名	国别							
	中国	马来西亚	印度尼西亚	泰国	新加坡	越南	菲律宾	文莱
烯虫酯						√		
烯禾啶	√	√					√	
烯酰吗啉	√	√	√			√		
消螨多			√			√		
硝磺草酮	√					√		
缬霉威		√						
辛硫磷	√	√						
溴虫清							√	
溴甲烷	√			√		√		√
溴离子						√		
溴硫磷					√			
溴螨酯	√	√	√			√		
溴氰虫酰胺						√		
溴氰菊酯	√	√（包括其同分异构体）	√	√	√	√	√	√
蚜灭磷	√				√			
亚胺硫磷	√		√		√	√		
亚砜磷	√		√			√		
氧乐果	√			√		√		
氧化萎锈灵		√						
乙拌磷			√		√	√		
乙虫腈	√	√						
乙基多杀菌素	√	√	√			√		
乙磷铝		√						
乙硫磷	√			√	√	√		
乙螨唑	√		√			√		
乙嘧硫磷					√			
乙烯菌核利	√	√				√		
乙烯利	√		√	√		√	√	
乙酰甲胺磷	√	√	√	√	√	√	√	√
乙氧氟草醚	√	√						
乙氧磺隆	√	√					√	
乙氧喹啉	√		√		√	√		
异丙甲草胺	√	√						
异丙威	√	√					√	

表 3-4（续）

农药中文名	国别							
	中国	马来西亚	印度尼西亚	泰国	新加坡	越南	菲律宾	文莱
异狄氏剂	√				√	√		
异恶唑草酮						√		
异菌脲	√	√	√	√	√	√		
异柳磷					√			
茵草敌		√						
益棉磷								√
抑霉唑	√		√		√	√		
抑芽丹	√		√		√	√		
印楝素	√						√	
茚虫威	√	√	√			√	√	
茚嗪氟草胺							√	
蝇毒磷	√	√（包括其氧化物）			√			
莠灭净	√	√		√				
莠去津	√	√		√	√			√
育畜磷					√			
增效醚	√		√		√	√		√
折仑诺					√			
仲丁威	√	√					√	
唑虫酰胺	√	√				√		
唑菌胺酯		√						
唑螨酯	√	√	√			√		
唑嘧菌胺	√		√			√		

注：表中"√"表示该国制定了相应农药的残留限量标准。

由表 3-4 可见，中国和东盟国家——马来西亚、印度尼西亚、泰国、新加坡、越南、菲律宾、文莱都规定了农药最大残留限量的农药种类有 11 种：2，4- 滴、百菌清、多菌灵、甲萘威、克菌丹、乐果、氯菊酯、氯氰菊酯、氰戊菊酯、溴氰菊酯和乙酰甲胺磷。

中国和上述东盟国家都有制定最大农药残留限量的农药种类有 259 种，包括：2,4- 滴、阿维菌素、矮壮素、艾氏剂、氨氯吡啶酸等；东盟各国无制定，而中国制定了最大农药残留限量的农药种类有 174 种。

马来西亚规定了最大残留限量而中国没有规定 MRL 的农药有 28 种：氨基吡啶钾、苯氧威、苯唑嘧菌胺、残杀威、除草定、敌草胺、丁酮威、二甲四氯、氟环脲、氟噻草胺、环丙吡菌胺、甲基砷酸二钠、甲基乙拌磷、精吡氟禾草灵、氯硅菊酯、嘧磺隆、灭螨猛、噻草酮、十三吗啉、双草醚、四溴菊酯、无机溴化物、戊菌隆、缬霉威、氧化萎锈灵、乙磷铝、茵草敌和唑菌胺酯；除此以外，马来西亚规定了二硫代氨基甲酸酯类（以CS2表示）代森锰锌、代森锰、丙森锌、福美双、代森锌、福美锌的残留限量，除代森锰外，中国分别规定了代森锌、福美锌、福美双、丙森锌、代森锰、代森锰锌的农药残留限量。

印度尼西亚规定了残留限量而中国没有规定MRL的农药有10种：吡噻菌胺、吡唑萘菌胺、二甲四氯（2甲4氯）、二硫代氨基甲酸盐类、氟唑环菌胺、氟唑菌酰胺、噻草酮、双胍辛盐、消螨多和乙拌磷。

泰国规定了二硫代氨基甲酸盐（包括代森锌、福美锌、福美双、丙森锌、代森锰、代森锰锌）的残留限量；除代森锰外，中国分别规定了代森锌、福美锌、福美双、丙森锌、代森锰、代森锰锌的农药残留限量。

新加坡规定了最大残留限量而中国没有规定MRL的农药有26种：胺磷、除草定、代森锰、敌恶磷、敌菌丹、毒虫畏、噁虫威、二苯醚、二硫代氨基甲酸盐［以CS2表示，并分别称为由以下二组氨基甲酸酯组中的任何一个或每个组成的残基：（a）二甲酯；（b）亚乙基二硫代氨基甲酸酯］、二溴乙烷、丰索磷、环氧乙烷、磺草灵、甲基乙拌磷、皮蝇磷、氰化氢、三苯锡、三硫磷、速灭磷、无机溴化物、溴硫磷、乙拌磷、乙嘧硫磷、异柳磷、育畜磷和折仑诺。

越南规定了最大残留限量而中国没有规定MRL的农药有22种：苯并烯氟菌唑、苯菌酮、吡噻菌胺、吡唑萘菌胺、敌草腈、丁氟螨酯、二甲四氯、二硫代氨基甲酸盐、氟氯苯氰菊酯、氟唑环菌胺、氟唑菌酰胺、甲氧咪草烟、联氟砜、氯丙嘧啶酸、咪唑菌酮、灭草烟、烯虫酯、消螨多、溴离子、溴氰虫酰胺、乙拌磷、异恶唑草酮。

文莱规定了最大残留限量而中国没有规定MRL的农药有12种：安果、残杀威、除草定、代森锰、敌菌丹、噁虫威（恶虫威）、福美铁、甲基乙拌磷、灭虫威、灭螨猛、速灭磷和益棉磷。

菲律宾规定了残留限量而中国没有规定MRL的农药有8种：2,4−D胺、除草定、螺环菌胺、氯硝柳胺、杀螟松、双草醚、溴虫清和茚嗪氟草胺。

3.1.3.5 农药残留限量指标比较

3.1.3.5.1 我国与东盟各国农药残留限量标准中部分限量指标一致

通过比较发现，我国农药残留限量标准中有部分限量指标和东盟各国规定的农药残留限量指标相同。

我国GB 2763—2016规定的农药残留限量标准中有50种农药的114项标准与马来西亚农药残留限量标准规定的一致，如百菌清在黄瓜、辣椒、西红柿和香蕉中的规定与中国MRL限量相同，草甘膦在番石榴、榴莲、芒果、杨桃和椰子油中的规定与中国MRL限量相同，氯菊酯在卷心菜、秋葵、茄子、西红柿和菜花中的规定与中国MRL限量相同，灭草松在玉米、水稻和大豆中的规定与中国MRL限量相同。

我国GB 2763—2016规定的农药残留限量标准中有50种农药的208项标准与新加坡农药残留限量标准规定的一致，如多菌灵在生菜、油桃、大麦、抱子甘蓝、黄瓜、燕麦、稻米、黑麦、小麦、大豆、坚果和生咖啡豆中的规定与中国MRL限量相同。

我国GB 2763—2016规定的农药残留限量标准中有73种农药的239项标准与越南农药残留限

量标准规定的一致，如苯醚甲环唑在生菜、西红柿、胡萝卜、卷心菜、球芽甘蓝、芦笋和马铃薯中的规定与中国 MRL 限量相同。

我国 GB 2763—2016 规定的农药残留限量标准中有 14 种农药的 19 项标准与文莱农药残留限量标准规定的一致，如丙溴磷在红辣椒、芒果和山竹中的规定与中国 MRL 限量相同。

我国 GB 2763—2016 规定的农药残留限量标准中有 126 种农药的 881 项标准与印度尼西亚农药残留限量标准规定的一致，如茶叶中的硫丹、噻螨酮、氯菊酯的规定与中国 MRL 限量规定相同，葡萄中杀草强、三唑锡、苯霜灵等 38 种农药的规定与中国 MRL 限量规定相同。

我国 GB 2763—2016 规定的农药残留限量标准中有 51 种农药的 116 项标准与泰国农药残留限量标准规定的一致，如毒死蜱在水稻、羽衣甘蓝、芹菜、大豆、新鲜豆荚、卷芯莴苣中的规定与中国 MRL 限量相同。

3.1.3.5.2　我国农药残留限量标准中部分限量指标严于东盟各国标准

某些粮食、蔬菜等食品，因为我国居民的食用量比较大，其部分农药残留限量指标规定严于东盟各国农药残留限量标准。

我国农药残留限量标准严于马来西亚农药残留限量标准的有 132 项，涉及农药 46 种，如乙酰甲胺磷在生菜、芹菜、芥末、羽衣甘蓝、菜花、卷心菜、芒果中的限量规定严于马来西亚 MRL 规定。

我国农药残留限量标准严于新加坡农药残留限量标准的有 379 项，涉及农药 61 种，如新加坡对于甲拌磷在豆类、豇豆、茄子、油菜、西红柿中的规定是 0.1mg/kg，但我国的规定是 0.01mg/kg，要明显严于新加坡 MRL 规定。

我国农药残留限量标准严于越南农药残留限量标准的有 47 项，涉及农药 27 种，如越南对于涕灭威在球芽甘蓝、洋葱、番薯中的规定是 0.1mg/kg，但我国的规定是 0.01mg/kg，严于越南 MRL 规定。

我国农药残留限量标准严于文莱农药残留限量标准的有 21 项，涉及农药 13 种，例如，文莱对于叶菜类蔬菜中甲萘威的规定是 10mg/kg，我国规定是 1mg/kg，明显严于文莱 MRL 规定。

菲律宾 MRL 规定完全参照 CAC 的规定，在其颁布的 6 个产品标准中，我国农药残留限量标准有 24 项规定严于菲律宾，涉及 19 种农药。

我国农药残留限量标准严于印度尼西亚农药残留限量标准的有 135 项，涉及农药 59 种，例如，印度尼西亚规定草莓中的噻螨酮限量是 6mg/kg，我国规定是 0.5mg/kg，印度尼西亚规定蘑菇类植物中噻菌灵限量是 60mg/kg，我国规定是 5mg/kg。

我国农药残留限量标准严于泰国农药残留限量标准的有 69 项，涉及农药 25 种，例如，泰国对水稻中溴甲烷的规定是 50mg/kg，我国的规定是 5mg/kg。

3.1.3.5.3　我国农药残留限量标准中部分限量指标宽于东盟各国标准

我国农食产品中规定的部分农药残留限量宽于东盟各国农药残留限量标准。例如，马来西亚农药残留限量标准中涉及 49 种农药共 78 项指标严于我国 MRL 规定，其中仅农作物水稻一项就有 11 种农药的规定严于中国 MRL 规定。新加坡农药残留限量标准中涉及 40 种农药共 112 项指标严于我国 MRL 规定，其中对于花椰菜中毒死蜱的限量为 0.05mg/kg，而我国的规定为 1mg/kg，明显严于我国的规定。越南农药残留限量标准中涉及 35 种农药共 59 项指标严于我国 MRL 规定，其中仅甜玉米一种农作物就有吡虫啉、毒死蜱、氯菊酯、马拉硫磷、溴氰菊酯 5 项农药指标严于中国 MRL 规定。文莱农药残留限量标准中涉及 7 种农药共 8 项指标严于我国 MRL 规定，其中柚子中马拉硫磷的限量是 0.2mg/kg，比中国规定的 2mg/kg 严了 10 倍。菲律宾农药残留限量规定是完全按照 CAC 标准，从菲律宾颁布的 6 种农食产品农药残留限量标准中我们可以发现，菲律宾仅在其颁布的规定中就有涉及 5 种产品、11 种农药残留限量的规定严于中国 MRL 规定。其中对稻谷中丙森锌的规定为 0.05mg/kg，比中国规定的 2mg/kg 严了 4 倍。印度尼西亚农药残留限量标准中涉及 74 种农药、49 种农作物共 151 项指标严于我国 MRL 规定，其中仅黄瓜一种农作物就有 11 项农药残留限量指标严于中国 MRL 规定。泰国农药残留限量标准中涉及 21 种农药、44 种农作物共 91 项指标严于我国 MRL 规定，其中对于新鲜玉米中丁硫克百威和溴氰菊酯的规定分别为 0.01mg/kg 和 0.02mg/kg，比中国的规定的 0.1mg/kg 和 0.2mg/kg 严了 10 倍。

3.2 兽药残留限量对比分析

3.2.1 概述

兽药（Veterinary drug），亦称动物药剂（Animal medicament），是指施于各种动物具有预防、治疗、保健、诊断疾病或能提高动物生产性能的药物。饲料兽药添加剂属于兽药的范畴。兽药残留（Veterinary drug residue），是指给动物使用药物后蓄积或储存在细胞、组织或器官内的药物原形、代谢产物和药物杂质。随着畜牧业和兽药科技的发展，人们大量使用兽药及其添加剂，虽然达到了增产增收和防病治病的目的，但由于在兽药生产使用过程中违禁使用、不当使用和过度使用等原因，使兽药残留成为影响食品安全的重要因素之一。

3.2.1.1 兽药残留的原因

在食品动物体内或动物性食品中发现违规残留，大都是用药错误造成的。引起违章药物残留的常见原因为：（1）不正确的使用兽药，如用药剂量、给药途径和用药部位等不符合用药指示，这些因素有可能延长药物残留在体内的时间，从而需要增加用药的天数；（2）在休药期结束前屠宰动物；（3）屠宰前用药物掩饰临床症状，以逃避屠宰前检查；（4）以未经批准的药物作为添加剂饲喂动物；（5）饲料粉碎设备受污染或抗菌药物的容器用于储藏饲料；（6）接触含抗生素等药物的废水和排放的污水；（7）任意以抗生素药渣喂猪。

3.2.1.2 兽药残留的主要危害

3.2.1.2.1 毒性作用

外源化学物的毒性与接触剂量和接触时间密切相关。动物组织中兽药残留水平通常都很低，绝大多数兽药残留产生慢性、蓄积毒性作用及"三致"作用等。如黄胺二甲嘧啶能诱发人的甲状腺癌，甾体激素（如己烯雌酚）能引起女性早熟和男性女性化及子宫癌，苯并咪唑类药物能引起人体细胞染色体突变和致畸胎作用。动物组织中氯霉素残留达到 1μg/kg 以上时，可引起食用者再障性贫血症状。

3.2.1.2.2　耐药性

养殖业长期使用亚治疗量抗菌剂，对耐药菌株的产生、扩散和维持具有促进作用。抗菌剂对人类医疗有两个方面的影响。一是易诱导耐药菌株，特别是携带多抗性 R－质粒的菌株产生。这些耐药菌株的耐药基因能通过食物链在动物、人和生态系统的细菌中相互传递，可导致致病菌对抗菌剂耐药，引起人类和动物细菌感染性疾病治疗的失败。二是人食用含抗菌剂残留的动物性食品后，可能干扰人肠道内正常菌群和直接诱导产生耐药菌株。

3.2.1.2.3　激素样作用

食品动物的肝、肾和注射或埋植部位常有大量外源同化激素残留，被人食用后可产生一系列激素样作用，如潜在致癌性、发育毒性（儿童早熟）及女性男性化或男性女性化现象。

3.2.1.2.4　过敏反应

少数抗菌剂能导致易感个体发生超敏反应，如青霉素类、磺胺类、四环素类和某些氨基糖甙类药物，其中以青霉素及其代谢产物引起的过敏反应最为常见和严重。轻者引起皮肤瘙痒、皮炎和荨麻疹，重者引起急性血管性水肿、休克甚至死亡。

3.2.1.2.5　生态环境毒性

兽药及其代谢产物通过动物和人的排泄系统进入环境中，对生态环境产生影响。伊维菌素主要通过粪便和乳汁排泄，对低等水生动物和土壤中的线虫、环境昆虫均有较强的毒性作用。有机砷制剂作为添加剂大量使用后，随排泄物和残留进入土壤，对土壤固氮细菌、解磷细菌、纤维素分解菌等均产生抑制作用，导致土壤变质，重金属铜、锌、汞等对土壤中的蚯蚓等动物种群产生不利影响，使敏感种群减少或消失。抗球虫药常山酮对水生动物产生剧毒等。

3.2.2　中国和东盟主要国家兽药残留限量法规和标准

3.2.2.1　中国现行和兽药残留相关的法规和标准

回顾我国兽药残留标准化事业的发展历程，兽药残留标准化工作在最近的 10 年间得到了快速发展，取得了显著成绩，在提高我国动物产品质量，保证动物性食品安全，保障人民身体健康等方面发挥了重要作用。1999 年 12 月，全国兽药残留专家委员会成立，我国兽药残留标准化工作进入新阶段，标准制修订速度明显加快，在保证动物性食品安全中的作用明显增强。10 多年来，我国兽药残留标准从无到有，从少到多，标准制修订水平逐步提高，初步解决了兽药残留标准的缺失、水平低等问题，为开展国家残留监控计划，确保动物性食品安全提供了有力支撑。

3.2.2.1.1　中国兽药残留限量标准

为有效实施《中华人民共和国动物及动物源食品中残留物质监控计划》，我国数次制修订动物性食品中兽药最大残留限量标准。1994 年 2 月 4 日，农业部于 1994 以农（牧）字第 5 号文发布了《动物性食品中兽药残留限量（试行）》标准，此后经过几次修订，现行版《动物性食品中兽药最高残留限量》（农业部 2002 年 235 号公告）标准是 2002 年 12 月 24 日农业部以第 235 号公告形式发布的。

3.2.2.1.2 中国兽药残留检测方法标准

我国的兽药残留检测方法标准早于残留限量标准的发布与实施。早在 1982 年，原国家标准总局就发布了残留检测方法的国家标准。此后，国家质量技术监督局、国家进出口商品检验局和农业部先后发布了多个残留检测方法标准。 1998 年 12 月，农业部发布了第一批兽药及其他化学物质在动物可食性组织中残留检测方法标准，共 39 项。自 2003 年 1 月起，所有兽药残留检测方法标准均以农业部公告的形式发布，至今已发布了 146 项。这些标准涉及 9 种检测方法，可检测药物 150 余种。其中，30 项标准可用于残留筛选，117 项标准可用于残留定量检测，两项标准既包括筛选法，也包括确证法。

3.2.2.1.3 中国兽药使用规定

兽药使用规定由禁用药规定、休药期规定和已批准兽药的使用规定 3 部分组成。现行的禁用药清单由农业部 2002 年 4 月发布的第 193 号公告、2002 年 12 月发布的第 235 号公告、2005 年 10 月发布的第 560 号公告公布，禁止克仑特罗等 36 种（类）药物和其他化合物在所有食品动物上的所有应用；禁止 1 种兽药（双甲脒）在所有水生食品动物上的应用；禁止氯丙嗪等 7 种（类）药物在所有食品动物上应用于促生长。另外，农业部、卫生部和国家药品监督管理局于 2002 年联合发布公告，公布了《禁止在饲料和动物饮用水中使用的药物品种目录》，目录收载了 5 类 40 种禁止在饲料和动物饮用水中使用的药物品种。 为加强兽药使用管理，保证动物性产品质量安全，农业部于 2003 年 5 月发布了《兽药休药期规定》，对临床常用的 202 种兽药和饲料药物添加剂规定了休药期，同时确定了 91 种（类）不需要制定停药期规定的兽药品种。凡规定了休药期的药物，其产品标签上必须注明休药期，养殖场必须按休药期在动物上市或屠宰前停止用药。我国兽药休药期规定与国际上同种兽药休药期规定大体接近。

3.2.2.2 东盟各国现行和兽药残留相关的法规和标准

3.2.2.2.1 印度尼西亚

（1）印度尼西亚兽药管理的法律法规

印度尼西亚政府兽药管理的基础法律是关于畜牧和动物健康的第 7/1967 号法律。自 1990 年起，印度尼西亚政府将药品和兽药分开管理。1992 年，发布了关于兽药管理的法规（政府法规第 78 号）。目前实行的农业部法令包括关于兽药委员会（VDC）的 300/1982、430/1983 和 800/1985 号法令，关于兽药评价委员会的 417/1986 和 258/1987 号法令，关于兽药评价和认证实验室（VDAL）的 328/1985 号法令，关于兽药生产、销售、发放执照管理的 324/1994 号法令，关于兽药监督和兽药生产控制的 808/1994 号法令，关于兽药注册、检验收费和收集程序的 807/Kpts/KU.440/12/1994 号法令，关于兽药注册和检验要求和程序的 695/1996 号法令，关于兽药分类的 806/Kpts/TN.260/12/94 号法令，关于兽药注册申请表格的 97/1990 号法令，以及关于兽药标签、注册建议、禁止使用生长激素等其他文件。

（2）印度尼西亚政府的兽药管理机构

印度尼西亚政府设有农业部（Ministry of Agriculture），农业部下设家畜服务、渔业、农作物和园艺、农业研究和发展、农业经营、教育和培训、农产品共 7 个总局。家畜服务总局（Directorate General of Livestock Services）下设家畜项目、家畜产品、兽医服务、家畜育种、家畜区划和发展、家畜贸易 6 个处。兽医服务处（Directorate of Veterinary Service）又分为动物保护、动物健康、保护和家畜饲养、食品安全、兽药和动物健康设备质量控制 5 个部门，辖 3 个直属中心［疾病调查中心（DIC）、兽药检测实验室（Veterinary Drug Assay Laboratory，VDAL）、家畜产品质量控制实验室（QCLLP）］，其中兽药检测实验室负责兽药的质量检验。印度尼西亚兽药检测实验室（VDAL）负责兽药和疫苗的质量检验，包括综合处、细菌检测室、病毒检测室、抗生素检测室、一般化学药品检测室等实验室，也进行一些残留检验方面的工作。该实验室建立于 1985 年，主要参考了日本的法规，并接受了日本有关单位的资助和培训，部分仪器设备由日本进口，但总体来讲化学药品检测设备比较简单。

（3）印度尼西亚兽药生产及管理情况

印度尼西亚家禽养殖业较为发达。疫苗产品多数为家禽产品。在印度尼西亚，所有生产与经营兽药的单位均必须取得由农业部颁发的执照，但研究和教育机构不要求取得执照。印度尼西亚政府颁布有本国的兽药质量标准。为了对兽药的田间使用进行控制，印度尼西亚农业部在全国 29 个省都设立了政府兽药管理机构，人员总数约 340 人。农业部在每个地区指定 1 人以上的政府官员或督察员，对是否符合执照要求、生产方法、设备、药物储存、兽药使用等进行检查，并负责兽药抽样。这些监督员有暂停生产、销售，没收和终止使用不合格药品的授权。印度尼西亚政府于 1999 年发布兽药 GMP，凡产品有出口的企业都需要提供 GMP 认证。

印度尼西亚兽药注册的基本程序为：①申请人提出申请，提交产品文件；②兽药评价委员会进行评价（包括 GMP 评价）；③国家兽药检测实验室进行检验；④检验结果报农业部；⑤发放注册号（有效期 5 年）；⑥田间使用（有政府官员或督察员进行监控）；⑦通过市场、农户进行抽样，并送国家兽药检测实验室进行监督检验。

进口兽药注册程序与本国产品相同，实行一种产品只允许一个代理商的制度，对每批进口产品都要进行检验。国产兽药和进口兽药实行核发注册号制度，有效期为 10 年，到期后按申报程序履行报批手续。印度尼西亚政府实行分级管理和兽医处方制度。主要内容有：一是按照兽药安全程度、毒性大小进行三级分类，国家每 3 ~ 4 年修订公布一次目录；二是对毒性大、需控制的产品凭兽医处方购买、使用；三是维生素类产品可以自由销售；四是兽医需经过培训并取得兽医资格证书方可从事兽医活动。印度尼西亚对兽药经营实行许可证制度，经营企业必须有兽医师、药剂师的技术人员，并经国家专业技术培训。据称印度尼西亚已制定兽药残留监控计划，由兽医公众健康科负责组织实施。

（4）印度尼西亚兽药残留现行标准

2002 年 6 月，印度尼西亚农业部畜牧管理总局发布了更改农业部有关兽疫药品等级的第 No.806/Kpts/TN.260/12/96 号政令附件 I。当对一个配方药物分等级，允许使用某些自然荷尔蒙来解决生殖紊乱及作为繁殖动物的增长素。当停止用药30天后进行皮下注射时，可作为增长素使用的荷尔蒙必须是自然性的类固雌二醇（steroids oestradiol）、孕酮（progesterone）及睾丸激素（testosterone）。为保护人类健康不受动物质食品内的兽药残留物伤害，对澳大利亚向印度尼西亚进口的肉牛、种牛和公牛的健康议定书作出评审。

2006年8月，印度尼西亚农业部农业检疫局发布了农业部有关进口致病物质及/或兽药材料检验及检疫措施的法令草案。本法令草案规定了进口致病物质及/或兽药材料的某些要求，如原产国批准机构签发的证书；指定入境点及检疫措施。

2012年11月，印度尼西亚农业部农业检疫局发布了农业部病原体材料及/或兽药进/出口控制及动物检疫措施的相关法规草案。本法规拟作为控制病原体材料及/或兽药进/出口及检疫措施的检疫官员及任何拟进出口病原体材料及/或兽药企业及/或个人的依据。本法规目的是防止动物检疫疫病通过病原体材料及/或兽药的传入和扩散。法规范围如下：检疫控制；检疫要求；检疫措施；特殊目的的检疫措施；无税检疫服务及其他规定。通过监督形式及完成剖析企业、产地国评估和风险评估概况进行病原体材料及/或兽药进/出口控制。只有当印度尼西亚存在疫病时才有可能进口相关病原体材料及/或兽药。如印度尼西亚不存在该疫病，则只能因国家或特定原因进口。印度尼西亚进出口病原体材料及/或兽药必须符合检疫要求，接受物理及文件检验并在规定出/入境点采取检疫措施。

3.2.2.2.2　泰国

（1）兽药残留限量标准的制定程序

建立完善的、可追溯的“从农田到餐桌”食品安全管理链，多个部门参与，环环相扣是泰国食品管理的关键。因此，泰国加强在最初环节对兽药的管理和检验。

关于食品内的残留毒物，泰国规定必须符合以下标准：①适用最大残留限量（MRLs）的农业毒物必须是经官方注册且制定了最大残留限量的：MRLs在本MOPH通报附件1内作出了规定；②根据农业合作部（MOAC）通报正式禁止的农业毒物，不允许存在残留。但规定的外来最大残留限量（EMRL）除外，EMRL在本MOPH通报附件2中作出了规定③残留毒物必须符合食品法典委员会、FAO/WHO联合食品标准计划规定的MRLs；④受兽药污染的食品应受食品标准控制；⑤任何含兽药，包括亲本合成物、其代谢物及相关杂质的动物源性可食用组织、器官或产品，均视为被兽药污染的食品；⑥兽药残留应符合本MOPH通报附件规定的最大残留限量；⑦分析方法应由泰国FDA规定。

（2）兽药残留现行标准

2005年1月，泰国食品及药物管理局（FDA）发布了泰国公众卫生部通报草案，名为：食品内的残留毒物。鉴于公共卫生部（MOPH）1995年4月28日第169BE2538号通报被撤销，MOPH拟撤销关于食品内残留毒物的规定，拟议的新规定如下：对残留毒物进行了重新定义并规定了关于食品内的残留毒物必须符合的标准。

2007年5月，泰国食品药物管理局（FDA）发布了公共卫生部通报（草案）标题：被兽药污染的食品。MOPH拟修订控制食品内兽药的措施，撤销MOPH 2001年7月30日有关被兽药污染食品的通报（No.231）BE.2544（2001），由该措施取而代之。

3.2.2.2.3　马来西亚

（1）兽药残留限量标准的制定程序

马来西亚科学技术与创新部（MOSIT）下设的马来西亚标准局（DSM）是马来西亚国家标准化与认证认可机构。其主要职责是将标准、标准化与合格评定程序作为一种手段，推动国民经济发展，提高产业效率，确保公众健康和安全，保护消费者，推动国内外贸易发展，并进一步促进与标准和标准化相关的国际合作。DSM 还为政府提供标准化政策、规划和活动方面的建议，并根据马来西亚标准法案履行其职责。DSM 指定马来西亚标准与工业研究院（SIRIM）为国家标准制定机构，并代表马来西亚参与国际标准化活动。

马来西亚国家进口动物产品，必须向相关机构提出检疫检验申请，在获得检疫检验认证后方可入关，还要求输出国必须出具相关的卫生检疫检验证明，证明没有相关禁用药物及药物残留。

（2）兽药残留现行标准

现行标准为《药品和化妆品管理法 1984（CDCR）》。2007 年，为保护健康和安全，防止欺诈行为，马来西亚制定了《药品和化妆品管理法 1984（CDCR）》的提案，提案所指的兽药包含草药兽药和保健品兽药两部分。提案说明了对兽药执行《药品和化妆品管理法（CDCR）》和提交的数据要求。提案适用于所有本地生产和进口的产品。

《杀虫剂法案 1974》《食品条例》（1985）中第七章、《马来西亚食品农产品进口法规与标准》第五章规定，兽药残留不超过卫生部有关食品内兽药残留 B.E.2550（2007）（3）（303 号）通报规定的限量。

3.2.2.2.4　新加坡

（1）新加坡政府的兽药管理

新加坡政府最早的农业管理部门为初级产品部（Primary Production Department，PPD），下设农业、兽医、合作、渔业、农村 5 个部门。随着新加坡农牧业生产情况的变迁，PPD 的职能也随之改变。为了适应新的状况，新加坡政府于 2000 年将 PPD 改为新加坡农业食品和兽医机构（Agri－ food&Veterinary Authority of Singa－pore，AVA）。AVA 分为兽医公共健康和食品供应（Veterinary Public Health& Food Supply）、动植物健康检查（Animal& Plant Health Inspection）、农业技术（Agrotechnology）、合作服务（Corporate Services）、信息（Information Systems）5 个部门，下设兽医公共健康实验室（Veterinary Public Health Laboratory，VPHL）、中心兽医实验室（Central Veterinary Laboratory，CVL）、兽医研究和培训所（Veterinary Research& Training Institute，VRTI）等单位，并建立包括 JURONG 动物检疫站（Jurong Animal Quarantine Station，JAQS）、城市兽医中心（City Veterinary Centre，CVC）、CHANGI 动植物检疫站（Changi Animal And Plant Quarantine，CAPQ）等分支机构。其共同任务和目标是促进和保障肉类及其产品、鱼类及其产品、水果、蔬菜供给的稳定和产品的安全，保护动物、鱼和植物的健康，成为热带农业技术服务的杰出中心，促进初级产品的贸易。中心兽医实验室（CVL）可提供动物疾病诊断服务，并且负责疫苗的质量控制检验。CVL 共分为病理学、微生物学、病毒学、水生动物健康、流行病学 5 个部门。

（2）兽药残留现行标准

新加坡限量残留标准均收录在新加坡食品条例（Food Regulations）中，新加坡食品条例中仅对动物源性产品中抗生素和雌激素作了规定。根据食品条例，抗生素指化学合成或微生物来源的化学物质，其在低浓度下可消灭细菌或其他微生物或阻碍其生长。除尼生素可作为经热处理破坏肉毒杆梭菌孢子的液态蛋制品、干酪及罐装食品的防腐剂外，新加坡要求抗生素及其降解产物在奶、肉、肉制品及其他食品中不得检出。任何人不得进口、出售、登广告、制造、托运或运送任何含有下列化合物残留物（雌激素残留）的食物：己烯雌酚 diethylstibestrol（4—bis（p—hydroxyphenyl）3—hexene）；己烷雌酚 hexoestrol（4—bis（p—hydroxyphenyl）—n—hexane）；己二烯雌酚 dienoestrol（4—bis（p—hydroxyphenyl）2,4—hexadiene）。

3.2.2.2.5　越南

越南于 2004 年实施新的《兽医法令》，取代了 1993 年的旧条例。该法令为规范管理动物及动物产品，防范和防治动物疫病，规范兽医管理和兽药的使用等提供了法律依据，在其主管部门方面也作了明确规定：越南农业与农村发展部负责全国陆地动物的兽医管理，其他部门必要时协助开展相关工作。

2009 年 10 月，越南发布了国家技术法规动物饲料 – 配合鸡饲料内的抗生素、药物、微生物及重金属的最大限量。

2009 年 10 月，越南发布了国家技术法规 – 动物饲料 – 牛犊及肉牛配合饲料内抗生素、药物、微生物及重金属最大限量。

2009 年 10 月，越南发布了国家技术法规 – 动物饲料 – 配合鸭饲料内抗生素、药物、微生物及重金属限量。

2009 年 10 月，越南发布了国家技术法规 – 动物饲料 – 配合猪饲料内抗生素、药物、微生物及重金属最大限量。

2009 年 11 月，越南发布了国家技术法规 – 动物饲料磨房 – 食品安全条件，兽医健康及环境保护。

2009 年 11 月，越南发布了国家技术法规 – 动物饲养材料 – 动物饲料安全及最高许可限制标准。

2010 年 1 月，越南发布了规定食品安全标准名单及进口、国产和流通的动物源性食品最高残留限量的部级通知（草案）。

2013 年 1 月，越南卫生部食品安全司发布了规定食品内兽药最大残留限量的通告草案。本通告草案包括法规涉及：食品内兽药的范围、适用对象、术语解释及最大残留限量。

2015 年 11 月，越南农业乡村部和牲畜生产处发布关于越南抗生素、饲养动物准用药名单及剂量的通报，规定了促进越南牲畜生长，防止球虫病的 18 种饲料准用抗生素和药名单和剂量；牲畜类别包括 1~28 日龄的雏鸡或鹌鹑、繁殖蛋鸡、体重不足 60kg 猪及 6 月龄牛。本通知将被抗生素法规及颁布越南动物饲料国家技术法规的第 81/2009/TT—BNNPTNT 号通知所替代。

2014 年 12 月，越南农业乡村发展部动物健康司发布了兽药的测试、试验和质量控制法规通告草案。本通告规定兽药、疫苗、生物制品、微生物、兽医化学品和用于生产兽药的材料的条件、程序、测试过程、试验和质量控制。

3.2.2.2.6 菲律宾

（1）兽药残留管理

按《菲律宾共和国食品、药品和化妆品法》规定，食品中农药残留、兽药残留、食品添加剂、有毒有害物质、食品标签、食品接触材料的限量以及检测工作由实验室处的食品检验科负责，食品的微生物学检验由实验室处的食品微生物检验科负责。食品产品的质量和生产、加工过程的卫生规范、合格评定、监测由监督和发证处负责。

（2）兽药残留现行标准

2015 年 4 月，菲律宾农业部（DA）、农业渔业标准局（BAFS）发布了菲律宾食品内兽药最大残留限量（MRLs）国家标准（PNS）最终草案。菲律宾食品内兽药最大残留限量（MRLs）国家标准（PNS）草案编制与 Codex 食品法典委员会第 35 次会议（2012 年 7 月）更新的 Codex 食品法典委员会 MRL2—2012 食品内兽药最大残留限量完全一致。

3.2.2.2.7 文莱

（1）兽药残留管理

农食产品安全中心（Agrifood Safety Center）下设农药实验室部（Pesticide Laboratory Section）、化学实验室部（Chemistry Laboratory Section）、微生物实验室部（Microbiology Laboratory Section）和水生动物健康服务中心（Aquatic Animal Health Service Centre）。农药实验室部负责 N- 甲基氨基甲酸酯类有机磷（杀虫剂）有机分析实验室、二硫代氨基甲酸酯（杀真菌剂）分析实验室和农药（农业杀虫剂和无机化肥）进口审批；化学实验室部负责化学污染实验室、兽药残留实验室和毒素分析实验室；微生物实验室部负责水产品微生物实验室；水生动物健康服务中心负责分子诊断实验室、寄生虫学实验室、组织学实验室和水质实验室。

（2）兽药残留现行标准

《公共卫生（食品）条例》"第四部分"中"食品污染物"部分中仅对动物源性食品中的抗生素（第 38 条）和雌激素（第 39 条）作了规定。

抗生素残留：在这些规定中，"抗生素"指的是化学合成的任何化学物质，或者是低浓度的微生物产生的抑制细菌和其他微生物生长的能力。《公共卫生（食品）条例》规定任何人不得进口、销售、宣传、制造、托运、运输含有可检测的抗生素残留或者其降解产物的牛奶、肉类、肉类产品，或者供人食用的食品。

（a）未煮熟的、冷冻的、带羽毛的家禽中，允许使用氯霉素或氧四环素，不超过 7mg/kg。

（b）在用于保存新鲜鱼类和未剥皮的虾米的冰中，可使用氯霉素或氧四环素，前提是抗生素的浓度不得超过 5mg/kg。

（c）在保存干酪和罐头食品的过程中，乳酸链球菌肽可被用于保存充分加热的食物，以破坏肉毒杆菌的孢子。

任何人不得进口、出售、广告、制造、托运或运送含有下列化合物的肉类或从肉类中提取的任何食物：（a）己烯雌酚（3，4—bis（p—hydroxyphenyl）—3—hexene）；（b）己烷雌酚（3，4—bis（p—hydroxyphenyl）—n—hexene）；（c）己二烯雌酚（3，4—bis（p—hydroxyphenyl）—2，4—hexadiene）。

3.2.3 中国和东盟国家兽药残留限量法规和标准比较分析

3.2.3.1 兽药种类数量差异较大

中国兽药残留限量标准分为 4 个部分：①允许用于规定的食品动物，但不需要制定残留限量的药物，该部分包括 88 种（类）兽药；②允许用于食品动物，在动物性食品中规定了最高残留限量的药物，该部分制定了 92 种（类）兽药的 551 个最高残留限量标准；③允许在食品动物治疗中使用，但不得在动物性食品中检出的兽药，该部分包括 9 种兽药；④禁止用于所有食品动物的 31 种（类）药物和禁止用于水生食品动物的 1 种兽药，它们在动物性食品（水产品）中不得被检出。越南已批准的动物性食品中最高残留限量规定的药物一共有 59 种，泰国是 44 种、菲律宾是 59 种、马来西亚 71 种，可以看出，东盟不同国家与我国对兽药种类规定差异较大。

3.2.3.2 部分国家兽药残留规定基本相同

尤其以文莱和新加坡，两国都属于发达国家，在食品安全领域的许多规定都有类似之处，在兽药残留方面也是，例如两国均规定了：任何人不得进口、出售、登广告、制造、托运或运送任何含有下列化合物残留物（雌激素残留）的食物：己烯雌酚 diethylstibestrol（4—bis（p—hydroxyphenyl）3—hexene）；己烷雌酚 hexoestrol（4—bis（p—hydroxyphenyl）—n—hexane）；己二烯雌酚 dienoestrol（4—bis（p—hydroxyphenyl）2，4 —hexadiene）。

3.2.3.3 中国部分兽药残留靶组织分类规定缺少统一规划、不够全面

我国关于兽药残留的规定基本是农业部的法规规章，多数以公告、令等形式发布，缺乏统一规划，相对分散，不利于查找。例如，我国对牛类产品（靶组织）兽药残留限量标准只涉及脂肪、肾脏、肝脏、肌肉、乳类等，对某些兽药残留限量的规定未涉及牛皮产品（靶组织），而东盟一些国家（例如，新加坡等）对牛皮兽药残留限量标准单独列出，便于参照和实施。中国对猪类产品兽药残留限量标准只涉及猪肉、猪肝、猪肾、猪脂肪，对某些兽药的规定是将猪脂肪与猪皮共同规定，而新加坡是对猪皮单独列出对其作出规定，便于参照和实施。

3.2.3.4 部分兽药的限量值合理性、科学性有待进一步研究

我国与东盟在一些兽药残留限量的规定上有很大的不同，我国规定的限量值有的过于宽松，例如对肌肉中的马拉硫磷中国规定的兽药残留限量是 CAC 兽药残留限量的 4000 倍；但有的又过于严格，例如对肌肉中的红霉素、乳类中的泰乐菌素等药物的残留限量规定中国是新加坡的 1/4。从总体上来看，我国部分产品兽药残留种类的总量明显多于东盟，但种类繁多会给监督和检验检疫带来一定的难度，在一定程度上加大了我国养殖企业的压力，并影响我国的进出口贸易，而且部分在国际上没有明确规定的兽药限量标准，在其科学性、适用性等方面还有待进一步研究验证。

3.3 食品添加剂限量对比分析

由于食品添加剂对食品成品的保质保鲜、提高食品营养、新产品开发以及满足加工工艺要求起着重要作用，因此食品添加剂是食品生产中最活跃的一个创新领域，它对食品工业的发展起着不可或缺的作用。在众多影响食品安全的因素中，食品添加剂的超范围使用和滥用现象也日益严重。东盟各国政府及组织也非常重视食品添加剂的标准及限量要求，不断地制修订食品添加剂方面的法规和标准，但由于各国之间发展水平差异较大，东盟各国食品技术法规和标准所制定的食品添加剂标准要求也有所不同。研究比较中国与东盟主要国家对食品中添加剂限量的规定，总结其在食品添加剂限量方面的特点，不仅对中国制修订食品添加剂限量法规和标准具有重要的借鉴意义，而且在促进食品出口，保障进口食品安全，有效应对食品添加剂限量技术措施方面也具有重要意义。

3.3.1 中国食品添加剂的监管制度和法规标准

3.3.1.1 食品添加剂的定义

食品添加剂可以是一种物质或多种物质的混合物，大多数并不是基本食品原料本身所固有的物质，而是生产、储存、包装、使用等过程为达到某一目的在食品中添加的物质。食品添加剂一般不能单独作为食品，在食品中的使用量少并且在使用范围上有严格的控制。中国与东盟各国的“食品添加剂”的定义不尽一致，规定的种类和范围不完全相同。

GB 2760—2014《食品安全国家标准 食品添加剂使用标准》中对食品添加剂的定义是为改善食品品质和色、香、味，以及为防腐和加工工艺的需要而加入的食品中的化学合成或者天然物质。

如前面 GB 2760—2014 对食品添加剂的定义，除了直接使用的食品添加剂，还明确了食品用香料、食品工业用加工助剂（包括食品用酶）也应按食品添加剂管理。按照 GB 2760—2014 对食品添加剂的功能分类，将食品营养强化剂和胶基糖果中基础剂物质及其配料调整由其他相关标准进行规定。营养强化剂按照 GB 14880—2012《食品安全国家标准 营养强化及使用标准》执行，该标准于 2012 年 3 月 15 日发布，2013 年 1 月 1 日起正式施行，包括正文和 4 个附录：正文规定了营养强化的主要目的、使用营养强化剂的要求和可强化食品类别的选择原则；附录 A 列出了允许强化的食品类别和使用量；附录 B 列出了允许使用的营养强化剂的化合物来源名单，对大多数营养素均提供了一个以上的化合物供生产者进行选择；附录 C 参考国际标准和其他国家的经验，列出了允许用于特殊膳食用食品的营养强化剂及化合物来源，并与我国已经颁布的婴幼儿食品等产品标准进行了衔接；附录 D 根据我国相关国家标准，列出食物类别（名称）。其中：附录 A 列出的食品添加剂共 397 种、表 A.1 共列出 354 种（各类组合拆分统计）、表 A.2 新列出 43 种（另有 32 种已在表 A.1 列出）、附录 B 列出的食品用香料共 1870 种、表 B.2 收录了 393 种天然香料，在编号前冠以“N”、表 B.3 收录了 1477 种合成香料，在编号前冠以“S”、食品工业用加工助剂共新列出 111 种、表 C.1 新列出的 17 种（另有 21 种已在附录 A 列出）、表 C.2 新列出的 42 种（另有 35 种已在附录 A 列出）、表 C.3 新列出的 52 种（另有 2 种已在附录 A 列出）。胶基糖果中基础剂物质及其配料按照 GB 29987—2014《食品安全国家标准　食品添加剂 胶基及其配料》执行，该标准于 2014 年 12 月 24 日发布，2015 年 5 月 24 日正式实施。该标准包括正文和附录（胶基允许使用的配料物质名单）。

3.3.1.2　食品添加剂的编号系统及适用范围

中国食品添加剂编号系统（Chinese number system，CNS）：参照采用 FAO/WHO 食品法典委员会 CAC/Vol X IV（1983）文件，采用 5 位数字表示法，按其功能特征分类，功能分类按英文名称的第一个字母的顺序列出，各食品添加剂的品种则按其所属主要功能类别任意安排，功能类别编号和其在该功能类别中的编号由两部分组成，前两位数字码代表添加剂分类，小数点后的 3 位数字码代表该类目中的添加剂品种，中间以黑点分隔。中国添加剂编号系统虽然容量大，但是与 INS 与 E−number 编号不同，只对食品添加剂的某一种功能赋码，没有反映食品添加剂的多种功能，而且在国际上不通用，不便于国家交流和进行相关的比较研究。

除了《中华人民共和国食品安全法》及有关部门规章强制管理食品添加剂，GB 2760—2014《食品安全国家标准　食品添加剂使用标准》（含 6 个增补公告）、GB 14880—2012《食品安全国家标准　食品营养强化剂使用标准》（含 9 个增补公告）、GB 29987—2014《食品安全国家标准　食品添加剂 胶基及其配料》都属于强制性的通用标准，适用于中国大陆（不包括香港、澳门、台湾）的食品添加剂的生产、使用。由于 GB 2760—2014 属于食品安全国家标准的基础标准，中国的其他食品产品标准关于食品添加剂的使用都必须以该标准的规定为依据制定。

3.3.1.3　管理机构及法规标准

2015 年 4 月 24 日，第十二届全国人民代表大会常务委员会第十四次会议修订通过《中华人民共和国食品安全法》。根据该法，中国采取的食品安全监管体制为分段监管为主，品种监管为辅的管理模式。《中华人民共和国食品安全法》第五条规定“国务院设立食品安全委员会，其职责由国务院规定”。国务院食品安全委员会作为国务院食品安全工作的高层次议事协调机构，负责全国的食品安全监督管理工作。

《中华人民共和国食品安全法》对食品添加剂的生产经营、进口和使用进行明确规定。该法中有 22 条直接涉及食品添加剂。《中华人民共和国食品安全法实施条例》中有 5 条直接涉及食品添加剂。此外，还有一些政府监管部门所发表的部门规章，如原卫生部 2010 年 3 月 30 日发布并实施的《食品添加剂新品种管理办法》，2010 年 5 月 29 日发布并施行的《食品添加剂新品种申报与受理规定》，规定食品添加剂新品种扩大使用范围或者用量的添加剂品种必须申报审批，以及如何规范食品添加剂新品种申报与受理工作。原国家质检总局 2010 年 3 月 10 日公布的《食品添加剂生产监督管理规定》，从生产源头加强对食品添加剂的监管，提高生产准入门槛，细化生产许可证制度；2011 年 4 月 18 日公布的《进出口食品添加剂检验检疫监督管理工作规范》规范了对列入《出入境检验检疫机构实施检验检疫的进出境商品目录》内的进出口食品添加剂的检验检疫监督管理。

目前，GB 2760—2014《食品安全国家标准 食品添加剂使用标准》（含 6 个增补公告）是中国食品添加剂使用规定的基础标准。具体的食品添加剂标准是每种食品添加剂作为一个产品具有自己独立的产品标准，有相应的技术要求和对应检测方法。

3.3.1.4 食品添加剂标签要求

食品添加剂应当有标签、说明书和包装。标签、说明书应当注明：①名称、规格、净含量、生产日期；②成分或者配料表；③生产者的名称、地址、联系方式；④保质期；⑤产品标准代号；⑥储存条件；⑦生产许可证标号；⑧法律、法规或者食品安全标准规定必须标明的其他事项，以及食品添加剂的使用范围、用量、使用方法，并在标签上写明"食品添加剂"字样。食品添加剂的标签、说明书，不得含有虚假、夸大的内容，不得涉及疾病预防、治疗功能。生产者对标签、说明书上所载明的内容负责。食品添加剂的标签、说明书应当清楚、明显，容易辨识。食品添加剂与其标签、说明书所载明的内容不符的，不得上市销售。

GB 29924—2013《食品安全国家标准 食品添加剂标识通则》于 2013 年 11 月 29 日发布，并于 2015 年 6 月 1 日实施。要求强制性标注内容：名称，成分或配料表，使用范围、用量和使用方法，日期标示，储存条件，净含量和规格，制造者或经销者的名称和地址，产品标准代号，生产许可证编号，警示标识，辐照食品添加剂，标签和说明书。

3.3.2 马来西亚食品添加剂的监管制度和法规要求

马来西亚关于进出口农食产品中食品添加剂的规定在《马来西亚食品农产品进口法规与标准》（1985）的第五章及附录 IV 中列出。以下摘录相关内容。

（1）《马来西亚食品农产品进口法规与标准》（1985）的第五章

"食品添加剂"是指有目的地加入食品中的微量安全物质，其旨在保持食品的质量、本质、稠度、外观、气味、味道、酸碱度，或在其制造、加工、制备、处理、包装、运输包装或贮藏中提供技术性功能而最终直接或间接地出现在食品中或成为其副产品的构成成分，或影响食品的特征，包括防腐剂、着色剂、香精香料、增味剂、抗氧化剂、酸度调节剂，但不包括营养强化剂、偶然加入的成分或食盐。

任何人不得进口、制造、宣传、贸易、销售不允许使用的或没有遵守本法规中所规定标准的食品添加剂。

除了本法规（2）中禁止使用的食品添加剂外，如果某种食品添加剂在本法规中没有被允许使用，那就意味着是禁止使用的。本法规中规定的作为食品成分添加的"其他食品"，不能诠释为允许加入的食品添加剂。

任何人不得在食品中加入可能引起伤害或导致产品质量低下的食品添加剂。

除了本法规中的以上规定，食品添加剂应当以下述情况存在于食品中：

a）本法规中允许的食品添加剂可用于制造食品的原料中；

b）食品添加剂的百分比不可超过本法规中所允许加入原料中的最大限度；

c）最终产品中的食品添加剂总百分比不得超过本法规中所允许加入的最大限度；

d）食品添加剂继续存在于食品中，不包括比正常情况有较大数量的食品添加剂，除非食品在恰当的技术条件下根据良好生产规范进行生产；

e）继续存在于食品中的食品添加剂，应显著地少于达到有效功效所需的水平。

关于食品中添加剂的标签要求如下：

a）进口的、制造的、宣传的销售食品应在食品包装标签上写出其所包含的食品添加剂；

b）"（陈述食品添加剂的化学名）允许添加的（陈述食品添加剂的类型）"，注意着色剂和香精香料应当以俗名或恰当的描述取代化学名；

c）直接描述其用途；

d）允许使用的食品添加剂可以加入特殊食品中，其最大允许添加水平在《食品法 1985》第7~11 条法规中列出。出口商可从食品质量控制部、卫生部获得一系列法规。关于允许使用的添加剂的优点和缺点在附录Ⅳ列出。

（2）《马来西亚食品农产品进口法规与标准》（1985）中的附录Ⅳ内容详见本书附录。

3.3.3 新加坡食品添加剂的监管制度和法规要求

新加坡《食品法规》的内容分五个部分，其中第三部分是关于食品添加剂的条款规定。《食品法规》中规定了在新加坡生产、进口和销售的食品和饮料中使用食品添加剂的规则。在新加坡不得销售含有《食品法规》未准许使用添加剂的食品，只允许进口、销售和生产符合《食品法规》规定的食品添加剂。如果《食品法规》未提及某种特殊添加剂，主管机构将参考由联合国粮农组织和世界卫生组织（FAO/WHO）食品添加剂专家委员会推荐的规格。

新加坡食品添加剂法规收录了新加坡现行《食品法规》中有关食品添加剂的法规要求和限量标准，并附有与原法规条款的对照表。鉴于各国的限量标准都会定期修订，因此，建议出口企业和贸易商必要时通过进口商等有关方面，了解最新的法规变化，以确保其产品完全遵守新加坡的《食品法规》，顺利进入新加坡市场。以下为摘录内容。

3.3.3.1 法规条款

（1）引称：本法规可引称为"食品法规"。

（2）定义：本法规中，除非另有要求，"食品添加剂"是包括所有用来直接或间接地对食品的特性产生影响或可合理期望产生影响的作为食品成分的所有物质，但不包括食品在制备、加工、包装或储存期间，由于污染或不当处理所致的食品中含有的任何外来物质。包括：抗结剂、消泡剂、抗氧化剂、人造甜味剂、化学防腐剂、着色剂、乳化剂或稳定剂、调味剂、增味剂、保湿剂、营养强化剂、螯合剂以及其他通用添加剂。

（3）依据第 4 款和第 5 款，任何人不得销售或以销售为目的，进口或加工任何含有未经本法规准许的食品添加剂的食品。

（4）尽管有第 3 款的规定，但任何食品都可含有本法规准许的且按规定比例使用的食品添加剂。

（5）尽管有第 3 款的规定，含有任何指定食品作为一种添加成分的食品可以含有本法规准许用于上述指定食品的且按规定限量使用的食品添加剂。

（6）任何人不得进口、销售、宣传、加工、托运或递送任何准许的但其纯度不符合本法规规定规格的食品添加剂。若本法规未有规定，准许的食品添加剂纯度应符合联合国粮农组织和世界卫生组织（FAO/WHO）食品添加剂联合专家委员会推荐的规格。

（7）《食品法规》的第三部分包含了规定食品添加剂的使用要求的条款，第四部分包括了针对调味剂等一些也属于食品添加剂品种的品质标准和标签要求。而表4~表9则详细解释和说明了以下食品添加剂的使用限量标准：

a）表4，列出了允许使用的抗氧化剂，其用途以及在指定食品中的允许量，这些食品包括加工食品、未加工食品和某些食物成分。目前，该表包括了食品中使用的8种不同抗氧化剂；

b）表5，列出了允许使用的化学防腐剂，其用途以及在特殊食品中的允许量，这些食品包括加工食品、未加工食品和某些食物成分。目前，该表包括了57种不同食品和饮料中使用的8种不同防腐剂；

c）表6，列出了允许使用的人造的和其他食品着色剂。目前该目录包括了19种不同的食品着色剂；

d）表7，详细说明了允许使用的乳化剂和稳定剂。目前，该表包括了24类不同的乳化剂和稳定剂，其中包含了60余种产品；

e）表8，规定了允许使用的营养强化剂。目前。该表包括57种不同的营养强化剂；

f）表9，规定了允许使用的通用增味剂。目前，该表包括90种不同种类的通用添加剂。

3.3.3.2 新加坡《食品法规》食品添加剂使用要求

新加坡《食品法规》中有关食品添加剂内容的涵盖范围包括了抗结剂、消泡剂、抗氧化剂、人造甜味剂、化学防腐剂、着色剂、乳化剂、稳定剂、调味剂、增味剂、保湿剂、营养强化剂、螯合剂、通用添加剂和气体填充剂，具体内容详见本书附录。

3.3.4 菲律宾食品添加剂的监管制度和法规要求

菲律宾法规体系中关于食品添加剂的法规主要有《食品添加剂的监管准则》（Regulatory Guidelines Concerning Food Additives）。

按《菲律宾共和国食品、药品和化妆品法》规定，食品添加剂的限量以及检测工作由实验室处的食品检验科负责。另外，食品健康和安全规定食品添加剂必须符合食品法典委员会和世界动物卫生组织制定的标准。

2006年11月，菲律宾发布国家标准/食品和药品管理局（DPNS/BFAD）《09：2006芒果饮料产品规范》。该规范适用于芒果饮料产品，包括即用饮料（RTD）、粉状和液体浓缩果汁、专用物理方法保存的、由类似或成熟芒果（Mangifera indica L.）制成的加甜味料和未加甜味料的果汁。

2007年8月，菲律宾食品药物管理局发布了热带干果脯最后总标准草案，对番木瓜属、菠萝属及木菠萝属、芒果属的热带干果脯加工和处理等有关方面作出了规范和要求，主要内容包括：规定了未经硫及山梨酸处理干果脯的水分含量不得高于 20%，经硫和 / 或山梨酸处理的干果脯的水分含量不得高于 25%；规定了允许适用于干果脯的添加剂名单，并且声明可用于干果脯的添加剂不仅限于该名单。《食品添加剂的监管准则》(Regulatory Guidelines Concerning Food Additives) 详细内容见本书附录。

3.3.5　文莱食品添加剂的监管制度和法规要求

文莱政府在该国的《公共卫生（食品）条例》“第四部分”中“食品添加剂”部分第 20 条对食品添加剂作了要求，包括食品标签的要求、配料的安全性和适用性；食品添加剂的要求，以及可在特定食品中使用的防腐剂的最大限量。以下是法规中对食品添加剂的具体规定：

（1）任何人不得进口或制造含有超出条例允许使用列表中食品添加剂种类的食品。

（2）任何食品不能超量和超范围使用食品添加剂。

（3）食品可以按照条例的规定的种类和使用量添加食品添加剂。

（4）可以进口、销售、广告、制造、托运或运输纯度达到条例规定的技术指标的允许使用食品添加剂。对于条例中未特别指明纯度的食品添加剂，需符合世界粮农组织和世界卫生组织（Food and Agriculture Organisation of the United Nations and World Health Organisation，FAO/WHO）食品添加剂专家委员会推荐的技术指标。

（5）条例中第 21~34 条、表 6－13 对抗结剂、抗氧化剂、人造甜味剂、甘油和山梨醇、化学防腐剂、着色剂、乳化剂和稳定剂、调味剂、增味剂、保湿剂、营养强化剂、螯合剂、气体包装剂和其他通用食品添加剂在食品中的使用作出了规定。具体如下：

a）《公共卫生（食品）条例》“第四部分 总则”食品添加剂部分；

b）《公共卫生（食品）条例》附表 6“允许使用的抗氧化剂”；

c）《公共卫生（食品）条例》附表 7“允许使用的人工甜味剂”；

d）《公共卫生（食品）条例》附表 8“允许使用的化学防腐剂”；

e）《公共卫生（食品）条例》附表 9“合成有机色素”及“其他色素”；

f）《公共卫生（食品）条例》附表 10“允许使用的乳化剂”和“允许使用的稳定剂”；

g）《公共卫生（食品）条例》附表 11“允许使用的增味剂”；

h）《公共卫生（食品）条例》附表 12“允许使用的营养强化剂”；

i）《公共卫生（食品）条例》附表 13“允许使用的一般用途食品添加剂”。

此外，《公共卫生（食品）条例》第四部分中“总则（General Provisions）”第 9~17 条、表 2－3 以及第五部分“食品标准及特殊标签要求（Standards and Particular Labelling Requirements for Food）”对食品标签的要求作出了规定，食品标签要求含有食品添加剂的食品标注“含许可（食品添加剂种类和来源）”。

食品添加剂的保质期少于 18 个月。

营养强化剂可作为食物出售。

文莱《公共卫生（食品）条例》部分内容摘录详见本书附录。

3.3.6 印度尼西亚食品添加剂的监管制度和法规要求

印度尼西亚进出口农产品、食品安全法规体系主要以《食品法》《渔业法》《动物、鱼和植物检疫法》为基础，配合大量的政府规章、实施条例、标准等，关于食品添加剂的最大限量法规主要集中在2014—2015年陆续颁布。印度尼西亚食品安全的法律框架主要以《食品法》No.7（1996年）为基础。食品添加剂也受该法管理。

3.3.6.1 印度尼西亚各类食品添加剂的最大限量标准规定

印度尼西亚对食品添加剂使用作出规定的基础法规主要是2004年有关食品安全、质量和营养的第28号政策法规（印度尼西亚2004年第107号政府公报、第4424号政府公报附录）；2012年有关食品的第18号法（印度尼西亚2012年第227号政府公报、第5360号政府公报附录）；2012年印度尼西亚卫生部有关食品添加剂第033号法规。之后，印度尼西亚国家药品食品监督管理局陆续发布具体各类添加剂的最大限量标准。具体如下：

（1）2014年1月，印度尼西亚国家药品食品管理局（NADFC）发布了印度尼西亚国家食品药品管理局局长2013年第4号法规：作为食品添加剂的碳酸剂最大限量。本法规规定可在加工食品内用作食品添加剂的碳酸剂的最大标准，允许用于食品的碳酸剂名称为二氧化碳。

（2）2014年1月，印度尼西亚国家药品食品管理局发布了印度尼西亚国家食品药品管理局局长2013年第5号法规：作为食品添加剂的保湿剂最大限量。本法规规定可在加工食品内用作食品添加剂的保湿剂的最大标准，保湿剂包括如下：乳酸钠、乳酸钾、苹果酸氢钠、苹果酸钠、甘油、聚葡萄糖、三醋精。

（3）2014年1月，印度尼西亚国家药品食品管理局（NADFC）发布了印度尼西亚国家食品药品管理局局长2013年第6号法规：作为食品添加剂的载体的最大限量。本法规规定可在加工食品中用作食品添加剂的载体的最大标准，许可的载体名称包括：乙酸异丁酸蔗糖酯、柠檬酸三乙酯、丙二醇、聚乙二醇。

（4）2014年1月，印度尼西亚国家食品药品管理局（NADFC）发布了印度尼西亚国家食品药品管理局局长2013年第7号法规：作为食品添加剂的面粉处理剂最大限量。本法规规定可在加工食品中用作食品添加剂的面粉处理剂最大标准，许可使用的面粉处理剂包括：L－乳酸铵、硬脂酰乳酸钠、氯化铵、硫酸钙、氧化钙、地衣芽孢杆菌淀粉酶（糖酶）、米曲霉变种淀粉酶、嗜热脂肪芽孢杆菌淀粉酶、用枯草杆菌表示的嗜热脂肪芽孢杆菌淀粉酶、枯草杆菌淀粉酶、用枯草杆菌表示的巨大芽孢杆菌淀粉酶、米曲霉变种蛋白酶、木瓜蛋白酶、凤梨蛋白酶。

（5）2014年1月，印度尼西亚国家食品药品管理局（NADFC）发布了印度尼西亚国家食品药品管理局局长2013年第8号法规：作为食品添加剂酸度调节剂的最大限量。本法规规定可在加工食品内用作食品添加剂的酸度调节剂的最大标准，许可使用的酸度调节剂名称包括：碳酸钙、乙酸、乙酸钠、乙酸钙、乳酸、苹果酸、富马酸、乳酸钠、乳酸钾、乳酸钙、L－乳酸铵、檬酸及其盐类、酒石酸和酒石酸氢钾、正磷酸、苹果酸氢钠、苹果酸钠、苹果酸钙、已二酸及其盐、碳酸钠、碳酸氢钠、碳酸钾、碳酸氢钾、碳酸铵、碳酸氢铵、碳酸镁、盐酸、硫酸钠、硫酸钾、硫酸钙、氢氧化钠、氢氧化钾、氢氧化钙、氢氧化镁、氧化钙、葡萄糖酸、葡萄糖酸钙。

（6）2014 年 1 月，印度尼西亚国家食品药品管理局（NADFC）发布了印度尼西亚国家食品药品管理局局长 2013 年第 9 号法规：作为食品添加剂的凝固剂最大限量。本法规规定可在加工食品内用作食品添加剂使用的凝固剂最大标准，许可使用的凝固剂名称包括：乳酸钙、柠檬酸钙、氯化钾、氯化钙、硫酸钙、葡萄糖酸钙。

（7）2014 年 1 月，印度尼西亚国家食品药品管理局（NADFC）发布了印度尼西亚国家食品药品管理局局长 2013 年第 10 号法规：作为食品添加剂的抗结剂的最大限量。本法规规定可在加工食品内用作食品添加剂的抗结剂的最大标准，许可使用的抗结剂包括：碳酸钙、三钙正磷酸盐、微晶纤维素、纤维素粉、十四 / 十六烷酸和硬脂酸及其盐、含钙、钾和钠的油酸盐、碳酸钠、碳酸镁、氧化镁、亚铁氰化钠、亚铁氰化钾、亚铁氰化钙、不定型二氧化硅、硅酸钙、铝硅酸钠、硅酸镁。

（8）2014 年 1 月，印度尼西亚国家食品药品管理局（NADFC）发布了印度尼西亚国家食品药品管理局局长 2013 年第 11 号法规：作为食品添加剂的膨松剂最大限量。本法规规定可在加工食品中用作食品添加剂的膨松剂最大标准，许可使用的膨松剂名称包括：碳酸钠、碳酸氢钠、碳酸氢钾、碳酸铵、碳酸氢铵、酸性磷酸铝钠、葡萄糖酸、淀粉提取糖、淀粉醋酸酯。

（9）2014 年 1 月，印度尼西亚国家食品药品管理局（NADFC）发布了印度尼西亚国家食品药品管理局局长 2013 年第 12 号法规：作为食品添加剂的上光剂最大限量。本法规规定可在加工食品用作食品添加剂的上光剂的最大标准，许可使用的上光剂名称包括：蜂蜡、小烛树蜡乳酸钾、巴西棕榈蜡、虫漆、微晶蜡。

（10）2014 年 1 月，印度尼西亚国家食品药品管理局（NADFC）发布了印度尼西亚国家食品药品管理局局长 2013 年第 13 号法规：作为食品添加剂的消泡剂最大限量。本法规规定可在加工食品中用作食品添加剂的消泡剂最大标准，许可使用的消泡剂包括：藻酸钙、脂肪酸单与二甘油酯。

（11）2014 年 1 月，印度尼西亚国家食品药品管理局（NADFC）发布了印度尼西亚国家食品药品管理局局长 2013 年第 14 号法规：作为食品添加剂的压缩气体的最大限量。本法规规定可在加工食品中用作食品添加剂的压缩气体最大标准，许可使用的压缩气体包括：氮、一氧化二氮、丙烷。

（12）2014 年 1 月，印度尼西亚国家食品药品管理局（NADFC）发布了印度尼西亚国家食品药品管理局局长 2013 年第 15 号法规：作为食品添加剂的增稠剂最大限量。本法规规定可在加工食品中用作食品添加剂的增稠剂最大标准，许可使用的增稠剂包括：乙酸钙、乳酸钠、乳酸钙、海藻酸、海藻酸钠、海藻酸钾、藻酸钙、藻酸丙二醇酯、琼脂、角叉菜胶、琼芝属海藻制品、槐豆胶、瓜尔豆胶、黄蓍胶、阿拉伯树胶、黄原胶、刺梧桐胶、他拉胶、结兰胶、盖提胶、甘油、食用明胶、果胶、树脂甘油酯、α－环糊精、γ－环糊精、微晶纤维素、粉状纤维素、甲基纤维素、乙基纤维素、羟丙基纤维素、羟丙基甲基纤维素、甲基乙基纤维素、羧甲基纤维素钠、酶水解纤维素胶、羧甲基纤维素钠、脂肪酸二甘油酯、氯化钾、氯化钙、硫酸钙、氢氧化钾、菠萝蛋白酶、聚葡萄糖、淀粉提取糖、酸处理淀粉、处理淀粉、碱漂白淀粉、氧化淀粉、酶处理淀粉、单淀粉磷酸酯、二淀粉磷酸酯、磷酸化二淀粉磷酸酯、乙酰化二淀粉磷酸酯、淀粉醋酸酯、乙酰化己二酸双淀粉、羟丙基淀粉、羟丙基二淀粉磷酸酯、辛烯基琥珀酸淀粉钠、乙酰氧化淀粉、酪蛋白酸钠。

（13）2014 年 1 月，印度尼西亚国家食品药品管理局（NADFC）发布了印度尼西亚国家食品药品管理局局长 2013 年第 16 号法规：作为食品添加剂的乳化剂最大限量。本法规规定可在加工食品内使用的食品添加剂乳化剂的最大标准，许可使用的乳化剂包括：柠檬酸钠、柠檬酸三钠、柠檬酸二氢钾、柠檬酸钾、磷酸二氢钠、磷酸二钠、正磷酸三钠、正磷酸单锰、正磷酸二钾、正磷酸三钾、食用明胶、二磷酸二钠、焦磷酸钠、焦磷酸钾、二磷酸二钙、三聚磷酸钠、三聚磷酸钾、多聚磷酸钠、多聚磷酸钾、钙多磷酸盐、甘油的二甘油乙酸酯及脂肪酸酯、甘油的乳酸酯及脂肪酸酯、甘油的柠檬酸酯及脂肪酸酯、油的二乙酰酒石酸及脂肪酸酯、葡萄糖酸钠。

（14）2014 年 1 月，印度尼西亚国家食品药品管理局（NADFC）发布了印度尼西亚国家食品药品管理局局长 2013 年第 17 号法规：作为食品添加剂的包装气体最大限量。本法规规定可在加工食品中用作食品添加剂的包装气体最大标准，许可使用的包装气体包括：二氧化碳、氮。

（15）2014 年 1 月，印度尼西亚国家食品药品管理局（NADFC）发布了印度尼西亚国家食品药品管理局局长 2013 年第 18 号法规：作为食品添加剂的螯合剂最大限量。本法规规定可在加工食品内用作食品添加剂的螯合剂最大标准，许可使用的螯合剂包括：乙二胺四乙酸、柠檬酸异丙酯、葡萄糖酸钠、葡萄糖酸钾。

（16）2014 年 1 月，印度尼西亚国家食品药品管理局（NADFC）发布了印度尼西亚国家食品药品管理局局长 2013 年第 19 号法规：作为食品添加剂的增稠剂最大限量。本法规规定可在加工食品内用作食品添加剂的增稠剂最大标准，许可使用的增稠剂包括：藻酸、海藻酸钠、海藻酸钾、藻酸钙、琼脂、角叉菜胶、琼芝属海藻制品、吉兰糖胶、食用明胶、果胶。

（17）2014 年 1 月，印度尼西亚国家食品药品管理局（NADFC）发布了印度尼西亚国家食品药品管理局局长 2013 年第 20 号法规：作为食品添加剂的乳化剂最大限量。本法规规定可在加工食品内用作食品添加剂的乳化剂最大标准。

（18）2014 年 1 月，印度尼西亚国家食品药品管理局（NADFC）发布了印度尼西亚国家食品药品管理局局长 2013 年第 21 号法规：作为食品添加剂的护色剂最大限量。本法规规定可在加工食品中用作食品添加剂的护色剂最大标准，准许的护色剂名称包括：碳酸镁、氢氧化镁。

（19）2014 年 1 月，印度尼西亚国家食品药品管理局（NADFC）发布了印度尼西亚国家食品药品管理局局长 2013 年第 22 号法规：作为食品添加剂的发泡剂的最大限量。本法规规定可在加工食品内用作食品添加剂的发泡剂最大标准，准许使用的发泡剂包括：黄原胶、微晶纤维素、甲基乙基纤维素。

（20）2014 年 1 月，印度尼西亚国家食品药品管理局（NADFC）发布了印度尼西亚国家食品药品管理局局长 2013 年第 23 号法规：作为食品添加剂的增味剂的最大限量。本法规规定可在加工食品内用作食品添加剂的增味剂的最大标准，准许使用的增味剂包括：左旋谷氨酸及其盐类、鸟苷酸及其盐、肌苷酸及其盐、4.5′－核苷酸盐。

（21）2014 年 1 月，印度尼西亚国家食品药品管理局（NADFC）发布了印度尼西亚国家食品药品管理局局长 2013 年第 24 号法规：作为食品添加剂的稳定剂的最大限量。本法规规定可在加工食品内用作食品添加剂的稳定剂的最大标准。

（22）2014 年 1 月，印度尼西亚国家食品药品管理局（NADFC）发布了印度尼西亚国家食品药品管理局局长 2013 年第 25 号法规：作为食品添加剂的填充剂的最大限量。本法规规定可在加工食品内用作食品添加剂使用的填充剂最大限量标准，准许使用的填充剂包括：乳酸钠、海藻酸、海藻酸钠、藻酸丙二醇酯、琼脂、角叉菜胶、瓜尔豆胶、黄蓍胶、阿拉伯树胶、刺梧桐胶、木松香甘油酯、微晶纤维素、粉状纤维素、甲基纤维素、乙基纤维素、羟丙基甲基纤维素、羧甲基纤维素钠、脂肪酸单与二甘油酯、硫酸钙、聚葡萄糖、酸处理淀粉、碱处理淀粉、漂白碱处理淀粉、氧化淀粉、酶处理淀粉、单淀粉磷酸酯、二淀粉磷酸酯、磷酸化二淀粉磷酸酯、乙酰化磷酸双淀粉、乙酰化己二酸双淀粉、羟丙基淀粉、羟丙基二淀粉磷酸酯。

（23）2014 年 1 月，印度尼西亚国家食品药品管理局（NADFC）发布了印度尼西亚国家食品药品管理局局长 2013 年第 37 号法规：作为食品添加剂的着色剂的最大限量。本法规规定可在加工食品内用作食品添加剂的着色剂的最大标准，准许使用的着色剂包括：a. 天然色素：姜黄色素、核黄素、胭脂红及胭脂虫萃取物、叶绿素、叶绿素及叶绿酸、铜络合物、焦糖 I 普通法、焦糖色加工法Ⅲ铵气法、焦糖色加工法Ⅳ－亚硫酸铵法、植物炭黑色素、胡萝卜素、β（植物 e）、胭脂树红萃取物、脂树橙基、类胡萝卜素、甜菜红、花青素、二氧化钛；b. 合成色素：柠檬黄、喹啉黄、落日黄 FCF、偶氮玉红（红色酸性染料）、朱红色 4R（胭脂虫红 A）、赤藓红、诱惑红 AC、靛蓝（靛蓝胭脂红）、灿蓝 FCF、固绿 FCF、棕色 HT。

（24）2014 年 1 月，印度尼西亚国家食品药品管理局（NADFC）发布了印度尼西亚国家食品药品管理局局长 2013 年第 38 号法规：作为食品添加剂的抗氧化剂的最大限量。本法规规定加工食品内作为食品添加剂的抗氧化剂的最大限量，准许用作食品添加剂的抗氧化剂名称包括：抗坏血酸、抗坏血酸钠、抗坏血酸钙、抗坏血酸钾、抗坏血酸棕榈酸酯、抗坏血酸硬脂酸酯、生育酚、没食子酸丙酯、异抗坏血酸、异抗坏血酸钠、叔丁基对苯二酚（TBHQ）、叔丁基羟基茴香醚（BHA）、二叔丁基对甲酚（BHT）。

（25）2015 年 1 月，印度尼西亚国家药物与食品管理局（NADFC）发布了印度尼西亚国家药物与食品管理局局长 2014 年第 4 号法规：作为食品添加剂的甜味剂的最大限量。本法规规定了甜味剂作为加工食品内食品添加剂的最大限量要求。准许作为甜味剂使用的食品添加剂名称：①天然甜味剂：山梨醇、甘露醇、益寿糖 / 异麦芽糖醇、甜菊糖、麦芽糖醇、乳糖醇、木糖醇、赤藓醇；②人造甜味剂：乙酰磺胺酸钾、天冬甜素、甜蜜素、糖精、三氯蔗糖 / 三氯半乳蔗糖、纽甜。

（26）2015 年 9 月，印度尼西亚药品食品管理局对 2013 年第 36 号法规《加工食品中食品添加剂最高限量要求》进行修订，增订了防腐剂类食品添加剂最高限量要求。①山梨酸及其盐；②苯系酸及其盐；③对羟基苯甲酸乙酯；④对羟基苯甲酸甲酯；⑤亚硫酸盐；⑥乳酸链球菌素；⑦亚硝酸盐；⑧硝酸盐；⑨丙酸及其盐；⑩盐酸溶菌酶。

（27）2016 年 6 月 30 日，印度尼西亚发布 G/SPS/N/IDN/110 通报，根据 18/2012 法规修订有关食品添加剂法规，制定酶制剂最大残留限量肯定列表，新增加工助剂和酶固定化剂使用原则。主要内容包括：在食品加工成品中必须去除酶的残留物或使其失活；可以通过使用分子过滤等方法去除酶的残留物或使其失活；可以使用离心法或过滤法去除固定化酶的残留物；转基因加工助剂的使用应符合相关规定。

3.3.6.2　食品添加剂的种类和使用方法

食品添加剂的种类和使用方法等内容详见本书附录。

3.3.7 越南食品添加剂的监管制度和法规要求

越南关于食品添加剂的规定主要在《食品安全法》中列出。以下摘录相关内容。

第一章　一般规定

第二条　术语

（十三）食品添加剂是指具有或不具有营养价值，有意添加到食品的生产过程中，以便保持或改善食品特定特性的物质。

第三条　食品安全管理的原则

（一）确保食品安全是所有食品生产经营者的责任。

（二）食品生产和贸易是有条件的活动，食品生产经营者应当承担其所生产的食品的安全或贸易责任。

（三）食品安全管理必须建立在由国家主管管理机构和生产者颁布有关技术法规和适用标准的基础上。

（四）食品安全管理必须在食品安全风险分析的基础上，贯穿食品生产和贸易的整个过程。

（五）食品安全管理必须确保权责及跨部门协调分工明确。

（六）食品安全管理必须满足社会经济发展的要求。

第五条　禁止行为

（一）使用用于食品加工用途的材料而不是那些允许在食品中使用的其他材料。

（二）使用已过保质期、来源不明或不安全的食品生产和加工的食品原料。

（三）使用食品添加剂超过允许剂量或使用那些允许使用的添加剂名单之外的食品加工助剂，以及使用来源不明或禁用的化学品。

第三章　食品安全保证条件

第十条　保证食品安全的一般条件

（一）根据每类食物，除本条第（一）款规定的条件，食物必须符合下列一项或多项法规。

1. 法规中关于食品生产经营中使用食品添加剂和加工助剂的规定。

2. 食品包装和标签的规定。

3. 对食品储藏的规定。

第十三条　微量营养素强化食品的安全保障条件

（一）要求满足本法第十条规定的条件。

（二）食品的原料必须是安全的，并保留其固有特性。食品的成分不得相互作用产生危害人体健康和生命的物质。

（三）只有维生素、矿物质和法律规定的健康微量元素可以添加到食品中，并且对人体健康和生命无害。

第十七条　食品添加剂和加工助剂的安全保障条件

（一）应符合有关技术法规，遵守有关食品添加剂和加工助剂的规定。

（二）根据产品的原产地，用越南语或其他语在产品的标签或产品单元中注明产品的使用说明。

（三）应符合条例相应的法规清单，即允许用于食品生产和贸易的食品添加剂和加工助剂列表。

（四）在市场销售之前，应向政府主管部门备案并提交法规符合性声明。

第四章　食品生产经营的安全保障条件

第二十六条　食品原料和添加剂、加工助剂和微量营养素的食品加工的食品安全保障条件

（一）用于食品加工的材料必须是明确的来源和在安全保质期之内，并保留其固有特性。成型食品材料不得相互作用产生危害人体健康和生命的物质。

（二）使用微量营养素、食品添加剂和加工助剂必须符合本法第十三条和第十七条。

第六章　食品进口和出口

第三十八条　进口食品的安全保障条件

（一）进口的食品、食品添加剂、加工助剂和进口的食品包装工具、食品包装和容器，必须符合本法第三章的相关规定，并符合下列条件：

a）在进口前，应具有它们的技术法规符合性声明，并已在国家主管机构注册；

b）取得由注册检验机构发出的对每个进口物品的抽查符合进口要求的通知。

第三十九条　针对进口食品的食品安全的国家检查

（一）进口的食品、食品添加剂和加工助剂、进口食品包装工具、食品包装材料和容器接受国家食品安全检查，除政府所规定的一些从食品安全的免检国家进口的食品以外。

第四十条　国家食品安全针对进口食品的检查制度、程序和方法

（一）进口食品使用的食品添加剂、加工助剂、食品包装工具、食品包装和容器的国家食品安全检验制度和程序应该符合本法对产品和商品质量的要求，并符合以下条款：

a）食品应被运送到仓库保存以代清关，直到它们通过食品安全检测登记；

b）只有在获得满足进口要求的书面证书时，海关才可以进行清关。

（二）进口食品的食品安全，食品添加剂、加工助剂食品包装工具、食品包装和容器不同状态的检测方式：

a）加严检验；

b）常规检验；

c）减少检查。

（三）卫生部长、农业和农村发展部长和工贸部长应指定负责开展食品安全检测机构，明确进口食品、食品添加剂、食品包装工具、食品包装材料和容器进行国家食品安全检测的申请方式。

第四十一条　出口食品安全保证条件

（一）满足越南食品安全保障条件。

（二）符合进口国的食品安全法规，这些法规都是与有关国家或地区签订的和相互承认的协议、条约和国际条约。

第七章　食品广告和标签

第四十四条　食品标签

（一）在越南的生产者和食品的进口商，应根据货物上的标签标示食品添加剂和加工助剂。标

签应根据食物的种类显示食物的保质期，写成"到期日""有效"或"此日期前最佳"。

（二）除第一款的规定外，对于功能性食品，食品添加剂、辐射食品和转基因食品，必须遵循以下规定：

a）对于功能性食品，必须显示短语"thucphamchucnang"（功能性食品），不能以任何形式表示有治疗性药物的效果；

b）对于食品添加剂，食品添加剂的使用范围、剂量和使用说明等信息必须标明。

越南政府所批准使用的食品添加剂主要是按照FAO/WHO食品法典委员会CAC的INS编码系统，具体种类及使用量详见本书附录。

3.3.8 泰国食品添加剂的监管制度和法规要求

泰国关于食品添加剂的规定主要在《2522食品法规》中列出。以下摘录相关内容。

第一章　总则

第四条　概念定义

（二）使用或作为原料生产的食品包括食品添加剂、色素和调味料等物质；

（四）规定参照的名称、类别、种类和生产销售的食品，进口或售卖，包括使用的色素用于生产食品的调味料的配料比例；

（五）规定使用防腐剂的原则、条件和方法与保存方法，色素或其他调味剂的生产、销售和进口；

第五章　食物的控制

第二十五条　禁止行为

任何人不得生产、进口销售或分发以下食物：

（一）不纯的食物；

（二）掺假食品；

（三）不合格食品；

（四）由部长指定的其他食物。

第二十六条　不合格食品

下面的描述应被视为不合格食物；

（一）任何可能危害健康的食物；

（二）食物与化学物质混合，可能会导致质量恶化，除非这些添加剂在生产过程中是必要的，且已经主管人员授权；

（三）食物不卫生地生产、包装或者储藏；

（四）生产的食品来自有毒的动物，可能传染给人；

（五）食品制作的材料可能是对人体健康有害的。

《2522 食品法规》附录 B 禁止的食物和物质和附录 G 允许的食品添加剂详见本书附录（法典推荐的添加剂一般都被接受）。

3.3.9 各国食品添加剂标准法规的比较与差别

将中国和东盟主要国家（马来西亚、新加坡、菲律宾、文莱、印度尼西亚、泰国、越南）的添加剂限量法规和标准进行比较，发现各国对食品添加剂的定义基本一致，都是为了需要而添加到食品中的物质，且不能单独作为食品使用。使用原则也相似，如不应对人体产生任何健康危害；不应掩盖食品腐败变质；不应掩盖食品本身或加工过程中的质量缺陷或以掺杂、掺假、伪造为目的而使用食品添加剂；不应降低食品本身的营养价值；在达到预期效果的前提下尽可能降低在食品中的使用量。

中国和马来西亚都将营养强化剂与食品添加剂分别制定法规标准进行管理，而新加坡、菲律宾、文莱、印度尼西亚、越南、泰国是将营养强化剂纳入食品添加剂的范畴进行管理。在编码系统方面，中国采用中国食品添加剂编号系统（Chinese number system，CNS）。中国添加剂编号系统虽然容量大，但是与 INS 与 E−number 编号不同，只对食品添加剂的某一种功能赋码，没有反映食品添加剂的多种功能，而且在国际上不通用，不便于国家交流和进行相关的比较研究。而本文中所提到的东盟各国主要采用国际编码系统（international numbering system，INS），INS 通过包括 3 或 4 位数字，并给出了物质的一系列技术用途。INS 的编制原则是至少有一个 CAC 成员国正式允许使用的添加剂名单，无论该食品添加剂是否已被 FAO/WHO 食品添加剂联合专家委员会（JECFA）作过安全评价。故有 INS 的物质与 GSFA 正式批准作为食品添加剂使用的名单并不相同。

在适用范围方面，中国除了《中华人民共和国食品安全法》及有关部门规章强制管理食品添加剂，GB 2760 也属于强制性标准，适用于中国大陆的食品添加剂的生产、使用。GB 2760 属于食品安全国家标准的基础标准，中国的其他食品产品标准关于食品添加剂的使用都必须以该标准的规定为依据制定。其他东盟各国的相关法律法规也都是适用于本国的食品添加剂生产、使用。

在法规标准方面，《中华人民共和国食品安全法》对食品添加剂的生产经营、进口和使用进行了明确规定。而相应的标准是独立分开的，食品添加剂标准是根据食品安全法律法规制定的，配合法规保障食品添加剂的生产和使用安全。

总体来看，东盟各国中经济相对比较发达的马来西亚、新加坡、印度尼西亚、泰国及越南对食品添加剂的生产和使用要求基本上与 FAO/WHO 食品法典委员会 CAC 的要求相同，特别是新加坡和越南。马来西亚对食品添加剂的规定主要在《马来西亚食品农产品进口法规与标准》（1985）的第五章及附录Ⅳ中列出。菲律宾法规体系中关于食品添加剂的法规主要有《食品添加剂的监管准则》（Regulatory Guidelines Concerning Food Additives）。新加坡《食品法规》的第三部分是关于食品添加剂的条款规定。新加坡食品添加剂法规收录了新加坡现行《食品法规》中有关食品添加剂的法规要求和限量标准，并附有与原法规条款的对照表。文莱在该国的《公共卫生（食品）条例》“第四部分”中“食品添加剂”部分第 20 条对食品添加剂作了要求，包括食品标签的要求，包括配料的安全性和适用性；食品添加剂的要求，以及可在特定食品中使用的防腐剂的最大限量。印度尼西亚进出口农产品、食品安全法规体系主要以《食品法》《渔业法》《动物、鱼和植物检疫法》为基础，配合大量的政府规章、实施条例、标准等，关于食品添加剂的最大限量法规主要集中在2014—2015年陆续颁布。泰国关于食品添加剂的规定主要在《2522食品法规》中列出。越南关于食品添加剂的规定主要在《食品安全法》中列出，其主要类别及编码系统按照FAO/WHO食品法典委员会CAC的INS编码系统操作。而老挝、缅甸及柬埔寨由于国家发达程度较低，在食品添加剂的生产和使用方面还没有相应的法律法规。

在使用范围和使用量方面，不同国家有着不同的要求，是影响贸易国之间食品贸易的重要因素。就是对同一种允许使用的食品添加剂，中国和东盟主要国家在使用范围和使用量上也有一定差别。由于使用品种繁多，使用规定复杂，难以使用文字进行简单的描述，在使用过程中应针对具体国别的具体要求进行分析。

目前，由于各国实行的食品添加剂法规标准之间存在着重复交叉、且与我国的法规标准存在着不统一的问题，给我国的食品安全监管工作会造成一定的影响，因此需要针对各国不同的法规标准要求，及时调整我国的食品添加剂标准体系框架。标准的制定应以风险评估为依据，体系框架应涵盖基础（通用）标准、产品标准和过程控制规范等主要方面。此外，针对部分食品中食品添加剂含量及残留量没有检测方法标准，就使很多食品添加剂的使用难以判定其是否符合标准，不能进行有效监督，保障食品安全。因此，我国相关监管部门及检测机构应在食品添加剂含量及残留量检测技术方面加大研究力度，加快相应检测方法标准的制定进度。对于我国出口企业而言，应认真研读东盟各国相关食品添加剂法律法规，针对不同国家对食品添加剂法规标准要求不一致的情况，选择性地开展产品出口贸易。

3.4 重金属残留限量对比分析

随着全球经济一体化的迅速发展和社会的不断进步，食品安全卫生问题已成为国际组织、各国政府、企业和消费者等各界共同关注的焦点问题。在众多影响食品安全的因素中，重金属污染由于具有累积性、食物链传递性和不易降解性等特点，因此重金属污染比有机物污染更为严重，所造成的食源性疾病依旧是影响世界食品安全的问题之一。因此，世界各国政府、有关团体和组织以及众多企业仍然关注重金属污染问题，不断地制修订重金属限量方面的法规和标准，但由于各国之间发展水平差异较大，而且存在宗教、文化、地理以及政策上的差别，造成各国食品技术法规和标准所制定的食品重金属限量也有所不同。

研究比较中国与"一带一路"东盟主要国家对食品中重金属限量的规定，总结其在食品重金属限量方面的特点，扬长避短，不仅对中国制修订食品重金属限量法规和标准具有十分重要的借鉴意义，而且在促进食品出口，保障进口食品安全，有效应对食品重金属限量技术措施方面也具有十分现实的意义。

3.4.1 中国和东盟主要国家重金属限量法规和标准简介

中国农产品和食品的重金属限量基本以强制性国家卫生标准的形式公布，该类标准由中华人民共和国卫计委发布，最主要的为 GB 2762—2017《食品安全国家标准 食品中污染物限量》。此外，还有 60 多个产品卫生标准和小部分产品标准涉及重金属限量标准，实施日期主要集中于 2000—2015 年，也有个别标准是 20 世纪八九十年代的旧标准，这些标准与 GB 2762—2017 互补使用。

泰国公共卫生部 No.98/B.E.2529（1986）（Standard for Foods with Contamination，Which are Sufficiently Supported《食品中污染物标准》）公告规定关于污染物标准，对污染物定义如下：食品污染物是非故意地但产生于生产过程、生产方法、生产工厂或场所，储存、运输、保存或环境污染包括来源于昆虫、动物或其他外来物质的颗粒。一般食品中污染物最大允许限量在水平污染法规中规定。另外，食品中有争议的污染物限量在单个食品法规中详细规定或控制。大多数法规通过泰国公共卫生部的公告发布。

经修改的 1985 年马来西亚《食品法》，包括了食品中的“附加成分”部分，并定义如下：食品中含有或出现的任何外来的、有毒有害物质，包括金属污染物、微生物及其毒素、药物残留和农药残留，但不包括防腐剂、色素、调味物质、风味强化剂、抗氧化剂、食品气调剂、非营养甜味物质或营养添加剂或法规允许添加的物质。除了一般规定，食品法还规定了食品中污染物的最大允许限量。

缅甸 1998 年 8 月颁布的关于《缅甸海洋渔业法》第 1/98 号指令。

文莱《公共卫生（食品）条例》“第四部分 总则”食品杂质部分“37 重金属污染”《公共卫生（食品）条例》附表 15“特定食品中重金属残留最大限量”。

印度尼西亚按照关于食品生产和销售的法规 No.329/MENKES/PER/ XXI /76 第Ⅴ章第 21 条以及其他标准，禁止生产、进口或销售含有超过最大限量的有毒化学物、矿物质或非金属的食品。法规 03725/B/SK/ Ⅶ /89 规定了 15 类食品（如水果和水果制品、软饮料和肉与肉制品，以及法规中没有详细列出的食品）中金属污染物砷、铅、铜、锌、锡和汞的最大限量。

1988 年颁布的新加坡食品法最近修改是 2006 年 9 月，包括了食品中的“附加成分”部分，定义如下：无论以何种方式引入食品中的外来物质、有毒物质、农药、重金属、抗生素、雌激素或真菌毒素，但不包括抗黏结剂、抗氧化剂、人工甜味剂、化学防腐剂、色素、乳化剂和稳定剂、调味剂、风味强化剂、保湿剂、营养强化剂、螯合剂或气体包装剂。除了一般规定，食品法还规定了食品中重金属的最大允许限量。

1984 年，菲律宾重金属污染法规定食品中重金属的最大限量，制定了这些元素可接受的摄入量。另外，某些单个食品法规也规定了食品中金属污染物的允许量。

2011 年，越南发布了 QCVN 8−2：2011/BYT《食品中重金属限量》标准，里面规定了农食产品重金属限量值要求。

3.4.2 中国和东盟主要国家重要农食产品重金属限量比较

3.4.2.1 检验项目的比较

3.4.2.1.1 重金属的定义

不同领域所指的重金属，由于关注侧重点不同而使得表述不同，因此重金属尚无严格统一的定义。

最常见的定义是指比重大于 5 的金属（一般指密度每立方厘米大于 4.5g 的金属）。约有 45 种，如铅、镉、汞、铬、锡、镍、锌、铜、铁、锰、钴、钒、铌、钽、钛、钨、钼、金、银等。

虽然砷不属于重金属，但因其来源以及生物危害都与重金属相似，故被称为类金属，通常被列入重金属类进行研究、讨论。环境污染方面所说的重金属，主要是指生物毒性显著的元素，如重金属铅、镉、汞、砷、铬等，也指具有一定生物毒性的元素，如重金属锡、镍、锌、铜、钴等。

本章节除讨论重金属铅、镉、汞、铬、锡、镍、锰之外，还把类重金属砷以及轻金属铝、钡也纳入讨论的范畴。

3.4.2.1.2 重金属的危害

重金属一般以天然浓度广泛存在于自然界中，但由于人类对重金属矿产的开采、冶炼、加工以及废气排放、污水灌溉、使用重金属制品等人为因素，造成不少重金属如铅、镉、汞、钴等重金属或其化合物进入大气、水、土壤中，然后进一步在环境或生态系统里存留、积累和迁移，造成严重危害。如随废水排出的重金属，即使浓度小，也可在藻类和底泥中积累，被鱼和贝类的体表吸附，产生食物链浓缩，从而造成公害。又如汽车尾气排放的铅经大气扩散等过程进入环境中，造成目前地表铅的浓度已有显著提高，损害了人体健康。

尽管锌、铜、铁、锰等重金属是生命活动所需要的微量元素，但是大部分重金属如铅、镉、汞等并非生命活动所必需，而且所有重金属超过一定浓度都对人体有毒，轻则发生骨痛病等怪病，重则死亡。

对人体毒害最大的重金属有 5 种：铅、镉、汞、砷、铬。常见重金属及其危害如下：

铅：是重金属污染中毒性较大的一种，一旦进入人体将很难排除。能直接伤害人的脑细胞，特别是胎儿的神经系统，可造成先天智力低下；对老年人会造成痴呆等。另外还有致癌、致突变作用。

镉：导致高血压，引起心脑血管疾病；破坏骨骼和肝肾，并能引起肾功能衰竭。

汞：食入后直接沉入肝脏，对大脑、神经、视力破坏极大。天然水每升水中含 0.01mg，就会导致人中毒。

砷：是砒霜的组分之一，有剧毒，会致人迅速死亡。长期接触少量，会导致慢性中毒。另外还有致癌性。

铬：会造成四肢麻木，精神异常。

锡：导致血液循环系统异常、贫血等。

3.4.2.1.3 重金属检验项目的比较

现有资料表明，中国和东盟主要国家法规和标准规定的重金属检验项目有所差异（表 3−5）。

表 3-5 重金属检验项目的比较

检验项目	泰国	马来西亚	印度尼西亚	新加坡	菲律宾	中国	文莱	越南
铅	√	√	√	√	√	√	√	√
镉	√	√	√	√	√	√	√	√
汞	√	√	√	√	√	√	√	√
砷	√	√	√	√	√	√	√	√
铬	√	√	—	√	√	√	—	—
锡	√	√	√	√	√	√	√	√
镍	—	—	—	—	—	√	—	—
铝	√	√	—	—	—	—	—	—
锰	√	√	—	√	–	—	—	—
钡	√	√	—	√	–	—	—	—
锑	√	√	—	√	–	—	√	—
总计	10	10	5	9	6	7	6	5

注："√"表示需要检验项目；"—"表示无检验要求项目。

从表 3—5 可见：①中国和东盟主要国家均采用了铅、汞、砷、锡、镉这 5 项指标；②除印度尼西亚外，中国和其他东盟主要国家均采用了镉；③仅中国规定了镍。

与东盟主要国家相比，中国是重金属检验项目数量较多的国家，除对人体毒害最大的 5 种重金属和锡之外，还要求检验镍。

因为生产过程中有引入镍污染的问题，所以中国国家标准规定了人造奶油的镍限量。虽然过多地摄入镍毫无疑问也会对人体健康造成危害，但是东盟主要国家并未有相应的要求，而且镍是被确认与人体健康和生命有关的必需微量元素之一。可以看出，对于这些人类必需微量元素，在环境和生产工艺等各方面条件达标的情况下，卫生部将不在国家标准中强制要求检测。因此，随着生产工艺的不断改进，镍是否会紧随铝、锌、铜、铁、硒之后，也成为被取消的重金属指标，值得关注。

3.4.2.2 食品种类的比较

食品种类的划分可以按营养特点、保藏方法、原料种类、加工方法或食用人群分类。加之分类时考虑的侧重点大多有所差异，所以目前各国食品分类方法不尽相同。

由于 GB 2760 中的食品分类系统参考了国际食品法典委员会（Codex Alimentarius Commission）CODEX STAN 192—1995，Rev. 7—2006《食品添加剂通用标准》（General Standard for food additives），因此本研究报告以 GB 2760—2014《食品安全国家标准 食品添加剂使用标准》中的"附录 E 食品分类系统"为框架，对中国以及东盟主要国家法规标准中涉及重金属限量的食品种类进行比较。

国内外必须检验重金属项目的食品种类较多。由于各国之间存在饮食文化差异，加之外界环境因素和食品原料来源、生产工艺等也有所不同，因此规定了重金属检验项目的食品种类也就不同。

以下分别列出中国以及东盟主要国家法规和标准中规定了重金属检验项目的食品种类。

3.4.2.2.1　中国和东盟主要国家重金属限量相应的食品种类情况

3.4.2.2.1.1　中国

（1）铅

1）谷物及其制品［麦片、面筋、八宝粥罐头、带馅（料）面米制品除外］，麦片、面筋、八宝粥罐头、带馅（料）面米制品；

2）蔬菜及其制品：新鲜蔬菜（芸豆类蔬菜、叶菜蔬菜、豆类蔬菜、薯类除外），芸豆类蔬菜、叶菜蔬菜，豆类蔬菜、薯类，蔬菜制品；

3）水果及其制品：新鲜水果、水果制品；

4）食用菌及其制品；

5）豆类及其制品：豆类，豆类制品（豆浆除外），豆浆；

6）藻类及其制品（螺旋藻及其制品除外）；

7）坚果及仔类（咖啡豆除外），咖啡豆；

8）肉及肉制品：肉类、畜禽内脏、肉制品；

9）水产动物及其制品：鲜、冻水产动物，鱼类、甲壳类，双壳类，水产制品，海蜇制品；

10）乳及乳制品：生乳、巴氏杀菌乳、灭菌乳、发酵乳、调制乳，乳粉、非脱盐乳清粉，其他乳制品；

11）蛋及蛋制品（皮蛋、皮蛋肠除外），皮蛋、皮蛋肠；

12）油脂及其制品；

13）调味品（食用盐，香辛料类除外），食用盐，香辛料类；

14）食糖及淀粉糖；

15）淀粉及淀粉制品：食用淀粉，淀粉制品；

16）焙烤食品；

17）饮料类：包装饮用水，果蔬汁类、浓缩果蔬汁，蛋白饮料类、含乳饮料，碳酸饮料类、茶饮料类，固体饮料类，其他饮料类；

18）酒类（蒸馏酒、黄酒除外），蒸馏酒、黄酒；

19）可可制品、巧克力和巧克力制品以及糖果；

20）冷冻饮品；

21）特殊膳食用食品：婴幼儿配方食品，液态产品，婴幼儿辅助食品；

22）其他类：茶叶，果冻，膨化食品，保健食品，干菊花，苦丁茶，蜂产品。

（2）镉

1）谷物及其制品：谷物（稻谷除外），谷物碾磨加工品（糙米、大米除外），稻谷、糙米、大米；

2）蔬菜及其制品：新鲜蔬菜（叶类蔬菜、豆类蔬菜、块根和块茎蔬菜、茎类蔬菜除外），叶类蔬菜，豆类蔬菜、块根和块茎蔬菜、茎类蔬菜（芹菜除外），芹菜；

3）水果及其制品：新鲜水果；

4）食用菌及其制品：新鲜食用菌（香菇和姬松茸除外），香菇，食用菌制品（姬松茸制品除外）；

5）豆类及其制品：豆类；

6）坚果及籽类：花生；

7）肉及肉制品：肉类、畜禽内脏、肉制品；

8）水产动物及其制品：鲜、冻水产动物，鱼类、甲壳类，双壳类、腹足类、头足类、棘皮类，水产制品；

9）蛋及蛋制品（皮蛋、皮蛋肠除外），皮蛋、皮蛋肠；

10）调味品：食用盐，鱼类调味品；

11）饮料类：包装饮用水（矿泉水除外），矿泉水。

（3）汞

1）水产动物及其制品（肉食性鱼类及其制品除外），肉食性鱼类及其制品；

2）谷物及其制品：稻谷、糙米、大米、玉米、玉米面（渣、片）、小麦、小麦粉；

3）蔬菜及其制品：新鲜蔬菜；

4）食用菌及其制品；

5）肉及肉制品：肉类；

6）乳及乳制品：生乳、巴氏杀菌乳、灭菌乳、调制乳、发酵乳；

7）蛋及蛋制品：鲜蛋；

8）调味品：食用盐；

9）饮料类：矿泉水；

10）特殊膳食用食品：婴幼儿罐装辅助食品。

（4）砷

1）谷物及其制品：谷物（稻谷除外），谷物碾磨加工品（糙米、大米除外），稻谷、糙米、大米；

2）水产动物及其制品（鱼类及其制品除外），鱼类及其制品；

3）蔬菜及其制品：新鲜蔬菜；

4）食用菌及其制品；

5）肉及肉制品；

6）乳及乳制品：生乳、巴氏杀菌乳、灭菌乳、调制乳、发酵乳，乳粉；

7）油脂及其制品；

8）调味品（水产调味品、藻类调味品和香辛料类除外），水产调味品（鱼类调味品除外），鱼类调味品；

9）食糖及淀粉糖；

10）饮料类：包装饮用水；

11）可可制品、巧克力和巧克力制品以及糖果：可可制品、巧克力和巧克力制品；

12）特殊膳食用食品：婴幼儿谷类辅助食品（添加藻类的产品除外），添加藻类的产品，婴幼儿罐装辅助食品（以水产及动物肝脏为原料的产品除外），以水产及动物肝脏为原料的产品。

（5）锡

1）食品（饮料类、婴幼儿配方食品、婴幼儿辅助食品除外），仅限于采用镀锡薄板容器包装的食品；

2）饮料类；

3）婴幼儿配方食品、婴幼儿辅助食品。

（6）镍

油脂及其制品：氢化植物油及氢化植物油为主的产品。

（7）铬

1）谷物及其制品：谷物，谷物碾磨加工品；

2）蔬菜及其制品：新鲜蔬菜；

3）豆类及其制品：豆类；

4）肉及肉制品；

5）水产动物及其制品；

6）乳及乳制品：生乳、巴氏杀菌乳、灭菌乳、调制乳、发酵乳，乳粉。

3.4.2.2.1.2 泰国

（1）铅

1）饮料：无酒精饮料（包括浓缩和固体饮料），电解饮料，草药茶，预包装豆奶，茶饮料；

2）巧克力、巧克力制品与糖果：巧克力涂层产品、未提及的其他巧克力产品，黑巧克力、巧克力涂层、牛奶巧克力、奶油巧克力、巧克力棒或屑、调味巧克力、白巧克力，无糖巧克力；

3）蛋及蛋制品：皮蛋；

4）油脂类：天然与混合油脂，加工脂肪和油；

5）鱼和鱼制品：海产品；

6）水果、蔬菜及其制品：果酱、果冻和橘子酱；

7）乳和乳制品：黄油；

8）杂项：从大豆蛋白水解或发酵得到的调味品（如酱油、调味汁和干燥产品），蜂蜜，醋（发酵、蒸馏和合成醋），别处不包括的所有食品；

9）供人消费水和冰：密封容器装饮用水，冰，天然矿泉水。

（2）镉

1）饮料：无酒精饮料（包括浓缩和固体饮料），电解饮料，草药茶，预包装豆奶；

2）水果、蔬菜及其制品：果酱、果冻和橘子酱；

3）杂项：蜂蜜；

4）供人消费水和冰：密封容器装饮用水，冰，天然矿泉水。

（3）汞

1）饮料：无酒精饮料（包括浓缩和固体饮料），电解饮料，草药茶，预包装豆奶；

2）鱼和鱼制品：海产品；

3）水果、蔬菜及其制品：果酱、果冻和橘子酱；

4）杂项：蜂蜜，别处不包括的所有食品；

5）供人消费水和冰：密封容器装饮用水，冰，天然矿泉水。

（4）砷

1）饮料：无酒精饮料（包括浓缩和固体饮料），电解饮料，草药茶，预包装豆奶，茶饮料；

2）巧克力、巧克力制品与糖果：巧克力涂层产品、未提及的其他巧克力产品，黑巧克力、巧克力涂层、牛奶巧克力、奶油巧克力、巧克力棒或屑、调味巧克力、白巧克力，无糖巧克力；

3）油脂类：脂肪和油（天然与混合油脂），脂肪和油（加工）；

4）鱼和鱼制品：海产品；

5）水果、蔬菜及其制品：果酱、果冻和橘子酱；

6）杂项：从大豆蛋白水解或发酵得到的调味品（如酱油、调味汁和干燥产品），蜂蜜，醋（发酵、蒸馏和合成醋），别处不包括的所有食品；

7）供人消费水和冰：密封容器装饮用水，冰，天然矿泉水。

（5）铬

供人消费水和冰：密封容器装饮用水，冰，天然矿泉水。

（6）锡

杂项：别处不包括的所有食品。

3.4.2.2.1.3 马来西亚

（1）铅

1）饮料：酒精饮料，无酒精饮料（咖啡、菊苣及相关产品，直接消费软饮料，茶、茶末、茶提取物和花茶，需稀释的软饮料）；

2）罐装食品：婴幼儿罐装食品，除婴儿配方食品、婴幼儿罐装食品和婴幼儿谷类食品外的罐装和锡箔包装食品（仅含锡）；

3）油脂类：食用脂肪和食用油；

4）鱼和鱼制品：食肉性鱼，其他鱼制品；

5）水果、蔬菜及其制品：腌渍品，番茄浆、糊或泥，蔬菜汁和果汁，除蔬菜汁和果汁外的蔬菜制品和水果产品；

6）肉类、家禽及其制品：除食用明胶以外的肉与肉制品；

7）乳和乳制品；

8）甜味物质：糖蜜，除甘油、糖蜜、糖精和山梨醇外的甜味物质；

9）杂项：除水和食品添加剂之外没有规定限量的任何食品，发酵粉、酒石酸氢钾，可可与可可制品，咖喱粉，食用明胶，调味料，蜂蜜，婴儿配方食品、婴幼儿谷类食品，酱油，食醋。

10）人类饮用水：天然矿泉水，包装饮用水。

（2）镉

1）饮料：酒精饮料，无酒精饮料（咖啡、菊苣及相关产品，直接消费软饮料，茶、茶末、茶提取物和花茶，需稀释的软饮料）；

2）罐装食品：婴幼儿罐装食品，除婴儿配方食品、婴幼儿罐装食品和婴幼儿谷类食品外的罐装和锡箔包装食品（仅含锡）；

3）油脂类：食用脂肪和食用油；

4）鱼和鱼制品：食肉性鱼，其他鱼制品；

5）水果、蔬菜及其制品：腌渍品，番茄浆、糊或泥，蔬菜汁和果汁，除蔬菜汁和果汁外的蔬菜制品和水果产品；

6）肉类、家禽及其制品：除食用明胶以外的肉与肉制品；

7）乳和乳制品；

8）甜味物质：糖蜜，除甘油、糖蜜、糖精和山梨醇外的甜味物质；

9）杂项：除水和食品添加剂之外没有规定限量的任何食品，发酵粉、酒石酸氢钾，可可与可可制品，咖喱粉，食用明胶，调味料，蜂蜜，婴儿配方食品、婴幼儿谷类食品，酱油，食醋。

10）人类饮用水：天然矿泉水，包装饮用水。

（3）汞

1）饮料：酒精饮料，无酒精饮料（咖啡、菊苣及相关产品，直接消费软饮料，茶、茶末、茶提取物和花茶，需稀释的软饮料）；

2）罐装食品：婴幼儿罐装食品，除婴儿配方食品、婴幼儿罐装食品和婴幼儿谷类食品外的罐装和锡箔包装食品（仅含锡）；

3）油脂类：食用脂肪和食用油；

4）鱼和鱼制品：食肉性鱼，其他鱼制品；

5）水果、蔬菜及其制品：腌渍品，番茄浆、糊或泥，蔬菜汁和果汁，除蔬菜汁和果汁外的蔬菜制品和水果产品；

6）肉类、家禽及其制品：除食用明胶以外的肉与肉制品；

7）乳和乳制品；

8）甜味物质：糖蜜，除甘油、糖蜜、糖精和山梨醇外的甜味物质；

9）杂项：除水和食品添加剂之外没有规定限量的任何食品，发酵粉、酒石酸氢钾，可可与可可制品，咖喱粉，食用明胶，调味料，蜂蜜，婴儿配方食品、婴幼儿谷类食品，酱油，食醋。

10）人类饮用水：天然矿泉水，包装饮用水。

（4）砷

1）饮料：酒精饮料，无酒精饮料（咖啡、菊苣及相关产品，直接消费软饮料，茶、茶末、茶提取物和花茶，需稀释的软饮料）；

2）罐装食品：婴幼儿罐装食品，除婴儿配方食品、婴幼儿罐装食品和婴幼儿谷类食品外的罐装和锡箔包装食品（仅含锡）；

3）油脂类：食用脂肪和食用油；

4）鱼和鱼制品：食肉性鱼，其他鱼制品；

5）水果、蔬菜及其制品：腌渍品，番茄浆、糊或泥，蔬菜汁和果汁，除蔬菜汁和果汁外的蔬菜制品和水果产品；

6）肉类、家禽及其制品：除食用明胶以外的肉与肉制品；

7）乳和乳制品；

8）甜味物质：糖蜜，除甘油、糖蜜、糖精和山梨醇外的甜味物质；

9）杂项：除水和食品添加剂之外没有规定限量的任何食品，发酵粉、酒石酸氢钾，可可与可可制品，咖喱粉，食用明胶，调味料，蜂蜜，婴儿配方食品、婴幼儿谷类食品，酱油，食醋。

10）人类饮用水：天然矿泉水，包装饮用水。

（5）铬

人类饮用水：天然矿泉水，包装饮用水。

（6）锡

1）饮料：酒精饮料，无酒精饮料（咖啡、菊苣及相关产品，直接消费软饮料，茶、茶末、茶提取物和花茶，需稀释的软饮料）；

2）罐装食品：婴幼儿罐装食品，除婴儿配方食品、婴幼儿罐装食品和婴幼儿谷类食品外的罐装和锡箔包装食品（仅含锡）；

3）油脂类：食用脂肪和食用油；

4）鱼和鱼制品：食肉性鱼，其他鱼制品；

5）水果、蔬菜及其制品：腌渍品，番茄浆、糊或泥，蔬菜汁和果汁，除蔬菜汁和果汁外的蔬菜制品和水果产品；

6）肉类、家禽及其制品：除食用明胶以外的肉与肉制品；

7）乳和乳制品；

8）甜味物质：糖蜜，除甘油、糖蜜、糖精和山梨醇外的甜味物质；

9）杂项：除水和食品添加剂之外没有规定限量的任何食品，发酵粉、酒石酸氢钾，可可与可可制品，咖喱粉，食用明胶，调味料，蜂蜜，婴儿配方食品、婴幼儿谷类食品，酱油，食醋。

3.4.2.2.1.4　印度尼西亚

（1）铅

1）饮料：酒精饮料，巧克力饮料粉，咖啡，饮料粉，软饮料，茶；

2）油脂类：人造黄油，精炼植物油；

3）鱼和鱼制品：鱼及鱼制品；

4）水果、蔬菜及其产品：果汁，浓缩果汁，混合和/或盐渍水果，果酱和果酱制品，其他水果和水果制品，其他蔬菜和蔬菜产品，番茄及其制品，混合和/或盐渍蔬菜；

5）婴儿食品与较小儿童食品：婴儿食品，婴儿配方食品；

6）肉和肉制品：肉与肉制品；

7）乳和乳制品：黄油，冰激凌，以上未列出的乳和乳制品；

8）糖和糖制品：果糖，蜂蜜，糖浆，白糖、葡萄糖；

9）杂项：面粉及其制品，酱油（甜），香料，制冰激凌用糖浆，酵母，以上未列出的其他食品。

（2）汞

1）饮料：酒精饮料，巧克力饮料粉，咖啡，饮料粉，软饮料，茶；

2）油脂类：人造黄油，精炼植物油；

3）鱼和鱼制品：鱼及鱼制品；

4）水果、蔬菜及其产品：果汁，浓缩果汁，其他蔬菜和蔬菜产品，番茄及其制品；

5）婴儿食品与较小儿童食品：婴儿食品，婴儿配方食品；

6）肉和肉制品：肉与肉制品；

7）乳和乳制品：黄油，以上未列出的乳和乳制品；

8）糖和糖制品：白糖、葡萄糖；

9）杂项：面粉及其制品，酱油（甜），以上未列出的其他食品。

（3）砷

1）饮料：酒精饮料，巧克力饮料粉，咖啡，饮料粉，软饮料，茶；

2）油脂类：人造黄油，精炼植物油；

3）鱼和鱼制品：鱼及鱼制品；

4）水果、蔬菜及其产品：果汁，浓缩果汁，混合和/或盐渍水果，果酱和果酱制品，其他水果和水果制品，其他蔬菜和蔬菜产品，番茄及其制品，混合和/或盐渍蔬菜；

5）婴儿食品与较小儿童食品：婴儿食品，婴儿配方食品；

6）肉和肉制品：肉与肉制品；

7）乳和乳制品：黄油，冰激凌，以上未列出的乳和乳制品；

8）糖和糖制品：果糖，蜂蜜，糖浆，白糖、葡萄糖；

9）杂项：面粉及其制品，酱油（甜），香料，制冰激凌用糖浆，酵母，以上未列出的其他食品。

（4）锡

1）饮料：酒精饮料，巧克力饮料粉，咖啡，饮料粉，软饮料，茶；

2）油脂类：人造黄油，精炼植物油；

3）鱼和鱼制品：鱼及鱼制品；

4）水果、蔬菜及其产品：果汁，浓缩果汁，混合和/或盐渍水果，果酱和果酱制品，其他水果和水果制品，其他蔬菜和蔬菜产品，番茄及其制品，混合和/或盐渍蔬菜；

5）婴儿食品与较小儿童食品：婴儿食品，婴儿配方食品；

6）肉和肉制品：肉与肉制品；

7）乳和乳制品：黄油，以上未列出的乳和乳制品；

8）糖和糖制品：白糖、葡萄糖；

9）杂项：酱油（甜），以上未列出的其他食品。

3.4.2.2.1.5 新加坡

（1）铅

1）饮料：酒精饮料（淡色啤酒、啤酒、苹果酒、梨子酒、黑麦酒、黑啤，白兰地酒、杜松子酒、朗姆酒、威士忌酒和其他酒精饮料，20℃时酒精度超过40%的中国蒸馏酒，葡萄酒、中国葡萄酒、利口酒、甜酒或鸡尾酒，本文中没有列出的其他酒精饮料），无酒精饮料（茶，稀释后饮用的浓缩软饮料，生产软饮料的浓缩物，天然矿泉水，本文中没有列出的其他饮料）；

2）罐装食品：鱼罐头、肉罐头，罐装水果、水果产品和蔬菜，罐装乳和乳制品；

3）蛋及蛋制品：皮蛋或咸蛋；

4）油脂类：食用油脂；

5）鱼类、贝类和鱼制品：甲壳类和软体动物，鱼类；

6）水果、蔬菜及其制品：干制或脱水蔬菜，新鲜水果和蔬菜，水果和蔬菜汁（不包括柠檬和酸橙汁），柠檬和酸橙汁，腌渍品，番茄酱，总固形物含量25%或以上的番茄酱、浆或粉；

7）糖和糖制品：其他糖（包括糖浆），精制白糖（硫酸盐灰分不超过0.03%）、无水葡萄糖和水合葡萄糖；

8）杂项：发酵粉、酒石酸氢钾，干制或烤制菊苣，可可粉（以干脱脂物质计），咖啡豆，咖喱粉，食用明胶，调味料，干香草和香料（包括芥末），冰激凌、冰棍及类似冷冻糖果，婴儿配方食品与幼儿食品，肉汁和水解蛋白，除番茄酱外的调味料，海藻，以上未规定的其他食品。

（2）镉

1）饮料：酒精饮料（淡色啤酒、啤酒、苹果酒、梨子酒、黑麦酒、黑啤，白兰地酒、杜松子酒、朗姆酒、威士忌酒和其他酒精饮料，20℃时酒精度超过40%的中国蒸馏酒，葡萄酒、中国葡萄酒、利口酒、甜酒或鸡尾酒，本文中没有列出的其他酒精饮料），无酒精饮料（茶，稀释后饮用的浓缩软饮料，生产软饮料的浓缩物，天然矿泉水，本文中没有列出的其他饮料）；

2）罐装食品：鱼罐头、肉罐头，罐装水果、水果产品和蔬菜，罐装乳和乳制品；

3）蛋及蛋制品：皮蛋或咸蛋；

4）油脂类：食用油脂；

5）鱼类、贝类和鱼制品：甲壳类和软体动物，鱼类；

6）水果、蔬菜及其制品：干制或脱水蔬菜，新鲜水果和蔬菜，水果和蔬菜汁（不包括柠檬和酸橙汁），柠檬和酸橙汁，腌渍品，番茄酱，总固形物含量25%或以上的番茄酱、浆或粉；

7）糖和糖制品：其他糖（包括糖浆），精制白糖（硫酸盐灰分不超过0.03%）、无水葡萄糖和水合葡萄糖；

8）杂项：发酵粉、酒石酸氢钾，干制或烤制菊苣，可可粉（以干脱脂物质计），咖啡豆，咖喱粉，食用明胶，调味料，干香草和香料（包括芥末），冰激凌、冰棍及类似冷冻糖果，婴儿配方食品与幼儿食品，肉汁和水解蛋白，除番茄酱外的调味料，海藻，以上未规定的其他食品；

9）天然矿泉水。

（3）汞

1）饮料：酒精饮料（淡色啤酒、啤酒、苹果酒、梨子酒、黑麦酒、黑啤，白兰地酒、杜松子酒、朗姆酒、威士忌酒和其他酒精饮料，20℃时酒精度超过40%的中国蒸馏酒，葡萄酒、中国葡萄酒、利口酒、甜酒或鸡尾酒，本文中没有列出的其他酒精饮料），无酒精饮料（茶，稀释后饮用的浓缩软饮料，生产软饮料的浓缩物，天然矿泉水，本文中没有列出的其他饮料）；

2）罐装食品：鱼罐头、肉罐头，罐装水果、水果产品和蔬菜，罐装乳和乳制品；

3）蛋及蛋制品：皮蛋或咸蛋；

4）油脂类：食用油脂；

5）鱼类、贝类和鱼制品：甲壳类和软体动物，鱼类；

6）水果、蔬菜及其制品：干制或脱水蔬菜，新鲜水果和蔬菜，水果和蔬菜汁（不包括柠檬和酸橙汁），柠檬和酸橙汁，腌渍品，番茄酱，总固形物含量25%或以上的番茄酱、浆或粉；

7）糖和糖制品：其他糖（包括糖浆），精制白糖（硫酸盐灰分不超过0.03%）、无水葡萄糖和水合葡萄糖；

8）杂项：发酵粉、酒石酸氢钾，干制或烤制菊苣，可可粉（以干脱脂物质计），咖啡豆，咖喱粉，食用明胶，调味料，干香草和香料（包括芥末），冰激凌、冰棍及类似冷冻糖果，婴儿配方食品与幼儿食品，肉汁和水解蛋白，除番茄酱外的调味料，海藻，以上未规定的其他食品。

（4）砷

1）饮料：酒精饮料（淡色啤酒、啤酒、苹果酒、梨子酒、黑麦酒、黑啤，白兰地酒、杜松子酒、朗姆酒、威士忌酒和其他酒精饮料，20℃时酒精度超过40%的中国蒸馏酒，葡萄酒、中国葡萄酒、利口酒、甜酒或鸡尾酒，本文中没有列出的其他酒精饮料），无酒精饮料（茶，稀释后饮用的浓缩软饮料，生产软饮料的浓缩物，天然矿泉水，本文中没有列出的其他饮料）；

2）罐装食品：鱼罐头、肉罐头，罐装水果、水果产品和蔬菜，罐装乳和乳制品；

3）蛋及蛋制品：皮蛋或咸蛋；

4）油脂类：食用油脂；

5）鱼类、贝类和鱼制品：甲壳类和软体动物，鱼类；

6）水果、蔬菜及其制品：干制或脱水蔬菜，新鲜水果和蔬菜，水果和蔬菜汁（不包括柠檬和酸橙汁），柠檬和酸橙汁，腌渍品，番茄酱，总固形物含量25%或以上的番茄酱、浆或粉；

7）糖和糖制品：其他糖（包括糖浆），精制白糖（硫酸盐灰分不超过0.03%）、无水葡萄糖和水合葡萄糖；

8）杂项：发酵粉、酒石酸氢钾，干制或烤制菊苣，可可粉（以干脱脂物质计），咖啡豆，咖喱粉，食用明胶，调味料，干香草和香料（包括芥末），冰激凌、冰棍及类似冷冻糖果，婴儿配方食品与幼儿食品，肉汁和水解蛋白，除番茄酱外的调味料，海藻，以上未规定的其他食品。

（5）铬

天然矿泉水：天然矿泉水。

（6）锡

1）饮料：酒精饮料（淡色啤酒、啤酒、苹果酒、梨子酒、黑麦酒、黑啤，白兰地酒、杜松子酒、朗姆酒、威士忌酒和其他酒精饮料，20℃时酒精度超过40%的中国蒸馏酒，葡萄酒、中国葡萄酒、利口酒、甜酒或鸡尾酒，本文中没有列出的其他酒精饮料），无酒精饮料（茶，稀释后饮用的浓缩软饮料，生产软饮料的浓缩物，天然矿泉水，本文中没有列出的其他饮料）；

2）罐装食品：鱼罐头、肉罐头，罐装水果、水果产品和蔬菜，罐装乳和乳制品；

3）蛋及蛋制品：皮蛋或咸蛋；

4）油脂类：食用油脂；

5）鱼类、贝类和鱼制品：甲壳类和软体动物，鱼类；

6）水果、蔬菜及其制品：干制或脱水蔬菜，新鲜水果和蔬菜，水果和蔬菜汁（不包括柠檬和酸橙汁），柠檬和酸橙汁，腌渍品，番茄酱，总固形物含量25%或以上的番茄酱、浆或粉；

7）糖和糖制品：其他糖（包括糖浆），精制白糖（硫酸盐灰分不超过0.03%）、无水葡萄糖和水合葡萄糖；

8）杂项：发酵粉、酒石酸氢钾，干制或烤制菊苣，可可粉（以干脱脂物质计），咖啡豆，咖喱粉，食用明胶，调味料，干香草和香料（包括芥末），冰激凌、冰棍及类似冷冻糖果，婴儿配方食品与幼儿食品，肉汁和水解蛋白，除番茄酱外的调味料，海藻，以上未规定的其他食品。

3.4.2.2.1.6 菲律宾

（1）铅

1）饮料：添加碳水化合物的速溶咖啡；

2）罐装食品：液态奶；

3）巧克力、巧克力制品和糖果：可可油，可可粉/可可糖混合物；

4）油脂类：脂肪和油；

5）食品；

6）水果、蔬菜及其制品：果汁/花蜜，番茄酱；

7）乳和乳制品：酪蛋白酸盐；

8）糖和糖制品：糖和糖浆；

9）杂项：食醋；

10）人类饮用水：瓶装饮用水。

（2）汞

1）鱼和海产品：鱼和海产品（仅食用部分）；

2）人类饮用水：瓶装饮用水。

（3）砷

1）饮料：添加碳水化合物的速溶咖啡；

2）巧克力、巧克力制品和糖果：可可油，可可粉/可可糖混合物；

3）油脂类：脂肪和油；

4）食品；

5）水果、蔬菜及其制品：果汁/花蜜，番茄酱；

6）糖和糖制品：糖和糖浆；

7）杂项：食醋；

8）人类饮用水：瓶装饮用水。

（4）锡

1）罐装食品：水果、蔬菜、果汁、花蜜；

2）水果、蔬菜及其制品：番茄酱。

（5）镉

人类饮用水：瓶装饮用水。

（6）铬

人类饮用水：瓶装饮用水。

3.4.2.2.1.7　文莱

（1）铅

1）调味剂；

2）泡打粉，酒石酸氢钾；

3）奶及奶制品；

4）甜味剂：除甘油、糖蜜、糖精、山梨糖醇以外的甜味剂，糖蜜，蜂蜜；

5）除食用明胶以外的肉和肉制品；

6）食用明胶；

7）鱼和鱼制品；

8）食用脂肪和食用油；

9）除了蔬菜汁和水果汁以外的蔬菜制品和水果制品；

10）蔬菜汁和水果汁；

11）土豆糊、酱、泥；

12）茶，茶叶末，茶叶提取物，花茶；

13）咖啡，菊苣和相关产品；

14）可可和可可制品；

15）除咖喱粉以外的香料；

16）咖喱粉；

17）酱油；

18）腌制食品；

19）酒精饮料和醋；

20）软饮料：直接饮用软饮料，稀释后饮用软饮料；

21）特殊用途食品：婴儿配方奶粉，婴幼儿、儿童罐头食品，婴儿、儿童谷类食品；

22）除水和食品添加剂外，其他没有详细列明的食品。

（2）镉

1）调味剂；

2）泡打粉，酒石酸氢钾；

3）奶及奶制品；

4）甜味剂：除甘油、糖蜜、糖精、山梨糖醇以外的甜味剂，糖蜜，蜂蜜；

5）除食用明胶以外的肉和肉制品；

6）食用明胶；

7）鱼和鱼制品；

8）食用脂肪和食用油；
9）除了蔬菜汁和水果汁以外的蔬菜制品和水果制品；
10）蔬菜汁和水果汁；
11）土豆糊、酱、泥；
12）茶，茶叶末，茶叶提取物，花茶；
13）咖啡，菊苣和相关产品；
14）可可和可可制品；
15）除咖喱粉以外的香料；
16）咖喱粉；
17）酱油；
18）腌制食品；
19）酒精饮料和醋；
20）软饮料：直接饮用软饮料，稀释后饮用软饮料；
21）特殊用途食品：婴儿配方奶粉，婴幼儿、儿童罐头食品，婴儿、儿童谷类食品；
22）除水和食品添加剂外，其他没有详细列明的食品。
（3）汞
1）调味剂；
2）泡打粉，酒石酸氢钾；
3）奶及奶制品；
4）甜味剂：除甘油、糖蜜、糖精、山梨糖醇以外的甜味剂，糖蜜，蜂蜜；
5）除食用明胶以外的肉和肉制品；
6）食用明胶；
7）鱼和鱼制品；
8）食用脂肪和食用油；
9）除了蔬菜汁和水果汁以外的蔬菜制品和水果制品；
10）蔬菜汁和水果汁；
11）土豆糊、酱、泥；
12）茶，茶叶末，茶叶提取物，花茶；
13）咖啡，菊苣和相关产品；
14）可可和可可制品；
15）除咖喱粉以外的香料；
16）咖喱粉；
17）酱油；
18）腌制食品；
19）酒精饮料和醋；
20）软饮料：直接饮用软饮料，稀释后饮用软饮料；

21）特殊用途食品：婴儿配方奶粉，婴幼儿、儿童罐头食品，婴儿、儿童谷类食品；
22）除水和食品添加剂外，其他没有详细列明的食品。
（4）砷
1）调味剂；
2）泡打粉，酒石酸氢钾；
3）奶及奶制品；
4）甜味剂：除甘油、糖蜜、糖精、山梨糖醇以外的甜味剂，糖蜜，蜂蜜；
5）除食用明胶以外的肉和肉制品；
6）食用明胶；
7）鱼和鱼制品；
8）食用脂肪和食用油；
9）除了蔬菜汁和水果汁以外的蔬菜制品和水果制品；
10）蔬菜汁和水果汁；
11）土豆糊、酱、泥；
12）茶，茶叶末，茶叶提取物，花茶；
13）咖啡，菊苣和相关产品；
14）可可和可可制品；
15）除咖喱粉以外的香料；
16）咖喱粉；
17）酱油；
18）腌制食品；
19）酒精饮料和醋；
20）软饮料：直接饮用软饮料，稀释后饮用软饮料；
21）特殊用途食品：婴儿配方奶粉，婴幼儿、儿童罐头食品，婴儿、儿童谷类食品；
22）除水和食品添加剂外，其他没有详细列明的食品。
（5）锡
1）调味剂；
2）泡打粉，酒石酸氢钾；
3）奶及奶制品；
4）甜味剂：除甘油、糖蜜、糖精、山梨糖醇以外的甜味剂，糖蜜，蜂蜜；
5）除食用明胶以外的肉和肉制品；
6）食用明胶；
7）鱼和鱼制品；
8）食用脂肪和食用油；
9）除了蔬菜汁和水果汁以外的蔬菜制品和水果制品；
10）蔬菜汁和水果汁；

11）土豆糊、酱、泥；

12）茶，茶叶末，茶叶提取物，花茶；

13）咖啡，菊苣和相关产品；

14）可可和可可制品；

15）除咖喱粉以外的香料；

16）咖喱粉；

17）酱油；

18）腌制食品；

19）酒精饮料和醋；

20）软饮料：直接饮用软饮料，稀释后饮用软饮料；

21）特殊用途食品：婴儿配方奶粉，婴幼儿、儿童罐头食品，婴儿、儿童谷类食品；

22）除水和食品添加剂外，其他没有详细列明的食品。

（6）锑

1）调味剂；

2）泡打粉，酒石酸氢钾；

3）奶及奶制品；

4）甜味剂：除甘油、糖蜜、糖精、山梨糖醇以外的甜味剂，糖蜜，蜂蜜；

5）除食用明胶以外的肉和肉制品；

6）食用明胶；

7）鱼和鱼制品；

8）食用脂肪和食用油；

9）除了蔬菜汁和水果汁以外的蔬菜制品和水果制品；

10）蔬菜汁和水果汁；

11）土豆糊、酱、泥；

12）茶，茶叶末，茶叶提取物，花茶；

13）咖啡，菊苣和相关产品；

14）可可和可可制品；

15）除咖喱粉以外的香料；

16）咖喱粉；

17）酱油；

18）腌制食品；

19）酒精饮料和醋；

20）软饮料：直接饮用软饮料，稀释后饮用软饮料；

21）特殊用途食品：婴儿配方奶粉，婴幼儿、儿童罐头食品，婴儿、儿童谷类食品；

22）除水和食品添加剂外，其他没有详细列明的食品。

3.4.2.2.1.8 越南

（1）铅

1）牛奶和牛奶制品；

2）牛、猪、羊、家禽；

3）副产品：牛、猪、家禽；

4）植物油和动物脂肪；

5）人造黄油、植物油；

6）蔬菜：洋葱、水果蔬菜、菠菜叶、豆类蔬菜、块茎类蔬菜、蔬菜茎；

7）食用菌：蘑菇；

8）谷物；

9）水果：食用果皮及不食用果皮热带水果、其他小水果及浆果、柑橘类水果、苹果、水果种子、果酱和果冻；

10）蔬菜和水果干；

11）蔬菜和水果罐头；

12）蔬菜汁和水果；

13）茶和茶制品；

14）咖啡；

15）可可和可可制品（包括巧克力）；

16）调味品：香料、咖喱粉、酱、食盐、蜂蜜、醋、糖、蜂蜜、醋；

17）甲壳类动物（不包括棕色肉蟹、龙虾的头和胸部和大甲壳类动物）；

18）磷虾的双壳类动物；

19）磷虾三脚架头（没有内脏）；

20）水：天然矿泉水、瓶装水；

21）酒；

22）功能性食品。

（2）镉

1）牛奶和牛奶制品；

2）牛、猪、羊、家禽；

3）马肉；

4）肝：牛、猪、羊、马、家禽；

5）肾：牛、猪、羊、马、家禽；

6）蔬菜：洋葱、水果蔬菜、菠菜叶、豆类蔬菜、块茎类蔬菜、蔬菜茎；

7）食用菌：蘑菇；

8）谷物；

9）白米饭，小麦；

10）茶和茶制品；

11）咖啡；

12）可可和可可制品（包括巧克力）；

13）调味品：香料、咖喱粉、酱、食盐、蜂蜜、醋、糖；

14）鱼：鳀鱼、金枪鱼、鳗鱼、鳊鱼、鲻鱼、日本赌场鱼、鱼、鲱鱼、沙丁鱼、箭鱼；

15）甲壳类动物（不包括棕色肉蟹、龙虾的头和胸部和大甲壳类动物）；

16）磷虾的双壳类动物；

17）磷虾三脚架头（没有内脏）；

18）渔业和其他水产品；

19）水：天然矿泉水、瓶装水；

20）功能性食品：源自干海带或海藻。

（3）汞

1）牛奶和牛奶制品；

2）肉与肉制品；

3）茶和茶制品；

4）咖啡；

5）可可和可可制品（包括巧克力）；

6）调味品：香料、咖喱粉、酱、食盐、蜂蜜、醋、糖；

7）鱼：脚鳍鱼、鲶鱼、金枪鱼、鳗鱼，画鱼、鳕鱼、比目鱼、马舌、比目鱼、鲻鱼、满鱼、大/小鳕鱼、鲭鱼、射线角、红鳍鱼，鱼，海鲷、鲨鱼、蛇鲭、鲟鱼、箭鱼；

8）甲壳类动物（不包括棕色肉蟹、龙虾的头和胸部和大甲壳类动物）；

9）渔业和其他水产品；

10）水：天然矿泉水、瓶装水；

11）功能性食品。

（4）砷

1）牛奶和牛奶制品；

2）肉与肉制品；

3）植物油和动物脂肪；

4）人造黄油、植物油；

5）谷物；

6）蔬菜和水果干；

7）茶和茶制品；

8）咖啡；

9）可可和可可制品（包括巧克力）；

10）调味品：香料、咖喱粉、酱、食盐、蜂蜜、醋、糖；

11）水：天然矿泉水、瓶装水。

（5）锡

1）罐头肉（肉末，猪肩，猪肩），咸牛肉，罐装肉类：锡箔制品、无涂层罐头制品；

2）蔬果：蔬菜、水果罐头；

3）饮料：罐装饮料；

4）食品：罐头食品。

（6）甲基汞

1）非肉食性鱼类；

2）肉食性鱼类：鲨鱼、箭鱼、金枪鱼。

总的来看，中国及东盟主要国家重金属限量涉及的食品种类数量和内容差异较大。有的食品种类涉及面广，如文莱、中国，包括了鲜乳、乳粉、食用油脂、冷冻饮品、水果、蔬菜、食用菌、藻类、可可制品、巧克力、糖果、粮食和粮食制品、面包、糕点、饼干、肉及肉制品、水产品及其制品、蛋及蛋制品、食糖、蜂蜜、花粉、调味品、特殊营养用食品、饮料类、酒类、茶叶、咖啡、油炸食品、膨化食品等。有的分类很细，规定的食品种类非常具体，新加坡列明的酒精饮料分为淡色啤酒、啤酒、苹果酒、梨子酒、黑麦酒、黑啤，白兰地酒、杜松子酒、朗姆酒、威士忌酒和其他酒精饮料，20℃时酒精度超过 40% 的中国蒸馏酒，葡萄酒、中国葡萄酒、利口酒、甜酒或鸡尾酒和没有列出的其他酒精饮料等。有的则比较简单，如菲律宾，镉、汞、锡、铬等若干重金属指标仅涉及 1~2 类食品。再如水这一项，中国把其归入饮料类，泰国、马来西亚、新加坡和菲律宾则单独列明一项，而印度尼西亚则未提及该项。

3.4.2.2.2　食品种类的比较

（1）铅

中国及东盟主要国家检验铅的食品种类比较见表 3−6。经分析可以得知，中国和东盟主要国家检验铅的食品种类主要有 7 类：蔬菜及其制品，水果及其制品，油脂及其制品，乳及乳制品，水产动物及其制品，食糖及淀粉糖，饮料类。

表 3–6　中国及东盟主要国家检测铅的食品种类比较

食品种类	中国	泰国	马来西亚	印度尼西亚	新加坡	菲律宾	文莱	越南
谷物及其制品	√							√
蔬菜及其制品	√	√	√	√	√	√	√	√
水果及其制品	√	√	√	√	√	√	√	√
食用菌及其制品	√							√
豆类及其制品	√							
藻类及其制品	√							
坚果及籽类	√							
油脂及其制品	√	√	√	√	√	√	√	√
乳及乳制品	√	√	√	√		√	√	√
肉及肉制品	√		√	√			√	√
水产动物及其制品	√	√	√	√	√			√

表 3-6（续）

食品种类	中国	泰国	马来西亚	印度尼西亚	新加坡	菲律宾	文莱	越南
蛋及蛋制品	√	√			√			
食糖及淀粉糖	√		√	√	√	√	√	√
调味品	√						√	√
淀粉及淀粉制品	√							
焙烤食品	√							
饮料类	√	√	√	√	√	√	√	√
酒类	√						√	√
可可制品、巧克力和巧克力制品以及糖果	√	√				√	√	√
冷冻饮品	√							
特殊膳食用食品	√						√	√
其他类	√	√	√	√	√	√	√	√

注：“√”表示需要检验项目。

菲律宾规定的食品种类较少。除菲律宾和中国外，其他国家均规定了杂项，包括未列明的其他所有食品，也就是所有的食品种类都应进行该项目检验。菲律宾规定了食品中铅临时每日允许摄入量。

（2）镉

中国及东盟主要国家检验镉的食品种类比较见表 3-7。经分析可以得知，中国和东盟主要国家检验镉的食品种类主要有 4 类：蔬菜及其制品，水果及其制品，水产动物及其制品和饮料类。

表 3-7　中国及东盟主要国家检测镉的食品种类比较

食品种类	中国	泰国	马来西亚	印度尼西亚	新加坡	菲律宾	文莱	越南
谷物及其制品	√							√
蔬菜及其制品	√	√	√		√		√	√
水果及其制品	√	√	√		√		√	
食用菌及其制品	√							√
豆类及其制品	√							
藻类及其制品	√							√
坚果及籽类	√							
肉及肉制品	√		√				√	√
水产动物及其制品	√		√		√			√
蛋及蛋制品	√				√			
饮料类	√	√	√		√		√	√

注：“√”表示需要检验项目。

中国是规定食品种类最多的国家，而菲律宾规定的食品种类较少。菲律宾规定了食品中镉临时每日允许摄入量。

（3）汞

中国及东盟主要国家检验汞的食品种类比较见表3—8。经分析可以得知，中国及东盟主要国家检验汞的食品种类主要有3类：水产动物及其制品，蔬菜制品和饮料类。菲律宾是规定食品种类最少的国家。除菲律宾和中国外，其他国家均规定了杂项，包括未列明的其他所有食品，也就是所有的食品种类都应进行该项目检验。菲律宾规定了食品中汞临时每日允许摄入量。

表3-8 中国及东盟主要国家检测汞的食品种类比较

食品种类	中国	泰国	马来西亚	印度尼西亚	新加坡	菲律宾	文莱	越南
水产动物及其制品	√	√	√	√	√	√		√
谷物及其制品	√							
蔬菜及其制品	√	√	√	√	√		√	
食用菌及其制品	√							
肉及肉制品	√		√	√			√	√
乳及乳制品	√		√	√			√	√
蛋及蛋制品	√				√			
调味品	√						√	√
饮料类	√	√	√	√	√		√	√
特殊膳食用食品	√						√	√

注："√"表示需要检验项目。

（4）砷

中国及东盟主要国家检验砷的食品种类比较见表3—9。经分析可以得知，中国及东盟主要国家检验砷的食品种类主要有5类：水产动物及其制品，蔬菜制品，油脂及其制品，食糖和淀粉糖，饮料类。菲律宾是规定食品种类最少的国家。除菲律宾和中国外，其他国家均规定了杂项，包括未列明的其他所有食品，也就是所有的食品种类都应进行该项目检验。菲律宾规定了食品中砷临时每日允许摄入量。

表3-9 中国及东盟主要国家检测砷的食品种类比较

食品种类	中国	泰国	马来西亚	印度尼西亚	新加坡	菲律宾	文莱	越南
谷物及其制品	√							√
水产动物及其制品	√	√	√	√	√			
蔬菜及其制品	√	√	√	√	√	√	√	√
食用菌及其制品	√							
肉及肉制品	√		√	√			√	√
乳及乳制品	√		√	√			√	√

表 3-9（续）

食品种类	中国	泰国	马来西亚	印度尼西亚	新加坡	菲律宾	文莱	越南
油脂及其制品	√	√	√	√	√	√	√	√
调味品	√	√					√	√
食糖及淀粉糖	√		√	√	√	√	√	√
饮料类	√	√	√	√	√	√	√	√
可可制品、巧克力和巧克力制品以及糖果	√	√				√	√	√
特殊膳食用食品	√						√	

注：“√”表示需要检验项目。

（5）锡

国内外检验锡的食品种类比较见表 3-10。经分析可以得知，中国和文莱是规定食品种类最多的国家，菲律宾是规定食品种类最少的国家。除菲律宾和中国外，其他国家均规定了杂项，包括未列明的其他所有食品，也就是所有的食品种类都应进行该项目检验。

表 3-10　中国及东盟主要国家检测锡的食品种类比较

食品种类	中国	泰国	马来西亚	印度尼西亚	新加坡	菲律宾	文莱	越南
采用镀锡薄板容器包装的食品	√						√	√
饮料类	√	√		√	√		√	√
婴幼儿配方食品、婴幼儿辅助食品	√			√	√		√	

注：“√”表示需要检验项目。

3.4.2.3　限量值的比较

3.4.2.3.1　中国与泰国的重金属限量值比较

中国和泰国重金属检验项目均规定了铅、镉、汞、砷、锡、铬限量值。限量值比较见表 3-11。

因为泰国铅、汞、锡、砷检验项目均列出杂项（别处不包括的所有食品），也即标明铅、汞、锡、砷是所有食品的必检项目；而镉涉及的食品种类有饮料，水果、蔬菜及其制品，蜂蜜，供人消费水和冰等，相同的仅有水 1 类，限量相同；铬涉及的食品种类仅有供人消费水和冰，无相同项目。因此，中国和泰国铅、汞、锡、砷限量数据可比性高。

表 3-11　中国与泰国重金属限量值比较

<table>
<tr><th rowspan="2">重金属</th><th colspan="2">中国</th><th colspan="2">泰国</th></tr>
<tr><th>食品种类</th><th>限量 /（mg/kg）</th><th>食品种类</th><th>限量 /（mg/kg）</th></tr>
<tr><td rowspan="33">铅</td><td>水果制品</td><td>1.0</td><td>果酱、橘子酱</td><td>1.0</td></tr>
<tr><td>水产制品</td><td>1.0</td><td>海产品</td><td>1.0</td></tr>
<tr><td>其他乳制品</td><td>0.3</td><td>黄油</td><td>0.05</td></tr>
<tr><td>皮蛋</td><td>0.5</td><td>皮蛋</td><td>2.0</td></tr>
<tr><td>油脂及其制品</td><td>0.1</td><td>油脂类</td><td>0.1</td></tr>
<tr><td>调味品（食用盐、香辛料类除外）</td><td>1.0</td><td>从大豆蛋白水解得到的调味品</td><td>1.0</td></tr>
<tr><td rowspan="2">包装饮用水</td><td rowspan="2">0.01mg/L</td><td>密封容器装饮用水</td><td>0.05 mg/L</td></tr>
<tr><td>天然矿泉水</td><td>0.01mg/L</td></tr>
<tr><td>蛋白饮料类、碳酸饮料类、茶饮料类</td><td>0.3mg/L</td><td>无酒精饮料、预包装豆奶、茶饮料</td><td>0.5mg/L</td></tr>
<tr><td>可可制品、巧克力和巧克力制品以及糖果</td><td>0.5</td><td>巧克力和巧克力制品以及糖果</td><td>1.0</td></tr>
<tr><td>果冻</td><td>0.5</td><td>果冻</td><td>1.0</td></tr>
<tr><td>蜂蜜</td><td>1.0</td><td>蜂蜜</td><td>0.5</td></tr>
<tr><td>谷物及其制品</td><td>0.2</td><td rowspan="22">杂项（别处不包括的所有食品）</td><td rowspan="22">1.0</td></tr>
<tr><td>麦片、面筋、八宝粥罐头、带馅（料）面米制品</td><td>0.5</td></tr>
<tr><td>新鲜蔬菜（芸豆类蔬菜、叶菜蔬菜、豆类蔬菜、薯类除外）</td><td>0.1</td></tr>
<tr><td>芸豆类蔬菜、叶菜蔬菜</td><td>0.3</td></tr>
<tr><td>豆类蔬菜、薯类</td><td>0.2</td></tr>
<tr><td>蔬菜制品</td><td>1.0</td></tr>
<tr><td>新鲜水果（浆果和其他小粒水果除外）</td><td>0.1</td></tr>
<tr><td>浆果和其他小粒水果</td><td>0.2</td></tr>
<tr><td>食用菌及其制品</td><td>1.0</td></tr>
<tr><td>豆类</td><td>0.2</td></tr>
<tr><td>豆类制品（豆浆除外）</td><td>0.5</td></tr>
<tr><td>豆浆</td><td>0.05</td></tr>
<tr><td>藻类及其制品（螺旋藻及其制品除外）</td><td>1.0（干重计）</td></tr>
<tr><td>坚果及籽类（咖啡豆除外）</td><td>0.2</td></tr>
<tr><td>咖啡豆</td><td>0.5</td></tr>
<tr><td>肉类（禽畜内脏除外）</td><td>0.2</td></tr>
<tr><td>禽畜内脏</td><td>0.5</td></tr>
<tr><td>肉制品</td><td>0.5</td></tr>
<tr><td>食用淀粉</td><td>0.2</td></tr>
<tr><td>淀粉制品</td><td>0.5</td></tr>
</table>

表 3-11（续）

<table>
<tr><th rowspan="2">重金属</th><th colspan="2">中国</th><th colspan="2">泰国</th></tr>
<tr><th>食品种类</th><th>限量 /（mg/kg）</th><th>食品种类</th><th>限量 /（mg/kg）</th></tr>
<tr><td rowspan="4">铅</td><td>焙烤食品</td><td>0.5</td><td rowspan="4">杂项（别处不包括的所有食品）</td><td rowspan="4">1.0</td></tr>
<tr><td>酒类（蒸馏酒、黄酒除外）</td><td>0.2</td></tr>
<tr><td>蒸馏酒、黄酒</td><td>0.5</td></tr>
<tr><td>冷冻饮品</td><td>0.3</td></tr>
<tr><td rowspan="2">镉</td><td>包装饮用水</td><td>0.005mg/L</td><td>密封容器装饮用水</td><td>0.005mg/L</td></tr>
<tr><td>矿泉水</td><td>0.003mg/L</td><td>天然矿泉水</td><td>0.003mg/L</td></tr>
<tr><td>汞</td><td>矿泉水</td><td>0.001mg/L</td><td>天然矿泉水</td><td>0.001mg/L</td></tr>
<tr><td rowspan="21">砷</td><td>水产动物及其制品（鱼类及其制品除外）</td><td>0.5</td><td rowspan="2">鱼和鱼制品</td><td rowspan="2">2.0</td></tr>
<tr><td>鱼类及其制品</td><td>0.1</td></tr>
<tr><td>油脂及其制品</td><td>0.1</td><td>油脂类</td><td>0.1</td></tr>
<tr><td>调味品</td><td>0.5</td><td>从大豆蛋白水解得到的调味品</td><td>2.0</td></tr>
<tr><td>包装饮用水</td><td>0.01mg/L</td><td>密封容器装饮用水</td><td>0.05mg/L</td></tr>
<tr><td rowspan="3">可可制品、巧克力和巧克力制品以及糖果</td><td rowspan="3">0.5</td><td>巧克力涂层产品、未提及的其他巧克力产品</td><td>1.0</td></tr>
<tr><td>黑巧克力、巧克力涂层、牛奶巧克力、奶油巧克力、巧克力棒或屑、调味巧克力、白巧克力</td><td>0.3</td></tr>
<tr><td>无糖巧克力</td><td>1.0</td></tr>
<tr><td>谷物（稻谷除外）</td><td>0.5</td><td rowspan="13">杂项（别处不包括的所有食品）</td><td rowspan="13">2.0</td></tr>
<tr><td>谷物碾磨加工品</td><td>0.5</td></tr>
<tr><td>稻谷、糙米、大米</td><td>无机砷 0.2</td></tr>
<tr><td>新鲜蔬菜</td><td>0.5</td></tr>
<tr><td>食用菌及其制品</td><td>0.5</td></tr>
<tr><td>肉及肉制品</td><td>0.5</td></tr>
<tr><td>生乳、巴氏杀菌乳、灭菌乳、调制乳、发酵乳</td><td>0.1</td></tr>
<tr><td>乳粉</td><td>0.5</td></tr>
<tr><td>食糖及淀粉糖</td><td>0.5</td></tr>
<tr><td>婴幼儿谷类辅助食品（添加藻类的产品除外）</td><td>无机砷 0.2</td></tr>
<tr><td>添加藻类的产品</td><td>无机砷 0.3</td></tr>
<tr><td>婴幼儿罐装辅助食品（以水产及动物肝脏为原料的产品除外）</td><td>无机砷 0.1</td></tr>
<tr><td>以水产及动物肝脏为原料的产品</td><td>无机砷 0.3</td></tr>
</table>

3.4.2.3.2 中国与马来西亚的重金属限量值比较

中国和马来西亚重金属检验项目均规定了铅、镉、汞、砷、锡、铬限量值。限量值比较见

表 3—12。

因为马来西亚铅、镉、汞、锡、砷检验项目均列出杂项（除水和食品添加剂之外没有规定限量的任何食品），也即标明铅、镉、汞、锡、砷是所有食品的必检项目，因此中国和泰国铅、镉、汞、锡、砷限量值数据可比性高。

表 3–12　中国与马来西亚重金属限量值比较

重金属	中国		马来西亚	
	食品种类	限量 /（mg/kg）	食品种类	限量 /（mg/kg）
铅	果蔬汁类［浓缩果蔬汁（浆）除外］	0.05mg/L	蔬菜汁和果汁	0.5
	浓缩果蔬汁（浆）	0.5mg/L		
	蛋白饮料类（含乳饮料除外）	0.3mg/L	无酒精饮料：咖啡、菊苣及相关产品	2.0
	含乳饮料	0.05mg/L	无酒精饮料：直接消费软饮料	0.2
	碳酸饮料类、茶饮料类	0.3mg/L	无酒精饮料：茶、茶末、茶提取物和花茶	2.0
	固体饮料类	1.0	无酒精饮料：需稀释的软饮料	1.0
	其他饮料类	0.3mg/L		
	婴幼儿罐装辅助食品（以水产及动物肝脏为原料的产品除外）	0.25	婴幼儿罐装食品	0.5
	油脂及其制品	0.1	油脂类	0.1
	鱼类、甲壳类	0.5	鱼和鱼制品	2.0
	水果制品	1.0	除蔬菜汁和果汁外的蔬菜产品和水果产品	2.0
	蔬菜制品	1.0		
	肉类（禽畜内脏除外）	0.2	除食用明胶以外的肉与肉制品	2.0
	禽畜内脏	0.5		
	肉制品	0.5		
	生乳、巴氏杀菌乳、灭菌乳、发酵乳、调制乳	0.05	乳和乳制品	1.0
	乳粉、非脱盐乳清粉	0.5		
	其他乳制品	0.3		
	可可制品、巧克力和巧克力制品以及糖果	0.5	可可与可可制品	2.0
	蜂蜜	1.0	蜂蜜	2.0
	婴幼儿配方食品（液态产品除外）	0.15（以粉状产品计）	婴儿配方食品、婴幼儿谷物食品	0.5
	包装饮用水	0.01mg/L	包装饮用水	0.05mg/L
	谷物及其制品［麦片、面筋、八宝粥罐头、带馅（料）面米制品除外］	0.2	除水和食品添加剂之外没有规定限量的任何食品	2.0

表 3-12（续）

<table>
<tr><th rowspan="2">重金属</th><th colspan="2">中国</th><th colspan="2">马来西亚</th></tr>
<tr><th>食品种类</th><th>限量 /（mg/kg）</th><th>食品种类</th><th>限量 /（mg/kg）</th></tr>
<tr><td rowspan="31">铅</td><td>麦片、面筋、八宝粥罐头、带馅（料）面米制品</td><td>0.5</td><td rowspan="31">除水和食品添加剂之外没有规定限量的任何食品</td><td rowspan="31">2.0</td></tr>
<tr><td>新鲜蔬菜（芸豆类蔬菜、叶菜蔬菜、豆类蔬菜、薯类除外）</td><td>0.1</td></tr>
<tr><td>芸豆类蔬菜、叶菜蔬菜</td><td>0.3</td></tr>
<tr><td>豆类蔬菜、薯类</td><td>0.2</td></tr>
<tr><td>新鲜水果（浆果和其他小粒水果除外）</td><td>0.1</td></tr>
<tr><td>浆果和其他小粒水果</td><td>0.2</td></tr>
<tr><td>食用菌及其制品</td><td>1.0</td></tr>
<tr><td>豆类</td><td>0.2</td></tr>
<tr><td>豆类制品（豆浆除外）</td><td>0.5</td></tr>
<tr><td>豆浆</td><td>0.05</td></tr>
<tr><td>藻类及其制品（螺旋藻及其制品除外）</td><td>1.0（干重计）</td></tr>
<tr><td>坚果及籽类（咖啡豆除外）</td><td>0.2</td></tr>
<tr><td>咖啡豆</td><td>0.5</td></tr>
<tr><td>蛋及蛋制品（皮蛋、皮蛋肠除外）</td><td>0.2</td></tr>
<tr><td>皮蛋、皮蛋肠</td><td>0.5</td></tr>
<tr><td>调味品（食用盐、香辛料类除外）</td><td>1.0</td></tr>
<tr><td>食用盐</td><td>2.0</td></tr>
<tr><td>香辛料类</td><td>3.0</td></tr>
<tr><td>食糖及淀粉糖</td><td>0.5</td></tr>
<tr><td>食用淀粉</td><td>0.2</td></tr>
<tr><td>淀粉制品</td><td>0.5</td></tr>
<tr><td>焙烤食品</td><td>0.5</td></tr>
<tr><td>酒类（蒸馏酒、黄酒除外）</td><td>0.2</td></tr>
<tr><td>蒸馏酒、黄酒</td><td>0.5</td></tr>
<tr><td>冷冻饮品</td><td>0.3</td></tr>
<tr><td>果冻</td><td>0.5</td></tr>
<tr><td>膨化食品</td><td>0.5</td></tr>
<tr><td>茶叶</td><td>5.0</td></tr>
<tr><td>干菊花</td><td>5.0</td></tr>
<tr><td>苦丁茶</td><td>2.0</td></tr>
<tr><td>花粉</td><td>0.5</td></tr>
</table>

表 3–12（续）

<table>
<tr><th rowspan="2">重金属</th><th colspan="2">中国</th><th colspan="2">马来西亚</th></tr>
<tr><th>食品种类</th><th>限量 /（mg/kg）</th><th>食品种类</th><th>限量 /（mg/kg）</th></tr>
<tr><td rowspan="31">镉</td><td>鱼类</td><td>0.1</td><td rowspan="3">食肉性鱼</td><td rowspan="3">1.0</td></tr>
<tr><td>甲壳类</td><td>0.5</td></tr>
<tr><td>双壳类、腹足类、头足类、棘皮类</td><td>2.0（去除内脏）</td></tr>
<tr><td>鱼类罐头（风尾鱼、旗鱼罐头除外）</td><td>0.2</td><td rowspan="4">其他鱼制品</td><td rowspan="4">1.0</td></tr>
<tr><td>风尾鱼、旗鱼罐头</td><td>0.3</td></tr>
<tr><td>其他鱼类制品（风尾鱼、旗鱼制品除外）</td><td>0.1</td></tr>
<tr><td>风尾鱼、旗鱼制品</td><td>0.3</td></tr>
<tr><td>肉类（禽畜内脏除外）</td><td>0.1</td><td rowspan="6">除食用明胶以外的肉与肉制品</td><td rowspan="6">1.0</td></tr>
<tr><td>禽畜肝脏</td><td>0.5</td></tr>
<tr><td>禽畜肾脏</td><td>1.0</td></tr>
<tr><td>肉制品（肝脏制品、肾脏制品除外）</td><td>0.1</td></tr>
<tr><td>肝脏制品</td><td>0.5</td></tr>
<tr><td>肾脏制品</td><td>1.0</td></tr>
<tr><td>包装饮用水</td><td>0.005mg/L</td><td>包装饮用水</td><td>0.005mg/L</td></tr>
<tr><td>矿泉水</td><td>0.003mg/L</td><td>矿泉水</td><td>0.01mg/L</td></tr>
<tr><td>谷物（稻谷除外）</td><td>0.1</td><td rowspan="16">除水和食品添加剂之外没有规定限量的任何食品</td><td rowspan="16">1.0</td></tr>
<tr><td>谷物碾磨加工品（糙米、大米除外）</td><td>0.1</td></tr>
<tr><td>稻谷、糙米、大米</td><td>0.2</td></tr>
<tr><td>新鲜蔬菜（叶菜蔬菜、豆类蔬菜、块根和块茎蔬菜、茎类蔬菜除外）</td><td>0.05</td></tr>
<tr><td>叶菜蔬菜</td><td>0.2</td></tr>
<tr><td>豆类蔬菜、块根和块茎蔬菜、茎类蔬菜（芹菜除外）</td><td>0.1</td></tr>
<tr><td>芹菜</td><td>0.2</td></tr>
<tr><td>新鲜水果</td><td>0.05</td></tr>
<tr><td>新鲜食用菌（香菇和姬松茸除外）</td><td>0.2</td></tr>
<tr><td>香菇</td><td>0.5</td></tr>
<tr><td>食用菌制品（姬松茸制品除外）</td><td>0.5</td></tr>
<tr><td>豆类</td><td>0.2</td></tr>
<tr><td>花生</td><td>0.5</td></tr>
<tr><td>蛋及蛋制品</td><td>0.05</td></tr>
<tr><td>食用盐</td><td>0.5</td></tr>
<tr><td>鱼类调味品</td><td>0.1</td></tr>
</table>

表 3–12（续）

<table>
<tr><th rowspan="2">重金属</th><th colspan="2">中国</th><th colspan="2">马来西亚</th></tr>
<tr><th>食品种类</th><th>限量 /（mg/kg）</th><th>食品种类</th><th>限量 /（mg/kg）</th></tr>
<tr><td rowspan="11">汞</td><td>婴幼儿罐装辅助食品</td><td>0.02</td><td>婴幼儿罐装食品</td><td>0.05</td></tr>
<tr><td>肉食性鱼类及其制品</td><td>甲基汞
1.0</td><td>肉食性鱼</td><td>1.0</td></tr>
<tr><td>水产动物及其制品</td><td>甲基汞
0.5</td><td>其他鱼制品</td><td>0.5</td></tr>
<tr><td>肉类</td><td>0.05</td><td>除食用明胶以外的肉与肉制品</td><td>0.05</td></tr>
<tr><td>生乳、巴氏杀菌乳、灭菌乳、调制乳、发酵乳</td><td>0.01</td><td>乳和乳制品</td><td>0.05</td></tr>
<tr><td>矿泉水</td><td>0.001mg/L</td><td>天然矿泉水</td><td>0.001mg/L</td></tr>
<tr><td>稻谷、糙米、大米、玉米、玉米面（渣、片）、小麦、小麦粉</td><td>0.02</td><td rowspan="5">除水和食品添加剂之外没有规定限量的任何食品</td><td rowspan="5">0.05</td></tr>
<tr><td>新鲜蔬菜</td><td>0.01</td></tr>
<tr><td>食用菌及其制品</td><td>0.1</td></tr>
<tr><td>鲜蛋</td><td>0.05</td></tr>
<tr><td>食用盐</td><td>0.1</td></tr>
<tr><td rowspan="16">砷</td><td>婴幼儿罐装辅助食品（以水产及动物肝脏为原料的产品除外）</td><td>无机砷
0.1</td><td>婴幼儿罐装食品</td><td>0.1</td></tr>
<tr><td>油脂及其制品</td><td>0.1</td><td>食用脂肪和食用油</td><td>0.1</td></tr>
<tr><td>水产动物及其制品（鱼类及其制品除外）</td><td>无机砷
0.5</td><td>肉食性鱼</td><td>1.0</td></tr>
<tr><td>鱼类及其制品</td><td>无机砷
0.1</td><td>其他鱼制品</td><td>1.0</td></tr>
<tr><td>肉及肉制品</td><td>0.5</td><td>除食用明胶以外的肉与肉制品</td><td>1.0</td></tr>
<tr><td>生乳、巴氏杀菌乳、灭菌乳、调制乳、发酵乳</td><td>0.1</td><td rowspan="2">乳和乳制品</td><td rowspan="2">0.5</td></tr>
<tr><td>乳粉</td><td>0.5</td></tr>
<tr><td>可可制品、巧克力和巧克力制品</td><td>0.5</td><td>可可与可可制品</td><td>1.0</td></tr>
<tr><td>包装饮用水</td><td>0.01mg/L</td><td>包装饮用水</td><td>0.05mg/L</td></tr>
<tr><td>调味品（水产调味品、藻类调味品和香辛料类除外）</td><td>0.5</td><td>调味料</td><td>1.0</td></tr>
<tr><td>谷物（稻谷除外）</td><td>0.5</td><td rowspan="6">除水和食品添加剂之外没有规定限量的任何食品</td><td rowspan="6">1.0</td></tr>
<tr><td>谷物碾磨加工品（糙米、大米除外）</td><td>0.5</td></tr>
<tr><td>稻谷、糙米、大米</td><td>无机砷
0.2</td></tr>
<tr><td>新鲜蔬菜</td><td>0.5</td></tr>
<tr><td>食用菌及其制品</td><td>0.5</td></tr>
<tr><td>食糖及淀粉糖</td><td>0.5</td></tr>
</table>

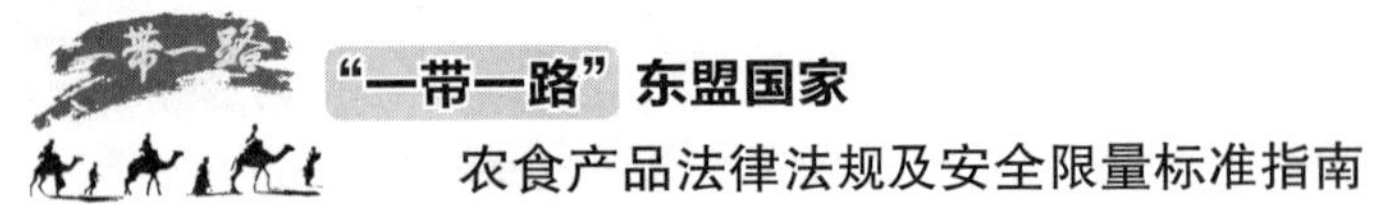

3.4.2.3.3 中国与印度尼西亚的重金属限量值比较

中国和印度尼西亚重金属检验项目均规定了铅、汞、砷、锡。限量值比较见表 3–13。

因为印度尼西亚铅、汞、锡、砷均列出杂项（以上未列出的其他食品），也即标明铅、汞、锡、砷是所有食品的必检项目；而并未规定镉、铬、镍、铝、锰、钡、锑的限量。因此中国和印度尼西亚铅、汞、锡、砷限量数据可比性高。

表 3–13 中国与马来西亚重金属限量值比较

重金属	中国		印度尼西亚	
	食品种类	限量 /（mg/kg）	食品种类	限量 /（mg/kg）
铅	果蔬汁类［浓缩果蔬汁（浆）除外］	0.05mg/L	果汁	0.3
	浓缩果蔬汁（浆）	0.5mg/L	浓缩果汁	0.3
	蛋白饮料类（含乳饮料除外）	0.3mg/L		
	含乳饮料	0.05mg/L		
	碳酸饮料类、茶饮料类	0.3mg/L	茶	2.0
	固体饮料类	1.0	饮料粉	0.2
	其他饮料类	0.3 mg/L	咖啡	2.0
	婴幼儿罐装辅助食品（以水产及动物肝脏为原料的产品除外）	0.25		
	油脂及其制品	0.1	人造黄油	0.1
			精炼植物油	0.1
	鱼类、甲壳类	0.5	鱼及鱼制品	2.0
	水果制品	1.0	果酱和果酱制品	1.5
			其他水果和水果制品	2.0
	蔬菜制品	1.0	其他蔬菜和蔬菜产品	2.0
	肉类（禽畜内脏除外）	0.2	肉与肉制品	2.0
	禽畜内脏	0.5		
	肉制品	0.5		
	生乳、巴氏杀菌乳、灭菌乳、发酵乳、调制乳	0.05	黄油	0.1
	乳粉、非脱盐乳清粉	0.5	冰激凌	1.0
	其他乳制品	0.3	以上未列出的乳和乳制品	0.3
	可可制品、巧克力和巧克力制品以及糖果	0.5	果糖	0.5
	蜂蜜	1.0	蜂蜜	10
	婴幼儿配方食品（液态产品除外）	0.15（以粉状产品计）	婴儿配方食品	0.3
	食糖及淀粉糖	0.5	白糖、葡萄糖	2.0
	谷物及其制品［麦片、面筋、八宝粥罐头、带馅（料）面米制品除外］	0.2	以上未列出的其他食品	2.0

表 3−13（续）

重金属	中国		印度尼西亚	
	食品种类	限量 /（mg/kg）	食品种类	限量 /（mg/kg）
铅	麦片、面筋、八宝粥罐头、带馅（料）面米制品	0.5	以上未列出的其他食品	2.0
	新鲜蔬菜（芸豆类蔬菜、叶菜蔬菜、豆类蔬菜、薯类除外）	0.1		
	芸豆类蔬菜、叶菜蔬菜	0.3		
	豆类蔬菜、薯类	0.2		
	新鲜水果（浆果和其他小粒水果除外）	0.1		
	浆果和其他小粒水果	0.2		
	食用菌及其制品	1.0		
	豆类	0.2		
	豆类制品（豆浆除外）	0.5		
	豆浆	0.05		
	藻类及其制品（螺旋藻及其制品除外）	1.0（干重计）		
	坚果及籽类（咖啡豆除外）	0.2		
	咖啡豆	0.5		
	蛋及蛋制品（皮蛋、皮蛋肠除外）	0.2		
	皮蛋、皮蛋肠	0.5		
	调味品（食用盐、香辛料类除外）	1.0		
	食用盐	2.0		
	香辛料类	3.0		
	食用淀粉	0.2		
	淀粉制品	0.5		
	焙烤食品	0.5		
	酒类（蒸馏酒、黄酒除外）	0.2		
	蒸馏酒、黄酒	0.5		
	冷冻饮品	0.3		
	果冻	0.5		
	膨化食品	0.5		
	茶叶	5.0		
	干菊花	5.0		
	苦丁茶	2.0		
	花粉	0.5		

表 3-13（续）

重金属	中国		印度尼西亚	
	食品种类	限量 /（mg/kg）	食品种类	限量 /（mg/kg）
汞	肉食性鱼类及其制品	甲基汞 1.0	鱼及鱼制品	0.5
	水产动物及其制品（肉食性鱼类及其制品除外）	甲基汞 0.5		
	肉类	0.05	肉与肉制品	0.03
	生乳、巴氏杀菌乳、灭菌乳、调制乳、发酵乳	0.01	黄油	0.03
			以上未列出的乳和乳制品	0.03
	矿泉水	0.001mg/L	以上未列出的其他食品	0.03
	稻谷、糙米、大米、玉米、玉米面（渣、片）、小麦、小麦粉	0.02		
	新鲜蔬菜	0.01		
	食用菌及其制品	0.1		
	鲜蛋	0.05		
	食用盐	0.1		
	婴幼儿罐装辅助食品	0.02		
砷	食糖及淀粉糖	0.5	白糖、葡萄糖	1.0
	油脂及其制品	0.1	人造黄油	0.1
			精炼植物油	0.1
	水产动物及其制品（鱼类及其制品除外）	无机砷 0.5		
	鱼类及其制品	无机砷 0.1	鱼及鱼制品	1.0
	肉及肉制品	0.5	肉与肉制品	1.0
	生乳、巴氏杀菌乳、灭菌乳、调制乳、发酵乳	0.1	黄油	0.1
			冰激凌	0.5
	乳粉	0.5	以上未列出的乳和乳制品	0.1
	可可制品、巧克力和巧克力制品	0.5	以上未列出的其他食品	1.0
	包装饮用水	0.01mg/L		
	调味品（水产调味品、藻类调味品和香辛料类除外）	0.5		
	谷物（稻谷除外）	0.5		
	谷物碾磨加工品（糙米、大米除外）	0.5		
	稻谷、糙米、大米	无机砷 0.2		
	新鲜蔬菜	0.5		
	食用菌及其制品	0.5		
	婴幼儿罐装辅助食品（以水产及动物肝脏为原料的产品除外）	无机砷 0.1		

3.4.2.3.4　中国与新加坡的重金属限量值比较

中国和新加坡重金属检验项目均规定了铅、镉、汞、砷、锡、铬限量值。限量值比较见表 3−14。

因为新加坡铅、镉、汞、锡、砷检验项目均列出杂项（以上未规定的其他食品），也即标明铅、镉、汞、锡、砷是所有食品的必检项目，因此中国和新加坡铅、镉、汞、锡、砷限量值数据可比性高。

表 3–14　中国与新加坡重金属限量值比较

<table>
<tr><th rowspan="2">重金属</th><th colspan="2">中国</th><th colspan="2">新加坡</th></tr>
<tr><th>食品种类</th><th>限量 /（mg/kg）</th><th>食品种类</th><th>限量 /（mg/kg）</th></tr>
<tr><td rowspan="27">铅</td><td>果蔬汁类[浓缩果蔬汁（浆）除外]</td><td>0.05mg/L</td><td rowspan="2">水果和蔬菜汁（不包括柠檬和酸橙汁）</td><td rowspan="2">0.3</td></tr>
<tr><td>浓缩果蔬汁（浆）</td><td>0.5mg/L</td></tr>
<tr><td>蛋白饮料类（含乳饮料除外）</td><td>0.3mg/L</td><td></td><td></td></tr>
<tr><td>含乳饮料</td><td>0.05mg/L</td><td></td><td></td></tr>
<tr><td>碳酸饮料类、茶饮料类</td><td>0.3mg/L</td><td>无酒精饮料：茶</td><td>2.0</td></tr>
<tr><td>固体饮料类</td><td>1.0</td><td rowspan="2">本文中没有列出的其他饮料</td><td rowspan="2">0.1</td></tr>
<tr><td>其他饮料类</td><td>0.3mg/L</td></tr>
<tr><td>婴幼儿罐装辅助食品（以水产及动物肝脏为原料的产品除外）</td><td>0.25</td><td></td><td></td></tr>
<tr><td>油脂及其制品</td><td>0.1</td><td>食用油脂</td><td>0.1</td></tr>
<tr><td rowspan="2">鱼类、甲壳类</td><td rowspan="2">0.5</td><td>甲壳类和软体动物</td><td>2.0</td></tr>
<tr><td>鱼类</td><td>2.0</td></tr>
<tr><td>可可制品、巧克力和巧克力制品以及糖果</td><td>0.5</td><td>可可粉（以干脱脂物质计）</td><td>2.0</td></tr>
<tr><td>蜂蜜</td><td>1.0</td><td></td><td></td></tr>
<tr><td>婴幼儿配方食品（液态产品除外）</td><td>0.15
（以粉状产品计）</td><td>婴儿配方食品与幼儿食品</td><td>0.2</td></tr>
<tr><td>食糖及淀粉糖</td><td>0.5</td><td>精制白糖（硫酸盐灰分不超过 0.03%）、无水葡萄糖和水合葡萄糖</td><td>0.5</td></tr>
<tr><td>新鲜蔬菜（芸豆类蔬菜、叶菜蔬菜、豆类蔬菜、薯类除外）</td><td>0.1</td><td rowspan="5">新鲜水果和蔬菜</td><td rowspan="5">1.0</td></tr>
<tr><td>芸豆类蔬菜、叶菜蔬菜</td><td>0.3</td></tr>
<tr><td>豆类蔬菜、薯类</td><td>0.2</td></tr>
<tr><td>新鲜水果（浆果和其他小粒水果除外）</td><td>0.1</td></tr>
<tr><td>浆果和其他小粒水果</td><td>0.2</td></tr>
<tr><td>藻类及其制品（螺旋藻及其制品除外）</td><td>1.0（干重计）</td><td>海藻</td><td>0.2</td></tr>
<tr><td>坚果及籽类（咖啡豆除外）</td><td>0.2</td><td></td><td></td></tr>
<tr><td>咖啡豆</td><td>0.5</td><td>咖啡豆</td><td>2.0</td></tr>
</table>

表 3-14（续）

重金属	中国		新加坡	
	食品种类	限量 /（mg/kg）	食品种类	限量 /（mg/kg）
铅	蛋及蛋制品（皮蛋、皮蛋肠除外）	0.2		
	皮蛋、皮蛋肠	0.5	皮蛋或咸蛋	2.0
	调味品（食用盐、香辛料类除外）	1.0	调味料	1.5
	食用盐	2.0		
	香辛料类	3.0	干香草和香料（包括芥末）	2.0
	食用淀粉	0.2	以上未规定的其他食品	2.0
	淀粉制品	0.5		
	焙烤食品	0.5		
	酒类（蒸馏酒、黄酒除外）	0.2		
	蒸馏酒、黄酒	0.5		
	冷冻饮品	0.3		
	果冻	0.5		
	膨化食品	0.5		
	茶叶	5.0		
	干菊花	5.0		
	苦丁茶	2.0		
	花粉	0.5		
	水果制品	1.0		
	蔬菜制品	1.0		
	肉类（禽畜内脏除外）	0.2		
	禽畜内脏	0.5		
	肉制品	0.5		
	生乳、巴氏杀菌乳、灭菌乳、发酵乳、调制乳	0.05		
	乳粉、非脱盐乳清粉	0.5		
	其他乳制品	0.3		
	谷物及其制品［麦片、面筋、八宝粥罐头、带馅（料）面米制品除外］	0.2		
	麦片、面筋、八宝粥罐头、带馅（料）面米制品	0.5		
	食用菌及其制品	1.0		
	豆类	0.2		
	豆类制品（豆浆除外）	0.5		
	豆浆	0.05		
镉	鱼类	0.1	鱼类	0.2
	甲壳类	0.5	甲壳类和软体动物	1.0

表 3-14（续）

重金属	中国		新加坡	
	食品种类	限量 /（mg/kg）	食品种类	限量 /（mg/kg）
镉	双壳类、腹足类、头足类、棘皮类	2.0（去除内脏）		
	鱼类罐头（凤尾鱼、旗鱼罐头除外）	0.2	鱼罐头	0.2
	凤尾鱼、旗鱼罐头	0.3		
	其他鱼类制品（凤尾鱼、旗鱼制品除外）	0.1		
	凤尾鱼、旗鱼制品	0.3		
	包装饮用水	0.005mg/L	本文中没有列出的其他饮料	0.2
	矿泉水	0.003mg/L	天然矿泉水	0.01mg/L
	新鲜蔬菜（叶菜蔬菜、豆类蔬菜、块根和块茎蔬菜、茎类蔬菜除外）	0.05	新鲜水果和蔬菜	0.2
	叶菜蔬菜	0.2		
	豆类蔬菜、块根和块茎蔬菜、茎类蔬菜（芹菜除外）	0.1		
	芹菜	0.2		
	新鲜水果	0.05		
	蛋及蛋制品	0.05	皮蛋或咸蛋	0.2
	食用盐	0.5	调味料	0.2
	鱼类调味品	0.1		
	肉类（禽畜内脏除外）	0.1	以上未规定的其他食品	0.2
	禽畜肝脏	0.5		
	禽畜肾脏	1.0		
	肉制品（肝脏制品、肾脏制品除外）	0.1		
	肝脏制品	0.5		
	肾脏制品	1.0		
	谷物（稻谷除外）	0.1		
	谷物碾磨加工品（糙米、大米除外）	0.1		
	稻谷、糙米、大米	0.2		
	新鲜食用菌（香菇和姬松茸除外）	0.2		
	香菇	0.5		
	食用菌制品（姬松茸制品除外）	0.5		
	豆类	0.2		
	花生	0.5		
汞	矿泉水	0.001mg/L	天然矿泉水	0.001mg/L
	生乳、巴氏杀菌乳、灭菌乳、调制乳、发酵乳	0.01	罐装乳和乳制品	0.05

表 3—14（续）

重金属	中国		新加坡	
	食品种类	限量 /（mg/kg）	食品种类	限量 /（mg/kg）
汞	新鲜蔬菜	0.01	新鲜水果和蔬菜	0.05
	食用菌及其制品	0.1	以上未规定的其他食品	0.05
	鲜蛋	0.05		
	食用盐	0.1		
	婴幼儿罐装辅助食品	0.02		
	肉食性鱼类及其制品	甲基汞 1.0		
	水产动物及其制品（肉食性鱼类及其制品除外）	甲基汞 0.5		
	肉类	0.05		
	稻谷、糙米、大米、玉米、玉米面（渣、片）、小麦、小麦粉	0.02		
砷	食糖及淀粉糖	0.5	其他糖（包括糖浆）	1.0
			精制白糖（硫酸盐灰分不超过 0.03%）、无水葡萄糖和水合葡萄糖	1.0
	油脂及其制品	0.1	食用油脂	0.1
	水产动物及其制品（鱼类及其制品除外）	无机砷 0.5	甲壳类和软体动物	1.0
	鱼类及其制品	无机砷 0.1	鱼类	1.0
	生乳、巴氏杀菌乳、灭菌乳、调制乳、发酵乳	0.1	罐装乳和乳制品	0.1
	乳粉	0.5		
	可可制品、巧克力和巧克力制品	0.5	可可粉（以干脱脂物质计）	1.0
	调味品（水产调味品、藻类调味品和香辛料类除外）	0.5	调味料	1.0
	新鲜蔬菜	0.5	新鲜水果和蔬菜	1.0
	谷物（稻谷除外）	0.5	以上未规定的其他食品	1.0
	谷物碾磨加工品（糙米、大米除外）	0.5		
	稻谷、糙米、大米	无机砷 0.2		
	包装饮用水	0.01mg/L		
	食用菌及其制品	0.5		
	婴幼儿罐装辅助食品（以水产及动物肝脏为原料的产品除外）	无机砷 0.1		
	肉及肉制品	0.5		

3.4.2.3.5　中国与菲律宾的重金属限量值比较

中国和菲律宾重金属检验项目均规定了铅、镉、汞、砷、锡限量值。限量值比较见表 3-15。

因为菲律宾对镉仅规定了瓶装饮用水的限量，对汞和锡也仅规定了两类食品的限量，且对铅和砷规定的食品种类也远少于中国规定的食品种类，因此中国和菲律宾铅、镉、汞、锡、砷限量值数据可比性不高。

表 3-15　中国与菲律宾重金属限量值比较

重金属	中国		菲律宾	
	食品种类	限量 /（mg/kg）	食品种类	限量 /（mg/kg）
铅	可可制品、巧克力和巧克力制品以及糖果	0.5	可可油	0.5
			可可粉 / 可可糖混合物	2.0
	油脂及其制品	0.1	脂肪和油	0.1
	果蔬汁类［浓缩果蔬汁（浆）除外］	0.05mg/L	果汁 / 花蜜	0.3
	食糖及淀粉糖	0.5	糖和糖浆	2.0
	包装饮用水	0.01mg/L	瓶装饮用水	0.05mg/L
镉	包装饮用水（矿泉水除外）	0.005mg/L	瓶装饮用水	0.01mg/L
	矿泉水	0.003mg/L		
汞	肉食性鱼类及其制品	甲基汞 1.0	鱼和海产品（仅食用部分）	1.0
	水产动物及其制品（肉食性鱼类及其制品除外）	甲基汞 0.5		
	矿泉水	0.001mg/L	瓶装饮用水	0.001mg/L
砷	可可制品、巧克力和巧克力制品	0.5	可可油	0.5
			可可粉 / 可可糖混合物	1.0
	油脂及其制品	0.1	脂肪和油	0.1
	食糖及淀粉糖	0.5	糖和糖浆	1.0
	包装饮用水	0.01mg/L	瓶装饮用水	0.05mg/L

3.4.2.3.6　中国与文莱的重金属限量值比较

中国和文莱重金属检验项目均规定了铅、镉、汞、砷、锡。限量值比较见表 3-16。

因为文莱铅、镉、汞、锡、砷均列出杂项（除水和食品添加剂外，其他没有详细列明的食品），也即标明铅、镉、汞、锡、砷是所有食品的必检项目；而镉涉及的食品种类有饮料，水果、蔬菜及其制品，蜂蜜，供人消费水和冰等，相同的仅有水 1 类，限量相同；铬涉及的食品种类仅有供人消费水和冰，无相同项目。因此中国和文莱铅、镉、汞、锡、砷限量数据可比性高。

表 3-16　中国与文莱重金属限量值比较

重金属	中国		文莱	
	食品种类	限量 /（mg/kg）	食品种类	限量 /（mg/kg）
铅	水产制品	1.0	鱼和鱼制品	2.0
	其他乳制品	0.3	奶及奶制品	1.0
	皮蛋	0.5	调味剂	2.0

表 3-16（续）

<table>
<tr><th rowspan="2">重金属</th><th colspan="2">中国</th><th colspan="2">文莱</th></tr>
<tr><th>食品种类</th><th>限量 /（mg/kg）</th><th>食品种类</th><th>限量 /（mg/kg）</th></tr>
<tr><td rowspan="32">铅</td><td>油脂及其制品</td><td>0.1</td><td>食用脂肪和食用油</td><td>0.1</td></tr>
<tr><td rowspan="3">调味品（食用盐、香辛料类除外）</td><td rowspan="3">1.0</td><td>除咖喱粉以外的香料</td><td>2.0</td></tr>
<tr><td>咖喱粉</td><td>2.0</td></tr>
<tr><td>酱油</td><td>2.0</td></tr>
<tr><td>包装饮用水</td><td>0.01mg/L</td><td>咖啡，菊苣和相关产品</td><td>2.0</td></tr>
<tr><td>蛋白饮料类、碳酸饮料类、茶饮料类</td><td>0.3mg/L</td><td>茶，茶叶末，茶叶提取物，花茶</td><td>2.0</td></tr>
<tr><td>可可制品、巧克力和巧克力制品以及糖果</td><td>0.5</td><td>可可和可可产品</td><td>2.0</td></tr>
<tr><td>果冻</td><td>0.5</td><td>除甘油、糖蜜、糖精、山梨糖醇以外的甜味剂</td><td>0.5</td></tr>
<tr><td>蜂蜜</td><td>1.0</td><td>糖蜜，蜂蜜</td><td>2.0</td></tr>
<tr><td>谷物及其制品</td><td>0.2</td><td rowspan="2">特殊用途食品：婴儿配方奶粉，婴幼儿、儿童罐头食品、婴儿、儿童谷类食品</td><td rowspan="2">0.5</td></tr>
<tr><td>麦片、面筋、八宝粥罐头、带馅（料）面米制品</td><td>0.5</td></tr>
<tr><td>新鲜蔬菜（芸豆类蔬菜、叶菜蔬菜、豆类蔬菜、薯类除外）</td><td>0.1</td><td rowspan="6">除蔬菜汁和水果汁以外的蔬菜制品和水果制品</td><td rowspan="6">2.0</td></tr>
<tr><td>芸豆类蔬菜、叶菜蔬菜</td><td>0.3</td></tr>
<tr><td>豆类蔬菜、薯类</td><td>0.2</td></tr>
<tr><td>蔬菜制品</td><td>1.0</td></tr>
<tr><td>水果制品</td><td>1.0</td></tr>
<tr><td>新鲜水果（浆果和其他小粒水果除外）</td><td>0.1</td></tr>
<tr><td>浆果和其他小粒水果</td><td>0.2</td><td>蔬菜汁和水果汁</td><td>0.5</td></tr>
<tr><td>食用菌及其制品</td><td>1.0</td><td>腌制食品</td><td>2.0</td></tr>
<tr><td>豆类</td><td>0.2</td><td rowspan="3">土豆糊、酱、泥</td><td rowspan="3">2.0</td></tr>
<tr><td>豆类制品（豆浆除外）</td><td>0.5</td></tr>
<tr><td>豆浆</td><td>0.05</td></tr>
<tr><td>藻类及其制品（螺旋藻及其制品除外）</td><td>1.0（干重计）</td><td rowspan="6">肉和肉制品</td><td rowspan="6">2.0</td></tr>
<tr><td>坚果及仔类（咖啡豆除外）</td><td>0.2</td></tr>
<tr><td>咖啡豆</td><td>0.5</td></tr>
<tr><td>肉类（禽畜内脏除外）</td><td>0.2</td></tr>
<tr><td>禽畜内脏</td><td>0.5</td></tr>
<tr><td>肉制品</td><td>0.5</td></tr>
<tr><td>食用淀粉</td><td>0.2</td><td rowspan="3">食用明胶</td><td rowspan="3">2.0</td></tr>
<tr><td>淀粉制品</td><td>0.5</td></tr>
<tr><td>焙烤食品</td><td>0.5</td></tr>
<tr><td>酒类（蒸馏酒、黄酒除外）</td><td>0.2</td><td>酒精饮料和醋</td><td>0.5</td></tr>
</table>

表 3—16（续）

重金属	中国		文莱	
	食品种类	限量 /（mg/kg）	食品种类	限量 /（mg/kg）
铅	蒸馏酒、黄酒	0.5	直接饮用软饮料	0.2
	冷冻饮品	0.3	稀释后饮用软饮料	1.0
镉	鱼类	0.1	鱼和鱼制品	1.0
	甲壳类	0.5		
	双壳类、腹足类、头足类、棘皮类	2.0（去除内脏）		
	鱼类罐头（凤尾鱼、旗鱼罐头除外）	0.2		
	凤尾鱼、旗鱼罐头	0.3		
	其他鱼类制品（凤尾鱼、旗鱼制品除外）	0.1		
	凤尾鱼、旗鱼制品	0.3		
	包装饮用水	0.005mg/L		
	矿泉水	0.003mg/L		
	新鲜蔬菜（叶菜蔬菜、豆类蔬菜、块根和块茎蔬菜、茎类蔬菜除外）	0.05	除蔬菜汁和水果汁以外的蔬菜产品和水果制品	1.0
	叶菜蔬菜	0.2		
	豆类蔬菜、块根和块茎蔬菜、茎类蔬菜（芹菜除外）	0.1		
	芹菜	0.2		
	新鲜水果	0.05		
	蛋及蛋制品	0.05		
	食用盐	0.5	调味剂	1.0
	鱼类调味品	0.1		
	肉类（禽畜内脏除外）	0.1	肉和肉制品	1.0
	禽畜肝脏	0.5		
	禽畜肾脏	1.0		
	肉制品（肝脏制品、肾脏制品除外）	0.1		
	肝脏制品	0.5	除水和食品添加剂外，其他未详细列明的食品	1.0
	肾脏制品	1.0		
	谷物（稻谷除外）	0.1		
	谷物碾磨加工品（糙米、大米除外）	0.1		
	稻谷、糙米、大米	0.2		
	新鲜食用菌（香菇和姬松茸除外）	0.2		
	香菇	0.5		
	食用菌制品（姬松茸制品除外）	0.5		
	豆类	0.2		
	花生	0.5		

表 3—16（续）

重金属	中国		文莱	
	食品种类	限量 /（mg/kg）	食品种类	限量 /（mg/kg）
汞	矿泉水	0.001mg/L		
	生乳、巴氏杀菌乳、灭菌乳、调制乳、发酵乳	0.01		
	新鲜蔬菜	0.01	除蔬菜汁和水果汁以外的蔬菜产品和水果制品	0.05
	食用菌及其制品	0.1	鱼和鱼制品	0.05
	鲜蛋	0.05		
	食用盐	0.1		
	婴幼儿罐装辅助食品	0.02		
	肉食性鱼类及其制品	甲基汞 1.0	肉和肉制品	0.05
	水产动物及其制品（肉食性鱼类及其制品除外）	甲基汞 0.5		
	肉类	0.05	除水和食品添加剂外，其他未详细列明的食品	0.05
	稻谷、糙米、大米、玉米、玉米面（渣、片）、小麦、小麦粉	0.02		
砷	食糖及淀粉糖	0.5	甜味剂	1.0
	油脂及其制品	0.1	食用脂肪和食用油	0.1
	水产动物及其制品（鱼类及其制品除外）	无机砷 0.5	鱼和鱼制品	1.0
	鱼类及其制品	无机砷 0.1		
	生乳、巴氏杀菌乳、灭菌乳、调制乳、发酵乳	0.1	奶及奶制品	0.5
	乳粉	0.5		
	可可制品、巧克力和巧克力制品	0.5	可可和可可制品	1.0
	调味品（水产调味品、藻类调味品和香辛料类除外）	0.5	调味剂	1.0
	新鲜蔬菜	0.5	除蔬菜汁和水果汁以外的蔬菜产品和水果制品	1.0
	婴幼儿罐装辅助食品（以水产及动物肝脏为原料的产品除外）	无机砷 0.1	特殊用途食品：婴儿配方奶粉，婴幼儿、儿童罐头食品、婴儿、儿童谷类食品	0.1
	肉及肉制品	0.5	肉和肉制品	1.0
	谷物（稻谷除外）	0.5	除水和食品添加剂外，其他未详细列明的食品	1.0
	谷物碾磨加工品（糙米、大米除外）	0.5		
	稻谷、糙米、大米	无机砷 0.2		
	包装饮用水	0.01mg/L		
	食用菌及其制品	0.5		

3.4.2.3.7 中国与越南的重金属限量值比较

中国和越南重金属检验项目均规定了铅、镉、汞、砷、锡、甲基汞。限量值比较见表 3–17。

表 3–17 中国与越南重金属限量值比较

<table>
<tr><th rowspan="2">重金属</th><th colspan="2">中国</th><th colspan="2">越南</th></tr>
<tr><th>食品种类</th><th>限量 / (mg/kg)</th><th>食品种类</th><th>限量 / (mg/kg)</th></tr>
<tr><td rowspan="32">铅</td><td>乳及乳制品（生乳、巴氏杀菌乳、灭菌乳、发酵乳、调制乳、乳粉、非脱盐乳清粉除外）</td><td>0.3</td><td>牛奶和牛奶制品</td><td>0.02</td></tr>
<tr><td>肉类（畜禽内脏除外）</td><td>0.2</td><td>水牛城肉、牛、猪、羊、家禽</td><td>0.1</td></tr>
<tr><td>肉制品</td><td>0.5</td><td>牛、猪、家禽副产品</td><td>0.5</td></tr>
<tr><td>油脂及其制品</td><td>0.1</td><td>植物油和动物脂肪</td><td>0.1</td></tr>
<tr><td>油脂及其制品</td><td>0.1</td><td>人造黄油、植物油</td><td>0.1</td></tr>
<tr><td rowspan="2">新鲜蔬菜</td><td rowspan="2">0.1</td><td>洋葱</td><td>0.1</td></tr>
<tr><td>水果蔬菜</td><td>0.1</td></tr>
<tr><td>叶菜蔬菜</td><td>0.3</td><td>菠菜叶</td><td>0.3</td></tr>
<tr><td rowspan="2">豆类蔬菜，薯类</td><td rowspan="2">0.2</td><td>豆类蔬菜</td><td>0.2</td></tr>
<tr><td>块茎类蔬菜和吃根</td><td>0.1</td></tr>
<tr><td>食用菌及其制品</td><td>1.0</td><td>蘑菇</td><td>0.3</td></tr>
<tr><td>谷物及其制品[麦片、面筋、八宝粥罐头、带馅（料）面米制品除外]</td><td>0.2</td><td rowspan="2">谷物</td><td rowspan="2">0.2</td></tr>
<tr><td>麦片、面筋、八宝粥罐头、带馅（料）面米制品</td><td>0.5</td></tr>
<tr><td rowspan="2">新鲜水果</td><td rowspan="2">0.1</td><td>热带水果，食用果皮</td><td>0.1</td></tr>
<tr><td>热带水果，不食用果皮</td><td>0.1</td></tr>
<tr><td>浆果和其他小粒水果</td><td>0.2</td><td>其他小水果和浆果</td><td>0.2</td></tr>
<tr><td rowspan="3">新鲜水果</td><td rowspan="3">0.1</td><td>柑橘类水果</td><td>0.1</td></tr>
<tr><td>苹果集团</td><td>0.1</td></tr>
<tr><td>种子水果组</td><td>0.1</td></tr>
<tr><td>浆果和其他小粒水果</td><td>0.2</td><td>（果酱）果酱和果冻</td><td>1.0</td></tr>
<tr><td rowspan="3">水果制品</td><td rowspan="3">1.0</td><td>蔬菜、水果干</td><td>2.0</td></tr>
<tr><td>蔬菜、水果罐头</td><td>1.0</td></tr>
<tr><td>蔬菜汁，水果</td><td>0.05mg/L</td></tr>
<tr><td>茶叶</td><td>5.0</td><td>茶和茶制品</td><td>2.0</td></tr>
<tr><td rowspan="2">可可制品、巧克力和巧克力制品以及糖果</td><td rowspan="2">0.5</td><td>咖啡</td><td>2.0</td></tr>
<tr><td>可可和可可制品（包括巧克力）</td><td>2.0</td></tr>
<tr><td>香辛料类</td><td>3.0</td><td>香料（除了咖喱粉）</td><td>2.0</td></tr>
<tr><td>调味品</td><td>1.0</td><td>咖喱粉</td><td>2.0</td></tr>
<tr><td>调味品</td><td>1.0</td><td>酱</td><td>2.0mg/L</td></tr>
<tr><td>食用盐</td><td>2.0</td><td>食盐</td><td>2.0</td></tr>
</table>

表 3-17（续）

重金属	中国		越南	
	食品种类	限量 /（mg/kg）	食品种类	限量 /（mg/kg）
铅	调味品	1.0	糖	2.0
	蜂蜜	1.0	蜂蜜	2.0
	调味品	1.0	醋	0.5mg/L
	鱼类	0.5	鱼的肌肉	0.3
	甲壳类	0.5	甲壳类动物（不包括棕色肉蟹、龙虾的头和胸部和大甲壳类动物）	0.5
	双壳类	2.5	磷虾的双壳类动物	1.5
			磷虾三脚架头（没有内脏）	1.0
	饮料类	0.3	天然矿泉水	0.01mg/L
	包装饮用水	0.01	瓶装的水	0.01mg/L
	酒类（蒸馏酒、黄酒除外）	0.2	酒	0.2mg/L
	蒸馏酒、黄酒	0.5		
	婴幼儿谷类辅助食品	0.2	配合饲料为婴儿和年幼儿童（面条）	0.02
	辅食营养补充品	0.5	功能性食品	3.0
镉	肉类（畜禽内脏除外）	0.1	牛奶和牛奶制品	1.0
			水牛肉、牛、猪、羊、家禽	0.05
			马肉	0.2
	畜禽肝脏	0.5	牛、猪、羊、家禽、马的肝	0.5
	畜禽肾脏	1.0	牛、猪、羊、家禽、马的肾	1.0
	新鲜蔬菜	0.05	洋葱	0.05
			水果蔬菜	0.05
	叶菜蔬菜	0.2	菠菜叶	0.2
	豆类蔬菜、块根和块茎蔬菜、茎类蔬菜	0.1	豆类蔬菜	0.1
			块茎类蔬菜和吃根	0.1
			蔬菜茎	0.1
	香菇	0.5	蘑菇	0.2
	谷物（稻谷除外）	0.1	谷物	0.1
	稻谷、糙米、大米	0.2	白米饭	0.4
			小麦	0.2
			茶和茶制品	1.0
			咖啡	1.0
			可可和可可制品（包括巧克力）	0.5
			香料（除了咖喱粉）	1.0

表 3–17（续）

重金属	中国		越南	
	食品种类	限量 /（mg/kg）	食品种类	限量 /（mg/kg）
镉			咖喱粉	1.0
			酱	1.0mg/L
	食用盐	0.5	食盐	0.5
			糖	1.0
			蜂蜜	1.0
			醋	1.0mg/L
	鱼类	0.1	鳀鱼、金枪鱼、鳗鱼、鳊鱼、鲻鱼、日本赌场鱼、鱼、鲱鱼、沙丁鱼、鲯鳍	0.1
			箭鱼肌肉	0.3
	甲壳类	0.5	甲壳类动物（不包括棕色肉蟹、龙虾的头和胸部和大甲壳类动物）	0.5
	双壳类、腹足类、头足类、棘皮类	2.0	磷虾的双壳类动物	2.0
			磷虾三脚架头（没有内脏）	2.0
	鱼类罐头（凤尾鱼、旗鱼罐头除外）	0.2	渔业和其他水产品	0.05
	凤尾鱼、旗鱼罐头	0.3		
	其他鱼类制品（凤尾鱼、旗鱼制品除外）	0.1		
	凤尾鱼、旗鱼制品	0.3		
	矿泉水	0.003	天然矿泉水	0.003mg/L
	包装饮用水	0.005	瓶装的水	0.003mg/L
			功能性食品源自干海带或海藻产品	3.0
			功能性食品不是从干的海带或海藻产品派生	1.0
汞	生乳、巴氏杀菌乳、灭菌乳、调制乳、发酵乳	0.1	牛奶和牛奶制品	0.05
	肉类	0.05	肉与肉制品	0.05
	矿泉水	0.001	茶和茶制品	0.05
			咖啡	0.05
			可可和可可制品（包括巧克力）	0.05
			香料（除了咖喱粉）	0.05
			咖喱粉	0.05
			酱	0.05mg/L
	食用盐	0.1	食盐	0.1
			糖	0.05

表 3–17（续）

重金属	中国		越南	
	食品种类	限量 /（mg/kg）	食品种类	限量 /（mg/kg）
汞			蜂蜜	0.05
			醋	0.05mg/L
	水产动物及其制品（肉食性鱼类及其制品除外）	0.5	脚鳍鱼、鲶鱼、金枪鱼、鳗鱼，画鱼、鳕鱼、比目鱼、马舌、比目鱼、鲻鱼、满鱼、大 / 小鳕鱼、鲭鱼、射线角、红鳍鱼，鱼，海鲷、鲨鱼、蛇鲭、鲟鱼、箭鱼	1.0
	肉食性鱼类及其制品	1.0		
	水产动物及其制品（肉食性鱼类及其制品除外）	0.5	甲壳类动物（不包括棕色肉蟹、龙虾的头和胸部和大甲壳类动物）	0.5
			渔业和其他水产品	0.5
	矿泉水	0.001	天然矿泉水	0.001mg/L
			瓶装的水	0.006mg/L
	婴幼儿罐装辅助食品	0.02	功能性食品	0.1
砷	生乳、巴氏杀菌乳、灭菌乳、调制乳、发酵乳（总砷）	0.1	牛奶和牛奶制品	0.5
	肉及肉制品（总砷）	0.5	肉与肉制品	1.0
	油脂及其制品（总砷）	0.1	植物油和动物脂肪	0.1
			人造黄油、植物油	0.1
	谷物（稻谷除外）（总砷）	0.5	谷物	1.0
	新鲜蔬菜（总砷）	0.5	蔬菜，水果干	1.0
	包装饮用水（总砷）	0.01mg	茶和茶制品	1.0
	可可制品、巧克力和巧克力制品（总砷）	0.5	咖啡	1.0
			可可和可可制品（包括巧克力）	1.0
	调味品（水产调味品、藻类调味品和香辛料类除外）（总砷）	0.5	香料（除了咖喱粉）	5.0
			咖喱粉	1.0
			酱	1.0mg/L
			食盐	0.5
	食糖及淀粉糖	0.5	糖	1.0
	调味品（水产调味品、藻类调味品和香辛料类除外）（总砷）	0.5	蜂蜜	1.0
			醋	0.2mg/L
	包装饮用水（总砷）	0.01	天然矿泉水	0.01mg/L
			瓶装的水	0.01mg/L
锡	食品（饮料类、婴幼儿配方食品、婴幼儿辅助食品除外）	250	罐头肉（肉末，猪肩），咸牛肉，罐装肉类	
			用于锡箔制品	200
			对于无涂层罐头的产品	50
			蔬菜、水果罐头	250
	饮料类	150	罐装的饮料	150mg/L

表 3—17（续）

重金属	中国		越南	
	食品种类	限量 /（mg/kg）	食品种类	限量 /（mg/kg）
锡	食品（饮料类、婴幼儿配方食品、婴幼儿辅助食品除外）	250	罐头食品（不含酒水）	250
钾基汞	水产动物及其制品（肉食性鱼类及其制品除外）	0.5	鱼（不包括掠食性鱼类）的类型	0.5
	肉食性鱼类及其制品	1.0	肉食性鱼类（如鲨鱼、箭鱼、金枪鱼，派克和其他鱼）	1.0

中国加入 WTO 后，在重金属法规和标准方面做了大量的配套工作，依据风险性评估技术，等效采用或参照国际 CAC 标准，清理整合并作废了一些标准，形成目前使用的国家标准版本，然而还存在标准之间相互矛盾、制修订迟缓、整体规划性较差，跟不上形势发展需要的问题，仍需进一步完善，为保护人民健康和促进国家进出口贸易发展，更好地保障中国的根本利益，作出积极贡献。

3.5 微生物限量对比分析

随着全球经济一体化的迅速发展和社会的不断进步，食品安全卫生问题已成为国际组织、各国政府、企业和消费者等各界共同关注的焦点问题。在众多影响食品安全卫生的因素中，微生物污染造成的食源性疾病仍是影响世界食品卫生最突出的问题之一。世界卫生组织（WHO）资料显示，有很多零散的病例未报告至 WHO，由于存在很大比例病例漏报的现象，使得全球食源性疾病数量难以估计。但是即便如此，WHO 于 2015 年最新报告全球每年有 6 亿人因食用了受致病细菌、化学毒素或寄生虫污染的食物导致急性中毒性疾病。感染性食物中毒的症状为：呕吐、腹泻、抽筋或发高烧。每年有 5500 万人在食用受污染的食物后，出现腹泻的症状，其中 23 万人因腹泻而死。该报告指出，造成食物中毒的主要原因，一般是肉、蛋、蔬菜等食品没有被清洗干净并完全加工熟，其中依然残留着病菌、农药以及化学物质等，或者是奶制品等没有完全消毒杀菌。据中国卫生部疾病预防控制中心营养与食品安全所历年全国食源性疾病监测资料表明，由微生物引起的食源性疾病一直是中国最主要的食品安全问题。因此，各国政府纷纷对食品中的微生物限量提出日益严格的要求，但由于各国之间发展水平差异较大，而且存在宗教、文化、地理以及政策上的差别，造成各国食品技术法规和标准所制定的食品微生物限量也不尽相同。

研究比较中国与东盟发布的食品微生物限量规定，总结其在食品微生物限量制定方面的特点，不但对中国制定食品微生物限量标准具有十分重要的借鉴意义，而且有利于应对东盟食品微生物限量技术措施，促进农食产品出口。

3.5.1 中国和东盟主要国家微生物限量法规和标准简介

3.5.1.1 中国

中国农产品和食品的微生物限量指标值主要以强制性国家标准的形式公布，迄今为止共收集整理了 116 项现行有效相关标准。该类标准原由中华人民共和国卫生部和中国国家标准化管理委员会共同批准发布，后由中华人民共和国国家卫生和计划生育委员会进行标准整合并统一发布，或由原国家质量监督检验检疫总局和中国国家标准化管理委员会发布。

3.5.1.2 马来西亚

马来西亚农产品和食品的微生物限量指标值是由马来西亚行业标准委员会（ISCs）制定的。ISCs 是由马来西亚标准与行业研究协会（SIRIM）设立并管理的。SIRIM 被马来西亚标准部（DSM）指定为唯一的国家标准制定机构，负责标准制定的具体事宜。马来西亚在食品方面的立法主要是 1983 年颁布实施的《食品法》(1983)，该法是马来西亚的食品基本法。马来西亚 1985 年颁布实施的《食品法》(1985）则是对它的补充和完善。立法的主要目的是要确保马来西亚的食品安全和保护消费者的利益。微生物及其毒素标准由《食品法》(1985）中第Ⅶ部分以及《马来西亚食品农产品进口法规与标准》第五章详细规定。

3.5.1.3 印度尼西亚

国家食品药物管理局发布了关于确定食品内微生物和化学污染物最大许可限量的第 HK.00.06.1.52.4011 号法规。本法规包括以下食品微生物的类型及最大许可标准，微生污染物：菌落总数、大肠菌群、大肠杆菌、沙门氏菌、金黄色葡萄球菌、蜡样芽孢杆菌、霉菌、酵母菌、产气荚膜梭菌、李斯特氏菌、霍乱弧菌、肠杆菌及阪崎肠杆菌。主要内容包括：

（1）食品是来自农业、种植园、林业、渔业、畜牧业、水产品和水产品的生物资源，无论是加工还是未加工，被指定为人类食用的食品或饮料，包括食品添加剂，食品原料以及在制备、加工和 / 或制作食品或饮料的过程中使用的其他材料。

（2）加工食品是以某种方式或方法加工而成的食品或饮料，添加或不添加其他成分。

（3）抽样计划是制定样本数量（n）、微生物限值（m 和 / 或 M）、分析单位以及允许超过微生物边界的样本数量（c），以确定食品可接受性的计划。

（4）商业无菌食品是低酸性食品，包装密封、商业消毒并储存在室温下。

（5）最高机构是国家食品药品管理局。

（6）微生物标准包括：a. 加工食品种类；b. 微生物类型；c. 抽样计划；d. 分析方法。

（7）除了使用附件中提到的分析方法外，微生物检测还可以使用其他等效的、经过验证的分析方法。

（8）违反本条例的规定可能会受到以下形式的行政处罚：a. 书面警告；b. 禁止流通一段时间和 / 或退出流通秩序；c. 终止营业；d. 暂时停止生产和 / 或分销活动；e. 上市授权的撤销。

此外，印度尼西亚农业部 2015 年颁布了部长 4 号令《关于进出口新鲜植物源性食品安全管理的农业部部长规定》(04/Permentan/PP.340/2/2015)，对新鲜植物源性食品的微生物限量指标值进行了规定，并于 2016 年 2 月正式实施。

3.5.1.4 文莱

文莱微生物限量相关法律法规、技术标准主要是《公共卫生（食品）条例》(food regulations)“第四部分 总则”食品杂质部分“41 微生物污染”，以下为具体内容：

（1）即食食品不得含有超过 20 CFU/g（mL）的大肠杆菌。

（2）附表 16 第 1 栏所列的食物须符合附表中的细菌学标准。

（3）用于加工成果汁的蔬菜和水果原料的发霉率不超过 20%，加工成其他果蔬制品包括番茄酱、果泥、酱、果酱和腌菜、蔬菜和水果原料的发霉率不超过 40%，具体微生物的检测方法参照美国“官方农药化学家协会”规定。

3.5.1.5 缅甸

缅甸微生物限量相关法律法规、技术标准是 1998 年 8 月颁布的关于《缅甸海洋渔业法》(Myanmar Marine Fisheries Law）第 3/98 号指令和 1996 年 11 月颁布的关于《缅甸海洋渔业法》(Myanmar Marine Fisheries Law）第 9/96 号指令。具体有包括《关于生产熟甲壳类和贝类产品微生物标准的指令》，以下是摘录的部分指令内容。

1.1 该指令适用于已煮熟或者消费前不需要再进行加热处理的甲壳类和贝类动物，尽管指令中的甲壳类和贝类动物在消费前可能会再进行加热处理。

1.2 可适用于熟甲壳类和贝类产品的微生物标准已经列在附录表上。

2.1 生产厂商也应对甲壳类和贝类动物进行预加工前和加工过程监控微生物操作标准，即使工厂的加工生产线按照 MDFSI 体系运作。

3.1 抽样方案应由加工厂的管理人员根据产品的特性（整个、带壳或脱壳的）、烹饪的温度、时间进行风险评估后制定，方案需要同时符合条款 1.1 的 5&6 和渔业部门（12/96）指令的要求。

3.2 副条款 3.1 中提到的方案应该包含，如果未能遵守本附件标题 1 或标题 2 所规定的标准，则保证：

i）将有关不及格批次的调查结果以及采取措施通知主管权威机构，以及下文条款 3.2 提供的措施。

ii）综合监控和检查关键点的方法以便确定污染源，并采取更频繁的应对措施。

iii）若发现病原体，或者超出附件标题 2 规定的金黄色葡萄球菌的上限 M 值，相关批次的产品不得销售供人类食用。

4.4 用于验证附件中规定的微生物标准的微生物分析方法应在国际上得到科学认可，并在实践中进行过测试。使用的分析方法必须记录相应的结果。

5.1 如果授权官员检查出不符合本指令要求的鱼类和渔业产品，官员应拒绝出口该批次产品或放行于交易市场用于消费。

6.1 任何鱼类和渔业产品的加工许可证持有人均应遵守本指令和许可证上的许可条件。

6.2 违反指令的任何条款或条件，可根据 1990 年“缅甸海洋渔业法”第 45 条采取刑事行动，许可证也可能根据法律第 24 条面临暂停、撤销、终止和收回。

3.5.1.6 菲律宾

菲律宾农产品和食品的微生物限量指标值是由菲律宾食品药品监督管理局制定的《加工食品的微生物标准》(Annex I － FC 2013－010 Microbiological Standard for Processed Food)中规定。本法规包括以下食品的微生物：乳及乳制品、黄油、冰激凌、可可粉、冷藏蔬果、脱水蔬果、禽蛋及其制品、谷物及其及制品、烘烤类食品、肉制品、水产品等。

3.5.1.7 越南

越南《国家技术准则—食品的微生物污染物》(QCNV 8－3：2012/BYT)中规定了农食产品微生物限量标准，主要定义以下食品中的一类或一组产品内有害微生物的接触程度：乳和乳制品、蛋和蛋制品、肉和肉制品、水产品和鱼类产品、保健品、瓶装矿泉水、瓶装水、奶油、蔬菜和水果及相关的管理要求。

3.5.2 中国和东盟主要国家重要农食产品微生物限量比较

3.5.2.1 食品种类的比较

食品种类的划分可以按营养特点、保藏方法、原料种类、加工方法或食用人群分类。由于分类时考虑的侧重点大多有所差异，所以目前各国食品分类方法不尽相同。如我国 GB 2760—2014 中的食品分类系统参考了国际食品法典委员会(Codex Alimentarius Commission)CODEX STAN 192－1995，Rev. 7－2006《食品添加剂通用标准》(General Standard for food additives)，已被替代的 GB 2760—2007《食品添加剂使用卫生标准》中也有专门的"附录 F 食品分类系统"。由于各国之间存在饮食文化差异，而且食品原料来源、生产工艺也有所不同，因此规定了检验微生物项目的食品种类也就不同。以下分别列出中国与东盟主要贸易国的法规和标准中规定了微生物检验项目的食品种类。

3.5.2.1.1 中国

(1)乳和乳制品：巴氏杀菌乳、灭菌乳，调制乳，酸乳，乳粉，发酵乳，生乳，炼乳(淡炼乳、加糖炼乳、食品工业用加糖炼乳)，稀奶油，干酪，乳清粉和乳清蛋白粉，脱盐乳清粉，再制干酪。

(2)脂肪、油和乳化脂肪制品奶油：黄油，人造奶油。

(3)冷冻饮品：乳蛋白冷冻饮品，含豆类冷冻饮品，含淀粉或果类冷冻饮品，食用冰块。

(4)水果、蔬菜：豆类，食用菌，藻类，坚果以及籽类等蜜饯，辐照干果果脯类，干果食品(葡萄干、柿饼)，酱腌菜(散装、瓶/袋装)，果蔬类罐头，食品工业用浓缩果蔬汁(浆)，果、蔬汁饮料(低温复原果汁、其他)，食用菌罐头，藻类制品，非发酵性豆制品及面筋(散装、定型包装)，发酵性豆制品，烘炒食品。

(5)可可制品：巧克力和巧克力制品(包括类巧克力和代巧克力)以及糖果(硬质糖果、抛光糖果、焦香糖果、充气糖果、夹心糖果、凝胶糖果），胶基糖果，巧克力。

（6）粮食和粮食制品：包括大米、面粉、杂粮、块根植物、豆类和玉米提取的淀粉等淀粉类制品（销售），麦片类，方便面（面块、面块和调料），速冻预包装面米食品（生制、熟制）。

（7）焙烤食品：糕点，面包（热加工、冷加工），饼干（非夹心、夹心）。

（8）肉及肉制品鲜、冻禽产品（鲜禽产品、冻禽产品），辐照冷冻包装畜禽肉类，熟肉制品，烧烤肉，肴肉，肉灌肠，酱卤肉，熏煮火腿，其他熟肉制品，肉松，油酥肉松，肉粉松，肉干，肉脯，肉糜脯，其他熟肉干制品，肉类罐头，辐照熟畜禽肉类（出厂、销售）。

（9）水产品及其制品、鱼糜制品：即食、非即食腌制生食动物性水产品，动物性水产干制品，鱼罐头。

（10）蛋及蛋制品：槽蛋，皮蛋，巴氏杀菌全蛋粉，蛋黄粉，巴氏杀菌冰全蛋，冰蛋白。

（11）甜味料食糖：白砂糖，绵白糖，赤砂糖，淀粉糖，蜂蜜，辐照花粉。

（12）调味品：食醋，酱油，酱，辐照香辛料类，水产调味品。

（13）特殊营养用食品婴儿配方食品：较大婴儿和幼儿配方食品，婴幼儿谷类辅助食品，婴幼儿罐装辅助食品，保健（功能）食品（液态产品蛋白质≥1%、液态产品蛋白质＜1%、固态或半固态产品蛋白质≥4%、固态或半固态产品蛋白质＜4%）。

（14）饮料类碳酸饮料：固体饮料（蛋白型、普通型），饮用天然矿泉水（水源水、罐装产品），含乳饮料，乳酸菌饮料（活性乳酸菌饮料、非活性乳酸菌饮料），植物蛋白饮料，瓶装饮用纯净水，茶饮料，瓶（桶）装饮用水，可可粉固体饮料。

（15）酒类发酵酒：鲜啤酒，生啤酒，熟啤酒，黄酒，葡萄酒、果酒。

（16）其他：胶原蛋白，肠衣，油炸小食品类，膨化食品，果冻，生活饮用水。

3.5.2.1.2　马来西亚

（1）谷物制品和面包：谷物制品（包括早餐谷制品），面包（白面包、水果面包、牛奶面包、粗粮面黑麦面包、麦批胚面包、营养强化面包）。

（2）乳制品：脱脂牛奶，巴氏杀菌奶，调味奶，全脂奶粉或全脂牛奶，脱脂奶粉，麦精乳粉，再制奶，复原乳，淡奶，炼乳，乳糖水解奶，换脂奶，浓缩换脂奶，酸奶或发酵乳。

（3）面糖制品：任何糕饼，蛋糕，饼干或由其他面粉谷粉混合物制成的产品以及其他食品。

（4）罐装肉、鱼和蔬菜：罐装肉，罐装鱼，灌装蔬菜。

（5）灌装水果和各类果汁：灌装果汁，什锦水果罐头，果汁（苹果汁、柚子汁水、柠檬汁、酸橙汁、橘子汁、百香果汁、菠萝汁）。

（6）沙拉调料和蛋黄酱：沙拉酱，蛋黄酱。

（7）软饮料：糖浆，水果糖浆，水果饮料，果子水，调味糖浆，调味饮料，果汁饮料，软饮料预混料，植物饮料混合物，豆浆，豆浆饮料。

3.5.2.1.3　印度尼西亚

（1）乳制品和类似物：牛奶（原味），巴士杀菌牛奶，酪乳（原味），发酵乳制品，炼乳（原味），奶精饮料（非牛奶），巴氏杀菌奶油（原味），浓缩奶油（原味），奶油类似物，牛奶粉末和奶油粉末类似物，没有固化的奶酪（生奶酪），所有储存的成熟奶酪，包括奶酪皮，奶酪片，乳清干酪，加工奶酪，牛奶制成的甜点、乳清液及其产品。

（2）脂肪，油和油乳剂：脂肪和植物油，油状乳液为主的脂肪乳液，水中的乳液脂肪型乳化油，包含混合脂肪乳液或去除剂。

（3）水果和蔬菜：包括蘑菇，植物块茎，坚果（包括大豆，芦荟），海藻，种子，冷冻水果，干果，水果醋，包装水果（巴氏杀菌），果酱，果冻和橘子酱，水果为基础的原料：包括水果粥、果泥、果汁和椰奶、发酵水果产品、煮熟的水果、蔬菜、花生和冷冻谷物、菜泥和蔬菜、花生和谷物制品（如花生酱）。

（4）花糖 / 糖果和巧克力：大豆混合糖浆和酵母可可粉 / 可可混合（糖浆），可可和巧克力产品，仿巧克力，巧克力替代产品，硬糖果，软糖果，牛轧糖和小杏仁饼。

（5）自谷物种子的谷物和谷物产品：面粉和淀粉，意大利生面和同类产品，谷物制作的甜点和淀粉（如布丁米、木薯布丁），面粉调味料（例如涂鱼面或鸡肉），年糕，大豆饮料，黄豆薄流体层，半干豆腐。

（6）面包类产品：蛋糕和立方面包（卷），饼干（不包括甜饼干），类似的面包产品包括面包（馅）和烘焙面粉，面粉、面包和馒头。

（7）肉和肉制品：禽类肉和肉食动物的肉。

（8）加工肉制品：包括未经热处理的禽类肉制品和肉食性动物肉制品的完整整体或切片（腌制），经过热处理的肉制品，包括禽类肉制品和肉食性动物肉制品的完整整体或加工过的切片，肉类、家禽和肉食性动物肉类被压碎、加工和热处理，即食香肠。

（9）鱼类和鱼类制品包括软体动物：甲壳类动物，棘皮动物，两栖动物和爬行动物鱼，鱼片和渔产品包括软体动物，甲壳类动物和冷冻棘皮动物，剁碎或糊状的包括软体动物，甲壳类动物，棘皮动物的鱼制品。

（10）蛋和蛋制品。

（11）保鲜鸡蛋：传统的保鲜蛋制品，用蛋制作的甜品（例如蛋羹）。

（12）盐、香料、汤料、酱油、沙拉、蛋白质产品。

（13）草药和香料：调味品和调味料，汤和肉汤粉的粉末或混合物，粉末酱油和肉。

（14）用于特殊营养目的的食品。

（15）婴儿配方奶粉，有特殊药物需要的婴儿配方奶粉。

（16）非饮料（含乳制品）。

（17）天然矿泉水及其来源，水果和蔬菜提取液，充入二氧化碳调味的水饮料，浓缩（固态和液态）调味饮料。

（18）即食小吃：小吃食品土豆小食，块茎，谷类小食，面粉和淀粉类小食（从块茎或大豆中得到），鱼类小食。

3.5.2.1.4 泰国

（1）肉及肉制品：冷冻禽肉，猪肉，热加工肉。

（2）水产品：冷冻虾，即食虾。

3.5.2.1.5　新加坡

（1）面包谷物制品：面粉，全米，全麦，小麦面精，自发粉，面粉蛋白，玉米粉。

（2）肉和肉制品：鱼肉，冻肉，腌肉、熏肉、卤肉，绞肉碎肉，汉堡包牛肉汉堡，香肠。

（3）鱼肉和鱼肉制品：鱼，冷冻鱼，熏鱼，咸鱼，鱼丸。

（4）食用油：椰子油，玉米油，棉籽油，花生油。

（5）牛奶及牛奶制品：牛奶，巴氏灭菌乳，紫外灭菌乳，炼乳。

（6）酱油，醋调味料：酱油，黄豆酱，蚝油，番茄汁，辣椒酱，醋，沙拉酱，腌菜，酸辣酱。

（7）糖以及糖制品。

（8）茶，咖啡和可可。

（9）果汁和果汁饮料。

（10）酱：水果酱，蛋黄酱。

（11）非酒精饮料。

（12）香料香精。

（13）增味剂。

（14）特殊项目食品：低卡路里食品，糖尿病人食品，婴幼儿食品。

（15）其他食品：蛋糊粉，食用明胶，鱼饼，虾片。

3.5.2.1.6　菲律宾

（1）乳及乳制品：全脂乳粉，脱脂乳粉，稀奶油，加糖炼乳，液态奶，奶油，巴氏杀菌乳，酸奶及其他发酵乳，干酪及干酪制品，加工干酪面包，生乳酪。

（2）脂肪、油和乳化脂肪制品奶油（即黄油），人造奶油。

（3）冷冻饮品（含坚果或果类冰激凌、食用冰）。

（4）甜食：可可制品，巧克力和巧克力制品（包括类巧克力和代巧克力）以及糖果（硬质糖果、抛光糖果，焦香糖果、充气糖果、夹心糖果、凝胶糖果）。

（5）水果、蔬菜坚果以及籽类：即食苗芽，即食果蔬块，未巴氏杀菌果蔬汁。

（6）肉及肉制品：碎肉和预制肉（生食、熟食），机械分离肉，肉制品（生食、熟食），牛、羊、马、猪的胴体，肉鸡、火鸡的酮体。

（7）水产品及其制品：活双壳软体动物，棘皮动物，被囊动物，腹足动物，已烹煮甲壳类和软体贝类动物。

（8）蛋及蛋制品。

（9）特殊营养用食品：婴幼儿和特殊医疗用途的即食食品、6个月以下婴幼儿配方粉和特殊医疗用途干食品、成长配方粉。

（10）其他类：明胶和胶原质，即食食品、含生蛋的即食食品。

3.5.2.1.7　越南

（1）乳制品：液态奶，奶粉，奶酪，奶油，发酵乳。

（2）蛋制品。

（3）肉制品。

（4）鱼制品及水产品。

（5）婴幼儿乳粉。

（6）水果、蔬菜产品。

（7）冰激凌。

3.5.2.2 检验项目的比较及限量要求

食品微生物在自然界的分布广泛，数量极大，种类繁多，包括有细菌、病毒、螺旋体、立克次体、衣原体、支原体、真菌、放线菌和原虫等，但本研究报告主要讨论细菌及其代谢物、真菌类中的霉菌和酵母菌，不包括标准或法规规定允许存在的有益菌，如乳酸菌、双歧乳杆菌。国际食品法典委员会指南 CAC/GL 21—1997《食品微生物标准制定及应用原则》（Principles for the Establishment and Application MicrobiologicalCriteria for Foods）规定，食品微生物标准体系的构成一般包括：微生物、毒素或代谢物指标；定性和定量检测方法；微生物限量值；现场所采样品数量和检测样大小的方案；符合限量值的检测样数量；标准适用的食品；食品链的标准适用点；不符合标准时所采取的措施。也即是通常所指的检验项目、检验方法、限量值、采样方法、适用范围。中国食品微生物卫生标准体系主要由食品种类、检验项目、限量标准等几部分构成。作为食品微生物标准体系核心内容的微生物学检验项目，对于确定食品检验的采样方法、定性和定量检测方法、微生物及其代谢物的限量指标等微生物卫生标准体系的其他内容具有决定性作用。同时，建立科学合理的微生物学检验项目，有助于确定合理有效的保质期、准确评价食品卫生状况。因此，完善中国食品微生物学检验项目的制定具有十分重要的指导意义。现行的食品微生物学检验项目包括食品微生物及其代谢物，主要分成以下 3 大类。

3.5.2.2.1 定量微生物是指污染食品的微生物总量

除霉菌和酵母菌适用于含糖量较高的食品，被用来评价某些食品的真菌污染程度之外，大多数情况下选择细菌总数。虽然该类菌的卫生学意义相同，直接意义在于作为清洁状态的标志，可反映食品被细菌污染的程度，间接意义在于推断食品鲜度和耐保藏性程度，可预测保质期限。但是各国的该类指标菌的名称、定义和应用都有所差别，如菌落总数、需氧菌菌落计数、标准平板计数、细菌计数、细菌总数、需氧菌平板计数、需氧菌计数、总嗜温菌群、需氧嗜温菌数、嗜冷菌计数、嗜热菌数、总嗜热菌数、耐热需氧菌数、需氧嗜热芽孢数等。

3.5.2.2.2 指示性微生物

指最易检测的粪便污染菌，通常反映食品被人或温血动物粪便污染的程度，从而可推断食品被肠道致病菌污染的可能性。包括大肠菌群、粪大肠菌群、耐热大肠菌群、肠球菌属、大肠埃希氏菌、粪链球菌、肠杆菌科等。

3.5.2.2.3 致病性微生物

指可能通过污染食品从而引起人类致病的各种微生物及其代谢物，根据不同食品可能污染的致病菌，有针对性地选择代表性致病菌作为各自的检验指标。包括沙门氏菌、金黄色葡萄球菌、大肠埃希氏菌 O_{157}：H_7、志贺氏菌、蜡样芽孢杆菌、产气荚膜梭菌、铜绿假单胞菌、副溶血性弧菌、李斯特氏菌、弯曲杆菌、霍乱弧菌、肉毒梭菌、麻痹性贝类毒素、遗忘性贝类毒素、神经性贝类毒素、组胺等。

国内外食品微生物学检验项目包括的微生物及其代谢物主要有：需氧菌菌落计数、需氧嗜温菌、乳酸菌、霉菌、酵母；总大肠菌群、大肠菌群、耐热大肠菌群、粪大肠菌群、肠杆菌科、大肠埃希氏菌、产肠毒素大肠埃希氏菌、肠出血性大肠埃希氏菌 O_{157}：H_7、凝固酶阳性葡萄球菌、金黄色葡萄球菌、产肠毒素金黄色葡萄球菌、单核细胞增生李斯特氏菌、铜绿假单胞菌、沙门氏菌、志贺氏菌、霍乱弧菌、创伤弧菌、副溶血弧菌、链球菌 D 群、阪崎肠杆菌、芽孢杆菌、弯曲杆菌、肉毒梭菌、梭菌、肠球菌属；遗忘性贝类毒素、神经性贝类毒素、麻痹性贝类毒素、棒曲霉素、葡萄球菌肠毒素、组胺等。

分析中国及各东盟主要贸易国食品微生物学检验项目概况，总的来看，中国及各主要贸易国都不同程度地利用了定量微生物、指示性微生物和致病性微生物这 3 类作用不同的指标对食品的卫生状况进行监控评价。下面具体列出中国及东盟各主要贸易国不同食品的微生物检验项目。

（1）中国

1）食用菌罐头、果蔬类罐头、肉类罐头、鱼罐头等罐头类产品应符合罐头食品商业无菌的要求。

2）婴幼儿辅助食品：苹果泥、胡萝卜泥、肉泥、骨泥、鸡肉菜糊应无致病菌及因微生物作用所引起的腐败象征。

3）仅规定致病性微生物检验项目的食品：辐照冷冻包装畜禽肉类为沙门氏菌，巧克力、干果食品为致病菌。

4）规定定量微生物和致病性微生物检验项目的食品：鲜乳、调制乳为菌落总数和致病菌。

5）规定指示性微生物和致病性微生物检验项目的食品：发酵性豆制品、酱腌菜、酱规定的检验项目为大肠菌群和致病性微生物。

6）其余食品同时要求检验定量微生物、指示性微生物和致病性微生物相应项目。其中：

a）碳酸饮料、糕点、面包、饼干、固体饮料、婴幼儿罐装辅助食品、含乳饮料、脱盐乳清粉、食糖、蜜饯、辐照花粉、辐照香辛料类、蜂蜜、人造奶油、乳酸菌饮料、植物蛋白饮料、保健（功能）食品、瓶装饮用纯净水、食品工业用浓缩果蔬汁（浆）、胶基糖果、速冻预包装面米食品、茶饮料、果蔬汁饮料、瓶（桶）装饮用水、果冻、麦片类、藻类、奶油、稀奶油规定的定量微生物检验项目既包括菌落总数，又包括霉菌和酵母菌。

b）干酪、酸乳、烘炒食品、胶原蛋白肠衣规定的定量微生物检验项目选择霉菌和酵母，其余食品均选择菌落总数。

c）上述食品指示性微生物检验项目均选择大肠菌群。

d）上述食品在致病性微生物项目选择方面的情况是：除鲜、冻禽产品规定的致病性微生物为沙门氏菌、单核细胞增生李斯特氏菌和出血性大肠埃希氏菌 O_{157}：H_7 外，大部分产品的致病菌检验沙门氏菌和金黄色葡萄球菌，水产品在此基础上增加副溶血性弧菌的检验。

e）饮用天然矿泉水定量检验大肠菌群、粪链球菌、铜绿假单胞菌和产气荚膜梭菌。

从上可见，中国大部分产品被要求同时进行定量微生物、指示性微生物和致病性微生物的检验。检验项目数最少 1 项，最多 7 项，大部分 5 项。不同食品类别之间的检验项目差异不大。

定量微生物检验项目包括菌落总数、霉菌和酵母菌计数，前者几乎应用于所有的食品，按其检验方法可以认为主要是指嗜中温需氧菌数，后两者则是对含糖量较高的食品。还有为数不少的食品被要求同时检验菌落总数、霉菌和酵母菌计数。大肠菌群成为受粪便污染的唯一指示性微生物检验项目。

致病性微生物指标几乎都采用"致病菌（沙门氏菌、志贺氏菌、金黄色葡萄球菌）"作为统一的检验项目，仅对水产品增加副溶血性弧菌的检验，而标准中几乎没有规定检验单核细胞增生李斯特氏菌、创伤弧菌、霍乱弧菌、阪崎肠杆菌、肉毒梭菌。即一般需要检验3个致病菌，数量较多。

中国生产及进出口的食品种类繁多，而且由于地区差异明显，欠发达地区生产力水平普遍不高，食品仍存在较多的微生物安全隐患，因此虽然中国开展的微生物学检验项目在这几个主要贸易国里并不是最多的，但对于被检验的食品而言，中国成为施检微生物项目较多的国家之一。此外，为数不少的食品定量微生物指标既包括菌落总数，又包括霉菌和酵母菌计数，从反映食品被细菌污染的程度的角度，指标设立重复。随着中国经济的快速发展，食品质量不断提高，相信国内名目繁多的微生物及其代谢物检验项目将逐步减少，渐渐与国际和国外先进国家接轨，转为选择性地监控重点检验项目。

（2）马来西亚

1）规定了定量微生物（细菌计数）检验项目的食品：巴氏杀菌牛奶，巴氏杀菌奶油和奶粉（包括全脂和脱脂奶粉），冰激凌，即食肉和肉制品（不包括密封容器内的即食肉和肉制品），即食鱼和鱼制品（不包括密封容器内的即食鱼和鱼制品），婴儿配方奶粉，液体蛋、液体蛋黄和液体蛋清，干燥后的液体蛋、液体蛋黄和液体蛋清。

2）规定了指示性微生物检验项目的食品：巴氏杀菌牛奶，巴氏杀菌奶油和奶粉（包括全脂和脱脂奶粉），冰激凌，即食肉和肉制品（不包括密封容器内的即食肉和肉制品）、即食鱼和鱼制品（不包括密封容器内的即食鱼和鱼制品），婴儿配方奶粉，液体蛋、液体蛋黄和液体蛋清，干燥液体蛋、干燥液体蛋黄和干燥液体蛋清，包装饮用水以及天然矿泉水。

3）规定了致病性微生物检验项目的食品：包装饮用水以及天然矿泉水（粪链球菌、铜绿假单胞菌、产气荚膜梭菌、还原亚硫酸盐厌氧菌）。

马来西亚食品微生物标准见表3−18，包装饮用水及销售水标准见表3−19，天然矿泉水标准见表3−20。

表3-18 马来西亚食品微生物标准

食品	37℃下48h内的总数	37℃下48h内的大肠菌群数目	大肠杆菌数目
巴氏杀菌牛奶，巴氏杀菌奶油和奶粉（包括全脂和脱脂奶粉）	10^5CFU/g（mL）	5×10CFU/g（mL）	
冰激凌	5×10^4CFU/g	100CFU/g	不得检出
即食肉和肉制品（不包括密封容器内的即食肉和肉制品）	10^6CFU/g	5×10CFU/g	
即食鱼和鱼制品（不包括密封容器内的即食鱼和鱼制品）	10^6CFU/g	5×10CFU/g	
婴儿配方奶粉	10^4CFU/g	10CFU/g	
液体蛋，液体蛋黄和液体蛋清	5×10^4CFU/mL	5×10CFU/mL	
干燥后的液体蛋，液体蛋黄和液体蛋清	5×10^4CFU/g	5×10CFU/g	

注：没有具体规定大肠杆菌数目的项目，应遵从良好生产规范的规定。

表 3–19　马来西亚包装饮用水及销售水标准

细菌	方法	每 100mL 的数目
总大肠菌群	多管法（37℃下 24h）	不超过 10（最大可能数）并且连续两个样本内不得检出
	薄膜过滤	所有样本的算术平均值是每 100mL 1 个菌落，并且连续两个样本内不多于每 100mL 4 个菌落
大肠杆菌或耐热大肠菌群	多管法	0（最大可能数）
粪链球菌	薄膜过滤	100mL 内不得检出
铜绿假单胞菌	薄膜过滤	100mL 内不得检出
产气荚膜梭菌	薄膜过滤	100mL 内不得检出
还原亚硫酸盐厌氧菌	薄膜过滤	100mL 内不得检出

表 3–20　马来西亚天然矿泉水标准

细菌	方法	每 100mL 的数目
大肠菌群生物	多管法（37℃下 24h）	不超过 10（最大可能数）并且连续两个样本内不得检出；全年百分之 95 的样品不得被检出
	薄膜过滤	所有样本的算术平均值是每 100mL 1 个菌落，并且连续样本内不多于每 100mL 4 个菌落
大肠杆菌	多管法	0（最大可能数）

（3）印度尼西亚

1）规定商业无菌的食品：液态奶，奶油，水果蔬菜罐头，肉制品罐头，鱼和贝壳类罐头，婴儿液体奶，婴儿罐头。

2）规定了定量微生物（细菌计数）检验项目的食品：牛奶（原味），基于牛奶的饮料和 / 或奶油（原味），奶酪，食用冰（包括果子露和雪葩），干果，果酱，糖果，蜜饯，果冻琼脂（粉），香蕉，发酵水果产品，水果产品中的糕点类，苹果脆片，菠萝蜜片，菠萝片，香蕉片，沙拉片，蔬菜，花生和冷冻谷物，蔬菜片，块茎和坚果，蔬菜，块茎和坚果制成的蛋糕，可可粉可可块 / 可可蛋糕，面粉和淀粉，面粉调味料，大豆饮料（巴氏杀菌），饼干，面包糕点，家禽肉和肉食性动物肉制品，所有鱼类，甲壳类动物（鱼块、虾仁），草药和香料，所有干草药（包括整个形状和粉末），沙拉，豆酱，矿泉水，软化水和婴儿培养奶粉。

3）规定了指示性微生物检验项目的食品：乳制品，浓缩奶油，黄油，食用冰果子露和雪葩，蜜饯，蔬菜，花生和冷冻谷物，大豆混合糖浆和酵母可可粉 / 可可混合（糖浆），糖果，面粉和淀粉，乌冬面，冷冻面条，面粉调味料，年糕，大豆饮料（巴氏杀菌），面包和馒头，干肉制品（包括肉丝，肉饼，肠）。

4）规定了致病性微生物检验项目的食品：牛奶（沙门氏菌），基于牛奶的饮料和 / 或奶油（沙门氏菌、金黄色葡萄球菌），奶酪（沙门氏菌、单核细胞增生李斯特氏菌），食用冰（沙门氏菌），干果牛奶（沙门氏菌），糖果，蜜饯，果冻琼脂（粉）、水果产品（沙门氏菌），蔬菜，花生和冷冻谷物（沙门氏菌、单核细胞增生李斯特氏菌），蔬菜片（沙门氏菌），块茎和坚果，蔬菜，块茎和坚果制成的蛋糕（沙门氏菌、金黄色葡萄球菌），可可粉可可块 / 可可蛋糕（沙门氏菌），面粉和淀粉（沙门氏菌、蜡样芽孢杆菌），面粉调味料（蜡样芽孢杆菌），大豆饮料（沙门氏菌、金黄色葡萄球菌)，家禽肉和肉食性动物肉制品（沙门氏菌、金黄色葡萄球菌、单核细胞增生李斯特氏菌），草药和香料（沙门氏菌、蜡样芽孢杆菌、产气荚膜梭菌），豆酱（沙门氏菌），婴儿配方奶粉（沙门氏菌、阪崎肠杆菌），矿泉水（铜绿假单胞菌）。

印度尼西亚食品微生物检测项目及限量见表 3-21。

表 3-21　印度尼西亚食品微生物检测项目及限量

产品	目标	抽样计划		允许限量	
		n	c	m	M
牛奶（原味）	菌落总数 /（CFU/mL）	5	1	10^4	10^5
	肠杆菌科 /（MPN/mL）	5	2	<1	5
	沙门氏菌 /25mL	5	0	0	
酪乳（原味）	肠杆菌科 /（CFU/mL）	5	2	10	10^2
	沙门氏菌 /25mL	5	0	0	
基于牛奶的饮料和 / 或（例如牛奶）	菌落总数 /（CFU/mL）	5	1	10^4	10^5
	肠杆菌科 /（MPN/mL）	5	2	10	10^2
发酵乳制品（原味）	肠杆菌科 /（CFU/mL）	5	2	10	10^2
	沙门氏菌 /25mL	5	0	0	
炼乳（原味）	金黄色葡萄球菌（CFU/mL）	5	1	10^2	10^3
	卡邦和酵母 /（CFU/mL）	5	1	10	10
奶精饮料（非牛奶）	菌落总数 /（CFU/mL）	5	2	10^4	10^5
	肠杆菌科 /mL	5	1	10	10^2
	金黄色葡萄球菌 /（CFU/mL）	5	2	10	10^2
	沙门氏菌 /25mL	5	0	0	
奶精饮料（非牛奶）巴氏杀菌，奶油（原味）	肠杆菌科 /（MPN/mL）	5	2	<1	5
	沙门氏菌 /25mL	5	0	0	
	菌落总数 /（CFU/mL）	5	1	10^4	10^5
	沙门氏菌 /25mL	5	0	0	
浓缩奶油（原味）	菌落总数 /（CFU/g）	5	1	10^4	10^5
	肠杆菌科 /（CFU/g）	5	2	<1	5
	金黄色葡萄球菌 /（CFU/g）	5	2	10	10
	沙门氏菌 /25g	5	0	0	
没有固化的奶酪（生奶酪）由新鲜牛奶制成	沙门氏菌 /25g	5	0	0	
	单核细胞增生李斯特菌 /25g	5	0	0	
	大肠杆菌 /（CFU/g）	5	3	10	10^2
没有固化的奶酪，由巴氏杀菌牛奶制成	单核细胞增生李斯特菌 /（CFU/g）	5	0	10^2	
	金黄色葡萄球菌 /（CFU/g）	5	2	10^2	10^4
所有储存的成熟奶酪，包括奶酪皮	单核细胞增生李斯特菌 /25g	5	0	0	
	金黄色葡萄球菌 /（CFU/g）	5	2	10^2	10^4

表 3–21（续）

产品	目标	抽样计划		允许限量	
		n	c	m	M
奶酪片	单核细胞增生李斯特菌 /25g	5	0	0	
	金黄色葡萄球菌 /（CFU/g）	5	2	10^2	10^4
乳清干酪	单核细胞增生李斯特菌 /25g	5	0	0	
	金黄色葡萄球菌 /（CFU/g）	5	2	10^2	10^4
	大肠杆菌 /（CFU/g）	5	1	10	10^2
加工奶酪	金黄色葡萄球菌 /（CFU/g）	5	2	10^2	10^3
	大肠杆菌 /（CFU/g）	5	1	10	10^2
	单核细胞增生李斯特菌 /（CFU/g）	5	0	10^2	
乳清蛋白奶酪	单核细胞增生李斯特菌 /25g	5	0	10	
	金黄色葡萄球菌 /（CFU/g）	5	2	10^2	10^4
牛奶制成的甜点冰激凌	单核细胞增生李斯特菌 /（CFU/g）	5	0	10^2	
	大肠杆菌 /（CFU/g）	5	2	10	10^2
	沙门氏菌 /25g	5	0	0	
酸奶	大肠杆菌 /（CFU/g）	5	2	10	10^2
	沙门氏菌 /25g	5	0	0	
冰牛奶，牛奶布丁（奶油布丁）	菌落总数 /（CFU/g）	5	2	10^3	10^5
	沙门氏菌 /25g	5	0	0	
	大肠杆菌 /（CFU/g）	5	2	10	10^2
面包的脂肪（酥油）	菌落总数 /（CFU/g）	5	1	10^2	10^3
	肠杆菌科 /（CFU/g）	5	2	10	10^2
黄油替代品（BOS）	沙门氏菌 /25g	5	0	0	
	金黄色葡萄球菌 /（CFU/g）	5	0	10^2	
	菌落总数 /（CFU/g）	5	1	5×10^4	10^5
	肠杆菌科 /（CFU/g）	5	2	10	10^2
脂肪粉	沙门氏菌 /25g	5	0	0	
	金黄色葡萄球菌 /（CFU/g）	5	0	10^2	
	酵母 /（CFU/g）	5	1	2×10	10^2
	肠杆菌科 /（CFU/g）	5	2	10	10^2
	沙门氏菌 /25g	5	0	0	
不含脂肪甜点	肠杆菌科 /（CFU/g）	5	2	10	10^2
	沙门氏菌 /25g	5	0	0	
食用冰，包括果子露和雪葩	大肠菌群 /（MPN/100mL）	5	1	<1.8	10
	沙门氏菌 /25g	5	0	0	
	菌落总数 /（CFU/g）	5	2	10^2	10^4
冷冻水果	沙门氏菌 /25g	5	0	0	
	肠杆菌科 /（CFU/g）	5	2	10	10^2

表 3-21（续）

产品	目标	抽样计划		允许限量	
		n	c	m	M
果脯	霉菌和酵母 /（CFU/g）	5	3	10	10^2
	大肠杆菌 /（CFU/g）	5	2	10	10^2
	菌落总数 /（CFU/g）	5	2	10^4	10^5
	沙门氏菌 /25g	5	0	0	
水果醋	大肠杆菌 /（CFU/g）	5	2	10	10^2
	沙门氏菌 /25g	5	0	0	
包装水果（巴氏杀菌）	沙门氏菌 /25g	5	0	0	
	大肠杆菌 /（MPN/g）	5	0	<3	
果酱，果冻和橘子酱	酵母 /（CFU/g）	5	3	10	10^2
	菌落总数 /（CFU/g）	5	2	10^3	10^4
	大肠杆菌 /（MPN/g）	5	0	<3	
糖果	酵母 /（CFU/g）	5	3	10	10^2
	大肠杆菌 /（MPN/g）	5	0	<3	
	菌落总数 /（CFU/g）	5	2	10^3	10^4
果浆，果泥，果汁和椰奶（巴氏杀菌）	沙门氏菌 /25g	5	0	0	
	大肠杆菌 /（MPN/g）	5	0	<3	
果浆，果泥，果汁和椰奶（非巴氏杀菌）	大肠杆菌 /（MPN/g）	5	2	11	94
	沙门氏菌 /25g	5	0	0	
蜜饯	菌落总数 /（CFU/g）	5	2	10^4	10^5
	大肠杆菌 /（CFU/g）	5	2	10	10^2
	酵母 /（CFU/g）	5	3	10	10^2
包装椰子奶油	大肠杆菌 /（MPN/g）	5	0	<3	
	沙门氏菌 /25g	5	0	0	
果冻琼脂（准备食用）果冻琼脂（粉）	菌落总数 /（CFU/g）	5	2	10^4	10^5
	大肠杆菌 /（MPN/g）	5	0	<3	
	酵母 /（CFU/g）	5	3	10	10^2
香蕉	菌落总数 /（CFU/g）	5	2	10^4	10^5
	大肠杆菌 /（CFU/g）	5	2	10	10^5
	酵母 /（CFU/g）	5	3	10	10^2
发酵水果产品	菌落总数 /（CFU/g）	5	2	10	10^2
	沙门氏菌 /25g	5	0	0	
水果产品中的糕点类	酵母 /（CFU/g）	5	3	10	10^2
	菌落总数 /（CFU/g）	5	2	10^4	10^5
	大肠杆菌 /（CFU/g）	5	2	10	10^2

表 3-21（续）

产品	目标	抽样计划		允许限量	
		n	c	m	M
苹果脆片，菠萝蜜片，菠萝片，香蕉片，沙拉片	霉菌和酵母 /（CFU/g）	5	3	10	10^2
	菌落总数 /（CFU/g）	5	2	10^4	10^5
	大肠杆菌 /（CFU/g）	5	2	10	10^2
蔬菜，花生和冷冻谷物	沙门氏菌 /25g	5	0	0	
	李斯特菌单核细胞增生李斯特菌 /（CFU/g）	5	0	$<10^2$	
	菌落总数 /（CFU/g）	5	2	10^4	10^5
	大肠杆菌（对于仍然需要加工的干蔬菜产品）/（CFU/g）	5	2	10	10^2
干蔬菜	大肠杆菌（对于可食用的干蔬菜产品）/（CFU/g）	5	2	10	10^2
	酵母 /（CFU/g）	5	3	10	10^2
	大肠杆菌 /（MPN/g）	5	1	<3	
	沙门氏菌 /25g	5	0	0	
蔬菜醋和海藻醋，油，盐和黄豆酱	沙门氏菌 /25g	5	0	0	
	大肠杆菌 /（MPN/g）	5	1	<3	
菜泥和蔬菜花生和谷物制品（如花生酱）	酵母 /（CFU/g）	5	2	10	10^2
	沙门氏菌 /25g	5	0	0	
原料和粥（果肉）蔬菜，豆类和谷类	大肠杆菌 /（MPN/g）	5	1	<3	
	沙门氏菌 /25g	5	0	0	
发酵蔬菜产品（包括蘑菇，根和块茎，坚果和芦荟）和海草	大肠杆菌 /（MPN/g）	5	0	<3	
	沙门氏菌 /25g	5	0	0	
蔬菜片，块茎和坚果，蔬菜，块茎和坚果制成的蛋糕	沙门氏菌 /25g	5	0	0	
	金黄色葡萄球菌 /25g	5	1	10	2×10^2
	菌落总数 /（CFU/g）	5	2	10^3	10^4
	肠杆菌科 /（CFU/g）	5	2	10	10^2
可可粉可可块 / 可可蛋糕	沙门氏菌 /25g	5	0	0	
	酵母 /（CFU/g）	5	2	10	10^2
	肠杆菌科 /（CFU/g）	5	2	10	10^2
	菌落总数 /（CFU/g）	5	2	10^3	10^5
大豆混合糖浆和酵母可可粉 / 可可混合（糖浆）	酵母 /（CFU/g）	5	2	10	10^2
可可和巧克力产品混合巧合力饮料（粉末）	沙门氏菌 /25g	5	0	0	
	酵母 /（CFU/g）	5	2	10	10^2
	菌落总数 /（CFU/g）	5	2	10^3	10^6
	肠杆菌科 /（CFU/g）	5	2	10	10^2
混合巧合力饮料（即饮和浓缩）	菌落总数 /（CFU/g）	5	2	10^2	10^3
	大肠杆菌 /（MPN/100mL）	5	0	<1.8	

表 3—21（续）

产品	目标	抽样计划		允许限量	
		n	c	m	M
硬糖果	菌落总数 /（CFU/g）	5	2	10^2	10^4
	肠杆菌科 /（CFU/g）	5	2	10	10^2
	沙门氏菌 /25g	5	0	0	
	酵母 /（CFU/g）	5	2	10	10^2
糖 / 软糖（非果冻）	沙门氏菌 /25g	5	0	0	
	酵母 /（CFU/g）	5	2	10	10^2
	菌落总数 /（CFU/g）	5	2	10^2	10^4
	肠杆菌科 /（CFU/g）	5	2	10	10^2
软糖（果冻）	沙门氏菌 /25g	5	0	0	
	酵母 /（CFU/g）	5	2	10	10^2
	菌落总数 /（CFU/g）	5	2	10^4	10^5
	肠杆菌科 /（CFU/g）	5	2	10	10^2
牛轧糖和小杏仁饼	沙门氏菌 /25g	5	0	0	
	酵母 /（CFU/g）	5	1	10^2	2×10^2
	菌落总数 /（CFU/g）	5	2	10^4	10^5
	肠杆菌科 /（CFU/g）	5	2	10	10^2
橡胶糖 / 口香糖	沙门氏菌 /25g	5	0	0	
	酵母 /（CFU/g）	5	2	10	10^2
	菌落总数 /（CFU/g）	5	2	10^2	10^4
	肠杆菌科 /（CFU/g）	5	2	10	10^2
糕点上的装饰配料（非水果）和甜酱	沙门氏菌 /25g	5	0	0	
	霉菌和酵母 /（CFU/g）	5	2	10	10^2
	菌落总数 /（CFU/g）	5	2	10^4	10^5
	大肠杆菌 /（MPN/g）	5	2	7.4	11
面粉和淀粉	沙门氏菌 /25g	5	0	0	
	蜡状芽孢杆菌 /（CFU/g）	5	2	10^3	10^4
	酵母 /（CFU/g）	5	2	10^3	10^4
	菌落总数 /（CFU/g）	5	2	10^5	10^6
	肠杆菌科 /（MPN/g）	5	2	7.4	11
早餐谷物（不含牛奶）	沙门氏菌 /25g	5	0	0	
	蜡状芽孢杆菌 /（CFU/g）	5	2	10	10^3
	酵母 /（CFU/g）	5	2	10	10^3
	大肠杆菌 /（CFU/g）	5	2	10	10^2
	菌落总数 /（CFU/g）	5	2	10^3	10^4

表 3—21（续）

产品	目标	抽样计划		允许限量	
		n	c	m	M
未经湿处理的面条（例如不加热，煮沸，糊化，干燥的，如湿面条，生糊）	沙门氏菌 /25g	5	0	0	
	金黄色葡萄球菌 /（CFU/g）	5	2	10^{2}	10^{3}
	菌落总数 /（CFU/g）	5	2	10^{5}	10^{6}
	沙门氏菌 /25g	5	0	0	
所有未经处理的面条（例如未经加热，煮沸，蒸煮，糊化或冷冻）但进行了干燥	菌落总数 /（CFU/g）	5	2	10^{3}	10^{4}
	酵母 /（CFU/g）	5	2	10	10^{3}
	沙门氏菌 /25g	5	0	0	
已经以湿的形式（例如乌冬面，冷冻面条）处理的面条（如加热，煮熟，蒸熟，预糊化或冷冻）	沙门氏菌 /25g	5	0	0	
	金黄色葡萄球菌 /（CFU/g）	5	2	10	10^{3}
	霉菌和酵母 /（CFU/g）	5	2	10^{3}	10^{4}
	菌落总数 /（CFU/g）	5	2	10^{5}	10^{6}
	大肠杆菌 /（MPN/g）	5	0	<3	
已经以干燥形式（例如方便面）处理（例如加热，煮沸，蒸煮，熟化，预胶化或冷冻）的面条	沙门氏菌 /25g	5	0	0	
	霉菌和酵母 /（CFU/g）	5	2	10	10^{3}
	菌落总数 /（CFU/g）	5	2	10^{5}	10^{6}
	大肠杆菌 /（MPN/g）	5	0	<3	
谷物制作的甜点和淀粉（例如布丁米，木薯布丁）	沙门氏菌 /25g	5	0	0	
	金黄色葡萄球菌 /（CFU/g）	5	2	10	10^{3}
	菌落总数 /（CFU/g）	5	2	10^{4}	10^{5}
	肠杆菌科 /（CFU/g）	5	1	10^{2}	10^{3}
面粉调味料（例如涂鱼面或鸡肉）	蜡状芽孢杆菌 /（CFU/g）	5	1	10^{2}	10^{3}
	酵母 /（CFU/g）	5	2	10	10^{3}
	菌落总数 /（CFU/g）	5	2	10^{5}	10^{6}
	肠杆菌科 /（CFU/g）	5	1	10	10^{2}
年糕	沙门氏菌 /25g	5	0	0	
	金黄色葡萄球菌 /（CFU/g）	5	2	10	10^{3}
	酵母 /（CFU/g）	5	2	10	10^{3}
	菌落总数 /（CFU/g）	5	2	10^{4}	10^{5}
	肠杆菌科 /（CFU/g）	5	1	10^{2}	10^{3}
大豆饮料（巴氏杀菌）	沙门氏菌 /25g	5	0	0	
	菌落总数 /（CFU/g）	5	1	10^{4}	10^{5}
	肠杆菌科 /（MPN/mL）	5	0	<1	<5
大豆粉饮料	金黄色葡萄球菌 /（CFU/g）	5	2	10	10^{2}
	沙门氏菌 /25g	5	0	0	
	肠杆菌科 /（CFU/g）	5	0	10	
	金黄色葡萄球菌 /（CFU/g）	5	2	10	10^{2}

表 3-21（续）

产品	目标	抽样计划		允许限量	
		n	c	m	M
豆腐花	沙门氏菌 /25g	5	0	0	
	金黄色葡萄球菌 /（CFU/g）	5	2	10	10^3
新鲜豆腐	沙门氏菌 /25g	5	0	0	
	大肠杆菌 /（MPN/g）	5	0	<3	
	金黄色葡萄球菌 /（CFU/g）	5	2	10^2	10^3
半干豆腐 / 豆腐干	沙门氏菌 /25g	5	0	0	
	金黄色葡萄球菌 /（CFU/g）	5	2	10	10^3
发酵的大豆（例如纳豆）	沙门氏菌 /25g	5	0	0	
	大肠菌群 /（MPN/g）	5	0	<3	
豆腐发酵（如大豆奶酪）	菌落总数 /（CFU/g）	5	2	10^4	10^5
	肠杆菌科 /（CFU/g）	5	2	10	10^2
蛋糕和立方面包（卷）	沙门氏菌 /25g	5	0	0	
	酵母 /（CFU/g）	5	2	5×10^2	10^4
	菌落总数 /（CFU/g）	5	2	10^4	10^5
	肠杆菌科 /（CFU/g）	5	2	10	10^2
饼干，不包括甜饼干	沙门氏菌 /25g	5	0	0	
	金黄色葡萄球菌 /（CFU/g）	5	1	10^2	2×10^2
	菌落总数 /（CFU/g）	5	2	10^3	10^4
	肠杆菌科 /（CFU/g）	5	2	10	10^2
其他新鲜面包糕点产品（如百吉饼，英式松饼）	沙门氏菌 /25g	5	0	0	
	酵母 /（CFU/g）	5	2	5×10^2	10^4
	菌落总数 /（CFU/g）	5	2	10^4	10^5
	肠杆菌科 /（CFU/g）	5	2	10	10^2
混合馅饼	沙门氏菌 /25g	5	0	0	
	酵母 /（CFU/g）	5	2	5×10^2	10^4
	菌落总数 /（CFU/g）	5	2	10^5	10^6
	肠杆菌科 /（CFU/g）	5	2	10	10^2
面包和馒头	沙门氏菌 /25g	5	0	0	
	酵母 /（CFU/g）	5	2	5×10^2	10^4
	菌落总数 /（CFU/g）	5	2	10^4	10^5
	肠杆菌科 /（CFU/g）	5	2	10	10^2
新鲜面包和新鲜烘焙产品的混合产品	沙门氏菌 /25g	5	0	0	
	酵母 /（CFU/g）	5	2	5×10^2	10^4
	菌落总数 /（CFU/g）	5	2	10^5	10^6
	酵母 /（CFU/g）	5	2	5×10^2	10^4

表 3-21（续）

产品	目标	抽样计划		允许限量	
		n	c	m	M
特殊面包糕点产品（甜、咸、香）	沙门氏菌 /25g	5	0	0	0
	金黄色葡萄球菌 /（CFU/g）	5	2	10^2	10^4
	酵母 /（CFU/g）	5	2	5×10^2	10^4
	菌落总数 /（CFU/g）	5	2	10^4	10^5
	肠杆菌科 /（CFU/g）	5	2	10	10^2
特殊混合面包糕点产品（蛋糕，烙饼）	菌落总数 /（CFU/g）	5	2	10^5	10^6
	金黄色葡萄球菌 /（CFU/g）	5	2	10^2	10^4
	酵母 /（CFU/g）	5	2	5×10^2	10^4
	沙门氏菌 /25g	5	0	0	0
	肠杆菌科 /（CFU/g）	5	2	10	10^2
加工肉制品，包括未经热处理的禽类肉制品和肉食性动物肉制品的完整整体或切片（腌制）	沙门氏菌 /25g	5	0	0	
	大肠杆菌 /（CFU/g）	5	1	10	10^2
	金黄色葡萄球菌 /（CFU/g）	5	1	2.5×10^2	10^4
肉制品，包括未经热处理但已干燥的禽类肉制品和肉食性动物肉制品的完整整体或切片（腌制）	产气荚膜梭菌 /（CFU/g）	5	1	10^2	10^4
	沙门氏菌 /25g	5	0	0	
	大肠杆菌 /（CFU/g）	5	2	10	10^2
	金黄色葡萄球菌 /（CFU/g）	5	1	2.5×10^2	10^4
未经热处理但经过发酵的肉制品，包括禽类肉制品和肉食性动物肉制品的完整整体或切片	沙门氏菌 /25g	5	0	0	
	大肠杆菌 /（CFU/g）	5	1	10^2	10^3
	金黄色葡萄球菌 /（CFU/g）	5	1	2.5×10^2	10^4
干肉制品（包括肉丝，肉饼，肠）	沙门氏菌 /25g	5	0	0	
	产气荚膜梭菌 /（CFU/g）	5	1	10^2	10^4
	金黄色葡萄球菌 /（CFU/g）	5	1	10^2	10^4
	大肠杆菌 /（CFU/g）	5	2	10	10^2
整件或冷冻碎块的加工肉制品，家禽肉和肉食性动物肉制品（处理，保藏和冻结状态下交易）	沙门氏菌 /25g	5	0	0	
	金黄色葡萄球菌 /（CFU/g）	5	1	10^2	2×10^2
	单核细胞增生李斯特菌 /25g	5	0	0	
	肠杆菌科 /（MPN/g）	5	2	10	10^2
	菌落总数 /（CFU/g）	5	3	10^4	10^6
未经热处理但被捣碎的加工肉类制品、家禽和肉食性动物肉类制品	沙门氏菌 /25g	5	0	0	
	金黄色葡萄菌 /（CFU/g）	5	1	10^3	10^4
	大肠杆菌 /（MPN/g）	5	0	1.8	0
肉类、家禽和肉食性动物肉类被压碎、加工和热处理	金黄色葡萄球菌 /（CFU/g）	5	1	10^2	2×10^2
	沙门氏菌 /25g	5	0	0	
	菌落总数 /（CFU/g）	5	3	10^4	10^6
	肠杆菌科 /（CFU/g）	5	2	10	10^2

表 3-21（续）

产品	目标	抽样计划		允许限量	
		n	c	m	M
肉类、家禽和肉食性动物肉类动物被压碎、加工和冷冻	沙门氏菌 /25g	5	0	0	
	金黄色葡萄球菌 /（CFU/g）	5	1	10^2	2×10^2
	单核细胞增生李斯特菌 /25g	5	0	0	
	菌落总数 /（CFU/g）	5	3	10^4	10^6
即食香肠	酵母 /（CFU/g）	5	2	10	10^2
	沙门氏菌 /25g	5	0	0	
淡水鱼（整条，鱼片） 海水鲭鱼类（吞拿鱼，金枪鱼）	沙门氏菌 /25g	5	0	0	
	菌落总数 /（CFU/g）	5	2	10^5	10^6
	大肠杆菌 /（MPN/g）	5	1	<3	3.6
所有鱼（天妇罗）	金黄色葡萄球菌 /（CFU/g）	5	2	10^2	10^3
	菌落总数 /（CFU/g）	5	2	10^5	10^6
	大肠杆菌 /（MPN/g）	5	1	<3	3.6
所有鱼类，甲壳类动物先粉碎后加热（炒或蒸）再冷冻（鱼块，虾仁）	金黄色葡萄球菌 /（CFU/g）	5	1	10^2	10^3
	菌落总数 /（CFU/g）	5	2	10^4	10^5
煮或蒸的鱼类或鱼类制品（剁碎或糊状的包括软体动物，甲壳类动物，棘皮动物的鱼制品）	沙门氏菌 /25g	5	0	0	
	金黄色葡萄球菌 /（CFU/g）	5	0	10^3	
	单增李斯特氏菌 /（CFU/g）	5	0	0	
煎或烤的包括鱼和渔产品	菌落总数 /（CFU/g）	5	2	10^4	10^5
	金黄色葡萄球菌 /（CFU/g）	5	1	10^2	10^3
	沙门氏菌 /25g	5	0	0	
浸泡在香料（腌制）和/或脓中的包括软体动物，甲壳类动物和棘皮动物在内的鱼类和渔业产品	沙门氏菌 /25g	5	0	0	
	大肠杆菌 /（MPN/g）	5	1	<3	3.6
三文鱼，鱼子酱和其他鱼蛋制品的替代品 用盐水浸泡或腌制加工的包括软体动物，甲壳类动物和棘皮动物在内的鱼类和渔业产品 烟熏鱼蛋和鱼子酱 熟鱼蛋和鱼子酱	单核细胞增生李斯特菌 /25g	5	0	0	
	金黄色葡萄球菌 /（CFU/g）	5	1	10^2	10^3
	菌落总数 /（CFU/g）	5	2	10^5	10^6
	大肠杆菌 /（MPN/g）	5	2	1	10
	沙门氏菌 /25g	5	0	0	
鱼和耐用渔业产品，包括鱼和渔产品听装或发酵，包括软体动物，甲壳类动物和棘皮动物，包括软体动物，甲壳类动物和棘皮动物在内的耐用性较好的鱼类和渔业产品（例如鱼意大利面）	沙门氏菌 /25g	5	0	0	
	菌落总数 /（CFU/g）	5	2	10^4	10^5
	李斯特氏菌 /25g	5	0	0	

表 3–21（续）

产品	目标	抽样计划		允许限量	
		n	c	m	M
蛋制品，保鲜鸡蛋，包括传统的保鲜蛋制品，包括碱化，卤化，压力罐装	沙门氏菌 /25g	5	0	0	
	菌落总数 /（CFU/g）	5	2	10^3	10^4
	肠杆菌科 /（CFU/g）	5	2	10	10^2
草药和香料，所有干草药（包括整个形状和粉末）	菌落总数 /（CFU/g）	5	2	10^4	10^5
	肠杆菌科 /（CFU/g）	5	2	10^3	10^4
	沙门氏菌 /25g	5	0	0	
干香料（包括整个形状和粉末）	菌落总数 /（CFU/g）	5	2	10^5	10^6
	肠杆菌科 /（CFU/g）	5	2	10^3	10^4
	沙门氏菌 /25g	5	0	0	
	蜡状芽孢杆菌 /（CFU/g）	5	2	10^4	10^5
	产气荚膜梭菌 /（CFU/g）	5	2	10^3	10^4
	酵母 /（CFU/g）	5	2	10^3	10^4
调味品和调味料，调味料和即食调味品粉（干）	菌落总数 /（CFU/g）	5	2	10^5	10^6
	肠杆菌科 /（CFU/g）	5	2	10^3	10^4
	沙门氏菌 /25g	5	0	0	
	蜡状芽孢杆菌 /（CFU/g）	5	2	10^4	10^5
	产气荚膜梭菌 /（CFU/g）	5	2	10^3	10^4
	酵母 /（CFU/g）	5	2	10^3	10^4
调料和即食意大利面调味料（湿）	菌落总数 /（CFU/g）	5	2	10^3	10^4
	肠杆菌科 /（CFU/g）	5	2	10^2	10^3
	沙门氏菌 /25g	5	0	0	
	产气荚膜梭菌 /（CFU/g）	5	2	10^2	10^3
	酵母 /（CFU/g）	5	2	10^2	10^3
芥末	菌落总数 /（CFU/g）	5	2	10^3	10^4
	肠杆菌科 /（CFU/g）	5	2	10^2	10^3
	沙门氏菌 /25g	5	0	0	
	酵母 /（CFU/g）	5	2	10^2	10^3
汤和肉汤粉的粉末或混合物	菌落总数 /（CFU/g）	5	2	10^5	10^6
	肠杆菌科 /（CFU/g）	5	2	10^3	10^4
	沙门氏菌 /25g	5	0	0	
	产气荚膜梭菌 /（CFU/g）	5	2	10^3	10^4
	酵母 /（CFU/g）	5	2	10^3	10^4
乳化酱（如蛋黄酱、沙拉调味品）	菌落总数 /（CFU/g）	5	2	10^2	10^3
	肠杆菌科 /（CFU/g）	5	2	10^3	10^4
	沙门氏菌 /25g	5	0	0	
	酵母 /（CFU/g）	5	2	10^2	10^3

表 3-21（续）

产品	目标	抽样计划		允许限量	
		n	c	m	M
非乳化酱油（如番茄酱、奶酪酱、奶油酱、巧克力肉汁）	菌落总数 /（CFU/g）	5	2	10^4	10^5
	肠杆菌科 /（CFU/g）	5	2	10^3	10^4
	沙门氏菌 /25g	5	0	0	
	酵母 /（CFU/g）	5	2	10^2	10^3
奶酪酱	菌落总数 /（CFU/g）	5	2	10^2	10^3
	肠杆菌科 /（CFU/g）	5	2	10^2	10^3
	沙门氏菌 /25g	5	0	0	
辣椒酱，番茄酱，萝卜酱	菌落总数 /（CFU/g）	5	2	10^3	10^4
	沙门氏菌 /25g	5	0	0	
	酵母 /（CFU/g）	5	2	10^2	10^3
调味品，大杂烩酱，沙爹酱	菌落总数 /（CFU/g）	5	2	10^4	10^5
	酵母 /（CFU/g）	5	2	10^2	10^3
蚝油，巧克力酱 / 肉汁，烧酱，烧烤酱，腌制酱汁，英国豆浆 / 喼汁	菌落总数 /（CFU/g）	5	2	10^4	10^5
	肠杆菌科 /（CFU/g）	5	2	10^3	10^4
	沙门氏菌 /25g	5	0	0	
	霉菌 /（CFU/g）	5	2	10^2	10^3
椰子酱	肠杆菌科 /（CFU/g）	5	2	10^2	10^3
粉末酱油和肉汁	菌落总数 /（CFU/g）	5	2	10^5	10^6
	肠杆菌科 /（CFU/g）	5	2	10^3	10^4
	沙门氏菌 /25g	5	0	0	
	产气荚膜梭菌 /（CFU/g）	5	2	10^3	10^4
	酵母 /（CFU/g）	5	2	10^3	10^4
清酱（例如鱼酱）	肠杆菌科 /（CFU/g）	5	2	10^3	10^4
	沙门氏菌 /25g	5	0	0	
沙拉 OLes 产品 Salad（例如通心粉沙律，马铃薯沙拉）和三明治，不包括基于巧克力的 Oles 产品	菌落总数 /（CFU/g）	5	2		
	沙门氏菌 /25g	5	0	0	
	酵母 /（CFU/g）	5	2	10^2	10^3
发酵豆制意大利面团	肠杆菌科 /（CFU/g）	5	2	10^2	10^3
发酵豆酱	肠杆菌科 /（CFU/g）	5	2	10^2	10^3
非发酵豆酱	菌落总数 /（CFU/g）	5	2	10^4	10^5
	肠杆菌科 /（CFU/g）	5	2	10^2	10^3
其他豆酱	肠杆菌科 /（CFU/g）	5	2	10^2	10^3
	酵母 /（CFU/g）	5	2	10^2	10^3
蛋白质产品	菌落总数 /（CFU/g）	5	2	10^4	10^5

表 3-21（续）

产品	目标	抽样计划		允许限量	
		n	c	m	M
婴儿配方奶粉	菌落总数 /（CFU/g）	5	2	5×10^2	5×10^3
	肠杆菌科 /（CFU/10g）	10	2	0	
	阪崎肠杆菌 /10g	30	0	0	
	沙门氏菌 /25g	30	0	0	
有特殊药物需要的婴儿配方奶粉	菌落总数 /（CFU/g）	5	2	5×10^2	5×10
	肠杆菌科 /（CFU/10g）	10	2	0	
	阪崎肠杆菌 /10g	30	0	0	
	沙门氏菌 /25g	30	0	0	
	金黄色葡萄球菌 /（CFU/g）	5	1	10	10^2
	蜡状芽孢杆菌 /（CFU/g）	5	1	5×10	5×10^2
成长期婴儿和儿童食品，母乳补充食品（MP ASI）速溶粉末	菌落总数 /（CFU/g）	5	2	3×10^3	10^4
	肠杆菌科 /（CFU/10g）	5	0	0	
	沙门氏菌 /25g	30	0	0	
	金黄色葡萄球菌 /（CFU/g）	5	1	0	10
母乳补充食品，饼干	肠杆菌科 /（CFU/g）	5	0	10	
	沙门氏菌 /25g	30	0	0	
	金黄色葡萄球菌 /（CFU/g）	5	1	0	10
母乳补充食品	菌落总数 /（CFU/g）	5	3	10^4	10^5
	大肠菌群 /（CFU/g）	5	2	10	10^2
	沙门氏菌 /25g	5	0	0	
对于健康需求的减肥食品（婴儿和儿童）	菌落总数 /（CFU/g）	5	2	5×10^2	5×10^3
	肠杆菌科 /（CFU/10g）	10	2	0	
	阪崎肠杆菌 /10g	30	0	0	
	沙门氏菌 /25g	30	0	0	
	金黄色葡萄球菌 /（CFU/g）	5	1	10	10^2
	蜡状芽孢杆菌 /（CFU/g）	5	1	5×10	5×10^2
对于健康需求的减肥食品（除了婴儿和儿童），减肥食品（膳食补充剂），孕妇和哺乳母亲的食物	菌落总数 /（CFU/g）	5	2	10^4	10^5
	肠杆菌科 /（CFU/g）	5	1	1	10
	金黄色葡萄球菌 /（CFU/g）	5	2	10	10^2
	沙门氏菌 /25g	10	0	0	
天然矿泉水	菌落总数 /（CFU/g）	5	0	10^2	
	大肠菌群 /（CFU/250mL）	5	0	0	
	大肠杆菌 /250mL	5	0	0	
	亚硫酸盐还原厌氧菌孢子 /250mL	5	0	0	
	肠球菌 /250mL	5	0	0	
	铜绿假单胞菌 /250mL	5	0	0	

表 3—21（续）

产品	目标	抽样计划		允许限量	
		n	c	m	M
矿泉水，软化水，含氧水，露水	菌落总数 /（CFU/g）	5	2	10^3	10^5
	大肠菌群 /250mL	5	0	0	
	铜绿假单胞菌 /250mL	5	0	0	
苏打水	酵母 /（CFU/g）	5	2	10	10^2
未经巴氏消毒的水果和蔬菜水果提取液	沙门氏菌 /25mL	5	0	0	
	大肠杆菌 /（CFU/g）	5	2	10^2	10^3
经巴氏消毒的水果和蔬菜水果提取液	大肠杆菌 /（MPN/mL）	5	0	<3	
浓缩果汁和浓缩蔬菜汁	大肠杆菌 /（MPN/mL）	5	0	<3	
	酵母 /（CFU/g）	5	2	10^2	10^4
水果花蜜	大肠杆菌 /（MPN/g）	5	0	<3	
	酵母 /（CFU/g）	5	2	10^2	10^4
蔬菜花蜜	大肠杆菌 /（MPN/g）	5	0	<3	
	酵母 /（CFU/g）	5	2	10^2	10^4
充入二氧化碳调味的水饮料	酵母 /（CFU/g）	5	2	10	10^2
未充入二氧化碳调味的水饮料，糖浆调味果汁	酵母 /（CFU/g）	5	2	10	10^2
水果味饮料	菌落总数 /（CFU/g）	5	1	10	10^2
	大肠杆菌 /（MPN/mL）	5	0	<3	
不含二氧化碳的电解质饮料	菌落总数 /（CFU/g）	5	2	10^2	10^4
	大肠菌群 /（MPN/100mL）	10	1	<1.8	0
	铜绿假单胞菌 /100mL	5	0	0	
咖啡饮料	菌落总数 /（CFU/g）	5	2	10^2	10^3
	大肠杆菌 /（MPN/100mL）	5	0	<1.8	
浓缩（固态和液态）调味饮料，冰冻浓缩柠檬水	大肠杆菌 /（CFU/g）	5	2	10	10^2
	沙门氏菌 /25g	5	0	0	
水果糖浆，调味糖浆，稀释调味糖浆	大肠杆菌 /（MPN/mL）	5	0	<3	0
	酵母 /（CFU/mL）	5	2	10	10^2
果汁汽水	菌落总数 /（CFU/g）	5	2	10^2	10^3
	大肠杆菌 /（MPN/mL）	5	0	<3	0
调味饮料粉	菌落总数 /（CFU/g）	5	2	5×10^2	5×10^3
	酵母 /（CFU/g）	5	1	5×10^1	5×10^2
茶叶糖浆；咖啡糖浆	菌落总数 /（CFU/g）	5	2	10^2	10^3
	大肠杆菌 /（MPN/mL）	5	0	<3	
碱性电解质饮料（粉末状）	菌落总数 /（CFU/g）	5	2	5×10^2	5×10^3
	酵母 /（CFU/g）	5	2	10	10^2

表 3-21（续）

产品	目标	抽样计划		允许限量	
		n	c	m	M
碱性电解质饮料（液体状）	菌落总数 /（CFU/g）	5	2	10^2	10^3
	大肠杆菌 /（MPN/mL）	5	0	<3	
干茶（包括红茶，绿茶，白茶，乌龙茶，香茶）；茶粉（包括红茶，绿茶，白茶，乌龙茶，香茶）；茶包（包括红茶，绿茶，白茶，乌龙茶，香茶）	菌落总数 /（CFU/g）	5	2	5×10^2	5×10^3
	酵母 /（CFU/g）	5	2	10^2	10^3
包装茶饮料	菌落总数 /（CFU/g）	5	2	10^2	10^3
	大肠杆菌 /（MPN/100mL）	5	0	<1.8	
浓缩茶咖啡粉饮料；混合咖啡	菌落总数 /（CFU/g）	5	2	10^5	10^6
	酵母 /（CFU/g）	5	2	10^2	10^4
速溶咖啡	菌落总数 /（CFU/g）	5	2	10^3	10^4
	酵母 /（CFU/g）	5	2	10^2	10^3
小吃食品－土豆小食、块茎、谷类小食、面粉和淀粉类小食（从块茎或大豆中得到）填充	菌落总数 /（CFU/g）	5	2	10^3	10^4
	肠杆菌科 /（CFU/g）	5	2	10	10^2
	沙门氏菌 /25g	5	0	0	
	金黄色葡萄球菌 /（CFU/g）	5	1	10^2	2×10^2
小吃食品－土豆小食、块茎、谷类小食、面粉和淀粉类小食（从块茎或大豆中得到）非填充	菌落总数 /（CFU/g）	5	2	5×10^3	5×10^4
	肠杆菌科 /（CFU/g）	5	2	10	10^2
	沙门氏菌 /25g	5	0	0	
	金黄色葡萄球菌 /（CFU/g）	5	1	10^2	2×10^2
加工豆类，包括涂层和混合大豆（以干果为例）	菌落总数 /（CFU/g）	5	2	5×10^2	5×10^3
	肠杆菌科 /（CFU/g）	5	2	10	10^2
	沙门氏菌 /25g	5	0	0	
	酵母 /（CFU/g）	5	2	10	10^2
鱼类小食	菌落总数 /（CFU/g）	5	2	10^3	10^4
	肠杆菌科 /（CFU/g）	5	2	10	10^2
	沙门氏菌 /25g	5	0	0	
	金黄色葡萄球菌 /（CFU/g）	5	1	10^2	2×10^2

（4）泰国

1）规定了定量微生物（细菌计数）检验项目的食品：热处理后的猪肉，冷冻生虾、冷冻熟虾，蔬果罐头，吞拿鱼；

2）规定了指示性微生物检验项目的食品：热处理后的猪肉，冷冻生虾、冷冻熟虾，切好即食蔬果，酸姜，蔬果罐头；

3）规定了致病性微生物检验项目的食品：热处理后的猪肉（金黄色葡萄球菌、沙门氏菌、单核细胞增生李斯特氏菌、酵母和霉菌）、冷冻虾（金黄色葡萄球菌、霍乱弧菌、沙门氏菌）、冷冻熟虾（金黄色葡萄球菌、沙门氏菌、霍乱弧菌、副溶血性弧菌、单核细胞增生李斯特氏菌）、切好即食蔬果（沙门氏菌）、酸姜（沙门氏菌）、冷冻生虾（金黄色葡萄球菌、沙门氏菌、霍乱弧菌）、吞拿鱼（肉毒杆菌）。

泰国食品微生物限量见表 3–22。

表 3–22　泰国食品微生物限量

产品	目标	抽样计划		允许限量	
		n	c	m	M
冷藏或冷冻禽肉	菌落总数	5	2	5×10^5CFU/g	5×10^6CFU/g
	金黄色葡萄球菌	5	0	100CFU/g	—
	沙门氏菌、鼠伤寒沙门氏菌、肠炎沙门氏菌	5	0	25g 中不得检出	—
冷藏或冷冻猪肉	菌落总数	5	2	5×10^5CFU/g	5×10^6CFU/g
	金黄色葡萄球菌	5	0	100CFU/g	—
	沙门氏菌、鼠伤寒沙门氏菌、肠炎沙门氏菌	5	0	25g 中不得检出	—
热加工禽肉	菌落总数	5	2	1×10^5CFU/g	1×10^6CFU/g
	大肠杆菌	5	0	0.1g 中不得检出	—
	金黄色葡萄球菌	5	0	1g 中不得检出	—
	沙门氏菌	5	0	25g 中不得检出	—
	单增李斯特菌	5	0	25g 中不得检出	—
	酵母和霉菌	5	0	$\leqslant 1\times10^2$CFU/g	—
热加工猪肉	菌落总数	5	2	1×10^5CFU/g	1×10^6CFU/g
	大肠杆菌	5	0	0.1g 中不得检出	—
	金黄色葡萄球菌	5	0	0.1g 中不得检出	—
	沙门氏菌	5	0	25g 中不得检出	—
	单增李斯特菌	5	0	25g 中不得检出	—
	酵母和霉菌	5	0	$\leqslant 1\times10^2$CFU/g	—
预切或即食新鲜水果和蔬菜	大肠杆菌	5	2	100CFU/g	1000CFU/g
	沙门氏菌	5	0	25g 中不得检出	—
泡姜	大肠杆菌	5	0	<3MPN/g	—
	沙门氏菌	5	0	25g 中不得检出	—
密封容器包装的低酸果蔬	（35±2.8）℃ /10~14 天的孵化测试	8	0	容器和产品保持其正常的外观和特征	—
	嗜温细菌平酸菌（只产酸不产气的腐败罐头）	8	0	2g 中不得检出	—
	嗜热细菌平酸菌（只产酸不产气的腐败罐头）	8	0	2g 中不得检出	—
	厌氧菌	8	0	2g 中不得检出	—
密封容器包装的酸化低酸果蔬	（35±2.8）℃ /10~14 天的孵化测试	8	0	容器和产品保持其正常的外观和特征	—
	嗜温细菌平酸菌（只产酸不产气的腐败罐头）	8	0	2g 中不得检出	—
	嗜热细菌平酸菌（只产酸不产气的腐败罐头）	8	0	2g 中不得检出	—
	酵母和霉菌	8	0	2g 中不得检出	—

表 3–22（续）

产品	目标	抽样计划		允许限量	
		n	c	m	M
冷藏或冷冻虾	细菌总数	5	2	5×10^5CFU/g	5×10^6CFU/g
	大肠杆菌	5	0	<3MPN/g	—
	金黄色葡萄球菌	5	2	100MPN/g	1000MPN/g
	沙门氏菌	5	0	25g 中不得检出	—
	霍乱弧菌	5	0	25g 中不得检出	—
冷冻或冷藏的煮沸了的即食虾	细菌总数	5	2	5×10^4CFU/g	5×10^5CFU/g
	大肠杆菌	5	0	<3MPN/g	—
	金黄色葡萄球菌	5	2	100MPN/g	100MPN/g
	沙门氏菌	5	0	25g 中不得检出	—
	霍乱弧菌	5	0	25g 中不得检出	—
	副溶血弧菌	5	2	10MPN/g	100MPN/g
	单增李斯特菌	5	0	25g 中不得检出	—
冷冻或冷藏的热处理过的加热即食虾	细菌总数	5	2	5×10^5CFU/g	5×10^6CFU/g
	大肠杆菌	5	0	<3MPN/g	—
	金黄色葡萄球菌	5	0	100MPN/g	1000MPN/g
	沙门氏菌	5	0	25g 中不得检出	—
	霍乱弧菌	5	0	25g 中不得检出	—
密封容器包装的虾	（35±2.8）℃ /10~14 天的孵化测试	8	0	容器和产品保持其正常的外观和特征	—
	肉毒梭菌	8	0	1g 中不得检出	—
	嗜温细菌平酸菌（只产酸不产气的腐败罐头）	8	0	1g 中不得检出	—
	嗜热细菌平酸菌（只产酸不产气的腐败罐头）	8	0	1g 中不得检出	—
密封容器包装的金枪鱼	（35±2.8）℃ /10~14 天的孵化测试	8	0	容器和产品保持其正常的外观和特征	—
	肉毒梭菌	8	0	1g 中不得检出	—
	嗜温细菌平酸菌（只产酸不产气的腐败罐头）	8	0	1g 中不得检出	—
	嗜热细菌平酸菌（只产酸不产气的腐败罐头）	8	0	1g 中不得检出	—

（5）新加坡

1）规定了定量微生物（细菌计数）检验项目的食品：乳粉（含全脂、半脱脂、脱脂乳及婴幼儿配方），脱奶油乳粉，巴氏消毒牛乳，冰激凌，预烹煮蟹肉，对虾及虾，准备食用软体动物，可食用白明胶，准备食用鱼，糕点，所有上述未指定、准备食用的固体和液体食品。

2）规定了指示性微生物检验项目的食品：乳粉（含全脂、半脱脂、脱脂乳及婴幼儿配方），脱奶油乳粉，巴氏消毒牛乳，冰激凌。

新加坡食品微生物检测项目及限量见表 3–23。

表 3-23 新加坡食品微生物检测项目及限量

食品	其他信息	微生物	限量值
乳粉	含全脂、半脱脂、脱脂乳及婴幼儿配方	细菌总数（37℃，48h）	100000/g
乳粉	含全脂、半脱脂、脱脂乳及婴幼儿配方	大肠菌群计数	50/g
脱奶油乳粉		细菌总数（37℃，48h）	200000/g
脱奶油乳粉		大肠菌群计数	50/g
牛乳	巴氏消毒	细菌总数（37℃，48h）	100000/mL
牛乳	巴氏消毒	大肠菌群计数	50/mL
冰激凌		细菌总数（37℃，48h）	50000/g
冰激凌		大肠菌群计数	10/g
蟹肉、对虾及虾	预烹煮	细菌总数（37℃，48h）	500000/g
软体动物	准备食用	细菌总数（37℃，48h）	500000/g
白明胶	可食用	细菌总数（37℃，48h）	100000/g
鱼	准备食用	细菌总数（37℃，48h）	100000/g
糕点		细菌总数（37℃，48h）	100000/g
所有上述未指定、准备食用的固体食品		细菌总数（37℃，48h）	100000/g
所有上述未指定、准备食用的液体食品		细菌总数（37℃，48h）	100000/mL

（6）文莱

1）规定了定量微生物（细菌计数）检验项目的食品：奶粉（包括全脂、半脱脂、脱脂奶和婴儿配方奶粉），酪乳粉，巴氏杀菌牛奶，冰激凌，煮熟的蟹肉，对虾，小虾，软体动物（即食），即食鱼和鱼制品（不包括密封容器内的即食鱼和鱼制品），糕点，即食肉和肉制品（不包括密封容器内的即食肉和肉制品），液体蛋、液体蛋黄和液体蛋清，干燥液体蛋、干燥液体蛋黄和干燥液体蛋清，任何表 3−24 中并未规定的固体和液体食品。

2）规定了指示性微生物检验项目的食品：奶粉（包括全脂、半脱脂、脱脂奶和婴儿配方奶粉），酪乳粉，巴氏杀菌牛奶，冰激凌，煮熟的蟹肉，对虾，小虾，软体动物（即食），即食鱼和鱼制品（不包括密封容器内的即食鱼和鱼制品），糕点，即食肉和肉制品（不包括密封容器内的即食肉和肉制品），液体蛋、液体蛋黄和液体蛋清，干燥液体蛋、干燥液体蛋黄和干燥液体蛋清，任何表 3−24 中并未规定的固体和液体食品。

表 3-24 文莱食品中的微生物标准

食品名称	37℃下 48h 内的菌落总数	大肠菌群数目
奶粉（包括全脂，半脂，脱脂奶和婴儿配方奶粉）	≤ 100000/g	≤ 50/g
酪乳粉	≤ 200000/g	≤ 50/g
巴氏杀菌牛奶	≤ 100000/mL	≤ 50/mL
冰激凌	≤ 50000/g	≤ 10/g
煮熟的蟹肉，对虾，小虾	≤ 500000/g	

表 3-24（续）

食品名称	37℃下 48h 内的菌落总数	大肠菌群数目
软体动物（即食）	≤ 500000/g	
即食鱼和鱼制品（不包括密封容器内的即食鱼和鱼制品）	≤ 100000/g	
糕点	≤ 100000/g	
即食肉和肉制品（不包括密封容器内的即食肉和肉制品）	≤ 1000000/g	
液体蛋，液体蛋黄和液体蛋清	≤ 50000/mL	≤ 50/mL
干燥液体蛋，干燥液体蛋黄和干燥液体蛋清	≤ 50000/g	≤ 50/g
其他未规定的固体食品	≤ 100000/g	
其他未规定的液体食品	≤ 100000/mL	

（7）缅甸

1）规定了指示性微生物检验项目的食品：煮熟甲壳类和贝类动物。

2）规定了致病性微生物检验项目的食品：煮熟甲壳类和贝类动物（金黄色葡萄球菌、沙门氏菌）。

缅甸食品微生物限量见表 3-25。

表 3-25 缅甸食品微生物限量

产品	目标	抽样计划		允许限量	
		n	c	m	M
煮熟甲壳类和贝类动物	沙门氏菌 /25g	5	0	0	
	金黄色葡萄球菌 /（CFU/g）	5	2	100	1000
	耐热性大肠杆菌 /（CFU/g）	5	2	10	100
	大肠杆菌（固态培养基）/（CFU/g）	5	1	10	100

（8）菲律宾

1）液态奶奶油罐头、水果蔬菜罐头、肉制品罐头、鱼和贝壳类罐头、婴儿液态奶、婴儿罐头检验项目为商业无菌。

2）规定了定量微生物（细菌计数）检验项目的食品：乳粉，甜炼乳，巴氏灭菌乳 / 奶油，黄油和黄油制品，加工干酪面包，黄油，从未经高温牛乳中提炼的黄油，人造黄油，冰冻奶油和冰冻果子露，有味冰，可可粉，巧克力制品，巧克力糖果，糖果制品，巴氏消毒鸡蛋制品，早餐谷物，谷物和谷物颗粒，大豆蛋白，干面，淀粉，冷冻的酵母面，烘烤食物，零食，肉酱饼，冷餐热狗，咸牛肉，午餐肉，冷冻生鲜鸡肉，生冻鲜鱼，鱼排，冷冻生甲壳动物，冷冻熟制甲壳动物，冷冻熟蟹肉，冷冻生蚌类，干蔬菜调味汤，土豆片，即食土豆片，沙拉酱，无酒精饮料，冷冻浓缩果汁，饮料冲剂，婴儿奶粉，牛奶添加剂，需要煮沸的冲剂，婴儿谷物制品。

3）规定了指示性微生物检验项目的食品：乳粉，甜炼乳，巴氏灭菌乳 / 奶油，酸奶及其他发酵乳，黄油和黄油制品，加工干酪面包，黄油，从未经高温牛乳中提炼的黄油，人造黄油，冰冻奶油和冰冻果子露，有味冰，可可粉，巧克力制品，巧克力糖果，糖果制品，冷冻蔬菜和水果，发酵蔬菜（即食），脱水蔬菜，干制水果，巴氏消毒鸡蛋制品，早餐谷物，谷物和谷物颗粒，种植的种子谷粒，大豆蛋白，豆腐，干面，淀粉，冷冻的酵母面，烘烤食物，烘烤小饼干，零食，肉酱饼，冷餐热狗，咸牛肉，午餐肉，发酵的肉制品，生冻鲜鱼，鱼排，冷冻生甲壳动物，冷冻熟制甲壳动物，冷冻熟蟹肉，冷冻生蚌类，干蔬菜调味汤，无酒精饮料，婴儿奶粉，牛奶添加剂，需溶解的婴儿奶粉，需要煮沸的冲剂，婴儿谷物制品。

规定了致病性微生物检验项目的食品：乳粉（沙门氏菌），巴氏灭菌乳 / 奶油（沙门氏菌、单核细胞增生李斯特氏菌），酸奶及其他发酵乳（金黄色葡萄球菌、沙门氏菌），黄油和黄油制品（沙门氏菌、单核细胞增生李斯特氏菌、金黄色葡萄球菌），加工干酪面包（金黄色葡萄球菌），生牛乳芝士（空肠弯曲杆菌、沙门氏菌、单核细胞增生李斯特氏菌、金黄色葡萄球菌），黄油（沙门氏菌、金黄色葡萄球菌），从未经高温牛乳中提炼的黄油（沙门氏菌、金黄色葡萄球菌、单核细胞增生李斯特氏菌），人造黄油（金黄色葡萄球菌、凝固酶阳性的金黄色葡萄球菌、单核细胞增生李斯特氏菌、沙门氏菌），冰冻奶油和冰冻果子露［单核细胞增生李斯特氏菌、沙门氏菌、金黄色葡萄球菌（凝固酶＋）］，有味冰（沙门氏菌），可可粉（霉菌、沙门氏菌），巧克力制品（霉菌、沙门氏菌），巧克力糖果（霉菌、沙门氏菌），糖果制品（霉菌、沙门氏菌），发酵蔬菜（即食）（沙门氏菌、金黄色葡萄球菌），花生油和其他坚果油（沙门氏菌），干制水果（霉菌、嗜高渗酵母菌），巴氏消毒鸡蛋制品（沙门氏菌），早餐谷物（霉菌、酵母及酵母样真菌），种植的种子谷粒（沙门氏菌），大豆粉（霉菌、沙门氏菌），以大米面粉为主要原料的主食（蜡样芽孢杆菌），大豆蛋白（产气荚膜梭菌、沙门氏菌），豆腐［蜡样芽孢杆菌、金黄色葡萄球菌（凝固酶＋）］，干面［金黄色葡萄球菌（凝固酶＋）、沙门氏菌］，淀粉（沙门氏菌），冷冻烘烤食品［金黄色葡萄球菌（凝固酶＋）、沙门氏菌］，冷冻的酵母面［霉菌、酵母及酵母样真菌、沙门氏菌、金黄色葡萄球菌（凝固酶＋）］，烘烤食物［金黄色葡萄球菌（凝固酶＋）］，烘烤小饼干（沙门氏菌），零食（霉菌、酵母及酵母样真菌），干制动物食品［金黄色葡萄球菌（凝固酶＋），产气荚膜梭菌、沙门氏菌］，肉酱饼［沙门氏菌、产气荚膜梭菌、金黄色葡萄球菌（凝固酶＋）］，肉与肉制品［金黄色葡萄球菌（凝固酶＋）、产气荚膜梭菌、沙门氏菌］，冷餐热狗，咸牛肉，午餐肉［沙门氏菌、金黄色葡萄球菌（凝固酶＋）］，包装加工咸肉制品［金黄色葡萄球菌（凝固酶＋）、沙门氏菌、单核细胞增生李斯特氏菌］，熟制冷冻家禽［金黄色葡萄球菌（凝固酶＋）、沙门氏菌］，加工烟熏家禽肉制品［金黄色葡萄球菌（凝固酶＋），沙门氏菌］，脱水家禽肉制品（沙门氏菌），生冻鲜鱼［金黄色葡萄球菌（凝固酶＋）、副溶血性弧菌、沙门氏菌］，鱼排［金黄色葡萄球菌（凝固酶＋）］，冷冻生甲壳动物［金黄色葡萄球菌（凝固酶＋）、副溶血性弧菌、沙门氏菌］，冷冻熟制甲壳动物［金黄色葡萄球菌（凝固酶＋）、副溶血性弧菌、沙门氏菌］，冷冻熟蟹肉［金黄色葡萄球菌（凝固酶＋）、副溶血性弧菌］，冷冻生蚌类［金黄色葡萄球菌（凝固酶＋）、副溶血性弧菌］，干蔬菜调味汤（产气荚膜梭菌、沙门氏菌），酵母（沙门氏菌），土豆片（霉菌），即食土豆片［金黄色葡萄球菌（凝固酶＋）、沙门氏菌、霉菌］，沙拉酱（沙门氏菌、单核细胞增生李斯特氏菌），婴儿奶粉（克罗诺杆菌、沙门氏菌），牛奶添加剂（沙门氏菌），需溶解的婴儿奶粉（沙门氏菌、单核细胞增生李斯特氏菌），需要煮沸的冲剂（沙门氏菌），婴儿谷物制品（蜡样芽孢杆菌、产气荚膜梭菌、沙门氏菌）。

菲律宾食品微生物限量见表 3-26。

表 3-26 菲律宾食品微生物限量

产品	目标	抽样计划		允许限量	
		n	c	m	M
乳粉	沙门氏菌 /25g	10	0	0	
	高污染风险，沙门氏菌 /25g	30	0	0	
	菌落总数 /（CFU/g）	5	2	5×10^3	10^4
	肠杆菌科 /10g	5	1	10	10^2
甜炼乳	大肠菌群 /（CFU/g）	5	1	10	10^2
	酵母和霉菌 /（CFU/25g）	5	1	10	10^2
	菌落总数 /（CFU/g）	5	1	10^3	10^4
液态奶，奶油	商业无菌	6	0		
巴氏灭菌乳	大肠菌群 /（CFU/mL）	5	1	10^2	10^3
	沙门氏菌 /25mL	5	0	0	
	单增李斯特氏菌 /25mL	5	0	0	
	嗜冷细菌 /（CFU/g）	5	1	10	10^2
	菌落总数 /（CFU/g）	5	1	5×10^4	10^5
巴氏灭菌奶油	大肠菌群 /（CFU/g）	5	1	10^2	10^3
	沙门氏菌 /25g	5	0	0	
	单增李斯特氏菌 /25g	5	0	0	
	嗜冷细菌 /（CFU/g）	5	1	10	10^2
	菌落总数 /（CFU/g）	5	1	5×10^4	10^5
酸奶及其他发酵乳	金黄色葡萄球菌（凝固酶＋）/（CFU/mL）	5	2	10	10^2
	大肠菌群 /（CFU/mL）	5	2	10	10^2
	沙门氏菌 /25mL	5	0	0	10^2
	乳酸菌 /（CFU/mL）（至少≥ 10^6）				
黄油和黄油制品	金黄色葡萄球菌（凝固酶＋）/（CFU/g）	5	2	10^2	10^3
	大肠杆菌 /（MPN/g）	5	1	11	110
	菌落总数 /（MPN/g）	5	1	11	10^3
	嗜冷细菌 /（CFU/g）	5	2	10^2	10^3
	沙门氏菌 /25g	5	0	0	
	单增李斯特氏菌 /25g	5	0	0	
加工干酪面包	大肠菌群 /（CFU/g）	5	1	10	10^2
	金黄色葡萄球菌（凝固酶＋）/（CFU/g）	5	1	10	10^2
	菌落总数 /（CFU/g）	5	2	10^4	5.0×10^4
生牛乳芝士	空肠弯曲菌 /25g	5	0	0	
	沙门氏菌 /25g	5	0	0	
	单增李斯特氏菌 /25g	5	0	0	
	金黄色葡萄球菌（凝固酶＋）/（CFU/g）	5	2	10^2	10^3

表 3—26（续）

产品	目标	抽样计划		允许限量	
		n	c	m	M
黄油	肠球菌 /（CFU/g）	5	1	10	10^2
	酵母 /（CFU/g）	5	1	20	10^2
	蛋白分解细菌 /（CFU/g）	5	1	10^2	10^3
	大肠菌群 /（CFU/g）	5	1	10	10^2
	金黄色葡萄球菌（凝固酶 +）/（CFU/g）	5	0	10^2	
	沙门氏菌 /25g	5	1	10	10^2
	菌落总数 /（CFU/mL）	5	1	5.0×10^4	10^5
从未经高温牛乳中提炼的黄油	大肠菌群 /（CFU/g）	5	1	10	10^2
	大肠杆菌 /（MPN/g）	5	1	3	11
	金黄色葡萄球菌（凝固酶 +）/（CFU/g）	5	1	10	10^2
	沙门氏菌 /25g	5	0	0	
	单增李斯特氏菌 /25g	5	0	0	
	菌落总数 /（CFU/mL）	5	1	10^4	5.0×10^4
人造黄油	金黄色葡萄球菌（凝固酶 +）/（CFU/g）	5	0	10	
	粪大肠菌群 /（MPN/g）	5	0	50	
	单增李斯特氏菌 /25g	5	2	0	
	沙门氏菌 /25g	5	0	0	
	菌落总数 /（CFU/mL）	5	2	2.5×10^4	2.5×10^5
	酵母 /（CFU/g）	5	2	50	5.0×10^2
冰冻奶油和冰冻果子露	大肠菌群 /（MPN/g）	5	1	10	10^3
	单增李斯特氏菌 /25g	5	0	0	
	沙门氏菌 /25g	5	0	0	
	菌落总数 /（CFU/mL）	5	2	5.0×10^4	2.0×10^5
	金黄色葡萄球菌（凝固酶 +）/（CFU/g）	5	0	0	
有味冰	菌落总数 /（CFU/g）	5	2	10^2	10^4
	大肠菌群 /（MPN/g）	5	0	3	
	酵母 /（CFU/g）	5	0	10^2	
	沙门氏菌 /25g	5	0	0	
可可粉	霉菌 /（CFU/g）	5	2	10^2	10^4
	沙门氏菌 /25g	10	0	0	
	大肠菌群 /（MPN/g）	5	2	1.8	10^2
	菌落总数 /（CFU/g）	5	2	10^4	10^6
巧克力制品	霉菌 /（CFU/g）	5	2	10^2	10^4
	沙门氏菌 /25g	10	0	0	
	大肠菌群 /（MPN/g）	5	2	1.8	10^2
	菌落总数 /（CFU/g）	5	2	10^4	10^6

表 3-26（续）

产品	目标	抽样计划		允许限量	
		n	c	m	M
巧克力糖果	霉菌 /（CFU/g）	5	2	10	10^3
	沙门氏菌 /25g	5	0	0	
	大肠菌群 /（MPN/g）	5	2	1.8	10^2
	菌落总数 /（CFU/g）	5	2	10^4	10^6
糖果制品	霉菌 /（CFU/g）	5	2	10	10^2
	沙门氏菌 /25g	5	0	0	
	大肠菌群 /（MPN/g）	5	2	1.8	10^2
	菌落总数 /（CFU/g）	5	2	10^4	10^6
冷冻蔬菜和水果	大肠杆菌 /（MPN/g）	5	2	110	10^3
发酵蔬菜（即食）	酵母 /（CFU/g）	5	2	10^2	10^4
	大肠菌群 /（MPN/g）	5	0	3	
	大肠杆菌 /（MPN/g）	5	0	3	
	沙门氏菌 /25g	5	0	0	
	金黄色葡萄球菌 /（CFU/g）	5	0	10	
水果蔬菜罐头	商业无菌	6	0	商业无菌	
脱水蔬菜	大肠杆菌 /（MPN/g）	5	2	110	10^3
椰子（粉）	见 PNS/BAFPS 25：2007				
花生油和其他坚果油	沙门氏菌 /25g	10	0	0	
干制水果	霉菌 /（CFU/g）	5	2	10^2	10^4
	嗜高渗酵母菌 /（CFU/g）	5	2	10	10^3
	大肠杆菌 /（MPN/g）	5	2	3	11
巴氏消毒鸡蛋制品	大肠菌群 /（CFU/g）	5	2	10	10^3
	沙门氏菌 /25g	10	0	0	
	酵母 /（CFU/g）	5	0	10	
	菌落总数 /（CFU/g）	5	0	10^4	10^5
早餐谷物	霉菌 /（CFU/g）	5	2	10	10^3
	酵母及酵母样真菌 /（CFU/g）	5	2	10	10^2
	大肠菌群 /（CFU/g）	5	2	10	10^2
	菌落总数 /（CFU/g）	5	2	10^3	10^4
谷物和谷物颗粒	酵母 /（CFU/g）	5	2	10	10^3
	菌落总数 /（CFU/g）	5	2	10	10^2
	大肠菌群 /（CFU/g）	5	2	10	10^2
	大肠杆菌 /（MPN/g）	5	2	10^3	10^4
种植的种子谷粒	大肠杆菌 /（MPN/g）	5	2	10	10^2
	大肠菌群 /（CFU/g）	5	2	10^2	10^4
	沙门氏菌 /25g	5	0	0	

表 3—26(续)

产品	目标	抽样计划		允许限量	
		n	*c*	*m*	*M*
大豆粉	霉菌 /(CFU/g)	5	2	10^3	10^5
	沙门氏菌 /25g	5	0	0	
以大米面粉为主要原料的主食	蜡样芽孢杆菌 /(CFU/g)	5	1	10^2	10^4
大豆蛋白	大肠菌群 /(CFU/g)	5	2	10^2	10^3
	大肠杆菌 /(MPN/g)	5	1	10	10^2
	嗜冷细菌 /(CFU/g)	5	2	10^2	10^4
	产气荚膜梭菌 /(CFU/g)	5	2	10	10^2
	酵母 /(CFU/g)	5	2	10	10^2
	沙门氏菌 /25g	5	0	0	
	菌落总数 /(CFU/g)	5	2	10^2	10^5
豆腐	蜡样芽孢杆菌 /(CFU/g)	5	2	10^2	10^3
	大肠杆菌 /(MPN/g)	5	0	1.8	
	金黄色葡萄球菌(凝固酶+)/(CFU/g)	5	2	10^2	10^5
干面	大肠菌群 /(CFU/g)	5	2	10	10^3
	酵母 /(CFU/g)	5	2	10^2	10^5
	金黄色葡萄球菌(凝固酶+)/(CFU/g)	5	1	10^2	10^4
	沙门氏菌 /25g	5	0	0	
	菌落总数 /(CFU/g)	5	2	10^3	10^5
淀粉	大肠菌群 /(CFU/g)	5	2	10	10^2
	酵母 /(CFU/g)	5	2	10^2	10^3
	沙门氏菌 /25g	5	0	0	
	菌落总数 /(CFU/g)	5	2	10^3	10^5
冷冻烘烤食物	金黄色葡萄球菌(凝固酶+)/(CFU/g)	5	1	10^2	10^4
	沙门氏菌 /25g	5	0	0	
冷冻的酵母面	霉菌 /(CFU/g)	5	2	10^2	10^4
	酵母及酵母样真菌 /(CFU/g)	5	2	10^5	10^6
	大肠菌群 /(CFU/g)	5	2	10	10^2
	嗜冷细菌 /(CFU/g)	5	2	10	10^3
	菌落总数 /(CFU/g)	5	2	10^2	10^7
	沙门氏菌 /25g	5	0	0	
	金黄色葡萄球菌(凝固酶+)/(CFU/g)	5	2	10^2	10^4
	大肠杆菌 /(MPN/g)	5	0	3	
烘烤食物	金黄色葡萄球菌(凝固酶+)/(CFU/g)	5	2	10^2	10^4
	酵母 /(CFU/g)	5	2	10^2	10^4
	菌落总数 /(CFU/g)	5	2	10^4	10^6
	大肠菌群 /(CFU/g)	5	2	50	10^3

表 3-26（续）

产品	目标	抽样计划		允许限量	
		n	c	m	M
烘烤小饼干	大肠菌群 /（MPN/g）	5	2	3	20
	沙门氏菌 /25g	10	0	0	
零食	霉菌 /（CFU/g）	5	2	10	1.0×10^3
	酵母及酵母样真菌 /（CFU/g）	5	2	10	10^2
	大肠菌群 /（CFU/g）	5	2	10	10^2
	菌落总数 /（CFU/g）	5	2	10^3	10^4
干制动物食品	金黄色葡萄球菌（凝固酶 +）/（CFU/g）	5	1	10^2	1.0×10^4
	产气荚膜梭菌 /（CFU/g）	5	1	10^2	10^4
	沙门氏菌 /25g	10	0	0	
肉酱饼	沙门氏菌 /25g	5	0	0	
	产气荚膜梭菌 /（CFU/g）	5	2	10^2	10^3
	金黄色葡萄球菌（凝固酶 +）/（CFU/g）	5	2	10^2	10^3
	大肠菌群 /（CFU/g）	5	2	10	10^2
	菌落总数 /（CFU/g）	5	2	10^4	10^5
肉与肉制品	金黄色葡萄球菌（凝固酶 +）/（CFU/g）	5	1	10^2	10^4
	产气荚膜梭菌 /（CFU/g）	5	1	10^2	10^4
	沙门氏菌 /25g	10	0	0	
冷餐热狗，咸牛肉，午餐肉	大肠杆菌 /（MPN/g）	5	0	1.8	
	沙门氏菌 /25g	10	0	0	
	金黄色葡萄球菌（凝固酶 +）/（CFU/g）	5	2	10^2	10^3
	菌落总数 /（CFU/g）	5	2	10^5	10^6
包装加工咸肉制品	金黄色葡萄球菌（凝固酶 +）/（CFU/g）	5	2	10^2	10^3
	沙门氏菌 /25g	5	0	0	
	单增李斯特氏菌 /25mL	5	0	0	
发酵的肉制品	大肠杆菌 /（MPN/g）	5	0	1.8	
熟制冷冻家禽	金黄色葡萄球菌（凝固酶 +）/（CFU/g）	5	1	10^3	10^4
	沙门氏菌 /25g	5	0	0	
加工烟熏家禽肉制品	金黄色葡萄球菌（凝固酶 +）/（CFU/g）	10	1	10^3	10^4
	沙门氏菌 /25g	10	0	0	
脱水家禽肉制品	沙门氏菌 /25g	10	0	0	
冷冻生鲜鸡肉	菌落总数 /（CFU/g）	5	3	5.0×10^5	10^7
肉制品罐头	商业无菌				

表 3—26（续）

产品	目标	抽样计划		允许限量	
		n	c	m	M
生冻鲜鱼	大肠杆菌 /（MPN/g）	5	3	11	500
	金黄色葡萄球菌（凝固酶 +）/（CFU/g）	5	2	10^3	10^4
	副溶血性弧菌 /（MPN/g）	5	2	10^2	10^3
	沙门氏菌 /25g	5	0	0	
	菌落总数 /（CFU/g）	5	3	10^5	10^7
鱼排	大肠杆菌 /（MPN/g）	5	3	11	500
	金黄色葡萄球菌（凝固酶 +）/（CFU/g）	5	1	10^3	10^4
	菌落总数 /（CFU/g）	5	3	10^5	10^7
冷冻生甲壳动物	大肠杆菌 /（MPN/g）	5	3	11	500
	金黄色葡萄球菌（凝固酶 +）/（CFU/g）	5	2	10^3	10^4
	副溶血性弧菌 /（MPN/g）	5	1	10^2	10^3
	沙门氏菌 /25g	5	0	0	
	菌落总数 /（CFU/g）	5	3	10^6	10^7
冷冻熟制甲壳动物	大肠杆菌 /（MPN/g）	5	2	11	500
	金黄色葡萄球菌（凝固酶 +）/（CFU/g）	5	0	10^3	
	副溶血性弧菌 /（MPN/g）	10	1	10^2	10^3
	沙门氏菌 /25g	5	0	0	
	菌落总数 /（CFU/g）	5	2	10^5	10^6
冷冻熟蟹肉	大肠杆菌 /（MPN/g）	5	1	11	500
	金黄色葡萄球菌（凝固酶 +）/（CFU/g）	5	0	10^3	
	副溶血性弧菌 /（MPN/g）	10	1	10^2	10^3
	菌落总数 /（CFU/g）	5	2	10^5	10^6
冷冻生蚌类	大肠杆菌 /（MPN/g）	5	0	16	
	金黄色葡萄球菌（凝固酶 +）/（CFU/g）	20	0	0	
	副溶血性弧菌 /（MPN/g）	10	1	10^2	10^3
	菌落总数 /（CFU/g）	5	0	10^5	
鱼和贝壳类罐头	商业无菌	6	0		
干蔬菜调味汤	产气荚膜梭菌 /（CFU/g）	5	2	10^2	10^3
	酵母 /（CFU/g）	5	3	10^2	10^4
	大肠菌群 /（CFU/g）	5	3	10	10^3
	菌落总数 /（CFU/g）	5	2	10^4	10^6
	沙门氏菌 /25g	5	0	0	
酵母	沙门氏菌 /25g	20	0	0	

表 3-26（续）

产品	目标	抽样计划		允许限量	
		n	c	m	M
土豆片	霉菌 /（CFU/g）	5	2	10^2	10^4
	菌落总数 /（CFU/g）	5	2	10^4	10^6
即食土豆片	大肠菌群 /（CFU/g）	5	2	10^2	10^3
	金黄色葡萄球菌（凝固酶 +）/（CFU/g）	5	2	10^2	10^4
	沙门氏菌 /25g	5	0	0	
	霉菌 /（CFU/g）	5	2	10^2	10^4
	菌落总数 /（CFU/g）	5	2	10^4	10^6
沙拉酱	菌落总数 /（CFU/g）	5	2	10	10^2
	酵母 /（CFU/g）	5	2	10	10^2
	沙门氏菌 /25g	5	0	0	
	单增李斯特氏菌 /25mL	5	0	0	
无酒精饮料	酵母 /（CFU/g）	5	0	1	
	大肠菌群 /（CFU/g）	5	0	1	
	菌落总数 /（CFU/mL）	5	1	10	10^2
冷冻浓缩果汁	菌落总数 /（CFU/mL）	5	2	10^2	10^5
	酵母 /（CFU/mL）	5	1	10	50
饮料冲剂	菌落总数 /（CFU/mL）	5	2	3.0×10^3	
婴儿奶粉（0~6 个月）	克罗诺杆菌 /10g	30	0	0	
	沙门氏菌 /25g	60	0	0	
	大肠菌群 /（MPN/g）	5	2	3	11
	大肠杆菌 /（MPN/g）	10	1	1.8	10
	菌落总数 /（CFU/g）	5	2	5.0×10^2	5.0×10^3
	肠杆菌科 /10g	10	2	0	
牛奶添加剂	沙门氏菌 /25g	60	0	0	
	大肠杆菌 /（MPN/g）	10	1	1.8	10
	菌落总数 /（CFU/g）	5	2	5.0×10^2	5.0×10^3
	肠杆菌科 /10g	10	2	0	
婴儿液体奶	商业无菌	6	0		
婴儿罐头	商业无菌	6	0		
需溶解的婴儿奶粉	大肠菌群 /（MPN/g）	5	1	3	20
	沙门氏菌 /25g	60	0	0	
	单增李斯特氏菌 /25mL	5	0	0	
需要煮沸的冲剂	大肠菌群 /（CFU/g）	5	2	10	10^2
	沙门氏菌 /25g	5	0	0	
	菌落总数 /（CFU/g）	5	3	10^4	10^5

表 3-26（续）

产品	目标	抽样计划		允许限量	
		n	c	m	M
婴儿谷物制品	蜡样芽孢杆菌 /（CFU/g）	10	1	10^2	10^4
	产气荚膜梭菌 /（CFU/g）	5	1	10	10^2
	菌落总数 /（CFU/g）	5	2	10^3	10^4
	沙门氏菌 /25g	10	0	0	
	大肠菌群 /（MPN/g）	5	2	3	20

（9）越南

1）规定了定量微生物（细菌计数）检验项目的食品：未经热处理而直接使用的肉类和肉制品，使用前经过热处理的肉类和肉制品。

2）规定了指示性微生物检验项目的食品：液态牛奶制品，粉末奶状制品，经过热处理的牛奶制作的芝士，奶酪乳清（由热处理乳清制成），奶酪和黄油，热处理后的发酵乳制品，蛋制品，未经热处理而直接使用的肉类和肉制品，使用前经过热处理的肉类和肉制品，水产品，12 个月以下儿童的营养配方奶粉，为 6~36 个月的儿童加工谷物，生菜，直接食用水果，奶油（含牛奶的奶油），瓶装天然矿泉水，瓶装饮用水和直饮水（第一次检查），瓶装饮用水和直饮水（第二次检查）。

3）规定了致病性微生物检验项目的食品：液态牛奶制品（单核细胞增生李斯特氏菌），粉末奶状制品（凝固酶阳性的金黄色葡萄球菌、葡萄球菌肠毒素、单核细胞增生李斯特氏菌、沙门氏菌），未加工牛奶制作的芝士（凝固酶阳性的金黄色葡萄球菌、葡萄球菌肠毒素、单核细胞增生李斯特氏菌、沙门氏菌），经过热处理的牛奶制作的芝士（凝固酶阳性的金黄色葡萄球菌、葡萄球菌肠毒素、单核细胞增生李斯特氏菌、沙门氏菌），由热处理乳清制成的奶酪乳清（凝固酶阳性的金黄色葡萄球菌、葡萄球菌肠毒素、单核细胞增生李斯特氏菌），牛奶或热处理的乳清制作的芝士（凝固酶阳性的金黄色葡萄球菌、葡萄球菌肠毒素、单核细胞增生李斯特氏菌），其他芝士产品（单核细胞增生李斯特氏菌），奶酪和黄油（单核细胞增生李斯特氏菌、沙门氏菌），牛奶脂肪，黄油，水溶性脱脂牛奶（单核细胞增生李斯特氏菌），热处理后的发酵乳制品（单核细胞增生李斯特氏菌），未经热处理的奶制品（单核细胞增生李斯特氏菌），蛋制品（沙门氏菌），未经热处理而直接使用的肉类和肉制品（沙门氏菌），使用前经过热处理的肉类和肉制品（沙门氏菌），明胶和胶原蛋白（沙门氏菌），水产品（沙门氏菌、凝固酶阳性的金黄色葡萄球菌），12 个月以下儿童的营养配方奶粉（沙门氏菌、阪崎肠杆菌、蜡样芽孢杆菌），为 6~36 个月的儿童加工谷物（沙门氏菌），非热处理发芽蔬菜（沙门氏菌），生菜（沙门氏菌），含牛奶的奶油（沙门氏菌）、瓶装天然矿泉水，瓶装饮用水和直饮水（第一次检查）（粪链球菌、铜绿假单胞菌、厌氧还原亚硫酸盐梭菌）、瓶装天然矿泉水，瓶装饮用水和直饮水（第二次检查）（链球菌、铜绿假单胞菌、厌氧还原亚硫酸盐梭菌）。

越南食品微生物限量见表 3-27。

表 3-27 越南食品微生物限量

产品	目标	抽样计划		允许限量 /（CFU/mL）或（CFU/g）	
		n	*c*	*m*	*M*
液态牛奶制品	肠杆菌科	5	2	<1	5
	单核细胞增生李斯特菌	5	0	10^2	
粉末状奶制品	肠杆菌科	5	0	10^2	
	葡萄球菌凝固酶阳性	5	2	10	10^2
	葡萄球菌肠毒素	5	0	0	
	单核细胞增生李斯特菌	5	0	10^2	
	沙门氏菌	5	0	0	
未加工牛奶制作的芝士	葡萄球菌凝固酶阳性	5	2	10^4	10^5
	葡萄球菌肠毒素	5	0	0	
	单核细胞增生李斯特菌	5	0	10^2	
	沙门氏菌	5	0	0	
经过热处理的牛奶制作的芝士	大肠杆菌	5	2	10^2	10^3
	葡萄球菌凝固酶阳性	5	2	10^2	10^3
	葡萄球菌肠毒素	5	0	0	
	单核细胞增生李斯特菌	5	0	10^2	
	沙门氏菌	5	0	0	
奶酪乳清（由热处理乳清制成）	大肠杆菌	5	2	10^2	10^3
	葡萄球菌凝固酶阳性	5	2	10^2	10^3
	葡萄球菌肠毒素	5	0	0	
	单核细胞增生李斯特菌	5	0	10^2	
牛奶或乳清制作的芝士（牛奶或热处理的乳清）	葡萄球菌凝固酶阳性	5	2	10	10^2
	葡萄球菌肠毒素	5	0	0	
	单核细胞增生李斯特菌	5	0	10^2	
其他芝士产品	单核细胞增生李斯特菌	5	0	10^2	
奶酪和黄油	大肠杆菌	5	2	10	10^2
	单核细胞增生李斯特菌	5	0	10^2	
	沙门氏菌	5	0	0	
牛奶脂肪，黄油，水溶性脱脂牛奶	单核细胞增生李斯特菌	5	0	10^2	
热处理后的发酵乳制品	肠杆菌科	5	2	<1	5
	单核细胞增生李斯特菌	5	0	10^2	
未经热处理的奶制品	单核细胞增生李斯特菌	5	0	10^2	
蛋制品	肠杆菌科	5	2	10	10^2
	沙门氏菌	5	0		

表 3-27（续）

产品	目标	抽样计划		允许限量 /（CFU/mL）或（CFU/g）	
		n	c	m	M
未经热处理而直接使用的肉类和肉制品	所有需氧型微生物	5	2	5×10^5	5×10^6
	大肠杆菌	5	2	5×10	5×10^2
	沙门氏菌	5	0	0	
使用前经过热处理的肉类和肉制品	所有需氧型微生物	5	2	5×10^5	5×10^6
	大肠杆菌	5	2	5×10	5×10^2
	沙门氏菌	5	0	0	
明胶和胶原蛋白	沙门氏菌	5	0		
水产品	大肠杆菌	1	0	230	700
	沙门氏菌	5	0	0	
	葡萄球菌凝固酶阳性	5	2	10^2	10^3
12 个月以下儿童的营养配方奶粉	沙门氏菌	30	0	0	
	阪崎肠杆菌	30	0	0	
	肠杆菌科	10	0	0	
	假定蜡状芽孢杆菌	5	1	5×10	5×10^2
为 6 至 36 个月的儿童加工谷物	大肠菌群	5	2	<3	20
	沙门氏菌	10	0	0	
发芽蔬菜（非热处理）	沙门氏菌	5	0	0	
生菜	大肠杆菌	5	2	10^2	10^3
	沙门氏菌	5	0	0	
直接食用水果	大肠杆菌	5	2	10^2	10^3
奶油（含牛奶的奶油）	肠杆菌科	5	2	10^1	10^2
	沙门氏菌	5	0	0	
瓶装天然矿泉水，瓶装饮用水和直饮水（第一次检查）	大肠杆菌或耐热大肠菌 /250mL	0			
	大肠菌总数 /250mL	0			
	粪链球菌 /250mL	0			
	铜绿假单胞菌 /250mL	0			
	厌氧还原亚硫酸盐梭菌 /50mL	0			
瓶装天然矿泉水，瓶装饮用水和直饮水（第二次检查）	大肠菌总数	4	1	0	2
	链球菌	4	1	0	2
	铜绿假单胞菌	4	1	0	2
	厌氧还原亚硫酸盐梭菌	4	1	0	2

在致病性微生物检验项目上，中国和东盟各国根据产品类别的特点有不同的规定，几乎都包含沙门氏菌。其他产品如婴幼儿的配方奶粉需检验阪崎肠杆菌和金黄色葡萄球菌；乳制品大多需要检验单核细胞增生李斯特氏菌。

其实，定量微生物和指示性微生物也只是分别反映了食品被细菌和粪便污染的程度，从而可推断生产加工过程卫生控制是否有效以及食品被肠道致病菌污染的可能性，与致病菌之间并不存在必然的因果关系。据研究，鲜猪肉在贮藏过程中反映出菌落总数和大肠菌群之间具有同步效应，但大肠菌群和沙门氏菌之间的关联却不明确，无法说明这两项指标之间存在直接内在联系。毕竟食品中各项微生物卫生指标的相关性还取决于食品的微生态学基础、食品加工的污染程度以及加工方式等多种因素。而且，在大力提倡生产加工过程以预防和控制为主导的质量管理理念的新形势下，特别是强调企业是产品质量安全第一责任人的今天，以对最终产品检验把关的方式保障食品的卫生安全，不仅被动而且有效性有限。因此，我们应逐渐通过有效的质量控制手段保障生产加工过程的卫生状况处于良好状态，设立更具针对性的微生物学检验项目，从而减少因为不必要的重复检验造成的资源浪费，更有效地发挥微生物学检验的作用。

不同的食品种类开展的食品微生物检验项目应该有所差异。就定量微生物而言，含盐量高的食品多为耐盐菌，经过加热处理的食品多为耐热菌或芽孢菌。就培养温度而言，动物性食品的嗜温菌为体温型微生物，植物性食品的嗜温菌为室温型微生物。虽然菌落总数对大多数食品的细菌总量污染进行分析评定是具有代表性的，但不能兼顾所有的食品种类。因此，制定标准的微生物学检验项目时，不要笼统地对所有类别的食品都选择菌落总数，需充分考虑不同产品的具体情况，选择更有效的定量微生物检验项目，将更准确地反映食品的卫生状况。例如，对于热处理食品可采用耐热需氧菌作为检验项目，一般食品可检验需氧嗜温菌，冷藏食品可检验嗜冷菌计数，而含糖量较高食品易受真菌污染，可检验酵母和霉菌计数。指示性微生物也是如此，不同的检验项目也是各自代表不同的粪便微生物类群，因此一般食品可采用大肠菌群作为检验项目，热加工食品可检验粪大肠菌群，而冷冻食品和水产品可检验采用肠球菌。

同理，致病性微生物也应针对不同的食品种类选择代表性项目进行检验。根据美国食品药品管理局、美国疾病控制与预防中心、美国农业部食品安全检验署和美国国立卫生研究院共同编制的关于食源性致病微生物和天然毒素的《有害病菌名录》（Bad Bug Book）手册，不同致病菌相关的食品种类并不相同。具体如下：

与沙门氏菌相关食品包括：生肉、家禽、蛋、乳及乳制品、鱼、虾、蛙腿、发酵粉、椰子、酱和沙拉酱、蛋糕粉、稀奶油夹心甜点和浇头、明胶粉、花生酱、可可粉和巧克力。

与肉毒梭菌相关的食品种类随保存方式和各地区饮食习惯的不同而不同。对于任何能导致该菌生长和毒素产生的食品，在允许芽孢存活的加工条件下，如果食用前未充分加热都将引起肉毒中毒。大部分能支持肉毒梭菌生长和毒素产生的食品类型的 pH 值在 4.6 以上。肉毒毒素已被证明存在各类食品中，如罐装玉米、胡椒粉、绿豆、汤、甜菜、芦笋、蘑菇、橄榄、菠菜、金枪鱼、鸡肉、鸡肝和鸡肝糊、午餐肉、火腿、香肠、茄子酿、龙虾、烟熏和盐腌鱼。

与金黄色葡萄球菌中毒相关的食品包括：肉及肉制品、家禽和蛋制品、鱼蛋、金枪鱼、鸡肉、马铃薯和通心面、沙拉、稀奶油夹心糕点、稀奶油派和巧克力法式小甜点、焙烤制品、三明治饼馅、乳及乳制品。葡萄球菌广泛存在于环境中，如空气、灰尘、水、设备、人类和动物。基本宿主是人类和动物，有 50% 以上健康个体的鼻腔、咽喉、毛发和皮肤可携带该菌，对于那些接触病患个体和医院环境的情况，发生频率会更高。虽然食物加工者经常是引发食物中毒的主要污染源，但是设备和环境也能成为金黄色葡萄球菌的污染源。摄入食物中金黄色葡萄球菌产生的肠毒素所导致的中毒，通常是由于食物之前未被充分加热至 60℃以上，或者冷藏不低于 7.2℃。

空肠弯曲菌常常污染生鸡肉。调查显示大约有 20%~100% 的零售鸡肉受污染。许多健康的鸡肠道里就有这些菌。鲜乳也是污染源之一。健康的牛和农场里的苍蝇也经常传播这些菌。未氯化过的水也可能成为污染源。但是，经过适当烹饪的鸡肉、巴氏消毒乳和氯化饮用水都能杀死这细菌。

可发现小肠结肠炎耶尔森氏菌的食品包括：肉（猪、牛、羊等）、牡蛎、鱼和鲜乳。食物污染的确切原因尚未知。然而，流行于土壤、水和以动物为宿主（如海狸、猪和松鼠等）的该菌有充分的机会进入我们的食物供应链。

与单核细胞增生李斯特氏菌相关的食品包括：鲜乳、巴氏消毒液态乳、干酪（部分软熟化品种）、冰激凌、生蔬菜、已发酵生肉香肠、生的和烹煮家禽、生肉（所有类型）、生和烟熏鱼。即使是在低于 3℃的冷冻食品里，单核细胞增生李斯特氏菌也具有繁殖能力。

通常导致霍乱疾病传播的原因是由于卫生条件差，饮用水受到该菌的污染。其次也可能由于生食或者不适当的烹煮受霍乱弧菌污染的沿海水域产的贝类引起的。

生食贝类、不适当的烹煮或者烹煮了的鱼和贝类受二次污染也可能与副溶血性弧菌感染有关。一年中温暖月份与感染的几率存在相关性。污染了该菌的海鲜被冷藏得不适当，将导致该菌的迅速繁殖，从而增加感染的几率。

可以从牡蛎、蛤和蟹分离出创伤弧菌。生食或者再受这些产品的污染将导致发病。

大多数情况下，引起产气荚膜梭菌中毒的实际原因是预制食品的温度控制不当。烹煮后的食品常仅存很少数量的微生物，所以微生物繁殖至可引起食品中毒水平是发生在冷却和贮藏预制食品期间。该菌最常在肉、肉制品和肉汁等食品中繁殖。

肉、乳、蔬菜和鱼在内的多种类食品与蜡样芽孢杆菌和其他产芽孢菌属导致的腹泻型食物中毒有关。而米制品、其他淀粉类食品如马铃薯、意大利面食和干酪制品等与呕吐型食物中毒有关。而混合食品如酱、布丁、汤、砂锅菜、糕饼和沙拉也常引发食物中毒。

鱼和贝类中常发现嗜水气单胞菌。还常被发现存在于红肉（牛、猪、羔羊）和家禽等市场样品。因为对于该菌的毒力作用机制知之甚少，所以假定并非所有的菌株都是致病的，而且该菌普遍存在于环境中。

大多数类志贺邻单胞菌感染发生在夏季并且与淡水（河、溪、池塘等）的环境污染有关。零星或流行事件中该菌的传播路径通常是摄取了受污染的水或生贝类产品。

志贺氏菌属通常是通过口粪途径污染沙拉（马铃薯、金枪鱼、虾、通心粉和鸡肉）、生蔬菜、乳和乳制品、家禽等食品。排泄物污染水源以及食品加工者不卫生的处理食物是污染最普遍的原因。

乳制品、生贝类和鲜蔬菜可检出肠道杂菌。这些微生物存在于土壤和水，因此，可能造成健康危害。

链球菌属 A 群的食物来源包括乳、冰激凌、蛋、蒸龙虾、碎火腿、马铃薯沙拉、蛋沙拉、奶油蛋羹、米布丁、虾沙拉。在大多数中毒事件中，食物在准备和食用期间，被放置于室温数小时。卫生差、带病的食品加工者或者使用未巴氏消毒的牛乳使得细菌进入食物。而链球菌属 D 群的食物来源包括香肠、炼乳、干酪、肉丸子、肉饼、布丁、鲜乳和未巴氏消毒的乳。

虽然任何食物只要暴露于粪便污染物下，都很可能被怀疑感染了肠致病性大肠埃希氏菌，但引发该病发作的食品通常是生牛肉和鸡肉。有记载许多肠出血性大肠埃希氏菌 O_{157}：H_7 的疾病发作与未烹煮的生牛肉饼（碎牛肉）有关，还有苜蓿芽、未巴氏消毒果汁、干腌意大利腊肠、莴苣、野味肉、干酪凝乳。目前，尚未清楚掌握何种食物是肠侵袭性大肠埃希菌的媒介，但带病人体的粪便污染了任何食物，不论直接或者是从受污染的水间接污染，都导致疾病的传染。

根据国际食品法典委员会标准，微生物检验项目的制定，必须考虑健康危害的资料、原料物质的微生物状况、加工对食品微生物学的影响、食品处理和储存过程中存在的微生物污染和 / 或生长的可能性及后果、危险人群的类型、应用微生物指标的成本效益比等。通过对上述因素的综合考虑，确保选择的各类食品的微生物学检验项目具有明确的必要性、实用性和有效性。

3.5.2.3　采样方法的比较

采样方法的制定主要取决于检验的目的，目的不同，采样的方法也不同。例如，对于查找食物中毒微生物的检验，应收集可疑中毒源食品或餐具，同时收集病人的呕吐物、粪便或血液等；对于鉴定畜禽产品中是否含有人畜共患病的病原微生物，应采取病原体最集中、最易检出的组织或体液进行检验。而对于食品卫生方面的微生物检验的采样方法，目前国际上较认同国际食品微生物标准委员会（ICMSF）推荐的方法，国内外已逐步推广采用。

ICMSF 制定的食品微生物学分析采样方法，与以往在每批产品中仅采一个检样进行检验，该批产品是否合格全凭该检样来决定的方法不同，ICMSF 方法是从统计学角度来考虑，对一批产品检查多少个检样才能够有代表性，才能客观地反映该批产品质量的设想进行采样的。ICMSF 方法中包括二级法及三级法两种，二级法只设有 n、m 值，三级法则有 n、c、m 及 M 值。依据 ICMSF 采样方法规定，4 个代号分别表示：n：指从同一批产品中独立、随机抽取的检样数；c：三级法中是指检样超过微生物限量值 m 而小于 M 的最大允许数，二级法通常设为 0；m：微生物指标可接受水平的限量值，三级法中允许不多于 c 个的检样超过该值；M：微生物指标的最高安全限量值，三级法才需要设定。①二级法：通常设定检样数 n 和微生物限量值 m，超过合格判定标准 m 值的，则为不合格。通过检查在检样中是否有超过 m 值的，来判定该批是否合格，适用于危害程度严重者。②三级法：设有微生物限量值 m 及 M，所有检样均小于 m 值，即为合格；在 m 值到 M 值范围内的检样数，在 c 值范围内的，即为附加条件合格，否则为不合格；有检样超过 M 值者，则为不合格，适用于危害度低或中等者。ICMSF 提出的采样基本原则，是根据以下原则来规定不同的采样数：

（1）各种微生物本身对人的危害程度不同；

（2）食品经不同条件处理后，其危害程度可能发生变化，可分成 3 种情况：危害程度降低、危害程度无变化、危害程度增加。ICMSF 将微生物的危害程度、食品的特性及食品经不同处理后危害度变化情况综合在一起进行分类。

从标准的严格程度看，二级法的合格判定标准只有“是”和“否”，没有中间带，而三级法则有中间带，相对宽松，大体上可以认为二级法比三级法要求更严格。从标准的制定来看，三级法判定合格标准的制定更需建立在科学评估的基础上，手续更加繁琐，而在实际应用中操作较复杂，相比之下，二级法在实际操作中则相对简单。目前，食品微生物采样方法多采用三级法，中国微生物检验的采样方案已从原来单一的二级采样方法逐步变更为三级采样方法，并更新相应的限量判定标准。其中，预包装食品（不包括罐头类食品）按照 GB 4789.1—2016《食品安全国家标准　食品微生物学检验总则》规定采样后，致病菌的检验项目及限量按照 GB 29921—2013《食品安全国家标准　食品中致病菌限量》标准的三级采样方案执行。而少量产品如饮用矿泉水按照 GB 8537—2008《饮用天然矿泉水》规定第一次检验采用二级法，当检测结果为 0，报告"合格"；检测结果 ≥ 2 时，报告"不合格"；当 1 ≤检测结果 <2 时，则需要采用三级采样法进行第二次检验并进行评定。中国的微生物采样方法从严格程度而言，比 ICMSF 的三级法严格，但比 ICMSF 的二级法宽松，如 $n=1$，$c=0$，$m=100/g$ 的采样方法相比 $n=5$，$c=0$，$m=100/g$ 的方法宽松。当然，上述比较是建立在对同种产品规定了相同限量值（m 值）的基础上，如果三级法的限量值远严于二级法的限量值，则三级法严于二级法。因此，可以看出微生物限量标准的严格程度不仅仅与设定的限量指标值（m 或 M）密切相关，检样数 n 和检样污染最大允许数也可以作为调控标准严格程度的因素之一，ICMSF 的采样方法不仅仅解决了检样的代表性问题。

目前看来，通过风险评估制定食品微生物限量符合 WTO 原则，也是大势所趋。中国加入 WTO 后，在食品微生物法规和标准方面做了大量的配套工作，但是产品标准限量的更新缓慢，需要加快速度才能跟上形势发展的需要。

总的来看，世界各国及地区对于食品微生物限量的制定正在有序地向科学化、规范化的方向不断完善发展。相信在不久的将来，全球的食品微生物限量的制修订将步入一个全新的基于科学基础的时期。中国应努力抓住加入 WTO 后带来的契机，通过对国外食品微生物法规和标准信息的不断收集和研究，吸取世界各国在食品微生物限量检验的成功经验，加速食品微生物限量标准的制修订进程，尽快与世界标准接轨，调整改善中国现今颁布执行的食品微生物限量检验标准，更好地保障中国的根本利益，为保护人民健康和促进国家进出口贸易发展作出积极贡献。

第 4 章　中国农食产品出口东盟应对技术性贸易措施对策及建议

在世界经济全球化和区域经济一体化的双重背景下，2010 年，中国 – 东盟自由贸易区成立至今，在农食品产品生产领域，中国与东盟国家互动频繁，国内众多企业选择到东盟国家投资建立农业生产基地、农食产品加工园区，有效缓解了我国农食产业发展过程中面临的人力资本和资源约束问题，东盟国家丰富的农产品也极大丰富了中国农产品的结构，有效满足了消费市场需求。随着“一带一路”战略不断推向纵深，中国与东盟之间的农食产品贸易频率和贸易规模将进一步提升。因此，深入分析中国与东盟农食产品贸易结构的现状，提出中国农食产品出口东盟对策建议，对于促进中国 – 东盟自由贸易区发展具有重要理论意义和实践意义。

4.1　中国东盟农食产品贸易特点

中国 – 东盟自由贸易协定是中国签订的第一个自贸协定，中国 – 东盟自贸区是中国迄今为止最大的自贸区。自 2002 年实施“早期收获”计划以来，中国与东盟的农食产品贸易迅速发展。中国与东盟的农食产品贸易主要基于各自比较优势，呈现出明显的结构性、互补型特征。中国 – 东盟自贸协定将农业作为贸易自由化优先领域，大幅削减关税降低交易成本，对农食产品贸易有巨大的推动作用。随着中国 – 东盟自贸协定升级和农业领域合作继续深化，中国与东盟的农食产品贸易有望保持平稳增长。

4.1.1　中国与东盟农食产品贸易自由化

2002 年，中国与东盟签订了《中国 – 东盟全面经济合作框架协议》，开始建设中国 – 东盟自由贸易区（CAFTA）。中国 – 东盟自贸区建设主要包括货物贸易、服务贸易、投资和经济合作等内容，其中货物贸易是核心内容。货物贸易谈判从 2003 年初开始，于 2004 年结束，并于 2004 年 11 月 29 日签署《中国 – 东盟全面经济合作框架协议货物贸易协议》（简称《货物贸易协议》）。经济合作方面，双方商定在农业等 5 个优先领域加强合作。

CAFTA 充分展示了灵活性，最突出的表现在于农产品贸易的自由化方面。为使双方尽快从自贸区建设中获益，CAFTA 对海关协调制编码 1~8 章的产品（01 活动物；02 肉及食用杂碎；03 水产品；04 乳品、蛋品；05 其他动物产品；06 活植物；07 食用蔬菜；08 食用水果及坚果）实施"早期收获"计划；同时，考虑到东盟不同成员间的发展阶段和速度差异，对于新老成员实行特殊和差别待遇，东盟老成员（文莱、印度尼西亚、马来西亚、菲律宾、新加坡和泰国六国）建成自贸区的时间是 2010 年（早期收获计划为 2006 年），东盟新成员（柬埔寨、老挝、缅甸、越南四国）建成自贸区的时间是 2015 年（早期收获计划为 2010 年）。早期收获计划全部为农产品，按自贸区建设时的实施关税分为 3 类，实施不同的降税时间表。

除早期收获计划外，其他农产品类别随着《货物贸易协议》的签订也开始逐步降税，就货物贸易领域而言，2015 年，包括东盟新成员在内的中国－东盟自贸区已全部建成。

农业一直是世界各国普遍保护的产业。无论发达国家还是发展中国家，对农业的保护力度一般都高于制造业。在多边或区域贸易谈判中，农产品开放也都是敏感领域。尽管近 40 年中国发展迅速，但作为一个拥有众多农业人口、农业资源不足的发展中国家，农业依然是较为脆弱、需要保护的产业。中国加入 WTO 后，逐年削减关税和非关税壁垒，至 2010 年，所承诺的关税减让义务全部履行完毕，其中农产品平均税率降至 15.2%。东盟成员大部分都是发展中国家，农业在国民经济中占有重要地位。同时东盟成员也都是 WTO 成员，它们都按照入世承诺削减了关税和非关税壁垒。但与发达国家相比，中国及大部分东盟成员的农产品关税水平依然普遍较高。

因此，中国－东盟自贸区建设中，双边农产品关税削减都有很大空间。兼之自贸区建设过程中实施一系列减少非关税壁垒、促进通关便利化、加强检验检疫合作等措施，大大降低了交易成本，对双边农产品贸易起到了巨大的推动作用。

4.1.2 中国与东盟农食产品贸易特点

自中国－东盟自贸协定签订以来，双边农食产品贸易健康发展，规模迅速扩大，同时表现出年度波动大、增速递减、中国长期逆差、国别市场集中、结构特征鲜明等特点。

4.1.2.1 规模迅速扩大

自 2002 年开始，中国－东盟自贸区实施"早期收获"计划，农产品贸易稳定增长，市场融合程度不断加深，进出口额从 2001 年的 27.6 亿美元增加到 2015 年的 305.6 亿美元，年均增速 18.7%。其中，中国自东盟进口额从 14.6 亿美元增长到 158.1 亿美元，中国对东盟出口额从 13.0 亿美元增长到 147.5 亿美元，年均增速分别为 18.6% 和 19.0%，超过同期中国对全球的农产品贸易进口额、出口额增速（17.9% 和 11.1%）。2015 年，东盟已是中国农产品第三大进口来源、第一大出口市场。农产品贸易在中国－东盟双边经贸合作中有着重要地位。

4.1.2.2 年度增幅波动大

自 2002 年开始实施针对农产品的早期收获计划，贸易自由化的红利迅速释放，农食产品贸易规模得以在自贸区建设之初就开始迅速扩大。同时，由于受农产品生产和市场价格不稳定影响，年增长率波动极大。中国自东盟进口农食产品金额年增速最高达 45.5%，最低为 −8.1%，出口额最高增速和最低增速分别为 52.3% 和 −9.8%。总体而言，以 2010 年为时间节点，前期的贸易增长要远快于最近 5 年。2002—2010 年早期收获计划实施期间，中国对东盟农产品进口额、出口额的年均增速分别达到 21.4% 和 24.8%，2011—2015 年，进口额、出口额的年均增速大幅回落至 10.6% 和 2.0%。除了降税效应兑现完毕之外，2008 年经济危机对全球经济的深刻影响逐步显现并持续至今，对中国和东盟农食产品贸易也产生了不利影响。

4.1.2.3 中国持续逆差

与中国农食产品贸易总体呈现逆差相一致，中国对东盟的农食产品贸易也呈持续逆差。自 2002 年 CAFTA 实施以来，中国除了 2002 年出口高速扩张、实现对东盟 1.68 亿美元的农食产品贸易盈余外，其余年份均为逆差。2012 年逆差额达到 60 亿美元的峰值，此后随着中国出口继续增长而自东盟进口有所波动，逆差额大幅收窄。至 2015 年，中国对东盟农食产品贸易逆差已缩减到 10.5 亿美元。

4.1.2.4 市场结构集中

随着中国 − 东盟农食产品贸易规模的迅速扩大，东盟在中国农产品贸易的市场份额迅速提高。

2015 年，东盟已占中国农产品进口市场 13.3%、出口市场 21% 的份额。其中，进口主要集中在泰国、印度尼西亚、马来西亚、越南，四国占中国自东盟农产品进口的 90% 以上；出口主要集中在泰国、越南、马来西亚、印度尼西亚、菲律宾，五国占中国对东盟农产品出口的比重也在 90% 以上。并且，中国 − 东盟农食产品贸易的这种市场高度集中的趋势越来越明显，其主要原因在于，东盟各国经济体量、人口、发展水平和速度有着明显差异，导致农食产品的供应能力和供应弹性、需求水平和增长潜力也有显著不同，使得中国与东盟的农产品贸易越来越集中于少数几个供应能力强、消费需求旺盛的国家。

4.1.2.5 结构性特征明显

与中国农食产品贸易的总体格局相一致，中国 − 东盟农食产品贸易表现出明显的结构性特征，各自的优势产品在农产品贸易中占有重要地位，且越来越突出。中国进口最多的是作为工业原料的其他农产品及油料油脂；出口额最大、净出口最多的农产品是水产品及其制品、蔬菜水果及其制品等劳动密集型产品。其中，中国自东盟进口的农产品主要集中于蔬菜、水果、油料油脂，2015 年，这几类产品在中国自东盟农产品进口中的比重为 62%，其中以棕榈油为主的油料油脂占比达到 31%，最高年份（2008 年）一度达到 70%；与此同时，中国对东盟出口农产品最多的品类为水产品及其制品、蔬菜水果及其制品等，2015 年，这几大类产品占中国对东盟农产品出口的 68%，份额比自贸区建立前的 2001 年几乎提高了 1 倍。

中国与东盟农食产品在总体上而言互补性大于竞争性，整体上呈互补性，区域上存在一定的竞争性。我国南方各省与东盟国家农业资源、气候条件相似，海南、广东、广西、云南等省区农产品与东盟国家竞争较大，这些省份的农业受到负面冲击，而以温带、寒温带地区农作物为优势的我国华北、东北以及黄淮地区出口的温带水果（苹果、梨等）、大豆、小麦与东盟的农产品市场形成互补，在双边贸易中获益明显。

4.1.3 中国与东盟农食产品贸易主要影响因素

中国和东盟一些主要国家都是世界上重要的农业生产国，由于地理条件、自然禀赋及经济发展水平的差异，双方农产品生产和贸易的互补性较强。CAFTA 将农业作为优先自由化和重点合作领域，对农食产品贸易有巨大推动作用，使得基于双方比较优势的农食产品贸易得以快速增长。

4.1.3.1 产业因素与东盟市场竞争环境

东盟大部分成员都是世界上重要的农业生产国，中国更是世界农业大国。中国和东盟主要成员都是人口稠密的经济体，有着巨大的农产品供给能力和消费需求，这是双边农食产品贸易规模不断增长的根本驱动力。虽然中国和泰国、马来西亚、印度尼西亚、菲律宾、越南等东盟主要国家都处于快速工业化发展阶段，农业在国民经济结构中的比重大幅下降，但农业依然在经济中占有重要地位。据世界银行统计，2015 年，中国及泰国等东盟主要国家的农业增加值在国内生产总值（GDP）中的比重均高于 3.9% 的世界平均水平。

东盟是世界农食产品进口市场的第五大经济体，而且随着东盟各国削减贸易关税，降低劳动力、服务、资本流动成本等方式加强经济联系，预期至 2030 年东盟的经济总值将翻一倍，市场潜力巨大。从东盟的产业结构层次上看，东盟十国产业结构所处的层次不同，因此，东盟和中国的产业间贸易还有很大空间。目前中国对东盟出口以具有比较优势的农产品为主。其中，新加坡、文莱两国的人均 GDP 高于中国，尤其是新加坡国内市场大部分农产品都来源于进口，从中国出口东盟农产品人均金额看，新加坡排名第一，2015 年达到人均 167.99 美元，市场前景广阔。马来西亚、泰国是东盟中与中国农食产品技术水平最为接近的国家，农食产品是其重要的出口产品，虽然在世界市场上，三国的农产品具有竞争性，但在东盟市场内部三国间都有不同的优势产品，有一定互补性。而其余国家与中国农产品生产、加工水平还存在一定差距，中国农食产品优势明显，但这些东盟国家由于经济规模有限，人均 GDP 较低，对农产品进口需求量有限。

当然，对中国而言，东盟农食产品市场面临着激烈的市场竞争对手。首先是来自国际农产品强国的竞争。东盟农食产品进口贸易国排在前三位的是美国、欧盟和澳大利亚，这些国家的农产品市场竞争力强。以美国、澳大利亚为例，2003—2013 年 10 年间，美国对东盟 6 国（印尼、马来西亚、菲律宾、新加坡、泰国、越南）农食产品出口增长了 3.8 倍，2013 年就达到 102 亿美元。澳大利亚为推动与东盟的农食产品贸易，也与东盟签订《东盟 – 澳大利亚 – 新西兰自由贸易协定》，2010 年 1 月 1 日正式生效实施。此外，在东盟市场中国农食产品还面对来自巴西、印度、新西兰、加拿大等国家的竞争。除了东盟外部国家，东盟中的马来西亚、泰国、印尼、越南也是东盟其他国家农食产品的重要来源地。

4.1.3.2 资源因素

东盟地处热带，大部分成员农林渔业资源丰富，耕地面积、森林面积广阔，有着优良的农业生产条件。加之湿热的气候，使东南亚地区成为世界上重要的热带作物生产基地之一，是油棕、蕉麻、水果等热带经济作物及稻米的重要产区。其中，泰国、越南、菲律宾、印度尼西亚、缅甸是重要的稻米出口国，菲律宾是最大的蕉麻生产国，马来西亚和印度尼西亚是最重要的棕榈油生产国和出口国。相比之下，中国地处温带、亚热带，农业生产条件更具多样性，并与东盟存在较大差异。就生产要素的比较优势而言，中国耕地和水资源不足，资金相对具有优势。全球范围比较，土地是中国农业生产中最为稀缺的要素，并且稀缺程度还在上升；中国近年高度重视“三农”建设，农业财政支出比例有所提高，虽然资本仍是较为稀缺的资源，但稀缺程度有所改善随着人口红利出现拐点，劳动力要素禀赋呈现下降趋势，但仍具有一定比较优势。资源禀赋和生产要素条件的差异，使得中国与东盟的农业生产具有很强的互补性。双方各自发挥比较优势，贸易结构也呈现出鲜明的互补格局。总体而言，中国自东盟进口的农产品集中于资源密集型和劳动密集型的蔬菜、水果、油籽油料、谷物等产品。出口劳动密集型和资本密集型的水产品及其制品、蔬菜水果及其制品等，其中，蔬菜、水果更多地体现为气候、地理等自然条件所决定的品种差异，而制品类更多地反映出食品加工业的竞争力水平。

4.1.3.3 价格因素

在2010年全面启动CAFTA前，中国对东盟出口农食产品价格构成中有很大部分是关税，当关税降为零后，简单而言，农食产品价格主要由农食产品成本、费用和利润构成。首先在农食产品成本方面，主要与农食产品生产技术相关，也是决定农食产品价格的关键因素。其中东盟的缅甸、老挝和柬埔寨农业生产效率低下在农食产品价格上逐渐丧失竞争力，而泰国、越南和马来西亚凭借其丰富的自然资源和生产技术，农产品价格具有很强的竞争力，中国的农产品价格在这些东盟国家市场中优势不明显。其次是费用。农食产品出口费用以物流成本占最大比重。虽然中国与东盟国家地域临近，但由于大多数农产品如生鲜水果、蔬菜易腐，需要空运，即使可以使用海运和铁运的保质期较长的农产品制成品，对运输条件要求较高。而目前中国农产品物流基础设施还稍显落后，较低的物流效率增加了农产品流通成本，进而影响农食产品的出口价格。尤其是中国的冷链物流设施的严重不足，大大降低了中国对东盟农食产品的运输效率，运输时间延长，散储、混储、露天堆放等现象突出，易产生腐败变质风险。此外，东盟各国互联网和信息技术水平参差不齐，中国难以与东盟建立互通的物流信息网络，也严重影响了农食产品物流效率。

中国对东盟农产品贸易自2003年开始出现逆差，在2012年达到峰值后大幅收窄。一方面，由于2012年以来国际大宗农产品价格持续下跌，使得中国自东盟进口中一度占到近七成份额的植物油进口大幅下降，从2011年的83亿美元下降到2015年的49亿美元，降幅达41%；另一方面，中国在农产品精细化生产和加工制造环节具有竞争优势，使得出口规模不断扩大。出口与进口的一增一减，造成中国与东盟农产品贸易年度波动幅度大、中国逆差由猛增转为收缩。

4.1.3.4 自贸区因素

中国和东盟国家在建设自贸区之前，农产品关税普遍较高，自2002年实施早期收获计划开始，双方大幅削减相互间的关税和非关税壁垒，加快落实贸易便利化措施，极大地促进了双边农产品贸易。CAFTA对双边农产品贸易的推动作用明显，增长主要来自贸易创造，并且这种贸易创造效应带来的贸易增长具有明显的结构性特征，主要来自占中国从东盟进口 70% 的重点农产品，这也使得中国－东盟农产品贸易的结构性特征越来越显著。

4.1.4 中国与东盟农食产品贸易前景

未来中国与东盟农食产品贸易将继续保持平稳增长，中国贸易逆差有望继续缩小，中国的进口品种仍将以土地资源密集型为主，出口结构将趋于多元化，继续呈现互补性、结构性的贸易特点。

自 2002 年实施早期收获计划开始，中国－东盟自贸区建设已有 16 年，减税效应已经释放完毕，未来自贸区效应将主要体现在贸易便利化和经济融合的进一步深化。双边供需潜力将是贸易规模的决定性因素。从中国进口方面来说，东盟的农产品生产供给具有较强结构性特征，一些优势初级农产品在国际市场有很强的竞争力甚至占有垄断地位；而中国初级农产品的生产价格持续处于高位，与国际市场价格相比，越来越失去优势甚至形成倒挂，与东盟的供给恰好供需匹配。但经过多年高速增长，中国需求增速将转向趋于平稳，对进口贸易增长速度有所抑制。从中国出口方面来说，中国幅员辽阔，地理条件决定了农产品供给品种覆盖广、弹性大，并且和制造业总体发展方向一致，随着中国国内农业供给侧结构性改革的推进，农产品加工也在向价值链高端发展，优质、高端、健康农食产品的竞争力不断提高，出口竞争力提升；与此同时，东盟国家的经济发展也将不断提高其消费能力和市场需求，有利于中国对东盟的农食产品出口。

CAFTA 在推动农产品贸易方面取得了丰富成果，但也依然存在利用不足（优惠原产地证签发率低）、水产品等部分优势农产品贸易不足等问题，农业合作还存在巨大潜力。2015 年 11 月，中国与东盟十国正式签署了中国－东盟自贸区升级谈判成果文件《中华人民共和国与东南亚国家联盟关于修订〈中国－东盟全面经济合作框架协议〉及项下部分协议的议定书》，标志着 CAFTA 这个中国第一个、也是最大的一个现有自贸区完成升级，未来中国与东盟国家将进一步深化和拓展经贸合作关系，实现互利共赢，从而推动农食产品贸易进一步扩大。

4.2 中国出口东盟农食产品贸易措施应对现状

中国和东盟各成员国之间各有优势，由于自然资源、产业结构和生产能力上的差异等原因，形成了互补性的贸易特征。随着中国－东盟自贸区建设的进一步深化，农产品零关税的全面实施，中国和东盟之间农产品的贸易量快速增长，同时也暴露出很多问题。

东盟成员国的农产品的热带特色突出，其中，印度尼西亚和马来西亚是东盟最主要的棕榈油输出国；印度尼西亚、马来西亚和泰国的天然橡胶生产量以及供应量都位居世界前列；菲律宾的椰子产量大并且是世界最主要的椰油供应国，印度尼西亚紧随其后；泰国是全球大米出口量最多的国家，而且在榴莲、荔枝、芒果、山竹等热带水果上也具有很大的优势。相对来说，中国大部分地区属于温带，除了稻谷外，还生产甘薯、小麦和玉米这些种植面积很大的粮食作物。中国的蔬菜不仅品种多而且价格便宜，是水果和蔬菜的生产大国。技术方面，中国在某些领域已经达到世界级先进水平，尤其是在农产品优良品种的培育、农业机械等方面，而东盟各国家的技术水平参差不齐，老挝、缅甸和越南更是相当落后。就资源禀赋而言，双方都表现出很强的互补性。因此，东盟各国在农食产品各自关键领域建立了较多的技术性法规、产品质量标准和合格评定要求，以保障各国的相关产业发展。

东盟向我国出口的农产品主要是热带作物，我国的热带作物产区主要分布在云南、广西、广东、福建和海南，它们的种植面积小不如东盟有优势。双方签署的有关降税协议规定，我国要率先对农产品进行降税安排，并且大部分产品的关税减让幅度和速度都比东盟的要高，在此情况下，东盟具有优势的农产品就会很快地占领我国市场，这将给当地的农产品市场带来很大的压力。

农食产品贸易价格方面中国不如东盟具有竞争优势。在双方进行农产品贸易的过程中，东盟向我国出口的增长速度要远远大于中国向东盟出口的增长速度，从双边农产品的贸易指数也可以看出，中国农食产品的整体比较优势在不断地下降，东盟的贸易指数则表现出相对稳定的状态并且有上升的趋势。

毋庸讳言，我国出口东盟农产品遭受严重技术性贸易措施是形成持续逆差的重要因素。东盟作为我国重要贸易伙伴，研究其技术性贸易措施对我国农产品出口的影响，制定切实可行的应对措施显得十分迫切，对促进中国－东盟自贸区的良性发展具有重要意义和实际应用价值。

4.2.1 中国出口东盟农食品产品面临的技术性贸易措施

随着关税的放开，中国和东盟各国为保护本国的农食产品制定了许多新的技术性贸易措施，由于农食产品技术法规、标准等不同引起的贸易摩擦，归其原因主要有如下几点。

4.2.1.1 中国和东盟各国农食产品贸易法律法规不同

虽然中国和东盟各成员都在WTO框架下，需遵循WTO协议，但是由于中国和东盟各成员国之间经济发展水平、经济发展阶段、文化水平的不同，即使是东盟各成员国之间经济发展程度也存在差异，而且国家之间合作的目标和承受能力也不尽相同，所以导致各国对农食产品的法规、技术法规和产品标准等管理模式及发展理念也不相同。农产品法规方面，越南、印度尼西亚、菲律宾的农产品基本法都是由国会制定，在级别上等同于中国的国务院，而马来西亚、泰国分别由卫生部和农业部制定，新加坡由农业食品兽医局制定和管理；各国虽然都是ISO成员国，但是标准化的管理方面有很大的区别，各国标准化管理机构、隶属部门的性质都不相同，标准化管理的侧重点也不尽相同。比如，泰国的标准化管理机构是工业标准协会，侧重工业标准化的管理；菲律宾有产品标准局，侧重产品标准的管理等；印度尼西亚的标准化机构属于非政府机构；缅甸的属于科研院所等。这就对农产品法规和农产品标准的涵盖范围、内容、法律效力等造成不同。

4.2.1.2 中国和东盟各国技术性贸易措施应用程度不同

WTO的《TBT协议》承认，各国针对合法目标可以采取技术性贸易保护措施，但又坚决反对以贸易保护主义为目的的技术性贸易措施。中国和东盟十国都是WTO成员国。因此，都要遵循

《TBT 协议》，各国可以为了维护国家安全、保障人类健康、保护生态环境、防止欺诈行为及保证产品质量等采取必要的技术性贸易保障措施。但是由于各国在农产品法规的制定管理部门和农产品标准化管理体系等方面存在差异，导致各国农产品进出口贸易中经常树立非关税技术性贸易措施。

构成非关税技术性贸易措施主要有 3 个要素：技术标准、技术法规与合格评定程序，由此形成的技术性贸易措施有正面与负面两种效应。对于不同的国家，它的效应是不一样的。对于发达国家，更能充分发挥技术性贸易措施的正面效应，而对于发展中国家而言，只能被动地接受技术性贸易措施带来的负面效应。具体到中国和东盟，经济基础雄厚、工业化程度高的国家对于进口产品的要求就高；而经济基础较差的国家（如缅甸、柬埔寨）又没有能力实行统一的、高水平的技术标准，所以常在进出口中占据劣势。中国出口产品遭遇技术性贸易措施主要集中在印度尼西亚、泰国、马来西亚、新加坡、文莱和菲律宾 6 个国家，而与此同时这几个国家也是我国主要的农产品贸易国。

中国农食产品出口东盟遭遇的技术性贸易措施依然存在，而且呈现愈演愈烈的趋势。

中国农食产品出口东盟，如果与东盟进口国生产的产品同质化程度高，那么该进口国通常会采取技术性贸易措施来保护本国的相关产业，涉及动植物检验检疫、通关、技术标准、进出口许可等。

在实际操作过程中，每个国家检验检疫标准的设置不一样，一些国家的有关部门在与产品相关的质量检验、认证和审批等过程中，往往会出现办理时间过长等现象。例如，在蛋类、肉类及其制品的进口方面，则要求这些产品必须先通过由伊斯兰教发展署和当地的兽医局共同在现场作出的 Halal 联合认证，然后才能获得进口资格，该认证过程不仅混乱而且透明度不高、公正性不足，这就在一定程度上影响了我国的出口产业。新加坡对于本国进口的畜牧产品、到岸加工食品以及初级产品，则要求必须由本国的农粮兽医局负责对每一批产品都进行检查和抽样化验分析，对于那些检查或者化验不合格的产品，当地相关部门会对其进行整体遣送甚至销毁。

形式多样的技术性贸易限制还包括复杂的通关程序等。例如，印度尼西亚存在"灰色清关"问题。自 2016 年 2 月 17 日起，103 种进口植物源性食品农产品必须来自通过印度尼西亚食品安全体系认证的国家，未通过体系认证国家的食品农产品需随附经印度尼西亚食品安全体系认证实验室出具的检测报告；泰国对进口木薯、红葱、柑橙农产品加强管理，进口时须提供产品的卫生许可证、产地证和产品标准认证等文件，并要保证产品保存在与其他货品分开的仓库，并将进口、保管、出口地、销售和转让、剩余库存等资料每月定期报告；2015 年起，马来西亚正式对部分进口农产品实施更加严格的植物检疫要求。非关税壁垒造成中国农产品出口企业承担了更高的非关税成本，甚至高于 CAFTA 成立前的关税成本。

东盟 10 个成员国中，目前尚未形成统一的市场准入法规，还是按照各成员国的准入门槛实施。由于技术性贸易措施体系的发展和完备程度不同，各成员国对于市场准入的要求不尽相同。例如，新加坡的技术性贸易措施水平明显要高于缅甸，出口企业可以根据技术水平状况选择合适的目标市场。还有一个趋势需要关注，就是东盟诸国的整体技术性贸易措施水平呈现上升的趋势，过去大家可能认为东南亚的技术水准要普遍低于我国，只要是符合我国国家标准的产品几乎都能畅行东南亚市场。实际上，这种趋势已经发生了变化，体现在各国的强制性认证体系正在逐步完善，有关农药残留、有毒化学物质限量的要求越来越严格，有的甚至会超过我国现行的国家强制性标准。

马来西亚进口食品农残限用改禁用。2015 年 4 月，马来西亚修订 1985 年《食品法规》中第 41

条法规及第16目录，对进入马来西亚市场的食品中的农药最大残留含量进行修订，将此前限制残留部分农药的规定改为禁用规定。在法规2015修订内容颁布之前，马来西亚农残限量标准一度低于我国标准。例如，马来西亚1kg柑橘类水果曾允许含有1mg乙酰甲胺磷，而我国要求最高含量不得超过0.5mg。马来西亚新《食品法规》大幅提升了马来西亚农残限量标准门槛，多种农药被列入禁用范畴。这些农药在我国最新国家标准GB 2763—2014《食品安全国家标准 食品中农药最大残留限量》当中，仍归为限用农药范畴。例如玉米、花生、大豆中的草不绿在马来西亚新修订的《食品法规》中被禁用，而依据我国国家标准，这些农食产品中分别可含有0.2mg/kg、0.2mg/kg以及0.05mg/kg的草不绿，我国国标对很多食品中的农药限量没有对应的规定。

越南作为东盟成员国中较为典型的欠发达地区，在发布技术壁垒通报（TBT）的力度上要高于新加坡和马来西亚，呈现出加紧制定技术壁垒措施，保护本国产业的趋势。根据2014年的出口贸易数据，食品的出口在对越南贸易额中占33%，且仅食用菌类一种食品占食品总出口值的95%，因此越南SPS通报虽只有6条，但也不能让我们放松警惕。G/SPS/N/VNM/68中对动物以及动物产品的检验提出了新的要求，要求所有进口、过境、展览用的动物及动物产品必须达到通报中的检验检疫标准，对我国出口至越南的动物类产品如肉类等产品必定会产生一定的影响。G/SPS/N/VNM/69中规定食品在越南进口的检验法规草案，涉及检验方法、检验组织、检验程序、检验费用及检验组织的职责。检验法规的规定对我国出口至越南的产品势必会有新的要求。

4.2.1.3 中国和东盟各国农食产品贸易执行标准的差异

由于不同的地理环境、生产工艺等因素，各国农食产品标准种类和指标的设置存在一定的差异。

中国对东盟农产品法规和标准的认知、中国和东盟食用农产品法规和标准的差异等逐渐成为影响中国和东盟食用农产品贸易的重要影响因素。虽然各国都建立了食用农产品“从农田到餐桌”的全程监管，但由于经济、文化、科技水平等发展不平衡，导致法规和标准的异同。如各国均制定了基本法，但是主要内容、覆盖范围和侧重点等存在差异；各国均制定了农产品质量安全标准，但是标准的数量、涵盖的品种、设定的指标等存在差异。

东盟各国和中国食用农产品基本法都对农产品标准和技术法规的制定作出了规定。东盟各国的农产品基本法中，均对农产品安全标准的制定有相应的要求，如越南的《食品安全法》规定了食用农产品中限制使用的农药、兽药、重金属、污染物及其他可能产生危害的物质，还对食品标签、广告的使用和宣传作出了规定。印度尼西亚的《食品法》规定了农产品中农药残留量的总体要求；中国的《食品安全法》对食品安全标准进行了规定，要求食品安全标准包含食品、食品添加剂、食品相关产品中的致病性微生物、农药残留、兽药残留、生物毒素、重金属等污染物质以及其他危害人体健康物质的限量。

果蔬类等贸易量大的食用农产品质量安全标准存在异同。安全标准方面，东盟各国和中国都参照CAC标准制定了本国的农药最大残留限量标准，但是对农药的种类选择、农药的限量指标等存在差异；质量标准方面，各国均依照UN/ECE模板制定了农产品质量等级标准，标准框架和主要指标相似，但在表述和具体指标的设定上存在不同。

如中国和东盟部分国家香蕉标准规定范围和质量等级存在差异。从标准的制定年份看，泰国、越南和菲律宾分别是 2005 年、2007 年和 2008 年制定，中国使用的还是 1988 年的标准。从标准规定范围看：泰国和菲律宾将污染物、农残等写入同一标准；越南、泰国和菲律宾将标签要求写入同一标准；中国和菲律宾都对香蕉的相关术语进行了阐述，而泰国、越南无涉及；中国和泰国标准中涉及检验规则和方法等。从产品质量等级看，中国对香蕉等级的划分更加具体从颜色、成熟度、虫病害和果轴进行了叙述，而泰国、越南和菲律宾仅说明了大体要求；越南、泰国和菲律宾香蕉的一级和二级分别指出了缺陷的具体程度，其中泰国和越南缺陷程度都是以具体的面积衡量，而菲律宾是以百分比衡量的。

4.2.2 中国农食产品出口应对东盟技术性贸易措施现状

东盟从 2000 年开始对我国农食产品使用技术性贸易措施，这一时间节点为我国加入 WTO 前夜，我国加入之后农产品出口迅猛增长，东盟成员国对该措施的使用更是快速增长。2000—2015 年，农食产品通报量累计达到 1175 条，其中 2014 年通报量最大达到 125 条。此外，TBT 呈起伏波动状态，SPS 总体呈上升态势，而且从 TBT 和 SPS 通报数量来看，东盟成员国明显更青睐 SPS 措施的使用。

从国别分布情况看，我国农产品遭受东盟 TBT 和 SPS 具有相对集中的特点。2000—2015 年以来，东盟对我国出口农产品实施 TBT 最多的 4 个国家依次是泰国、印度尼西亚、菲律宾、马来西亚，分别占比 56%、13%、10%、10%，合计占比 89%；而实施 SPS 前三的国家依次为菲律宾、泰国、印度尼西亚，分别占比为 45%、26%、10%，累计达到 81%。

中国一直致力于推动东盟区域内的食品安全合作以及加强与周边国家和地区的食品安全合作。2007 年 11 月 20 日，在新加坡举行的东盟与中国（10+1）领导人会议期间，中国与东盟签署了《中华人民共和国政府与东南亚国家联盟关于加强卫生与植物卫生合作的谅解备忘录》（简称《SPS 备忘录》）。该《备忘录》的签署成为中国－东盟全面合作发展的一个新亮点，它标志着双方在 SPS 领域的合作将走向机制化、制度化和规范化，可起到保护本地区 19 亿消费者的健康和安全、保护农业生产的健康发展、有效促进中国－东盟农产品与食品安全以及相关产品贸易健康发展的作用。2010 年 10 月 25 日，第二届中国－东盟质检部长会议在柬埔寨首都金边举行。此次部长会议一致支持在中国－东盟《SPS 备忘录》的框架下进一步推进地区合作。会议审议批准了《关于成立中国－东盟技术工作组的决议》，批准成立中国－东盟动物检验检疫工作组、植物检验检疫工作组和食品安全工作组等 3 个领域的专项工作组，并批准 3 个工作组相应的《工作规则》。此外，会议还审议批准了《中国－东盟 SPS 合作联络机制工作规则》；围绕本次会议的主题"加强动植物检验检疫合作，防范外来有害生物跨境传播"，审议通过了《金边联合声明》。《SPS 备忘录》和会议通过的决议、规则、联合声明构成了中国－东盟开展 SPS 合作与交流的制度和规则体系。会议还审议批准了《SPS 备忘录执行计划（2011—2012）》，明确了此后 2 年在 SPS 领域进行信息通报、人员互访、合作研究、能力建设和机制建设方面的重点工作、主要目标和完成时限。在随后的 2012 年 9 月 20 日和 2014 年 9 月 25 日，第三届和第四届中国－东盟质检部长会议分别在广西南宁和缅甸首都内比都召开，会议围绕"加强合作，服务中国－东盟自由贸易区建设"的主题，正式启动了中国－东盟 SPS 合作门户网站（www.chinaaseansps.com），重新签署了《中华人民共和国政府与东南亚国家联盟政府关于加强卫生与植物卫生合作的谅解备忘录》，进一步促进了中国与东盟在动植物检疫和食品安全领域的合作。

而且，加入 WTO 以来，原出入境检验检疫系统基于自身技术和信息优势，在技术性贸易措施通报咨询评议、东盟技术性贸易措施研究与解析、应对措施开发与推广应用、完善国内技术性贸易措施体系、开展技术性贸易措施信息化建设、服务企业应对需求、促进企业质量提升、减轻企业负担、便利对外贸易、推动产业转型升级、服务国家经济发展等方面做了大量工作，有效维护了我国合法权益和相关产业利益。此外，依托“一带一路”检验检疫国际研讨会、中国 – 东盟质检部长会、“一带一路”食品安全合作论坛等搭建沟通平台，我国与东盟在技术性贸易措施领域签署了一系列的合作协议，并取得了突出成效（见表 4–1）。

表 4–1　中国 – 东盟技术性贸易措施合作一览表

东盟国家	TBT 合作	SPS 合作
越南	《中华人民共和国国家质量监督检验检疫总局和越南社会主义共和国科技与环境部谅解备忘录》	《关于出入境植物检验检疫合作谅解备忘录》《关于进出口水产品的检验检疫及卫生管理合作协议》《中华人民共和国政府和越南社会主义共和国政府国境卫生检疫协议》《中国国家质检总局动植物检疫监管司与越南农业与农村发展部植物保护局植物检验检疫会谈纪要》《中国国家质检总局与越南卫生部边境卫生检疫合作谅解备忘录》《中国国家质检总局与越南农业和农村发展部关于食品安全的合作协议》《中国政府和越南社会主义共和国政府边境卫生检疫协议》
新加坡	《中国国家认证认可监督管理委员会和新加坡标准、生产力与创新局谅解备忘录》《国家标准化管理委员会与新加坡标准、生产力与创新局合作协议》	《中国国家质检总局与新加坡共和国国家发展部关于 SPS 合作的谅解备忘录》《中国国家质检总局和新加坡卫生部合作协议备忘录》
马来西亚	《中国政府与马来西亚政府关于在世界贸易组织技术性贸易壁垒协定领域合作谅解备忘录》《中国政府与马来西亚政府标准化谅解备忘录》	《关于卫生与植物卫生合作谅解备忘录》
泰国	—	《关于加强 SPS 合作的谅解备忘录》《关于建立执行〈中华人民共和国国家质量监督检验检疫总局与泰王国农业与合作部关于加强 SPS 合作的谅解备忘录〉的联合技术委员会的安排》《关于加强检验检疫合作的工作安排》《关于进出口新鲜蔬菜卫生和植物卫生要求议定书》
印度尼西亚	—	《中华人民共和国国家质量监督检验检疫总局和印度尼西亚农业部 SPS 磋商合作谅解备忘录》《关于进出口水产品安全合作协议》《关于植物检疫合作安排》
菲律宾	《中国国家质检总局和菲律宾贸易工业部关于工业品安全与 TBT 领域合作谅解备忘录》	《关于中国和菲律宾进出口熟制禽肉的检验检疫和卫生要求议定书》《中国国家质检总局和菲律宾农业部关于建立 SPS 领域磋商合作机制的谅解备忘录》《中国国家质检总局与菲律宾卫生部关于进出口食品安全的会谈纪要》
缅甸	—	《关于植物检疫的合作协定》《关于动物检疫及动物卫生的合作协定》和《中国政府和缅甸政府渔业合作协定》
柬埔寨	—	《出入境卫生检疫合作谅解备忘录》《关于动植物检验检疫领域 SPS 合作谅解备忘录》
老挝	—	《中华人民共和国国家质量监督检验检疫总局和老挝人民民主共和国卫生部边境卫生协议》《关于动植物卫生和食品安全合作谅解备忘录》

4.2.3 中国农食产品出口应对东盟技术性贸易措施存在的问题

4.2.3.1 内部问题

4.2.3.1.1 法律法规滞后

《中华人民共和国进出境动植物检疫法》自1992年通过，至今未作修改。有些条款已难以与国际通行规则接轨，不适应市场经济发展的需要，与WTO不一致，甚至相悖。《中华人民共和国国境卫生检疫法》自1986年通过以后，虽然2007年12月做过一次修正，但也仅修正了第14条第2款，未按照新的《国际卫生条例（2005）》进行相应调整。《中华人民共和国进出口商品检验法》有一些与国际通行做法不适应的规定，如该法关注的商品品质、数量和重量等项目，与立法所强调的维护社会公共利益，保护安全、卫生、健康、环保等原则不符。此外，该法仍然强调国家机关的强制性检验，将商品的检验权控制在政府手中，与发达国家国家普遍重视中介检验鉴定机构的作用相比，仍然保持着计划经济的特色[1]。

4.2.3.1.2 质量技术基础不强

我国国家标准由中国标准化管理委员会发布，没有经过中央政府批准的法律程序颁布。国家标准制定周期平均为3年，远远落后于产业快速发展的需要。标准更新速度缓慢，"标龄"高出德、美、英、日等发达国家1倍以上。从参与国际标准化组织（ISO）的程度看，现有215个技术委员会（SC）和512个分技术委员会（TC），我国仅仅承担其中20个SC和25个TC的秘书处工作。目前，由中国主导制定的国际标准化组织、国际电工委员会国际标准只有179项，仅占总量的0.7%。中国现行有效国家标准3万余项，但国际标准的采标率仍不到80%，大约相当英法德等发达国家20世纪80年代的水平。国际标准化组织合格评定委员会（ISO/CASCO）发布的认证认可基础通用标准中，没有一项是由我国提出或牵头制定。我国检验检测行业10万元以上现场检测设备，99%以上是国外进口设备。

4.2.3.1.3 评议和特别贸易关注能力有待提升

原质检总局标法中心聘请了500余名TBT评议专家和600余名SPS评议专家，但由评议、特别贸易关注等技术性贸易措施工作未与专业技术人员职称评定挂钩、TBT/SPS评议专家遴选退出机制、聘期工作评价体系、合作等管理制度不健全等原因，参与技术性贸易措施工作时间和质量有待进一步提高。政府与行业协会、企业联动机制不健全。2005—2015年，我国累计评议的国外技术性措施为1262件，而同期国外发布的涉华技术性措施共有3万余件，占比不足5%。评议对象主要集中在欧美日韩等发达国家，涉及东盟国家的比例严重不足。特别贸易关注亦是如此，针对东盟国家微乎其微。

4.2.3.1.4 信息化支撑不足

加入WTO之初，我国建立了"中国技术性贸易措施网（中国WTO/TBT-SPS通报咨询网）"，但随着时间的推移，网站顶层设计先天不足、应用软件渐次过时、硬件配备已经落后、设计理念已经落伍、人机界面不够友好、信息服务功能不强等深层次结构性问题日益突显出来。受人

1 韩星忠.论中国出入境检验检疫法律制度之完善［D］.青岛：中国海洋大学，2011.

力、物力、财力资源的限制，受制于国外技术性贸易措施的大量涌现，该网站在国别涵盖面上、产品涵盖面上、技术性贸易措施涵盖面上，在研究的深度、指导应对的力度、应对措施的及时性、有效性等方面，与强烈的社会需求还有较大差距。2013年后，技术性贸易措施信息化建设战略在实体架构上往“三网一平台”转变。建立技术性贸易措施公共信息综合服务平台，同时支撑3个分立的网站。一是分立的WTO/TBT–SPS通报咨询网（www.tbt–sps.gov.cn），着重实现原国家质检总局标法中心作为国家通报咨询中心的职能作用。二是分立的中国技术性贸易措施网（www.tbtsps.cn），着重实现国家通报咨询中心的服务功能。三是分立的原国家质检总局标法中心门户网站（www.strrc.org.cn），着重体现标法中心作为原国家质检总局职能部门的各项工作。目前“三网一平台”雏形初现，但还支撑能力与国际发达水平相比，还存在较大差距，如通报的数据检索分析功能远不如WTO的TBT–IMS和SPS–IMS，评议和答复内容未像欧盟那样建立数据库[1]，技术性贸易壁垒预警与快速反应系统未真正有效建立。中国－东盟技术标准信息服务平台技术标准信息服务平台目前不少标准只有名录没有全文。

4.2.3.2 外部问题

4.2.3.2.1 政治经济文化多样

东盟国家政体繁多，越南和老挝是人民代表制，新加坡是议会共和制，印度尼西亚、菲律宾和缅甸是总统共和制，泰国、马来西亚、柬埔寨和文莱是君主制。部分国家存在领土争端、政权不稳、战争暴乱、贪污腐败等政治风险，存在检验检疫政策延续性不强、监管人员自由裁量权过大等问题。经济发展差别大，新加坡和文莱属于发达国家，马来西亚、泰国、印度尼西亚、菲律宾和越南属于发展中国家，老挝、缅甸和柬埔寨属于最不发达国家，口岸基础设施建设、检验检测能力、民众质量需求等差异大。缅甸、老挝、泰国、柬埔寨信奉佛教，印度尼西亚、马来西亚和文莱信奉伊斯兰教，菲律宾信奉天主教，新加坡、越南信仰东方儒学，信仰对食品、服饰贸易乃至国家互信有重要影响。

4.2.3.2.2 质量技术基础不协调

文莱、柬埔寨、缅甸是ISO（国际标准化组织）通讯成员，老挝为ISO注册成员，其他国家为ISO成员。马来西亚、泰国、印度尼西亚、新加坡和菲律宾为IEC（国际电工委员会）全权成员，越南为IEC协作成员，其他未加入IEC。东盟标准数据库信息系统收集东盟标准近3万条，标准数量前5位依次是印度尼西亚、越南、马来西亚、菲律宾和泰国，五者占了90%以上。共有7种官方语言，涉及检验、检疫和标准化管理部门数十个，对国际标准的引用和采纳差别大，部分国家甚至不接受中国检测结果。东盟不接受检测结果国际互认和提出缺乏充分科学依据支撑的限量要求等问题较发达国家突出。如尽管早在1992年就已组建了东盟标准与质量协商委员会（ACCSQ），负责消除包括标准、质量测试和技术法规等形式在内的非关税壁垒，但至今成效不大。

东盟部分国家未有效履行WTO–TBT/SPS协议及时将技术法规要求通报其他成员，尽可能采用国际标准、答复评议和以出版物刊登等义务。标准采用英语、越南语、泰国语、印度尼西亚语、缅甸语、老挝语等7种语言，研究翻译障碍较大。东盟十国除新加坡、文莱外，国际标准采标率均

1 http://ec.europa.eu/growth/tools-databases/tbt/en/search/

不及中国。泰国的食品和新加坡、文莱的大部分产品采用国际标准。东盟有些技术性贸易措施超出中国强制性要求乃至发达国家要求，部分技术性贸易措施实施比较超前。

4.2.3.2.3　贸易保护愈演愈烈

中国和东盟部分国家经济发展水平层次相同或相近，产业结构与出口结构具有一定的相似性，导致中国与东盟之间、东盟成员国之间相对优势比较小，产业、资源相互竞争加剧。金融危机后，部分东盟国家经济增长放缓，贸易保护主义抬头，自由贸易区的一体化进程初现波折。由于关税等传统贸易保护手段受到限制，技术性贸易措施的隐蔽性被加以利用，推行进口替代，振兴本土产业。

东盟国家大多是发展中国家，有研究表明，发展中国家的贸易保护措施对中国农产品出口影响显著，以印度尼西亚为例，2008—2013 年，印度尼西亚针对中国农产品出口实施的贸易保护措施达 10 项，是金融危机后实施歧视性贸易保护措施最多的国家之一。随着 CAFTA 的深化发展，非关税壁垒将成为贸易保护措施的主要形式，尤其体现在通关程序和产品认证管理体制上。因此，需要注重各国非关税壁垒信息的交流和研究，以便农产品出口企业及时了解和更新中国与东盟各国的通关制度和技术标准。同时，中国与东盟各国应完善贸易管理制度，特别是在海关监管和检验检疫程序中建立统一的标准，促使双方农产品贸易更加高效和便捷。

东盟国家频繁采用 SPS 紧急通报，以规避常规通报至少 60 天的评议期，我国企业应对时间短。截至 2016 年，东盟国家 SPS 紧急通报 280 件，占通报数量的 19.5%，与欧美同期不足 3% 的紧急通报比例形成强烈反差。菲律宾紧急通报近 40%，更是高到世贸组织政策审议时被提出异议。

东盟政策法规透明度需要改善，最明显的就是关于农产品的贸易政策与法规缺乏透明度和可预见性。例如，菲律宾使用动植物检疫证书和进口配额证书来限制农产品的进口数量，然而证书发放的数量难以预测；马来西亚对于营业执照和进口许可证的发放严格控制等。新加坡的政策透明度最高，马来西亚次之，中国的政府政策透明度在自贸区内属于中上水平，且略优于世界平均水平。2008 年，金融危机之后各国的政府政策透明度都有降低的趋势，对本国的贸易保护程度加深。2012 年之后，中国 – 东盟各国政府政策透明度变化趋势不一。经指标测算，中国 – 东盟自贸区内贸易便利化水平最高的国家是新加坡，连续 5 年区内第一，马来西亚的贸易便利化水平也比较高，在自贸区内仅次于新加坡，中国、泰国、印度尼西亚、菲律宾处于世界平均水平，越南、柬埔寨和缅甸等国则非常落后、处于世界倒数的位置。区域内贸易便利化水平从高到低依次为新加坡、马来西亚、中国、泰国、印度尼西亚、菲律宾、越南、柬埔寨和缅甸。

4.3　中国应对东盟农食产品技术性贸易措施对策和建议

在中国 – 东盟自由贸易区建成以后，中国与东盟国家的贸易进入零关税的时代，双方之间的经贸和人员往来日益频繁，这无形中加大了潜在的食品安全风险、公共卫生风险，给双方商品质量监督和检验检疫带来了巨大的压力。因此，加强合作，消除非关税壁垒以化解潜在的食品贸易争端，已成为中国 – 东盟经贸合作进一步加快发展的必然要求。

随着经济全球化和贸易自由化的推进，由于名义上的合法性、手段上的隐蔽性、国际协调上的争议性、内容上的广泛性、内涵上的歧视性、形式上的复杂性、实施中的相对性与连锁性以及发展上的动态性，技术性贸易措施已成为发达国家实施贸易保护的利器，并越来越多地为发展中国家所应用，东盟也不例外。《中国技术性贸易措施年度报告（2015 年）》显示，中国企业出口东盟因技术性贸易措施影响而产生的直接损失额 614 682.2 万美元、新增成本 86 820.4 万美元，分别占出口额 8.1% 和 3.9%。

不同于欧共体等经济组织，东盟各成员国技术性贸易措施存在很大的差异性，对国际标准的引用和采纳差别大，急需加强研究，以帮扶企业应对技术性贸易措施。随着“一带一路”战略的实施，东盟市场的重要性将日益凸显。为进一步提高我们应对东盟农食产品技术性贸易措施的能力和水平，促进中国农食品产品顺畅进入东盟市场，加强中国东盟检验检疫互联互通，从企业、产业和国家 3 个层面提出相应的政策建议，以促进我国与东盟农食产品贸易健康持续发展。

4.3.1 政府层面

4.3.1.1 建立健全法律法规

从宏观层面，按照与国际接轨和依法行政的要求，全面分析检验检疫制度现状，适时稳妥修订完善检验检疫法律。

一是完善国境卫生检验法及其实施细则。按照《国际卫生条例（2005）》要求，扩大检疫传染病范围，更加重视公共控制职责，完善卫生处理制度，增加行政强制措施，保障人权。

二是完善进出境动植物检疫法及其实施条例。引入《SPS 协议》中风险分析制度，明确国家“适当的保护水平”，制定“允许进境的国家和地区的动物和动物产品名单”，统一内外动物传染病目录，改进进境动植物检疫许可制度，引入动物福利概念，控制生物防疫。

三是完善进出口商品检验法。突出宏观管理，注重发挥第三方机构的作用，深化出口法定检验改革。

从规制环境的便利化而言，要进一步完善有关农食产品贸易的法律法规。随着社会经济的发展，贸易便利化不仅涉及海关程序的简化和协调，更延伸到各国国内的规制环境，而法律法规通常是进出口企业最希望改善的方面。与欧盟、北美自由贸易区相比，中国 – 东盟自贸区内与贸易相关的法律法规的完善程度还需加强。双方应在农产品技术、专利品种、品牌价值等方面予以保护。中国与东盟国家拥有不同的资源禀赋，特色农产品各不相同，对具备优势、专利或品牌价值的农产品进行保护，可以提高农产品深加工带来的附加值，优化农产品进出口的种类结构，满足消费者日益增长的多样化需求，保护中国 – 东盟间农产品的高端消费市场，同来自欧美的高端农产品进行合理的竞争。另外，中国 – 东盟内没有保护农产品贸易的法律法规，鉴于该区域内农产品在各国经济中的重要地位，颁布保护农产品贸易的法律法规对双边经济安全至关重要，尤其是要避免农产品贸易的恶性竞争。

遵循 WTO 规则制定自贸区内农产品法规。由于东盟国家和中国都是 WTO/ISO 成员，有相同的贸易规则；同时由于中国－东盟自贸区的逐步完善和深化，需要建立自贸区内规则。东盟国家和中国均十分重视农产品法规的制定和完善，且都规定了"从农田到餐桌"的农产品安全监管机制，各国基本法规中拥有相似的思路框架和范围。因此，东盟和中国可以以WTO规则为基础，针对现实存在的主要问题，通过积极开展讨论和对话，建立自贸区内农产品法规，使农产品贸易摩擦减少进而更加顺畅；当出现自贸区内农产品贸易摩擦时，协商和判定有统一的法规依据。

4.3.1.2 夯实国家质量技术基础

4.3.1.2.1 加强"国家质量基础的共性技术研究与应用"（NQI）项目的科技攻关

按照全创新链布局、一体化组织实施的思路，在多个领域形成链条化的"基础技术—关键技术—应用示范"技术解决方案，增强一体化支撑国民经济社会发展的技术能力，实现我国国家质量基础技术能力升级换代，总体水平与发达国家并跑，部分领域实现领跑。

4.3.1.2.2 加快推进标准化服务中国与东盟农食品产品贸易

一是精简优化政府标准。取消强制性行业标准和强制性地方标准，逐步将推荐性标准交还给市场自主制定。培育发展团体标准。鼓励学协会、企业联盟等团体自主制定适应市场迅速变化、科技快速进步的标准。放开搞活企业标准。建立企业标准的自我声明公开制度，逐步替代企业标准备案制度。强制性标准经中央政府批准的法律程序正式颁布，而非仅由中国标准化管理委员会发布。提高国际标准转化率。尽量使用国际标准作为制定技术法规标准的基础，除非因地理、气候或基本技术问题等因素导致转化国际标准无效。虽然东盟除了新加坡文莱外其他国家采标率亦不高，但我国采用国际标准有助于避免与目标出口国标准的差异，跨越技术性贸易措施，且推行ISO、IEC和ITU等国际标准体系已是大势所趋。

二是充分发挥标准化对中国与东盟农食产品贸易的积极作用，建立健全适应中国－东盟的农产品贸易标准体系。借鉴发达国家的农产品贸易的质量等级化、包装标识化、产品品牌化、交易电子化等发展趋势和先进做法，逐步形成以国家、行业标准为主体，地方标准相配套，企业标准和团体标准为补充，适应中国－东盟农产品贸易发展需要的科学、统一、权威的农产品贸易标准体系。并通过标准体系的建设和相关标准的实施，实现提高我国农产品流通效率、降低成本和损耗、保障农产品质量安全等目标，为标准互认提供技术支撑。

三是提高中国与东盟农食产品贸易标准技术水平和适用性。针对东盟技术性贸易措施繁多现状，以项目和限量为重点，开展标准比对，整理超过中国强制性要求的技术性贸易措施，提出应对策略。根据中国－东盟自由贸易区农食产品贸易主要国家的农产品的技术标准体系、组织机构体系、执行运行体系等情况，加强大宗农产品标准制修订工作，制修订一批适应中国－东盟农产品贸易标准体系建设急需的重要技术和管理标准。标准制修订重点完成一批具有地方特色的区域性农产品质量分级标准、农产品流通基础标准、生鲜易腐易耗农产品冷链物流标准、农产品质量溯源标准、生鲜易腐农产品销售和交易标准等国家标准、行业标准、地方标准和团体标准。

四是推进农食产品标准示范与推广，促进中国标准走出去。针对东盟成员国部分农业发展中国家，协助这些国家推广农业标准化，将中国通过农业标准化精准扶贫的成功经验和成果推广到这些国家，帮助这些国家制定农业发展规划，构建农产品标准体系，制定重要农产品标准，从而提高东盟发展中国家农产品产量和质量。进一步密切中国与东盟发展中各国的关系，便于双边寻找更多的利益共同点，加深国家之间的技术和经贸联系，促进双边合作和经济利益稳步增长。

五是积极采用农食产品国际标准。随着中国和东盟国家农产品贸易迅速发展，中国若想在激烈的贸易竞争中得到话语权，就必须全面细致地了解国际、东盟国家的技术法规和标准体系，积极采用国际标准，促进中国农产品顺利出口，减少贸易摩擦。因此，中国应积极参与国际组织的标准化活动，简化或清除欠科学的农产品标准；并主导和参与国际标准的制定，如针对中国特色的农产品，积极呼吁国际标准组织采用中国标准，提高中国和东盟国家农产品贸易中的影响力。

六是积极开展农产品法规和标准的交流，建立自贸区统一标准。积极开展和推动企业参与中国－东盟食用农产品法规和标准的讨论会，了解和熟悉东盟国家相关法规标准，推介中国农产品法规标准。同时从中国和东盟主要农产品贸易国的标准化部门选择成员，成立中国－东盟自由贸易区食用农产品标准化管理委员会。通过标准讨论会，挑选标准相似程度高的主要食用农产品作为示范产品，推动统一标准的建立；农药残留限量标准方面，可以对各国农药最大残留限量标准较为相近的农产品进行整合，建立自贸区标准；质量等级标准方面，各国可以以CAC标准、《UN/ECE新鲜水果蔬菜标准模板》等国际标准为模板，对重点食用农产品标准进行整合和统一，形成自贸区区内标准。

七是积极建立中国－东盟自由贸易区农产品标准化示范区。在现有中国－东盟自贸区内农产品贸易的规则下，以中国和东盟国家相衔接的种植地为示范区范围，选定贸易量大、农药残留标准相近、农产品产品标准相似的产品，通过大企业牵头，建立从农田到餐桌的农产品种植、生产、加工、流通等标准化操作，进而辐射到中国的周边城市和东盟各国，生产健康、优质、高效的农产品；由于柬埔寨、老挝、缅甸等缺乏系统的农产品标准，故可以选择这些国家建立农产品标准化示范区，推广自贸区内农产品法规和标准；同时鼓励中国的大企业将农产品标准化示范区的理念带入这些地区，从而带动自贸区农产品贸易的繁荣和标准化。

4.3.1.2.3　按照国际通行规则建立完善的质量认证制度

国际标准化组织的ISO 9000质量认证和ISO 14000环境管理体系认证是进入国际市场的“通行证”，出口印度尼西亚棕榈油、精制糖产品、包装饮用水、可可粉、三聚磷酸钠、地下水井过滤管、肥料原料粉碎机、空调机、冰箱和洗衣机和玻璃板等生产商应具备使用SNI标志的产品认证并且应符合SNI要求，将SNI标志粘贴于每个产品之上。出口马来西亚清真的食品或商品实施清真文字认证与标志，认证授权机关是马来西亚伊斯兰教发展署（JAKIM）和各省伊斯兰教事务理事会（MAIN）等。出口泰国的初级和次级食品生产应符合良好农业规范（GAP）、生产管理规范（GMP）、危害分析与关键控制点（HACCP）、ISO 22000或其他同等系统。

4.3.1.2.4　协调东盟各国贸易管理制度，简化通关和检疫程序

东盟国家大多是发展中国家，发展中国家的贸易保护措施对中国农产品出口影响显著，以印度尼西亚为例，随着CAFTA的深化发展，非关税壁垒将成为贸易保护措施的主要形式，尤其体现在通关程序和产品认证管理体制上。因此，需要注重各国非关税壁垒信息的交流和研究，以便农产品出口企业及时了解和更新中国与东盟各国的通关制度和技术标准。同时，中国与东盟各国应完善贸

易管理制度，特别是在海关监管和检验检疫程序中建立统一的标准，促使双方农产品贸易更加高效和便捷。

4.3.1.2.5　加快中国－东盟自由贸易区建设，加速推进"一带一路"倡议实施

中国对东盟农产品出口的增长，在整体方面由以结构效应推动为主转变为竞争效应和结构效应共同推动，在结构效应方面由增长效应推动为主转变为市场效应和商品效应共同推动，说明了中国－东盟自由贸易区在建立和建设的过程中，尤其是建设过程中，以农产品零关税为典型的系列政策的实施对这种转变起到了重要作用，加快中国－东盟自由贸易区建设，加速推进"一带一路"倡议的实施，有利于进一步加深双方在农业领域，尤其是农食产品贸易领域的合作，将对中国农食产品进一步开拓东盟市场、均衡双边贸易产生积极影响。

4.3.1.3　调整农业产业结构，开展供给侧改革，提升农食产品市场竞争力

4.3.1.3.1　调整中国南方农业结构

东盟农产品的竞争能力较强，为了应对其对中国南方农业造成的冲击，中国政府和南方农产品生产者应该共同采取有效的应对措施。中国政府可以根据对南方农业具体的不利影响，对受到冲击较大的地区和农民给予一定的财政补贴或者优惠政策补偿，帮助处于竞争劣势的农产品企业和种植者调整农产品种植结构，加强农业企业间的合作以形成规模经济，帮助农民提升农产品品质。云南省农业厅就曾陆续实施过一系列调整措施，包括建立以昆明为中心的高品质早熟梨生产基地以进军东盟市场，为避开泰国水果的上市高峰期扩大晚熟优质热带水果的种植面积，在温带水果上选择高品质早熟品种。中国南方的农业生产者可以尽量扬长避短，加大农业产品调整力度，减少种植与东盟国家相比具有竞争劣势的农产品。扩大种植既可以巩固国内市场份额又能在东盟国家市场上畅销的农产品，还可以培育和种植东盟国家没有的新品种，例如广西水果生产者就曾为避免与东盟国家的恶性竞争，引进新品种美国红提子，此种红提现已成为广西出口东盟国家的优势农产品。

制定农产品差别税率，提高出口退税率。作为鼓励农产品出口的一项重要措施，农产品贸易发展战略和农产品出口退税政策是不可分割的。目前，广东仍以劳动密集型产品为主要优势，如水产品、园艺产品等，政府应制定相关政策减少资源型农产品出口，如减少原料型产品的出口，适当延伸产品价值链作为广东农产品贸易发展的方向。政府在出口退税率的设置上，可根据种类不同制定差别税率，也可以依据农产品国际竞争力的不同，设置不同的税率，逐步健全农产品征税环节，充分体现政府促进出口、优化出口商品结构的政策杠杆作用。为了提高农民收入，扶持农产品加工业发展，政府应调高农产品的出口退税率，并与目前的农村税费改革相配套。在农产品出口市场得到持续发展、出口量增加的情况下，农民收入会相应增加。对于农产品出口企业来说，调整税率将有利于其降低生产成本、提高利润空间和国际竞争力。

4.3.1.3.2　完善农食产品出口结构，提高产品附加值和市场竞争力

中国对东盟农食产品出口集中在初级产品类，产品结构较单一。因此，在保持原有的竞争优势的农产品基础上，需要不断完善农产品出口结构。根据东盟十国的农产品市场需求特点，新加坡市场开放度和贸易便利性高，马来西亚、泰国和越南自身农产品技术水平较高，这些国家农产品市场竞争尤为激烈，一方面要发展互补性农产品的出口，丰富可出口农产品的种类；另一方面需要加大

发展农产品加工业，提高出口农产品的质量和附加值。而其余东盟国家如老挝、缅甸等以巩固和开发市场为主，重点出口满足其消费能力的农产品。

（1）调整农产品产品结构，平衡贸易差额

通过优化资源配置，调整自身的农业结构，充分发挥我国温带产品在国际市场上的优势，大力发展具有比较优势的温带产品，增加诸如玉米、小麦、大豆等温带作物的产量并促进其出口。对于我国处于劣势的热带作物，可以充分利用地处热带的区域，大力发展观赏型经济作物，优化资源配置，从而降低那些国内资源成本相对较高的农产品的播种面积和劳动投入，减少生产成本，创造收入。继续做好对东盟农产品进口的商品市场与国别市场的研究工作。考察商品效应与市场效应均呈现出波动性增长，深入实施农业“供给侧结构性改革”，在保持与恢复中国原有农产品在东盟市场竞争力的同时，不断提升其他商品竞争力，推动具有竞争力商品类别的增长。

在政府层面上要大力支持优势农产品，拉动普通农产品，多元化农产品出口项目，优化农产品出口结构。第一，搭建农业贸易专门平台。由于农业领域的经贸合作是双方合作的重要领域，虽然东盟自贸区协议已经为双边贸易提供了优惠条件，比如关税减让等，但是针对农产品国际贸易的专业合作平台发展缓慢，不利于中国东盟农业贸易发展。第二，政府要采取措施引导农产品结构调整。比如，以贸易优惠政策引导企业着眼于长远发展，对农产品附加值较高的企业出口给予关税优惠，或者建立农产品深加工园区，为农产品加工企业提供国内税收、土地等优惠，降低企业运营成本，鼓励农产品加工企业发展。第三，对农业生产要鼓励专业化、规模化生产，鼓励农产品生产合作社的成立，积极为农户提供专业技术指导，提高农产品生产效率和质量，带动农民生产积极性。

（2）提高农产品品质和科技含量

经济生活水平的提高使得人们更加倾向于购买绿色健康的农产品，所以现代农产品的需求越来越受到品质和科技含量的影响，品质和科技含量高的农产品往往可以销售出比普通产品高数倍的价格。目前，与东盟相比，中国深加工类农产品虽然有竞争优势，但是竞争力不断下降以及中国的农产品遭受到东盟更多绿色贸易措施。针对这种情况，中国应该加快采取可行性的措施，提高自身的农产品品质和科技含量。一方面，农产品品质和科技含量的提高，可以减轻东盟农产品对于中国南方农业造成的冲击，物美价廉的高品质农产品可以使中国的农产品无论在国内还是在东盟都可以占据市场；另一方面，品质和科技含量高的农产品可以使中国从东盟赚取更多的外汇收入，防止中国对东盟的农产品贸易逆差大幅度扩大，贸易利润还可以弥补中国损失的关税收入。中国可以采取以下措施提高农产品科技含量。首先中国应该进一步重视农业的科学研究以及加大对农业的科技投资。例如，可以通过自主培育或者引进新品种、学习新的种植方法来提升中国农产品的附加值。还应该利用科学技术转变中国农业粗放的生产方式，发展中国的特色农业，最好能够建立中国特色农产品品牌，增强中国农产品的国际竞争力。另外，中国应该重视农业生产的规模经济效应，在科学技术的支持下使中国农业走向集约、规模化的发展道路。

加强农业科技投入，打造科技农业。在我国农业发展面临严峻的资源约束的情况下，需要通过农业科学技术的利用打造现代科技农业，一方面有助于提高农业资源利用效率，另一方面可以提升农业产品出口价值增值。在中国与东盟国家的农业贸易由传统农产品进出口贸易模式不断向农业技术贸易、农业服务贸易等形式推进的过程中，加强农业科技投入打造科技农业的战略价值更加凸显，国家有必要进一步强化农产品的研发投入财税支持政策、研发投入贷款财政贴息政策等政策体系建设。

（3）完善农业贸易基础设施，促进物流体系发展，提高保鲜储藏技术、降低物流成本，建立跨国农产品物流信息平台

由于中国－东盟农业贸易基础设施落后，物流体系不够完善影响双边贸易顺利发展，因此，有必要借助“一带一路”战略推动国际产能合作，加强区域农贸交通设施建设合作。中国在强化与东盟国家农产品贸易合作的过程中，应通过主动投资的形式强化东盟国家农业物流园区建设，从而有效支持国内农产品出口。尽管中国东南沿海省份的物流信息网络已初步形成，中西部地区也在逐步建设之中，但全国范围内的农产品物流信息网络平台还未建成，随着信息技术的高度发展，“互联网＋”进一步重构了传统农产品的营销模式，要积极打造农产品跨境电子商务平台，与互联网信息技术水平相近的东盟国家对接，建立物流信息共享平台，再逐步向其他东盟国家推广。促进农村电子商务加快发展，形成线上线下融合的农产品营销模式。在积极打造农产品跨境电子商务平台方面，一方面应鼓励农业企业与电子商务服务商通合作进行平台建设，另一方面应积极建立电子商务环境下的职业农民培育计划，把职业农民培养成建设现代农业的主导力量。在此基础上，才能保证中国农产品更加保质保量、高效地运送至东盟国家市场。

优化双边贸易合作物流体系，建立线上线下与海、陆、空相结合的全方位立体式物流运输体系。第一，完善交通基础设施。中国与东盟成员国接壤，双方要开展交通设施建设合作，打通中国－东盟陆上交通要道，发展跨国公路运输，这将有利于双方农产品贸易运输，大大缩短农产品运输时间。第二，在中缅、中越等中国－东盟接壤地区建设国际农产品物流园区、出口加工区、跨国农贸市场等，为中国－东盟农产品贸易提供分拣、加工、储存、保鲜基地，简化双边农业贸易手续，降低农产品进出口综合成本，促进双边农产品产业广度与深度合作，和产业协同发展。第三，鼓励国际货运航空运输线路发展。生鲜产品贸易在双边农业合作中占有重要地位，中国出口到东盟的农产品如生鲜水果、蔬菜对物流基础设施尤其是冷链物流技术要求较高。根据中国现有的物流水平，必须加大对冷藏汽车、冷藏火车、保鲜库、冷藏库等专用运输和仓储工具的投入，加快对现有仓储设施的改造，提高农产品的保鲜能力，降低在运输和仓储环节的损耗。应该进一步完善物流体系，针对物流建设划拨专项资金，改善中国南方边境地区物流较差的情况，用以降低农产品的物流成本。传统贸易运输速度慢，运输途中产品腐坏严重，提高了产品成本，发展国际货运航线以及相应的保鲜技术，促进生鲜产品交易。最后，对于大宗进出口农产品，海洋运输是中国－东盟农产品贸易的主要运输方式，所以发展好海洋运输对于双方贸易发展意义重大。因此，优化港口建设布局，大力发展船务、海洋运输技术，同时鼓励海关、货运、报关报检等开通东盟农产品贸易通道，为中国东盟农产品贸易提供便利。通过提高保鲜储藏技术、降低物流成本可以扩大中国对东盟出口的农产品贸易额，赚取更多的外汇利润，还有利于控制贸易逆差和弥补关税损失

（4）加强与东盟国家农业深层次的合作，实施差别化贸易战略，走可持续发展的道路

东盟国家除新加坡、文莱以外，其他国家的农业占 GDP 的比重较高，柬埔寨、缅甸和老挝三国的农业占比甚至超过 25%。而中国的农业在经济发展中举足轻重，关系到农村发展、农民增收等重大问题。研究表明，中国与东盟的农产品存在着显著的产业内贸易和贸易结构不均衡性，这也导

致东盟各国采取多种多样的非关税壁垒保护本国农业和农民利益。然而，中国和东盟国家在提高农业全要素生产率水平上参差不齐，在农业科研、实用技术上各有所长，因此，基于各自农业技术的比较优势，中国和东盟能够发展农业深层次的合作，这也成为消除非关税壁垒的重要突破口，进而促进中国对东盟的农产品出口。

东盟的成员国经济发展水平有高有低，农业经济状况也存在差异，所以中国与东盟中不同国家进行农产品贸易时，应根据不同国家的经济和农业发展情况在自由贸易区的框架下制定不同的贸易策略。针对文莱和新加坡来说，这两个国家农业在经济中的占比都不高，农产品大多依赖于进口，而中国的农产品在其国市场中很受青睐，竞争能力较强，所以中国应大力发展与这两国的贸易合作，通过供应更多品质好、价格实惠的农产品获得更多的外汇利润。对于马来西亚、印度尼西亚、泰国和菲律宾中国农产品的竞争力显然不如这些国家，但是中国和这些国家可以取长补短，各自发挥自身的比较优势，通过农产品的贸易使国内农产品种类丰富，数量充足。最后对于其余的东盟4国，这几个国家的经济发展状况普遍较差，中国应充分利用其土地密集，人力成本低廉的特征，加大对于谷物、可可等方面农产品的合作，减轻中国资源不足的压力。还可以利用柬埔寨丰富的淡水湖资源和中国相对高端的技术，加强中国与其的渔业合作。通过实行差别化贸易战略，中国既可以弥补自身资源和农产品数量种类的不足，又可以扩大中国对东盟出口的农产品贸易额，以防止中国对东盟的农产品贸易逆差大幅度扩大，贸易利润还可以弥补中国损失的关税收入。

中国农产品种植历史悠久，品种丰富，在农业贸易快速发展的今天，中国重视农作物种植与培育技术研究，提高农产品产量与质量，现已取得一定成就，尤以杂交水稻领先世界，这是中国的优势。而东盟国家生产相对落后，农业技术开展基础设施建设还需完善。因此，中国可以出口优势农业技术，对东盟各国开展形式多样的技术指导培训工作，提高东盟生产技术水平，同时也建立中国农业技术品牌，降低农产品出口时针对生产环节壁垒的发生概率；同时加强东盟相关农产品技术引进，充分了解东盟特色发展农产品的生产过程与需求。产品检验检疫是农产品国际贸易的重要环节，而中国在动植物检验检疫和疾病控制方面具有较强的技术水平，特别是对动物疫病具有丰富的技术与实践经验，因此，双方应开展动植物检验检疫技术交流与合作，强化对动植物疫病的监管，促进双方农产品贸易顺利进行。在农业资源互补发展方面，相比于东盟地区，中国优势水产养殖业受制于中国水资源短缺无法持续发展。因此，双方可以开展农业生产资源合作，共同开发东盟农业资源，以东盟水域进行水产品养殖。同时，双方要共同推进农产品绿色发展。近些年中国重视发展生态农业，在农产品生态技术方面具有优势，可以开展技术交流合作，改善东盟农业生产环境，促进农业可持续发展。

（5）重视农食产品贸易人才培养，提高中国与东盟农食产品总体贸易水平

随着中国对外贸易的发展，国际贸易人才需求巨大，近些年针对农产品市场分析、物流与营销管理人才、农产品生产与加工等方面的人才缺口很大。尤其是东盟地区与中国毗邻，在农产品生产和需求方面有同有异，不能以一概之。因此，需要重视专业人才培养。首先要针对农产品市场特点，政府应有计划、有目的地在高校开设对外农业经济等相关专业，增加农业贸易人才的储备；对东盟农产品市场、贸易物流等进行专门研究；其次，培养农业人才，针对东盟农产品需求创新农产品深加工，以专业化、集约化、规模化的生产满足东盟农产品进口需要；做好高层次人才培养与引

进，建立分层次的立体式农业人才梯队。最后，还要针对农业贸易相关人员开展对外贸易培训，对农产品出口负责人进行业务培训，企业应对从事农产品贸易的业务人员进行适当的业务培训课的授课活动，引导他们转变经营理念，提高对外贸易总体质量；对农产品生产端进行合理引导，及时开展农业生产技术指导，乡镇部门辅导农户收集关于东盟国家最新的农业生产动态，及时更新东盟国家农产品市场的供需状况，发布市场信息动态变化，向农户提供市场分析指导，避免"一窝蜂"式生产造成的供大于求局面，保持农产品平稳生产与供应，长远性的避免市场平稳波动，保证农产品竞争力。

4.3.1.4 有效开展通报咨询评议工作，建立预警和应对机制

加强信息的收集与研究工作，建立国外技术贸易壁垒信息中心和数据库，充分发挥WTO/TBT预警信息平台的信息快速处理和预警功能，建立东盟产品召回数据收集、翻译、分析、通报、培训的一条龙的产品质量风险分析和预警的长效工作机制，及时发布重要东盟贸易国的技术法规及技术措施动态，及时发布预警信息，及时向企业提供WTO/ TBT通报，为企业提供咨询服务。

一是充分利用世贸组织成员方按照TBT/SPS要求提供的有关技术标准、法规的国家级咨询点和WTO个成员方的官方出版物来收集信息。目前，东盟十国全部是世贸组织成员，应组织精通越南语、泰国语、印度尼西亚语、缅甸语、老挝语、高棉语和英语等语言的专家进行翻译。

二是强化咨询点建设，发挥驻外经商机构的优势，调动行业协会、商会、消费者团体等非政府组织的作用，定期收集、整理、发布东盟技术性贸易措施的最新动态，研究主要贸易国技术性贸易措施对我国出口贸易的影响，及时采取积极防御措施。

三是建立东盟技术性贸易措施预警机制。预警评价指标包括东盟政治因素（政体、利益集团、战争等）、宏观经济指标（各国GDP、人均GDP、汇率、外汇等）、贸易情况（出口额变动、中国进口占比等）、技术指标（技术法规数量、标准数量、TBT/SPS通报、评议情况等）和贸易争端（退运、案件等）。

四是加强公益性东盟技术性贸易措施查询系统建设。统筹协调商务部和海关等，避免重复建设和信息孤岛。进一步完善中国WTO/TBT−SPS通报咨询网，当前检索系统和导出功能与WTO通报的网站均有较大差距，且翻译水平有待进一步提高。可考虑以广西标准技术研究院的中国－东盟技术标准信息服务平台为基础，提供专业快捷高效的标准检索、文本索取和预警服务。

五是有理有据行使TBT/SPS评议。重点根据最小贸易限制的原则、科学依据的原则、积极采用国际标准的原则、透明度原则、等效与互认原则及非歧视待遇原则等，针对不同行业的具体情况，有所偏重地提出应对措施，使应对更有针对性。组织专家对东盟新通报的产品技术新标准、新规定行使评议、提出特别贸易关注的权利，消除各种不合理的国际贸易壁垒，建立合理、公正的国际贸易秩序和规则。

六是与国际接轨，合理规避，科学利用争端解决机制。组织深入研究WTO基本原则和TBT、SPS的具体规定，积极参与谈判协商，在积极促进公平合理国际贸易规则建立的基础上，最大限度争取对我国有利的谈判结果。由于非歧视性原则，往往东盟技术性贸易措施影响的不仅仅是中国，应鼓励企业勇于应诉，尽量团结受影响的其他国家，建立联合应诉机制，实现资料和有关证据的共享，抱团共同应对技术性贸易措施，降低单个企业应诉的成本和风险，提高胜诉率。

七是加强东盟技术性贸易措施研究并向企业反馈。通过国家咨询点和WTO各成员方官方出版物收集TBT/SPS信息。发挥驻外经商机构的优势，调动行业协会、商会、消费者团体等非政府组织的作用，定期收集、整理、发布东盟技术性贸易措施的最新动态，研究主要贸易国技术性贸易措施对我国出口贸易的影响，分析农食产品行业面临技术性贸易措施的具体情况，及时采取积极防御措施。完善技术性贸易措施公共信息服务平台建设，强化信息共享，为企业提供标准法规信息、咨询、研发、评议、应对等“一站式”服务。

4.3.1.5 提升特别贸易关注能力

一是研究东盟TBT/SPS特别贸易关注。迄今为止，中国未对东盟提出过TBT贸易关注，对东盟提出过两项SPS特别贸易关注。随着发展中国家在TBT/SPS渐活跃，中国与东盟贸易摩擦以特别贸易关注形式呈现和解决的将逐渐增多。与发达国家被关注点多落在较高的技术门槛不同，东盟更多集中在通报的合规性和标签、认证等繁琐的进口限制政策。对于我国来说，一方面要重视第三方对东盟提出的TBT/SPS关注。因为特别贸易关注往往是影响较大的技术性贸易措施的缩影，且由于非歧视性原则，第三方关注的技术性贸易措施往往也会对我国造成影响。另一方面剖析对我国出口造成重大影响的技术性贸易措施，有助于指导企业出口，同时也可作为对东盟提出特别贸易关注储备池，便于进行技术性贸易措施反制。

二是建设特别贸易关注信息服务平台。当前我国已建成TBT通报咨询网，但尚未有TBT—SPS特别贸易关注的中文专业网站，应运用大数据和云计算等技术，建立含信息查询、内容显示、统计分析和报送审核等功能的基础信息服务平台，强化信息共享。同时，融合技术性贸易措施风险预警及快速反应系统，针对重点国家、重点产品、重点项目实施布控，根据风险分析结果，确定与风险等级相适宜的风险管理措施，有效应对技术性贸易措施。

4.3.1.6 加强中国与东盟国家区域互认

1992年1月的《共同有效优惠关税协定》CEPT第5条第3款规定了相互认可机制，即成员国可以采取“相互承认产品的检验和证明书”的措施，以实现贸易自由化。东盟标准和质量咨询委员会（ACCSQ）签署了《关于东盟标准术语和相互认证安排的框架协定》，规定如果一个成员国的某种产品符合东盟统一标准，那么该产品在进入任何一个成员国市场时就不必再做同样的检查和认证。针对东盟各国的重复检验检疫、各国体制法规不同、检验认可标准不同造成的技术性贸易措施，按照《TBT协议》中等效和相互承认原则，鼓励与东盟开展相互认证，相互承认商品原产国的检验和合格评定结果，以避免重复检验和避免重复认证、认可，提高贸易效率，降低贸易成本，减轻出口商和生产企业的负担，促进国际贸易的发展。如2004年4月，中国原国家质检总局与泰国农业与合作部签署了“关于卫生与植物卫生合作谅解备忘录”，该备忘录保证了中泰两国水果、大米等动植物产品的安全输送。同年，中国原国家质检总局与越南农业部签署“关于出入境植物检验检疫合作谅解备忘录”，与缅甸联邦政府签订“关于植物检疫的合作协定”，与老挝农林部签订“关于动植物卫生和食品安全合作谅解备忘录”等，有效地促进了中国与东盟各国的双边贸易。

4.3.1.6.1 加强区域互认，降低贸易成本

针对东盟各国的重复检验检疫、各国体制法规不同、检验认可标准不同造成的技术性贸易措施，按照《TBT协议》中等效和相互承认原则，政府应当鼓励与东盟开展相互认证，相互承认商品原产国的检验和合格评定结果，以避免重复检验和重复认证、认可，提高贸易效率，降低贸易成本，减轻出口商和生产企业的负担，促进国际贸易的发展。

4.3.1.6.2 规范检验检疫标准，互认检疫结果

检验检疫是国际贸易中主要的技术性贸易措施，是中国－东盟实现贸易便利化需重点改善的领域之一。大部分东盟国家针对农产品出台了各种各样的检验检疫规定，尤其是印度尼西亚和越南等国制定了国家和部门的双重标准，增大了农产品检验检疫的难度，国家标准能够提前获悉，但是部门标准的透明度极低，对农产品贸易造成非常大的阻碍。

解决中国－东盟农产品贸易中检验检疫问题需要从以下两个方面入手：首先，积极推动中国－东盟实现统一的检验检疫标准。中国－东盟应以国际标准为基础，建立统一的检验检疫标准。虽然，目前双方在国家层面针对检验检疫问题已建立良好的平台，在质检高层的合作上也采用了更为务实和积极的态度，但地方层面在检验检疫上执行双重标准损害了贸易商的利益，国家层面的政策能否在地方得到贯彻执行成为统一检验检疫标准的关键。因此，各国中央政府要确定一个监督机制，保证地方政府严格执行由中国与东盟各国协商确定的检验检疫标准。其次，互认对方出入境检验检疫结果。互认检验检疫结果是世界各国普遍采用的一种措施，成为消除技术性贸易措施的有效手段。2002年以来，中方认证工作迅速进行，东盟国家也从2003年开始了认证法律的制定工作，认证管理体系逐步建立，双方开展互认认证结果具备良好的基础，因此，中国与东盟双方应加强认证领域的国际合作，签订互认检验检疫结果的双边协议。另外，中国与东盟的农产品具备较强的互补性，可逐步培养一批基础条件好、生产能力强和质量管理体系完备的农产品贸易企业进行认证互认的尝试，对推动双方互认检验检疫认证结果具有重要意义。

4.3.1.7 加强信息化建设

建设一个国家层面、全球尺度，以技术性贸易措施领域全国最全面、最权威的数据库集群为后台，以贸易国别齐全、产品种类齐全、技术性贸易措施齐全为特色，以“技术性贸易措施门户网站”为前台的国家级技术性贸易措施公共信息综合服务平台。该平台能够围绕技术性贸易措施工作这个核心，实现动态跟踪、信息采集、文本翻译、数据加工、分类管理、通报咨询、在线评议、风险评估、风险预警等功能。同时能够支持对策研究、组织评议、组织应对、答复评议、对外交涉、协调立场、共享资源、信息服务、制定措施、趋势预测、战略规划等功能。

在建设时序上，技术性贸易措施信息化建设战略的安排是“三步走”。第一步，用现代信息技术对旧网站进行再生式的全面升级改造和拆分，完成加入WTO以来标法中心积累的技术性贸易措施信息资源的深度挖掘、数据清洗和软硬件升级，使之具有了更优、更强、更专业的信息服务功能。第二步，以推广“自平台”建设的方式，完成质检系统技术性贸易措施信息资源的整合和即时更新。第三步，继续推广“自平台”建设，完成技术性贸易措施部际联席会议成员单位技术性贸易措施信息资源的整合和即时更新。

与此同时，探索构建透明度更高的贸易信息共享平台。东盟国家中马来西亚、菲律宾、印度尼西亚、越南和泰国等国的政策法规都在不同方面存在缺乏透明度和可预测性，而信息是开展贸易的珍贵资源，公开透明的信息有利于营造公平、公正的营商环境。中国－东盟自贸区的官方网站目前由中国来维护，平台信息更新缓慢且信息质量不高，因此应督促各国成立信息技术小队，在平台上及时更新最新的贸易相关信息。建议在现有的“中国－东盟自贸区官网”的基础上增加“中国－东盟经贸信息共享”板块，该板块及时、固定公布各国政府最新的贸易政策信息，以及提供访问者在线查询各国贸易规章手续的便利，为中国－东盟的农产品贸易商提供决策参考。除此以外，民间交流也必不可少，因各国贸易商对本国贸易政策有更多的收集渠道，因此应加强各国行业协会、企业的相互交流以实现信息共享。

4.3.1.8 加强技术性贸易措施反制，完善农食产品预警系统和快速反应机制

技术性贸易措施反制措施，是指在国外制定和实施的有关技术性贸易措施对中国出口产品可能或已经产生影响的情况下，针对有关国家和地区进口中国产品，中国政府部门制定和实施的技术性贸易壁垒措施，以技术措施为手段，以主动反制为特征，将受到的影响或损失降到最低程度。对菲律宾香蕉加强检疫虽然不是针对东盟技术性贸易措施发起的反制手段，但是是一个技术性贸易措施的合理应用的典型案例。随着黄岩岛事件的持续升温，2012 年 3 月，原国家质检总局发出警示通报，暂停受理通报之日起菲律宾启运的部分出口商及其果园和包装厂的输华香蕉报检。通报理由是深圳检验检疫局发现一批菲律宾进口香蕉中的有害生物香蕉肾盾蚧。这是一种检疫性有害生物，食性复杂，可危害多种果树和观赏植物，极易随寄主植物果实、苗木远距离传播，目前在中国尚无分布。香蕉业是菲律宾极其重要的一大产业，光是出口国外的香蕉每年就可以为菲律宾赚取高达 7.2 亿美元的外汇，并直接影响菲律宾国内大约 20 万人的就业问题。中国是菲律宾香蕉的第二大市场，仅次于日本。

同时，政府应积极建设中国－东盟农产品技术性贸易措施信息中心，使企业能够及时掌握资讯，避免信息不对称造成的损失。同时，政府—行业协会—企业应形成合力，为农产品出口企业保驾护航。此外，应重点跟踪菲律宾、泰国、印度尼西亚农产品进口的相关技术法规、标准、政策等动态信息，建立农产品预警系统和快速反应机制，使企业能够采取防范措施，化被动为主动，将损失降为最低。

4.3.2 行业层面

4.3.2.1 积极参与标准法规制定

随着标准化改革将国家标准严格限定在保障人身健康和生命财产安全、国家安全、生态环境安全和满足社会经济管理基本要求的范围之内，学会、协会、商会、联合会等社会组织和产业技术联盟将有更多的空间，协调相关市场主体，根据东盟的具体情况，制定与国际接轨、满足市场和创新需要的标准，增加标准的有效供给。引导出口东盟企业积极采用国际标准，发挥比政府部门更了解

产业情况的优势。

4.3.2.2 提供及时的信息服务

根据行业协会的特色，研究分析东盟有关的技术法规与标准，建立网络系统与参赞等驻外商务机构联系，通过东盟咨询点、法规发布机构和数据库等获取信息，进一步分析筛选，定期向会员发布研究报告，举办培训班或专题研讨，为企业提供信息咨询服务，建立权威的农产品贸易信息发布制度和敏感商品出口预警体系。跟踪研究出口农产品在东盟市场的市场占有率和竞争力，及时预警和掌握东盟针对中国农食产品的贸易调查，建立快速反应机制，建立技术性贸易措施应对战略和技术性贸易措施预警系统建设方案；加强对国外技术法规、检疫标准信息的收集和研究，指导出口企业的技术改造、经营管理和贸易运作，通过市场化运作，组织企业有针对性地进行技术攻关，探求和开拓新的产品输出市场和渠道，以减少由于其不断增加日益苛刻的技术标准带来的难以预测的贸易风险和变数，提升产品质量标准和国际竞争力。

4.3.2.3 发挥非政府部门的作用

贸易措施的争端错综复杂，难以依靠单个企业解决，而政府又不可能介入每一争端，这时借助行业协会力量组织企业维权则显得尤为重要。按照 TBT/SPS 协议，行业协会可以代表国家解决贸易争端，"把缔约方境内的团体作为缔约方等同处理"，而且非政府部门所行使的非政府行为受到的约束是间接的，需要通过对政府有关行为的约束来进行归置，并不能成为协议的直接规范对象。通过非政府机构的互认、磋商、维权，有助于避免国与国的直接对立，树立我国市场经济和法制社会的地位。

制定并实施农产品品牌的海外营销计划。运用"出口品牌发展资金"优先支持农产品出口品牌建设。对企业的名优农产品在境外开展自主品牌推广和知识产权保护的费用、为扩大国际市场影响而开展的广告宣传、展览展销和推广活动给予资助；支持企业通过进口国（地区）要求的认证、聘请专业机构制定品牌发展战略和开展研发设计活动；帮助品牌企业建立国际营销渠道，率先进入跨国采购供应链。培育农产品营销渠道组织主体是克服目前"小农户、大市场"现实弊端的唯一出路，发展行业协会可以促进同行业从事生产、加工、贸易各个不同环节的企业和农民联合起来，可以提升农民进入市场的组织化程度，促进农产品营销渠道组织主体的形成。

4.3.2.4 加强行业自律

行业自律的实质是自觉遵守游戏规则，不搞不正当竞争，扰乱正常的国际贸易秩序。一方面行业价格自律。东盟进口以中低端市场为主，国内不乏抢夺订单恶性压价的现象，政府干预有违市场经济的原则，应以行业协会的名义维护公平竞争。另一方面加强行业质量自律。恶性压价往往伴随着偷工减料掺假售假，容易遭遇东盟技术性贸易措施。此外，有条件的行业协会还可以试设仲裁机构，进行行业仲裁。

4.3.3 企业层面

4.3.3.1 企业应练好内功，提升产品技术含量，跨越技术性贸易措施

技术力量和创新能力是企业竞争力的核心，是企业获得长远发展和跨越技术壁垒的根本途径。企业应当主动了解行业国际发展动态，全面掌握自身出口产品东盟的技术要求，积极“练好内功”。一是注重加快技术改造，培育自主知识产权和自主品牌，以技术创新突破技术贸易壁垒，积极采用国际标准，努力获取国际认证；二是企业应在控制成本的基础上提升生产工艺水平，努力改进产品以适应各种先进标准，使其能够达到贸易对象国的标准和法规的要求，变被动受限为主动调整；三是对于无法满足对方技术性贸易措施要求的，探索在成本可接受的前提下引进先进的生产设备、检测设备，购买国外专利和专利使用权，加强产品创新、工艺创新和管理创新。

通过国外经销商、TBT/SPS 咨询点、海关、商务部和驻外经商机构等全面掌握自身出口产品东盟的技术要求，了解行业国际发展动态。学习贯彻执行 ISO 9000 质量系列标准和 ISO 14000 环境管理系列标准，健全产品质量追溯体系。对于无法满足对方技术性贸易措施要求的，探索在成本可接受的前提下引进先进的生产设备、检测设备，购买国外专利和专利使用权，加强产品创新、工艺创新和管理创新。

4.3.3.1.1 提高农产品深加工技术，提升农产品附加值

应该大力发展农产品加工业，提升农产品深加工能力，提高出口农产品附加值，增强中国农产品在国际市场的竞争力。由于中国与东盟农产品交易额较大，涉及产品种类众多，各国农产品加工能力不一而足，因此，要在发展初级农产品贸易的同时，大力发展农产品加工贸易，提升农产品附加值。第一，培育农产品加工企业发展，对初级农产品进行开发，鼓励企业出口附加值较高的农产品，引导和支持一批经济实力雄厚、科技水平较高、辐射范围宽泛的农产品加工优势企业作为龙头企业，带动其他农产品生产、加工企业的发展。第二，提升现有农产品加工技术。鼓励企业以市场需求为导向，对农产品进行种类创新和加工工艺创新，并对创新企业进行技术补贴或税收优惠。企业要主动吸引外资投入，引进具备先进管理技术的人才团队与先进的农产品生产设备，改善农产品的包装来提升产品的档次，提高农产品的附加值与竞争力。第三，鉴于中国出口东盟以果蔬为主，建立面向东盟市场的农产品果蔬基地，推动果蔬保鲜、加工、储存、运输等技术的研发与技术交流，发挥果蔬基地的加工集聚优势，提高农产品深加工程度。第四，着力打造中国农产品出口品牌，以资源优势、技术优势实施对外农产品出口品牌战略，提高出口农产品产业价值链地位，提高国际竞争力。

4.3.3.1.2 提高农产品质量，提升产品竞争力

加快建立健全农产品质量安全监督体系，提高农产品质量安全检测标准，以确保中国农产品的高质量。中国政府应大力扶持本国的农产品生产加工企业获得东盟市场的准入资格，充分了解东盟国家对农产品质量的要求，从而不断提高中国出口农产品的质量。企业应增强产品质量意识，加大农产品生产流程的监测力度，使农产品生产全过程实现公开化、透明化，以消除进口国消费者的疑虑。全面提升农产品质量和安全性，加强农产品质量管理，增加农产品质量认证，实现“从田间到

餐桌"全程质量控制，从而达到与国际标准接轨是我国出口农产品应对东盟技术性贸易措施最有效措施。

4.3.3.1.3　强化品牌意识，打造绿色品牌

中国农食产品在东盟市场上知名品牌不多，出口企业规模小、实力弱、国际竞争力不强。应该支持和引导出口企业发展自主品牌，在国际市场上逐渐形成品牌声誉，培养固定的消费群体。鼓励企业采用引进国外先进技术和优良品种与国内自主研发并重的方式，开发自主知识产权产品。重点鼓励企业引进国际先进农业生产和加工技术与设备，鼓励企业进口新品种、新技术，以及有助于改善农业生态环境的生物肥料、生物农药等农业投入品。积极推进农产品原产地标记注册制度，对符合出口免检有关规定的原产地标记保护的农产品依法优先予以免检，对信誉良好的原产地标记保护的农产品出口企业实行便捷通关。进一步完善和加强出口农产品的检验检测，加强农产品检验检测基础设施建设，提高出入境检验检疫装备和检测技术水平，加强专业技术人员的业务培训。

4.3.3.2　加强与行业协会、政府的良性互动

企业处于市场的前端，是政府、协会的神经末梢。企业是东盟技术性贸易措施的亲历者，对技术性贸易措施感触更深，了解更透，提出的解决办法往往也更有针对性和可行性，尤其是技术层面上，如标准的采用、质量的管理等。发挥龙头企业作用，及时将东盟技术性贸易措施相关信息通知协会和相应的政府管理部门，有助于全局统筹，快速应对非法或明显歧视性技术性贸易措施对我国出口东盟企业的阻碍。

4.3.3.3　走出去和引进来相结合

增加对东盟直接投资，吸纳更多当地人才，高效快捷地接触生产商品当地的技术要求，利用某些原产地的优惠，大大降低东盟技术性贸易措施的影响，尤其在出口额大、对国际市场依赖度高且受贸易壁垒影响较大的产业。有研究表明，国内具有比较优势的出口产业往往遭受技术性贸易措施最多、受影响程度最深，而外商（东盟东道国或欧美发达国家）企业投资企业出口产品则相对较少。利用 FDI 的技术溢出效应，提升产品质量，确保满足目标国的技术性贸易措施要求。

4.4　中国出口东盟农食产品应对重点安全限量要求对策和建议

随着中国－东盟自由贸易区的进一步深化、东盟和中国农食产品贸易互补性的提升，双方农食产品贸易量逐年快速增长。但由于中国与东盟农食产品法规和标准等存在着差别，在涉及农药最大残留限量、兽药最大残留限量、重金属限量、微生物限量以及食品添加剂限量等农食品产品重点安全限量要求方面存在差异，这些差异逐渐成为制约中国农食产品出口东盟重要影响因素，进而成为贸易中出现或者存在潜在的技术性贸易措施，是阻碍农食产品贸易进一步深化的潜在重要阻力。因此，研究提出我国出口东盟农食产品应对重点安全限量要求的对策和建议，一方面，有利于减少

中国和东盟之间农食产品贸易摩擦，促进出口；另一方面，有利于加快中国与东盟国家的农食产品贸易区域合作，提高中国参与东盟农食产品贸易的竞争与合作能力。

4.4.1 农药残留

根据世界贸易组织相关协议的规定，各国可以根据风险评估结果、食品消费情况不同、膳食结构不同以及生产经营的实际情况，制定符合自己国家国情的安全标准，特别是对本国公众健康有较大风险的物质和本国消费者膳食暴露量有较大影响的食品；此外，农业生产和地理区域的影响、作物生长的特点和农药使用控制情况、居民膳食消费习惯也影响着最大残留限量（MRL）的制定。因此，各国之间制定的标准存在各不相同的情况：包括农药种类、食品类别和限量规定等。我国有些农作物的农药残留限量严于东盟国家的标准，有些低于东盟国家的标准；也存在某些食品类别我国制定了 MRL，而东盟国家未制定；或东盟国家有制定 MRL，而我国未制定的情况。这些差异不能表明谁更严格，因为各国的标准是基于各个国家、各个地区居民的膳食消费结构、农药使用情况等制定的，也是各国为了保护自己国家居民健康有针对性制定的。

目前，国际上通用的做法是将农药最大残留限量作为判定农食产品质量安全的标准。世界各国对农药残留问题都高度重视，许多国家也将农药残留限量作为技术性贸易措施的重要手段，对各种农副产品中的农药残留都规定了越来越严格的限量标准，限制农副产品进口，以保护本国农业生产，这严重影响了我国农食产品的出口。

中国和东盟各国对农食产品中的农药残留限量都有着严格的规定，东盟各国均在食品基本法中作出了规定，中国也在食品安全法中规定了食品安全国家标准是唯一的强制性标准。目前，农食产品中的农药残留限量是影响中国与东盟农食产品贸易的主要因素之一。

中国和东盟各国都十分重视农药最大残留限量标准的制定。由于农药最大残留限量标准管理机构的差异，使各国制定和管理的侧重点不同，从而导致农产品中农药最大残留限量标准的种类、数量和指标等均存在差异。从种类上看，东盟各国家均规定了 100 多种农药，其中最多的为印度尼西亚的 196 种，但是均少于 CAC 规定的 199 种；而中国规定了 433 种，是 CAC 的 2 倍多，越南的近 4 倍。从农药限量指标的数量看，CAC 规定的最多，为 4351 项，超过东盟 4 个国家的总和；东盟四国中，超过 1000 项的只有印度尼西亚；中国规定了 4140 项限量指标，在数量上与 CAC 相接近。以 CAC 为参照依据，中国制定的农药最大残留限量标准涉及的农药种类和限量指标数量最多；菲律宾未制定本国的农药最大残留限量标准，完全与 CAC 保持一致；泰国、印度尼西亚、越南、马来西亚制定的农药种类和指标数量相对较少。

无论是中国从东盟进口的农产品，还是中国出口东盟的农产品，中国在农药最大残留限量的数量上都多于东盟农产品主要贸易国，甚至多于 CAC。其中，涉及农药残留限量总数量最多的农产品是柑橘，为 189 种，最少的是龙眼，为 58 种；中国制定农药最大残留限量标准最多为苹果，为 152 种；CAC 为柑橘，为 64 种；因为东盟国家大多参照 CAC 标准，因此其制定农药数量最多的也为柑橘。

研究标明，中国和东盟各国农药最大残留限量标准中规定的农药种类和数量差异较大，交叉率比较低。其中，柑橘类涉及农药189种之多，但是各国限量标准交叉仅68种，交叉比例为36.0%；农药交叉比例在10%以下的有5种农产品，分别是大蒜、榴莲、火龙果、香蕉和龙眼。其中，火龙果涉及农药74种，但是各国交叉只有2种，交叉比例仅为2.7%。此外，泰国目前尚未制定火龙果的农药残留限量标准。

以CAC标准为模板，通过对东盟各国和中国农药最大残留限量标准对比可知，各国在制定限量标准时，关注度和侧重点不相同。虽然中国制定的农药最大残留限量标准要求更多、更严格，涉及的农药种类和限量标准更为广泛，但是和东盟各国限量标准交叉项很少，这就可能引起中国农食产品出口东盟贸易中出现技术性贸易措施。

4.4.1.1　出口农食产品生产者从源头控制农药残留限量

导致农食产品中农药残留过高的因素有很多：（1）农药本身的性质，如内吸性、挥发性、水溶性、吸附性等直接影响该农药在农作物、大气、水、土壤等环境中的残留；（2）农药使用者不当使用农药导致农食产品农药残留高：未在最佳防治期喷洒农药，因盲目追求农作物的高产量或"无虫蔬菜"滥用农药、随意加大农药使用浓度或增加次数，喷药质量差、药液不到位、用错误的方式喷洒农药，造成严重的农药残留等；（3）农药使用者对农药认识不足，只考虑农作物的产量，为了稳产、高产不断地加大农药的使用量和使用毒性强度更大的农药，导致农药使用效率低、残留严重；（4）农药使用者缺乏农药正确储存的意识，乱存、乱放，影响了农药的降解速度，由于储存不当，还有可能出现误用和滥用的情况，加剧了农食产品中农药残留的情况。

因此，从源头抓起，增强出口生产者和企业的食品质量安全意识，引导他们科学合理使用农药，给他们普及农药知识，包括农药的正确使用方法、储存方法以及农药的危害等；引导他们使用高效、低毒或无毒、环境可溶性好和低残留的农药，确保出口农食产品的农药残留限量符合出口国的要求。

4.4.1.2　出口企业理解出口国农食产品农药残留的法律法规和标准

农食产品只有符合出口国的要求才能顺利出口。各国为保护本国利益，常利用农药残留这一技术性贸易措施遏制我国农食产品的出口，而且限量规定常常进行调整。

农食产品出口企业是出口贸易的主体，企业应该正确理解出口国有关农食产品的法律法规和标准，熟悉出口国的MRLs规定，选择质量长期稳定、信誉良好的农食产品供货商，出口符合出口国MRLs要求的农食产品，避免盲目出口造成不必要的经济损失。此外，出口企业应注意以下变化。

4.4.1.2.1　关注出口国农药残留涵盖食品类别的变化

由于居民膳食消费习惯等的不同，出口国制定农药残留的食品类别与我国不尽相同，对于与我国MRLs不相同的食品类别，农食产品出口企业应密切关注出口国的相应规定，并且密切关注相应食品类别MRLs的变化，出口符合相关规定的产品。农食产品生产者在种植和加工农食产品的过程中不使用出口国禁用的农药，控制农药残留。

此外，对于出口国可能造成竞争性威胁、出口国有多种进口来源选择或是被其他国家通报预警的农食产品类别，企业出口时应特别注意这些农食产品的农药残留问题。

4.4.1.2.2 关注出口国相应农药类别的变化

出口国根据自己国家农业生产和地理区域的影响、作物生长的特点和农药使用控制情况，对同一农作物制定与我国不同种类农药的MRLs。出口企业应密切关注出口国相应规定的变化，及时应对，以避免不必要的经济损失。

4.4.1.2.3 关注出口国农药残留限量指标的变化

为加强农食产品安全，给本国民众提供更好的保护，各国会根据本国的国情对农药MRLs指标进行修订或删除。企业应该多关注出口国法律法规或标准的变化，作出应对。

4.4.1.3 出口企业提高自身农食产品的市场竞争力

出口企业在了解和掌握出口国农药MRLs要求和变化的基础上，应严格自律、提高自身素质、增强适应和应变能力，并且选择有诚信而且质量稳定的农食产品供货商，出口符合出口国农药MRLs的高质量农食产品，建立自身的诚信体系，提高自身的市场竞争力。

出口生产者和出口企业应加强质量认证工作，建立HACCP、GMP、SSOP等科学生产加工体系，实施ISO 9000、ISO 14000等质量管理标准体系认证，实行标准化生产，提升农食产品质量安全。

4.4.1.4 监管部门及时跟踪、掌握出口国法律法规和标准变化，为出口企业提供咨询服务，加强风险管理

出口国农食产品MRLs的要求和变化事关出口企业出口的农食产品的质量，相关的监管部门应加强相关信息的采集和整理，跟踪出口国对农食产品MRLs的要求和变化，及时跟踪和掌握为出口企业提供咨询服务。

把MRLs风险监测作为风险管理的主要手段，成立质量安全风险管理技术机构，推进安全风险监测体系建设，充分运用已有的风险监测渠道，包括重点监测、监督抽查、口岸查验、现场检查、社会舆情、投诉举报、境外通报等，不断扩大MRLs风险监测范围，加大对重点地区、重点产品的风险监测力度。特别是对那些高风险高敏感性的食品，要实施重点监测、实时监测，提升风险监测的针对性和有效性。同时，要在风险监测的基础上，完善风险分析制度，加强风险分析评估，对监测发现的问题和可能发生的风险，及时向社会发布风险预警，向地方政府作出风险通报，让公众提前做好风险防范准备。通过进一步加大风险监测力度、完善风险分析、加强风险预警和通报、构建风险防范长效机制，把风险消灭在萌芽状态，切实做到防范在前、主动在前。

我国应该根据实际国情制定适合我国国情的、科学的农药残留监控计划抽样方案。我国相关部门可以借鉴其他国家的部门农药残留监控抽样方案设计的做法和经验，组织专家组制定适合我国国情的、科学的农残监控计划抽样方案。对监管结果公开透明地在官网上公布详实的监控结果报告，同时将制定政策的背景和原则也作了详细的说明。不仅增加政府的公信力，而且降低了管理成本，提高了监管成效，是多方共赢的一种举措。建议主管部门根据我国的具体情况在适当时间公布我国进出口食品监控结果。在多年的农药残留监管过程中，形成了海量的数据和信息。相关部门应通过对这些数据和信息的收集、分析和整理，有针对性地加强对进口食品的监控；同样，这些数据和信息也可以为我国政策制定、制度建设、方案设计提供科学依据，在提升监管成效的同时降低监管成本。

4.4.1.5 行业协会应积极参与标准法规的制定，并为出口企业提供第一手有用的信息

要突破关键技术性贸易措施，必须加强对主要出口国家和地区农药残留安全标准的研究，加强与各国在标准化领域多进行交流与合作，致力于研究快速、高效的农药残留检验方法；运用新技术、新工艺和新材料，加强先进技术的科技攻关，重视科研开发的力度，提供更多的技术支撑，从而打破农食产品中的技术性贸易措施，促进我国的农食产品进出口贸易发展。

4.4.2 兽药残留

4.4.2.1 我国与东盟国家兽药残留限量标准主要差别

4.4.2.1.1 我国与东盟国家兽药残留限量标准存在差距

我国兽药残留靶组织分类规定缺少统一规划、不够全面；我国关于兽药残留的规定基本是农业部的法规规章，多数以公告、令等形式发布，缺乏统一规划，相对分散，不利于查找；我国对牛类产品（靶组织）兽药残留限量标准只涉及脂肪、肾脏、肝脏、肌肉、乳类等，对某些兽药残留限量的规定未涉及牛皮产品（靶组织），而新加坡对牛皮兽药残留限量标准单独列出，便于参照和实施。

4.4.2.1.2 部分兽药的限量值合理性、科学性有待进一步研究

例如，我国规定的限量值有的过于宽松，例如，对肌肉中的马拉硫磷中国规定的兽药残留限量是 CAC 兽药残留限量的 4000 倍；但有的又过于严格，例如对肌肉中的红霉素、乳类中的泰乐菌素等药物的残留限量规定中国是新加坡的 1/4。从总体上来看，我国产品兽药残留种类的总量明显多于东盟各国，但种类繁多会给监督和检验检疫带来一定的难度，在一定程度上加大了我国企业的压力，并影响我国的进出口贸易，而且部分在国际上没有明确规定的兽药限量标准，在其科学性、适用性等方面还有待进一步研究验证。

4.4.2.2 对策建议

4.4.2.2.1 技术措施改善策略

（1）加快研发安全高效防治处方药物

推进兽药安全生产与应用和国际接轨，尽快建立与国际和出口国标准相一致的兽药质量标准认证体系，使兽药生产、贮藏、销售和使用环节逐步实现标准化、规范化、程序化；发力推进国内"兽药 GMP"合格认证制度，大力研发和推广应用新型安全高效的兽药制剂，逐渐劣汰传统沿用的"磺胺类、青霉素类、土霉素类、四环素类、沙星类"等药物残留现象明显的防治兽药；逐步修改和完善《兽药管理条例》《饲料和饲料添加剂管理条例》《动物性食品中兽药残留最高限量》等相关法律法规，进一步细化兽药残留检测的操作规范、对象与重点项目等，特别是要注重完善畜禽产品中兽药残留检测方法标准，严禁不合格产品上市，从源头和终端两个重点环节加以控制，促使经营者、饲养者按规定使用兽药及其添加剂等，以保证畜禽产品的兽药残留值降至最低；推进国内开发、研制、推广和使用无公害、无污染、无残留的抗生素替代品和饲料添加剂，比如"饲用酸化

剂、微生物制剂、低聚果糖、中草药复方制剂”等，尽量利用好这些产品促进增重与防治病兼顾、维系动物性食品安全与生态环境安全兼顾的优势特点。

（2）改善养殖环境条件

实践中，动物疾病的发病率、病死率与养殖环境条件控制不良有密切关系，高发病率就意味着防治药物（兽药）的用量与药物残留风险增大，农牧区散养户、适度规模养殖场（户）普遍存在养殖科技水平低下、养殖环境条件控制不良的制约性，以至于生态环境和畜群结构非常有利于动物传染病的发生和流行，兽药的使用量无限增大。所以，建议广大农牧区适合发展区域性生产协调和合作经济组织（专合社），将小规模、分散的生产者联合起来，实现养殖标准化、规范化、科学化生产，通过专业化的集中饲养与管理，促使饲养环境得到明显改善，而且使生产经营全程做到协调统一，兽药及饲料企业和养殖者之间构建起良好衔接，形成全程可溯源监控体系，从而从源头上控制好动物产品兽药残留。

（3）改善基层检验检测技术设施设备

通过有效的监管指导与技术培训措施，不断提高基层动物卫生监管执法技术人员的综合素质，建立健全基层兽医卫生检测实验室；结合当前工作实际，加强行业归口管理，不断改进基层业务人员检验技术、优化检测设备、提高检测的准确性与检出率，重点培训仪器检测技术，为顺应时代发展潮流、尽快与国际接轨，国家应加大科技投入，尽快自主研发制造更加尖端的兽药残留检测设备，不断缩短检测时间，提高检测精度，同时要注意结合工作实践及时发现当前出现的一些新的问题并研究制定积极主动的应对方法。

（4）大力发展标准化、规模化、集约化、环保化的现代养殖模式

将平时的饲养管理科学化、数据化、稳定化运用到养殖过程中来。从养殖的温度、空气质量、湿度、饮用水等问题加强饲养管理，标准化的现代养殖棚舍就突破和解决了这些问题，降低了养殖过程中药物的使用量，提高了料肉比，大大增加了养殖效益。同时将药物残留降低到近乎零。循序渐进地淘汰落后的、高污染的、高药物残留的老式养殖模式。

4.4.2.2.2　综合应对措施

（1）加大规范使用兽药宣传力度

通过网络、电视、刷墙字、印刷明白纸等不同的宣传渠道，使生产者、消费者和政府部门充分认识到动物产品药物残留对人体的危害，使群众意识到动物产品质量安全对保护人体健康的重要性，也可提高动物产品质量安全的法律意识，敢于与各种非法使用药物治疗动物疾病等违法活动做斗争。为畜禽产品质量安全创造一个良好的全社会关注的环境，督促畜牧生产者规范使用兽药，并严格按照休药期进行动物疫病治疗；畜牧兽医管理部门应根据实际情况做好兽药的检测、监督、服务工作，做到有法必依，执法必严。

（2）搞好畜禽疾病防治工作

动物疫病的防控应以预防为主，运用科学免疫程序，规范药物治疗程序、消毒程序、畜禽养殖疾病处理程序，做好消毒和驱虫等工作。对一些畜禽传染病应早日预防，应有目的地及时使用疫（菌）苗进行预防，及时接种疫苗免疫，做好疫情监测，防控畜禽发生疫病，避免动物疾病用药，确保畜禽产品健康安全、无残留。及时治疗发病的牲畜和家禽，一旦失去治疗价值应及时淘汰。在

进行必要的动物疫病治疗时应选择药物效果好、代谢速度快、毒副作用小、残留低的非人类药物和添加剂，或选用生物制剂作为药物进行治疗，控制畜禽发病。如发生传染病，应及时根据实际情况采取隔离、淘汰等相关的处理措施，防止疫情蔓延。

（3）加强兽药残留的监测工作

加强各个环节的兽药残留检测工作，逐渐完善兽药残留长期监测体系建设。改变目前对动物性产品兽药残留由多系统、多部门分头监控管理的模式，积极与国际接轨，对动物性食品的生产、加工及进出口等环节进行统一监测控制，建立一个完善的监控体系，杜绝兽药残留超标的动物性产品进入市场；对于兽药残留严重超标的产品，就地销毁，并严厉处罚相关人员。同时要加大投入力度，加快兽药残留检测方法的研究和普及推广应用。在实践中不断地完善兽药残留监控计划，制定长期兽药残留监控计划与方案，将对人体危害严重的、国内外关注的、国内滥用严重的兽药列入重点监控计划之列，适时关注其动态。

（4）加强兽药残留执法管理

加强兽药生产、流通等各个环节的监督管理，严格查处违法违规兽药生产和销售等行为，对非法使用违禁药品的行为进行严厉打击。定期或不定期地对兽药生产和销售单位进行检查，重点监控β－兴奋剂、生长激素和镇静剂等违禁药物。严格执行兽药审批制度，禁止生产和使用农业部审批以外的兽药和添加剂。对有违规行为并造成严重后果的人员予以严惩。严格执法，规范执法行为，严厉打击违反兽药使用法律法规的不法活动，同时对违规行为偏袒及滥用权力的执法人员进行惩罚和监督。

（5）兽药的监管和研发要学习国外的先进经验和做法

兽药残留对人体及环境都有巨大危害，因此加快兽药残留的立法工作是目前的当务之急，应尽快对兽药残留限量进行统一管理，清理各相关法规以及一些旧标准中零散的兽药残留规定，同时应加强兽药残留监督，完善监察机构工作。并参考 CAC 建立兽药最高残留限量数据库，以兽药种类、残留具体食品（靶组织）、残留限量值等进行查询，方便公众使用。积极汲取国际组织和主要贸易国制定兽药残留限量标准的先进经验，逐步完善我国兽药残留限量标准体系，如应完善我国兽药残留靶组织分类规定不够全面的限量标准，丰富我国兽药残留限量标准体系。以国家标准的形式规定兽药最高残留限量，使残留限量的设置更具有统一性、合理性、实用性，更适应中国现有的标准法规体系。

4.4.3 重金属残留

随着我国工业化进程的推进，重金属污染相对普遍，农食产品也受到较大影响。目前，农食产品中重金属污染的来源主要包括：（1）食品原料的污染，包括自然地理环境、工业"三废"、农药与化肥、兽药与饲料添加剂及生物浓缩效应等的污染；（2）食品加工与储藏过程中的污染，包括食品接触材料带来的污染、食品添加剂和加工工艺的污染、食品包装的污染。另外，重金属对人体的危害巨大：铅一旦进入人体，就很难排除，并能使体内含巯基（－SH）的酶类蛋白质活性受抑制，引起运动和感觉、免疫功能障碍，引起智力低下、贫血与生殖、消化等系统的急慢性病变，甚至致癌、致突变；汞能与体内蛋白质分子的巯基、氨基、羧基等结合而蓄积，阻碍细胞生物活性和正常代谢，最终导致细胞变性和坏死，对脑、肝、肾、心、肺等产生不可逆的损害，引起语言和听觉障碍等。

因此，为保障农食产品安全与人类健康，必须系统全面地采取措施，提出的对策建议如下。

4.4.3.1 从源头把关，扎实推进质量提升行动，提升我国出口产品的综合质量水平

在WTO框架下，成员方为了保护国家或地区安全，保护人类健康和消费者权益，防止欺诈行为，保证产品质量，保护环境和动植物安全，可以采取技术性贸易措施。在技术性贸易措施设立的众多动因中，其中非常重要的一个就是质量。

在当今激烈的全球市场竞争中，不同市场主体之间的竞争，从根本上讲就是质量的竞争。企业要想在激烈的市场竞争中立于不败之地，在价格一定的前提下，其产品能被消费者选择的理由就是其产品拥有更高的质量。因此，质量已经成为当今国际贸易竞争中的一个关键要素。与此同时，随着经济社会的高速发展，技术性贸易措施越来越严格，从客观上也对质量提出了更高的要求。要实现对众多技术性贸易措施的有效应对，最关键的还是在于质量水平的不断提升。

要控制重金属对农食产品的污染首当其冲的就是从源头把关，加强工业“三废”的治理，与农业生态环境的保护，加大无公害农产品生产规范的实施力度。利用新的食品卫生标准，制定农食产品重金属污染控制规范，建立合理科学的污水灌溉、污泥、垃圾肥和农药、化肥、地膜等农用投入品的重金属限量标准和施用规范，加强对土壤、灌溉水、空气的重金属检测等，通过对农食产品首要环节的质量把控，从源头上控制重金属对农食产品的污染。

4.4.3.2 充分了解国内外技术法规，完善我国相关标准，积极参与团体标准修订，推动行业整体质量水平提升

政府、企业、行业协会应积极开展对国际相关标准的研究工作，参与国际开展与重金属限量标准制定有关的毒理学和社会学调查研究，开展重金属残留危险性评估工作，为制定相关标准和解决国际贸易争端提供科学依据。同时完善法律法规，加大对违法违纪的查处和不合格产品的处理，加大宣传普及力度。新的《中华人民共和国标准化法》出台，首次明确了团体标准的法律地位。作为团体标准的重要制定者之一，行业协会今后将会在团体标准的制定工作中承担更多的职能。团体标准能够驱动市场主体将自己的创新转化为标准，并通过标准获得经济利益，又基于经济利益的激励不断升级团体标准，进而推动企业去追求更高的质量，从而驱动整个行业整体质量水平的不断提升。

4.4.3.3 建立和完善重金属污染的预警和监控体系，确保农食产品安全体系健康可持续发展

成立横跨农业、环保、市场监督、卫生、海关等部门的重金属安全控制委员会，将风险预警和监控系统引入农产品出口检验检疫实践中，有针对性地开展出口农食产品的检验检疫风险分析评估及管理研究，对出口农产品检验检疫风险因素开展相关理论研究，确立风险因素处理机制，提升风险管理能力。

运用跟踪监测和动态分析，加强对食品加工、用水、食品添加剂与储存等全过程的重金属检测

监测，严格落实食品生产准入制、责任制，确保食品质量和消费者健康。

4.4.4 食品添加剂

4.4.4.1 从源头上控制出口食品中食品添加剂的使用

企业是食品出口贸易的主体，直接决定着食品的质量，为保证出口食品安全与质量，企业要从源头上控制出口食品中食品添加剂的使用，主要包括正确理解进口国的食品添加剂使用规定，严格按照进口国规定生产；企业应选择质量长期稳定、信誉良好的，符合出口国要求的原、辅料供货方，把好原、辅料验收关；有效运行 HACCP 体系，在 HACCP 体系中对使用的添加剂、着色剂等均应进行危害分析。

4.4.4.2 熟练掌握出口目的国（地区）食品添加剂有关使用原则

对于我国出口企业而言，应认真研读东盟各国相关食品添加剂法律法规，针对不同国家对食品添加剂法规标准要求不一致的情况，熟练掌握进口国的食品添加剂标准及其更新动态。严格按照批准使用品种、限量和范围使用，选择性地开展产品出口贸易。同时，避免由于使用复合食品添加剂而造成使用了进口国认为的违规品种情况。

4.4.4.3 关注食品添加剂使用品种的变化

对亚硫酸盐、焦油色素等直接影响食品安全的添加剂品种要特别重视；同时要关注我国与国外使用范围和限量有差别的品种，以及我国出口食品历史上发现问题较多的品种，如色素、甜蜜素、防腐剂等。

4.4.4.4 及时调整我国的食品添加剂标准体系框架

目前，由于各国实行的食品添加剂法规标准之间存在重复交叉、且与我国的法规标准存在不统一的问题，给我国的食品安全监管工作造成一定的影响，因此需要针对各国不同的法规标准要求，及时调整我国的食品添加剂标准体系框架。标准的制定应以风险评估为依据，体系框架应涵盖基础（通用）标准、产品标准和过程控制规范等主要方面。此外，针对部分食品中食品添加剂含量及残留量没有检测方法标准，致使很多食品添加剂的使用难以判定其是否符合标准，不能进行有效监督，保障食品安全。因此，我国相关监管部门及检测机构应在食品添加剂含量及残留量检测技术方面加大研究力度，加快相应检测方法标准的制定进度。

4.4.5 微生物限量

微生物污染是影响食品安全的最主要因素，各个国家一直以来都给予了高度重视。食品中微生物的污染大多是在加工、贮藏、运输和销售过程中，由于原料受到环境污染、杀菌不彻底、储运方法不当、不规范的卫生操作等，而造成细菌和致病菌超标。对微生物各项指标的控制，由于各国之间存在饮食文化差异，而且食品原料来源、生产工艺也有所不同，因此规定了检验微生物项目的食品种类也就不同。农食产品微生物污染的控制，重点是要建立有效运行的 HACCP 体系和不断改进生产工艺，具体包括以下几方面。

4.4.5.1 控制原料污染

食品原料在栽培、捕捞、屠宰、运输等过程中都有可能被微生物污染，造成原材料的腐败变质，造成加工工艺、消毒灭菌的困难，影响产品的卫生质量。因此，首先要注意原材料的选择与处理，减少微生物的来源；其次被选用的食品材料在清洗泥沙、杂质等时，用水必须经过净化和消毒处理，以符合国家饮用水的卫生标准。

4.4.5.2 加强环境卫生管理

食品工厂应建在远离重工业区，周围不应有农药厂、化肥工厂、垃圾场、粪场、污水坑及大医院等。以免受到废水、废气、废渣和病原微生物及其他污染物的污染，对食品加工厂本身的污染物也必须进行无害化处理。垃圾和粪便可制成堆肥，通过微生物的发酵作用，产生高温而杀灭病原微生物和寄生虫卵蛹等。生活污水或工业污水应集中通过污水净化设备进行处理，可用化学或生物的方法净化，分解污水中的有机毒物，杀灭病原微生物。

4.4.5.3 抓好食品生产、储运和销售等过程中的卫生管理

食品生产的场所、生产车间、从业人员等都应符合有关的卫生要求。在生产、储运和销售等过程中，要严格执行各项卫生制度，杜绝微生物对食品的污染。生产设备应该经常清洗消毒；生产中应注意简化工艺，缩短流程，尽量减少食品在空间暴露的时间。在储存、运输中要注意生、熟分装，食品与非食品分装，严格禁止食品与化肥、农药等有毒物质同车装运，防止微生物及有毒物质或异味、异气物质污染食品。

4.4.5.4 严格按照 ISO 9001、HACCP、GMP 等标准规范生产

各食品企业在 GMP 的基础上，严格实行 SSOP 和 HACCP，要不断完善质量管理和严把质量检测关。食品生产企业的卫生质量控制首先是规定有科学根据的生产工艺，保留工艺记录，以备随时抽查。其次要利用检验手段，对成品、半成品逐批检验，并将检验结果反馈到工艺规程中加以改进。如此循环反馈，不断提高企业的食品卫生质量。

附录 1　东盟主要国家与中国农食产品农药残留限量（MRL）比较

1-1　越南与中国农食产品农药残留限量（MRL）比较

序号	农药通用名	越南食品种类	MRL/（mg/kg）		与 GB 2763—2016 比较情况	备注
			越南	中国		
1	2，4−D 2，4−dichlorophenoxy acetic acid	浆果和其他小型水果	0.1	0.1	c	
		柑橘类水果	1	1		Po
		可食用的哺乳动物内脏	5		d	
		蛋类	0.01			（*）
		玉米	0.05	0.05	c	
		哺乳动物肉类（海洋哺乳动物除外）	0.2		d	
		生乳	0.01			
		梨果类水果	0.01	0.01	c	（*）
		马铃薯	0.2	0.2		
		禽肉类	0.05		d	（*）
		可食用的禽类内脏	0.05			（*）
		糙米	0.1			
		黑麦	2	2	c	
		高粱	0.01	0.01		（*）
		大豆（干）	0.01	0.01		（*）
		核果类水果	0.05	0.05	d	（*）
		甘蔗	0.05	0.05		
		甜玉米（甜玉米棒）	0.05			（*）
		木本坚果	0.2			
		小麦	2	2	c	
2	邻苯基苯酚 2−Phenylphenol	柑橘类水果	10	10		Po
		橙汁	0.5	0.5		PoP
		梨	20	20		Po

<table>
<tr><th rowspan="2">序号</th><th rowspan="2">农药通用名</th><th rowspan="2">越南食品种类</th><th colspan="2">MRL/（mg/kg）</th><th rowspan="2">与GB 2763—2016比较情况</th><th rowspan="2">备注</th></tr>
<tr><th>越南</th><th>中国</th></tr>
<tr><td rowspan="26">3</td><td rowspan="26">阿维菌素
Abamectin</td><td>杏仁</td><td>0.01</td><td>0.01</td><td rowspan="2">c</td><td>（*）</td></tr>
<tr><td>苹果</td><td>0.02</td><td>0.02</td><td></td></tr>
<tr><td>牛脂肪</td><td>0.1</td><td></td><td rowspan="5">d</td><td>（1）</td></tr>
<tr><td>牛肾</td><td>0.05</td><td></td><td>（1）</td></tr>
<tr><td>牛肝</td><td>0.1</td><td></td><td>（1）</td></tr>
<tr><td>牛肉</td><td>0.01</td><td></td><td>（*）</td></tr>
<tr><td>牛奶</td><td>0.005</td><td></td><td></td></tr>
<tr><td>柑橘类水果</td><td>0.01</td><td>0.01</td><td rowspan="2">c</td><td>（*）</td></tr>
<tr><td>棉籽</td><td>0.01</td><td>0.01</td><td>（*）</td></tr>
<tr><td>黄瓜</td><td>0.01</td><td>0.02</td><td>b</td><td></td></tr>
<tr><td>山羊肉</td><td>0.01</td><td></td><td rowspan="3">d</td><td>（*）</td></tr>
<tr><td>山羊奶</td><td>0.005</td><td></td><td></td></tr>
<tr><td>可食用的山羊内脏</td><td>0.1</td><td></td><td></td></tr>
<tr><td>干啤酒花</td><td>0.1</td><td>0.1</td><td rowspan="11">c</td><td></td></tr>
<tr><td>莴苣叶</td><td>0.05</td><td>0.05</td><td></td></tr>
<tr><td>瓜类（西瓜除外）</td><td>0.01</td><td>0.01</td><td>（*）</td></tr>
<tr><td>梨</td><td>0.02</td><td>0.02</td><td></td></tr>
<tr><td>干辣椒</td><td>0.2</td><td>0.2</td><td></td></tr>
<tr><td>甜椒（包括灯笼椒）</td><td>0.02</td><td>0.02</td><td></td></tr>
<tr><td>马铃薯</td><td>0.01</td><td>0.01</td><td>（*）</td></tr>
<tr><td>西葫芦</td><td>0.01</td><td>0.01</td><td>（*）</td></tr>
<tr><td>草莓</td><td>0.02</td><td>0.02</td><td></td></tr>
<tr><td>番茄</td><td>0.02</td><td>0.02</td><td></td></tr>
<tr><td>核桃</td><td>0.01</td><td>0.01</td><td>（*）</td></tr>
<tr><td>西瓜</td><td>0.01</td><td>0.02</td><td>b</td><td>（*）</td></tr>
<tr><td>辣椒</td><td>0.01</td><td></td><td>d</td><td>（7）</td></tr>
<tr><td rowspan="9">4</td><td rowspan="9">乙酰甲胺磷
Acephate</td><td>朝鲜蓟（包括茎）</td><td>0.3</td><td>0.3</td><td>c</td><td></td></tr>
<tr><td>豆类（蚕豆和大豆除外）</td><td>5</td><td>1</td><td rowspan="2">a</td><td>豆类蔬菜</td></tr>
<tr><td>白菜</td><td>2</td><td>1</td><td>叶菜类蔬菜</td></tr>
<tr><td>蔓越莓</td><td>0.5</td><td></td><td rowspan="5">d</td><td></td></tr>
<tr><td>可食用的哺乳动物内脏</td><td>0.05</td><td></td><td></td></tr>
<tr><td>蛋类</td><td>0.01</td><td></td><td>（*）</td></tr>
<tr><td>哺乳动物肉类
（海洋哺乳动物除外）</td><td>0.05</td><td></td><td></td></tr>
<tr><td>生乳</td><td>0.02</td><td></td><td></td></tr>
<tr><td>辣椒（干）</td><td>50</td><td>50</td><td>c</td><td>干辣椒</td></tr>
</table>

序号	农药通用名	越南食品种类	MRL/（mg/kg）		与 GB 2763—2016 比较情况	备注
			越南	中国		
4	乙酰甲胺磷 Acephate	禽类脂肪	0.1		d	
		禽肉类	0.01			
		可食用的禽类内脏	0.01			（*）
		糙米	1	1	c	
		大豆（干）	0.3	0.3		大豆
		香料 / 调味料	0.2	0.2		（*），调味料（干辣椒除外）
		番茄	1	1		茄果类蔬菜
		棕榈油	0.01		d	（7）
5	啶虫脒 Acetamiprid	豆类（蚕豆和大豆除外）	0.4			
		豆类（去荚）	0.3			
		浆果和其他小型水果	2	2	c	
		白菜	0.7	1	b	
		芹菜	1.5		d	
		樱桃	1.5	2	b	
		柑橘类水果	1	2		
		棉籽	0.7	0.1	a	
		可食用的哺乳动物内脏	0.05		d	
		蛋类	0.01			（*）
		头状花序芸薹属（包括羽衣甘蓝和花椰菜）	0.4	0.5	b	
		果类蔬菜（瓜类蔬菜除外）	0.2		d	Except sweet corn and mushroom
		果类蔬菜（瓜类）	0.2			
		大蒜	0.02			
		葡萄	0.5	2	b	
		哺乳动物脂肪（乳脂除外）	0.02		d	
		哺乳动物肉类（海洋哺乳动物除外）	0.02			
		生乳	0.02			
		油桃	0.7	2	b	
		洋葱	0.02		d	
		桃	0.7	2	b	

序号	农药通用名	越南食品种类	MRL/（mg/kg）		与GB 2763—2016比较情况	备注
			越南	中国		
5	啶虫脒 Acetamiprid	豌豆（去荚和多汁不成熟种子）	0.3		d	
5	啶虫脒 Acetamiprid	辣椒（干）	2		d	
5	啶虫脒 Acetamiprid	李子（包括梅脯）	0.2	2	b	Except prunes
5	啶虫脒 Acetamiprid	梨果类水果	0.8	2	b	
5	啶虫脒 Acetamiprid	禽肉类	0.01		d	（*）
5	啶虫脒 Acetamiprid	可食用的禽类内脏	0.05		d	（*）
5	啶虫脒 Acetamiprid	梅脯	0.6		d	
5	啶虫脒 Acetamiprid	青葱/小葱	5		d	
5	啶虫脒 Acetamiprid	草莓	0.5	2	b	
5	啶虫脒 Acetamiprid	木本坚果	0.06		d	
6	涕灭威 Aldicarb	大麦	0.02		d	
6	涕灭威 Aldicarb	豆类（干）	0.1		d	
6	涕灭威 Aldicarb	球芽甘蓝/抱子甘蓝	0.1	0.03	a	芸薹属类蔬菜
6	涕灭威 Aldicarb	柑橘类水果	0.2	0.02	a	
6	涕灭威 Aldicarb	咖啡豆	0.1		d	
6	涕灭威 Aldicarb	棉籽	0.1	0.1	c	
6	涕灭威 Aldicarb	棉籽油	0.01	0.01	c	（*）
6	涕灭威 Aldicarb	葡萄	0.2	0.02	a	浆果和其他小型水果
6	涕灭威 Aldicarb	玉米	0.05		d	
6	涕灭威 Aldicarb	哺乳动物肉类（海洋哺乳动物除外）	0.01		d	（*）
6	涕灭威 Aldicarb	生乳	0.01		d	
6	涕灭威 Aldicarb	纸浆洋葱	0.1	0.03	a	鳞茎类蔬菜
6	涕灭威 Aldicarb	花生	0.02	0.02	c	
6	涕灭威 Aldicarb	花生油（可食用）	0.01	0.01	c	（*）
6	涕灭威 Aldicarb	山核桃	1		d	
6	涕灭威 Aldicarb	高粱	0.1		d	
6	涕灭威 Aldicarb	大豆（干）	0.02		d	（*）
6	涕灭威 Aldicarb	水果和浆果香料	0.07		d	
6	涕灭威 Aldicarb	根或根茎类香料	0.02		d	
6	涕灭威 Aldicarb	糖用甜菜	0.05		d	（*）
6	涕灭威 Aldicarb	甘蔗	0.1		d	
6	涕灭威 Aldicarb	葵花籽	0.05		d	（*）
6	涕灭威 Aldicarb	甘薯	0.1	0.1	c	
6	涕灭威 Aldicarb	小麦	0.02		d	

序号	农药通用名	越南食品种类	MRL/（mg/kg）		与GB 2763—2016比较情况	备注
			越南	中国		
7	艾氏剂和狄氏剂 Aldrin and Dieldrin	鳞茎类蔬菜	0.05	0.05	c	E
		谷物	0.02	0.02		
		柑橘类水果	0.05	0.05		
		蛋类	0.1	0.1		
		果类蔬菜（瓜类）	0.1	0.05	a	E
		豌豆（去荚，多汁种子）	1	0.05		E
		叶菜类蔬菜	0.05	0.05	c	E
		豆类蔬菜	0.05	0.05		E
		哺乳动物肉类（海洋哺乳动物除外）	0.2（脂肪）	0.2		E
		奶	0.006	0.006		F，E
		梨果类水果	0.05	0.05		E
		禽肉类	0.2	0.2		E
		小扁豆	0.05	0.05		E
		根茎类蔬菜	0.1	0.05	a	E
8	唑嘧菌胺 Ametoctradin	芸薹属类蔬菜、结球芸薹属、头状花序芸薹属	9		d	
		芹菜	20			
		黄瓜	0.4	1	b	国标为临时限量
		葡萄干（包括无核小葡萄干、白葡萄干、苏丹娜葡萄干）	20		d	
		蛋类	0.03			（*）
		果类蔬菜（瓜类蔬菜除外）	1.5			Except sweet corn and mushroom
		果类蔬菜（瓜类）	3			Except cucumbers
		大蒜	1.5			
		葡萄	6			
		干啤酒花	30			
		叶菜类蔬菜	50			
		洋葱	1.5			
		辣椒（干）	15			
		马铃薯	0.05	0.05	c	国标为临时限量

序号	农药通用名	越南食品种类	MRL/（mg/kg）		与GB 2763—2016比较情况	备注
			越南	中国		
8	唑嘧菌胺 Ametoctradin	禽类脂肪	0.03		d	（*）
		禽肉类	0.03			（*）
		可食用的禽类内脏	0.03			（*）
		胡葱	1.5			
		青葱 / 小葱	20			
9	氯丙嘧啶酸 Aminocyclopyrachlor	可食用的哺乳动物内脏	0.3			
		哺乳动物脂肪（乳脂除外）	0.03			
		哺乳动物肉类（海洋哺乳动物除外）	0.01			
		生乳	0.02			
10	氯氨吡啶酸 Aminopyralid	大麦	0.1	0.1	c	国标为临时限量
		可食用的哺乳动物内脏	0.05		d	肾脏除外
		蛋类	0.01			（*）
		肾（牛、山羊、猪和绵羊）	1			
		哺乳动物肉类（海洋哺乳动物除外）	0.1			
		生乳	0.02			
		燕麦	0.1	0.1	c	
		禽肉类	0.01		d	（*）
		可食用的禽类内脏	0.01			（*）
		小黑麦	0.1	0.1	c	国标为临时限量
		小麦	0.1	0.1		国标为临时限量
		未经加工小麦麸	0.3		d	
11	双甲脒 Amitraz	牛肉	0.05			（1）
		樱桃	0.5	0.5	c	
		棉籽	0.5	0.5		
		棉籽毛油	0.05		d	
		黄瓜	0.5	0.5	c	
		可食用的内脏（牛、猪和绵羊）	0.2		d	（1）
		生乳	0.01			（*），（1）
		甜橙、酸橙类（包括类似橙的杂交品种）	0.5	0.5	c	
		桃	0.5	0.5		
		猪肉	0.05		d	（1）
		梨果类水果	0.5	0.5	c	仁果类水果
		绵羊肉	0.1		d	（1）

序号	农药通用名	越南食品种类	MRL/（mg/kg）		与 GB 2763—2016 比较情况	备注
			越南	中国		
11	双甲脒 Amitraz	番茄	0.5	0.5	c	
12	杀草强 Amitrole	葡萄	0.05	0.05		
		梨果类水果	0.05	0.05		1. 仁果类水果 2.（*）
		核果类水果	0.05	0.05		（*）
13	保棉磷 Azinphos—Methyl	杏仁	0.05	0.05		
		苹果	0.05	2	b	
		蓝莓	5	5	c	
		青花菜	1		d	
		樱桃	2	2	c	
		棉籽	0.2	0.2		
		蔓越莓	0.1		d	
		黄瓜	0.2	0.2	c	
		水果（特别列出的除外）	1	1		
		瓜类（西瓜除外）	0.2	0.2		
		油桃	2	2		
		桃	2	2		
		梨	2	2		
		山核桃	0.3	0.3		
		辣椒（干）	10	10		
		甜椒（包括灯笼椒）	1	1		
		李子（包括梅脯）	2	2		
		马铃薯	0.05	0.05		（*）
		大豆（干）	0.05	0.05		（*）
		香料 / 调味料	0.5		d	（*）
		甘蔗	0.2	0.2	c	
		番茄	1	1		
		蔬菜（特别列出的除外）	0.5	0.5		
		核桃	0.3		d	
		西瓜	0.2	0.2	c	
14	三唑锡 Azocyclotin	苹果	0.2/	0.5	b	

序号	农药通用名	越南食品种类	MRL/（mg/kg）		与GB 2763—2016比较情况	备注
			越南	中国		
14	三唑锡 Azocyclotin	醋栗/加仑子（黑、红、白）	0.1	0.1	c	加仑子（黑、红、白）
		葡萄	0.3	0.3		
		甜橙、酸橙类（包括类似橙的杂交品种）	0.2	0.2		橙
		梨	0.2	0.2		
15	嘧菌酯 Azoxystrobin	朝鲜蓟（包括茎）	5		d	
		芦笋	0.01			（*）
		香蕉	2	2	c	
		大麦	1.5		d	
		浆果和其他小型水果	5			Except cranberry, grapes and strawberry
		芸薹属类蔬菜、结球芸薹属、头状花序芸薹属	5			
		鳞茎类蔬菜	10			
		杨桃	0.1			
		芹菜	5			
		柑橘类水果	15	1	a	柑橘
		咖啡豆	0.03		d	
		棉籽	0.7			
		蔓越莓	0.5			
		干香草	300			干啤酒花除外
		可食用的哺乳动物内脏	0.07			
		蛋类	0.01			（*）
		果类蔬菜（瓜类蔬菜除外）	3			甜玉米、蘑菇除外
		果类蔬菜（瓜类）	1			
		人参	0.1	1	b	
		干人参（包括红参）	0.3		d	
		人参提取物	0.5			
		葡萄	2	5	b	
		香草	70		d	
		干啤酒花	30			
		豆类蔬菜	3			
		莴苣头/结球莴苣	3			
		莴苣叶	3			

序号	农药通用名	越南食品种类	MRL/（mg/kg）		与 GB 2763—2016 比较情况	备注
			越南	中国		
15	嘧菌酯 Azoxystrobin	玉米	0.02	0.02	c	
		玉米油（可食用）	0.1		d	
		芒果	0.7	1	b	
		哺乳动物肉类（海洋哺乳动物除外）	0.05（脂肪）		d	
		乳脂	0.03		d	
		生乳	0.01		d	
		燕麦	1.5		d	
		木瓜	0.3		d	
		花生	0.2		d	
		辣椒（干）	30		d	
		开心果	1		d	
		芭蕉	2		d	
		马铃薯	7	0.1	a	Po
		禽肉类	0.01		d	（*）
		可食用的禽类内脏	0.01		d	（*）
		小扁豆	0.07		d	Except soya beans
		稻谷	5	1	a	
		根茎类蔬菜	1		d	Except potato
		黑麦	0.2		d	
		高粱	10		d	
		大豆（干）	0.5	0.5	c	大豆
		核果类水果	2		d	
		草莓	10		d	
		葵花籽	0.5		d	
		木本坚果	0.01		d	
		小黑麦	0.2		d	
		小麦	0.2		d	
		菊苣（芽）	0.3		d	
16	苯霜灵 Benalaxyl	葡萄	0.3	0.3	c	
		莴苣头 / 结球莴苣	1	1	c	
		瓜类（西瓜除外）	0.3	0.3	c	
		洋葱	0.02	0.02	c	（*）
		马铃薯	0.02	0.02	c	（*）
		番茄	0.2	0.2	c	
		西瓜	0.1	0.1	c	

序号	农药通用名	越南食品种类	MRL/（mg/kg）		与GB 2763—2016比较情况	备注
			越南	中国		
17	灭草松 Bentazone	豆类（干）	0.04	0.05	b	
		豆类（蚕豆和大豆除外）	0.01		d	1.Green pods and immature seeds 2.（*）
		豆类（去荚）	0.01		d	1.Succulent seeds, immature 2.（*）
		谷物	0.01	0.1	b	1.稻谷/麦类/高粱 2.（*）
		蛋类	0.01		d	（*）
		紫花豌豆（干）	1	0.05	a	杂粮类
		利马豆（嫩荚和/不成熟豆）	0.1	0.05	a	利马豆（荚可食）
		香草	0.1		d	
		亚麻籽	0.02	0.1	b	（*）
		生乳	0.01		d	（*）
		洋葱	0.04	0.1	b	
		花生	0.05		d	（*）
		豌豆（荚和多汁不成熟种子）	1.5	0.2	a	豌豆（鲜）
		马铃薯	0.1		d	
		禽肉类	0.03（脂肪）		d	
		可食用的禽类内脏	0.07		d	
		大豆（干）	0.01	0.05	b	1.大豆 2.（*）
		青葱/小葱	0.08		d	
		甜玉米（甜玉米棒）	0.01	0.2	b	1.玉米 2.（*）
18	苯并烯氟菌唑 Benzovindiflupyr	可食用的哺乳动物内脏	0.01		d	（*）
		蛋类	0.01		d	（*）
		哺乳动物脂肪（乳脂除外）	0.01		d	（*）
		哺乳动物肉类（海洋哺乳动物除外）	0.01		d	（*）
		生乳	0.01		d	（*）
		禽类脂肪	0.01		d	（*）
		禽肉类	0.01		d	（*）
		可食用的禽类内脏	0.01		d	
		大豆（干）	0.05		d	

序号	农药通用名	越南食品种类	MRL/（mg/kg）		与GB 2763—2016比较情况	备注
			越南	中国		
19	联苯肼酯 Bifenazate	豆类（干）	0.3	0.3	c	杂粮类
		桑葚	7		d	
		棉籽	0.3	0.3	c	
		露莓（包括波森莓和罗甘莓）	7	7	c	
		葡萄干（包括无核小葡萄干、白葡萄干、苏丹娜葡萄干）	2	2	c	
		可食用的哺乳动物内脏	0.01		d	（*）
		蛋类	0.01		d	（*）
		果类蔬菜（瓜类）	0.5	0.5	c	瓜类蔬菜
		葡萄	0.7	0.7	c	
		干啤酒花	20	20	c	啤酒花
		豆类蔬菜	7	7	c	
		哺乳动物肉类（海洋哺乳动物除外）	0.05（脂肪）		d	
		乳脂	0.05		d	
		生乳	0.01		d	（*）
		薄荷	40	40	c	
		辣椒	3	3	c	
		甜椒（包括灯笼椒）	2	2	c	
		梨果类水果	0.7	0.7	c	仁果类水果（苹果除外）
		禽肉类	0.01（脂肪）		d	（*）
		可食用的禽类内脏	0.01		d	（*）
		覆盆子（红、黑）	7	7	c	醋栗（红、黑）
		核果类水果	2	2	c	
		草莓	2	2	c	
		番茄	0.5	0.5	c	
		木本坚果	0.2	0.2	c	坚果
20	联苯菊酯 Bifenthrin	香蕉	0.1	0.1	c	
		大麦	0.05	0.05	c	（*）
		桑葚	1		d	

序号	农药通用名	越南食品种类	MRL/（mg/kg）		与 GB 2763—2016 比较情况	备注
			越南	中国		
20	联苯菊酯 Bifenthrin	芸薹属类蔬菜、结球芸薹属、头状花序芸薹属	0.4	0.4	c	芸薹属类蔬菜（结球甘蓝除外）
		柑橘类水果	0.05	0.05	c	柑橘
		棉籽	0.5	0.5	c	
		露莓（包括波森莓和罗甘莓）	1	1	c	
		可食用的哺乳动物内脏	0.2		d	
		茄子	3	0.3	a	
		干啤酒花	20	20	c	啤酒花
		玉米	0.05	0.05	c	（*）
		哺乳动物肉类（海洋哺乳动物除外）	3（脂肪）		d	
		乳脂	3		d	
		生乳	0.2		d	
		芥菜	4	4	c	叶芥菜
		胡椒	0.5		d	
		辣椒（干）	5	5	c	
		小扁豆	0.3	0.3	c	杂粮类
		萝卜叶（包括萝卜的顶部）	4	4	c	
		油菜籽	0.05	0.05	c	
		油菜籽（可食用）	0.1	0.05	a	
		覆盆子（红、黑）	1	1	c	醋栗（红、黑）
		根茎类蔬菜	0.05	0.05	c	根茎类和薯芋类蔬菜
		水果和浆果种类	0.03		d	
		根或根茎类香料	0.05		d	
		草莓	1	1	c	
		茶（绿茶、红茶）	30	5	a	茶叶
		番茄	0.3	0.5	b	
		木本坚果	0.05		d	
		小麦	0.5	0.5	c	Po
		未经加工小麦麸	2		d	
		小麦胚芽	1		d	Po

序号	农药通用名	越南食品种类	MRL/（mg/kg）		与 GB 2763—2016 比较情况	备注
			越南	中国		
21	生物苄呋菊酯 Bioresmethrin	小麦	1	1	c	Po
		未经加工小麦麸	5		d	
		小麦细粉	1	1	c	1. 小麦粉 2.PoP
		小麦胚芽	3	3	c	1. 麦胚 2.PoP
		小麦全麦粉	1	1	c	1. 全麦粉 2.PoP
22	联苯三唑醇 Bitertanol	杏	1	1	c	
		香蕉	0.5	0.5	c	
		大麦	0.05	0.05	c	（*）
		樱桃	1	1	c	
		黄瓜	0.5	0.5	c	
		可食用的哺乳动物内脏	0.05		d	（*）
		蛋类	0.01		d	（*）
		哺乳动物肉类（海洋哺乳动物除外）	0.05（脂肪）		d	（*）
		生乳	0.05		d	（*）
		油桃	1	1	c	
		燕麦	0.05	0.05	c	（*）
		桃	1	1	c	
		李子（包括梅脯）	2	2	c	
		梨果类水果	2	2	c	仁果类水果
		禽肉类	0.01		d	（*）
		可食用的禽类内脏	0.01		d	（*）
		黑麦	0.05	0.05	c	（*）
		番茄	3	3	c	
		小黑麦	0.05	0.05	c	（*）
		小麦	0.05	0.05	c	（*）
23	啶酰菌胺 Boscalid	苹果	2	2		
		香蕉	0.6		d	
		大麦	0.5		d	
		浆果和其他小型水果	10		d	Except grapes and strawberries
		芸薹属类蔬菜、结球芸薹属、头状花序芸薹属	5		d	
		鳞茎类蔬菜	5		d	

序号	农药通用名	越南食品种类	MRL/（mg/kg）		与 GB 2763—2016 比较情况	备注
			越南	中国		
23	啶酰菌胺 Boscalid	谷物	0.1		d	Except barley, oats, rye, and wheat
		柑橘类水果	2			
		可食用柑橘油	50			
		咖啡豆	0.05			（*）
		葡萄干（包括无核小葡萄干、白葡萄干、苏丹娜葡萄干）	10			
		可食用的哺乳动物内脏	0.2			
		蛋类	0.02			
		果类蔬菜（瓜类蔬菜除外）	3			Except mushroom and sweet corn
		果类蔬菜（瓜类）	3			
		葡萄	5	5	c	
		干啤酒花	60		d	
		猕猴桃	5			
		叶菜类蔬菜	40			
		豆类蔬菜	3			
		哺乳动物肉类（海洋哺乳动物除外）	0.7（脂肪）			
		乳脂	2			
		生乳	0.1			
		燕麦	0.5			
		油籽	1			
		辣椒（干）	10			
		开心果	1			
		禽类脂肪	0.02			
		禽肉类	0.02			
		可食用的禽类内脏	0.02			
		梅脯	10			
		小扁豆	3			
		根茎类蔬菜	2			
		黑麦	0.5			
		茎类蔬菜	30			
		核果类水果	3			
		草莓	3	3	c	

序号	农药通用名	越南食品种类	MRL/（mg/kg）		与 GB 2763—2016 比较情况	备注
			越南	中国		
23	啶酰菌胺 Boscalid	木本坚果	0.05			Except pistach－io nuts，（*）
		小麦	0.5			
24	溴离子 Bromide Ion	鳄梨	75		d	
		蚕豆（绿色豆荚和未成熟种子）	500			
		青花菜	30			
		白菜	100			
		芹菜	300			
		谷物	50			
		柑橘类水果	30			
		黄瓜	100			
		枣（干果或蜜饯）	100			
		干制水果	30			
		葡萄干（包括无核小葡萄干、白葡萄干、苏丹娜葡萄干）	100			
		无花果（干果或蜜饯）	250			
		水果（特别列出的除外）	20			
		豌豆（嫩荚，多汁不成熟种子）	500			
		莴苣头 / 结球莴苣	100			
		黄秋葵	200			
		桃干	50			
		辣椒（干）	200			
		甜椒（包括灯笼椒）	20			
		梅脯（见李子）	20			
		萝卜	200			
		香料 / 调味料	400			
		西葫芦	200			
		草莓	30			
		番茄	75			
		芜菁叶	1000			
		芜菁	200			
		小麦全麦粉	50			

序号	农药通用名	越南食品种类	MRL/（mg/kg）		与GB 2763—2016比较情况	备注
			越南	中国		
25	溴螨酯 Bromopropylate	柑橘类水果	2	2	c	柑橘/橙/柠檬/柚
		普通豆类（绿色豆荚和/或未成熟种子）	3	3		菜豆
		黄瓜	0.5	0.5		
		葡萄	2	2		
		瓜类（西瓜除外）	0.5	0.5		甜瓜类水果
		李子（包括梅脯）	2	2		
		梨果类水果	2	2		仁果类水果
		西葫芦	0.5	0.5		
		草莓	2	2		
26	噻嗪酮 Buprofezin	杏仁	0.05		d	（*）
		苹果	3			
		香蕉	0.3			
		罗勒叶	3			（7）
		樱桃	2			
		柑橘类水果	1	0.5	a	柑橘/橙/柠檬/柚
		咖啡豆	0.4		d	
		葡萄干（包括无核小葡萄干、白葡萄干、苏丹娜葡萄干）	2			
		可食用的哺乳动物内脏	0.05			（*）
		果类蔬菜（瓜类）	0.7			
		葡萄	1			
		芒果	0.1			
		哺乳动物肉类（海洋哺乳动物除外）	0.05			（*）
		生乳	0.01			（*）
		油桃	9			
		橄榄	5			
		桃	9			
		梨	6			
		胡椒	2			
		辣椒	10			
		辣椒（干）	10			
		李子（包括梅脯）	2			
		草莓	3			

序号	农药通用名	越南食品种类	MRL/（mg/kg）		与 GB 2763—2016 比较情况	备注
			越南	中国		
26	噻嗪酮 Buprofezin	绿茶	30	10	a	茶叶
		番茄	1	2	b	
27	硫线磷 Cadusafos	香蕉	0.01	0.02		热带和亚热带水果
28	克菌丹 Captan	杏仁	0.3	0.3	c	
		蓝莓	20	20		
		樱桃	25	25		
		黄瓜	3	5	b	
		葡萄干（包括无核小葡萄干、白葡萄干、苏丹娜葡萄干）	50		d	
		葡萄	25	5	a	
		瓜类（西瓜除外）	10	10	c	
		油桃	3	3		
		桃	20	20		
		李子（包括梅脯）	10	10		
		梨果类水果	15	15		Po
		马铃薯	0.05	0.05		
		覆盆子（红、黑）	20	20		
		根或根茎类香料	0.05		d	
		草莓	15	15	c	
		番茄	5		d	
29	甲萘威 Carbaryl	芦笋	15	1	a	
		糖用甜菜	0.1		d	
		胡萝卜	0.5	1	b	
		柑橘类水果	15	5	a	
		蔓越莓	5		d	
		茄子	1	1	c	
		肾（牛、山羊、猪和绵羊）	3		d	
		肝（牛、山羊、猪和绵羊）	1			
		玉米	0.02			(*)
		玉米毛油	0.1			
		哺乳动物肉类（海洋哺乳动物除外）	0.05			
		生乳	0.05			

序号	农药通用名	越南食品种类	MRL/（mg/kg）		与GB 2763—2016比较情况	备注
			越南	中国		
29	甲萘威 Carbaryl	初榨橄榄油	25		d	
		橄榄	30			
		辣椒	0.5			
		辣椒（干）	2			
		甜椒（包括灯笼椒）	5	1	a	
		未加工米糠	170		d	
		稻壳	50			
		抛光大米	1	1	c	
		高粱	10		d	Po，T
		大豆（干）	0.2	1	b	
		初榨大豆油	0.2		d	
		水果和浆果种类	0.8			
		根或根茎类香料	0.1			
		葵花籽	0.2			
		葵花籽毛油	0.05			
		甜玉米（甜玉米棒）	0.1			
		甘薯	0.02			（*）
		番茄	5	1	a	
		番茄汁	3		d	
		番茄酱	10			
		木本坚果	1			
		芜菁	1	1	c	
		小麦	2		d	
		未经加工小麦麸	2			
		小麦细粉	0.2			
		小麦胚芽	1			
30	多菌灵 Carbendazim	杏	2	2	c	
		芦笋	0.2	0.5		
		香蕉	0.2	2	b	
		大麦	0.5	0.5	c	
		豆类（干）	0.5	0.2	a	
		浆果和其他小型水果	1		d	Except grapes
		球芽甘蓝/抱子甘蓝	0.5	0.5	c	
		胡萝卜	0.2	0.2		
		牛肉	0.05		d	（*）

序号	农药通用名	越南食品种类	MRL/（mg/kg）		与 GB 2763—2016 比较情况	备注
			越南	中国		
30	多菌灵 Carbendazim	樱桃	10	0.5	a	
		鸡脂肪	0.05		d	（*）
		咖啡豆	0.1	0.1	c	
		普通豆类（绿色豆荚和/或未成熟种子）	0.5	0.5		
		黄瓜	0.05	0.5	b	（*）
		可食用的哺乳动物内脏	0.05		d	（*）
		蛋类	0.05			（*）
		豌豆（去荚，多汁种子）	0.02			
		腌制用小黄瓜	0.05			（*）
		葡萄	3	3	c	
		莴苣头/结球莴苣	5	5		
		芒果	5	0.5	a	
		生乳	0.05		d	（*）
		油桃	2	2	c	
		甜橙、酸橙类（包括类似橙的杂交品种）	1	5	b	
		桃	2	2	c	
		花生	0.1		d	（*）
		辣椒	2			
		辣椒（干）	20	20	c	
		菠萝	5	0.5	a	
		李子（包括梅脯）	0.5	0.5	c	
		梨果类水果	3	3		
		禽肉类	0.05		d	（*）
		油菜籽	0.05	0.1	b	（*）
		糙米	2		d	（*）
		黑麦	0.1	0.05	a	
		大豆（干）	0.5	0.2		
		水果和浆果种类	0.1		d	
		根或根茎类香料	0.1			
		西葫芦	0.5	0.5	c	
		糖用甜菜	0.1	0.1		（*）
		番茄	0.5	3	b	
		木本坚果	0.1		d	（*）
		小麦	0.05	0.5	b	（*）

序号	农药通用名	越南食品种类	MRL/（mg/kg）		与GB 2763—2016比较情况	备注
			越南	中国		
31	克百威 Carbofuran	芦笋	0.06	0.02	a	（7）
		香蕉	0.01	0.02	b	（*）
		牛脂肪	0.05		d	（*）
		咖啡豆	1			
		棉籽	0.1	0.1	c	
		可食用的内脏（牛、山羊、马、猪和绵羊）	0.05		d	（*）
		山羊脂肪	0.05			（*）
		马脂肪	0.05			（*）
		玉米	0.05			Based on the use of Carbosulfan，（*）
		柑橘类	0.5	0.02	a	Based on the use of Carbosulfan
		肉类（牛、山羊、马、猪和绵羊）	0.05		d	（*）
		甜橙、酸橙类（包括类似橙的杂交品种）	0.5	0.02	a	
		猪脂肪	0.05		d	（*）
		油菜籽	0.05	0.05	c	（*）
		糙米	0.1	0.1		
		绵羊脂肪	0.05		d	（*）
		高粱	0.1	0.05	a	（*）
		根或根茎类香料	0.1		d	
		糖用甜菜	0.2	0.1	a	
		甘蔗	0.1	0.1	c	（*）
		葵花籽	0.1		d	（*）
32	丁硫克百威 Carbosulfan	芦笋	0.02			（7）
		棉籽	0.05	0.05	c	
		可食用的哺乳动物内脏	0.05		d	（*）
		蛋类	0.05			（*）
		玉米	0.05	0.1	b	（*）
		柑橘类	0.1		d	无此大类规定

序号	农药通用名	越南食品种类	MRL/（mg/kg）		与 GB 2763—2016 比较情况	备注
			越南	中国		
32	丁硫克百威 Carbosulfan	哺乳动物肉类（海洋哺乳动物除外）	0.05（脂肪）		d	（*）
		甜橙、酸橙类（包括类似橙的杂交品种）	0.1			
		禽肉类	0.05			（*）
		可食用的禽类内脏	0.05			（*）
		水果和浆果种类	0.07			
		根或根茎类香料	0.1			
		糖用甜菜	0.3	0.3	c	
33	氯虫苯甲酰胺 Chlorantraniliprole	朝鲜蓟（包括茎）	2		d	
		豆类（蚕豆和大豆除外）	0.8			
		浆果和其他小型水果	1	1	c	国标为临时限量
		芸薹属类蔬菜、结球芸薹属、头状花序芸薹属	2	2		芸薹属类蔬菜（结球甘蓝、花椰菜除外）（国标为临时限量）
		胡萝卜	0.08	0.02	a	根茎类和薯芋类蔬菜（国标为临时限量）
		芹菜	7	7	c	国标为临时限量
		谷物	0.02	0.02		麦类/旱粮类（国标为临时限量）
		柑橘类水果	0.7	0.5	a	国标为临时限量
		咖啡豆	0.05		d	
		棉籽	0.3	0.3	c	棉籽（国标为临时限量）
		可食用的哺乳动物内脏	0.2		d	
		蛋类	0.2			
		果类蔬菜（瓜类蔬菜除外）	0.6	0.6	c	茄果类蔬菜（国标为临时限量）
		果类蔬菜（瓜类）	0.3	0.3		瓜类蔬菜（国标为临时限量）
		干啤酒花	40		d	
		叶菜类蔬菜	20	20	c	叶菜类（芹菜除外）（国标为临时限量）

序号	农药通用名	越南食品种类	MRL/（mg/kg）		与GB 2763—2016比较情况	备注
			越南	中国		
33	氯虫苯甲酰胺 Chlorantraniliprole	哺乳动物脂肪（乳脂除外）	0.2		d	
		哺乳动物肉类（海洋哺乳动物除外）	0.2（脂肪）			
		乳脂	0.2			
		生乳	0.05			
		薄荷	15	15	c	国标为临时限量
		豌豆（荚和多汁不成熟种子）	2		d	
		豌豆（去荚和多汁不成熟种子）	0.05			
		辣椒（干）	5			
		梨果类水果	0.4	0.4	c	仁果类水果（苹果除外）（国标为临时限量）
		石榴	0.4		d	
		禽类脂肪	0.01			（*）
		禽肉类	0.01（脂肪）			（*）
		可食用的禽类内脏	0.01			（*）
		萝卜	0.5	0.02	a	根茎类和薯芋类蔬菜（国标为临时限量）
		萝卜叶（包括萝卜的顶部）	40	20		叶菜类（芹菜除外）（国标为临时限量）
		油菜籽	2		d	
		稻谷	0.4	0.5	b	国标为临时限量
		抛光大米	0.04		d	
		根茎类蔬菜	0.02	0.02	c	1. 根茎类和薯芋类蔬菜（国标为临时限量） 2.Except carrots and radish
		大豆（干）	0.05		d	
		核果类水果	1	1	c	国标为临时限量
		甘蔗	0.5	0.05		甘蔗（糖料）（国标为临时限量）
		葵花籽	2		d	

序号	农药通用名	越南食品种类	MRL/（mg/kg）		与 GB 2763—2016 比较情况	备注
			越南	中国		
33	氯虫苯甲酰胺 Chlorantraniliprole	甜玉米（甜玉米棒）	0.01	0.02	b	1. 玉米（国标为临时限量） 2.（*）
		木本坚果	0.02	0.02	c	坚果（国标为临时限量）
34	氯丹 Chlordane	杏仁	0.02	0.02		1. 坚果 2.E
		棉籽毛油	0.05	0.05		E
		蛋类	0.02	0.02		E
		水果和蔬菜（另有条文规定的除外）	0.02	0.02		1. 蔬菜和水果 2.（*），E
		榛子	0.02	0.02		1. 坚果 2.E
		亚麻籽毛油	0.05	0.05		1. 植物毛油 2.E
		玉米	0.02	0.02		1. 谷物 2.E
		哺乳动物肉类（海洋哺乳动物除外）	0.05	0.05（以脂肪计）		E
		奶	0.002	0.002		1. 生乳 2.F，E
		燕麦	0.02	0.02		1. 谷物 2.E
		山核桃	0.02	0.02		1. 坚果 2.E
		禽肉类	0.5	0.5（以脂肪计）		1. 禽肉类 2.E
		抛光大米	0.02	0.02		1. 谷物 2.E
		黑麦	0.02	0.02		E
		高粱	0.02	0.02		E
		初榨大豆油	0.05	0.05		1. 植物毛油 2.E
		精炼大豆油	0.02	0.02		1. 植物油 2.E
		核桃	0.02	0.02		1. 坚果 2.E
		小麦	0.02	0.02		1. 谷物 2.E
35	虫螨腈 Chlorfenapyr	针叶樱桃	99		d	

序号	农药通用名	越南食品种类	MRL/（mg/kg）		与 GB 2763—2016 比较情况	备注
			越南	中国		
36	矮壮素 Chlormequat	大麦	2	2	c	
		棉籽	0.5	0.5		
		蛋类	0.1		d	
		山羊肉	0.2			
		肾（牛、山羊、猪和绵羊）	0.5			
		肝（牛、山羊、猪和绵羊）	0.1			
		肉类（牛、猪和绵羊）	0.2			
		奶（牛、山羊、和绵羊）	0.5			
		燕麦	10			
		禽肉类	0.04			（*）
		可食用的禽类内脏	0.1			
		油菜籽	5	5	c	
		油菜籽毛油	0.1	0.1		（*）
		黑麦	3	3		
		未加工黑麦麦麸	10		d	
		黑麦细粉	3			
		黑麦全麦粉	4	4	c	
		小黑麦	3	3		
		小麦	3	5	b	
		未经加工小麦麸	10		d	
		小麦细粉	2			
		小麦全麦粉	5			
37	百菌清 Chlorothalonil	香蕉	15	0.2	a	
		球芽甘蓝 / 抱子甘蓝	6		d	
		芹菜	20	5	a	
		食用甜菜	50		d	
		樱桃	0.5			
		普通豆类（绿色豆荚和 / 或未成熟种子）	5			
		蔓越莓	5			
		黄瓜	3	5	b	
		醋栗 / 加仑子（黑、红、白）	20		d	
		可食用的哺乳动物内脏	0.2			
		头状花序芸薹属（包括羽衣甘蓝和花椰菜）	5			
		腌制用小黄瓜	3			

序号	农药通用名	越南食品种类	MRL/（mg/kg）		与 GB 2763—2016 比较情况	备注
			越南	中国		
37	百菌清 Chlorothalonil	鹅莓 / 醋栗	20		d	
		葡萄	3	0.5	a	
		韭葱	40		d	
		哺乳动物脂肪（乳脂除外）	0.07			
		哺乳动物肉类（海洋哺乳动物除外）	0.02			
		瓜类（西瓜除外）	2			
		生乳	0.07			
		洋葱	0.5			
		薤	10			
		大葱	10			
		木瓜	20			
		桃	0.2			
		花生	0.1	0.05	a	
		辣椒（干）	70		d	
		甜椒（包括灯笼椒）	7			
		禽类脂肪	0.01			
		禽肉类	0.01			
		禽类皮肤	0.01			
		可食用的禽类内脏	0.07			
		小扁豆	1			
		根茎类蔬菜	0.3			
		青葱 / 小葱	10			
		西葫芦	3	5	b	
		草莓	5		d	
		番茄	5	5	c	
38	氯苯胺灵 Chlorpropham	牛肉	0.1（脂肪）		d	
		可食用的牛内脏	0.01			（*）
		乳脂	0.02			
		生乳	0.01			（*）
		马铃薯	30	30	c	Po
39	毒死蜱 Chlorpyrifos	杏仁	0.05		d	
		香蕉	2			
		青花菜	2			
		白菜	1	0.1	a	

序号	农药通用名	越南食品种类	MRL/（mg/kg）		与 GB 2763—2016 比较情况	备注
			越南	中国		
39	毒死蜱 Chlorpyrifos	胡萝卜	0.1	1	b	
		牛肾	0.01		d	
		牛肝	0.01			
		牛肉	1（脂肪）			
		花椰菜	0.05	1	b	
		大白菜	1	0.1	a	
		柑橘类水果	1		d	无大类规定
		咖啡豆	0.05			
		普通豆类（绿色豆荚和 / 或未成熟种子）	0.01			
		棉籽	0.3	0.3	c	
		棉籽油	0.05	0.05		（*）
		蔓越莓	1		d	
		葡萄干（包括无核小葡萄干、白葡萄干、苏丹娜葡萄干）	0.1			
		蛋类	0.01			（*）
		葡萄	0.5			
		玉米	0.05	0.05	c	
		玉米油（可食用）	0.2		d	
		奶（牛、山羊、和绵羊）	0.02			
		洋葱	0.2			
		桃	0.5			
		豌豆（荚和多汁不成熟种子）	0.01			
		山核桃	0.05			（*）
		辣椒（干）	20			
		甜椒（包括灯笼椒）	2			
		猪肉	0.02（脂肪）			
		可食用的猪内脏	0.01			（*）
		李子（包括梅脯）	0.5			
		梨果类水果	1			
		马铃薯	2			
		禽肉类	0.01（脂肪）			
		可食用的禽类内脏	0.01			（*）
		稻谷	0.5	0.5	c	

序号	农药通用名	越南食品种类	MRL/（mg/kg）		与GB 2763—2016比较情况	备注
			越南	中国		
39	毒死蜱 Chlorpyrifos	绵羊肉	1（脂肪）		d	
		可食用的绵羊内脏	0.01			
		高粱	0.5			
		大豆（干）	0.1	0.1	c	
		精炼大豆油	0.03		d	
		水果和浆果香料	1			
		根或根茎类香料	1			
		种子类香料	5			
		草莓	0.3			
		糖用甜菜	0.05	1	b	
		甜玉米（甜玉米棒）	0.01		d	
		茶（绿茶、红茶）	2			
		核桃	0.05			(*)
		小麦	0.5	0.5	c	
		小麦细粉	0.1		d	
		番茄	0.5	0.5	c	(7)
		龙眼	0.5	1	b	(7)
		荔枝	2	1	a	(7)
		辣椒	3		d	(7)
		大豆（未成熟种子）	1			1.(7) 2.未做此类规定
40	甲基毒死蜱 Chlorpyrifos-Methyl	柑橘类水果	2			
		可食用的哺乳动物内脏	0.01			
		茄子	1			
		蛋类	0.01			(*)
		葡萄	1			
		哺乳动物肉类（海洋哺乳动物除外）	0.1（脂肪）			
		乳脂	0.01			(*)
		生乳	0.01			(*)
		胡椒	1			
		辣椒（干）	10			
		梨果类水果	1			
		马铃薯	0.01	5	b	1.(*) 2.仅规定薯类蔬菜

序号	农药通用名	越南食品种类	MRL/（mg/kg）		与GB 2763—2016比较情况	备注
			越南	中国		
40	甲基毒死蜱 Chlorpyrifos-Methyl	禽肉类	0.01（脂肪）		d	
		可食用的禽类内脏	0.01			（*）
		稻谷	0.1	5	b	
		高粱	10	5	a	Po
		水果和浆果种类	0.3		d	
		根或根茎类香料	5			
		种子类香料	1			
		核果类水果	0.5			
		草莓	0.06			
		番茄	1			
		小麦	10	5	a	Po
		未经加工小麦麸	20		d	PoP
41	烯草酮 Clethodim	豆类（干）	2	2	c	杂粮类
		豆类（蚕豆和大豆除外）	0.5	0.5		1. 豆类蔬菜 2.（*）
		棉籽	0.5	0.5		
		棉籽毛油	0.5	0.5		（*）
		棉籽油	0.5	0.5		1. 食用棉籽油 2.（*）
		可食用的哺乳动物内脏	0.2		d	（*）
		蛋类	0.05			（*）
		紫花豌豆（干）	2	2	c	杂粮类
		大蒜	0.5	0.5		
		哺乳动物肉类（海洋哺乳动物除外）	0.2		d	（*）
		生乳	0.05			（*）
		洋葱	0.5	0.5	c	
		花生	5	5		花生仁
		马铃薯	0.5	0.5		
		禽肉类	0.2		d	（*）
		可食用的禽类内脏	0.2			（*）
		油菜籽	0.5	0.5	c	
		油菜籽毛油	0.5		d	（*）
		油菜籽（可食用）	0.5	0.5	c	1. 油菜籽 2.（*）
		大豆（干）	10	0.1	a	大豆

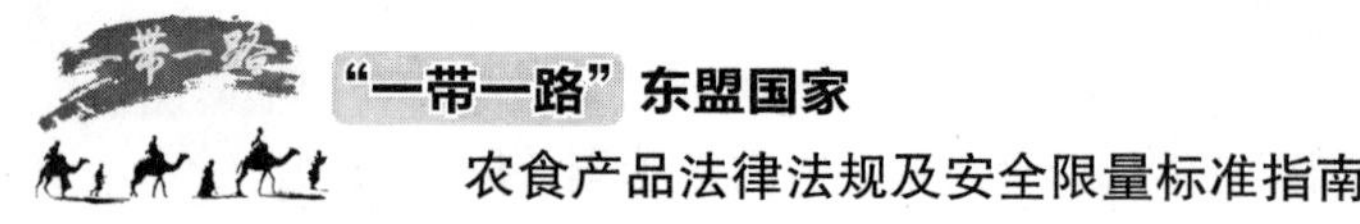

序号	农药通用名	越南食品种类	MRL/（mg/kg）		与 GB 2763—2016 比较情况	备注
			越南	中国		
41	烯草酮 Clethodim	初榨大豆油	1		d	
		精炼大豆油	0.5			（*）
		糖用甜菜	0.1	0.1	c	甜菜（糖料）
		葵花籽	0.5	0.5		
		葵花籽毛油	0.1	0.1		（*）
		番茄	1	1		
42	四螨嗪 Clofentezine	柑橘类水果	0.5	0.5		柑橘 / 橙 / 柠檬 / 柚
		黄瓜	0.5	0.5		
		醋栗 / 加仑子（黑、红、白）	0.2	0.2		加仑子（黑、红、白）
		葡萄干（包括无核小葡萄干、白葡萄干、苏丹娜葡萄干）	2	2		
		可食用的哺乳动物内脏	0.05		d	（*）
		蛋类	0.05			（*）
		葡萄	2	2	c	
		哺乳动物肉类（海洋哺乳动物除外）	0.05		d	（*）
		瓜类（西瓜除外）	0.1	0.1	c	甜瓜类水果
		生乳	0.05		d	（*）
		梨果类水果	0.5	0.5	c	仁果类水果
		禽肉类	0.05		d	（*）
		可食用的禽类内脏	0.05			（*）
		核果类水果	0.5	0.5	c	
		草莓	2	2		
		番茄	0.5	0.5		
		木本坚果	0.5	0.5		坚果
43	噻虫胺 Clothianidin	朝鲜蓟（包括茎）	0.05		d	
		鳄梨	0.03			
		香蕉	0.02			
		大麦	0.04			
		豆类（蚕豆和大豆除外）	0.2			
		浆果和其他小型水果	0.07			Except grapes
		芸薹属类蔬菜、结球芸薹属、头状花序芸薹属	0.2			
		可可豆	0.02			（*）

序号	农药通用名	越南食品种类	MRL/（mg/kg）		与GB 2763—2016比较情况	备注
			越南	中国		
43	噻虫胺 Clothianidin	芹菜	0.04		d	
		柑橘类水果	0.07			
		咖啡豆	0.05			
		葡萄干（包括无核小葡萄干、白葡萄干、苏丹娜葡萄干）	1			
		可食用的哺乳动物内脏	0.02			Except liver,（*）
		蛋类	0.01			（*）
		果类蔬菜（瓜类蔬菜除外）	0.05			Except sweet corn
		果类蔬菜（瓜类）	0.02			（*）
		葡萄汁	0.2			
		葡萄	0.7			
		叶菜类蔬菜	2			
		豆类蔬菜	0.01			（*）
		肝（牛、山羊、猪和绵羊）	0.2			
		玉米	0.02			
		哺乳动物脂肪（乳脂除外）	0.02			（*）
		芒果	0.04			
		哺乳动物肉类（海洋哺乳动物除外）	0.02			（*）
		生乳	0.02			
		薄荷	0.3			
		油籽	0.02			（*）
		木瓜	0.01			（*）
		山核桃	0.01			（*）
		辣椒（干）	0.5			
		菠萝	0.01			（*）
		梨果类水果	0.4			
		爆米花	0.01			（*）
		禽类脂肪	0.01			（*）
		禽肉类	0.01			（*）
		可食用的禽类内脏	0.1			
		梅脯	0.2			
		小扁豆	0.02			
		稻谷	0.5	0.5	c	

序号	农药通用名	越南食品种类	MRL/(mg/kg)		与 GB 2763—2016 比较情况	备注
			越南	中国		
43	噻虫胺 Clothianidin	根茎类蔬菜	0.2		d	
		高粱	0.01			(*)
		茎类蔬菜	0.04			Except artichoke and celery
		核果类水果	0.2			
		甘蔗	0.4			
		甜玉米(甜玉米棒)	0.01			(*)
		茶(绿茶、红茶)	0.7			
		小麦	0.02			(*)
44	溴氰虫酰胺 Cyantraniliprole	芸薹属类蔬菜、结球芸薹属、头状花序芸薹属	2	0.5	a	结球甘蓝(国标为临时限量)
		浆果	4		d	
		芹菜	15			
		樱桃	6			
		咖啡豆	0.03			
		可食用的哺乳动物内脏	0.05			
		蛋类	0.01			
		果类蔬菜(瓜类蔬菜除外)	0.5	0.2	a	Except mushroom and sweet corn
		果类蔬菜(瓜类)	0.3		d	
		大蒜	0.05			
		叶菜类蔬菜	20			Except lettuce, head
		莴苣头/结球莴苣	5			
		哺乳动物脂肪(乳脂除外)	0.01			
		哺乳动物肉类(海洋哺乳动物除外)	0.01			
		生乳	0.02			
		洋葱	0.05			
		大葱	8			
		桃	1.5			
		辣椒(干)	5			
		李子(包括梅脯)	0.5			
		梨果类水果	0.8			
		马铃薯	0.05			
		禽类脂肪	0.01			

序号	农药通用名	越南食品种类	MRL/（mg/kg）		与GB 2763—2016比较情况	备注
			越南	中国		
44	溴氰虫酰胺 Cyantraniliprole	禽肉类	0.01		d	
		可食用的禽类内脏	0.01			
		梅脯	0.8			
		根茎类蔬菜	0.05			Except potato
		胡葱	0.05			
		青葱 / 小葱	8			
45	噻草酮 Cycloxydim	豆类（干）	30			
		豆类（蚕豆和大豆除外）	15			
		糖用甜菜	0.2			
		芸薹属类蔬菜、结球芸薹属、头状花序芸薹属	9			
		胡萝卜	5			
		芹菜	1			
		可食用的哺乳动物内脏	0.5			
		蛋类	0.15			
		葡萄	0.3			
		羽衣甘蓝	3			
		韭葱	4			
		莴苣头 / 结球莴苣	1.5			
		莴苣叶	1.5			
		亚麻籽	7			
		玉米	0.2			
		哺乳动物脂肪（乳脂除外）	0.1			
		哺乳动物肉类（海洋哺乳动物除外）	0.06			
		生乳	0.02			
		洋葱	3			
		豆类（干）	30			
		豌豆（去荚和多汁不成熟种子）	15			
		胡椒	9			
		辣椒（干）	90			
		梨果类水果	0.09			(*)
		马铃薯	3			
		禽类脂肪	0.03			(*)
		禽肉类	0.03			(*)

序号	农药通用名	越南食品种类	MRL/（mg/kg）		与 GB 2763—2016 比较情况	备注
			越南	中国		
45	噻草酮 Cycloxydim	可食用的禽类内脏	0.02		d	
		油菜籽	7			
		稻谷	0.09			（*）
		大豆（干）	80			
		核果类水果	0.09			（*）
		草莓	3			
		糖用甜菜	0.2			
		葵花籽	6			
		芜菁甘蓝	0.2			
		番茄	1.5			
46	丁氟螨酯 Cyflumetofen	柑橘类水果	0.3			
		可食用柑橘油	36			
		葡萄干（包括无核小葡萄干、白葡萄干、苏丹娜葡萄干）	1.5			
		可食用的哺乳动物内脏	0.02			
		葡萄	0.6			
		哺乳动物脂肪（乳脂除外）	0.01			（*）
		哺乳动物肉类（海洋哺乳动物除外）	0.01			（*）
		生乳	0.01			（*）
		梨果类水果	0.4			
		草莓	0.6			
		番茄	0.3			
		木本坚果	0.01			（*）
47	氟氯氰菊酯和高效氟氯氰菊酯 Cyfluthrin/beta—cyfluthrin	苹果	0.1	0.2	b	
		白菜	0.08	2		
		花椰菜	2	0.5	a	
		柑橘类水果	0.3	0.2		
		棉籽	0.7	0.05		
		棉籽毛油	1	0.02		
		可食用的哺乳动物内脏	0.02		d	
		茄子	0.2	0.2	c	
		蛋类	0.01		d	（*）
		哺乳动物肉类（海洋哺乳动物除外）	0.2（脂肪）			
		生乳	0.01			

序号	农药通用名	越南食品种类	MRL/（mg/kg）		与 GB 2763—2016 比较情况	备注
			越南	中国		
47	氟氯氰菊酯和高效氟氯氰菊酯 Cyfluthrin/beta-cyfluthrin	梨	0.1	0.2	b	
		胡椒	0.2		d	
		辣椒（干）	1	3	b	
		马铃薯	0.01	0.01	c	（*）
		禽肉类	0.01（脂肪）		d	（*）
		可食用的禽类内脏	0.01			（*）
		油菜籽	0.07	0.2	b	
		大豆（干）	0.03	0.02	a	
		水果和浆果种类	0.03	0.2	b	
		根或根茎类香料	0.05		d	
		番茄	0.2	0.2	c	
48	氯氟氰菊酯和高效氯氟氰菊酯 Cyhalothrin（lambda-cyhalothrin）	杏	0.5	0.5		
		芦笋	0.02	0.02		
		大麦	0.5	0.5		
		浆果和其他小型水果	0.2	0.2		
		鳞茎类蔬菜	0.2	0.2		
		白菜	0.3	2	b	普通白菜
		樱桃	0.3	0.3	c	
		柑橘类水果	0.2	0.2		柑橘类水果（柑橘除外）
		葡萄干（包括无核小葡萄干、白葡萄干、苏丹娜葡萄干）	0.3	0.3		
		头状花序芸薹属（包括羽衣甘蓝和花椰菜）	0.5	0.5		花椰菜
		果类蔬菜（瓜类蔬菜除外）	0.3	0.3		1. 茄果类蔬菜（番茄、茄子、辣椒除外） 2. Except mushroom
		果类蔬菜（瓜类）	0.05	0.05		瓜类蔬菜
		肾（牛、山羊、猪和绵羊）	0.2		d	

序号	农药通用名	越南食品种类	MRL/（mg/kg）		与GB 2763—2016比较情况	备注
			越南	中国		
48	氯氟氰菊酯和高效氯氟氰菊酯 Cyhalothrin（lambda-cyhalothrin）	豆类蔬菜	0.2	0.2	c	
		肝（牛、山羊、猪和绵羊）	0.05		d	
		玉米	0.02	0.02	c	
		芒果	0.2	0.2	c	
		哺乳动物肉类（海洋哺乳动物除外）	3（脂肪）		d	
		生乳	0.2		d	
		油桃	0.5	0.5	c	
		燕麦	0.05	0.05	c	
		油籽	0.2	0.2	c	含油种籽（大豆、棉籽除外）
		橄榄	1	1	c	
		桃	0.5	0.5	c	
		辣椒（干）	3	3	c	干辣椒
		李子（包括梅脯）	0.2	0.2	c	Except prunes
		梨果类水果	0.2	0.2	c	仁果类水果（苹果、梨除外）
		小扁豆	0.05		d	
		稻谷	1		d	
		根茎类蔬菜	0.01	0.01	c	1. 根茎类和薯芋类蔬菜 2.（*）
		黑麦	0.05	0.05	c	
		水果和浆果种类	0.03	0.2	b	浆果和其他小型水果
		根或根茎类香料	0.05		d	
		甘蔗	0.05	0.05	c	甘蔗（糖料）
		木本坚果	0.01	0.01	c	1. 坚果 2.（*）
		小黑麦	0.05	0.05	c	
		小麦	0.05	0.05	c	
		未经加工小麦麸	0.1		d	
		大豆（未成熟种子）	0.2	0.2	c	1. 豆类蔬菜 2.（7）

序号	农药通用名	越南食品种类	MRL/（mg/kg）		与 GB 2763—2016 比较情况	备注
			越南	中国		
48	氯氟氰菊酯和高效氯氟氰菊酯 Cyhalothrin（lambda—cyhalothrin）	黄秋葵	0.03	0.3	b	1. 茄果类蔬菜（番茄、茄子、辣椒除外） 2. Applied to Lambda—cyhalothrin，（7）only
		罗勒叶	0.5		d	Applied to Lambda—cyhalothrin，（7）only
49	三环锡 Cyhexatin	苹果	0.2			
		醋栗 / 加仑子（黑、红、白）	0.1	0.1	c	加仑子（黑、红、白）
		葡萄	10.3	0.3	a	
		甜橙、酸橙类（包括类似橙的杂交品种）	0.2	0.2	c	橙
		梨	0.2		d	
50	氯氰菊酯（包括甲体和乙体氯氰菊酯）Cypermethrins（alpha—and zeta—cypermethrin）	辣椒（干）	5	5	c	干辣椒
		朝鲜蓟（包括茎）	0.1	0.1		
		芦笋	0.4	0.4		
		大麦	2	2		Po
		芸薹属类蔬菜、结球芸薹属、头状花序芸薹属	1	1		芸薹属类蔬菜（结球甘蓝除外）
		杨桃	0.2	0.2		
		谷物	0.3	0.3		1.Except rice，barley，oats，rye，and wheat 2. 谷物（单列的除外）
		柑橘类水果	0.3	1	b	1.Except shaddocks or pomelos and kumquats 2. 柑橘
		咖啡豆	0.05	0.05	c	（*）
		葡萄干（包括无核小葡萄干、白葡萄干、苏丹娜葡萄干）	0.5	0.5		
		榴莲	1	1		
		可食用的哺乳动物内脏	0.05		d	（1），（*）
		茄子	0.03	0.5	b	
		蛋类	0.01		d	（*）

<table>
<tr><th rowspan="2">序号</th><th rowspan="2">农药通用名</th><th rowspan="2">越南食品种类</th><th colspan="2">MRL/（mg/kg）</th><th rowspan="2">与GB 2763—2016比较情况</th><th rowspan="2">备注</th></tr>
<tr><th>越南</th><th>中国</th></tr>
<tr><td rowspan="29">50</td><td rowspan="29">氯氰菊酯（包括甲体和乙体氯氰菊酯）Cypermethrins（alpha－and zeta－cypermethrin）</td><td>果类蔬菜（瓜类）</td><td>0.07</td><td>0.07</td><td rowspan="2">c</td><td>瓜类蔬菜（黄瓜除外）</td></tr>
<tr><td>葡萄</td><td>0.2</td><td>0.2</td><td></td></tr>
<tr><td>叶菜类蔬菜</td><td>0.7</td><td></td><td>d</td><td></td></tr>
<tr><td>韭葱</td><td>0.05</td><td>0.05</td><td>c</td><td></td></tr>
<tr><td>豆类蔬菜</td><td>0.7</td><td></td><td>d</td><td></td></tr>
<tr><td>荔枝</td><td>2</td><td>0.5</td><td rowspan="2">a</td><td></td></tr>
<tr><td>龙眼</td><td>1</td><td>0.5</td><td></td></tr>
<tr><td>芒果</td><td>0.7</td><td>0.7</td><td>c</td><td></td></tr>
<tr><td>哺乳动物肉类（海洋哺乳动物除外）</td><td>2（脂肪）</td><td></td><td rowspan="3">d</td><td>（1）</td></tr>
<tr><td>乳脂</td><td>0.5</td><td></td><td></td></tr>
<tr><td>生乳</td><td>0.05</td><td></td><td>（1）</td></tr>
<tr><td>燕麦</td><td>2</td><td>2</td><td rowspan="8">c</td><td>Po</td></tr>
<tr><td>油籽</td><td>0.1</td><td>0.1</td><td>小型油籽类</td></tr>
<tr><td>黄秋葵</td><td>0.5</td><td>0.5</td><td>秋葵</td></tr>
<tr><td>精炼橄榄油</td><td>0.5</td><td>0.5</td><td></td></tr>
<tr><td>初榨橄榄油</td><td>0.5</td><td>0.5</td><td></td></tr>
<tr><td>橄榄</td><td>0.05</td><td>0.05</td><td>（*）</td></tr>
<tr><td>洋葱</td><td>0.01</td><td>0.01</td><td>（*）</td></tr>
<tr><td>木瓜</td><td>0.5</td><td>0.5</td><td>番木瓜</td></tr>
<tr><td>辣椒</td><td>2</td><td>0.5</td><td>a</td><td></td></tr>
<tr><td>辣椒（干）</td><td>10</td><td>10</td><td>c</td><td>干辣椒</td></tr>
<tr><td>甜椒（包括灯笼椒）</td><td>0.1</td><td></td><td rowspan="5">d</td><td></td></tr>
<tr><td>梨果类水果</td><td>0.7</td><td></td><td></td></tr>
<tr><td>禽类脂肪</td><td>0.1</td><td></td><td></td></tr>
<tr><td>禽肉类</td><td>0.1（脂肪）</td><td></td><td></td></tr>
<tr><td>可食用的禽类内脏</td><td>0.05</td><td></td><td>（*）</td></tr>
<tr><td>小扁豆</td><td>0.05</td><td>0.05</td><td>c</td><td>1. 杂粮类
2.（*）</td></tr>
<tr><td>柚子和葡萄柚类（包括类似柚子的杂交品种，葡萄柚除外）</td><td>0.5</td><td>2</td><td>b</td><td>柚</td></tr>
</table>

序号	农药通用名	越南食品种类	MRL/（mg/kg）		与GB 2763—2016比较情况	备注
			越南	中国		
50	氯氰菊酯（包括甲体和乙体氯氰菊酯）Cypermethrins（alpha—and zeta—cypermethrin）	稻谷	2	2	c	
		根茎类蔬菜	0.01	0.01		1. 根茎类和薯芋类蔬菜 2.Except sugar beet，（*）
		黑麦	2	2		Po
		水果和浆果种类	0.5		d	
		根或根茎类香料	0.2	0.2	c	根茎类调味料
		核果类水果	2	2		核果类水果（桃除外）
		草莓	0.07	0.07		
		糖用甜菜	0.1	0.1		甜菜（糖料）
		甘蔗	0.2	0.2		甘蔗（糖料）
		甜玉米（甜玉米棒）	0.05	0.05		1. 玉米笋 2.（*）
		茶（绿茶、红茶）	15	20	b	茶叶
		番茄	0.2	0.5		
		木本坚果	0.05	0.05	c	1. 坚果 2.（*）
		小麦	2	0.2	a	Po
		未经加工小麦麸	5		d	
		十字花科蔬菜	1			（7）
		独头蒜	0.5			（7）
		胡葱	0.1			（7）
		长豇豆	0.2	0.5	b	1. 豇豆 2.（7）
51	环丙唑醇 Cyproconazole	豆类（干）	0.02		d	（*）
		谷物	0.08			Except maize，rice and sorghum
		咖啡豆	0.07			
		咖啡豆（焙烤和半加工）	0.1			
		咖啡豆（焙烤和半加工）	0.1			
		可食用的哺乳动物内脏	0.5			
		蛋类	0.01			（*）
		玉米	0.01			（*）
		哺乳动物肉类（海洋哺乳动物除外）	0.02（脂肪）			
		生乳	0.01			

序号	农药通用名	越南食品种类	MRL/（mg/kg）		与GB 2763—2016比较情况	备注
			越南	中国		
51	环丙唑醇 Cyproconazole	豆类（干）	0.02		d	（*）
		豌豆（去荚和多汁不成熟种子）	0.01			
		禽肉类	0.01			（*）
		可食用的禽类内脏	0.01			（*）
		油菜籽	0.4			
		大豆（干）	0.07			
		精炼大豆油	0.1			
		糖用甜菜	0.05			
52	嘧菌环胺 Cyprodinil	杏仁	0.02	0.02	c	
		鳄梨	1		d	
		大麦	3	3	c	
		豆类（干）	0.2		d	
		豆类（蚕豆和大豆除外）	0.7	0.5	a	1.Green pods and immature seeds 2.豆类蔬菜
		豆类（去荚）	0.06		d	
		浆果和其他小型水果	10			Except grapes
		十字花科叶菜类蔬菜	15			
		白菜	0.7			
		胡萝卜	0.7			
		葡萄干（包括无核小葡萄干、白葡萄干、苏丹娜葡萄干）	5			
		干香料蔬菜	300			Except dry hops
		可食用的哺乳动物内脏	0.01			
		蛋类	0.01			（*）
		头状花序芸薹属（包括羽衣甘蓝和花椰菜）	2			
		果类蔬菜（瓜类蔬菜除外）	2			Except mushroom and sweet corn
		果类蔬菜（瓜类）	0.5			
		葡萄	3	20	b	
		香料蔬菜	40		d	
		叶菜类蔬菜	50			Except leafy vegetables of Brassicaceae family
		哺乳动物肉类（海洋哺乳动物除外）	0.01（脂肪）			（*）

序号	农药通用名	越南食品种类	MRL/（mg/kg）		与 GB 2763—2016 比较情况	备注
			越南	中国		
52	嘧菌环胺 Cyprodinil	生乳	0.0004		d	(*)，F
		洋葱	0.3	0.3	c	
		欧防风	0.7		d	
		辣椒（干）	9			
		梨果类水果	2			
		禽肉类	0.01（脂肪）			(*)
		可食用的禽类内脏	0.01			(*)
		梅脯	5	5	c	李子干
		萝卜	0.3		d	
		核果类水果	2	2	c	
		小麦	0.5	0.5		
		未经加工小麦麸	2		d	
53	灭蝇胺 Cyromazine	朝鲜蓟（包括茎）	3			
		豆类（干）	3			
		青花菜	1			
		芹菜	4			
		鹰嘴豆（干）	3			
		黄瓜	2			
		可食用的哺乳动物内脏	0.3			
		蛋类	0.3			
		果类蔬菜（瓜类蔬菜除外）	1			Except mushroom and sweet corn (corn−on−the−cob)
		小扁豆（干）	3			
		莴苣头 / 结球莴苣	4			
		莴苣叶	4			
		利马豆（嫩荚和 / 不成熟豆）	1			
		羽扇豆（干）	3			
		芒果	0.5			
		哺乳动物肉类（海洋哺乳动物除外）	0.3			
		瓜类（西瓜除外）	0.5			
		生乳	0.01			
		蘑菇	7			

序号	农药通用名	越南食品种类	MRL/（mg/kg）		与 GB 2763—2016 比较情况	备注
			越南	中国		
53	灭蝇胺 Cyromazine	芥菜	10		d	
		洋葱	0.1			
		辣椒（干）	10			
		禽肉类	0.1			
		可食用的禽类内脏	0.2			
		青葱 / 小葱	3			
		西葫芦	2			
54	滴滴涕 DDT	胡萝卜	0.2	0.2	c	E
		谷物	0.1	0.1		E
		蛋类	0.1	0.1		E
		哺乳动物肉类（海洋哺乳动物除外）	5（脂肪）	0.2/2.0	a	E EMRL：（1~5）mg/kg
		奶	0.02	0.02	c	F E
		禽肉类	0.3（脂肪）	0.2/2.0	a/b	E EMRL：（0.1~0.3）mg/kg
55	溴氰菊酯 Deltamethrin	苹果	0.2	0.1	a	
		胡萝卜	0.02	0.2	b	
		谷物	2	0.5	a	1. 稻谷 / 麦类 / 旱粮类（鲜食玉米除外）/ 杂粮类（豌豆、小扁豆除外）/ 成品粮（小麦粉除外） 2.Po
		柑橘类水果	0.02	0.05	b	柑橘 / 橙 / 柠檬 / 柚
		蛋类	0.02		d	（*）
		头状花序芸薹属（包括羽衣甘蓝和花椰菜）	0.1	0.5	b	结球甘蓝 / 花椰菜
		果类蔬菜（瓜类）	0.2		d	
		葡萄	0.2	0.2	c	
		榛子	0.02	0.02		（*）
		肾（牛、山羊、猪和绵羊）	0.03		d	（*）
		叶菜类蔬菜	2	0.5	a	菠菜 / 普通白菜 / 莴苣 / 大白菜
		韭葱	0.2	0.2	c	
		豆类蔬菜	0.2	0.2		

序号	农药通用名	越南食品种类	MRL/（mg/kg）		与GB 2763—2016比较情况	备注
			越南	中国		
55	溴氰菊酯 Deltamethrin	肝（牛、山羊、猪和绵羊）	0.03		d	（*）
		哺乳动物肉类（海洋哺乳动物除外）	0.5（脂肪）			（1）
		生乳	0.05			F
		蘑菇	0.05	0.2	b	1. 蘑菇类（鲜） 2. F
		油桃	0.05	0.05	c	核果类水果
		橄榄	1	1		
		洋葱	0.05	0.05		
		桃	0.05	0.05		核果类水果
		李子（包括梅脯）	0.05	0.05		核果类水果
		马铃薯	0.01	0.01		（*）
		禽肉类	0.1		d	
		可食用的禽类内脏	0.02			（*）
		小扁豆	1	1	c	
		萝卜	0.01	0.2	b	（*）
		水果和浆果种类	0.03	0.05		猕猴桃
		根或根茎类香料	0.5		d	
		草莓	0.2	0.2	c	
		葵花籽	0.05	0.05		（*）
		甜玉米（甜玉米棒）	0.02	0.2	b	鲜食玉米，（*）
		茶（绿茶、红茶）	5	10		茶叶
		番茄	0.3	0.2	a	
		核桃	0.02	0.02	c	（*）
		未经加工小麦麸	5		d	PoP
		小麦细粉	0.3	0.2	a	1. 小麦粉 2.PoP
		小麦全麦粉	2		d	PoP
		辣椒	0.1	0.2	b	（7）
		芦笋	0.1		d	（7）
		芒果	0.2	0.05	a	（7）
56	二嗪磷 Diazinon	杏仁	0.05		d	
		桑葚	0.1			
		缅甸葡萄	0.1			

序号	农药通用名	越南食品种类	MRL/（mg/kg）		与GB 2763—2016比较情况	备注
			越南	中国		
56	二嗪磷 Diazinon	青花菜	0.5	0.5	c	
		白菜	0.5	0.2		
		哈密瓜	0.2	0.2		
		胡萝卜	0.5	0.5		
		樱桃	1	1		
		鸡蛋	0.02		d	(*)
		鸡肉	0.02			(*)
		可食用的鸡内脏	0.02			(*)
		大白菜	0.05	0.05	c	
		普通豆类（绿色豆荚和/或未成熟种子）	0.2		d	
		蔓越莓	0.2			
		黄瓜	0.1	0.1	c	
		醋栗/加仑子（黑、红、白）	0.2		d	
		豌豆（去荚，多汁种子）	0.2			
		山羊肉	2（脂肪）			(1)，V
		干啤酒花	0.5	0.5	c	
		羽衣甘蓝（包括茎秆细长的甘蓝）	0.05	0.05		
		肾（牛、山羊、猪和绵羊）	0.03		d	(1)，V
		猕猴桃	0.2			
		球茎甘蓝	0.2	0.2	c	
		莴苣头/结球莴苣	0.5	0.5		
		莴苣叶	0.5	0.5		
		肝（牛、山羊、猪和绵羊）	0.03		d	(1)，V
		玉米	0.02	0.02	c	(*)
		肉类（牛、猪和绵羊）	2（脂肪）		d	(1)，V
		生乳	0.02			(1)
		洋葱	0.05	0.05	c	
		桃	0.2	0.2		
		辣椒（干）	0.5	0.5		
		甜椒（包括灯笼椒）	0.05	0.05		
		菠萝	0.1	0.1		
		李子（包括梅脯）	1	1		

序号	农药通用名	越南食品种类	MRL/（mg/kg）		与GB 2763—2016比较情况	备注
			越南	中国		
56	二嗪磷 Diazinon	梨果类水果	0.3	0.3	c	
		马铃薯	0.01	0.01	c	(*)
		梅脯	2		d	
		萝卜	0.1	0.1	c	
		覆盆子（红、黑）	0.2	0.2	c	
		水果和浆果种类	0.1		d	(*)
		根或根茎类香料	0.5	0.5	c	
		种子类香料	5	5	c	
		菠菜	0.5	0.5	c	
		青葱/小葱	1	1	c	
		西葫芦	0.05	0.05	c	
		草莓	0.1	0.1	c	
		糖用甜菜	0.1	0.1	c	
		甜玉米（甜玉米棒）	0.02	0.02	c	
		番茄	0.5	0.5	c	
		核桃	0.01	0.01	c	(*)
		大蒜	0.05		d	(7)
		长荚豇豆	0.5		d	(7)
		豇豆	0.2		d	(7)
		大豆	0.2		d	(7)
		芥菜	0.5		d	(7)
57	麦草畏 Dicamba	芦笋	5		d	
		大麦	7		d	
		棉籽	0.04		d	(*)
		可食用的哺乳动物内脏	0.7		d	
		蛋类	0.01		d	(*)
		玉米	0.01	0.5	b	(*)
		哺乳动物脂肪（乳脂除外）	0.07		d	
		哺乳动物肉类（海洋哺乳动物除外）	0.03		d	
		生乳	0.2		d	
		禽类脂肪	0.04		d	
		禽肉类	0.02		d	
		可食用的禽类内脏	0.07		d	
		高粱	4		d	
		大豆（干）	10		d	

序号	农药通用名	越南食品种类	MRL/（mg/kg）		与 GB 2763—2016 比较情况	备注
			越南	中国		
57	麦草畏 Dicamba	甘蔗	1		d	
		甜玉米（甜玉米粒）	0.02			
		小麦	2	0.5	a	
58	敌草腈 Dichlobenil	芸薹属类蔬菜、结球芸薹属、头状花序芸薹属	0.05		d	
		蔓藤类浆果	0.2			
		芹菜	0.07			
		谷物	0.01			（*）
		葡萄干（包括无核小葡萄干、白葡萄干、苏丹娜葡萄干）	0.15			
		可食用的哺乳动物内脏	0.04			
		蛋类	0.03			
		果类蔬菜（瓜类蔬菜除外）	0.01			Except mushroom and sweet corn，（*）
		果类蔬菜（瓜类）	0.01			（*）
		葡萄汁	0.07			
		葡萄	0.05			
		叶菜类蔬菜	0.3			
		哺乳动物脂肪（乳脂除外）	0.01			（*）
		哺乳动物肉类（海洋哺乳动物除外）	0.01			（*）
		生乳	0.01			（*）
		洋葱	0.01			（*）
		大葱	0.02			
		辣椒（干）	0.01			（*）
		禽类脂肪	0.02			
		禽肉类	0.03			
		可食用的禽类内脏	0.1			
		小扁豆	0.01			（*）
59	苯氟磺胺 Dichlofluanid	苹果	5	5	c	
		黄瓜	5	5		
		醋栗 / 加仑子（黑、红、白）	15	15		
		鹅莓 / 醋栗	7		d	

序号	农药通用名	越南食品种类	MRL/（mg/kg）		与GB 2763—2016比较情况	备注
			越南	中国		
59	苯氟磺胺 Dichlofluanid	葡萄	15	15	c	
		莴苣头/结球莴苣	10	10		
		洋葱	0.1	0.1		
		桃	5	5		
		梨	5	5		
		胡椒	2		d	
		辣椒（干）	20	20	c	
		马铃薯	0.1	0.1		
		覆盆子（红、黑）	15		d	
		草莓	10	10	c	
		番茄	2	2		
60	氯硝胺 Dichloran	胡萝卜	15	15		Po
		葡萄	7	7		
		油桃	7	7		Po
		洋葱	0.2	0.2		
		桃	7	7		Po
61	敌敌畏 Dichlorvos	可食用的哺乳动物内脏	0.01		d	(*)
		蛋类	0.01			(*)
		哺乳动物脂肪（乳脂除外）	0.01			(*)
		哺乳动物肉类（海洋哺乳动物除外）	0.01			(*)
		生乳	0.01			(*)
		禽类脂肪	0.01			(*)
		禽肉类	0.01			(*)
		可食用的禽类内脏	0.01			(*)
		稻谷	7	0.1	a	
		未加工米糠	15		d	PoP
		糙米	1.5	0.2	a	PoP
		抛光大米	0.15		d	PoP
		香料/调味料	0.1			(*)
		小麦	7	0.1	a	Po
		未经加工小麦麸	15		d	PoP
		小麦细粉	0.7			PoP
		小麦全麦粉	3			PoP

序号	农药通用名	越南食品种类	MRL/（mg/kg）		与 GB 2763—2016 比较情况	备注
			越南	中国		
62	三氯杀螨醇 Dicofol	水果和浆果种类	0.1		d	
		根或根茎类香料	0.1			
		种子类香料	0.05			（*）
		茶（绿茶、红茶）	40	0.2	a	茶叶
63	苯醚甲环唑 Difenoconazole	芦笋	0.03	0.03	c	
		香蕉	0.1		d	
		豆类（蚕豆和大豆除外）	0.7			
		芸薹属类蔬菜、结球芸薹属、头状花序芸薹属	2			
		胡萝卜	0.2	0.2	c	
		芹菜	0.5	0.5		
		樱桃	0.2	0.2		
		柑橘类水果	0.6	0.5	a	
		黄瓜	0.2	1	b	
		葡萄干（包括无核小葡萄干、白葡萄干、苏丹娜葡萄干）	6		d	
		可食用的哺乳动物内脏	1.5			
		蛋类	0.03			
		果类蔬菜（瓜类蔬菜除外）	0.6			Except mushroom and sweet corn
		大蒜	0.02	0.2	b	（*）
		腌制用小黄瓜	0.2		d	
		人参	0.08	0.5	b	
		干人参（包括红参）	0.2		d	
		人参提取物	0.6			
		葡萄	3	0.5	a	
		韭葱	0.3		d	
		莴苣头 / 结球莴苣	2			
		莴苣叶	2			
		芒果	0.07	0.07	c	
		哺乳动物肉类（海洋哺乳动物除外）	0.2（脂肪）		d	
		瓜类（西瓜除外）	0.7			
		生乳	0.02			
		油桃	0.5	0.5	c	

序号	农药通用名	越南食品种类	MRL/（mg/kg）		与GB 2763—2016比较情况	备注
			越南	中国		
63	苯醚甲环唑 Difenoconazole	橄榄	2		d	
		洋葱	0.1			
		木瓜	0.2			
		西番莲 / 百香果	0.05			
		桃	0.5			
		豌豆（荚和多汁不成熟种子）	0.7			
		辣椒（干）	5			
		李子（包括梅脯）	0.2			
		梨果类水果	0.8			
		马铃薯	4			Po
		禽肉类	0.01（脂肪）			(＊)
		可食用的禽类内脏	0.01			(＊)
		油菜籽	0.05			
		大豆（干）	0.02			(＊)
		青葱 / 小葱	9			
		西葫芦	0.2			
		糖用甜菜	0.2			
		葵花籽	0.02			
		木本坚果	0.03			
		小麦	0.02			(＊)
64	除虫脲 Diflubenzuron	大麦	0.05			(＊)
		柑橘类水果	0.5			
		可食用的哺乳动物内脏	0.1			(＊)
		蛋类	0.05			(＊)
		哺乳动物肉类（海洋哺乳动物除外）	0.1（脂肪）			
		生乳	0.02			(＊)，F
		蘑菇	0.3			
		芥菜	10			
		油桃	0.5			
		燕麦	0.05			(＊)
		桃	0.5			
		花生	0.1			
		辣椒	3			
		辣椒（干）	20			

序号	农药通用名	越南食品种类	MRL/（mg/kg）		与 GB 2763—2016 比较情况	备注
			越南	中国		
64	除虫脲 Diflubenzuron	甜椒（包括灯笼椒）	0.7		d	
		李子（包括梅脯）	0.5			
		梨果类水果	5			
		禽肉类	0.05（脂肪）			（*）
		稻谷	0.01			（*）
		木本坚果	0.2			
		小黑麦	0.05			（*）
		小麦	0.05			（*）
65	精二甲吩草胺 Dimethenamid—P	豆类（干）	0.01			（*）
		糖用甜菜	0.01			（*）
		蛋类	0.01			（*）
		大蒜	0.01			（*）
		玉米	0.01			（*）
		哺乳动物肉类（海洋哺乳动物除外）	0.01			（*）
		生乳	0.01			（*）
		洋葱	0.01			（*）
		花生	0.01			（*）
		马铃薯	0.01			（*）
		禽肉类	0.01			（*）
		可食用的禽类内脏	0.01			（*）
		胡葱	0.01			（*）
		高粱	0.01			（*）
		大豆（干）	0.01			（*）
		糖用甜菜	0.01			（*）
		甜玉米（甜玉米棒）	0.01			（*）
		甘薯	0.01			（*）
66	噻节因 Dimethipin	棉籽	1	1	c	
		棉籽毛油	0.1	0.1		
		棉籽油	0.1	0.1		食用棉籽油
		可食用的哺乳动物内脏	0.01		d	（*）
		蛋类	0.01			（*）
		哺乳动物肉类（海洋哺乳动物除外）	0.01			（*）
		生乳	0.01			（*）

序号	农药通用名	越南食品种类	MRL/（mg/kg）		与 GB 2763—2016 比较情况	备注
			越南	中国		
66	噻节因 Dimethipin	马铃薯	0.05	0.05	c	（*）
		禽肉类	0.01		d	（*）
		可食用的禽类内脏	0.01			（*）
		油菜籽	0.2	0.2	c	
		葵花籽	1	1		
67	乐果 Dimethoate	朝鲜蓟（包括茎）	0.05	0.5		国标为临时限量
		芦笋	0.05	0.5		1. 国标为临时限量 2.（*）
		大麦	2		d	
		球芽甘蓝 / 抱子甘蓝	0.2			
		皱叶甘蓝	0.05			（*）
		可食用的牛内脏	0.05			（*）
		花椰菜	0.2	1	b	国标为临时限量
		芹菜	0.5	0.5	c	国标为临时限量
		樱桃	2	2		国标为临时限量
		柑橘类水果	5	2	a	1. 柑橘 / 橙 / 柠檬 / 柚（国标为临时限量） 2.Except kumquats
		蛋类	0.05		d	（*）
		莴苣头 / 结球莴苣	0.3			
		哺乳动物脂肪（乳脂除外）	0.05			（*）
		芒果	1			Po
		肉类（牛、山羊、马、猪和绵羊）	0.05			（*）
		奶（牛、山羊、和绵羊）	0.05			（*）
		橄榄	0.5			
		梨	1	1	c	国标为临时限量
		豌豆（荚和多汁不成熟种子）	1	0.5	a	食荚豌豆（国标为临时限量）
		辣椒（干）	3		d	
		甜椒（包括灯笼椒）	0.5			
		马铃薯	0.05	0.5	b	国标为临时限量
		禽类脂肪	0.05		d	（*）
		禽肉类	0.05			（*）
		可食用的禽类内脏	0.05			（*）
		可食用的绵羊内脏	0.05			（*）

序号	农药通用名	越南食品种类	MRL/（mg/kg）		与 GB 2763—2016 比较情况	备注
			越南	中国		
67	乐果 Dimethoate	水果和浆果种类	0.5		d	
		根或根茎类香料	0.1			（*）
		种子类香料	5			
		糖用甜菜	0.05	0.5	b	甜菜（糖料）（国标为临时限量）
		芜菁叶	1		d	
		芜菁	0.1			
		小麦	0.05	0.05	c	国标为临时限量
		白菜	2	1	a	1. 普通白菜（国标为临时限量） 2.（7）
		番茄	1	0.5		1. 国标为临时限量 2.（7）
		长豇豆	0.05	0.5	b	1. 豇豆（国标为临时限量） 2.（7）
68	烯酰吗啉 Dimethomorph	朝鲜蓟（包括茎）	2		d	
		豆类（去荚）	0.7			
		青花菜	4	1	a	
		白菜	6		d	
		芹菜	15			
		玉米沙拉	10			
		葡萄干（包括无核小葡萄干、白葡萄干、苏丹娜葡萄干）	5			
		可食用的哺乳动物内脏	0.01			（*）
		蛋类	0.01			（*）
		果类蔬菜（瓜类蔬菜除外）	1.5	1	a	茄果类蔬菜
		果类蔬菜（瓜类）	0.5	0.5	c	瓜类蔬菜（黄瓜除外）
		大蒜	0.6		d	
		葡萄	3	5	b	
		干啤酒花	80	80	c	啤酒花
		球茎甘蓝	0.02		d	
		韭葱	0.8			
		莴苣头 / 结球莴苣	10	10	c	结球莴苣

序号	农药通用名	越南食品种类	MRL/（mg/kg）		与 GB 2763—2016 比较情况	备注
			越南	中国		
68	烯酰吗啉 Dimethomorph	哺乳动物肉类（海洋哺乳动物除外）	0.01		d	(*)
		生乳	0.01			(*)
		洋葱	0.6			
		大葱	9			
		豌豆（去荚和多汁不成熟种子）	0.15			
		辣椒（干）	5			
		菠萝	0.01	0.01	c	(*)
		马铃薯	0.05	0.05		
		禽肉类	0.01		d	(*)
		可食用的禽类内脏	0.01			(*)
		胡葱	0.6			
		菠菜	30			
		青葱 / 小葱	9			
		草莓	0.5	0.05	a	
		芋头叶	10		d	
69	敌螨普 Dinocap	苹果	0.2			
		黄瓜	0.7			
		果类蔬菜（瓜类）	0.05			(*)
		葡萄	0.5			
		瓜类（西瓜除外）	0.5			
		桃	0.1			
		胡椒	0.2			
		辣椒（干）	2			
		西葫芦	0.07			
		草莓	0.5			Except strawberry grown in green houses
		番茄	0.3			
70	呋虫胺 Dinotefuran	芸薹属类蔬菜、结球芸薹属、头状花序芸薹属	2			
		芹菜	0.6			
		棉籽	0.2			
		蔓越莓	0.15			
		葡萄干（包括无核小葡萄干、白葡萄干、苏丹娜葡萄干）	3			

序号	农药通用名	越南食品种类	MRL/（mg/kg）		与GB 2763—2016比较情况	备注
			越南	中国		
70	呋虫胺 Dinotefuran	可食用的哺乳动物内脏	0.1		d	
		蛋类	0.02			（*）
		果类蔬菜（瓜类蔬菜除外）	0.5			Except sweet corn and mushroom
		果类蔬菜（瓜类）	0.5			
		葡萄	0.9			
		叶菜类蔬菜	6			Except watercress
		哺乳动物肉类（海洋哺乳动物除外）	0.1			
		生乳	0.1			
		油桃	0.8			
		洋葱	0.1			
		桃	0.8			
		辣椒（干）	5			
		禽肉类	0.02			（*）
		可食用的禽类内脏	0.02			（*）
		稻谷	8			
		抛光大米	0.3			
		青葱 / 小葱	4			
		西洋菜	7			
71	二苯胺 Diphenylamine	苹果	10			Po
		苹果汁	0.5			PoP
		牛肾	0.01			（*）
		牛肝	0.05			
		牛肉	0.01（脂肪）			（*）
		乳脂	0.01			
		生乳	0.01			（*）
		梨	5			Po
72	敌草快 Diquat	香蕉	0.02			（*）
		大麦	5			
		豆类（干）	0.2			
		腰果苹果（肉质假果）	0.02			（*）
		腰果	0.02			（*）
		腰果	0.02			（*）
		柑橘类水果	0.02			（*）

序号	农药通用名	越南食品种类	MRL/（mg/kg）		与GB 2763—2016比较情况	备注
			越南	中国		
72	敌草快 Diquat	咖啡豆	0.02		d	（*）
		可食用的哺乳动物内脏	0.05			（*）
		蛋类	0.05			（*）
		果类蔬菜（瓜类蔬菜除外）	0.01			1.Except sweet corn and mushroom 2.（*）
		小扁豆（干）	0.2			
		哺乳动物肉类（海洋哺乳动物除外）	0.05			（*）
		生乳	0.01			（*）
		燕麦	2			
		豆类（干）	0.3			
		梨果类水果	0.02			（*）
		马铃薯	0.1			
		禽肉类	0.05			（*）
		可食用的禽类内脏	0.05			（*）
		油菜籽	1.5			
		大豆（干）	0.3			
		核果类水果	0.02			（*）
		草莓	0.05			（*）
		葵花籽	0.9			
		小麦	2			
		未经加工小麦麸	2			
		小麦细粉	0.5			
		小麦全麦粉	2			
73	乙拌磷 Disulfoton	芦笋	0.02			（*）
		大麦	0.2			
		豆类（干）	0.2			
		鸡蛋	0.02			（*）
		咖啡豆	0.2			
		普通豆类（绿色豆荚和/或未成熟种子）	0.2			
		棉籽	0.1			
		豌豆（嫩荚，多汁不成熟种子）	0.1			
		豌豆（去荚，多汁种子）	0.02			（*）

序号	农药通用名	越南食品种类	MRL/（mg/kg）		与 GB 2763—2016 比较情况	备注
			越南	中国		
73	乙拌磷 Disulfoton	玉米	0.02			
		奶（牛、山羊、和绵羊）	0.01			
		燕麦	0.02			（*）
		花生	0.1			
		山核桃	0.1			
		菠萝	0.1			
		禽肉类	0.02			（*）
		香料 / 调味料	0.05			（*）
		糖用甜菜	0.2			
		甜玉米（甜玉米棒）	0.02			（*）
		甜玉米（甜玉米粒）	0.02			（*）
		小麦	0.2			
74	二氰蒽醌 Dithianon	杏仁	0.05		d	（*）
		醋栗 / 加仑子（黑、红、白）	2			
		葡萄干（包括无核小葡萄干、白葡萄干、苏丹娜葡萄干）	3.5			
		可食用的哺乳动物内脏	0.01			（*）
		蛋类	0.01			（*）
		干啤酒花	300			
		柑橘类	3			
		哺乳动物肉类（海洋哺乳动物除外）	0.01			（*）
		生乳	0.01			（*）
		梨果类水果	1			
		禽肉类	0.01			（*）
		可食用的禽类内脏	0.01			（*）
		柚子和葡萄柚类（包括类似柚子的杂交品种，葡萄柚除外）	3			
		核果类水果	2			
		鲜食葡萄	2			
		酿酒葡萄	5			

序号	农药通用名	越南食品种类	MRL/（mg/kg）		与 GB 2763—2016 比较情况	备注
			越南	中国		
75	二硫代氨基甲酸盐类 Dithiocarbamates	杏仁	0.1		d	1.（*） 2. 无此大类规定
		芦笋	0.1			无此大类规定
		香蕉	2			无此大类规定
		大麦	1			无此大类规定
		白菜	5			无此大类规定
		小豆蔻	0.1			无此大类规定
		胡萝卜	1			无此大类规定
		樱桃	0.2			无此大类规定
		芫荽种子	0.1			无此大类规定
		莴苣	10			无此大类规定
		蔓越莓	5			无此大类规定
		黄瓜	2			无此大类规定
		孜然种子	10			无此大类规定
		醋栗 / 加仑子（黑、红、白）	10			无此大类规定
		可食用的哺乳动物内脏	0.1			无此大类规定
		蛋类	0.05			1.（*） 2. 无此大类规定
		茴香籽	0.1			无此大类规定
		大蒜	0.5			无此大类规定
		人参	0.3			无此大类规定
		干人参（包括红参）	1.5			无此大类规定
		葡萄	5			无此大类规定
		干啤酒花	30			无此大类规定
		羽衣甘蓝（包括茎秆细长的甘蓝）	15			无此大类规定
		韭葱	0.5			无此大类规定
		莴苣头 / 结球莴苣	0.5			无此大类规定
		柑橘类（包括柑橘相似的杂交品种）	10			无此大类规定
		芒果	2			1.（*） 2. 无此大类规定
		哺乳动物肉类（海洋哺乳动物除外）	0.05			无此大类规定
		瓜类（西瓜除外）	0.5			1.（*） 2. 无此大类规定
		生乳	0.05			无此大类规定

序号	农药通用名	越南食品种类	MRL/（mg/kg）		与 GB 2763—2016 比较情况	备注
			越南	中国		
75	二硫代氨基甲酸盐类 Dithiocarbamates	洋葱	0.5		d	无此大类规定
		甜橙、酸橙类（包括类似橙的杂交品种）	2			无此大类规定
		木瓜	5			无此大类规定
		花生	0.1			无此大类规定
		山核桃	0.1			1.（*） 2. 无此大类规定
		胡椒（黑、白）	0.1			无此大类规定
		辣椒（干）	20			无此大类规定
		甜椒（包括灯笼椒）	1			无此大类规定
		梨果类水果	5			无此大类规定
		马铃薯	0.2			无此大类规定
		禽肉类	0.1			无此大类规定
		可食用的禽类内脏	0.1			无此大类规定
		南瓜	0.2			无此大类规定
		青葱 / 小葱	10			无此大类规定
		西葫芦	1			无此大类规定
		核果类水果	7			无此大类规定
		草莓	5			无此大类规定
		糖用甜菜	0.5			无此大类规定
		甜玉米（甜玉米棒）	0.1			1.（*） 2. 无此大类规定
		番茄	2			无此大类规定
		西瓜	1			无此大类规定
		小麦	1			无此大类规定
		冬南瓜 / 笋瓜	0.1			无此大类规定
76	多果定 Dodine	樱桃	3	5	b	无此大类规定
		油桃	5	5	c	无此大类规定
		桃	5	5		无此大类规定
		梨果类水果	5	5		无此大类规定
77	甲氨基阿维菌素苯甲酸盐 Emamectin benzoate	豆类（蚕豆和大豆除外）	0.01		d	
		莴苣	0.7			
		棉籽	0.002			（*）
		可食用的哺乳动物内脏	0.08			
		果类蔬菜（瓜类蔬菜除外）	0.02			Except sweet corn and mushroom

序号	农药通用名	越南食品种类	MRL/（mg/kg）		与 GB 2763—2016 比较情况	备注
			越南	中国		
77	甲氨基阿维菌素苯甲酸盐 Emamectin benzoate	果类蔬菜（瓜类）	0.007		d	
		葡萄	0.03			
		莴苣头 / 结球莴苣	1			
		莴苣叶	0.7			
		哺乳动物脂肪（乳脂除外）	0.02			
		哺乳动物肉类（海洋哺乳动物除外）	0.004			
		生乳	0.002			
		芥菜	0.2			
		油桃	0.03			
		桃	0.03			
		辣椒（干）	0.2			
		梨果类水果	0.02			
		油菜籽	0.005			（*）
		木本坚果	0.001			（*）
78	硫丹 Endosulfan	鳄梨	0.5			
		可可豆	0.2			
		咖啡豆	0.2			
		棉籽	0.3	0.05	a	
		黄瓜	1	0.05		
		番荔枝	0.5		d	
		茄子	0.1			
		蛋类	0.03	0.03	c	（*）
		榛子	0.02		d	（*）
		肾（牛、山羊、猪和绵羊）	0.03	0.03	c	1. 肾脏（牛、羊、猪） 2.（*）
		荔枝	2	0.05	a	
		肝（牛、山羊、猪和绵羊）	0.1	0.1	c	肝脏（牛、羊、猪）
		澳洲坚果	0.02		d	（*）
		芒果	0.5			
		哺乳动物肉类（海洋哺乳动物除外）	0.2（脂肪）			
		瓜类（西瓜除外）	2	0.05	a	瓜果类水果
		乳脂	0.1		d	
		奶	0.01	0.01	c	生乳

序号	农药通用名	越南食品种类	MRL/（mg/kg）		与 GB 2763—2016 比较情况	备注
			越南	中国		
78	硫丹 Endosulfan	木瓜	0.5		d	
		美洲柿	2		d	
		马铃薯	0.05	0.05	c	（*）
		禽肉类	0.03	0.03	c	1. 禽肉类（包括内脏） 2.（*）
		可食用的禽类内脏	0.03	0.03	c	1. 禽肉类（包括内脏） 2.（*）
		大豆（干）	1	0.05	a	大豆
		初榨大豆油	2	0.05	a	大豆毛油
		水果和浆果种类	5		d	
		根或根茎类香料	0.5		d	
		种子类香料	1		d	
		西葫芦	0.5		d	
		甘薯	0.05		d	（*）
		茶（绿茶、红茶）	10	10	c	茶叶
		番茄	0.5		d	
79	异狄氏剂 Endrin	果类蔬菜（瓜类）	0.05	0.05	c	1. 瓜类蔬菜 2. 再残留限量 3.E
		禽肉类	0.1		d	E
80	S- 氰戊菊酯 T—Esfenvalerate	棉籽	0.05	0.2	b	1. 棉籽 2. 氰戊菊酯和 S—氰戊菊酯
		蛋类	0.01		d	1.（*） 2. 氰戊菊酯和 S—氰戊菊酯
		禽肉类	0.01（脂肪）		d	1.（*） 2. 氰戊菊酯和 S—氰戊菊酯
		可食用的禽类内脏	0.01		d	1.（*） 2. 氰戊菊酯和 S—氰戊菊酯
		油菜籽	0.01		d	
		番茄	0.1	0.2	b	1. 番茄 2. 氰戊菊酯和 S—氰戊菊酯
		小麦	0.05	2	b	1. 小麦 2. 氰戊菊酯和 S—氰戊菊酯
81	乙烯利 Ethephon	苹果	5	5	c	
		大麦	1		d	

序号	农药通用名	越南食品种类	MRL/（mg/kg）		与GB 2763—2016比较情况	备注
			越南	中国		
81	乙烯利 Ethephon	蓝莓	20	20	c	
		哈密瓜	1	1		
		樱桃	10	10		
		鸡蛋	0.2		d	(*)
		棉籽	2	2	c	
		葡萄干（包括无核小葡萄干、白葡萄干、苏丹娜葡萄干）	5	5		
		可食用的内脏（牛、山羊、马、猪和绵羊）	0.2		d	(*)
		无花果（干果或蜜饯）	10	10	c	干制无花果
		葡萄	1	1		
		榛子	0.2	0.2		
		肉类（牛、山羊、马、猪和绵羊）	0.1		d	(*)
		奶（牛、山羊、和绵羊）	0.05			(*)
		胡椒	5			
		辣椒（干）	50	50	c	
		菠萝	2	2		
		禽肉类	0.1		d	(*)
		可食用的禽类内脏	0.2			(*)
		黑麦	1	1	c	
		番茄	2	2		
		核桃	0.5	0.5		
		小麦	1	1		
82	乙硫磷 Ethion	水果和浆果种类	5		d	
		根或根茎类香料	0.3			
		种子类香料	3			
		粉红葡萄柚／葡萄柚	1			(7)
83	灭线磷 Ethoprophos	香蕉	0.02	0.02	c	热带和亚热带水果
		黄瓜	0.01	0.02	b	瓜类蔬菜
		可食用的哺乳动物内脏	0.01		d	(*)
		哺乳动物肉类（海洋哺乳动物除外）	0.01			(*)
		瓜类（西瓜除外）	0.02	0.02	c	瓜果类水果

序号	农药通用名	越南食品种类	MRL/（mg/kg）		与 GB 2763—2016 比较情况	备注
			越南	中国		
83	灭线磷 Ethoprophos	生乳	0.01		d	(*)
		辣椒（干）	0.2			
		甜椒（包括灯笼椒）	0.05	0.02	a	茄果类蔬菜
		马铃薯	0.05	0.02		根茎类和薯芋类蔬菜
		草莓	0.02	0.02	c	1. 浆果和其他小型水果 2. (*)
		甘蔗	0.02		d	
		甘薯	0.05	0.02	a	根茎类和薯芋类蔬菜
		番茄	0.01	0.02	b	1. 茄果类蔬菜 2. (*)
		芜菁	0.02	0.02	c	1. 根茎类和薯芋类蔬菜 2. (*)
84	乙氧喹啉 Ethoxyquin	梨	3	3		Po
85	醚菊酯 Etofenprox	苹果	0.6	0.6		
		豆类（干）	0.05	0.05		杂粮类
		葡萄干（包括无核小葡萄干、白葡萄干、苏丹娜葡萄干）	8	8		
		可食用的哺乳动物内脏	0.05		d	
		蛋类	0.01			(*)
		葡萄	4			
		玉米	0.05	0.05	c	(*)
		哺乳动物肉类（海洋哺乳动物除外）	0.5（脂肪）		d	
		生乳	0.02			
		油桃	0.6	0.6	c	
		桃	0.6	0.6		
		梨	0.6	0.6		
		禽肉类	0.01		d	(*)
		可食用的禽类内脏	0.01			(*)
		油菜籽	0.01			(*)
		稻谷	0.01			(*)

序号	农药通用名	越南食品种类	MRL/（mg/kg）		与 GB 2763—2016 比较情况	备注
			越南	中国		
86	乙螨唑 Etoxazole	柑橘类水果	0.1	0.5	b	柑橘
		黄瓜	0.02		d	
		可食用的哺乳动物内脏	0.01			(*)
		葡萄	0.5			
		干啤酒花	15			
		哺乳动物肉类（海洋哺乳动物除外）	0.01（脂肪）			(*)
		生乳	0.01			(*)
		薄荷	15			
		梨果类水果	0.07			
		茶（绿茶、红茶）	15			
		木本坚果	0.01			(*)
87	噁唑菌酮 Famoxadone	大麦	0.2	0.2	c	
		黄瓜	0.2	1	b	
		葡萄干（包括无核小葡萄干、白葡萄干、苏丹娜葡萄干）	5		d	
		可食用的哺乳动物内脏	0.5			
		蛋类	0.01			(*)
		葡萄	2			
		哺乳动物肉类（海洋哺乳动物除外）	0.5（脂肪）			
		生乳	0.03			F
		马铃薯	0.02			(*)
		禽肉类	0.01			(*)
		可食用的禽类内脏	0.01			(*)
		西葫芦	0.2	0.2	c	
		番茄	2	2		
		小麦	0.1	0.1		
		未经加工小麦麸	0.2		d	
88	咪唑菌酮 Fenamidone	豆类（蚕豆和大豆除外）	0.8			
		豆类（去荚）	0.15			
		白菜	0.9			
		胡萝卜	0.2			
		芹菜	40			

序号	农药通用名	越南食品种类	MRL/（mg/kg）		与 GB 2763—2016 比较情况	备注
			越南	中国		
88	咪唑菌酮 Fenamidone	棉籽	0.02		d	（*）
		可食用的哺乳动物内脏	0.01			（*）
		蛋类	0.01			（*）
		头状花序芸薹属（包括羽衣甘蓝和花椰菜）	4			
		果类蔬菜（瓜类蔬菜除外）	1.5			Except chilli, mushroom and sweet corn
		果类蔬菜（瓜类）	0.2			
		大蒜	0.15			
		葡萄	0.6			
		韭葱	0.3			
		莴苣头 / 结球莴苣	20			
		莴苣叶	0.9			
		哺乳动物肉类（海洋哺乳动物除外）	0.01（脂肪）			（*）
		乳脂	0.02			
		生乳	0.01			（*）
		洋葱	0.15			
		大葱	3			
		辣椒	4			
		辣椒（干）	30			
		马铃薯	0.02			（*）
		禽类脂肪	0.01			（*）
		禽肉类	0.01（脂肪）			（*）
		可食用的禽类内脏	0.01			（*）
		胡葱	0.15			
		青葱 / 小葱	3			
		草莓	0.04			
		葵花籽	0.02			（*）
		番茄沙司	3			
		番茄酱	4			
		菊苣（芽）	0.01			（*）
89	苯线磷 Fenamiphos	苹果	0.05	0.02	a	（*）
		香蕉	0.05	0.02		（*）
		球芽甘蓝 / 抱子甘蓝	0.05	0.02		

序号	农药通用名	越南食品种类	MRL/（mg/kg）		与 GB 2763—2016 比较情况	备注
			越南	中国		
89	苯线磷 Fenamiphos	白菜	0.05	0.02	a	
		棉籽	0.05	0.02		（*）
		棉籽毛油	0.05		d	（*）
		可食用的哺乳动物内脏	0.01			（*）
		蛋类	0.01			（*）
		哺乳动物肉类（海洋哺乳动物除外）	0.01			（*）
		瓜类（西瓜除外）	0.05	0.02	a	
		生乳	0.005		d	（*）
		花生	0.05	0.02	a	（*）
		花生毛油	0.05	0.02		（*）
		禽肉类	0.01		d	（*）
		可食用的禽类内脏	0.01			（*）
90	氯苯嘧啶醇 Fenarimol	朝鲜蓟（包括茎）	0.1	0.1	c	
		香蕉	0.2	0.2		
		牛肾	0.02		d	（*）
		牛肝	0.05			
		牛肉	0.02			（*）
		樱桃	1	1	c	
		葡萄干（包括无核小葡萄干、白葡萄干、苏丹娜葡萄干）	0.2	0.2		
		葡萄	0.3	0.3		
		干啤酒花	5	5		啤酒花
		瓜类（西瓜除外）	0.05	0.05		甜瓜类水果
		桃	0.5	0.5		
		山核桃	0.02	0.02		（*）
		辣椒（干）	5	5		干辣椒
		甜椒（包括灯笼椒）	0.5	0.5		
		梨果类水果	0.3	0.3		仁果类水果
		草莓	1	1		T
91	腈苯唑 Fenbuconazole	杏	0.5	0.5		
		香蕉	0.05	0.05		
		大麦	0.2	0.1	a	
		未加工的大麦麦麸	1		d	
		蓝莓	0.5			

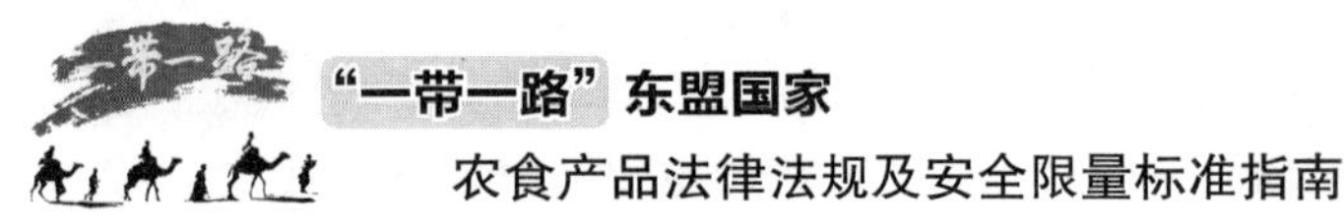

序号	农药通用名	越南食品种类	MRL/（mg/kg）		与 GB 2763—2016 比较情况	备注
			越南	中国		
91	腈苯唑 Fenbuconazole	樱桃	1	1	c	
		柑橘类水果	0.5		d	Except lemons and limes
		可食用柑橘油	30			Except lemons and limes
		蔓越莓	1			
		黄瓜	0.2	0.2	c	
		可食用的哺乳动物内脏	0.1		d	
		蛋类	0.01			（*）
		葡萄	1	1	c	
		柠檬和青柠（包括香橼）	1		d	
		柠檬精油（精炼、可食用）	60			
		哺乳动物肉类（海洋哺乳动物除外）	0.01			
		瓜类（西瓜除外）	0.2	0.2	c	
		生乳	0.01		d	（*）
		桃	0.5	0.5	c	
		花生	0.1		d	
		胡椒	0.6			
		辣椒（干）	2			
		李子（包括梅脯）	0.3			
		梨果类水果	0.5	0.1	a	
		禽肉类	0.01		d	（*）
		可食用的禽类内脏	0.01			（*）
		油菜籽	0.05	0.05	c	（*）
		黑麦	0.1	0.1		
		西葫芦	0.05	0.05		
		葵花籽	0.05	0.05		（*）
		木本坚果	0.01	0.01		（*）
		小麦	0.1	0.1		
92	苯丁锡 Fenbutatin Oxide	杏仁	0.5	0.5		
		香蕉	10	10		
		樱桃	10	10		
		鸡肉	0.05		d	（*）
		可食用的鸡内脏	0.05			（*）
		柑橘类水果	5			1. 无此大类规定 2.Including kumquat

序号	农药通用名	越南食品种类	MRL/（mg/kg）		与 GB 2763—2016 比较情况	备注
			越南	中国		
92	苯丁锡 Fenbutatin Oxide	黄瓜	0.5	0.5	c	
		可食用的哺乳动物内脏	0.2		d	
		蛋类	0.05			
		葡萄	5	5	c	
		哺乳动物肉类（海洋哺乳动物除外）	0.05		d	(*)
		生乳	0.05			(*)
		桃	7	7	c	
		山核桃	0.5		d	
		李子（包括梅脯）	3	10	b	
		梨果类水果	5	5	c	
		梅脯	10		d	
		葡萄干（无籽白葡萄变种，部分干燥）	20	20	c	
		草莓	10	10		
		番茄	1	1		
		核桃	0.5	0.5		
93	环酰菌胺 Fenhexamid	杏仁	0.02	0.02		(*)
		杏	10	10		
		黑莓	5	15	b	
		桑葚	15	5	a	
		蓝莓	5	5	c	
		樱桃	7	7		
		黄瓜	1	1		
		醋栗/加仑子（黑、红、白）	5	5		
		露莓（包括波森莓和罗甘莓）	15	15		
		葡萄干（包括无核小葡萄干、白葡萄干、苏丹娜葡萄干）	25	25		
		可食用的哺乳动物内脏	0.05		d	(*)
		茄子	2	2	c	
		接骨木果	5		d	
		腌制用小黄瓜	1	1	c	
		鹅莓/醋栗	5	15	b	
		葡萄	15	15	c	

序号	农药通用名	越南食品种类	MRL/（mg/kg）		与 GB 2763—2016 比较情况	备注
			越南	中国		
93	环酰菌胺 Fenhexamid	唐棣属植物果实 / 唐棣	5		d	
		猕猴桃	15	15	c	
		莴苣头 / 结球莴苣	30	30		
		莴苣叶	30	30		
		哺乳动物肉类（海洋哺乳动物除外）	0.05（脂肪）		d	（*）
		生乳	0.01			（*），F
		油桃	10	10	c	
		桃	10	10		
		胡椒	2		d	
		李子（包括梅脯）	1	1	c	
		覆盆子（红、黑）	15		d	
		西葫芦	1	1	c	
		草莓	10	10		
		番茄	2	2		
94	杀螟硫磷 Fenitrothion	苹果	0.5	0.5		仁果类水果（国标为临时限量）
		谷物	6	5	a	1. 稻谷 / 麦类 / 全麦粉 / 旱粮类 / 杂粮类 2.Po
		可食用的哺乳动物内脏	0.05		d	（*）
		蛋类	0.05			（*）
		哺乳动物肉类（海洋哺乳动物除外）	0.05			（*）
		生乳	0.01			
		禽肉类	0.05			（*）
		未加工米糠	40			
		大豆（干）	0.01	5	b	大豆
		水果和浆果种类	1	0.5	a	浆果和其他小型水果
		根或根茎类香料	0.1		d	（*）
		种子类香料	7			
		未经加工小麦麸	25			PoP

序号	农药通用名	越南食品种类	MRL/（mg/kg）		与GB 2763—2016比较情况	备注
			越南	中国		
95	甲氰菊酯 Fenpropathrin	柑橘类水果	2	5	b	
		可食用柑橘油	100		d	
		咖啡豆	0.03		d	
		可食用的哺乳动物内脏	0.01		d	
		蛋类	0.01		d	（*）
		哺乳动物脂肪（乳脂除外）	0.03		d	
		哺乳动物肉类（海洋哺乳动物除外）	0.01		d	
		生乳	0.01		d	
		胡椒	1		d	
		辣椒（干）	10	10	c	
		李子（包括梅脯）	1		d	
		梨果类水果	5	5	c	
		禽类脂肪	0.01		d	（*）
		禽肉类	0.01（脂肪）		d	（*）
		可食用的禽类内脏	0.01		d	（*）
		梅脯	3		d	
		大豆（干）	0.01	0.1	b	
		草莓	2	5	b	
		茶（绿茶、红茶）	3	5	b	
		番茄	1	1	c	
		木本坚果	0.15		d	
96	丁苯吗啉 Fenpropimorph	香蕉	2		d	
		大麦	0.5		d	
		蛋类	0.01		d	（*）
		肾（牛、山羊、猪和绵羊）	0.05		d	
		肝（牛、山羊、猪和绵羊）	0.3		d	
		哺乳动物脂肪（乳脂除外）	0.01		d	
		哺乳动物肉类（海洋哺乳动物除外）	0.02		d	
		生乳	0.01		d	
		燕麦	0.5		d	
		禽类脂肪	0.01		d	（*）
		禽肉类	0.01		d	（*）
		可食用的禽类内脏	0.01		d	（*）

序号	农药通用名	越南食品种类	MRL/（mg/kg）		与 GB 2763—2016 比较情况	备注
			越南	中国		
96	丁苯吗啉 Fenpropimorph	黑麦	0.5		d	
		糖用甜菜	0.05			（*）
		小麦	0.5			
97	唑螨酯 Fenpyroximate	鳄梨	0.2			
		樱桃	2			
		柑橘类水果	0.5	0.2	a	柑橘
		普通豆类（绿色豆荚和 / 或未成熟种子）	0.4		d	
		黄瓜	0.3			
		葡萄干（包括无核小葡萄干、白葡萄干、苏丹娜葡萄干）	0.3			
		可食用的哺乳动物内脏	0.02			
		果类蔬菜（瓜类蔬菜除外）	0.2			Except sweet corn and mushroom
		葡萄	0.1			
		干啤酒花	10			
		哺乳动物肉类（海洋哺乳动物除外）	0.2（脂肪）			
		瓜类（西瓜除外）	0.05			（*）
		生乳	0.01			（*）
		辣椒（干）	1			
		梨果类水果	0.3			
		马铃薯	0.05			
		梅脯	0.7			
		核果类水果	0.4			Except cherries
		草莓	0.8			
		木本坚果	0.05			（*）
98	倍硫磷 Fenthion	樱桃	2	2	c	
		柑橘类水果	2	0.05	a	
		初榨橄榄油	1	1	c	
		橄榄	1	1		
		糙米	0.05		d	

序号	农药通用名	越南食品种类	MRL/（mg/kg）		与GB 2763—2016比较情况	备注
			越南	中国		
99	氰戊菊酯 Fenvalerate	羽衣甘蓝	3		d	氰戊菊酯和S-氰戊菊酯
		可食用的哺乳动物内脏	0.02			氰戊菊酯和S-氰戊菊酯
		芒果	1.5	0.2	a	1. 热带和亚热带水果 2. 氰戊菊酯和S-氰戊菊酯
		哺乳动物肉类（海洋哺乳动物除外）	1（脂肪）		d	氰戊菊酯和S-氰戊菊酯
		生乳	0.1			1. F 2. 氰戊菊酯和S-氰戊菊酯
		水果和浆果种类	0.03	0.2	b	1. 浆果和其他小型水果 2. 氰戊菊酯和S-氰戊菊酯
		根或根茎类香料	0.05		d	氰戊菊酯和S-氰戊菊酯
100	氟虫腈 Fipronil	香蕉	0.005	0.02	b	热带和亚热带水果
		大麦	0.002		d	（*）
		白菜	0.02	0.02	c	
		牛肾	0.02		d	
		牛肝	0.1			
		牛肉	0.5（脂肪）			
		牛奶	0.02			
		蛋类	0.02			
		头状花序芸薹属（包括羽衣甘蓝和花椰菜）	0.02	0.02	c	
		玉米	0.01	0.1	a	
		燕麦	0.002		d	（*）
		马铃薯	0.02	0.02	c	
		禽肉类	0.01		d	（*）
		可食用的禽类内脏	0.02			
		稻谷	0.01			
		黑麦	0.002			（*）
		糖用甜菜	0.2	0.02	a	
		葵花籽	0.002		d	（*）

序号	农药通用名	越南食品种类	MRL/（mg/kg）		与 GB 2763—2016 比较情况	备注
			越南	中国		
100	氟虫腈 Fipronil	小黑麦	0.002		d	(*)
		小麦	0.002			(*)
		长豇豆	0.04	0.02	a	(7)
101	氟苯虫酰胺 Flubendiamide	芸薹属类蔬菜、结球芸薹属、头状花序芸薹属	4		d	
		芹菜	5			
		棉籽	1.5			
		可食用的哺乳动物内脏	1			
		果类蔬菜（瓜类）	0.2			
		葡萄	2			
		豆类蔬菜	2			
		莴苣头 / 结球莴苣	5			
		莴苣叶	7			
		玉米	0.02			
		哺乳动物肉类（海洋哺乳动物除外）	2（脂肪）			
		乳脂	5			
		生乳	0.1			
		胡椒	0.7			
		辣椒（干）	7			
		梨果类水果	0.8			
		小扁豆	1			
		核果类水果	2			
		甜玉米（甜玉米棒）	0.02			
		茶（绿茶、红茶）	50			
		番茄	2			
		木本坚果	0.1			
102	咯菌腈 Fludioxonil	鳄梨	0.4			
		豆类（干）	0.5			
		豆类（蚕豆和大豆除外）	0.6			Green pods and immature seeds
		豆类（去荚）	0.4			
		桑葚	5			
		蓝莓	2			
		青花菜	0.7			
		白菜	2			

序号	农药通用名	越南食品种类	MRL/（mg/kg）		与 GB 2763—2016 比较情况	备注
			越南	中国		
102	咯菌腈 Fludioxonil	胡萝卜	0.7		d	
		谷物	0.05			（*）
		柑橘类水果	10			Po
		棉籽	0.05	0.05	c	（*）
		露莓（包括波森莓和罗甘莓）	5		d	
		干香料蔬菜	60			
		可食用的哺乳动物内脏	0.05			（*）
		茄子	0.3			
		蛋类	0.01			（*）
		果类蔬菜（瓜类）	0.5			
		人参	4			
		葡萄	2			
		香料蔬菜	9			
		猕猴桃	15			Po
		莴苣头 / 结球莴苣	10			
		莴苣叶	40			
		芒果	2			
		哺乳动物肉类（海洋哺乳动物除外）	0.01			（*）
		生乳	0.01			
		芥菜	10			
		洋葱	0.5			
		豆类（干）	0.07			
		豌豆（荚和多汁不成熟种子）	0.3			
		豌豆（去荚和多汁不成熟种子）	0.03			
		胡椒	1			
		辣椒（干）	4			
		开心果	0.2			
		梨果类水果	5			Po
		石榴	2			Po
		马铃薯	5			Po
		禽肉类	0.01			（*）
		可食用的禽类内脏	0.05			（*）

序号	农药通用名	越南食品种类	MRL/（mg/kg）		与 GB 2763—2016 比较情况	备注
			越南	中国		
102	咯菌腈 Fludioxonil	萝卜	0.3		d	
		萝卜叶（包括萝卜的顶部）	20			
		油菜籽	0.02			（*）
		覆盆子（红、黑）	5			
		青豆（嫩荚）	0.6			
		菠菜	30			
		核果类水果	5			Po
		草莓	3			
		甜玉米（甜玉米棒）	0.01			（*）
		甘薯	10			Po
		番茄	3			Po
		西洋菜	10			
		山药	10			Po
103	联氟砜 Fluensulfone	果类蔬菜（瓜类蔬菜除外）	0.3			Except sweet corn and mushroom
		果类蔬菜（瓜类）	0.3			
		辣椒（干）	2			
		番茄酱	0.5			
		晒干的西红柿	0.5			
104	氟虫脲 Flufenoxuron	可食用的哺乳动物内脏	0.05			（*）
		哺乳动物脂肪（乳脂除外）	0.05			（*）
		哺乳动物肉类（海洋哺乳动物除外）	0.05			（*）
		生乳	0.01			（*）
		甜橙、酸橙类（包括类似橙的杂交品种）	0.4	0.5	b	
		茶（绿茶、红茶）	20		d	
105	氟氯苯氰菊酯 Flumethrin	牛肉	0.2（脂肪）			（2），V
		牛奶	0.05			（2），F，V
106	氟吡菌胺 Fluopicolide	球芽甘蓝 / 抱子甘蓝	0.2			
		白菜	7	0.5		
		芹菜	20			
		葡萄干（包括无核小葡萄干、白葡萄干、苏丹娜葡萄干）	10			
		可食用的哺乳动物内脏	0.01			（*）

序号	农药通用名	越南食品种类	MRL/（mg/kg）		与GB 2763—2016比较情况	备注
			越南	中国		
106	氟吡菌胺 Fluopicolide	蛋类	0.01		d	（*）
		头状花序芸薹属（包括羽衣甘蓝和花椰菜）	2			
		果类蔬菜（瓜类蔬菜除外）	1			Except sweet corn and mushroom
		果类蔬菜（瓜类）	0.5			
		葡萄	2			
		叶菜类蔬菜	30			
		哺乳动物肉类（海洋哺乳动物除外）	0.01（脂肪）			（*）
		生乳	0.02			
		洋葱	1			
		大葱	10			
		辣椒（干）	7			
		禽肉类	0.01			（*）
		可食用的禽类内脏	0.01			（*）
107	氟吡菌酰胺 Fluopyram	芦笋	0.01			（*）
		香蕉	0.8			
		豆类（干）	0.07			
		桑葚	3			
		青花菜	0.3			
		球芽甘蓝／抱子甘蓝	0.3			
		白菜	0.15			
		胡萝卜	0.4			
		花椰菜	0.09			
		樱桃	0.7			
		鹰嘴豆（干）	0.07			
		黄瓜	0.5			
		葡萄干（包括无核小葡萄干、白葡萄干、苏丹娜葡萄干）	5			
		蛋类	0.3			
		大蒜	0.07			
		葡萄	2			
		肾（牛、山羊、猪和绵羊）	0.5			
		韭葱	0.15			
		小扁豆（干）	0.07			

序号	农药通用名	越南食品种类	MRL/（mg/kg）		与 GB 2763—2016 比较情况	备注
			越南	中国		
107	氟吡菌酰胺 Fluopyram	莴苣头 / 结球莴苣	15		d	
		莴苣叶	15			
		肝（牛、山羊、猪和绵羊）	3			
		羽扇豆（干）	0.07			
		哺乳动物肉类（海洋哺乳动物除外）	0.5			
		生乳	0.3			
		洋葱	0.07			
		桃（包括油桃和杏）	1			
		花生	0.03			
		李子（包括梅脯）	0.5			
		梨果类水果	0.5			
		马铃薯	0.03			
		禽肉类	0.2			
		可食用的禽类内脏	0.7			
		油菜籽	1			
		覆盆子（红、黑）	3			
		草莓	0.4			
		糖用甜菜	0.04			
		番茄	0.4	1	b	
		木本坚果	0.04		d	
108	氟硅唑 Flusilazole	杏	0.2	0.2	c	
		香蕉	0.03	1	b	
		谷物	0.2	0.2	c	Except rice
		葡萄干（包括无核小葡萄干、白葡萄干、苏丹娜葡萄干）	0.3		d	
		可食用的哺乳动物内脏	2			
		蛋类	0.1			
		葡萄	0.2	0.5	b	
		哺乳动物肉类（海洋哺乳动物除外）	1（脂肪）		c	
		生乳	0.05			

序号	农药通用名	越南食品种类	MRL/（mg/kg）		与GB 2763—2016比较情况	备注
			越南	中国		
108	氟硅唑 Flusilazole	油桃	0.2	0.2	c	
		桃	0.2	0.2		
		梨果类水果	0.3	0.3		
		禽肉类	0.2		d	
		可食用的禽类内脏	0.2			
		油菜籽	0.1	0.1	c	
		大豆（干）	0.05	0.05		
		精炼大豆油	0.1	0.1		
		糖用甜菜	0.05	0.05		
		葵花籽	0.1	0.1		
		甜玉米（甜玉米棒）	0.01		d	（*）
109	氟酰胺 Flutolanil	芸薹属类蔬菜、结球芸薹属、头状花序芸薹属	0.05			（*）
		十字花科叶菜类蔬菜	0.07			
		可食用的哺乳动物内脏	0.5			
		蛋类	0.05			（*）
		哺乳动物肉类（海洋哺乳动物除外）	0.05			（*）
		生乳	0.05			（*）
		禽肉类	0.05			（*）
		可食用的禽类内脏	0.05			（*）
		未加工米糠	10			
		糙米	2	2	c	
		抛光大米	1	1		
110	粉唑醇 Flutriafol	香蕉	0.3		d	
		咖啡豆	0.15			
		葡萄干（包括无核小葡萄干、白葡萄干、苏丹娜葡萄干）	2			
		葡萄	0.8			
		花生	0.15			
		辣椒（干）	10			
		甜椒（包括灯笼椒）	1			
		梨果类水果	0.3			
		大豆（干）	0.4			
		未经加工小麦麸	0.3			
		小麦	0.15	0.5	b	

序号	农药通用名	越南食品种类	MRL/（mg/kg）		与 GB 2763—2016 比较情况	备注
			越南	中国		
111	氟唑菌酰胺 Fluxapyroxad	大麦	2		d	
		经加工的大麦麦麸	4			
		豆类（干）	0.3			
		豆类（蚕豆和大豆除外）	2			
		豆类（去荚）	0.09			
		鹰嘴豆（干）	0.4			
		棉籽	0.01			
		可食用的哺乳动物内脏	0.1			
		蛋类	0.02			
		果类蔬菜（瓜类蔬菜除外）	0.6			Except sweet corn and mushroom
		小扁豆（干）	0.4			
		玉米	0.01			(*)
		哺乳动物肉类（海洋哺乳动物除外）	0.2（脂肪）			
		乳脂	0.5			
		生乳	0.02			
		燕麦	2			
		油籽	0.8			Except peanut and cotton seed
		花生	0.01			
		豆类（干）	0.4			
		豌豆（荚和多汁不成熟种子）	2			
		豌豆（去荚和多汁不成熟种子）	0.09			
		辣椒（干）	6			
		梨果类水果	0.9			
		马铃薯	0.03			
		禽类脂肪	0.05			
		禽肉类	0.02			
		可食用的禽类内脏	0.02			
		梅脯	5			
		黑麦	0.3			
		大豆（干）	0.15			
		大豆（未成熟种子）	0.5			
		大豆（未成熟豆荚）	1.5			

序号	农药通用名	越南食品种类	MRL/（mg/kg）		与 GB 2763—2016 比较情况	备注
			越南	中国		
111	氟唑菌酰胺 Fluxapyroxad	核果类水果	2		d	
		糖用甜菜	0.15			
		甜玉米（甜玉米棒）	0.15			
		小黑麦	0.3			
		小麦	0.3			
		未经加工小麦麸	1			
112	灭菌丹 Folpet	苹果	10	10	c	
		黄瓜	1	1		
		葡萄干（包括无核小葡萄干、白葡萄干、苏丹娜葡萄干）	40	40		
		葡萄	10	10		
		莴苣头 / 结球莴苣	50	50		结球莴苣
		瓜类（西瓜除外）	3	3		甜瓜类水果
		洋葱	1	1		
		马铃薯	0.1	0.1		
		草莓	5	5		
		番茄	3	3		
113	草铵膦 Glufosinate－Ammonium	芦笋	0.4		d	
		热带和亚热带水果－皮可食	0.1			
		热带和亚热带水果－皮不可食	0.1			Except banana and kiwifruits
		香蕉	0.2			
		蓝莓	0.1			
		胡萝卜	0.05			
		柑橘类水果	0.05			
		咖啡豆	0.1			
		普通豆类（干）	0.05			
		棉籽	5			
		普通豆类（绿色豆荚和 / 或未成熟种子）	0.05			(*)
		玉米沙拉	0.05			
		醋栗 / 加仑子（黑、红、白）	1			
		可食用的哺乳动物内脏	3			
		蛋类	0.05			(*)

序号	农药通用名	越南食品种类	MRL/（mg/kg）		与 GB 2763—2016 比较情况	备注
			越南	中国		
113	草铵膦 Glufosinate—Ammonium	鹅莓／醋栗	0.1		d	
		葡萄	0.15			
		猕猴桃	0.6			
		莴苣头／结球莴苣	0.4			
		莴苣叶	0.4			
		玉米	0.1			
		哺乳动物肉类（海洋哺乳动物除外）	0.05			
		生乳	0.02			(*)
		洋葱	0.05			
		梨果类水果	0.1			
		马铃薯	0.1			
		禽肉类	0.05			(*)
		可食用的禽类内脏	0.1			(*)
		梅脯	0.3			
		油菜籽	1.5			
		油菜籽毛油	0.05			(*)
		覆盆子（红、黑）	0.1			
		稻谷	0.9			
		大豆（干）	2			
		核果类水果	0.15			
		草莓	0.3			
		糖用甜菜	1.5			
		甜菜糖蜜	8			
		木本坚果	0.1			
114	草甘膦 Glyphosate	香蕉	0.05			(*)
		豆类（干）	2			
		谷物	30			except maize and rice
		棉籽	40			
		可食用的哺乳动物内脏	5			Except pigs
		蛋类	0.05			(*)
		小扁豆（干）	5			
		玉米	5			
		哺乳动物肉类（海洋哺乳动物除外）	0.05			(*)

序号	农药通用名	越南食品种类	MRL/（mg/kg）		与GB 2763—2016比较情况	备注
			越南	中国		
114	草甘膦 Glyphosate	生乳	0.05		d	（*）
114	草甘膦 Glyphosate	豆类（干）	5		d	
114	草甘膦 Glyphosate	可食用的猪内脏	0.5		d	
114	草甘膦 Glyphosate	禽肉类	0.05		d	（*）
114	草甘膦 Glyphosate	可食用的禽类内脏	0.5		d	
114	草甘膦 Glyphosate	油菜籽	30		d	
114	草甘膦 Glyphosate	大豆（干）	20		d	
114	草甘膦 Glyphosate	糖用甜菜	15		d	
114	草甘膦 Glyphosate	甘蔗	2		d	
114	草甘膦 Glyphosate	甘蔗糖蜜	10		d	
114	草甘膦 Glyphosate	葵花籽	7		d	
114	草甘膦 Glyphosate	未经加工小麦麸	20		d	
114	草甘膦 Glyphosate	甜玉米（甜玉米棒）	3		d	
115	双胍辛盐 Guazatine	谷物	0.05		d	（*）
115	双胍辛盐 Guazatine	柑橘类水果	5		d	Po
116	氟吡禾灵 Haloxyfop	香蕉	0.02	0.02	c	（*）
116	氟吡禾灵 Haloxyfop	豆类（干）	3		d	
116	氟吡禾灵 Haloxyfop	豆类（蚕豆和大豆除外）	0.5		d	
116	氟吡禾灵 Haloxyfop	鹰嘴豆（干）	0.05	0.05	c	
116	氟吡禾灵 Haloxyfop	柑橘类水果	0.02	0.02	c	（*）
116	氟吡禾灵 Haloxyfop	咖啡豆	0.02	0.02	c	（*）
116	氟吡禾灵 Haloxyfop	棉籽	0.7		d	
116	氟吡禾灵 Haloxyfop	可食用的哺乳动物内脏	2		d	
116	氟吡禾灵 Haloxyfop	蛋类	0.1		d	
116	氟吡禾灵 Haloxyfop	葡萄	0.02	0.02	c	（*）
116	氟吡禾灵 Haloxyfop	哺乳动物肉类（海洋哺乳动物除外）	0.5（脂肪）		d	
116	氟吡禾灵 Haloxyfop	乳脂	7		d	
116	氟吡禾灵 Haloxyfop	生乳	0.3		d	
116	氟吡禾灵 Haloxyfop	洋葱	0.2		d	
116	氟吡禾灵 Haloxyfop	豆类（干）	0.2		d	
116	氟吡禾灵 Haloxyfop	豌豆（荚和多汁不成熟种子）	0.7		d	
116	氟吡禾灵 Haloxyfop	豌豆（去荚和多汁不成熟种子）	1		d	
116	氟吡禾灵 Haloxyfop	梨果类水果	0.02	0.02	c	（*）

序号	农药通用名	越南食品种类	MRL/（mg/kg）		与 GB 2763—2016 比较情况	备注
			越南	中国		
116	氟吡禾灵 Haloxyfop	禽肉类	0.7（脂肪）		d	
		可食用的禽类内脏	0.7			
		油菜籽	3			
		大豆（干）	2			
		核果类水果	0.02	0.02	c	（*）
		糖用甜菜	0.4	0.4		
		葵花籽	0.3		d	
117	七氯 Heptachlor	谷物	0.02	0.02	c	1. 稻谷 / 麦类 / 旱粮类 / 杂粮类 / 成品粮（国标为再残留限量） 2.E
		柑橘类水果	0.01	0.01		1. 国标为再残留限量 2.E
		棉籽	0.02	0.02		1. 国标为再残留限量 2.E
		蛋类	0.05	0.05		1. 国标为再残留限量 2.E
		哺乳动物肉类（海洋哺乳动物除外）	0.2（脂肪）	0.2		1. 国标为再残留限量 2.E
		奶	0.006	0.006		1. 生乳（国标为再残留限量） 2.F，E
		菠萝	0.01	0.01		1. 热带和亚热带水果（国标为再残留限量） 2.E
		禽肉类	0.2（脂肪）	0.2		1. 禽肉类（国标为再残留限量） 2.E
		大豆（未成熟种子）	0.02	0.02		1. 大豆（国标为再残留限量） 2.E
		初榨大豆油	0.5	0.05	a	1. 大豆毛油（国标为再残留限量） 2.E
		精炼大豆油	0.02	0.02	c	1. 大豆油（国标为再残留限量） 2.E

序号	农药通用名	越南食品种类	MRL/（mg/kg）		与GB 2763—2016比较情况	备注
			越南	中国		
118	噻螨酮 Hexythiazox	柑橘类水果	0.5	0.5	c	柑橘/橙/柠檬/柚
		枣	2	2		枣（鲜）
		葡萄干（包括无核小葡萄干、白葡萄干、苏丹娜葡萄干）	1	1		
		可食用的哺乳动物内脏	0.05		d	
		茄子	0.1	0.1	c	
		蛋类	0.05		d	
		果类蔬菜（瓜类）	0.05	0.05	c	1. 瓜类蔬菜 2. Except watermelon
		葡萄	1	1		
		干啤酒花	3	3		啤酒花
		哺乳动物脂肪（乳脂除外）	0.05		d	
		哺乳动物肉类（海洋哺乳动物除外）	0.05（脂肪）			
		乳脂	0.05			
		生乳	0.05			
		梨果类水果	0.4	0.4	c	仁果类水果（苹果、梨除外）
		禽肉类	0.05（脂肪）		d	（*）
		可食用的禽类内脏	0.05			
		梅脯	1	1	c	李子干
		核果类水果	0.3	0.3		核果类水果（枣除外）
		草莓	6	0.5	a	
		茶（绿茶、红茶）	15	15	c	茶叶
		番茄	0.1	0.1		
		木本坚果	0.05	0.05		1. 坚果 2.（*）
119	磷化氢 Hydrogen Phosphide	可可豆	0.01	0.01		Po
		谷物	0.1		d	Po
		干制水果	0.01	0.01	c	Po
		玉米沙拉	0.01		d	Po
		花生	0.01			

序号	农药通用名	越南食品种类	MRL/（mg/kg）		与 GB 2763—2016 比较情况	备注
			越南	中国		
119	磷化氢 Hydrogen Phosphide	香料 / 调味料	0.01	0.01	c	1. 调味料 2.Po
		木本坚果	0.01	0.01		1. 坚果 2.Po
120	抑霉唑 Imazalil	香蕉	2		d	
		柑橘类水果	5	5	c	1. 柑橘 2.Po
		黄瓜	0.5	0.5		
		腌制用小黄瓜	0.5	0.5		
		瓜类（西瓜除外）	2	2		1. 甜瓜类水果 2.Po
		日本柿	2	2		1. 柿 2.Po
		梨果类水果	5	5		1. 仁果类水果 2.Po
		马铃薯	5	5		Po
		覆盆子（红、黑）	2		d	
		草莓	2	2	c	
		未经加工小麦麸	1		d	
		小麦	0.01	0.01	c	（*）
121	甲氧咪草烟 Imazamox	豆类（干）	0.05		d	（*）
		豆类（蚕豆和大豆除外）	0.05			（*）
		可食用的哺乳动物内脏	0.01			（*）
		蛋类	0.01			（*）
		小扁豆（干）	0.2			
		哺乳动物脂肪（乳脂除外）	0.01			（*）
		哺乳动物肉类 （海洋哺乳动物除外）	0.01			
		生乳	0.01			（*）
		花生	0.01			（*）
		豌豆 （去荚和多汁不成熟种子）	0.05			（*）
		禽类脂肪	0.01			（*）
		禽肉类	0.01			（*）
		可食用的禽类内脏	0.01			（*）
		油菜籽	0.05			（*）
		稻谷	0.01			（*）
		大豆（干）	0.01	0.1	b	（*）

序号	农药通用名	越南食品种类	MRL/（mg/kg）		与GB 2763—2016比较情况	备注
			越南	中国		
121	甲氧咪草烟 Imazamox	葵花籽	0.3		d	
		小麦	0.05			（*）
		未经加工小麦麸	0.2			
		小麦胚芽	0.1			
122	甲咪唑烟酸 Imazapic	可食用的哺乳动物内脏	1			
		蛋类	0.01			（*）
		玉米	0.01			（*）
		哺乳动物脂肪（乳脂除外）	0.1			
		哺乳动物肉类（海洋哺乳动物除外）	0.1			
		生乳	0.1			
		花生	0.05	0.1	b	（*）
		禽类脂肪	0.01		d	（*）
		禽肉类	0.01			（*）
		可食用的禽类内脏	0.01			（*）
		油菜籽	0.05			（*）
		稻谷	0.05			（*）
		甘蔗	0.01			（*）
		小麦	0.05			（*）
123	灭草烟 Imazapyr	可食用的哺乳动物内脏	0.05			（*）
		蛋类	0.01			（*）
		小扁豆（干）	0.3			
		玉米	0.05			（*）
		哺乳动物脂肪（乳脂除外）	0.05			（*）
		哺乳动物肉类（海洋哺乳动物除外）	0.05			（*）
		生乳	0.01			（*）
		禽类脂肪	0.01			（*）
		禽肉类	0.01			（*）
		可食用的禽类内脏	0.01			（*）
		油菜籽	0.05			（*）
		葵花籽	0.08			
		小麦	0.05			（*）
124	吡虫啉 Imidacloprid	苹果	0.5	0.5	c	
		杏	0.5		d	
		香蕉	0.05			

序号	农药通用名	越南食品种类	MRL/（mg/kg）		与 GB 2763—2016 比较情况	备注
			越南	中国		
124	吡虫啉 Imidacloprid	豆类（蚕豆和大豆除外）	2		d	
		浆果和其他小型水果	5			Except cranberry, grapes and strawberry
		青花菜	0.5			
		球芽甘蓝 / 抱子甘蓝	0.5			
		白菜	0.5	0.2	a	大白菜
		花椰菜	0.5		d	
		芹菜	6	5	a	
		谷物	0.05		d	
		樱桃（甜）	0.5			
		柑橘类水果	1	1	c	仅柑橘
		咖啡豆	1		d	
		蔓越莓	0.05			（*）
		黄瓜	1	1	c	
		可食用的哺乳动物内脏	0.3		d	
		茄子	0.2	1	b	
		蛋类	0.02		d	
		葡萄	1			
		干啤酒花	10			
		韭葱	0.05			（*）
		莴苣头 / 结球莴苣	2			
		芒果	0.2			
		哺乳动物肉类（海洋哺乳动物除外）	0.1			
		瓜类（西瓜除外）	0.2			
		生乳	0.1			
		油桃	0.5			
		洋葱	0.1			
		桃	0.5			
		花生	1	0.5	a	
		梨	1	0.5		
		豌豆（荚和多汁不成熟种子）	5		d	
		豌豆（去荚和多汁不成熟种子）	2			
		胡椒	1			

序号	农药通用名	越南食品种类	MRL/（mg/kg）		与 GB 2763—2016 比较情况	备注
			越南	中国		
124	吡虫啉 Imidacloprid	辣椒（干）	10		d	
		李子（包括梅脯）	0.2		d	
		石榴	1		d	
		禽肉类	0.02		d	
		可食用的禽类内脏	0.05		d	
		小扁豆	2		d	Except soya-bean
		萝卜叶（包括萝卜的顶部）	5		d	
		油菜籽	0.05		d	（*）
		根茎类蔬菜	0.5		d	
		西葫芦	1		d	
		草莓	0.5		d	
		葵花籽	0.05		d	（*）
		甜玉米（甜玉米棒）	0.02		d	（*）
		番茄	0.5	1	b	
		木本坚果	0.01		d	
		西瓜	0.2		d	
		小麦细粉	0.03		d	
		未经加工小麦麸	0.3		d	
		黄秋葵	0.1		d	（7）
125	茚虫威 Indoxacarb	苹果	0.5		d	
		青花菜	0.2		d	花椰菜
		白菜	3	2	a	普通白菜
		花椰菜	0.2	1	b	
		鹰嘴豆（干）	0.2		d	
		棉籽	1	0.1	a	
		长荚豇豆（干）	0.1		d	
		蔓越莓	1		d	
		葡萄干（包括无核小葡萄干、白葡萄干、苏丹娜葡萄干）	5		d	
		可食用的哺乳动物内脏	0.05		d	
		茄子	0.5		d	
		蛋类	0.02		d	
		果类蔬菜（瓜类）	0.5		d	
		葡萄	2		d	
		莴苣头 / 结球莴苣	7		d	

序号	农药通用名	越南食品种类	MRL/（mg/kg）		与 GB 2763—2016 比较情况	备注
			越南	中国		
125	茚虫威 Indoxacarb	莴苣叶	3		d	
		哺乳动物肉类（海洋哺乳动物除外）	2（脂肪）			
		乳脂	2			
		生乳	0.1			
		薄荷	15			
		绿豆（干）	0.2			
		花生	0.02			（*）
		梨	0.2			
		胡椒	0.3			
		马铃薯	0.02			
		禽肉类	0.01（脂肪）			（*）
		可食用的禽类内脏	0.01			（*）
		梅脯	3			
		大豆（干）	0.5			
		核果类水果	1			
		甜玉米（甜玉米棒）	0.02			
		茶（绿茶、红茶）	5	5	c	茶叶
		番茄	0.5		d	
126	异菌脲 Iprodione	杏仁	0.2			
		大麦	2			
		豆类（干）	0.1			
		桑葚	30			
		青花菜	25			
		胡萝卜	10			Po
		樱桃	10			
		普通豆类（绿色豆荚和/或未成熟种子）	2			
		黄瓜	2	2	c	
		葡萄	10	10		
		猕猴桃	5		d	
		莴苣头/结球莴苣	10			
		莴苣叶	25			
		洋葱	0.2			
		桃	10			
		梨果类水果	5	5	c	1. 苹果/梨 2.Po

序号	农药通用名	越南食品种类	MRL/（mg/kg）		与GB 2763—2016比较情况	备注
			越南	中国		
126	异菌脲 Iprodione	油菜籽	0.5	2	b	
		覆盆子（红、黑）	30		d	
		糙米	10		d	
		根或根茎类香料	0.1		d	
		种子类香料	0.05		d	（*）
		草莓	10		d	
		糖用甜菜	0.1		d	（*）
		葵花籽	0.5		d	
		番茄	5	5	c	
		菊苣（芽）	1		d	
127	吡唑萘菌胺 Isopyrazam	香蕉	0.06		d	
		大麦	0.07		d	
		可食用的哺乳动物内脏	0.02		d	
		蛋类	0.01		d	（*）
		哺乳动物脂肪（乳脂除外）	0.01		d	（*）
		哺乳动物肉类（海洋哺乳动物除外）	0.01		d	（*）
		乳脂	0.02		d	
		生乳	0.01		d	（*）
		禽类脂肪	0.01		d	（*）
		禽肉类	0.01		d	（*）
		可食用的禽类内脏	0.01		d	（*）
		黑麦	0.03		d	
		小黑麦	0.03		d	
		未经加工小麦麸	0.15		d	
		小麦	0.03		d	
128	异恶唑草酮 Isoxaflutole	鹰嘴豆（干）	0.01		d	（*）
		可食用的哺乳动物内脏	0.1		d	
		蛋类	0.01		d	（*）
		玉米	0.02		d	（*）
		哺乳动物脂肪（乳脂除外）	0.01		d	（*）
		哺乳动物肉类（海洋哺乳动物除外）	0.01		d	（*）
		生乳	0.01		d	（*）
		罂粟籽	0.02		d	（*）
		禽类脂肪	0.01		d	（*）

序号	农药通用名	越南食品种类	MRL/（mg/kg）		与GB 2763—2016比较情况	备注
			越南	中国		
128	异恶唑草酮 Isoxaflutole	禽肉类	0.01		d	（*）
		可食用的禽类内脏	0.2			（*）
		甘蔗	0.01			（*）
		甜玉米（甜玉米棒）	0.02			（*）
129	醚菌酯 Kresoxim-Methyl	大麦	0.1	0.1	c	
		黄瓜	0.05	0.5	b	（*）
		葡萄干（包括无核小葡萄干、白葡萄干、苏丹娜葡萄干）	2		d	
		可食用的哺乳动物内脏	0.05			（*）
		葡萄柚	0.5	0.5	c	柚
		葡萄	1		d	
		哺乳动物脂肪（乳脂除外）	0.05			（*）
		哺乳动物肉类（海洋哺乳动物除外）	0.05			（*）
		生乳	0.01			（*）
		初榨橄榄油	0.7	0.7	c	
		橄榄	0.2	0.2		
		甜橙、酸橙类（包括类似橙的杂交品种）	0.5	0.5		橙
		梨果类水果	0.2	0.2		仁果类水果（苹果除外）
		禽肉类	0.05		d	（*）
		黑麦	0.05	0.05	c	（*）
		小麦	0.05	0.05		（*）
130	林丹 Lindane	大麦	0.01	0.01		国标为再残留限量（*）
		可食用的哺乳动物内脏	0.01	0.01		国标为再残留限量（*）
		蛋类	0.01	0.1	b	国标为再残留限量（*）
		玉米	0.01	0.01	c	1. 国标为再残留限量 2.（*）
		哺乳动物肉类（海洋哺乳动物除外）	0.1（脂肪）	0.1（以原样计）		哺乳动物肉类（海洋哺乳动物除外）-脂肪含量10%以下（国标为再残留限量）

序号	农药通用名	越南食品种类	MRL/（mg/kg）		与 GB 2763—2016 比较情况	备注
			越南	中国		
130	林丹 Lindane	奶	0.01	0.01	c	1.生乳（国标为再残留限量） 2.（*）
		燕麦	0.01	0.01		1.国标为再残留限量 2.（*）
		禽肉类	0.05（脂肪）	0.05		家禽肉（脂肪）（国标为再残留限量）
		可食用的禽类内脏	0.01	0.01		1.可食用家禽内脏（国标为再残留限量） 2.（*）
		黑麦	0.01	0.01		1.国标为再残留限量 2.（*）
		高粱	0.01	0.01		1.国标为再残留限量 2.（*）
		甜玉米（甜玉米粒）	0.01	0.01		1.玉米（国标为再残留限量） 2.（*）
		小麦	0.01	0.05	b	1.国标为再残留限量 2.（*）
131	马拉硫磷 Malathion	苹果	0.5	2		
		芦笋	1	1	c	
		豆类（干）	2	8	b	杂粮类
		豆类（蚕豆和大豆除外）	1	2		豇豆／菜豆／食荚豌豆／扁豆／豌豆
		蓝莓	10	10	c	
		樱桃	3	6	b	
		辣椒	0.1	0.5		（7）
		白菜	8	8	c	1.普通白菜 2.（7）
		柑橘类水果	7	2	a	柑橘
		棉籽	20		d	
		棉籽毛油	13			
		棉籽油	13			
		黄瓜	0.2	0.2	c	

序号	农药通用名	越南食品种类	MRL/（mg/kg）		与 GB 2763—2016 比较情况	备注
			越南	中国		
131	马拉硫磷 Malathion	葡萄	5	8	b	
		玉米	0.05	0.5		鲜食玉米
		芥菜	2	2	c	叶芥菜
		洋葱	1	1		
		胡椒	0.1	1	b	果类调味料
		辣椒（干）	1		d	
		粉红葡萄柚 / 葡萄柚	0.2	4	b	1. 柚 2.（7）
		高粱	3	8		旱粮类
		水果和浆果种类	1		d	
		根或根茎类香料	0.5	0.5	c	根茎类调味料
		种子类香料	2	2		种子类调味料
		菠菜	3	2	a	
		青葱 / 小葱	5	5	c	葱
		草莓	1	1		
		青豆	1	2	b	1. 菜豆 2.（7）
		甜玉米（甜玉米棒）	0.02	0.02	c	玉米笋
		番茄	0.5	0.5		
		番茄汁	0.01		d	
		芜菁叶	5	5	c	
		芜菁	0.2	0.2		
		小麦	10	8	a	麦类
		未经加工小麦麸	25		d	
		小麦细粉	0.2			
132	抑芽丹 Maleic Hydrazide	大蒜	15	15	c	
		洋葱	15	15		
		马铃薯	50	50		
		胡葱	15	15		葱
133	双炔酰菌胺 Mandipropamid	青花菜	2	2		国标为临时限量
		白菜	3	25	b	叶菜类（芹菜除外）（国标为临时限量）
		芹菜	20	20	c	国标为临时限量
		黄瓜	0.2	0.2		国标为临时限量

序号	农药通用名	越南食品种类	MRL/（mg/kg）		与GB 2763—2016比较情况	备注
			越南	中国		
133	双炔酰菌胺 Mandipropamid	葡萄干（包括无核小葡萄干、白葡萄干、苏丹娜葡萄干）	5		d	
		葡萄	2	2	c	国标为临时限量
		干啤酒花	90		d	
		叶菜类蔬菜	25	25	c	叶菜类（芹菜除外）（国标为临时限量）
		瓜类（西瓜除外）	0.5	0.5		甜瓜类水果（国标为临时限量）
		洋葱	0.1	0.1		国标为临时限量
		胡椒	1		d	
		辣椒（干）	10			
		马铃薯	0.01	0.01	c	1. 国标为临时限量 2.（*）
		青葱／小葱	7	7		葱（国标为临时限量）
		西葫芦	0.2	0.2		国标为临时限量
		番茄	0.3		d	
134	二甲四氯（2甲4氯）MCPA	大麦	0.2			
		可食用的哺乳动物内脏	3			
		蛋类	0.05			（*）
		亚麻籽	0.01			（*）
		玉米	0.01			（*）
		哺乳动物脂肪（乳脂除外）	0.2			
		哺乳动物肉类（海洋哺乳动物除外）	0.1			
		生乳	0.04			
		燕麦	0.2			
		豆类（干）	0.01			（*）
		禽类脂肪	0.05			（*）
		禽肉类	0.05			（*）
		可食用的禽类内脏	0.05			（*）
		黑麦	0.2			
		小黑麦	0.2			
		小麦	0.2			

<table>
<tr><th rowspan="2">序号</th><th rowspan="2">农药通用名</th><th rowspan="2">越南食品种类</th><th colspan="2">MRL/（mg/kg）</th><th rowspan="2">与 GB 2763—2016 比较情况</th><th rowspan="2">备注</th></tr>
<tr><th>越南</th><th>中国</th></tr>
<tr><td rowspan="5">135</td><td rowspan="5">消螨多 Meptyldinocap</td><td>黄瓜</td><td>0.07</td><td></td><td rowspan="12">d</td><td></td></tr>
<tr><td>葡萄</td><td>0.2</td><td></td><td></td></tr>
<tr><td>瓜类（西瓜除外）</td><td>0.5</td><td></td><td></td></tr>
<tr><td>西葫芦</td><td>0.07</td><td></td><td></td></tr>
<tr><td>草莓</td><td>0.3</td><td></td><td></td></tr>
<tr><td rowspan="21">136</td><td rowspan="21">硝磺草酮 Mesotrione</td><td>芦笋</td><td>0.01</td><td></td><td>（*）</td></tr>
<tr><td>浆果</td><td>0.01</td><td></td><td>（*）</td></tr>
<tr><td>蔓藤类浆果</td><td>0.01</td><td></td><td>（*）</td></tr>
<tr><td>蔓越莓</td><td>0.01</td><td></td><td>（*）</td></tr>
<tr><td>可食用的哺乳动物内脏</td><td>0.01</td><td></td><td>（*）</td></tr>
<tr><td>蛋类</td><td>0.01</td><td></td><td>（*）</td></tr>
<tr><td>亚麻籽</td><td>0.01</td><td></td><td>（*）</td></tr>
<tr><td>玉米</td><td>0.01</td><td>0.01</td><td>c</td><td>（*）</td></tr>
<tr><td>哺乳动物肉类（海洋哺乳动物除外）</td><td>0.01</td><td></td><td rowspan="8">d</td><td>（*）</td></tr>
<tr><td>生乳</td><td>0.01</td><td></td><td>（*）</td></tr>
<tr><td>小米（包括稗、香蒲粟、稷、龙爪稷、粟、细柄黍）</td><td>0.01</td><td></td><td>（*）</td></tr>
<tr><td>燕麦</td><td>0.01</td><td></td><td>（*）</td></tr>
<tr><td>黄秋葵</td><td>0.01</td><td></td><td>（*）</td></tr>
<tr><td>禽肉类</td><td>0.01</td><td></td><td>（*）</td></tr>
<tr><td>可食用的禽类内脏</td><td>0.01</td><td></td><td>（*）</td></tr>
<tr><td>大黄</td><td>0.01</td><td></td><td>（*）</td></tr>
<tr><td>糙米</td><td>0.01</td><td>0.05</td><td>b</td><td>（*）</td></tr>
<tr><td>高粱</td><td>0.01</td><td></td><td rowspan="3">d</td><td>（*）</td></tr>
<tr><td>大豆（干）</td><td>0.03</td><td></td><td></td></tr>
<tr><td>甘蔗</td><td>0.01</td><td></td><td>甘蔗（糖料）</td></tr>
<tr><td>甜玉米（甜玉米棒）</td><td>0.01</td><td>0.01</td><td>c</td><td>1. 玉米
2.（*）</td></tr>
<tr><td rowspan="7">137</td><td rowspan="7">氰氟虫腙 Metaflumizone</td><td>球芽甘蓝 / 抱子甘蓝</td><td>0.8</td><td></td><td rowspan="7">d</td><td></td></tr>
<tr><td>白菜 / 普通白菜</td><td>6</td><td></td><td></td></tr>
<tr><td>可食用的哺乳动物内脏</td><td>0.02</td><td></td><td>（*）</td></tr>
<tr><td>茄子</td><td>0.6</td><td></td><td></td></tr>
<tr><td>莴苣头 / 结球莴苣</td><td>7</td><td></td><td></td></tr>
<tr><td>哺乳动物肉类（海洋哺乳动物除外）</td><td>0.02（脂肪）</td><td></td><td>（*）</td></tr>
<tr><td>乳脂</td><td>0.02</td><td></td><td></td></tr>
</table>

序号	农药通用名	越南食品种类	MRL/（mg/kg）		与GB 2763—2016比较情况	备注
			越南	中国		
137	氰氟虫腙 Metaflumizone	生乳	0.01		d	(*)
		胡椒	0.6			
		辣椒（干）	6			
		马铃薯	0.02			(*)
		番茄	0.6			
138	甲霜灵 Metalaxyl	芦笋	0.05	0.05	c	(*)
		鳄梨	0.2	0.2		
		青花菜	0.5	0.5		
		球芽甘蓝/抱子甘蓝	0.2	0.2		
		白菜	0.5		d	
		可可豆	0.2	0.2	c	
		胡萝卜	0.05	0.05		(*)
		花椰菜	0.5	0.5		
		谷物	0.05		d	(*)
		柑橘类水果	5	5	c	Po
		棉籽	0.05	0.05		
		黄瓜	0.5		d	
		腌制用小黄瓜	0.5			
		葡萄	1	1	c	
		干啤酒花	10	10		
		莴苣头/结球莴苣	2	2		
		玉米	0.05		d	(7)
		瓜类（西瓜除外）	0.2	0.2	c	
		洋葱	2	2		
		花生	0.1	0.1		
		豌豆（去荚和多汁不成熟种子）	0.05		d	(*)
		胡椒	1	5	b	种子类调味料
		辣椒（干）	10		d	
		菠萝	0.1			(7)
		梨果类水果	1	1	c	Po
		马铃薯	0.05	0.05		(*)
		覆盆子（红、黑）	0.2	0.2		
		大豆（干）	0.05		d	(*)
		种子类香料	5	5	c	
		菠菜	2	2		

序号	农药通用名	越南食品种类	MRL/（mg/kg）		与 GB 2763—2016 比较情况	备注
			越南	中国		
138	甲霜灵 Metalaxyl	西葫芦	0.2	0.2	c	
		糖用甜菜	0.05	0.05		（*）
		葵花籽	0.05	0.05		（*）
		番茄	0.5	0.5		
		西瓜	0.2	0.2		
		冬南瓜 / 笋瓜	0.2	0.2		
139	Methamidophos 甲胺磷	朝鲜蓟（包括茎）	0.2		d	
		豆类（蚕豆和大豆除外）	1			
		棉籽	0.2	0.05	a	
		可食用的哺乳动物内脏	0.01		d	（*）
		蛋类	0.01			（*）
		哺乳动物肉类（海洋哺乳动物除外）	0.01			（*）
		奶	0.02			
		马铃薯	0.05	0.05	c	
		禽肉类	0.01		d	
		可食用的禽类内脏	0.01			
		蛋类	0.01			（*）
		哺乳动物肉类（海洋哺乳动物除外）	0.01			（*）
		糙米	0.6	0.1	a	
		大豆（干）	0.1		d	
		香料 / 调味料	0.1			（*）
		糖用甜菜	0.02	0.05	b	
		白菜	1		d	（7）
		番茄	1	0.5	a	（7）
		棕榈油	0.01		d	（7）
140	杀扑磷 Methidation	杏仁	0.05			（*）
		苹果	0.5	0.05	a	仁果类水果
		朝鲜蓟（包括茎）	0.05	0.05	c	1. 茎类蔬菜 2. （*）
		豆类（干）	0.1	0.05	a	杂粮类
		白菜	0.1	0.05		叶菜类蔬菜

序号	农药通用名	越南食品种类	MRL/（mg/kg）		与GB 2763—2016比较情况	备注
			越南	中国		
140	杀扑磷 Methidation	牛脂肪	0.02		d	（*）
		樱桃	0.2	0.05	a	核果类水果
		棉籽	1		d	
		棉籽毛油	2			
		黄瓜	0.05	0.05	c	瓜类蔬菜
		可食用的内脏（牛、猪和绵羊）	0.02		d	（*）
		蛋类	0.02			（*）
		山羊脂肪	0.02			（*）
		山羊肉	0.02			（*）
		可食用的山羊内脏	0.02			（*）
		葡萄柚	2	0.05	a	柑橘类水果（柑橘除外）
		葡萄	1	0.05		浆果和其他小型水果
		干啤酒花	5		d	
		柠檬和青柠（包括香橼）	2	0.05	a	柑橘类水果（柑橘除外）
		澳洲坚果	0.01		d	（*）
		玉米	0.1	0.05	a	旱粮类
		柑橘类（包括柑橘相似的杂交品种）	5	2		柑橘
		肉类（牛、猪和绵羊）	0.02		d	（*）
		生乳	0.001			
		油桃	0.2	0.05	a	核果类水果
		橄榄	1	0.05		热带和亚热带水果
		洋葱	0.1	0.05		鳞茎类蔬菜
		甜橙、酸橙类（包括类似橙的杂交品种）	2	0.05		柑橘类水果（柑橘除外）
		梨	1	0.05		仁果类水果
		豆类（干）	0.1	0.05		旱粮类
		豌豆（荚和多汁不成熟种子）	0.1	0.05		豆类蔬菜
		山核桃	0.05		d	（*）
		猪脂肪	0.02			（*）
		菠萝	0.05	0.05	c	热带和亚热带水果

序号	农药通用名	越南食品种类	MRL/（mg/kg）		与 GB 2763—2016 比较情况	备注
			越南	中国		
140	杀扑磷 Methidation	李子（包括梅脯）	0.2	0.05	a	核果类水果
		马铃薯	0.02	0.05	b	1. 根茎类和薯芋类蔬菜 2.（*）
		禽类脂肪	0.02		d	（*）
		禽肉类	0.02			（*）
		可食用的禽类内脏	0.02			（*）
		萝卜	0.05	0.05	c	1. 根茎类和薯芋类蔬菜 2.（*）
		油菜籽	0.1		d	
		红花籽	0.1			
		绵羊脂肪	0.02			（*）
		高粱	0.2	0.05	a	旱粮类
		水果和浆果种类	0.02	0.05	b	浆果和其他小型水果
		根或根茎类香料	0.05		d	
		糖用甜菜	0.05			（*）
		葵花籽	0.5			
		茶（绿茶、红茶）	0.5			
		番茄	0.1	0.05	a	茄果类蔬菜
		核桃	0.05		d	（*）
141	甲硫威 Methiocarb	朝鲜蓟（包括茎）	0.05	0.05	c	（*）
		大麦	0.05	0.05		（*）
		球芽甘蓝 / 抱子甘蓝	0.05	0.05		（*）
		白菜	0.1		d	
		花椰菜	0.1	0.1	c	
		榛子	0.05	0.05		（*）
		韭葱	0.5	0.5		
		莴苣头 / 结球莴苣	0.05	0.05		（*）
		玉米	0.05	0.05		（*）
		瓜类（西瓜除外）	0.2	0.2		甜瓜类水果
		洋葱	0.5	0.5		
		豆类（干）	0.1		d	
		豌豆（荚和多汁不成熟种子）	0.1	0.1	c	
		甜椒（包括灯笼椒）	2	2		

序号	农药通用名	越南食品种类	MRL/（mg/kg）		与 GB 2763—2016 比较情况	备注
			越南	中国		
141	甲硫威 Methiocarb	马铃薯	0.05	0.05	c	（*）
		油菜籽	0.05	0.05		（*）
		水果和浆果种类	0.07		d	
		根或根茎类香料	0.1			
		草莓	1	1	c	
		糖用甜菜	0.05	0.05		（*）
		葵花籽	0.05	0.05		（*）
		小麦	0.05	0.05		（*）
142	灭多威 Methomyl	苹果	0.3	0.2	a	仁果类水果
		芦笋	2	0.2		茎类蔬菜
		大麦	2	0.2		麦类
		豆类（干）	0.05	0.05	c	旱粮类
		豆类（蚕豆和大豆除外）	1	0.2	a	豆类蔬菜
		棉籽	0.2	0.5	b	
		柑橘类水果	1	0.2	a	
		普通豆类（绿色豆荚和/或未成熟种子）	1	0.2		豆类蔬菜
		棉籽油	0.04		d	
		可食用的哺乳动物内脏	0.02			（*）
		蛋类	0.02			（*）
		果类蔬菜（瓜类）	0.1	0.2	b	瓜类蔬菜
		葡萄	0.3	0.2	a	浆果和其他小型水果
		莴苣头/结球莴苣	0.2	0.2	c	叶菜类蔬菜
		莴苣叶	0.2	0.2		叶菜类蔬菜
		玉米	0.02	0.05	b	1. 旱粮类 2.（*）
		玉米油（可食用）	0.02		d	（*）
		哺乳动物肉类（海洋哺乳动物除外）	0.02			（*）
		生乳	0.02			（*）
		油桃	0.2	0.2	c	核果类水果
		燕麦	0.02	0.2	b	1. 麦类 2.（*）
		洋葱	0.2	0.2	c	鳞茎类蔬菜
		桃	0.2	0.2		核果类水果

<table>
<tr><th rowspan="2">序号</th><th rowspan="2">农药通用名</th><th rowspan="2">越南食品种类</th><th colspan="2">MRL/（mg/kg）</th><th rowspan="2">与 GB 2763—2016 比较情况</th><th rowspan="2">备注</th></tr>
<tr><th>越南</th><th>中国</th></tr>
<tr><td rowspan="21">142</td><td rowspan="21">灭多威
Methomyl</td><td>梨</td><td>0.3</td><td>0.2</td><td rowspan="2">a</td><td>仁果类水果</td></tr>
<tr><td>豌豆
（荚和多汁不成熟种子）</td><td>5</td><td>0.2</td><td>豆类蔬菜</td></tr>
<tr><td>胡椒</td><td>0.7</td><td></td><td rowspan="2">d</td><td></td></tr>
<tr><td>辣椒（干）</td><td>10</td><td></td><td></td></tr>
<tr><td>李子（包括梅脯）</td><td>1</td><td>0.2</td><td>a</td><td>核果类水果</td></tr>
<tr><td>马铃薯</td><td>0.02</td><td>0.2</td><td>b</td><td>1. 根茎类和薯芋类蔬菜
2.（*）</td></tr>
<tr><td>禽肉类</td><td>0.02</td><td></td><td rowspan="3">d</td><td>（*）</td></tr>
<tr><td>可食用的禽类内脏</td><td>0.02</td><td></td><td>（*）</td></tr>
<tr><td>油菜籽</td><td>0.05</td><td></td><td></td></tr>
<tr><td>大豆（干）</td><td>0.2</td><td>0.2</td><td>c</td><td>大豆</td></tr>
<tr><td>初榨大豆油</td><td>0.2</td><td></td><td rowspan="2">d</td><td></td></tr>
<tr><td>精炼大豆油</td><td>0.2</td><td></td><td></td></tr>
<tr><td>水果和浆果种类</td><td>0.07</td><td>0.2</td><td>b</td><td>浆果和其他小型水果</td></tr>
<tr><td>番茄</td><td>1</td><td>0.2</td><td rowspan="2">a</td><td>茄果类蔬菜</td></tr>
<tr><td>小麦</td><td>2</td><td>0.2</td><td>麦类</td></tr>
<tr><td>未经加工小麦麸</td><td>3</td><td></td><td rowspan="3">d</td><td></td></tr>
<tr><td>小麦细粉</td><td>0.03</td><td></td><td></td></tr>
<tr><td>小麦胚芽</td><td>2</td><td></td><td></td></tr>
<tr><td>胡葱</td><td>0.2</td><td>0.2</td><td>c</td><td>1. 鳞茎类蔬菜
2.（7）</td></tr>
<tr><td>黄秋葵</td><td>0.5</td><td>0.2</td><td>a</td><td>1. 茄果类蔬菜
2.（7）</td></tr>
<tr><td colspan="5" style="display:none"></td></tr>
<tr><td rowspan="10">143</td><td rowspan="10">烯虫酯
Methoprene</td><td>谷物</td><td>10</td><td></td><td rowspan="10">d</td><td>Po</td></tr>
<tr><td>可食用的哺乳动物内脏</td><td>0.02</td><td></td><td></td></tr>
<tr><td>蛋类</td><td>0.02</td><td></td><td></td></tr>
<tr><td>玉米毛油</td><td>200</td><td></td><td>PoP</td></tr>
<tr><td>哺乳动物肉类
（海洋哺乳动物除外）</td><td>0.2
（脂肪）</td><td></td><td></td></tr>
<tr><td>生乳</td><td>0.1</td><td></td><td>F</td></tr>
<tr><td>禽肉类</td><td>0.02</td><td></td><td></td></tr>
<tr><td>可食用的禽类内脏</td><td>0.02</td><td></td><td></td></tr>
<tr><td>未经加工小麦麸</td><td>25</td><td></td><td></td></tr>
<tr><td>稻壳</td><td>40</td><td></td><td>PoP</td></tr>
</table>

序号	农药通用名	越南食品种类	MRL/（mg/kg）		与 GB 2763—2016 比较情况	备注
			越南	中国		
144	甲氧虫酰肼 Methoxyfenozide	鳄梨	0.7		d	
		豆类（干）	0.5			
		豆类（去荚）	0.3			
		蓝莓	4			
		青花菜	3			
		白菜	7			
		胡萝卜	0.5			
		芹菜	15			
		柑橘类水果	2			
		普通豆类（绿色豆荚和 / 或未成熟种子）	2			
		棉籽	7			
		长荚豇豆（干）	5			
		蔓越莓	0.7			
		葡萄干（包括无核小葡萄干、白葡萄干、苏丹娜葡萄干）	2			
		可食用的哺乳动物内脏	0.2			
		蛋类	0.01			
		果类蔬菜（瓜类）	0.3			Except watermelon
		葡萄	1			
		莴苣头 / 结球莴苣	15			
		莴苣叶	30			
		玉米	0.02			（*）
		哺乳动物脂肪（乳脂除外）	0.3			
		哺乳动物肉类（海洋哺乳动物除外）	0.3（脂肪）			
		生乳	0.05			
		芥菜	30			
		木瓜	1			
		花生	0.03			
		花生油（可食用）	0.1			
		豆类（干）	5			
		豌豆（荚和多汁不成熟种子）	2			
		豌豆（去荚和多汁不成熟种子）	0.3			

序号	农药通用名	越南食品种类	MRL/（mg/kg）		与GB 2763—2016比较情况	备注
			越南	中国		
144	甲氧虫酰肼 Methoxyfenozide	胡椒	2		d	
		辣椒（干）	20			
		梨果类水果	2			
		禽肉类	0.01			（*）
		可食用的禽类内脏	0.01			（*）
		梅脯	2			
		萝卜	0.4			
		萝卜叶（包括萝卜的顶部）	7			
		核果类水果	2			
		草莓	2			
		糖用甜菜	0.3			
		甜玉米（甜玉米棒）	0.02			
		甘薯	0.02			
		番茄	2			
		木本坚果	0.1			
145	溴甲烷 Methyl Bromide	面包和其他经烹饪的谷物制品	0.01			（3），（*）
		可可豆	5			（4），Po
		谷物	5	5	c	1.稻谷/麦类/旱粮类/杂粮类/成品粮 2.（4），Po
		可可制品	0.01		d	（3），（*），Po
		干制水果	0.01			（3），（*），Po
		干制水果	2			（4），Po
		碾碎的谷物制品	1			（4），Po
		碾碎的谷物制品	0.01			（3），（*），Po
		花生	0.01			（3），（*），Po
		花生	10			（4），Po
		木本坚果	0.01			（3），（*），Po
		木本坚果	10			（4），Po
146	苯菌酮 Metrafenone	大麦	0.5			
		黄瓜	0.2			
		葡萄干（包括无核小葡萄干、白葡萄干、苏丹娜葡萄干）	20			
		可食用的哺乳动物内脏	0.01			

序号	农药通用名	越南食品种类	MRL/（mg/kg）		与GB 2763—2016比较情况	备注
			越南	中国		
146	苯菌酮 Metrafenone	蛋类	0.01		d	(*)
		腌制用小黄瓜	0.2			
		葡萄	5			
		哺乳动物脂肪（乳脂除外）	0.01			(*)
		哺乳动物肉类（海洋哺乳动物除外）	0.01			(*)
		生乳	0.01			(*)
		蘑菇	0.5			
		燕麦	0.5			
		辣椒	2			
		辣椒（干）	20			
		甜椒（包括灯笼椒）	2			
		禽类脂肪	0.01			(*)
		禽肉类	0.01			(*)
		可食用的禽类内脏	0.01			(*)
		黑麦	0.06			
		西葫芦	0.06			
		草莓	0.6			
		番茄	0.4			
		小黑麦	0.06			
		小麦	0.06			
		未经加工小麦麸	0.25			
		小麦全麦粉	0.08			
147	腈菌唑 Myclobutanil	豆类（蚕豆和大豆除外）	0.8			
		芸薹属类蔬菜、结球芸薹属、头状花序芸薹属	0.05			
		鳞茎类蔬菜	0.06			
		樱桃	3			
		醋栗/加仑子（黑、红、白）	0.9			
		葡萄干（包括无核小葡萄干、白葡萄干、苏丹娜葡萄干）	6			
		可食用的哺乳动物内脏	0.01			(*)
		蛋类	0.01			(*)
		果类蔬菜（瓜类）	0.2			
		葡萄	0.9	1	b	

序号	农药通用名	越南食品种类	MRL/（mg/kg）		与 GB 2763—2016 比较情况	备注
			越南	中国		
147	腈菌唑 Myclobutanil	干啤酒花	5	2	a	
		叶菜类蔬菜	0.05		d	
		哺乳动物脂肪（乳脂除外）	0.01			（*）
		哺乳动物肉类（海洋哺乳动物除外）	0.01			（*）
		生乳	0.01			（*）
		桃（包括油桃和杏）	3	2	a	
		胡椒	3		d	
		辣椒（干）	20			
		李子（包括梅脯）	2	0.2	a	
		梨果类水果	0.6	0.5		
		禽类脂肪	0.01		d	（*）
		禽肉类	0.01			（*）
		可食用的禽类内脏	0.01			（*）
		根茎类蔬菜	0.06			
		草莓	0.8	1	b	
		番茄	0.3		d	
148	氟酰脲 Novaluron	豆类（干）	0.1			
		蓝莓	7			
		芸薹属类蔬菜、结球芸薹属、头状花序芸薹属	0.7	0.7	c	
		食用甜菜	15	15		
		普通豆类（绿色豆荚和/或未成熟种子）	0.7	0.7		菜豆
		棉籽	0.5	0.5		
		可食用的哺乳动物内脏	0.7		d	
		蛋类	0.1			
		果类蔬菜（瓜类蔬菜除外）	0.7			Except sweet corn
		果类蔬菜（瓜类）	0.2			
		哺乳动物肉类（海洋哺乳动物除外）	10（脂肪）			
		乳脂	7			
		生乳	0.4			
		芥菜	25	25	c	
		梨果类水果	3	3		
		马铃薯	0.01	0.01		（*）

序号	农药通用名	越南食品种类	MRL/（mg/kg）		与GB 2763—2016比较情况	备注
			越南	中国		
148	氟酰脲 Novaluron	禽肉类	0.5（脂肪）		d	
		可食用的禽类内脏	0.1			
		梅脯	3	3	c	李子干
		大豆（未成熟种子）	0.01		d	（*）
		核果类水果	7	7	c	
		草莓	0.5	0.5		
		甘蔗	0.5	0.5		
149	氧乐果 Omethoate	水果和浆果种类	0.01	0.02	b	1. 浆果和其他小型水果 2. The residue results from the use of Dimethoate
		根或根茎类香料	0.05		d	The residue results from the use of Dimethoate
		长豇豆	0.05	0.02	a	1. 豆类蔬菜 2.（7）
150	杀线威 Oxamyl	胡萝卜	0.1	0.1	c	
		柑橘类水果	5	5		
		棉籽	0.2	0.2		
		黄瓜	2	2		
		可食用的内脏（牛、山羊、马、猪和绵羊）	0.02		d	（*）
		蛋类	0.02			（*）
		哺乳动物肉类（海洋哺乳动物除外）	0.02			（*）
		瓜类（西瓜除外）	2	2	c	甜瓜类水果
		生乳	0.02		d	（*）
		花生	0.05	0.05	c	花生仁
		甜椒（包括灯笼椒）	2	2		
		马铃薯	0.1	0.1		
		禽肉类	0.02		d	（*）
		可食用的禽类内脏	0.02			（*）
		水果和浆果种类	0.07			
		根或根茎类香料	0.05			
		番茄	2	2	c	
151	亚砜磷 Oxydemeton-Methyl	大麦	0.02	0.02		（*）
		牛脂肪	0.05		d	（*）
		花椰菜	0.01	0.01	c	（*）

序号	农药通用名	越南食品种类	MRL/（mg/kg）		与 GB 2763—2016 比较情况	备注
			越南	中国		
151	亚砜磷 Oxydemeton－Methyl	普通豆类（干）	0.1		d	
		棉籽	0.05	0.05	c	
		蛋类	0.05		d	（＊）
		羽衣甘蓝（包括茎秆细长的甘蓝）	0.01	0.01	c	（＊）
		球茎甘蓝	0.05	0.05		
		柠檬	0.2	0.2		
		肉类（牛、猪和绵羊）	0.05		d	（＊）
		生乳	0.01			（＊）
		梨	0.05	0.05	c	
		猪脂肪	0.05		d	（＊）
		马铃薯	0.01	0.01	c	（＊）
		禽类脂肪	0.05		d	（＊）
		禽肉类	0.05			（＊）
		黑麦	0.02	0.02	c	（＊）
		绵羊脂肪	0.05		d	（＊）
		糖用甜菜	0.01	0.01	c	1. 甜菜（糖料） 2.（＊）
		小麦	0.02	0.02		（＊）
152	百草枯 Paraquat	热带和亚热带水果－皮不可食	0.01	0.01		（＊）
		浆果和其他小型水果	0.01	0.01		（＊）
		柑橘类水果	0.02	0.02	c	
		棉籽	2	0.2	a	
		可食用的哺乳动物内脏	0.05		d	
		蛋类	0.005			（＊）
		果类蔬菜（瓜类蔬菜除外）	0.05	0.05	c	
		果类蔬菜（瓜类）	0.02	0.05	b	
		干啤酒花	0.1	0.1	c	
		叶菜类蔬菜	0.07	0.05	a	
		玉米	0.03	0.1	b	
		玉米细粉	0.05		d	
		哺乳动物肉类（海洋哺乳动物除外）	0.005			
		生乳	0.005			（＊）
		橄榄	0.1	0.1	c	
		梨果类水果	0.01	0.01		1. 苹果除外 2.（＊）

序号	农药通用名	越南食品种类	MRL/（mg/kg）		与 GB 2763—2016 比较情况	备注
			越南	中国		
152	百草枯 Paraquat	禽肉类	0.005		d	（*）
		可食用的禽类内脏	0.005			（*）
		小扁豆	0.5			
		稻谷	0.05			
		根茎类蔬菜	0.05	0.05	c	
		高粱	0.03	0.03		
		核果类水果	0.01	0.01		（*）
		葵花籽	2	2		
		茶（绿茶、红茶）	0.2		d	
		木本坚果	0.05	0.05	c	
153	对硫磷 Parathion	水果和浆果种类	0.2	0.01	a	
		根或根茎类香料	0.2		d	
		种子类香料	0.1			（*）
154	甲基对硫磷 Parathion—Methyl	苹果	0.2	0.01	a	
		豆类（干）	0.05		d	（*）
		白菜	0.05	0.02	a	
		葡萄干（包括无核小葡萄干、白葡萄干、苏丹娜葡萄干）	1		d	
		葡萄	0.5	0.02	a	
		油桃	0.3	0.02		
		桃	0.3	0.02		
		豆类（干）	0.3		d	
		马铃薯	0.05	0.02	a	（*）
		水果和浆果种类	5	0.02		
		根或根茎类香料	3		d	
		种子类香料	5			
		糖用甜菜	0.05	0.02	a	（*）
155	戊菌唑 Penconazole	牛肉	0.05		d	（*）
		牛奶	0.01			（*）
		可食用的牛内脏	0.05			（*）
		鸡蛋	0.05			（*）
		鸡肉	0.05			（*）
		黄瓜	0.1	0.1	c	
		葡萄干（包括无核小葡萄干、白葡萄干、苏丹娜葡萄干）	0.5	0.5		

序号	农药通用名	越南食品种类	MRL/（mg/kg）		与 GB 2763—2016 比较情况	备注
			越南	中国		
155	戊菌唑 Penconazole	葡萄	0.2	0.2	c	
		干啤酒花	0.5	0.5		啤酒花
		瓜类（西瓜除外）	0.1	0.1		甜瓜类水果
		油桃	0.1	0.1		
		桃	0.1	0.1		
		梨果类水果	0.2	0.2		仁果类水果
		草莓	0.1	0.1		
		番茄	0.2	0.2		
156	吡噻菌胺 Penthiopyrad	大麦	0.2		d	
		豆类（蚕豆和大豆除外）	3			Green hulls and immature seeds
		豆类（去荚）	0.3			
		白菜	4			
		胡萝卜	0.6			
		芹菜	15			
		棉籽	0.5			
		可食用的哺乳动物内脏	0.08			
		蛋类	0.03			
		头状花序芸薹属（包括羽衣甘蓝和花椰菜）	5			
		果类蔬菜（瓜类蔬菜除外）	2			Except sweet corn and mushroom
		果类蔬菜（瓜类）	0.5			
		叶菜类蔬菜	30			Except leafy vegetables of Brassicaceae family
		玉米	0.01			
		玉米细粉	0.05			
		玉米毛油	0.15			
		哺乳动物脂肪（乳脂除外）	0.05			
		哺乳动物肉类（海洋哺乳动物除外）	0.04			
		生乳	0.04			
		小米（包括稗、香蒲粟、稷、龙爪稷、粟、细柄黍）	0.8			
		燕麦	0.2			
		洋葱	0.7			

序号	农药通用名	越南食品种类	MRL/（mg/kg）		与GB 2763—2016比较情况	备注
			越南	中国		
156	吡噻菌胺 Penthiopyrad	大葱	4		d	
		花生	0.05			
		花生油（可食用）	0.5			
		豌豆（荚和多汁不成熟种子）	3			
		豌豆（去荚和多汁不成熟种子）	0.3			
		辣椒（干）	14			
		梨果类水果	0.4			
		马铃薯	0.05			
		禽类脂肪	0.03			
		禽肉类	0.03			
		可食用的禽类内脏	0.03			
		小扁豆	0.3			Except soya—bean
		萝卜	3			
		油菜籽	0.5			
		油菜籽毛油	1			
		油菜籽（可食用）	1			
		黑麦	0.1			
		高粱	0.8			
		大豆（干）	0.3			
		青葱 / 小葱	4			
		核果类水果	4			
		草莓	3			
		糖用甜菜	0.5			
		葵花籽	1.5			
		甜玉米（甜玉米棒）	0.02			
		木本坚果	0.05			
		小黑麦	0.1			
		芜菁叶	50			
		小麦	0.1			
		经加工小麦麸	0.1			
		未经加工小麦麸	0.2			
		小麦胚芽	0.2			
157	氯菊酯 Permethrin	杏仁	0.1	0.1	c	
		芦笋	1	1		

序号	农药通用名	越南食品种类	MRL/（mg/kg）		与 GB 2763—2016 比较情况	备注
			越南	中国		
157	氯菊酯 Permethrin	豆类（干）	0.1	2	b	杂粮类
		桑葚	1	2		浆果和其他小型水果（单列的除外）
		青花菜	2	2	c	
		球芽甘蓝 / 抱子甘蓝	1	1		抱子甘蓝
		皱叶甘蓝	5	5		羽衣甘蓝
		白菜	5	1	a	叶菜类蔬菜（菠菜、结球莴苣、芹菜、大白菜除外）
		胡萝卜	0.1	0.1	c	
		花椰菜	0.5	0.5		
		芹菜	2	2		
		谷物	2	2		1. 稻谷 / 麦类 / 旱粮类 / 杂粮类 / 麦胚 / 小麦全麦粉 2.Po
		大白菜	5	5		
		柑橘类水果	0.5	2	b	
		咖啡豆	0.05	0.05	c	（*）
		普通豆类（绿色豆荚和 / 或未成熟种子）	1	1		豆类蔬菜
		棉籽油	0.1		d	
		棉籽	0.5	0.5	c	
		黄瓜	0.5	0.5		
		醋栗 / 加仑子（黑、红、白）	2	2		加仑子（黑、红、白）
		露莓（包括波森莓和罗甘莓）	1	1		
		可食用的哺乳动物内脏	0.1		d	（1）
		茄子	1	1	c	
		蛋类	0.1		d	
		腌制用小黄瓜	0.5	0.5	c	
		鹅莓 / 醋栗	2	2		浆果和其他小型水果（单列的除外）
		葡萄	2	2		
		干啤酒花	50	50		啤酒花

序号	农药通用名	越南食品种类	MRL/（mg/kg）		与 GB 2763—2016 比较情况	备注
			越南	中国		
157	氯菊酯 Permethrin	辣根	0.5	1	b	根茎类和薯芋类蔬菜（萝卜、胡萝卜、马铃薯除外）
		羽衣甘蓝（包括茎秆细长的甘蓝）	5	5	c	
		猕猴桃	2	2		
		球茎甘蓝	0.1	0.1		
		韭葱	0.5	0.5		
		莴苣头 / 结球莴苣	2	5	b	结球甘蓝
		哺乳动物肉类（海洋哺乳动物除外）	1（脂肪）		d	（1）
		瓜类（西瓜除外）	0.1	2	b	瓜果类水果
		蘑菇	0.1	0.1	c	蘑菇类（鲜）
		橄榄	1	1		
		花生	0.1	0.1		花生仁
		豌豆（去荚和多汁不成熟种子）	0.1	1	b	豆类蔬菜（食荚豌豆、菜豆除外）
		胡椒	1	0.05	a	调味料（干辣椒、山葵除外）
		辣椒（干）	10	10	c	干辣椒
		开心果	0.05	0.05		（*）
		梨果类水果	2	2		仁果类水果
		马铃薯	0.05	0.05		（*）
		禽肉类	0.1		d	
		日本萝卜	0.1	0.1	c	萝卜
		油菜籽	0.05	0.05		（*）
		覆盆子（红、黑）	1	1		醋栗（红、黑）
		大豆（干）	0.05	2	b	1. 大豆 2.（*）
		初榨大豆油	0.1		d	
		香料 / 调味料	0.05	0.05	c	1. 调味料（干辣椒、山葵除外） 2.（*）
		菠菜	2	2		
		青葱 / 小葱	0.5	0.5		葱
		西葫芦	0.5	0.5		
		核果类水果	2	2		

序号	农药通用名	越南食品种类	MRL/（mg/kg）		与 GB 2763—2016 比较情况	备注
			越南	中国		
157	氯菊酯 Permethrin	草莓	1	1	c	
		糖用甜菜	0.05	0.05		1. 甜菜（糖料） 2.（*）
		葵花籽	1	1		
		葵花籽油（可食用）	1		d	
		葵花籽毛油	1	1	c	
		甜玉米（甜玉米棒）	0.1	0.1		玉米笋
		茶（绿茶、红茶）	20	20		茶叶
		番茄	1	1		
		未经加工小麦麸	5		d	PoP
		小麦细粉	0.5	0.5	c	1. 小麦麸 2.PoP
		小麦胚芽	2	2		1. 麦胚 2.PoP
		小麦全麦粉	2	2		1. 小麦全麦粉 2.PoP
		冬南瓜 / 笋瓜	0.5	1	b	瓜类蔬菜（黄瓜、腌制用小黄瓜、西葫芦、笋瓜除外）
158	稻丰散 Phenthoate	种子类香料	7		d	
159	甲拌磷 Phorate	豆类（干）	0.05	0.05	c	（*）
		咖啡豆	0.05		d	（*）
		普通豆类（绿色豆荚和 / 或未成熟种子）	0.05	0.01	a	（*）
		棉籽	0.05	0.05	c	
		可食用的哺乳动物内脏	0.02		d	（*）
		蛋类	0.05			（*）
		玉米	0.05	0.05	c	（*）
		玉米细粉	0.05		d	
		玉米毛油	0.1			
		玉米油（可食用）	0.02			
		哺乳动物肉类（海洋哺乳动物除外）	0.02			（*）
		生乳	0.01			（*）
		马铃薯	0.3	0.01	a	根茎类和薯芋类蔬菜
		禽肉类	0.05		d	（*）

序号	农药通用名	越南食品种类	MRL/（mg/kg）		与 GB 2763—2016 比较情况	备注
			越南	中国		
159	甲拌磷 Phorate	高粱	0.05	0.05	c	(*)
		大豆（干）	0.05	0.05		(*)
		水果和浆果种类	0.1	0.01	a	(*)
		根或根茎类香料	0.1		d	(*)
		种子类香料	0.5			
		糖用甜菜	0.05			(*)
160	伏杀硫磷 Phosalone	杏仁	0.1	0.1	c	
		苹果	5	2	a	
		榛子	0.05	0.05	c	(*)
		梨果类水果	2	2		
		水果和浆果种类	2		d	
		根或根茎类香料	3	3	c	
		种子类香料	2	2		
		核果类水果	2	2		
		核桃	0.05	0.05		(*)
		榴莲	1		d	(7)
161	亚胺硫磷 Phosmet	杏	10	10	c	
		蓝莓	10	10		
		牛肉	1（脂肪）		d	V
		柑橘类水果	3	5	b	1. 柑　橘 / 橙 / 柠檬 / 柚 2.Except kumquats
		棉籽	0.05	0.05	c	
		蔓越莓	3		d	
		葡萄	10	10	c	
		生乳	0.02		d	
		油桃	10	10	c	
		桃	10	10		
		梨果类水果	10	3	a	仁果类水果
		马铃薯	0.05	0.05	c	(*)
		木本坚果	0.2	0.2		坚果
162	啶氧菌酯 Picoxystrobin	针叶樱桃	99		d	

序号	农药通用名	越南食品种类	MRL/（mg/kg）		与GB 2763—2016比较情况	备注
			越南	中国		
163	增效醚 Piperonyl Butoxide	牛肾	0.3		d	（1）
		牛肝	1			
		牛肉	5（脂肪）			（1）
		牛奶	0.2			（1）
		谷物	30	30	c	1.稻谷/麦类/旱粮类/全麦粉 2.Po
		柑橘类水果	5	5		
		橙汁	0.05	0.05		
		干制水果	0.2	0.2		Po
		蛋类	1		d	（1）
		果类蔬菜（瓜类）	1	1	c	瓜类蔬菜
		肾（牛、山羊、猪和绵羊）	0.2		d	Except kidney of cattle
		莴苣叶	50	50	c	叶用莴苣
		肝（牛、山羊、猪和绵羊）	1		d	
		玉米毛油	80	80	c	PoP
		哺乳动物肉类（海洋哺乳动物除外）	2（脂肪）		d	Except cattle meat
		生乳	0.05			F
		芥菜	50	50	c	叶芥菜
		花生（带壳）	1	1		花生仁
		胡椒	2		d	
		辣椒（干）	20	20	c	干辣椒
		禽肉类	7（脂肪）		d	（1）
		可食用的禽类内脏	10			
		小扁豆	0.2	0.2	c	1.杂粮类 2.Po
		萝卜叶（包括萝卜的顶部）	50	50		
		根茎类蔬菜	0.5	0.5		1.根茎类和薯芋类蔬菜 2.Except carrots
		菠菜	50	50		
		番茄	2	2		
		番茄汁	0.3	0.3		
		未经加工小麦麸	80		d	

序号	农药通用名	越南食品种类	MRL/（mg/kg）		与 GB 2763—2016 比较情况	备注
			越南	中国		
163	增效醚 Piperonyl Butoxide	小麦细粉	10	10	c	1. 小麦粉 2.PoP
		小麦胚芽	90	90		1. 麦胚 2.PoP
		小麦全麦粉	30	30		1. 全麦粉 2.PoP
164	抗蚜威 Pirimicarb	朝鲜蓟（包括茎）	5	5		
		芦笋	0.01	0.01		（*）
		浆果和其他小型水果	1	1		Except strawberry and grapes
		芸薹属类蔬菜、结球芸薹属、头状花序芸薹属	0.5	0.5		
		谷物	0.05	0.05		Except rice
		柑橘类水果	3	3		Except kumquats
		可食用的哺乳动物内脏	0.01		d	（*）
		蛋类	0.01			（*）
		果类蔬菜（瓜类蔬菜除外）	0.5	0.5	c	Except edible mushroom and sweet corn
		果类蔬菜（瓜类）	1	1		Except melons and watermelon
		大蒜	0.1	0.1		
		羽衣甘蓝（包括茎秆细长的甘蓝）	0.3	0.3		
		豆类蔬菜	0.7	0.7		Except soya−bean
		莴苣头 / 结球莴苣	5	5		
		莴苣叶	5	5		
		哺乳动物肉类（海洋哺乳动物除外）	0.01		d	（*）
		瓜类（西瓜除外）	0.2	0.2	c	甜瓜类水果
		生乳	0.01		d	（*）
		洋葱	0.1	0.1	c	
		辣椒（干）	20	20		
		梨果类水果	1	1		
		禽肉类	0.01		d	（*）
		可食用的禽类内脏	0.01			（*）
		小扁豆	0.2			Except soya−bean（dry）
		油菜籽	0.05	0.2	b	

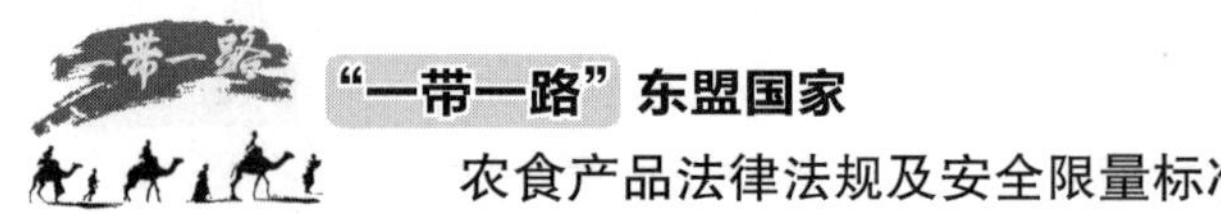

序号	农药通用名	越南食品种类	MRL/（mg/kg）		与 GB 2763—2016 比较情况	备注
			越南	中国		
164	抗蚜威 Pirimicarb	根茎类蔬菜	0.05	0.05	c	
		种子类香料	5	5		
		核果类水果	3		d	
		葵花籽	0.1	0.1	c	
		甜玉米（甜玉米粒）	0.05	0.05		
165	甲基嘧啶磷 Pirimiphos-Methyl	谷物	7	5	a	Po
		可食用的哺乳动物内脏	0.01		d	(*)
		蛋类	0.01			
		哺乳动物肉类（海洋哺乳动物除外）	0.01			(*)
		生乳	0.01			
		禽肉类	0.01			(*)
		可食用的禽类内脏	0.01			(*)
		水果和浆果种类	0.5			
		未经加工小麦麸	15			PoP
		种子类香料	3	3	c	
166	咪鲜胺 Prochloraz	热带和亚热带水果－皮不可食	7	7		1. 皮不可食热带和亚热带水果（单列的除外） 2. Po
		谷物	2	2		麦类（小麦除外）/旱粮类
		柑橘类水果	10	10		1. 柑橘类水果（柑橘除外） 2. Po
		可食用的哺乳动物内脏	10		d	
		蛋类	0.1			
		亚麻籽	0.05	0.05	c	(*)
		哺乳动物肉类（海洋哺乳动物除外）	0.5（脂肪）		d	
		生乳	0.05			(*)
		蘑菇	3	2	a	蘑菇类（鲜）
		胡椒（黑、白）	10	10	c	
		禽肉类	0.05		d	(*)
		可食用的禽类内脏	0.2			
		油菜籽	0.7	0.5	a	
		葵花籽	0.5	0.5	c	
		未经加工小麦麸	7		d	
		葵花籽油（可食用）	1			

序号	农药通用名	越南食品种类	MRL/（mg/kg）		与GB 2763—2016比较情况	备注
			越南	中国		
167	丙溴磷 Profenofos	可食用的哺乳动物内脏	0.05		d	（*）
		棉籽	3		d	
		蛋类	0.02		d	（*）
		芒果	0.2	0.2	c	
		山竹	10	10	c	
		哺乳动物肉类（海洋哺乳动物除外）	0.05		d	（*）
		生乳	0.01		d	（*）
		辣椒	3	3	c	
		辣椒（干）	20	20	c	
		禽肉类	0.05		d	（*）
		可食用的禽类内脏	0.05		d	（*）
		水果和浆果种类	0.07		d	
		番茄	10	10	c	
		粉红葡萄柚/葡萄柚	2		d	（7）
168	霜霉威 Propamocarb	青花菜	3		d	
		球芽甘蓝/抱子甘蓝	2		d	
		花椰菜	2		d	
		可食用的哺乳动物内脏	0.01		d	（*）
		茄子	0.3	0.3	c	
		蛋类	0.01		d	（*）
		果类蔬菜（瓜类）	5	5	c	瓜类蔬菜
		韭葱	30		d	
		莴苣头/结球莴苣	100		d	
		莴苣叶	100		d	
		哺乳动物肉类（海洋哺乳动物除外）	0.01		d	（*）
		生乳	0.01		d	（*）
		洋葱	2		d	
		辣椒（干）	10	10	c	干辣椒
		甜椒（包括灯笼椒）	3	3	c	
		马铃薯	0.3	0.3	c	
		禽类脂肪	0.01		d	（*）
		禽肉类	0.01		d	（*）
		可食用的禽类内脏	0.01		d	（*）
		萝卜	1	1	c	

序号	农药通用名	越南食品种类	MRL/（mg/kg）		与 GB 2763—2016 比较情况	备注
			越南	中国		
168	霜霉威 Propamocarb	菠菜	40		d	
		番茄	2	2	c	
		菊苣（芽）	2	2		菊苣
169	炔螨特 Propargite	杏仁	0.1		d	（*）
		苹果	3	5	b	
		苹果汁	0.2		d	
		豆类（干）	0.3			
		蚕豆（干）	0.3			
		鹰嘴豆（干）	0.3			
		柑橘类水果	3	5	b	柑橘 / 橙 / 柠檬 / 柚
		棉籽	0.1	0.1	c	
		棉籽油	0.2	0.1	a	
		葡萄干（包括无核小葡萄干、白葡萄干、苏丹娜葡萄干）	12		d	
		可食用的哺乳动物内脏	0.1			（*）
		蛋类	0.1			（*）
		葡萄汁	1			
		葡萄	7			
		干啤酒花	100			
		羽扇豆（干）	0.3			
		玉米	0.1			（*）
		玉米细粉	0.2			
		玉米毛油	0.7			
		玉米油（可食用）	0.5			
		哺乳动物肉类（海洋哺乳动物除外）	0.1（脂肪）			（*）
		生乳	0.1			（*），F
		橙汁	0.3			
		花生	0.1			（*）
		花生毛油	0.3			
		花生油（可食用）	0.3			
		马铃薯	0.03			
		禽肉类	0.1（脂肪）			（*）
		可食用的禽类内脏	0.1			（*）

序号	农药通用名	越南食品种类	MRL/（mg/kg）		与GB 2763—2016比较情况	备注
			越南	中国		
169	炔螨特 Propargite	核果类水果	4		d	
		茶（绿茶、红茶）	5			
		番茄	2			
		核桃	0.3			
170	丙环唑 Propiconazole	香蕉	0.1	1	c	
		大麦	0.2	0.2		
		咖啡豆	0.02	0.02		
		蔓越莓	0.3		d	
		可食用的哺乳动物内脏	0.5			
		蛋类	0.01			(*)
		玉米	0.05			
		哺乳动物脂肪（乳脂除外）	0.01			(*)
		哺乳动物肉类（海洋哺乳动物除外）	0.01（脂肪）			(*)
		生乳	0.01			(*)
		甜橙、酸橙类（包括类似橙的杂交品种）	9			Po
		桃	5			Po
		山核桃	0.02	0.02	c	(*)
		菠萝	0.02	0.02		(*)
		李子（包括梅脯）	0.6		d	Po
		爆米花	0.05			
		禽肉类	0.01（脂肪）			(*)
		油菜籽	0.02	0.02	c	
		黑麦	0.02	0.02		
		大豆（干）	0.07	0.2	b	
		糖用甜菜	0.02	0.02	c	
		甘蔗	0.02	0.02		(*)
		甜玉米（甜玉米棒）	0.05		d	
		番茄	3			Po
		小黑麦	0.02	0.02	c	
		小麦	0.02	0.05	b	
171	丙硫菌唑 Prothioconazole	大麦	0.2	0.2	c	
		浆果	1.5		d	
		蔓越莓	0.15			
		可食用的哺乳动物内脏	0.5			
		果类蔬菜（瓜类）	0.2			Except watermelon

序号	农药通用名	越南食品种类	MRL/（mg/kg）		与 GB 2763—2016 比较情况	备注
			越南	中国		
171	丙硫菌唑 Prothioconazole	玉米	0.1		d	
		哺乳动物肉类（海洋哺乳动物除外）	0.01			
		生乳	0.004			（*）
		燕麦	0.05	0.05	c	
		花生	0.02	0.02		（*）
		爆米花	0.1		d	
		马铃薯	0.02			（*）
		小扁豆	1			Except soya－bean（dry）
		油菜籽	0.1	0.1	c	
		黑麦	0.05	0.05		
		大豆（干）	0.2	1	b	
		糖用甜菜	0.3	0.3	c	
		甜玉米（甜玉米棒）	0.02		d	
		小黑麦	0.05	0.05	c	
		小麦	0.1	0.1		
172	吡唑醚菌酯 Pyraclostrobin	苹果	0.5	0.5		
		朝鲜蓟（包括茎）	2		d	
		香蕉	0.02	0.02	c	（*）
		大麦	1		d	
		豆类（干）	0.2			
		桑葚	3			
		蓝莓	4			
		球芽甘蓝 / 抱子甘蓝	0.3			
		白菜	0.2	5	b	只规定大白菜
		哈密瓜	0.2		d	
		胡萝卜	0.5			
		樱桃	3			
		柑橘类水果	2			
		可食用柑橘油	10			
		咖啡豆	0.3			
		葡萄干（包括无核小葡萄干、白葡萄干、苏丹娜葡萄干）	5			
		可食用的哺乳动物内脏	0.05			（*）
		茄子	0.3			

序号	农药通用名	越南食品种类	MRL/（mg/kg）		与GB 2763—2016比较情况	备注
			越南	中国		
172	吡唑醚菌酯 Pyraclostrobin	蛋类	0.05		d	(*)
		头状花序芸薹属（包括羽衣甘蓝和花椰菜）	0.1			
		果类蔬菜（瓜类）	0.5			
		大蒜	0.15			
		葡萄	2	2	c	
		干啤酒花	15		d	
		羽衣甘蓝（包括茎秆细长的甘蓝）	1			
		韭葱	0.7			
		小扁豆（干）	0.5			
		莴苣头/结球莴苣	2			
		玉米	0.02			(*)
		芒果	0.05	0.05	c	(*)
		哺乳动物肉类（海洋哺乳动物除外）	0.5（脂肪）		d	
		生乳	0.03			
		燕麦	1			
		油籽（花生除外）	0.4			
		洋葱	1.5			
		木瓜	0.15			
		桃（包括油桃和杏）	0.3	1	b	
		花生（带壳）	0.02		d	(*)
		豆类（干）	0.3			
		豌豆（荚和多汁不成熟种子）	0.02			(*)
		胡椒	0.5			
		开心果	1			
		李子（包括梅脯）	0.8			
		马铃薯	0.02	0.02	c	(*)
		禽肉类	0.05（脂肪）		d	(*)
		可食用的禽类内脏	0.05			(*)
		萝卜	0.5			
		萝卜叶（包括萝卜的顶部）	20			
		覆盆子（红、黑）	3			
		黑麦	0.2			

序号	农药通用名	越南食品种类	MRL/（mg/kg）		与 GB 2763—2016 比较情况	备注
			越南	中国		
172	吡唑醚菌酯 Pyraclostrobin	高粱	0.5		d	
		大豆（干）	0.05			
		斯佩耳特小麦	0.2			
		青葱 / 小葱	1.5			
		草莓	1.5			
		糖用甜菜	0.2			
		番茄	0.3			
		木本坚果	0.02			Except pistachio nuts，（*）
		小黑麦	0.2			
		小麦	0.2			
173	除虫菊素 Pyrethrins	谷物	0.3			Po
		柑橘类水果	0.05			
		干制水果	0.2			Po
		果类蔬菜（瓜类）	0.05			（*）
		花生	0.5	0.05	a	1. 花生仁 2. Po
		胡椒	0.05		d	（*）
		辣椒（干）	0.5			
		小扁豆	0.1			Po
		根茎类蔬菜	0.05			（*）
		番茄	0.05			（*）
		木本坚果	0.5			（*），Po
174	嘧霉胺 Pyrimethanil	杏仁	0.2	0.2	c	
		杏	3	4	b	
		香蕉	0.1	0.1	c	
		胡萝卜	1	1		
		樱桃	4	4		Po
		柑橘类水果	7	7		Po
		普通豆类（绿色豆荚和 / 或未成熟种子）	3	3		菜豆
		葡萄干（包括无核小葡萄干、白葡萄干、苏丹娜葡萄干）	5		d	
		可食用的哺乳动物内脏	0.1			
		紫花豌豆（干）	0.5	0.5	c	豌豆
		干人参（包括红参）	1.5		d	

序号	农药通用名	越南食品种类	MRL/（mg/kg）		与GB 2763—2016比较情况	备注
			越南	中国		
174	嘧霉胺 Pyrimethanil	葡萄	4	4	c	
		莴苣头/结球莴苣	3	3		结球莴苣
		生长缓慢的浆果	3		d	
		哺乳动物肉类（海洋哺乳动物除外）	0.05			（*）
		生乳	0.01			
		油桃	4	4	c	
		洋葱	0.2	0.2		
		桃	4	4		
		李子（包括梅脯）	2	2		
		梨果类水果	15	7	a	1.仁果类水果（梨除外） 2. Po
		马铃薯	0.05	0.05	c	（*）
		青葱/小葱	3	3		葱
		番茄	0.7	1	b	
175	吡丙醚 Pyriproxifen	牛肉	0.01（脂肪）		d	（*）
		可食用的牛内脏	0.01			（*）
		柑橘类水果	0.5	0.5	c	
		棉籽	0.05	0.05		
		棉籽毛油	0.01	0.01		
		棉籽油	0.01	0.01		
		山羊肉	0.01（脂肪）		d	（*）
		可食用的山羊内脏	0.01			（*）
176	喹氧灵 Quinoxyfen	大麦	0.01	0.01	c	1. 国标为临时限量 2.（*）
		樱桃	0.4	0.4		
		醋栗/加仑子（黑）	1	1		加仑子（黑）
		可食用的哺乳动物内脏	0.01		d	（*）
		蛋类	0.01			（*）
		葡萄	2	2	c	
		干啤酒花	1	1		啤酒花
		莴苣头/结球莴苣	8	8		结球莴苣
		莴苣叶	20	20		叶用莴苣
		哺乳动物肉类（海洋哺乳动物除外）	0.2（脂肪）		d	

序号	农药通用名	越南食品种类	MRL/（mg/kg）		与 GB 2763—2016 比较情况	备注
			越南	中国		
176	喹氧灵 Quinoxyfen	瓜类（西瓜除外）	0.1	0.1	c	甜瓜类水果
		乳脂	0.2		d	
		生乳	0.01			
		胡椒	1			
		辣椒（干）	10	10	c	干辣椒
		禽肉类	0.02（脂肪）		d	
		可食用的禽类内脏	0.01			
		草莓	1	1	c	
		糖用甜菜	0.03	0.03		甜菜（糖料）
		小麦	0.01	0.01		（*）
177	五氯硝基苯 Quintozene	大麦	0.01	0.01		（*）
		青花菜	0.05		d	
		白菜	0.1			
		鸡肉	0.1（脂肪）	0.1	c	1. 禽肉类 2.（*）
		可食用的鸡内脏	0.1	0.1		1. 禽类内脏 2.（*）
		普通豆类（干）	0.02	0.02		杂粮类
		棉籽	0.01		d	
		普通豆类（绿色豆荚和/或未成熟种子）	0.1	0.1	c	菜豆
		蛋类	0.03	0.03		（*）
		玉米	0.01	0.01		（*）
		花生	0.5	0.5		花生仁
		豆类（干）	0.01	0.02	b	杂粮类
		辣椒（干）	0.1	0.1	c	干辣椒
		甜椒（包括灯笼椒）	0.05	0.05		（*）
		大豆（干）	0.01	0.01		1. 大豆 2.（*）
		水果和浆果种类	0.02		d	

序号	农药通用名	越南食品种类	MRL/（mg/kg）		与GB 2763—2016比较情况	备注
			越南	中国		
177	五氯硝基苯 Quintozene	根或根茎类香料	2	2	c	根茎类调味料
		种子类香料	0.1	0.1		种子类调味料
		糖用甜菜	0.01	0.01		1. 甜菜（糖料） 2.（*）
		番茄	0.02	0.1	b	
		小麦	0.01	0.01	c	
178	苯嘧磺草胺 Saflufenacil	香蕉	0.01		d	
		谷物	0.01			
		柑橘类水果	0.01	0.05	b	只规定柑橘
		咖啡豆	0.01		d	
		棉籽	0.2			
		可食用的哺乳动物内脏	0.3			
		葡萄	0.01			
		哺乳动物脂肪（乳脂除外）	0.01			
		哺乳动物肉类（海洋哺乳动物除外）	0.01			
		生乳	0.01			
		豌豆（荚和多汁不成熟种子）	0.01			
		豌豆（去荚和多汁不成熟种子）	0.01			
		梨果类水果	0.01			
		小扁豆	0.3			
		油菜籽	0.6			
		大豆（未成熟种子）	0.01			
		核果类水果	0.01			
		葵花籽	0.7			
		甜玉米	0.01			
		木本坚果	0.01			

序号	农药通用名	越南食品种类	MRL/（mg/kg）		与GB 2763—2016比较情况	备注
			越南	中国		
179	氟唑环菌胺 Sedaxane	谷物	0.01		d	（*）
		可食用的哺乳动物内脏	0.01			（*）
		蛋类	0.01			（*）
		哺乳动物脂肪（乳脂除外）	0.01			（*）
		哺乳动物肉类（海洋哺乳动物除外）	0.01（脂肪）			（*）
		乳脂	0.01			（*）
		生乳	0.01			（*）
		马铃薯	0.02			
		禽类脂肪	0.01			（*）
		禽肉类	0.01			（*）
		可食用的禽类内脏	0.01			（*）
		小扁豆	0.01			（*）
		油菜籽	0.01			（*）
		甜玉米（甜玉米棒）	0.01			（*）
180	乙基多杀菌素 Spinetoram	豆类（蚕豆和大豆除外）	0.05			Green pods and immature seeds
		蓝莓	0.2			
		芸薹属类蔬菜、结球芸薹属、头状花序芸薹属	0.3			
		芹菜	6			
		可食用的哺乳动物内脏	0.01			
		蛋类	0.01			（*）
		葡萄	0.3			
		莴苣头/结球莴苣	10			
		莴苣叶	10			
		哺乳动物肉类（海洋哺乳动物除外）	0.2（脂肪）			
		乳脂	0.1			
		生乳	0.01			（*）
		油桃	0.3			
		洋葱	0.01			（*）
		大葱	0.8			
		甜橙、酸橙类（包括类似橙的杂交品种）	0.07			
		桃	0.3			
		梨果类水果	0.05			

序号	农药通用名	越南食品种类	MRL/（mg/kg）		与GB 2763—2016比较情况	备注
			越南	中国		
180	乙基多杀菌素 Spinetoram	禽类脂肪	0.01		d	（*）
		禽肉类	0.01			
		可食用的禽类内脏	0.01			（*）
		覆盆子（红、黑）	0.8			
		菠菜	8			
		青葱 / 小葱	0.8			
		糖用甜菜	0.01			（*）
		番茄	0.06			
		木本坚果	0.01			
181	多杀霉素 Spinozad	苹果	0.1	0.1	c	
		桑葚	1		d	
		蓝莓	0.4	0.4	c	
		芸薹属类蔬菜、结球芸薹属、头状花序芸薹属	2	2		
		牛肾	1		d	（1）
		牛肝	2			（1）
		牛肉	3（脂肪）			（1）
		牛奶	1			（1）
		牛奶脂肪	5			
		芹菜	2	2	c	
		谷物	1	1		Po
		芸香科柑橘类水果	0.3	0.3		
		棉籽	0.01	0.1	b	（*）
		棉籽毛油	0.01		d	（*）
		棉籽油	0.01			（*）
		蔓越莓	0.02			
		露莓（包括波森莓和罗甘莓）	1	1	c	
		葡萄干（包括无核小葡萄干、白葡萄干、苏丹娜葡萄干）	1	1		
		可食用的哺乳动物内脏	0.5		d	Except cattle
		蛋类	0.01			
		果类蔬菜（瓜类）	0.2			
		葡萄	0.5	0.5	c	
		猕猴桃	0.05	0.05		

序号	农药通用名	越南食品种类	MRL/（mg/kg）		与 GB 2763—2016 比较情况	备注
			越南	中国		
181	多杀霉素 Spinozad	叶菜类蔬菜	10	10	c	除了芹菜与大白菜
		豆类蔬菜	0.3	0.3		
		哺乳动物肉类（海洋哺乳动物除外）	2（脂肪）		d	
		洋葱	0.1	0.1	c	
		西番莲 / 百香果	0.7	0.7		
		胡椒	0.3		d	
		辣椒（干）	3			（*）
		马铃薯	0.01	0.01	c	
		禽肉类	0.2（脂肪）		d	
		覆盆子（红、黑）	1	1	c	（*）
		大豆（干）	0.01	0.01		
		青葱 / 小葱	4	4		
		核果类水果	0.2		d	（*）
		甜玉米（甜玉米棒）	0.01			
		番茄	0.3	1	b	
		木本坚果	0.07	0.07	c	
		未经加工小麦麸	2		d	
182	螺螨酯 Spirodiclofen	鳄梨	0.9			
		蓝莓	4			
		柑橘类水果	0.4	0.5	b	柑橘
		咖啡豆	0.03		d	（*）
		黄瓜	0.07			
		醋栗 / 加仑子（黑、红、白）	1			
		葡萄干（包括无核小葡萄干、白葡萄干、苏丹娜葡萄干）	0.3			
		可食用的哺乳动物内脏	0.05			（*）
		腌制用小黄瓜	0.07			
		葡萄	0.2			
		干啤酒花	40			
		哺乳动物肉类（海洋哺乳动物除外）	0.01（脂肪）			（*）
		生乳	0.004			（*）
		木瓜	0.03			（*）
		甜椒（包括灯笼椒）	0.2			

序号	农药通用名	越南食品种类	MRL/（mg/kg）		与GB 2763—2016比较情况	备注
			越南	中国		
182	螺螨酯 Spirodiclofen	梨果类水果	0.8	0.5	a	苹果
		核果类水果	2		d	
		草莓	2			
		番茄	0.5			
		木本坚果	0.05			
183	螺虫乙酯 Spirotetramate	朝鲜蓟（包括茎）	1			
		浆果	1.5		d	
		白菜	2	7	b	叶菜类蔬菜（芹菜除外）（国标为临时限量）
		芹菜	4	4	c	国标为临时限量
		柑橘类水果	0.5	0.5		柑橘类水果（柑橘除外）（国标为临时限量）
		棉籽	0.4	0.4		国标为临时限量
		蔓越莓	0.2		d	
		葡萄干（包括无核小葡萄干、白葡萄干、苏丹娜葡萄干）	4	4	c	国标为临时限量
		可食用的哺乳动物内脏	1		d	
		蛋类	0.01			
		头状花序芸薹属（包括羽衣甘蓝和花椰菜）	1	1	c	花椰菜（国标为临时限量）
		果类蔬菜（瓜类蔬菜除外）	1	1		茄果类蔬菜（国标为临时限量），Except sweet corn，mushroom and chilli
		果类蔬菜（瓜类）	0.2	0.2		国标为临时限量
		葡萄	2	2		国标为临时限量
		干啤酒花	15	15		啤酒花（国标为临时限量）
		猕猴桃	0.02	0.02		1. 国标为临时限量 2.（*）
		叶菜类蔬菜	7	7		叶菜类蔬菜（芹菜除外）（国标为临时限量）
		豆类蔬菜	1.5	1.5		国标为临时限量
		荔枝	15	15		国标为临时限量
		芒果	0.3	0.3		国标为临时限量

序号	农药通用名	越南食品种类	MRL/（mg/kg）		与 GB 2763—2016 比较情况	备注
			越南	中国		
183	螺虫乙酯 Spirotetramate	哺乳动物肉类（海洋哺乳动物除外）	0.05		d	
		生乳	0.005			
		洋葱	0.4	0.4	c	国标为临时限量
		木瓜	0.4	0.4		番木瓜（国标为临时限量）
		辣椒	2	2		国标为临时限量
		辣椒（干）	15	15		干辣椒（国标为临时限量）
		梨果类水果	0.7	0.7		仁果类水果（国标为临时限量）
		马铃薯	0.8	0.8		国标为临时限量
		禽肉类	0.01		d	（*）
		可食用的禽类内脏	0.01			
		梅脯	5	5	c	李子干（国标为临时限量）
		小扁豆	2		d	Except soya-bean（dry）
		大豆（干）	4	4	c	大豆（国标为临时限量）
		核果类水果	3	3		国标为临时限量
		木本坚果	0.5	0.5		坚果（国标为临时限量）
184	氟啶虫胺腈 Sulfoxaflor	大麦	0.6		d	
		豆类（干）	0.3			
		青花菜	3			
		白菜	0.4			
		胡萝卜	0.05			
		花椰菜	0.04			
		芹菜	1.5			
		棉籽	0.4			
		樱桃	1.5			
		葡萄干（包括无核小葡萄干、白葡萄干、苏丹娜葡萄干）	6			
		可食用的哺乳动物内脏	0.6			
		蛋类	0.1			
		果类蔬菜（瓜类蔬菜除外）	1.5			Except sweet corn and mushroom

序号	农药通用名	越南食品种类	MRL/（mg/kg）		与 GB 2763—2016 比较情况	备注
			越南	中国		
184	氟啶虫胺腈 Sulfoxaflor	果类蔬菜（瓜类）	0.5	0.5	c	只规定黄瓜
		大蒜	0.01		d	(*)
		葡萄	2			
		叶菜类蔬菜	6			
		柠檬和青柠（包括香橼）	0.4			
		哺乳动物脂肪（乳脂除外）	0.1			
		柑橘类（包括柑橘相似的杂交品种）	0.8			只规定柑橘
		哺乳动物肉类（海洋哺乳动物除外）	0.3			
		生乳	0.2			
		洋葱	0.01			(*)
		甜橙、酸橙类（包括类似橙的杂交品种）	0.8			
		桃（包括油桃和杏）	0.4			
		辣椒（干）	15			
		李子（包括梅脯）	0.5			
		梨果类水果	0.3			
		禽类脂肪	0.03			
		禽肉类	0.1			
		可食用的禽类内脏	0.3			
		柚子和葡萄柚类（包括类似柚子的杂交品种，葡萄柚除外）	0.15			
		油菜籽	0.15			
		根茎类蔬菜	0.03			Except carrots
		大豆（干）	0.3			
		青葱 / 小葱	0.7			
		草莓	0.5			
		小黑麦	0.2			
		小麦	0.2	0.2	c	
185	硫酰氟 Sulfuryl fluoride	麦麸，未加工谷物（荞麦、苍白茎藜和藜麦除外）	0.1		d	Po
		加工谷物	0.1			Po
		谷物	0.05	0.05	c	1. 稻谷 / 旱粮类 2. Po
		干制水果	0.06	0.06		Po

序号	农药通用名	越南食品种类	MRL/（mg/kg）		与 GB 2763—2016 比较情况	备注
			越南	中国		
185	硫酰氟 Sulfuryl fluoride	玉米细粉	0.1	0.1	c	1. 玉米粉 2. Po
		玉米粗粉	0.1	0.1		1. 玉米糁 2. Po
		糙米	0.1	0.1		Po
		抛光大米	0.1	0.1		1. 大米 2. Po
		黑麦细粉	0.1	0.1		1. 黑麦粉 2. Po
		黑麦全麦粉	0.1	0.1		1. 黑麦全粉 2. Po
		木本坚果	3	3		1. 坚果 2. Po
		小麦细粉	0.1	0.1		1. 小麦粉 2. Po
		小麦胚芽	0.1	0.1		1. 麦胚 2. Po
		小麦全麦粉	0.1	0.1		1. 全麦粉 2. Po
186	戊唑醇 Tebuconazole	苹果	1	2	b	
		杏	2	2	c	
		朝鲜蓟（包括茎）	0.6	0.6		
		香蕉	0.05	3	b	
		大麦	2	2	c	
		豆类（干）	0.3	0.3		杂粮类
		青花菜	0.2	0.2		
		球芽甘蓝 / 抱子甘蓝	0.3	0.3		抱子甘蓝
		白菜	1		d	
		胡萝卜	0.4	0.4	c	
		花椰菜	0.05	0.05		（*）
		樱桃	4	4		
		咖啡豆	0.1	0.1		
		棉籽	2	2		
		黄瓜	0.15	1	b	
		葡萄干（包括无核小葡萄干、白葡萄干、苏丹娜葡萄干）	7		d	
		可食用的哺乳动物内脏	0.2			
		茄子	0.1	0.1	c	

序号	农药通用名	越南食品种类	MRL/（mg/kg）		与 GB 2763—2016 比较情况	备注
			越南	中国		
186	戊唑醇 Tebuconazole	蛋类	0.05		d	(*)
		接骨木果	1.5		d	
		大蒜	0.1	0.1	c	
		葡萄	6	2	a	
		干啤酒花	40	40	c	啤酒花
		韭葱	0.7	0.7	c	
		莴苣头 / 结球莴苣	5	5	c	结球莴苣
		芒果	0.05	0.05	c	
		哺乳动物肉类（海洋哺乳动物除外）	0.05		d	(*)
		瓜类（西瓜除外）	0.15	0.15	c	甜瓜类水果
		生乳	0.01		d	(*)
		油桃	2	2	c	
		燕麦	2	2	c	
		橄榄	0.05	0.05	c	(*)
		洋葱	0.1	0.1	c	
		木瓜	2	2	c	番木瓜
		西番莲 / 百香果	0.1	0.1	c	西番莲
		桃	2	2	c	
		花生	0.15	0.1	a	花生仁
		梨	1	0.5	a	
		辣椒（干）	10	10	c	干辣椒
		甜椒（包括灯笼椒）	1	1	c	
		李子（包括梅脯）	1	1	c	Except prunes
		禽肉类	0.05		d	(*)
		可食用的禽类内脏	0.05		d	(*)
		梅脯	3	3	c	李子干
		油菜籽	0.3	0.3	c	
		稻谷	1.5		d	
		黑麦	0.15	0.15	c	
		大豆（干）	0.15	0.05	a	大豆
		西葫芦	0.2	0.2	c	
		甜玉米（甜玉米棒）	0.6	0.6	c	玉米笋
		番茄	0.7		d	

序号	农药通用名	越南食品种类	MRL/（mg/kg）		与 GB 2763—2016 比较情况	备注
			越南	中国		
186	戊唑醇 Tebuconazole	木本坚果	0.05	0.05	c	1. 坚果 2.（*）
		小黑麦	0.15	0.15		
		小麦	0.15	0.05	a	
187	虫酰肼 Tebufenozide	杏仁	0.05	0.05	c	
		鳄梨	1	1		
		蓝莓	3	3		
		青花菜	0.5	0.5		
		白菜	5		d	
		牛奶	0.05			
		柑橘类水果	2	2	c	
		蔓越莓	0.5		d	
		葡萄干（包括无核小葡萄干、白葡萄干、苏丹娜葡萄干）	2	2	c	
		可食用的哺乳动物内脏	0.02		d	（*）
		蛋类	0.02			（*）
		葡萄	2	2	c	
		猕猴桃	0.5	0.5		
		叶菜类蔬菜	10	10		菠菜、大白菜除外
		哺乳动物肉类（海洋哺乳动物除外）	0.05（脂肪）		d	
		生乳	0.01			（*）
		薄荷	20	20	c	
		油桃	0.5	0.5		
		桃	0.5	0.5		
		山核桃	0.01	0.01		（*）
		胡椒	1		d	
		辣椒（干）	10	10	c	
		梨果类水果	1	1		
		禽肉类	0.02		d	（*）
		油菜籽	2	2	c	
		覆盆子（红、黑）	2		d	
		糙米	0.1	2	b	
		甘蔗	1	1	c	
		番茄	1	1		
		核桃	0.05	0.05		

序号	农药通用名	越南食品种类	MRL/（mg/kg）		与 GB 2763—2016 比较情况	备注
			越南	中国		
188	四氯硝基苯 Tecnazene	马铃薯	20	20	c	
189	氟苯脲 Teflubenzuron	球芽甘蓝 / 抱子甘蓝	0.5	0.5	c	
		白菜	0.2	0.5	b	
		李子（包括梅脯）	0.1	0.1	c	
		梨果类水果	1	1	c	
		马铃薯	0.05	0.05	c	（*）
190	特丁硫磷 Terbufos	香蕉	0.05	0.01	a	热带和亚热带水果
		咖啡豆	0.05		d	（*）
		可食用的哺乳动物内脏	0.05		d	（*）
		蛋类	0.01		d	（*）
		玉米	0.01	0.01	c	1. 旱粮类 2.（*）
		哺乳动物肉类（海洋哺乳动物除外）	0.05		d	（*）
		生乳	0.01		d	（*）
		禽肉类	0.05		d	（*）
		可食用的禽类内脏	0.05		d	（*）
		高粱	0.01	0.01	c	1. 旱粮类 2.（*）
		糖用甜菜	0.02	0.01	a	甜菜（糖料）
		甜玉米（甜玉米棒）	0.01	0.01	c	旱粮类
191	噻菌灵 Thiabendazole	鳄梨	15	15	c	Po
		香蕉	5	5	c	Po
		牛肾	1		d	
		牛肝	0.3		d	
		牛肉	0.1		d	
		牛奶	0.2		d	
		柑橘类水果	7	10	b	1. 柑橘/橙/柠檬/柚 2. Po
		蛋类	0.1		d	
		芒果	5	5	c	Po
		蘑菇	60	5	a	
		木瓜	10	10	c	1. 番木瓜 2. Po
		梨果类水果	3	3	c	1. 仁果类水果 2. Po

序号	农药通用名	越南食品种类	MRL/（mg/kg）		与 GB 2763—2016 比较情况	备注
			越南	中国		
191	噻菌灵 Thiabendazole	马铃薯	15	15	c	Po
		禽肉类	0.05		d	
		菊苣（芽）	0.05	0.05	c	1. 菊苣 2.（*）
192	噻虫啉 Thiacloprid	浆果和其他小型水果	1	1	c	浆果及其他小型水果（猕猴桃除外）
		棉籽	0.02	0.02	c	（*）
		黄瓜	0.3	1	b	
		可食用的哺乳动物内脏	0.5		d	
		茄子	0.7	0.7	c	
		蛋类	0.02		d	（*）
		猕猴桃	0.2	0.2	c	
		哺乳动物肉类（海洋哺乳动物除外）	0.1		d	
		瓜类（西瓜除外）	0.2	0.2	c	甜瓜类水果
		生乳	0.05		d	
		芥菜籽	0.5	0.5	c	
		甜椒（包括灯笼椒）	1	1	c	甜椒
		梨果类水果	0.7	0.7	c	仁果类水果
		马铃薯	0.02	0.02	c	（*）
		禽肉类	0.02		d	（*）
		可食用的禽类内脏	0.02		d	（*）
		油菜籽	0.5	0.5	c	
		稻谷	0.02	10	b	（*）
		西葫芦	0.3		d	
		核果类水果	0.5	0.5	c	
		番茄	0.5	0.5	c	
		木本坚果	0.02	0.02	c	坚果
		西瓜	0.2	0.2	c	甜瓜类水果
		小麦	0.1	0.1	c	
		冬南瓜 / 笋瓜	0.2		d	
193	噻虫嗪 Thiamethoxam	朝鲜蓟（包括茎）	0.5		d	
		鳄梨	0.5		d	
		香蕉	0.02		d	（*）
		大麦	0.4		d	
		豆类（蚕豆和大豆除外）	0.3		d	

序号	农药通用名	越南食品种类	MRL/（mg/kg）		与GB 2763—2016比较情况	备注
			越南	中国		
193	噻虫嗪 Thiamethoxam	浆果和其他小型水果	0.5		d	
		芸薹属类蔬菜、结球芸薹属、头状花序芸薹属	5			
		可可豆	0.02			(*)
		芹菜	1			
		柑橘类水果	0.5			
		咖啡豆	0.2			
		可食用的哺乳动物内脏	0.01			(*)
		蛋类	0.01			(*)
		果类蔬菜（瓜类蔬菜除外）	0.7			
		果类蔬菜（瓜类）	0.5	0.5	c	黄瓜
		干啤酒花	0.09		d	
		叶菜类蔬菜	3			
		豆类蔬菜	0.01			(*)
		玉米	0.05			
		芒果	0.2			
		哺乳动物肉类（海洋哺乳动物除外）	0.02			
		生乳	0.05			
		薄荷	1.5			
		油籽	0.02			(*)
		木瓜	0.01			(*)
		山核桃	0.01			(*)
		辣椒（干）	7			
		菠萝	0.01			(*)
		梨果类水果	0.3			
		爆米花	0.01			(*)
		禽肉类	0.01			(*)
		可食用的禽类内脏	0.01			(*)
		小扁豆	0.04			
		根茎类蔬菜	0.3			
		核果类水果	1			
		甜玉米（甜玉米棒）	0.01			(*)
		茶（绿茶、红茶）	20	10	a	茶叶
		小麦	0.05	0.1	b	小麦

序号	农药通用名	越南食品种类	MRL/（mg/kg）		与 GB 2763—2016 比较情况	备注
			越南	中国		
194	甲基立枯磷 Tolelofos—Methyl	莴苣头 / 结球莴苣	2		d	
		莴苣叶	2			
		马铃薯	0.2			
		萝卜	0.1			
195	唑虫酰胺 Tolfenpyrad	绿茶	30			
196	甲苯氟磺胺 Tolylfluanid	桑葚	5			
		黄瓜	1	1	c	
		醋栗 / 加仑子（黑、红、白）	0.5	0.5		
		葡萄	3	3		
		干啤酒花	50	50		
		韭葱	2	2		
		莴苣头 / 结球莴苣	15	15		
		辣椒（干）	20	20		
		甜椒（包括灯笼椒）	2	2		
		梨果类水果	5		d	
		覆盆子（红、黑）	5	5	c	
		草莓	5	5		
		番茄	3	3		
197	三唑酮 Triadimefon	苹果	0.3	1	b	（5）
		朝鲜蓟（包括茎）	0.7	0.7	c	（5）
		香蕉	1	1		（5）
		谷物	0.2	0.2		1. 麦类 / 旱粮类 2.Except maize and rice，（6）
		咖啡豆	0.5	0.5		（5）
		醋栗 / 加仑子（黑、红、白）	0.7	0.7		1. 加仑子（黑、红、白） 2.（5）
		葡萄干（包括无核小葡萄干、白葡萄干、苏丹娜葡萄干）	1	10	b	（5）
		可食用的哺乳动物内脏	0.01		d	（6），（*）
		蛋类	0.01			
		果类蔬菜（瓜类蔬菜除外）	1	1	c	1. 茄果类蔬菜 2. Except mushroom and sweet corn，（6）

序号	农药通用名	越南食品种类	MRL/（mg/kg）		与 GB 2763—2016 比较情况	备注
			越南	中国		
197	三唑酮 Triadimefon	果类蔬菜（瓜类）	0.2	0.2	c	1. 瓜类蔬菜（黄瓜除外） 2.（5）
		葡萄	0.3		d	（5）
		哺乳动物肉类（海洋哺乳动物除外）	0.02			（6）
		生乳	0.01			（6），（*）
		辣椒（干）	5	5	c	（6）
		菠萝	5	5		（5），Po
		禽肉类	0.01		d	（6），（*）
		可食用的禽类内脏	0.01			
		草莓	0.7	0.7	c	（5）
		糖用甜菜	0.05	0.1	b	1. 甜菜（糖料） 2.（5），（*）
198	三唑醇 Triadimenol	苹果	0.3	1		
		朝鲜蓟（包括茎）	0.7	0.7	c	
		香蕉	1	1		
		谷物	0.2	0.2		1. 麦类（小麦除外）/ 旱粮类（玉米、高粱除外） 2. Except maize and rice
		咖啡豆	0.5	0.5		
		醋栗 / 加仑子（黑、红、白）	0.7	0.7		加仑子（黑、红、白）
		葡萄干（包括无核小葡萄干、白葡萄干、苏丹娜葡萄干）	1	10	b	（5）
		可食用的哺乳动物内脏	0.01		d	（*）
		蛋类	0.01			（*）
		果类蔬菜（瓜类蔬菜除外）	1	1	c	1. 茄果类蔬菜 2.Except mushroom and sweet corn
		果类蔬菜（瓜类）	0.2	0.2		瓜类蔬菜
		葡萄	0.3		d	
		哺乳动物肉类（海洋哺乳动物除外）	0.02			
		生乳	0.01			1.（*） 2. F

序号	农药通用名	越南食品种类	MRL/（mg/kg）		与 GB 2763—2016 比较情况	备注
			越南	中国		
198	三唑醇 Triadimenol	辣椒（干）	5	5	c	干辣椒
		菠萝	5	5		Po
		禽肉类	0.01		d	（*）
		可食用的禽类内脏	0.01			（*）
		草莓	0.7	0.7	c	
		糖用甜菜	0.05	0.1	b	1. 甜菜（糖料） 2.（*）
199	三唑磷 Triazophos	棉籽	0.2	0.1	a	
		棉籽毛油	1		d	
		抛光大米	0.6			
		大豆（未成熟种子）	0.5			
		大豆（未成熟豆荚）	1			
		水果和浆果种类	0.07			
		根或根茎类香料	0.1			
		长豇豆	0.4			（7）
200	肟菌酯 Trifloxystrobin	芦笋	0.05			（*）
		香蕉	0.05	0.1	b	
		大麦	0.5		d	
		球芽甘蓝 / 抱子甘蓝	0.1			
		白菜	0.5			
		胡萝卜	0.1			
		芹菜	1			
		柑橘类水果	0.5	0.5	c	柑橘
		葡萄干（包括无核小葡萄干、白葡萄干、苏丹娜葡萄干）	5		d	
		茄子	0.7			
		蛋类	0.04			（*）
		头状花序芸薹属（包括羽衣甘蓝和花椰菜）	0.5			
		果类蔬菜（瓜类）	0.3			
		葡萄	3			
		干啤酒花	40			
		肾（牛、山羊、猪和绵羊）	0.04			（*）
		韭葱	0.7			
		莴苣头 / 结球莴苣	15			
		肝（牛、山羊、猪和绵羊）	0.05			

序号	农药通用名	越南食品种类	MRL/（mg/kg）		与 GB 2763—2016 比较情况	备注
			越南	中国		
200	肟菌酯 Trifloxystrobin	玉米	0.02		d	
		哺乳动物肉类（海洋哺乳动物除外）	0.05（脂肪）		d	
		生乳	0.02		d	（*）
		精炼橄榄油	1.2		d	
		初榨橄榄油	0.9		d	
		橄榄	0.3		d	
		木瓜	0.6		d	
		花生	0.02		d	（*）
		甜椒（包括灯笼椒）	0.3		d	
		梨果类水果	0.7	0.7	c	苹果
		马铃薯	0.02		d	（*）
		禽肉类	0.04（脂肪）		d	（*）
		可食用的禽类内脏	0.04		d	（*）
		萝卜	0.08		d	
		萝卜叶（包括萝卜的顶部）	15		d	
		稻谷	5	0.1	a	
		未加工米糠	7		d	
		核果类水果	3		d	
		草莓	1		d	
		糖用甜菜	0.05		d	
		甜菜糖蜜	0.1		d	
		番茄	0.7	0.7	c	
		木本坚果	0.02		d	（*）
		小麦	0.2		d	
		未经加工小麦麸	0.5		d	
201	氟菌唑 Triflumizole	樱桃	4		d	
		黄瓜	0.5	0.2	a	
		可食用的哺乳动物内脏	0.1		d	
		葡萄	3		d	
		干啤酒花	30		d	
		哺乳动物脂肪（乳脂除外）	0.02		d	

序号	农药通用名	越南食品种类	MRL/（mg/kg）		与GB 2763—2016比较情况	备注
			越南	中国		
201	氟菌唑 Triflumizole	哺乳动物肉类（海洋哺乳动物除外）	0.03（脂肪）		d	
		生乳	0.02			（*）
		木瓜	2			
202	嗪氨灵 Triforine	蓝莓	0.03	1	b	
		可食用的哺乳动物内脏	0.01		d	（*）
		茄子	1			
		哺乳动物脂肪（乳脂除外）	0.01			（*）
		哺乳动物肉类（海洋哺乳动物除外）	0.01			（*）
		生乳	0.01			（*）
		番茄	0.7	0.5	a	
203	抗倒酯 Trinexapac－ethyl	大麦	3		d	
		经加工的大麦麦麸	6			
		可食用的哺乳动物内脏	0.1			
		蛋类	0.01			（*）
		哺乳动物脂肪（乳脂除外）	0.01			（*）
		哺乳动物肉类（海洋哺乳动物除外）	0.01			（*）
		生乳	0.005			（*）
		燕麦	3			
		禽类脂肪	0.01			（*）
		禽肉类	0.01			（*）
		可食用的禽类内脏	0.05			
		油菜籽	1.5			
		甘蔗	0.5			
		小黑麦	3			
		小麦	3	0.05	a	
		未经加工小麦麸	8		d	

序号	农药通用名	越南食品种类	MRL/（mg/kg）		与GB 2763—2016比较情况	备注
			越南	中国		
204	乙烯菌核利 Vinclozolin	香料 / 调味料	0.05	0.05	c	调味料，（*）
205	苯酰菌胺 Zoxamide	葡萄干（包括无核小葡萄干、白葡萄干、苏丹娜葡萄干）	15	15		
		果类蔬菜（瓜类）	2	2		
		葡萄	5	5		
		马铃薯	0.02	0.02		
		番茄	2	2		

注：

（1）MRL accommodates external animal treatment.

（2）Based on the fat of meat. MRL accommodates external animal treatment.

（3）Apply to commodity at point of retail sale or when offered for consumption.

（4）Apply to the import of foods and in the case of cereal grains for milling, if product has been freely exposed to air for a period of at least 24 hours before or after spraying.

（5）Based on triadimenol use only.

（6）Based on triadimenol and triadimefon uses.

（7）Comply with ASEAN’s regulations.

（*）At or about the limit of detection.

Po：The MRL accommodates post—harvest treatment of the commodity.

PoP：The MRL accommodates post—harvest treatment of the commodity, for processed foods.

E：Only for the MRL which is based on the extraneous residues.

F：The residue is fat soluble and MRLs for milk products are derived as explained in “Codex Maximum Residue Limits/Extraneous Maximum Residue Limits for Milk and Milk Products”.

T：The MRL/EMRL is temporary.

V：The MRL conforms to the use of veterinary medicine.

1-2 新加坡与中国农食产品农药残留限量（MRL）比较

序号	农药通用名	新加坡食品种类	MRL/（mg/kg）		与GB 2763—2016比较情况	备注
			新加坡	中国		
1	乙酰甲胺磷 Acephate	生菜	10	1	a	
		西红柿	5	1		
		棉籽	5	2		
		西兰花	5	1		
		卷心菜	5	1		
		花椰菜	5	1		
		羽衣甘蓝	5	1		
		抱子甘蓝	5	1		
		柑橘类水果	5	0.5		
		大豆	1	0.3		
		马铃薯	0.5	1	b	
		蛋	0.2		d	
		肉	0.2			
		食用肝脏	0.2			
		肥肉	0.2			
		牛奶	0.1			
		坚果	0.1			
2	三氟羧草醚 Acifluorfen	种子和豆荚蔬菜	0.1	0.1	c	仅规定大豆与花生仁
		水稻籽粒	0.1		d	
		坚果	0.5			
		牛奶	0.02			
		肉	0.02			
		蛋	0.02			
3	甲草胺 Alachlor	小麦	0.01			
		大麦	0.01			
		玉米	0.01	0.2	b	
		种子和豆荚蔬菜	0.01	0.2 0.05 0.02		仅规定大豆、花生仁和棉籽
		卷心菜	0.01		d	
		花椰菜	0.01			
		坚果	0.01			
		肉	0.001			
		牛奶	0.001			

序号	农药通用名	新加坡食品种类	MRL/（mg/kg）		与GB 2763—2016比较情况	备注
			新加坡	中国		
4	涕灭威 Aldicarb	土豆	0.5	0.1	a	
		草莓	0.2	0.02		
		柑橘类水果	0.2	0.02		
		咖啡豆	0.1		d	
		棉籽	0.05	0.1	b	
		玉米	0.05		d	
		洋葱	0.05	0.03	a	
		坚果	0.05		d	
		甘蔗	0.02	0.02	c	
		谷物	0.02		d	
		大豆	0.02			
		肉	0.01			
5	艾氏剂 Aldrin	肉的脂肪	0.2	0.2	c	
		鱼类（可食部分）	0.2		d	
		牛奶和奶产品（脂肪基准）	0.2			生乳 0.006
		芦笋	0.1	0.05	a	
		花椰菜	0.1	0.05		
		抱子甘蓝	0.1	0.05		
		羽衣甘蓝	0.1	0.05		
		大白菜	0.1	0.05		
		花椰菜	0.1	0.05		
		胡萝卜	0.1	0.05		
		黄瓜	0.1	0.05		
		蛋（无蛋壳）	0.1	0.1	c	
		茄子	0.1	0.05	a	
		生菜	0.1	0.05		
		洋葱	0.1	0.05		
		欧洲防风草	0.1	0.05		
		辣椒	0.1	0.05		
		甜椒	0.1	0.05		
		土豆	0.1	0.05		
		萝卜	0.1	0.05		
		山葵	0.1	0.05		
		萝卜上衣	0.1	0.05		

序号	农药通用名	新加坡食品种类	MRL/（mg/kg）		与 GB 2763—2016 比较情况	备注
			新加坡	中国		
6	磷化铝 Aluminium phosphide	谷物	0.1	0.05	a	
		坚果	0.1		d	
		咖啡豆	0.1			
7	双甲脒 Amitraz	肉	0.1			
		牛奶和奶制品	0.1			
8	磺草灵 Asulam	土豆	0.4			
		甘蔗	0.1			
		啤酒花	0.1			
		肉类	0.1			
		牛奶	0.1			
9	莠去津 Atrazine	柑橘类水果	0.1			
		葡萄	0.1			
		玉米	0.1	0.05	a	
		菠萝	0.1		d	
		高粱	0.1			
		甘蔗	0.1	0.05	a	
		甜玉米	0.1		d	
		马铃薯	0.01			
10	保棉磷 Azinphos—methyl	猕猴桃（全果）	4	1	a	
		葡萄	4	1		
		桃子	4	1		
		杏	2	1		
		柑橘类水果	2	1		
		芹菜	2	0.5		
		水果（除另有所指外）	1	1	c	
		西兰花	1	0.5	a	
		球芽甘蓝	1	0.5		
		蔬菜（除另有所指外）	0.5	0.5	c	
		猕猴桃（可食部分）	0.4		d	
		谷物	0.2			
		棉花种子	0.2	0.2	c	
		马铃薯	0.2	0.05	a	
		葵花籽	0.2		d	
		大豆（干）	0.2	0.05	a	

序号	农药通用名	新加坡食品种类	MRL/（mg/kg）		与GB 2763—2016比较情况	备注
			新加坡	中国		
11	三唑锡（三唑锡和氯氰氰菊酯的总残留）Azocyclotin（the total residue arising from the use of azocyclotin and/or cyhexatin）	桃子	2		d	
		葡萄	2	0.3	a	
		苹果	2	0.5		
		草莓	2		d	
		豆	0.2			
		茄子	0.1			
12	噁虫威 Bendiocarb	蘑菇	0.1			
		肉类和肉类制品	0.05			
		小麦	0.05			
		蛋	0.05			
		肉的脂肪	0.05			
		玉米	0.05			
		燕麦	0.05			
		糖	0.05			
		牛肉	0.05			
		梨果	0.02			
13	苯菌灵（苯菌灵，多菌灵和2－氨基苯并脒的总和，表示为多菌灵）Benomyl（determined as the sum of benomyl，carbendazim，and 2—aminobenzimidazine and expressed as carbendazim）	柑橘类水果	10	5	a	
		樱桃	10		d	
		杏	10			
		辣椒	5			
		大麦	5			
		芒果	5			
		胡萝卜	5			
		梨果和核果	5	5	c	只有苹果与梨
		浆果	5		d	
		生菜	5			
		牛油果	3			
		蔬菜	3			
		马铃薯	3			
		葡萄	2			
		芒果（浆）	2			
		硬皮甜瓜	2			
		豆类	2			
		芹菜	2			
		李子	2			

序号	农药通用名	新加坡食品种类	MRL/（mg/kg）		与 GB 2763—2016 比较情况	备注
			新加坡	中国		
13	苯菌灵（苯菌灵，多菌灵和 2– 氨基苯并脒的总和，表示为多菌灵）Benomyl（determined as the sum of benomyl，carbendazim，and 2–aminobenzimidazine and expressed as carbendazim）	小黄瓜	2		d	
		香蕉（全）	1	2	b	
		香菇	1		d	
		球芽甘蓝	0.5		d	
		花生	0.2		d	
		水	0.2		d	
		甘蔗	0.1		d	
		坚果	0.1		d	
		鸡蛋（无蛋壳）	0.1		d	
		洋葱	0.1		d	
		芦笋	0.1	0.5	b	
		谷物	0.05		d	
		肉类	0.05		d	
		牛奶和奶制品	0.05		d	
14	溴硫磷 Bromophos	谷物	10		d	
		李子	5		d	
		胡萝卜	2		d	
		莴苣	2		d	
		萝卜	2		d	
		菠菜	2		d	
		韭菜	2		d	
		白面粉	2		d	
		全麦面包	2		d	
		桃	1		d	
		葡萄干	1		d	
		卷心菜	1		d	
		芹菜	1		d	
		豆类	1		d	
		梨	1		d	
		浆果类水果	0.5		d	
		洋葱	0.5		d	
		西红柿	0.5		d	
		抱子甘蓝	0.5		d	
		豌豆	0.1		d	
		黄瓜	0.1		d	

序号	农药通用名	新加坡食品种类	MRL/（mg/kg）		与GB 2763—2016比较情况	备注
			新加坡	中国		
14	溴硫磷 Bromophos	菜花	0.1		d	
		卷心菜	0.1			
		花椰菜	0.1			
		蚕豆（不带豆荚）	0.1			
15	除草定 Bromacil	柑橘类水果	0.04			
		芦笋	0.04			
		凤梨	0.04			
16	敌菌丹 Captafol	杏子	15			
		桃子	15			
		樱桃（酸）	10			
		菠萝	10			
		李子	10			
		浆果	8			
		苹果	5			
		茄子	5			
		梨	5			
		番茄	5			
		樱桃（甜）	2			
		黄瓜	2			
		南瓜	2			
		胡萝卜	0.5			
		洋葱鳞茎	0.5			
		土豆	0.5			
		小麦	0.2			
		肉类	0.1			
		牛奶	0.1			
		坚果	0.1			
17	克菌丹 Captan	樱桃	50	25	a	
		梨	25	15		
		苹果	25	15		
		黑色和红色的黑加仑	20	20	c	
		土豆	20	0.05	a	
		大豆	20		d	
		杏	20			
		菠菜	20			
		草莓	20	15	a	

序号	农药通用名	新加坡食品种类	MRL/（mg/kg）		与 GB 2763—2016 比较情况	备注
			新加坡	中国		
17	克菌丹 Captan	柑橘类水果	15	5	a	
		李子	15	10	a	
		西红柿	15		d	
		桃子	15	20	b	
		小红莓	10		d	
		黄瓜	10	5	a	
		生菜	10		d	
		绿豆角	10		d	
		辣椒	10		d	
		覆盆子	10		d	
		葡萄干	5		d	
18	甲萘威 Carbaryl	苜	100		d	
		杏	10		d	
		芦笋	10	1	a	
		牛油果	10		d	
		绿叶蔬菜	10	1	a	
		黑莓	10		d	
		波森莓	10		d	
		樱桃	10		d	
		油桃	10		d	
		秋葵	10	1	a	
		生橄榄	10	1	a	
		桃子	10		d	
		覆盆子	10		d	
		坚果（带壳）	10		d	
		李子	10		d	
		高粱	10		d	
		蓝莓	7		d	
		柑橘类水果	7		d	
		草莓	7		d	
		酸果莓	7		d	
		红毛丹	5		d	
		番石榴	5		d	
		百香果	5		d	
		苹果	5		d	
		大麦	5		d	

序号	农药通用名	新加坡食品种类	MRL/（mg/kg）		与 GB 2763—2016 比较情况	备注
			新加坡	中国		
18	甲萘威 Carbaryl	豆类	5	1	a	
		茄子	5	1		
		葡萄	5		d	
		燕麦	5			
		梨	5			
		带荚豌豆	5	1	a	
		辣椒	5	1		
		家禽皮肤	5		d	
		水稻稻壳	5			
		西红柿	5	1	a	
		小麦	5		d	
		南瓜	3	1	a	
		黄瓜	3	1		
		甜瓜	3	1		
		甜菜	2	1		
		胡萝卜	2	1		
		花生（带壳）	2		d	
		萝卜	2	1	a	
		全麦面粉	2		d	
		棉籽（内核）	1	1	c	
		甜玉米	1	1		
		坚果（去壳）	1		d	
		橄榄（加工）	1	1	c	
		豇豆（加工）	1	1		
		向日葵	1		d	
		猕猴桃（食用部分）	1			
		家禽（所有可食用部分）	0.5			
		鸡蛋（不带壳）	0.5			
		马铃薯	0.2	1	b	
		肉	0.2		d	
		牛	0.2			
		山羊	0.2			
		绵羊	0.2			
		猪	0.2			
		面粉	0.2			
		甜菜	0.2	1	b	
		小麦粉（白色）	0.2		d	
		牛奶及奶制品	0.1			

序号	农药通用名	新加坡食品种类	MRL/（mg/kg）		与 GB 2763—2016 比较情况	备注
			新加坡	中国		
19	多菌灵 Carbendazim	柑橘类水果	10	5	a	
		杏	10	2		
		樱桃	10	0.5		
		桃子	10	2		
		西红柿	5	3		
		浆果	5		d	
		黑加仑	5	0.5	a	
		胡萝卜	5	0.2		
		生菜	5	5	c	
		辣椒	5	2	a	
		马铃薯	3		d	
		苹果	2	5	b	
		梨	2	3		
		芹菜	2		d	
		干豆类	2			
		李子	2	0.5	a	
		小黄瓜	2		d	
		菜豆	2	0.5	a	
		芒果	2	0.5		
		油桃	2	2	c	
		甜瓜	2		d	
		完整的香蕉	1	2	b	
		蘑菇	1		d	
		红薯	1			
		葫芦科植物	0.5			
		牛油果	0.5	3	b	
		香蕉果肉	0.5	2		
		大麦	0.5	0.5	c	
		抱子甘蓝	0.5	0.5		
		黄瓜	0.5	0.5		
		茄子	0.5		d	
		燕麦	0.5	0.5	c	
		稻米	0.5	0.5		
		黑麦	0.5	0.5		
		小麦	0.5	0.5		

序号	农药通用名	新加坡食品种类	MRL/（mg/kg）		与GB 2763—2016比较情况	备注
			新加坡	中国		
19	多菌灵 Carbendazim	栗子	0.2		d	
		大豆	0.2	0.2	c	
		牛奶	0.1		d	
		洋葱	0.1			
		杏仁	0.1			
		坚果	0.1	0.1	c	
		芦笋	0.1	0.5	b	
		生咖啡豆	0.1	0.1	c	
		鸡蛋（无蛋壳）	0.1		d	
20	克百威和3－羟基克百威 Carbofuran and 3－hydroxy carbofuran expressed as carbofuran	抱子甘蓝	2	0.02	a	
		卷心菜	0.5	0.02		
		胡萝卜	0.5	0.02		
		马铃薯	0.5	0.1		
		花椰菜	0.2	0.02		
		大米（去壳）	0.2	0.05		
		大豆	0.2	0.2	c	
		燕麦	0.1	0.05	a	
		油种子	0.1	0.05		
		洋葱	0.1	0.02		
		桃子	0.1	0.02		
		坚果	0.1		d	
		梨	0.1	0.02	a	
		小麦	0.1	0.05		
		香蕉	0.1	0.02		
		大麦	0.1	0.05		
		芥末种子	0.1		d	
		生咖啡豆	0.1			
		茄子	0.1	0.02	a	
		生菜	0.1	0.02		
		玉米	0.1	0.02		
		草莓	0.1	0.02		
		甘蔗	0.1	0.02		
		甜玉米	0.1	0.02		
		西红柿	0.1	0.02		
		肉类和肉类产品	0.05		d	
		肉类的脂肪	0.05			
		牛奶	0.05			

序号	农药通用名	新加坡食品种类	MRL/（mg/kg）		与 GB 2763—2016 比较情况	备注
			新加坡	中国		
21	三硫磷 Carbophenothion	柑橘类水果	2		d	
		菠萝	2			
		香蕉	1			
		苹果	1			
		杏	1			
		葡萄	1			
		肉的脂肪	1			
		油桃	1			
		桃子	1			
		梨	1			
		李子	1			
		西兰花	0.5			
		甘蓝	0.5			
		花椰菜	0.5			
		橄榄油	0.2			
		马铃薯	0.02			
		山核桃	0.02			
		油籽	0.02			
		奶及奶制品	0.004			
22	氯丹（氯丹和含氧氯丹的顺式和反式的总和）Chlordane（sum of cis and trans chlordane and oxychlordance）	肉类的脂肪	0.05	0.05	c	
		鱼类	0.05		d	
		亚麻籽油原油	0.05	0.05	c	
		棉籽油原油	0.05	0.05		
		原油大豆油	0.05	0.02	a	
		蔬菜	0.02	0.02	c	
		鸡蛋	0.02	0.02		
		水果	0.02	0.02		
		食用棉籽油	0.02	0.02		
		食用大豆油	0.02	0.02		
		菠萝	0.02	0.02		
		谷物粮食	0.02	0.02		
		牛奶及奶制品	0.002	0.02	b	

序号	农药通用名	新加坡食品种类	MRL/（mg/kg）		与GB 2763—2016比较情况	备注
			新加坡	中国		
23	杀虫脒（包括代谢产物）Chlordimeform and its metabolites determined as 4—chloro—o—toluidine and expressed as chlordimeform	棉籽	2	0.01	a	
		食用棉籽油	0.05		d	
		肉类的脂肪	0.05			
		牛奶和奶产品（脂肪基准）	0.05			
24	毒死蜱 Chlorpyrifos	肉类脂肪	2			
		干果	2			
		猕猴桃	2			
		苹果	1	1	c	
		甘蓝	1	1		
		葡萄	1		d	
		胡萝卜	0.5	1	b	
		辣椒	0.5		d	
		西红柿	0.5	0.5	c	
		梨	0.5	1	b	
		柑橘类水果	0.3	1		
		豆类	0.2	1		
		茄子	0.2		d	
		浆果类水果	0.2			
		肉的脂肪（除家禽）	0.2			
		生菜	0.1	0.1	c	
		家禽脂肪	0.1		d	
		水稻及稻壳	0.1	0.5	b	
		油料种子	0.05		d	
		粗制棉籽油	0.05			
		花椰菜	0.05	1	b	
		芹菜	0.05	0.05	c	
		鸡蛋（无蛋壳）	0.05		d	
		蘑菇	0.05			
		洋葱	0.05			
		马铃薯	0.05			
		圆白菜	0.05	1	b	
		奶及奶制品	0.01		d	

序号	农药通用名	新加坡食品种类	MRL/（mg/kg）		与 GB 2763—2016 比较情况	备注
			新加坡	中国		
25	甲基毒死蜱 Chlorpyrifosmethyl	麦麸	20		d	
		玉米	10	5	a	
		高粱	10	5		
		小麦	10	5		
		面粉	2		d	
		全麦面包	2			
		苹果	0.5			
		桃子	0.5			
		西红柿	0.5			
		白面包	0.5			
		大米	0.1	5	b	
		萝卜	0.1		d	
		辣椒	0.1			
		生菜	0.1			
		卷心菜	0.1	0.1	c	
		豆类	0.1		d	
		绿茶	0.1			
		肉的脂肪	0.05			
		蛋	0.05			
		肉和肉类产品	0.05			
		奶及奶制品	0.01			
26	蝇毒磷 Coumaphos	牛和家禽的脂肪	1			
		羊、猪和山羊的脂肪	0.5			
		蛋	0.05			
		奶及奶制品	0.02			
27	育畜磷 Crufomate	肉	1			
		牛奶	0.05			
28	三环锡 Cyhexatin（defined as the sum of cyhexatin and dicyclohexyltin oxide, expressed as cyhexatin）	猕猴桃	5			
		桃子	5			
		草莓	3			
		黑醋栗	3	0.1	a	
		苹果	2		d	
		梨	2			
		柑橘类水果	2	0.2	a	
		香蕉	2		d	

序号	农药通用名	新加坡食品种类	MRL/（mg/kg）		与GB 2763—2016比较情况	备注
			新加坡	中国		
28	三环锡 Cyhexatin（defined as the sum of cyhexatin and dicyclohexyltin oxide, expressed as cyhexatin）	浆果	2		d	
		水果	2			
		蔬菜	2			
		李子	2			
		茶（干制造）	2			
		豆角	1			
		黄瓜	1			
		甜瓜	0.5			
		肉	0.2			
		奶及奶制品	0.05			
29	氯氰菊酯（包括同分异构体）Cypermethrin（sum of isomers）	生菜	2	2	c	
		柑橘类水果	2	1	a	
		油桃	2	1		
		桃子	2	1		
		菠菜	2	2	c	
		梨果	2	2		
		樱桃	1	2	b	
		葡萄	1	0.2	a	
		李子	1	2	b	
		绿叶蔬菜	1		d	
		芸薹属植物	1	1	c	
		番茄	0.5	0.2	a	
		大麦	0.5	2	b	
		葡萄干	0.5	0.5	c	
		食用植物油	0.5		d	
		浆果	0.5			
		荚芸豆	0.5	0.5	c	
		韭菜	0.5	1	b	
		胡椒	0.5		d	
		肉类	0.2			
		肉的脂肪	0.2			
		黄瓜	0.2	0.2	c	
		茄子	0.2	0.5	b	
		油菜	0.2		d	
		小麦	0.2	0.2	c	

序号	农药通用名	新加坡食品种类	MRL/（mg/kg）		与 GB 2763—2016 比较情况	备注
			新加坡	中国		
29	氯氰菊酯（包括同分异构体）Cypermethrin（sum of isomers）	葱	0.1	0.05	a	
		大豆	0.05	0.05	c	
		甜玉米	0.05	0.05		
		玉米	0.05	0.05		
		豌豆	0.05	0.5	b	
		咖啡豆	0.05		d	
		蛋类	0.05			
		无荚菜豆	0.05	0.5	b	
		蘑菇	0.05		d	
		肉	0.05			
		根和块茎类蔬菜	0.05	0.01	a	
		花生	0.02	0.1	b	
		牛奶	0.01		d	
		马铃薯	0.01			
30	2，4—D 2，4—dichlorophenoxy acetic acid	柑橘类水果	2	1	a	
		牛、猪、绵羊和山羊的食用内脏	2		d	
		大麦	0.5			
		黑麦	0.5	2	b	
		小麦	0.5	2		
		其他谷物	0.2		d	
		马铃薯	0.2	0.2	c	
		黑莓、覆盆子等浆果	0.1	0.1		
		蛋	0.05		d	
		肉	0.05			
		奶及奶制品	0.05			
31	滴滴涕（包括 DDD 和 DDE）DDT（including DDD and DDE）	肉类的脂肪	5	脂肪含量 10% 以下，0.2（以原样计）；脂肪含量 10% 以上，2（以脂肪计）	a	
		人造奶油	1		d	
		蔬菜	1	0.05	a	
		水果	1	0.05		
		蛋	0.5	0.1		
		谷类	0.1	0.1	c	
		牛奶	0.05	0.02	a	

序号	农药通用名	新加坡食品种类	MRL/（mg/kg）		与GB 2763—2016比较情况	备注
			新加坡	中国		
32	溴氰菊酯 Deltamethrin	茶	10	10	c	
		麦麸（未处理）	5		d	
		谷物（带壳）	2	0.5	a	
		小麦面粉（全麦）	2		d	
		咖啡豆	2			
		白小麦面粉	0.5			
		叶菜类蔬菜	0.2			
		油料种子	0.1			
		梨果类水果	0.1			
		豆类	0.1			
		鳞茎类蔬菜	0.1			
		甘蓝型油菜叶	0.05			
		蔬菜	0.05			
		食用果皮	0.05			
		香蕉	0.05	0.05	c	
		可可豆	0.05		d	
		葡萄	0.05	0.2	b	
		猕猴桃	0.05	0.05	c	
		核果	0.05	0.05		
		橘子	0.05	0.05		
		草莓	0.05	0.2	b	
		瓜类	0.01		d	
		菇类	0.01	0.2	b	
		凤梨	0.01		d	
		根块茎类蔬菜	0.01			
33	内吸磷 Demeton（including demeton−O, demeton−S, demeton−O−methyl, demeton−S−methyl and oxydemoton−S methyl）	杏	1	0.02	a	
		葡萄	1	0.02		
		桃子	1	0.02		
		茄子	0.5	0.02		
		芹菜	0.5	0.02		
		生菜	0.5	0.02		
		西红柿	0.5	0.02		
		谷物	0.5	0.02		
		梨	0.5	0.02		
		柑橘类水果	0.5	0.02		

序号	农药通用名	新加坡食品种类	MRL/（mg/kg）		与 GB 2763—2016 比较情况	备注
			新加坡	中国		
33	内吸磷 Demeton（including demeton－O，demeton－S，demeton－O－methyl，demeton－S－methyl and oxydemoton－S methyl）	大白菜	0.5	0.02	a	
		苹果	0.5	0.02		
		花椰菜	0.5	0.02		
		李子	0.2	0.02		
		瓜类	0.1	0.02		
		草莓	0.1	0.02		
34	二嗪磷 Diazinon	橄榄（未处理）	2		d	
		橄榄油	2			
		桃子	0.7	0.2	a	
		柑橘类水果	0.7		d	
		绿叶蔬菜	0.7			
		肉的脂肪	0.7			
		甜玉米	0.7	0.02	a	
		所有其他的水果	0.5		d	
		猕猴桃	0.5			
		其他蔬菜	0.5			
		未加工的谷物	0.1			
		红花籽	0.1			
		抛光大米	0.1			
		坚果	0.1	0.01	a	只规定核桃
		棉籽	0.1	0.2	b	
		大麦	0.1		d	
		杏仁	0.1			
		向日葵种子	0.1			
		牛奶	0.02			
35	敌敌畏 Dichlorvos	可可豆	5			
		未加工的谷物	2			
		咖啡豆（绿色）	2			
		大豆豆类	2	0.1	a	
		花生	2		d	
		扁豆	2			
		坚果	2			
		生菜	1	0.2	a	
		磨碎谷物制品	0.5		d	
		香菇	0.5			
		西红柿	0.5	0.2	a	

序号	农药通用名	新加坡食品种类	MRL/（mg/kg）		与GB 2763—2016比较情况	备注
			新加坡	中国		
35	敌敌畏 Dichlorvos	蔬菜（生菜除外）	0.5	0.5/0.2	c/a	
		水果和杂项食品项目另有规定（如面包、蛋糕、熟肉制品等）	0.1	0.2/0.1	b/c	
		鸡蛋（无蛋壳）	0.05		d	
		肉类	0.05			
		家禽	0.05			
		奶	0.02			
36	三氯杀螨醇 Dicofol	杏仁	5			
		水果（草莓除外）	5			
		蔬菜（黄瓜、小黄瓜、西红柿除外）	5			
		啤酒花（干制造）	5			
		茶（干制造）	5	0.2	a	
		黄瓜	2		d	
		小黄瓜	2			
		草莓	1			
		西红柿	1			
		棉籽	0.1			
37	狄氏剂 Dieldrin	肉的脂肪	0.2	0.2	c	
		奶及奶制品（脂肪基准）	0.15	0.006	a	
		羊奶（脂肪基准）	0.15	0.006		
		马铃薯	0.1	0.05		
		辣椒	0.1	0.05		
		洋葱	0.1	0.05		
		辣根	0.1	0.05		
		茄子	0.1	0.05		
		黄瓜	0.1	0.05		
		白菜	0.1	0.05		
		芽甘蓝	0.1	0.05		
		花椰菜	0.1	0.05		
		西兰花	0.1	0.05		
		胡萝卜	0.1	0.05		
		芦笋	0.1	0.05		
		鸡蛋（无蛋壳）	0.1	0.1	c	
		萝卜和萝卜项蔬菜	0.1	0.05	a	
		水果	0.05	0.02		
		未加工的谷物坚果	0.02	0.02	c	
		牛奶	0.006	0.006		

序号	农药通用名	新加坡食品种类	MRL/（mg/kg）		与 GB 2763—2016 比较情况	备注
			新加坡	中国		
38	乐果（包括其氧核苷类似物）Dimethoate（including its oxygen analogues）	蔬菜（除另有所指外）	2		d	
		苹果	2	1	a	
		杏	2		d	
		樱桃	2	2	c	
		柑橘类水果	2	2		
		黑加仑	2		d	
		葡萄	2			
		桃	2	2	c	
		梨	2	1	a	
		李子	2	2	c	
		橄榄	2		d	
		西红柿	1	0.5	a	
		辣椒	1		d	
		草莓	1			
		马铃薯	0.05	0.5	b	
39	敌螨普 Dinocap	葡萄	0.1	0.5		
		梨果	0.1		d	
		核果	0.1			
		草莓	0.1	0.5	b	
		黄瓜	0.1	0.07		
40	敌恶磷 Dioxathion	苹果	5		d	
		梨	5			
		柑橘类水果	3			
		葡萄	2			
		肉的脂肪	1			
		杏	0.1			
		桃	0.1			
		李子	0.1			
		牛奶	0.008			
41	二苯醚 Diphenyl	柑橘类水果	110			
42	二苯胺 Diphenylamine	苹果	5	5	c	
		梨	5	5		

序号	农药通用名	新加坡食品种类	MRL/（mg/kg）		与GB 2763—2016比较情况	备注
			新加坡	中国		
43	敌草快 Diquat	大麦	5		d	
		稻谷（带壳）	5			
		麦麸	5			
		油菜籽	2	2	c	
		高粱粒	2		d	
		小麦	2	2	c	
		全麦面粉	2		d	
		棉籽	1			
		豆类	0.5			
		向日葵种子	0.5			
		土豆	0.2	0.05	a	
		白面粉	0.2		d	
		大米（去壳或抛光）	0.2			
		葱	0.1			
		玉米	0.1			
		甜菜	0.1			
		豌豆	0.1			
		棉籽油	0.1	0.05	a	
		菜籽油	0.1	0.05		
		芝麻油	0.1	0.05		
		葵花籽油	0.1	0.05		
		种子油	0.1	0.05		
		肉类和肉类制品	0.05		d	
		牛奶	0.01			
44	乙拌磷 Disulfoton（as demeton）	玉米	0.5			
		蔬菜	0.5			
		大米（带壳）	0.5			
		马铃薯	0.5			
		谷物	0.2			

序号	农药通用名	新加坡食品种类	MRL/（mg/kg）		与 GB 2763—2016 比较情况	备注
			新加坡	中国		
45	二硫代氨基甲酸盐（以 CS2 表示，并分别称为由以下二组氨基甲酸酯组中的任何一个或每个组成的残基）：Dithiocarbamates（expressed as CS2 and referred separately to the residues arising from any or each of the following groups of dithiocarbamates）：	葡萄	5		d	
		芹菜	5			
		葡萄干	5			
		鳞茎	5			
		苹果	3			
		桃	3			
		梨	3			
		草莓	3			
		番茄	3			
		芸薹属蔬菜等	2			
		叶菜类蔬菜	2			
		豆类	2			
		香蕉	1			
		李子	1			
		生菜	1			
46	二甲酯 Dimethyl	谷物	0.5			
		胡萝卜	0.5			
		豆角	0.5			
		黄瓜	0.5			
		马铃薯	0.1			
47	亚乙基二硫代氨基甲酸酯 Ethylenebisdithiocarbamate	芦笋	2			
48	多果定	苹果	5	5	c	只规定仁果
		桃子	5	5		
		葡萄	5		d	
		梨	5	5	c	只规定仁果
		草莓	5		d	
		樱桃	2	3	b	
49	二溴乙烷 EDB（ethylene dibromide）	水果	0.1		d	
		蔬菜	0.1			
50	环氧乙烷 Ethylene oxide	所有香料	50			
51	硫丹 Endosulfan（including endosulfan sulphate）	茶（干制造）	30	10	a	
		水果	2	0.05		
		蔬菜（除胡萝卜、马铃薯、甜马铃薯、洋葱）	2		d	

序号	农药通用名	新加坡食品种类	MRL/（mg/kg）		与GB 2763—2016比较情况	备注
			新加坡	中国		
51	硫丹 Endosulfan（including endosulfan sulphate）	棉籽	1	0.05	a	
		粗制棉籽油	0.5		d	
		肉的脂肪	0.2			
		胡萝卜	0.2			
		马铃薯	0.2	0.05	a	
		甜马铃薯	0.2	0.05		
		洋葱（球茎）	0.2		d	
		稻米（带壳）	0.1			
		奶及奶制品	0.02	0.01	a	
52	异狄氏剂 Endrin	棉籽	0.1		d	
		棉籽油（粗制）	0.1			
		肉的脂肪	0.1			
		原粮	0.02			
		苹果	0.02	0.05	b	
		棉籽油（食用）	0.02		d	
		甜玉米	0.02			
		牛奶	0.0008			
53	乙硫磷 Ethion	茶（干制造）	5			
		牛肉的脂肪	2.5			
		葡萄	2			
		苹果	2			
		豆类	2			
		柑橘类水果	2			
		梨	2			
		草莓	2			
		李子	2			
		西红柿	2			
		茄子	1			
		大蒜	1			
		油桃	1			
		洋葱	1			
		桃子	1			
		辣椒	1			
		棉籽	0.5			
		黄瓜	0.5			

序号	农药通用名	新加坡食品种类	MRL/（mg/kg）		与 GB 2763—2016 比较情况	备注
			新加坡	中国		
53	乙硫磷 Ethion	鸡蛋	0.2		d	
		肉类脂肪（牛除外）	0.2			
		杏仁	0.1			
		杏	0.1			
		樱桃	0.1			
		坚果	0.1			
		玉米	0.05			
		牛奶	0.02			
54	乙氧喹啉 Ethoxyquin	苹果	3			
		梨	3	3	c	
55	乙嘧硫磷 Etrimfos	苹果	0.5		d	
		甘蓝	0.5			
		葡萄	0.5			
		莴苣头	0.5			
		杏	0.2			
		花椰菜	0.2			
		豆类	0.2			
		豌豆	0.2			
		李子（包括西梅）	0.2			
		西红柿	0.2			
		白菜	0.1			
		甘蓝	0.1			
		黄瓜	0.1			
		韭菜	0.1			
		洋葱	0.1			
		桃子	0.1			
		马铃薯	0.1			
		萝卜	0.1			
		大米	0.1			
		家禽	0.02			
		肉类	0.02			
		樱桃	0.01			
		鸡蛋	0.01			

序号	农药通用名	新加坡食品种类	MRL/（mg/kg）		与GB 2763—2016比较情况	备注
			新加坡	中国		
56	苯线磷 Fenamiphos	橘子（带皮）	0.5	0.02	a	
		胡萝卜	0.2	0.02		
		生菜	0.2	0.02		
		红薯	0.1	0.02		
		马铃薯	0.1	0.02		
		烤咖啡豆类	0.1		d	
		橘子肉	0.1	0.02	a	
		甘蔗	0.05	0.02		
		花生	0.05	0.02		
		西红柿	0.05	0.02		
		绿叶蔬菜（生菜除外）	0.05	0.02		
		菠萝	0.05	0.02		
		葡萄	0.05	0.02		
		香蕉	0.05	0.02		
		芹菜	0.05	0.02		
		洋葱	0.05	0.02		
		其他柑橘类水果	0.05	0.02		
57	苯丁锡 Fenbutatin－oxide	柑橘类水果	5	1		
		香蕉	5		d	
		樱桃	5	10	b	
		苹果	5	5	c	
		葡萄	5	5		
		梨	5	5		
		梨果类水果	3		d	
		桃子	3	7	b	
		草莓	3	10		
		李子	3	3	c	
		黄瓜	1	0.5	a	
		茄子	1		d	
		小黄瓜	1			
		甜瓜	1			
		西红柿	1	1	c	
		牛奶	0.02		d	
58	皮蝇磷 Fenchlorphos	牛、绵羊和山羊的脂肪	10			
		猪肉的脂肪	2			
		蛋	0.05			
		家禽肉类的脂肪	0.01			

序号	农药通用名	新加坡食品种类	MRL/（mg/kg）		与 GB 2763—2016 比较情况	备注
			新加坡	中国		
59	杀螟硫磷 Fenitrothion	原料小麦麸	20		d	
		米糠原料	20			
		谷物	10	5	a	
		桃子	1	0.5		
		精白米	1	1	c	
		白面粉	1		d	
		处理后的麦麸	2			
		柑橘类水果	2	0.5	a	
		苹果	2	0.5		
		樱桃	2	0.5		
		葡萄	2	0.5		
		莴苣	2	0.5		
		白菜	0.5	0.5	c	
		梨	0.5	0.5		
		豌豆	0.5	0.5		
		西红柿	0.5	0.5		
		干绿茶	0.5	0.5		
		草莓	0.5	0.5		
		白面包	0.2		d	
		韭菜	0.2	0.5	b	
		萝卜	0.2	0.5		
		可可豆	0.1		d	
		坚果	0.1			
		水果	0.1	0.5	b	
		蔬菜	0.1	0.5		
		辣椒	0.1	0.5		
		干黄豆	0.1	5		
		黄瓜	0.05	0.5		
		脂肪	0.05		d	
		肉类	0.05			
		洋葱	0.05	0.5	b	
		牛奶	0.002		d	
60	丰索磷 Fensulfothion	马铃薯	0.1			
		玉米	0.1			
		洋葱	0.1			

序号	农药通用名	新加坡食品种类	MRL/（mg/kg）		与GB 2763—2016比较情况	备注
			新加坡	中国		
60	丰索磷 Fensulfothion	西红柿	0.1		d	
		花生	0.05			
		菠萝	0.05			
		甜马铃薯	0.05			
		香蕉	0.02			
		牛肉的脂肪	0.02			
61	倍硫磷 Fenthion	柑橘类水果	2	0.05	a	
		浆果	2	0.05		
		梨果	2	0.05		
		核果	2	0.05		
		无花果	2	0.05		
		葡萄	2	0.05		
		柿子	2	0.05		
		百香果	2	0.05		
		番石榴	2	0.05		
		樱桃	2	2	c	
		生菜	2	0.05	a	
		桃子	2	0.05		
		梨	2	0.05		
		肉类的脂肪	2		d	
		香蕉	1	0.05	a	
		卷心菜	1	0.05		
		花椰菜	1	0.05		
		橄榄油	1	0.05		
		橄榄	1	0.05		
		李子	1	0.05		
		豌豆	0.5	0.05		
		番茄	0.5	0.05		
		柑橘类果汁	0.2		d	
		豆类	0.1	0.05	a	
		洋葱	0.1	0.05		
		大米	0.1	0.05		
		红薯	0.1	0.05		
		小麦	0.1	0.05		
		牛奶	0.05		d	
		马铃薯	0.05	0.05	c	

序号	农药通用名	新加坡食品种类	MRL/（mg/kg）		与GB 2763—2016比较情况	备注
			新加坡	中国		
62	三苯锡 Fentin	芹菜	1		d	
		甜菜	0.2			
		胡萝卜	0.2			
		马铃薯	0.1			
		芹菜	0.1			
		可可豆	0.1			
		咖啡原料	0.1			
		豆类	0.1			
		米糠	0.1			
		花生（去壳）	0.05			
		山核桃（去壳）	0.05			
63	氰戊菊酯 Fenvalerate	原谷类（全麦）	5			
		麦麸	5			
		猕猴桃	5	0.2	a	
		桃子	5	1		
		全麦面粉	5		d	
		全麦面包	5			
		芹菜	5			
		芥菜类蔬菜	5			
		叶菜类蔬菜	5			
		樱桃	5	0.2	a	
		柑橘类水果	5	0.2		
		生菜	5	1		
		肉类的脂肪	5		d	
		浆果水果	1	0.2	a	
		四季豆	1		d	
		西红柿	1	0.2	a	
		肉的脂肪	1		d	
		干豆角	0.5			
		西瓜	0.5	0.2	a	
		棉籽	0.2	0.2	c	
		黄瓜	0.2	0.2		
		甜瓜	0.2		d	
		坚果	0.2			
		面粉	0.2			

序号	农药通用名	新加坡食品种类	MRL/（mg/kg）		与GB 2763—2016比较情况	备注
			新加坡	中国		
63	氰戊菊酯 Fenvalerate	棉籽油	0.1	0.1	c	
		花生（带壳）	0.1		d	
		大豆	0.1	0.1	c	
		蚕豆	0.1		d	
		向日葵种子	0.1			
		甜玉米	0.1	0.2	b	
		根和块茎类蔬菜	0.05		d	
		牛奶	0.01			
64	灭菌丹 Folpet	葡萄干（鲜）	30	40	b	
		葡萄	25	10	a	
		蓝莓	25		d	
		草莓	20	5	a	
		樱桃	15		d	
		生菜	15	50	b	
		覆盆子	15		d	
		苹果	10	10	c	
		柑橘类水果	10		d	
		西红柿	5	3	a	
		黄瓜	2	1		
		洋葱	2	1		
		西瓜	2		d	
65	安硫磷 Formothion	柑橘类水果	0.2			
66	七氯（包括其环氧化物）Heptachlor（including its epoxide）	原油大豆油	0.5	0.05	a	
		肉的脂肪	0.2		d	
		胡萝卜	0.2	0.01	a	
		蔬菜（胡萝卜、西红柿除外）	0.05	0.01		
		蛋	0.05	0.05	c	
		未加工的谷物	0.02	0.02		
		西红柿	0.02	0.02		
		棉籽	0.02	0.02		
		大豆	0.02	0.02		
		食用大豆油	0.02	0.02		
		菠萝	0.01	0.01		
		柑橘类水果	0.01	0.01		
		牛奶	0.006	0.006		

序号	农药通用名	新加坡食品种类	MRL/（mg/kg）		与 GB 2763—2016 比较情况	备注
			新加坡	中国		
67	氰化氢 Hydrogen cyanide	未加工的谷物	75		d	以氢氰酸含量计算
		面粉	6			以氢氰酸含量计算
68	抑霉唑 Imazalil	柑橘类水果（全）	5	5	c	
		黄瓜	0.5	0.5		
		小黄瓜	0.5	0.5		
		香蕉果肉	0.2		d	
		柑橘类水果（带皮）	0.1			
		小麦籽粒	0.01	0.01	c	
69	无机溴化物 Inorganic bromide（total bromide ion from all sources）	无花果干	250		d	
		干枣	100			
		卷心菜	100			
		莴苣	100			
		葡萄干	100			
		牛油果	75			
		西红柿	75			
		未加工的谷物	50			
		桃子干	50			
		全麦面粉	50			
		辣椒	50			
		芹菜	50			
		草莓	30			
		柑橘类水果	30			
		所有其他水果干（除李子干）	30			
		李子干	20			
		所有其他的水果	20			
		蔬菜	20			
70	异菌脲 Iprodione	葡萄	10	10	c	
		苹果	10	5	a	
		桃	10		d	
		梨	10	5	a	
		李子	10		d	
		浆果	10			
		黑醋栗	5			
		生菜	5			
		黄瓜	5	2	a	

序号	农药通用名	新加坡食品种类	MRL/（mg/kg）		与GB 2763—2016比较情况	备注
			新加坡	中国		
70	异菌脲 Iprodione	猕猴桃	5		d	
		覆盆子	5			
		西红柿	5	5	c	
		大米（去壳和糙米）	3		d	
		油菜籽	1	2	b	
		菊苣	1		d	
		干豆类	0.2			
		大蒜	0.1			
		洋葱	0.1			
		动物脂肪	0.02			
		肉	0.02			
		玉米	0.02			
		牛奶	0.01			
71	异柳磷 Isofenphos	动物脂肪	0.02			
		肉	0.02			
		玉米	0.02			
		牛奶	0.01			
72	林丹 Lindane	小红莓	3			
		草莓	3			
		肉类的脂肪	3			
		生菜	3			
		菠菜	3			
		西红柿	3			
		鱼类	1			
		豆类（干）	1			
		可可豆	1			
		可可块	1			
		萝卜	1			
		家禽（脂肪基准）	0.7	0.05	a	
		卷心菜	0.5		d	
		苹果	0.5			
		甘蓝	0.5			
		原谷物	0.5	0.01	a	
		樱桃	0.5		d	
		葡萄	0.5			

序号	农药通用名	新加坡食品种类	MRL/（mg/kg）		与 GB 2763—2016 比较情况	备注
			新加坡	中国		
72	林丹 Lindane	李子	0.5		d	
		花椰菜	0.5			
		红醋栗	0.5			
		胡萝卜	0.2			
		鸡蛋	0.1			
		豌豆	0.1			
		甜菜	0.1			
		马铃薯	0.05			
		奶及奶制品	0.01	0.01	c	
73	马拉硫磷 Malathion	未加工的小麦或米糠	20		d	
		豆类（干）	8	8	c	只规定大豆
		黑莓	8		d	
		卷心菜	8	0.5	a	
		谷物	8	8	c	
		水果（干）	8		d	
		葡萄	8	8	c	
		扁豆	8	2	a	
		莴苣	8	8	c	
		坚果（带壳）	8		d	
		覆盆子	8			
		菠菜	8	2	a	
		樱桃	6	6	c	
		桃子	6	6		
		李子	6	6		
		西兰花	5		d	
		柑橘类水果	4	5	b	
		西红柿	3	0.5	a	
		萝卜	3		d	
		甘蓝等叶菜类蔬菜	3	0.5/0.2	a	中国只有两类
		苹果	2	1		
		绿色豆类	2		d	
		全麦面粉	2			
		黑麦	2	0.05	a	
		小麦	2	0.05		
74	抑芽丹 Maleic hydrazide	马铃薯	50	50	c	
		洋葱	15	15		

序号	农药通用名	新加坡食品种类	MRL/（mg/kg）		与GB 2763—2016比较情况	备注
			新加坡	中国		
75	甲霜灵 Metalaxyl	生菜	2	2	c	
		葡萄	1	1		
		柑橘类水果	1	5	b	
		菠菜	1	2		
		西兰花	0.5	0.5	c	
		牛油果	0.5		d	
		卷心菜	0.5	0.5	c	
		花椰菜	0.5	2	b	
		黄瓜	0.5	0.5	c	
		小黄瓜	0.5		d	
		西红柿	0.5	0.5	c	
		甜瓜	0.2		d	
		西瓜	0.2	0.2	c	
		马铃薯	0.1	0.05	a	
		谷物	0.05		d	
		洋葱	0.05	2	b	
		豌豆	0.05		d	
		甜菜	0.05	0.05	c	
		葵花籽	0.05		d	
76	甲胺磷 Methamidophos	西红柿	2	0.05	a	
		洋葱球茎	2	0.05		
		花椰菜	1	0.05		
		抱子甘蓝	1	0.05		
		卷心菜	1	0.05		
		芸薹属蔬菜等叶菜类蔬菜	1	0.05		
		花椰菜	1	0.05		
		芹菜	1	0.05		
		茄子	1	0.05		
		生菜	1	0.05		
		桃子	1	0.05		
		辣椒	1	0.05		
		柑橘类水果	0.5	0.05		
		黄瓜	0.5	0.05		
		棉籽	0.1	0.05		
		土豆	0.1	0.05		
		油菜籽	0.1		d	
		大豆（干）	0.05			

序号	农药通用名	新加坡食品种类	MRL/（mg/kg）		与 GB 2763—2016 比较情况	备注
			新加坡	中国		
77	杀扑磷 Methidathion	柑	5	2	a	
		柑橘类水果（不包括柑）	2	0.05		
		粗制棉籽油	1		d	
		苹果	0.2	0.05	a	
		梨	0.2	0.05		
		西番莲果	0.2	0.05		
		杏	0.2	0.05		
		大白菜	0.2	0.05		
		花椰菜	0.2	0.05		
		樱桃	0.2	0.05		
		葡萄	0.2	0.05		
		叶菜类蔬菜	0.2	0.05		
		油桃	0.2	0.05		
		桃子	0.2	0.05		
		李子	0.2	0.05		
		豌豆	0.1	0.05		
		玉米	0.1	0.05		
		豆类	0.1		d	
		芒果	0.1	0.05	a	
		动物脂肪	0.02		d	
		肉类	0.02			
		蛋（无壳）	0.02			
78	甲硫威 Methiocarb	蔬菜	0.1	0.05/0.1/0.5/2	a/c/b/b	未有此类规定
		柑橘类水果	0.05			
		玉米	0.05	0.05	c	
		肉类	0.05		d	
		鸡蛋	0.05			
		甜玉米	0.05	0.05	c	
79	灭多威 Methomyl	豌豆	5	0.2	a	
		莴苣	5	0.2		
		卷心菜	5	0.2		
		甘蓝	5	0.2		
		苹果	5	0.2		
		油桃	5	0.2		
		桃子	5	0.2		
		菠菜	5	0.2		
		芹菜	3	0.2		

序号	农药通用名	新加坡食品种类	MRL/（mg/kg）		与GB 2763—2016比较情况	备注
			新加坡	中国		
79	灭多威 Methomyl	芦笋	2	0.2	a	
		柑橘类水果	2	0.2		
		樱桃	2	0.2		
		葡萄	2	0.2		
		西红柿	1	0.2		
		黄瓜	0.5	0.2		
		茄子	0.5	0.2		
		叶菜类蔬菜	0.2	0.2	c	
		马铃薯	0.1	0.2	b	
		牛奶	0.02		d	
		肉	0.02			
80	速灭磷 Mevinphos	花椰菜	1			
		樱桃	1			
		西兰花	1			
		抱子甘蓝	1			
		卷心菜	1			
		草莓	1			
		苹果	0.5			
		葡萄	0.5			
		菠菜	0.5			
		莴苣	0.5			
		桃子	0.5			
		梨	0.2			
		苹果	0.2			
		黄瓜	0.2			
		柑橘类水果	0.2			
		杏	0.2			
		棉籽	0.2			
		西红柿	0.2			
		萝卜	0.1			
		马铃薯	0.1			
		豌豆	0.1			
		洋葱	0.1			
		胡萝卜	0.1			
		豆类	0.1			

序号	农药通用名	新加坡食品种类	MRL/（mg/kg）		与 GB 2763—2016 比较情况	备注
			新加坡	中国		
81	久效磷 Monocrotophos	西红柿	0.5	0.03	a	
		梨	0.5	0.03		
		苹果	0.5	0.03		
		香蕉	0.5	0.03		
		豆类	0.2	0.03		
		甘蓝	0.2	0.03		
		卷心菜	0.2	0.03		
		花椰菜	0.2	0.03		
		柑橘类水果	0.2	0.03		
		生咖啡豆	0.1		d	
		棉籽	0.1			
		葱	0.1	0.03	a	
		豌豆	0.1	0.03		
		食用植物油	0.05		d	
		马铃薯	0.05	0.03	a	
		胡萝卜	0.05	0.03		
		玉米	0.05	0.02		
		黄豆	0.05	0.03		
		萝卜	0.05	0.03		
		肉	0.02		d	
		蛋（无壳）	0.02			
		牛奶	0.002			
82	杀线威 Oxamyl	芹菜	3			
		柑橘类水果	3	5	b	
		辣椒	3		d	
		苹果	2			
		西瓜	2			
		西红柿	2	2	c	
		菠萝	1		d	
		黄瓜	0.5	2	b	
		棉籽	0.2	0.2	c	
		香蕉	0.2		d	
		大豆（干）	0.1			
		甜菜根	0.1			
		马铃薯	0.1	0.1	c	

序号	农药通用名	新加坡食品种类	MRL/（mg/kg）		与 GB 2763—2016 比较情况	备注
			新加坡	中国		
82	杀线威 Oxamyl	花生	0.1		d	
		咖啡	0.1			
		胡萝卜	0.1	0.1	c	
		甜菜	0.1		d	
		红薯	0.1			
		洋葱	0.05			
		干芸豆	0.05			
		玉米	0.05			
83	百草枯 Paraquat	稻米（带壳）	10			
		葵花籽	2	2	c	
		橄榄（新鲜）	1		d	
		高粱	0.5	0.5	c	
		大米（抛光）	0.5		d	
		肾脏（猪、羊）	0.5			
		棉籽	0.2	0.2	c	
		马铃薯	0.2	0.05	a	
		干啤酒花	0.2		d	
		百香果	0.2			
		玉米	0.1	0.1	c	
		大豆	0.1	0.5	b	
		蔬菜	0.05	0.05	c	
		水果	0.05	0.2/0.05/0.02/0.01	b/c/a/a	更为细分
		甘蔗	0.05		d	
		坚果	0.05	0.05	c	
		生谷物（比如大米和玉米等）	0.05		d	
		肉类和肉类产品	0.05			
		咖啡豆	0.05			
		牛奶	0.01			
		蛋	0.01			
84	对硫磷 Parathion	桃	1	0.01	a	
		杏	1	0.01		
		柑橘类水果	1	0.01		
		蔬菜（除了胡萝卜）	0.7	0.01		
		所有其他的水果	0.5	0.01		
		未加工的谷物	0.5	0.1		
		胡萝卜	0.5	0.01		

序号	农药通用名	新加坡食品种类	MRL/（mg/kg）		与GB 2763—2016比较情况	备注
			新加坡	中国		
85	氯菊酯（所有同分异构体）Permethrin（total isomers）	麦麸	10		d	
		甘蓝	5	5/1/0.1	c/a/a	
		白菜	5	5	c	
		芹菜	5	2	a	
		生菜	5	2		
		葱	5	0.5		
		梨果	2	2	c	
		核果	2	2		
		小麦粉	2	0.5	a	
		猕猴桃	2	2	c	
		谷物	2	2		
		西兰花	2	2		
		红醋栗	2	1	a	
		葡萄	2	2	c	
		西红柿	2	1	a	
		浆果类水果	1	2	b	
		茄子	1	1	c	
		橄榄	1	1		
		辣椒	1	1		
		葵花籽	1	1		
		肉类脂肪	1		d	
		肉	1			
		豆类	1	1	c	
		带荚毛豆	1	1		
		芦笋	1	1		
		葵花籽油	1	1		
		面粉	0.5		d	
		面包	0.5			
		青豆	0.5	1	b	
		花椰菜	0.5	0.5	c	
		柑橘类水果	0.5	2	b	
		棉籽	0.5	0.5	c	
		黄瓜	0.5	0.5		
		小黄瓜	0.5	0.5		
		萝卜	0.5	0.1	a	

序号	农药通用名	新加坡食品种类	MRL/（mg/kg）		与GB 2763—2016比较情况	备注
			新加坡	中国		
85	氯菊酯（所有同分异构体）Permethrin（total isomers）	韭菜	0.5	1	b	
		豌豆	0.1	0.1	c	
		香菇	0.1	0.1		
		大豆种子油	0.1		d	
		豆类油	0.1			
		瓜类	0.1	1	b	
		鸡蛋	0.1		d	
		棉籽油	0.1			
		胡萝卜	0.1	0.1	c	
		杏仁	0.1	0.1		
		干豆类	0.1		d	
		油菜籽	0.05	0.05	c	
		咖啡豆	0.05		d	
		马铃薯	0.05	0.05	c	
		牛奶和奶制品（脂肪基础）	0.05		d	
		甜玉米	0.05			
		甜菜	0.05	0.05	c	
86	胺磷 Phosphomidon	苹果、梨	0.5		d	
		柑橘类水果	0.4			
		豆类	0.2			
		花椰菜	0.2			
		抱子甘蓝	0.2			
		卷心菜	0.2			
		胡萝卜	0.2			
		樱桃	0.2			
		花椰菜	0.2			
		甘蓝	0.2			
		绿辣椒	0.2			
		桃子	0.2			
		豌豆	0.2			
		李子	0.2			
		菠菜	0.2			
		草莓	0.2			
		谷物	0.1			
		黄瓜	0.1			

序号	农药通用名	新加坡食品种类	MRL/（mg/kg）		与 GB 2763—2016 比较情况	备注
			新加坡	中国		
86	胺磷 Phosphomidon	生菜	0.1		d	
		西红柿	0.1			
		西瓜	0.1			
		根茎类蔬菜（包括马铃薯）	0.05			
87	甲拌磷 Phorate	胡萝卜	0.5	0.01	a	
		豆类	0.1	0.01		
		豇豆	0.1	0.01		
		茄子	0.1	0.01		
		油菜	0.1	0.01		
		西红柿	0.1	0.01		
		生菜	0.2	0.01		
		小麦	0.05	0.02		
		花生（无壳）	0.05	0.1	b	
		牛奶	0.05		d	
		葡萄	0.05	0.01	a	
		蛋（无壳）	0.05		d	
		肉	0.05			
		大麦	0.05	0.02	a	
		马铃薯	0.05	0.01		
88	伏杀硫磷 Phosalone	苹果	5	2		
		桃	5	2		
		樱桃	5	2		
		葡萄	5		d	
		李子	5	2	a	
		梨	2	2	c	
		西兰花	2		d	
		草莓	2			
		西红柿	2			
		抱子甘蓝	2			
		白菜	2	2.0/1.0	c/a	
		柑橘类水果	2		d	
		黄瓜	2			
		莴苣	2	1	a	

序号	农药通用名	新加坡食品种类	MRL/（mg/kg）		与GB 2763—2016比较情况	备注
			新加坡	中国		
88	伏杀硫磷 Phosalone	豌豆	2		d	
		绵羊和山羊的脂肪	0.5			
		马铃薯	0.1			
89	亚胺硫磷 Phosmet	猕猴桃（全果）	15			
		苹果	10			
		浆果	10			
		葡萄	10	10	c	
		桃子	10	10		
		梨	10		d	
		红薯（清洗后）	10			
		油桃	5	10	b	
		柑橘类水果	5	5	c	
		饲料作物（干）	5		d	
		牛肉的脂肪	1			
		玉米（去除内核和棒子稻壳）	0.2	0.05	a	
		猪肉	0.1		d	
		豌豆	0.1			
		马铃薯	0.05	0.05	c	
		牛奶	0.02		d	
90	氨氯吡啶酸 Picloram	未加工的谷物	0.2			
		奶及奶制品	0.05			
		肉	0.05			
91	增效醚 Piperonyl butoxide	谷物	20	30	b	
		干鱼	20		d	
		水果	8			
		蔬菜	8			
		坚果	8			
		油籽	8			
		干制水果	8			
		干菜	8			
		肉类和肉类制品	0.1			
92	抗蚜威 pirimicarb	梨果类水果	1	1	c	
		香菜	1		d	
		生菜	1	5	b	
		小黄瓜	1		d	

序号	农药通用名	新加坡食品种类	MRL/（mg/kg）		与GB 2763—2016比较情况	备注
			新加坡	中国		
92	抗蚜威 pirimicarb	茄子	1	0.5	a	
		芹菜	1		d	
		花椰菜	1	1	c	
		卷心菜	1	1		
		抱子甘蓝	1	0.5	a	
		豆类	1	0.7		
		菠菜	1		d	
		西红柿	1	0.5	a	
		苹果	1	1	c	
		豆瓣	1		d	
		葡萄干	0.5			
		韭菜	0.5			
		洋葱	0.5	0.1	a	
		橘子	0.5	3	b	
		桃子	0.5	0.5	c	
		李子	0.5	0.5		
		浆果	0.5	1	b	
		菜籽	0.2	0.2	c	
		大麦	0.05	0.05		
		甜菜根	0.05		d	
		柑橘类水果	0.05	3	b	
		棉籽	0.05		d	
		鸡蛋（无壳）	0.05			
		肉类	0.05			
		牛奶	0.05			
		燕麦	0.05	0.05	c	
		核桃	0.05		d	
		马铃薯	0.05	0.05	c	
		萝卜	0.05	0.05		
		甜菜	0.05		d	
		甜玉米	0.05	0.05	c	
		芜菁	0.05	0.05		
		小麦	0.05	0.05		

序号	农药通用名	新加坡食品种类	MRL/（mg/kg）		与GB 2763—2016比较情况	备注
			新加坡	中国		
93	甲基嘧啶磷 Pirimiphos－methyl	麦麸	20		d	
		谷物	10	5	a	
		花生油	10		d	
		全麦面粉（小麦或黑麦）	5	5	c	
		花生仁	5		d	
		蘑菇	5			
		橄榄	5			
		苹果	2			
		抱子甘蓝	2			
		小麦	2	5	b	
		大米（去壳）	2	1	a	
		面粉（白色）	2	2	c	
		猕猴桃	2		d	
		卷心菜	2			
		花椰菜	2			
		樱桃	2			
		梨	2			
		李子	2			
		全麦面包	1			
		稻米（抛光）	1			
		胡萝卜	1			
		黄瓜	1			
		葡萄干	1			
		浆果类水果	1			
		青葱	1			
		辣椒	1			
		西红柿	1			
		面包	0.5			
		豆类荚	0.5			
		所有柑橘类水果	0.5			
		肉类	0.05			
		家禽	0.05			
		牛奶	0.05			
		鸡蛋	0.05			
		豌豆	0.05			
		马铃薯	0.05			

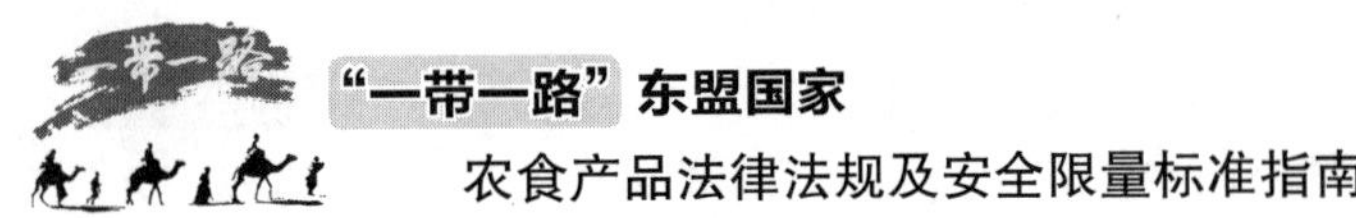

序号	农药通用名	新加坡食品种类	MRL/（mg/kg）		与 GB 2763—2016 比较情况	备注
			新加坡	中国		
94	咪鲜胺（测定为 2，4，6—三氯苯酚）Prochloraz（determined as 2，4，6—trichlorophenol）	牛油果	5	7	b	
		香蕉	5	5	c	
		柑橘类水果	5	10	b	
		蘑菇	2	2	c	
		芒果	2	2		
		木瓜	1		d	
		核果	1			
		菜籽	0.5	0.5	c	
		燕麦	0.05	2	b	
		大麦	0.05	2		
		小麦	0.05	0.5		
		黑麦	0.05	2		
95	炔螨特 Propargite	葡萄	10		d	
		越橘	10			
		葡萄干	10			
		杏	7			
		桃	7			
		油桃	7			
		李子	7			
		草莓	7			
		柑橘类水果	5	5	c	
		苹果	3	5	b	
		香蕉	3		d	
		梨	3	5	b	
		核果	3		d	
		百香果	3			
		玉米粒	0.1			
		鸡蛋	0.1			
		棉籽	0.1	0.1	c	
		杏仁	0.1		d	
		肉	0.1			
		肉的脂肪	0.1			
		坚果	0.1			

序号	农药通用名	新加坡食品种类	MRL/（mg/kg）		与GB 2763—2016比较情况	备注
			新加坡	中国		
96	除虫菊素 Pyrethrins	谷物	3		d	
		鱼干	3			
		水果	1			
		蔬菜	1			
		坚果	1			
		油料种子	1			
		干果	1			
97	五氯硝基苯 Quintozene	香蕉（带皮）	1			
		生菜	0.3			
		花生	0.3	0.5	b	
		芹菜	0.3		d	
		菜豆	0.2	0.1	a	
		马铃薯	0.2	0.2	c	
		洋葱	0.2		d	
		西红柿	0.1	0.1	c	
		棉籽	0.03		d	
		西兰花	0.02			
		卷心菜	0.02	0.1	b	
		豆角	0.01	0.1		
		辣椒	0.01	0.1		
		香蕉（浆）	0.01		d	
98	噻菌灵 Thiabendazole	苹果	10	3	a	
		梨	10	3		
		柑橘类水果	10	10	c	
		土豆（未清洗）	5	15	b	
		香蕉（带皮）	3	5		
		草莓	3		d	
		西红柿	2			
		蘑菇	0.5	5	b	
		香蕉（浆）	0.4		d	
		谷物	0.2			
		肉类	0.1			
		洋葱	0.1			
		牛奶	0.05			

序号	农药通用名	新加坡食品种类	MRL/（mg/kg）		与 GB 2763—2016 比较情况	备注
			新加坡	中国		
99	甲基乙拌磷 Thiometon	水果	1		d	
		未加工的谷物	1			
		蔬菜	1			
		苹果	0.5			
		杏	0.5			
		豆类	0.5			
		卷心菜	0.5			
		芹菜	0.5			
		樱桃	0.5			
		菊苣植物	0.5			
		鸡蛋	0.5			
		葡萄	0.5			
		莴苣	0.5			
		香菜	0.5			
		桃子	0.5			
		花生（带壳）	0.5			
		梨	0.5			
		豌豆（豆荚）	0.5			
		辣椒	0.5			
		李子	0.5			
		草莓	0.5			
		西红柿	0.5			
		棉籽	0.1			
		油菜籽	0.05			
		马铃薯	0.05			
		芥菜籽	0.05			
		谷物	0.05			
		胡萝卜	0.05			
		甜菜	0.05			
100	甲基硫菌灵 Thiophanate-methyl	杏	10			
		樱桃	10			
		柑橘类水果	10			
		葡萄	10	3	a	
		桃子	10		d	
		梨	5	3	a	

序号	农药通用名	新加坡食品种类	MRL/（mg/kg）		与GB 2763—2016比较情况	备注
			新加坡	中国		
100	甲基硫菌灵 Thiophanate−methyl	生菜	5		d	
		芹菜	5			
		浆果类水果	5			
		葡萄干	5			
		胡萝卜	5			
		苹果	5	5	c	
		西红柿	5	3	a	
		豆角	2		d	
		小黄瓜	2			
		李子	2			
		香蕉	1			
		蘑菇	1			
		黄瓜	0.5			
		洋葱	0.1			
		肉类脂肪	0.1			
		鸡肉	0.1			
		谷物	0.1			
		甜菜	0.1			
101	福美双 Thiram	草莓	7			
		桃子	7			
		洋葱球茎	7			
		芹菜	7			
		香蕉（带皮）	7	1	a	无特指带皮
		苹果	7	5		
		西红柿	7	5		
		棉籽	0.1		d	
102	三唑酮 Triadimeforn	葡萄	1			
		葡萄干	1	10	b	
		梨果类水果	0.5		d	
		红辣椒	0.5			

<table>
<tr><th rowspan="2">序号</th><th rowspan="2">农药通用名</th><th rowspan="2">新加坡食品种类</th><th colspan="2">MRL/（mg/kg）</th><th rowspan="2">与 GB 2763—2016 比较情况</th><th rowspan="2">备注</th></tr>
<tr><th>新加坡</th><th>中国</th></tr>
<tr><td rowspan="16">102</td><td rowspan="16">三唑酮
Triadimeforn</td><td>瓜类</td><td>0.5</td><td>0.2</td><td>a</td><td></td></tr>
<tr><td>苹果</td><td>0.5</td><td>1</td><td rowspan="2">b</td><td></td></tr>
<tr><td>西红柿</td><td>0.5</td><td>1</td><td></td></tr>
<tr><td>浆果类水果</td><td>0.2</td><td></td><td>d</td><td></td></tr>
<tr><td>黄瓜</td><td>0.2</td><td>0.1</td><td>a</td><td></td></tr>
<tr><td>小麦</td><td>0.2</td><td>0.2</td><td>c</td><td></td></tr>
<tr><td>南瓜</td><td>0.1</td><td>0.2</td><td>b</td><td></td></tr>
<tr><td>豌豆</td><td>0.1</td><td>0.05</td><td>a</td><td></td></tr>
<tr><td>葱</td><td>0.1</td><td></td><td>d</td><td></td></tr>
<tr><td>燕麦</td><td>0.1</td><td>0.2</td><td rowspan="2">b</td><td></td></tr>
<tr><td>咖啡豆类</td><td>0.1</td><td>0.2</td><td></td></tr>
<tr><td>肉类</td><td>0.1</td><td></td><td>d</td><td></td></tr>
<tr><td>大麦</td><td>0.1</td><td>0.2</td><td>b</td><td></td></tr>
<tr><td>牛奶</td><td>0.1</td><td></td><td rowspan="3">d</td><td></td></tr>
<tr><td>鸡蛋</td><td>0.1</td><td></td><td></td></tr>
<tr><td>甜菜</td><td>0.1</td><td></td><td></td></tr>
<tr><td rowspan="19">103</td><td rowspan="19">敌百虫
Trichlorfon</td><td>粮豆类</td><td>0.2</td><td>0.1</td><td>a</td><td></td></tr>
<tr><td>香蕉</td><td>0.2</td><td>0.2</td><td rowspan="5">c</td><td></td></tr>
<tr><td>桃子</td><td>0.2</td><td>0.2</td><td></td></tr>
<tr><td>球芽甘蓝</td><td>0.2</td><td>0.2</td><td></td></tr>
<tr><td>花椰菜</td><td>0.2</td><td>0.2</td><td></td></tr>
<tr><td>羽衣甘蓝</td><td>0.2</td><td>0.2</td><td></td></tr>
<tr><td>甜玉米</td><td>0.2</td><td></td><td>d</td><td></td></tr>
<tr><td>芹菜</td><td>0.2</td><td>0.2</td><td>c</td><td></td></tr>
<tr><td>甜菜</td><td>0.2</td><td></td><td>d</td><td></td></tr>
<tr><td>西红柿</td><td>0.2</td><td>0.2</td><td>c</td><td></td></tr>
<tr><td>豌豆</td><td>0.1</td><td>0.2</td><td>b</td><td></td></tr>
<tr><td>棉籽</td><td>0.1</td><td>0.1</td><td>c</td><td></td></tr>
<tr><td>柑橘类水果</td><td>0.1</td><td>0.2</td><td rowspan="2">b</td><td></td></tr>
<tr><td>樱桃</td><td>0.1</td><td>0.2</td><td></td></tr>
<tr><td>蔬菜（抱子甘蓝、羽衣甘蓝、花椰菜、甜玉米、芹菜、甜菜根除外）</td><td>0.1</td><td></td><td rowspan="2">d</td><td></td></tr>
<tr><td>水果（香蕉、桃子和干果除外）</td><td>0.1</td><td></td><td></td></tr>
<tr><td>生谷物</td><td>0.1</td><td>0.1</td><td rowspan="2">c</td><td></td></tr>
<tr><td>花生</td><td>0.1</td><td>0.1</td><td></td></tr>
</table>

序号	农药通用名	新加坡食品种类	MRL/（mg/kg）		与GB 2763—2016比较情况	备注
			新加坡	中国		
103	敌百虫 Trichlorfon	萝卜	0.1	0.5	b	
		豆类	0.1	0.1	c	
		坚果（无壳）	0.1		d	
		肉类的脂肪	0.1			
		芥菜	0.1	0.2	b	
		肉类	0.1		d	
		油料	0.1			
		南瓜	0.1	0.2	b	
		牛奶	0.05		d	
		甘蔗	0.05	0.1	b	
		胡萝卜	0.05	0.2		
		茄子	0.05	0.2		
		香菜	0.05	0.2		
104	嗪氨灵 Triforine	桃子	5	5	c	
		苹果	2	2		
		李子	2	2		
		樱桃	2	2		
		豆类	1	1		
		浆果	1		d	
		红醋栗	1	1	c	
		西红柿	0.5	0.5		
		球芽甘蓝	0.2	0.2		
		谷物	0.1	0.1		
105	蚜灭磷 Vamidothion	苹果	1	1	c	
		桃	1		d	
		梨	1	1	c	
		抱子甘蓝	1		d	
		甜菜	0.5			
		葡萄	0.5			
106	折仑诺 Zeranol	牛肉	0.02			
		羊肉	0.02			
107	福美锌 Ziram	水果	7	5	a	
		蔬菜	7		d	

1-3 马来西亚与中国农食产品农药残留限量（MRL）比较

序号	农药通用名	马来西亚食品种类	MRL/（mg/kg）		与 GB 2763—2016 比较情况	备注
			马来西亚	中国		
1	2，4−D 2，4−dichlorophenoxy acetic acid	甘蔗	3	0.05	a	
		水稻（研磨或抛光）	0.05		d	
		椰子 / 椰子油	0.05			
		棕榈油	0.05			
		香蕉	0.01			
2	二甲四氯 2−M−4−X	水稻（研磨或抛光）	0.1			
3	丙溴磷 Profenofos	辣椒	5	3	a	
		芥末	2		d	
		苦瓜	2			
		茄子	2			
		有棱丝瓜	2			
		羽衣甘蓝	2			
		卷心菜	1	0.5	a	
		菜花	0.5		d	
		豆角	0.5			
		豆类蔬菜（除另有规定外）	0.5			
		法国豆	0.5			
		黄瓜	0.1			
		玉米	0.05			
4	阿维菌素 Abamectin	芥末	0.05			
		卷心菜	0.05	0.05	c	
		羽衣甘蓝	0.05		d	
		中国白菜	0.05	0.05	c	
5	安硫磷 Formothion	根和块茎类蔬菜	2		d	
		黄瓜	0.1			
		卷心菜	0.1			
		茄子	0.1			
		秋葵	0.1			
		西红柿	0.1			
6	氨氯吡啶酸 Nicosulfuron	甘蔗	0.01			
7	百草枯 Paraquat	水稻（研磨或抛光）	0.5			
		可可豆	0.1	0.05	a	
		椰子 / 椰子油	0.1		d	
		棕榈油	0.1			

序号	农药通用名	马来西亚食品种类	MRL/（mg/kg）		与GB 2763—2016比较情况	备注
			马来西亚	中国		
7	百草枯 Paraquat	根和块茎类蔬菜（除另有规定外）	0.05	0.05	c	
		胡椒（黑、白）	0.05		d	
		咖啡豆	0.05			
		木薯	0.05	0.05	c	
		香蕉	0.05	0.02	a	
8	百菌清 Chlorothalonil	甜菜	50		d	
		香蕉	15	0.2	a	
		葱叶	10		d	
		芹菜	10	5	a	
		生菜	10	5		
		豆类蔬菜	5		d	
		黄瓜	5	5	c	
		辣椒	5	5		
		西瓜	5		d	
		西红柿	5	5	c	
		芒果	3		d	
		卷心菜	1			
		姜	0.5			
		洋葱（球茎）	0.5			
		胡椒（黑、白）	0.2			
		咖啡豆	0.2			
		马铃薯	0.2			
		香蕉	0.2	0.2	c	
		花生	0.05		d	
		可可豆	0.05			
9	倍硫磷 Fenthion	番石榴	2	0.05	a	
		柑橘类水果	2	0.05		
		芒果	2	0.05		
		杨桃	2	0.05		
		黄瓜	0.5	0.05		
		水稻（研磨或抛光）	0.5	0.05		
10	苯线磷 Fenamiphos	番石榴	0.2	0.02		
		香蕉	0.1	0.02		

序号	农药通用名	马来西亚食品种类	MRL/（mg/kg）		与 GB 2763—2016 比较情况	备注
			马来西亚	中国		
11	苯氧威 Fenoxycarb	芥末	0.5		d	
		羽衣甘蓝	0.5			
		卷心菜	0.2			
		中国白菜	0.2			
12	吡虫啉 Imidacloprid	干豌豆	2			
		豆角	0.5			
		柑橘类水果	0.5	1	b	
		芒果	0.5		d	
		辣椒	0.1			
		茄子	0.1	1	b	
		水稻（研磨或抛光）	0.1		d	
		西瓜	0.1			
13	吡嘧磺隆 Pyrazosulfuron－ethyl	水稻（研磨或抛光）	0.1			
14	吡蚜酮 Pymetrozine	水稻（研磨或抛光）	0.1	1	b	
15	苄嘧磺隆 Bensulfuron－methyl	水稻（研磨或抛光）	0.02	0.05		
16	丙草胺 Pretilachlor	水稻（研磨或抛光）	0.05	0.1		
17	丙环唑 Propiconazole	花生	0.5	0.1	a	
		香蕉	0.1	1	b	
		可可豆	0.1		d	
		甘蔗	0.05	0.02	a	
		水稻（研磨或抛光）	0.05		d	
18	丙硫磷 Prothiofos	菜花	0.2			
		卷心菜	0.2			
		辣椒	0.2			
		中国白菜	0.2			
19	丙炔噁草酮 Oxadiargyl	水稻（研磨或抛光）	0.05			
20	残杀威 Propoxur	水稻（研磨或抛光）	0.1			
		可可豆	0.05			

序号	农药通用名	马来西亚食品种类	MRL/（mg/kg）		与GB 2763—2016比较情况	备注
			马来西亚	中国		
21	草铵膦（草甘膦和3—羟甲基氧膦基丙酸的总和，表示为草铵膦（游离酸））Glufosinate ammonium（sum of glufosinate and 3—hydroxy methyl phosphinyl propionic acid, expressed as glufosinate（free acid））	玉米饲料（干）	10		d	
		油菜籽	5		d	
		葵花籽	5		d	
		干豌豆	3		d	
		干蚕豆	2		d	
		干菜豆	2		d	
		豆饲料	1		d	
		豆类蔬菜	0.5		d	
		可可豆	0.5		d	
		椰子／椰子油	0.5		d	
		棕榈油	0.5		d	
		杏仁	0.5		d	
		葡萄干	0.5		d	
		马铃薯	0.5		d	
		芦笋	0.4		d	
		茶	0.2		d	
		香蕉	0.2	0.2	c	
		叶菜类蔬菜（除另有规定外）	0.1		d	
		腰果	0.1		d	
		杨桃	0.1		d	
		西红柿	0.1	0.5	b	
		西瓜	0.1		d	
		水稻（研磨或抛光）	0.1		d	
		生菜	0.1		d	
		茄子	0.1		d	
		木瓜	0.1	0.2	b	
		芒果	0.1		d	
		榴莲	0.1		d	
		咖啡豆	0.1		d	
		卷心菜	0.1		d	
		番石榴	0.1		d	
		菠萝蜜	0.1		d	
		中国白菜	0.1		d	
		浆果等小水果	0.1		d	
		柑橘类水果	0.1	0.5	b	

序号	农药通用名	马来西亚食品种类	MRL/（mg/kg）		与 GB 2763—2016 比较情况	备注
			马来西亚	中国		
21	草铵膦（草甘膦和 3—羟甲基氧膦基丙酸的总和，表示为草铵膦（游离酸））Glufosinate ammonium（sum of glufosinate and 3—hydroxy methyl phosphinyl propionic acid, expressed as glufosinate（free acid））	玉米	0.1		d	
		家禽	0.1			
		木本坚果	0.1			
		葵花籽油	0.05			
		甜菜	0.05			
		石果	0.05			
		油菜籽油	0.05			
		禽肉	0.05			
		梨果	0.05			
		洋葱（球茎）	0.05			
		肉类（哺乳动物除海洋哺乳动物外）	0.05			
		鸡蛋	0.05			
		玉米沙律	0.05			
		菜豆（带荚）	0.05			
		胡萝卜	0.05			
		热带水果（除了香蕉）	0.05			
		芦笋	0.05			
		洋葱（球茎）	0.05			
		牛奶	0.02			
22	草甘膦 Glyphosate	可可豆	0.5			
		茶	0.2	1	b	
		柑橘类水果	0.2	0.1	a	
		咖啡豆	0.2		d	
		木瓜	0.2	0.1	a	
		香蕉	0.2	0.1		
		番石榴	0.1	0.1	c	
		榴莲	0.1	0.1		
		芒果	0.1	0.1		
		杨桃	0.1	0.1		
		椰子 / 椰子油	0.1	0.1		
		棕榈油	0.1		d	
23	虫螨腈 Chlorfenapyr	黄瓜	1	0.5	a	
		卷心菜	1	1	c	
		茄子	1		d	
		中国白菜	1	2	b	

序号	农药通用名	马来西亚食品种类	MRL/（mg/kg）		与GB 2763—2016比较情况	备注
			马来西亚	中国		
24	虫酰肼 Tebufenozide	豆角	0.5		d	
		辣椒	0.5	1	b	
		茄子	0.5		d	
		秋葵	0.5			
		西红柿	0.5	1	b	
		水稻（研磨或抛光）	0.1	5		
25	除草定 Bromacil	菠萝	0.1		d	
26	除虫脲 Diflubenzuron	卷心菜	1	2	b	
27	哒螨灵 Pyridaben	柑橘类水果	1	2		
28	稻丰散 Phenthoate	菜花	0.1		d	
		豆类蔬菜	0.1			
		黄瓜	0.1			
		卷心菜	0.1			
		茄子	0.1			
		秋葵	0.1			
		生菜	0.1			
		西红柿	0.1			
		洋葱（球茎）	0.1			
		水稻（研磨或抛光）	0.05	0.05	c	
29	稻瘟灵 Isoprothiolane	水稻（研磨或抛光）	2	1	a	
30	敌百虫 Trichlorfon	西瓜	0.2	0.2	c	
		羽衣甘蓝	0.2	0.2		
		豆角	0.1	0.2	b	
		法国豆	0.1	0.2		
		柑橘类水果	0.1	0.2		
		芥末	0.1	0.2		
		水稻（研磨或抛光）	0.1	0.1	c	
		玉米	0.1		d	
31	敌稗 Propanil	水稻（研磨或抛光）	0.1			

序号	农药通用名	马来西亚食品种类	MRL/（mg/kg）		与 GB 2763—2016 比较情况	备注
			马来西亚	中国		
32	敌草胺 Napropamide	辣椒	0.1		d	
		茄子	0.1			
		西红柿	0.1			
		甘蔗	0.1			
33	敌草隆 Diuron	茶	1			
		菠萝	0.5			
		柑橘类水果	0.5			
		木瓜	0.5			
		香蕉	0.5			
		甘蔗	0.1	0.1	c	
		咖啡豆	0.1		d	
		棕榈油	0.1			
34	敌敌畏 Dichlorvos	麦麸未加工	10			
		小麦胚芽	10			
		谷物	5	0.1	a	
		全麦小麦	2	0.1		
		面粉	1		d	
		芒果	0.1	0.2	b	
35	丁醚脲 Diafenthiuron	菜花	0.2		d	
		豆类蔬菜	0.2			
		黄瓜	0.2			
		芥末	0.2			
		卷心菜	0.2	2	b	
		辣椒	0.2		d	
		中国白菜	0.2	2	b	
		茄子	0.2		d	
		羽衣甘蓝	0.2			
36	丁酮威 Butocarboxim	西红柿	2			
		辣椒	2			
		豆角	2			
		棕榈油	2			
		可可豆	0.5			
37	啶虫脒 Acetamiprid	茄子	2	1	a	
		卷心菜	2	0.5		
		黄瓜	2	1		
		豆角	2		d	
		秋葵	2			

序号	农药通用名	马来西亚食品种类	MRL/（mg/kg） 马来西亚	MRL/（mg/kg） 中国	与GB 2763—2016比较情况	备注
38	多菌灵 Carbendazim	柑橘类水果	10	5	a	
		芥末	5		d	
		辣椒	5	2	a	
		生菜	5	5	c	
		西红柿	5	3	a	
		羽衣甘蓝	5		d	
		中国白菜	5		d	
		番石榴	3		d	
		木瓜	3		d	
		豆类蔬菜（除另有规定外）	2		d	
		卷心菜	2		d	
		芒果	2	0.5	a	
		芹菜	2		d	
		西瓜	2		d	
		香豌豆	2	0.02	a	
		洋葱（球茎）	2		d	
		香蕉	1	2	b	
		黄瓜	0.5	0.5	c	
		水稻（研磨或抛光）	0.5	2	b	
		胡椒（黑、白）	0.1		d	
		花生	0.1	0.1	c	
		咖啡豆	0.1		d	
39	多杀霉素 Spinosad	芥末	2		d	
		羽衣甘蓝	2	2	c	
		卷心菜	0.5	2	b	
40	噁草酮 Clomazone	水稻（研磨或抛光）	0.05		d	
41	噁霉灵 Hymexazol	可可豆	1		d	
		黄瓜	0.5	0.5	c	
		西瓜	0.5	0.5	c	
		西红柿	0.5		d	
		豆类蔬菜	0.2		d	
		芥末	0.2		d	
		卷心菜	0.2		d	
		辣椒	0.2		d	
		茄子	0.2		d	
		羽衣甘蓝	0.2		d	
		马铃薯	0.2		d	
		中国白菜	0.2		d	

序号	农药通用名	马来西亚食品种类	MRL/（mg/kg）		与 GB 2763—2016 比较情况	备注
			马来西亚	中国		
42	精噁唑禾草灵 Fenoxaprop−p−ethyl	水稻（研磨或抛光）	0.05		d	
43	二甲戊灵 Pendimethalin	芥末	0.1			
		卷心菜	0.1	0.2	b	
		西红柿	0.1		d	
44	二硫化氨基甲酸酯类 Dithiocarbamates （以 CS2 表示）（expressed as CS2） 代森锰锌 Mancozeb 代森锰 Maneb 丙森锌 Propineb 福美双 Thiram 代森锌 Zineb 福美锌 Ziram	葱叶	10			未做此类规定，GB 2763—2016 只做出代谢物规定
		柑橘类水果	10			
		芥末	10			
		生菜	10			
		苋菜	10			
		叶菜类蔬菜	10			
		菜花	5			
		茶	5			
		番石榴	5			
		卷心菜	5			
		可可豆	5			
		木瓜	5			
		芹菜	5			
		西红柿	5			
		杨桃	5			
		胡椒（黑、白）	3			
		辣椒	3			
		香蕉	2			
		芒果	2			
		黄瓜	2			
		豆类蔬菜	2			
		豆角	2			
		香豌豆	2			
		榴莲	1			
		西瓜	1			
		棕榈油	1			

序号	农药通用名	马来西亚食品种类	MRL/（mg/kg）		与 GB 2763—2016 比较情况	备注
			马来西亚	中国		
44	二硫化氨基甲酸酯类 Dithiocarbamates （以 CS2 表示）（expressed as CS2） 代森锰锌 Mancozeb 代森锰 Maneb 丙森锌 Propineb 福美双 Thiram 代森锌 Zineb 福美锌 Ziram	韭菜	0.5		d	未做此类规定，GB 2763—2016 只做出代谢物规定
		水稻（研磨或抛光）	0.5			
		甜瓜	0.5			
		洋葱（球茎）	0.5			
		马铃薯	0.2			
		南瓜	0.2			
		花生	0.1			
45	二氯喹啉酸 Quinchlorac	水稻（研磨或抛光）	0.05			
46	二嗪磷 Diazinon	西红柿	0.5	0.5	c	
		秋葵	0.5		d	
		芹菜	0.5			
		茄子	0.5			
		玫瑰苹果	0.5	0.3	a	
		芒果	0.5		d	
		辣椒	0.5			
		卷心菜	0.5	0.5	c	
		芥末	0.5		d	
		黄瓜	0.5	0.1	a	
		柑橘类水果	0.5		d	
		番石榴	0.5			
		豆角	0.5			
		羽衣甘蓝	0.5	0.05	a	
		杨桃	0.5		d	
		菜花	0.5			
		中国白菜	0.5	0.05	a	
		豆类蔬菜（除另有规定外）	0.2		d	
		水稻（研磨或抛光）	0.1	0.1	c	
47	伐虫脒盐酸盐 Formetanate hydrochloride	辣椒	2		d	
		豆角	2			
		法国豆	2			
		茄子	2			
		黄瓜	1			
		西瓜	1			

<table>
<tr><th rowspan="2">序号</th><th rowspan="2">农药通用名</th><th rowspan="2">马来西亚食品种类</th><th colspan="2">MRL/（mg/kg）</th><th rowspan="2">与 GB 2763—2016 比较情况</th><th rowspan="2">备注</th></tr>
<tr><th>马来西亚</th><th>中国</th></tr>
<tr><td rowspan="2">48</td><td rowspan="2">噻呋酰胺
Trifluzamide</td><td>叶菜类蔬菜</td><td>1</td><td></td><td rowspan="9">d</td><td></td></tr>
<tr><td>西红柿</td><td>0.5</td><td></td><td></td></tr>
<tr><td rowspan="6">49</td><td rowspan="6">呋线威
Furathiocarb</td><td>柑橘类水果</td><td>3</td><td></td><td></td></tr>
<tr><td>辣椒</td><td>2</td><td></td><td></td></tr>
<tr><td>西瓜</td><td>0.2</td><td></td><td></td></tr>
<tr><td>水稻（研磨或抛光）</td><td>0.1</td><td></td><td></td></tr>
<tr><td>茄子</td><td>0.1</td><td></td><td></td></tr>
<tr><td>玉米</td><td>0.05</td><td></td><td></td></tr>
<tr><td rowspan="3">50</td><td rowspan="3">氟苯脲
Teflubenzuron</td><td>芥末</td><td>1</td><td></td><td></td></tr>
<tr><td>卷心菜</td><td>0.2</td><td>0.5</td><td rowspan="2">b</td><td></td></tr>
<tr><td>中国白菜</td><td>0.2</td><td>0.5</td><td></td></tr>
<tr><td rowspan="6">51</td><td rowspan="6">氟虫腈
Fipronil</td><td>芥末</td><td>0.05</td><td>0.02</td><td rowspan="4">a</td><td></td></tr>
<tr><td>卷心菜</td><td>0.05</td><td>0.02</td><td></td></tr>
<tr><td>辣椒</td><td>0.05</td><td>0.02</td><td></td></tr>
<tr><td>茄子</td><td>0.05</td><td>0.02</td><td></td></tr>
<tr><td>西瓜</td><td>0.01</td><td>0.02</td><td>b</td><td></td></tr>
<tr><td>水稻（研磨或抛光）</td><td>0.01</td><td></td><td rowspan="3">d</td><td></td></tr>
<tr><td rowspan="8">52</td><td rowspan="8">氟啶脲
Chlorfluazuron</td><td>生菜</td><td>0.3</td><td></td><td></td></tr>
<tr><td>茄子</td><td>0.3</td><td></td><td></td></tr>
<tr><td>萝卜</td><td>0.3</td><td>0.1</td><td>a</td><td></td></tr>
<tr><td>秋葵</td><td>0.3</td><td></td><td rowspan="8">d</td><td></td></tr>
<tr><td>辣椒</td><td>0.3</td><td></td><td></td></tr>
<tr><td>芥末</td><td>0.3</td><td></td><td></td></tr>
<tr><td>豆角</td><td>0.3</td><td></td><td></td></tr>
<tr><td>羽衣甘蓝</td><td>0.3</td><td></td><td></td></tr>
<tr><td>53</td><td>氯硅菊酯
Silafluofen</td><td>水稻（研磨或抛光）</td><td>0.2</td><td></td><td></td></tr>
<tr><td>54</td><td>氟环脲
Flucycloxuron</td><td>卷心菜</td><td>0.1</td><td></td><td></td></tr>
<tr><td rowspan="6">55</td><td rowspan="6">氟氯氰菊酯
Cyfluthrin</td><td>大豆饲料</td><td>4</td><td></td><td></td></tr>
<tr><td>卷心菜</td><td>2</td><td>0.5</td><td>a</td><td></td></tr>
<tr><td>甘蓝</td><td>2</td><td></td><td rowspan="4">d</td><td></td></tr>
<tr><td>芥末</td><td>2</td><td></td><td></td></tr>
<tr><td>肉类（哺乳动物除海洋哺乳动物外）</td><td>1</td><td></td><td></td></tr>
<tr><td>豆类蔬菜</td><td>0.5</td><td></td><td></td></tr>
</table>

序号	农药通用名	马来西亚食品种类	MRL/（mg/kg）		与GB 2763—2016比较情况	备注
			马来西亚	中国		
55	氟氯氰菊酯 Cyfluthrin	柑橘类水果	0.5	0.3	a	
		辣椒	0.5	0.2		
		茄子	0.5	0.2		
		西红柿	0.2	0.2	c	
		可可豆	0.1		d	
		卷心菜头	0.08			
		牛，山羊，猪和羊的肾	0.05			
		牛，山羊，猪和羊肝	0.05			
		牛奶	0.04			
		干大豆	0.03			
		食用内脏（哺乳动物）	0.02			
		姜	0.01			
		牛奶	0.01			
56	氟噻草胺 Flufenacet	玉米	0.1			
57	氟酰胺 Flutolanil	芥末	1			
		水稻（研磨或抛光）	1	1	c	
		榴莲	0.1		d	
58	咯菌腈 Fludioxonil	干大豆	0.01			
		葵花籽	0.01			
59	禾草丹 Thiobencarb	水稻（研磨或抛光）	0.1			
60	禾草敌 molinate	水稻（研磨或抛光）	0.1	0.1	c	
61	环丙嘧磺隆 Cyclosulfamuron	水稻（研磨或抛光）	0.1		d	
62	环丙唑醇 Cyproconazole	豆类蔬菜	0.1			只规定小麦
		咖啡豆	0.1			
		可可豆	0.1			
		棕榈油	0.1			
63	环嗪酮 Hexazinone	甘蔗	0.1	0.5	b	
64	己唑醇 Hexaconazole	芥末	0.5		d	
		豆角	0.2			
		黄瓜	0.1			
		咖啡豆	0.05			
		水稻（研磨或抛光）	0.05			

序号	农药通用名	马来西亚食品种类	MRL/（mg/kg）		与 GB 2763—2016 比较情况	备注
			马来西亚	中国		
65	甲氨基阿维菌素苯甲酸盐 Emamectin benzoate	羽衣甘蓝	0.5		d	
		卷心菜	0.5	0.1	a	
		芥末	0.5		d	
		中国白菜	0.5	0.05	a	
66	甲胺磷 Methamidophos	棕榈油	0.1		d	
		椰子 / 椰子油	0.1			
67	甲拌磷 Phorate	马铃薯	0.2	0.01	a	
68	甲草胺 Alachlor	大豆	0.2	0.2	c	
		玉米	0.1	0.2	b	
		花生	0.05	0.05	c	
69	甲磺隆 Metsulfuron methyl	棕榈油	0.02		d	
		水稻（研磨或抛光）	0.02			
70	甲基立枯磷 Tolclofos－methyl	生菜	2	2	c	
71	甲基嘧啶磷 Pirimiphos－methyl	玉米	5		d	
		花生	2			
		水稻（研磨或抛光）	1	1	c	
72	甲基砷酸二钠 Disodium methyl arsenate	棕榈油	0.1		d	
73	甲基乙拌磷（表示为硫醇）Thiometon（sum of thiometon，its sulphoxide and sulphone，expressed as thiometon）	茄子	0.5			
		辣椒	0.5			
		黄瓜	0.5			
		柑橘类水果	0.5			
		法国豆	0.5			
		豆角	0.5			
		西瓜	0.5			
74	甲硫威 Methiocarb	豆角	0.1			
		黄瓜	0.1			
		芥末	0.1			
		水稻（研磨或抛光）	0.05			
75	甲萘威 Carbaryl	芥末	10			
		秋葵	10	1	a	
		豆类蔬菜（除另有规定外）	5	1		
		甘蓝类蔬菜（除另有规定外）	5	1		

序号	农药通用名	马来西亚食品种类	MRL/（mg/kg）		与GB 2763—2016比较情况	备注
			马来西亚	中国		
75	甲萘威 Carbaryl	胡椒（黑、白）	5		d	
		卷心菜	5	1	a	
		芒果	5		d	
		茄子	5	1	a	
		中国白菜	5	1		
		黄瓜	3	1		
		南瓜	3	1		
		大豆	1	1	c	
		水稻（研磨或抛光）	1	1		
		禽肉	0.5		d	
76	甲霜灵 Metalaxyl	柑橘类水果	5	5	c	
		黄瓜	0.5	0.5		
		西红柿	0.5	0.5		
		可可豆	0.2		d	
		榴莲	0.2			
		玉米	0.05			
77	甲氧虫酰肼 Methoxyfenozide	柑橘类水果	0.7			
		哺乳动物脂肪（牛油除外）	0.2			
		肉类（哺乳动物除海洋哺乳动物外）	0.2			
		食用内脏（哺乳动物）	0.1			
78	腈苯唑 Fenbuconazole	梨果	0.1	0.1	c	
		牛油	0.05		d	
		牛肾	0.05			
		牛肝	0.05			
		牛肉	0.05			
79	腈菌唑 Myclobutanil	豆角	0.5			
		法国豆	0.5			
		黄瓜	0.5	1	b	
80	精吡氟禾草灵 Fluazifop—P	棕榈油	0.2		d	
		木瓜	0.1			
		芒果	0.1			
		榴莲	0.1			
		可可豆	0.1			
		红毛丹	0.1			
		番石榴	0.1			
		香蕉	0.1			

序号	农药通用名	马来西亚食品种类	MRL/（mg/kg）		与 GB 2763—2016 比较情况	备注
			马来西亚	中国		
81	精喹禾灵 Quizalofop-ethyl	西红柿	0.1		d	
		水稻（研磨或抛光）	0.1			
		秋葵	0.1			
		辣椒	0.1			
		可可豆	0.1			
		豆角	0.1			
		黄瓜	0.1			
		中国白菜	0.1			
82	久效磷 Monocrotophos	棕榈油	0.05			
		椰子 / 椰子油	0.05			
83	克百威（呋喃丹和 3-羟基 - 呋喃丹的总和表示为呋喃丹）Carbofuran（sum of carbofuran and 3-hydroxy-carbofuran expressed as carbofuran）	茄子	0.5	0.02	a	
		辣椒	0.5	0.02		
		黄瓜	0.5	0.02		
		豆角	0.5	0.02		
		西瓜	0.5	0.02		
		水稻（研磨或抛光）	0.2		d	
		香蕉	0.1	0.02	a	
		茄子	0.1	0.02		
		芒果	0.1	0.02		
		胡椒（黑、白）	0.1		d	
		甘蔗	0.1	0.1	c	
		玉米	0.1	0.05	a	
		香蕉	0.01	0.02	b	
84	克菌丹 Captan	草莓	20	15	a	
		西红柿	15		d	
		香蕉	15			
		咖啡豆	10			
		花生	10			
		茶	10			
		棕榈油	10			
85	喹硫磷 Quinalphos	玉米	0.1			
		西红柿	0.1			
		水稻（研磨或抛光）	0.1	0.2	b	
		秋葵	0.1		d	
		茄子	0.1			

序号	农药通用名	马来西亚食品种类	MRL/（mg/kg）		与 GB 2763—2016 比较情况	备注
			马来西亚	中国		
85	喹硫磷 Quinalphos	辣椒	0.1		d	
		可可豆	0.1			
		卷心菜	0.1			
		菜花	0.1			
		蔗糖	0.1			
86	乐果（包括乐果和氧化乐果）Dimethoate（sum of dimethoate and omethoate）	菜花	2	1	a	
		甘蓝类蔬菜（除另有规定外）	2	1		只规定了结球甘蓝
		柑橘类水果	2	2	c	
		黄瓜	2		d	
		卷心菜	2	1	a	
		辣椒	2		d	
		南瓜	2			
		茄子	2	0.5	a	
		生菜	2	1		
		叶菜类蔬菜（除另有规定外）	2		d	
		菠萝	1			
		豆角	1	0.5	a	
		豆类蔬菜（除另有规定外）	1	0.5		只规定了几类
		法国豆	1		d	
		胡萝卜	1	0.5	a	
		萝卜	1	0.5		
		芒果	1		d	
		西瓜	1			
		西红柿	1	0.5	a	
		香蕉	1		d	
		羽衣甘蓝	0.5			
		茶	0.2			
		洋葱（球茎）	0.2	0.2	c	
		咖啡豆	0.1		d	
		可可豆	0.1			
		水稻（研磨或抛光）	0.1	0.05	a	
		花生	0.05		d	
87	联苯三唑醇 Bitertanol	香蕉	0.05	0.5	b	

序号	农药通用名	马来西亚食品种类	MRL/（mg/kg）		与 GB 2763—2016 比较情况	备注
			马来西亚	中国		
88	磷化氢（包括所有称为磷化氢的磷化物）Hydrogen phosphide（all phosphide expressed as hydrogen phosphide）	水稻（研磨或抛光）	0.1		d	
		可可豆	0.01	0.01	c	
89	硫丹 Endosulfan（sum of alpha and beta endosulfan and endosulfan sulphate）	茶	30	10	a	
		芒果	2		d	
		卷心菜	2			
		黄瓜	2	0.05	a	
		柑橘类水果	2		d	
		茄子	2			
		水果	2			
		胡椒（黑、白）	0.5			
		可可豆	0.1			
		玉米	0.1			
90	硫线磷 Cadusafos	甘蔗	0.01	0.005	a	
		香蕉	0.01	0.02	b	
91	氯氟吡氧乙酸 Fluroxypyr	可可豆	0.1		d	
		棕榈油	0.1			
92	氯氟氰菊酯 Cyhalothrin	水稻（研磨或抛光）	1			
		豆角	0.5	0.2	a	
		胡椒（黑、白）	0.5		d	
		辣椒	0.5	0.2	a	
		香豌豆	0.5	0.2		
		芥末	0.5		d	
		卷心菜	0.2	1	b	
		秋葵	0.2		d	
		茄子	0.1	0.2	b	
		榴莲	0.1		d	
		可可豆	0.1			
		棕榈油	0.1			
		西红柿	0.05	0.2	b	
93	氯菊酯（包括同分异构体）Permethrin（sum of isomers）	卷心菜	5	5	c	
		秋葵	1	1		
		茄子	1	1		
		西红柿	1	1		
		菜花	0.5	0.5		

序号	农药通用名	马来西亚食品种类	MRL/（mg/kg）		与GB 2763—2016比较情况	备注
			马来西亚	中国		
94	氯嘧磺隆 Chlorimuron ethyl	水稻（研磨或抛光）	0.02		d	
95	氯氰菊酯（包括同分异构体） Cypermethrin（sum of isomers）	木瓜	2	0.5	a	
		芒果	2	0.7	a	
		芥末	2		d	
		柑橘类水果	2	1	a	
		杨桃	2	0.2	a	
		水果	2		d	
		生菜	2	2	c	
		番石榴	2		d	
		叶菜类蔬菜（除另有规定外）	2		d	未有此分类
		卷心菜	1	5	b	
		甘蓝类蔬菜（除另有规定外）	1		d	
		菜花	1		d	
		羽衣甘蓝	1		d	
		辣椒	0.5	0.5	c	
		西红柿	0.5	0.5	c	
		秋葵	0.5	0.5	c	
		豆类蔬菜（除另有规定外）	0.5		d	未有此分类
		豆角	0.5	0.5	c	
		棕榈油	0.5		d	
		茄子	0.2	0.5	b	
		肉类（脂肪）	0.2		d	
		牛奶（脂肪）	0.05		d	
		绿豆	0.05	0.05	c	
		可可豆	0.05		d	
		玉米	0.05	0.05	c	
96	氯唑磷 Isazofos	香蕉	0.1	0.01	a	
		水稻（研磨或抛光）	0.05		d	
		可可豆	0.05		d	
		西瓜	0.05	0.01	a	

序号	农药通用名	马来西亚食品种类	MRL/（mg/kg）		与 GB 2763—2016 比较情况	备注
			马来西亚	中国		
97	马拉硫磷 Malathion	卷心菜	8	0.5	a	
		芥末	8		d	
		菠萝	8			
		秋葵	8			
		生菜	8	8	c	
		柑橘类水果	4	2	a	
		黄瓜	3	0.2		
		西红柿	3	0.5		
		豆类蔬菜	2		d	未有此大类
		番石榴	2			
		禽肉	1			
		木瓜	1			
		肉类（牛、羊、猪）	1			
		茄子	0.5	0.5	c	
		水稻（研磨或抛光）	0.5	0.1	a	
98	麦草畏 dicamba	棕榈油	0.1		d	
99	咪酰胺（丙氯灵及其含有 2，4，6－三氯苯酚部分的代谢物的总和，表示为丙氯灵）Prochloraz（sum of prochloraz and its metabolite containing the 2，4，6－trichlorophenol moiety，expressed as prochloraz）	胡椒（黑、白）	8			
		柑橘类水果	5	10	b	
		辣椒	5	2	a	
		香蕉	5	7	b	
		番石榴	2		d	
		芒果	2	2	c	
		木瓜	1		d	
100	甲咪唑烟酸 imazapic	棕榈油	0.1			
101	咪唑乙烟酸 imazethapyr	棕榈油	0.05			
102	嘧磺隆 Cinosulfuron	水稻（研磨或抛光）	0.1			
		可可豆	0.1			
		棕榈油	0.1			
103	醚菊酯 Etofenprox	水稻（研磨或抛光）	0.5			
104	嘧菌酯 Azoxystrobin	芥末	3			
		空心菜	3			
		番木瓜	2			

序号	农药通用名	马来西亚食品种类	MRL/（mg/kg）		与GB 2763—2016比较情况	备注
			马来西亚	中国		
104	嘧菌酯 Azoxystrobin	芒果	2	1	a	
		莲雾	1		d	
		西红柿	1	3	b	
		辣椒	1		d	
		杨桃	1			
		黄瓜	0.5	0.5	c	
		干人参包括红参	0.5	1	b	
		水稻（研磨或抛光）	0.2	1		
105	灭草松 Bentazone	玉米	0.2	0.2	c	
		水稻（研磨或抛光）	0.1	0.1		
		大豆	0.05	0.05		
		花生	0.05		d	
106	灭螨猛 Chinomethionat	辣椒	0.5			
		茄子	0.5			
107	灭锈胺 Mepronil	豆类蔬菜	1			
		水稻（研磨或抛光）	1			
108	灭蝇胺 Cyromazine	干豌豆	3			
		干扁豆	3			
		干羽扇豆	3			
		香豌豆	2			
109	嗪草酮 Metribuzin	大豆	0.05	0.05	c	
110	氰戊菊酯 Fenvalerate	苜蓿饲料	20		d	
		羽衣甘蓝	10			
		干辣椒	5			
		桃子	5	1	a	
		奇异果	5	0.2		
		未加工的麦麸	5		d	
		结球甘蓝	3	0.5	a	
		卷心菜	3	0.5		
		芥蓝	3		d	
		梨果	2	0.2	a	
		莴苣头	2	1		
		樱桃	2	0.2		
		谷物	2		d	
		芹菜	2			

序号	农药通用名	马来西亚食品种类	MRL/（mg/kg）		与 GB 2763—2016 比较情况	备注
			马来西亚	中国		
110	氰戊菊酯 Fenvalerate	布鲁塞尔芽菜	2		d	
		西兰花	2			
		苋菜	2			
		生菜	2	1	a	
		芥末	2		d	
		柑橘类水果	2	0.2	a	
		菜花	2	0.5		
		全麦小麦	2	2	c	
		芒果	1.5	0.2	a	
		豆（蚕豆和大豆除外）	1		d	
		中国白菜	1	3	b	
		西红柿	1	0.2	a	
		秋葵	1		d	
		茄子	1	0.2	a	
		辣椒	1	0.2		
		浆果等小水果	1	0.2		
		西瓜	0.5	0.2		
		南瓜	0.5	0.2		
		甜椒	0.5		d	
		冬瓜	0.5			
		木本坚果	0.2			
		甜瓜	0.2	0.2	c	
		棉籽	0.2	0.2		
		黄瓜	0.2	0.2		
		面粉	0.2		d	
		葵花籽	0.1			
		干大豆	0.1	0.1	c	
		豌豆（去壳）	0.1		d	
		带壳花生	0.1			
		棉籽油（原油、食用）	0.1	0.1	c	
		带壳豆类	0.1		d	
		甜玉米	0.1	0.2	b	
		可可豆	0.05		d	
		根和块茎类蔬菜	0.05			
111	炔螨特 Propargite	柑橘类水果	5	5	c	
		茄子	2		d	
		西红柿	2			
		黄瓜	0.5			

序号	农药通用名	马来西亚食品种类	MRL/（mg/kg）		与GB 2763—2016比较情况	备注
			马来西亚	中国		
112	噻草酮[表示为环辛啶的3-硫代-戊二酸（TME）和3-羟基-3-硫杂戊三酸（OH-TME）的总和] Cycloxydim [sum of 3-thion-3yl-glutaric acid（TME）and 3-hydroxy-3-thiam-3yl glutaric acid（OH-TME），expressed as cycloxydim]	油菜籽	2		d	
		马铃薯	2			
		豌豆（去荚）	2			
		花头甘蓝	2			
		结球甘蓝	2			
		芸薹属蔬菜	2			
		干豆	2			
		干大豆	2			
		菜豆（带荚）	1			
		豌豆（带荚）	1			
		葡萄	0.5			
		胡萝卜	0.5			
		洋葱（球茎）	0.5			
		西红柿	0.5			
		柑橘类水果	0.5			
		草莓	0.5			
		莴苣头	0.2			
		甜菜	0.2			
113	噻虫嗪 Thiamethoxam	茄子	0.2			
		秋葵	0.2			
		水稻（研磨或抛光）	0.1			
114	噻螨酮 Hexythiazox	柑橘类水果	0.5	0.5	c	
		草莓	0.5	0.5		
115	噻嗪酮 Buprofezin	绿茶	30	10	a	茶叶
		香蕉	0.3		d	
		水稻（研磨或抛光）	0.2	0.3	b	
116	三氯吡氧乙酸 Triclopyr	棕榈油	0.1		d	
117	三氯杀螨醇 Dicofol	绿茶	50	0.2	a	茶叶
		干啤酒花	50		d	
		黑茶	50	0.2	a	茶叶
		干辣椒	10		d	
		葡萄	5			
		樱桃	5			
		柑橘类水果	5	1	a	

序号	农药通用名	马来西亚食品种类	MRL/（mg/kg）		与 GB 2763—2016 比较情况	备注
			马来西亚	中国		
117	三氯杀螨醇 Dicofol	桃子	5		d	
		牛的脂肪	3			
		西梅	3			
		法国豆	2			
		豆角	2			
		普通豆（荚和 / 或未成熟种子）	2			
		南瓜	1			
		食用内脏	1			
		牛	1			
		西红柿	1			
		芒果	1			
		辣椒	1			
		棉籽油（原油）	0.5	0.5	c	
		黄瓜	0.5		d	
		棉籽油（食用）	0.5	0.5	c	
		西瓜	0.2		d	
		甜瓜	0.2			
		牛奶	0.1			
		棉籽	0.1			
		干豆	0.1			
		禽肉（脂肪）	0.1			
		家禽	0.05			
		鸡蛋	0.05			
		食用内脏	0.05			
		山核桃	0.01			
118	三氯杀螨砜 Tetradifon	芒果	5			
		番石榴	5			
		木瓜	5			
		草莓	2			
		柑橘类水果	2			
		西瓜	1			
119	三乙膦酸铝 fosetyl—aluminium	柑橘类水果	5			
		可可豆	1			
		榴莲	1			

序号	农药通用名	马来西亚食品种类	MRL/（mg/kg）		与GB 2763—2016比较情况	备注
			马来西亚	中国		
120	三唑醇（包括三唑醇和三唑酮使用的残留）Triadimenol	可可豆	0.2		d	
		椰子 / 椰子油	0.2		d	
121	三唑磷 Triazophos	芒果	2		d	
		柑橘类水果	2		d	
122	三唑酮 Triadimefon	咖啡豆	0.05	0.5	b	
123	杀虫环 Thiocyclam	茄子	0.5		d	
		西红柿	0.5		d	
		卷心菜	0.3		d	
124	杀铃脲 Triflumuron	卷心菜	1		d	
125	杀螟丹 Cartap	生菜	2		d	
		芥末	2		d	
		中国白菜	2	3	b	
		卷心菜	0.2		d	
		水稻（研磨或抛光）	0.1	0.1	c	
126	杀螟硫磷 Fenitrothion	谷物	10	5	a	
		水稻（研磨或抛光）	1	1	c	
127	杀扑磷 methidathion	茶	0.5		d	
		玉米	0.1	0.05	a	
		可可豆	0.1		d	
		甘蔗	0.1		d	
		棕榈油	0.1		d	
128	莎稗磷 Anilofos	水稻（研磨或抛光）	0.1	0.1	c	
129	虱螨脲 Lufenuron	辣椒	0.5		d	
		豆角	0.2		d	
		茄子	0.2		d	
		玉米	0.05		d	
130	十三吗啉 Tridemorph	茶	15		d	
		香蕉	0.1		d	
		西瓜	0.1		d	
		南瓜	0.1		d	
		芒果	0.1		d	
		黄瓜	0.1		d	
		豆类蔬菜（除另有规定外）	0.1		d	
		香豌豆	0.1		d	

序号	农药通用名	马来西亚食品种类	MRL/（mg/kg）		与 GB 2763—2016 比较情况	备注
			马来西亚	中国		
131	双草醚 Bispyribac sodium	水稻（研磨或抛光）	0.05			
132	双甲脒 Amitraz	法国豆	1		d	
		豆类蔬菜（除另有规定外）	1			
		木瓜	0.5			
		芒果	0.5	0.5	c	
		榴莲	0.5		d	
		柑橘类水果	0.5	0.5	c	
		茄子	0.5	0.5		
		辣椒	0.2	0.5	b	
		食用的肉杂碎（牛、羊、猪）	0.2			
		肉类（羊）	0.1		d	
		肉类（牛、猪）	0.05			
133	霜霉威 Propamocarb	芥末	10			
		蜜瓜	2	5		
		黄瓜	2	5	b	
		西瓜	2	5		
		西红柿	1	2		
		卷心菜	0.1			
		中国白菜	0.1			
134	霜脲氰 Cymoxanil	芋头	0.2		d	
		洋葱（球茎）	0.2			
		番茄	0.2			
		南瓜小果	0.2			
		马铃薯	0.2	0.5	b	
		卷心菜	0.2		d	
		黄瓜	0.2	0.5	b	
		甜瓜	0.2			
135	四聚乙醛 Metaldehyde	水果	1			
		水稻（研磨或抛光）	1			
		生菜	1			
		草莓	1			
		芋头	1		d	
136	四溴菊酯 Tralomethrin	茄子	0.5			
		番茄	0.5			
		辣椒	0.5			
		卷心菜	0.2			

序号	农药通用名	马来西亚食品种类	MRL/（mg/kg）		与GB 2763—2016比较情况	备注
			马来西亚	中国		
137	涕灭威 Aldicarb	水稻（研磨或抛光）	0.5		d	
138	特丁津 Terbuthylazine	可可豆	0.5		d	
139	无机溴化物 Bromide	豆类	500		d	
		坚果	100		d	
		谷物	50		d	
140	五氯硝基苯（五苯基五氯苯胺和甲基五氯苯硫醚的总和）Quintozene（sum of quintozene penthachloraniline and methyl penthachlorophenyl sulfide）	卷心菜	0.02		d	
141	戊菌隆 Pencycuron	芥末	1		d	
		水稻（研磨或抛光）	0.5		d	
142	戊唑醇 Tebuconazole	梨果	0.5		d	
		香蕉	0.05	3	b	
143	烯草酮 Clethodim	洋葱（球茎）	0.2	0.5	b	
		西红柿	0.1	1	b	
144	烯禾啶 Sethoxydim	卷心菜	0.2		d	
		茄子	0.1		d	
		辣椒	0.1		d	
		秋葵	0.1		d	
		棕榈油	0.05		d	
145	烯酰吗啉 Dimethomorph	甜瓜	0.5	0.5	c	
		西红柿	0.5	1	b	
		黄瓜	0.2	5	b	
146	缬霉威 Ipovalicarb	西红柿	1		d	
147	辛硫磷 Phoxim	家禽脂肪	0.05		d	
		脂肪（牛、水牛、绵羊、山羊、猪、兔子）	0.05		d	
		禽肉	0.01		d	
		肉类（牛、水牛、绵羊、山羊、猪、兔子）	0.01		d	
148	溴螨酯 Bromopropylate	辣椒	1		d	
		茄子	1		d	

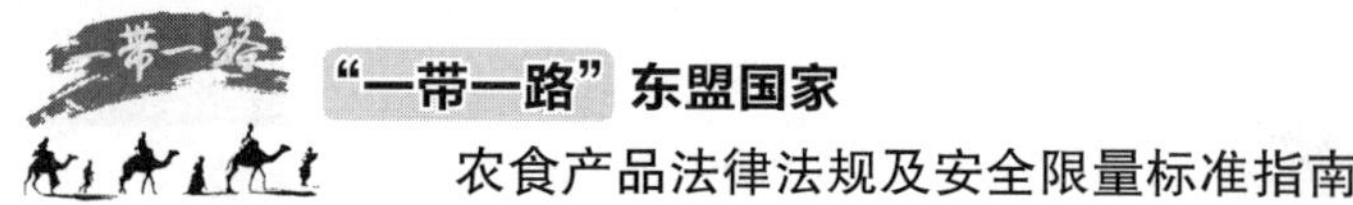

序号	农药通用名	马来西亚食品种类	MRL/（mg/kg）		与 GB 2763—2016 比较情况	备注
			马来西亚	中国		
149	溴氰菊酯（包括其同分异构体）Deltamethrin（cisdeltamethrin）	茶	10	10	c	
		水稻（研磨或抛光）	1	0.5	a	
		西红柿	0.2	0.2	c	
		秋葵	0.2		d	
		茄子	0.2	0.2	c	
		辣椒	0.2	0.2		
		卷心菜	0.2	0.5	b	
		黄瓜	0.2		d	
		菜花	0.2	0.5	b	
		棕榈油	0.2		d	
		豆类蔬菜（除另有规定外）	0.1	0.2	b	
		豆角	0.1	0.2		
		法国豆	0.1	0.2		
		芒果	0.05	0.05	c	
		可可豆	0.05		d	
		红毛丹	0.05	0.05	c	
		柑橘类水果	0.05	0.05		
		番石榴	0.05		d	
		木瓜	0.05			
150	氧化萎锈灵 Oxycarboxin	法国豆	5			
		豆角	5			
		绿豆	5			
151	苯嘧磺草胺 Saflufenacil	干豆	0.3			
		干大豆	0.07			
		干豌豆	0.05			
152	肟菌酯 Trifloxystrobin	草莓	0.2			
		甜菜	0.05			
153	乙烯菌核利 Vinclozolin	草莓	10			
		西红柿	3	3	c	
154	乙酰甲胺磷 Acephate	生菜	5	1	a	
		芹菜	5	1		
		芥末	5	1		
		羽衣甘蓝	5	1		
		菜花	2	1		
		卷心菜	2	1		
		芒果	1	0.5		

序号	农药通用名	马来西亚食品种类	MRL/（mg/kg）		与 GB 2763—2016 比较情况	备注
			马来西亚	中国		
154	乙酰甲胺磷 Acephate	西红柿	1	1	c	
		马铃薯	0.5	1	b	
		椰子 / 椰子油	0.5		d	
		棕榈油	0.5		d	
		可可豆	0.2		d	
		水稻（研磨或抛光）	0.1		d	
155	乙氧氟草醚 Oxyfluorfen	大豆	0.05		d	
		花生	0.05		d	
156	乙氧磺隆 Ethoxysulfuron	水稻（研磨或抛光）	0.01		d	
157	异丙甲草胺 Metolachlor	西瓜	0.1		d	
		生菜	0.1		d	
		辣椒	0.1		d	
		苦瓜	0.1		d	
		黄瓜	0.1		d	
		花生	0.1	0.5	b	
		甘蔗	0.1	0.05	a	
		法国豆	0.1		d	
		豆类蔬菜（除另有规定外）	0.1		d	
		豆角	0.1		d	
		有棱丝瓜	0.1		d	
		香豌豆	0.1		d	
		苋菜	0.1		d	
		大豆	0.1	0.5/0.1	b/c	还分菜用大豆 0.5 和油料大豆 0.1
		玉米	0.1	0.1	c	
158	异丙威 Isoprocarb	水稻（研磨或抛光）	0.2	0.2	c	
		咖啡豆	0.1		d	
		可可豆	0.1		d	
159	异菌脲 Iprodione	柑橘类水果	10		d	
		茄子	10		d	
		水稻（研磨或抛光）	10		d	
		西红柿	5	5	c	

序号	农药通用名	马来西亚食品种类	MRL/（mg/kg）		与GB 2763—2016比较情况	备注
			马来西亚	中国		
159	异菌脲 Iprodione	辣椒	5		d	
		卷心菜	5			
		中国白菜	5			
		甜瓜	2			
		黄瓜	2	2	c	
		西瓜	2		d	
160	茵草敌 EPTC	水稻（研磨或抛光）	0.1			
161	茚虫威 Indoxacarb	莴苣叶	15			
162	蝇毒磷（包括其氧化物） Coumaphos	肉类（脂肪）	0.5			
		牛奶（脂肪）	0.02			
163	莠灭净 Ametryn	菠萝	0.2	0.2	c	
		茶	0.2		d	
		咖啡豆	0.2			
		可可豆	0.2			
		香蕉	0.2			
		椰子 / 椰子油	0.2			
		棕榈油	0.2			
		甘蔗	0.1	0.05	a	
		柑橘类水果	0.1		d	
164	莠去津 Atrazine	菠萝	0.2			
		玉米	0.2	0.05	a	
		甘蔗	0.1	0.05		
165	仲丁威 Fenobucarb	水稻（研磨或抛光）	0.2	0.5	b	
166	唑菌胺酯 Pyraclostrobin	食用橙油	10		d	
167	唑螨酯 Fenpyroximate	茄子	1			
		柑橘类水果	0.5	0.2	a	
		辣椒	0.5		d	
168	螺虫乙酯 Spirotetramate	牛奶	0.005			
169	氟吡菌酰胺 Fluopyram	食用内脏（哺乳动物）	0.7			
		肉类（哺乳动物除海洋哺乳动物外）	0.1			
		牛奶	0.07			
170	氨基吡啶钾 Aminopyralid potassium	棕榈油	0.5			

<table>
<tr><th rowspan="2">序号</th><th rowspan="2">农药通用名</th><th rowspan="2">马来西亚食品种类</th><th colspan="2">MRL/（mg/kg）</th><th rowspan="2">与GB 2763—2016比较情况</th><th rowspan="2">备注</th></tr>
<tr><th>马来西亚</th><th>中国</th></tr>
<tr><td rowspan="8">171</td><td rowspan="8">氯虫苯甲酰胺
Chlorantraniliprole</td><td>芥末</td><td>5</td><td></td><td>d</td><td></td></tr>
<tr><td>卷心菜</td><td>2</td><td>2</td><td>c</td><td></td></tr>
<tr><td>水稻（研磨或抛光）</td><td>2</td><td>0.5</td><td>a</td><td></td></tr>
<tr><td>茄子</td><td>0.6</td><td>0.6</td><td rowspan="2">c</td><td></td></tr>
<tr><td>辣椒</td><td>0.6</td><td>0.6</td><td></td></tr>
<tr><td>秋葵</td><td>0.6</td><td></td><td rowspan="2">d</td><td></td></tr>
<tr><td>豆角</td><td>0.5</td><td></td><td></td></tr>
<tr><td>玉米</td><td>0.02</td><td>0.02</td><td>c</td><td></td></tr>
<tr><td rowspan="3">172</td><td rowspan="3">虫酰肼
tebufenozide</td><td>茶</td><td>10</td><td></td><td>d</td><td></td></tr>
<tr><td>卷心菜</td><td>2</td><td>1</td><td>a</td><td></td></tr>
<tr><td>茄子</td><td>1</td><td></td><td rowspan="4">d</td><td></td></tr>
<tr><td rowspan="4">173</td><td rowspan="4">呋虫胺
Dinotefuran</td><td>羽衣甘蓝</td><td>5</td><td></td><td></td></tr>
<tr><td>辣椒</td><td>2</td><td></td><td></td></tr>
<tr><td>茄子</td><td>2</td><td></td><td></td></tr>
<tr><td>水稻（研磨或抛光）</td><td>2</td><td>2</td><td>c</td><td></td></tr>
<tr><td rowspan="10">174</td><td rowspan="10">甲氨基阿维菌素苯甲酸盐
Emamectin benzoate</td><td>茄子</td><td>0.05</td><td></td><td rowspan="6">d</td><td></td></tr>
<tr><td>豆角</td><td>0.05</td><td></td><td></td></tr>
<tr><td>辣椒</td><td>0.05</td><td></td><td></td></tr>
<tr><td>秋葵</td><td>0.05</td><td></td><td></td></tr>
<tr><td>芥末</td><td>0.05</td><td></td><td></td></tr>
<tr><td>羽衣甘蓝</td><td>0.05</td><td></td><td></td></tr>
<tr><td>中国白菜</td><td>0.05</td><td>0.05</td><td>c</td><td></td></tr>
<tr><td>玉米</td><td>0.05</td><td></td><td>d</td><td></td></tr>
<tr><td>卷心菜</td><td>0.05</td><td>0.1</td><td>b</td><td></td></tr>
<tr><td>西红柿</td><td>0.05</td><td>0.02</td><td>a</td><td></td></tr>
<tr><td>175</td><td>乙虫腈
Ethiprole</td><td>水稻（研磨或抛光）</td><td>0.2</td><td></td><td>d</td><td></td></tr>
<tr><td>176</td><td>丁苯吗啉
Fenpropimorph</td><td>香蕉</td><td>2</td><td>2</td><td>c</td><td></td></tr>
<tr><td rowspan="7">177</td><td rowspan="7">乙磷铝
Fosetyl aluminium</td><td>西瓜</td><td>10</td><td></td><td>d</td><td></td></tr>
<tr><td>黄瓜</td><td>10</td><td>30</td><td>b</td><td></td></tr>
<tr><td>蜜瓜</td><td>10</td><td></td><td rowspan="5">d</td><td></td></tr>
<tr><td>柑橘类水果</td><td>5</td><td></td><td></td></tr>
<tr><td>西红柿</td><td>3</td><td></td><td></td></tr>
<tr><td>可可豆</td><td>1</td><td></td><td></td></tr>
<tr><td>榴莲</td><td>1</td><td></td><td></td></tr>
</table>

序号	农药通用名	马来西亚食品种类	MRL/（mg/kg）		与GB 2763—2016比较情况	备注
			马来西亚	中国		
178	二甲戊灵 Pendimethalin	卷心菜	0.1	0.2	b	
		芥末	0.1		d	
		西红柿	0.1			
		花生	0.05			
		水稻（研磨或抛光）	0.05	0.2	b	
179	吡唑醚菌酯 Pyraclostrobin	芒果	0.05	0.05	c	
180	吡丙醚 Pyriproxyfen	西红柿	1	1		
181	乙基多杀菌素 Spinetoram	辣椒	0.1		d	
		茄子	0.1	0.1	c	
		豆角	0.1	0.1		
182	多杀霉素 Spinosad	羽衣甘蓝	2	2		
		芥末	2		d	
		卷心菜	0.5	2	c	
		芒果	0.3	0.2	a	
		柑橘类水果	0.3	0.3	c	
		辣椒	0.3	1	b	
		番石榴	0.3		d	
		茄子	0.2	1	b	
183	螺螨酯 Spirodiclofen	茄子	1		d	
		辣椒	1			
		芒果	0.1			
		柑橘类水果	0.1			
184	唑虫酰胺 Tolfenpyrad	中国白菜	0.5	0.5	c	
185	三环唑 Tricyclazole	水稻（研磨或抛光）	0.5	2	b	
186	苯唑嘧菌胺 Ametoctradin	叶菜类蔬菜	50		d	
		干啤酒花	30			
		芹菜	20			
		葡萄干	20			
		小洋葱	20			
		芸薹属蔬菜	9			
		葡萄	6	2	a	

序号	农药通用名	马来西亚食品种类	MRL/（mg/kg）		与GB 2763—2016比较情况	备注
			马来西亚	中国		
186	苯唑嘧菌胺 Ametoctradin	瓜类蔬菜	3		d	
		洋葱头	1.5			
		蒜头	1.5			
		葱	1.5			
		黄瓜	0.4	1	b	
		马铃薯	0.05	0.05	c	
		家禽	0.03		d	
187	环丙吡菌胺 Sedaxane	干黑小麦秸秆饲料	0.1		d	
		干黑麦秸秆饲料	0.1			
		干燕麦秸秆饲料	0.1			
		干大麦秸秆饲料	0.1			
		干小麦秸秆饲料	0.1			
		干大豆	0.1			
		黑小麦	0.1			
		油菜籽	0.1			
		禽肉	0.1			
		家禽脂肪	0.1			
		家禽（食用内脏）	0.1			
		燕麦	0.1			
		牛奶	0.1			
		奶油	0.1			
		肉类（哺乳动物除海洋哺乳动物外）	0.1			
		哺乳动物脂肪（牛油除外）	0.1			
		鸡蛋	0.1			
		食用内脏（哺乳动物）	0.1			
		小麦	0.1			
		大麦	0.1			
		黑麦	0.1			

1-4 泰国与中国农食产品农药残留限量（MRL）比较

序号	农药通用名	泰国食品种类	MRL/（mg/kg）		与GB 2763—2016比较情况	备注
			泰国	中国		
1	毒死蜱 Chlorpyrifos	黄秋葵	0.5		d	
		香蕉	2			
		稻谷	0.5	0.5	c	
		大米	0.1		d	
		种子香料	5			
		水果香料	1			
		根类香料	1			
		羽衣甘蓝	1	1	c	
		红毛丹	0.5	1	b	
		芹菜	0.05	0.05	c	
		大豆	0.1	0.1		
		新鲜豆荚	1	1		
		榴莲	0.4		d	
		油棕榈	0.05			
		结球莴苣	0.1	0.1	c	
		辣椒	3		d	
		干辣椒	20			
		甜椒	2			
		茄子	0.2			
		花生	0.05	0.2	b	
		甘薯	0.05		d	
		龙眼	0.9	1	b	
		荔枝	2	1	a	
		葱	0.2		d	
		洋葱	0.2			
		蘑菇	0.05			
		牛肉	1（脂肪）			
		羊肉	1（脂肪）			
		牛内脏	0.01			
		羊内脏	0.01			
		猪肉	0.02（脂肪）			
		猪内脏	0.01			
		禽肉类	0.01（脂肪）			
		禽类内脏	0.01			
		鸡蛋	0.01			
		牛奶	0.02			

序号	农药通用名	泰国食品种类	MRL/（mg/kg）		与GB 2763—2016比较情况	备注
			泰国	中国		
2	百菌清 Chlorothalonil	大豆	0.2	0.2	c	
		新鲜豆荚	2		d	
		中国大白菜	1	5	b	普通白菜
		芥蓝	4		d	
		番茄	5	5	c	
		马铃薯	0.2		d	
		花生	0.1	0.05	a	
3	甲萘威 Carbaryl	银合欢树	0.02		d	
		新鲜玉米	0.1			
		新鲜小玉米	0.1			
		玉米	0.02			
		高粱	10			
		大米	1	1	c	
		红毛丹	1		d	
		西瓜	1			
		榴莲	30			
		棕榈油	0.05			
		芸薹属类蔬菜	1	1	c	芸薹属类蔬菜（结球甘蓝除外）
		黄瓜和其他甜瓜（西瓜除外）	2	1	a	瓜类蔬菜
		辣椒	0.5	1	b	茄果类蔬菜
		干辣椒	2		d	
		甜椒	5	1	a	
		椰子	1		d	
		芒果	3			
		山竹	1			
		马铃薯	0.2	1	b	根茎类和薯芋类蔬菜
		可可豆	0.02		d	
		花生	2			
		腰果	1			
		龙眼	20			
		荔枝	1			
		橙子	7			
		葡萄	0.5			

序号	农药通用名	泰国食品种类	MRL/（mg/kg）		与 GB 2763—2016 比较情况	备注
			泰国	中国		
3	甲萘威 Carbaryl	甘蔗	0.05		d	
		哺乳动物肉类	0.05			
		哺乳动物内脏	1			
		禽肉类	0.05			
		鸡蛋	0.05			
		牛奶	0.05			
4	多菌灵 / 苯菌灵 Carbendazim/benomyl	中国韭葱	3	2	a	多菌灵
		大米	2	2	c	
		红毛丹	3		d	
		青葱	3			
		青刀豆	0.5	0.5	c	
		大豆	0.5	0.2	a	
		新鲜豆荚	3	0.02		
		桑叶	0.1		d	
		辣椒	2	2	c	多菌灵
		干辣椒	20	20		多菌灵
		番茄	0.5	3	b	多菌灵
		芒果	2	0.5	a	多菌灵
		棉籽	0.1		d	多菌灵
		花生	0.1			多菌灵
		芦笋	0.2	0.5	b	多菌灵 / 苯菌灵
		葱	3		d	多菌灵
		洋葱	2			多菌灵
		葡萄	3	3	c	
		甘蔗	0.1		d	多菌灵
		牛肉	0.05			
		哺乳动物内脏	0.05			
		禽肉类	0.05			
		禽类脂肪	0.05			
		禽类内脏	0.1			
		鸡蛋	0.05			
		牛奶	0.05			

序号	农药通用名	泰国食品种类	MRL/（mg/kg）		与 GB 2763—2016 比较情况	备注
			泰国	中国		
5	丁硫克百威 Carbosulfan	黄秋葵	0.5	0.1	a	
		银合欢树	0.2		d	
		新鲜玉米	0.05	0.1	b	玉米
		新鲜小玉米	0.05	0.1		玉米
		玉米	0.05	0.1		玉米
		高粱	0.05	0.1		
		大米	0.2		d	
		红毛丹	0.2			
		黄瓜和其他甜瓜（西瓜除外）	0.5	0.2	a	
		西瓜	0.2		d	
		青刀豆	0.05			
		豇豆	0.1			
		新鲜豌豆	0.1			
		大豆	0.05			
		新鲜豆荚	0.5			
		榴莲	0.2			
		棕榈油	0.05			
		芸薹属类蔬菜	0.5	0.05	a	普通白菜、大白菜
		辣椒	0.5	0.1		
		干辣椒	5		d	
		长茄子，小茄子和其他茄子（不包括番茄）	0.03	0.1	b	茄子
		番茄	0.5	0.1	a	
		椰子	0.2		d	
		甘薯	0.05	1	b	
		马铃薯	0.05		d	
		咖啡豆	0.05			
		可可豆	0.05			
		芝麻	0.2			
		向日葵籽	0.05			
		花生	0.05	0.05	c	花生仁
		棉籽	0.05	0.05		
		蓖麻子	0.05		d	
		橙子	0.1	0.1	c	

<table>
<tr><th rowspan="2">序号</th><th rowspan="2">农药通用名</th><th rowspan="2">泰国食品种类</th><th colspan="2">MRL/（mg/kg）</th><th rowspan="2">与 GB 2763—2016 比较情况</th><th rowspan="2">备注</th></tr>
<tr><th>泰国</th><th>中国</th></tr>
<tr><td rowspan="7">5</td><td rowspan="7">丁硫克百威 Carbosulfan</td><td>芦笋</td><td>0.02</td><td></td><td rowspan="15">d</td><td></td></tr>
<tr><td>葡萄</td><td>0.1</td><td></td><td></td></tr>
<tr><td>哺乳动物肉类</td><td>0.05（脂肪）</td><td></td><td></td></tr>
<tr><td>禽肉类</td><td>0.05</td><td></td><td></td></tr>
<tr><td>禽类内脏</td><td>0.05</td><td></td><td></td></tr>
<tr><td>鸡蛋</td><td>0.05</td><td></td><td></td></tr>
<tr><td>牛奶</td><td>0.05</td><td></td><td></td></tr>
<tr><td rowspan="9">6</td><td rowspan="9">克菌丹 Captan</td><td>大麦</td><td>0.02</td><td></td><td></td></tr>
<tr><td>大豆</td><td>5</td><td></td><td></td></tr>
<tr><td>新鲜豆荚</td><td>5</td><td></td><td></td></tr>
<tr><td>棕榈油</td><td>5</td><td></td><td></td></tr>
<tr><td>芒果</td><td>5</td><td></td><td></td></tr>
<tr><td>棉籽</td><td>5</td><td></td><td></td></tr>
<tr><td>花生</td><td>5</td><td></td><td></td></tr>
<tr><td>葡萄</td><td>10</td><td>5</td><td>a</td><td></td></tr>
<tr><td rowspan="3">7</td><td rowspan="3">Quintozene 五氯硝基苯</td><td>种子香料</td><td>0.1</td><td>0.1</td><td rowspan="3">c</td><td>种子类调味料</td></tr>
<tr><td>水果香料</td><td>0.02</td><td>0.02</td><td>果类调味料</td></tr>
<tr><td>根类香料</td><td>2</td><td>2</td><td>根茎类调味料</td></tr>
<tr><td>8</td><td>噻虫胺 Clothianidin</td><td>榴莲</td><td>0.9</td><td></td><td>d</td><td></td></tr>
<tr><td>9</td><td>硫酰氟 Sulfury fluoride</td><td>大米</td><td>0.1</td><td>0.1</td><td rowspan="7">c</td><td>国标为临时限量</td></tr>
<tr><td rowspan="9">10</td><td rowspan="9">氯氰菊酯 Cypermethrin</td><td>黄秋葵</td><td>0.5</td><td>0.5</td><td>秋葵</td></tr>
<tr><td>新鲜玉米</td><td>0.05</td><td>0.05</td><td>玉米</td></tr>
<tr><td>新鲜小玉米</td><td>0.05</td><td>0.05</td><td>玉米</td></tr>
<tr><td>玉米</td><td>0.05</td><td>0.05</td><td>玉米</td></tr>
<tr><td>水果香料</td><td>0.1</td><td>0.1</td><td>果类调味料</td></tr>
<tr><td>根类香料</td><td>0.2</td><td>0.2</td><td>根茎类调味料</td></tr>
<tr><td>豇豆</td><td>0.7</td><td>0.5</td><td>a</td><td></td></tr>
<tr><td>新鲜豌豆</td><td>0.05</td><td>0.5</td><td>b</td><td>豌豆</td></tr>
<tr><td>大豆</td><td>0.05</td><td>0.05</td><td>c</td><td></td></tr>
</table>

<table>
<tr><th rowspan="2">序号</th><th rowspan="2">农药通用名</th><th rowspan="2">泰国食品种类</th><th colspan="2">MRL/（mg/kg）</th><th rowspan="2">与 GB 2763—2016 比较情况</th><th rowspan="2">备注</th></tr>
<tr><th>泰国</th><th>中国</th></tr>
<tr><td rowspan="27">10</td><td rowspan="27">氯氰菊酯
Cypermethrin</td><td>新鲜豆荚</td><td>5</td><td>0.5</td><td>a</td><td>食荚豌豆</td></tr>
<tr><td>榴莲</td><td>1</td><td>1</td><td rowspan="2">c</td><td></td></tr>
<tr><td>芸薹属类蔬菜</td><td>1</td><td>1</td><td>芸薹类蔬菜（结球甘蓝除外）</td></tr>
<tr><td>辣椒</td><td>2</td><td>0.5</td><td>a</td><td></td></tr>
<tr><td>干辣椒</td><td>10</td><td>10</td><td>c</td><td></td></tr>
<tr><td>番茄</td><td>0.2</td><td>0.5</td><td rowspan="2">b</td><td></td></tr>
<tr><td>长茄子，小茄子和其他茄子（不包括番茄）</td><td>0.03</td><td>0.5</td><td>茄子</td></tr>
<tr><td>芒果</td><td>0.7</td><td>0.7</td><td rowspan="2">c</td><td></td></tr>
<tr><td>番木瓜</td><td>0.5</td><td>0.5</td><td></td></tr>
<tr><td>棉籽</td><td>0.1</td><td>0.2</td><td>b</td><td></td></tr>
<tr><td>龙眼</td><td>1</td><td>0.5</td><td rowspan="2">a</td><td></td></tr>
<tr><td>荔枝</td><td>2</td><td>0.5</td><td></td></tr>
<tr><td>橙子</td><td>0.3</td><td>2</td><td>b</td><td></td></tr>
<tr><td>葡萄柚</td><td>0.5</td><td></td><td>d</td><td></td></tr>
<tr><td>柚子</td><td>0.5</td><td>2</td><td>b</td><td></td></tr>
<tr><td>芦笋</td><td>0.4</td><td>0.4</td><td>c</td><td></td></tr>
<tr><td>葱</td><td>0.1</td><td></td><td>d</td><td></td></tr>
<tr><td>洋葱</td><td>0.01</td><td>0.01</td><td rowspan="2">c</td><td></td></tr>
<tr><td>甘蔗</td><td>0.2</td><td>0.2</td><td></td></tr>
<tr><td>哺乳动物肉类</td><td>2
（脂肪）</td><td></td><td rowspan="7">d</td><td></td></tr>
<tr><td>哺乳动物内脏</td><td>0.05</td><td></td><td></td></tr>
<tr><td>禽肉类</td><td>0.1
（脂肪）</td><td></td><td></td></tr>
<tr><td>禽类内脏</td><td>0.05</td><td></td><td></td></tr>
<tr><td>鸡脂肪</td><td>0.1</td><td></td><td></td></tr>
<tr><td>鸡蛋</td><td>0.05</td><td></td><td></td></tr>
<tr><td>牛奶</td><td>0.05</td><td></td><td></td></tr>
<tr><td rowspan="6">11</td><td rowspan="6">2，4—D
2，4—dichlorophenoxy acetic acid</td><td>新鲜玉米</td><td>0.05</td><td>0.1</td><td>b</td><td>鲜食玉米</td></tr>
<tr><td>新鲜小玉米</td><td>0.05</td><td>0.05</td><td rowspan="3">c</td><td>玉米笋</td></tr>
<tr><td>玉米</td><td>0.05</td><td>0.05</td><td></td></tr>
<tr><td>高粱</td><td>0.01</td><td>0.01</td><td></td></tr>
<tr><td>大米</td><td>0.1</td><td></td><td rowspan="2">d</td><td></td></tr>
<tr><td>青葱</td><td>0.05</td><td></td><td></td></tr>
</table>

<table>
<tr><th rowspan="2">序号</th><th rowspan="2">农药通用名</th><th rowspan="2">泰国食品种类</th><th colspan="2">MRL/（mg/kg）</th><th rowspan="2">与 GB 2763—2016 比较情况</th><th rowspan="2">备注</th></tr>
<tr><th>泰国</th><th>中国</th></tr>
<tr><td rowspan="7">11</td><td rowspan="7">2，4—D
2，4—dichlorophenoxy acetic acid</td><td>菠萝</td><td>0.05</td><td></td><td rowspan="8">d</td><td></td></tr>
<tr><td>哺乳动物肉类</td><td>0.2</td><td></td><td></td></tr>
<tr><td>哺乳动物内脏</td><td>1</td><td></td><td></td></tr>
<tr><td>禽肉类</td><td>0.05</td><td></td><td></td></tr>
<tr><td>禽类内脏</td><td>0.05</td><td></td><td></td></tr>
<tr><td>鸡蛋</td><td>0.01</td><td></td><td></td></tr>
<tr><td>牛奶</td><td>0.01</td><td></td><td></td></tr>
<tr><td rowspan="26">12</td><td rowspan="26">溴氰菊酯
Deltamethrin</td><td>大蒜</td><td>0.1</td><td></td><td></td></tr>
<tr><td>香蕉</td><td>0.05</td><td>0.05</td><td>c</td><td></td></tr>
<tr><td>新鲜小玉米</td><td>0.02</td><td>0.2</td><td>b</td><td>鲜食玉米</td></tr>
<tr><td>玉米</td><td>1</td><td>0.5</td><td>a</td><td>旱粮类（鲜食玉米除外）</td></tr>
<tr><td>新鲜玉米</td><td>0.02</td><td>0.2</td><td>b</td><td>鲜食玉米</td></tr>
<tr><td>青葱</td><td>0.5</td><td></td><td rowspan="3">d</td><td></td></tr>
<tr><td>豇豆</td><td>0.2</td><td></td><td></td></tr>
<tr><td>棕榈油</td><td>0.05</td><td></td><td></td></tr>
<tr><td>大白菜</td><td>2</td><td>0.5</td><td rowspan="2">a</td><td></td></tr>
<tr><td>中国大白菜</td><td>2</td><td>0.5</td><td>普通白菜</td></tr>
<tr><td>芥蓝</td><td>2</td><td></td><td rowspan="2">d</td><td></td></tr>
<tr><td>其他芸薹属类蔬菜</td><td>0.1</td><td></td><td></td></tr>
<tr><td>辣椒</td><td>0.1</td><td>0.2</td><td>b</td><td></td></tr>
<tr><td>干辣椒</td><td>1</td><td></td><td>d</td><td></td></tr>
<tr><td>番茄</td><td>0.3</td><td>0.2</td><td rowspan="2">a</td><td></td></tr>
<tr><td>芒果</td><td>0.2</td><td>0.05</td><td></td></tr>
<tr><td>咖啡豆</td><td>2</td><td></td><td rowspan="2">d</td><td></td></tr>
<tr><td>可可豆</td><td>0.05</td><td></td><td></td></tr>
<tr><td>花生</td><td>0.01</td><td>0.01</td><td>c</td><td>花生仁</td></tr>
<tr><td>棉籽</td><td>0.05</td><td>0.1</td><td>b</td><td></td></tr>
<tr><td>腰果</td><td>0.02</td><td></td><td>d</td><td></td></tr>
<tr><td>菠萝</td><td>0.01</td><td>0.05</td><td>b</td><td></td></tr>
<tr><td>芦笋</td><td>0.1</td><td></td><td rowspan="2">d</td><td></td></tr>
<tr><td>葱</td><td>0.1</td><td></td><td></td></tr>
<tr><td>洋葱</td><td>0.05</td><td>0.05</td><td>c</td><td></td></tr>
<tr><td>甘蔗</td><td>0.05</td><td></td><td>d</td><td></td></tr>
</table>

序号	农药通用名	泰国食品种类	MRL/（mg/kg）		与GB 2763—2016比较情况	备注
			泰国	中国		
12	溴氰菊酯 Deltamethrin	牛肉	0.5（脂肪）		d	
		羊肉	0.5（脂肪）			
		牛内脏	0.03			
		羊内脏	0.03			
		猪肉	0.5（脂肪）			
		猪内脏	0.03			
		禽肉类	0.1（脂肪）			
		禽类内脏	0.02			
		禽类脂肪	0.1（脂肪）			
		鸡蛋	0.02			
		牛奶	0.05（脂肪）			
13	敌敌畏 Dichlorvos	香料	0.1			
		橙子	0.2	0.2	c	柑橘类水果
		谷物	0.2	0.1/0.2	a/c	谷物、麦类、旱粮类、杂粮类/糙米、玉米
		哺乳动物肉类	0.05		d	
		禽肉类	0.05			
		牛奶	0.02			
14	三氯杀螨醇 Dicofol	种子香料	0.05			
		水果香料	0.1			
		根类香料	0.1			
		黄瓜	0.5			
		青刀豆	0.1			
		大豆	0.05			
		番茄	1			
		牛肉	3（脂肪）			
		牛内脏	1			
		禽肉类	0.1（脂肪）			
		禽类内脏	0.05			
		鸡蛋	0.05			
		牛奶	0.01（脂肪）			

序号	农药通用名	泰国食品种类	MRL/（mg/kg）		与 GB 2763—2016 比较情况	备注
			泰国	中国		
15	二硫代氨基甲酸盐，代森锌，福美锌，福美双，丙森锌，代森锰，代森锰锌 Dithiocarbamates e.g.zineb，ziram，thiram，propineb，maneb and mancozeb	黄秋葵	0.2	2	b	代森锰锌
		大蒜	0.5		d	
		大米	0.05		d	
		红毛丹	2		d	
		青葱	10		d	
		黄瓜	2	5	b	丙森锌、福美双
		网纹甜瓜	0.5		d	
		西瓜	1	1	c	丙森锌、代森锰锌
		其他甜瓜（黄瓜、网纹甜瓜和西瓜除外）	0.5		d	
		大豆	0.1	0.3	b	福美双
		新鲜豆荚	0.2	3	b	食荚豌豆
		榴莲	2		d	
		棕榈油	0.1		d	
		大白菜	5	5	c	丙森锌、代森锰锌
		芥蓝	15		d	
		通心菜	0.3		d	
		芋头	0.1		d	
		辣椒	3	1	a	代森锰锌
		甜椒	1	2	b	代森锰锌
		干辣椒	20		d	
		南瓜	0.2		d	
		番茄	2	5	b	丙森锌、代森锰锌
		芒果	2	2	c	代森锰锌
		马铃薯	0.2	0.5	b	代森锰锌、丙森锌
		花生	0.1	0.1	c	1. 花生仁 2. 代森锰锌
		橙子	2		d	
		芦笋	0.1	2	b	代森锌
		葱	0.5		d	
		洋葱	0.5		d	
		葡萄	2	5	b	丙森锌、代森锰锌

<table>
<tr><th rowspan="2">序号</th><th rowspan="2">农药通用名</th><th rowspan="2">泰国食品种类</th><th colspan="2">MRL/（mg/kg）</th><th rowspan="2">与GB 2763—2016比较情况</th><th rowspan="2">备注</th></tr>
<tr><th>泰国</th><th>中国</th></tr>
<tr><td rowspan="6">15</td><td rowspan="6">二硫代氨基甲酸盐，代森锌，福美锌，福美双，丙森锌，代森锰，代森锰锌
Dithiocarbamates e.g.zineb，ziram，thiram，propineb，maneb and mancozeb</td><td>哺乳动物肉类</td><td>0.05</td><td></td><td rowspan="6">d</td><td></td></tr>
<tr><td>哺乳动物内脏</td><td>0.1</td><td></td><td></td></tr>
<tr><td>禽肉类</td><td>0.1</td><td></td><td></td></tr>
<tr><td>禽类内脏</td><td>0.1</td><td></td><td></td></tr>
<tr><td>鸡蛋</td><td>0.05</td><td></td><td></td></tr>
<tr><td>牛奶</td><td>0.05</td><td></td><td></td></tr>
<tr><td>16</td><td>苯醚甲环唑
Difenoconazole</td><td>芒果</td><td>0.6</td><td>0.07</td><td>a</td><td></td></tr>
<tr><td rowspan="23">17</td><td rowspan="23">乐果
Dimethoate</td><td>高粱</td><td>0.01</td><td></td><td rowspan="6">d</td><td></td></tr>
<tr><td>种子香料</td><td>5</td><td></td><td></td></tr>
<tr><td>水果香料</td><td>0.5</td><td></td><td></td></tr>
<tr><td>根类香料</td><td>0.1</td><td></td><td></td></tr>
<tr><td>黄瓜和其他甜瓜（西瓜除外）</td><td>1</td><td></td><td></td></tr>
<tr><td>哈密瓜</td><td>1</td><td></td><td></td></tr>
<tr><td>豇豆</td><td>0.05</td><td>0.5</td><td rowspan="2">b</td><td>国标为临时限量</td></tr>
<tr><td>豆类</td><td>0.1</td><td>0.5</td><td>豌豆、菜豆、蚕豆、扁豆、食荚豌豆（国标为临时限量）</td></tr>
<tr><td>番茄</td><td>2</td><td>0.5</td><td>a</td><td>国标为临时限量</td></tr>
<tr><td>棉籽</td><td>0.05</td><td></td><td>d</td><td></td></tr>
<tr><td>橙子</td><td>5</td><td>2</td><td>a</td><td>国标为临时限量</td></tr>
<tr><td>葱</td><td>0.05</td><td>0.2</td><td rowspan="2">b</td><td>国标为临时限量</td></tr>
<tr><td>洋葱</td><td>0.05</td><td>0.2</td><td>国标为临时限量</td></tr>
<tr><td>哺乳动物肉类</td><td>0.05</td><td></td><td rowspan="8">d</td><td></td></tr>
<tr><td>哺乳动物脂肪</td><td>0.05</td><td></td><td></td></tr>
<tr><td>哺乳动物内脏</td><td>0.05</td><td></td><td></td></tr>
<tr><td>禽肉类</td><td>0.05</td><td></td><td></td></tr>
<tr><td>禽类脂肪</td><td>0.05</td><td></td><td></td></tr>
<tr><td>禽类脂肪</td><td>0.05</td><td></td><td></td></tr>
<tr><td>鸡蛋</td><td>0.05</td><td></td><td></td></tr>
<tr><td>牛奶</td><td>0.05</td><td></td><td></td></tr>
</table>

序号	农药通用名	泰国食品种类	MRL/（mg/kg）		与GB 2763—2016比较情况	备注
			泰国	中国		
18	二嗪磷 Diazinon	新鲜玉米	0.02	0.02	c	玉米
18	二嗪磷 Diazinon	新鲜小玉米	0.02	0.02	c	玉米笋
18	二嗪磷 Diazinon	玉米	0.02	0.02	c	
18	二嗪磷 Diazinon	高粱	0.02		d	
18	二嗪磷 Diazinon	种子香料	5	5	c	种子类调味料
18	二嗪磷 Diazinon	水果香料	0.1	0.1	c	果类调味料
18	二嗪磷 Diazinon	茶	0.1		d	
18	二嗪磷 Diazinon	大白菜	0.05	0.05	c	
18	二嗪磷 Diazinon	芥蓝	0.05		d	
18	二嗪磷 Diazinon	其他芸薹属类蔬菜	0.5		d	
18	二嗪磷 Diazinon	咖啡豆	0.2		d	
18	二嗪磷 Diazinon	棉籽	0.1	0.2	b	
18	二嗪磷 Diazinon	哺乳动物肉类	2（脂肪）		d	
18	二嗪磷 Diazinon	哺乳动物内脏	0.03		d	
18	二嗪磷 Diazinon	禽肉类	0.02		d	
18	二嗪磷 Diazinon	禽类内脏	0.02		d	
18	二嗪磷 Diazinon	鸡蛋	0.02		d	
18	二嗪磷 Diazinon	牛奶	0.02（脂肪）		d	
19	三唑磷 Triazophos	大蒜	0.05		d	
19	三唑磷 Triazophos	高粱	0.05	0.05	c	旱粮类
19	三唑磷 Triazophos	水果香料	0.07		d	
19	三唑磷 Triazophos	根类香料	0.1		d	
19	三唑磷 Triazophos	青刀豆	0.2		d	
19	三唑磷 Triazophos	豇豆	0.4		d	
19	三唑磷 Triazophos	大豆	0.05		d	
19	三唑磷 Triazophos	新鲜大豆	0.5		d	
19	三唑磷 Triazophos	新鲜豆荚	1		d	
19	三唑磷 Triazophos	枣	0.03		d	
19	三唑磷 Triazophos	咖啡豆	0.05		d	
19	三唑磷 Triazophos	花生	0.05		d	
19	三唑磷 Triazophos	可可豆	0.05		d	
19	三唑磷 Triazophos	芝麻	0.05		d	
19	三唑磷 Triazophos	向日葵籽	0.05		d	

<table>
<tr><th rowspan="2">序号</th><th rowspan="2">农药通用名</th><th rowspan="2">泰国食品种类</th><th colspan="2">MRL/（mg/kg）</th><th rowspan="2">与GB 2763—2016比较情况</th><th rowspan="2">备注</th></tr>
<tr><th>泰国</th><th>中国</th></tr>
<tr><td rowspan="6">19</td><td rowspan="6">三唑磷
Triazophos</td><td>葱</td><td>0.05</td><td></td><td rowspan="6">d</td><td></td></tr>
<tr><td>洋葱</td><td>0.05</td><td></td><td></td></tr>
<tr><td>葡萄</td><td>0.02</td><td></td><td></td></tr>
<tr><td>牛肉</td><td>0.01</td><td></td><td></td></tr>
<tr><td>禽肉类</td><td>0.01</td><td></td><td></td></tr>
<tr><td>牛奶</td><td>0.01</td><td></td><td></td></tr>
<tr><td>20</td><td>戊唑醇
Tebuconazole</td><td>洋葱</td><td>0.1</td><td>0.1</td><td>c</td><td></td></tr>
<tr><td>21</td><td>噻虫嗪
Thiamethoxam</td><td>芒果</td><td>0.04</td><td></td><td rowspan="2">d</td><td></td></tr>
<tr><td>22</td><td>噻嗪酮
Buprofezin</td><td>棉籽</td><td>0.35</td><td></td><td></td></tr>
<tr><td rowspan="9">23</td><td rowspan="9">百草枯
Paraquat</td><td>新鲜玉米</td><td>0.05</td><td>0.1</td><td rowspan="3">b</td><td>国标为临时限量</td></tr>
<tr><td>新鲜小玉米</td><td>0.05</td><td>0.1</td><td>国标为临时限量</td></tr>
<tr><td>玉米</td><td>0.03</td><td>0.1</td><td>国标为临时限量</td></tr>
<tr><td>高粱</td><td>0.03</td><td>0.03</td><td>c</td><td>国标为临时限量</td></tr>
<tr><td>稻谷</td><td>0.05</td><td></td><td rowspan="2">d</td><td></td></tr>
<tr><td>大米</td><td>0.05</td><td></td><td></td></tr>
<tr><td>豆类（大豆除外）</td><td>0.5</td><td>0.05</td><td>a</td><td>豆类蔬菜（国标为临时限量）</td></tr>
<tr><td>大豆</td><td>0.1</td><td>0.5</td><td>b</td><td>国标为临时限量</td></tr>
<tr><td>水果（皮不可食，橙子除外）</td><td>0.01</td><td>0.02/0.01/0.01/0.01/0.01/0.02</td><td>b/c/c/c/c/b</td><td>1. 柑橘类水果（柑橘除外）；仁果类水果（苹果除外）；核果类水果；坚果及其他小型水果；皮不可食的热带和亚热带水果（香蕉除外）；瓜果类水果
2. 国标为临时限量</td></tr>
</table>

序号	农药通用名	泰国食品种类	MRL/（mg/kg）		与GB 2763—2016比较情况	备注
			泰国	中国		
23	百草枯 Paraquat	橙子	0.02	0.02	c	柑橘类水果（柑橘除外）（国标为临时限量）
		叶菜类蔬菜	0.07	0.05	a	国标为临时限量
		黄瓜和其他甜瓜	0.02	0.05	b	瓜类蔬菜（国标为临时限量）
		块茎和根	0.05	0.05	c	根茎类和薯芋类蔬菜（国标为临时限量）
		番茄	0.05	0.05		茄果类蔬菜（国标为临时限量）
		马铃薯	0.05	0.05		根茎类和薯芋类蔬菜（国标为临时限量）
		棉籽	2	0.2	a	国标为临时限量
		草莓	0.01	0.01	c	浆果和其他小型水果（国标为临时限量）
		葡萄	0.01	0.01		浆果和其他小型水果（国标为临时限量）
		哺乳动物肉类	0.005		d	
		哺乳动物内脏	0.05			
		禽肉类	0.005			
		禽内脏	0.005			
		鸡蛋	0.005			
		牛奶	0.005			
24	甲基嘧啶磷 Pirimiphos—Methyl	新鲜玉米	1			
		新鲜小玉米	1			
		玉米	1			
		稻谷	7	5	a	
		大米	5	1		

序号	农药通用名	泰国食品种类	MRL/（mg/kg）		与 GB 2763—2016 比较情况	备注
			泰国	中国		
24	甲基嘧啶磷 Pirimiphos—Methyl	种子香料	3	3	c	种子类调味料
		水果香料	0.5	0.5		果类调味料
		棕榈油	0.1			
		可可豆	0.05		d	
		木棉籽	0.1			
		腰果	0.1			
		哺乳动物肉类	0.01			
		哺乳动物内脏	0.01			
		禽肉类	0.01			
		禽内脏	0.01			
		鸡蛋	0.01			
		牛奶	0.01			
25	氯菊酯 Permethrin	所有种类的香料	0.05	0.05	c	调味料（干辣椒、山葵除外）
26	咪鲜胺 Prochloraz	芒果	7	2	a	
27	丙硫磷 Prothiofos	青刀豆	0.05		d	
		辣椒	3			
		干辣椒	20			
		花生	0.05			
		马铃薯	0.05			
28	丙溴磷 Profenofos	卷心菜	1	0.5	a	结球甘蓝
		玫瑰苹果	0.05	0.05	c	苹果
		青葱	0.05		d	
		大豆	0.05			
		榴莲	0.05			
		棉籽油	0.05	0.05	c	
		橙（柚子和青柠除外）	0.1		d	
		芸薹属类蔬菜（卷心菜除外）	0.5			
		辣椒	3	3	c	
		甜椒	0.5		d	
		干辣椒	20	20	c	
		番茄	10	10		
		青柠	0.05		d	

序号	农药通用名	泰国食品种类	MRL/（mg/kg）		与 GB 2763—2016 比较情况	备注
			泰国	中国		
28	丙溴磷 Profenofos	芒果	0.2	0.2	c	
		山竹	10	10		
		马铃薯	0.05	0.05		
		棉籽	3		d	
		柚子	2			
		葱	0.05			
		洋葱	0.05			
		葡萄	0.05			
		哺乳动物肉类	0.05			
		哺乳动物内脏	0.05			
		禽肉类	0.05			
		禽类内脏	0.05			
		鸡蛋	0.02			
		牛奶	0.01			
29	氟虫腈 Fipronil	罗勒	0.2			
		稻谷	0.01			
		大米	0.01			
		豇豆	0.04	0.02	a	豆类蔬菜
		棉籽	0.01		d	
		甜罗勒	0.2			
30	噁唑菌酮 Famoxadone	马铃薯	0.02			
31	氰戊菊酯 Fenvalerate	卷心菜	3	0.5	a	结球甘蓝
		新鲜玉米	0.1	0.02		玉米
		新鲜小玉米	0.1	0.02		玉米
		豇豆	1		d	
		大豆	0.1	0.1	c	
		棕榈油	0.5		d	
		中国大白菜	1	1	c	
		芥蓝	3		d	
		其他芸薹属类蔬菜	2			
		番茄	1	0.2	a	
		芒果	1.5	0.2		热带和亚热带水果

序号	农药通用名	泰国食品种类	MRL/（mg/kg）		与GB 2763—2016比较情况	备注
			泰国	中国		
31	氰戊菊酯 Fenvalerate	马铃薯	0.05	0.05	c	
		棉籽	0.2	0.2		棉籽油
		花生	0.1	0.1		花生仁
		龙眼	1	0.2	a	热带和亚热带水果
		荔枝	1	0.2		
		哺乳动物肉类	1（脂肪）		d	
		哺乳动物内脏	0.02			
		牛奶	0.1（脂肪）			
32	杀螟硫磷 Fenitrothion	新鲜玉米	1	5	b	旱粮类（国标为临时限量）
		新鲜小玉米	1	5		
		玉米	1	5		
		稻谷	6	5	a	国标为临时限量
		大米	1	1	c	国标为临时限量
		种子香料	7		d	
		水果香料	1			
		根类香料	0.1			
		茶	0.5	0.5	c	茶叶（国标为临时限量）
		大豆	0.5	5	b	国标为临时限量
		新鲜豆荚	0.5	0.5	c	豆类蔬菜
		咖啡豆	0.05		d	
		哺乳动物肉类	0.05			
		禽肉类	0.05			
		鸡蛋	0.05			
		牛奶	0.01			
33	伏杀硫磷 Phosalone	种子香料	2	2	c	种子类调味料
		水果香料	2	2		果类调味料
		根类香料	3	3		根茎类调味料

序号	农药通用名	泰国食品种类	MRL/（mg/kg）		与GB 2763—2016比较情况	备注
			泰国	中国		
33	伏杀硫磷 Phosalone	青葱	0.5		d	
		豇豆	0.5			
		新鲜豌豆	0.5			
		大豆	0.05			
		新鲜豆荚	0.5			
		榴莲	1			
		桑叶	0.1			
		甘蓝类蔬菜	0.5			
		辣椒	0.5			
		甜椒	1			
		干辣椒	4			
		番茄	0.5			
		长茄子，小茄子和其他茄子	0.5			
		橙子	1			
		山竹	1			
		棉籽	1			
		芦笋	0.5			
		葱	0.5			
		洋葱	0.5			
34	灭菌丹 Folpet	红毛丹	0.1			
35	稻丰散 Phenthoate	种子香料	7			
36	马拉硫磷 Malathion	芸薹属类蔬菜	0.5	0.5	c	结球甘蓝
		卷心菜	8	0.5		
		新鲜玉米	0.02	0.5	b	鲜食玉米
		新鲜小玉米	0.02	0.02	c	玉米笋
		玉米	0.05	0.5	b	鲜食玉米
		高粱	3	8		旱粮类
		种子香料	2	2	c	种子类调味料
		水果香料	1	1		果类调味料
		根类香料	0.5	0.5		根茎类调味料
		青葱	5	5		葱
		西兰花	5		d	

序号	农药通用名	泰国食品种类	MRL/（mg/kg）		与GB 2763—2016比较情况	备注
			泰国	中国		
36	马拉硫磷 Malathion	橙（柚子除外）	7	2	a	柑橘类水果
		中国大白菜	8	8	c	大白菜
		羽衣甘蓝	3		d	
		辣椒	0.1	0.5	b	
		干辣椒	1		d	
		番茄	0.5	0.5	c	
		柚子	0.2	4	b	
		葱	1	5		
		洋葱	1	1	c	
		甘蔗	0.02		d	
37	甲霜灵或精甲霜灵 Metalaxyl or Metalaxyl－M	新鲜玉米	0.05			
		新鲜小玉米	0.05			
		玉米	0.05			
		种子香料	5	5	c	种子类调味料
		黄瓜	0.5	0.5		
		哈密瓜	0.2	0.2		甜瓜类水果
		西瓜	0.2	0.2		
		长黄瓜	0.5	0.5		黄瓜
		榴莲	0.5		d	
		西葫芦	0.2	0.2	c	
		橙子	5	5		柑橘类水果
		芥蓝	2		d	
		通心菜	2			
		芋头	0.5			
		胡椒	0.05			
		蒌叶	0.05			
		南瓜	0.2			
		冬瓜	0.2			
		番茄	0.2	0.5	b	
		马铃薯	0.05	0.05	c	
		菠萝	0.1		d	
		洋葱	2	2	c	
		葡萄	1	1		

序号	农药通用名	泰国食品种类	MRL/（mg/kg）		与 GB 2763—2016 比较情况	备注
			泰国	中国		
38	杀扑磷 Methidathion	红毛丹	0.2	0.05	a	热带和亚热带水果
		榴莲	0.2	0.05		热带和亚热带水果
		南番荔枝	0.2	0.05		热带和亚热带水果
		梨	0.1	0.05		仁果类水果
		橙子	0.5	0.05		柑橘类水果
		葡萄	0.1	0.05		浆果和其他小型水果
		苹果	0.1	0.05		仁果类水果
		哺乳动物肉类	0.02		d	
		哺乳动物内脏	0.02			
		禽肉类	0.02			
		禽类内脏	0.02			
		鸡蛋	0.02			
		牛奶	0.001			
39	溴甲烷 Methyl bromide	稻谷	50	5	a	
		稻谷（在口岸或熏蒸区释放气体并且使稻谷暴露于空气中大于或等于 24h 后）	1	5	b	
		稻谷（在销售区域）	0.01	5		
40	高效氯氰菊酯 Lambda−cyhalothrin	黄秋葵	0.03	0.5		秋葵
		罗勒	0.7		d	
		高粱	0.2			
		红毛丹	0.5			
		青刀豆	0.2			
		大豆	0.2	0.05	a	
		新鲜豆荚	0.2	0.5	b	食荚豌豆
		榴莲	0.5	1		
		棕榈油	0.2		d	
		其他花椰菜	0.3	1	b	芸薹类蔬菜（结球甘蓝除外）
		青花菜和花椰菜	0.5	1		芸薹类蔬菜（结球甘蓝除外）
		辣椒	0.3	0.5		

序号	农药通用名	泰国食品种类	MRL/（mg/kg）		与GB 2763—2016比较情况	备注
			泰国	中国		
40	高效氯氰菊酯 Lambda—cyhalothrin	甜椒	0.3		d	
		干辣椒	3	10	b	
		芒果	0.2	0.7		
		长茄子，小茄子和其他茄子	0.3	0.5		茄子
		番茄	0.3	0.5		
		可可豆	0.02		d	
		芝麻	0.2	0.1	a	小型油籽类
		木棉籽	0.02		d	
		棉籽	0.02	0.2	b	
		白罗勒	0.7		d	
		孜然	0.7			
		龙眼	0.2	0.5	b	
		荔枝	0.5	0.5	c	
		芦笋	0.02	0.4	b	
		甜罗勒	0.7		d	
41	嘧菌酯 Azoxystrobin	芒果	0.7			
42	乙酰甲胺磷 Acephate	稻谷	1			
		大米	1			
		各种香料	0.2	0.2	c	调味料（干辣椒除外）
		青刀豆	0.3	1	b	豆类蔬菜
		大豆	0.3	1		豆类蔬菜
		马铃薯	0.5	1		根茎类和薯芋类蔬菜
		咖啡豆	0.05		d	
		可可豆	0.05			
		棉籽	2	2	c	
		花生	0.2		d	
		哺乳动物肉类	0.05			
		哺乳动物内脏	0.05			
		禽肉类	0.01			
		禽类内脏	0.01			
		鸡蛋	0.01			
		牛奶	0.02			

<table>
<tr><th rowspan="2">序号</th><th rowspan="2">农药通用名</th><th rowspan="2">泰国食品种类</th><th colspan="2">MRL/（mg/kg）</th><th rowspan="2">与 GB 2763—2016
比较情况</th><th rowspan="2">备注</th></tr>
<tr><th>泰国</th><th>中国</th></tr>
<tr><td rowspan="5">43</td><td rowspan="5">莠去津
Atrazine</td><td>新鲜玉米</td><td>0.1</td><td>0.05</td><td rowspan="3">a</td><td>玉米</td></tr>
<tr><td>新鲜小玉米</td><td>0.1</td><td>0.05</td><td>玉米</td></tr>
<tr><td>玉米</td><td>0.1</td><td>0.05</td><td>玉米</td></tr>
<tr><td>菠萝</td><td>0.1</td><td></td><td>d</td><td></td></tr>
<tr><td>甘蔗</td><td>0.1</td><td>0.05</td><td>a</td><td></td></tr>
<tr><td rowspan="20">44</td><td rowspan="20">阿维菌素
Abamectin</td><td>西瓜</td><td>0.01</td><td>0.02</td><td rowspan="2">b</td><td></td></tr>
<tr><td>豇豆</td><td>0.01</td><td>0.05</td><td></td></tr>
<tr><td>新鲜豌豆</td><td>0.01</td><td></td><td>d</td><td></td></tr>
<tr><td>大白菜</td><td>0.01</td><td>0.05</td><td>b</td><td></td></tr>
<tr><td>芥蓝</td><td>0.01</td><td></td><td>d</td><td></td></tr>
<tr><td>芸薹属类蔬菜</td><td>0.01</td><td>结球甘蓝：0.05；
花椰菜：0.5</td><td>b</td><td>结球甘蓝、花椰菜</td></tr>
<tr><td>辣椒</td><td>0.005</td><td></td><td>d</td><td></td></tr>
<tr><td>甜椒</td><td>0.09</td><td>0.02</td><td rowspan="2">a</td><td></td></tr>
<tr><td>干辣椒</td><td>0.5</td><td>0.2</td><td></td></tr>
<tr><td>小茄子</td><td>0.02</td><td>0.2</td><td>b</td><td>茄子</td></tr>
<tr><td>棉籽</td><td>0.01</td><td>0.01</td><td rowspan="2">c</td><td></td></tr>
<tr><td>橙子</td><td>0.01</td><td>0.01</td><td>柑橘类水果</td></tr>
<tr><td>哺乳动物肉类</td><td>0.01</td><td></td><td rowspan="8">d</td><td></td></tr>
<tr><td>哺乳动物脂肪</td><td>0.1</td><td></td><td></td></tr>
<tr><td>哺乳动物内脏</td><td>0.1</td><td></td><td></td></tr>
<tr><td>禽肉类</td><td>0.01</td><td></td><td></td></tr>
<tr><td>禽类内脏</td><td>0.02</td><td></td><td></td></tr>
<tr><td>鸡蛋</td><td>0.01</td><td></td><td></td></tr>
<tr><td>牛奶</td><td>0.005</td><td></td><td></td></tr>
<tr><td>龙眼</td><td>2</td><td></td><td></td></tr>
</table>

序号	农药通用名	泰国食品种类	MRL/（mg/kg）		与GB 2763—2016比较情况	备注
			泰国	中国		
46	莠灭净 Ametryn	茶	0.05		d	
		咖啡豆	0.05			
		菠萝	0.05	0.2	b	
		甘蔗	0.05	0.05	c	
47	吡虫啉 Imidacloprid	罗勒	20		d	
		黄秋葵	0.1			
		稻谷	0.05			
		大米	0.05			
		芒果	0.4			
		白罗勒	20			
		孜然	20			
		龙眼	0.8			
		橙子	1			
		甜罗勒	20			
48	乙烯利 Ethephon	香蕉	2	2	c	
		樱桃	3	10	b	
		榴莲	2		d	
		芒果	2	2	c	
		菠萝	2	2		
		葡萄	1	1		
		苹果	1	5	b	
		哺乳动物肉类	0.1		d	
		哺乳动物内脏	0.2			
		禽肉类	0.1			
		禽类内脏	0.2			
		鸡蛋	0.2			
		牛奶	0.05			

序号	农药通用名	泰国食品种类	MRL/（mg/kg）		与 GB 2763—2016 比较情况	备注
			泰国	中国		
49	乙硫磷 Ethion	种子香料	3		d	
		水果香料	5			
		根类香料	0.3			
		豆类	0.1			
		新鲜豆荚	0.3			
		辣椒	3			
		干辣椒	20			
		青柠	1			
		橙子	2			
		柚子	1			
50	异菌脲 Iprodion	种子香料	0.05			
		根类香料	0.1			
51	氧乐果 Omethoate	银合欢树	0.05			
		青刀豆	0.05	0.02	a	豆类蔬菜
		豇豆	0.05	0.02		豆类蔬菜
		大豆	0.05	0.05	c	
		木薯	0.02	0.02		根茎类和薯芋类蔬菜
		咖啡豆	0.05		d	
		棉籽	0.05	0.02	a	
52	磷化氢，磷化铝，磷化镁 Hydrogen phosphide in the form of aluminium phosphide or Magnesium phosphide or phosphine	大米	0.1	0.05		成品粮

1–5 印度尼西亚与中国农食产品农药残留限量（MRL）比较

序号	农药通用名	印度尼西亚食品种类	MRL/（mg/kg）		与 GB 2763—2016 比较情况	备注
			印度尼西亚	中国		
1	2，4－D 2，4－dichlorophenoxy acetic acid	浆果	0.1	0.1	c	浆果及其他小粒水果
		甜玉米（玉米棒）	0.05	0.05		玉米
		马铃薯	0.2	0.2		
		稻谷 / 糙米	0.1		d	
		小麦	2	2	c	
		玉米	0.05	0.05		
		黑麦	2	2		
		高粱	0.01	0.01		
		大豆	0.01	0.01		
		甘蔗	0.05	0.05		
2	邻苯基苯酚 2－Phenylphenol	梨	20	20		
3	阿维菌素 Abamectin	苹果	0.02	0.02		
		瓜类水果	0.01	0.01		瓜果类水果（西瓜除外）
		梨	0.02	0.02		
		南瓜	0.01		d	
		草莓	0.02	0.02	c	
		干辣椒	0.2	0.2		
		马铃薯	0.01	0.01		
		黄瓜	0.01	0.02	b	
		甜椒	0.02	0.02	c	
		散叶莴苣	0.05	0.05		莴苣
		番茄	0.02	0.02		
		杏仁	0.01	0.01		杏仁、核桃
4	乙酰甲胺磷 Acephate	蔓越莓	0.5		d	
		洋蓟	0.3	0.3	c	朝鲜蓟
		干辣椒	50	50		
		结球甘蓝 / 甘蓝叶球	2	1	a	芸薹属类蔬菜
		番茄	1	1	c	茄果类蔬菜
		糙米	1	1		
		大豆	0.3	0.3		
5	啶虫脒 Acetamiprid	葡萄	0.5	2	b	浆果类和其他小型水果
		浆果	2	2	c	浆果和其他小型水果

序号	农药通用名	印度尼西亚食品种类	MRL/（mg/kg）		与 GB 2763—2016 比较情况	备注
			印度尼西亚	中国		
5	啶虫脒 Acetamiprid	樱桃	1.5	2	b	核果类水果
		油桃	0.7	2		核果类水果
		桃	0.7	2		核果类水果
		梅子 / 李子	0.2	2		核果类水果
		梅干 / 李子干	0.6		d	
		草莓	0.5	2	b	浆果和其他小型水果
		洋葱	0.02		d	
		葱	5			
		大蒜	0.02			
		干辣椒	2			
		头状花序类芸薹菜	0.4			
		结球甘蓝 / 甘蓝叶球	0.7	0.5	a	结球甘蓝
		芹菜	1.5		d	
6	涕灭威 Aldicarb	葡萄	0.2	0.02	a	浆果类和其他小型水果
		洋葱	0.1	0.03		鳞茎类蔬菜
		糖用甜菜	0.05		d	
		球芽甘蓝 / 抱子甘蓝	0.1	0.03	a	芸薹属类蔬菜
		红薯 / 甘薯	0.1	0.1	c	甘薯
		大麦	0.02		d	
		小麦	0.02			
		玉米	0.05			
		高粱	0.1			
		花生	0.02	0.02	c	花生仁
		山核桃	1		d	
		大豆	0.02			
		咖啡豆	0.1			
		甘蔗	0.1			
7	唑嘧菌胺 Ametoctradin	葡萄	6	2	a	国标为临时限量
		葡萄干	20		d	
		洋葱	1.5			
		葱	20			
		青葱 / 红葱	1.5			
		大蒜	1.5			
		干辣椒	15			

<table>
<tr><th rowspan="2">序号</th><th rowspan="2">农药通用名</th><th rowspan="2">印度尼西亚
食品种类</th><th colspan="2">MRL/（mg/kg）</th><th rowspan="2">与 GB 2763—2016
比较情况</th><th rowspan="2">备注</th></tr>
<tr><th>印度尼西亚</th><th>中国</th></tr>
<tr><td rowspan="3">7</td><td rowspan="3">唑嘧菌胺
Ametoctradin</td><td>马铃薯</td><td>0.05</td><td>0.05</td><td>c</td><td>国标为临时限量</td></tr>
<tr><td>黄瓜</td><td>0.4</td><td>1</td><td>b</td><td>国标为临时限量</td></tr>
<tr><td>芹菜</td><td>20</td><td></td><td>d</td><td></td></tr>
<tr><td rowspan="3">8</td><td rowspan="3">氯氨吡啶酸
Aminopyralid</td><td>大麦</td><td>0.1</td><td>0.1</td><td rowspan="9">c</td><td>国标为临时限量</td></tr>
<tr><td>小麦</td><td>0.1</td><td>0.1</td><td>国标为临时限量</td></tr>
<tr><td>燕麦</td><td>0.1</td><td>0.1</td><td>国标为临时限量</td></tr>
<tr><td rowspan="5">9</td><td rowspan="5">双甲脒
Amitraz</td><td>樱桃</td><td>0.5</td><td>0.5</td><td></td></tr>
<tr><td>橙</td><td>0.5</td><td>0.5</td><td></td></tr>
<tr><td>桃</td><td>0.5</td><td>0.5</td><td></td></tr>
<tr><td>黄瓜</td><td>0.5</td><td>0.5</td><td></td></tr>
<tr><td>番茄</td><td>0.5</td><td>0.5</td><td></td></tr>
<tr><td>10</td><td>杀草强
Amitrole</td><td>葡萄</td><td>0.05</td><td>0.05</td><td></td></tr>
<tr><td rowspan="19">11</td><td rowspan="19">甲基谷硫磷（保棉磷）
Azinphos—Methyl</td><td>苹果</td><td>0.05</td><td>2</td><td>b</td><td></td></tr>
<tr><td>蓝莓</td><td>5</td><td>5</td><td rowspan="2">c</td><td></td></tr>
<tr><td>樱桃</td><td>2</td><td>2</td><td></td></tr>
<tr><td>蔓越莓</td><td>0.1</td><td></td><td>d</td><td></td></tr>
<tr><td>瓜类水果</td><td>0.2</td><td>0.2</td><td rowspan="5">c</td><td>甜瓜类水果</td></tr>
<tr><td>油桃</td><td>2</td><td>2</td><td></td></tr>
<tr><td>桃</td><td>2</td><td>2</td><td></td></tr>
<tr><td>梨</td><td>2</td><td>2</td><td></td></tr>
<tr><td>梅子 / 李子</td><td>2</td><td>2</td><td>李子</td></tr>
<tr><td>青花菜 / 西兰花</td><td>1</td><td>0.5</td><td>a</td><td>蔬菜
（单列的除外）</td></tr>
<tr><td>干辣椒</td><td>10</td><td>10</td><td rowspan="9">c</td><td></td></tr>
<tr><td>马铃薯</td><td>0.05</td><td>0.05</td><td></td></tr>
<tr><td>黄瓜</td><td>0.2</td><td>0.2</td><td></td></tr>
<tr><td>甜椒</td><td>1</td><td>1</td><td></td></tr>
<tr><td>番茄</td><td>1</td><td>1</td><td></td></tr>
<tr><td>杏仁</td><td>0.05</td><td>0.05</td><td></td></tr>
<tr><td>生核桃</td><td>0.3</td><td>0.3</td><td>山核桃</td></tr>
<tr><td>大豆</td><td>0.05</td><td>0.05</td><td></td></tr>
<tr><td>甘蔗</td><td>0.2</td><td>0.2</td><td>甘蔗（糖料）</td></tr>
</table>

序号	农药通用名	印度尼西亚食品种类	MRL/（mg/kg）		与 GB 2763—2016 比较情况	备注
			印度尼西亚	中国		
12	三唑锡 Azocyclotin	葡萄	0.3	0.3	c	
		苹果	0.2	0.5	b	
		加仑子（黑、红、白）	0.1	0.1	c	
		橙	0.2	0.2		
		梨	0.2	0.2		
13	嘧菌酯 Azoxystrobin	葡萄	2	5	b	
		浆果	5		d	
		蔓越莓	0.5			
		芒果	0.7	1	b	
		木瓜 / 番木瓜	0.3		d	
		香蕉	2	2	c	
		草莓	10		d	
		洋蓟	5			
		芦笋	0.01			
		干辣椒	30			
		生菜 / 莴苣	3			
		散叶莴苣	3			
		芹菜	5			
		大麦	0.5			
		稻谷	5	1	a	
		小麦	0.2		d	
		玉米	0.02	0.02	c	
		燕麦	0.5		d	
		黑麦	0.2			
		开心果	1			
		花生	0.2			
		大豆	0.5	0.5	c	
		咖啡豆	0.02		d	
14	苯霜灵 Benalaxyl	葡萄	0.3	0.3	c	
		瓜类水果	0.3	0.3		甜瓜类水果（西瓜：0.1mg/kg）
		洋葱	0.02	0.02		
		马铃薯	0.02	0.02		
		生菜 / 莴苣	1	1		结球莴苣
		番茄	0.2	0.2		

序号	农药通用名	印度尼西亚食品种类	MRL/（mg/kg）		与GB 2763—2016比较情况	备注
			印度尼西亚	中国		
15	灭草松 Bentazone	洋葱	0.1	0.1	c	
		马铃薯	0.1		d	
		利马豆	0.05	0.05	c	利马豆（荚可食）
		大麦	0.1	0.1	c	麦类
		稻谷	0.1	0.1	c	
		小麦	0.1	0.1	c	麦类
		玉米	0.2	0.2	c	
		燕麦	0.1	0.1	c	麦类
		黑麦	0.1	0.1	c	麦类
		高粱	0.1	0.1	c	
		花生	0.05		d	
		大豆	0.1	0.05	a	
		蚕豆	0.05		d	
16	联苯肼酯 Bifenazate	葡萄	0.7	0.7	c	
		黑莓	7	7	c	
		露莓	7	7	c	露莓（包括罗甘梅和博森梅）
		葡萄干	2	2	c	
		覆盆子/树莓（红、黑）	7		d	
		草莓	2	2	c	
		辣椒	3	3	c	
		甜椒	2	2	c	
		番茄	0.5	0.5	c	
17	联苯菊酯 Bifenthrin	黑莓	1	1	c	
		露莓	1	1	c	露莓（包括罗甘梅和博森梅）
		香蕉	0.1	0.1	c	
		覆盆子/树莓（红、黑）	1		d	
		草莓	1	1	c	
		干辣椒	5	5	c	
		番茄	0.3	0.5	b	
		茄子	0.3	0.3	c	
		大麦	0.05	0.05	c	
		小麦	0.5	0.5	c	
		玉米	0.05	0.05	c	
		茶叶（绿茶和红茶）	30	5	a	茶叶

序号	农药通用名	印度尼西亚食品种类	MRL/（mg/kg）		与 GB 2763—2016 比较情况	备注
			印度尼西亚	中国		
18	生物苄呋菊酯 Bioresmethrin	小麦	1	1	c	
19	联苯三唑醇 Bitertanol	杏	1	1	c	
		樱桃	1	1	c	
		油桃	1	1	c	
		桃	1	1	c	
		香蕉	0.5	0.5	c	
		梅子 / 李子	2	2	c	李子
		黄瓜	0.5	0.5	c	
		番茄	3	3	c	
		大麦	0.05	0.05	c	
		小麦	0.05	0.05	c	
		燕麦	0.05	0.05	c	
		黑麦	0.05	0.05	c	
20	啶酰菌胺 Boscalid	葡萄	5	5	c	
		苹果	2	2	c	
		浆果	10		d	
		葡萄干	10		d	
		猕猴桃	5		d	
		香蕉	0.6		d	
		梅子 / 李子	10		d	
		草莓	3	3	c	
		干辣椒	10		d	
		大麦	0.5		d	
		小麦	0.5		d	
		燕麦	0.5		d	
		黑麦	0.5		d	
		开心果	1		d	
		咖啡豆	0.05		d	
21	溴螨酯 Bromopropylate	葡萄	2	2	c	
		瓜类水果	0.5	0.5	c	甜瓜类水果
		梅子 / 李子	2	2	c	李子
		南瓜	0.5		d	
		草莓	2	2	c	
		黄瓜	0.5	0.5	c	

序号	农药通用名	印度尼西亚食品种类	MRL/（mg/kg）		与GB 2763—2016比较情况	备注
			印度尼西亚	中国		
22	噻嗪酮 Buprofezin	葡萄	1		d	
		苹果	3			
		樱桃	2			
		柑橘类水果	1	0.5	a	柑橘
		葡萄干	2		d	
		芒果	0.1			
		油桃	9			
		桃	9			
		香蕉	0.3			
		梨	6			
		梅子 / 李子	2			
		草莓	3			
		辣椒	10			
		干辣椒	10			
		番茄	1	2	b	
		杏仁	0.05		d	
23	硫线磷 Cadusafos	香蕉	0.01	0.02	b	热带和亚热带水果
24	克菌丹 Captan	葡萄	25	5	a	
		蓝莓	20	20	c	
		樱桃	25	25		
		葡萄干	50		d	
		瓜类水果	10	10	c	
		油桃	3	3		
		桃	20	20		
		梅子 / 李子	10	10		
		覆盆子 / 树莓（红、黑）	20		d	
		草莓	15	15	c	
		马铃薯	0.05	0.05		
		黄瓜	3	5		
		番茄	5		d	
		杏仁	0.3	0.3	c	

序号	农药通用名	印度尼西亚食品种类	MRL/（mg/kg）		与 GB 2763—2016 比较情况	备注
			印度尼西亚	中国		
25	甲萘威 Carbaryl	蔓越莓	5		d	
		柑橘类水果	15			
		芦笋	15	1	a	茎类蔬菜
		甜菜根	0.1	1	b	根茎类和薯芋类蔬菜
		辣椒	0.5	1		茄果类蔬菜
		干辣椒	2		d	
		甜玉米（玉米棒）	0.1			
		芜菁 / 萝卜	1	1	c	根茎类和薯芋类蔬菜
		甜椒	5	1	a	茄果类蔬菜
		番茄	5	1		茄果类蔬菜
		茄子	1	1	c	茄果类蔬菜
		红薯 / 甘薯	0.02	1	b	根茎类和薯芋类蔬菜
		胡萝卜	0.5	1		根茎类和薯芋类蔬菜
		精米	1	1	c	大米
		小麦	2		d	
		玉米	0.02			
		高粱	10			
		大豆	0.2	1	b	
26	多菌灵 Carbendazim	葡萄	3	3	c	
		杏	2	2		
		浆果	1	0.5	a	黑莓、醋栗、草莓和猕猴桃
		樱桃	10	0.5		
		橙	1	0.5		
		芒果	5	0.5		
		菠萝	5	0.5		
		油桃	2	2	c	
		桃	2	2		
		香蕉	0.2	2	b	
		梅子 / 李子	0.5	0.5	c	李子
		南瓜	0.5		d	
		芦笋	0.2	0.5	b	

<table>
<tr><th rowspan="2">序号</th><th rowspan="2">农药通用名</th><th rowspan="2">印度尼西亚
食品种类</th><th colspan="2">MRL/（mg/kg）</th><th rowspan="2">与GB 2763—2016
比较情况</th><th rowspan="2">备注</th></tr>
<tr><th>印度尼西亚</th><th>中国</th></tr>
<tr><td rowspan="16">26</td><td rowspan="16">多菌灵
Carbendazim</td><td>糖用甜菜</td><td>0.1</td><td>0.1</td><td rowspan="3">c</td><td></td></tr>
<tr><td>辣椒</td><td>2</td><td>2</td><td></td></tr>
<tr><td>干辣椒</td><td>20</td><td>20</td><td></td></tr>
<tr><td>腌制用小黄瓜 / 嫩黄瓜</td><td>0.05</td><td></td><td>d</td><td></td></tr>
<tr><td>球芽甘蓝 / 抱子甘蓝</td><td>0.5</td><td>0.5</td><td>c</td><td>抱子甘蓝</td></tr>
<tr><td>黄瓜</td><td>0.05</td><td>0.5</td><td>b</td><td></td></tr>
<tr><td>生菜 / 莴苣</td><td>5</td><td>5</td><td>c</td><td>结球莴苣</td></tr>
<tr><td>番茄</td><td>0.5</td><td>3</td><td>b</td><td></td></tr>
<tr><td>胡萝卜</td><td>0.2</td><td>0.2</td><td rowspan="2">c</td><td></td></tr>
<tr><td>大麦</td><td>0.5</td><td>0.5</td><td></td></tr>
<tr><td>糙米</td><td>2</td><td></td><td>d</td><td></td></tr>
<tr><td>小麦</td><td>0.05</td><td>0.5</td><td>b</td><td></td></tr>
<tr><td>黑麦</td><td>0.1</td><td>0.05</td><td>a</td><td></td></tr>
<tr><td>花生</td><td>0.1</td><td>0.1</td><td>c</td><td>花生仁</td></tr>
<tr><td>大豆</td><td>0.5</td><td>0.2</td><td>a</td><td></td></tr>
<tr><td>咖啡豆</td><td>0.1</td><td>0.1</td><td>c</td><td></td></tr>
<tr><td rowspan="9">27</td><td rowspan="9">克百威
Carbofuran</td><td>橙</td><td>0.5</td><td>0.02</td><td rowspan="2">a</td><td rowspan="2">柑橘类水果</td></tr>
<tr><td>柑橘</td><td>0.5</td><td>0.02</td></tr>
<tr><td>香蕉</td><td>0.01</td><td>0.02</td><td>b</td><td>热带和亚热带水果</td></tr>
<tr><td>糖用甜菜</td><td>0.2</td><td>0.1</td><td>a</td><td>甜菜（糖料）</td></tr>
<tr><td>糙米</td><td>0.1</td><td>0.1</td><td rowspan="2">c</td><td></td></tr>
<tr><td>玉米</td><td>0.05</td><td>0.05</td><td>旱粮类</td></tr>
<tr><td>高粱</td><td>0.1</td><td>0.05</td><td>a</td><td>旱粮类</td></tr>
<tr><td>咖啡豆</td><td>1</td><td></td><td>d</td><td></td></tr>
<tr><td>甘蔗</td><td>0.1</td><td>0.1</td><td rowspan="2">c</td><td>甘蔗（糖料）</td></tr>
<tr><td rowspan="4">28</td><td rowspan="4">丁硫克百威
Carbosulfan</td><td>橙</td><td>0.1</td><td>0.1</td><td></td></tr>
<tr><td>柑橘</td><td>0.1</td><td>1</td><td>b</td><td></td></tr>
<tr><td>糖用甜菜</td><td>0.3</td><td>0.3</td><td>c</td><td>甜菜（糖料）</td></tr>
<tr><td>玉米</td><td>0.05</td><td>0.1</td><td>b</td><td></td></tr>
<tr><td rowspan="4">29</td><td rowspan="4">氯虫苯甲酰胺
Chlorantraniliprole</td><td>浆果</td><td>1</td><td>1</td><td rowspan="2">c</td><td>浆果及其他小型水果（国标为临时限量）</td></tr>
<tr><td>柑橘类水果</td><td>0.5</td><td>0.5</td><td>国标为临时限量</td></tr>
<tr><td>干辣椒</td><td>5</td><td></td><td>d</td><td></td></tr>
<tr><td>甜玉米（玉米棒）</td><td>0.01</td><td>0.02</td><td>b</td><td>玉米（国标为临时限量）</td></tr>
</table>

序号	农药通用名	印度尼西亚食品种类	MRL/（mg/kg）		与 GB 2763—2016 比较情况	备注
			印度尼西亚	中国		
29	氯虫苯甲酰胺 Chlorantraniliprole	芹菜	7	7	c	国标为临时限量
		甘蔗	0.5	0.05	a	甘蔗（糖料）（国标为临时限量）
30	氯丹 Chlordane	精米	0.02		d	
		小麦	0.02			
		玉米	0.02			
		燕麦	0.02			
		黑麦	0.02			
		高粱	0.02			
		杏仁	0.02	0.02	c	坚果
		榛子 / 榛实	0.02	0.02		坚果
		山核桃	0.02	0.02		坚果
31	矮壮素 Chlormequat	大麦	2	2		
		小麦	3	5	b	
		燕麦	10	10	c	
		黑麦	3	3		
		黑麦粉	3	3		
32	百菌清 Chlorothalonil	葡萄	3	0.5	a	
		樱桃	0.5		d	
		蔓越莓	5			
		加仑子（黑、红、白）	20			
		醋栗	20			
		瓜类水果	2	5	b	西瓜、甜瓜
		木瓜 / 番木瓜	20		d	
		桃	0.2			
		香蕉	15	0.2	a	
		南瓜	3	5	b	
		草莓	5		d	
		洋葱	0.5			
		葱	10			
		干辣椒	70			
		韭菜	40			
		头状花序类芸薹菜	5			
		腌制用小黄瓜 / 嫩黄瓜	3			
		球芽甘蓝 / 抱子甘蓝	6			
		黄瓜	3	5	b	

序号	农药通用名	印度尼西亚食品种类	MRL/（mg/kg）		与 GB 2763—2016 比较情况	备注
			印度尼西亚	中国		
32	百菌清 Chlorothalonil	甜椒	7		d	
		芹菜	20	5	a	
		番茄	5	5	c	
		花生	0.1	0.05	a	花生仁
33	氯苯胺灵 Chlorpropham	马铃薯	30	30	c	
34	毒死蜱 Chlorpyrifos	葡萄	0.5		d	
		蔓越莓	1			
		柑橘类水果	1	1	c	柑橘
		葡萄干	0.1		d	
		桃	0.5			
		香蕉	2			
		梅子 / 李子	0.5			
		草莓	0.3			
		洋葱	0.2			
		糖用甜菜	0.05	1	b	甜菜（糖料）
		青花菜 / 西兰花	2		d	
		菜花 / 花椰菜	0.05	1	b	花椰菜
		干辣椒	20		d	
		甜玉米（玉米棒）	0.01	0.05	b	玉米
		马铃薯	2		d	
		结球甘蓝 / 甘蓝叶球	1	1	c	结球甘蓝
		大白菜	1	0.1	a	
		甜椒	2		d	
		胡萝卜	0.1	1	b	
		稻谷	0.5	0.5	c	
		小麦	0.5	0.5		
		玉米	0.05	0.05		
		高粱	0.5		d	
		杏仁	0.05			
		山核桃	0.05			
		大豆	0.1	0.1	c	
		咖啡豆	0.05		d	
		茶叶（绿茶和红茶）	2			

序号	农药通用名	印度尼西亚食品种类	MRL/（mg/kg）		与 GB 2763—2016 比较情况	备注
			印度尼西亚	中国		
35	甲基毒死蜱 Chlorpyrifos—Methyl	葡萄	1		d	
		柑橘类水果	2			
		草莓	0.06			
		干辣椒	10			
		马铃薯	0.01	5	b	薯类蔬菜（国标为临时限量）
		番茄	1		d	
		茄子	1			
		稻谷	0.1	5	b	国标为临时限量
		小麦	10	5	a	麦类（国标为临时限量）
		高粱	10	5		旱粮类（国标为临时限量）
36	烯草酮 Clethodim	洋葱	0.5	0.5	c	
		大蒜	0.5	0.5		
		糖用甜菜	0.1	0.1		甜菜（糖料）
		马铃薯	0.5	0.5		
		番茄	1	1		
		花生	5	5		花生仁
		大豆	10	0.1	a	
37	四螨嗪 Clofentezine	葡萄	2	2	c	
		柑橘类水果	0.5	0.5		柑橘
		加仑子（黑、红、白）	0.2	0.2		
		葡萄干	2	2		
		瓜类水果	0.1	0.1		甜瓜类水果
		草莓	2	2		
		黄瓜	0.5	0.5		
		番茄	0.5	0.5		
38	噻虫胺 Clothianidin	葡萄	0.7		d	
		浆果	0.07			
		柑橘类水果	0.07			
		葡萄干	1			
		菠萝	0.01			
		木瓜 / 番木瓜	0.01			
		香蕉	0.02			
		梅干 / 李子干	0.2			

序号	农药通用名	印度尼西亚食品种类	MRL/（mg/kg）		与GB 2763—2016比较情况	备注
			印度尼西亚	中国		
38	噻虫胺 Clothianidin	洋蓟	0.05		d	
		干辣椒	0.5			
		甜玉米（玉米棒）	0.01			
		芹菜	0.04			
		大麦	0.04			
		稻谷	0.5	0.5	c	
		小麦	0.02		d	
		玉米	0.02			
		高粱	0.01			
		山核桃	0.01			
		咖啡豆	0.05			
		茶叶（绿茶和红茶）	0.7			
		甘蔗	0.4			
39	噻草酮 Cycloxydim	葡萄	0.3			
		草莓	3			
		洋葱	3			
		甜菜根	0.2			
		糖用甜菜	0.2			
		干辣椒	90			
		韭菜	4			
		马铃薯	3			
		生菜 / 莴苣	1.5			
		散叶莴苣	1.5			
		番茄	1.5			
		胡萝卜	5			
		稻谷	0.09			
		玉米	0.2			
		大豆	80			
		豌豆	30			
40	氟氯氰菊酯 / 高效氟氯氰菊酯 Cyfluthrin/beta－cyfluthrin	苹果	0.1	0.5	b	
		柑橘类水果	0.3	0.3	c	
		梨	0.1	0.1		
		菜花 / 花椰菜	2	0.1	a	花椰菜
		干辣椒	1	1	c	
		马铃薯	0.01	0.01		
		结球甘蓝 / 甘蓝叶球	0.08	0.5	b	结球甘蓝
		番茄	0.2	0.2	c	
		茄子	0.2	0.2		
		大豆	0.03		d	

序号	农药通用名	印度尼西亚食品种类	MRL/（mg/kg）		与 GB 2763—2016 比较情况	备注
			印度尼西亚	中国		
41	氯氟氰菊酯（包括高效氯氟氰菊酯）Cyhalothrin（includes lambdacyhalothrin）	杏	0.5	0.5	c	
		浆果	0.2	0.2		浆果及其他小型水果
		樱桃	0.3	0.3		
		柑橘类水果	0.2	0.2		
		葡萄干	0.3	0.3		
		芒果	0.2	0.2		
		油桃	0.5	0.5		
		桃	0.5	0.5		
		梅子 / 李子	0.2	0.2		李子
		芦笋	0.02	0.02		
		干辣椒	3	3		
		结球甘蓝 / 甘蓝叶球	0.3	1	b	结球甘蓝
		头状花序类芸薹菜	0.5	0.5	c	
		大麦	0.5	0.5		
		稻谷	1		d	
		小麦	0.05	0.05	c	
		玉米	0.02	0.02		
		燕麦	0.05	0.05		
		黑麦	0.05	0.05		
		甘蔗	0.05	0.05		甘蔗（糖料）
42	三环锡 Cyhexatin	葡萄	0.3	0.3		
		苹果	0.2		d	
		加仑子（黑、红、白）	0.1	0.1	c	
		橙	0.2	0.2		
		梨	0.2		d	
		干辣椒	5	5	c	
43	氯氰菊酯（包括甲体和乙体氯氰菊酯）Cypermethrins（including alpha-and beta-cypermethrin）	葡萄	0.2	0.2		
		柑橘类水果	0.3	1	b	柑橘
		榴莲	1	1	c	
		龙眼	1	0.5	a	
		葡萄干	0.5	0.5	c	
		荔枝	2	0.5	a	
		芒果	0.7	0.7	c	
		木瓜 / 番木瓜	0.5	0.5		番木瓜
		柚子	0.5	2	b	

序号	农药通用名	印度尼西亚食品种类	MRL/（mg/kg）		与 GB 2763—2016 比较情况	备注
			印度尼西亚	中国		
43	氯氰菊酯（包括甲体和乙体氯氰菊酯）Cypermethrins（including alpha—and beta—cypermethrin）	草莓	0.07	0.07	c	
		洋蓟	0.1	0.1		朝鲜蓟
		芦笋	0.4	0.4		
		洋葱	0.01	0.01		
		糖用甜菜	0.1	0.1		甜菜（糖料）
		辣椒	2	0.5	a	
		干辣椒	10	10	c	
		韭菜	0.05	1	b	
		甜玉米（玉米棒）	0.05	0.05	c	玉米、鲜食玉米
		甜椒	0.1		d	
		黄秋葵	0.5	0.5	c	秋葵
		番茄	0.2	0.5	b	
		茄子	0.03	0.5		
		稻谷	2	2	c	
		小麦	2	0.2	a	
		燕麦	2	2	c	
		黑麦	2	2		
		咖啡豆	0.05	0.05		
		甘蔗	0.2	0.2		甘蔗（糖料）
		茶叶（绿茶和红茶）	15	20	b	茶叶
44	环丙唑醇 Cyproconazole	糖用甜菜	0.05		d	
		玉米	0.01			
		大豆	0.07			
		豌豆	0.02			
45	嘧菌环胺 Cyprodinil	葡萄	3	20	b	
		苹果	0.05		d	
		葡萄干	5			
		梨	1	1	c	
		梅干 / 李子干	5	5		李子干
		覆盆子 / 树莓（红、黑）	0.5		d	
		南瓜	0.2			
		草莓	2	2	c	
		洋葱	0.3	0.3		
		黄瓜	0.2	0.2		
		甜椒	0.5	0.5		

<table>
<tr><th rowspan="2">序号</th><th rowspan="2">农药通用名</th><th rowspan="2">印度尼西亚
食品种类</th><th colspan="2">MRL/（mg/kg）</th><th rowspan="2">与 GB 2763—2016
比较情况</th><th rowspan="2">备注</th></tr>
<tr><th>印度尼西亚</th><th>中国</th></tr>
<tr><td rowspan="7">45</td><td rowspan="7">嘧菌环胺
Cyprodinil</td><td>生菜 / 莴苣</td><td>10</td><td>10</td><td rowspan="7">c</td><td>结球莴苣、叶用莴苣</td></tr>
<tr><td>散叶莴苣</td><td>10</td><td>10</td><td>叶用莴苣</td></tr>
<tr><td>番茄</td><td>0.5</td><td>0.5</td><td></td></tr>
<tr><td>茄子</td><td>0.2</td><td>0.2</td><td></td></tr>
<tr><td>大麦</td><td>3</td><td>3</td><td></td></tr>
<tr><td>小麦</td><td>0.5</td><td>0.5</td><td></td></tr>
<tr><td>杏仁</td><td>0.02</td><td>0.02</td><td></td></tr>
<tr><td rowspan="14">46</td><td rowspan="14">灭蝇胺
Cyromazine</td><td>芒果</td><td>0.5</td><td></td><td rowspan="10">d</td><td></td></tr>
<tr><td>瓜类水果</td><td>0.5</td><td></td><td></td></tr>
<tr><td>南瓜</td><td>2</td><td></td><td></td></tr>
<tr><td>洋蓟</td><td>3</td><td></td><td></td></tr>
<tr><td>洋葱</td><td>0.1</td><td></td><td></td></tr>
<tr><td>葱</td><td>3</td><td></td><td></td></tr>
<tr><td>青花菜 / 西兰花</td><td>1</td><td></td><td></td></tr>
<tr><td>干辣椒</td><td>10</td><td></td><td></td></tr>
<tr><td>蘑菇类</td><td>7</td><td></td><td></td></tr>
<tr><td>利马豆</td><td>1</td><td></td><td></td></tr>
<tr><td>黄瓜</td><td>2</td><td>1</td><td>a</td><td></td></tr>
<tr><td>生菜 / 莴苣</td><td>4</td><td></td><td rowspan="3">d</td><td></td></tr>
<tr><td>散叶莴苣</td><td>4</td><td></td><td></td></tr>
<tr><td>芹菜</td><td>4</td><td></td><td></td></tr>
<tr><td>47</td><td>滴滴涕
DDT</td><td>胡萝卜</td><td>0.2</td><td>0.2</td><td rowspan="2">c</td><td></td></tr>
<tr><td rowspan="12">48</td><td rowspan="12">溴氰菊酯
Deltamethrin</td><td>葡萄</td><td>0.2</td><td>0.2</td><td></td></tr>
<tr><td>苹果</td><td>0.2</td><td>0.1</td><td>a</td><td></td></tr>
<tr><td>柑橘类水果</td><td>0.02</td><td>0.05</td><td>b</td><td>柑橘</td></tr>
<tr><td>油桃</td><td>0.05</td><td>0.05</td><td rowspan="5">c</td><td>核果类水果</td></tr>
<tr><td>桃</td><td>0.05</td><td>0.05</td><td>核果类水果</td></tr>
<tr><td>梅子 / 李子</td><td>0.05</td><td>0.05</td><td>核果类水果</td></tr>
<tr><td>草莓</td><td>0.2</td><td>0.2</td><td></td></tr>
<tr><td>洋葱</td><td>0.05</td><td>0.05</td><td></td></tr>
<tr><td>韭菜</td><td>0.2</td><td></td><td rowspan="2">d</td><td></td></tr>
<tr><td>头状花序类芸薹菜</td><td>0.1</td><td></td><td></td></tr>
<tr><td>甜玉米（玉米棒）</td><td>0.02</td><td>0.2</td><td rowspan="2">b</td><td>鲜食玉米</td></tr>
<tr><td>蘑菇类</td><td>0.05</td><td>0.2</td><td>蘑菇类（鲜）</td></tr>
</table>

序号	农药通用名	印度尼西亚 食品种类	MRL/（mg/kg）		与 GB 2763—2016 比较情况	备注
			印度尼西亚	中国		
48	溴氰菊酯 Deltamethrin	马铃薯	0.01	0.01	c	
		萝卜	0.01	0.2	b	
		番茄	0.3	0.2	a	
		胡萝卜	0.02	0.2	b	
		榛子 / 榛实	0.02	0.02	c	榛子
		茶叶（绿茶和红茶）	5	10	b	茶叶
49	二嗪磷 Diazinon	黑莓	0.1	0.1	c	
		博伊森莓	0.1	0.1		波森莓
		樱桃	1	1		
		蔓越莓	0.2		d	
		加仑子（黑、红、白）	0.2	0.2	c	
		猕猴桃	0.2		d	
		哈密瓜或网纹瓜	0.2	0.2	c	哈密瓜
		菠萝	0.1	0.1		
		桃	0.2	0.2		
		梅子 / 李子	1	1		李子
		梅干 / 李子干	2	2		李子干
		覆盆子 / 树莓（红、黑）	0.2		d	
		南瓜	0.05			
		草莓	0.1	0.1	c	
		洋葱	0.05	0.05		
		葱	0.1	0.1		
		菠菜	0.05	0.05		
		糖用甜菜	0.1	0.1		甜菜（糖料）
		青花菜 / 西兰花	0.5	0.5		青花菜
		干辣椒	0.5	0.5		
		甜玉米（玉米棒）	0.02	0.02		玉米、玉米笋
		马铃薯	0.01	0.01		
		羽衣甘蓝	0.05	0.05		
		大头菜 / 球茎甘蓝	0.2		d	
		结球甘蓝 / 甘蓝叶球	0.5	0.5	c	结球甘蓝
		大白菜	0.05	0.05		
		萝卜	0.1	0.1		
		黄瓜	0.1	0.1		
		甜椒	0.05	0.05		

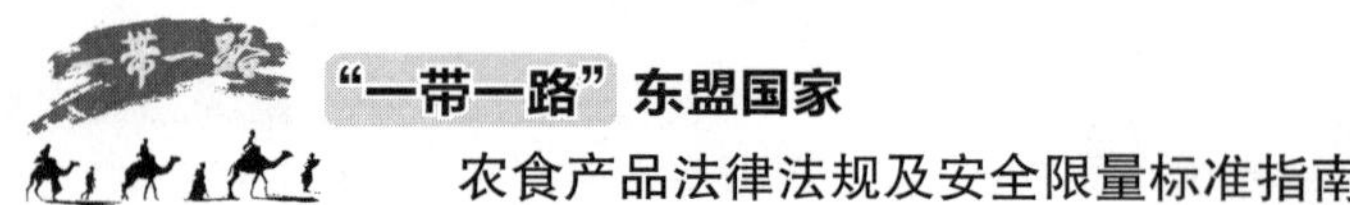

序号	农药通用名	印度尼西亚 食品种类	MRL/（mg/kg）		与 GB 2763—2016 比较情况	备注
			印度尼西亚	中国		
49	二嗪磷 Diazinon	生菜 / 莴苣	0.5	0.5	c	叶用莴苣、结球莴苣
		散叶莴苣	0.5	0.5		叶用莴苣
		番茄	0.5	0.5		
		胡萝卜	0.5	0.5		
		玉米	0.02	0.02		
		杏仁	0.05		d	
50	麦草畏 Dicamba	芦笋	5			
		甜玉米粒	0.02			
		大麦	3			
		小麦	2	0.5	a	
		玉米	0.01	0.5	b	
		高粱	4		d	
		甘蔗	1			
51	苯氟磺胺 Dichlofluanid	葡萄	15	15	c	
		苹果	5	5		
		加仑子（黑、红、白）	15	15		加仑子
		醋栗	7	15	b	
		桃	5	5	c	
		梨	5	5		
		覆盆子 / 树莓（红、黑）	15	7	a	悬钩子
		草莓	10	10	c	
		洋葱	0.1	0.1		
		干辣椒	20		d	
		马铃薯	0.1	0.1	c	
		黄瓜	5	5		
		生菜 / 莴苣	10	10		莴苣
		番茄	2	2		
52	氯硝胺 Dichloran	葡萄	7	7		
		油桃	7	7		
		桃	7	7		
		洋葱	0.2	0.2		
		胡萝卜	15	15		
53	敌敌畏 Dichlorvos	稻谷	7	0.1	a	
		糙米	1.5	0.2		
		精米	0.15		d	
		小麦	7	0.1	a	

序号	农药通用名	印度尼西亚食品种类	MRL/（mg/kg）		与GB 2763—2016比较情况	备注
			印度尼西亚	中国		
54	三氯杀螨醇 Dicofol	茶叶（绿茶和红茶）	40	0.2	a	茶叶
55	苯醚甲环唑 Difenoconazole	葡萄	0.1	0.5	b	
		樱桃	0.2	0.2	c	
		芒果	0.07	0.07		
		油桃	0.5	0.5		
		木瓜 / 番木瓜	0.2	0.2		番木瓜
		桃	0.5	0.5		
		香蕉	0.1	1	b	
		梅子 / 李子	0.2	0.2	c	李子
		芦笋	0.03	0.03		
		大蒜	0.02	0.2	b	
		糖用甜茶	0.2	0.2	c	甜菜（糖料）
		青花菜 / 西兰花	0.5	0.5		青花菜
		菜花 / 花椰菜	0.2	0.2		花椰菜
		韭菜	0.3		d	
		马铃薯	0.02	0.02	c	
		结球甘蓝 / 甘蓝叶球	0.2	0.2		结球甘蓝
		球芽甘蓝 / 抱子甘蓝	0.2	0.2		抱子甘蓝
		生菜 / 莴苣	2	2		叶用、结球莴苣
		散叶莴苣	2	2		叶用、结球莴苣
		芹菜	3		d	
		番茄	0.5	0.5	c	
		胡萝卜	0.2	0.2		
		小麦	0.02	0.1	b	
		大豆	0.02	0.05		
56	除虫脲 Diflubenzuron	柑橘类水果	0.5	1		柑橘
		油桃	0.5		d	
		桃	0.5			
		梅子 / 李子	0.5			
		辣椒	3			
		干辣椒	20			
		蘑菇类	0.3	0.3	c	蘑菇类（鲜）
		甜椒	0.7		d	
		稻谷	0.01	0.01	c	
		小麦	0.05	0.2	b	
		燕麦	0.05		d	
		花生	0.1			

序号	农药通用名	印度尼西亚食品种类	MRL/（mg/kg）		与 GB 2763—2016 比较情况	备注
			印度尼西亚	中国		
57	精二甲吩草胺 Dimethenamid—P	洋葱	0.01	0.01	c	
		青葱 / 红葱	0.01	0.01		葱
		大蒜	0.01	0.01		
		甜菜根	0.01	0.01		根甜菜
		糖用甜菜	0.01	0.01		甜菜（糖料）
		甜玉米（玉米棒）	0.01	0.01		玉米
		马铃薯	0.01	0.01		
		红薯 / 甘薯	0.01	0.01		甘薯
		玉米	0.01	0.01		
		高粱	0.01	0.01		
		花生	0.01	0.01		
		大豆	0.01	0.01		
58	噻节因 Dimethipin	马铃薯	0.05	0.05		
59	乐果 Dimethoate	樱桃	2	2		樱桃（国标为临时限量）
		柑橘类水果	5	2	a	柑橘、橙、柠檬、柚（国标为临时限量）
		芒果	1		d	
		梨	1	1	c	
		洋蓟	0.05	0.5	b	
		芦笋	0.05	0.5		
		糖用甜菜	0.05	0.5		
		菜花 / 花椰菜	0.2	1		
		干辣椒	3		d	
		马铃薯	0.05	0.5	b	
		皱叶甘蓝	0.05	1		
		球芽甘蓝 / 抱子甘蓝	0.2		d	
		芜菁 / 萝卜	0.1	0.5	b	萝卜（国标为临时限量）
		甜椒	0.5		d	
		生菜 / 莴苣	0.3	1	b	
		芹菜	0.5	0.5	c	
		大麦	7		d	
		小麦	0.05	0.05	c	国标为临时限量

序号	农药通用名	印度尼西亚食品种类	MRL/（mg/kg）		与GB 2763—2016比较情况	备注
			印度尼西亚	中国		
60	烯酰吗啉 Dimethomorph	葡萄	2	5	b	
		葡萄干	5		d	
		菠萝	0.01	0.01	c	
		草莓	0.05	0.05		
		青花菜/西兰花	1	1		青花菜
		干辣椒	5		d	
		马铃薯	0.05	0.05	c	
		大头菜/球茎甘蓝	0.02		d	
		结球甘蓝/甘蓝叶球	2	2	c	结球甘蓝
		生菜/莴苣	10	10		结球莴苣
61	敌螨普 Dinocap	葡萄	0.5	0.5		
		苹果	0.2	0.2		国标为临时限量
		瓜类水果	0.5	瓜果类水果（甜瓜类水果除外）：0.05；甜瓜类水果：0.5	a/c	国标为临时限量
		桃	0.1	0.1	c	国标为临时限量
		南瓜	0.07	0.05	a	瓜类蔬菜（西葫芦、黄瓜除外）（国标为临时限量）
		草莓	0.5	0.5	c	国标为临时限量
		干辣椒	2	2		国标为临时限量
		黄瓜	0.7	0.07	a	国标为临时限量
		番茄	0.3	0.3	c	国标为临时限量
62	呋虫胺 Dinotefuran	葡萄	0.9		d	
		蔓越莓	0.15			
		葡萄干	3			
		油桃	0.8			
		桃	0.8			
		洋葱	0.1			
		葱	4			
		干辣椒	5			
		芹菜	0.6			
		稻谷	8	2	a	
		精米	0.3		d	

序号	农药通用名	印度尼西亚 食品种类	MRL/（mg/kg）		与 GB 2763—2016 比较情况	备注
			印度尼西亚	中国		
63	二苯胺 Diphenylamine	苹果	10	5	a	
		梨	5	5	c	
64	敌草快 Diquat	马铃薯	0.05	0.05		
		大麦	2		d	
		稻谷	10			
		糙米	1			
		精米	0.2			
		小麦	2	2	c	
		玉米	0.05		d	
		燕麦	2			
		高粱	2			
		大豆	0.2			
		豌豆	0.2			
65	乙拌磷 Disulfoton	菠萝	0.1			
		芦笋	0.02			
		糖用甜菜	0.2			
		甜玉米（玉米棒）	0.02			
		甜玉米粒	0.02			
		大麦	5			
		小麦	0.2			
		玉米	0.02			
		燕麦	0.02			
		花生	0.1			
		山核桃	0.1			
		咖啡豆	0.2			
66	二氰蒽醌 Dithianon	葡萄	3			
		樱桃	5			
		柑橘	3			
		柚子	3			
67	二硫代氨基甲酸盐类 Dithiocarbamates	葡萄	5	5	c	代森锰锌、丙森锌残留物
		樱桃	0.2	0.2		丙森锌残留物
		蔓越莓	5		d	
		加仑子（黑、红、白）	10			
		橙	2			

序号	农药通用名	印度尼西亚食品种类	MRL/（mg/kg）		与GB 2763—2016比较情况	备注
			印度尼西亚	中国		
67	二硫代氨基甲酸盐类 Dithiocarbamates	柑橘	10	3	a	代森锰锌、丙森锌残留物
		芒果	2	2	c	代森锰锌
		瓜类水果	0.5	1	b	1. 西瓜 2. 代森锰锌、丙森锌残留物
		木瓜 / 番木瓜	5		d	
		香蕉	2	1	a	代森锰锌残留物
		南瓜	1		d	
		草莓	5	5	c	代森锰锌残留物
		芦笋	0.1		d	
		洋葱	0.5			
		葱	10			
		大蒜	0.5			
		糖用甜菜	0.5			
		干辣椒	10			
		韭菜	0.5			
		甜玉米（玉米棒）	0.1	1	b	1. 鲜食玉米 2. 代森锰锌残留物
		马铃薯	0.2	0.5		代森锰锌、丙森锌残留物
		羽衣甘蓝	15		d	
		结球甘蓝 / 甘蓝叶球	5			
		黄瓜	2	5	b	代森锰锌、丙森锌残留物
		甜椒	1	2		代森锰锌残留物
		生菜 / 莴苣	0.5		d	
		番茄	2	5	b	代森锰锌、丙森锌残留物
		胡萝卜	1		d	
		大麦	0.2			
		小麦	1			
		杏仁	0.1			
		花生	0.1	0.1	c	
		山核桃	0.1		d	
68	多果定 Dodine	樱桃	3	3	c	国标为临时限量
		油桃	5	5		国标为临时限量
		桃	5	5		国标为临时限量

序号	农药通用名	印度尼西亚食品种类	MRL/（mg/kg）		与 GB 2763—2016 比较情况	备注
			印度尼西亚	中国		
69	甲氨基阿维菌素苯甲酸盐 Emamectin benzoate	葡萄	0.03		d	
		油桃	0.03			
		桃	0.03			
		干辣椒	0.2			
		生菜 / 莴苣	1			
		散叶莴苣	1			
70	硫丹 Endosulfan	鳄梨	0.5	0.05	a	梨
		荔枝	2	0.05		荔枝
		芒果	0.5		d	
		瓜类水果	2	0.05	a	瓜果类水果
		木瓜 / 番木瓜	0.5		d	
		柿子	2			
		南瓜	0.5			
		南美洲番荔枝（凤梨释迦）	0.5			
		马铃薯	0.05	0.05	c	
		黄瓜	1	0.05	a	
		番茄	0.5		d	
		茄子	0.1			
		红薯 / 甘薯	0.05	0.05	c	甘薯
		榛子 / 榛实	0.02		d	
		澳大利亚坚果 / 夏威夷果	0.02			
		大豆	1	0.05	a	
		咖啡豆	0.2		d	
		茶叶（绿茶和红茶）	10	10	c	茶叶
71	S– 氰戊菊酯 T–Esfenvalerate	番茄	0.1	0.2	b	氰戊菊酯和 S–氰戊菊酯
		小麦	0.05	2		氰戊菊酯和 S–氰戊菊酯
72	乙烯利 Ethephon	葡萄	1	1	c	
		苹果	5	5		
		蓝莓	20	20		
		无花果	10	10		干制无花果 / 无花果蜜饯
		樱桃	10	10		
		葡萄干	5	5		

序号	农药通用名	印度尼西亚食品种类	MRL/（mg/kg）		与GB 2763—2016比较情况	备注
			印度尼西亚	中国		
72	乙烯利 Ethephon	哈密瓜或网纹瓜	1	1	c	哈密瓜
		菠萝	2	2		
		干辣椒	50	50		
		番茄	2	2		
		大麦	1		d	
		小麦	1	1	c	
		黑麦	1	1		
		榛子 / 榛实	0.2	0.2		榛子
73	灭线磷 Ethoprophos	瓜类水果	0.02	0.02		瓜果类水果
		香蕉	0.02	0.02		热带和亚热带水果
		草莓	0.02	0.02		浆果和其他小型水果
		干辣椒	0.2		d	
		马铃薯	0.05	0.02	a	根茎类和薯芋类蔬菜
		芜菁 / 萝卜	0.02	0.02	c	
		黄瓜	0.01	0.02	b	瓜类蔬菜
		甜椒	0.05	0.02	a	茄果类蔬菜
		番茄	0.01	0.02	b	
		红薯 / 甘薯	0.05	0.02	a	根茎类和薯芋类
		甘蔗	0.02		d	
74	乙氧喹啉 Ethoxyquin	梨	3	3	c	
75	醚菊酯 Etofenprox	葡萄	4		d	
		苹果	0.6	0.6	c	
		葡萄干	8	8		
		油桃	0.6	0.6		
		桃	0.6	0.6		
		梨	0.6	0.6		
		稻谷	0.01		d	
		玉米	0.05	0.05	c	
76	乙螨唑 Etoxazole	葡萄	0.5		d	
		柑橘类水果	0.1	0.5	b	柑橘
		黄瓜	0.02		d	
		茶叶（绿茶和红茶）	15			

序号	农药通用名	印度尼西亚食品种类	MRL/（mg/kg）		与 GB 2763—2016 比较情况	备注
			印度尼西亚	中国		
77	噁唑菌酮 Famoxadone	葡萄	2		d	
		葡萄干	5		d	
		南瓜	0.2		d	
		马铃薯	0.02		d	
		黄瓜	0.2	1	b	
		番茄	2	2	c	
		大麦	1	0.2	a	
		小麦	0.1	0.1	c	
78	苯线磷 Fenamiphos	苹果	0.05	0.02	a	仁果类水果
		瓜类水果	0.05	0.02	a	瓜果类水果
		香蕉	0.05	0.02	a	热带和亚热带水果
		结球甘蓝 / 甘蓝叶球	0.05	0.02	a	芸薹属类蔬菜
		球芽甘蓝 / 抱子甘蓝	0.05	0.02	a	芸薹属类蔬菜
		花生	0.05	0.02	a	花生仁
79	氯苯嘧啶醇 Fenarimol	葡萄	0.3	0.3	c	
		樱桃	1	1	c	
		葡萄干	0.2	0.2	c	
		瓜类水果	0.05	0.05	c	甜瓜类水果
		桃	0.5	0.5	c	
		香蕉	0.2	0.2	c	
		草莓	1	1	c	
		洋蓟	0.1	0.1	c	朝鲜蓟
		干辣椒	5	5	c	
		甜椒	0.5	0.5	c	
		山核桃	0.02	0.02	c	
80	腈苯唑 Fenbuconazole	葡萄	1	1	c	
		杏	0.5	0.5	c	
		蓝莓	0.5		d	
		樱桃	1	1	c	
		蔓越莓	1		d	
		瓜类水果	0.2	0.2	c	甜瓜类水果
		桃	0.5	0.5	c	
		香蕉	0.05	0.05	c	
		梅子 / 李子	0.3		d	

序号	农药通用名	印度尼西亚食品种类	MRL/（mg/kg）		与 GB 2763—2016 比较情况	备注
			印度尼西亚	中国		
80	腈苯唑 Fenbuconazole	南瓜	0.05		d	
		干辣椒	2			
		黄瓜	0.2	0.2	c	
		大麦	0.2	0.2		
		小麦	0.1	0.1		
		黑麦	0.1	0.1		
		花生	0.1		d	
81	苯丁锡 Fenbutatin Oxide	葡萄	5	5	c	
		樱桃	10	10		
		柑橘类水果	5	1	a	柑橘
		桃	7	7	c	
		香蕉	10	10		
		梅子 / 李子	3	3		李子
		梅干 / 李子干	10	10		李子干
		草莓	10	10		
		黄瓜	0.5	0.5		
		番茄	1	1		
		杏仁	0.5	0.5		
		山核桃	0.5	0.5		
82	环酰菌胺 Fenhexamid	葡萄	15	15		国标为临时限量
		杏	10	10		国标为临时限量
		黑莓	15	15		国标为临时限量
		蓝莓	5	5		国标为临时限量
		樱桃	7	7		国标为临时限量
		加仑子（黑、红、白）	5	5		国标为临时限量
		露莓	15	15		露莓（包括罗甘梅和博森梅）（国标为临时限量）
		醋栗	5	15	b	醋栗（红、黑）（国标为临时限量）
		葡萄干	25	25	c	国标为临时限量
		猕猴桃	15	15		国标为临时限量
		油桃	10	10		国标为临时限量
		桃	10	10		国标为临时限量
		梅子 / 李子	1	1		李子（国标为临时限量）

序号	农药通用名	印度尼西亚食品种类	MRL/（mg/kg）		与 GB 2763—2016 比较情况	备注
			印度尼西亚	中国		
82	环酰菌胺 Fenhexamid	覆盆子 / 树莓（红、黑）	15		d	
		南瓜	1			
		草莓	10	10	c	国标为临时限量
		腌制用小黄瓜 / 嫩黄瓜	1	1		腌制用小黄瓜（国标为临时限量）
		黄瓜	1	1		国标为临时限量
		生菜 / 莴苣	30	30		叶用莴苣、结球莴苣（国标为临时限量）
		散叶莴苣	30	30		叶用莴苣（国标为临时限量）
		番茄	2	2		国标为临时限量
		茄子	2	2		国标为临时限量
		杏仁	0.02	0.02		国标为临时限量
83	杀螟硫磷 Fenitrothion	苹果	0.5	0.5		仁果类水果（国标为临时限量）
		大豆	0.01	5	b	国标为临时限量
84	甲氰菊酯 Fenpropathrin	葡萄	5	5	c	
		干辣椒	10	10		
		腌制用小黄瓜 / 嫩黄瓜	0.2	0.2		腌制用小黄瓜
		甜椒	1	1		
		番茄	1	1		
		茄子	0.2	0.2		
		茶叶（绿茶和红茶）	2	5	b	茶叶
85	丁苯吗啉 Fenpropimorph	香蕉	2	2	c	
		糖用甜菜	0.05	0.05		甜菜（糖料）
		大麦	0.05	0.05		
		小麦	0.5	0.5		
		燕麦	0.5	0.5		
		黑麦	0.5	0.5		
86	唑螨酯 Fenpyroximate	葡萄	0.1		d	
		柑橘类水果	0.5	0.2	a	柑橘
		葡萄干	0.3		d	
		瓜类水果	0.05			
		干辣椒	1			
		黄瓜	0.03			

序号	农药通用名	印度尼西亚食品种类	MRL/（mg/kg）		与 GB 2763—2016 比较情况	备注
			印度尼西亚	中国		
87	倍硫磷 Fenthion	樱桃	2	2	c	
		柑橘类水果	2	0.05	a	
		糙米	0.05		d	
88	氰戊菊酯 Fenvalerate	芒果	1.5	0.2	a	热带和亚热带水果
89	氟虫腈 Fipronil	香蕉	0.005	0.02	b	热带和亚热带水果
		糖用甜菜	0.2	0.02	a	甜菜（糖料）
		头状花序类芸薹菜	0.02	0.02	c	芸薹属类蔬菜
		马铃薯	0.02	0.02	c	根茎类和薯芋类蔬菜
		结球甘蓝 / 甘蓝叶球	0.02	0.02	c	芸薹属类蔬菜
		大麦	0.5		d	
		稻谷	0.01		d	
		小麦	0.002		d	
		玉米	0.01	0.1	b	
		燕麦	0.002		d	
		黑麦	0.002		d	
90	氟苯虫酰胺 Flubendiamide	葡萄	2		d	
		干辣椒	7		d	
		甜玉米（玉米棒）	0.02		d	
		生菜 / 莴苣	5		d	
		散叶莴苣	7		d	
		芹菜	5		d	
		番茄	2		d	
		玉米	0.02		d	
		茶叶（绿茶和红茶）	50		d	
91	咯菌腈 Fludioxonil	葡萄	2		d	
		黑莓	5		d	
		蓝莓	2		d	
		柑橘类水果	10		d	
		露莓	5		d	
		猕猴桃	15		d	
		芒果	2		d	
		瓜类水果	0.03		d	
		覆盆子 / 树莓（红、黑）	5		d	

序号	农药通用名	印度尼西亚食品种类	MRL/（mg/kg）		与GB 2763—2016比较情况	备注
			印度尼西亚	中国		
91	咯菌腈 Fludioxonil	南瓜	0.3		d	
		草莓	3			
		洋葱	0.5			
		青花菜 / 西兰花	0.7			
		甜玉米（玉米棒）	0.01			
		马铃薯	0.02			
		结球甘蓝 / 甘蓝叶球	2			
		黄瓜	0.3			
		甜椒	1			
		生菜 / 莴苣	10			
		番茄	0.5			
		茄子	0.3			
		红薯 / 甘薯	10			
		胡萝卜	0.7			
		开心果	0.2			
		豌豆	0.07			
92	氟吡菌胺 Fluopicolide	葡萄	2			
		葡萄干	10			
		洋葱	1			
		干辣椒	7			
		头状花序类芸薹菜	2			
		结球甘蓝 / 甘蓝叶球	7			
		球芽甘蓝 / 抱子甘蓝	0.2			
		芹菜	20			
93	氟吡菌酰胺 Fluopyram	葡萄	2			
		樱桃	0.7			
		葡萄干	5			
		桃	0.4			
		香蕉	0.8			
		草莓	0.4			
		糖用甜菜	0.04			
		马铃薯	0.03			
		黄瓜	0.5			
		番茄	0.4			
		胡萝卜	0.4			
		花生	0.03			

序号	农药通用名	印度尼西亚食品种类	MRL/（mg/kg）		与GB 2763—2016比较情况	备注
			印度尼西亚	中国		
94	氟硅唑 Flusilazole	葡萄	0.2	0.5	b	
		杏	0.2	0.2	c	
		葡萄干	0.3		d	
		油桃	0.2	0.2	c	
		桃	0.2	0.2		
		香蕉	0.03	1	b	
		糖用甜菜	0.05	0.05	c	甜菜（糖料）
		甜玉米（玉米棒）	0.01	0.01		玉米笋
		大豆	0.05	0.05		
95	氟酰胺 Flutolanil	糙米	2	2		
		精米	1	1		大米
96	粉唑醇 Flutriafol	葡萄	0.8		d	
		葡萄干	2			
		香蕉	0.3			
		干辣椒	10			
		甜椒	1			
		小麦	0.15	0.5	b	
		花生	0.15		d	
		大豆	0.4			
		咖啡豆	0.15			
97	氟唑菌酰胺 Fluxapyroxad	梅干/李子干	5			
		糖用甜菜	0.15			
		干辣椒	6			
		甜玉米（玉米棒）	0.15			
		马铃薯	0.03			
		小麦	0.3			
		玉米	0.01			
		燕麦	2			
		黑麦	0.3			
		花生	0.01			
		大豆	0.15			
		豌豆	0.4			

序号	农药通用名	印度尼西亚食品种类	MRL/（mg/kg）		与GB 2763—2016比较情况	备注
			印度尼西亚	中国		
98	灭菌丹 Folpet	葡萄	10	10	c	
		苹果	10	10		
		葡萄干	40	40		
		瓜类水果	3	3		甜瓜类水果
		草莓	5	5		
		洋葱	1	1		
		马铃薯	0.1	0.1		
		黄瓜	1	1		
		生菜 / 莴苣	50	50		结球莴苣
		番茄	3	3		
99	草铵膦 Glufosinate-Ammonium	葡萄	0.15		d	
		蓝莓	0.1			
		柑橘类水果	0.05	0.5	b	国标为临时限量
		加仑子（黑、红、白）	1		d	
		醋栗	0.1			
		香蕉	0.2	0.2	c	国标为临时限量
		梅干 / 李子干	0.3		d	
		覆盆子 / 树莓（红、黑）	0.1			
		草莓	0.3			
		芦笋	0.4			
		洋葱	0.05			
		糖用甜菜	1.5			
		马铃薯	0.1			
		生菜 / 莴苣	0.4			
		胡萝卜	0.05			
		稻谷	0.9			
		玉米	0.1			
		大豆	2			
		咖啡豆	0.1			
100	草甘膦 Glyphosate	香蕉	0.05	0.1	b	热带和亚热带水果
		糖用甜菜	15		d	
		甜玉米（玉米棒）	3	1	a	玉米、鲜食玉米
		玉米	5	1		玉米、鲜食玉米
		大豆	20		d	
		豌豆	5			
		甘蔗	2	2	c	甘蔗（糖料）

序号	农药通用名	印度尼西亚食品种类	MRL/（mg/kg）		与 GB 2763—2016 比较情况	备注
			印度尼西亚	中国		
101	双胍辛盐 Guazatine	柑橘类水果	5		d	
102	氟吡禾灵 Haloxyfop	葡萄	0.02	0.02	c	
		柑橘类水果	0.02	0.02		
		香蕉	0.02	0.02		
		洋葱	0.2	0.2		
		糖用甜菜	0.4	0.4		甜菜（糖料）
		大豆	2		d	
		豌豆	0.2	0.2	c	
		咖啡豆	0.02	0.02		
103	七氯 Heptachlor	柑橘类水果	0.01	0.01		
		菠萝	0.01	0.01		热带和亚热带水果
104	噻螨酮 Hexythiazox	葡萄	1	1		
		柑橘类水果	0.5	0.5		柑橘
		葡萄干	1	1		
		梅干 / 李子干	1	1		李子干
		草莓	6	0.5	a	
		番茄	0.1	0.1	c	
		茄子	0.1	0.1		
		茶叶（绿茶和红茶）	15	15		茶叶
105	磷化氢 Hydrogen Phosphide	花生	0.01		d	
106	抑霉唑 Imazalil	柑橘类水果	5	5	c	柑橘
		瓜类水果	2	2		甜瓜类水果
		日本甜柿	2	2		柿
		香蕉	2		d	
		覆盆子 / 树莓（红、黑）	2			
		草莓	2	2	c	
		腌制用小黄瓜 / 嫩黄瓜	0.5	0.5		腌制用小黄瓜
		马铃薯	5	5		
		黄瓜	0.5	0.5		
		小麦	0.01	0.01		

序号	农药通用名	印度尼西亚食品种类	MRL/（mg/kg）		与 GB 2763—2016 比较情况	备注
			印度尼西亚	中国		
107	吡虫啉 Imidacloprid	葡萄	1		d	
		苹果	0.5	0.5	c	
		杏	0.5		d	
		浆果	5			
		蔓越莓	0.05			
		柑橘类水果	1	1	c	柑橘
		芒果	0.2		d	
		瓜类水果	0.2			
		油桃	0.5			
		桃	0.5			
		香蕉	0.05			
		梨	1	0.5	a	
		梅子 / 李子	0.2		d	
		南瓜	1			
		草莓	0.5			
		洋葱	0.1			
		青花菜 / 西兰花	0.5			
		菜花 / 花椰菜	0.5			
		干辣椒	10			
		韭菜	0.05	1	b	
		甜玉米（玉米棒）	0.02	0.05		玉米、鲜食玉米
		结球甘蓝 / 甘蓝叶球	0.5	1		结球甘蓝
		球芽甘蓝 / 抱子甘蓝	0.5		d	
		黄瓜	1	1	c	
		生菜 / 莴苣	2		d	
		芹菜	6	5	a	
		番茄	0.5	1	b	
		茄子	0.2	1		
		花生	1	0.5	a	花生仁
		咖啡豆	1		d	
108	茚虫威 Indoxacarb	葡萄	2			
		苹果	0.5			
		蔓越莓	1			
		葡萄干	5			
		梨	0.2			

序号	农药通用名	印度尼西亚食品种类	MRL/（mg/kg）		与 GB 2763—2016 比较情况	备注
			印度尼西亚	中国		
108	茚虫威 Indoxacarb	梅干 / 李子干	3		d	
		青花菜 / 西兰花	0.2			
		菜花 / 花椰菜	0.2	1	b	花椰菜
		甜玉米（玉米棒）	0.02		d	
		马铃薯	0.02			
		结球甘蓝 / 甘蓝叶球	3	3	c	结球甘蓝
		生菜 / 莴苣	7		d	
		散叶莴苣	3			
		番茄	0.5			
		茄子	0.5			
		花生	0.02			
		大豆	0.5			
		绿豆	0.2			
		豇豆	0.1			
109	异菌脲 Iprodione	葡萄	10	10	c	
		黑莓	30		d	
		樱桃	10			
		猕猴桃	5			
		桃	10			
		覆盆子 / 树莓（红、黑）	30			
		草莓	10			
		洋葱	0.2			
		糖用甜菜	0.1			
		青花菜 / 西兰花	25			
		黄瓜	2	2	c	
		生菜 / 莴苣	10		d	
		散叶莴苣	25			
		番茄	5			
		胡萝卜	10			
		大麦	0.002			
		糙米	10			
		杏仁	0.2			

序号	农药通用名	印度尼西亚 食品种类	MRL/（mg/kg）		与 GB 2763—2016 比较情况	备注
			印度尼西亚	中国		
110	吡唑萘菌胺 Isopyrazam	香蕉	0.06		d	
		大麦	2			
		小麦	0.03			
		黑麦	0.03			
111	醚菌酯 Kresoxim－Methyl	葡萄	1			
		葡萄柚	0.5	0.5	c	柚
		橙	0.5	0.5		
		葡萄干	2		d	
		黄瓜	0.05	0.5	b	
		大麦	0.1	0.1	c	
		小麦	0.05	0.05		
		黑麦	0.05	0.05		
112	林丹 Lindane	甜玉米粒	0.01	0.01		玉米、鲜食玉米
		大麦	0.01	0.01		
		小麦	0.01	0.05	b	
		燕麦	0.01	0.01	c	
		黑麦	0.01	0.01		
		高粱	0.01	0.01		
113	马拉硫磷 Malathion	葡萄	5	8	b	
		苹果	0.5	2		
		蓝莓	10	10	c	
		柑橘类水果	7	2	a	柑橘、（橙、柠檬、柚：4mg/kg）
		草莓	1	1	c	
		芦笋	1	1		
		洋葱	1	1		
		葱	5	5		
		菠菜	3	2	a	
		干辣椒	1		d	
		甜玉米（玉米棒）	0.02	0.02	c	玉米笋 / 鲜食玉米：0.5 mg/kg
		芜菁 / 萝卜	0.2	0.2/0.5	c/b	
		黄瓜	0.2	0.2	c	
		番茄	0.5	0.5		
		小麦	10	8	a	麦类
		玉米	0.05	0.02		玉米笋 / 鲜食玉米：0.5mg/kg
		高粱	3	8	b	旱粮类

序号	农药通用名	印度尼西亚 食品种类	MRL/（mg/kg）		与 GB 2763—2016 比较情况	备注
			印度尼西亚	中国		
114	抑芽丹 Maleic Hydrazide	洋葱	15	15	c	
		青葱 / 红葱	15	15		葱
		大蒜	15	15		
		马铃薯	50	50		
115	双炔酰菌胺 Mandipropamid	葡萄	2	2		国标为临时限量
		葡萄干	5		d	
		瓜类水果	0.5	0.5	c	甜瓜类水果（国标为临时限量）
		南瓜	0.2		d	
		洋葱	0.1	0.1	c	国标为临时限量
		葱	7	7		国标为临时限量
		青花菜 / 西兰花	2	2		青花菜（国标为临时限量）
		干辣椒	10		d	
		马铃薯	0.01	0.01	c	国标为临时限量
		结球甘蓝 / 甘蓝叶球	3	3		结球甘蓝（国标为临时限量）
		黄瓜	0.2	0.2		国标为临时限量
		芹菜	20	20		国标为临时限量
		番茄	0.3		d	
116	二甲四氯（2 甲 4 氯） MCPA	小麦	0.2	0.1	a	
		玉米	0.01	0.05	b	
		燕麦	0.2		d	
		黑麦	0.2			
		豌豆	0.01			
117	消螨多 Meptyldinocap	葡萄	0.2			
		瓜类水果	0.5			
		南瓜	0.07			
		草莓	0.3			
		黄瓜	0.07			
118	氰氟虫腙 Metaflumizone	干辣椒	6			
		马铃薯	0.02			
		球芽甘蓝 / 抱子甘蓝	0.8			
		中国白菜 a. 小白菜 / 不结球白菜	6			
		生菜 / 莴苣	7			
		番茄	0.6			
		茄子	0.6			

序号	农药通用名	印度尼西亚 食品种类	MRL/（mg/kg）		与 GB 2763—2016 比较情况	备注
			印度尼西亚	中国		
119	甲霜灵 Metalaxyl	葡萄	1	1	c	
		鳄梨	0.2	0.2		梨
		柑橘类水果	5	5		
		瓜类水果	0.2	0.2		甜瓜类水果
		覆盆子 / 树莓（红、黑）	0.2		d	
		南瓜	0.2			
		芦笋	0.05	0.05	c	
		洋葱	2	2		
		菠菜	2	2		
		糖用甜菜	0.05	0.05		甜菜（糖料）
		青花菜 / 西兰花	0.5	0.5		青花菜
		菜花 / 花椰菜	0.5	2	b	花椰菜
		干辣椒	10		d	
		腌制用小黄瓜 / 嫩黄瓜	0.5	0.5	c	黄瓜
		马铃薯	0.05	0.05		
		结球甘蓝 / 甘蓝叶球	0.5	0.5		结球甘蓝
		球芽甘蓝 / 抱子甘蓝	0.2	0.2		抱子甘蓝
		黄瓜	0.5	0.5		
		生菜 / 莴苣	2	2		结球莴苣
		番茄	0.5	0.5		
		胡萝卜	0.05	0.05		
		花生	0.1	0.1		花生仁
		大豆	0.05		d	
120	甲胺磷 Methamidophos	洋蓟	0.2	0.05	a	其他类蔬菜
		糖用甜菜	0.02		d	
		马铃薯	0.05	0.05	c	根茎类和薯芋类蔬菜（萝卜除外）
		糙米	0.6	0.5	a	
		大豆	0.1		d	
121	杀扑磷 Methidathion	葡萄	1	0.05	a	浆果和其他小型水果
		苹果	0.5	0.05		仁果类水果
		樱桃	0.2	0.05		核果类水果
		葡萄柚	2	0.05		柑橘类水果
		橙	2	0.05		柑橘类水果

序号	农药通用名	印度尼西亚食品种类	MRL/（mg/kg）		与GB 2763—2016比较情况	备注
			印度尼西亚	中国		
121	杀扑磷 Methidathion	青柠/来檬	2	0.05	a	柑橘类水果
		柑橘	5	2		
		菠萝	0.05	0.05	c	热带和亚热带水果
		油桃	0.2	0.05	a	核果类水果
		梨	1	0.05		仁果类水果
		梅子/李子	0.2	0.05		核果类水果
		洋蓟	0.05	0.05	c	茎类蔬菜
		洋葱	0.1	0.05	a	鳞茎类蔬菜
		糖用甜菜	0.05		d	
		马铃薯	0.02	0.05	b	根茎类和薯芋类蔬菜
		结球甘蓝/甘蓝叶球	0.1	0.05	a	芸薹属类蔬菜
		萝卜	0.05	0.05	c	根茎类和薯芋类蔬菜
		黄瓜	0.05	0.05		瓜类蔬菜
		番茄	0.1	0.05	a	茄果类蔬菜
		玉米	0.1	0.05		旱粮类
		高粱	0.2	0.05		旱粮类
		杏仁	0.05		d	
		澳大利亚坚果/夏威夷果	0.01			
		山核桃	0.05			
		豌豆	0.1	0.05	a	豆类蔬菜
		茶叶（绿茶和红茶）	0.5		d	
122	甲硫威 Methiocarb	瓜类水果	0.2	0.2	c	甜瓜类水果
		草莓	1	1		
		洋蓟	0.05	0.05		朝鲜蓟
		洋葱	0.5	0.5		
		糖用甜菜	0.05	0.05		甜菜（糖料）
		菜花/花椰菜	0.1	0.1		花椰菜
		韭菜	0.5		d	
		马铃薯	0.05	0.05	c	
		结球甘蓝/甘蓝叶球	0.1	0.1		结球甘蓝
		球芽甘蓝/抱子甘蓝	0.05	0.05		抱子甘蓝
		甜椒	2	2		
		生菜/莴苣	0.05	0.05		结球莴苣

序号	农药通用名	印度尼西亚食品种类	MRL/（mg/kg）		与 GB 2763—2016 比较情况	备注
			印度尼西亚	中国		
122	甲硫威 Methiocarb	大麦	0.05	0.05	c	
		小麦	0.05	0.05		
		玉米	0.05	0.05		
		榛子 / 榛实	0.05	0.05		榛子
		豌豆	0.1	0.1		
123	灭多威 Methomyl	葡萄	0.3	0.2	a	浆果和其他小型水果
		苹果	0.3	0.2		仁果类水果
		柑橘类水果	1	0.2		
		油桃	0.2	0.2	c	核果类水果
		桃	0.2	0.2		
		梨	0.3	0.2	a	仁果类水果
		梅子 / 李子	1	0.2		核果类水果
		芦笋	2	0.2		茎类蔬菜
		洋葱	0.2	0.2	c	鳞茎类蔬菜
		干辣椒	10		d	
		马铃薯	0.02	0.2	b	根茎类和薯芋类蔬菜
		生菜 / 莴苣	0.2	0.2	c	叶菜类蔬菜
		散叶莴苣	0.2	0.2		
		番茄	1	0.2	a	茄果类蔬菜
		大麦	0.05	0.2	b	麦类
		小麦	2	0.2	a	
		玉米	0.02	0.05	b	旱粮类
		燕麦	0.02	0.2		杂粮类
		大豆	0.2	0.2	c	
124	甲氧虫酰肼 Methoxyfenozide	葡萄	1		d	
		鳄梨	0.7			
		蓝莓	4			
		蔓越莓	0.7			
		柑橘类水果	2			
		葡萄干	2			
		木瓜 / 番木瓜	1			
		梅干 / 李子干	2			
		草莓	2			
		糖用甜菜	0.3			

序号	农药通用名	印度尼西亚食品种类	MRL/（mg/kg）		与 GB 2763—2016 比较情况	备注
			印度尼西亚	中国		
124	甲氧虫酰肼 Methoxyfenozide	青花菜 / 西兰花	3		d	
		干辣椒	20			
		甜玉米（玉米棒）	0.02			
		结球甘蓝 / 甘蓝叶球	7	2	a	结球甘蓝
		萝卜	0.4		d	
		生菜 / 莴苣	15			
		散叶莴苣	30			
		芹菜	15			
		番茄	2			
		红薯 / 甘薯	0.02			
		胡萝卜	0.5			
		玉米	0.02			
		花生	0.03			
		豇豆	5			
		豌豆	5			
125	腈菌唑 Myclobutanil	葡萄	1	1	c	
		香蕉	2	2		
		梅子 / 李子	0.2	0.2		李子
		梅干 / 李子干	0.5	0.5		李子干
		草莓	1	1		
		番茄	0.3		d	
126	氟酰脲 Novaluron	蓝莓	7	7	c	
		梅干 / 李子干	3	3		李子干
		草莓	0.5	0.5		
		马铃薯	0.01	0.01		
		甘蔗	0.5	0.5		
127	杀线威 Oxamyl	柑橘类水果	5	5		
		瓜类水果	2	2		甜瓜类水果
		马铃薯	0.1	0.1		薯类蔬菜
		黄瓜	2	2		
		甜椒	2	2		
		番茄	2	2		
		胡萝卜	0.1	0.1		
		花生	0.05	0.05		花生仁

序号	农药通用名	印度尼西亚食品种类	MRL/（mg/kg）		与 GB 2763—2016 比较情况	备注
			印度尼西亚	中国		
128	亚砜磷 Oxydemeton－Methyl	柠檬	0.2	0.2	c	
		梨	0.05	0.05		
		糖用甜菜	0.01	0.01		甜菜（糖料）
		菜花 / 花椰菜	0.01	0.01		花椰菜
		马铃薯	0.01	0.01		
		羽衣甘蓝	0.01	0.01		
		大头菜 / 球茎甘蓝	0.05		d	
		大麦	0.02	0.02	c	
		小麦	0.02	0.02		
		黑麦	0.02	0.02		
129	百草枯 Paraquat	浆果	0.01	0.01		浆果及其他小粒水果
		柑橘类水果	0.02	0.02		柑橘类水果（柑橘除外，柑橘限量 0.2mg/kg）
		稻谷	0.05		d	
		玉米	0.03	0.1	b	
		玉米粉	0.05		d	
		高粱	0.03	0.03	c	
		茶叶（绿茶和红茶）	0.2		d	
130	甲基对硫磷 Parathion－Methyl	葡萄	0.5	0.02	a	浆果类和其他小型水果
		苹果	0.2	0.01		仁果类水果
		葡萄干	1		d	
		油桃	0.3	0.02	a	核果类水果
		桃	0.3	0.02		
		糖用甜菜	0.05	0.02		
		马铃薯	0.05	0.02		
		豌豆	0.05	0.02		
		结球甘蓝 / 甘蓝叶球	0.05	0.02		
131	戊菌唑 Penconazole	葡萄	0.2	0.2	c	
		葡萄干	0.5	0.5		
		瓜类水果	0.1	0.1		甜瓜类水果
		油桃	0.1	0.1		
		桃	0.1	0.1		
		草莓	0.1	0.1		
		黄瓜	0.1	0.1		
		番茄	0.2	0.2		

序号	农药通用名	印度尼西亚食品种类	MRL/（mg/kg）		与 GB 2763—2016 比较情况	备注
			印度尼西亚	中国		
132	吡噻菌胺 Penthiopyrad	草莓	3		d	
		洋葱	0.7			
		葱	4			
		干辣椒	14			
		头状花序类芸薹菜	5			
		甜玉米（玉米棒）	0.02			
		马铃薯	0.05			
		萝卜	3			
		芹菜	15			
		胡萝卜	0.6			
133	氯菊酯 Permethrin	葡萄	2	2	c	
		黑莓	1	1		
		柑橘类水果	0.5	2	b	
		加仑子（黑、红、白）	2	2	c	
		露莓	1	1		露莓（包括罗甘梅和博森梅）
		醋栗	2	1	a	醋栗（红、黑）
		猕猴桃	2	2	c	
		瓜类水果	0.1	2	b	瓜果类水果
		覆盆子 / 树莓（红、黑）	1	2		浆果和其他小型水果（单列的除外）
		南瓜	0.5	1		瓜类蔬菜（黄瓜、腌制用小黄瓜、西葫芦、笋瓜除外）
		草莓	1	1	c	
		芦笋	1	1		
		葱	0.5	0.5		
		菠菜	2	2		
		糖用甜菜	0.05	0.05		甜菜（糖料）
		青花菜 / 西兰花	2	2		青花菜
		菜花 / 花椰菜	0.5	0.5		花椰菜
		干辣椒	10	10		
		韭菜	0.5	1	b	鳞茎类蔬菜（韭葱、葱除外）

序号	农药通用名	印度尼西亚食品种类	MRL/（mg/kg）		与 GB 2763—2016 比较情况	备注
			印度尼西亚	中国		
133	氯菊酯 Permethrin	腌制用小黄瓜 / 嫩黄瓜	0.5	0.5	c	腌制用小黄瓜
		甜玉米（玉米棒）	0.1	0.1		玉米笋
		蘑菇类	0.1	0.1		蘑菇类（鲜）
		马铃薯	0.05	0.05		
		羽衣甘蓝	5	5		
		大头菜 / 球茎甘蓝	0.1	0.1		球茎甘蓝
		结球甘蓝 / 甘蓝叶球	5	5		结球甘蓝
		皱叶甘蓝	5	1	a	叶菜类蔬菜（菠菜、结球莴苣、芹菜、大白菜除外）
		球芽甘蓝 / 抱子甘蓝	1	1	c	抱子甘蓝
		大白菜	5	5		
		日本萝卜	0.1	0.1		萝卜
		黄瓜	0.5	0.5		
		生菜 / 莴苣	2	2		结球莴苣
		芹菜	2	2		
		番茄	1	1		
		茄子	1	1		
		胡萝卜	0.1	0.1		
		杏仁	0.1	0.1		
		开心果	0.05	0.05		
		花生	0.1	0.1		花生仁
		大豆	0.05	2	b	
		咖啡豆	0.05	0.05	c	
		茶叶（绿茶和红茶）	20	20		茶叶
134	甲拌磷 Phorate	糖用甜菜	0.05		d	
		马铃薯	0.3	0.01	a	根茎类和薯芋类蔬菜
		玉米	0.05	0.05	c	
		玉米粉	0.05		d	
		高粱	0.05	0.02	a	旱粮类（玉米除外）
		大豆	0.05	0.05	c	
		咖啡豆	0.05		d	

序号	农药通用名	印度尼西亚食品种类	MRL/（mg/kg） 印度尼西亚	MRL/（mg/kg） 中国	与GB 2763—2016比较情况	备注
135	伏杀硫磷 Phosalone	苹果	5	2	a	仁果类水果
135	伏杀硫磷 Phosalone	杏仁	0.1	0.1	c	
135	伏杀硫磷 Phosalone	榛子／榛实	0.05	0.05	c	榛子
136	亚胺硫磷 Phosmet	葡萄	10	10	c	
136	亚胺硫磷 Phosmet	杏	10	10	c	
136	亚胺硫磷 Phosmet	蓝莓	10	10	c	
136	亚胺硫磷 Phosmet	柑橘类水果	3	5	b	柑橘
136	亚胺硫磷 Phosmet	油桃	10	10	c	
136	亚胺硫磷 Phosmet	桃	10	10	c	
136	亚胺硫磷 Phosmet	马铃薯	0.05	0.05	c	
137	增效醚 Piperonyl Butoxide	柑橘类水果	5	5	c	
137	增效醚 Piperonyl Butoxide	菠菜	50	50	c	
137	增效醚 Piperonyl Butoxide	干辣椒	50	50	c	
137	增效醚 Piperonyl Butoxide	散叶莴苣	20	20	c	叶用莴苣
137	增效醚 Piperonyl Butoxide	番茄	2	2	c	
138	抗蚜威 Pirimicarb	甜玉米粒	0.05	0.05	c	鲜食玉米
138	抗蚜威 Pirimicarb	浆果	1	1	c	浆果及其他小型水果
138	抗蚜威 Pirimicarb	柑橘类水果	3	3	c	
138	抗蚜威 Pirimicarb	瓜类水果	0.2	0.2	c	甜瓜类水果
138	抗蚜威 Pirimicarb	洋蓟	5	5	c	朝鲜蓟
138	抗蚜威 Pirimicarb	芦笋	0.01	0.01	c	
138	抗蚜威 Pirimicarb	洋葱	0.1	0.1	c	
138	抗蚜威 Pirimicarb	大蒜	0.1	0.1	c	
138	抗蚜威 Pirimicarb	干辣椒	20	20	c	
138	抗蚜威 Pirimicarb	羽衣甘蓝	0.3	0.3	c	
138	抗蚜威 Pirimicarb	生菜／莴苣	5	5	c	结球莴苣、叶用莴苣
138	抗蚜威 Pirimicarb	散叶莴苣	5	5	c	叶用莴苣
139	咪鲜胺 Prochloraz	柑橘类水果	10	10	c	柑橘类水果（柑橘除外）
139	咪鲜胺 Prochloraz	蘑菇类	3	2	a	蘑菇类（鲜）
139	咪鲜胺 Prochloraz	黑胡椒、白胡椒	10	10	c	
140	丙溴磷 Profenofos	芒果	0.2	0.2	c	
140	丙溴磷 Profenofos	辣椒	3	3	c	
140	丙溴磷 Profenofos	干辣椒	20	20	c	
140	丙溴磷 Profenofos	番茄	10	10	c	

序号	农药通用名	印度尼西亚食品种类	MRL/（mg/kg）		与 GB 2763—2016 比较情况	备注
			印度尼西亚	中国		
141	霜霉威 Propamocarb	菠菜	40		d	
		菜花 / 花椰菜	0.2			
		干辣椒	10	10	c	
		马铃薯	0.3	0.3		
		萝卜	1	1		
		甜椒	3	3		
		生菜 / 莴苣	100		d	
		散叶莴苣	100			
		番茄	2	2	c	
		茄子	0.3	0.3		
142	炔螨特 Propargite	葡萄	7		d	
		苹果	3	5	b	
		柑橘类水果	3	5		柑橘
		葡萄干	12		d	
		马铃薯	0.03			
		番茄	2			
		玉米	0.1			
		玉米粉	0.2			
		杏仁	0.1			
		花生	0.1			
		蚕豆	0.3			
		茶叶（绿茶和红茶）	5			
143	丙环唑 Propiconazole	蔓越莓	0.3	0.3	c	越橘
		菠萝	0.02	0.02		
		香蕉	0.1	1	b	
		糖用甜菜	0.02	0.02	c	甜菜（糖料）
		甜玉米（玉米棒）	0.05		d	
		大麦	0.02	0.2	b	
		小麦	0.02	0.05		
		玉米	0.05		d	
		黑麦	0.02	0.02	c	
		山核桃	0.02	0.02		
		大豆	0.07	0.2	b	
		咖啡豆	0.02	0.02	c	
		甘蔗	0.02	0.02		甘蔗（糖料）

序号	农药通用名	印度尼西亚食品种类	MRL/（mg/kg）		与GB 2763—2016比较情况	备注
			印度尼西亚	中国		
144	丙硫菌唑 Prothioconazole	糖用甜菜	0.3	0.3	c	甜菜（糖料）（国标为临时限量）
		大麦	0.2	0.2	c	国标为临时限量
		小麦	0.1	0.1	c	国标为临时限量
		燕麦	0.05	0.05	c	国标为临时限量
		黑麦	0.05	0.05	c	国标为临时限量
		花生仁	0.02	0.02	c	国标为临时限量
145	吡唑醚菌酯 Pyraclostrobin	葡萄	2	2	c	
		苹果	0.5	0.5	c	
		黑莓	3		d	
		蓝莓	4		d	
		樱桃	3		d	
		柑橘类水果	2		d	
		葡萄干	5		d	
		芒果	0.05	0.05	c	
		哈密瓜或网纹瓜	0.2	0.5	b	甜瓜
		油桃	0.3		d	
		木瓜 / 番木瓜	0.15		d	
		桃	0.3	1	b	
		香蕉	0.02	0.02	c	
		梅子 / 李子	0.8		d	
		覆盆子 / 树莓（红、黑）	3		d	
		草莓	1.5		d	
		洋蓟	2		d	
		洋葱	1.5		d	
		葱	1.5		d	
		大蒜	0.15		d	
		糖用甜菜	0.2		d	
		韭菜	0.7		d	
		头状花序类芸薹菜	0.1		d	
		马铃薯	0.02	0.02	c	
		羽衣甘蓝	1		d	
		结球甘蓝 / 甘蓝叶球	0.2	0.5	b	
		球芽甘蓝 / 抱子甘蓝	0.3		d	
		萝卜	0.5		d	

<table>
<tr><th rowspan="2">序号</th><th rowspan="2">农药通用名</th><th rowspan="2">印度尼西亚
食品种类</th><th colspan="2">MRL/（mg/kg）</th><th rowspan="2">与 GB 2763—2016
比较情况</th><th rowspan="2">备注</th></tr>
<tr><th>印度尼西亚</th><th>中国</th></tr>
<tr><td rowspan="14">145</td><td rowspan="14">吡唑醚菌酯
Pyraclostrobin</td><td>生菜 / 莴苣</td><td>2</td><td></td><td rowspan="18">d</td><td></td></tr>
<tr><td>番茄</td><td>0.3</td><td></td><td></td></tr>
<tr><td>茄子</td><td>0.3</td><td></td><td></td></tr>
<tr><td>胡萝卜</td><td>0.5</td><td></td><td></td></tr>
<tr><td>大麦</td><td>0.2</td><td></td><td></td></tr>
<tr><td>小麦</td><td>0.2</td><td></td><td></td></tr>
<tr><td>玉米</td><td>0.02</td><td></td><td></td></tr>
<tr><td>燕麦</td><td>1</td><td></td><td></td></tr>
<tr><td>黑麦</td><td>0.2</td><td></td><td></td></tr>
<tr><td>高粱</td><td>0.5</td><td></td><td></td></tr>
<tr><td>开心果</td><td>1</td><td></td><td></td></tr>
<tr><td>大豆</td><td>0.05</td><td></td><td></td></tr>
<tr><td>豌豆</td><td>0.3</td><td></td><td></td></tr>
<tr><td>咖啡豆</td><td>0.3</td><td></td><td></td></tr>
<tr><td rowspan="4">146</td><td rowspan="4">除虫菊素
Pyrethrins</td><td>柑橘类水果</td><td>0.05</td><td></td><td></td></tr>
<tr><td>干辣椒</td><td>0.5</td><td></td><td></td></tr>
<tr><td>番茄</td><td>0.05</td><td></td><td></td></tr>
<tr><td>花生</td><td>0.5</td><td></td><td></td></tr>
<tr><td rowspan="17">147</td><td rowspan="17">嘧霉胺
Pyrimethanil</td><td>葡萄</td><td>4</td><td>4</td><td rowspan="4">c</td><td></td></tr>
<tr><td>杏</td><td>3</td><td>3</td><td></td></tr>
<tr><td>樱桃</td><td>4</td><td>4</td><td></td></tr>
<tr><td>柑橘类水果</td><td>7</td><td>7</td><td></td></tr>
<tr><td>葡萄干</td><td>5</td><td></td><td>d</td><td></td></tr>
<tr><td>油桃</td><td>4</td><td>4</td><td rowspan="9">c</td><td></td></tr>
<tr><td>桃</td><td>4</td><td>4</td><td></td></tr>
<tr><td>香蕉</td><td>0.1</td><td>0.1</td><td></td></tr>
<tr><td>李子</td><td>2</td><td>2</td><td></td></tr>
<tr><td>草莓</td><td>3</td><td>3</td><td></td></tr>
<tr><td>洋葱</td><td>0.2</td><td>0.2</td><td></td></tr>
<tr><td>葱</td><td>3</td><td>3</td><td></td></tr>
<tr><td>马铃薯</td><td>0.05</td><td>0.05</td><td></td></tr>
<tr><td>生菜 / 莴苣</td><td>3</td><td>3</td><td></td></tr>
<tr><td>番茄</td><td>0.7</td><td>1</td><td>b</td><td></td></tr>
<tr><td>胡萝卜</td><td>1</td><td>1</td><td rowspan="2">c</td><td></td></tr>
<tr><td>杏仁</td><td>0.2</td><td>0.2</td><td></td></tr>
</table>

序号	农药通用名	印度尼西亚食品种类	MRL/（mg/kg）		与GB 2763—2016比较情况	备注
			印度尼西亚	中国		
148	吡丙醚 Pyriproxifen	柑橘类水果	0.5	0.5	c	
149	喹氧灵 Quinoxyfen	葡萄	2	2	c	国标为临时限量
		樱桃	0.4	0.4	c	国标为临时限量
		瓜类水果	0.1	0.1	c	甜瓜类水果（国标为临时限量）
		草莓	1	1	c	国标为临时限量
		糖用甜菜	0.03	0.03	c	甜菜（糖料）（国标为临时限量）
		干辣椒	10	10	c	国标为临时限量
		生菜/莴苣	8	8	c	结球莴苣（国标为临时限量）
		散叶莴苣	20	20	c	叶用莴苣（国标为临时限量）
		大麦	0.01	0.01	c	国标为临时限量
		小麦	10	10	c	国标为临时限量
150	五氯硝基苯 Quintozene	糖用甜菜	0.01	0.01	c	甜菜（糖料）
		青花菜/西兰花	0.05		d	
		干辣椒	0.1	0.1	c	
		结球甘蓝/甘蓝叶球	0.1	0.1	c	结球甘蓝
		甜椒	0.05	0.05	c	
		番茄	0.02	0.1	b	
		大麦	0.01	0.01	c	
		小麦	0.01	0.01	c	
		玉米	0.01	0.01	c	
		花生	0.5	0.5	c	花生仁
		大豆	0.01	0.01	c	
		豌豆	0.01	0.01	c	
151	苯嘧磺草胺 Saflufenacil	葡萄	0.01		d	
		柑橘类水果	0.01	0.05	b	
		香蕉	0.01		d	
		咖啡豆	0.01		d	
152	氟唑环菌胺 Sedaxane	小麦	0.01		d	
		燕麦	0.01		d	
		黑麦	0.01		d	
		大豆	0.01		d	

序号	农药通用名	印度尼西亚食品种类	MRL/（mg/kg）		与 GB 2763—2016 比较情况	备注
			印度尼西亚	中国		
153	乙基多杀菌素 Spinetoram	葡萄	0.3		d	
		蓝莓	0.2			
		橙	0.07			
		油桃	0.3			
		桃	0.3			
		覆盆子 / 树莓（红、黑）	0.8			
		洋葱	0.01			
		葱	0.8			
		菠菜	8			
		糖用甜菜	0.01			
		生菜 / 莴苣	10			
		散叶莴苣	10			
		芹菜	6			
		番茄	0.06			
154	多杀霉素 Spinozad	葡萄	0.5			
		苹果	0.1			
		黑莓	1	1	c	
		蓝莓	0.4		d	
		柑橘类水果	0.3	0.3	c	
		露莓	1	1		
		葡萄干	1	1		
		猕猴桃	0.05	0.05		
		覆盆子 / 树莓（红、黑）	1		d	
		洋葱	0.1	0.1	c	
		葱	4	4		
		干辣椒	3		d	
		甜玉米（玉米棒）	0.01	0.01	c	玉米笋
		马铃薯	0.01	0.01		薯类蔬菜
		芹菜	2	2		
		番茄	0.3	1	b	
		大豆	0.01	0.01	c	

序号	农药通用名	印度尼西亚食品种类	MRL/（mg/kg）		与GB 2763—2016比较情况	备注
			印度尼西亚	中国		
155	螺螨酯 Spirodiclofen	葡萄	0.2		d	
		柑橘类水果	0.4	0.5	b	
		加仑子（黑、红、白）	1		d	
		葡萄干	0.3			
		木瓜 / 番木瓜	0.03			
		草莓	2			
		腌制用小黄瓜 / 嫩黄瓜	0.07			
		青瓜	0.07			
		甜椒	0.2			
		番茄	0.5			
		咖啡豆	0.03			
156	螺虫乙酯 Spirotetramate	葡萄	2	2	c	国标为临时限量
		柑橘类水果	0.5	0.5		国标为临时限量
		葡萄干	4	4		国标为临时限量
		猕猴桃	0.02	0.02		国标为临时限量
		荔枝	15	15		国标为临时限量
		芒果	0.3	0.3		国标为临时限量
		木瓜 / 番木瓜	0.4	0.4		番木瓜（国标为临时限量）
		梅干 / 李子干	5	5		李子干（国标为临时限量）
		洋葱	0.4	0.4		国标为临时限量
		辣椒	2	2		国标为临时限量
		干辣椒	15	15		国标为临时限量
		头状花序类芸薹菜	1	1		
		马铃薯	0.8	0.8		国标为临时限量
		结球甘蓝 / 甘蓝叶球	2	2		结球甘蓝（国标为临时限量）
		芹菜	4	4		国标为临时限量
		大豆	4	4		国标为临时限量
157	氟啶虫胺腈 Sulfoxaflor	葡萄	2		d	
		葡萄干	6			
		草莓	0.5			
		洋葱	0.01			
		葱	0.7			
		大蒜	0.01			

序号	农药通用名	印度尼西亚食品种类	MRL/（mg/kg）		与GB 2763—2016比较情况	备注
			印度尼西亚	中国		
157	氟啶虫胺腈 Sulfoxaflor	青花菜／西兰花	3		d	
		菜花／花椰菜	0.04			
		干辣椒	15			
		结球甘蓝／甘蓝叶球	0.4			
		芹菜	1.5			
		小麦	0.2	0.2	c	国标为临时限量
		大豆	0.3		d	
158	硫酰氟	糙米	0.1	0.1	c	国标为临时限量
		精米	0.1	0.1		大米（国标为临时限量）
		玉米粉	0.1	0.1		国标为临时限量
		黑麦粉	0.1	0.1		黑麦粉、黑麦全粉（国标为临时限量）
159	戊唑醇 Tebuconazole	葡萄	6	2	a	
		苹果	1	2	b	
		杏	2	2	c	
		樱桃	4	4		
		葡萄干	7		d	
		芒果	0.05	0.05	c	
		瓜类水果	0.15	0.15		甜瓜类水果
		油桃	2	2		
		木瓜／番木瓜	2	2		番木瓜
		桃	2	2		
		香蕉	0.05	3	b	
		梨	1	0.5	a	
		梅子／李子	1	1	c	李子
		梅干／李子干	3	3		李子干
		南瓜	0.2		d	
		洋蓟	0.6	0.6	c	朝鲜蓟
		洋葱	0.1	0.1		
		大蒜	0.1	0.1		
		青花菜／西兰花	0.2	0.2		青花菜
		菜花／花椰菜	0.05	0.05		花椰菜
		干辣椒	10	10		
		韭菜	0.7		d	

序号	农药通用名	印度尼西亚 食品种类	MRL/（mg/kg）		与 GB 2763—2016 比较情况	备注
			印度尼西亚	中国		
159	戊唑醇 Tebuconazole	甜玉米（玉米棒）	0.6	0.6	c	玉米笋
		结球甘蓝 / 甘蓝叶球	1	1		结球甘蓝
		球芽甘蓝 / 抱子甘蓝	0.3	0.3		抱子甘蓝
		黄瓜	0.15	1	b	
		甜椒	1	1	c	
		生菜 / 莴苣	5	5		结球莴苣
		番茄	0.7		d	
		茄子	0.1	0.1	c	
		胡萝卜	0.4	0.4		
		大麦	2	2		
		稻谷	1.5		d	
		小麦	0.15	0.05	c	
		燕麦	2	2		
		黑麦	0.15	0.15		
		花生	0.15	0.1	a	花生仁
		大豆	0.15	0.05	c	
		咖啡豆	0.1	0.1		
160	虫酰肼 Tebufenozide	葡萄	2	2		
		鳄梨	1	1		
		蓝莓	3	3		
		柑橘类水果	2	2		
		葡萄干	2	2		
		猕猴桃	0.5	0.5		
		油桃	0.5	0.5		
		桃	0.5	0.5		
		覆盆子 / 树莓（红、黑）	2		d	
		青花菜 / 西兰花	0.5			
		干辣椒	10	10	c	
		结球甘蓝 / 甘蓝叶球	5	1	a	结球甘蓝
		番茄	1	1	c	
		糙米	0.1	2	b	
		杏仁	0.05	0.05	c	
		山核桃	0.01	0.01		
		甘蔗	1	1		甘蔗（糖料）

<table>
<tr><th rowspan="2">序号</th><th rowspan="2">农药通用名</th><th rowspan="2">印度尼西亚
食品种类</th><th colspan="2">MRL/（mg/kg）</th><th rowspan="2">与 GB 2763—2016
比较情况</th><th rowspan="2">备注</th></tr>
<tr><th>印度尼西亚</th><th>中国</th></tr>
<tr><td>161</td><td>四氯硝基苯
Tecnazene</td><td>马铃薯</td><td>20</td><td>20</td><td rowspan="3">c</td><td>马铃薯</td></tr>
<tr><td rowspan="4">162</td><td rowspan="4">氟苯脲
Teflubenzuron</td><td>梅子 / 李子</td><td>0.1</td><td>0.1</td><td>李子</td></tr>
<tr><td>马铃薯</td><td>0.05</td><td>0.05</td><td></td></tr>
<tr><td>结球甘蓝 / 甘蓝叶球</td><td>0.2</td><td>0.5</td><td>b</td><td>结球甘蓝</td></tr>
<tr><td>球芽甘蓝 / 抱子甘蓝</td><td>0.5</td><td>0.5</td><td>c</td><td>抱子甘蓝</td></tr>
<tr><td rowspan="6">163</td><td rowspan="6">特丁硫磷
Terbufos</td><td>香蕉</td><td>0.05</td><td>0.01</td><td rowspan="2">a</td><td>热带和亚热带水果</td></tr>
<tr><td>糖用甜菜</td><td>0.02</td><td>0.01</td><td>甜菜（糖料）</td></tr>
<tr><td>甜玉米（玉米棒）</td><td>0.01</td><td>0.01</td><td rowspan="3">c</td><td>旱粮类</td></tr>
<tr><td>玉米</td><td>0.01</td><td>0.01</td><td>旱粮类</td></tr>
<tr><td>高粱</td><td>0.01</td><td>0.01</td><td>旱粮类</td></tr>
<tr><td>咖啡豆</td><td>0.05</td><td></td><td>d</td><td></td></tr>
<tr><td rowspan="7">164</td><td rowspan="7">噻菌灵
Thiabendazole</td><td>鳄梨</td><td>15</td><td>15</td><td>c</td><td></td></tr>
<tr><td>柑橘</td><td>7</td><td>10</td><td>b</td><td></td></tr>
<tr><td>芒果</td><td>5</td><td>5</td><td rowspan="3">c</td><td></td></tr>
<tr><td>番木瓜</td><td>10</td><td>10</td><td></td></tr>
<tr><td>香蕉</td><td>5</td><td>5</td><td></td></tr>
<tr><td>蘑菇</td><td>60</td><td>5</td><td>a</td><td></td></tr>
<tr><td>马铃薯</td><td>15</td><td>15</td><td rowspan="4">c</td><td></td></tr>
<tr><td rowspan="11">165</td><td rowspan="11">噻虫啉
Thiacloprid</td><td>浆果</td><td>1</td><td>1</td><td>浆果及其他小粒水果（猕猴桃除外）</td></tr>
<tr><td>猕猴桃</td><td>0.2</td><td>0.2</td><td></td></tr>
<tr><td>瓜类水果</td><td>0.2</td><td>0.2</td><td>甜瓜类水果</td></tr>
<tr><td>南瓜</td><td>0.3</td><td></td><td>d</td><td></td></tr>
<tr><td>马铃薯</td><td>0.02</td><td>0.02</td><td>c</td><td></td></tr>
<tr><td>黄瓜</td><td>0.3</td><td>1</td><td>b</td><td></td></tr>
<tr><td>甜椒</td><td>1</td><td>1</td><td rowspan="3">c</td><td></td></tr>
<tr><td>番茄</td><td>0.5</td><td>0.5</td><td></td></tr>
<tr><td>茄子</td><td>0.7</td><td>0.7</td><td></td></tr>
<tr><td>稻谷</td><td>0.02</td><td>10</td><td>b</td><td></td></tr>
<tr><td>小麦</td><td>0.1</td><td>0.1</td><td>c</td><td></td></tr>
</table>

序号	农药通用名	印度尼西亚食品种类	MRL/（mg/kg）		与 GB 2763—2016 比较情况	备注
			印度尼西亚	中国		
166	噻虫嗪 Thiamethoxam	浆果	0.5		d	
		柑橘类水果	0.5			
		菠萝	0.01			
		木瓜 / 番木瓜	0.01			
		香蕉	0.02			
		洋蓟	0.5			
		干辣椒	7			
		甜玉米（玉米棒）	0.01			
		芹菜	1			
		大麦	2			
		小麦	0.05	0.1	b	
		玉米	0.05		d	
		山核桃	0.01			
		咖啡豆	0.2			
		茶叶（绿茶和红茶）	20	10	a	茶叶
167	甲基立枯磷 Tolclofos－Methyl	马铃薯	0.2	0.2	c	
		萝卜	0.1	0.1		
		生菜 / 莴苣	2	2		结球莴苣、叶用莴苣
		散叶莴苣	2	2		叶用莴苣
168	甲苯氟磺胺 Tolylfluanid	葡萄	3	3		
		黑莓	5	5		
		加仑子（黑、红、白）	0.5	0.5		
		覆盆子 / 树莓（红、黑）	5		d	
		草莓	5	5	c	
		干辣椒	20	20		
		韭菜	2		d	
		黄瓜	1	1	c	瓜类蔬菜
		甜椒	2	2		
		生菜 / 莴苣	15	15		结球莴苣
		番茄	3	3		番茄

序号	农药通用名	印度尼西亚食品种类	MRL/（mg/kg）		与 GB 2763—2016 比较情况	备注
			印度尼西亚	中国		
169	三唑酮 Triadimefon	苹果	0.3	1	b	
		加仑子（黑、红、白）	0.7	0.7	c	
		葡萄干	10	10		
		菠萝	5	5		
		香蕉	1	1		
		草莓	0.7	0.7		
		洋蓟	0.7	0.7		朝鲜蓟
		糖用甜菜	0.05	0.1	b	甜菜（糖料）
		干辣椒	5	5	c	
		咖啡豆	0.5	0.5		
170	三唑醇 Triadimenol	苹果	0.3	1	b	
		加仑子（黑、红、白）	0.7	0.7	c	
		葡萄干	10	10		
		菠萝	5	5		
		香蕉	1	1		
		草莓	0.7	0.7		
		洋蓟	0.7	0.7		朝鲜蓟
		糖用甜菜	0.05	0.1	b	甜菜（糖料）
		干辣椒	5	5	c	
		咖啡豆	0.5	0.5		
171	肟菌酯 Trifloxystrobin	葡萄	3		d	
		柑橘类水果	0.5	0.5	c	
		葡萄干	5		d	
		木瓜 / 番木瓜	0.6			
		香蕉	0.05	1	b	
		草莓	1		d	
		芦笋	0.05			
		糖用甜菜	0.05			
		韭菜	0.7			
		头状花序类芸薹菜	0.5			
		马铃薯	0.02			
		结球甘蓝 / 甘蓝叶球	0.5			
		球芽甘蓝 / 抱子甘蓝	0.1			
		萝卜	0.08			
		甜椒	0.3			

序号	农药通用名	印度尼西亚食品种类	MRL/（mg/kg）		与GB 2763—2016比较情况	备注
			印度尼西亚	中国		
171	肟菌酯 Trifloxystrobin	生菜 / 莴苣	15		d	
		芹菜	1			
		番茄	0.7	0.7	c	
		茄子	0.7		d	
		胡萝卜	0.1			
		大麦	0.4			
		稻谷	5	0.1	a	
		小麦	0.2		d	
		玉米	0.02			
		花生	0.02			
172	嗪氨灵 Triforine	苹果	2	2	c	
		蓝莓	1	1		
		樱桃	2	2		
		加仑子（黑、红、白）	1	1		
		醋栗	1		d	
		桃	5	5	c	
		梅子 / 李子	2	2		李子
		草莓	1	1		
		球芽甘蓝 / 抱子甘蓝	0.2	0.2		抱子甘蓝
		番茄	0.5	0.5		
173	苯酰菌胺 Zoxamide	葡萄	5	5		
		葡萄干	15	15		
		马铃薯	0.02	0.02		
		番茄	2	2		

1-6 菲律宾与中国农食产品农药残留限量（MRL）比较

序号	农药通用名	菲律宾食品种类	MRL/（mg/kg）		与GB 2763—2016比较情况	备注
			菲律宾	中国		
1	2,4-D 2,4-dichlorophenoxy acetic acid	稻米	0.1		d	
2	阿维菌素 Abamectin	菠萝	0.01			
		香蕉	0.01			
3	乙酰甲胺磷 Acephate	秋葵	5	1	a	
4	啶虫脒 Acetamiprid	秋葵	1		d	
5	印楝素 Azadirachtin	秋葵	1			
6	嘧菌酯 Azoxystrobin	芦笋	2			
		秋葵	3			
		芒果	1	1	c	
		香蕉	2	2		
7	苯菌灵 Benomyl	秋葵	3		d	
		芒果	2			
8	苄嘧磺隆 Bensulfuron methyl	稻米	0.02	0.05	b	
9	双草醚 Bispyribac sodium	稻米	0.1		d	
10	联苯三唑醇 Bitertanol	香蕉	0.5			
11	仲丁威 BPMC（fenobucarb）	稻米	1	0.5	a	
12	除草定 Bromacil	菠萝	0.07		d	
13	克菌丹 Captan	芒果	5			
14	甲萘威 Carbaryl	芦笋	15	1	a	
		秋葵	10	1		
		芒果	3		d	
		稻米	1	1	c	
15	多菌灵 Carbendazim	芒果	2	0.5	a	
16	克百威 Carbofuran	秋葵	0.5	0.02		
17	杀螟丹 Cartap hydrochloride	秋葵	3		d	
		芒果	3			
18	氯虫苯甲酰胺 Chlorantraniliprole	稻米	2	0.5	a	

序号	农药通用名	菲律宾食品种类	MRL/（mg/kg）		与GB 2763—2016比较情况	备注
			菲律宾	中国		
19	氟啶脲 Chlorfluazuron	秋葵	2		d	
20	氯嘧磺隆 Chlorimuron ethyl	秋葵	0.01			
21	百菌清 Chlorothalonil	芦笋	0.05			
		秋葵	6			
		芒果	0.5			
		稻米	0.1	0.2	b	
22	溴虫清 Chlorphenapyr	芦笋	3		d	
23	毒死蜱 Chlorpyrifos	芒果	0.05			
		香蕉	2	0.5	a	
		稻米	0.5	0.5	c	
24	噻虫胺 Clothianidin	秋葵	1		d	
		芒果	1			
25	氟氯氰菊酯（包括高效氟氯氰菊酯） Cyfluthrin（includes β－cyfluthrin）	芒果	0.02			
		稻米	0.06			
26	氯氟氰菊酯（包括高效氟氯氰菊酯 Cyhalothrins（includes λ－cyhalothrin）	稻米	0.5	1	b	规定为糙米
27	氯氟氰菊酯（包括高效氟氯氰菊酯） Cyhalothrins（includes λ－cyhalothrin ）	香蕉	0.5	1		
28	氯氰菊酯 Cypermethrin	芒果	0.03	0.7		
29	氯氰菊酯 （包括氯氰菊酯和高效氯氰菊酯） Cypermethrins（includes alpha－and zeta－cypermethrin）	稻米	2	2	c	
30	溴氰菊酯 Deltamethrin	芒果	0.5	0.05	a	
		香蕉	0.5	0.5	c	
31	苯醚甲环唑 Difenoconazole	稻米	0.5	0.5		规定为糙米
32	乐果 Dimethoate	芒果	1		d	
33	呋虫胺 Dinotefuran	芒果	1			
34	二硫代氨基甲酸盐 （包括代森锰锌、丙森锌） Dithiocarbamates （includes mancozeb，propineb）	芒果	2			
		香蕉	2			

序号	农药通用名	菲律宾食品种类	MRL/（mg/kg）		与GB 2763—2016比较情况	备注
			菲律宾	中国		
35	敌草隆 Diuron	菠萝	0.8		d	
36	乙烯利 Ethephon	菠萝	2	2	c	
		香蕉	2		d	
37	乙氧磺隆 Ethoxysulfuron	稻米	0.1	0.05	a	规定为糙米
38	醚菊酯 Etofenprox	秋葵	5		d	
		芒果	2			
39	杀螟松 Fenithrothion	芦笋	0.2			
40	精噁唑禾草灵 Fenoxaprop-p-ethyl	稻米	0.05	0.1	b	规定为糙米
41	倍硫磷 Fenthion	芒果	5	0.05	a	
		香蕉	0.01	0.05	b	
		稻米	0.3	0.05	a	
42	氰戊菊酯 Fenvalerate	芒果	1	0.2		
43	氟吡菌酰胺 Fluopyram	香蕉	0.8		d	
44	三乙膦酸铝 Fosetyl-aluminum	芦笋	0.01			
		菠萝	80			
45	草铵膦 Glufosinate-ammonium	芦笋	0.2			
		香蕉	0.2			
46	草甘膦 Glyphosate	芦笋	0.5			
		菠萝	0.1	0.1	c	
		芒果	0.2	0.1	a	
		香蕉	0.2	0.1		
		稻米	0.1	0.1	c	
47	草甘膦 Glyphosate IPA	秋葵	0.2		d	
48	噻螨酮 Hexythiazox	秋葵	2			
49	吡虫啉 Imidacloprid	芦笋	0.7			
		秋葵	0.1			
		菠萝	0.01			
		芒果	0.2			
		香蕉	0.05			
		稻米	1	0.05	a	规定为糙米

<table>
<tr><th rowspan="2">序号</th><th rowspan="2">农药通用名</th><th rowspan="2">菲律宾
食品种类</th><th colspan="2">MRL/（mg/kg）</th><th rowspan="2">与GB 2763—2016
比较情况</th><th rowspan="2">备注</th></tr>
<tr><th>菲律宾</th><th>中国</th></tr>
<tr><td>50</td><td>茚嗪氟草胺
Indaziflam</td><td>香蕉</td><td>0.01</td><td></td><td>d</td><td></td></tr>
<tr><td>51</td><td>茚虫威
Indoxacarb</td><td>稻米</td><td>0.5</td><td>0.1</td><td rowspan="2">a</td><td></td></tr>
<tr><td>52</td><td>异丙威
Isoprocarb</td><td>稻米</td><td>0.5</td><td>0.2</td><td></td></tr>
<tr><td>53</td><td>代森锰锌
Mancozeb</td><td>秋葵</td><td>0.2</td><td>2</td><td>b</td><td></td></tr>
<tr><td>54</td><td>双炔酰菌胺
Mandipropamid</td><td>菠萝</td><td>0.02</td><td></td><td rowspan="2">d</td><td></td></tr>
<tr><td rowspan="2">55</td><td rowspan="2">精甲霜灵
Metalaxyl－m</td><td>菠萝</td><td>1</td><td></td><td></td></tr>
<tr><td>芦笋</td><td>0.05</td><td>0.05</td><td>c</td><td></td></tr>
<tr><td>56</td><td>嗪草酮
Metribuzin</td><td>芦笋</td><td>0.5</td><td></td><td>d</td><td></td></tr>
<tr><td rowspan="2">57</td><td rowspan="2">灭多威
Methomyl</td><td>芦笋</td><td>2</td><td>0.2</td><td>a</td><td></td></tr>
<tr><td>稻米</td><td>0.1</td><td></td><td rowspan="2">d</td><td></td></tr>
<tr><td>58</td><td>氯硝柳胺
Niclosamide</td><td>稻米</td><td>0.01</td><td></td><td></td></tr>
<tr><td>59</td><td>噁草酮
Oxadiazon</td><td>稻米</td><td>0.02</td><td>0.05</td><td>b</td><td></td></tr>
<tr><td>60</td><td>杀线威
Oxamyl</td><td>香蕉</td><td>0.2</td><td></td><td>d</td><td></td></tr>
<tr><td>61</td><td>氯菊酯
Permethrin</td><td>秋葵</td><td>3</td><td>1</td><td>a</td><td></td></tr>
<tr><td>62</td><td>稻丰散
Phenthoate</td><td>稻米</td><td>0.05</td><td>0.05</td><td>c</td><td></td></tr>
<tr><td>63</td><td>甲基嘧啶磷
Pirimiphos－methyl</td><td>菠萝</td><td>0.05</td><td></td><td>d</td><td></td></tr>
<tr><td>64</td><td>丙草胺
Pretilachor</td><td>稻米</td><td>0.05</td><td>0.1</td><td rowspan="2">b</td><td></td></tr>
<tr><td>65</td><td>咪鲜胺
Prochloraz</td><td>菠萝</td><td>2</td><td>7</td><td></td></tr>
<tr><td rowspan="2">66</td><td rowspan="2">丙溴磷
Profenofos</td><td>芦笋</td><td>0.05</td><td></td><td>d</td><td></td></tr>
<tr><td>芒果</td><td>0.05</td><td>0.2</td><td>b</td><td></td></tr>
<tr><td rowspan="2">67</td><td rowspan="2">丙环唑
Propiconazole</td><td>香蕉</td><td>0.1</td><td>0.1</td><td rowspan="2">c</td><td>规定为糙米</td></tr>
<tr><td>稻米</td><td>0.1</td><td>0.1</td><td>规定为糙米</td></tr>
<tr><td>68</td><td>丙森锌
Propineb</td><td>稻米</td><td>0.05</td><td>2</td><td>b</td><td></td></tr>
</table>

<table>
<tr><th rowspan="2">序号</th><th rowspan="2">农药通用名</th><th rowspan="2">菲律宾
食品种类</th><th colspan="2">MRL/（mg/kg）</th><th rowspan="2">与 GB 2763—2016
比较情况</th><th rowspan="2">备注</th></tr>
<tr><th>菲律宾</th><th>中国</th></tr>
<tr><td rowspan="2">69</td><td rowspan="2">吡蚜酮
Pymetrozine</td><td>芦笋</td><td>0.04</td><td></td><td rowspan="5">d</td><td></td></tr>
<tr><td>芒果</td><td>1</td><td></td><td></td></tr>
<tr><td>70</td><td>嘧霉胺
Pyrimethanil</td><td>香蕉</td><td>0.1</td><td></td><td></td></tr>
<tr><td>71</td><td>精喹禾灵
Quizalofop—p—ethyl</td><td>菠萝</td><td>0.02</td><td></td><td></td></tr>
<tr><td>72</td><td>烯禾啶
Sethoxydim</td><td>秋葵</td><td>10</td><td></td><td></td></tr>
<tr><td>73</td><td>多杀霉素
Spinosad</td><td>秋葵</td><td>2</td><td>1</td><td>a</td><td></td></tr>
<tr><td>74</td><td>螺虫乙酯
Spirotetramat</td><td>香蕉</td><td>3</td><td></td><td rowspan="2">d</td><td></td></tr>
<tr><td>75</td><td>螺环菌胺
Spiroxamine</td><td>香蕉</td><td>4</td><td></td><td></td></tr>
<tr><td rowspan="3">76</td><td rowspan="3">戊唑醇
Tebuconazole</td><td>芒果</td><td>0.1</td><td>0.05</td><td>a</td><td></td></tr>
<tr><td>香蕉</td><td>0.05</td><td>0.5</td><td>b</td><td></td></tr>
<tr><td>稻米</td><td>1.5</td><td>0.5</td><td rowspan="2">a</td><td>规定为糙米</td></tr>
<tr><td rowspan="2">77</td><td rowspan="2">甲基硫菌灵
Thiophanate methyl</td><td>秋葵</td><td>3</td><td>2</td><td></td></tr>
<tr><td>芒果</td><td>2</td><td></td><td>d</td><td></td></tr>
<tr><td>78</td><td>三唑酮
Triadimefon</td><td>菠萝</td><td>2</td><td>5</td><td>b</td><td></td></tr>
<tr><td rowspan="4">79</td><td rowspan="4">肟菌酯
Trifloxystrobin</td><td>芦笋</td><td>0.05</td><td></td><td rowspan="2">d</td><td rowspan="2"></td></tr>
<tr><td>芒果</td><td>0.7</td><td></td></tr>
<tr><td>香蕉</td><td>0.05</td><td>0.1</td><td>b</td><td></td></tr>
<tr><td>稻米</td><td>5</td><td>0.1</td><td>a</td><td></td></tr>
<tr><td>80</td><td>氟菌唑
Triflumizole</td><td>秋葵</td><td>1</td><td></td><td>d</td><td></td></tr>
</table>

1–7 文莱与中国农食产品农药残留限量（MRL）比较

序号	农药通用名	文莱食品种类	MRL/（mg/kg）		与 GB 2763—2016 比较情况	备注
			文莱	中国		
1	2，4—D 2，4—dichlorophenoxy acetic acid	水果	2		d	
		谷类	0.5			
		肉制品	0.05			
		动物的可食用内脏	2			
		乳制品	0.05			
		鸡蛋	0.05			
2	阿维菌素 Abamectin	辣椒	0.01			
3	乙酰甲胺磷 Acephate（O，S—dimethyl acetylphosphoramidothioate）	叶菜	10	1	a	
		非叶类蔬菜	5	1		除了朝鲜蓟 0.3
		水果	5	0.5		
		块茎、球茎和根状茎	0.5	1	b	
		肉制品	0.2		d	
		动物的可食用内脏	0.2			
		脂肪与油类	0.2			
		乳制品	0.1			
		鸡蛋	0.2			
		黄豆	1	0.3	a	
4	甲草胺 Alachlor （2—chloro—2′，6′—diethyl—N—methoxymethyl acetanilide）	叶菜	0.01		d	
		非叶类蔬菜	0.01			
		谷类	0.01			
		乳制品	0.001			
		坚果	0.01			
5	磷化铝 Aluminium phosphide （aluminium phosphide）	谷类	0.1			
		坚果，咖啡豆	0.1			
6	双甲脒 Amitraz（N—methylbis（2，4—xylylimino—methyl）amine）	肉制品	0.1			
		乳制品	0.1			
7	杀草强 Amitrole （1，2，4—triazole—3—ylamine）	叶菜	0.02			
		非叶类蔬菜	0.02			
		水果	0.02	0.05	b	
		块茎、球茎和根状茎	0.02		d	
		谷类	0.02			

序号	农药通用名	文莱食品种类	MRL/（mg/kg）		与GB 2763—2016比较情况	备注
			文莱	中国		
8	莠去津 Atrazine（6—chloro—N2—ethyl—N4—isopropyl—1，3，5—triazine—2，4—diamine）	水果	0.1		d	
		块茎、球茎和根状茎	0.01			
		甘蔗	0.1	0.05	a	
9	益棉磷 Azinphos—ethyl（S—（3，4—dihydro—4—oxobenzo[d]—[1，2，3]—trianzin—3—ylmethyl）O，O—diethyl phosphorodithionate）	叶菜	0.05		d	
		非叶类蔬菜	0.05			
		水果	0.05			
10	恶虫威 Bendiocarb（2，3—isopropylide nedioxyphonyl methylcarbamate）	非叶类蔬菜	0.1			
		水果	0.02			
		谷类	0.05			
		肉制品	0.05			
		脂肪与油类	0.05			
		鸡蛋	0.05			
11	苯菌灵 Benomyl（Methyl 1—（butylcarbamoyl）benzimidazol—2—ylcarbamate）	叶菜	2			
		非叶类蔬菜	2	0.5	a	只规定了芦笋
		水果	2		d	
		块茎、球茎和根状茎	2			
		谷类	0.05			
		肉制品	0.05			
		乳制品	0.05			
		鸡蛋	0.01			
		坚果	0.1			
		甘蔗	0.1			
12	除草定 Bromacil（5—bromo—3—sec—butyl—6—methyluracil）	非叶类蔬菜	0.04			
		水果	0.04			
13	敌菌丹 Captafol（1，2，3，6—tetrahydro—N—1，1，2，2—tetrachloroethylthio）	非叶类蔬菜	2			
		水果	2			
		块茎、球茎和根状茎	0.5			
		谷类	0.2			
		香料	5			
		肉制品	0.1			
		脂肪与油类	0.1			

序号	农药通用名	文莱食品种类	MRL/（mg/kg）		与 GB 2763—2016 比较情况	备注
			文莱	中国		
13	敌菌丹 Captafol（1,2,3,6-tetrahydro-N-1,1,2,2-tetrachloroethylthio）	乳制品	0.1		d	
		鸡蛋	0.1			
		海产品	0.1			
		坚果	0.1			
14	克菌丹 Captan（1,2,3,6-tetrahydro-N-（trichloromethylthio）phthalimide）	叶菜	5			
		非叶类蔬菜	5	5	c	只规定了黄瓜
		水果	15		d	
		块茎、球茎和根状茎	20	0.05	a	只规定了马铃薯
		香料	10		d	
15	甲萘威 Carbaryl（1-naphthyl methylcarbamate）	叶菜	10	1	a	
		非叶类蔬菜	3	1		
		水果	5		d	
		块茎、球茎和根状茎	2	1	a	
		香料	5		d	
		肉制品	0.2			
		脂肪与油类	5			
		乳制品	0.1			
		鸡蛋	0.5			
16	多菌灵 Carbendazim（Methyl benzimidazol-2-ylcarbamate）	叶菜	5			
		非叶类蔬菜	1			
		水果	2			
		块茎、球茎和根状茎	3			
		谷类	0.5			
		乳制品	0.1			
		鸡蛋	0.1			
		栗子	0.2			
		黄豆	0.2	0.2	c	
17	克百威 Carbofuran（2,3-dihydro-2,2-dimethylbenzofuran-7-ylmethylcarbamate）	叶菜	0.5	0.02	a	
		非叶类蔬菜	0.1	0.02		
		块茎、球茎和根状茎	0.5	0.02		除了马铃薯 0.1
		谷类	0.1		d	

序号	农药通用名	文莱食品种类	MRL/（mg/kg）		与 GB 2763—2016 比较情况	备注
			文莱	中国		
17	克百威 Carbofuran（2,3−dihydro−2,2−dimethylbenzofuran−7−ylmethylcarbamate）	肉制品	0.05		d	
		乳制品	0.05			
		甘蔗	0.1	0.1	c	
		咖啡豆	0.1		d	
		坚果	0.1			
18	杀螟丹 Cartap（S,S′−2−dimethylamino trimethylene bis（thiocarbamate））	叶菜	2	3	b	只规定了大白菜
		水果	1	3		只规定了柑橘
		块茎、球茎和根状茎	0.1		d	
		谷类	0.1	0.1	c	只规定了大米、糙米
		香料	0.1		d	
19	灭螨猛 Chinomethionat（6−methyl−1,3−dithiolo[4,5−b]quinoxalin−2−one）	叶菜	0.3			
		非叶类蔬菜	0.1			
		水果	0.3			
		块茎、球茎和根状茎	0.3			
		谷类	0.1			
		肉制品	0.05			
		乳制品	0.01			
20	百菌清 Chlorothalonil（Tetrachloroisophthalonitrile）	叶菜	5	5	c	
		非叶类蔬菜	5	5		
		水果	3		d	
		块茎、球茎和根状茎	0.1			
		谷类	0.2			
		香料	0.2			
		花生	0.1	0.05	a	
21	毒死蜱 Chlorpyrifos（O,O− diethyl 0,3,5,6−trichloro−2−pyridyl phosphorothioate）	叶菜	0.1		d	
		非叶类蔬菜	0.5			
		水果	0.3			
		块茎、球茎和根状茎	0.05			
		稻谷	0.5	0.5	c	
		其他谷类	0.1		d	
		香料	0.5			

序号	农药通用名	文莱食品种类	MRL/（mg/kg）		与GB 2763—2016比较情况	备注
			文莱	中国		
21	毒死蜱 Chlorpyrifos（O，O-diethyl 0，3，5，6-trichloro-2-pyridyl phosphorothioate）	肉制品	0.2		d	
		脂肪与油类	0.2			
		乳制品	0.01			
		鸡蛋	0.05			
22	氯氟氰菊酯 Cyhalothrin	未成熟大豆	0.2	0.2	c	
23	氯氰菊酯 Cypermethrin（（RS）-alpha-cyano-3 phenoxybenzyl（1RS）-cis，trans-3-（2，2-dichlorovinyl）-2，2-dimethyl-cyclorpopanecarboxylate）	叶菜	1		d	
		芦笋	0.3	0.4	b	
		其他非叶类蔬菜	0.2		d	
		龙眼	0.1	0.5	b	
		其他水果	1		d	
		块茎、球茎和根状茎	0.01			
		谷类	0.2			
		香料	0.5			
		肉制品	0.05			
		脂肪与油类	0.2			
		乳制品	0.01			
		咖啡豆	0.05			
		黄豆	0.05	0.05	c	
24	溴氰聚酯 Deltamethrin（（S）-alpha-cyno-3 phenoxy benzyl（1R）-cis-3-（2，2-dibromovinyl）-2，2-dimethylcylo propane carboxylate）	叶菜	0.2		d	
		芦笋	0.1			
		其他非叶类蔬菜	0.01			
		芒果	0.2	0.05	a	
		其他水果	0.01		d	
		块茎、球茎和根状茎	0.01			
		谷类	2			
		可可豆	0.05			
25	二嗪磷 Diazinon（O，O-diethyl 0-2-isopropyl-6-methylpyrimidin-4-yl phosphorothiate）	叶菜	0.5			
		非叶类蔬菜	0.5			
		水果	0.5			
		块茎、球茎和根状茎	0.05			
		谷类	0.1			
		肉制品	0.7			
		脂肪与油类	2			
		乳制品	0.02			

序号	农药通用名	文莱食品种类	MRL/（mg/kg）		与GB 2763—2016比较情况	备注
			文莱	中国		
26	敌敌畏 Dichlorvos（2,2—dichlorovinyl dimethyl phosphate）	叶菜	0.1	0.2	b	除了大白菜 0.5
		非叶类蔬菜	0.5		d	
		水果	0.1			
		块茎、球茎和根状茎	0.5	0.2	a	除了萝卜 0.5
		谷类	0.5		d	
		肉制品	0.05			
		乳制品	0.02			
		鸡蛋	0.05			
		黄豆	2	0.1	a	
		咖啡豆	2		d	
		坚果	2			
27	乐果 Dimethoate（O,O—dimethyl S—（methylcarbamoylmethyl）phosphorodithioate）	叶菜	1			
		非叶类蔬菜	1			
		水果	1			
		块茎、球茎和根状茎	0.05			
		香料	1			
28	敌瘟磷 Edifenphos（O—ethyl S,S—diphenyl phosphorodithioate）	谷类	1			
		肉制品	0.02			
		乳制品	0.01			
		鸡蛋	0.01			
29	苯线磷 Fenamiphos（Ethyl 4—methylthio—m—tolyl isopropylphosphoramidate）	叶菜	0.05	0.02	a	
		非叶类蔬菜	0.2		d	
		水果	0.05	0.02	a	
		块茎、球茎和根状茎	0.1	0.02		
		甘蔗	0.05		d	
		花生	0.05	0.02	a	
30	杀螟硫磷 Fenitrothion（O,O—dimethyl 0—4—nitro—m—tolyl phosphorothioate）	叶菜	0.1	0.5	b	
		非叶类蔬菜	0.5		d	
		水果	0.5	0.5	c	
		块茎、球茎和根状茎	0.5	0.5		
		谷类	0.5		d	
		香料	0.2			
		肉制品	0.05			
		脂肪与油类	0.05			
		乳制品	0.002			
		干茶叶	0.5	0.5	c	

序号	农药通用名	文莱食品种类	MRL/（mg/kg）		与GB 2763—2016比较情况	备注
			文莱	中国		
31	倍硫磷 Fenthion（O，O—dimethyl 0—4—methylthio—m—tolyl phosphorothioate）	叶菜	2	0.05	a	
		非叶类蔬菜	1		d	
		水果	0.5			
		块茎、球茎和根状茎	0.1	0.05	a	
		谷类	0.1		d	
		脂肪与油类	2			
		乳制品	0.05			
		橄榄	1	1	c	
32	三苯基乙酸锡 Fentin acetate（Triphenyl tin acetate）	叶菜	0.05		d	
		非叶类蔬菜	0.05			
		水果	0.05			
		块茎、球茎和根状茎	0.1			
		谷类	0.1			
33	氰戊菊酯 Fenvalerate	芒果	1	0.2	a	
34	福美铁 Ferbam analyse as CS_2（Iron tris（dimethyldithio）carbamate）	叶菜	2		d	
		非叶类蔬菜	2			
		水果	2			
35	灭菌丹 Folpet（N—（trichlorometylthio）phthalimide）	叶菜	5			
		非叶类蔬菜	5			
		水果	2			
		块茎、球茎和根状茎	5			
		谷类	2			
		香料	2			
		肉制品	2			
		脂肪与油类	2			
		鸡蛋	2			
		海产品	2			
36	安果 Formothion（S—[formyl—（methyl）carbamoyl methyl] O，O—dimethyl phosphorodithioate]	叶菜	0.1			
		非叶类蔬菜	0.1			
		水果	0.1			
		块茎、球茎和根状茎	0.1			
		谷类	0.1			

序号	农药通用名	文莱食品种类	MRL/（mg/kg）		与 GB 2763—2016 比较情况	备注
			文莱	中国		
37	马拉硫磷 Malathion（diethyl（dimethoxythiophos phorylthio）succinate）	叶菜	0.5		d	
		非叶类蔬菜	0.5			
		柚子	0.2	2	b	
		其他水果	2		d	
		块茎、球茎和根状茎	0.5			
		谷类	8			
		香料	0.5			
		青豆	2	2	c	
38	代森硫磷 Mancozeb analyse as CS_2（Manganese ethylene bis（dithiocarbamate）（polymeric）complex with zinc salt）	叶菜	2		d	
		非叶类蔬菜	2			
		水果	2			
		块茎、球茎和根状茎	2			
39	代森锰 Maneb analyse as CS_2（Manganese ethylene bis（dithiocarbamate）（polymeric））	叶菜	2			
		非叶类蔬菜	2			
		水果	2			
		块茎、球茎和根状茎	2			
40	灭虫威 Mercaptodimethur（4—methylthio—3，5—xylyl methylcarbamate	叶菜	0.1			
		非叶类蔬菜	0.1			
		水果	0.1			
		肉制品	0.05			
		乳制品	0.05			
		鸡蛋	0.05			
41	甲霜灵 Matalaxyl（Methyl N—（2—methoxyacetyl）—N—（2，6 xylyl）—DL—alaninate）	叶菜	1			
		非叶类蔬菜	0.5			
		水果	0.1			
		块茎、球茎和根状茎	0.1			
		谷类	0.05			
		甜菜	0.05	0.05	c	
		葵瓜子	0.05	0.05		
42	甲胺磷 Methamidophos（O，S—dimethyl phosphoramidothioate）	叶菜	1	0.05	a	
		非叶类蔬菜	1		d	
		水果	0.5	0.05	a	
		块茎、球茎和根状茎	0.1	0.05		
		肉制品	0.01		d	
		乳制品	0.01			
		干黄豆	0.05			

序号	农药通用名	文莱食品种类	MRL/（mg/kg）		与GB 2763—2016比较情况	备注
			文莱	中国		
43	杀扑磷 Methidathion（S−2，3−dihydro−5−methoxy−2−oxo−1，3，4−thiadiazol−3−ylmethyl O，O−dimethyl phosphorodithioate）	叶菜	0.2	0.05	a	
		非叶类蔬菜	0.1		d	
		水果	0.1			
		块茎、球茎和根状茎	0.02	0.05	b	
		谷类	0.1	0.05	a	
		肉制品	0.02		d	
		脂肪与油类	0.02			
		鸡蛋	0.02			
44	灭多威 Methomyl（S−methyl N−（methylcarbamoyloxy）thioacetimidate）	叶菜	0.2	0.2	c	
		非叶类蔬菜	0.5		d	
		水果	2	0.2	a	
		块茎、球茎和根状茎	0.1	0.2	b	
		肉制品	0.02		d	
		乳制品	0.02			
45	溴甲烷 Methyl bromide（bromoethane）	叶菜	0.1			
		非叶类蔬菜	0.1			
		谷类	0.1			
46	速灭磷 Mevinphos（2−methoxy carbonyl−1−methyl vinyl dimethyl phosphate）	叶菜	0.5			
		非叶类蔬菜	1			
		水果	0.2			
		块茎、球茎和根状茎	0.1			
		豆类	0.1			
47	百草枯 Paraquat（1，1′−dimethyl−4，4′−bipyridinium ion）	叶菜	0.05	0.05	c	
		非叶类蔬菜	0.05	0.05		
		水果	0.05		d	
		块茎、球茎和根状茎	0.05	0.05	c	
		谷类	0.05		d	
		肉制品	0.05			
		乳制品	0.01			
		鸡蛋	0.01			
48	氯菊酯 Permethrin（3−phenoxybenzyl（1RS）−cis−trans−3−（2，2−dichlorovinyl）−2，2−dimethylcyclopropane carboxylate）	叶菜	5			
		非叶类蔬菜	2			
		水果	1			
		块茎、球茎和根状茎	0.05			
		谷类	2			
		肉制品	0.1			
		脂肪与油类	0.1			
		乳制品	0.05			
		鸡蛋	0.1			
		咖啡豆	0.05	0.05	c	

序号	农药通用名	文莱食品种类	MRL/（mg/kg）		与 GB 2763—2016 比较情况	备注
			文莱	中国		
49	磷胺 Phosphamidon（2—chloro—2—diethylcarbamoyl—1—methylvinyl dimethylposphate）	叶菜	0.15	0.05	a	
		非叶类蔬菜	0.1	0.05		
		水果	0.1	0.05		
		块茎、球茎和根状茎	0.05	0.05	c	
		谷类	0.1	0.02	a	
		香料	0.2		d	
		豆类	0.2			
50	增效醚 Piperonyl butoxide（5—[2—（butoxypethoxy）ethoxy methyl]—6—propyl—1，3—benzodioxole）	叶菜	8			
		水果	8			
		谷类	20			
		肉制品	0.1			
		海产品	20			
		坚果	8			
		干蔬菜	8			
51	甲基嘧啶磷 Primiphos—methyl（O，2—diethylamino—6—methyl pyrimidin—4—yl O，O—dimethyl phosphorothioate）	叶菜	2			
		非叶类蔬菜	2			
		水果	0.5			
		块茎、球茎和根状茎	0.05			
		谷类	1			
		香料	1			
		肉制品	0.05			
		乳制品	0.05			
		鸡蛋	0.05			
		豆类	0.5			
		枣	0.5			
52	丙溴磷 Profenofos	红辣椒	3	3	c	
		芒果	0.2	0.2		
		山竹	10	10		
53	炔螨特 Propagite（2—（4—tert—butylphenoxy）—cyclo hexyl prop—2—ynyl sulfite）	叶菜	2		d	
		水果	3			
		块茎、球茎和根状茎	0.1			
		谷类	0.1			
		肉制品	0.1			
		脂肪与油类	0.1	0.1	c	只规定了棉籽与棉籽油
		乳制品	0.08		d	
		鸡蛋	0.1			
		坚果	0.1			
		杏仁	0.1			

序号	农药通用名	文莱食品种类	MRL/（mg/kg）		与GB 2763—2016比较情况	备注
			文莱	中国		
54	丙森锌 Propineb analyse as CS_2（Zinc propylene bis（dithiocarbamate）（polymeric））	叶菜	2	5	b	只规定了大白菜
		非叶类蔬菜	2		d	
		水果	2			
55	残杀威 Propoxur（2−isopropoxyphenyl methyl carbamate）	叶菜	3			
		非叶类蔬菜	3			
		水果	3			
		块茎、球茎和根状茎	0.5			
		谷类	0.5			
		肉制品	0.05			
		乳制品	0.05			
56	除虫菊素 Pyrethrins（from pyrethrum cinerafolium）	叶菜	1	1	c	只规定了大白菜
		非叶类蔬菜	1		d	
		水果	1			
		块茎、球茎和根状茎	1			
		谷类	3			
		香料	1			
		脂肪与油类	1			
		海产品	3			
		坚果，干蔬菜	1			
57	甲基乙拌磷 Thiometon（S−2−ethylthioethyl O，O−dimethyl phosphorodithioate）	叶菜	0.5			
		非叶类蔬菜	0.5			
		水果	0.5			
		块茎、球茎和根状茎	0.05			
		谷类	0.05			
		香料	0.5			
		棉籽	0.1			
58	甲基硫菌灵 Thiophanate−methyl（Dimethyl 4，4′−（O−phenylene）bis（3−thioallophanate））	叶菜	5			
		非叶类蔬菜	5			
		水果	1			
		谷类	0.1			
		肉制品	0.1			
		脂肪与油类	0.1	0.1	c	

序号	农药通用名	文莱食品种类	MRL/（mg/kg）		与 GB 2763—2016 比较情况	备注
			文莱	中国		
59	福美双 Triram analyse as CS_2（tetramethylthiuram disulfide）	叶菜	2		d	
		非叶类蔬菜	2	5	b	只规定了番茄、黄瓜
		水果	2		d	
60	三唑酮 Triadimefon（1—（4—chlorophenoxy）—3，3—dimethyl—1—（1H—1，2，4—triazol—1—yl）butanone）	水果	0.5		d	
		谷类	0.2		d	
		肉制品	0.1		d	
		乳制品	0.1		d	
		鸡蛋	0.1		d	
		咖啡豆	0.1	0.5	b	
61	敌百虫 Trichlorofon（Dinethyl 2，2，2—trichloro—1—hydroxyethylphosphonate）	叶菜	0.2	0.2	c	除了普通白菜 0.1
		非叶类蔬菜	0.1		d	
		水果	0.1		d	
		块茎、球茎和根状茎	0.1		d	
		谷类	0.15		d	
		香料	1		d	
		肉制品	0.1		d	
		脂肪与油类	0.1	0.1	c	只规定了棉籽、花生仁、大豆
		乳制品	0.05		d	
		棉籽，油料种子	0.1	0.1	c	
62	嗪氨灵 Triforine（N，N′—[piperazine—1]4—diylbis[（trichloromethyl）（methylene）]diformamide）	非叶类蔬菜	0.2		d	
		水果	0.5		d	
		谷类	0.02		d	
63	代森锌 Zineb analyse as CS_2（Zinc ethylene bis（dithiocarbamate）（polymeric））	叶菜	2		d	
		非叶类蔬菜	2		d	
		水果	2		d	
		谷类	2		d	
64	福美锌 Ziram analyse as CS_2（Zinc bis（dimethyldithio—carbamate））	叶菜	2		d	
		非叶类蔬菜	2		d	
		水果	2	5	b	苹果
		谷类	2		d	

注：a 代表东盟主要国家农食产品农药残留限量比 GB 2763—2016 标准要求低；b 代表东盟主要国家农食产品农药残留限量比 GB 2763—2016 标准要求高；c 代表东盟主要国家农食产品农药残留限量与 GB 2763—2016 标准要求相同；d 代表东盟主要国家农食产品农药残留限量 GB 2763—2016 标准无相关规定。

附录 2　东盟主要国家与中国农食产品兽药残留限量比较

2-1　越南与中国农食产品兽药残留限量比较

编号	药物名	越南			中国		
		动物种类	靶组织	最高残留限量 μg/kg	动物种类	靶组织	最高残留限量 μg/kg
1	阿维菌素 Abamectin	牛	肝 肾 脂肪	100 50 100	牛（泌乳期禁用） 羊（泌乳期禁用）	脂肪 肝 肾 肌肉 脂肪 肝 肾	100 100 50 25 50 25 20
2	阿苯达唑 Albendazole	牛	肌肉 肝 肾 脂肪 奶	100 5000 5000 100 100 μg/L	牛 / 羊	肌肉 脂肪 肝 肾 奶	100 100 5000 5000 100 μg/L
3	阿莫西林 Amoxicillin	牛 羊 猪	肌肉 肝 肾 脂肪 奶 羔羊 肝脏 小羊肾 脂肪 奶 肌肉 肝 肾 脂肪	50 50 50 50 4 μg/L 50 50 50 50 4 μg/L 50 50 50 50	所有食品动物	肌肉 脂肪 肝 肾 奶	50 50 50 50 10 μg/L

编号	药物名	越南			中国		
		动物种类	靶组织	最高残留限量 μg/kg	动物种类	靶组织	最高残留限量 μg/kg
4	阿维拉霉素 Avilamycin	猪	肌肉 肝 肾 脂肪	200 300 200 200	—	—	—
		火鸡	火鸡肉 火鸡肝 火鸡肾 火鸡脂肪	200 300 200 200			
		兔	肌肉 肝 肾 脂肪	200 300 200 200			
5	氮哌酮 Azaperone	猪	肌肉 肝 肾	60 100 100	猪	肉 皮+脂肪 肝 肾	60 60 100 100
6	苄星青霉素/普鲁卡因青霉素 Benzylpenicillin/Procaine benzylpenicillin	牛	肌肉 肝 肾 奶	50 50 50 4 μg/L	所有食品动物	肌肉 脂肪 肝 肾 奶	50 50 50 50 4 μg/L
		鸡	肌肉 肝 肾	50 50 50			
		猪	肌肉 肝 肾	50 50 50			
7	卡拉洛尔 Carazolol	猪	肌肉 肝 肾 脂肪	5 25 25 5	—	—	—

编号	药物名	越南			中国		
		动物种类	靶组织	最高残留限量 μg/kg	动物种类	靶组织	最高残留限量 μg/kg
8	头孢噻呋 Ceftiofur	牛	肌肉 肝 肾 脂肪 奶	1000 2000 6000 2000 100 μg/L	牛 / 猪	肌肉 脂肪 肝 肾	1000 2000 2000 6000
		猪	肌肉 肝 肾 脂肪	1000 2000 6000 2000	牛	奶	100 μg/L
9	金霉素 / 土霉素 四环素 Chlortetracycline/ Oxytetracycline/ Tetracycline	牛	肌肉 肝 肾 奶	200 600 1200 100 μg/L	所有食品动物	肌肉 肝 肾	100 300 600
		鱼 / 虾	鱼类肉 虾肉（斑节对虾）	200 200	牛 / 羊	奶	100 μg/L
		猪	肌肉 肝 肾	200 600 1200	禽	蛋	200
		禽	肌肉 肝 肾 蛋	200 600 1200 400	鱼 / 虾	肉	100
		羊	肌肉 肝 小羊肾 奶	200 600 1200 100 μg/L			
10	克仑特罗 Clenbuterol （肾上腺素受体兴奋剂）	牛	肌肉 肝 肾 脂肪 奶	0.2 0.6 0.6 0.2 0.05 μg/L	所有食品动物	所有可食组织	禁止使用的药物，在动物性食品中不得检出
		马	肌肉 肝 肾 脂肪	0.2 0.6 0.6 0.2			

编号	药物名	越南			中国		
		动物种类	靶组织	最高残留限量 μg/kg	动物种类	靶组织	最高残留限量 μg/kg
11	氯氰碘柳胺 Closantel（驱逐蠕虫的药物）	牛	肌肉	1000	牛	肌肉	1000
			肝	1000		脂肪	3000
			肾	3000		肝	1000
			脂肪	3000		肾	3000
		羊	肌肉	1500	羊	肌肉	1500
			肝	1500		脂肪	2000
			肾	5000		肝	1500
			脂肪	2000		肾	5000
12	粘菌素 Colistin（抗菌药物）	牛	肌肉	150			
			肝	150			
			肾	200			
			脂肪	150			
			奶	50 μg/L			
		绵羊	肌肉	150			
			肝	150			
			肾	200			
			脂肪	150			
			奶	50 μg/L			
		山羊	肌肉	150			
			肝	150			
			肾	200			
			脂肪	150	牛 / 羊	奶	50 μg/L
		猪	肌肉	150	牛 / 羊 / 猪 / 鸡 / 兔	肌肉	150
			肝	150		脂肪	150
			肾	200		肝	150
			脂肪（包括脂肪和皮肤）	150		肾	200
		鸡	肌肉	150	鸡	蛋	300
			肝	150			
			肾	200			
			鸡脂肪（包括脂肪和皮肤）	150			
			鸡蛋	300			
		火鸡	肌肉	150			
			肝	150			
			肾	200			
			脂肪（包括脂肪和皮肤）	150			
		兔	肌肉	150			
			肝	150			
			肾	200			
			脂肪	150			

编号	药物名	越南			中国		
		动物种类	靶组织	最高残留限量 μg/kg	动物种类	靶组织	最高残留限量 μg/kg
13	氟氯氰菊酯 Cyfluthrin	牛	肌肉 肝 肾 脂肪 奶	20 20 20 200 40 μg/L	—	—	—
14	三氟氯氰菊酯 Cyhalothrin	牛	肌肉 肝 肾 脂肪 奶	20 20 20 400 30 μg/L	—	—	—
		猪	肌肉 肝 肾 脂肪	20 20 20 400			
		羊	肌肉 肝 肾 脂肪	20 50 20 400			
15	氯氰菊酯和α－氯氰菊酯 Cypermethrin/α－Cypermethrin（杀虫剂）	牛	肌肉 肝 肾 脂肪 奶	50 50 50 1000 100 μg/L	牛／羊	肌肉 脂肪 肝 肾	30 500 50 50
					牛	奶	30 μg/L
		羊	肌肉 肝 肾 脂肪	50 50 50 1000	鸡	肌肉 皮＋脂 肝 肾 蛋	30 500 50 50 30
					鱼	肌肉	30
16	达诺沙星 Danofloxacin（抗菌药物）	牛	肌肉 肝 肾 脂肪	200 400 400 100	牛／绵羊／山羊	肌肉 脂肪 肝 肾 奶	200 100 400 400 30 μg/L
		鸡	肌肉 肝 肾 脂肪	200 400 400 100	家禽	肌肉 皮＋脂 肝 肾	200 100 400 400
		猪	肌肉 肝 肾 脂肪	100 50 200 100	其他动物	肌肉 脂肪 肝 肾	100 50 200 200

编号	药物名	越南			中国		
		动物种类	靶组织	最高残留限量 μg/kg	动物种类	靶组织	最高残留限量 μg/kg
17	溴氰菊酯 Deltamethrin	牛 鸡 鲑鱼 羊	肌肉 肝 肾 脂肪 奶 肌肉 肝 肾 脂肪 鸡蛋 鲑鱼肉 肌肉 肝 肾 脂肪	30 50 50 500 30 μg/L 30 50 50 500 30 30 30 50 50 500	牛／羊 鸡 鱼	肌肉 脂肪 肝 肾 奶 肌肉 皮＋脂 肝 肾 蛋 肌肉	30 500 50 50 30 μg/L 30 500 50 50 30 30
18	地塞米松 Dexamethasone	牛 猪 马	肌肉 肝 肾 奶 肌肉 肝 肾 肌肉 肝 肾	1 2 1 0.3 μg/L 1 2 1 1 2 1	牛／猪／马 牛	肌肉 肝 肾 奶	0.75 2 0.75 0.3 μg/L
19	地克珠利 Diclazuril	禽 兔 羊	肌肉 肝 肾 脂肪 肌肉 肝 肾 脂肪 肌肉 肝 肾 脂肪	500 3000 2000 1000 500 3000 2000 1000 500 3000 2000 1000	绵羊／禽／兔	肌肉 脂肪 肝 肾	500 1000 3000 2000
20	Dicylanil	羊	肌肉 肝 肾 脂肪	150 125 125 200	—	—	—

<table>
<tr><th rowspan="2">编号</th><th rowspan="2">药物名</th><th colspan="3">越南</th><th colspan="3">中国</th></tr>
<tr><th>动物种类</th><th>靶组织</th><th>最高残留限量 μg/kg</th><th>动物种类</th><th>靶组织</th><th>最高残留限量 μg/kg</th></tr>
<tr><td rowspan="4">21</td><td rowspan="4">双氢链霉素 / 链霉素
Dihydrostreptomycin/ Strep to mycin</td><td>牛</td><td>肌肉
肝
肾
脂肪
奶</td><td>600
600
1000
600
200 μg/L</td><td rowspan="4">牛

牛 / 绵羊 / 猪 / 鸡</td><td rowspan="4">奶

肌肉
脂肪
肝
肾</td><td rowspan="4">200 μg/L

600
600
600
1000</td></tr>
<tr><td>鸡</td><td>肌肉
肝
肾
脂肪</td><td>600
600
1000
600</td></tr>
<tr><td>猪</td><td>肌肉
肝
肾
脂肪</td><td>600
600
1000
600</td></tr>
<tr><td>羊</td><td>肌肉
肝
肾
脂肪
奶</td><td>600
600
1000
600
200 μg/L</td></tr>
<tr><td>22</td><td>三氮脒
Diminazene</td><td>牛</td><td>肌肉
肝
肾
奶</td><td>500
12000
6000
150 μg/L</td><td>牛</td><td>肌肉
肝
肾
奶</td><td>500
12000
6000
150 μg/L</td></tr>
<tr><td rowspan="2">23</td><td rowspan="2">多拉菌素
Doramectin</td><td>牛</td><td>肌肉
肝
肾
脂肪
奶</td><td>10
100
30
150
15 μg/L</td><td>牛（泌乳牛禁用）</td><td>肌肉
脂肪
肝
肾</td><td>10
150
100
30</td></tr>
<tr><td>猪</td><td>肌肉
肝
肾
脂肪</td><td>5
100
30
150</td><td>猪 / 羊 / 鹿</td><td>肌肉
脂肪
肝
肾</td><td>20
100
50
30</td></tr>
<tr><td>24</td><td>依普菌素
Eprinomectin</td><td>牛</td><td>肌肉
肝
肾
脂肪
奶</td><td>100
2000
300
250
20 μg/L</td><td>—</td><td>—</td><td>—</td></tr>
</table>

编号	药物名	越南			中国		
		动物种类	靶组织	最高残留限量 μg/kg	动物种类	靶组织	最高残留限量 μg/kg
25	红霉素 Erythrormycin	鸡 火鸡	肌肉 肝 肾 脂肪（包括脂肪和皮肤） 鸡蛋 肌肉 肝 肾 脂肪（包括脂肪和皮肤）	100 100 100 100 50 100 100 100 100	所有食品动物	肌肉 脂肪 肝 肾 奶 蛋	200 200 200 200 40μg/L 150
26	雌二醇 –17β Estradiol–17β	牛	肌肉 肝 肾 脂肪	—	所有食品动物	所有可食组织	允许作治疗用，但不得在动物性食品中检出的药物
27	苯硫氨酯 / 苯硫咪唑 / 奥芬达唑 Febantel/ Fenbendazole/ Oxfendazole	牛 山羊 马 猪 绵羊	肌肉 肝 肾 脂肪 奶 肌肉 肝 肾 脂肪 肌肉 肝 肾 脂肪 肌肉 肝 肾 脂肪 肌肉 肝 肾 脂肪 奶	100 500 100 100 100μg/L 100 500 100 100 100 500 100 100 100 500 100 100 100 500 100 100 100μg/L	牛 / 马 / 猪 / 羊 牛 / 羊	肌肉 脂肪 肝 肾 奶	100 100 500 100 100μg/L
28	氟啶蜱脲 Fluazuron	牛	肌肉 肝 肾 脂肪	200 500 500 7000	—	—	—

编号	药物名	越南			中国		
		动物种类	靶组织	最高残留限量 μg/kg	动物种类	靶组织	最高残留限量 μg/kg
29	氟苯咪唑 Flubendazole	猪	肌肉 肝	10 10	猪	肌肉 肝	10 10
		禽	肌肉 肝 禽蛋	200 500 400	禽	肌肉 肝 蛋	200 500 400
30	氟甲喹 Flumequine	牛	肌肉 肝 肾 脂肪	500 500 3000 1000	牛/羊/猪	肌肉 脂肪 肝 肾 奶	500 1000 500 3000 50 μg/L
		鸡	肌肉 肝 肾 脂肪	500 500 3000 1000	鱼	肌肉+皮	500
		猪	肌肉 肝 肾 脂肪	500 500 3000 1000	鸡	肌肉 皮+脂 肝 肾	500 1000 500 3000
		羊	肌肉 肝 肾 脂肪	500 500 3000 1000			
		三文鱼	三文鱼	500			
31	庆大霉素 Gentamicin	牛	肌肉 肝 肾 脂肪 奶	100 2000 5000 100 200	牛/猪	肌肉 脂肪 肝 肾	100 100 2000 5000
					牛	奶	200 μg/L
		猪	肌肉 肝 肾 脂肪	100 2000 5000 100	鸡/火鸡	可食组织	100
32	咪唑苯脲 Imidocarb	牛	肌肉 肝 肾 脂肪 奶	300 1500 2000 50 50 μg/L	—	—	—
33	氮氨菲啶 Isometamidium	牛	肌肉 肝 肾 脂肪 奶	100 500 1000 100 100 μg/L	牛	肌肉 脂肪 肝 肾 奶	100 100 500 1000 100 μg/L

编号	药物名	越南			中国		
		动物种类	靶组织	最高残留限量 μg/kg	动物种类	靶组织	最高残留限量 μg/kg
34	伊维菌素 Ivermectin	牛	肝 脂肪 奶	100 40 10 μg/L	牛	肌肉 脂肪 肝 奶	10 40 100 10 μg/L
		猪	肝 脂肪	15 20	猪/羊	肌肉 脂肪 肝	20 20 15
		羊	肝 脂肪	15 20			
35	左旋咪唑 Levamisole	牛	肌肉 肝 肾 脂肪	10 100 10 10	牛/羊/猪/禽	肌肉 脂肪 肝 肾	10 10 100 10
		禽	肌肉 肝 肾 脂肪	10 100 10 10			
		猪	肌肉 肝 肾 脂肪	10 100 10 10			
		羊	肌肉 肝 肾 脂肪	10 100 10 10			
36	林可霉素 Lincomycin	牛	奶 肌肉 肝 肾 脂肪	150 μg/L 200 500 500 100	牛/羊/猪/禽	肌肉 脂肪 肝 肾	100 100 500 1500
		猪	肌肉 肝 肾 脂肪	200 500 1500 100	牛/羊	奶	150 μg/L
					鸡	蛋	50
37	醋酸美伦孕酮 Melengestrol Acetate	鸡	肌肉 肝 肾 脂肪	1 10 2 18	—	—	—

<table>
<tr><th rowspan="2">编号</th><th rowspan="2">药物名</th><th colspan="3">越南</th><th colspan="3">中国</th></tr>
<tr><th>动物种类</th><th>靶组织</th><th>最高残留限量 μg/kg</th><th>动物种类</th><th>靶组织</th><th>最高残留限量 μg/kg</th></tr>
<tr><td rowspan="6">38</td><td rowspan="6">莫能菌素
Monensin</td><td>牛</td><td>肌肉
肝
肾
脂肪
奶</td><td>10
100
10
100
2μg/L</td><td rowspan="6">牛 / 羊

鸡 / 火鸡</td><td rowspan="6">可食组织

肌肉
皮＋脂
肝</td><td rowspan="6">50

1500
3000
4500</td></tr>
<tr><td>绵羊</td><td>肌肉
肝
肾
脂肪</td><td>10
20
10
100</td></tr>
<tr><td>山羊</td><td>肌肉
肝
肾
脂肪</td><td>10
20
10
100</td></tr>
<tr><td>鸡</td><td>肌肉
肝
肾
脂肪</td><td>10
10
10
100</td></tr>
<tr><td>火鸡</td><td>肌肉
肝
肾
脂肪</td><td>10
10
10
100</td></tr>
<tr><td>鹌鹑</td><td>肌肉
肝
肾
脂肪</td><td>10
10
10
100</td></tr>
<tr><td rowspan="3">39</td><td rowspan="3">莫西菌素
Moxidectin</td><td>牛</td><td>肌肉
肝
肾
脂肪</td><td>20
100
50
500</td><td rowspan="3">—</td><td rowspan="3">—</td><td rowspan="3">—</td></tr>
<tr><td>鹿</td><td>肌肉
肝
肾
脂肪</td><td>20
100
50
500</td></tr>
<tr><td>羊</td><td>肌肉
肝
肾
脂肪</td><td>50
100
50
500</td></tr>
</table>

编号	药物名	越南			中国		
		动物种类	靶组织	最高残留限量 μg/kg	动物种类	靶组织	最高残留限量 μg/kg
40	甲基盐霉素 Narasin	牛	肌肉 肝 肾 脂肪	15 50 15 50	鸡	肌肉 皮+脂 肝	600 1200 1800
		鸡	肌肉 肝 肾 脂肪	15 50 15 50			
		猪	肌肉 肝 肾 脂肪	15 50 15 50			
41	新霉素 Neomycin	牛	肌肉 肝 肾 脂肪 奶	500 500 10000 500 1500 μg/L	牛/羊/猪/鸡/火鸡/鸭 牛/羊 鸡	肌肉 脂肪 肝 肾 奶 蛋	500 500 500 10000 500 μg/L 500
		鸡	肌肉 肝 肾 脂肪 鸡蛋	500 500 10000 500 500			
		鸭	肌肉 肝 肾 脂肪	500 500 10000 500			
		山羊	肌肉 肝 肾 脂肪	500 500 10000 500			
		猪	肌肉 肝 肾 脂肪	500 500 10000 500			
		绵羊	肌肉 肝 肾 脂肪	500 500 10000 500			
		火鸡	肌肉 肝 肾 脂肪	500 500 10000 500			

编号	药物名	越南			中国		
		动物种类	靶组织	最高残留限量 μg/kg	动物种类	靶组织	最高残留限量 μg/kg
42	尼卡巴嗪 Nicarbazin	鸡	肌肉 肝 肾 脂肪	200 200 200 200	鸡	肌肉 皮/脂 肝 肾	200 200 200 200
43	辛硫磷 Phoxim	山羊 猪 绵羊	肌肉 肝 肾 脂肪 肌肉 肝 肾 脂肪 肌肉 肝 肾 脂肪	50 50 50 400 50 50 50 400 50 50 50 400	牛/猪/羊 牛	肌肉 脂肪 肝 肾 奶	50 400 50 50 10μg/L
44	吡利霉素 Pirlimycin	牛	肌肉 肝 肾 脂肪 奶	100 1000 400 100 100μg/L	—	—	—
45	孕酮 Progesterone	牛	肌肉 肝 肾 脂肪	—	所有食品动物	所有可食组织	不得检出
46	莱克多巴胺 Ractopamine	牛 猪	肌肉 肝 肾 脂肪 肌肉 肝 肾 脂肪	10 40 90 10 10 40 90 10	—	—	—
47	沙拉沙星 Sarafloxacin	鸡 火鸡	肌肉 肝 肾 脂肪 肌肉 肝 肾 脂肪	10 80 80 20 10 80 80 20	鸡/火鸡 鱼	肌肉 脂肪 肝 肾 肌肉+皮	10 20 80 80 30

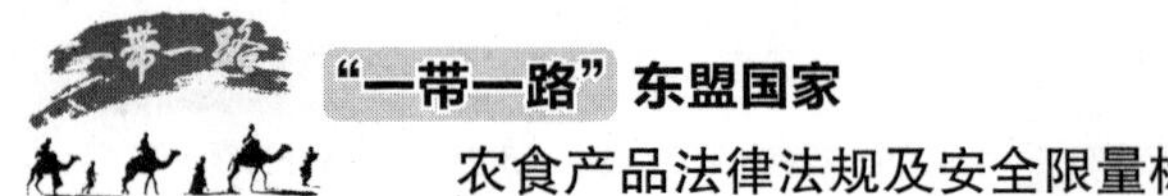

编号	药物名	越南			中国		
		动物种类	靶组织	最高残留限量 μg/kg	动物种类	靶组织	最高残留限量 μg/kg
48	大观霉素 Spectinomycin	牛	肌肉 肝 肾 脂肪 奶	500 2000 5000 2000 200 μg/L	牛/羊/猪/鸡 牛 鸡	肌肉 脂肪 肝 肾 奶 蛋	500 2000 2000 5000 200 μg/L 2000
		鸡	肌肉 肝 肾 脂肪 鸡蛋	500 2000 5000 2000 2000			
		猪	肌肉 肝 肾 脂肪	500 2000 5000 2000			
		绵羊	肌肉 肝 肾 脂肪	500 2000 5000 2000			
49	螺旋霉素 Spiramycin	牛	肌肉 肝 肾 脂肪 奶	200 600 300 300 200 μg/L	—	—	—
		鸡	肌肉 肝 肾 脂肪	200 600 800 300			
		猪	肌肉 肝 肾 脂肪	200 600 300 300			
50	磺胺二甲基嘧啶 Sulfadimidine	牛	奶 肌肉 肝 肾 脂肪	25 μg/L 100 100 100 100	牛	奶	25 μg/L
51	睾丸激素 Testosterone	—	肌肉 肝 肾 脂肪	—	所有食品动物	所有可食组织	允许作治疗用，但不得在动物性食品中检出的药物

编号	药物名	越南			中国		
		动物种类	靶组织	最高残留限量 μg/kg	动物种类	靶组织	最高残留限量 μg/kg
52	噻菌灵 Thiabendazole	牛	肌肉 肝 肾 脂肪 奶	100 100 100 100 100μg/L	牛/猪/绵羊/山羊	肌肉 脂肪 肝 肾	100 100 100 100
		山羊	肌肉 肝 肾 脂肪 奶	100 100 100 100 100μg/L	牛/山羊	奶	100μg/L
		猪	肌肉 肝 肾 脂肪	100 100 100 100			
		绵羊	肌肉 肝 肾 脂肪	100 100 100 100			
53	替米考星 Tilmicosin	牛	肌肉 肝 肾 脂肪	100 1000 300 100	牛/绵羊	肌肉 脂肪 肝 肾	100 100 1000 300
		鸡	肌肉 肝 肾 皮肤与脂肪	150 2400 600 250	绵羊	奶	50μg/L
		猪	肌肉 肝 肾 脂肪	100 1500 1000 100	猪	肌肉 脂肪 肝 肾	100 100 1500 1000
		羊	肌肉 肝 肾 脂肪	100 1000 300 100	鸡	肌肉 皮+脂 肝 肾	75 75 1000 250
		火鸡	肌肉 肝 肾 皮肤与脂肪	100 1200 1400 250			
54	群勃龙醋酸酯 Trenbolone Acetate	牛	肌肉 肝	2 10	所有食品动物	所有可食组织	禁止使用的药物，在动物性食品中不得检出

编号	药物名	越南			中国		
		动物种类	靶组织	最高残留限量 μg/kg	动物种类	靶组织	最高残留限量 μg/kg
55	敌百虫 Trichlorfon	牛	奶	50μg/L	牛	肌肉 脂肪 肝 肾 奶	50 50 50 50 50μg/L
56	三氯苯达唑 Triclabendazole	牛 羊	肌肉 肝 肾 脂肪 肌肉 肝 肾 脂肪	250 850 400 100 200 300 200 100	牛 羊	肌肉 脂肪 肝 肾 肌肉 脂肪 肝 肾	200 100 300 300 100 100 100 100
57	泰乐菌素 Tylosin	牛 猪 鸡	肌肉 肝 肾 脂肪 奶 肌肉 肝 肾 脂肪 肌肉 肝 肾 脂肪 鸡蛋	100 100 100 100 100μg/L 100 100 100 100 100 100 100 100 300	鸡/火鸡/猪/牛 牛 鸡	肌肉 脂肪 肝 肾 奶 蛋	200 200 200 200 50μg/L 200
58	玉米赤霉醇 Zeranol	牛	肌肉 肝	2 10	所有食品动物	所有可食组织	不得检出

2-2 马来西亚与中国农食产品兽药残留限量比较

编号	药物名	马来西亚			中国		
		动物种类	靶组织	最高残留限量 μg/kg	动物种类	靶组织	最高残留限量 μg/kg
1	阿苯达唑 Albendazole	牛	肌肉 肝 肾 脂肪 奶	100 5000 5000 100 100 μg/L	牛/羊	肌肉 脂肪 肝 肾 奶	100 100 5000 5000 100 μg/L
2	阿莫西林 Amoxicillin	所有食品动物	肌肉 肝 肾 脂肪 奶	50 50 50 50 4 μg/L	所有食品动物	肌肉 脂肪 肝 肾 奶	50 50 50 50 10 μg/L
3	氨苄青霉素 Ampilicillin	所有食品动物	肌肉 肝 肾 脂肪 奶	50 50 50 50 4 μg/L	—	—	—
4	氨丙啉 Amprolium	鸡 火鸡 野鸡 小牛	肌肉 肝 肾 蛋 肌肉 肝 肾 蛋 肌肉 肝 肌肉 肾 脂肪	500 1000 1000 4000 500 1000 1000 4000 500 1000 500 500 2000	牛	肌肉 脂肪 肝 肾	500 2000 500 500
5	阿伏帕星 Avoparcin	牛 哺乳动物和禽类	奶 肌肉 可食用组织	10 μg/L 100 100	—	—	—
6	阿扎哌隆 Azaperone	猪	肌肉 肝 肾 脂肪	60 100 100 60	猪	肌肉 皮+脂肪 肝 肾	60 60 100 100

编号	药物名	马来西亚			中国		
		动物种类	靶组织	最高残留限量 μg/kg	动物种类	靶组织	最高残留限量 μg/kg
7	青霉素 Benzylpenicillin	牛	肌肉 肝 肾 奶	50 50 50 4 μg/L	所有食品动物	肌肉 脂肪 肝 肾 奶	50 50 50 50 4 μg/L
		猪	肌肉 肝 肾	50 50 50			
8	卡拉洛尔 Carazolol	猪	肌肉 肝 肾 脂肪	5 25 25 5	—	—	—
9	卡巴氧 Carbadox	猪	肌肉 肝	5 30	—	—	—
10	卡洛芬 Carprofen	马	肌肉 肝 肾 脂肪	50 1000 1000 100	—	—	—
		牛	肌肉 肝 肾 脂肪	500 1000 1000 500			
11	头孢喹肟 Cefquinome	牛	肌肉 肝 肾 脂肪 奶	50 100 200 50 20 μg/L	牛	肌肉 脂肪 肝 肾 奶	50 50 100 200 20 μg/L
					猪	肌肉 皮+脂 肝 肾	50 50 100 200
12	头孢噻呋钠 Ceftiofur sodium	牛	肌肉 肝 肾 脂肪 奶	200 2000 4000 600 100 μg/L	—	—	—
		猪	肌肉 肝 肾 脂肪	200 2000 4000 600			

编号	药物名	马来西亚			中国		
		动物种类	靶组织	最高残留限量 μg/kg	动物种类	靶组织	最高残留限量 μg/kg
13	氯舒隆 Clorsulon	牛	肌肉 肝 肾 脂肪	100 200 300 400	—	—	—
14	克罗散泰 Closantel	牛	肌肉 肝 肾 脂肪	1000 1000 3000 3000	牛	肌肉 脂肪 肝 肾	1000 3000 1000 3000
		羊	肌肉 肝 肾 脂肪	1500 1500 5000 2000	羊	肌肉 脂肪 肝 肾	1500 2000 1500 5000
15	邻氯青霉素 Cloxacillin	所有食品动物	肌肉 肝 肾 脂肪	300 300 300 300	所有食品动物	肌肉 脂肪 肝 肾 奶	300 300 300 300 30 μg/L
		牛	奶	30 μg/L			
16	粘菌素 Colistin	牛	肌肉 肝 肾 奶	150 150 200 50 μg/L	牛 / 羊	奶	50 μg/L
		鸡	肌肉 肝 肾 蛋	150 150 200 300	牛 / 羊 / 猪 / 鸡 / 兔	肌肉 脂肪 肝 肾	150 150 150 200
		猪	肌肉 肝 肾	150 150 200			
		兔	肌肉 肝 肾	150 150 200	鸡	蛋	300
		羊	肌肉 肝 肾	150 150 200			

编号	药物名	马来西亚			中国		
		动物种类	靶组织	最高残留限量 μg/kg	动物种类	靶组织	最高残留限量 μg/kg
17	达氟沙星 Danofloxacin	牛 鸡	肌肉 肝 肾 脂肪 肌肉 肝 肾 脂肪	300 500 900 200 300 1200 1200 600	牛 / 绵羊 / 山羊 家禽 其他动物	肌肉 脂肪 肝 肾 奶 肌肉 皮 + 脂 肝 肾 肌肉 脂肪 肝 肾	200 100 400 400 30 μg/L 200 100 400 400 100 50 200 200
18	癸氧喹酯 Decoquinate	牛 羊	肌肉 肝 肾 脂肪 肌肉 肝 肾 脂肪	500 500 500 500 500 500 500 500	鸡	皮 + 肉 可食组织	1000 2000
19	地塞米松 Dexamethazone	牛 猪 马	肌肉 肝 肾 奶 肌肉 肝 肾 肌肉 肾	0.5 2.5 0.5 0.3 μg/L 0.5 2.5 0.5 0.5 0.5	—	—	—
20	双氯青霉素 Dicloxacillin	所有食品动物	肌肉 肝 肾 脂肪 奶	500 500 500 500 30 μg/L	—	—	—

<table>
<tr><th rowspan="2">编号</th><th rowspan="2">药物名</th><th colspan="3">马来西亚</th><th colspan="3">中国</th></tr>
<tr><th>动物种类</th><th>靶组织</th><th>最高残留限量
μg/kg</th><th>动物种类</th><th>靶组织</th><th>最高残留限量
μg/kg</th></tr>
<tr><td rowspan="4">21</td><td rowspan="4">双氢链霉素
Dihydrostreptomycin</td><td>牛</td><td>肌肉
肝
肾
脂肪
奶</td><td>500
500
1000
500
200 μg/L</td><td rowspan="4">牛

牛/绵羊/猪/鸡</td><td rowspan="4">奶

肌肉
脂肪
肝
肾</td><td rowspan="4">200 μg/L

600
600
600
1000</td></tr>
<tr><td>鸡</td><td>肌肉
肝
肾
脂肪</td><td>500
500
1000
500</td></tr>
<tr><td>猪</td><td>肌肉
肝
肾
脂肪</td><td>500
500
1000
500</td></tr>
<tr><td>羊</td><td>肌肉
肝
肾
脂肪</td><td>500
500
1000
500</td></tr>
<tr><td rowspan="2">22</td><td rowspan="2">迪美唑
Dimetridazole</td><td>牛</td><td>肌肉</td><td>5</td><td rowspan="2">所有食品动物</td><td rowspan="2">所有可食组织</td><td rowspan="2">允许作治疗用，但不得在动物性食品中检出的药物</td></tr>
<tr><td>猪</td><td>肌肉</td><td>5</td></tr>
<tr><td>23</td><td>二脒那秦
Diminazene</td><td>牛</td><td>肌肉
肝
肾
奶</td><td>600
12000
6000
150 μg/L</td><td>—</td><td>—</td><td>—</td></tr>
<tr><td rowspan="2">24</td><td rowspan="2">多拉菌素
Doramectin</td><td rowspan="2">牛</td><td rowspan="2">肌肉
肝
肾
脂肪</td><td rowspan="2">10
100
30
150</td><td>牛（泌乳牛禁用）</td><td>肌肉
脂肪
肝
肾</td><td>10
150
100
30</td></tr>
<tr><td>猪/羊/鹿</td><td>肌肉
脂肪
肝
肾</td><td>20
100
50
30</td></tr>
<tr><td rowspan="3">25</td><td rowspan="3">多西环素
Doxycycline</td><td>牛</td><td>肌肉
肝
肾
脂肪</td><td>100
300
600
300</td><td>牛（泌乳牛禁用）</td><td>肌肉
肝
肾</td><td>100
300
600</td></tr>
<tr><td>猪</td><td>肌肉
肝
肾
脂肪</td><td>100
300
600
300</td><td>猪</td><td>肌肉
皮+脂
肝
肾</td><td>100
300
300
600</td></tr>
<tr><td>禽</td><td>肌肉
肝
肾
脂肪</td><td>100
300
600
300</td><td>禽（产蛋鸡禁用）</td><td>肌肉
皮+脂
肝
肾</td><td>100
300
300
600</td></tr>
</table>

编号	药物名	马来西亚			中国		
		动物种类	靶组织	最高残留限量 μg/kg	动物种类	靶组织	最高残留限量 μg/kg
26	恩诺沙星 Enrofloxacin	牛	肌肉 肝 肾	30 30 30	牛 / 羊	肌肉 脂肪 肝 肾	100 100 300 200
		猪	肌肉 肝 肾	30 30 30	牛 / 羊	奶	100 μg/L
		鸡	肌肉 肝 肾	30 30 30	猪 / 兔	肌肉 脂肪 肝 肾	100 100 200 300
					禽（产蛋鸡禁用）	肌肉 皮＋脂 肝 肾	100 100 200 300
					其他动物	肌肉 脂肪 肝 肾	100 100 200 200
27	红霉素 Erythromycin	哺乳动物和禽类	肌肉 内脏 蛋 奶	300 300 300 40 μg/L	所有食品动物	肌肉 脂肪 肝 肾 奶 蛋	200 200 200 200 40 μg/L 150
28	雌二醇 Estradiol	鸡	肌肉 肝 肾	500 1500 1500	所有食品动物	所有可食组织	允许作治疗用，但不得在动物性食品中检出的药物
29	非班太尔 Febantel	牛	肌肉 肝 肾 脂肪 奶	100 500 100 100 100 μg/L	—	—	—
		猪	肌肉 肝 肾 脂肪	100 500 100 100			
		羊	肌肉 肝 肾 脂肪	100 500 100 100			

编号	药物名	马来西亚			中国		
		动物种类	靶组织	最高残留限量 μg/kg	动物种类	靶组织	最高残留限量 μg/kg
30	芬苯达唑 Fenbendazole	牛 猪 羊	肌肉 肝 肾 脂肪 奶 肌肉 肝 肾 脂肪 肌肉 肝 肾 脂肪	100 500 100 100 100 μg/L 100 500 100 100 100 500 100 100	牛/马/猪/羊 牛/羊	肌肉 脂肪 肝 肾 奶	100 100 500 100 100 μg/L
31	氟苯尼考 Florfenicol	牛	肌肉 肝 肾	200 3000 300	牛/羊（泌乳期禁用） 猪 家禽（产蛋禁用） 鱼 其他动物	肌肉 肝 肾 肌肉 皮＋脂 肝 肾 肌肉 皮＋脂 肝 肾 肌肉＋皮 肌肉 脂肪 肝 肾	200 3000 300 300 500 2000 500 100 200 2500 750 1000 100 200 2000 300
32	氟苯达唑 Flubendazole	牛 猪 禽	脂肪 肝 肌肉 肝 脂肪 肝 蛋	40 100 10 10 20 500 400	猪 禽	肌肉 肝 肌肉 肝 蛋	10 10 200 500 400

编号	药物名	马来西亚			中国		
		动物种类	靶组织	最高残留限量 μg/kg	动物种类	靶组织	最高残留限量 μg/kg
33	氟甲喹 Flumequine	牛 猪 羊 禽	肌肉 肝 肾 脂肪 肌肉 肝 肾 脂肪 肌肉 肝 肾 脂肪	50 100 300 50 50 100 300 50 50 100 300 50	牛 / 羊 / 猪 鱼 鸡	肌肉 脂肪 肝 肾 奶 肌肉 + 皮 肌肉 皮 + 脂 肝 肾	500 1000 500 3000 50 μg/L 500 500 1000 500 3000
34	Flumehtrin	牛	肌肉 内脏 奶	50 50 50 μg/L	—	—	—
35	庆大霉素 Gentamicin	牛 猪	肌肉 肝 肾 脂肪 奶 肌肉 肝 肾 脂肪	100 200 1000 100 100 μg/L 100 200 1000 100	蜜蜂 牛 / 猪 牛 鸡 / 火鸡	蜂蜜 肌肉 脂肪 肝 肾 奶 可食组织	50 100 100 2000 5000 200 μg/L 100
36	伊维菌素 Dihydroavermectin	牛 猪 羊	肝 脂肪 肝 脂肪 肝 脂肪	100 40 20 15 20 15	猪	肌肉 皮 + 脂肪 肝 肾	60 60 100 100
37	左旋咪唑 Levamisole	牛 禽 羊	肌肉 肝 肾 脂肪 肌肉 肝 肾 脂肪 肌肉 肝 肾 脂肪	10 100 10 10 10 100 10 10 10 100 10 10	牛 / 羊 / 猪 / 禽	肌肉 脂肪 肝 肾	10 10 100 10

编号	药物名	马来西亚			中国		
		动物种类	靶组织	最高残留限量 μg/kg	动物种类	靶组织	最高残留限量 μg/kg
38	林可霉素 Lincomycin	猪	内脏	100	牛/羊/猪/禽 牛/羊 鸡	肌肉 脂肪 肝 肾 奶 蛋	100 100 500 1500 150 μg/L 50
39	马度米星 Maduramicin	鸡	肌肉 肝 内脏 脂肪	240 720 240 480	鸡	肌肉 脂肪 皮 肝	240 480 480 720
40	莫昔克丁 Moxidectin	牛 羊 鹿	肝 肾 脂肪 奶 肝 肾 脂肪 奶 肌肉 肝 肾 脂肪	20 100 100 500 μg/L 50 100 100 500 μg/L 20 500 50 500	—	—	—
41	新霉素 Neomycin	鸡 火鸡 鸭 牛	肌肉 肝 肾 脂肪 肌肉 肝 肾 脂肪 肌肉 肝 肾 脂肪 肌肉 肝 肾 脂肪 奶	500 500 1000 500 500 500 1000 500 500 500 1000 500 500 500 1000 500 500 μg/L	牛/羊/猪/鸡/火鸡/鸭 牛/羊	肌肉 脂肪 肝 肾 奶	500 500 500 10000 500 μg/L

编号	药物名	马来西亚			中国		
		动物种类	靶组织	最高残留限量 μg/kg	动物种类	靶组织	最高残留限量 μg/kg
41	新霉素 Neomycin	山羊	肌肉 肝 肾 脂肪	500 500 1000 500	鸡	蛋	500
		绵羊	肌肉 肝 肾 脂肪	500 500 1000 500			
		猪	肌肉 肝 肾 脂肪	500 500 1000 500			
42	尼卡巴嗪 Nicarbazin	鸡	肌肉 肝 肾	4000 4000 4000	鸡	肌肉 皮/脂 肝 肾	200 200 200 200
43	制霉菌素 Nystatin	猪	内脏	0	—	—	—
		禽	内脏	0			
		蛋	内脏	0			
44	苯唑西林 Oxacillin	所有食品动物	肌肉 肝 肾 脂肪 奶	300 300 300 300 30 μg/L	所有食品动物	肌肉 脂肪 肝 肾 奶	300 300 300 300 30 μg/L
45	奥芬达唑 Oxfendazole	牛	肌肉 肝 肾 脂肪 奶	100 500 100 100 100 μg/L	牛/马/猪/羊	肌肉 脂肪 肝 肾	100 100 500 100
		猪	肌肉 肝 肾 脂肪	100 500 100 100	牛/羊	奶	100 μg/L
		羊	肌肉 肝 肾 脂肪	100 500 100 100			

<table>
<tr><th rowspan="2">编号</th><th rowspan="2">药物名</th><th colspan="3">马来西亚</th><th colspan="3">中国</th></tr>
<tr><th>动物种类</th><th>靶组织</th><th>最高残留限量 μg/kg</th><th>动物种类</th><th>靶组织</th><th>最高残留限量 μg/kg</th></tr>
<tr><td rowspan="5">46</td><td rowspan="5">四环素
Oxytetracycline</td><td>牛</td><td>肌肉
肝
肾
脂肪
奶</td><td>100
300
600
10
100 μg/L</td><td rowspan="5">所有食品动物
牛/羊
禽
鱼/虾</td><td rowspan="5">肌肉
肝
肾
奶
蛋
肉</td><td rowspan="5">100
300
600
100 μg/L
200
100</td></tr>
<tr><td>羊</td><td>肌肉
肝
肾
脂肪</td><td>100
300
600
10</td></tr>
<tr><td>猪</td><td>肌肉
肝
肾
脂肪</td><td>100
300
600
10</td></tr>
<tr><td>鸡</td><td>肌肉
肝
肾
脂肪
蛋</td><td>100
300
600
10
100</td></tr>
<tr><td>火鸡</td><td>肌肉
肝
肾
脂肪</td><td>100
300
600
10</td></tr>
<tr><td rowspan="6">47</td><td rowspan="6">青霉素
Penicillin</td><td>鸡</td><td>可食用组织
蛋</td><td>0
0</td><td rowspan="6">所有食品动物</td><td rowspan="6">肌肉
脂肪
肝
肾
奶</td><td rowspan="6">50
50
50
50
4 μg/L</td></tr>
<tr><td>鹌鹑</td><td>可食用组织
蛋</td><td>0
0</td></tr>
<tr><td>猪</td><td>可食用组织</td><td>0</td></tr>
<tr><td>羊</td><td>可食用组织</td><td>0</td></tr>
<tr><td>牛</td><td>可食用组织
奶</td><td>0
0 μg/L</td></tr>
<tr><td>火鸡</td><td>可食用组织</td><td>0</td></tr>
<tr><td rowspan="2">48</td><td rowspan="2">辛硫磷
Phoxim</td><td rowspan="2">猪</td><td rowspan="2">肌肉
脂肪</td><td rowspan="2">10
50</td><td>牛/猪/羊</td><td>肌肉
脂肪
肝
肾</td><td>50
400
50
50</td></tr>
<tr><td>牛</td><td>奶</td><td>10 μg/L</td></tr>
</table>

编号	药物名	马来西亚			中国		
		动物种类	靶组织	最高残留限量 μg/kg	动物种类	靶组织	最高残留限量 μg/kg
49	孕酮 Progesterone	猪	肌肉 肝 肾 脂肪	10 40 90 10	—	—	—
50	盐酸氯苯胍 Robenidine hydrochlorine	禽	可食用组织 脂肪	100 200	鸡	脂肪 皮 可食组织	200 200 100
51	盐霉素 Salinomucin	牛 禽 猪	肌肉 蛋 肌肉 可食用内脏 肌肉 可食用内脏	50 20 100 500 100 500	—	—	—
52	沙氟沙星 Sarafloxacin	鸡	肝 脂肪	10 100	鸡 / 火鸡 鱼	肌肉 脂肪 肝 肾 肌肉 + 皮	10 20 80 80 30
53	奇霉素 Spectinomycin	牛 鸡 猪	肌肉 肝 肾 脂肪 奶 肌肉 肝 肾 脂肪 肌肉 肝 肾 脂肪	300 2000 5000 500 200 μg/L 300 2000 5000 500 300 2000 5000 500	牛 / 羊 / 猪 / 鸡 牛 鸡	肌肉 脂肪 肝 肾 奶 蛋	500 2000 2000 5000 200 μg/L 2000
54	螺旋霉素 Spiramycin	猪	肌肉 肝 肾 脂肪	200 600 300 300	—	—	—
55	螺旋霉素和新螺旋霉素 Sum of spiramycin and neospiramycin	牛 鸡	肌肉 肝 肾 脂肪 奶 肌肉 肝 肾 脂肪	200 600 300 300 200 μg/L 200 600 800 300	—	—	—

编号	药物名	马来西亚			中国		
		动物种类	靶组织	最高残留限量 μg/kg	动物种类	靶组织	最高残留限量 μg/kg
56	链霉素 Streptomycin	牛	肌肉 肝 肾 脂肪 奶	500 500 1000 500 200 μg/L	牛	奶	200 μg/L
		鸡	肌肉 肝 肾 脂肪	500 500 1000 500	牛/绵羊/猪/鸡	肌肉 脂肪 肝 肾	600 600 600 1000
		猪	肌肉 肝 肾 脂肪	500 500 1000 500			
		羊	肌肉 肝 肾 脂肪	500 500 1000 500			
57	磺胺嘧啶 Sulphadiazine	哺乳动物	肌肉 可食用组织	100 100	牛	奶	25 μg/L
		牛	奶	100 μg/L			
58	磺胺间二甲氧嘧啶 Sulphadimethoxine	牛	肌肉 可食用组织 奶	100 100 10 μg/L	所有食品动物	肌肉 脂肪 肝 肾	100 100 100 100
		鸡	肌肉 可食用组织	100 100	牛/羊	奶	100 μg/L
59	磺胺二甲基嘧啶 Sulphadimidine	牛	肝 肾 脂肪 奶	100 100 100 25 μg/L	所有食品动物	肌肉 脂肪 肝 肾	100 100 100 100
		哺乳动物	可食用组织 肌肉	100 100	牛/羊	奶	100 μg/L
		鸡	可食用组织 肌肉	100 100			
60	磺胺二甲嘧啶 Sulphamethazine	牛	可食用组织	100	牛	奶	25 μg/L
		火鸡	可食用组织	100			
		鸡	可食用组织	100			
		猪	可食用组织	100			

编号	药物名	马来西亚			中国		
		动物种类	靶组织	最高残留限量 μg/kg	动物种类	靶组织	最高残留限量 μg/kg
61	磺胺喹沙啉 Sulphaquinoxaline	禽	可食用组织 肌肉	100 100	所有食品动物	肌肉 脂肪 肝 肾	100 100 100 100
					牛／羊	奶	100 μg/L
62	磺胺 Sulphonamide	所有食品动物	肌肉 肝 肾 脂肪	100 100 100 100	所有食品动物	肌肉 脂肪 肝 肾	100 100 100 100
		牛	奶	100 μg/L	牛／羊	奶	100 μg/L
63	睾酮 Testosterone	牛	肌肉 肝 肾 奶	100 300 600 200 μg/L	所有食品动物	所有可食组织	允许作治疗用，但不得在动物性食品中检出的药物
		禽	肌肉 肝 肾	100 300 600			
		猪	肌肉 肝 肾	100 300 600			
		羊	肌肉 肝 肾	100 300 600			
64	噻苯咪唑 Thiabendazole	牛	肌肉 肝 肾 脂肪 奶	100 100 100 100 100 μg/L	牛／猪／绵羊／山羊	肌肉 脂肪 肝 肾	100 100 100 100
		猪	肌肉 肝 肾 脂肪	100 100 100 100	牛／山羊	奶	100 μg/L
		山羊	肌肉 肝 肾 脂肪	100 100 100 100			
		绵羊	肌肉 肝 肾 脂肪	100 100 100 100			

编号	药物名	马来西亚			中国		
		动物种类	靶组织	最高残留限量 μg/kg	动物种类	靶组织	最高残留限量 μg/kg
65	泰妙菌素 Tiamulin	猪	肌肉 肝 肾 脂肪	3600 10800 14400 14400	猪 / 兔	肌肉 肝	100 500
					鸡	肌肉 皮＋脂 肝 蛋	100 100 1000 1000
					火鸡	肌肉 皮＋脂 肝	100 100 300
66	替米考星 Tilmicosin	牛	肌肉 肝 肾 脂肪	100 1000 300 100	牛 / 绵羊	肌肉 脂肪 肝 肾	100 100 1000 300
		禽	肌肉 脂肪	100 100	绵羊	奶	50μg/L
		猪	肌肉 肝 肾 脂肪	100 1500 1000 100	猪	肌肉 脂肪 肝 肾	100 100 1500 1000
		羊	肌肉 肝 肾 脂肪 奶	100 1000 300 100 50μg/L	鸡	肌肉 皮＋脂 肝 肾	75 75 1000 250
67	去甲雄三烯醇酮 Trenbolone	牛	肌肉 肝	2 10	所有食品动物	所有可食组织	禁止使用的药物，在动物性食品中不得检出
68	三氯苯唑 Triclabendazole	牛	奶	50μg/L	牛	肌肉 脂肪 肝 肾	200 100 300 300
		哺乳动物	可食用组织 肌肉	50 50	羊	肌肉 脂肪 肝 肾	100 100 100 100
		鸡	蛋	50			

编号	药物名	马来西亚			中国		
		动物种类	靶组织	最高残留限量 μg/kg	动物种类	靶组织	最高残留限量 μg/kg
69	泰乐菌素 Tylosin	牛	肌肉 肝 肾 脂肪 可食用组织 奶	200 200 200 200 200 50μg/L	鸡 / 火鸡 / 猪 / 牛	肌肉 脂肪 肝 肾	200 200 200 200
		鸡	肌肉 肝 肾 脂肪 蛋	200 200 200 200 200	牛	奶	50μg/L
					鸡	蛋	200
70	维及霉素 Virginiamycin	牛	肌肉 肝 肾 脂肪	0 0 0 0	猪	肌肉 脂肪 肝 肾 皮	100 400 300 400 400
		猪	肌肉 肝 肾	100 300 400	禽	肌肉 脂肪 肝 肾 皮	100 200 300 500 200
		禽	肌肉 肝 肾 脂肪	100 300 500 200			
71	玉米赤霉醇 Zeranol	牛	肌肉 肝	2 10	所有食品动物	所有可食组织	禁止使用的药物，在动物性食品中不得检出

2-3 泰国与中国农食产品兽药残留限量比较

编号	药物名	泰国			中国		
		动物种类	靶组织	最高残留限量 μg/kg	动物种类	靶组织	最高残留限量 μg/kg
1	金霉素 / 土霉素 / 四环素 Chlortetracycline/ Oxytetracycline/ Tetracycline	牛	肌肉 肝 肾 奶	200 600 1200 100 μg/L	所有食品动物	肌肉 肝 肾	100 300 600
		猪	肌肉 肝 肾	200 600 1200	牛 / 羊	奶	100 μg/L
		羊	肌肉 肝 肾 奶	200 600 1200 100 μg/L	禽	蛋	200
		禽	肌肉 肝 肾 蛋	200 600 1200 400	鱼 / 虾	肉	100
		鱼	肌肉	200			
		虎纹虾	肌肉	200			
2	卡拉洛尔 Carazolol	猪	肌肉 肝 肾 脂肪 / 皮	5 25 25 5	—	—	—
3	氯氰碘柳胺 Closantel	牛	肌肉 肝 肾 脂肪	1000 1000 3000 3000	牛	肌肉 脂肪 肝 肾	1000 3000 1000 3000
		羊	肌肉 肝 肾 脂肪	1500 1500 5000 2000	羊	肌肉 脂肪 肝 肾	1500 2000 1500 5000
4	庆大霉素 Gentamycin	羊	肌肉 肝 肾 脂肪 奶	100 2000 5000 100 200 μg/L	牛 / 猪	肌肉 脂肪 肝 肾	100 100 2000 5000
		猪	肌肉 肝 肾 脂肪	100 2000 5000 100	牛 鸡 / 火鸡	奶 可食组织	200 μg/L 100

编号	药物名	泰国			中国		
		动物种类	靶组织	最高残留限量 μg/kg	动物种类	靶组织	最高残留限量 μg/kg
5	磺胺二甲嘧啶 Sulfadimidine	牛	肌肉 肝 肾 脂肪 奶	100 100 100 100 25 μg/L	牛	奶	25 μg/L
		羊	肌肉 肝 肾 脂肪	100 100 100 100			
		猪	肌肉 肝 肾 脂肪	100 100 100 100			
		禽	肌肉 肝 肾 脂肪	100 100 100 100			
6	沙氟沙星 Sarafloxacin	鸡	肌肉 肝 肾 脂肪	10 80 80 20	鸡 / 火鸡	肌肉 脂肪 肝 肾	10 20 80 80
		火鸡	肌肉 肝 肾 脂肪	10 80 80 20	鱼	肌肉 + 皮	30
7	折仑诺 Zeranol	牛	肌肉 肝	2 10	所有食品动物	所有可食组织	不得检出
8	头孢噻呋 Desfuroylceftiofur	牛	肌肉 肝 肾 脂肪 奶	1000 2000 6000 2000 100 μg/L	牛 / 猪	肌肉 脂肪 肝 肾	1000 2000 2000 6000
		猪	肌肉 肝 肾 脂肪	1000 2000 6000 2000	牛	奶	100 μg/L

编号	药物名	泰国			中国		
		动物种类	靶组织	最高残留限量 μg/kg	动物种类	靶组织	最高残留限量 μg/kg
9	α－氯氰菊酯和氯氰菊酯 Cypermethrin and alpha Cypermethrin	牛	肌肉 肝 肾 脂肪 奶	50 50 50 1000 100 μg/L	牛／羊	肌肉 脂肪 肝 肾	30 500 50 50
					牛	奶	30 μg/L
		羊	肌肉 肝 肾 脂肪	50 50 50 1000	鸡	肌肉 皮＋脂 肝 肾 蛋	30 500 50 50 30
					鱼	肌肉	30
10	氟氯氰菊酯 Cyfluthrin	牛	肌肉 肝 肾 脂肪 奶	20 20 20 200 40 μg/L	—	—	—
11	三氟氯氰菊酯 Cyhalothrin	牛	肌肉 肝 肾 脂肪 奶	20 20 20 400 30 μg/L	—	—	—
		猪	肌肉 肝 肾 脂肪	20 20 20 400			
		羊	肌肉 肝 肾 脂肪	20 50 20 400			
12	溴氰菊酯 Deltamethrin	牛	肌肉 肝 肾 脂肪 奶	30 50 50 500 30 μg/L	牛／羊	肌肉 脂肪 肝 肾	30 500 50 50
		羊	肌肉 肝 肾 脂肪	30 50 50 500	牛	奶	30 μg/L
		鸡	肌肉 肝 肾 脂肪 蛋	30 50 50 500 30	鸡	肌肉 皮＋脂 肝 肾 蛋	30 500 50 50 30
					鱼	肌肉	30
		鲑鱼	肌肉	30			

编号	药物名	泰国			中国		
		动物种类	靶组织	最高残留限量 μg/kg	动物种类	靶组织	最高残留限量 μg/kg
13	达氟沙星 Danofloxacin	牛	肌肉 肝 肾 脂肪	200 400 400 100	牛 / 绵羊 / 山羊	肌肉 脂肪 肝 肾 奶	200 100 400 400 30 μg/L
		猪	肌肉 肝 肾 脂肪	100 50 200 100	家禽	肌肉 皮 + 脂 肝 肾	200 100 400 400
		鸡	肌肉 肝 肾 脂肪	200 400 400 100	其他动物	肌肉 脂肪 肝 肾	100 50 200 200
14	多拉菌素 Doramectin	牛	肌肉 肝 肾 脂肪 奶	10 100 30 150 15 μg/L	牛（泌乳牛禁用）	肌肉 脂肪 肝 肾	10 150 100 30
		猪	肌肉 肝 肾 脂肪	5 100 30 150	猪 / 羊 / 鹿	肌肉 脂肪 肝 肾	20 100 50 30
15	地克珠利 Diclazuril	羊 兔 禽	肌肉 肝 肾 脂肪 肌肉 肝 肾 脂肪 肌肉 肝 肾 脂肪	500 3000 2000 1000 500 3000 2000 1000 500 3000 2000 1000	山羊 绵羊 / 禽 / 兔	口服用 肌肉 脂肪 肝 肾	动物性食品允许使用，但不需要制定残留限量的药物 500 1000 3000 2000
16	地昔尼尔 Dicyclanil	羊	肌肉 肝 肾 脂肪	150 125 125 200	—	—	—
17	二脒那秦 Diminazene	牛	肌肉 肝 肾 奶	500 12000 6000 150 μg/L	—	—	—

<table>
<tr><th rowspan="2">编号</th><th rowspan="2">药物名</th><th colspan="3">泰国</th><th colspan="3">中国</th></tr>
<tr><th>动物种类</th><th>靶组织</th><th>最高残留限量 μg/kg</th><th>动物种类</th><th>靶组织</th><th>最高残留限量 μg/kg</th></tr>
<tr><td rowspan="4">18</td><td rowspan="4">链霉素／双氢链霉素
Dihydrostreptomycin/
Streptomycin</td><td>牛</td><td>肌肉
肝
肾
脂肪
奶</td><td>600
600
1000
600
200 μg/L</td><td rowspan="4">牛

牛／绵羊／猪／鸡</td><td rowspan="4">奶

肌肉
脂肪
肝
肾</td><td rowspan="4">200 μg/L

600
600
600
1000</td></tr>
<tr><td>猪</td><td>肌肉
肝
肾
脂肪</td><td>600
600
1000
600</td></tr>
<tr><td>羊</td><td>肌肉
肝
肾
脂肪
奶</td><td>600
600
1000
600
200 μg/L</td></tr>
<tr><td>鸡</td><td>肌肉
肝
肾
脂肪</td><td>600
600
1000
600</td></tr>
<tr><td rowspan="3">19</td><td rowspan="3">替米考星
Tilmicosin</td><td>牛</td><td>肌肉
肝
肾
脂肪</td><td>100
1000
300
100</td><td rowspan="3">牛／绵羊

绵羊

猪

鸡</td><td rowspan="3">肌肉
脂肪
肝
肾

奶

肌肉
脂肪
肝
肾

肌肉
皮＋脂
肝
肾</td><td rowspan="3">100
100
1000
300

50 μg/L

100
100
1500
1000

75
75
1000
250</td></tr>
<tr><td>猪</td><td>肌肉
肝
肾
脂肪</td><td>100
1500
1000
100</td></tr>
<tr><td>羊</td><td>肌肉
肝
肾
脂肪
奶</td><td>100
1000
300
100
50 μg/L</td></tr>
<tr><td>20</td><td>群勃龙
Trenbolone</td><td>牛</td><td>肌肉
肝</td><td>2
10</td><td>所有食品动物</td><td>所有可食组织</td><td>不得检出</td></tr>
<tr><td>21</td><td>敌百虫
Trichlorfon</td><td>牛</td><td>奶</td><td>50 μg/L</td><td>牛</td><td>肌肉
脂肪
肝
肾
奶</td><td>50
50
50
50
50 μg/L</td></tr>
</table>

编号	药物名	泰国			中国		
		动物种类	靶组织	最高残留限量 μg/kg	动物种类	靶组织	最高残留限量 μg/kg
22	三氯苯咪唑 Triclabendazole	牛	肌肉 肝 肾 脂肪	200 300 300 100	牛	肌肉 脂肪 肝 肾	200 100 300 300
		羊	肌肉 肝 肾 脂肪	100 100 100 100	羊	肌肉 脂肪 肝 肾	100 100 100 100
23	噻苯咪唑 Thiabendazole	牛	肌肉 肝 肾 脂肪 奶	200 300 300 100 100 μg/L			
		猪	肌肉 肝 肾 脂肪	100 100 100 100	牛 / 猪 / 绵羊 / 山羊	肌肉 脂肪 肝 肾	100 100 100 100
		羊	肌肉 肝 肾 脂肪	100 100 100 100	牛 / 山羊	奶	100 μg/L
		山羊	肝 肾 脂肪 奶	100 100 100 100 μg/L			
24	新霉素 Neomycin	牛	肌肉 肝 肾 脂肪 奶	500 500 10000 500 1500 μg/L			
		猪	肌肉 肝 肾 脂肪	500 500 10000 500			
		羊	肌肉 肝 肾 脂肪	500 500 10000 500	牛 / 羊 / 猪 / 鸡 / 火鸡 / 鸭	肌肉 脂肪 肝 肾	500 500 500 10000
		山羊	肌肉 肝 肾 脂肪	500 500 10000 500	牛 / 羊 鸡	奶 蛋	500 μg/L 500
		鸡	肌肉 肝 肾 脂肪 蛋	500 500 10000 500 500			
		火鸡	肌肉 肝 肾 脂肪	500 500 10000 500			
		鲑鱼	肌肉	500			

编号	药物名	泰国			中国		
		动物种类	靶组织	最高残留限量 μg/kg	动物种类	靶组织	最高残留限量 μg/kg
25	双硝苯脲二甲嘧啶醇 Nicarbazin	鸡	肌肉 肝 肾 脂肪 / 皮	200 200 200 200	鸡	肌肉 皮 / 脂 肝 肾	200 200 200 200
26	青霉素 / 普鲁卡因青霉素 Benzylpenicillin/ Ptocain Benzylpenicillin	牛 猪 鸡	肌肉 肝 肾 奶 肌肉 肝 肾 肌肉 肝 肾	50 50 50 4 μg/L 50 50 50 50 50 50	所有食品动物	肌肉 脂肪 肝 肾 奶	50 50 50 50 4 μg/L
27	珠霉素 Perlimycin	牛	肌肉 肝 肾 脂肪 奶	100 1000 400 100 200 μg/L	—	—	—
28	氟苯咪唑 Flubendazole	猪 禽	肌肉 肝 肌肉 肝 蛋	10 10 200 500 400	猪 禽	肌肉 肝 肌肉 肝 蛋	10 10 200 500 400
29	氟甲喹 Flumequine	牛 猪 羊 鸡 鲑鱼	肌肉 肝 肾 脂肪 肌肉 肾 脂肪 肌肉 肝 肾 脂肪 肌肉 肝 肾 脂肪 肌肉	500 500 3000 1000 500 3000 1000 500 500 3000 1000 500 500 3000 1000 500	牛 / 羊 / 猪 鱼 鸡	肌肉 脂肪 肝 肾 奶 肌肉 + 皮 肌肉 皮 + 脂 肝 肾	500 1000 500 3000 50 μg/L 500 500 1000 500 3000

编号	药物名	泰国			中国		
		动物种类	靶组织	最高残留限量 μg/kg	动物种类	靶组织	最高残留限量 μg/kg
30	啶蜱脲 Fluazuron	牛	肌肉 肝 肾 脂肪	200 500 500 7000	—	—	—
31	辛硫磷 Phoxim	猪	肌肉 肝 肾 脂肪	50 50 50 400	牛/猪/羊	肌肉 脂肪 肝 肾	50 400 50 50
		羊	肌肉 肝 肾 脂肪	50 50 50 400	牛	奶	10μg/L
		山羊	肌肉 肝 肾 脂肪	50 50 50 400			
32	苯硫氨酯/甲苯咪唑/奥芬达唑 Febantel/ Fenbendazole/ Oxfendazole	牛	肌肉 肝 肾 脂肪 奶	100 500 100 100 100μg/L	牛/马/猪/羊	肌肉 脂肪 肝 肾	100 100 500 100
		猪	肌肉 肝 肾 脂肪	100 500 100 100	牛/羊	奶	100μg/L
		羊	肌肉 肝 肾 脂肪 奶	100 500 100 100 100μg/L			
		山羊	肌肉 肝 肾 脂肪	100 500 100 100			
		马	肌肉 肝 肾 脂肪	100 500 100 100			

编号	药物名	泰国			中国		
		动物种类	靶组织	最高残留限量 μg/kg	动物种类	靶组织	最高残留限量 μg/kg
33	莫昔克丁 Moxidectin	牛	肌肉 肝 肾 脂肪	20 100 50 500	—	—	—
		羊	肌肉 肝 肾 脂肪	50 100 50 500			
		鹿	肌肉 肝 肾 脂肪	20 100 50 500			
34	洁霉素 Lincomycin	牛	奶	150 μg/L	牛 / 羊 / 猪 / 禽	肌肉 脂肪 肝 肾	100 100 500 1500
		猪	肌肉 肝 肾 脂肪	200 500 1500 100	牛 / 羊	奶	150 μg/L
		鸡	肌肉 肝 肾 脂肪	200 500 500 100	鸡	蛋	50
35	左旋咪唑 Levamisole	牛	肌肉 肝 肾 脂肪	10 100 10 10	牛 / 羊 / 猪 / 禽	肌肉 脂肪 肝 肾	10 10 100 10
		猪	肌肉 肝 肾 脂肪	10 100 10 10			
		羊	肌肉 肝 肾 脂肪	10 100 10 10			
		禽	肌肉 肝 肾 脂肪	10 100 10 10			

编号	药物名	泰国			中国		
		动物种类	靶组织	最高残留限量 μg/kg	动物种类	靶组织	最高残留限量 μg/kg
36	奇霉素 Spectinomycin	牛	肌肉 肝 肾 脂肪 奶	500 2000 5000 2000 200μg/L	牛/羊/猪/鸡 牛 鸡	肌肉 脂肪 肝 肾 奶 蛋	500 2000 2000 5000 200μg/L 2000
		猪	肌肉 肝 肾 脂肪	500 2000 5000 2000			
		羊	肌肉 肝 肾 脂肪	500 2000 5000 2000			
		鸡	肌肉 肝 肾 脂肪 蛋	500 2000 5000 2000 2000			
37	螺旋霉素 Spiramycin	牛	肌肉 肝 肾 脂肪 奶	200 600 300 300 200μg/L	—	—	—
		猪	肌肉 肝 肾 脂肪	200 600 300 300			
		鸡	肌肉 肝 肾 脂肪	200 600 800 300			
38	阿扎哌隆 Azaperone	猪	肌肉 肝 肾 脂肪	60 100 100 60	猪	肌肉 皮+脂肪 肝 肾	60 60 100 100
39	咪多卡 Imidocarb	牛	肌肉 肝 肾 脂肪 奶	300 1500 2000 50 50μg/L	—	—	—

编号	药物名	泰国			中国		
		动物种类	靶组织	最高残留限量 μg/kg	动物种类	靶组织	最高残留限量 μg/kg
40	依立诺克丁 Eprinomectin	牛	肌肉 肝 肾 脂肪 奶	100 2000 300 250 20μg/L	—	—	—
41	阿维菌素 Abamectin	牛	肝 肾 脂肪	100 50 100	牛（泌乳期禁用） 羊（泌乳期禁用）	脂肪 肝 肾 肌肉 脂肪 肝 肾	100 100 50 25 50 25 20
42	阿苯达唑 Albendazole	牛 羊	肌肉 肝 肾 脂肪 奶 肌肉 肝 肾 脂肪 奶	100 5000 5000 100 100μg/L 100 5000 5000 100 100μg/L	牛/羊	肌肉 脂肪 肝 肾 奶	100 100 5000 5000 100μg/L
43	氮氨菲啶 Isometamidium	牛	肌肉 肝 肾 脂肪 奶	100 500 1000 100 100μg/L	牛	肌肉 脂肪 肝 肾 奶	100 100 500 1000 100μg/L
44	伊佛霉素 Ivermectin	牛 猪 羊	肝 脂肪 奶 肝 脂肪 肝 脂肪	100 40 10μg/L 15 20 15 20	牛 猪/羊	肌肉 脂肪 肝 奶 肌肉 脂肪 肝	10 40 100 10μg/L 20 20 15

2-4　菲律宾与中国农食产品兽药残留限量比较

编号	药物名	菲律宾			中国		
		动物种类	靶组织	最高残留限量 μg/kg	动物种类	靶组织	最高残留限量 μg/kg
1	阿维菌素 Abamectin	牛	肝 肾 脂肪	100 50 100	牛（泌乳期禁用） 羊（泌乳期禁用）	脂肪 肝 肾 肌肉 脂肪 肝 肾	100 100 50 25 50 25 20
2	阿苯达唑 Albendazole	所有食品动物	肌肉 肝 肾 脂肪 奶	100 5000 5000 100 100 μg/L	牛 / 羊	肌肉 脂肪 肝 肾 奶	100 100 5000 5000 100 μg/L
3	阿莫西林 Amoxicillin	牛 羊 猪	肌肉 肝 肾 脂肪 奶 肌肉 肝 肾 脂肪 奶 肌肉 肝 肾 脂肪 / 皮	50 50 50 50 4 μg/L 50 50 50 50 4 μg/L 50 50 50 50	所有食品动物	肌肉 脂肪 肝 肾 奶	50 50 50 50 10 μg/L
4	阿维拉霉素 Avilamycin	猪 鸡 火鸡 兔	肌肉 肝 肾 脂肪 / 皮 肌肉 肝 肾 脂肪 / 皮 肌肉 肝 肾 脂肪 / 皮 肌肉 肝 肾 脂肪	200 300 200 200 200 300 200 200 200 300 200 200 200 300 200 200	—	—	—

<table>
<tr><th rowspan="2">编号</th><th rowspan="2">药物名</th><th colspan="3">菲律宾</th><th colspan="3">中国</th></tr>
<tr><th>动物种类</th><th>靶组织</th><th>最高残留限量
μg/kg</th><th>动物种类</th><th>靶组织</th><th>最高残留限量
μg/kg</th></tr>
<tr><td>5</td><td>阿扎哌隆
Azaperone</td><td>猪</td><td>肌肉
肝
肾
脂肪</td><td>60
100
100
60</td><td>猪</td><td>肌肉
皮＋脂肪
肝
肾</td><td>60
60
100
100</td></tr>
<tr><td>6</td><td>青霉素、普鲁卡因青霉素
Benzylpenicillin/
Procaine
Benzylpenilillin</td><td>牛

鸡

猪</td><td>肌肉
肝
肾
奶

肌肉
肝
肾

肌肉
肝
肾</td><td>50
50
50
4 μg/L

50
50
50

50
50
50</td><td>所有食品动物</td><td>肌肉
脂肪
肝
肾
奶</td><td>50
50
50
50
4 μg/L</td></tr>
<tr><td>7</td><td>卡拉洛尔
Carazolol</td><td>猪</td><td>肌肉
肝
肾
脂肪 / 皮</td><td>5
25
25
5</td><td>—</td><td>—</td><td>—</td></tr>
<tr><td>8</td><td>头孢噻呋
Ceftiofur</td><td>牛

猪</td><td>肌肉
肝
肾
脂肪
奶

肌肉
肝
肾
脂肪</td><td>1000
2000
6000
2000
100 μg/L

1000
2000
6000
2000</td><td>牛 / 猪

牛</td><td>肌肉
脂肪
肝
肾

奶</td><td>1000
2000
2000
6000

100 μg/L</td></tr>
<tr><td>9</td><td>金霉素 / 氧四环素 / 四环素
Chlortetracycline/
Oxytetracycline/
Tetracycline</td><td>牛

鱼

虾

猪

禽

羊</td><td>肌肉
肝
肾
奶

肌肉

肌肉

肌肉
肝
肾

肌肉
肝
肾
蛋

肌肉
肝
肾
奶</td><td>200
600
1200
100 μg/L

200

200

200
600
1200

200
600
1200
400

200
600
1200
100 μg/L</td><td>所有食品动物

牛 / 羊

禽

鱼 / 虾</td><td>肌肉
肝
肾

奶

蛋

肉</td><td>100
300
600

100 μg/L

200

100</td></tr>
</table>

<table>
<tr><th rowspan="2">编号</th><th rowspan="2">药物名</th><th colspan="3">菲律宾</th><th colspan="3">中国</th></tr>
<tr><th>动物种类</th><th>靶组织</th><th>最高残留限量
μg/kg</th><th>动物种类</th><th>靶组织</th><th>最高残留限量
μg/kg</th></tr>
<tr><td rowspan="2">10</td><td rowspan="2">克仑特罗
Clenbuterol</td><td>牛</td><td>肌肉
肝
肾
脂肪
奶</td><td>0.2
0.6
0.6
0.2
0.05μg/L</td><td rowspan="2">所有食品动物</td><td rowspan="2">所有可食组织</td><td rowspan="2">不得检出</td></tr>
<tr><td>马</td><td>肌肉
肝
肾
脂肪</td><td>0.2
0.6
0.6
0.2</td></tr>
<tr><td rowspan="2">11</td><td rowspan="2">氯氰碘柳胺
Closantel</td><td>牛</td><td>肌肉
肝
肾
脂肪</td><td>1000
1000
3000
3000</td><td>牛</td><td>肌肉
脂肪
肝
肾</td><td>1000
3000
1000
3000</td></tr>
<tr><td>羊</td><td>肌肉
肝
肾
脂肪</td><td>1500
1500
5000
2000</td><td>羊</td><td>肌肉
脂肪
肝
肾</td><td>1500
2000
1500
5000</td></tr>
<tr><td rowspan="7">12</td><td rowspan="7">粘菌素
Colistin</td><td>牛</td><td>肌肉
肝
肾
脂肪
奶</td><td>150
150
200
150
50μg/L</td><td rowspan="7">牛/羊

牛/羊/猪/鸡/兔

鸡</td><td rowspan="7">奶

肌肉
脂肪
肝
肾

蛋</td><td rowspan="7">50μg/L

150
150
150
200

300</td></tr>
<tr><td>羊</td><td>肌肉
肝
肾
脂肪
奶</td><td>150
150
200
150
50μg/L</td></tr>
<tr><td>山羊</td><td>肌肉
肝
肾
脂肪</td><td>150
150
200
150</td></tr>
<tr><td>猪</td><td>肌肉
肝
肾
脂肪</td><td>150
150
200
150</td></tr>
<tr><td>鸡</td><td>肌肉
肝
肾
脂肪
蛋</td><td>150
150
200
150
300</td></tr>
<tr><td>火鸡</td><td>肌肉
肝
肾
脂肪</td><td>150
150
200
150</td></tr>
<tr><td>兔</td><td>肌肉
肝
肾
脂肪</td><td>150
150
200
150</td></tr>
</table>

编号	药物名	菲律宾			中国		
		动物种类	靶组织	最高残留限量 μg/kg	动物种类	靶组织	最高残留限量 μg/kg
13	氟氯氰菊酯 Cyfluthrin	牛	肌肉 肝 肾 脂肪 奶	20 20 20 200 40μg/L	—	—	—
14	三氟氯氰菊酯 Cyhalothrin	牛 猪 羊	肌肉 肝 肾 脂肪 奶 肌肉 肝 肾 脂肪 肌肉 肝 肾 脂肪	20 20 20 400 30μg/L 20 20 20 400 20 50 20 400	—	—	—
15	氯氰菊酯/顺式氯氰菊酯 Cypermethrin/ Alpha-cypermethrin	牛 羊	肌肉 肝 肾 脂肪 奶 肌肉 肝 肾 脂肪	50 50 50 1000 100μg/L 50 50 50 1000	牛/羊 牛 鸡 鱼	肌肉 脂肪 肝 肾 奶 肌肉 皮+脂 肝 肾 蛋 肌肉	30 500 50 50 30μg/L 30 500 50 50 30 30
16	达氟沙星 Danofloxacin	牛 鸡 猪	肌肉 肝 肾 脂肪 肌肉 肝 肾 脂肪 肌肉 肝 肾 脂肪	200 400 400 100 200 400 400 100 100 50 200 100	牛/绵羊/山羊 家禽 其他动物	肌肉 脂肪 肝 肾 奶 肌肉 皮+脂 肝 肾 肌肉 脂肪 肝 肾	200 100 400 400 30μg/L 200 100 400 400 100 50 200 200

编号	药物名	菲律宾			中国		
		动物种类	靶组织	最高残留限量 μg/kg	动物种类	靶组织	最高残留限量 μg/kg
17	溴氰菊酯 Deltamethrin	牛	肌肉 肝 肾 脂肪 奶	30 50 50 500 30 μg/L	牛 / 羊	肌肉 脂肪 肝 肾	30 500 50 50
		鸡	肌肉 肝 肾 脂肪 蛋	30 50 50 500 30	牛	奶	30 μg/L
		鲑鱼	肌肉	30	鸡	肌肉 皮＋脂 肝 肾 蛋	30 500 50 50 30
		羊	肌肉 肝 肾 脂肪	30 50 50 500	鱼	肌肉	30
18	地塞米松 Dexamethasone	牛	肌肉 肝 肾 奶	1.0 2.0 1.0 0.3 μg/L	牛 / 猪 / 马	肌肉 肝 肾	0.75 2 0.75
		猪	肌肉 肝 肾	1.0 2.0 1.0	牛	奶	0.3 μg/L
		马	肌肉 肝 肾	1.0 2.0 1.0			
19	地克珠利 Diclazuril	禽	肌肉 肝 肾 脂肪 / 皮	500 3000 2000 1000	绵羊 / 禽 / 兔	肌肉 脂肪 肝 肾	500 1000 3000 2000
		兔	肌肉 肝 肾 脂肪	500 3000 2000 1000			
		羊	肌肉 肝 肾 脂肪	500 3000 2000 1000			
20	地昔尼尔 Dicyclanil	羊	肌肉 肝 肾 脂肪	150 125 125 200	—	—	—

编号	药物名	菲律宾			中国		
		动物种类	靶组织	最高残留限量 μg/kg	动物种类	靶组织	最高残留限量 μg/kg
21	链霉素/双氢链霉素 Streptomycin/Dihydrostreptomycin	牛	肌肉 肝 肾 脂肪 奶	600 600 1000 600 200 μg/L	牛	奶	200 μg/L
		鸡	肌肉 肝 肾 脂肪	600 600 1000 600	牛/绵羊/猪/鸡	肌肉 脂肪 肝 肾	600 600 600 1000
		猪	肌肉 肝 肾 脂肪	600 600 1000 600			
		羊	肌肉 肝 肾 脂肪 奶	600 600 1000 600 200 μg/L			
22	二脒那秦 Diminazene	牛	肌肉 肝 肾 奶	500 12000 6000 150 μg/L	牛	肌肉 肝 肾 奶	500 12000 6000 150 μg/L
23	多拉菌素 Doramectin	牛	肌肉 肝 肾 脂肪 奶	10 100 30 150 15 μg/L	牛（泌乳牛禁用）	肌肉 脂肪 肝 肾	10 150 100 30
		猪	肌肉 肝 肾 脂肪	5 100 30 150	猪/羊/鹿	肌肉 脂肪 肝 肾	20 100 50 30
24	依立诺克丁 Eprinomectin	牛	肌肉 肝 肾 脂肪 奶	100 2000 300 250 20 μg/L			
25	红霉素 Erythromycin	鸡	肌肉 肝 肾 脂肪 蛋	100 100 100 100 50	所有食品动物	肌肉 脂肪 肝 肾 奶 蛋	200 200 200 200 40 μg/L 150
		火鸡	肌肉 肝 肾 脂肪	100 100 100 100			

<table>
<tr><th rowspan="2">编号</th><th rowspan="2">药物名</th><th colspan="3">菲律宾</th><th colspan="3">中国</th></tr>
<tr><th>动物种类</th><th>靶组织</th><th>最高残留限量
μg/kg</th><th>动物种类</th><th>靶组织</th><th>最高残留限量
μg/kg</th></tr>
<tr><td>26</td><td>雌二醇
Estradiol</td><td>牛</td><td>肌肉
肝
肾
脂肪</td><td>—</td><td>所有食品动物</td><td>所有可食组织</td><td>允许作治疗用，但不得在动物性食品中检出的药物</td></tr>
<tr><td rowspan="5">27</td><td rowspan="5">苯硫氨酯／芬苯达唑／奥芬达唑
Febantel/
Fenbendazole/
Oxfendazole</td><td>牛</td><td>肌肉
肝
肾
脂肪
奶</td><td>100
500
100
100
100μg/L</td><td rowspan="5">牛／马／猪／羊

牛／羊</td><td rowspan="5">肌肉
脂肪
肝
肾

奶</td><td rowspan="5">100
100
500
100

100μg/L</td></tr>
<tr><td>羊</td><td>肌肉
肝
肾
脂肪</td><td>100
500
100
100</td></tr>
<tr><td>马</td><td>肌肉
肝
肾
脂肪</td><td>100
500
100
100</td></tr>
<tr><td>猪</td><td>肌肉
肝
肾
脂肪</td><td>100
500
100
100</td></tr>
<tr><td>山羊</td><td>肌肉
肝
肾
脂肪
奶</td><td>100
500
100
100
100μg/L</td></tr>
<tr><td>28</td><td>啶蜱脲
Fluazuron</td><td>牛</td><td>肌肉
肝
肾
脂肪</td><td>200
500
500
7000</td><td>—</td><td>—</td><td>—</td></tr>
<tr><td rowspan="2">29</td><td rowspan="2">氟苯达唑
Flubendazole</td><td>猪</td><td>肌肉
肝</td><td>10
10</td><td>猪</td><td>肌肉
肝</td><td>10
10</td></tr>
<tr><td>禽</td><td>肌肉
肝
蛋</td><td>200
500
400</td><td>禽</td><td>肌肉
肝
蛋</td><td>200
500
400</td></tr>
</table>

编号	药物名	菲律宾			中国		
		动物种类	靶组织	最高残留限量 μg/kg	动物种类	靶组织	最高残留限量 μg/kg
30	氟甲喹 Flumequine	牛	肌肉 肝 肾 脂肪	500 500 3000 1000	牛 / 羊 / 猪	肌肉 脂肪 肝 肾 奶	500 1000 500 3000 50 μg/L
		鸡	肌肉 肝 肾 脂肪	500 500 3000 1000	鱼	肌肉 + 皮	500
		猪	肌肉 肝 肾 脂肪	500 500 3000 1000	鸡	肌肉 皮 + 脂 肝 肾	500 1000 500 3000
		羊	肌肉 肝 肾 脂肪	500 500 3000 1000			
		鲑鱼	肌肉	500			
31	庆大霉素 Gentamicin	牛	肌肉 肝 肾 脂肪 奶	100 2000 5000 100 200 μg/L	牛 / 猪	肌肉 脂肪 肝 肾	100 100 2000 5000
		猪	肌肉 肝 肾 脂肪	100 2000 5000 100	牛 鸡 / 火鸡	奶 可食组织	200 μg/L 100
32	咪多卡 Imidocarb	牛	肌肉 肝 肾 脂肪 奶	300 1500 2000 50 50 μg/L	—	—	—
33	氮氨菲啶 Isometamidium	牛	肌肉 肝 肾 脂肪 奶	100 500 1000 100 100 μg/L	牛	肌肉 脂肪 肝 肾 奶	100 100 500 1000 100 μg/L

编号	药物名	菲律宾			中国		
		动物种类	靶组织	最高残留限量 μg/kg	动物种类	靶组织	最高残留限量 μg/kg
34	伊佛霉素 Ivermectin	牛	肝 脂肪 奶	100 40 10μg/L	牛	肌肉 脂肪 肝 奶	10 40 100 10μg/L
		猪	肝 脂肪	15 20	猪/羊	肌肉 脂肪 肝	20 20 15
		羊	肝 脂肪	15 20			
35	左旋咪唑 Levamisole	牛	肌肉 肝 肾 脂肪	10 100 10 10	牛/羊/猪/禽	肌肉 脂肪 肝 肾	10 10 100 10
		猪	肌肉 肝 肾 脂肪	10 100 10 10			
		禽	肌肉 肝 肾 脂肪	10 100 10 10			
		羊	肌肉 肝 肾 脂肪	10 100 10 10			
36	洁霉素 Lincomycin	牛	奶	150μg/L	牛/羊/猪/禽	肌肉 脂肪 肝 肾	100 100 500 1500
		鸡	肌肉 肝 肾 脂肪	200 500 500 100	牛/羊	奶	150μg/L
		猪	肌肉 肝 肾 脂肪	200 500 1500 100	鸡	蛋	50
37	醋酸美仑孕酮 Melengestrol acetate	牛	肌肉 肝 肾 脂肪	1 10 2 18	所有食品动物	所有可食组织	不得检出

编号	药物名	菲律宾			中国		
		动物种类	靶组织	最高残留限量 μg/kg	动物种类	靶组织	最高残留限量 μg/kg
38	莫能菌素 Monensin	牛	肌肉 肝 肾 脂肪 奶	10 100 10 100 2 μg/L	牛 / 羊 鸡 / 火鸡	可食组织 肌肉 皮＋脂 肝	50 1500 3000 4500
		羊	肌肉 肝 肾 脂肪	10 20 10 100			
		山羊	肌肉 肝 肾 脂肪	10 20 10 100			
		鸡	肌肉 肝 肾 脂肪	10 10 10 100			
		火鸡	肌肉 肝 肾 脂肪	10 10 10 100			
		鹌鹑	肌肉 肝 肾 脂肪	10 10 10 100			
39	莫昔克丁 Moxidectin	牛	肌肉 肝 肾 脂肪	20 100 50 500	—	—	—
		鹿	肌肉 肝 肾 脂肪	20 100 50 500			
		羊	肌肉 肝 肾 脂肪	50 100 50 500			

编号	药物名	菲律宾			中国		
		动物种类	靶组织	最高残留限量 μg/kg	动物种类	靶组织	最高残留限量 μg/kg
40	甲基盐霉素 Narasin	牛	肌肉 肝 肾 脂肪	15 50 15 50	鸡	肌肉 皮＋脂 肝	600 1200 1800
		鸡	肌肉 肝 肾 脂肪	15 50 15 50			
		猪	肌肉 肝 肾 脂肪	15 50 15 50			
41	新霉素 Neomycin	牛	肌肉 肝 肾 脂肪 奶	500 500 10000 500 1500 μg/L	牛 / 羊 / 猪 / 鸡 / 火鸡 / 鸭 牛 / 羊 鸡	肌肉 脂肪 肝 肾 奶 蛋	500 500 500 10000 500 μg/L 500
		鸡	肌肉 肝 肾 脂肪 蛋	500 500 10000 500 500			
		鸭	肌肉 肝 肾 脂肪	500 500 10000 500			
		山羊	肌肉 肝 肾 脂肪	500 500 10000 500			
		猪	肌肉 肝 肾 脂肪	500 500 10000 500			
		羊	肌肉 肝 肾 脂肪	500 500 10000 500			
		火鸡	肌肉 肝 肾 脂肪	500 500 10000 500			

编号	药物名	菲律宾			中国		
		动物种类	靶组织	最高残留限量 μg/kg	动物种类	靶组织	最高残留限量 μg/kg
42	双硝苯脲二甲嘧啶醇 Nicarbazin	鸡	肌肉 肝 肾 脂肪 / 皮	200 200 200 200	鸡	肌肉 皮 / 脂 肝 肾	200 200 200 200
43	辛硫磷 Phoxim	山羊	肌肉 肝 肾 脂肪	50 50 50 400	牛 / 猪 / 羊	肌肉 脂肪 肝 肾	50 400 50 50
		猪	肌肉 肝 肾 脂肪	50 50 50 400	牛	奶	10μg/L
		羊	肌肉 肝 肾 脂肪	50 50 50 400			
44	吡利霉素 Pirlimycin	牛	肌肉 肝 肾 脂肪 奶	100 1000 400 100 100μg/L	—	—	—
45	猪生长激素 Porcine somatotropin	猪	肌肉 肝 肾 脂肪	—	—	—	—
46	黄体酮 Progesterone	牛	肌肉 肝 肾 脂肪	—	—	—	—
47	莱克多巴胺 Ractopamine	牛	肌肉 肝 肾 脂肪	10 40 90 10	—	—	—
		猪	肌肉 肝 肾 脂肪	10 40 90 10			
48	沙氟沙星 Sarafloxacin	鸡	肌肉 肝 肾 脂肪	10 80 80 20	鸡 / 火鸡	肌肉 脂肪 肝 肾	10 20 80 80
		火鸡	肌肉 肝 肾 脂肪	10 80 80 20	鱼	肌肉 + 皮	30

编号	药物名	菲律宾			中国		
		动物种类	靶组织	最高残留限量 μg/kg	动物种类	靶组织	最高残留限量 μg/kg
49	奇放线菌素 Spectinomycin	牛	肌肉 肝 肾 脂肪 奶	500 2000 5000 2000 200 μg/L	牛 / 羊 / 猪 / 鸡	肌肉 脂肪 肝 肾	500 2000 2000 5000
		鸡	肌肉 肝 肾 脂肪 蛋	500 2000 5000 2000 2000	牛	奶	200 μg/L
		猪	肌肉 肝 肾 脂肪	500 2000 5000 2000	鸡	蛋	2000
		羊	肌肉 肝 肾 脂肪	500 2000 5000 2000			
50	螺旋霉素 Spiramycin	牛	肌肉 肝 肾 脂肪 奶	200 600 300 300 200 μg/L	—	—	—
		鸡	肌肉 肝 肾 脂肪	200 600 300 300			
		猪	肌肉 肝 肾 脂肪	200 600 300 300			
51	磺胺二甲嘧啶 Sulfadimidine	牛	奶	25 μg/L	牛	奶	25 μg/L
		所有动物种类	肌肉 肝 肾 脂肪	100 100 100 100			
52	睾酮 Testosterone	牛	肌肉 肝 肾 脂肪	—	所有食品动物	所有可食组织	允许作治疗用，但不得在动物性食品中检出的药物

<table>
<tr><th rowspan="2">编号</th><th rowspan="2">药物名</th><th colspan="3">菲律宾</th><th colspan="3">中国</th></tr>
<tr><th>动物种类</th><th>靶组织</th><th>最高残留限量
μg/kg</th><th>动物种类</th><th>靶组织</th><th>最高残留限量
μg/kg</th></tr>
<tr><td rowspan="4">53</td><td rowspan="4">噻苯咪唑
Thiabendazole</td><td>牛</td><td>肌肉
肝
肾
脂肪
奶</td><td>100
100
100
100
100μg/L</td><td rowspan="4">牛/猪/绵羊/山羊

牛/山羊</td><td rowspan="4">肌肉
脂肪
肝
肾

奶</td><td rowspan="4">100
100
100
100

100μg/L</td></tr>
<tr><td>山羊</td><td>肌肉
肝
肾
脂肪</td><td>100
100
100
100</td></tr>
<tr><td>猪</td><td>肌肉
肝
肾
脂肪</td><td>100
100
100
100</td></tr>
<tr><td>羊</td><td>肌肉
肝
肾
脂肪</td><td>100
100
100
100</td></tr>
<tr><td rowspan="5">54</td><td rowspan="5">替米考星
Tilmicosin</td><td>牛</td><td>肌肉
肝
肾
脂肪</td><td>100
1000
300
100</td><td rowspan="5">牛/绵羊

绵羊

猪

鸡</td><td rowspan="5">肌肉
脂肪
肝
肾

奶

肌肉
脂肪
肝
肾

肌肉
皮+脂
肝
肾</td><td rowspan="5">100
100
1000
300

50μg/L

100
100
1500
1000

75
75
1000
250</td></tr>
<tr><td>鸡</td><td>肌肉
肝
肾
脂肪</td><td>150
2400
600
250</td></tr>
<tr><td>猪</td><td>肌肉
肝
肾
脂肪</td><td>100
1500
1000
100</td></tr>
<tr><td>羊</td><td>肌肉
肝
肾
脂肪</td><td>100
1000
300
100</td></tr>
<tr><td>火鸡</td><td>肌肉
肝
肾
脂肪</td><td>100
1200
1400
250</td></tr>
<tr><td>55</td><td>醋酸去甲雄三烯醇酮
Trenbolone acetate</td><td>牛</td><td>肌肉
肝</td><td>2
10</td><td>所有食品动物</td><td>所有可食组织</td><td>禁止使用的药物，在动物性食品中不得检出</td></tr>
</table>

编号	药物名	菲律宾			中国		
		动物种类	靶组织	最高残留限量 μg/kg	动物种类	靶组织	最高残留限量 μg/kg
56	敌百虫 Trichlorfon	牛	奶	50μg/L	牛	肌肉 脂肪 肝 肾 奶	50 50 50 50 50μg/L
57	三氯苯咪唑 Triclabendazole	牛	肌肉 肝 肾 脂肪	250 850 400 100	牛	肌肉 脂肪 肝 肾	200 100 300 300
		羊	肌肉 肝 肾 脂肪	200 300 200 100	羊	肌肉 脂肪 肝 肾	100 100 100 100
58	泰乐菌素 Tylosin	牛	肌肉 肝 肾 脂肪 奶	100 100 100 100 100μg/L	鸡/火鸡/猪/牛	肌肉 脂肪 肝 肾	200 200 200 200
		猪	肌肉 肝 肾 脂肪	100 100 100 100	牛	奶	50μg/L
		鸡	肌肉 肝 肾 脂肪 蛋	100 100 100 100 300	鸡	蛋	200
59	折仑诺 Zeranol	牛	肌肉 肝	2 10	所有食品动物	所有可食组织	禁止使用的药物，在动物性食品中不得检出

附录3 东盟各国食品添加剂种类及最大使用限量

3-1 越南食品添加剂种类及最大使用限量

表 3-1.1 食品添加剂种类及最大使用限量

食品组代码	食品种类	添加剂的最大使用限量 /（mg/kg）
INS 101（ⅰ）核黄素、INS 101（ⅱ）核黄素 5′ 磷酸酯、INS 101（ⅲ）核黄素（枯草芽孢杆菌）		
01.1.2	牛奶饮品、调味品和（或）发酵（如牛奶巧克力、可可牛奶、鸡蛋、饮用酸奶和乳清饮料等）	300
01.2.1	发酵牛奶（纯）	300
01.3.2	含乳饮料产品	300
01.5.2	牛奶粉、奶油粉及同类产品	300
01.6.1	新鲜的奶酪	300/GMP
01.6.2.1	全熟芝士（包括表面）	300
01.6.2.2	熟制的奶酪表面	300
01.6.4	加工的含有口味的奶酪（包括水果奶酪、蔬菜奶酪和肉类奶酪）	300
01.6.5	同类的奶酪产品	300
01.7	牛奶甜点（如布丁和酸奶等）	300
02.2.2	全脂、脱脂和脂肪混合牛奶	300
02.3	脂肪乳化剂及其混合品和 / 或用于脂肪乳化剂调味的产品	300
02.4	含有脂肪的甜点（不包括食品组代码 01.7 的甜点）	300
03.0	冷藏的食物（包括水果的果汁和水果奶油）	500
04.1.1.2	经表面处理的新鲜水果	300
04.1.2.4	巴氏杀菌的罐装或瓶装的水果	300
04.1.2.5	果酱、果冻、果酱水果	200
04.1.2.6	粉碎的水果制品（如辣椒酱），除食品代码 04.1.2.5 以外	500
04.1.2.7	水果糖	300
04.1.2.8	水果加工产品（包括粉碎的捣碎水果、果泥、水果包衣和椰奶）	300
04.1.2.9	水果加工的甜点（包括水果口味的甜点）	300
04.1.2.10	发酵的水果制品	500
04.1.2.11	用于制作糕点的水果	300
04.2.1.2	蔬菜（包括真菌，根、块茎和根茎的植物，豆类，芦荟）、海藻、坚果和种子	300

表 3-1.1（续）

食品组代码	食品种类	添加剂的最大使用限量 /（mg/kg）
04.2.2.3	醋、油、水、盐或酱油腌制的蔬菜（包括真菌，根、块茎和根状茎的植物，豆类，芦荟）、海藻类	500
04.2.2.6	蔬菜（包括真菌，根、块茎和根状茎的植物，豆类，芦荟）、海藻、坚果和种子（如蔬菜甜点、酱汁、蔬菜和糖浸泡等），除食品组代码 04.2.2.5 以外	300
04.2.2.7	发酵的蔬菜（包括真菌，根、块茎和根状茎的植物，豆类，芦荟）和发酵的海藻产品（不包括大豆发酵的产品，食品代码为 06.8.6、06.8.7、12.9.1、12.9.2.3）	500
05.1.5	巧克力、巧克力替代品等类似产品	1000
05.2	硬糖、软糖、方块糖等（不包括食品组代码 05.3 和 05.4 的食品）	1000
05.3	口香糖	1000
05.4	用于食品装饰的产品（如蛋糕装饰品），表面涂层（不是水果）和甜调味汁	1000
06.3	早餐谷物（包括燕麦、意面）	300
06.4.3	熟制面食制品、熟面条及类似产品	300
06.5	由谷物和淀粉制成的甜点（如大米布丁、木薯布丁）	300
06.6	浆料（如面包、鱼或家禽）	300
06.8.1	豆类饮料	50
07.2	不同风味的蛋糕	300
08.2	肉类制品（包括家禽、肉类原件或加工切碎的肉制品）	1000
08.3	肉制品、家禽肉和加工处理过的肉末	1000
08.4	可直接食用肉制品（如香肠肠衣）	1000
09.2.1	鱼、鱼片和冷冻的海鲜产品（包括磷虾、甲壳类动物、有鳞鱼）	1000
09.2.2	加工的鱼、鱼片和海鲜等冷冻产品（包括软体动物、甲壳类动物、有鳞鱼）	300
09.2.3	加有奶油汁的海鲜产品（包括磷虾、甲壳类动物、有鳞鱼）	300
09.2.4.1	熟制的鱼和海鲜产品	300
09.2.4.2	熟制的磷虾、甲壳类动物、有鳞鱼	300
09.2.4.3	油炸或煎炒的鱼和海鲜产品（包括磷虾、甲壳类动物、有鳞鱼）	300
09.2.5	熏制、干制、发酵或盐腌的鱼、海鲜产品（包括磷虾、甲壳类动物、有鳞鱼）	300
09.3.1	海鲜、海鲜产品（包括磷虾、甲壳类动物、有鳞鱼）	300
09.3.2	用醋加工过的海鲜、海鲜产品（包括软体动物、甲壳类动物、有鳞鱼）	300
09.3.3	沙拉替代品、鱼子酱等产品	300
09.3.4	初加工的鱼、海鲜产品（包括磷虾、甲壳类动物、有鳞鱼；不包括食品组代码 09.3.1~09.3.3 的产品）	300
09.4	鱼、发酵鱼类制品或罐头产品（包括软体动物、甲壳类动物、有鳞鱼）	500
10.1	新鲜的鸡蛋	300
10.4	含鸡蛋的甜点（如牛奶蛋羹）	300
11.3	糖溶液、部分重新配制的糖浆（包括糖蜜）	300
11.4	其他糖和糖浆（如木糖、枫糖浆、糖衣）	300

表 3—1.1（续）

食品组代码	食品种类	添加剂的最大使用限量 /（mg/kg）
12.2.2	调味品	350
12.4	芥末	300
12.5	酱汤、肉汁	200
12.6	酱汁和同类产品	350
12.6.2	非乳液的形式呈现的酱（如番茄酱、辣椒酱、奶油酱、肉汁）	350
12.7	意面、沙拉和夹心果酱（不包括可可和杏仁酱）	300
12.9.1	发酵的大豆（即味噌）	30
13.3	以特殊饮食为治疗目的的食品	300
13.4	减肥食品	300
13.5	除了食品组代码 13.1、13.4 和 13.6 的其他饮食食品（如节食功能性食品）	300
13.6	滋补食品	300
14.1.4	香味饮料（包括“能量运动饮料”或“电解质”饮料等特殊饮料）	50
14.2.2	苹果酒、梨酒	300
14.2.4	葡萄酒（除酿酒葡萄）	300
14.2.7	含酒精的饮料（如啤酒）	100
15.1	谷物、马铃薯、面粉和淀粉（来自块茎、根和种子）	1000
15.2	坚果加工制品（包括坚果酱和杏仁混合物）	1000
INS 338 磷酸；INS 339（i）磷酸二氢钠、INS 339（ii）磷酸氢二钠、INS 339（iii）磷酸三钠；INS 340（i）磷酸二氢钾、INS 340（ii）磷酸氢二钾、INS 340（iii）磷酸三钾；INS 341（i）磷酸二氢钙、INS 341（ii）磷酸氢钙、INS 341（iii）磷酸三钙；INS 342（i）磷酸二氢铵、INS 342（ii）磷酸氢二铵；INS 343（i）磷酸二氢镁、INS 343（ii）磷酸氢镁、INS 343（iii）磷酸三镁；INS 450（i）二磷酸二钠、INS 450（ii）二磷酸三钠、INS 450（iii）二磷酸四钠、INS 450（v）二磷酸四钾、INS 450（vi）二磷酸二钙、INS 450（vii）二磷酸二氢钙；INS 451（i）三磷酸五钠、INS 451（ii）三磷酸五钾；INS 452（i）六偏磷酸钠、INS 452（ii）聚磷酸钾、INS 452（iii）聚磷酸钙（偏磷酸钙和聚偏磷酸钙）、INS 452（iv）聚磷酸钙、INS 452（v）聚磷酸铵；INS 542 骨质磷酸盐（主要是三盐基磷酸钙）		
01.1.1	牛奶和乳酪（纯）	1500
01.1.2	牛奶饮品、调味品和（或）发酵（如牛奶巧克力、可可牛奶、鸡蛋、饮用酸奶和乳清饮料等）	1320
01.2	发酵乳和炼乳牛奶，除了代码 01.1.2（牛奶饮料）以外	1000
01.2.1	发酵牛奶（纯）	1000
01.3.1	稀释的炼乳	2000
01.3.2	含乳饮料产品	4400
01.4	奶油（纯）及类似产品	2200
01.4.3	冰激凌	1100
01.5.1	奶粉、奶油粉（纯）	4400
01.5.2	牛奶粉、奶油粉及同类产品	4400
01.6.1	新鲜的奶酪	4400
01.6.2	成熟干酪	1540
01.6.4	加工的含有口味的奶酪（包括水果奶酪、蔬菜奶酪和肉类奶酪）	9000

表 3—1.1（续）

食品组代码	食品种类	添加剂的最大使用限量 /（mg/kg）
01.6.5	奶酪产品	9000
01.7	牛奶甜点（如布丁或酸奶等）	1500
01.8.1	液态乳清和乳清产品（不含乳清奶酪）	880
01.8.2	乳清和干乳清产品（不包括乳清干酪）	4400
02.2.1	黄油	880
02.2.2	全脂、脱脂和脂肪混合牛奶	2200
02.3	脂肪乳化剂及其混合品和 / 或用于脂肪乳化剂调味的产品	2200
02.4	含有脂肪的甜点（不包括食品组代码 01.7 的甜点）	1500
03.0	冷藏食物（包括水果果汁和水果奶油）	7500
04.1.2.3	醋、油、盐腌渍的水果	2200
04.1.2.5	果酱、果冻、果酱水果	GMP
04.1.2.6	粉碎的水果制品（如辣椒酱），除食品代码 04.1.2.5 以外	1100
04.1.2.7	水果糖	10
04.1.2.8	水果加工产品（包括粉碎的捣碎水果、果泥、水果包衣和椰奶）	350
04.1.2.9	水果加工的甜点（包括水果口味的甜点）	1500
04.1.2.10	发酵的水果制品	2200
04.1.2.11	用于制作糕点的水果	1500
04.2.1.2	蔬菜（包括真菌，根、块茎和根茎的植物，豆类，芦荟）、海藻、坚果和种子	1760
04.2.1.3	去皮、切碎或切片的新鲜蔬菜（包括真菌，根、块茎和根茎的植物，豆类，芦荟）、海藻、坚果和种子	5600
04.2.2.1	冷冻蔬菜（包括真菌，根、块茎和根状茎的植物，豆类，芦荟）、海藻、坚果和种子	5000
04.2.2.2	干蔬菜（包括真菌，根、块茎和根状茎的植物，豆类，芦荟）、海藻、坚果和种子	5000
04.2.2.3	醋、油、水、盐或酱油腌制的蔬菜（包括真菌，根、块茎和根状茎的植物，豆类，芦荟）、海藻类	2200
04.2.2.4	罐头、瓶装（巴氏杀菌）或密闭袋装的蔬菜（包括真菌，根、块茎和根状茎的植物，豆类，芦荟）和海藻	2200/ GMP
04.2.2.5	蔬菜（包括真菌，根、块茎和根茎的植物，豆类，芦荟）、海藻、坚果和种子（如花生酱）	2200
04.2.2.6	蔬菜（包括真菌，根、块茎和根状茎的植物，豆类，芦荟）、海藻、坚果和种子（如蔬菜甜点、酱汁、蔬菜和糖浸泡等），除食品组代码 04.2.2.5 以外	2200
04.2.2.7	发酵的蔬菜（包括真菌，根、块茎和根状茎的植物，豆类，芦荟）和发酵的海藻产品（不包括大豆发酵的产品，食品代码为 06.8.6、06.8.7、12.9.1、12.9.2.3）	2200
04.2.2.8	煮熟或油炸的蔬菜（包括真菌，根、块茎和根茎的植物，豆类，芦荟）、海藻类	2200
05.1.1	可可粉（粉）和可可蛋糕	1100
05.1.3	可可酱	880

表 3-1.1（续）

食品组代码	食品种类	添加剂的最大使用限量 /（mg/kg）
05.1.4	可可制品、巧克力	1100
05.1.5	巧克力、巧克力替代品等类似产品	2200
05.2	硬糖、软糖、方块糖等（不包括食品组代码 05.3 和 05.4 的食品）	2200
05.3	口香糖	44000
05.4	用于食品装饰的产品（如蛋糕装饰品），表面涂层（不是水果）和甜调味汁	1500
06.2	面粉和淀粉（包括大豆粉）	GMP
06.2.1	小麦	2500
06.3	早餐谷物（包括燕麦、意面）	2200
06.4.1	面食、新鲜面制品和类似产品	2500
06.4.2	意粉、干面条和类似产品	900
06.4.3	熟制面食制品、熟面条及类似产品	2500
06.5	由谷物和淀粉制成的甜点（如大米布丁、木薯布丁）	7000
06.6	浆料（如面包、鱼或家禽）	5600
06.8.1	豆类饮料	1300
06.8.3	被冰冻的大豆	100
07.1.1.2	苏打面包	9300
07.1.2	酥脆的饼干与糖	9300
07.1.3	其他常见的烘焙蛋糕（如英式松饼、扁面包等）	9300
07.1.4	面包产品（包括面包屑和面包卷）	9300
07.1.5	馒头和饺子	9300
07.1.6	面包等常规烘焙食品	9300
07.2	不同风味的蛋糕	9300
08.2.1	肉制品、家禽和生肉或未煮熟的肉末	2200
08.2.2	肉类产品、家禽和生肉或切碎的生肉	3000
08.2.3	肉制品、家禽肉和生肉或切碎的冷冻肉	2200
08.3	肉制品、家禽肉和加工处理过的肉末	2200
08.3.2	未经过热处理肉制品、禽肉和肉末	3000
08.4	可直接食用肉制品（如香肠肠衣）	1100
09.2.1	鱼、鱼片和冷冻的海鲜产品（包括磷虾、甲壳类动物、有鳞鱼）	10000
09.2.2	加工的鱼、鱼片和海鲜等冷冻产品（包括软体动物、甲壳类动物、有鳞鱼）	2200
09.2.3	奶油酱加工过的海鲜和冷冻切碎的海鲜产品（包括软体动物、甲壳类动物、有鳞鱼）	2200
09.2.4.1	熟制的鱼和海鲜产品	2200
09.2.4.2	熟制的磷虾、甲壳类动物、有鳞鱼	2200
09.2.5	熏制、干制、发酵或盐腌的鱼、海鲜产品（包括磷虾、甲壳类动物、有鳞鱼）	5000
09.3.1	海鲜、海鲜产品（包括磷虾、甲壳类动物、有鳞鱼）	2200

表 3-1.1（续）

食品组代码	食品种类	添加剂的最大使用限量 /（mg/kg）
09.3.2	用醋加工过的海鲜、海鲜产品（包括软体动物、甲壳类动物、有鳞鱼）	2200
09.3.3	沙拉替代品、鱼子酱等产品	2200
09.3.4	初加工的鱼、海鲜产品（包括磷虾、甲壳类动物、有鳞鱼；不包括食品组代码 09.3.1~09.3.3 的产品）	2200
09.4	鱼、发酵鱼类制品或罐头产品（包括软体动物、甲壳类动物、有鳞鱼）	2200
10.2.1	液体蛋制品	4400
10.2.2	冷冻蛋制品	1290
10.3	保存的鸡蛋（包括用碱、盐或罐装保存）	1000
10.4	含鸡蛋的甜点（如牛奶蛋羹）	1400
11.1.2	糖粉、葡萄糖粉	6600
11.4	其他糖和糖浆（如木糖、枫糖浆、糖衣）	1320
11.6	甜味剂（包括高甜度的甜味剂）	1000
12.1.1	盐	8800
12.1.2	代盐产品	4400
12.2.2	调味品	2200
12.5	酱汤、肉汁	1500
12.6	酱汁和同类产品	2200
12.6.2	非乳液的形式呈现的酱（如番茄酱、辣椒酱、奶油酱、肉汁）	1000
12.9	来自大豆的香料	1200
13.2	适用于 36 个月以下儿童的营养产品	4400
13.3	以特殊饮食为治疗目的的食品	2200
13.4	减肥食品	2200
13.5	除了食品组代码 13.1、13.4 和 13.6 的其他饮食食品（如节食功能性食品）	2200
13.6	滋补食品	2200
14.1.2.1	果汁	1000
14.1.2.3	浓缩果汁	1000
14.1.4	香味饮料（包括"能量运动饮料"或"电解质"饮料等特殊饮料）	1000
14.1.5	咖啡、茶、草药饮料和谷物饮料等类似产品（不包括可可饮料）	300
14.2.2	苹果酒、梨酒	880
14.2.5	蜂蜜酒	440
14.2.6	酒精含量超过 15% 的蒸馏饮料	440
15.0	果汁	2200
INS 100（ i ）姜黄素		
01.1.2	牛奶饮品、调味品和（或）发酵（如牛奶巧克力、可可牛奶、鸡蛋、饮用酸奶和乳清饮料等）	100
01.7	牛奶甜点（如布丁、酸奶等）	GMP
02.1	水油分离剂	5

表 3—1.1（续）

食品组代码	食品种类	添加剂的最大使用限量 /（mg/kg）
02.1.3	猪油、鱼油和其他动物脂肪	5
02.2.2	全脂、脱脂和脂肪混合牛奶	5
03.0	冷藏食物（包括水果的果汁和水果奶油）	GMP
04.1.2.3	腌醋、油或盐水	500
04.1.2.5	果酱、果冻、果酱水果	500
04.2.2.3	醋、油、水、盐或酱油腌制的蔬菜（包括真菌，根、块茎和根状茎的植物，豆类，芦荟）、海藻类	300
05.2	硬糖、软糖、方块糖等（不包括食品组代码 05.3 和 05.4 的食品）	300
05.3	口香糖	300
06.4.3	熟制面食制品、熟面条及类似产品	500/GMP
12.2.2	调味品	GMP
12.5	酱汤、肉汁	50
12.6.2	非乳液的形式呈现的酱（如番茄酱、辣椒酱、奶油酱、肉汁）	GMP
INS 100（ⅱ）姜黄		
04.2.2.4	罐头、瓶装（巴氏杀菌）或密闭袋装的蔬菜（包括真菌，根、块茎和根状茎的植物，豆类，芦荟）和海藻	GMP
05.2	硬糖、软糖、方块糖等（不包括食品组代码 05.3 和 05.4 的食品）	300
05.3	口香糖	300
INS 102 柠檬黄		
01.2.1	发酵牛奶（纯）	300
01.7	牛奶甜点（如布丁、酸奶等）	GMP
03.0	冷藏食物（包括水果果汁和水果奶油）	GMP
04.1.2.4	巴氏杀菌的罐装或瓶装的水果	200
04.2.2.3	醋、油、水、盐或酱油腌制的蔬菜（包括真菌，根、块茎和根状茎的植物，豆类，芦荟）、海藻类	300
04.2.2.4	罐头、瓶装（巴氏杀菌）或密闭袋装的蔬菜（包括真菌，根、块茎和根状茎的植物，豆类，芦荟）和海藻	100
05.1.4	可可制品、巧克力	300
05.2	硬糖、软糖、方块糖等（不包括食品组代码 05.3 和 05.4 的食品）	300
05.3	口香糖	300
06.4.3	熟制面食制品、熟面条及类似产品	300
09.4	鱼、发酵鱼类制品或罐头产品（包括软体动物、甲壳类动物、有鳞鱼）	30
12.5	酱汤、肉汁	50
12.6.2	非乳液的形式呈现的酱（如番茄酱、辣椒酱、奶油酱、肉汁）	100
INS 104 喹啉黄		
01.2.1	发酵牛奶（纯）	150
04.1.2.5	果酱、果冻、果酱水果	100
12.5	酱汤、肉汁	50

表 3-1.1（续）

食品组代码	食品种类	添加剂的最大使用限量 /（mg/kg）
INS 110 日落黄		
01.1.2	牛奶饮品、调味品和（或）发酵（如牛奶巧克力、可可牛奶、鸡蛋、饮用酸奶和乳清饮料等）	300
01.2.1	发酵牛奶（纯）	300
01.6.1	新鲜的奶酪	300
01.6.2.2	熟制的奶酪表面	300
01.6.4	加工的含有口味的奶酪（包括水果奶酪、蔬菜奶酪和肉类奶酪）	200
01.6.5	相类的奶酪产品	300
01.7	牛奶甜点（如布丁、酸奶等）	300
02.1.3	猪油、动物脂肪、鱼油和其他动物脂肪	300
02.4	含有脂肪的甜点（不包括食品组代码 01.7 的甜点）	50
03.0	冷藏的食物（包括水果的果汁和水果奶油）	50
04.1.2.5	果酱、果冻、果酱水果	300
04.1.2.6	粉碎的水果制品（如辣椒酱），除食品代码 04.1.2.5 以外	300
04.1.2.7	水果糖	200
04.1.2.8	水果加工产品（包括粉碎的捣碎水果、果泥、水果包衣和椰奶）	300
04.1.2.9	水果加工的甜点（包括水果口味的甜点）	50
04.1.2.11	用于制作糕点的水果	300
04.2.1.2	蔬菜（包括真菌，根、块茎和根茎的植物，豆类，芦荟）、海藻、坚果和种子	300
04.2.2.3	醋、油、水、盐或酱油腌制的蔬菜（包括真菌，根、块茎和根状茎的植物，豆类，芦荟）、海藻类	300
04.2.2.6	蔬菜（包括真菌，根、块茎和根状茎的植物，豆类，芦荟）、海藻、坚果和种子（如蔬菜甜点、酱汁、蔬菜和糖浸泡等），除食品组代码 04.2.2.5 以外	50
04.2.2.7	发酵的蔬菜（包括真菌，根、块茎和根状茎的植物，豆类，芦荟）和发酵的海藻产品（不包括大豆发酵的产品，食品代码为 06.8.6、06.8.7、12.9.1、12.9.2.3）	200
05.1.4	可可制品、巧克力	400
05.1.5	巧克力、巧克力替代品等类似产品	300
05.2	硬糖、软糖、方块糖等（不包括食品组代码 05.3 和 05.4 的食品）	300
05.3	口香糖	300
05.4	用于食品装饰的产品（如蛋糕装饰品），表面涂层（不是水果）和甜调味汁	300
06.3	早餐谷物（包括燕麦、意面）	300
06.4.3	熟制面食制品、熟面条及类似产品	300
06.5	由谷物和淀粉制成的甜点（如大米布丁、木薯布丁）	50
07.2	不同风味的蛋糕	50
08.1	肉类、家禽和动物鲜肉	300
08.2	肉类制品（包括家禽、肉类原件或加工切碎的肉制品）	300

表 3−1.1（续）

食品组代码	食品种类	添加剂的最大使用限量 /（mg/kg）
08.3.1.1	未经加热处理的肉制品（包括家禽肉和加工肉，如盐渍）	300
08.3.1.2	经过加工（如盐渍）、无需热处理即可干燥的肉制品及家禽肉和切碎的肉类	135
08.3.1.3	未经热处理的肉类产品（包括家禽和肉末）	300
08.3.2	未经过热处理肉制品、禽肉和肉末	300
08.3.3	肉类制品、冷冻的家禽和肉类	300
08.4	可直接食用肉制品（如香肠肠衣）	300
09.1.1	新鲜的鱼	300
09.1.2	磷虾、甲壳类动物、有鳞鱼	300
09.2.1	鱼、鱼片和冷冻的海鲜产品（包括磷虾、甲壳类动物、有鳞鱼）	300
09.2.2	加工的鱼、鱼片和海鲜等冷冻产品（包括软体动物、甲壳类动物、有鳞鱼）	300
09.2.3	奶油酱加工过的海鲜和冷冻切碎的海鲜产品（包括软体动物、甲壳类动物、有鳞鱼）	300
09.2.4.1	熟制的鱼和海鲜产品	300
09.2.4.2	熟制的磷虾、甲壳类动物、有鳞鱼	250
09.2.4.3	油炸或煎炒的鱼和海鲜产品（包括磷虾、甲壳类动物、有鳞鱼）	300
09.2.5	熏制、干制、发酵或盐腌的鱼、海鲜产品（包括磷虾、甲壳类动物、有鳞鱼）	100
09.3.1	海鲜、海鲜产品（包括磷虾、甲壳类动物、有鳞鱼）	300
09.3.2	用醋加工过的海鲜、海鲜产品（包括软体动物、甲壳类动物、有鳞鱼）	300
09.3.3	沙拉替代品、鱼子酱等产品	300
09.3.4	初加工的鱼、海鲜产品（包括磷虾、甲壳类动物、有鳞鱼；不包括食品组代码 09.3.1~09.3.3 的产品）	300
09.4	鱼、发酵鱼类制品或罐头产品（包括软体动物、甲壳类动物、有鳞鱼）	300
10.1	新鲜的鸡蛋	GMP
10.4	含鸡蛋的甜点（如牛奶蛋羹）	50
12.2.2	调味品	300
12.4	芥末	300
12.5	酱汤、肉汁	50
12.6	酱汁和类似产品	300
12.6.2	非乳液的形式呈现的酱（如番茄酱、辣椒酱、奶油酱、肉汁）	300
13.3	以特殊饮食为治疗目的的食品	50
13.4	减肥食品	50
13.5	除了食品组代码 13.1、13.4 和 13.6 的其他饮食食品（如节食功能性食品）	300
13.6	滋补食品	300
14.1.4	香味饮料（包括“能量运动饮料”或“电解质”饮料等特殊饮料）	100
14.2.6	酒精含量超过 15% 的蒸馏饮料	200
14.2.7	含酒精饮料（如啤酒）	200

表 3-1.1（续）

食品组代码	食品种类	添加剂的最大使用限量 /（mg/kg）
15.1	谷物、马铃薯、面粉和淀粉（来自块茎、根和种子）	200
INS 120 胭脂虫红		
01.1.2	牛奶饮品、调味品和（或）发酵（如牛奶巧克力、可可牛奶、鸡蛋、饮用酸奶和乳清饮料等）	150
01.2.1	发酵牛奶（纯）	150
01.6.1	新鲜的奶酪	GMP
01.6.2.1	全熟芝士（包括表面）	125
01.6.4.2	加工的含有口味的奶酪（包括水果奶酪、蔬菜奶酪和肉类奶酪）	100
01.6.5	奶酪的同类产品	100
01.7	牛奶甜点（如布丁、酸奶等）	150
02.2.2	全脂、脱脂和脂肪混合牛奶	500
02.3	脂肪乳化剂及其混合品和 / 或用于脂肪乳化剂调味的产品	500
02.4	含有脂肪的甜点（不包括食品组代码 01.7 的甜点）	150
03.0	冷藏的食物（包括水果的果汁和水果奶油）	150
04.1.1.2	经表面处理的新鲜水果	500
04.1.2.4	巴氏杀菌的罐装或瓶装的水果	200
04.1.2.5	果酱、果冻、果酱水果	200
04.1.2.6	粉碎的水果制品（如辣椒酱），除食品代码 04.1.2.5 以外	500
04.1.2.7	水果糖	200
04.1.2.8	水果加工产品（包括粉碎的捣碎水果、果泥、水果包衣和椰奶）	500
04.1.2.9	水果加工的甜点（包括水果口味的甜点）	150
04.1.2.11	用于制作糕点的水果	300
04.2.1.2	蔬菜（包括真菌，根、块茎和根茎的植物，豆类，芦荟）、海藻、坚果和种子	500
04.2.2.3	醋、油、水、盐或酱油腌制的蔬菜（包括真菌，根、块茎和根状茎的植物，豆类，芦荟）、海藻类	500
04.2.2.5	蔬菜（包括真菌，根、块茎和根茎的植物，豆类，芦荟）、海藻、坚果和种子（如花生酱）	100
04.2.2.6	蔬菜（包括真菌，根、块茎和根状茎的植物，豆类，芦荟）、海藻、坚果和种子（如蔬菜甜点、酱汁、蔬菜和糖浸泡等），除食品组代码 04.2.2.5 以外	200
05.1.2	可可混合物（圣西罗）	300
05.1.5	巧克力、巧克力替代品等类似产品	300
05.2	硬糖、软糖、方块糖等（不包括食品组代码 05.3 和 05.4 的食品）	300
05.3	口香糖	500
05.4	用于食品装饰的产品（如蛋糕装饰品），表面涂层（不是水果）和甜调味汁	500
06.3	早餐谷物（包括燕麦、意面）	200
06.4.3	熟制面食制品、熟面条及类似产品	100
06.5	由谷物和淀粉制成的甜点（如大米布丁、木薯布丁）	150

表 3-1.1（续）

食品组代码	食品种类	添加剂的最大使用限量 /（mg/kg）
06.6	浆料（如面包、鱼或家禽）	500
06.8.1	豆类饮料	100
07.1.2	酥脆的饼干与糖	200
07.1.4	面包产品（包括面包屑和面包卷）	500
07.2	不同风味的蛋糕	200
08.1.1	肉类（包括禽类、新鲜生肉或切碎的肉）	500
08.1.2	肉类、家禽肉和新鲜肉末	100
08.2	肉类制品（包括家禽、肉类原件或加工切碎的肉制品）	500
08.3.1.1	未经加热处理的肉制品（包括家禽肉和加工肉，如盐渍）	200
08.3.1.2	经过加工（如盐渍），无需热处理即可干燥的肉制品及家禽肉和切碎的肉类	100
08.3.1.3	未经热处理的肉类产品（包括家禽和肉末）	100
08.3.2	未经过热处理肉制品、禽肉和肉末	100
08.3.3	肉类制品、家禽和肉末冷冻肉制品	500
08.4	可直接食用肉制品（如香肠肠衣）	500
09.1.1	新鲜的鱼	300
09.1.2	磷虾、甲壳类动物、有鳞鱼	500
09.2.1	鱼、鱼片和冷冻的海鲜产品（包括磷虾、甲壳类动物、有鳞鱼）	100
09.2.2	加工的鱼、鱼片和海鲜等冷冻产品（包括软体动物、甲壳类动物、有鳞鱼）	500
09.2.3	奶油酱加工过的海鲜和冷冻切碎的海鲜产品（包括软体动物、甲壳类动物、有鳞鱼）	500
09.2.4.1	熟制的鱼和海鲜产品	500
09.2.4.2	熟制的磷虾、甲壳类动物、有鳞鱼	250
09.2.4.3	油炸或煎炒的鱼和海鲜产品（包括磷虾、甲壳类动物、有鳞鱼）	500
09.2.5	熏制、干制、发酵或盐腌的鱼、海鲜产品（包括磷虾、甲壳类动物、有鳞鱼）	300
09.3.1	海鲜、海鲜产品（包括磷虾、甲壳类动物、有鳞鱼）	500
09.3.2	用醋加工过的海鲜、海鲜产品（包括软体动物、甲壳类动物、有鳞鱼）	500
09.3.3	沙拉替代品、鱼子酱等产品	500
09.3.4	初加工的鱼、海鲜产品（包括磷虾、甲壳类动物、有鳞鱼；不包括食品组代码 09.3.1~09.3.3 的产品）	100
09.4	鱼、发酵鱼类制品或罐头产品（包括软体动物、甲壳类动物、有鳞鱼）	500
10.1	新鲜的鸡蛋	GMP
10.4	含鸡蛋的甜点（如牛奶蛋羹）	150
12.2.2	调味品	500
12.4	芥末	300
12.5	酱汤、肉汁	50
12.6	酱汁和同类产品	500

表 3—1.1（续）

食品组代码	食品种类	添加剂的最大使用限量 /（mg/kg）
12.6.2	非乳液的形式呈现的酱（如番茄酱、辣椒酱、奶油酱、肉汁）	50
13.3	以特殊饮食为治疗目的的食品	50
13.4	减肥食品	50
13.5	除了食品组代码 13.1、13.4 和 13.6 的其他饮食食品（如节食功能性食品）	300
13.6	滋补食品	300
14.1.4	香味饮料（包括"能量运动饮料"或"电解质"饮料等特殊饮料）	100
14.2.1	啤酒和麦芽饮料	100
14.2.2	苹果酒、梨酒	200
14.2.4	葡萄酒（除酿酒葡萄）	200
14.2.6	酒精含量超过 15% 的蒸馏饮料	200
14.2.7	含酒精饮料（如啤酒）	200
15.1	谷物、马铃薯、面粉和淀粉（来自块茎、根和种子）	200
15.2	坚果加工制品（包括坚果酱和杏仁混合物）	100
15.3	鱼类小吃	200
INS 122 酸性红		
01.2.1	发酵牛奶（纯）	150
12.5	酱汤、肉汁	50
INS 123 苋菜红		
04.1.2.4	巴氏杀菌的罐装或瓶装的水果	200
06.4.3	熟制面食制品、熟面条及类似产品	100
09.4	鱼、发酵鱼类制品或罐头产品（包括软体动物、甲壳类动物、有鳞鱼）	30
INS 124 胭脂红		
01.1.2	牛奶饮品、调味品和（或）发酵（如牛奶巧克力、可可牛奶、鸡蛋、饮用酸奶和乳清饮料等）	150
01.2.1	发酵牛奶（纯）	150
01.6.1	新鲜的奶酪	100
01.6.2.2	熟制的奶酪表面	100
01.6.4.2	加工的含有口味的奶酪（包括水果奶酪、蔬菜奶酪和肉类奶酪）	100
01.6.5	奶酪的同类产品	100
01.7	牛奶甜点（如布丁、酸奶等）	150
02.4	含有脂肪的甜点（不包括食品组代码 01.7 的甜点）	50
03.0	冷藏的食物（包括水果的果汁和水果奶油）	50
04.1.2.4	巴氏杀菌的罐装或瓶装的水果	300
04.1.2.4	巴氏杀菌的罐装或瓶装的水果	200
04.1.2.5	果酱、果冻、果酱水果	100
04.1.2.6	粉碎的水果制品（如辣椒酱），除食品代码 04.1.2.5 以外	500

表 3—1.1（续）

食品组代码	食品种类	添加剂的最大使用限量 /（mg/kg）
04.1.2.7	水果糖	200
04.1.2.8	水果加工产品（包括粉碎的捣碎水果、果泥、水果包衣和椰奶）	50
04.1.2.9	水果加工的甜点（包括水果口味的甜点）	50
04.1.2.11	用于制作糕点的水果	50
04.2.2.7	发酵的蔬菜（包括真菌，根、块茎和根状茎的植物，豆类，芦荟）和发酵的海藻产品（不包括大豆发酵的产品，食品代码为 06.8.6、06.8.7、12.9.1、12.9.2.3）	500
05.1.4	可可制品、巧克力	300
05.1.5	巧克力、巧克力替代品等类似产品	50
05.2	硬糖、软糖、方块糖等（不包括食品组代码 05.3 和 05.4 的食品）	300
05.3	口香糖	300
05.4	用于食品装饰的产品（如蛋糕装饰品），表面涂层（不是水果）和甜调味汁	50
06.5	由谷物和淀粉制成的甜点（如大米布丁、木薯布丁）	50
07.2	不同风味的蛋糕	50
08.4	可直接食用肉制品（如香肠肠衣）	500
09.2.1	鱼、鱼片和冷冻的海鲜产品（包括磷虾、甲壳类动物、有鳞鱼）	30
09.2.2	加工的鱼、鱼片和海鲜等冷冻产品（包括软体动物、甲壳类动物、有鳞鱼）	500
09.2.3	奶油酱加工过的海鲜和冷冻切碎的海鲜产品（包括软体动物、甲壳类动物、有鳞鱼）	500
09.2.4.1	熟制的鱼和海鲜产品	500
09.2.4.2	熟制的磷虾、甲壳类动物、有鳞鱼	250
09.2.5	熏制、干制、发酵或盐腌的鱼、海鲜产品（包括磷虾、甲壳类动物、有鳞鱼）	100
09.3.3	沙拉替代品、鱼子酱等产品	500
09.3.4	初加工的鱼、海鲜产品（包括磷虾、甲壳类动物、有鳞鱼；不包括食品组代码 09.3.1~09.3.3 的产品）	100
09.4	鱼、发酵鱼类制品或罐头产品（包括软体动物、甲壳类动物、有鳞鱼）	500
10.1	新鲜的鸡蛋	500
10.4	含鸡蛋的甜点（如牛奶蛋羹）	50
11.4	其他糖和糖浆（如木糖、枫糖浆、糖衣）	300
12.2.2	调味品	500
12.4	芥末	300
12.5	酱汤、肉汁	50
12.6	酱汁和同类产品	50
12.6.2	非乳液的形式呈现的酱（如番茄酱、辣椒酱、奶油酱、肉汁）	50
12.7	意面、沙拉和夹心果酱（不包括可可和杏仁酱）	200
13.3	以特殊饮食为治疗目的的食品	50
13.4	减肥食品	50

表 3-1.1（续）

食品组代码	食品种类	添加剂的最大使用限量 /（mg/kg）
13.5	除了食品组代码 13.1、13.4 和 13.6 的其他饮食食品（如节食功能性食品）	300
13.6	滋补食品	300
14.1.4	香味饮料（包括"能量运动饮料"或"电解质"饮料等特殊饮料）	50
14.2.6	酒精含量超过 15% 的蒸馏饮料	200
14.2.7	含酒精饮料（如啤酒）	200
15.1	谷物、马铃薯、面粉和淀粉（来自块茎、根和种子）	200
15.2	坚果加工制品（包括坚果酱和杏仁混合物）	100
INS 127 赤藓红		
01.7	牛奶甜点（如布丁、酸奶等）	GMP
03.0	冷藏的食物（包括水果的果汁和水果奶油）	GMP
04.1.2.4	巴氏杀菌的罐装或瓶装的水果	200
04.1.2.4	罐装或樽装水果（灭菌）	GMP
04.1.2.4	罐装或瓶装的水果（巴氏杀菌）	300
04.1.2.5	果酱、果冻、果酱水果	GMP
04.1.2.7	水果糖	200
04.2.2.7	发酵的蔬菜（包括真菌，根、块茎和根状茎的植物，豆类，芦荟）和发酵的海藻产品（不包括大豆发酵的产品，食品代码为 06.8.6、06.8.7、12.9.1、12.9.2.3）	30
05.3	口香糖	50
05.4	用于食品装饰的产品（如蛋糕装饰品），表面涂层（不是水果）和甜调味汁	100
08.2	肉类制品（包括家禽、肉类原件或加工切碎的肉制品）	30
08.3	肉制品、家禽肉和加工处理过的肉末	30
08.3.2	未经过热处理肉制品、禽肉和肉末	15
12.6.2	非乳液的形式呈现的酱（如番茄酱、辣椒酱、奶油酱、肉汁）	50
INS 129 诱惑红		
01.1.2	牛奶饮品、调味品和（或）发酵（如牛奶巧克力、可可牛奶、鸡蛋、饮用酸奶和乳清饮料等）	300
01.2.1	发酵牛奶（纯）	300
01.6.2.2	熟制的奶酪表面	100
01.6.4	加工的含有口味的奶酪（包括水果奶酪、蔬菜奶酪和肉类奶酪）	100
01.6.5	奶酪的同类产品	100
01.7	牛奶甜点（如布丁、酸奶等）	300
02.4	含有脂肪的甜点（不包括食品组代码 01.7 的甜点）	300
03.0	冷藏的食物（包括水果的果汁和水果奶油）	150
04.1.2.4	巴氏杀菌的罐装或瓶装的水果	200
04.1.2.5	果酱、果冻、果酱水果	100
04.1.2.7	水果糖	300

表 3—1.1（续）

食品组代码	食品种类	添加剂的最大使用限量 /（mg/kg）
04.1.2.8	水果加工产品（包括粉碎的捣碎水果、果泥、水果包衣和椰奶）	300
04.1.2.9	水果加工的甜点（包括水果口味的甜点）	300
04.1.2.11	用于制作糕点的水果	300
04.2.2.3	醋、油、水、盐或酱油腌制的蔬菜（包括真菌，根、块茎和根状茎的植物，豆类，芦荟）、海藻类	300
04.2.2.4	罐头、瓶装（巴氏杀菌）或密闭袋装的蔬菜（包括真菌，根、块茎和根状茎的植物，豆类，芦荟）和海藻	200
04.2.2.6	蔬菜（包括真菌，根、块茎和根状茎的植物，豆类，芦荟）、海藻、坚果和种子（如蔬菜甜点、酱汁、蔬菜和糖浸泡等），除食品组代码 04.2.2.5 以外	200
05.1.3	可可酱	300
05.1.4	可可制品、巧克力	300
05.1.5	巧克力、巧克力替代品等类似产品	300
05.2	硬糖、软糖、方块糖等（不包括食品组代码 05.3 和 05.4 的食品）	300
05.3	口香糖	300
05.4	用于食品装饰的产品（如蛋糕装饰品），表面涂层（不是水果）和甜调味汁	300
06.3	早餐谷物（包括燕麦、意面）	300
06.5	由谷物和淀粉制成的甜点（如大米布丁、木薯布丁）	300
07.1.2	酥脆的饼干与糖	300
07.1.3	其他常见的烘焙蛋糕（如英式松饼、扁面包等）	300
07.2	不同风味的蛋糕	300
08.3.2	未经过热处理肉制品、禽肉和肉末	25
08.4	可直接食用肉制品（如香肠肠衣）	300
09.2.1	鱼、鱼片和冷冻的海鲜产品（包括磷虾、甲壳类动物、有鳞鱼）	300
09.2.4.1	熟制的鱼和海鲜产品	300
09.2.4.2	熟制的磷虾、甲壳类动物、有鳞鱼	250
09.2.5	熏制、干制、发酵或盐腌的鱼、海鲜产品（包括磷虾、甲壳类动物、有鳞鱼）	300
09.3.3	沙拉替代品、鱼子酱等产品	300
09.3.4	初加工的鱼、海鲜产品（包括磷虾、甲壳类动物、有鳞鱼；不包括食品组代码 09.3.1~09.3.3 的产品）	300
10.1	新鲜的鸡蛋	100
10.4	含鸡蛋的甜点（如牛奶蛋羹）	300
11.4	其他糖和糖浆（如木糖、枫糖浆、糖衣）	300
12.2.2	调味品	300
12.4	芥末	300
12.5	汤和肉汁	300
12.5	酱汤、肉汁	50
12.6	酱汁和类似产品	300

表 3—1.1（续）

食品组代码	食品种类	添加剂的最大使用限量 /（mg/kg）
12.6.2	非乳液的形式呈现的酱（如番茄酱、辣椒酱、奶油酱、肉汁）	300
13.3	以特殊饮食为治疗目的的食品	50
13.4	减肥食品	50
13.5	除了食品组代码 13.1、13.4 和 13.6 的其他饮食食品（如节食功能性食品）	300
13.6	滋补食品	300
14.1.4	香味饮料（包括"能量运动饮料"或"电解质"饮料等特殊饮料）	300
14.2.2	苹果酒、梨酒	200
14.2.4	葡萄酒（除酿酒葡萄）	200
14.2.6	酒精含量超过 15% 的蒸馏饮料	300
14.2.7	含酒精饮料（如啤酒）	200
15.1	谷物、马铃薯、面粉和淀粉（来自块茎、根和种子）	200
15.2	坚果加工制品（包括坚果酱和杏仁混合物）	100
INS 132 靛蓝		
01.1.2	牛奶饮品、调味品和（或）发酵（如牛奶巧克力、可可牛奶、鸡蛋、饮用酸奶和乳清饮料等）	300
01.2.1	发酵牛奶（纯）	100
01.6.1	新鲜的奶酪	200
01.6.2.2	熟制的奶酪表面	100
01.6.4.2	加工的含有口味的奶酪（包括水果奶酪、蔬菜奶酪和肉类奶酪）	100
01.6.5	同类奶酪产品	200
01.7	牛奶甜点（如布丁、酸奶等）	150
02.1.3	猪油、动物脂肪、鱼油和其他动物脂肪	300
02.3	脂肪乳化剂及其混合品和 / 或用于脂肪乳化剂调味的产品	300
02.4	含有脂肪的甜点（不包括食品组代码 01.7 的甜点）	150
03.0	冷藏的食物（包括水果的果汁和水果奶油）	150
04.1.2.5	果酱、果冻、果酱水果	300
04.1.2.6	粉碎的水果制品（如辣椒酱），除食品代码 04.1.2.5 以外	300
04.1.2.7	水果糖	200
04.1.2.8	水果加工产品（包括粉碎的捣碎水果、果泥、水果包衣和椰奶）	150
04.1.2.9	水果加工的甜点（包括水果口味的甜点）	150
04.1.2.11	用于制作糕点的水果	150
04.2.2.3	醋、油、水、盐或酱油腌制的蔬菜（包括真菌，根、块茎和根状茎的植物，豆类，芦荟）、海藻类	150
04.2.2.6	蔬菜（包括真菌，根、块茎和根状茎的植物，豆类，芦荟）、海藻、坚果和种子（如蔬菜甜点、酱汁、蔬菜和糖浸泡等），除食品组代码 04.2.2.5 以外	200
04.2.2.7	发酵的蔬菜（包括真菌，根、块茎和根状茎的植物，豆类，芦荟）和发酵的海藻产品（不包括大豆发酵的产品，食品代码为 06.8.6、06.8.7、12.9.1、12.9.2.3）	300

表 3–1.1（续）

食品组代码	食品种类	添加剂的最大使用限量 /（mg/kg）
05.1.4	可可制品、巧克力	450
05.1.5	巧克力、巧克力替代品等类似产品	300
05.2	硬糖、软糖、方块糖等（不包括食品组代码 05.3 和 05.4 的食品）	300
05.3	口香糖	300
05.4	用于食品装饰的产品（如蛋糕装饰品），表面涂层（不是水果）和甜调味汁	300
06.5	由谷物和淀粉制成的甜点（如大米布丁，木薯布丁）	150
07.2	不同风味的蛋糕	200
09.1.1	新鲜的鱼	300
09.2.1	鱼、鱼片和冷冻的海鲜产品（包括磷虾、甲壳类动物、有鳞鱼）	300
09.2.4.1	熟制的鱼和海鲜产品	300
09.2.4.2	熟制的磷虾、甲壳类动物、有鳞鱼	250
09.2.5	熏制、干制、发酵或盐腌的鱼、海鲜产品（包括磷虾、甲壳类动物、有鳞鱼）	300
09.3.3	沙拉替代品、鱼子酱等产品	300
09.3.4	初加工的鱼、海鲜产品（包括磷虾、甲壳类动物、有鳞鱼；不包括食品组代码 09.3.1~09.3.3 的产品）	300
09.4	鱼、发酵鱼类制品或罐头产品（包括软体动物、甲壳类动物、有鳞鱼）	300
10.1	新鲜的鸡蛋	300
10.4	含鸡蛋的甜点（如牛奶蛋羹）	300
11.4	其他糖和糖浆（如木糖、枫糖浆、糖衣）	300
12.2.2	调味品	300
12.4	芥末	300
12.5	酱汤、肉汁	50
12.6	酱汁和类似产品	300
13.3	以特殊饮食为治疗目的的食品	50
13.4	减肥食品	50
13.5	除了食品组代码 13.1、13.4 和 13.6 的其他饮食食品（如节食功能性食品）	300
13.6	滋补食品	300
14.1.4	香味饮料（包括“能量运动饮料”或“电解质”饮料等特殊饮料）	100
14.2.2	苹果酒、梨酒	200
14.2.4	葡萄酒（除酿酒葡萄）	200
14.2.6	酒精含量超过 15% 的蒸馏饮料	300
14.2.7	含酒精饮料（如啤酒）	200
15.1	谷物、马铃薯、面粉和淀粉（来自块茎、根和种子）	200
15.2	坚果加工制品（包括坚果酱和杏仁混合物）	100

表 3-1.1（续）

食品组代码	食品种类	添加剂的最大使用限量 /（mg/kg）
INS 133 亮蓝		
01.1.2	牛奶饮品、调味品和（或）发酵（如牛奶巧克力、可可牛奶、鸡蛋、饮用酸奶和乳清饮料等）	150
01.2.1	发酵牛奶（纯）	150
01.6.2.2	熟制的奶酪表面	100
01.6.5	奶酪的同类产品	100
01.7	牛奶甜点（如布丁、酸奶等）	150
02.3	脂肪乳化剂及其混合品和 / 或用于脂肪乳化剂调味的产品	100
02.4	含有脂肪的甜点（不包括食品组代码 01.7 的甜点）	150
03.0	冷藏的食物（包括水果的果汁和水果奶油）	150
04.1.2.4	巴氏杀菌的罐装或瓶装的水果	200
04.1.2.5	果酱、果冻、果酱水果	100
04.1.2.6	粉碎的水果制品（如辣椒酱），除食品代码 04.1.2.5 以外	100
04.1.2.7	水果糖	100
04.1.2.8	水果加工产品（包括粉碎的捣碎水果、果泥、水果包衣和椰奶）	100
04.1.2.9	水果加工的甜点（包括水果口味的甜点）	150
04.1.2.11	用于制作糕点的水果	250
04.2.2.3	醋、油、水、盐或酱油腌制的蔬菜（包括真菌，根、块茎和根状茎的植物，豆类，芦荟）、海藻类	500 /GMP
04.2.2.4	罐头、瓶装（巴氏杀菌）或密闭袋装的蔬菜（包括真菌，根、块茎和根状茎的植物，豆类，芦荟）和海藻	200
04.2.2.6	蔬菜（包括真菌，根、块茎和根状茎的植物，豆类，芦荟）、海藻、坚果和种子（例如蔬菜甜点、酱汁、蔬菜和糖浸泡等），除食品组代码 04.2.2.5 以外	100
04.2.2.7	发酵的蔬菜（包括真菌，根、块茎和根状茎的植物，豆类，芦荟）和发酵的海藻产品（不包括大豆发酵的产品，食品代码为 06.8.6、06.8.7、12.9.1、12.9.2.3）	100
05.1.3	可可酱	100
05.1.4	可可制品、巧克力	100
05.1.5	巧克力、巧克力替代品等类似产品	100
05.2	硬糖、软糖、方块糖等（不包括食品组代码 05.3 和 05.4 的食品）	300
05.3	口香糖	300
05.4	用于食品装饰的产品（如蛋糕装饰品），表面涂层（不是水果）和甜调味汁	500
06.3	早餐谷物（包括燕麦、意面）	200
06.5	由谷物和淀粉制成的甜点（如大米布丁、木薯布丁）	150
07.1	面包等常用混合烘焙食品	100
07.2	不同风味的蛋糕	200
08.0	肉类和肉类产品包括家禽和肉类	100
09.1.1	新鲜的鱼	300

表 3-1.1（续）

食品组代码	食品种类	添加剂的最大使用限量 /（mg/kg）
09.1.2	磷虾、甲壳类动物、有鳞鱼	500
09.2.1	鱼、鱼片和冷冻的海鲜产品（包括磷虾、甲壳类动物、有鳞鱼）	500
09.2.2	加工的鱼、鱼片和海鲜等冷冻产品（包括软体动物、甲壳类动物、有鳞鱼）	500
09.2.3	奶油酱加工过的海鲜和冷冻切碎的海鲜产品（包括软体动物、甲壳类动物、有鳞鱼）	500
09.2.4.1	熟制的鱼和海鲜产品	100
09.2.4.2	熟制的磷虾、甲壳类动物、有鳞鱼	100
09.2.4.3	油炸或煎炒的鱼和海鲜产品（包括磷虾、甲壳类动物、有鳞鱼）	500
09.2.5	熏制、干制、发酵或盐腌的鱼、海鲜产品（包括磷虾、甲壳类动物、有鳞鱼）	100
09.3.1	海鲜、海鲜产品（包括磷虾、甲壳类动物、有鳞鱼）	500
09.3.2	用醋加工过的海鲜、海鲜产品（包括软体动物、甲壳类动物、有鳞鱼）	500
09.3.3	沙拉替代品、鱼子酱等产品	500
09.4	鱼、发酵鱼类制品或罐头产品（包括软体动物、甲壳类动物、有鳞鱼）	500
10.1	新鲜的鸡蛋	GMP
10.4	含鸡蛋的甜点（如牛奶蛋羹）	150
12.2.2	调味品	100
12.4	芥末	100
12.5	酱汤、肉汁	50
12.6	酱汁和同类产品	100
12.6.2	非乳液的形式呈现的酱（如番茄酱、辣椒酱、奶油酱、肉汁）	100
13.3	以特殊饮食为治疗目的的食品	50
13.4	减肥食品	50
13.5	除了食品组代码 13.1、13.4 和 13.6 的其他饮食食品（如节食功能性食品）	300
13.6	滋补食品	300
14.1.4	香味饮料（包括“能量运动饮料”或“电解质”饮料等特殊饮料）	100
14.2.2	苹果酒、梨酒	200
14.2.4	葡萄酒（除酿酒葡萄）	200
14.2.6	酒精含量超过 15% 的蒸馏饮料	200
14.2.7	含酒精饮料（如啤酒）	200
15.1	谷物、马铃薯、面粉和淀粉（来自块茎、根和种子）	200
15.2	坚果加工制品（包括坚果酱和杏仁混合物）	100
INS 140 叶绿素		
01.6.1	新鲜的奶酪	GMP
01.6.2.1	全熟芝士（包括表面）	GMP
04.1.2.3	醋、油、盐腌渍的水果	GMP
04.1.2.5	果酱、果冻、果酱水果	GMP

表 3-1.1（续）

食品组代码	食品种类	添加剂的最大使用限量 /（mg/kg）
INS 141（ⅰ）叶绿素铜络合物、INS 141（ⅱ）叶绿素铜钠盐和叶绿素铜钾盐		
01.1.2	牛奶饮品、调味品和（或）发酵（如牛奶巧克力、可可牛奶、鸡蛋、饮用酸奶和乳清饮料等）	50
01.2.1	发酵牛奶（纯）	500
01.6.1	新鲜的奶酪	50
01.6.2.1	全熟芝士（包括表面）	15
01.6.2.2	熟制的奶酪表面	75
01.6.2.3	奶酪、奶酪酱	50
01.6.4.2	加工的含有口味的奶酪（包括水果奶酪、蔬菜奶酪和肉类奶酪）	50
01.6.5	同类奶酪产品	50
01.7	牛奶甜点（如布丁、酸奶等）	500
02.4	含有脂肪的甜点（不包括食品组代码 01.7 的甜点）	500
03.0	冷藏的食物（包括水果的果汁和水果奶油）	500
04.1.2.3	醋、油、盐腌渍的水果	100
04.1.2.4	巴氏杀菌的罐装或瓶装的水果	100
04.1.2.5	果酱、果冻、果酱水果	200
04.1.2.6	粉碎的水果制品（如辣椒酱），除食品代码 04.1.2.5 以外	150
04.1.2.7	水果糖	250
04.1.2.8	水果加工产品（包括粉碎的捣碎水果、果泥、水果包衣和椰奶）	100
04.1.2.9	水果加工的甜点（包括水果口味的甜点）	150
04.1.2.10	发酵的水果制品	100
04.1.2.11	用于制作糕点的水果	100
04.1.2.12	煮熟的浆果	100
04.2.2.3	醋、油、水、盐或酱油腌制的蔬菜（包括真菌，根、块茎和根状茎的植物，豆类，芦荟）、海藻类	300
04.2.2.5	蔬菜（包括真菌，根、块茎和根茎的植物，豆类，芦荟）、海藻、坚果和种子（如花生酱）	100
04.2.2.6	蔬菜（包括真菌，根、块茎和根状茎的植物，豆类，芦荟）、海藻、坚果和种子（如蔬菜甜点、酱汁、蔬菜和糖浸泡等），除食品组代码 04.2.2.5 以外	100
04.2.2.7	发酵的蔬菜（包括真菌，根、块茎和根状茎的植物，豆类，芦荟）和发酵的海藻产品（不包括大豆发酵的产品，食品代码为 06.8.6、06.8.7、12.9.1、12.9.2.3）	100
04.2.2.8	煮熟或油炸的蔬菜（包括真菌，根、块茎和根茎的植物，豆类，芦荟）、海藻类	100
05.1.2	可可混合物（圣西罗）	6，4
05.1.3	覆盖表面的可可	6，4
05.1.4	可可制品、巧克力	700

表 3–1.1（续）

食品组代码	食品种类	添加剂的最大使用限量 /（mg/kg）
05.1.5	巧克力、巧克力替代品等类似产品	700
05.2.1	硬糖	700
05.2.2	软糖果	100
05.2.3	努和杏仁	100
05.3	口香糖	700
05.4	用于食品装饰的产品（如蛋糕装饰品），表面涂层（不是水果）和甜调味汁	100
06.4.3	熟制面食制品、熟面条及类似产品	100
06.5	由谷物和淀粉制成的甜点（如大米布丁、木薯布丁）	75
07.1.4	面包类产品，包括面包、薯条和面包块	6，4
07.2	不同风味的蛋糕	75
09.2.3	奶油酱加工过的海鲜和冷冻切碎的海鲜产品（包括软体动物、甲壳类动物、有鳞鱼）	40
09.2.4.1	熟制的鱼和海鲜产品	30
09.2.4.3	油炸或煎炒的鱼和海鲜产品（包括磷虾、甲壳类动物、有鳞鱼）	40
09.2.5	熏制、干制、发酵或盐腌的鱼、海鲜产品（包括磷虾、甲壳类动物、有鳞鱼）	200
09.3.1	海鲜、海鲜产品（包括磷虾、甲壳类动物、有鳞鱼）	40
09.3.2	用醋加工过的海鲜、海鲜产品（包括软体动物、甲壳类动物、有鳞鱼）	40
09.3.3	沙拉替代品、鱼子酱等产品	200
09.3.4	初加工的鱼、海鲜产品（包括磷虾、甲壳类动物、有鳞鱼；不包括食品组代码 09.3.1~09.3.3 的产品）	75
09.4	鱼、发酵鱼类制品或罐头产品（包括软体动物、甲壳类动物、有鳞鱼）	500
10.4	含鸡蛋的甜点（如牛奶蛋羹）	300
11.4	其他糖和糖浆（如木糖、枫糖浆、糖衣）	64
12.2.2	调味品	500
12.4	芥末	500
12.5	酱汤、肉汁	400
12.6	酱汁和同类产品	100
12.6.2	非乳液的形式呈现的酱（如番茄酱、辣椒酱、奶油酱、肉汁）	30
13.6	滋补食品	500
14.1.4	香味饮料（包括“能量运动饮料”或“电解质”饮料等特殊饮料）	300
15.1	谷物、马铃薯、面粉和淀粉（来自块茎、根和种子）	350
15.2	坚果加工制品（包括坚果酱和杏仁混合物）	100
15.3	鱼类小吃	350
INS 143 坚牢绿 FCF		
01.1.2	牛奶饮品、调味品和（或）发酵（如牛奶巧克力、可可牛奶、鸡蛋、饮用酸奶和乳清饮料等）	100

表 3-1.1（续）

食品组代码	食品种类	添加剂的最大使用限量 /（mg/kg）
01.2.1	发酵牛奶（纯）	100
01.7	牛奶甜点（如布丁、酸奶等）	100
02.1.3	猪油、动物脂肪、深海鱼油和其他动物脂肪	GMP
02.4	含有脂肪的甜点（不包括食品组代码 01.7 的甜点）	100
03.0	冷藏的食物（包括水果的果汁和水果奶油）	100
04.1.2.4	巴氏杀菌的罐装或瓶装的水果	200
04.1.2.5	果酱、果冻、果酱水果	400
04.1.2.6	粉碎的水果制品（如辣椒酱），除食品代码 04.1.2.5 以外	100
04.1.2.7	水果糖	100
04.1.2.8	水果加工产品（包括粉碎的捣碎水果、果泥、水果包衣和椰奶）	100
04.1.2.9	水果加工的甜点（包括水果口味的甜点）	100
04.1.2.11	用于制作糕点的水果	100
04.2.2.3	醋、油、水、盐或酱油腌制的蔬菜（包括真菌，根、块茎和根状茎的植物，豆类，芦荟）、海藻类	300
04.2.2.4	罐头、瓶装（巴氏杀菌）或密闭袋装的蔬菜（包括真菌，根、块茎和根状茎的植物，豆类，芦荟）和海藻	200
04.2.2.7	发酵的蔬菜（包括真菌，根、块茎和根状茎的植物，豆类，芦荟）和发酵的海藻产品（不包括大豆发酵的产品，食品代码为 06.8.6、06.8.7、12.9.1、12.9.2.3）	100
05.2	硬糖、软糖、方块糖等（不包括食品组代码 05.3 和 05.4 的食品）	100
05.3	口香糖	300
05.4	用于食品装饰的产品（如蛋糕装饰品），表面涂层（不是水果）和甜调味汁	100
06.4.3	熟制面食制品、熟面条及类似产品	290
06.5	由谷物和淀粉制成的甜点（如大米布丁、木薯布丁）	100
07.0	馅饼	100
08.1	肉类、家禽和动物鲜肉	100
08.2	肉类制品（包括家禽、肉类原件或加工切碎的肉制品）	100
08.4	可直接食用肉制品（如香肠肠衣）	100
09.2.4.1	熟制的鱼和海鲜产品	100
09.2.5	熏制、干制、发酵或盐腌的鱼、海鲜产品（包括磷虾、甲壳类动物、有鳞鱼）	100
09.3.3	沙拉替代品、鱼子酱等产品	100
09.4	鱼、发酵鱼类制品或罐头产品（包括软体动物、甲壳类动物、有鳞鱼）	100
10.1	新鲜的鸡蛋	GMP
10.4	含鸡蛋的甜点（如牛奶蛋羹）	100
12.2.2	调味品	100
12.6.1	酱汁、乳汁形式的酱汁（如蛋黄酱、咸酱）	100

表 3—1.1（续）

食品组代码	食品种类	添加剂的最大使用限量 /（mg/kg）
13.6	滋补食品	600
14.1.4	香味饮料（包括“能量运动饮料”或“电解质”饮料等特殊饮料）	100
14.2.6	酒精含量超过 15% 的蒸馏饮料	100
14.2.7	含酒精的饮料（如啤酒）	100
INS 150a 焦糖色 I（普通法）		
04.1.2.5	果酱、果冻、果酱水果	GMP
04.2.2.3	醋、油、水、盐或酱油腌制的蔬菜（包括真菌，根、块茎和根状茎的植物，豆类，芦荟）、海藻类	300
06.4.3	熟制面食制品、熟面条及类似产品	GMP
09.2.2	加工的鱼、鱼片和海鲜等冷冻产品（包括软体动物、甲壳类动物、有鳞鱼）	GMP
INS 150b 焦糖色 II（亚硫酸法）		
01.2.1	发酵牛奶（纯）	150
02.2.2	全脂、脱脂和脂肪混合牛奶	500
04.1.2.5	果酱、果冻、果酱水果	80000
06.4.3	熟制面食制品、熟面条及类似产品	50000
INS 150c 焦糖组 III（氨化法）		
01.1.2	牛奶饮品、调味品和（或）发酵（如牛奶巧克力、可可牛奶、鸡蛋、饮用酸奶和乳清饮料等）	2000
01.2.1	发酵牛奶（纯）	2000
01.3.2	含乳饮料产品	1000
01.4.4	奶油类似产品	5000
01.5.2	牛奶粉、奶油粉及同类产品牛奶粉、奶油粉及同类产品	5000
01.6.1	新鲜的奶酪	15000
01.6.2.2	熟制的奶酪表面	50000
01.6.4.2	加工的含有口味的奶酪（包括水果奶酪、蔬菜奶酪和肉类奶酪）	50000
01.6.5	相同的奶酪	50000
01.7	牛奶甜点（如布丁、酸奶等）	2000
02.2.2	全脂、脱脂和脂肪混合牛奶	500
02.3	脂肪乳化剂及其混合品和 / 或用于脂肪乳化剂调味的产品	20000
02.4	含有脂肪的甜点（不包括食品组代码 01.7 的甜点）	20000
03.0	冷藏的食物（包括水果的果汁和水果奶油）	1000
04.1.2.3	醋、油、盐或水腌渍的水果	200
04.1.2.4	巴氏杀菌的罐装或瓶装的水果	200
04.1.2.5	果酱、果冻、果酱水果	200
04.1.2.6	粉碎的水果制品（如辣椒酱），除食品代码 04.1.2.5 以外	500
04.1.2.7	水果糖	200
04.1.2.8	水果加工产品（包括粉碎的捣碎水果、果泥、水果包衣和椰奶）	7500

表 3-1.1（续）

食品组代码	食品种类	添加剂的最大使用限量 /（mg/kg）
04.1.2.9	水果加工的甜点（包括水果口味的甜点）	200
04.1.2.11	用于制作糕点的水果	7500
04.2.2.2	干蔬菜（包括真菌，根、块茎和根状茎的植物，豆类，芦荟）、海藻、坚果和种子	50000
04.2.2.3	醋、油、水、盐或酱油腌制的蔬菜（包括真菌，根、块茎和根状茎的植物，豆类，芦荟）、海藻类	500
04.2.2.4	罐头、瓶装（巴氏杀菌）或密闭袋装的蔬菜（包括真菌，根、块茎和根状茎的植物，豆类，芦荟）和海藻	50000
04.2.2.5	蔬菜（包括真菌，根、块茎和根茎的植物，豆类，芦荟）、海藻、坚果和种子（如花生酱）	50000
04.2.2.6	蔬菜（包括真菌，根、块茎和根状茎的植物，豆类，芦荟）、海藻、坚果和种子（如蔬菜甜点、酱汁、蔬菜和糖浸泡等），除食品组代码 04.2.2.5 以外	50000
04.2.2.7	发酵的蔬菜（包括真菌，根、块茎和根状茎的植物，豆类，芦荟）和发酵的海藻产品（不包括大豆发酵的产品，食品代码为 06.8.6、06.8.7、12.9.1、12.9.2.3）	50000
04.2.2.8	煮熟或油炸的蔬菜（包括真菌，根、块茎和根茎的植物，豆类，芦荟）、海藻类	50000
05.1.2	可可混合物（圣西罗）	50000
05.1.3	可可酱	50000
05.1.4	可可制品、巧克力	50000
05.1.5	巧克力、巧克力替代品等类似产品	50000
05.2	硬糖、软糖、方块糖等（不包括食品组代码 05.3 和 05.4 的食品）	50000
05.3	口香糖	20000
05.4	用于食品装饰的产品（如蛋糕装饰品），表面涂层（不是水果）和甜调味汁	50000
06.3	早餐谷物（包括燕麦、意面）	50000
06.4.3	熟制面食制品、熟面条及类似产品	50000
06.5	由谷物和淀粉制成的甜点（如大米布丁、木薯布丁）	50000
06.6	浆料（如面包、鱼或家禽）	50000
06.7	由熟或米饭制成的产品（包括米糕，仅限亚洲人）	50000
06.8.1	豆类饮料	1500
06.8.8	大豆蛋白产品	20000
07.1.2	酥脆的饼干与糖	50000
07.1.3	其他常见的烘焙蛋糕（如英式松饼、扁面包等）	50000
07.1.4	面包类产品（包括面包、薯条和面包块）	50000
07.1.5	馒头和饺子	50000
07.1.6	面包等常规烘焙食品	50000
07.2	不同风味的蛋糕	50000
08.0	肉类和肉类产品包括家禽和肉类	GMP
09.1	新鲜的鱼和海鲜产品（包括磷虾、甲壳类动物、有鳞鱼）	30000

表 3–1.1（续）

食品组代码	食品种类	添加剂的最大使用限量 /（mg/kg）
09.2	鱼和渔业加工产品（包括磷虾、甲壳类动物、有鳞鱼）	30000
09.3	渔业、水产品加工（包括磷虾、甲壳类动物、有鳞鱼）	30000
09.4	鱼、发酵鱼类制品或罐头产品（包括软体动物、甲壳类动物、有鳞鱼）	500
10.1	新鲜的鸡蛋	20000
10.3	用碱，盐保存的罐装鸡蛋	20000
10.4	含鸡蛋的甜点（如牛奶蛋羹）	20000
11.4	其他糖和糖浆（如木糖、枫糖浆、糖衣）	50000
12.2.2	调味品	50000
12.3	醋	1000
12.4	芥末	50000
12.5	酱汤、肉汁	25000
12.6	酱汁和同类产品	50000
12.6.2	非乳液的形式呈现的酱（如番茄酱、辣椒酱、奶油酱、肉汁）	1500
12.6.4	酱汁（如鱼酱）	50000
12.7	意面、沙拉和夹心果酱（不包括可可和杏仁酱）	50000
12.9.2.1	发酵酱油	20000
12.9.2.2	没有发酵的酱油	1500
12.9.2.3	酱油类型	20000
13.3	以特殊饮食为治疗目的的食品	20000
13.4	减肥食品	20000
13.5	除了食品组代码 13.1、13.4 和 13.6 的其他饮食食品（如节食功能性食品）	20000
13.6	滋补食品	20000
14.1.4	香味饮料（包括“能量运动饮料”或“电解质”饮料等特殊饮料）	5000
14.1.5	咖啡、茶、草药饮料和谷物饮料等类似产品（不包括可可饮料）	10000
14.2.1	啤酒和麦芽饮料	50000
14.2.2	苹果酒、梨酒	1000
14.2.3.3	葡萄酒和甜葡萄酒	50000
14.2.4	葡萄酒（除酿酒葡萄）	1000
14.2.5	蜂蜜酒	1000
14.2.6	酒精含量超过 15% 的蒸馏饮料	50000
14.2.7	含酒精的饮料（如啤酒）	50000
15.0	咸的食物面条	10000
INS 150d 焦糖组 IV（亚硫酸铵法）		
01.1.2	牛奶饮品、调味品和（或）发酵（如牛奶巧克力、可可牛奶、鸡蛋、饮用酸奶和乳清饮料等）	2000
01.2.1	发酵牛奶（纯）	150

表 3-1.1（续）

食品组代码	食品种类	添加剂的最大使用限量 /（mg/kg）
01.2.2	未调味的发酵乳制品	GMP
01.3.2	含乳饮料产品	1000
01.4.4	奶油类似产品	5000
01.5.2	牛奶粉、奶油粉及同类产品牛奶粉、奶油粉及同类产品	5000
01.6.1	新鲜的奶酪	50000
01.6.2.1	全熟芝士（包括表面）	50000
01.6.2.2	熟制的奶酪表面	50000
01.6.4.2	加工的含有口味的奶酪（包括水果奶酪、蔬菜奶酪和肉类奶酪）	50000
01.6.5	同类的奶酪产品	50000
01.7	牛奶甜点（如布丁、酸奶等）	2000
02.2.2	全脂、脱脂和脂肪混合牛奶	500
02.4	含有脂肪的甜点（不包括食品组代码 01.7 的甜点）	20000
03.0	冷藏的食物（包括水果的果汁和水果奶油）	1000
04.1.2.3	醋、油、盐腌渍的水果	7500
04.1.2.4	巴氏杀菌的罐装或瓶装的水果	7500
04.1.2.5	果酱、果冻、果酱水果	1500
04.1.2.6	粉碎的水果制品（如辣椒酱），除食品代码 04.1.2.5 以外	500
04.1.2.7	水果糖	7500
04.1.2.8	水果加工产品（包括粉碎的捣碎水果、果泥、水果包衣和椰奶）	7500
04.1.2.9	水果加工的甜点（包括水果口味的甜点）	7500
04.1.2.11	用于制作糕点的水果	7500
04.2.2	加工蔬菜（包括真菌，根、块茎和根状茎的植物，豆类，芦荟）、海藻和坚果	50000
04.2.2.3	醋、油、水、盐或酱油腌制的蔬菜（包括真菌，根、块茎和根状茎的植物，豆类，芦荟）、海藻类	300
04.2.2.4	罐头、瓶装（巴氏杀菌）或密闭袋装的蔬菜（包括真菌，根、块茎和根状茎的植物，豆类，芦荟）和海藻	50000
05.1.2	可可混合物（圣西罗）	50000
05.1.3	可可酱	50000
05.1.4	可可制品、巧克力	50000
05.1.5	巧克力、巧克力替代品等类似产品	50000
05.2	硬糖、软糖、方块糖等（不包括食品组代码 05.3 和 05.4 的食品）	50000
05.3	口香糖	20000
05.4	用于食品装饰的产品（如蛋糕装饰品），表面涂层（不是水果）和甜调味汁	50000
06.3	早餐谷物（包括燕麦、意面）	2500
06.4.2	意粉、干面条和类似产品	50000
06.4.3	熟制面食制品、熟面条及类似产品	50000
06.5	由谷物和淀粉制成的甜点（如大米布丁、木薯布丁）	2500

表 3—1.1（续）

食品组代码	食品种类	添加剂的最大使用限量 /（mg/kg）
06.6	浆料（如面包、鱼或家禽）	2500
06.7	由熟或米饭制成的产品，包括米糕（仅限亚洲人）	2500
06.8.8	大豆蛋白产品	20000
07.1.2	酥脆的饼干与糖	50000
07.1.3	其他常见的烘焙蛋糕（如英式松饼、扁面包等）	50000
07.2	不同风味的蛋糕	1200
08.0	肉类和肉类产品包括家禽和肉类	GMP
09.2	鱼和渔业加工产品（包括磷虾、甲壳类动物、有鳞鱼）	30000
09.3	渔业、水产品加工（包括磷虾、甲壳类动物、有鳞鱼）	30000
09.4	鱼、发酵鱼类制品或罐头产品（包括软体动物、甲壳类动物、有鳞鱼）	30000
10.1	新鲜的鸡蛋	20000
10.2	蛋制品	20000
10.3	用碱，盐保存的罐装鸡蛋	20000
10.4	含鸡蛋的甜点（如牛奶蛋羹）	20000
11.6	甜味剂（包括高甜度的甜味剂）	1200
12.2	香料、香草、调味品（如方便面的香料）	10000
12.3	醋	50000
12.4	芥末	50000
12.5	酱汤、肉汁	25000
12.6	酱汁和类似产品	30000
12.6.2	非乳液的形式呈现的酱（如番茄酱、辣椒酱、奶油酱、肉汁）	1500
12.7	意面、沙拉和夹心果酱（不包括可可和杏仁酱）	50000
12.9.2.1	发酵酱油	60000
13.3	以特殊饮食为治疗目的的食品	20000
13.4	减肥食品	20000
13.5	除了食品组代码 13.1、13.4 和 13.6 的其他饮食食品（如节食功能性食品）	20000
13.6	滋补食品	20000
14.1.4	香味饮料（包括“能量运动饮料”或“电解质”饮料等特殊饮料）	50000
14.1.5	咖啡、茶、草药饮料和谷物饮料等类似产品（不包括可可饮料）	10000
14.2.1	啤酒和麦芽饮料	50000
14.2.2	苹果酒、梨酒	1000
14.2.3.3	葡萄酒和甜葡萄酒	50000
14.2.4	葡萄酒（除酿酒葡萄）	1000
14.2.5	蜂蜜酒	1000
14.2.6	酒精含量超过 15% 的蒸馏饮料	50000
14.2.7	含酒精的饮料（如啤酒）	50000

表 3-1.1（续）

食品组代码	食品种类	添加剂的最大使用限量 /（mg/kg）
15.0	咸的食物面条	10000
INS 151 亮黑		
01.2.1	发酵牛奶（纯）	150
INS 155 棕色 HT		
01.2.1	发酵牛奶（纯）	150
01.7	牛奶甜点（如布丁、酸奶等）	290
03.0	冷藏的食物（包括水果的果汁和水果奶油）	290
05.1.5	巧克力、巧克力替代品等类似产品	GMP
05.2	硬糖、软糖、方块糖等（不包括食品组代码 05.3 和 05.4 的食品）	GMP
05.3	口香糖	GMP
12.6	酱汁和同类产品	290
12.6.2	非乳液的形式呈现的酱（如番茄酱、辣椒酱、奶油酱、肉汁）	50
INS 160a（ⅰ）β－胡萝卜素（合成的）、INS 160a（ⅲ）β－胡萝卜素（三孢布拉氏霉菌）、INS 160e β－阿扑－8′－胡萝卜素醛、INS 160f－阿扑－8′－胡萝卜素酸乙酯		
01.1.2	牛奶饮品、调味品和（或）发酵（如牛奶巧克力、可可牛奶、鸡蛋、饮用酸奶和乳清饮料等）	150
01.2.1	发酵牛奶（纯）	100
01.3.2	含乳饮料产品	100
01.4.4	奶油类似产品	20
01.5.2	牛奶粉、奶油粉及同类产品牛奶粉、奶油粉及同类产品	100
01.6.1	新鲜的奶酪	100
01.6.2.1	全熟芝士（包括表面）	100
01.6.2.2	熟制的奶酪表面	500
01.6.5	同类奶酪产品	200
01.7	牛奶甜点（如布丁、酸奶等）	100
02.1	油和油脂分离水	25
02.1.2	润滑脂和植物油	25
02.1.3	猪油、动物脂肪、鱼油和其他动物脂肪	25
02.2.1	黄油	25
02.2.2	全脂、脱脂和脂肪混合牛奶	35
02.3	脂肪乳化剂及其混合品和 / 或用于脂肪乳化剂调味的产品	200
04.1.2.3	醋、油或盐水腌制的水果	1000
04.1.2.4	巴氏杀菌的罐装或瓶装的水果	200
04.1.2.5	果酱、果冻、果酱水果	200
04.1.2.6	粉碎的水果制品（如辣椒酱），除食品代码 04.1.2.5 以外	500
04.1.2.7	水果糖	200
04.1.2.8	水果加工产品（包括粉碎的捣碎水果、果泥、水果包衣和椰奶）	100

表 3—1.1（续）

食品组代码	食品种类	添加剂的最大使用限量 /（mg/kg）
04.1.2.9	水果加工的甜点（包括水果口味的甜点）	150
04.1.2.10	发酵的水果制品	500
04.1.2.11	用于制作糕点的水果	100
04.2.1.2	蔬菜（包括真菌，根、块茎和根茎的植物，豆类，芦荟）、海藻、坚果和种子	500
04.2.2.2	干蔬菜（包括真菌，根、块茎和根状茎的植物，豆类，芦荟）、海藻、坚果和种子	1000
04.2.2.3	醋、油、水、盐或酱油腌制的蔬菜（包括真菌，根、块茎和根状茎的植物，豆类，芦荟）、海藻类	GMP
04.2.2.4	罐头、瓶装（巴氏杀菌）或密闭袋装的蔬菜（包括真菌，根、块茎和根状茎的植物，豆类，芦荟）和海藻	50
04.2.2.5	蔬菜（包括真菌，根、块茎和根茎的植物，豆类，芦荟）、海藻、坚果和种子（如花生酱）	50
04.2.2.6	蔬菜（包括真菌，根、块茎和根状茎的植物，豆类，芦荟）、海藻、坚果和种子（如蔬菜甜点、酱汁、蔬菜和糖浸泡等），除食品组代码 04.2.2.5 以外	50
04.2.2.7	发酵的蔬菜（包括真菌，根、块茎和根状茎的植物，豆类，芦荟）和发酵的海藻产品（不包括大豆发酵的产品，食品代码为 06.8.6、06.8.7、12.9.1、12.9.2.3）	50
05.1.3	可可酱	100
05.1.4	可可制品、巧克力	100
05.1.5	巧克力、巧克力替代品等类似产品	100
05.2	硬糖、软糖、方块糖等（不包括食品组代码 05.3 和 05.4 的食品）	100
05.3	胶	100
05.4	用于食品装饰的产品（如蛋糕装饰品），表面涂层（不是水果）和甜调味汁	100
06.3	早餐谷物（包括燕麦、意面）	200
06.4.3	熟制面食制品、熟面条及类似产品	1200
06.5	由谷物和淀粉制成的甜点（如大米布丁、木薯布丁）	150
06.6	浆料（如面包、鱼或家禽）	500
07.1.2	酥脆的饼干与糖	1000
07.1.3	其他常见的烘焙蛋糕（如英式松饼、扁面包等）	100
07.1.4	面包类产品，包括面包、薯条和面包	200
07.1.5	馒头和饺子	100
07.2	不同风味的蛋糕	100
08.1.2	肉类、家禽肉和新鲜肉末	100
08.3.1.1	未经加热处理的肉制品（包括家禽肉和加工肉，如盐渍）	100
08.3.1.2	经过加工（如盐渍），无需热处理即可干燥的肉制品及家禽肉和切碎的肉类	20
08.3.1.3	未经热处理的肉类产品（包括家禽和肉末）	20
08.3.2	未经过热处理肉制品、禽肉和肉末	20
08.4	可直接食用肉制品（如香肠肠衣）	100

表 3-1.1（续）

食品组代码	食品种类	添加剂的最大使用限量 /（mg/kg）
09.1.1	新鲜的鱼	300
09.1.2	磷虾、甲壳类动物、有鳞鱼	100
09.2	鱼和渔业加工产品（包括磷虾、甲壳类动物、有鳞鱼）	100
09.2.2	加工的鱼、鱼片和海鲜等冷冻产品（包括软体动物、甲壳类动物、有鳞鱼）	100
09.3	渔业、水产品加工（包括磷虾、甲壳类动物、有鳞鱼）	100
09.4	鱼、发酵鱼类制品或罐头产品（包括软体动物、甲壳类动物、有鳞鱼）	100
10.1	新鲜的鸡蛋	1000
10.4	含鸡蛋的甜点（如牛奶蛋羹）	150
11.4	其他糖和糖浆（如木糖、枫糖浆、糖衣）	50
12.2.2	调味品	500
12.4	芥末	300
12.5	汤和肉汁	300
12.6	酱汁和同类产品	500
12.7	意面、沙拉和夹心果酱（不包括可可和杏仁酱）	50
13.3	以特殊饮食为治疗目的的食品	50
13.4	减肥食品	50
13.5	除了食品组代码 13.1、13.4 和 13.6 的其他饮食食品（如节食功能性食品）	300
13.6	滋补食品	300
14.1.4	香味饮料（包括"能量运动饮料"或"电解质"饮料等特殊饮料）	100
14.2.2	苹果酒、梨酒	200
14.2.4	葡萄酒（除酿酒葡萄）	200
14.2.6	酒精含量超过 15% 的蒸馏饮料	200
14.2.7	含酒精饮料（如啤酒）	200
15.1	谷物、马铃薯、面粉和淀粉（来自块茎、根和种子）	100
15.2	坚果加工制品（包括坚果酱和杏仁混合物）	100
INS 160a（ⅱ）β－胡萝卜素（植物的）		
01.1.2	牛奶饮品、调味品和（或）发酵（如牛奶巧克力、可可牛奶、鸡蛋、饮用酸奶和乳清饮料等）	1000
01.2.1	发酵牛奶（纯）	600
01.3.2	含乳饮料产品	1000
01.4.4	奶油类似产品	20
01.5.2	牛奶粉、奶油粉及同类产品	1000
01.6.1	新鲜的奶酪	600
01.6.2.1	全熟芝士（包括表面）	600
01.6.2.2	熟制的奶酪表面	1000
01.6.2.3	奶酪	1000

表 3-1.1（续）

食品组代码	食品种类	添加剂的最大使用限量 /（mg/kg）
01.6.4	加工的含有口味的奶酪（包括水果奶酪、蔬菜奶酪和肉类奶酪）	1000
01.6.5	奶酪的同类产品	1000
01.7	牛奶甜点（如布丁、酸奶等）	1000
02.1	油和油脂分离	25
02.1.2	脂肪和植物油	1000
02.1.3	猪油、动物脂肪、鱼油和其他动物脂肪	1000
02.2.1	黄油	600
02.2.2	全脂、脱脂和脂肪混合牛奶	1000
02.3	脂肪乳化剂及其混合品和 / 或用于脂肪乳化剂调味的产品	1000
02.4	含有脂肪的甜点（不包括食品组代码 01.7 的甜点）	1000
03.0	冷藏的食物（包括水果的果汁和水果奶油）	1000
04.1.2.3	醋、油或盐水腌制的水果	1000
04.1.2.4	巴氏杀菌的罐装或瓶装的水果	1000
04.1.2.5	果酱、果冻、果酱水果	1000
04.1.2.6	粉碎的水果制品（如辣椒酱），除食品代码 04.1.2.5 以外	500
04.1.2.7	水果糖	1000
04.1.2.8	水果加工产品（包括粉碎的捣碎水果、果泥、水果包衣和椰奶）	100
04.1.2.9	水果加工的甜点（包括水果口味的甜点）	1000
04.1.2.10	发酵的水果制品	200
04.1.2.11	用于制作糕点的水果	100
04.2.2.2	干蔬菜（包括真菌，根、块茎和根状茎的植物，豆类，芦荟）、海藻、坚果和种子	200
04.2.2.3	醋、油、水、盐或酱油腌制的蔬菜（包括真菌，根、块茎和根状茎的植物，豆类，芦荟）、海藻类	1320
04.2.2.4	罐头、瓶装（巴氏杀菌）或密闭袋装的蔬菜（包括真菌，根、块茎和根状茎的植物，豆类，芦荟）和海藻	200
04.2.2.5	蔬菜（包括真菌，根、块茎和根茎的植物，豆类，芦荟）、海藻、坚果和种子（如花生酱）	1000
04.2.2.6	蔬菜（包括真菌，根、块茎和根状茎的植物，豆类，芦荟）、海藻、坚果和种子（如蔬菜甜点、酱汁、蔬菜和糖浸泡等），除食品组代码 04.2.2.5 以外	1000
04.2.2.7	发酵的蔬菜（包括真菌，根、块茎和根状茎的植物，豆类，芦荟）和发酵的海藻产品（不包括大豆发酵的产品，食品代码为 06.8.6、06.8.7、12.9.1、12.9.2.3）	1000
05.1.3	可可酱	100
05.1.4	可可制品、巧克力	100
05.1.5	巧克力、巧克力替代品等类似产品	100
05.2	硬糖、软糖、方块糖等（不包括食品组代码 05.3 和 05.4 的食品）	500
05.3	口香糖	500

表 3-1.1（续）

食品组代码	食品种类	添加剂的最大使用限量 /（mg/kg）
05.4	用于食品装饰的产品（如蛋糕装饰品），表面涂层（不是水果）和甜调味汁	20000
06.3	早餐谷物（包括燕麦、意面）	400
06.4.2	意粉、干面条和类似产品	1000
06.4.3	熟制面食制品、熟面条及类似产品	1000
06.5	由谷物和淀粉制成的甜点（如大米布丁、木薯布丁）	1000
06.6	浆料（如面包、鱼或家禽）	1000
07.1.2	酥脆的饼干与糖	1000
07.1.4	面包类产品（包括面包、薯条和面包块）	1000
07.2	不同风味的蛋糕	1000
08.1.2	肉类、家禽肉和新鲜肉末	20
08.2	肉类制品（包括家禽、肉类原件或加工切碎的肉制品）	5000
08.3.1	经热处理加工的肉类制品、禽肉和肉末	20
08.3.2	未经过热处理肉制品、禽肉和肉末	20
08.3.3	肉类产品，家禽和动物肉末	5000
08.4	可直接食用肉制品（如香肠肠衣）	5000
09.1.1	新鲜的鱼	100
09.2.3	奶油酱加工过的海鲜和冷冻切碎的海鲜产品（包括软体动物、甲壳类动物、有鳞鱼）	1000
09.2.4.1	熟制的鱼和海鲜产品	1000
09.2.4.2	熟制的磷虾、甲壳类动物、有鳞鱼	1000
09.2.4.3	油炸或煎炒的鱼和海鲜产品（包括磷虾、甲壳类动物、有鳞鱼）	1000
09.2.5	熏制、干制、发酵或盐腌的鱼、海鲜产品（包括磷虾、甲壳类动物、有鳞鱼）	1000
09.3.1	海鲜、海鲜产品（包括磷虾、甲壳类动物、有鳞鱼）	1000
09.3.2	用醋加工过的海鲜、海鲜产品（包括软体动物、甲壳类动物、有鳞鱼）	1000
09.3.3	沙拉替代品、鱼子酱等产品	1000
09.3.4	初加工的鱼、海鲜产品（包括磷虾、甲壳类动物、有鳞鱼；不包括食品组代码 09.3.1~09.3.3 的产品）	1000
09.4	鱼、发酵鱼类制品或罐头产品（包括软体动物、甲壳类动物、有鳞鱼）	500
10.1	新鲜的鸡蛋	1000
10.2	蛋制品	1000
10.4	含鸡蛋的甜点（如牛奶蛋羹）	150
11.4	其他糖和糖浆（如木糖、枫糖浆、糖衣）	50
12.2.2	调味品	500
12.4	芥末	1000
12.5	酱汤、肉汁	1000
12.6.1	酱汁、乳汁形式的酱汁（如蛋黄酱、咸酱）	2000

表 3-1.1（续）

食品组代码	食品种类	添加剂的最大使用限量 /（mg/kg）
12.6.2	非乳液的形式呈现的酱（如番茄酱、辣椒酱、奶油酱、肉汁）	2000
12.6.3	酱汁混合和酱料	2000
12.7	意面、沙拉和夹心果酱（不包括可可和杏仁酱）	1000
13.3	以特殊饮食为治疗目的的食品	600
13.4	减肥食品	600
13.5	除了食品组代码 13.1、13.4 和 13.6 的其他饮食食品（如节食功能性食品）	600
13.6	滋补食品	600
14.1.4	香味饮料（包括“能量运动饮料”或“电解质”饮料等特殊饮料）	2000
14.2.1	啤酒和麦芽饮料	600
14.2.2	苹果酒、梨酒	600
14.2.4	葡萄酒（除酿酒葡萄）	600
14.2.6	酒精含量超过 15% 的蒸馏饮料	600
14.2.7	含酒精的饮料（如啤酒）	600
15.1	谷物、马铃薯、面粉和淀粉（来自块茎、根和种子）	100
15.2	坚果加工制品（包括坚果酱和杏仁混合物）	20000
15.3	鱼类小吃	100
INS 160b（ⅰ）胭脂树提取物（以红木素计）		
01.2.1	发酵牛奶（纯）	20
02.1	油和油脂分离	10
02.1.3	猪油、动物脂肪、鱼油和其他动物脂肪	10
02.2.1	黄油	20
02.2.2	全脂、脱脂和脂肪混合牛奶	100
04.1.2.5	果酱、果冻、果酱水果	100
04.2.2.3	醋、油、水、盐或酱油腌制的蔬菜（包括真菌，根、块茎和根状茎的植物，豆类，芦荟）、海藻类	300
06.3	早餐谷物（包括燕麦、意面）	25
06.4.3	熟制面食制品、熟面条及类似产品	GMP
09.2.2	加工的鱼、鱼片和海鲜等冷冻产品（包括软体动物、甲壳类动物、有鳞鱼）	25
12.2.2	调味品	GMP
12.6	酱汁和类似产品	GMP
12.6.1	酱汁、乳汁形式的酱汁（如蛋黄酱、咸酱）	10
12.6.2	非乳液的形式呈现的酱（如番茄酱、辣椒酱、奶油酱、肉汁）	10
INS 160b（ⅱ）胭脂树提取物（以降红计）		
01.1.2	牛奶饮品、调味品和（或）发酵（如牛奶巧克力、可可牛奶、鸡蛋、饮用酸奶和乳清饮料等）	20
01.2.1	发酵牛奶（纯）	20

表 3-1.1（续）

食品组代码	食品种类	添加剂的最大使用限量 /（mg/kg）
01.6.1	新鲜的奶酪	25
01.6.2.1	全熟芝士（包括表面）	25
04.2.2.3	醋、油、水、盐或酱油腌制的蔬菜（包括真菌，根、块茎和根状茎的植物，豆类，芦荟）、海藻类	300
06.3	早餐谷物（包括燕麦、意面）	25
06.4.3	熟制面食制品、熟面条及类似产品	GMP
09.2.2	加工的鱼、鱼片和海鲜等冷冻产品（包括软体动物、甲壳类动物、有鳞鱼）	25
12.2.2	调味品	GMP
12.6	酱汁和类似产品	GMP
12.6.1	酱汁、乳汁形式的酱汁（如蛋黄酱、咸酱）	10
INS 160c 辣椒油树脂		
01.6.1	新鲜的奶酪	GMP
04.2.2.3	醋、油、水、盐或酱油腌制的蔬菜（包括真菌，根、块茎和根状茎的植物，豆类，芦荟）、海藻类	300
05.2	硬糖、软糖、方块糖等（不包括食品组代码 05.3 和 05.4 的食品）	GMP
05.3	口香糖	GMP
06.3	早餐谷物（包括燕麦、意面）	GMP
12.2.2	调味品	GMP
12.6	酱汁和 类似产品	GMP
12.6.2	非乳液的形式呈现的酱（如番茄酱、辣椒酱、奶油酱、肉汁）	GMP
INS 160d（ⅰ）番茄红素（合成的）、INS 160d（ⅱ）番茄红素（番茄的）、INS 160d（ⅲ）番茄红素（三孢布拉氏霉菌）		
01.2.1	发酵牛奶（纯）	30
04.1.2.5	果酱、果冻、果酱水果	100
12.6.2	非乳液的形式呈现的酱（如番茄酱、辣椒酱、奶油酱、肉汁）	390
INS 161b（ⅰ）叶黄素		
01.2.1	发酵牛奶（纯）	150
04.1.2.5	果酱、果冻、果酱水果	100
INS 161h（ⅰ）玉米黄质		
01.2.1	发酵牛奶（纯）	150
INS 161g 角黄素		
01.1.2	牛奶饮品、调味品和（或）发酵（如牛奶巧克力、可可牛奶、鸡蛋、饮用酸奶和乳清饮料等）	15
01.6.1	新鲜的奶酪	15
01.6.2	成熟酿造的干酪	15
01.6.4.2	加工的含有口味的奶酪（包括水果奶酪、蔬菜奶酪和肉类奶酪）	15

表 3—1.1（续）

食品组代码	食品种类	添加剂的最大使用限量 /（mg/kg）
01.6.5	同类奶酪产品	15
01.7	牛奶甜点（如布丁、酸奶等）	15
02.2.2	全脂、脱脂和脂肪混合牛奶	15
02.3	脂肪乳化剂及其混合品和 / 或用于脂肪乳化剂调味的产品	15
02.4	含有脂肪的甜点（不包括食品组代码 01.7 的甜点）	15
04.1.2.5	果酱、果冻、果酱水果	200
04.1.2.6	粉碎的水果制品（如辣椒酱），除食品代码 04.1.2.5 以外	15
04.1.2.9	水果加工的甜点（包括水果口味的甜点）	15
04.1.2.11	用于制作糕点的水果	15
04.2.2.2	干蔬菜（包括真菌，根、块茎和根状茎的植物，豆类，芦荟）、海藻、坚果和种子	10
06.4.2	意粉、干面条和类似产品	15
06.4.3	熟制面食制品、熟面条及类似产品	15
06.5	由谷物和淀粉制成的甜点（如大米布丁、木薯布丁）	15
08.3.1.1	未经加热处理的肉制品（包括家禽肉和加工肉，如盐渍）	100
09.2.1	鱼、鱼片和冷冻的海鲜产品（包括磷虾、甲壳类动物、有鳞鱼）	35
09.2.5	熏制、干制、发酵或盐腌的鱼、海鲜产品（包括磷虾、甲壳类动物、有鳞鱼）	15
09.3.3	沙拉替代品、鱼子酱等产品	15
09.4	鱼、发酵鱼类制品或罐头产品（包括软体动物、甲壳类动物、有鳞鱼）	15
10.1	新鲜的鸡蛋	GMP
10.4	含鸡蛋的甜点（如牛奶蛋羹）	15
11.4	其他糖和糖浆（如木糖、枫糖浆、糖衣）	15
12.2.2	调味品	20
12.5.2	混合汤和肉汁	30
12.6	酱汁和同类产品	30
14.1.4.1	调味的碳酸饮料	5
14.1.4.2	非充气芳香饮料（包括糖精）	5
14.1.4.3	饮料调味品（固体或液体）	5
14.2.6	酒精含量超过 15% 的蒸馏饮料	5
14.2.7	含酒精的饮料（如啤酒）	5
15.1	谷物、马铃薯、面粉和淀粉（来自块茎、根和种子）	45
INS 162 甜菜红		
01.6.1	新鲜的奶酪	GMP
04.1.2.3	醋、油、盐腌渍的水果	GMP
04.1.2.5	果酱、果冻、果酱水果	GMP
06.4.3	熟制面食制品、熟面条及类似产品	GMP

表 3-1.1（续）

食品组代码	食品种类	添加剂的最大使用限量 /（mg/kg）
INS 163（ii）葡萄皮提取物		
01.1.2	牛奶饮品、调味品和（或）发酵（如牛奶巧克力、可可牛奶、鸡蛋、饮用酸奶和乳清饮料等）	150
01.2.1	发酵牛奶（纯）	100
01.4.4	奶油类似产品	150
01.5.2	牛奶粉、奶油粉及同类产品	150
01.6.2.2	熟制的奶酪表面	1000
01.6.4.2	加工的含有口味的奶酪（包括水果奶酪、蔬菜奶酪和肉类奶酪）	1000
01.6.5	同类的奶酪产品	1000
01.7	牛奶甜点（如布丁、酸奶等）	200
02.4	含有脂肪的甜点（不包括食品组代码 01.7 的甜点）	200
03.0	冷藏的食物（包括水果的果汁和水果奶油）	100
04.1.2.3	醋、油、盐腌渍的水果	1500
04.1.2.4	巴氏杀菌的罐装或瓶装的水果	1500
04.1.2.5	果酱、果冻、果酱水果	500
04.1.2.6	粉碎的水果制品（如辣椒酱），除食品代码 04.1.2.5 以外	500
04.1.2.7	水果糖	1000
04.1.2.8	水果加工产品（包括粉碎的捣碎水果、果泥、水果包衣和椰奶）	500
04.1.2.9	水果加工的甜点（包括水果口味的甜点）	500
04.1.2.10	发酵的水果制品	500
04.1.2.11	用于制作糕点的水果	500
04.2.2.3	醋、油、水、盐或酱油腌制的蔬菜（包括真菌，根、块茎和根状茎的植物，豆类，芦荟）、海藻类	100
04.2.2.5	蔬菜（包括真菌，根、块茎和根茎的植物，豆类，芦荟）、海藻、坚果和种子（如花生酱）	100
04.2.2.6	蔬菜（包括真菌，根、块茎和根状茎的植物，豆类，芦荟）、海藻、坚果和种子（如蔬菜甜点、酱汁、蔬菜和糖浸泡等），除食品组代码 04.2.2.5 以外	100
04.2.2.7	发酵的蔬菜（包括真菌，根、块茎和根状茎的植物，豆类，芦荟）和发酵的海藻产品（不包括大豆发酵的产品，食品代码为 06.8.6、06.8.7、12.9.1、12.9.2.3）	100
05.1.3	可可酱	200
05.1.4	可可制品、巧克力	200
05.1.5	巧克力、巧克力替代品等类似产品	200
05.2.2	软糖果	1700
05.3	口香糖	500
05.4	用于食品装饰的产品（如蛋糕装饰品），表面涂层（不是水果）和甜调味汁	500
06.3	早餐谷物（包括燕麦、意面）	200
06.5	由谷物和淀粉制成的甜点（如大米布丁、木薯布丁）	200

表 3−1.1（续）

食品组代码	食品种类	添加剂的最大使用限量 /（mg/kg）
07.1.2	酥脆的饼干与糖	200
07.1.4	面包类产品，包括面包、薯条和面包	200
08.1.2	肉类、家禽肉和新鲜肉末	1000
08.2	肉类制品（包括家禽、肉类原件或加工切碎的肉制品）	5000
08.3	肉制品、家禽肉和加工处理过的肉末	5000
08.4	可直接食用肉制品（如香肠肠衣）	5000
09.2.2	加工的鱼、鱼片和海鲜等冷冻产品（包括软体动物、甲壳类动物、有鳞鱼）	500
09.2.3	奶油酱加工过的海鲜和冷冻切碎的海鲜产品（包括软体动物、甲壳类动物、有鳞鱼）	GMP
09.2.4.1	熟制的鱼和海鲜产品	500
09.2.4.2	熟制的磷虾、甲壳类动物、有鳞鱼	1000
09.2.4.3	油炸或煎炒的鱼和海鲜产品（包括磷虾、甲壳类动物、有鳞鱼）	1000
09.2.5	熏制、干制、发酵或盐腌的鱼、海鲜产品（包括磷虾、甲壳类动物、有鳞鱼）	1000
09.3.1	海鲜、海鲜产品（包括磷虾、甲壳类动物、有鳞鱼）	500
09.3.2	用醋加工过的海鲜、海鲜产品（包括软体动物、甲壳类动物、有鳞鱼）	1500
09.3.3	沙拉替代品、鱼子酱等产品	1500
09.3.4	初加工的鱼、海鲜产品（包括磷虾、甲壳类动物、有鳞鱼；不包括食品组代码 09.3.1~09.3.3 的产品）	1500
09.4	鱼、发酵鱼类制品或罐头产品（包括软体动物、甲壳类动物、有鳞鱼）	1500
10.1	新鲜的鸡蛋	1500
10.4	含鸡蛋的甜点（如牛奶蛋羹）	200
12.4	芥末	200
12.5	酱汤、肉汁	500
12.6.1	酱汁、乳汁形式的酱汁（如蛋黄酱、咸酱）	300
12.6.2	非乳液的形式呈现的酱（如番茄酱、辣椒酱、奶油酱、肉汁）	300
12.6.3	混合酱和酱油	300
12.7	意面、沙拉和夹心果酱（不包括可可和杏仁酱）	1500
13.3	以特殊饮食为治疗目的的食品	250
13.4	减肥食品	250
13.5	除了食品组代码 13.1、13.4 和 13.6 的其他饮食食品（如节食功能性食品）	250
13.6	滋补食品	500
14.1.4	香味饮料（包括“能量运动饮料”或“电解质”饮料等特殊饮料）	300
14.2.2	苹果酒、梨酒	300
14.2.4	葡萄酒（除酿酒葡萄）	300
14.2.6	酒精含量超过 15% 的蒸馏饮料	300
14.2.7	含酒精的饮料（如啤酒）	300

表 3—1.1（续）

食品组代码	食品种类	添加剂的最大使用限量 /（mg/kg）
15.1	谷物、马铃薯、面粉和淀粉（来自块茎、根和种子）	500
15.2	坚果加工制品（包括坚果酱和杏仁混合物）	300
15.3	鱼类小吃	400
INS 170（ⅰ）碳酸钙		
01.2.1	发酵牛奶（纯）	GMP
01.2.1.2	经过热处理的发酵牛奶（纯）	GMP
01.2.2	未调味的发酵乳制品	GMP
01.3.1	稀释的炼乳	2000
01.3.2	含乳饮料产品	GMP
01.4.1	巴氏杀菌纯牛奶	GMP
01.4.2	巴氏消毒的奶油、高温热处理（UHT）蛋清、搅拌型奶油以及（纯）奶油	GMP
01.4.3	冰激凌	GMP
01.5.1	奶粉、奶油粉（纯）	10000
01.5.2	牛奶粉、奶油粉及同类产品	GMP
01.6.1	新鲜的奶酪	GMP
01.6.2.1	全熟芝士（包括表面）	GMP
01.8.2	乳清和干乳清产品（不包括乳清干酪）	10000
04.2.2.7	发酵的蔬菜（包括真菌，根、块茎和根状茎的植物，豆类，芦荟）和发酵的海藻产品（不包括大豆发酵的产品，食品代码为 06.8.6、06.8.7、12.9.1、12.9.2.3）	GMP
05.1.1	可可混合物（面团）和可可蛋糕	GMP
05.1.4	可可制品、巧克力	GMP
06.4.1	面食、新鲜面制品和类似产品	GMP
06.4.2	意粉、干面条和类似产品	GMP
06.4.3	熟制面食制品、熟面条及类似产品	GMP
08.1.1	肉类（包括禽类、新鲜生肉或切碎的肉）	GMP
08.1.2	肉类、家禽肉和新鲜肉末	GMP
09.2.1	鱼、鱼片和冷冻的海鲜产品（包括磷虾、甲壳类动物、有鳞鱼）	GMP
09.2.2	加工的鱼、鱼片和海鲜等冷冻产品（包括软体动物、甲壳类动物、有鳞鱼）	GMP
09.2.3	奶油酱加工过的海鲜和冷冻切碎的海鲜产品（包括软体动物、甲壳类动物、有鳞鱼）	GMP
09.2.4	鱼和海鲜产品，炒或煮熟，包括磷虾，甲壳类动物，有鳞鱼	GMP
09.2.5	熏制、干制、发酵或盐腌的鱼、海鲜产品（包括磷虾、甲壳类动物、有鳞鱼）	GMP
12.1.1	盐	GMP
12.1.2	代盐产品	GMP
13.2	适用于 36 个月以下儿童的营养产品	GMP

表 3—1.1（续）

食品组代码	食品种类	添加剂的最大使用限量 /（mg/kg）
14.1.5	咖啡、茶、草药饮料和谷物饮料等类似产品（不包括可可饮料）	GMP
INS 171 二氧化钛		
01.6.1	新鲜的奶酪	GMP
01.6.2.1	全熟芝士（包括表面）	GMP
INS 172（ⅰ）氧化铁黑、INS 172（ⅱ）氧化铁红、INS 172（ⅲ）氧化铁（黄色）		
01.1.2	牛奶饮品、调味品和（或）发酵（如牛奶巧克力、可可牛奶、鸡蛋、饮用酸奶和乳清饮料等）	20
01.2.1	发酵牛奶（纯）	100
01.6.2.2	熟制的奶酪表面	100
01.6.4	加工的含有口味的奶酪（包括水果奶酪、蔬菜奶酪和肉类奶酪）	50
01.7	牛奶甜点（如布丁、酸奶等）	100
02.4	含有脂肪的甜点（不包括食品组代码 01.7 的甜点）	350
03.0	冷藏的食物（包括水果的果汁和水果奶油）	300
04.1.1.2	经表面处理的新鲜水果	1000
04.1.2.4	巴氏杀菌的罐装或瓶装的水果	300
04.1.2.5	果酱、果冻、果酱水果	200
04.1.2.6	粉碎的水果制品（如辣椒酱），除食品代码 04.1.2.5 以外	500
04.1.2.7	水果糖	250
04.1.2.9	水果加工的甜点（包括水果口味的甜点）	200
05.2	硬糖、软糖、方块糖等（不包括食品组代码 05.3 和 05.4 的食品）	200
05.3	口香糖	10000
05.4	用于食品装饰的产品（如蛋糕装饰品），表面涂层（不是水果）和甜调味汁	100
06.3	早餐谷物（包括燕麦、意面）	75
06.5	由谷物和淀粉制成的甜点（如大米布丁、木薯布丁）	75
07.2	不同风味的蛋糕	100
08.4	可直接食用肉制品（如香肠肠衣）	1000
09.2.5	熏制、干制、发酵或盐腌的鱼、海鲜产品（包括磷虾、甲壳类动物、有鳞鱼）	250
09.3.3	沙拉替代品、鱼子酱等产品	100
09.3.4	初加工的鱼、海鲜产品（包括磷虾、甲壳类动物、有鳞鱼；不包括食品组代码 09.3.1~09.3.3 的产品）	50
09.4	鱼、发酵鱼类制品或罐头产品（包括软体动物、甲壳类动物、有鳞鱼）	50
10.1	新鲜的鸡蛋	GMP
10.4	含鸡蛋的甜点（如牛奶蛋羹）	150
12.2.2	调味品	1000
12.5	酱汤、肉汁	100
12.6	酱汁和同类产品	75

表 3—1.1（续）

食品组代码	食品种类	添加剂的最大使用限量 /（mg/kg）
13.6	滋补食品	7500
14.1.4	香味饮料（包括"能量运动饮料"或"电解质"饮料等特殊饮料）	100
15.1	谷物、马铃薯、面粉和淀粉（来自块茎、根和种子）	500
15.2	坚果加工制品（包括坚果酱和杏仁混合物）	400
INS 174 银		
05.1.4	可可制品、巧克力	GMP
INS 175 金		
05.1.4	可可制品、巧克力	GMP
INS 200 山梨酸、INS 201 山梨酸钠、INS 202 山梨酸钾、INS 203 山梨酸钙		
01.1.2	牛奶饮品、调味品和（或）发酵（如牛奶巧克力、可可牛奶、鸡蛋、饮用酸奶和乳清饮料等）	1000
01.2.1	发酵牛奶（纯）	1000
01.2.2	未调味的发酵乳制品	100
01.3.2	含乳饮料产品	200
01.6.1	新鲜的奶酪	1000
01.6.2	熟制的奶酪	3000
01.6.2.1	全熟芝士（包括表面）	1000
01.6.3	乳清奶酪	1000
01.6.4	加工的含有口味的奶酪（包括水果奶酪、蔬菜奶酪和肉类奶酪）	3000
01.6.5	同类的奶酪产品	3000
01.6.6	奶酪乳清蛋白	3000
01.7	牛奶甜点（如布丁、酸奶等）	1000
02.2.2	全脂、脱脂和脂肪混合牛奶	2000
02.3	脂肪乳化剂及其混合品和 / 或用于脂肪乳化剂调味的产品	1000
02.4	含有脂肪的甜点（不包括食品组代码 01.7 的甜点）	1000
03.0	冷藏的食物（包括水果的果汁和水果奶油）	GMP
04.1.2.2	干果	500
04.1.2.3	醋、油或盐水腌制的水果	1000
04.1.2.5	果酱、果冻、果酱水果	1000
04.1.2.6	粉碎的水果制品（如辣椒酱），除食品代码 04.1.2.5 以外	1000
04.1.2.7	水果糖	500
04.1.2.8	水果加工产品（包括粉碎的捣碎水果、果泥、水果包衣和椰奶）	1000
04.1.2.9	水果加工的甜点（包括水果口味的甜点）	1000
04.1.2.10	发酵的水果制品	1000
04.1.2.11	用于制作糕点的水果	1000
04.1.2.12	煮熟的浆果	1200

表 3—1.1（续）

食品组代码	食品种类	添加剂的最大使用限量 /（mg/kg）
04.2.2.3	醋、油、水、盐或酱油腌制的蔬菜（包括真菌，根、块茎和根状茎的植物，豆类，芦荟）、海藻类	1000
04.2.2.3	醋、油、水、盐或酱油腌制的蔬菜（包括真菌，根、块茎和根状茎的植物，豆类，芦荟）、海藻类	500
04.2.2.5	蔬菜（包括真菌，根、块茎和根茎的植物，豆类，芦荟）、海藻、坚果和种子（如花生酱）	1000
04.2.2.6	蔬菜（包括真菌，根、块茎和根状茎的植物，豆类，芦荟）、海藻、坚果和种子（如蔬菜甜点、酱汁、蔬菜和糖浸泡等），除食品组代码 04.2.2.5 以外	1000
04.2.2.7	发酵的蔬菜（包括真菌，根、块茎和根状茎的植物，豆类，芦荟）和发酵的海藻产品（不包括大豆发酵的产品，食品代码为 06.8.6、06.8.7、12.9.1、12.9.2.3）	1000
04.2.2.8	煮熟或油炸的蔬菜（包括真菌，根、块茎和根茎的植物，豆类，芦荟）、海藻类	1000
05.1.2	可可混合物（圣西罗）	1000
05.1.3	在可可表面	1000
05.1.5	巧克力、巧克力替代品等类似产品	1500
05.2	硬糖、软糖、方块糖等（不包括食品组代码 05.3 和 05.4 的食品）	1500
05.3	口香糖	1500
05.4	用于食品装饰的产品（如蛋糕装饰品），表面涂层（不是水果）和甜调味汁	1000
06.4.3	熟制面食制品、熟面条及类似产品	2000
06.5	由谷物和淀粉制成的甜点（如大米布丁、木薯布丁）	1000
06.6	浆料（如面包、鱼或家禽）	2000
07.0	烤蛋糕	1000
09.2.4.1	熟制的鱼和海鲜产品	2000
09.2.4.2	熟制的磷虾、甲壳类动物、有鳞鱼	2000
09.2.5	熏制、干制、发酵或盐腌的鱼、海鲜产品（包括磷虾、甲壳类动物、有鳞鱼）	200
09.3	渔业、水产品加工（包括磷虾、甲壳类动物、有鳞鱼）	1000
10.2.1	液体蛋制品	5000
10.2.2	冷冻的蛋制品	1000
10.2.3	干燥或凝结的蛋制品	1000
10.4	含鸡蛋的甜点（如牛奶蛋羹）	1000
11.4	其他糖和糖浆（如木糖、枫糖浆、糖衣）	1000
11.6	甜味剂（包括高甜度的甜味剂）	1000
12.2	香料、香草、调味品（如方便面的香料）	1000
12.4	芥末	1000
12.5	酱汤、肉汁	1000
12.6	酱汁和同类产品	1000
12.6.2	非乳液的形式呈现的酱（如番茄酱、辣椒酱、奶油酱、肉汁）	1000

表 3—1.1（续）

食品组代码	食品种类	添加剂的最大使用限量 /（mg/kg）
12.6.4	酱汁（如鱼酱）	1000
12.7	意面、沙拉和夹心果酱（不包括可可和杏仁酱）	1500
12.9.1	发酵的大豆（如味噌）	1000
12.9.2.1	发酵酱油	1000
12.9.2.3	酱油型	1000
13.3	以特殊饮食为治疗目的的食品	1500
13.4	减肥食品	1500
13.5	除了食品组代码 13.1、13.4 和 13.6 的其他饮食食品（如节食功能性食品）	1500
13.6	滋补食品	2000
14.1.2.1	果汁	1000
14.1.2.3	浓缩果汁	1000
14.1.4	香味饮料（包括"能量运动饮料"或"电解质"饮料等特殊饮料）	500
14.1.5	咖啡、茶、草药饮料和谷物饮料等类似产品（不包括可可饮料）	500
14.2.2	苹果酒、梨酒	500
14.2.3	葡萄酒和甜葡萄酒	200
14.2.4	葡萄酒（除酿酒葡萄）	500
14.2.5	蜂蜜酒	200
14.2.7	含酒精的饮料（如啤酒）	500
15.1	谷物、马铃薯、面粉和淀粉（来自块茎、根和种子）	1000
15.2	坚果加工制品（包括坚果酱和杏仁混合物）	1000
INS 210 苯甲酸、INS 211 苯甲酸钠、INS 212 苯甲酸钾、INS 213 苯甲酸钙		
01.2.1	发酵牛奶（纯）	300
01.7	牛奶甜点（如布丁、酸奶等）	300
02.2.2	全脂、脱脂和脂肪混合牛奶	1000
02.3	脂肪乳化剂及其混合品和 / 或用于脂肪乳化剂调味的产品	1000
02.4	含有脂肪的甜点（不包括食品组代码 01.7 的甜点）	1000
04.1.2.2	干果	800
04.1.2.3	醋、油或盐水腌制的水果	1000
04.1.2.5	果酱、果冻、果酱水果	1000
04.1.2.6	粉碎的水果制品（如辣椒酱），除食品代码 04.1.2.5 以外	1000
04.1.2.7	水果糖	1000
04.1.2.8	水果加工产品（包括粉碎的捣碎水果、果泥、水果包衣和椰奶）	1000
04.1.2.9	水果加工的甜点（包括水果口味的甜点）	1000
04.1.2.10	发酵的水果制品	1000
04.1.2.11	用于制作糕点的水果	1000
04.1.2.12	煮熟的浆果	1000

表 3—1.1（续）

食品组代码	食品种类	添加剂的最大使用限量 /（mg/kg）
04.2.2.2	干蔬菜（包括真菌，根、块茎和根状茎的植物，豆类，芦荟）、海藻、坚果和种子	1000
04.2.2.3	醋、油、水、盐或酱油腌制的蔬菜（包括真菌，根、块茎和根状茎的植物，豆类，芦荟）、海藻类	2000
04.2.2.5	蔬菜（包括真菌，根、块茎和根茎的植物，豆类，芦荟）、海藻、坚果和种子（如花生酱）	1000
04.2.2.6	蔬菜（包括真菌，根、块茎和根状茎的植物，豆类，芦荟）、海藻、坚果和种子（如蔬菜甜点、酱汁、蔬菜和糖浸泡等），除食品组代码 04.2.2.5 以外	3000
04.2.2.7	发酵的蔬菜（包括真菌，根、块茎和根状茎的植物，豆类，芦荟）和发酵的海藻产品（不包括大豆发酵的产品，食品代码为 06.8.6、06.8.7、12.9.1、12.9.2.3）	1000
04.2.2.8	煮熟或油炸的蔬菜（包括真菌，根、块茎和根茎的植物，豆类，芦荟）、海藻类	1000
05.1.3	可可酱	1500
05.1.5	巧克力、巧克力替代品等类似产品	1500
05.2	硬糖、软糖、方块糖等（不包括食品组代码 05.3 和 05.4 的食品）	1500
05.3	口香糖	1500
05.4	用于食品装饰的产品（如蛋糕装饰品），表面涂层（不是水果）和甜调味汁	1500
06.4.3	熟制面食制品、熟面条及类似产品	1000
06.5	由谷物和淀粉制成的甜点（如大米布丁、木薯布丁）	1000
07.0	馅饼	1000
08.2.1.2	肉制品、家禽和生的或切碎的生肉及加工（如盐渍）和未经热处理的生肉	1000
08.3.1.2	经过加工（如盐渍），无需热处理即可干燥的肉制品及家禽肉和切碎的肉类	1000
09.2.4.2	熟制的磷虾、甲壳类动物、有鳞鱼	2000
09.2.5	熏制、干制、发酵或盐腌的鱼、海鲜产品（包括磷虾、甲壳类动物、有鳞鱼）	200
09.3	渔业、水产品加工（包括磷虾、甲壳类动物、有鳞鱼）	2000
10.2.1	液体蛋制品	5000
10.4	含鸡蛋的甜点（如牛奶蛋羹）	1000
11.4	其他糖和糖浆（如木糖、枫糖浆、糖衣）	1000
11.6	甜味剂（包括高甜度的甜味剂）	2000
12.2.2	调味品	1000
12.3	醋	1000
12.4	芥末	1000
12.5	酱汤、肉汁	500
12.6	酱类及类似产品	1000
12.6.2	非乳液的形式呈现的酱（如番茄酱、辣椒酱、奶油酱、肉汁）	1000
12.6.4	酱汁（如鱼酱）	1000
12.7	意面、沙拉和夹心果酱（不包括可可和杏仁酱）	1500

表 3-1.1（续）

食品组代码	食品种类	添加剂的最大使用限量 /（mg/kg）
12.9.1	发酵的大豆（如味噌）	1000
13.3	以特殊饮食为治疗目的的食品	1500
13.4	减肥食品	1500
13.5	除了食品组代码 13.1、13.4 和 13.6 的其他饮食食品（如节食功能性食品）	2000
13.6	滋补食品	2000
14.1.2.1	果汁	1000
14.1.2.3	浓缩果汁	1000
14.1.4	香味饮料（包括"能量运动饮料"或"电解质"饮料等特殊饮料）	600
14.1.5	咖啡、茶、草药饮料和谷物饮料等类似产品（不包括可可饮料）	1000
14.2.2	苹果酒、梨酒	1000
14.2.4	葡萄酒（除酿酒葡萄）	1000
14.2.5	蜂蜜酒	1000
14.2.7	含酒精的饮料（如啤酒）	1000
15.1	谷物、马铃薯、面粉和淀粉（来自块茎、根和种子）	1000
INS 214 对羟基苯甲酸乙酯、INS 218 对羟基苯甲酸甲酯		
01.6.4	加工的含有口味的奶酪（包括水果奶酪、蔬菜奶酪和肉类奶酪）	300
01.6.5	同类的奶酪产品	500
01.7	牛奶甜点（如布丁、酸奶等）	120
02.2.2	全脂、脱脂和脂肪混合牛奶	300
02.3	脂肪乳化剂及其混合品和 / 或用于脂肪乳化剂调味的产品	300
04.1.2.2	干果	800
04.1.2.3	腌制醋，油或盐水	250
04.1.2.5	果酱、果冻、果酱水果	250
04.1.2.6	粉碎的水果制品（如辣椒酱），除食品代码 04.1.2.5 以外	1000
04.1.2.7	水果糖	1000
04.1.2.8	水果加工产品（包括粉碎的捣碎水果、果泥、水果包衣和椰奶）	800
04.1.2.9	水果加工的甜点（包括水果口味的甜点）	800
04.1.2.10	发酵的水果制品	800
04.1.2.11	用于制作糕点的水果	800
04.2.2.3	醋、油、水、盐或酱油腌制的蔬菜（包括真菌，根、块茎和根状茎的植物，豆类，芦荟）、海藻类	1000
04.2.2.5	蔬菜（包括真菌，根、块茎和根茎的植物，豆类，芦荟）、海藻、坚果和种子（如花生酱）	1000
04.2.2.6	蔬菜（包括真菌，根、块茎和根状茎的植物，豆类，芦荟）、海藻、坚果和种子（如蔬菜甜点、酱汁、蔬菜和糖浸泡等），除食品组代码 04.2.2.5 以外	1000
04.2.2.7	发酵的蔬菜（包括真菌，根、块茎和根状茎的植物，豆类，芦荟）和发酵的海藻产品（不包括大豆发酵的产品，食品代码为 06.8.6、06.8.7、12.9.1、12.9.2.3）	300

表 3—1.1（续）

食品组代码	食品种类	添加剂的最大使用限量 /（mg/kg）
05.1.3	可可酱	300
05.1.5	巧克力、巧克力替代品等类似产品	300
05.2	硬糖、软糖、方块糖等（不包括食品组代码 05.3 和 05.4 的食品）	1000
05.3	口香糖	1500
05.4	用于食品装饰的产品（如蛋糕装饰品），表面涂层（不是水果）和甜调味汁	300
07.2	不同风味的蛋糕	300
08.4	可直接食用肉制品（如香肠肠衣）	36
09.3	渔业、水产品加工（包括磷虾、甲壳类动物、有鳞鱼）	1000
11.4	其他糖和糖浆（如木糖、枫糖浆、糖衣）	100
12.3	醋	100
12.4	芥末	300
12.6	酱类及类似产品	1000
12.6.2	非乳液的形式呈现的酱（如番茄酱、辣椒酱、奶油酱、肉汁）	1000
14.1.4	香味饮料（包括“能量运动饮料”或“电解质”饮料等特殊饮料）	500
14.1.5	咖啡、茶、草药饮料和谷物饮料等类似产品（不包括可可饮料）	450
14.2.2	苹果酒、梨酒	200
14.2.4	葡萄酒（除酿酒葡萄）	200
14.2.5	蜂蜜酒	200
14.2.7	含酒精的饮料（如啤酒）	1000
15.1	谷物、马铃薯、面粉和淀粉（来自块茎、根和种子）	300
15.2	坚果加工制品（包括坚果酱和杏仁混合物）	300
INS 216 对羟基苯甲酸丙酯		
04.1.2.6	粉碎的水果制品（如辣椒酱），除食品代码 04.1.2.5 以外	250
INS 220 二氧化硫、INS 221 亚硫酸钠、INS 222 亚硫酸氢钠、INS 223 焦亚硫酸钠、INS 224 焦亚硫酸钾、INS 225 亚硫酸钾、INS 227 亚硫酸氢钙、INS 228 亚硫酸氢钾、INS 539 硫代硫酸钠		
04.1.1.2	经表面处理的新鲜水果	30
04.1.2.1	冷冻水果	500
04.1.2.2	干果	1000
04.1.2.3	腌制醋、油或盐水	100
04.1.2.5	果酱、果冻	100
04.1.2.6	粉碎的水果制品（如辣椒酱），除食品代码 04.1.2.5 以外	100
04.1.2.7	水果糖	100
04.1.2.8	水果加工产品（包括粉碎的捣碎水果、果泥、水果包衣和椰奶）	100
04.1.2.9	水果加工的甜点（包括水果口味的甜点）	100
04.1.2.10	发酵的水果制品	100

表 3-1.1（续）

食品组代码	食品种类	添加剂的最大使用限量 /（mg/kg）
04.1.2.11	用于制作糕点的水果	100
04.2.1.3	去皮、切碎或切片的新鲜蔬菜（包括真菌，根、块茎和根茎的植物，豆类，芦荟）、海藻、坚果和种子	50
04.2.2.1	冷冻蔬菜（包括真菌，根、块茎和根状茎的植物，豆类，芦荟）、海藻、坚果和种子	50
04.2.2.2	干蔬菜（包括真菌，根、块茎和根状茎的植物，豆类，芦荟）、海藻、坚果和种子	500
04.2.2.3	醋、油、水、盐或酱油腌制的蔬菜（包括真菌，根、块茎和根状茎的植物，豆类，芦荟）、海藻类	100
04.2.2.4	罐头、瓶装（巴氏杀菌）或密闭袋装的蔬菜（包括真菌，根、块茎和根状茎的植物，豆类，芦荟）和海藻	50
04.2.2.5	蔬菜（包括真菌，根、块茎和根茎的植物，豆类，芦荟）、海藻、坚果和种子（如花生酱）	500
04.2.2.6	蔬菜（包括真菌，根、块茎和根状茎的植物，豆类，芦荟）、海藻、坚果和种子（如蔬菜甜点、酱汁、蔬菜和糖浸泡等），除食品组代码 04.2.2.5 以外	300
04.2.2.7	发酵的蔬菜（包括真菌，根、块茎和根状茎的植物，豆类，芦荟）和发酵的海藻产品（不包括大豆发酵的产品，食品代码为 06.8.6、06.8.7、12.9.1、12.9.2.3）	500
06.2.1	小麦粉	200
06.2.2	淀粉	50
06.4.3	熟制面食制品、熟面条及类似产品	20
07.2	不同风味的蛋糕	50
09.1.2	磷虾、甲壳类动物、有鳞鱼	100
09.2.1	鱼、鱼片和冷冻的海鲜产品（包括磷虾、甲壳类动物、有鳞鱼）	100
09.2.4.2	熟制的磷虾、甲壳类动物、有鳞鱼	150
09.2.5	熏制、干制、发酵或盐腌的鱼、海鲜产品（包括磷虾、甲壳类动物、有鳞鱼）	30
09.4	鱼、发酵鱼类制品或罐头产品（包括软体动物、甲壳类动物、有鳞鱼）	150
11.1.1	白糖、无水葡萄糖、葡萄糖 – 水合物、果糖	15
11.1.2	糖粉、葡萄糖粉	15
11.1.3	绵白糖、软红糖、葡萄糖浆、干燥的葡萄糖浆、蔗糖原料	20
11.1.5	粉碎的白糖	70
11.2	红糖（不包括食品组代码 11.1.3）	40
11.3	糖溶液、部分重新配制的糖浆（包括糖蜜）	70
11.4	其他糖和糖浆（如木糖、枫糖浆、糖衣）	40
12.2.1	草药和香料	150
12.2.2	调味品	200
12.3	醋	100
12.4	芥末	250

表 3—1.1（续）

食品组代码	食品种类	添加剂的最大使用限量 / （mg/kg）
12.6	酱类及类似产品	300
12.6.2	非乳液的形式呈现的酱（如番茄酱、辣椒酱、奶油酱、肉汁）	300
12.9.1	发酵的大豆（如味噌）	30
14.1.2.1	果汁	50
14.1.2.2	蔬菜汁	50
14.1.2.3	浓缩果汁	50
14.1.2.4	蔬菜汁、粗根汁	50
14.1.4	香味饮料（包括“能量运动饮料”或“电解质”饮料等特殊饮料）	70
14.2.1	啤酒和麦芽饮料	50
14.2.2	苹果酒、梨酒	200
14.2.3	葡萄酒和甜葡萄酒	350
14.2.4	葡萄酒（除酿酒葡萄）	200
14.2.5	蜂蜜酒	200
14.2.6	酒精含量超过 15% 的蒸馏饮料	200
14.2.7	含酒精的饮料（如啤酒）	250
15.1	谷物、马铃薯、面粉和淀粉（来自块茎、根和种子）	50
INS 231 邻苯基苯酚、INS 232 邻苯基苯酚钠		
04.1.1.2	经表面处理的新鲜水果	12
INS 234 乳酸链球菌素		
01.2.1	发酵牛奶（纯）	500
01.4.3	冰激凌	10
01.6.1	新鲜的奶酪	12.5
01.6.2	成熟奶酪	12.5
01.6.2.1	全熟芝士（包括表面）	12.5
01.6.5	类似于奶酪的产品	12.5
01.6.6	奶酪乳清蛋白	12.5
06.5	由谷物和淀粉制成的甜点（如大米布丁、木薯布丁）	3
INS 235 纳他霉素		
01.6.1	新鲜的奶酪	40
01.6.2	成熟奶酪	40
01.6.2.1	全熟芝士（包括表面）	2
01.6.4	加工的含有口味的奶酪（包括水果奶酪、蔬菜奶酪和肉类奶酪）	40
01.6.5	同类的奶酪产品	40
01.6.6	奶酪乳清蛋白	40
08.2.1.2	肉制品、家禽和生的或切碎的生肉及加工（如盐渍）和未经热处理的生肉	6
08.3.1.2	经过加工（如盐渍），无需热处理即可干燥的肉制品及家禽肉和切碎的肉类	20

表 3-1.1（续）

食品组代码	食品种类	添加剂的最大使用限量 /（mg/kg）
INS236 蚁酸		
12.6	酱类及类似产品	200
14.1.4	香味饮料（包括"能量运动饮料"或"电解质"饮料等特殊饮料）	100
INS 243 月桂酸精氨酸乙酯		
01.6.1	新鲜的奶酪	200
01.6.2.1	全熟芝士（包括表面）	200
01.6.3	乳酪乳清	200
01.6.4	加工的含有口味的奶酪（包括水果奶酪、蔬菜奶酪和肉类奶酪）	200
01.6.5	同类的奶酪产品	200
01.7	牛奶甜点（如布丁、酸奶等）	200
02.2.2	全脂、脱脂和脂肪混合牛奶	200
04.1.2.2	干果	200
04.1.2.11	用于制作糕点的水果	200
04.2.1.2	蔬菜（包括真菌，根、块茎和根茎的植物，豆类，芦荟）、海藻、坚果和种子	200
04.2.1.3	去皮、切碎或切片的新鲜蔬菜（包括真菌，根、块茎和根茎的植物，豆类，芦荟）、海藻、坚果和种子	200
04.2.2.3	醋、油、水、盐或酱油腌制的蔬菜（包括真菌，根、块茎和根状茎的植物，豆类，芦荟）、海藻类	200
05.1.3	可可酱	200
05.3	口香糖	225
06.5	由谷物和淀粉制成的甜点（如大米布丁、木薯布丁）	200
10.2	蛋制品	200
10.4	含鸡蛋的甜点（如牛奶蛋羹）	200
12.2.2	调味品	200
12.5.1	方便面，包括罐头，瓶装和冷冻	200
12.5.2	汤和肉汁	200
12.6.1	酱汁、乳汁形式的酱汁（如蛋黄酱、咸酱）	200
12.6.2	非乳液的形式呈现的酱（如番茄酱、辣椒酱、奶油酱、肉汁）	200
12.7	意面、沙拉和夹心果酱（不包括可可和杏仁酱）	200
14.1.4.1	调味的碳酸饮料	50
14.1.4.2	非充气芳香饮料（包括糖精）	50
14.1.4.3	浓缩饮料（固体或液体）	50
INS 249 亚硝酸钾、INS 250 亚硝酸钠		
08.2.2	肉类产品、家禽和生肉或切碎的生肉	80
08.3	肉制品、家禽肉和加工处理过的肉末	80

表 3—1.1（续）

食品组代码	食品种类	添加剂的最大使用限量 /（mg/kg）
08.3.2	未经过热处理肉制品、禽肉和肉末	50
INS 251 硝酸钠、INS 252 硝酸钾		
01.6.2.1	全熟芝士（包括表面）	35
INS 260 冰醋酸		
01.6.1	新鲜的奶酪	GMP
01.6.6	奶酪乳清蛋白	GMP
04.1.2.3	腌制醋、油或盐水	GMP
04.1.2.4	经过巴氏杀菌的罐装或瓶装水果	GMP
04.1.2.6	粉碎的水果制品（如辣椒酱），除食品代码 04.1.2.5 以外	GMP
04.2.1.1	未加工的蔬菜［包括蘑菇，块茎，豆类，豌豆（包括大豆）］，草药，海藻，坚果和种子	GMP
04.2.2.1	冷冻蔬菜（包括真菌，根、块茎和根状茎的植物，豆类，芦荟）、海藻、坚果和种子	GMP
04.2.2.3	醋、油、水、盐或酱油腌制的蔬菜（包括真菌，根、块茎和根状茎的植物，豆类，芦荟）、海藻类	GMP
04.2.2.7	发酵的蔬菜（包括真菌，根、块茎和根状茎的植物，豆类，芦荟）和发酵的海藻产品（不包括大豆发酵的产品，食品代码为 06.8.6、06.8.7、12.9.1、12.9.2.3）	GMP
06.4.3	熟制面食制品、熟面条及类似产品	GMP
09.4	鱼、发酵鱼类制品或罐头产品（包括软体动物、甲壳类动物、有鳞鱼）	GMP
10.2.1	液体蛋制品	GMP
10.2.2	冷冻蛋制品	GMP
12.1.2	代盐产品	GMP
12.6.4	酱汁（如鱼酱）	GMP
13.2	适用于 36 个月以下儿童的营养产品	5000
14.1.5	咖啡、茶、草药饮料和谷物饮料等类似产品（不包括可可饮料）	GMP
INS 261（ⅰ）乙酸钾、INS 261（ⅱ）二乙酸钾		
01.5.1	奶粉、奶油粉（纯）	GMP
01.6.1	新鲜的奶酪	GMP
13.2	适用于 36 个月以下儿童的营养产品	GMP
INS 262（ⅰ）乙酸钠		
01.5.1	奶粉、奶油粉（纯）	GMP
01.6.1	新鲜的奶酪	GMP
04.1.2.3	腌制醋、油或盐水	GMP
04.2.2.7	发酵的蔬菜（包括真菌，根、块茎和根状茎的植物，豆类，芦荟）和发酵的海藻产品（不包括大豆发酵的产品，食品代码为 06.8.6、06.8.7、12.9.1、12.9.2.3）	GMP

表 3-1.1（续）

食品组代码	食品种类	添加剂的最大使用限量 /（mg/kg）
06.4.1	面食、新鲜面制品和类似产品	6000
06.4.2	意粉、干面条和类似产品	GMP
06.4.3	熟制面食制品、熟面条及类似产品	GMP
10.2.1	液体蛋制品	GMP
10.2.2	冷冻蛋制品	GMP
12.1.2	代盐产品	GMP
13.2	适用于 36 个月以下儿童的营养产品	GMP
14.1.5	咖啡、茶、草药饮料和谷物饮料等类似产品（不包括可可饮料）	GMP
INS 263 乙酸钙		
01.5.1	奶粉、奶油粉（纯）	GMP
01.6.1	新鲜的奶酪	GMP
11.4	其他糖和糖浆（如木糖、枫糖浆、糖衣）	GMP
13.2	适用于 36 个月以下儿童的营养产品	GMP
INS 270 乳酸（L-，D- 和 DL-）		
01.4.1	巴氏灭菌的奶油（纯）	GMP
01.4.2	巴氏消毒的奶油、高温热处理（UHT）蛋清、搅拌型奶油以及（纯）奶油	GMP
01.4.3	冰激凌	GMP
01.5.1	奶粉、奶油粉（纯）	GMP
01.6.1	新鲜的奶酪	GMP
01.6.2.1	全熟芝士（包括表面）	GMP
01.6.6	奶酪乳清蛋白	GMP
02.2.2	全脂、脱脂和脂肪混合牛奶	GMP
04.1.2.3	腌制醋、油或盐水	GMP
04.1.2.4	经过巴氏杀菌的罐装或瓶装水果	350/GMP
04.2.1.1	未加工的蔬菜（包括真菌，根、块茎和根状茎的植物，豆类，芦荟）、海藻、坚果和种子	GMP
04.2.2.1	冷冻蔬菜（包括真菌，根、块茎和根状茎的植物，豆类，芦荟）、海藻、坚果和种子	GMP
04.2.2.3	醋、油、水、盐或酱油腌制的蔬菜（包括真菌，根、块茎和根状茎的植物，豆类，芦荟）、海藻类	15000/GMP
04.2.2.4	罐头、瓶装（巴氏杀菌）或密闭袋装的蔬菜（包括真菌，根、块茎和根状茎的植物，豆类，芦荟）和海藻	GMP
04.2.2.7	发酵的蔬菜（包括真菌，根、块茎和根状茎的植物，豆类，芦荟）和发酵的海藻产品（不包括大豆发酵的产品，食品代码为 06.8.6、06.8.7、12.9.1、12.9.2.3）	GMP
06.4.1	面食、新鲜面制品和类似产品	GMP
06.4.2	意粉、干面条和类似产品	GMP
06.4.3	熟制面食制品、熟面条及类似产品	GMP

表 3—1.1（续）

食品组代码	食品种类	添加剂的最大使用限量 /（mg/kg）
08.1.2	肉类、家禽肉和新鲜肉末	GMP
09.4	鱼、发酵鱼类制品或罐头产品（包括软体动物、甲壳类动物、有鳞鱼）	GMP
10.2.1	液体蛋制品	GMP
10.2.2	冷冻蛋制品	GMP
12.1.2	代盐产品	GMP
12.6.4	酱汁（如鱼酱）	GMP
13.1.1	适用于 12 个月以下儿童的营养配方	GMP
13.1.2	适用于 6~36 个月儿童的营养强化剂	GMP
13.1.3	适用于 12 个月以下婴幼儿特殊医疗用途的营养产品	GMP
13.2	适用于 36 个月以下儿童的营养产品	2000
INS 280 丙酸、INS 281 丙酸钠、INS 282 丙酸钙、INS 283 丙酸钾		
01.6.1	新鲜的奶酪	3000/GMP
01.6.2.1	全熟芝士（包括表面）	3000
01.6.6	奶酪乳清蛋白	3000
INS 290 二氧化碳		
01.2.1.2	发酵后经过热处理的发酵乳（纯）	GMP
01.2.2	未调味的发酵乳制品	GMP
01.4.2	巴氏消毒的奶油、高温热处理（UHT）蛋清、搅拌型奶油以及（纯）奶油	GMP
01.4.3	冰激凌	GMP
01.6.1	新鲜的奶酪	GMP
04.1.1.3	去皮或切片的新鲜水果	GMP
04.2.2.3	醋、油、水、盐或酱油腌制的蔬菜（包括真菌，根、块茎和根状茎的植物，豆类，芦荟）、海藻类	GMP
06.4.1	面食、新鲜面制品和类似产品	GMP
13.1.1	适用于 12 个月以下儿童的营养配方	GMP
13.1.3	适用于 12 个月以下婴幼儿特殊医疗用途的营养产品	GMP
13.2	适用于 36 个月以下儿童的营养产品	GMP
14.1.2.1	果汁	GMP
14.1.2.3	浓缩果汁	GMP
14.1.3.1	Niktta 水果	GMP
14.1.3.3	Niktta 果实浓缩物	GMP
INS 296 DL— 苹果酸		
01.2.1.2	发酵后经过热处理的发酵乳（纯）	GMP
01.6.1	新鲜的奶酪	GMP
01.6.6	奶酪乳清蛋白	GMP
04.1.2.3	腌制醋、油或盐水	GMP

表 3-1.1（续）

食品组代码	食品种类	添加剂的最大使用限量 /（mg/kg）
04.1.2.4	经过巴氏杀菌的罐装或瓶装水果	GMP
04.2.2.1	冷冻蔬菜（包括真菌，根、块茎和根状茎的植物，豆类，芦荟）、海藻、坚果和种子	GMP
04.2.2.4	罐头、瓶装（巴氏杀菌）或密闭袋装的蔬菜（包括真菌，根、块茎和根状茎的植物，豆类，芦荟）和海藻	10000/ GMP
04.2.2.7	发酵的蔬菜（包括真菌，根、块茎和根状茎的植物，豆类，芦荟）和发酵的海藻产品（不包括大豆发酵的产品，食品代码为 06.8.6、06.8.7、12.9.1、12.9.2.3）	GMP
06.4.2	意粉、干面条和类似产品	GMP
06.4.3	熟制面食制品、熟面条及类似产品	GMP
09.2.2	加工的鱼、鱼片和海鲜等冷冻产品（包括软体动物、甲壳类动物、有鳞鱼）	GMP
09.2.3	奶油酱加工过的海鲜和冷冻切碎的海鲜产品（包括软体动物、甲壳类动物、有鳞鱼）	GMP
09.2.4	油炸和 / 或煮熟的鱼类和渔业产品（包括软体动物、甲壳类动物、有鳞鱼）	GMP
09.2.5	熏制、干制、发酵或盐腌的鱼、海鲜产品（包括磷虾、甲壳类动物、有鳞鱼）	GMP
12.1.2	代盐产品	GMP
12.6.4	酱汁（如鱼酱）	GMP
13.2	适用于 36 个月以下儿童的营养产品	GMP
14.1.2.1	果汁	GMP
14.1.2.2	蔬菜汁	GMP
14.1.2.3	浓缩果汁	GMP
14.1.2.4	蔬菜汁、粗根汁	GMP
14.1.5	咖啡、茶、草药饮料和谷物饮料等类似产品（不包括可可饮料）	GMP
INS 297 富马酸		
04.2.2.7	发酵的蔬菜（包括真菌，根、块茎和根状茎的植物，豆类，芦荟）和发酵的海藻产品（不包括大豆发酵的产品，食品代码为 06.8.6、06.8.7、12.9.1、12.9.2.3）	GMP
06.4.1	面食、新鲜面制品和类似产品	700
06.4.2	意粉、干面条和类似产品	GMP
09.2.2	加工的鱼、鱼片和海鲜等冷冻产品（包括软体动物、甲壳类动物、有鳞鱼）	GMP
09.2.3	奶油酱加工过的海鲜和冷冻切碎的海鲜产品（包括软体动物、甲壳类动物、有鳞鱼）	GMP
09.2.4	油炸和 / 或煮熟的鱼类和渔业产品，包括软体动物，甲壳类动物，有鳞鱼	GMP
09.2.5	熏制、干制、发酵或盐腌的鱼、海鲜产品（包括磷虾、甲壳类动物、有鳞鱼）	GMP
12.1.2	代盐产品	GMP
14.1.5	咖啡、茶、草药饮料和谷物饮料等类似产品（不包括可可饮料）	GMP

表 3-1.1（续）

食品组代码	食品种类	添加剂的最大使用限量 /（mg/kg）
INS 300 L– 抗坏血酸		
01.5.1	奶粉、奶油粉（纯）	500
01.5.2	牛奶粉、奶油粉及同类产品牛奶粉、奶油粉及同类产品	500
01.6.1	新鲜的奶酪	GMP
04.1.2.1	冷冻水果	750/GMP
04.1.2.3	腌制醋，油或盐水	GMP
04.1.2.4	经过巴氏杀菌的罐装或瓶装水果	200/ GMP
04.2.1.1	未加工的蔬菜（包括真菌，根、块茎和根状茎的植物，豆类，芦荟）、海藻、坚果和种子	500/ GMP
04.2.2.1	冷冻蔬菜（包括真菌，根、块茎和根状茎的植物，豆类，芦荟）、海藻、坚果和种子	100
04.2.2.3	醋、油、水、盐或酱油腌制的蔬菜（包括真菌，根、块茎和根状茎的植物，豆类，芦荟）、海藻类	200
04.2.2.4	罐头、瓶装（巴氏杀菌）或密闭袋装的蔬菜（包括真菌，根、块茎和根状茎的植物，豆类，芦荟）和海藻	300
04.2.2.7	发酵的蔬菜（包括真菌，根、块茎和根状茎的植物，豆类，芦荟）和发酵的海藻产品（不包括大豆发酵的产品，食品代码为 06.8.6、06.8.7、12.9.1、12.9.2.3）	GMP
06.2.1	小麦粉	300
06.4.1	面食、新鲜面制品和类似产品	200
06.4.2	意粉、干面条和类似产品	GMP
06.4.3	熟制面食制品、熟面条及类似产品	GMP
08.1.2	肉类、家禽肉和新鲜肉末	GMP
08.2.2	肉类产品、家禽和生肉或切碎的生肉	500
08.3.2	未经过热处理肉制品、禽肉和肉末	300
09.2.1	鱼、鱼片和冷冻的海鲜产品（包括磷虾、甲壳类动物、有鳞鱼）	GMP
09.2.2	加工的鱼、鱼片和海鲜等冷冻产品（包括软体动物、甲壳类动物、有鳞鱼）	GMP
09.2.4	油炸和 / 或煮熟的鱼类和渔业产品，包括软体动物，甲壳类动物，有鳞鱼	GMP
09.2.5	熏制、干制、发酵或盐腌的鱼、海鲜产品（包括磷虾、甲壳类动物、有鳞鱼）	GMP
12.1.2	代盐产品	GMP
12.6.4	酱汁（如鱼酱）	GMP
13.1.2	适用于 6~36 个月儿童的营养强化剂	50
13.2	适用于 36 个月以下儿童的营养产品	500
14.1.2.1	果汁	GMP
14.1.2.2	蔬菜汁	GMP
14.1.2.3	浓缩果汁	GMP
14.1.2.4	蔬菜汁、粗根汁	GMP

表 3—1.1（续）

食品组代码	食品种类	添加剂的最大使用限量 /（mg/kg）
14.1.5	咖啡、茶、草药饮料和谷物饮料等类似产品（不包括可可饮料）	GMP
INS 301 抗坏血酸钠		
01.5.1	奶粉、奶油粉（纯）	500
01.5.2	牛奶粉、奶油粉及同类产品牛奶粉、奶油粉及同类产品	500
01.6.1	新鲜的奶酪	GMP
04.1.1.3	去皮或切片的新鲜水果	GMP
04.2.1.3	去皮、切碎或切片的新鲜蔬菜（包括真菌，根、块茎和根茎的植物，豆类，芦荟）、海藻、坚果和种子	GMP
04.2.2.4	罐头、瓶装（巴氏杀菌）或密闭袋装的蔬菜（包括真菌，根、块茎和根状茎的植物，豆类，芦荟）和海藻	300
04.2.2.7	发酵的蔬菜（包括真菌，根、块茎和根状茎的植物，豆类，芦荟）和发酵的海藻产品（不包括大豆发酵的产品，食品代码为 06.8.6、06.8.7、12.9.1、12.9.2.3）	GMP
06.2.1	小麦粉	300
06.4.1	面食、新鲜面制品和类似产品	GMP
06.4.2	意粉、干面条和类似产品	200
08.1.2	肉类、家禽肉和新鲜肉末	GMP
08.2.2	肉类产品、家禽和生肉或切碎的生肉	500
08.3.2	未经过热处理肉制品、禽肉和肉末	300
09.2.1	鱼、鱼片和冷冻的海鲜产品（包括磷虾、甲壳类动物、有鳞鱼）	GMP
12.6.2	非乳液的形式呈现的酱（如番茄酱、辣椒酱、奶油酱、肉汁）	1000
13.1.2	适用于 6~36 个月儿童的营养强化剂	5
13.2	适用于 36 个月以下儿童的营养产品	50
14.1.2.1	果汁	GMP
14.1.2.3	浓缩果汁	GMP
INS 302 抗坏血酸钙		
01.6.1	新鲜的奶酪	GMP
04.1.1.3	去皮或切片的新鲜水果	GMP
06.4.2	意粉、干面条和类似产品	200
08.1.2	肉类、家禽肉和新鲜肉末	GMP
13.1.2	适用于 6~36 个月儿童的营养强化剂	5
13.2	适用于 36 个月以下儿童的营养产品	20
14.1.2.1	果汁	GMP
14.1.2.3	浓缩果汁	GMP
INS 303 抗坏血酸钾		
04.1.1.3	去皮或切片的新鲜水果	GMP
06.2.1	小麦粉	300

表 3−1.1（续）

食品组代码	食品种类	添加剂的最大使用限量 /（mg/kg）
09.2.1	鱼、鱼片和冷冻的海鲜产品（包括磷虾、甲壳类动物、有鳞鱼）	GMP
09.2.2	加工的鱼、鱼片和海鲜等冷冻产品（包括软体动物、甲壳类动物、有鳞鱼）	GMP
12.6.2	非乳液的形式呈现的酱（如番茄酱、辣椒酱、奶油酱、肉汁）	1000
13.2	适用于 36 个月以下儿童的营养产品	50
14.1.2.1	果汁	GMP
14.1.2.3	浓缩果汁	GMP
INS 304 抗坏血酸棕榈酸酯、INS 305 抗坏血酸硬脂酸酯		
01.3.2	含乳饮料产品	80
01.5.1	奶粉、奶油粉（纯）	500
01.5.2	牛奶粉、奶油粉及同类产品牛奶粉、奶油粉及同类产品	80
01.6.1	新鲜的奶酪	500
01.6.2.1	全熟芝士（包括表面）	500
01.7	牛奶甜点（如布丁、酸奶等）	500
02.1	油水分离剂	500
02.1.1	黄油、牛奶乳清液、乳状液体	500
02.1.2	植物油脂	500
02.1.3	猪油、鱼油等动物脂肪	500
02.2.2	全脂、脱脂和脂肪混合牛奶	500
02.3	脂肪乳化剂及其混合品和 / 或用于脂肪乳化剂调味的产品	500
02.4	含有脂肪的甜点（不包括食品组代码 01.7 的甜点）	80
03.0	冷藏的食物（包括水果的果汁和水果奶油）	200
04.1.2.2	干果	80
04.1.2.9	水果加工的甜点（包括水果口味的甜点）	500
04.2.2.2	干蔬菜（包括真菌，根、块茎和根状茎的植物，豆类，芦荟）、海藻、坚果和种子	80
05.0	糖果	500
05.1.4	可可制品、巧克力	200
06.3	早餐谷物（包括燕麦、意面）	200
06.4.3	熟制面食制品、熟面条及类似产品	500
06.5	由谷物和淀粉制成的甜点（如大米布丁、木薯布丁）	500
07.0	馅饼	1000
08.4	可直接食用肉制品（如香肠肠衣）	5000
09.2.1	鱼、鱼片和冷冻的海鲜产品（包括磷虾、甲壳类动物、有鳞鱼）	1000
09.2.2	加工的鱼、鱼片和海鲜等冷冻产品（包括软体动物、甲壳类动物、有鳞鱼）	1000
10.4	含鸡蛋的甜点（如牛奶蛋羹）	500
11.4	其他糖和糖浆（如木糖、枫糖浆、糖衣）	200

表 3-1.1（续）

食品组代码	食品种类	添加剂的最大使用限量 /（mg/kg）
12.2	香料、香草、调味品（如方便面的香料）	500
12.4	芥末	500
12.5	酱汤、肉汁	200
12.6.1	酱汁、乳汁形式的酱汁（如蛋黄酱、咸酱）	500
12.6.2	非乳液的形式呈现的酱（如番茄酱、辣椒酱、奶油酱、肉汁）	500
12.6.3	混合酱	200
12.6.4	酱汁（如鱼酱）	200
12.7	意大利面、沙拉和夹心果酱（不包括可可和杏仁酱）	200
13.1.1	适用于 12 个月以下儿童的营养配方	10
13.1.2	适用于 6~36 个月儿童的营养强化剂	50
13.1.3	适用于 12 个月以下婴幼儿特殊医疗用途的营养产品	10
13.2	适用于 36 个月以下儿童的营养产品	200
13.4	减肥食品	500
13.5	除了食品组代码 13.1、13.4 和 13.6 的其他饮食食品（如节食功能性食品）	500
13.6	滋补食品	500
14.1.4	香味饮料（包括"能量运动饮料"或"电解质"饮料等特殊饮料）	1000
15.1	谷物、马铃薯、面粉和淀粉（来自块茎、根和种子）	200
15.2	坚果加工制品（包括坚果酱和杏仁混合物）	200
INS 307a d－α－生育酚、INS 307b 浓缩生育酚、INS 307c dl－α－生育酚		
01.6.1	新鲜的奶酪	200
01.7	牛奶甜点（如布丁、酸奶等）	GMP
02.1	油水分离剂	300
02.1.1	黄油、牛奶乳清液、乳状液体	500
02.1.3	猪油、鱼油等动物脂肪	300
02.2.2	全脂、脱脂和脂肪混合牛奶	500
03.0	冷藏的食物（包括水果的果汁和水果奶油）	GMP
05.1.4	可可制品、巧克力	750
06.3	早餐谷物（包括燕麦、意面）	GMP
06.4.3	熟制面食制品、熟面条及类似产品	200
12.2	香料、香草、调味品（如方便面的香料）	GMP
12.5	酱汤、肉汁	50
12.6	酱类及类似产品	GMP
12.6.1	酱汁、乳汁形式的酱汁（如蛋黄酱、咸酱）	GMP
12.6.2	非乳液的形式呈现的酱（如番茄酱、辣椒酱、奶油酱、肉汁）	600
13.1.1	适用于 12 个月以下儿童的营养配方	1
13.1.2	适用于 6~36 个月儿童的营养强化剂	3

表 3－1.1（续）

食品组代码	食品种类	添加剂的最大使用限量 /（mg/kg）
13.1.3	适用于 12 个月以下婴幼儿特殊医疗用途的营养产品	1
13.2	适用于 36 个月以下儿童的营养产品	300
14.1.4.3	浓缩饮料（固体或液体）	GMP
14.1.5	咖啡、茶、草药饮料和谷物饮料等类似产品（不包括可可饮料）	GMP
INS 310 没食子酸丙酯		
01.5.1	奶粉、奶油粉（纯）	200
01.7	牛奶甜点（如布丁、酸奶等）	90
02.1	油水分离剂	100
02.1.1	黄油、牛奶乳清液、乳状液体	100
02.1.2	植物油脂	200
02.1.3	猪油鱼油等动物脂肪	100
02.2.2	全脂、脱脂和脂肪混合牛奶	200
02.3	脂肪乳化剂及其混合品和 / 或用于脂肪乳化剂调味的产品	200
02.4	含有脂肪的甜点（不包括食品组代码 01.7 的甜点）	200
04.1.2.9	水果加工的甜点（包括水果口味的甜点）	90
04.2.2.2	干蔬菜（包括真菌，根、块茎和根状茎的植物，豆类，芦荟）、海藻、坚果和种子	50
05.1	可可制品、巧克力制品（包括啤酒花和巧克力替代品）	200
05.1.4	可可制品、巧克力	200
05.2	硬糖、软糖、方块糖等（不包括食品组代码 05.3 和 05.4 的食品）	200
05.3	口香糖	1000
05.4	用于食品装饰的产品（如蛋糕装饰品），表面涂层（不是水果）和甜调味汁	200
06.1	破碎的全谷物（包括米饭）	100
06.3	早餐谷物（包括燕麦、意面）	200
06.4.3	熟制面食制品、熟面条及类似产品	200
06.5	由谷物和淀粉制成的甜点（如大米布丁、木薯布丁）	90
07.1.3	其他常见的烘焙蛋糕（如英式松饼、扁面包等）	100
07.2.3	混馅馅饼	200
08.2	肉类制品（包括家禽、肉类原件或加工切碎的肉制品）	200
08.3	肉制品、家禽肉和加工处理过的肉末	200
09.2.5	熏制、干制、发酵或盐腌的鱼、海鲜产品（包括磷虾、甲壳类动物、有鳞鱼）	100
10.4	含鸡蛋的甜点（如牛奶蛋羹）	90
12.2	香料、香草、调味品（如用于方便面的香料）	200
12.5	酱汤、肉汁	200
12.6	酱类及类似产品	200
13.6	滋补食品	400

表 3—1.1（续）

食品组代码	食品种类	添加剂的最大使用限量 /（mg/kg）
14.1.4	香味饮料（包括"能量运动饮料"或"电解质"饮料等特殊饮料）	1000
15.1	谷物、马铃薯、面粉和淀粉（来自块茎、根和种子）	200
15.2	坚果加工制品（包括坚果酱和杏仁混合物）	200
INS 314 愈创树脂		
02.1.2	植物油脂	1000
02.1.3	猪油、鱼油等动物脂肪	1000
05.3	口香糖	1500
12.6	酱类及类似产品	600
INS 315 异抗坏血酸		
04.1.2.4	经过巴氏杀菌的罐装或瓶装水果	GMP
08.1.2	肉类、家禽肉和新鲜肉末	GMP
08.2.2	肉类产品、家禽和生肉或切碎的生肉	500
08.3.2	未经过热处理肉制品、禽肉和肉末	300
INS 316 异抗坏血酸钠		
04.2.2.7	发酵的蔬菜（包括真菌，根、块茎和根状茎的植物，豆类，芦荟）和发酵的海藻产品（不包括大豆发酵的产品，食品代码为 06.8.6、06.8.7、12.9.1、12.9.2.3）	GMP
08.2.2	肉类产品、家禽和生肉或切碎的生肉	500
08.3.2	未经过热处理肉制品、禽肉和肉末	300
INS 319 特丁基对苯二酚		
01.3.2	含乳饮料产品	100
01.5.2	牛奶粉、奶油粉及同类产品牛奶粉、奶油粉及同类产品	100
02.1	油水分离剂	120
02.1.2	植物油脂	200
02.1.3	猪油、鱼油等动物脂肪	200
02.2.2	全脂、脱脂和脂肪混合牛奶	200
02.3	脂肪乳化剂及其混合品和 / 或用于脂肪乳化剂调味的产品	200
02.4	含有脂肪的甜点（不包括食品组代码 01.7 的甜点）	200
03.0	冷藏的食物（包括水果的果汁和水果奶油）	200
05.1.4	可可制品、巧克力	200
05.2	硬糖、软糖、方块糖等（不包括食品组代码 05.3 和 05.4 的食品）	200
05.3	口香糖	400
05.4	用于食品装饰的产品（如蛋糕装饰品），表面涂层（不是水果）和甜调味汁	200
06.4.3	熟制面食制品、熟面条及类似产品	200
07.1.1	面包卷	200
07.1.2	酥脆的饼干与糖	200
07.1.3	其他常见的烘焙蛋糕（如英式松饼、扁面包等）	200

表3—1.1（续）

食品组代码	食品种类	添加剂的最大使用限量 /（mg/kg）
07.1.4	面包产品（包括面包屑和面包卷）	200
08.2	肉类制品（包括家禽、肉类原件或加工切碎的肉制品）	100
08.3	肉制品、家禽肉和加工处理过的肉末	100
12.2	香料、香草、调味品（如方便面的香料）	200
12.4	芥末	200
12.5	酱汤、肉汁	200
12.6	酱类及类似产品	200
15.0	速食咸味食品	200
INS 320 丁基羟基茴香醚		
01.3.2	含乳饮料产品	100
01.5.1	奶粉、奶油粉（纯）	100
01.5.2	牛奶粉、奶油粉及同类产品牛奶粉、奶油粉及同类产品	100
02.1	油水分离剂	175
02.1.1	黄油、牛奶乳清液、乳状液体	175
02.1.2	植物油脂	200
02.1.3	猪油、鱼油等动物脂肪	200
02.2.2	全脂、脱脂和脂肪混合牛奶	200
02.3	脂肪乳化剂及其混合品和/或用于脂肪乳化剂调味的产品	200
02.4	含有脂肪的甜点（不包括食品组代码 01.7 的甜点）	200
03.0	冷藏的食物（包括水果的果汁和水果奶油）	200
04.2.2.2	干蔬菜（包括真菌，根、块茎和根状茎的植物，豆类，芦荟）、海藻、坚果和种子	200
05.1.4	可可制品、巧克力	200
05.2	硬糖、软糖、方块糖等（不包括食品组代码 05.3 和 05.4 的食品）	200
05.3	口香糖	400
05.4	用于食品装饰的产品（如蛋糕装饰品），表面涂层（不是水果）和甜调味汁	200
06.3	早餐谷物（包括燕麦、意面）	200
06.4.3	熟制面食制品、熟面条及类似产品	200
07.0	馅饼	200
08.2	肉类制品（包括家禽、肉类原件或加工切碎的肉制品）	200
08.3	肉制品、家禽肉和加工处理过的肉末	200
09.2.1	鱼、鱼片和冷冻的海鲜产品（包括磷虾、甲壳类动物、有鳞鱼）	200
09.2.2	加工的鱼、鱼片和海鲜等冷冻产品（包括软体动物、甲壳类动物、有鳞鱼）	200
09.2.5	熏制、干制、发酵或盐腌的鱼、海鲜产品（包括磷虾、甲壳类动物、有鳞鱼）	200
09.3	渔业、水产品加工（包括磷虾、甲壳类动物、有鳞鱼）	200
09.4	鱼、发酵鱼类制品或罐头产品（包括软体动物、甲壳类动物、有鳞鱼）	200

表 3-1.1（续）

食品组代码	食品种类	添加剂的最大使用限量 /（mg/kg）
12.2	香料、香草、调味品（如方便面的香料）	200
12.5	酱汤、肉汁	200
12.6	酱类及类似产品	200
12.6.2	非乳液的形式呈现的酱（如番茄酱、辣椒酱、奶油酱、肉汁）	100
12.8	酵母制品及类似产品	200
13.6	滋补食品	400
15.1	谷物、马铃薯、面粉和淀粉（来自块茎、根和种子）	200
15.2	坚果加工制品（包括坚果酱和杏仁混合物）	200
INS 321 二丁基羟基甲苯		
01.3.2	含乳饮料产品	100
01.5.1	奶粉、奶油粉（纯）	200
01.5.2	牛奶粉、奶油粉及同类产品牛奶粉、奶油粉及同类产品	100
02.1	油水分离剂	75
02.1.1	黄油、牛奶乳清液、乳状液体	75
02.1.2	植物油脂	200
02.1.3	猪油，鱼油等动物脂肪	200
02.2.2	全脂、脱脂和脂肪混合牛奶	200
02.3	脂肪乳化剂及其混合品和 / 或用于脂肪乳化剂调味的产品	200
02.4	含有脂肪的甜点（不包括食品组代码 01.7 的甜点）	200
03.0	冷藏的食物（包括水果的果汁和水果奶油）	100
04.2.2.2	干蔬菜（包括真菌，根、块茎和根状茎的植物，豆类，芦荟）、海藻、坚果和种子	200
05.1.4	可可制品、巧克力	200
05.1.5	巧克力、巧克力替代品等类似产品	200
05.2	硬糖、软糖、方块糖等（不包括食品组代码 05.3 和 05.4 的食品）	200
05.3	口香糖	400
05.4	用于食品装饰的产品（如蛋糕装饰品），表面涂层（不是水果）和甜调味汁	200
06.3	早餐谷物（包括燕麦、意面）	100
06.4.3	熟制面食制品、熟面条及类似产品	200
07.0	馅饼	200
08.2	肉类制品（包括家禽、肉类原件或加工切碎的肉制品）	100
08.3	肉制品、家禽肉和加工处理过的肉末	100
09.2.1	鱼、鱼片和冷冻的海鲜产品（包括磷虾、甲壳类动物、有鳞鱼）	200
09.2.2	加工的鱼、鱼片和海鲜等冷冻产品（包括软体动物、甲壳类动物、有鳞鱼）	200
09.2.5	熏制、干制、发酵或盐腌的鱼、海鲜产品（包括磷虾、甲壳类动物、有鳞鱼）	200
09.3	渔业、水产品加工（包括磷虾、甲壳类动物、有鳞鱼）	200

表 3–1.1（续）

食品组代码	食品种类	添加剂的最大使用限量 /（mg/kg）
09.4	鱼、发酵鱼类制品或罐头产品（包括软体动物、甲壳类动物、有鳞鱼）	200
12.2	香料、香草、调味品（如方便面的香料）	200
12.5	酱汤、肉汁	100
12.6	酱类及类似产品	100
12.6.2	非乳液的形式呈现的酱（如番茄酱、辣椒酱、奶油酱、肉汁）	100
13.6	滋补食品	400
15.0	速食咸味食品	200
INS 322 卵磷脂类、INS 322（ⅰ）卵磷脂、INS 322（ⅱ）部分水解的卵磷脂		
01.2.2	未调味的发酵乳制品	GMP
01.3.1	浓缩牛奶（纯）	GMP
01.4.1	巴氏灭菌的奶油（纯）	GMP
01.4.2	巴氏消毒的奶油、高温热处理（UHT）蛋清、搅拌型奶油以及（纯）奶油	GMP
01.4.3	冰激凌	GMP
01.5.1	奶粉、奶油粉（纯）	GMP
01.5.2	牛奶粉、奶油粉及同类产品牛奶粉、奶油粉及同类产品	GMP
01.6.1	新鲜的奶酪	GMP
04.2.2.7	发酵的蔬菜（包括真菌，根、块茎和根状茎的植物，豆类，芦荟）和发酵的海藻产品（不包括大豆发酵的产品，食品代码为 06.8.6、06.8.7、12.9.1、12.9.2.3）	GMP
05.1.1	可可粉（粉）和可可蛋糕	GMP
05.1.4	可可制品、巧克力	GMP
06.2.1	小麦粉	GMP
06.4.1	面食、新鲜面制品和类似产品	GMP
06.4.2	意粉、干面条和类似产品	GMP
06.4.3	熟制面食制品、熟面条及类似产品	GMP
08.1.1	肉类（包括禽类、新鲜生肉或切碎的肉）	GMP
08.1.2	肉类、家禽肉和新鲜肉末	GMP
09.2.1	鱼、鱼片和冷冻的海鲜产品（包括磷虾、甲壳类动物、有鳞鱼）	GMP
09.2.2	加工的鱼、鱼片和海鲜等冷冻产品（包括软体动物、甲壳类动物、有鳞鱼）	GMP
09.2.3	奶油酱加工过的海鲜和冷冻切碎的海鲜产品（包括软体动物、甲壳类动物、有鳞鱼）	GMP
09.2.5	熏制、干制、发酵或盐腌的鱼、海鲜产品（包括磷虾、甲壳类动物、有鳞鱼）	GMP
10.2.1	液体蛋制品	GMP
10.2.2	冷冻蛋制品	GMP
11.4	其他糖和糖浆（如木糖、枫糖浆、糖衣）	GMP
12.1.2	代盐产品	GMP

表 3–1.1（续）

食品组代码	食品种类	添加剂的最大使用限量 /（mg/kg）
13.1.1	适用于 12 个月以下儿童的营养配方	5000
13.1.2	适用于 6~36 个月儿童的营养强化剂	5000
13.1.3	适用于 12 个月以下婴幼儿特殊医疗用途的营养产品	5000
13.2	适用于 36 个月以下儿童的营养产品	5000
14.1.5	咖啡、茶、草药饮料和谷物饮料等类似产品（不包括可可饮料）	GMP
INS 330 柠檬酸		
01.2.1.2	发酵后经过热处理的发酵乳（纯）	GMP
01.4.1	巴氏灭菌的奶油（纯）	GMP
01.4.2	巴氏消毒的奶油、高温热处理（UHT）蛋清、搅拌型奶油以及（纯）奶油	GMP
01.4.3	冰激凌	GMP
01.6.1	新鲜的奶酪	GMP
01.6.6	奶酪乳清蛋白	GMP
02.1	油水分离剂	GMP
02.1.1	黄油、牛奶乳清液、乳状液体	GMP
02.1.2	植物油脂	GMP
02.1.3	猪油、鱼油等动物脂肪	GMP
04.1.2.1	冷冻水果	GMP
04.1.2.3	腌制醋、油或盐水	GMP
04.1.2.4	经过巴氏杀菌的罐装或瓶装水果	GMP
04.1.2.6	粉碎的水果制品（如辣椒酱），除食品代码 04.1.2.5 以外	GMP
04.2.1.1	未加工的蔬菜（包括真菌，根、块茎和根状茎的植物，豆类，芦荟）、海藻、坚果和种子	GMP
04.2.2.1	冷冻蔬菜（包括真菌，根、块茎和根状茎的植物，豆类，芦荟）、海藻、坚果和种子	GMP
04.2.2.3	醋、油、水、盐或酱油腌制的蔬菜（包括真菌，根、块茎和根状茎的植物，豆类，芦荟）、海藻类	15000/GMP
04.2.2.4	罐头、瓶装（巴氏杀菌）或密闭袋装的蔬菜（包括真菌，根、块茎和根状茎的植物，豆类，芦荟）和海藻	10000 /GMP
04.2.2.6	蔬菜（包括真菌，根、块茎和根状茎的植物，豆类，芦荟）、海藻、坚果和种子（例如蔬菜甜点、酱汁、蔬菜和糖浸泡等），除食品组代码 04.2.2.5 以外	GMP
04.2.2.7	发酵的蔬菜（包括真菌，根、块茎和根状茎的植物，豆类，芦荟）和发酵的海藻产品（不包括大豆发酵的产品，食品代码为 06.8.6、06.8.7、12.9.1、12.9.2.3）	GMP
05.1.1	可可粉（粉）和可可蛋糕	GMP
05.1.4	可可制品、巧克力	GMP
06.4.1	面食、新鲜面制品和类似产品	GMP
06.4.2	意粉、干面条和类似产品	GMP
06.4.3	熟制面食制品、熟面条及类似产品	GMP

表 3—1.1（续）

食品组代码	食品种类	添加剂的最大使用限量 /（mg/kg）
08.1.2	肉类、家禽肉和新鲜肉末	GMP
09.2.1	鱼、鱼片和冷冻的海鲜产品（包括磷虾、甲壳类动物、有鳞鱼）	GMP
09.2.2	加工的鱼、鱼片和海鲜等冷冻产品（包括软体动物、甲壳类动物、有鳞鱼）	GMP
09.2.5	熏制、干制、发酵或盐腌的鱼、海鲜产品（包括磷虾、甲壳类动物、有鳞鱼）	GMP
09.4	鱼、发酵鱼类制品或罐头产品（包括软体动物、甲壳类动物、有鳞鱼）	GMP
10.2.1	液体蛋制品	GMP
10.2.2	冷冻蛋制品	GMP
12.1.2	代盐产品	GMP
12.6.4	酱汁（如鱼酱）	GMP
13.1.1	适用于 12 个月以下儿童的营养配方	GMP
13.1.2	适用于 6~36 个月儿童的营养强化剂	GMP
13.1.3	适用于 12 个月以下婴幼儿特殊医疗用途的营养产品	GMP
13.2	适用于 36 个月以下儿童的营养产品	5000
14.1.2.1	果汁	3000
14.1.2.2	蔬菜汁	GMP
14.1.2.3	浓缩果汁	3000
14.1.2.4	蔬菜汁、粗根汁	GMP
14.1.5	咖啡、茶、草药饮料和谷物饮料等类似产品（不包括可可饮料）	GMP
INS 331（ⅰ）柠檬酸一钠		
01.1.1.2	酸奶（纯）	GMP
01.2.1.2	发酵后经过热处理的发酵乳（纯）	GMP
01.2.2	未调味的发酵乳制品	GMP
01.3.1	浓缩牛奶（纯）	2000
01.3.2	含乳饮料产品	GMP
01.4.1	巴氏灭菌的奶油（纯）	GMP
01.4.2	巴氏消毒的奶油、高温热处理（UHT）蛋清、搅拌型奶油以及（纯）奶油	GMP
01.4.3	冰激凌	GMP
01.5.1	奶粉、奶油粉（纯）	5000/ GMP
01.5.2	牛奶粉、奶油粉及同类产品牛奶粉、奶油粉及同类产品	GMP
01.6.1	新鲜的奶酪	GMP
01.8.2	乳清和干乳清产品（不包括乳清干酪）	GMP
02.1	油水分离剂	GMP
02.1.1	黄油、牛奶乳清液、乳状液体	GMP
02.1.3	猪油、鱼油等动物脂肪	GMP
02.2.2	全脂、脱脂和脂肪混合牛奶	GMP

表 3-1.1（续）

食品组代码	食品种类	添加剂的最大使用限量 /（mg/kg）
04.2.2.4	罐头、瓶装（巴氏杀菌）或密闭袋装的蔬菜（包括真菌，根、块茎和根状茎的植物，豆类，芦荟）和海藻	GMP
04.2.2.6	蔬菜（包括真菌，根、块茎和根状茎的植物，豆类，芦荟）、海藻、坚果和种子（如蔬菜甜点、酱汁、蔬菜和糖浸泡等），除食品组代码 04.2.2.5 以外	GMP
08.1.1	肉类（包括禽类、新鲜生肉或切碎的肉）	GMP
08.1.2	肉类、家禽肉和新鲜肉末	GMP
08.2.2	肉类产品、家禽和生肉或切碎的生肉	GMP
08.3.2	未经过热处理肉制品、禽肉和肉末	GMP
09.2.1	鱼、鱼片和冷冻的海鲜产品（包括磷虾、甲壳类动物、有鳞鱼）	GMP
09.2.2	加工的鱼、鱼片和海鲜等冷冻产品（包括软体动物、甲壳类动物、有鳞鱼）	GMP
09.2.3	奶油酱加工过的海鲜和冷冻切碎的海鲜产品（包括软体动物、甲壳类动物、有鳞鱼）	GMP
09.2.4	油炸和 / 或煮熟的鱼类和渔业产品，包括软体动物、甲壳类动物、有鳞鱼	GMP
09.2.5	熏制、干制、发酵或盐腌的鱼、海鲜产品（包括磷虾、甲壳类动物、有鳞鱼）	GMP
10.2.1	液体蛋制品	GMP
10.2.2	冷冻蛋制品	GMP
11.4	其他糖和糖浆（如木糖、枫糖浆、糖衣）	GMP
12.1.2	代盐产品	GMP
12.6.4	酱汁（如鱼酱）	GMP
13.1.1	适用于 12 个月以下儿童的营养配方	GMP
13.1.2	适用于 6~36 个月儿童的营养强化剂	GMP
13.1.3	适用于 12 个月以下婴幼儿特殊医疗用途的营养产品	GMP
13.2	适用于 36 个月以下儿童的营养产品	5000
14.1.5	咖啡、茶、草药饮料和谷物饮料等类似产品（不包括可可饮料）	GMP
INS 331（ii）柠檬酸一氢二钠		
01.3.1	浓缩牛奶（纯）	2000
01.5.1	奶粉、奶油粉（纯）	5000/ GMP
01.6.1	新鲜的奶酪	GMP
02.2.2	全脂、脱脂和脂肪混合牛奶	GMP
08.2.2	肉类产品，家禽和生肉或切碎的生肉	GMP
08.3.2	未经过热处理肉制品、禽肉和肉末	GMP
09.2.1	鱼、鱼片和冷冻的海鲜产品（包括磷虾、甲壳类动物、有鳞鱼）	GMP
09.2.2	加工的鱼、鱼片和海鲜等冷冻产品（包括软体动物、甲壳类动物、有鳞鱼）	GMP
13.1.2	适用于 6~36 个月儿童的营养强化剂	GMP
13.2	适用于 36 个月以下儿童的营养产品	500/GMP

表 3-1.1（续）

食品组代码	食品种类	添加剂的最大使用限量 /（mg/kg）
14.1.5	咖啡、茶、草药饮料和谷物饮料等类似产品（不包括可可饮料）	GMP
INS 331（ⅲ）柠檬酸三钠		
01.1.1.2	酸奶（纯）	GMP
01.2.1	发酵牛奶（纯）	GMP
01.2.2	未调味的发酵乳制品	GMP
01.3.1	浓缩牛奶（纯）	2000
01.3.2	含乳饮料产品	GMP
01.4.1	巴氏灭菌的奶油（纯）	GMP
01.4.2	巴氏消毒的奶油、高温热处理（UHT）蛋清、搅拌型奶油以及（纯）奶油	GMP
01.4.3	冰激凌	GMP
01.5.1	奶粉、奶油粉（纯）	5000/ GMP
01.5.2	牛奶粉、奶油粉及同类产品牛奶粉、奶油粉及同类产品	GMP
01.6.1	新鲜的奶酪	GMP
01.8.2	乳清和干乳清产品（不包括乳清干酪）	GMP
02.1	油水分离剂	GMP
02.1.1	黄油、牛奶乳清液、乳状液体	GMP
02.1.3	猪油、鱼油等动物脂肪	GMP
04.2.2.4	罐头、瓶装（巴氏杀菌）或密闭袋装的蔬菜（包括真菌，根、块茎和根状茎的植物，豆类，芦荟）和海藻	GMP
04.2.2.6	蔬菜（包括真菌，根、块茎和根状茎的植物，豆类，芦荟）、海藻、坚果和种子（如蔬菜甜点、酱汁、蔬菜和糖浸泡等），除食品组代码 04.2.2.5 以外	GMP
04.2.2.7	发酵的蔬菜（包括真菌，根、块茎和根状茎的植物，豆类，芦荟）和发酵的海藻产品（不包括大豆发酵的产品，食品代码为 06.8.6、06.8.7、12.9.1、12.9.2.3）	GMP
06.4.3	熟制面食制品、熟面条及类似产品	GMP
08.1.1	肉类（包括禽类、新鲜生肉或切碎的肉）	GMP
08.1.2	肉类、家禽肉和新鲜肉末	GMP
08.2.2	肉类产品、家禽和生肉或切碎的生肉	GMP
08.3.2	未经过热处理肉制品、禽肉和肉末	GMP
09.2.1	鱼、鱼片和冷冻的海鲜产品（包括磷虾、甲壳类动物、有鳞鱼）	GMP
09.2.2	加工的鱼、鱼片和海鲜等冷冻产品（包括软体动物、甲壳类动物、有鳞鱼）	GMP
09.2.3	奶油酱加工过的海鲜和冷冻切碎的海鲜产品（包括软体动物、甲壳类动物、有鳞鱼）	GMP
09.2.4	油炸和 / 或煮熟的鱼类和渔业产品（包括软体动物、甲壳类动物、有鳞鱼）	GMP
09.2.5	熏制、干制、发酵或盐腌的鱼、海鲜产品（包括磷虾、甲壳类动物、有鳞鱼）	GMP
10.2.1	液体蛋制品	GMP
10.2.2	冷冻蛋制品	GMP

表 3—1.1（续）

食品组代码	食品种类	添加剂的最大使用限量 /（mg/kg）
11.4	其他糖和糖浆（如木糖、枫糖浆、糖衣）	GMP
12.1.2	代盐产品	GMP
12.6.4	酱汁（如鱼酱）	GMP
13.1.1	适用于 12 个月以下儿童的营养配方	GMP
13.1.2	适用于 6~36 个月儿童的营养强化剂	GMP
13.1.3	适用于 12 个月以下婴幼儿特殊医疗用途的营养产品	GMP
13.2	适用于 36 个月以下儿童的营养产品	5000
14.1.5	咖啡、茶、草药饮料和谷物饮料等类似产品（不包括可可饮料）	GMP
INS 332（ⅰ）柠檬酸二氢钾		
01.1.1.2	酸奶（纯）	GMP
01.2.1.2	发酵后经过热处理的发酵乳（纯）	GMP
01.2.2	未调味的发酵乳制品	GMP
01.3.1	浓缩牛奶（纯）	2000
01.3.2	含乳饮料产品	GMP
01.4.1	巴氏灭菌的奶油（纯）	GMP
01.4.2	巴氏消毒的奶油、高温热处理（UHT）蛋清、搅拌型奶油以及（纯）奶油	GMP
01.4.3	冰激凌	GMP
01.5.1	奶粉、奶油粉（纯）	5000/ GMP
01.5.2	牛奶粉、奶油粉及同类产品	GMP
01.6.1	新鲜的奶酪	GMP
01.8.2	乳清和干乳清产品（不包括乳清干酪）	GMP
04.2.2.4	罐头、瓶装（巴氏杀菌）或密闭袋装的蔬菜（包括真菌，根、块茎和根状茎的植物，豆类，芦荟）和海藻	GMP
04.2.2.6	蔬菜（包括真菌，根、块茎和根状茎的植物，豆类，芦荟）、海藻、坚果和种子（如蔬菜甜点、酱汁、蔬菜和糖浸泡等），除食品组代码 04.2.2.5 以外	GMP
08.1.1	肉类（包括禽类、新鲜生肉或切碎的肉）	GMP
08.1.2	肉类、家禽肉和新鲜肉末	GMP
09.2.1	鱼、鱼片和冷冻的海鲜产品（包括磷虾、甲壳类动物、有鳞鱼）	GMP
09.2.2	加工的鱼、鱼片和海鲜等冷冻产品（包括软体动物、甲壳类动物、有鳞鱼）	GMP
09.2.3	奶油酱加工过的海鲜和冷冻切碎的海鲜产品（包括软体动物、甲壳类动物、有鳞鱼）	GMP
09.2.4	油炸和 / 或煮熟的鱼类和渔业产品（包括软体动物、甲壳类动物、有鳞鱼）	GMP
09.2.5	熏制、干制、发酵或盐腌的鱼、海鲜产品（包括磷虾、甲壳类动物、有鳞鱼）	GMP
11.4	其他糖和糖浆（如木糖、枫糖浆、糖衣）	GMP
12.1.2	代盐产品	GMP
12.6.4	酱汁（如鱼酱）	GMP

表 3—1.1（续）

食品组代码	食品种类	添加剂的最大使用限量 /（mg/kg）
13.1.1	适用于 12 个月以下儿童的营养配方	GMP
13.1.2	适用于 6~36 个月儿童的营养强化剂	GMP
13.1.3	适用于 12 个月以下婴幼儿特殊医疗用途的营养产品	GMP
13.2	适用于 36 个月以下儿童的营养产品	GMP
14.1.5	咖啡、茶、草药饮料和谷物饮料等类似产品（不包括可可饮料）	GMP
INS 332（ⅱ）柠檬酸钾		
01.1.1.2	酸奶（纯）	GMP
01.2.1.2	发酵后经过热处理的发酵乳（纯）	GMP
01.2.2	未调味的发酵乳制品	GMP
01.3.1	浓缩牛奶（纯）	2000
01.3.2	含乳饮料产品	GMP
01.4.1	巴氏灭菌的奶油（纯）	GMP
01.4.2	巴氏消毒的奶油、高温热处理（UHT）蛋清、搅拌型奶油以及（纯）奶油	GMP
01.4.3	冰激凌	GMP
01.5.1	奶粉、奶油粉（纯）	5000/ GMP
01.5.2	牛奶粉、奶油粉及同类产品	GMP
01.6.1	新鲜的奶酪	GMP
01.8.2	乳清和干乳清产品（不包括乳清干酪）	GMP
04.2.2.4	罐头、瓶装（巴氏杀菌）或密闭袋装的蔬菜（包括真菌，根、块茎和根状茎的植物，豆类，芦荟）和海藻	GMP
04.2.2.6	蔬菜（包括真菌，根、块茎和根状茎的植物，豆类，芦荟）、海藻、坚果和种子（如蔬菜甜点、酱汁、蔬菜和糖浸泡等），除食品组代码 04.2.2.5 以外	GMP
08.1.1	肉类（包括禽类、新鲜生肉或切碎的肉）	GMP
08.1.2	肉类、家禽肉和新鲜肉末	GMP
09.2.1	鱼、鱼片和冷冻的海鲜产品（包括磷虾、甲壳类动物、有鳞鱼）	GMP
09.2.2	加工的鱼、鱼片和海鲜等冷冻产品（包括软体动物、甲壳类动物、有鳞鱼）	GMP
09.2.3	奶油酱加工过的海鲜和冷冻切碎的海鲜产品（包括软体动物、甲壳类动物、有鳞鱼）	GMP
09.2.4	油炸和 / 或煮熟的鱼类和渔业产品（包括软体动物、甲壳类动物、有鳞鱼）	GMP
09.2.5	熏制、干制、发酵或盐腌的鱼、海鲜产品（包括磷虾、甲壳类动物、有鳞鱼）	GMP
11.4	其他糖和糖浆（如木糖、枫糖浆、糖衣）	GMP
12.1.2	代盐产品	GMP
12.6.4	酱汁（如鱼酱）	GMP
13.1.1	适用于 12 个月以下儿童的营养配方	GMP
13.1.2	适用于 6~36 个月儿童的营养强化剂	GMP
13.1.3	适用于 12 个月以下婴幼儿特殊医疗用途的营养产品	GMP
13.2	适用于 36 个月以下儿童的营养产品	GMP

表 3-1.1（续）

食品组代码	食品种类	添加剂的最大使用限量 /（mg/kg）
14.1.5	咖啡、茶、草药饮料和谷物饮料等类似产品（不包括可可饮料）	GMP
INS 333 柠檬酸钙盐类		
01.3.1	浓缩牛奶（纯）	2000
01.3.2	含乳饮料产品	GMP
01.4.1	巴氏灭菌的奶油（纯）	GMP
01.4.2	巴氏消毒的奶油、高温热处理（UHT）蛋清、搅拌型奶油以及（纯）奶油	GMP
01.4.3	冰激凌	GMP
01.5.1	奶粉、奶油粉（纯）	GMP
01.6.1	新鲜的奶酪	GMP
04.2.2.3	醋、油、水、盐或酱油腌制的蔬菜（包括真菌，根、块茎和根状茎的植物，豆类，芦荟）、海藻类	15000
04.2.2.4	罐头、瓶装（巴氏杀菌）或密闭袋装的蔬菜（包括真菌，根、块茎和根状茎的植物，豆类，芦荟）和海藻	GMP
04.2.2.6	蔬菜（包括真菌，根、块茎和根状茎的植物，豆类，芦荟）、海藻、坚果和种子（例如蔬菜甜点、酱汁、蔬菜和糖浸泡等），除食品组代码 04.2.2.5 以外	GMP
08.1.2	肉类、家禽肉和新鲜肉末	GMP
09.2.1	鱼、鱼片和冷冻的海鲜产品（包括磷虾、甲壳类动物、有鳞鱼）	GMP
09.2.4	油炸和 / 或煮熟的鱼类和渔业产品（包括软体动物、甲壳类动物、有鳞鱼）	GMP
13.2	适用于 36 个月以下儿童的营养产品	GMP
INS 333（ⅲ）柠檬酸三钙		
01.4.1	巴氏灭菌的奶油（纯）	GMP
01.4.2	巴士消毒的奶油、高温热处理（UHT）蛋清、搅拌型奶油以及（纯）奶油	GMP
08.1.2	肉类、家禽肉和新鲜肉末	GMP
09.2.1	鱼、鱼片和冷冻的海鲜产品（包括磷虾、甲壳类动物、有鳞鱼）	GMP
09.2.4	油炸和 / 或煮熟的鱼类和渔业产品（包括软体动物、甲壳类动物、有鳞鱼）	GMP
INS 334 L（+）－酒石酸；INS 335（ⅰ）酒石酸一钠、INS 335（ⅱ）酒石酸二钠；INS 336（ⅰ）酒石酸一钾、INS 336（ⅱ）酒石酸二钾；INS 337 L（+）－酒石酸钾钠		
01.2.1	发酵牛奶（纯）	2000
01.6.1	新鲜的奶酪	1500
02.2.2	全脂、脱脂和脂肪混合牛奶	5000
04.1.2.4	经过巴氏杀菌的罐装或瓶装水果	1300
04.1.2.5	果酱、果冻、果酱水果	3000
04.2.2.3	醋、油、水、盐或酱油腌制的蔬菜（包括真菌，根、块茎和根状茎的植物，豆类，芦荟）、海藻类	15000
04.2.2.4	罐头、瓶装（巴氏杀菌）或密闭袋装的蔬菜（包括真菌，根、块茎和根状茎的植物，豆类，芦荟）和海藻	10000
05.1.1	可可粉（粉）和可可蛋糕	5000
05.1.4	可可制品、巧克力	5000

表 3-1.1（续）

食品组代码	食品种类	添加剂的最大使用限量 /（mg/kg）
05.2	硬糖、软糖、方块糖等（不包括食品组代码 05.3 和 05.4 的食品）	GMP
05.3	口香糖	GMP
06.4.3	熟制面食制品、熟面条及类似产品	7500
12.6.1	酱汁、乳汁形式的酱汁（如蛋黄酱、咸酱）	GMP
12.6.2	非乳液的形式呈现的酱（如番茄酱、辣椒酱、奶油酱、肉汁）	5000
12.6.4	酱汁（如鱼酱）	GMP
12.9.1	发酵的大豆（如味噌）	1000
13.2	适用于 36 个月以下儿童的营养产品	500
14.1.2.1	果汁	4000
14.1.2.3	浓缩果汁	4000
14.1.3.1	Niktta 水果	4000
14.1.3.3	Niktta 果实浓缩物	4000
INS 345 柠檬酸镁		
INS 01.5.1	奶粉、奶油粉（纯）	GMP
INS 355 己二酸、INS 356 己二酸钠、INS 357 己二酸钾、INS 359 己二酸铵		
01.2.1	发酵牛奶（纯）	1500
INS 365 富马酸钠		
04.2.2.7	发酵的蔬菜（包括真菌，根、块茎和根状茎的植物，豆类，芦荟）和发酵的海藻产品（不包括大豆发酵的产品，食品代码为 06.8.6、06.8.7、12.9.1、12.9.2.3）	GMP
06.4.3	熟制面食制品、熟面条及类似产品	GMP
09.2.2	加工的鱼、鱼片和海鲜等冷冻产品（包括软体动物、甲壳类动物、有鳞鱼）	GMP
09.2.3	奶油酱加工过的海鲜和冷冻切碎的海鲜产品（包括软体动物、甲壳类动物、有鳞鱼）	GMP
09.2.4	油炸和 / 或煮熟的鱼类和渔业产品（包括软体动物、甲壳类动物、有鳞鱼）	GMP
09.2.5	熏制、干制、发酵或盐腌的鱼、海鲜产品（包括磷虾、甲壳类动物、有鳞鱼）	GMP
12.1.2	代盐产品	GMP
14.1.5	咖啡、茶、草药饮料和谷物饮料等类似产品（不包括可可饮料）	GMP
INS 380 柠檬酸三铵		
01.5.1	奶粉、奶油粉（纯）	GMP
INS 381 柠檬酸铵铁		
14.1.4.3	浓缩饮料（固体或液体）	10
INS 384 柠檬酸异丙酯		
02.1	油水分离剂	100
02.1.2	植物油脂	200
02.1.3	猪油、鱼油等动物脂肪	200

表 3—1.1（续）

食品组代码	食品种类	添加剂的最大使用限量 /（mg/kg）
02.2.2	全脂、脱脂和脂肪混合牛奶	100
08.1.2	肉类、家禽肉和新鲜肉末	200
08.2.1.2	肉制品、家禽和生的或切碎的生肉及加工（如盐渍）和未经热处理的生肉	200
08.3.1.2	经过加工（如盐渍）、无需热处理即可干燥的肉制品及家禽肉和切碎的肉类	200
14.1.4	香味饮料（包括"能量运动饮料"或"电解质"饮料等特殊饮料）	200
INS 385 乙二胺四乙酸二钠钙、INS 386 乙二胺四乙酸二钠		
02.2.2	全脂、脱脂和脂肪混合牛奶	100
04.1.2.2	干果	265
04.1.2.3	腌制醋、油或盐水	250
04.1.2.5	果酱、果冻、果酱水果	130
04.1.2.6	粉碎的水果制品（如辣椒酱），除食品代码 04.1.2.5 以外	100
04.1.2.10	发酵的水果制品	250
04.1.2.11	用于制作糕点的水果	650
04.2.2.1	冷冻蔬菜（包括真菌，根、块茎和根状茎的植物，豆类，芦荟）、海藻、坚果和种子	100
04.2.2.2	干蔬菜（包括真菌，根、块茎和根状茎的植物，豆类，芦荟）、海藻、坚果和种子	800
04.2.2.3	醋、油、水、盐或酱油腌制的蔬菜（包括真菌，根、块茎和根状茎的植物，豆类，芦荟）、海藻类	250
04.2.2.4	罐头、瓶装（巴氏杀菌）或密闭袋装的蔬菜（包括真菌，根、块茎和根状茎的植物，豆类，芦荟）和海藻	365
04.2.2.5	蔬菜（包括真菌，根、块茎和根茎的植物，豆类，芦荟）、海藻、坚果和种子（如花生酱）	250
04.2.2.6	蔬菜（包括真菌，根、块茎和根状茎的植物，豆类，芦荟）、海藻、坚果和种子（如蔬菜甜点、酱汁、蔬菜和糖浸泡等），除食品组代码 04.2.2.5 以外	80
04.2.2.7	发酵的蔬菜（包括真菌，根、块茎和根状茎的植物，豆类，芦荟）和发酵的海藻产品（不包括大豆发酵的产品，食品代码为 06.8.6、06.8.7、12.9.1、12.9.2.3）	250
04.2.2.8	煮熟或油炸的蔬菜（包括真菌，根、块茎和根茎的植物，豆类，芦荟）、海藻类	250
05.1.3	可可酱	50
06.5	由谷物和淀粉制成的甜点（如大米布丁、木薯布丁）	315
08.3.2	未经过热处理肉制品、禽肉和肉末	35
09.2.1	鱼、鱼片和冷冻的海鲜产品（包括磷虾、甲壳类动物、有鳞鱼）	75
09.2.2	加工的鱼、鱼片和海鲜等冷冻产品（包括软体动物、甲壳类动物、有鳞鱼）	75
09.2.4.1	熟制的鱼和海鲜产品	50
09.3.2	用醋加工过的海鲜、海鲜产品（包括软体动物、甲壳类动物、有鳞鱼）	250

表 3—1.1（续）

食品组代码	食品种类	添加剂的最大使用限量 /（mg/kg）
09.4	鱼、发酵鱼类制品或罐头产品（包括软体动物、甲壳类动物、有鳞鱼）	340
10.2.3	干燥和 / 或凝结的蛋制品	200
11.6	甜味剂（包括高甜度的甜味剂）	1000
12.2	香料、香草、调味品（如方便面的香料）	70
12.4	芥末	75
12.6.1	酱汁、乳汁形式的酱汁（如蛋黄酱、咸酱）	100
12.6.2	非乳液的形式呈现的酱（如番茄酱、辣椒酱、奶油酱、肉汁）	75
12.7	意大利面、沙拉和夹心果酱（不包括可可和杏仁酱）	100
13.6	滋补食品	150
14.1.4	香味饮料（包括“能量运动饮料”或“电解质”饮料等特殊饮料）	200
14.1.5	咖啡、茶、草药饮料和谷物饮料等类似产品（不包括可可饮料）	35
14.2.1	啤酒和麦芽饮料	25
14.2.6	酒精含量超过 15% 的蒸馏饮料	25
14.2.7	含酒精的饮料（如啤酒）	25
INS 388 硫代二丙酸、INS 389 硫代二丙酸二月桂酯		
02.1	油水分离剂	200
02.1.2	植物油脂	200
02.1.3	猪油、鱼油等动物脂肪	200
02.2.2	全脂、脱脂和脂肪混合牛奶	200
09.2.2	加工的鱼、鱼片和海鲜等冷冻产品（包括软体动物、甲壳类动物、有鳞鱼）	200
14.1.4	香味饮料（包括“能量运动饮料”或“电解质”饮料等特殊饮料）	1000
15.0	速食咸味食品	200
INS 400 海藻酸		
01.2.1.2	发酵后经过热处理的发酵乳（纯）	GMP
01.4.1	巴氏灭菌的奶油（纯）	GMP
01.4.2	巴氏消毒的奶油、高温热处理（UHT）蛋清、搅拌型奶油以及（纯）奶油	GMP
04.2.2.7	发酵的蔬菜（包括真菌，根、块茎和根状茎的植物，豆类，芦荟）和发酵的海藻产品（不包括大豆发酵的产品，食品代码为 06.8.6、06.8.7、12.9.1、12.9.2.3）	GMP
05.1.1	可可粉（粉）和可可蛋糕	GMP
06.4.1	面食、新鲜面制品和类似产品	GMP
06.4.2	意粉、干面条和类似产品	GMP
09.2.1	鱼、鱼片和冷冻的海鲜产品（包括磷虾、甲壳类动物、有鳞鱼）	GMP
11.4	其他糖和糖浆（如木糖、枫糖浆、糖衣）	GMP
12.1.2	代盐产品	GMP
14.1.5	咖啡、茶、草药饮料和谷物饮料等类似产品（不包括可可饮料）	GMP

表 3—1.1（续）

食品组代码	食品种类	添加剂的最大使用限量 /（mg/kg）
INS 405 海藻酸丙二醇酯		
01.2.1	发酵牛奶（纯）	GMP
01.4.3	冰激凌	5000
01.6.1	新鲜的奶酪	5000
02.2.2	全脂、脱脂和脂肪混合牛奶	3000
04.2.2.3	醋、油、水、盐或酱油腌制的蔬菜（包括真菌，根、块茎和根状茎的植物，豆类，芦荟）、海藻类	500
06.4.3	熟制面食制品、熟面条及类似产品	5000
12.6.2	非乳液的形式呈现的酱（如番茄酱、辣椒酱、奶油酱、肉汁）	8000
INS 406 琼脂		
01.2.1	发酵牛奶（纯）	GMP
01.4.1	巴氏灭菌的奶油（纯）	GMP
01.4.2	巴氏消毒的奶油、高温热处理（UHT）蛋清、搅拌型奶油以及（纯）奶油	GMP
01.4.3	冰激凌	GMP
01.6.1	新鲜的奶酪	GMP
01.7	牛奶甜点（如布丁、酸奶等）	GMP
02.2.2	全脂、脱脂和脂肪混合牛奶	GMP
03.0	冷藏的食物（包括水果的果汁和水果奶油）	GMP
04.1.2.5	果酱、果冻、果酱水果	GMP
06.4.1	面食、新鲜面制品和类似产品	GMP
06.4.2	意粉、干面条和类似产品	GMP
06.4.3	熟制面食制品、熟面条及类似产品	GMP
08.2.2	肉类产品、家禽和生肉或切碎的生肉	GMP
09.2.1	鱼、鱼片和冷冻的海鲜产品（包括磷虾、甲壳类动物、有鳞鱼）	GMP
09.2.2	加工的鱼、鱼片和海鲜等冷冻产品（包括软体动物、甲壳类动物、有鳞鱼）	GMP
09.2.3	奶油酱加工过的海鲜和冷冻切碎的海鲜产品（包括软体动物、甲壳类动物、有鳞鱼）	GMP
09.2.5	熏制、干制、发酵或盐腌的鱼、海鲜产品（包括磷虾、甲壳类动物、有鳞鱼）	GMP
09.4	鱼、发酵鱼类制品或罐头产品（包括软体动物、甲壳类动物、有鳞鱼）	GMP
10.2.1	液体蛋制品	GMP
10.2.2	冷冻蛋制品	GMP
11.4	其他糖和糖浆（如木糖、枫糖浆、糖衣）	GMP
12.1.2	代盐产品	GMP
14.1.5	咖啡、茶、草药饮料和谷物饮料等类似产品（不包括可可饮料）	GMP
INS 407 卡拉胶		
01.2.1	发酵牛奶（纯）	GMP

表 3-1.1（续）

食品组代码	食品种类	添加剂的最大使用限量 /（mg/kg）
01.3.1	浓缩牛奶（纯）	150
01.3.2	含乳饮料产品	GMP
01.4.1	巴氏灭菌的奶油（纯）	GMP
01.4.2	巴氏消毒的奶油、高温热处理（UHT）蛋清、搅拌型奶油以及（纯）奶油	GMP
01.4.3	冰激凌	GMP
01.6.1	新鲜的奶酪	GMP
02.2.2	全脂、脱脂和脂肪混合牛奶	GMP
04.2.2.3	醋、油、水、盐或酱油腌制的蔬菜（包括真菌，根、块茎和根状茎的植物，豆类，芦荟）、海藻类	500/ GMP
04.2.2.7	发酵的蔬菜（包括真菌，根、块茎和根状茎的植物，豆类，芦荟）和发酵的海藻产品（不包括大豆发酵的产品，食品代码为 06.8.6、06.8.7、12.9.1、12.9.2.3）	GMP
05.1.1	可可粉（粉）和可可蛋糕	GMP
06.4.1	面食、新鲜面制品和类似产品	GMP
06.4.2	意粉、干面条和类似产品	GMP
06.4.3	熟制面食制品、熟面条及类似产品	GMP
08.2.2	家禽和生肉或切碎的生肉等肉类产品	GMP
09.2.1	鱼、鱼片和冷冻的海鲜产品（包括磷虾、甲壳类动物、有鳞鱼）	GMP
09.2.2	加工的鱼、鱼片和海鲜等冷冻产品（包括软体动物、甲壳类动物、有鳞鱼）	GMP
09.2.3	奶油酱加工过的海鲜和冷冻切碎的海鲜产品（包括软体动物、甲壳类动物、有鳞鱼）	GMP
09.2.5	熏制、干制、发酵或盐腌的鱼、海鲜产品（包括磷虾、甲壳类动物、有鳞鱼）	GMP
09.4	鱼、发酵鱼类制品或罐头产品（包括软体动物、甲壳类动物、有鳞鱼）	GMP
10.2.1	液体蛋制品	GMP
10.2.2	冷冻蛋制品	GMP
11.4	其他糖和糖浆（如木糖、枫糖浆、糖衣）	GMP
12.1.2	代盐产品	GMP
13.1.1	12 个月以下儿童的营养配方	30
13.1.1	12 个月以下儿童的营养配方	100
13.1.2	适用于 6~36 个月的儿童的营养强化剂	100
13.1.3	适用于 12 个月以下婴幼儿特殊医疗用途的营养产品	100
14.1.5	咖啡、茶、草药饮料和谷物饮料等类似产品（不包括可可饮料）	GMP
INS 407a 加工过的麒麟菜属海藻		
01.2.1	发酵牛奶（纯）	GMP
01.3.2	含乳饮料产品	GMP
01.4.1	巴氏灭菌的奶油（纯）	GMP

表 3−1.1（续）

食品组代码	食品种类	添加剂的最大使用限量 /（mg/kg）
01.4.2	巴士消毒的奶油、高温热处理（UHT）蛋清、搅拌型奶油以及（纯）奶油	GMP
01.4.3	冰激凌	GMP
01.6.1	新鲜的奶酪	GMP
02.2.2	全脂、脱脂和脂肪混合牛奶	GMP
04.2.2.7	发酵的蔬菜（包括真菌，根、块茎和根状茎的植物，豆类，芦荟）和发酵的海藻产品（不包括大豆发酵的产品，食品代码为 06.8.6、06.8.7、12.9.1、12.9.2.3）	GMP
06.4.1	面食、新鲜面制品和类似产品	GMP
06.4.2	意粉、干面条和类似产品	GMP
06.4.3	熟制面食制品、熟面条及类似产品	GMP
09.2.1	鱼、鱼片和冷冻的海鲜产品（包括磷虾、甲壳类动物、有鳞鱼）	GMP
09.2.2	加工的鱼、鱼片和海鲜等冷冻产品（包括软体动物、甲壳类动物、有鳞鱼）	GMP
09.2.3	奶油酱加工过的海鲜和冷冻切碎的海鲜产品（包括软体动物、甲壳类动物、有鳞鱼）	GMP
09.2.4.1	熟制的鱼和海鲜产品	GMP
09.2.4.3	油炸或煎炒的鱼和海鲜产品（包括磷虾、甲壳类动物、有鳞鱼）	GMP
09.2.5	熏制、干制、发酵或盐腌的鱼、海鲜产品（包括磷虾、甲壳类动物、有鳞鱼）	GMP
09.4	鱼、发酵鱼类制品或罐头产品（包括软体动物、甲壳类动物、有鳞鱼）	GMP
10.2.1	液体蛋制品	GMP
10.2.2	冷冻蛋制品	GMP
11.4	其他糖和糖浆（如木糖、枫糖浆、糖衣）	GMP
14.1.5	咖啡、茶、草药饮料和谷物饮料等类似产品（不包括可可饮料）	GMP
INS 410 槐豆胶		
01.2.1	发酵牛奶（纯）	GMP
01.2.1.1	发酵后不经过热处理的牛奶（纯）	GMP
01.2.1.2	发酵后经过热处理的牛奶（纯）	GMP
01.2.2	未调味的发酵乳制品	GMP
01.4.1	巴氏灭菌的奶油（纯）	GMP
01.4.2	巴氏消毒的奶油、高温热处理（UHT）蛋清、搅拌型奶油以及（纯）奶油	GMP
01.4.3	冰激凌	GMP
01.6.1	新鲜的奶酪	GMP
02.2.2	全脂、脱脂和脂肪混合牛奶	GMP
04.2.2.3	醋、油、水、盐或酱油腌制的蔬菜（包括真菌，根、块茎和根状茎的植物，豆类，芦荟）、海藻类	GMP
05.1.1	可可粉（粉）和可可蛋糕	GMP
06.4.1	面食、新鲜面制品和类似产品	GMP

表 3—1.1（续）

食品组代码	食品种类	添加剂的最大使用限量 /（mg/kg）
06.4.2	意粉、干面条和类似产品	GMP
06.4.3	熟制面食制品、熟面条及类似产品	GMP
08.1.2	肉类、家禽肉和新鲜肉末	GMP
09.2.1	鱼、鱼片和冷冻的海鲜产品（包括磷虾、甲壳类动物、有鳞鱼）	GMP
09.2.2	加工的鱼、鱼片和海鲜等冷冻产品（包括软体动物、甲壳类动物、有鳞鱼）	GMP
09.2.3	奶油酱加工过的海鲜和冷冻切碎的海鲜产品（包括软体动物、甲壳类动物、有鳞鱼）	GMP
09.2.4.1	熟制的鱼和海鲜产品	GMP
09.2.4.3	油炸或煎炒的鱼和海鲜产品（包括磷虾、甲壳类动物、有鳞鱼）	GMP
09.4	鱼、发酵鱼类制品或罐头产品（包括软体动物、甲壳类动物、有鳞鱼）	GMP
10.2.1	液体蛋制品	GMP
10.2.2	冷冻蛋制品	GMP
11.4	其他糖和糖浆（如木糖、枫糖浆、糖衣）	GMP
13.1.1	12 个月以下儿童的营养配方	1000
13.1.2	适用于 6~36 个月的儿童的营养强化剂	1000
13.1.3	适用于 12 个月以下婴幼儿特殊医疗用途的营养产品	1000
13.2	适用于 36 个月以下儿童的营养产品	2000
14.1.5	咖啡、茶、草药饮料和谷物饮料等类似产品（不包括可可饮料）	GMP
INS 412 瓜尔胶		
01.2.1	发酵牛奶（纯）	GMP
01.2.1.2	发酵后经过热处理的牛奶（纯）	GMP
01.2.2	未调味的发酵乳制品	GMP
01.4.1	巴氏灭菌的奶油（纯）	GMP
01.4.2	巴氏消毒的奶油、高温热处理（UHT）蛋清、搅拌型奶油以及（纯）奶油	GMP
01.4.3	冰激凌	GMP
01.6.1	新鲜的奶酪	GMP
02.2.2	全脂、脱脂和脂肪混合牛奶	GMP
04.1.2.8	水果加工产品（包括粉碎的捣碎水果、果泥、水果包衣和椰奶）	GMP
04.2.2.3	醋、油、水、盐或酱油腌制的蔬菜（包括真菌，根、块茎和根状茎的植物，豆类，芦荟）、海藻类	GMP
04.2.2.7	发酵的蔬菜（包括真菌，根、块茎和根状茎的植物，豆类，芦荟）和发酵的海藻产品（不包括大豆发酵的产品，食品代码为 06.8.6、06.8.7、12.9.1、12.9.2.3）	GMP
05.1.1	可可粉（粉）和可可蛋糕	GMP
06.4.1	面食、新鲜面制品和类似产品	GMP
06.4.2	意粉、干面条和类似产品	GMP
06.4.3	熟制面食制品、熟面条及类似产品	GMP

表 3—1.1（续）

食品组代码	食品种类	添加剂的最大使用限量 /（mg/kg）
08.1.2	肉类、家禽肉和新鲜肉末	GMP
09.2.1	鱼、鱼片和冷冻的海鲜产品（包括磷虾、甲壳类动物、有鳞鱼）	GMP
09.2.2	加工的鱼、鱼片和海鲜等冷冻产品（包括软体动物、甲壳类动物、有鳞鱼）	GMP
09.2.3	奶油酱加工过的海鲜和冷冻切碎的海鲜产品（包括软体动物、甲壳类动物、有鳞鱼）	GMP
09.2.5	熏制、干制、发酵或盐腌的鱼、海鲜产品（包括磷虾、甲壳类动物、有鳞鱼）	GMP
09.4	鱼、发酵鱼类制品或罐头产品（包括软体动物、甲壳类动物、有鳞鱼）	GMP
10.2.1	液体蛋制品	GMP
10.2.2	冷冻蛋制品	GMP
11.4	其他糖和糖浆（如木糖、枫糖浆、糖衣）	GMP
12.1.2	代盐产品	GMP
13.1.1	12 个月以下儿童的营养配方	1000
13.1.2	适用于 6~36 个月的儿童的营养强化剂	1000
13.1.3	适用于 12 个月以下婴幼儿特殊医疗用途的营养产品	1000
13.2	适用于 36 个月以下儿童的营养产品	2000
14.1.5	咖啡、茶、草药饮料和谷物饮料等类似产品（不包括可可饮料）	GMP
INS 413 黄蓍胶		
01.2.1	发酵牛奶（纯）	GMP
01.2.1.2	发酵后经过热处理的牛奶（纯）	GMP
01.2.2	未调味的发酵乳制品	GMP
01.4.1	巴氏灭菌的奶油（纯）	GMP
01.4.2	巴氏消毒的奶油、高温热处理（UHT）蛋清、搅拌型奶油以及（纯）奶油	GMP
01.6.1	新鲜的奶酪	GMP
02.2.2	全脂、脱脂和脂肪混合牛奶	GMP
05.1.1	可可粉（粉）和可可蛋糕	GMP
06.4.1	面食、新鲜面制品和类似产品	GMP
06.4.2	意粉、干面条和类似产品	GMP
08.1.1	肉类（包括禽类、新鲜生肉或切碎的肉）	GMP
08.1.2	肉类、家禽肉和新鲜肉末	GMP
09.2.1	鱼、鱼片和冷冻的海鲜产品（包括磷虾、甲壳类动物、有鳞鱼）	GMP
09.2.2	加工的鱼、鱼片和海鲜等冷冻产品（包括软体动物、甲壳类动物、有鳞鱼）	GMP
09.2.3	奶油酱加工过的海鲜和冷冻切碎的海鲜产品（包括软体动物、甲壳类动物、有鳞鱼）	GMP
09.2.4.1	熟制的鱼和海鲜产品	GMP
09.2.4.3	油炸或煎炒的鱼和海鲜产品（包括磷虾、甲壳类动物、有鳞鱼）	GMP

表 3-1.1（续）

食品组代码	食品种类	添加剂的最大使用限量 /（mg/kg）
09.2.5	熏制、干制、发酵或盐腌的鱼、海鲜产品（包括磷虾、甲壳类动物、有鳞鱼）	GMP
09.4	鱼、发酵鱼类制品或罐头产品（包括软体动物、甲壳类动物、有鳞鱼）	GMP
11.4	其他糖和糖浆（如木糖、枫糖浆、糖衣）	GMP
12.1.2	代盐产品	GMP
14.1.5	咖啡、茶、草药饮料和谷物饮料等类似产品（不包括可可饮料）	GMP
INS 414 阿拉伯胶		
01.2.1	发酵牛奶（纯）	GMP
01.2.1.2	发酵后经过热处理的牛奶（纯）	GMP
01.2.2	未调味的发酵乳制品	GMP
01.4.1	巴氏灭菌的奶油（纯）	GMP
01.4.2	巴氏消毒的奶油、高温热处理（UHT）蛋清、搅拌型奶油以及（纯）奶油	GMP
01.4.3	冰激凌	GMP
02.2.2	全脂、脱脂和脂肪混合牛奶	GMP
04.2.2.3	醋、油、水、盐或酱油腌制的蔬菜（包括真菌，根、块茎和根状茎的植物，豆类，芦荟）、海藻类	GMP
05.1.1	可可粉（粉）和可可蛋糕	GMP
05.1.4	可可制品、巧克力	GMP
06.4.1	面食、新鲜面制品和类似产品	GMP
06.4.2	意粉、干面条和类似产品	GMP
06.4.3	熟制面食制品、熟面条及类似产品	GMP
08.1.1	肉类（包括禽类、新鲜生肉或切碎的肉）	GMP
08.1.2	肉类、家禽肉和新鲜肉末	GMP
09.2.1	鱼、鱼片和冷冻的海鲜产品（包括磷虾、甲壳类动物、有鳞鱼）	GMP
09.2.2	加工的鱼、鱼片和海鲜等冷冻产品（包括软体动物、甲壳类动物、有鳞鱼）	GMP
09.2.3	奶油酱加工过的海鲜和冷冻切碎的海鲜产品（包括软体动物、甲壳类动物、有鳞鱼）	GMP
09.2.5	熏制、干制、发酵或盐腌的鱼、海鲜产品（包括磷虾、甲壳类动物、有鳞鱼）	GMP
10.2.1	液体蛋制品	GMP
10.2.2	冷冻蛋制品	GMP
11.4	其他糖和糖浆（如木糖、枫糖浆、糖衣）	GMP
12.1.2	代盐产品	GMP
13.2	适用于 36 个月以下儿童的营养产品	10000
14.1.5	咖啡、茶、草药饮料和谷物饮料等类似产品（不包括可可饮料）	GMP
INS 415 黄原胶		
01.2.1	发酵牛奶（纯）	GMP

表 3-1.1（续）

食品组代码	食品种类	添加剂的最大使用限量 /（mg/kg）
01.2.1.1	发酵后不经过热处理的牛奶（纯）	GMP
01.2.1.2	发酵后经过热处理的牛奶（纯）	GMP
01.4.1	巴氏灭菌的奶油（纯）	GMP
01.4.2	巴氏消毒的奶油、高温热处理（UHT）蛋清、搅拌型奶油以及（纯）奶油	GMP
01.4.3	冰激凌	GMP
01.6.1	新鲜的奶酪	GMP
02.2.2	全脂、脱脂和脂肪混合牛奶	GMP
04.1.2.8	水果加工产品（包括粉碎的捣碎水果、果泥、水果包衣和椰奶）	GMP
04.2.2.3	醋、油、水、盐或酱油腌制的蔬菜（包括真菌，根、块茎和根状茎的植物，豆类，芦荟）、海藻类	500
04.2.2.7	发酵的蔬菜（包括真菌，根、块茎和根状茎的植物，豆类，芦荟）和发酵的海藻产品（不包括大豆发酵的产品，食品代码为 06.8.6、06.8.7、12.9.1、12.9.2.3）	GMP
05.1.1	可可粉（粉）和可可蛋糕	GMP
06.4.1	面食、新鲜面制品和类似产品	GMP
06.4.2	意粉、干面条和类似产品	GMP
06.4.3	熟制面食制品、熟面条及类似产品	GMP
09.2.1	鱼、鱼片和冷冻的海鲜产品（包括磷虾、甲壳类动物、有鳞鱼）	GMP
09.2.2	加工的鱼、鱼片和海鲜等冷冻产品（包括软体动物、甲壳类动物、有鳞鱼）	GMP
09.2.3	奶油酱加工过的海鲜和冷冻切碎的海鲜产品（包括软体动物、甲壳类动物、有鳞鱼）	GMP
09.2.5	熏制、干制、发酵或盐腌的鱼、海鲜产品（包括磷虾、甲壳类动物、有鳞鱼）	GMP
09.4	鱼、发酵鱼类制品或罐头产品（包括软体动物、甲壳类动物、有鳞鱼）	GMP
10.2.1	液体蛋制品	GMP
10.2.2	冷冻蛋制品	GMP
11.4	其他糖和糖浆（如木糖、枫糖浆、糖衣）	GMP
12.1.2	代盐产品	GMP
13.2	适用于 36 个月以下儿童的营养产品	10000
14.1.5	咖啡、茶、草药饮料和谷物饮料等类似产品（不包括可可饮料）	GMP
INS 416 刺梧桐胶		
01.2.1	发酵牛奶（纯）	GMP
01.2.1.1	发酵后不经过热处理的牛奶（纯）	200
01.2.1.2	发酵后经过热处理的牛奶（纯）	GMP
01.6.1	新鲜的奶酪	GMP
05.1.1	可可粉（粉）和可可蛋糕	GMP
06.4.1	面食、新鲜面制品和类似产品	GMP

表 3—1.1（续）

食品组代码	食品种类	添加剂的最大使用限量 /（mg/kg）
06.4.2	意粉、干面条和类似产品	GMP
06.4.3	熟制面食制品、熟面条及类似产品	GMP
08.1.1	肉类（包括禽类、新鲜生肉或切碎的肉）	GMP
08.1.2	肉类、家禽肉和新鲜肉末	GMP
09.2.1	鱼、鱼片和冷冻的海鲜产品（包括磷虾、甲壳类动物、有鳞鱼）	GMP
09.2.2	加工的鱼、鱼片和海鲜等冷冻产品（包括软体动物、甲壳类动物、有鳞鱼）	GMP
09.2.3	奶油酱加工过的海鲜和冷冻切碎的海鲜产品（包括软体动物、甲壳类动物、有鳞鱼）	GMP
09.2.4.1	熟制的鱼和海鲜产品	GMP
09.2.4.3	油炸或煎炒的鱼和海鲜产品（包括磷虾、甲壳类动物、有鳞鱼）	GMP
10.2.1	液体蛋制品	GMP
10.2.2	冷冻蛋制品	GMP
11.4	其他糖和糖浆（如木糖、枫糖浆、糖衣）	GMP
12.1.2	代盐产品	GMP
14.1.5	咖啡、茶、草药饮料和谷物饮料等类似产品（不包括可可饮料）	GMP
INS 417 他拉胶		
01.2.1	发酵牛奶（纯）	GMP
01.2.1.1	发酵后不经过热处理的牛奶（纯）	GMP
01.2.1.2	发酵后经过热处理的牛奶（纯）	GMP
01.2.2	未调味的发酵乳制品	GMP
01.4.1	巴氏灭菌的奶油（纯）	GMP
01.4.2	巴氏消毒的奶油、高温热处理（UHT）蛋清、搅拌型奶油以及（纯）奶油	GMP
01.6.1	新鲜的奶酪	GMP
05.1.1	可可粉（粉）和可可蛋糕	GMP
06.4.2	意粉、干面条和类似产品	GMP
06.4.3	熟制面食制品、熟面条及类似产品	GMP
09.2.1	鱼、鱼片和冷冻的海鲜产品（包括磷虾、甲壳类动物、有鳞鱼）	GMP
09.2.2	加工的鱼、鱼片和海鲜等冷冻产品（包括软体动物、甲壳类动物、有鳞鱼）	GMP
09.2.3	奶油酱加工过的海鲜和冷冻切碎的海鲜产品（包括软体动物、甲壳类动物、有鳞鱼）	GMP
09.2.5	熏制、干制、发酵或盐腌的鱼、海鲜产品（包括磷虾、甲壳类动物、有鳞鱼）	GMP
10.2.1	液体蛋制品	GMP
10.2.2	冷冻蛋制品	GMP
14.1.5	咖啡、茶、草药饮料和谷物饮料等类似产品（不包括可可饮料）	GMP
INS 418 结冷胶		
01.2.1	发酵牛奶（纯）	GMP

表 3-1.1（续）

食品组代码	食品种类	添加剂的最大使用限量 /（mg/kg）
01.2.1.1	发酵后不经过热处理的牛奶（纯）	GMP
01.2.1.2	发酵后经过热处理的牛奶（纯）	GMP
01.4.1	巴氏灭菌的奶油（纯）	GMP
01.4.2	巴氏消毒的奶油、高温热处理（UHT）蛋清、搅拌型奶油以及（纯）奶油	GMP
01.4.3	冰激凌	GMP
01.6.1	新鲜的奶酪	GMP
02.2.2	全脂、脱脂和脂肪混合牛奶	GMP
04.1.2.8	水果加工产品（包括粉碎的捣碎水果、果泥、水果包衣和椰奶）	GMP
05.1.1	可可粉（粉）和可可蛋糕	GMP
06.4.1	面食、新鲜面制品和类似产品	GMP
06.4.2	意粉、干面条和类似产品	GMP
06.4.3	熟制面食制品、熟面条及类似产品	GMP
08.1.1	肉类（包括禽类、新鲜生肉或切碎的肉）	GMP
08.1.2	肉类、家禽肉和新鲜肉末	GMP
09.2.1	鱼、鱼片和冷冻的海鲜产品（包括磷虾、甲壳类动物、有鳞鱼）	GMP
09.2.2	加工的鱼、鱼片和海鲜等冷冻产品（包括软体动物、甲壳类动物、有鳞鱼）	GMP
09.2.3	奶油酱加工过的海鲜和冷冻切碎的海鲜产品（包括软体动物、甲壳类动物、有鳞鱼）	GMP
09.2.4.1	熟制的鱼和海鲜产品	GMP
09.2.4.3	油炸或煎炒的鱼和海鲜产品（包括磷虾、甲壳类动物、有鳞鱼）	GMP
10.2.1	液体蛋制品	GMP
10.2.2	冷冻蛋制品	GMP
11.4	其他糖和糖浆（如木糖、枫糖浆、糖衣）	GMP
12.1.2	代盐产品	GMP
14.1.5	咖啡、茶、草药饮料和谷物饮料等类似产品（不包括可可饮料）	GMP
INS 420（ⅰ）山梨糖醇		
01.2.1	发酵牛奶（纯）	GMP
04.1.1.2	经过表面处理的新鲜水果	GMP
04.1.2.2	干果	5000
04.2.2.7	发酵的蔬菜（包括真菌，根、块茎和根状茎的植物，豆类，芦荟）和发酵的海藻产品（不包括大豆发酵的产品，食品代码为 06.8.6、06.8.7、12.9.1、12.9.2.3）	GMP
05.1.1	可可粉（粉）和可可蛋糕	GMP
05.1.4	可可制品、巧克力	GMP
06.4.3	熟制面食制品、熟面条及类似产品	GMP
INS 420（ⅱ）山梨糖醇糖浆		
01.2.1	发酵牛奶（纯）	GMP

表 3—1.1（续）

食品组代码	食品种类	添加剂的最大使用限量 /（mg/kg）
04.2.2.7	发酵的蔬菜（包括真菌，根、块茎和根状茎的植物，豆类，芦荟）和发酵的海藻产品（不包括大豆发酵的产品，食品代码为 06.8.6、06.8.7、12.9.1、12.9.2.3）	GMP
05.1.1	可可粉（粉）和可可蛋糕	GMP
05.1.4	可可制品、巧克力	GMP
06.4.3	熟制面食制品、熟面条及类似产品	GMP
INS 421 甘露糖醇		
01.2.1	发酵牛奶（纯）	GMP
01.2.2	未调味的发酵乳制品	GMP
05.1.1	可可粉（粉）和可可蛋糕	GMP
05.1.4	可可制品、巧克力	GMP
06.4.2	意粉、干面条和类似产品	GMP
09.2.1	鱼、鱼片和冷冻的海鲜产品（包括磷虾、甲壳类动物、有鳞鱼）	GMP
09.2.2	加工的鱼、鱼片和海鲜等冷冻产品（包括软体动物、甲壳类动物、有鳞鱼）	GMP
09.2.3	奶油酱加工过的海鲜和冷冻切碎的海鲜产品（包括软体动物、甲壳类动物、有鳞鱼）	GMP
09.2.5	熏制、干制、发酵或盐腌的鱼、海鲜产品（包括磷虾、甲壳类动物、有鳞鱼）	GMP
10.2.2	冷冻蛋制品	GMP
11.4	其他糖和糖浆（如木糖、枫糖浆、糖衣）	GMP
12.1.2	代盐产品	GMP
INS 422 甘油		
01.2.2	未调味的发酵乳制品	GMP
02.2.2	全脂、脱脂和脂肪混合牛奶	GMP
04.1.1.2	经过表面处理的新鲜水果	GMP
04.2.2.7	发酵的蔬菜（包括真菌，根、块茎和根状茎的植物，豆类，芦荟）和发酵的海藻产品（不包括大豆发酵的产品，食品代码为 06.8.6、06.8.7、12.9.1、12.9.2.3）	GMP
05.1.4	可可制品、巧克力	GMP
06.4.1	面食、新鲜面制品和类似产品	GMP
08.1.1	肉类（包括禽类、新鲜生肉或切碎的肉）	GMP
08.1.2	肉类、家禽肉和新鲜肉末	GMP
INS 424 可得然胶		
06.4.1	面食、新鲜面制品和类似产品	GMP
06.4.3	熟制面食制品、熟面条及类似产品	GMP
INS 425 魔芋粉		
01.2.1	发酵牛奶（纯）	GMP
01.2.1.2	发酵后经过热处理的牛奶（纯）	GMP

表 3-1.1（续）

食品组代码	食品种类	添加剂的最大使用限量 /（mg/kg）
01.4.1	巴氏灭菌的奶油（纯）	GMP
01.4.2	巴氏消毒的奶油、高温热处理（UHT）蛋清、搅拌型奶油以及（纯）奶油	GMP
06.4.1	面食、新鲜面制品和类似产品	GMP
06.4.2	意粉、干面条和类似产品	GMP
10.2.1	液体蛋制品	GMP
10.2.2	冷冻蛋制品	GMP
11.4	其他糖和糖浆（如木糖、枫糖浆、糖衣）	GMP
12.1.2	代盐产品	GMP
14.1.5	咖啡、茶、草药饮料和谷物饮料等类似产品（不包括可可饮料）	GMP
INS 427 决明胶、INS 430 聚氧化乙烯（8）硬脂酸盐		
06.4.3	熟制面食制品、熟面条及类似产品	5000
INS 431 聚氧化乙烯（40）硬脂酸盐		
06.4.3	熟制面食制品、熟面条及类似产品	5000
INS 432 聚氧乙烯山梨醇酐单月桂酸酯（吐温 20）、INS 433 聚氧乙烯山梨醇酐单油酸酯（吐温 80）、INS 434 聚氧乙烯山梨醇酐单棕榈酸酯、INS 435 聚氧乙烯山梨醇酐单硬脂酸酯、INS 436 聚氧乙烯山梨醇酐三硬脂酸酯		
01.1.2	牛奶饮品、调味品和（或）发酵（如牛奶巧克力、可可牛奶、鸡蛋、饮用酸奶和乳清饮料等）	3000
01.2.1	发酵牛奶（纯）	3000
01.3.2	含乳饮料产品	4000
01.4.1	巴氏灭菌的奶油（纯）	1000
01.4.2	巴氏消毒的奶油、高温热处理（UHT）蛋清、搅拌型奶油以及（纯）奶油	1000
01.4.3	冰激凌	1000
01.4.4	类似于奶油的产品	5000
01.5.2	牛奶粉、奶油粉及同类产品	4000
01.6.1	新鲜的奶酪	80
01.7	牛奶甜点（如布丁、酸奶等）	3000
02.1.2	植物油脂	5000
02.1.3	猪油、鱼油等动物脂肪	5000
02.2.2	全脂、脱脂和脂肪混合牛奶	10000
02.3	脂肪乳化剂及其混合品和 / 或用于脂肪乳化剂调味的产品	5000
02.4	含有脂肪的甜点（不包括食品组代码 01.7 的甜点）	3000
03.0	冷藏的食物（包括水果的果汁和水果奶油）	1000
04.1.2.5	果酱、果冻、果酱水果	GMP
04.1.2.8	水果加工产品（包括粉碎的捣碎水果、果泥、水果包衣和椰奶）	1000
04.1.2.9	水果加工的甜点（包括水果口味的甜点）	3000
04.1.2.11	用于制作糕点的水果	3000

表 3-1.1（续）

食品组代码	食品种类	添加剂的最大使用限量 /（mg/kg）
04.2.2.3	醋、油、水、盐或酱油腌制的蔬菜（包括真菌，根、块茎和根状茎的植物，豆类，芦荟）、海藻类	500
04.2.2.6	蔬菜（包括真菌，根、块茎和根状茎的植物，豆类，芦荟）、海藻、坚果和种子（例如蔬菜甜点、酱汁、蔬菜和糖浸泡等），除食品组代码 04.2.2.5 以外	3000
05.1.2	可可混合物（糖浆）	500
05.1.3	可可的表面制品	1000
05.1.4	可可制品、巧克力	5000
05.1.5	巧克力、巧克力替代品等类似产品	5000
05.2	硬糖、软糖、方块糖等（不包括食品组代码 05.3 和 05.4 的食品）	1000
05.3	口香糖	5000
05.4	用于食品装饰的产品（如蛋糕装饰品），表面涂层（不是水果）和甜调味汁	3000
06.4.2	意粉、干面条和类似产品	5000
06.4.3	熟制面食制品、熟面条及类似产品	5000
06.5	由谷物和淀粉制成的甜点（如大米布丁、木薯布丁）	3000
06.6	浆料（如面包、鱼或家禽）	5000
07.1.1	面包卷	3000
07.1.2	酥脆的饼干与糖	5000
07.1.3	其他常见的烘焙蛋糕（如英式松饼、扁面包等）	3000
07.1.4	面包产品包括面包屑和面包卷	3000
07.1.5	馒头和饺子	3000
07.1.6	面包等常规烘焙食品	3000
07.2	不同风味的蛋糕	3000
08.2	肉类制品（包括家禽、肉类原件或加工切碎的肉制品）	5000
08.3	肉制品、家禽肉和加工处理过的肉末	5000
08.4	可直接食用肉制品（如香肠肠衣）	1500
10.4	含鸡蛋的甜点（如牛奶蛋羹）	3000
12.1.1	盐	10
12.2.1	草药和香料	2000
12.2.2	调味品	5000
12.5	酱汤、肉汁	1000
12.6.1	酱汁、乳汁形式的酱汁（如蛋黄酱、咸酱）	3000
12.6.2	非乳液的形式呈现的酱（如番茄酱、辣椒酱、奶油酱、肉汁）	5000
12.6.3	混合酱	5000
12.6.4	酱汁（如鱼酱）	5000
12.7	意面、沙拉和夹心果酱（不包括可可和杏仁酱）	2000
13.3	以特殊饮食为治疗目的的食品	1000
13.4	减肥食品	1000

表 3-1.1（续）

食品组代码	食品种类	添加剂的最大使用限量 /（mg/kg）
13.6	滋补食品	25000
14.1.4	香味饮料（包括"能量运动饮料"或"电解质"饮料等特殊饮料）	500
14.2.6	酒精含量超过 15% 的蒸馏饮料	120
14.2.7	含酒精的饮料（如啤酒）	120
INS 440 果胶		
01.2.1	发酵牛奶（纯）	GMP
01.2.1.1	发酵后不经过热处理的牛奶（纯）	GMP
01.2.1.2	发酵后经过热处理的牛奶（纯）	GMP
01.2.2	未调味的发酵乳制品	GMP
01.4.1	巴氏灭菌的奶油（纯）	GMP
01.4.2	巴氏消毒的奶油、高温热处理（UHT）蛋清、搅拌型奶油以及（纯）奶油	GMP
01.4.3	冰激凌	GMP
01.6.1	新鲜的奶酪	GMP
02.2.2	全脂、脱脂和脂肪混合牛奶	GMP
04.1.2.4	罐装或瓶装水果（巴氏杀菌）	GMP
04.2.2.4	罐头、瓶装（巴氏杀菌）或密闭袋装的蔬菜（包括真菌，根、块茎和根状茎的植物，豆类，芦荟）和海藻	GMP
04.2.2.7	发酵的蔬菜（包括真菌，根、块茎和根状茎的植物，豆类，芦荟）和发酵的海藻产品（不包括大豆发酵的产品，食品代码为 06.8.6、06.8.7、12.9.1、12.9.2.3）	GMP
05.1.4	可可制品、巧克力	GMP
06.4.1	面食、新鲜面制品和类似产品	GMP
06.4.2	意粉、干面条和类似产品	GMP
06.4.3	熟制面食制品、熟面条及类似产品	GMP
09.2.1	鱼、鱼片和冷冻的海鲜产品（包括磷虾、甲壳类动物、有鳞鱼）	GMP
09.2.2	加工的鱼、鱼片和海鲜等冷冻产品（包括软体动物、甲壳类动物、有鳞鱼）	GMP
09.2.3	奶油酱加工过的海鲜和冷冻切碎的海鲜产品（包括软体动物、甲壳类动物、有鳞鱼）	GMP
09.2.5	熏制、干制、发酵或盐腌的鱼、海鲜产品（包括磷虾、甲壳类动物、有鳞鱼）	GMP
09.4	鱼、发酵鱼类制品或罐头产品（包括软体动物、甲壳类动物、有鳞鱼）	GMP
10.2.1	液体蛋制品	GMP
10.2.2	冷冻蛋制品	GMP
11.4	其他糖和糖浆（如木糖、枫糖浆、糖衣）	GMP
12.1.2	代盐产品	GMP
13.1.2	适用于 6~36 个月的儿童的营养强化剂	10000

表 3–1.1（续）

食品组代码	食品种类	添加剂的最大使用限量 /（mg/kg）
13.2	适用于 36 个月以下儿童的营养产品	10000
14.1.2.1	果汁	GMP
14.1.2.3	浓缩果汁	GMP
14.1.5	咖啡、茶、草药饮料和谷物饮料等类似产品（不包括可可饮料）	GMP
INS 442 铵磷脂		
01.7	牛奶甜点（如布丁、酸奶等）	5000
05.1.1	可可粉（粉）和可可蛋糕	10000
05.1.4	可可制品、巧克力	10000
05.1.5	巧克力、巧克力替代品等类似产品	10000
INS 444 乙酸异丁酸蔗糖酯		
14.1.4	香味饮料（包括“能量运动饮料”或“电解质”饮料等特殊饮料）	500
INS 445（ⅲ）木松香甘油酯		
04.1.1.2	经过表面处理的新鲜水果	110
04.2.1.2	蔬菜（包括真菌，根、块茎和根茎的植物，豆类，芦荟）、海藻、坚果和种子	110
14.1.4	香味饮料（包括“能量运动饮料”或“电解质”饮料等特殊饮料）	150
INS 450（ⅳ）二磷酸二钾		
01.3.1	浓缩牛奶（纯）	2000
02.1.3	猪油、鱼油等动物脂肪	GMP
09.4	鱼、发酵鱼类制品或罐头产品（包括软体动物、甲壳类动物、有鳞鱼）	10
12.5	酱汤、肉汁	1000
INS 457 α－环状糊精、INS 458 γ－环状糊精、INS 459 β－环状糊精		
01.2.1	发酵牛奶（纯）	5
05.3	口香糖	20000
06.4.3	熟制面食制品、熟面条及类似产品	1000
14.1.4	香味饮料（包括“能量运动饮料”或“电解质”饮料等特殊饮料）	500
15.1	谷物、马铃薯、面粉和淀粉（来自块茎、根和种子）	500
INS 460 纤维素		
01.5.1	奶粉、奶油粉（纯）	4400
01.6.1	新鲜的奶酪	GMP
04.1.2.5	果酱、果冻、果酱水果	100
05.1.1	可可粉（粉）和可可蛋糕	GMP
INS 460（ⅰ）微晶纤维素		
01.2.1	发酵牛奶（纯）	GMP
01.2.1.1	发酵后不经过热处理的牛奶（纯）	GMP
01.2.1.2	发酵后经过热处理的牛奶（纯）	GMP

表 3-1.1（续）

食品组代码	食品种类	添加剂的最大使用限量 /（mg/kg）
01.2.2	未调味的发酵乳制品	GMP
01.4.1	巴氏灭菌的奶油（纯）	GMP
01.4.2	巴氏消毒的奶油、高温热处理（UHT）蛋清、搅拌型奶油以及（纯）奶油	GMP
01.4.3	冰激凌	GMP
01.6.1	新鲜的奶酪	GMP
01.6.2.1	全熟芝士（包括表面）	GMP
01.8.2	乳清和干乳清产品（不包括乳清干酪）	10000
02.2.2	全脂、脱脂和脂肪混合牛奶	GMP
06.4.1	面食、新鲜面制品和类似产品	GMP
06.4.2	意粉、干面条和类似产品	GMP
08.1.1	肉类（包括禽类、新鲜生肉或切碎的肉）	GMP
08.1.2	肉类、家禽肉和新鲜肉末	GMP
10.2.1	液体蛋制品	GMP
10.2.2	冷冻蛋制品	GMP
11.4	其他糖和糖浆（如木糖、枫糖浆、糖衣）	GMP
12.1.2	代盐产品	GMP
14.1.5	咖啡、茶、草药饮料和谷物饮料等类似产品（不包括可可饮料）	GMP
INS 460（ii）粉状纤维素		
01.2.1	发酵牛奶（纯）	GMP
01.2.1.1	发酵后不经过热处理的牛奶（纯）	GMP
01.2.1.2	发酵后经过热处理的牛奶（纯）	GMP
01.2.2	未调味的发酵乳制品	GMP
01.4.1	巴氏灭菌的奶油（纯）	GMP
01.4.2	巴氏消毒的奶油、高温热处理（UHT）蛋清、搅拌型奶油以及（纯）奶油	GMP
01.4.3	冰激凌	GMP
01.6.1	新鲜的奶酪	GMP
01.6.2.1	全熟芝士（包括表面）	GMP
01.8.2	乳清和干乳清产品（不包括乳清干酪）	10000
02.2.2	全脂、脱脂和脂肪混合牛奶	GMP
08.1.1	肉类（包括禽类、新鲜生肉或切碎的肉）	GMP
08.1.2	肉类、家禽肉和新鲜肉末	GMP
09.2.1	鱼、鱼片和冷冻的海鲜产品（包括磷虾、甲壳类动物、有鳞鱼）	GMP
09.2.2	加工的鱼、鱼片和海鲜等冷冻产品（包括软体动物、甲壳类动物、有鳞鱼）	GMP
09.2.3	奶油酱加工过的海鲜和冷冻切碎的海鲜产品（包括软体动物、甲壳类动物、有鳞鱼）	GMP

表 3-1.1（续）

食品组代码	食品种类	添加剂的最大使用限量 /（mg/kg）
09.2.5	熏制、干制、发酵或盐腌的鱼、海鲜产品（包括磷虾、甲壳类动物、有鳞鱼）	GMP
11.4	其他糖和糖浆（如木糖、枫糖浆、糖衣）	GMP
12.1.2	代盐产品	GMP
14.1.5	咖啡、茶、草药饮料和谷物饮料等类似产品（不包括可可饮料）	GMP
INS 461 甲基纤维素		
01.2.1	发酵牛奶（纯）	GMP
01.2.1.2	发酵后经过热处理的牛奶（纯）	GMP
01.2.2	未调味的发酵乳制品	GMP
01.4.1	巴氏灭菌的奶油（纯）	GMP
01.4.2	巴氏消毒的奶油、高温热处理（UHT）蛋清、搅拌型奶油以及（纯）奶油	GMP
01.4.3	冰激凌	GMP
02.2.2	全脂、脱脂和脂肪混合牛奶	GMP
08.1.1	肉类（包括禽类、新鲜生肉或切碎的肉）	GMP
08.1.2	肉类、家禽肉和新鲜肉末	GMP
09.2.1	鱼、鱼片和冷冻的海鲜产品（包括磷虾、甲壳类动物、有鳞鱼）	GMP
09.2.2	加工的鱼、鱼片和海鲜等冷冻产品（包括软体动物、甲壳类动物、有鳞鱼）	GMP
09.2.3	奶油酱加工过的海鲜和冷冻切碎的海鲜产品（包括软体动物、甲壳类动物、有鳞鱼）	GMP
09.2.5	熏制、干制、发酵或盐腌的鱼、海鲜产品（包括磷虾、甲壳类动物、有鳞鱼）	GMP
11.4	其他糖和糖浆（如木糖、枫糖浆、糖衣）	GMP
12.1.2	代盐产品	GMP
14.1.5	咖啡、茶、草药饮料和谷物饮料等类似产品（不包括可可饮料）	GMP
INS 462 乙基纤维素、INS 463 羟丙基纤维素		
01.2.1	发酵牛奶（纯）	GMP
01.2.1.2	发酵后经过热处理的牛奶（纯）	GMP
01.2.2	未调味的发酵乳制品	GMP
01.4.1	巴氏灭菌的奶油（纯）	GMP
01.4.2	巴氏消毒的奶油、高温热处理（UHT）蛋清、搅拌型奶油以及（纯）奶油	GMP
01.4.3	冰激凌	GMP
02.2.2	全脂、脱脂和脂肪混合牛奶	GMP
08.1.1	肉类（包括禽类、新鲜生肉或切碎的肉）	GMP
08.1.2	肉类、家禽肉和新鲜肉末	GMP
09.2.1	鱼、鱼片和冷冻的海鲜产品（包括磷虾、甲壳类动物、有鳞鱼）	GMP
09.2.2	加工的鱼、鱼片和海鲜等冷冻产品（包括软体动物、甲壳类动物、有鳞鱼）	GMP

表 3-1.1（续）

食品组代码	食品种类	添加剂的最大使用限量 /（mg/kg）
09.2.3	奶油酱加工过的海鲜和冷冻切碎的海鲜产品（包括软体动物、甲壳类动物、有鳞鱼）	GMP
09.2.5	熏制、干制、发酵或盐腌的鱼、海鲜产品（包括磷虾、甲壳类动物、有鳞鱼）	GMP
11.4	其他糖和糖浆（如木糖、枫糖浆、糖衣）	GMP
12.1.2	代盐产品	GMP
14.1.5	咖啡、茶、草药饮料和谷物饮料等类似产品（不包括可可饮料）	GMP
INS 464 羟丙基甲基纤维素		
01.2.1	发酵牛奶（纯）	GMP
01.2.1.2	发酵后经过热处理的牛奶（纯）	GMP
01.2.2	未调味的发酵乳制品	GMP
01.4.1	巴氏灭菌的奶油（纯）	GMP
01.4.2	巴氏消毒的奶油、高温热处理（UHT）蛋清、搅拌型奶油以及（纯）奶油	GMP
01.4.3	冰激凌	GMP
02.2.2	全脂、脱脂和脂肪混合牛奶	GMP
08.1.1	肉类（包括禽类、新鲜生肉或切碎的肉）	GMP
08.1.2	肉类、家禽肉和新鲜肉末	GMP
09.2.1	鱼、鱼片和冷冻的海鲜产品（包括磷虾、甲壳类动物、有鳞鱼）	GMP
09.2.2	加工的鱼、鱼片和海鲜等冷冻产品（包括软体动物、甲壳类动物、有鳞鱼）	GMP
09.2.3	奶油酱加工过的海鲜和冷冻切碎的海鲜产品（包括软体动物、甲壳类动物、有鳞鱼）	GMP
09.2.5	熏制、干制、发酵或盐腌的鱼、海鲜产品（包括磷虾、甲壳类动物、有鳞鱼）	GMP
11.4	其他糖和糖浆（如木糖、枫糖浆、糖衣）	GMP
12.1.2	代盐产品	GMP
14.1.5	咖啡、茶、草药饮料和谷物饮料等类似产品（不包括可可饮料）	GMP
INS 465 甲基乙基纤维素		
01.2.1	发酵牛奶（纯）	GMP
01.2.1.2	发酵后经过热处理的牛奶（纯）	GMP
01.2.2	未调味的发酵乳制品	GMP
01.4.1	巴氏灭菌的奶油（纯）	GMP
01.4.2	巴氏消毒的奶油、高温热处理（UHT）蛋清、搅拌型奶油以及（纯）奶油	GMP
01.4.3	冰激凌	GMP
02.2.2	全脂、脱脂和脂肪混合牛奶	GMP
08.1.1	肉类（包括禽类、新鲜生肉或切碎的肉）	GMP
08.1.2	肉类、家禽肉和新鲜肉末	GMP
09.2.1	鱼、鱼片和冷冻的海鲜产品（包括磷虾、甲壳类动物、有鳞鱼）	GMP
09.2.2	加工的鱼、鱼片和海鲜等冷冻产品（包括软体动物、甲壳类动物、有鳞鱼）	GMP

表 3—1.1（续）

食品组代码	食品种类	添加剂的最大使用限量 /（mg/kg）
09.2.3	奶油酱加工过的海鲜和冷冻切碎的海鲜产品（包括软体动物、甲壳类动物、有鳞鱼）	GMP
09.2.5	熏制、干制、发酵或盐腌的鱼、海鲜产品（包括磷虾、甲壳类动物、有鳞鱼）	GMP
11.4	其他糖和糖浆（如木糖、枫糖浆、糖衣）	GMP
12.2.1	草药和香料	GMP
14.1.5	咖啡、茶、草药饮料和谷物饮料等类似产品（不包括可可饮料）	GMP
INS 466 羧甲纤维素钠		
01.2.1	发酵牛奶（纯）	GMP
01.2.1.2	发酵后经过热处理的牛奶（纯）	GMP
01.2.2	未调味的发酵乳制品	GMP
01.4.1	巴氏灭菌的奶油（纯）	GMP
01.4.2	巴氏消毒的奶油、高温热处理（UHT）蛋清、搅拌型奶油以及（纯）奶油	GMP
01.4.3	冰激凌	GMP
01.6.1	新鲜的奶酪	GMP
02.2.2	全脂、脱脂和脂肪混合牛奶	GMP
04.1.2.8	水果加工产品（包括粉碎的捣碎水果、果泥、水果包衣和椰奶）	GMP
05.1.1	可可粉（粉）和可可蛋糕	GMP
06.2	面粉和淀粉（包括大豆粉）	GMP
06.4.1	面食、新鲜面制品和类似产品	GMP
06.4.2	意粉、干面条和类似产品	GMP
06.4.3	熟制面食制品、熟面条及类似产品	GMP
08.1.1	肉类（包括禽类、新鲜生肉或切碎的肉）	GMP
08.1.2	肉类、家禽肉和新鲜肉末	GMP
09.2.1	鱼、鱼片和冷冻的海鲜产品（包括磷虾、甲壳类动物、有鳞鱼）	GMP
09.2.2	加工的鱼、鱼片和海鲜等冷冻产品（包括软体动物、甲壳类动物、有鳞鱼）	GMP
09.2.3	奶油酱加工过的海鲜和冷冻切碎的海鲜产品（包括软体动物、甲壳类动物、有鳞鱼）	GMP
09.2.5	熏制、干制、发酵或盐腌的鱼、海鲜产品（包括磷虾、甲壳类动物、有鳞鱼）	GMP
09.4	鱼、发酵鱼类制品或罐头产品（包括软体动物、甲壳类动物、有鳞鱼）	GMP
10.2.1	液体蛋制品	GMP
10.2.2	冷冻蛋制品	GMP
11.4	其他糖和糖浆（如木糖、枫糖浆、糖衣）	GMP
12.1.2	代盐产品	GMP
12.6.4	酱汁（如鱼酱）	GMP

表 3-1.1（续）

食品组代码	食品种类	添加剂的最大使用限量 /（mg/kg）
14.1.4.3	浓缩饮料（固体或液体）	GMP
14.1.5	咖啡、茶、草药饮料和谷物饮料等类似产品（不包括可可饮料）	GMP
INS 467 乙基羟乙基纤维素		
01.2.1	发酵牛奶（纯）	GMP
INS 468 交联羧甲基纤维素钠		
01.2.1	发酵牛奶（纯）	GMP
12.6.4	酱汁（如鱼酱）	GMP
INS 469 酶水解羧甲纤维素钠		
01.2.1	发酵牛奶（纯）	GMP
14.1.5	咖啡、茶、草药饮料和谷物饮料等类似产品（不包括可可饮料）	GMP
INS 470（ⅰ）肉豆蔻酸，棕榈酸和硬脂酸的铵、钙、钾和钠盐类		
01.2.1	发酵牛奶（纯）	GMP
01.2.1.2	发酵后经过热处理的牛奶（纯）	GMP
01.2.2	未调味的发酵乳制品	GMP
01.6.1	新鲜的奶酪	GMP
06.4.2	意粉、干面条和类似产品	GMP
08.1.1	肉类（包括禽类、新鲜生肉或切碎的肉）	GMP
08.1.2	肉类、家禽肉和新鲜肉末	GMP
09.2.1	鱼、鱼片和冷冻的海鲜产品（包括磷虾、甲壳类动物、有鳞鱼）	GMP
09.2.2	加工的鱼、鱼片和海鲜等冷冻产品（包括软体动物、甲壳类动物、有鳞鱼）	GMP
09.2.3	奶油酱加工过的海鲜和冷冻切碎的海鲜产品（包括软体动物、甲壳类动物、有鳞鱼）	GMP
09.2.5	熏制、干制、发酵或盐腌的鱼、海鲜产品（包括磷虾、甲壳类动物、有鳞鱼）	GMP
10.2.1	液体蛋制品	GMP
10.2.2	冷冻蛋制品	GMP
11.4	其他糖和糖浆（如木糖、枫糖浆、糖衣）	GMP
12.1.1	盐	GMP
12.1.2	代盐产品	GMP
14.1.5	咖啡、茶、草药饮料和谷物饮料等类似产品（不包括可可饮料）	GMP
INS 470（ⅱ）油酸的铵、钙、钾和钠盐类		
01.2.1	发酵牛奶（纯）	GMP
01.2.1.2	发酵后经过热处理的牛奶（纯）	GMP
01.2.2	未调味的发酵乳制品	GMP
01.6.1	新鲜的奶酪	GMP
08.1.1	肉类（包括禽类、新鲜生肉或切碎的肉）	GMP
08.1.2	肉类、家禽肉和新鲜肉末	GMP

表 3-1.1（续）

食品组代码	食品种类	添加剂的最大使用限量 /（mg/kg）
09.2.1	鱼、鱼片和冷冻的海鲜产品（包括磷虾、甲壳类动物、有鳞鱼）	GMP
09.2.2	加工的鱼、鱼片和海鲜等冷冻产品（包括软体动物、甲壳类动物、有鳞鱼）	GMP
09.2.3	奶油酱加工过的海鲜和冷冻切碎的海鲜产品（包括软体动物、甲壳类动物、有鳞鱼）	GMP
09.2.5	熏制、干制、发酵或盐腌的鱼、海鲜产品（包括磷虾、甲壳类动物、有鳞鱼）	GMP
11.4	其他糖和糖浆（如木糖、枫糖浆、糖衣）	GMP
12.1.2	代盐产品	GMP
14.1.5	咖啡、茶、草药饮料和谷物饮料等类似产品（不包括可可饮料）	GMP
INS 471 脂肪酸单、双甘油酯		
01.2.1	发酵牛奶（纯）	GMP
01.4.1	巴氏灭菌的奶油（纯）	GMP
01.4.2	巴氏消毒的奶油、高温热处理（UHT）蛋清、搅拌型奶油以及（纯）奶油	GMP
01.4.3	冰激凌	GMP
01.5.1	奶粉、奶油粉（纯）	2500/ GMP
01.5.2	牛奶粉、奶油粉及同类产品	GMP
01.6.1	新鲜的奶酪	GMP
02.2.2	全脂、脱脂和脂肪混合牛奶	GMP
04.1.2.8	水果加工产品（包括粉碎的捣碎水果、果泥、水果包衣和椰奶）	GMP
05.1.1	可可粉（粉）和可可蛋糕	GMP
05.1.4	可可制品、巧克力	GMP
06.4.1	面食、新鲜面制品和类似产品	GMP
06.4.2	意粉、干面条和类似产品	GMP
06.4.3	熟制面食制品、熟面条及类似产品	GMP
08.1.1	肉类（包括禽类、新鲜生肉或切碎的肉）	GMP
08.1.2	肉类、家禽肉和新鲜肉末	GMP
09.2.2	加工的鱼、鱼片和海鲜等冷冻产品（包括软体动物、甲壳类动物、有鳞鱼）	GMP
10.2.2	冷冻蛋制品	GMP
11.4	其他糖和糖浆（如木糖、枫糖浆、糖衣）	GMP
12.1.2	代盐产品	GMP
13.1.1	12 个月以下儿童的营养配方	4000
13.1.2	适用于 6~36 个月的儿童的营养强化剂	4000
13.1.3	适用于 12 个月以下婴幼儿特殊医疗用途的营养产品	4000
13.2	适用于 36 个月以下儿童的营养产品	5000
14.1.5	咖啡、茶、草药饮料和谷物饮料等类似产品（不包括可可饮料）	GMP
INS 472a 脂肪酸甘油乙酸酯		
01.2.1	发酵牛奶（纯）	GMP

表 3-1.1（续）

食品组代码	食品种类	添加剂的最大使用限量 /（mg/kg）
01.2.1.2	发酵后经过热处理的牛奶（纯）	GMP
01.2.2	未调味的发酵乳制品	GMP
01.4.1	巴氏灭菌的奶油（纯）	GMP
01.4.2	巴氏消毒的奶油、高温热处理（UHT）蛋清、搅拌型奶油以及（纯）奶油	GMP
01.4.3	冰激凌	GMP
01.6.1	新鲜的奶酪	GMP
08.1.1	肉类（包括禽类、新鲜生肉或切碎的肉）	GMP
08.1.2	肉类、家禽肉和新鲜肉末	GMP
09.2.1	鱼、鱼片和冷冻的海鲜产品（包括磷虾、甲壳类动物、有鳞鱼）	GMP
09.2.2	加工的鱼、鱼片和海鲜等冷冻产品（包括软体动物、甲壳类动物、有鳞鱼）	GMP
09.2.3	奶油酱加工过的海鲜和冷冻切碎的海鲜产品（包括软体动物、甲壳类动物、有鳞鱼）	GMP
09.2.5	熏制、干制、发酵或盐腌的鱼、海鲜产品（包括磷虾、甲壳类动物、有鳞鱼）	GMP
11.4	其他糖和糖浆（如木糖、枫糖浆、糖衣）	GMP
12.1.2	代盐产品	GMP
13.2	适用于 36 个月以下儿童的营养产品	5000
14.1.5	咖啡、茶、草药饮料和谷物饮料等类似产品（不包括可可饮料）	GMP
INS 472b 乳酸脂肪酸甘油酯		
01.2.1	发酵牛奶（纯）	GMP
01.2.1.2	发酵后经过热处理的牛奶（纯）	GMP
01.2.2	未调味的发酵乳制品	GMP
01.4.1	巴氏灭菌的奶油（纯）	GMP
01.4.2	巴氏消毒的奶油、高温热处理（UHT）蛋清、搅拌型奶油以及（纯）奶油	GMP
01.4.3	冰激凌	GMP
01.6.1	新鲜的奶酪	GMP
02.2.2	全脂、脱脂和脂肪混合牛奶	GMP
08.1.1	肉类（包括禽类、新鲜生肉或切碎的肉）	GMP
08.1.2	肉类、家禽肉和新鲜肉末	GMP
09.2.1	鱼、鱼片和冷冻的海鲜产品（包括磷虾、甲壳类动物、有鳞鱼）	GMP
09.2.2	加工的鱼、鱼片和海鲜等冷冻产品（包括软体动物、甲壳类动物、有鳞鱼）	GMP
09.2.3	奶油酱加工过的海鲜和冷冻切碎的海鲜产品（包括软体动物、甲壳类动物、有鳞鱼）	GMP
09.2.5	熏制、干制、发酵或盐腌的鱼、海鲜产品（包括磷虾、甲壳类动物、有鳞鱼）	GMP
11.4	其他糖和糖浆（如木糖、枫糖浆、糖衣）	GMP

表 3-1.1（续）

食品组代码	食品种类	添加剂的最大使用限量 /（mg/kg）
12.1.2	代盐产品	GMP
13.2	适用于 36 个月以下儿童的营养产品	5000
14.1.5	咖啡、茶、草药饮料和谷物饮料等类似产品（不包括可可饮料）	GMP
INS 472c 脂肪酸单、双甘油酯柠檬酸酯		
01.2.1	发酵牛奶（纯）	GMP
01.2.1.2	发酵后经过热处理的牛奶（纯）	GMP
01.2.2	未调味的发酵乳制品	GMP
01.4.1	巴氏灭菌的奶油（纯）	GMP
01.4.2	巴氏消毒的奶油、高温热处理（UHT）蛋清、搅拌型奶油以及（纯）奶油	GMP
01.4.3	冰激凌	GMP
01.6.1	新鲜的奶酪	GMP
02.1	油水分离剂	100
02.1.3	猪油，鱼油等动物脂肪	100
02.2.2	全脂、脱脂和脂肪混合牛奶	GMP
04.2.2.7	发酵的蔬菜（包括真菌，根、块茎和根状茎的植物，豆类，芦荟）和发酵的海藻产品（不包括大豆发酵的产品，食品代码为 06.8.6、06.8.7、12.9.1、12.9.2.3）	GMP
08.1.1	肉类（包括禽类、新鲜生肉或切碎的肉）	GMP
08.1.2	肉类、家禽肉和新鲜肉末	GMP
09.2.1	鱼、鱼片和冷冻的海鲜产品（包括磷虾、甲壳类动物、有鳞鱼）	GMP
09.2.2	加工的鱼、鱼片和海鲜等冷冻产品（包括软体动物、甲壳类动物、有鳞鱼）	GMP
09.2.3	奶油酱加工过的海鲜和冷冻切碎的海鲜产品（包括软体动物、甲壳类动物、有鳞鱼）	GMP
09.2.5	熏制、干制、发酵或盐腌的鱼、海鲜产品（包括磷虾、甲壳类动物、有鳞鱼）	GMP
11.4	其他糖和糖浆（如木糖、枫糖浆、糖衣）	GMP
12.1.2	代盐产品	GMP
13.2	适用于 36 个月以下儿童的营养产品	5000
14.1.5	咖啡、茶、草药饮料和谷物饮料等类似产品（不包括可可饮料）	GMP
INS 472d 脂肪酸单、双甘油酯酒石酸酯		
12.5	酱汤、肉汁	GMP
INS 472e 双乙酰酒石酸单、双甘油酯		
01.1.2	牛奶饮品、调味品和（或）发酵（如牛奶巧克力、可可牛奶、鸡蛋、饮用酸奶和乳清饮料等）	5000
01.2.1	发酵牛奶（纯）	10000
01.2.1.2	发酵后经过热处理的牛奶（纯）	5000
01.2.2	未调味的发酵乳制品	5000
01.3.2	含乳饮料产品	5000

表 3－1.1（续）

食品组代码	食品种类	添加剂的最大使用限量 /（mg/kg）
01.4.2	巴氏消毒的奶油、高温热处理（UHT）蛋清、搅拌型奶油以及（纯）奶油	6000
01.4.3	冰激凌	5000
01.4.4	类似于奶油的产品	6000
01.5.1	奶粉、奶油粉（纯）	10000
01.5.2	牛奶粉、奶油粉及同类产品	10000
01.6.1	新鲜的奶酪	10000
01.6.2.1	全熟芝士（包括表面）	10000
01.6.4	加工的含有口味的奶酪（包括水果奶酪、蔬菜奶酪和肉类奶酪）	10000
01.6.5	同类的奶酪产品	10000
01.7	牛奶甜点（如布丁、酸奶等）	10000
02.1.2	植物油脂	10000
02.1.3	猪油、鱼油等动物脂肪	10000
02.2.2	全脂、脱脂和脂肪混合牛奶	10000
02.3	脂肪乳化剂及其混合品和 / 或用于脂肪乳化剂调味的产品	10000
02.4	含有脂肪的甜点（不包括食品组代码 01.7 的甜点）	5000
03.0	冷藏的食物（包括水果的果汁和水果奶油）	1000
04.1.2.2	干果	10000
04.1.2.3	腌醋、油或水盐	1000
04.1.2.6	粉碎的水果制品（如辣椒酱），除食品代码 04.1.2.5 以外	5000
04.1.2.7	水果糖	1000
04.1.2.8	水果加工产品（包括粉碎的捣碎水果、果泥、水果包衣和椰奶）	2500
04.1.2.9	水果加工的甜点（包括水果口味的甜点）	2500
04.1.2.10	发酵的水果制品	2500
04.2.2.2	干蔬菜（包括真菌，根、块茎和根状茎的植物，豆类，芦荟）、海藻、坚果和种子	10000
04.2.2.3	醋、油、水、盐或酱油腌制的蔬菜（包括真菌，根、块茎和根状茎的植物，豆类，芦荟）、海藻类	2500
04.2.2.6	蔬菜（包括真菌，根、块茎和根状茎的植物，豆类，芦荟）、海藻、坚果和种子（如蔬菜甜点、酱汁、蔬菜和糖浸泡等），除食品组代码 04.2.2.5 以外	2500
04.2.2.7	发酵的蔬菜（包括真菌，根、块茎和根状茎的植物，豆类，芦荟）和发酵的海藻产品（不包括大豆发酵的产品，食品代码为 06.8.6、06.8.7、12.9.1、12.9.2.3）	2500
04.2.2.8	煮熟或油炸的蔬菜（包括真菌，根、块茎和根茎的植物，豆类，芦荟）、海藻类	2500
05.2	硬糖、软糖、方块糖等（不包括食品组代码 05.3 和 05.4 的食品）	10000
05.3	口香糖	50000
05.4	用于食品装饰的产品（如蛋糕装饰品），表面涂层（不是水果）和甜调味汁	10000

表 3-1.1（续）

食品组代码	食品种类	添加剂的最大使用限量 /（mg/kg）
06.2	面粉和淀粉（包括大豆粉）	3000
06.4.2	意粉、干面条和类似产品	5000
06.4.3	熟制面食制品、熟面条及类似产品	10000
06.5	由谷物和淀粉制成的甜点（如大米布丁、木薯布丁）	5000
06.6	浆料（如面包、鱼或家禽）	5000
07.1	面包等常用混合烘焙食品	6000
07.2	不同风味的蛋糕	20000
10.2.3	干燥和 / 或凝结的蛋制品	5000
10.4	含鸡蛋的甜点（如牛奶蛋羹）	5000
12.1.2	代盐产品	16000
12.4	芥末	10000
12.5	酱汤、肉汁	5000
12.6	酱类及类似产品	10000
12.7	意面、沙拉和夹心果酱（不包括可可和杏仁酱）	5000
13.3	以特殊饮食为治疗目的的食品	5000
13.4	减肥食品	5000
13.5	除了食品组代码 13.1、13.4 和 13.6 的其他饮食食品（如节食功能性食品）	5000
13.6	滋补食品	5000
14.1.4	香味饮料（包括“能量运动饮料”或“电解质”饮料等特殊饮料）	5000
14.1.5	咖啡、茶、草药饮料和谷物饮料等类似产品（不包括可可饮料）	GMP
14.2.2	苹果酒、梨酒	5000
14.2.4	葡萄酒（酿酒葡萄除外）	5000
14.2.6	酒精含量超过 15% 的蒸馏饮料	5000
14.2.7	含酒精的饮料（如啤酒）	10000
15.1	谷物、马铃薯、面粉和淀粉（来自块茎、根和种子）	20000
15.2	坚果加工制品（包括坚果酱和杏仁混合物）	10000
INS 473 蔗糖脂肪酸酯		
01.2.1	发酵牛奶（纯）	5000
01.4.3	冰激凌	5000
02.2.2	全脂、脱脂和脂肪混合牛奶	10000
04.1.2.8	水果加工产品（包括粉碎的捣碎水果、果泥、水果包衣和椰奶）	1500
05.1.1	可可粉（粉）和可可蛋糕	10000
05.2	硬糖、软糖、方块糖等（不包括食品组代码 05.3 和 05.4 的食品）	5000
05.3	口香糖	10000
06.4.3	熟制面食制品、熟面条及类似产品	2000
12.5	酱汤、肉汁	2000

表 3—1.1（续）

食品组代码	食品种类	添加剂的最大使用限量 /（mg/kg）
12.6.2	非乳液的形式呈现的酱（如番茄酱、辣椒酱、奶油酱、肉汁）	5000
14.1.5	咖啡、茶、草药饮料和谷物饮料等类似产品（不包括可可饮料）	1000
INS 473a 蔗糖低聚酯（I 型和 II 型）、INS 474 蔗糖甘油酯		
01.1.2	牛奶饮品、调味品和（或）发酵（如牛奶巧克力、可可牛奶、鸡蛋、饮用酸奶和乳清饮料等）	5000
01.2.1	发酵牛奶（纯）	5000
01.3.2	含乳饮料产品	20000
01.5.1	奶粉、奶油粉（纯）	10000
01.7	牛奶甜点（如布丁、酸奶等）	5000
02.2.2	全脂、脱脂和脂肪混合牛奶	10000
02.3	脂肪乳化剂及其混合品和 / 或用于脂肪乳化剂调味的产品	10000
02.4	含有脂肪的甜点（不包括食品组代码 01.7 的甜点）	5000
03.0	冷藏的食物（包括水果的果汁和水果奶油）	5000
04.1.1.2	经过表面处理的新鲜水果	GMP
04.1.2.9	水果加工的甜点（包括水果口味的甜点）	5000
04.2.2.6	蔬菜（包括真菌，根、块茎和根状茎的植物，豆类，芦荟）、海藻、坚果和种子（如蔬菜甜点、酱汁、蔬菜和糖浸泡等），除食品组代码 04.2.2.5 以外	5000
05.2	硬糖、软糖、方块糖等（不包括食品组代码 05.3 和 05.4 的食品）	5000
05.3	口香糖	10000
06.5	由谷物和淀粉制成的甜点（如大米布丁、木薯布丁）	5000
07.2	不同风味的蛋糕	10000
08.2.2	家禽和生肉或切碎的生肉等肉类产品	5000
08.3.2	未经过热处理肉制品、禽肉和肉末	5000
10.4	含鸡蛋的甜点（如牛奶蛋羹）	5000
12.5	酱汤、肉汁	2000
12.6	酱类及类似产品	10000
13.3	以特殊饮食为治疗目的的食品	5000
13.4	减肥食品	5000
13.6	滋补食品	2500
14.1.4	香味饮料（包括"能量运动饮料"或"电解质"饮料等特殊饮料）	200
14.1.5	咖啡、茶、草药饮料和谷物饮料等类似产品（不包括可可饮料）	1000
14.2.6	酒精含量超过 15% 的蒸馏饮料	5000
14.2.7	含酒精的饮料（如啤酒）	5000
INS 475 聚甘油脂肪酸酯		
01.2.1	发酵牛奶（纯）	2000
01.4.3	冰激凌	6000
02.2.2	全脂、脱脂和脂肪混合牛奶	5000

表 3—1.1（续）

食品组代码	食品种类	添加剂的最大使用限量 /（mg/kg）
05.1.1	可可粉（粉）和可可蛋糕	5000
05.2	硬糖、软糖、方块糖等（不包括食品组代码 05.3 和 05.4 的食品）	2000
06.4.3	熟制面食制品、熟面条及类似产品	2000
12.6.2	非乳液的形式呈现的酱（如番茄酱、辣椒酱、奶油酱、肉汁）	10000
INS 476 聚甘油蓖麻醇酯		
01.7	牛奶甜点（如布丁、酸奶等）	5000
02.2.2	全脂、脱脂和脂肪混合牛奶	4000
03.0	冷藏的食物（包括水果的果汁和水果奶油）	5000
05.1	可可制品、巧克力制品（包括啤酒花和巧克力替代品）	5000
05.1.1	可可粉（粉）和可可蛋糕	5000
05.1.4	可可制品、巧克力	5000
06.3	早餐谷物（包括燕麦、意面）	5000
06.4.3	熟制面食制品、熟面条及类似产品	500
12.6.1	酱汁、乳汁形式的酱汁（如蛋黄酱、咸酱）	5000
INS 477 丙二醇脂肪酸酯		
01.1.2	牛奶饮品、调味品和（或）发酵（如牛奶巧克力、可可牛奶、鸡蛋、饮用酸奶和乳清饮料等）	5000
01.2.1	发酵牛奶（纯）	5000
01.3.2	含乳饮料产品	1000
01.4.4	类似于奶油的产品	5000
01.5.2	牛奶粉、奶油粉及同类产品	10000
01.7	牛奶甜点（如布丁、酸奶等）	5000
02.1.2	植物油脂	10000
02.1.3	猪油、鱼油等动物脂肪	10000
02.2.2	全脂、脱脂和脂肪混合牛奶	20000
02.3	脂肪乳化剂及其混合品和 / 或用于脂肪乳化剂调味的产品	30000
02.4	含有脂肪的甜点（不包括食品组代码 01.7 的甜点）	40000
03.0	冷藏的食物（包括水果的果汁和水果奶油）	5000
04.1.2.8	水果加工产品（包括粉碎的捣碎水果、果泥、水果包衣和椰奶）	40000
04.1.2.9	水果加工的甜点（包括水果口味的甜点）	40000
04.1.2.11	用于制作糕点的水果	40000
04.2.2.6	蔬菜（包括真菌，根、块茎和根状茎的植物，豆类，芦荟）、海藻、坚果和种子（如蔬菜甜点、酱汁、蔬菜和糖浸泡等），除食品组代码 04.2.2.5 以外	5000
05.1.1	可可粉（粉）和可可蛋糕	5000
05.2	硬糖、软糖、方块糖等（不包括食品组代码 05.3 和 05.4 的食品）	5000
05.3	口香糖	20000

表 3—1.1（续）

食品组代码	食品种类	添加剂的最大使用限量 /（mg/kg）
05.4	用于食品装饰的产品（如蛋糕装饰品），表面涂层（不是水果）和甜调味汁	40000
06.4.3	熟制面食制品、熟面条及类似产品	5000
06.5	由谷物和淀粉制成的甜点（如大米布丁、木薯布丁）	40000
07.0	焰饼	15000
10.4	含鸡蛋的甜点（如牛奶蛋羹）	40000
11.4	其他糖和糖浆（如木糖、枫糖浆、糖衣）	5000
12.6.2	非乳液的形式呈现的酱（如番茄酱、辣椒酱、奶油酱、肉汁）	20000
13.3	以特殊饮食为治疗目的的食品	5000
13.4	减肥食品	5000
14.1.4	香味饮料（包括"能量运动饮料"或"电解质"饮料等特殊饮料）	500
INS 479 热氧化大豆油与脂肪酸单、双甘油酯的交联物		
02.2.2	全脂、脱脂和脂肪混合牛奶	5000
INS 481（ⅰ）硬脂酰乳酸钠、INS 482（ⅰ）硬脂酰乳酸钙		
01.2.1	发酵牛奶（纯）	10000
02.2.2	全脂、脱脂和脂肪混合牛奶	10000
06.4.3	熟制面食制品、熟面条及类似产品	5000
INS 484 硬脂酰柠檬酸酯		
02.1.2	植物油脂	GMP
02.1.3	猪油、鱼油等动物脂肪	GMP
02.2.2	全脂、脱脂和脂肪混合牛奶	100
05.3	口香糖	15000
14.1.4	香味饮料（包括"能量运动饮料"或"电解质"饮料等特殊饮料）	500
INS 491 山梨糖醇酐单硬脂酸酯		
01.2.1	发酵牛奶（纯）	5000
01.4.3	冰激凌	5000
01.7	牛奶甜点（如布丁、酸奶等）	GMP
02.2.2	全脂、脱脂和脂肪混合牛奶	10000
03.0	冷藏的食物（包括水果的果汁和水果奶油）	GMP
05.1.1	可可粉（粉）和可可蛋糕	2000
05.1.4	可可制品、巧克力	10000
06.4.3	熟制面食制品、熟面条及类似产品	5000
INS 492 山梨醇酐三硬脂酸酯		
01.2.1	发酵牛奶（纯）	5000
01.4.3	冰激凌	5000

表 3-1.1（续）

食品组代码	食品种类	添加剂的最大使用限量 /（mg/kg）
02.2.2	全脂、脱脂和脂肪混合牛奶	10000
05.1.1	可可粉（粉）和可可蛋糕	2000
05.1.4	可可制品、巧克力	10000
05.1.5	巧克力、巧克力替代品等类似产品	10000
06.4.3	熟制面食制品、熟面条及类似产品	5000
INS 493 山梨醇单月桂酸酯		
01.2.1	发酵牛奶（纯）	5000
01.4.3	冰激凌	5000
02.2.2	全脂、脱脂和脂肪混合牛奶	10000
05.1.1	可可粉（粉）和可可蛋糕	2000
06.4.3	熟制面食制品、熟面条及类似产品	5000
INS 494 山梨醇酐单油酸酯		
01.2.1	发酵牛奶（纯）	5000
01.4.3	冰激凌	5000
02.2.2	全脂、脱脂和脂肪混合牛奶	10000
05.1.1	可可粉（粉）和可可蛋糕	2000
INS 495 山梨醇酐单棕榈酸酯		
01.2.1	发酵牛奶（纯）	5000
01.4.3	冰激凌	5000
02.2.2	全脂、脱脂和脂肪混合牛奶	10000
05.1.1	可可粉（粉）和可可蛋糕	2000
06.4.3	熟制面食制品、熟面条及类似产品	5000
INS 500（ⅰ）碳酸钠		
01.2.1.2	发酵后经过热处理的牛奶（纯）	GMP
01.3.1	浓缩牛奶（纯）	2000
01.3.2	含乳饮料产品	GMP
01.4.1	巴氏灭菌的奶油（纯）	GMP
01.4.2	巴氏消毒的奶油、高温热处理（UHT）蛋清、搅拌型奶油以及（纯）奶油	GMP
01.4.3	冰激凌	GMP
01.5.1	奶粉、奶油粉（纯）	5000
01.5.2	牛奶粉、奶油粉及同类产品	GMP
01.6.1	新鲜的奶酪	GMP
01.8.2	乳清和干乳清产品（不包括乳清干酪）	GMP
02.2.1	黄油	GMP
02.2.2	全脂、脱脂和脂肪混合牛奶	GMP

表 3-1.1（续）

食品组代码	食品种类	添加剂的最大使用限量 /（mg/kg）
04.2.2.4	罐头、瓶装（巴氏杀菌）或密闭袋装的蔬菜（包括真菌，根、块茎和根状茎的植物，豆类，芦荟）和海藻	GMP
04.2.2.7	发酵的蔬菜（包括真菌，根、块茎和根状茎的植物，豆类，芦荟）和发酵的海藻产品（不包括大豆发酵的产品，食品代码为 06.8.6、06.8.7、12.9.1、12.9.2.3）	GMP
05.1.1	可可粉（粉）和可可蛋糕	GMP
05.1.4	可可制品、巧克力	GMP
06.2.2	淀粉	GMP
06.4.1	面食、新鲜面制品和类似产品	10000
06.4.2	意粉、干面条和类似产品	GMP
06.4.3	熟制面食制品、熟面条及类似产品	GMP
09.2.2	加工的鱼、鱼片和海鲜等冷冻产品（包括软体动物、甲壳类动物、有鳞鱼）	GMP
12.1.2	代盐产品	GMP
13.1.1	12 个月以下儿童的营养配方	2000
13.1.2	适用于 6~36 个月的儿童的营养强化剂	GMP
13.1.3	适用于 12 个月以下婴幼儿特殊医疗用途的营养产品	2000
13.2	适用于 36 个月以下儿童的营养产品	GMP
14.1.5	咖啡、茶、草药饮料和谷物饮料等类似产品（不包括可可饮料）	GMP
INS 500（ii）碳酸氢钠		
01.2.1.2	发酵后经过热处理的牛奶（纯）	GMP
01.3.1	浓缩牛奶（纯）	2000
01.3.2	含乳饮料产品	GMP
01.4.1	巴氏灭菌的奶油（纯）	GMP
01.4.2	巴氏消毒的奶油、高温热处理（UHT）蛋清、搅拌型奶油以及（纯）奶油	GMP
01.4.3	冰激凌	GMP
01.5.1	奶粉、奶油粉（纯）	5000/ GMP
01.5.2	牛奶粉、奶油粉及同类产品	GMP
01.6.1	新鲜的奶酪	GMP
01.8.2	乳清和干乳清产品（不包括乳清干酪）	GMP
02.2.1	黄油	GMP
02.2.2	全脂、脱脂和脂肪混合牛奶	GMP
05.1.1	可可粉（粉）和可可蛋糕	GMP
05.1.4	可可制品、巧克力	GMP
06.4.1	面食、新鲜面制品和类似产品	GMP
06.4.2	意粉、干面条和类似产品	GMP
06.4.3	熟制面食制品、熟面条及类似产品	GMP
09.2.2	加工的鱼、鱼片和海鲜等冷冻产品（包括软体动物、甲壳类动物、有鳞鱼）	GMP

表 3−1.1（续）

食品组代码	食品种类	添加剂的最大使用限量 /（mg/kg）
13.1.1	12 个月以下儿童的营养配方	2000
13.1.2	适用于 6~36 个月的儿童的营养强化剂	GMP
13.1.3	适用于 12 个月以下婴幼儿特殊医疗用途的营养产品	2000
13.2	适用于 36 个月以下儿童的营养产品	GMP
14.1.5	咖啡、茶、草药饮料和谷物饮料等类似产品（不包括可可饮料）	GMP
INS 500（ⅲ）碳酸氢三钠		
01.3.2	含乳饮料产品	GMP
01.4.1	巴氏灭菌的奶油（纯）	GMP
01.4.2	巴氏消毒的奶油、高温热处理（UHT）蛋清、搅拌型奶油以及（纯）奶油	GMP
01.4.3	冰激凌	GMP
01.5.2	牛奶粉、奶油粉及同类产品	GMP
01.6.1	新鲜的奶酪	GMP
01.8.2	乳清和干乳清产品（不包括乳清干酪）	GMP
02.2.2	全脂、脱脂和脂肪混合牛奶	GMP
09.2.2	加工的鱼、鱼片和海鲜等冷冻产品（包括软体动物、甲壳类动物、有鳞鱼）	GMP
INS 501（ⅰ）碳酸钾		
01.2.1.2	发酵后经过热处理的牛奶（纯）	GMP
01.3.1	浓缩牛奶（纯）	2000
01.3.2	含乳饮料产品	GMP
01.4.1	巴氏灭菌的奶油（纯）	GMP
01.4.2	巴氏消毒的奶油、高温热处理（UHT）蛋清、搅拌型奶油以及（纯）奶油	GMP
01.4.3	冰激凌	GMP
01.5.1	奶粉、奶油粉（纯）	5000/ GMP
01.5.2	牛奶粉、奶油粉及同类产品	GMP
01.6.1	新鲜的奶酪	GMP
01.8.2	乳清和干乳清产品（不包括乳清干酪）	GMP
04.2.2.7	发酵的蔬菜（包括真菌，根、块茎和根状茎的植物，豆类，芦荟）和发酵的海藻产品（不包括大豆发酵的产品，食品代码为 06.8.6、06.8.7、12.9.1、12.9.2.3）	GMP
05.1.1	可可粉（粉）和可可蛋糕	GMP
05.1.4	可可制品、巧克力	GMP
06.4.1	面食、新鲜面制品和类似产品	11000
06.4.2	意粉、干面条和类似产品	GMP
06.4.3	熟制面食制品、熟面条及类似产品	GMP
09.2.2	加工的鱼、鱼片和海鲜等冷冻产品（包括软体动物、甲壳类动物、有鳞鱼）	GMP
13.1.1	12 个月以下儿童的营养配方	2000

表 3-1.1（续）

食品组代码	食品种类	添加剂的最大使用限量 /（mg/kg）
13.1.2	适用于 6~36 个月的儿童的营养强化剂	GMP
13.1.3	适用于 12 个月以下婴幼儿特殊医疗用途的营养产品	2000
13.2	适用于 36 个月以下儿童的营养产品	GMP
14.1.5	咖啡、茶、草药饮料和谷物饮料等类似产品（不包括可可饮料）	GMP
INS 501（ⅱ）碳酸氢钾		
01.3.1	浓缩牛奶（纯）	2000
01.3.2	含乳饮料产品	GMP
01.4.1	巴氏灭菌的奶油（纯）	GMP
01.4.2	巴氏消毒的奶油、高温热处理（UHT）蛋清、搅拌型奶油以及（纯）奶油	GMP
01.4.3	冰激凌	GMP
01.5.1	奶粉、奶油粉（纯）	5000/ GMP
01.5.2	牛奶粉、奶油粉及同类产品	GMP
01.6.1	新鲜的奶酪	GMP
01.8.2	乳清和干乳清产品（不包括乳清干酪）	GMP
05.1.1	可可粉（粉）和可可蛋糕	GMP
05.1.4	可可制品、巧克力	GMP
09.2.2	加工的鱼、鱼片和海鲜等冷冻产品（包括软体动物、甲壳类动物、有鳞鱼）	GMP
13.1.1	12 个月以下儿童的营养配方	2000
13.1.2	适用于 6~36 个月的儿童的营养强化剂	GMP
13.1.3	适用于 12 个月以下婴幼儿特殊医疗用途的营养产品	2000
13.2	适用于 36 个月以下儿童的营养产品	GMP
14.1.5	咖啡、茶、草药饮料和谷物饮料等类似产品（不包括可可饮料）	GMP
INS 503（ⅰ）碳酸铵		
01.5.1	奶粉、奶油粉（纯）	GMP
05.1.1	可可粉（粉）和可可蛋糕	GMP
05.1.4	可可制品、巧克力	GMP
09.2.2	加工的鱼、鱼片和海鲜等冷冻产品（包括软体动物、甲壳类动物、有鳞鱼）	GMP
13.2	适用于 36 个月以下儿童的营养产品	GMP
INS 503（ⅱ）碳酸氢铵		
01.5.1	奶粉、奶油粉（纯）	GMP
05.1.1	可可粉（粉）和可可蛋糕	GMP
05.1.4	可可制品、巧克力	GMP
09.2.2	加工的鱼、鱼片和海鲜等冷冻产品（包括软体动物、甲壳类动物、有鳞鱼）	GMP
13.2	适用于 36 个月以下儿童的营养产品	GMP

表 3-1.1（续）

食品组代码	食品种类	添加剂的最大使用限量 /（mg/kg）
INS 504（ⅰ）碳酸镁		
01.1.1.2	酪乳（纯）	GMP
01.2.1.2	发酵后经过热处理的牛奶（纯）	GMP
01.5.1	奶粉、奶油粉（纯）	4400/ GMP
01.5.2	牛奶粉、奶油粉及同类产品	GMP
01.6.1	新鲜的奶酪	GMP
01.6.2.1	全熟芝士（包括表面）	GMP
01.8.2	乳清和干乳清产品（不包括乳清干酪）	10000
05.1.1	可可粉（粉）和可可蛋糕	GMP
05.1.4	可可制品、巧克力	GMP
09.2.2	加工的鱼、鱼片和海鲜等冷冻产品（包括软体动物、甲壳类动物、有鳞鱼）	GMP
09.2.3	奶油酱加工过的海鲜和冷冻切碎的海鲜产品（包括软体动物、甲壳类动物、有鳞鱼）	GMP
09.2.4	油炸和 / 或熟食的鱼和鱼制品（包括软体动物，甲壳类和有鳞鱼）	GMP
09.2.5	熏制、干制、发酵或盐腌的鱼、海鲜产品（包括磷虾、甲壳类动物、有鳞鱼）	GMP
11.1.2	糖粉、葡萄糖粉	15000
11.4	其他糖和糖浆（如木糖、枫糖浆、糖衣）	GMP
12.1.1	盐	GMP
12.1.2	代盐产品	GMP
14.1.5	咖啡、茶、草药饮料和谷物饮料等类似产品（不包括可可饮料）	GMP
INS 504（ⅱ）碱式碳酸镁		
01.1.1.2	酪乳（纯）	GMP
01.2.1.2	发酵后经过热处理的牛奶（纯）	GMP
01.5.1	奶粉、奶油粉（纯）	GMP
01.6.1	新鲜的奶酪	GMP
09.2.2	加工的鱼、鱼片和海鲜等冷冻产品（包括软体动物、甲壳类动物、有鳞鱼）	GMP
09.2.3	奶油酱加工过的海鲜和冷冻切碎的海鲜产品（包括软体动物、甲壳类动物、有鳞鱼）	GMP
09.2.4	油炸和 / 或熟食的鱼和鱼制品（包括软体动物、甲壳类和有鳞鱼）	GMP
09.2.5	熏制、干制、发酵或盐腌的鱼、海鲜产品（包括磷虾、甲壳类动物、有鳞鱼）	GMP
11.4	其他糖和糖浆（如木糖、枫糖浆、糖衣）	GMP
12.1.2	代盐产品	GMP
14.1.5	咖啡、茶、草药饮料和谷物饮料等类似产品（不包括可可饮料）	GMP
INS 507 盐酸		
01.6.1	新鲜的奶酪	GMP

表 3—1.1（续）

食品组代码	食品种类	添加剂的最大使用限量 /（mg/kg）
04.2.2.3	醋、油、水、盐或酱油腌制的蔬菜（包括真菌，根、块茎和根状茎的植物，豆类，芦荟）、海藻类	GMP
13.2	适用于 36 个月以下儿童的营养产品	GMP
INS 508 氯化钾		
01.2.1	发酵牛奶（纯）	GMP
01.3.1	浓缩牛奶（纯）	2000
01.3.2	含乳饮料产品	GMP
01.4.1	巴氏灭菌的奶油（纯）	GMP
01.4.2	巴氏消毒的奶油、高温热处理（UHT）蛋清、搅拌型奶油以及（纯）奶油	GMP
01.4.3	冰激凌	GMP
01.5.1	奶粉、奶油粉（纯）	GMP
01.5.2	牛奶粉、奶油粉及同类产品	GMP
01.6.1	新鲜的奶酪	GMP
01.8.2	乳清和干乳清产品（不包括乳清干酪）	GMP
04.2.2.3	醋、油、水、盐或酱油腌制的蔬菜（包括真菌，根、块茎和根状茎的植物，豆类，芦荟）、海藻类	15000
04.2.2.7	发酵的蔬菜（包括真菌，根、块茎和根状茎的植物，豆类，芦荟）和发酵的海藻产品（不包括大豆发酵的产品，食品代码为 06.8.6、06.8.7、12.9.1、12.9.2.3）	GMP
06.4.2	意粉、干面条和类似产品	GMP
06.4.3	熟制面食制品、熟面条及类似产品	GMP
08.1.1	肉类（包括禽类、新鲜生肉或切碎的肉）	GMP
08.2.2	家禽和生肉或切碎的生肉等肉类产品	GMP
08.3.2	未经过热处理肉制品、禽肉和肉末	GMP
09.2.1	鱼、鱼片和冷冻的海鲜产品（包括磷虾、甲壳类动物、有鳞鱼）	GMP
12.1.2	代盐产品	GMP
14.1.5	咖啡、茶、草药饮料和谷物饮料等类似产品（不包括可可饮料）	GMP
INS 509 氯化钙		
01.2.1	发酵牛奶（纯）	GMP
01.3.1	浓缩牛奶（纯）	2000
01.3.2	含乳饮料产品	GMP
01.4.1	巴氏灭菌的奶油（纯）	GMP
01.4.2	巴氏消毒的奶油、高温热处理（UHT）蛋清、搅拌型奶油以及（纯）奶油	GMP
01.4.3	冰激凌	GMP
01.5.1	奶粉、奶油粉（纯）	GMP
01.5.2	牛奶粉、奶油粉及同类产品	GMP
01.8.2	乳清和干乳清产品（不包括乳清干酪）	GMP

表 3—1.1（续）

食品组代码	食品种类	添加剂的最大使用限量 /（mg/kg）
04.1.2.3	腌醋、油或水盐	GMP
04.1.2.4	（巴氏杀菌）罐装或瓶装水果	350/ GMP
04.2.2.3	醋、油、水、盐或酱油腌制的蔬菜（包括真菌，根、块茎和根状茎的植物，豆类，芦荟）、海藻类	250
04.2.2.4	罐头、瓶装（巴氏杀菌）或密闭袋装的蔬菜（包括真菌，根、块茎和根状茎的植物，豆类，芦荟）和海藻	GMP
04.2.2.7	发酵的蔬菜（包括真菌，根、块茎和根状茎的植物，豆类，芦荟）和发酵的海藻产品（不包括大豆发酵的产品，食品代码为 06.8.6、06.8.7、12.9.1、12.9.2.3）	GMP
08.1.1	肉类（包括禽类、新鲜生肉或切碎的肉）	GMP
12.1.2	代盐产品	GMP
14.1.5	咖啡、茶、草药饮料和谷物饮料等类似产品（不包括可可饮料）	GMP
INS 510 氯化铵、INS 511 氯化镁		
01.2.1	发酵牛奶（纯）	GMP
01.2.1.2	发酵后经过热处理的牛奶（纯）	GMP
01.2.2	未调味的发酵乳制品	GMP
08.1.1	肉类（包括禽类、新鲜生肉或切碎的肉）	GMP
08.1.2	肉类、家禽肉和新鲜肉末	GMP
09.2.1	鱼、鱼片和冷冻的海鲜产品（包括磷虾、甲壳类动物、有鳞鱼）	GMP
09.2.2	加工的鱼、鱼片和海鲜等冷冻产品（包括软体动物、甲壳类动物、有鳞鱼）	GMP
09.2.3	奶油酱加工过的海鲜和冷冻切碎的海鲜产品（包括软体动物、甲壳类动物、有鳞鱼）	GMP
09.2.5	熏制、干制、发酵或盐腌的鱼、海鲜产品（包括磷虾、甲壳类动物、有鳞鱼）	GMP
11.4	其他糖和糖浆（如木糖、枫糖浆、糖衣）	GMP
12.1.2	代盐产品	GMP
14.1.5	咖啡、茶、草药饮料和谷物饮料等类似产品（不包括可可饮料）	GMP
INS 512 氯化亚锡		
04.1.2.4	（巴氏杀菌）罐装或瓶装水果	20
04.2.2.4	罐头、瓶装（巴氏杀菌）或密闭袋装的蔬菜（包括真菌，根、块茎和根状茎的植物，豆类，芦荟）和海藻	25
14.1.4	香味饮料（包括“能量运动饮料”或“电解质”饮料等特殊饮料）	20
INS 514（ⅰ）硫酸钠		
12.5	酱汤、肉汁	GMP
INS 514（ⅱ）硫酸氢钠		
12.5	酱汤、肉汁	GMP
INS 515（ⅰ）硫酸钾、INS 516 硫酸钙		
01.4.1	巴氏灭菌的奶油（纯）	GMP

表 3—1.1（续）

食品组代码	食品种类	添加剂的最大使用限量 /（mg/kg）
01.4.2	巴氏消毒的奶油、高温热处理（UHT）蛋清、搅拌型奶油以及（纯）奶油	GMP
01.4.3	冰激凌	GMP
06.4.2	意粉、干面条和类似产品	GMP
06.4.3	熟制面食制品、熟面条及类似产品	GMP
INS 518 硫酸镁、INS 522 硫酸铝钾		
04.2.2.4	罐头、瓶装（巴氏杀菌）或密闭袋装的蔬菜（包括真菌，根、块茎和根状茎的植物，豆类，芦荟）和海藻	GMP
INS 523 硫酸铝铵		
04.2.2.3	醋、油、水、盐或酱油腌制的蔬菜（包括真菌，根、块茎和根状茎的植物，豆类，芦荟）、海藻类	520
06.4.1	面食、新鲜面制品和类似产品	300
07.1.2	酥脆的饼干与糖	100
07.1.3	其他常见的烘焙蛋糕（如英式松饼、扁面包等）	100
07.1.5	馒头和饺子	40
07.1.6	面包等常规烘焙食品	40
09.2.4.2	熟制的磷虾、甲壳类动物、有鳞鱼	200
INS 524 氢氧化钠		
01.2.1.2	发酵后经过热处理的牛奶（纯）	GMP
01.5.1	奶粉、奶油粉（纯）	GMP
01.8.2	乳清和干乳清产品（不包括乳清干酪）	GMP
02.2.1	黄油	GMP
02.2.2	全脂、脱脂和脂肪混合牛奶	GMP
04.2.2.1	冷冻蔬菜（包括真菌，根、块茎和根状茎的植物，豆类，芦荟）、海藻、坚果和种子	GMP
05.1.1	可可粉（粉）和可可蛋糕	GMP
05.1.4	可可制品、巧克力	GMP
13.1.1	12 个月以下儿童的营养配方	2000
13.1.2	适用于 6~36 个月的儿童的营养强化剂	GMP
13.1.3	适用于 12 个月以下婴幼儿特殊医疗用途的营养产品	2000
13.2	适用于 36 个月以下儿童的营养产品	GMP
INS 525 氢氧化钾		
01.5.1	奶粉、奶油粉（纯）	GMP
01.8.2	乳清和干乳清产品（不包括乳清干酪）	GMP
04.2.2.3	醋、油、水、盐或酱油腌制的蔬菜（包括真菌，根、块茎和根状茎的植物，豆类，芦荟）、海藻类	GMP
05.1.1	可可粉（粉）和可可蛋糕	GMP
05.1.4	可可制品、巧克力	GMP

表 3–1.1（续）

食品组代码	食品种类	添加剂的最大使用限量 /（mg/kg）
13.1.1	12 个月以下儿童的营养配方	2000
13.1.2	适用于 6~36 个月的儿童的营养强化剂	GMP
13.1.3	适用于 12 个月以下婴幼儿特殊医疗用途的营养产品	2000
13.2	适用于 36 个月以下儿童的营养产品	GMP
INS 526 氢氧化钙		
01.2.1.2	发酵后经过热处理的牛奶（纯）	GMP
01.5.1	奶粉、奶油粉（纯）	GMP
01.8.2	乳清和干乳清产品（不包括乳清干酪）	GMP
02.2.1	黄油	GMP
02.2.2	全脂、脱脂和脂肪混合牛奶	GMP
05.1.1	可可粉（粉）和可可蛋糕	GMP
05.1.4	可可制品、巧克力	GMP
13.1.1	12 个月以下儿童的营养配方	2000
13.1.2	适用于 6~36 个月的儿童的营养强化剂	GMP
13.1.3	适用于 12 个月以下婴幼儿特殊医疗用途的营养产品	2000
13.2	适用于 36 个月以下儿童的营养产品	GMP
INS 527 氢氧化铵		
01.2.1.2	发酵后经过热处理的牛奶（纯）	GMP
01.5.1	奶粉、奶油粉（纯）	GMP
05.1.1	可可粉（粉）和可可蛋糕	GMP
05.1.4	可可制品、巧克力	GMP
INS 528 氢氧化镁		
01.1.1.2	酪乳（纯）	GMP
01.2.1.2	发酵后经过热处理的牛奶（纯）	GMP
01.5.1	奶粉、奶油粉（纯）	GMP
05.1.1	可可粉（粉）和可可蛋糕	GMP
05.1.4	可可制品、巧克力	GMP
09.2.2	加工的鱼、鱼片和海鲜等冷冻产品（包括软体动物、甲壳类动物、有鳞鱼）	GMP
09.2.3	奶油酱加工过的海鲜和冷冻切碎的海鲜产品（包括软体动物、甲壳类动物、有鳞鱼）	GMP
09.2.4	油炸和 / 或熟食的鱼和鱼制品（包括软体动物、甲壳类和有鳞鱼）	GMP
09.2.5	熏制、干制、发酵或盐腌的鱼、海鲜产品（包括磷虾、甲壳类动物、有鳞鱼）	GMP
11.4	其他糖和糖浆（如木糖、枫糖浆、糖衣）	GMP
12.1.2	代盐产品	GMP
14.1.5	咖啡、茶、草药饮料和谷物饮料等类似产品（不包括可可饮料）	GMP

表 3-1.1（续）

食品组代码	食品种类	添加剂的最大使用限量 /（mg/kg）
INS 529 氧化钙		
01.2.1.2	发酵后经过热处理的牛奶（纯）	GMP
05.1.1	可可粉（粉）和可可蛋糕	10000
06.4.3	熟制面食制品、熟面条及类似产品	GMP
INS 530 氧化镁		
01.5.1	奶粉、奶油粉（纯）	10000
01.5.2	牛奶粉、奶油粉及同类产品	GMP
01.8.2	乳清和干乳清产品（不包括乳清干酪）	10000
05.1.1	可可粉（粉）和可可蛋糕	GMP
05.1.4	可可制品、巧克力	GMP
12.1.1	盐	GMP
INS 535 亚铁氰化钾、INS 536 亚铁氰化钠、INS 538 亚铁氰化钙		
12.1.1	盐	14
12.1.2	代盐产品	20
12.2.2	调味品	20
INS 551 二氧化硅（不定型的）		
01.5.1	奶粉、奶油粉（纯）	10000
01.5.2	牛奶粉、奶油粉及同类产品	GMP
01.6.1	新鲜的奶酪	10000
01.6.2.1	全熟芝士（包括表面）	10000
01.8.2	乳清和干乳清产品（不包括乳清干酪）	10000
05.1.1	可可粉（粉）和可可蛋糕	10000
11.1.2	糖粉、葡萄糖粉	15000
12.1.1	盐	GMP
13.2	适用于 36 个月以下儿童的营养产品	200
INS 552 硅酸钙		
01.5.1	奶粉、奶油粉（纯）	10000
01.5.2	牛奶粉、奶油粉及同类产品	GMP
01.6.1	新鲜的奶酪	10000
01.6.2.1	全熟芝士（包括表面）	10000
01.8.2	乳清和干乳清产品（不包括乳清干酪）	10000
05.1.1	可可粉（粉）和可可蛋糕	10000
11.1.2	糖粉、葡萄糖粉	15000
12.1.1	盐	GMP

表 3-1.1（续）

食品组代码	食品种类	添加剂的最大使用限量 /（mg/kg）
INS 553（ⅰ）硅酸镁		
01.5.1	奶粉、奶油粉（纯）	10000
01.5.2	牛奶粉、奶油粉及同类产品	GMP
01.6.1	新鲜的奶酪	10000
01.6.2.1	全熟芝士（包括表面）	10000
01.8.2	乳清和干乳清产品（不包括乳清干酪）	10000
05.1.1	可可粉（粉）和可可蛋糕	10000
11.1.2	糖粉、葡萄糖粉	15000
12.1.1	盐	GMP
INS 553（ⅱ）三硅酸镁		
01.5.1	奶粉、奶油粉（纯）	10000
01.6.1	新鲜的奶酪	10000
05.1.1	可可粉（粉）和可可蛋糕	10000
INS 553（ⅲ）滑石粉		
01.5.1	奶粉、奶油粉（纯）	10000
01.5.2	牛奶粉、奶油粉及同类产品	GMP
01.6.2.1	全熟芝士（包括表面）	10000
01.8.2	乳清和干乳清产品（不包括乳清干酪）	10000
05.1.1	可可粉（粉）和可可蛋糕	10000
INS 554 硅酸铝钠		
01.1.2	牛奶饮品、调味品和（或）发酵（如牛奶巧克力、可可牛奶、鸡蛋、饮用酸奶和乳清饮料等）	60
01.3.2	含乳饮料产品	570
01.5.1	奶粉、奶油粉（纯）	265
01.5.2	牛奶粉、奶油粉及同类产品	570/GMP
01.6.1	新鲜的奶酪	10000
01.6.2.1	全熟芝士（包括表面）	10000
01.8.2	乳清和干乳清产品（不包括乳清干酪）	1140
05.1.1	可可粉（粉）和可可蛋糕	10000
05.3	口香糖	100
12.1.1	盐	1000
12.2.2	调味品	1000
12.5.2	混汤和肉汁	570
12.6.3	混合酱	570
INS 555 硅酸铝钾		
01.6.1	新鲜的奶酪	10000

表 3-1.1（续）

食品组代码	食品种类	添加剂的最大使用限量 /（mg/kg）
INS 556 硅酸铝钙		
01.5.1	奶粉、奶油粉（纯）	265
01.5.2	牛奶粉、奶油粉及同类产品	570/ GMP
01.6.1	新鲜的奶酪	10000
01.6.2.1	全熟芝士（包括表面）	10000
05.3	口香糖	100
INS 559 硅酸铝		
01.5.1	奶粉、奶油粉（纯）	10000
01.5.2	牛奶粉、奶油粉及同类产品	GMP
01.6.1	新鲜的奶酪	10000
05.3	口香糖	100
INS 560 硅酸钾		
01.6.1	新鲜的奶酪	10000
INS 570 脂肪酸		
12.5	酱汤、肉汁	GMP
INS 574 D- 葡萄糖酸		
04.1.2.6	粉碎的水果制品（如辣椒酱），除食品代码 04.1.2.5 以外	550
12.5	酱汤、肉汁	GMP
INS 575 葡萄糖 － δ － 内酯		
01.2.1.2	发酵后经过热处理的牛奶（纯）	GMP
01.6.1	新鲜的奶酪	GMP
01.6.2.1	全熟芝士（包括表面）	GMP
01.6.6	奶酪乳清蛋白	GMP
04.2.2.4	罐头、瓶装（巴氏杀菌）或密闭袋装的蔬菜（包括真菌，根、块茎和根状茎的植物，豆类，芦荟）和海藻	GMP
06.4.1	面食、新鲜面制品和类似产品	GMP
08.3.2	未经过热处理肉制品、禽肉和肉末	3000
13.2	适用于 36 个月以下儿童的营养产品	GMP
INS 576 葡萄糖酸钠		
01.6.1	新鲜的奶酪	GMP
04.2.2.7	发酵的蔬菜（包括真菌，根、块茎和根状茎的植物，豆类，芦荟）和发酵的海藻产品（不包括大豆发酵的产品，食品代码为 06.8.6、06.8.7、12.9.1、12.9.2.3）	GMP
06.4.2	意粉、干面条和类似产品	GMP
12.1.2	代盐产品	GMP
14.1.5	咖啡、茶、草药饮料和谷物饮料等类似产品（不包括可可饮料）	GMP
INS 577 葡萄糖酸钾		
01.6.1	新鲜的奶酪	GMP

表 3-1.1（续）

食品组代码	食品种类	添加剂的最大使用限量 /（mg/kg）
INS 578 葡萄糖酸钙		
01.6.1	新鲜的奶酪	GMP
04.1.2.4	（巴氏杀菌）罐装或瓶装水果	350
04.2.2.3	醋、油、水、盐或酱油腌制的蔬菜（包括真菌，根、块茎和根状茎的植物，豆类，芦荟）、海藻类	250
INS 579 葡萄糖酸亚铁		
04.2.2.3	醋、油、水、盐或酱油腌制的蔬菜（包括真菌，根、块茎和根状茎的植物，豆类，芦荟）、海藻类	150
INS 580 葡萄糖酸镁		
01.2.1	发酵牛奶（纯）	GMP
INS 585 乳酸亚铁		
04.2.2.3	醋、油、水、盐或酱油腌制的蔬菜（包括真菌，根、块茎和根状茎的植物，豆类，芦荟）、海藻类	150
INS 620 谷氨酸		
01.2.1	发酵牛奶（纯）	GMP
06.4.3	熟制面食制品、熟面条及类似产品	GMP
INS 621 L－ 谷氨酸 － 钠		
01.2.1	发酵牛奶（纯）	GMP
04.1.2.3	腌醋、油或水盐	GMP
04.2.2.1	冷冻蔬菜（包括真菌，根、块茎和根状茎的植物，豆类，芦荟）、海藻、坚果和种子	GMP
04.2.2.3	醋、油、水、盐或酱油腌制的蔬菜（包括真菌，根、块茎和根状茎的植物，豆类，芦荟）、海藻类	1500
04.2.2.7	发酵的蔬菜（包括真菌，根、块茎和根状茎的植物，豆类，芦荟）和发酵的海藻产品（不包括大豆发酵的产品，食品代码为 06.8.6、06.8.7、12.9.1、12.9.2.3）	GMP
06.4.2	意粉、干面条和类似产品	GMP
06.4.3	熟制面食制品、熟面条及类似产品	GMP
08.1	肉类、家禽和动物鲜肉	GMP
08.2.2	家禽和生肉或切碎的生肉等肉类产品	GMP
08.3.2	未经过热处理肉制品、禽肉和肉末	GMP
09.2.2	加工的鱼、鱼片和海鲜等冷冻产品（包括软体动物、甲壳类动物、有鳞鱼）	GMP
09.2.5	熏制、干制、发酵或盐腌的鱼、海鲜产品（包括磷虾、甲壳类动物、有鳞鱼）	GMP
09.4	鱼、发酵鱼类制品或罐头产品（包括软体动物、甲壳类动物、有鳞鱼）	GMP
12.6.4	酱汁（如鱼酱）	GMP
INS 622 L－ 谷氨酸 － 钾		
01.2.1	发酵牛奶（纯）	GMP

表 3-1.1（续）

食品组代码	食品种类	添加剂的最大使用限量 /（mg/kg）
09.2.2	加工的鱼、鱼片和海鲜等冷冻产品（包括软体动物、甲壳类动物、有鳞鱼）	GMP
INS 623 二谷氨酸钙		
01.2.1	发酵牛奶（纯）	GMP
INS 624 谷氨酸单铵		
01.2.1	发酵牛奶（纯）	GMP
08.1	肉类、家禽和动物鲜肉	GMP
INS 625 二谷氨酸镁		
01.2.1	发酵牛奶（纯）	GMP
INS 626 5′— 鸟苷酸		
01.2.1	发酵牛奶（纯）	GMP
INS 627 5′— 鸟苷酸二钠		
01.2.1	发酵牛奶（纯）	GMP
02.2.2	全脂、脱脂和脂肪混合牛奶	GMP
04.2.2.7	发酵的蔬菜（包括真菌，根、块茎和根状茎的植物，豆类，芦荟）和发酵的海藻产品（不包括大豆发酵的产品，食品代码为 06.8.6、06.8.7、12.9.1、12.9.2.3）	GMP
06.4.2	意粉、干面条和类似产品	GMP
06.4.3	熟制面食制品、熟面条及类似产品	GMP
08.1	肉类、家禽和动物鲜肉	GMP
08.2.2	家禽和生肉或切碎的生肉等肉类产品	GMP
08.3.2	未经过热处理肉制品、禽肉和肉末	GMP
12.6.4	酱汁（如鱼酱）	GMP
INS 628 5′— 鸟苷酸二钾		
01.2.1	发酵牛奶（纯）	GMP
02.2.2	全脂、脱脂和脂肪混合牛奶	GMP
INS 629 5′— 鸟苷酸钙		
01.2.1	发酵牛奶（纯）	GMP
INS 630 5′— 肌苷酸		
01.2.1	发酵牛奶（纯）	GMP
12.6.4	酱汁（如鱼酱）	GMP
INS 631 5′— 肌苷酸二纳		
01.2.1	发酵牛奶（纯）	GMP
04.2.2.7	发酵的蔬菜（包括真菌，根、块茎和根状茎的植物，豆类，芦荟）和发酵的海藻产品（不包括大豆发酵的产品，食品代码为 06.8.6、06.8.7、12.9.1、12.9.2.3）	GMP
06.4.2	意粉、干面条和类似产品	GMP
06.4.3	熟制面食制品、熟面条及类似产品	GMP

表 3—1.1（续）

食品组代码	食品种类	添加剂的最大使用限量 /（mg/kg）
08.1	肉类、家禽和动物鲜肉	GMP
08.2.2	家禽和生肉或切碎的生肉等肉类产品	GMP
08.3.2	未经过热处理肉制品、禽肉和肉末	GMP
12.6.4	酱汁（如鱼酱）	GMP
INS 632 5′— 肌苷酸钾		
01.2.1	发酵牛奶（纯）	GMP
INS 633 5′— 肌苷酸钙		
01.2.1	发酵牛奶（纯）	GMP
INS 634 5′— 核糖核苷酸钙		
01.2.1	发酵牛奶（纯）	GMP
04.2.2.7	发酵的蔬菜（包括真菌，根、块茎和根状茎的植物，豆类，芦荟）和发酵的海藻产品（不包括大豆发酵的产品，食品代码为 06.8.6、06.8.7、12.9.1、12.9.2.3）	GMP
06.4.2	意粉、干面条和类似产品	GMP
INS 635 5′— 核糖核苷酸二钠		
01.2.1	发酵牛奶（纯）	GMP
04.2.2.7	发酵的蔬菜（包括真菌，根、块茎和根状茎的植物，豆类，芦荟）和发酵的海藻产品（不包括大豆发酵的产品，食品代码为 06.8.6、06.8.7、12.9.1、12.9.2.3）	GMP
06.4.2	意粉、干面条和类似产品	GMP
06.4.3	熟制面食制品、熟面条及类似产品	GMP
INS 636 麦芽酚		
01.2.1	发酵牛奶（纯）	GMP
INS 637 乙基麦芽酚		
01.2.1	发酵牛奶（纯）	GMP
INS 900a 聚二甲基硅氧烷		
01.2.1	发酵牛奶（纯）	50
01.5.1	奶粉、奶油粉（纯）	10
02.1	油水分离剂	10
02.1.2	植物油脂	10
02.1.3	猪油、鱼油等动物脂肪	10
02.2.2	全脂、脱脂和脂肪混合牛奶	10
04.1.2.3	腌醋，油或水盐	10
04.1.2.4	罐装或瓶装水果（巴氏杀菌）	10
04.1.2.5	果酱、果冻、果酱水果	30
04.1.2.6	粉碎的水果制品（如辣椒酱），除食品代码 04.1.2.5 以外	10
04.1.2.9	水果加工的甜点（包括水果口味的甜点）	110

表 3-1.1（续）

食品组代码	食品种类	添加剂的最大使用限量 /（mg/kg）
04.1.2.10	发酵的水果制品	10
04.2.2.1	冷冻蔬菜（包括真菌，根、块茎和根状茎的植物，豆类，芦荟）、海藻、坚果和种子	10
04.2.2.3	醋、油、水、盐或酱油腌制的蔬菜（包括真菌，根、块茎和根状茎的植物，豆类，芦荟）、海藻类	10
04.2.2.4	罐头、瓶装（巴氏杀菌）或密闭袋装的蔬菜（包括真菌，根、块茎和根状茎的植物，豆类，芦荟）和海藻	10
04.2.2.5	蔬菜（包括真菌，根、块茎和根茎的植物，豆类，芦荟）、海藻、坚果和种子（如花生酱）	10
04.2.2.6	蔬菜（包括真菌，根、块茎和根状茎的植物，豆类，芦荟）、海藻、坚果和种子（如蔬菜甜点、酱汁、蔬菜和糖浸泡等），除食品组代码 04.2.2.5 以外	50
04.2.2.7	发酵的蔬菜（包括真菌，根、块茎和根状茎的植物，豆类，芦荟）和发酵的海藻产品（不包括大豆发酵的产品，食品代码为 06.8.6、06.8.7、12.9.1、12.9.2.3）	10
05.1.5	巧克力、巧克力替代品等类似产品	10
05.2	硬糖、软糖、方块糖等（不包括食品组代码 05.3 和 05.4 的食品）	10
05.3	口香糖	100
06.4.3	熟制面食制品、熟面条及类似产品	50
06.6	浆料（如面包、鱼或家禽）	10
12.5	酱汤、肉汁	10
13.3	以特殊饮食为治疗目的的食品	50
13.4	减肥食品	50
13.5	除了食品组代码 13.1、13.4 和 13.6 的其他饮食食品（如节食功能性食品）	50
13.6	滋补食品	50
14.1.4	香味饮料（包括"能量运动饮料"或"电解质"饮料等特殊饮料）	20
14.2.1	啤酒和麦芽饮料	10
14.2.2	苹果酒、梨酒	10
14.2.7	含酒精的饮料（如啤酒）	10
INS 901 蜂蜡		
04.1.1.2	经过表面处理的新鲜水果	GMP
04.2.1.2	蔬菜（包括真菌，根、块茎和根茎的植物，豆类，芦荟）、海藻、坚果和种子	GMP
05.1.4	可可制品、巧克力	GMP
05.1.5	巧克力、巧克力替代品等类似产品	GMP
05.2	硬糖、软糖、方块糖等（不包括食品组代码 05.3 和 05.4 的食品）	GMP
05.3	口香糖	GMP
05.4	用于食品装饰的产品（如蛋糕装饰品），表面涂层（不是水果）和甜调味汁	GMP
07.2	不同风味的蛋糕	GMP

表 3-1.1（续）

食品组代码	食品种类	添加剂的最大使用限量 /（mg/kg）
13.6	滋补食品	GMP
14.1.4	香味饮料（包括“能量运动饮料”或“电解质”饮料等特殊饮料）	200
14.1.5	咖啡、茶、草药饮料和谷物饮料等类似产品（不包括可可饮料）	GMP
15.0	速食咸味食物	GMP
INS 902 小烛树蜡		
04.1.1.2	经过表面处理的新鲜水果	GMP
04.2.1.2	蔬菜（包括真菌，根、块茎和根茎的植物，豆类，芦荟）、海藻、坚果和种子	GMP
05.1.4	可可制品、巧克力	GMP
05.1.5	巧克力、巧克力替代品等类似产品	GMP
05.2	硬糖、软糖、方块糖等（不包括食品组代码 05.3 和 05.4 的食品）	GMP
05.3	口香糖	GMP
05.4	用于食品装饰的产品（如蛋糕装饰品），表面涂层（不是水果）和甜调味汁	GMP
07.2	不同风味的蛋糕	GMP
13.6	滋补食品	GMP
14.1.4	香味饮料（包括“能量运动饮料”或“电解质”饮料等特殊饮料）	200
14.1.5	咖啡、茶、草药饮料和谷物饮料等类似产品（不包括可可饮料）	GMP
15.0	速食咸味食物	GMP
INS 903 巴西棕榈蜡		
04.1.1.2	经过表面处理的新鲜水果	400
04.1.2	已被处理的水果	400
04.2.1.2	蔬菜（包括真菌，根、块茎和根茎的植物，豆类，芦荟）、海藻、坚果和种子	400
05.1.4	可可制品、巧克力	5000
05.1.5	巧克力、巧克力替代品等类似产品	5000
05.2	硬糖、软糖、方块糖等（不包括食品组代码 05.3 和 05.4 的食品）	5000
05.3	口香糖	1200
05.4	用于食品装饰的产品（如蛋糕装饰品），表面涂层（不是水果）和甜调味汁	4000
07.0	焙饼	GMP
13.6	滋补食品	5000
14.1.4	香味饮料（包括“能量运动饮料”或“电解质”饮料等特殊饮料）	200
14.1.5	咖啡、茶、草药饮料和谷物饮料等类似产品（不包括可可饮料）	200
15.0	速食咸味食物	200
INS 904 虫胶		
04.1.1.2	经过表面处理的新鲜水果	GMP

表 3-1.1（续）

食品组代码	食品种类	添加剂的最大使用限量 /（mg/kg）
04.2.1.2	蔬菜（包括真菌，根、块茎和根茎的植物，豆类，芦荟）、海藻、坚果和种子	GMP
05.1.4	可可制品、巧克力	GMP
05.1.5	巧克力、巧克力替代品等类似产品	GMP
05.2	硬糖、软糖、方块糖等（不包括食品组代码 05.3 和 05.4 的食品）	GMP
05.3	口香糖	GMP
05.4	用于食品装饰的产品（如蛋糕装饰品），表面涂层（不是水果）和甜调味汁	GMP
07.2	不同风味的蛋糕	GMP
13.6	滋补食品	GMP
14.1.5	咖啡、茶、草药饮料和谷物饮料等类似产品（不包括可可饮料）	GMP
15.0	速食咸味食物	GMP
INS 905a 矿物油（用于食品）		
04.1.2.2	干果	5000
INS 905c（ⅰ）微晶石蜡		
01.6.2.2	熟制的奶酪表面	30000
04.1.1.2	经过表面处理的新鲜水果	50
04.2.1.2	蔬菜（包括真菌，根、块茎和根茎的植物，豆类，芦荟）、海藻、坚果和种子	50
05.2	硬糖、软糖、方块糖等（不包括食品组代码 05.3 和 05.4 的食品）	GMP
05.3	口香糖	20000
INS 905d 矿物油（高黏度）		
04.1.2.2	干果	5000
05.1	可可制品、巧克力制品（包括啤酒花和巧克力替代品）	2000
05.2	硬糖、软糖、方块糖等（不包括食品组代码 05.3 和 05.4 的食品）	2000
05.3	口香糖	20000
05.4	用于食品装饰的产品（如蛋糕装饰品），表面涂层（不是水果）和甜调味汁	2000
06.1	破碎的全谷物（包括米饭）	800
07.0	焙饼	3000
08.2.3	肉制品、家禽肉和生肉或切碎的冷冻肉	950
08.3.3	肉类产品、禽肉和冻结的肉末	950
INS 905e 矿物（中等和低黏度）		
04.1.2.2	干果	5000
05.0	糖果	2000
07.1.1	面包卷	3000
INS 925 氯		
06.2.1	小麦粉	2500

表 3–1.1（续）

食品组代码	食品种类	添加剂的最大使用限量 /（mg/kg）
INS 926 二氧化氯		
06.2.1	小麦粉	30
INS 927a 偶氮甲酰胺		
06.2.1	小麦粉	45
INS 928 过氧化苯甲酰		
01.8.1	液态乳清和乳清产品（不含乳清奶酪）	100
01.8.2	乳清和干乳清产品（不包括乳清干酪）	100
06.2.1	小麦粉	75
06.2.1	小麦	60
INS 941 氮		
01.2.1.2	发酵后经过热处理的发酵乳（纯）	GMP
01.2.2	未调味的发酵乳制品	GMP
01.4.2	巴氏消毒的奶油、高温热处理（UHT）蛋清、搅拌型奶油以及（纯）奶油	GMP
01.4.3	冰激凌	GMP
01.6.1	新鲜的奶酪	GMP
04.1.1.3	经去皮或者切片处理的新鲜水果	GMP
13.1.1	12 个月以下儿童的营养配方	GMP
13.1.3	适用于 12 个月以下婴幼儿特殊医疗用途的营养产品	GMP
13.2	适用于 36 个月以下儿童的营养产品	GMP
INS 942 一氧化二氮		
01.2.1.2	发酵后经过热处理的发酵乳（纯）	GMP
01.4.2	巴氏消毒的奶油、高温热处理（UHT）蛋清、搅拌型奶油以及（纯）奶油	GMP
01.4.3	冰激凌	GMP
04.1.1.3	经去皮或者切片处理的新鲜水果	GMP
06.4.2	意粉、干面条和类似产品	GMP
INS 944 丙烷、INS 950 乙酰磺胺酸钾		
01.1.2	牛奶饮品、调味品和（或）发酵（如牛奶巧克力、可可牛奶、鸡蛋、饮用酸奶和乳清饮料等）	350
01.2.1	发酵牛奶（纯）	350
01.3.2	含乳饮料产品	2000
01.4.4	类似于奶油的产品	1000
01.5.2	牛奶粉、奶油粉及同类产品	1000
01.6.5	类似于奶酪的产品	350
01.7	牛奶甜点（如布丁、酸奶等）	350
02.3	脂肪乳化剂及其混合品和 / 或用于脂肪乳化剂调味的产品	1000
02.4	含有脂肪的甜点（不包括食品组代码 01.7 的甜点）	350

表 3-1.1（续）

食品组代码	食品种类	添加剂的最大使用限量 /（mg/kg）
03.0	冷藏的食物（包括水果的果汁和水果奶油）	800
04.1.2.1	冷冻水果	500
04.1.2.2	干果	500
04.1.2.3	腌醋、油或盐水	200
04.1.2.4	经过巴氏杀菌的罐装或瓶装水果	350
04.1.2.5	果酱、果冻、果酱水果	1000
04.1.2.6	粉碎的水果制品（如辣椒酱），除食品代码 04.1.2.5 以外的食品	1000
04.1.2.7	水果糖	500
04.1.2.8	水果加工产品（包括粉碎的捣碎水果、果泥、水果包衣和椰奶）	350
04.1.2.9	水果加工的甜点（包括水果口味的甜点）	350
04.1.2.10	发酵的水果制品	350
04.1.2.11	用于制作糕点的水果	350
04.1.2.12	水果熟制品	500
04.2.2.3	醋、油、水、盐或酱油腌制的蔬菜（包括真菌，根、块茎和根状茎的植物，豆类，芦荟）、海藻类	200
04.2.2.4	罐头、瓶装（巴氏杀菌）或密闭袋装的蔬菜（包括真菌，根、块茎和根状茎的植物，豆类，芦荟）和海藻	350
04.2.2.5	蔬菜（包括真菌，根、块茎和根茎的植物，豆类，芦荟）、海藻、坚果和种子（如花生酱）	1000
04.2.2.6	蔬菜（包括真菌，根、块茎和根状茎的植物，豆类，芦荟）、海藻、坚果和种子（如蔬菜甜点、酱汁、蔬菜和糖浸泡等），除食品组代码 04.2.2.5 以外	350
04.2.2.7	发酵的蔬菜（包括真菌，根、块茎和根状茎的植物，豆类，芦荟）和发酵的海藻产品（不包括大豆发酵的产品，食品代码为 06.8.6、06.8.7、12.9.1、12.9.2.3）	1000
05.1.1	可可粉（粉）和可可蛋糕	350
05.1.2	可可混合物（糖浆）	350
05.1.3	可可酱	1000
05.1.4	可可制品、巧克力	500
05.1.5	巧克力、巧克力替代品等类似产品	500
05.2.1	硬糖	500
05.2.2	软糖果	1000
05.2.3	芥末和杏仁蛋糕	1000
05.3	口香糖	5000
05.4	用于食品装饰的产品（如蛋糕装饰品），表面涂层（不是水果）和甜调味汁	500
06.3	早餐谷物（包括燕麦、意面）	1200
06.5	由谷物和淀粉制成的甜点（如大米布丁、木薯布丁）	350
07.1	面包等烘焙食品	1000

表 3-1.1（续）

食品组代码	食品种类	添加剂的最大使用限量 /（mg/kg）
07.2	不同风味的蛋糕	1000
09.2	鱼和渔类产品（包括软体动物、甲壳类动物、有鳞鱼）	200
09.3	渔业、水产品加工（包括磷虾、甲壳类动物、有鳞鱼）	200
09.4	鱼、发酵鱼类制品或罐头产品（包括软体动物、甲壳类动物、有鳞鱼）	200
10.4	含鸡蛋的甜点（如牛奶蛋羹）	350
11.4	其他糖和糖浆（如木糖、枫糖浆、糖衣）	1000
11.6	甜味剂（包括高甜度的甜味剂）	GMP
12.2	香精香料（如方便面香料）	2000
12.3	醋	2000
12.4	芥末	350
12.5	酱汤、肉汁	110
12.6	酱类及类似产品	1000
12.6.4	酱汁（如鱼酱）	1000
12.7	意面、沙拉和夹心果酱（不包括可可和杏仁酱）	350
12.9.1	发酵的大豆（如味噌）	350
13.3	以特殊饮食为治疗目的的食品	500
13.4	减肥食品	450
13.5	除了食品组代码 13.1、13.4 和 13.6 的其他饮食食品（如节食功能性食品）	450
13.6	滋补食品	2000
14.1.3.1	Niktta 水果	350
14.1.3.2	Niktta 蔬菜	350
14.1.3.3	Niktta 果实浓缩物	350
14.1.3.4	Niktta 蔬菜浓缩制品	350
14.1.4	香味饮料（包括“能量运动饮料”或“电解质”饮料等特殊饮料）	600
14.1.5	咖啡、茶、草药饮料和谷物饮料等类似产品（不包括可可饮料）	600
14.2.7	含酒精的饮料（如啤酒）	350
15.0	速食咸味食品	350
INS 951 阿斯巴甜		
01.1.2	牛奶饮品、调味品和（或）发酵（如牛奶巧克力、可可牛奶、鸡蛋、饮用酸奶和乳清饮料等）	600
01.2.1	发酵牛奶（纯）	1000
01.3.2	含乳饮料产品	6000
01.4.4	类似于奶油的产品	1000
01.5.2	牛奶粉、奶油粉及同类产品	2000
01.6.1	新鲜的奶酪	1000
01.6.5	类似于奶酪的产品	1000

表 3—1.1（续）

食品组代码	食品种类	添加剂的最大使用限量 /（mg/kg）
01.7	牛奶甜点（如布丁、酸奶等）	1000
02.3	脂肪乳化剂及其混合品和 / 或用于脂肪乳化剂调味的产品	1000
02.4	含有脂肪的甜点（不包括食品组代码 01.7 的甜点）	1000
03.0	冷藏的食物（包括水果的果汁和水果奶油）	1000
04.1.2.1	冷冻水果	2000
04.1.2.2	干果	2000
04.1.2.3	腌醋、油或盐水	300
04.1.2.4	经过巴氏杀菌的罐装或瓶装水果	1000
04.1.2.5	果酱、果冻、果酱水果	1000
04.1.2.6	粉碎的水果制品（如辣椒酱），除食品代码 04.1.2.5 以外的食品	1000
04.1.2.7	水果糖	2000
04.1.2.8	水果加工产品（包括粉碎的捣碎水果、果泥、水果包衣和椰奶）	1000
04.1.2.9	水果加工的甜点（包括水果口味的甜点）	1000
04.1.2.10	发酵的水果制品	1000
04.1.2.11	用于制作糕点的水果	1000
04.1.2.12	水果熟制品	1000
04.2.2.1	冷冻蔬菜（包括真菌，根、块茎和根状茎的植物，豆类，芦荟）、海藻、坚果和种子	1000
04.2.2.2	干蔬菜（包括真菌，根、块茎和根状茎的植物，豆类，芦荟）、海藻、坚果和种子	1000
04.2.2.3	醋、油、水、盐或酱油腌制的蔬菜（包括真菌，根、块茎和根状茎的植物，豆类，芦荟）、海藻类	300
04.2.2.4	罐头、瓶装（巴氏杀菌）或密闭袋装的蔬菜（包括真菌，根、块茎和根状茎的植物，豆类，芦荟）和海藻	1000
04.2.2.5	蔬菜（包括真菌，根、块茎和根茎的植物，豆类，芦荟）、海藻、坚果和种子（如花生酱）	1000
04.2.2.6	蔬菜（包括真菌，根、块茎和根状茎的植物，豆类，芦荟）、海藻、坚果和种子（如蔬菜甜点、酱汁、蔬菜和糖浸泡等），除食品组代码 04.2.2.5 以外	1000
04.2.2.7	发酵的蔬菜（包括真菌，根、块茎和根状茎的植物，豆类，芦荟）和发酵的海藻产品（不包括大豆发酵的产品，食品代码为 06.8.6、06.8.7、12.9.1、12.9.2.3）	2500
04.2.2.8	煮熟或油炸的蔬菜（包括真菌，根、块茎和根茎的植物，豆类，芦荟）、海藻类	1000
05.1.1	可可粉（粉）和可可蛋糕	3000
05.1.2	可可混合物（糖浆）	1000
05.1.3	可可酱	3000
05.1.4	可可制品、巧克力	3000
05.1.5	巧克力、巧克力替代品等类似产品	3000

表 3–1.1（续）

食品组代码	食品种类	添加剂的最大使用限量 /（mg/kg）
05.2.1	硬糖	3000
05.2.2	糖果	3000
05.2.3	芥末和杏仁蛋糕	3000
05.3	口香糖	10000
05.4	用于食品装饰的产品（如蛋糕装饰品），表面涂层（不是水果）和甜调味汁	1000
06.3	早餐谷物（包括燕麦、意面）	1000
06.5	由谷物和淀粉制成的甜点（如大米布丁、木薯布丁）	1000
07.1	面包等烘焙食品	4000
07.2	不同风味的蛋糕	1700
09.2	鱼和渔业加工产品（包括磷虾、甲壳类动物、有鳞鱼）	300
09.3	渔业、水产品加工（包括磷虾、甲壳类动物、有鳞鱼）	300
09.4	鱼、发酵鱼类制品或罐头产品（包括软体动物、甲壳类动物、有鳞鱼）	300
10.4	含鸡蛋的甜点（如牛奶蛋羹）	1000
11.4	其他糖和糖浆（如木糖、枫糖浆、糖衣）	3000
11.6	甜味剂（包括高甜度的甜味剂）	GMP
12.2.2	香精香料	2000
12.3	醋	3000
12.4	芥末	350
12.5	酱汤、肉汁	1200
12.6	酱汁和同类产品	350
12.6.2	非乳液的形式呈现的酱（如番茄酱、辣椒酱、奶油酱、肉汁）	350
12.6.4	酱汁（如鱼酱）	350
12.7	意面、沙拉和夹心果酱（不包括可可和杏仁酱）	350
13.3	以特殊饮食为治疗目的的食品	1000
13.4	减肥食品	800
13.5	除了食品组代码 13.1、13.4 和 13.6 的其他饮食食品（如节食功能性食品）	1000
13.6	滋补食品	5500
14.1.3.1	Niktta 水果	600
14.1.3.2	Niktta 蔬菜	600
14.1.3.3	Niktta 果实浓缩物	600
14.1.3.4	Niktta 蔬菜浓缩制品	600
14.1.4	香味饮料（包括“能量运动饮料”或“电解质”饮料等特殊饮料）	600
14.1.5	咖啡、茶、草药饮料和谷物饮料等类似产品（不包括可可饮料）	600
14.2.7	含酒精的饮料（如啤酒）	600
15.0	速食咸味食品	500

表 3-1.1（续）

食品组代码	食品种类	添加剂的最大使用限量 /（mg/kg）
INS 952（ⅰ）环几基氨基磺酸、INS 952（ⅱ）环几基氨基磺酸钙、INS 952（ⅳ）环己烷氨基磺酸钠		
01.1.2	牛奶饮品、调味品和（或）发酵（如牛奶巧克力、可可牛奶、鸡蛋、饮用酸奶和乳清饮料等）	250
01.2.1	发酵牛奶（纯）	250
01.7	牛奶甜点（如布丁、酸奶等）	250
02.4	含有脂肪的甜点（不包括食品组代码 01.7 的甜点）	250
03.0	冷藏的食物（包括水果的果汁和水果奶油）	250
04.1.2.4	经过巴氏杀菌的罐装或瓶装水果	1000
04.1.2.5	果酱、果冻、果酱水果	1000
04.1.2.6	粉碎的水果制品（如辣椒酱），除食品代码 04.1.2.5 以外的食品	2000
04.1.2.8	水果加工产品（包括粉碎的捣碎水果、果泥、水果包衣和椰奶）	250
04.1.2.9	水果加工的甜点（包括水果口味的甜点）	250
04.2.2.6	蔬菜（包括真菌，根、块茎和根状茎的植物，豆类，芦荟）、海藻、坚果和种子（如蔬菜甜点、酱汁、蔬菜和糖浸泡等），除食品组代码 04.2.2.5 以外	250
05.1.2	可可混合物（糖浆）	250
05.1.3	可可酱	500
05.1.4	可可制品、巧克力	500
05.1.5	巧克力、巧克力替代品等类似产品	500
05.2	硬糖、软糖、方块糖等（不包括食品组代码 05.3 和 05.4 的食品）	500
05.3	口香糖	3000
05.4	用于食品装饰的产品（如蛋糕装饰品），表面涂层（不是水果）和甜调味汁	500
06.5	由谷物和淀粉制成的甜点（如大米布丁、木薯布丁）	250
07.2	不同风味的蛋糕	1600
10.4	含鸡蛋的甜点（如牛奶蛋羹）	250
11.4	其他糖和糖浆（如木糖、枫糖浆、糖衣）	500
11.6	甜味剂（包括高甜度的甜味剂）	GMP
12.6.1	酱汁、乳汁形式的酱汁（如蛋黄酱、咸酱）	500
12.7	意面、沙拉和夹心果酱（不包括可可和杏仁酱）	500
13.3	以特殊饮食为治疗目的的食品	400
13.4	减肥食品	400
13.5	除了食品组代码 13.1、13.4 和 13.6 的其他饮食食品（如节食功能性食品）	400
13.6	滋补食品	1250
14.1.3.1	Niktta 水果	400
14.1.3.2	Niktta 蔬菜	400
14.1.3.3	Niktta 果实浓缩物	400
14.1.3.4	Niktta 蔬菜浓缩制品	400

表 3−1.1（续）

食品组代码	食品种类	添加剂的最大使用限量 /（mg/kg）
14.1.4	香味饮料（包括“能量运动饮料”或“电解质”饮料等特殊饮料）	350
14.2.7	含酒精的饮料（如啤酒）	250
INS 953 异麦芽酮糖醇		
01.2.1	发酵牛奶（纯）	GMP
05.1.1	可可粉（粉）和可可蛋糕	GMP
05.1.4	可可制品、巧克力	GMP
INS 954（ⅰ）糖精、INS 954（ⅱ）糖精钙、INS 954（ⅲ）糖精钾、INS 954（ⅳ）糖精钠		
01.1.2	牛奶饮品、调味品和（或）发酵（如牛奶巧克力、可可牛奶、鸡蛋、饮用酸奶和乳清饮料等）	80
01.2.1	发酵牛奶（纯）	100
01.6.5	类似于奶酪的产品	100
01.7	牛奶甜点（如布丁、酸奶等）	100
02.4	含有脂肪的甜点（不包括食品组代码 01.7 的甜点）	100
03.0	冷藏的食物（包括水果的果汁和水果奶油）	100
04.1.2.3	腌渍的水果醋、油、盐水	160
04.1.2.4	经过巴氏杀菌的罐装或瓶装水果	200
04.1.2.5	果酱、果冻、果酱水果	200
04.1.2.6	粉碎的水果制品（如辣椒酱），除食品代码 04.1.2.5 以外	200
04.1.2.8	水果加工产品（包括粉碎的捣碎水果、果泥、水果包衣和椰奶）	200
04.1.2.9	水果加工的甜点（包括水果口味的甜点）	100
04.1.2.10	发酵的水果制品	160
04.2.2.1	冷冻蔬菜（包括真菌，根、块茎和根状茎的植物，豆类，芦荟）、海藻、坚果和种子	500
04.2.2.2	干蔬菜（包括真菌，根、块茎和根状茎的植物，豆类，芦荟）、海藻、坚果和种子	500
04.2.2.3	醋、油、水、盐或酱油腌制的蔬菜（包括真菌，根、块茎和根状茎的植物，豆类，芦荟）、海藻类	160
04.2.2.4	罐头、瓶装（巴氏杀菌）或密闭袋装的蔬菜（包括真菌，根、块茎和根状茎的植物，豆类，芦荟）和海藻	160
04.2.2.5	蔬菜（包括真菌，根、块茎和根茎的植物，豆类，芦荟）、海藻、坚果和种子（如花生酱）	160
04.2.2.6	蔬菜（包括真菌，根、块茎和根状茎的植物，豆类，芦荟）、海藻、坚果和种子（如蔬菜甜点、酱汁、蔬菜和糖浸泡等），除食品组代码 04.2.2.5 以外	200
04.2.2.7	发酵的蔬菜（包括真菌，根、块茎和根状茎的植物，豆类，芦荟）和发酵的海藻产品（不包括大豆发酵的产品，食品代码为 06.8.6、06.8.7、12.9.1、12.9.2.3）	200
04.2.2.8	煮熟或油炸的蔬菜（包括真菌，根、块茎和根茎的植物，豆类，芦荟）、海藻类	160

表 3-1.1（续）

食品组代码	食品种类	添加剂的最大使用限量 /（mg/kg）
05.1.1	可可粉（粉）和可可蛋糕	100
05.1.2	可可混合物（糖浆）	80
05.1.3	可可酱	200
05.1.4	可可制品、巧克力	500
05.1.5	巧克力、巧克力替代品等类似产品	500
05.2	硬糖、软糖、方块糖等（不包括食品组代码 05.3 和 05.4 的食品）	500
05.3	口香糖	2500
05.4	用于食品装饰的产品（如蛋糕装饰品），表面涂层（不是水果）和甜调味汁	500
06.3	早餐谷物（包括燕麦、意面）	100
06.5	由谷物和淀粉制成的甜点（如大米布丁、木薯布丁）	100
07.2	不同风味的蛋糕	170
08.2.2	肉类产品，家禽和生肉或切碎的生肉	500
08.3.2	未经过热处理肉制品、禽肉和肉末	500
09.2.4.1	熟制的鱼和海鲜产品	500
09.3.1	海鲜、海鲜产品（包括磷虾、甲壳类动物、有鳞鱼）	160
09.3.2	用醋加工过的海鲜、海鲜产品（包括软体动物、甲壳类动物、有鳞鱼）	160
09.3.4	初加工的鱼、海鲜产品（包括磷虾、甲壳类动物、有鳞鱼；不包括食品组代码 09.3.1~09.3.3 的产品）	160
09.4	鱼、发酵鱼类制品或罐头产品（包括软体动物、甲壳类动物、有鳞鱼）	200
10.4	含鸡蛋的甜点（如牛奶蛋羹）	100
11.4	其他糖和糖浆（如木糖、枫糖浆、糖衣）	300
11.6	甜味剂（包括高甜度的甜味剂）	GMP
12.2.2	香料	1500
12.3	醋	300
12.4	芥末	320
12.5	酱汤、肉汁	100
12.6	酱汁和同类产品	160
12.7	意面、沙拉和夹心果酱（不包括可可和杏仁酱）	200
12.9.1	发酵的大豆（如味噌）	200
12.9.2.1	酿造的酱油	500
13.3	以特殊饮食为治疗目的的食品	200
13.4	减肥食品	300
13.5	除了食品组代码 13.1、13.4 和 13.6 的其他饮食食品（如节食功能性食品）	200
13.6	滋补食品	1200
14.1.3.1	Niktta 水果	80
14.1.3.2	Niktta 蔬菜	80

表 3-1.1（续）

食品组代码	食品种类	添加剂的最大使用限量 / (mg/kg)
14.1.3.3	Niktta 果实浓缩物	80
14.1.4.1	调味型碳酸饮料	300
14.1.4.2	非碳酸味饮料（包括甜烈酒和阿德斯）	300
14.1.4.3	饮料香料（固体或液体）	300
14.1.5	咖啡、茶、草药饮料和谷物饮料等类似产品（不包括可可饮料）	200
14.2.7	含酒精的饮料（如啤酒）	80
15.0	速食咸味食品	100
INS 955 三氯蔗糖		
01.1.2	牛奶饮品、调味品和（或）发酵（如牛奶巧克力、可可牛奶、鸡蛋、饮用酸奶和乳清饮料等）	300
01.2.1	发酵牛奶（纯）	400
01.3.2	含乳饮料产品	580
01.4.4	类似于奶油的产品	580
01.6.5	类似于奶酪的产品	500
01.7	牛奶甜点（如布丁、酸奶等）	400
02.4	含有脂肪的甜点（不包括食品组代码 01.7 的甜点）	400
03.0	冷藏的食物（包括水果的果汁和水果奶油）	320
04.1.2.1	冷冻水果	400
04.1.2.2	干果	1500
04.1.2.3	腌醋、油或盐水	180
04.1.2.4	经过巴氏杀菌的罐装或瓶装水果	400
04.1.2.5	果酱、果冻、果酱水果	400
04.1.2.6	粉碎的水果制品（如辣椒酱），除食品代码 04.1.2.5 以外的食品	400
04.1.2.7	水果糖	800
04.1.2.8	水果加工产品（包括粉碎的捣碎水果、果泥、水果包衣和椰奶）	400
04.1.2.9	水果加工的甜点（包括水果口味的甜点）	400
04.1.2.10	发酵的水果制品	150
04.1.2.11	用于制作糕点的水果	400
04.1.2.12	水果熟制品	150
04.2.2.1	冷冻蔬菜（包括真菌，根、块茎和根状茎的植物，豆类，芦荟）、海藻、坚果和种子	150
04.2.2.2	干蔬菜（包括真菌，根、块茎和根状茎的植物，豆类，芦荟）、海藻、坚果和种子	580
04.2.2.3	醋、油、水、盐或酱油腌制的蔬菜（包括真菌，根、块茎和根状茎的植物，豆类、芦荟）、海藻类	400
04.2.2.4	罐头、瓶装（巴氏杀菌）或密闭袋装的蔬菜（包括真菌，根、块茎和根状茎的植物，豆类，芦荟）和海藻	580

表 3-1.1（续）

食品组代码	食品种类	添加剂的最大使用限量 /（mg/kg）
04.2.2.5	蔬菜（包括真菌，根、块茎和根茎的植物，豆类，芦荟）、海藻、坚果和种子（如花生酱）	400
04.2.2.6	蔬菜（包括真菌，根、块茎和根状茎的植物，豆类，芦荟）、海藻、坚果和种子（如蔬菜甜点、酱汁、蔬菜和糖浸泡等），除食品组代码 04.2.2.5 以外	400
04.2.2.7	发酵的蔬菜（包括真菌，根、块茎和根状茎的植物，豆类，芦荟）和发酵的海藻产品（不包括大豆发酵的产品，食品代码为 06.8.6、06.8.7、12.9.1、12.9.2.3）	580
04.2.2.8	煮熟或油炸的蔬菜（包括真菌，根、块茎和根茎的植物，豆类，芦荟）、海藻类	150
05.1.1	可可粉（粉）和可可蛋糕	580
05.1.2	可可混合物（糖浆）	400
05.1.3	可可酱	400
05.1.4	可可制品、巧克力	800
05.1.5	巧克力、巧克力替代品等类似产品	800
05.2	硬糖、软糖、方块糖等（不包括食品组代码 05.3 和 05.4 的食品）	1800
05.3	口香糖	5000
05.4	用于食品装饰的产品（如蛋糕装饰品），表面涂层（不是水果）和甜调味汁	1000
06.3	早餐谷物（包括燕麦、意面）	1000
06.5	由谷物和淀粉制成的甜点（如大米布丁、木薯布丁）	400
06.7	由熟或米饭制成的产品（包括米糕，仅限亚洲人）	200
06.8.1	豆类饮料	400
07.1	面包等烘焙食品	650
07.2	不同风味的蛋糕	700
09.3	渔业、水产品加工（包括磷虾、甲壳类动物、有鳞鱼）	120
09.4	鱼、发酵鱼类制品或罐头产品（包括软体动物、甲壳类动物、有鳞鱼）	120
10.4	含鸡蛋的甜点（如牛奶蛋羹）	400
11.4	其他糖和糖浆（如木糖、枫糖浆、糖衣）	1500
11.6	甜味剂（包括高甜度的甜味剂）	GMP
12.2.1	草药和香料	400
12.2.2	香料	700
12.3	醋	400
12.4	芥末	140
12.5	酱汤、肉汁	600
12.6	酱汁和同类产品	450
12.6.4	酱汁（如鱼酱）	450
12.7	意面、沙拉和夹心果酱（不包括可可和杏仁酱）	1250
13.3	以特殊饮食为治疗目的的食品	400
13.4	减肥食品	320

表 3-1.1（续）

食品组代码	食品种类	添加剂的最大使用限量 /（mg/kg）
13.5	除了食品组代码 13.1、13.4 和 13.6 的其他饮食食品（如节食功能性食品）	400
13.6	滋补食品	2400
14.1.3.1	Niktta 水果	300
14.1.3.2	Niktta 蔬菜	300
14.1.3.3	Niktta 果实浓缩物	300
14.1.3.4	Niktta 蔬菜浓缩制品	300
14.1.4	香味饮料（包括“能量运动饮料”或“电解质”饮料等特殊饮料）	300
14.1.5	咖啡、茶、草药饮料和谷物饮料等类似产品（不包括可可饮料）	300
14.2.7	含酒精的饮料（如啤酒）	700
15.0	速食咸味食品	1000
INS 956 阿力甜		
01.1.2	牛奶饮品、调味品和（或）发酵（如牛奶巧克力、可可牛奶、鸡蛋、饮用酸奶和乳清饮料等）	100
01.2.1	发酵牛奶（纯）	100
01.7	牛奶甜点（如布丁、酸奶等）	100
03.0	冷藏的食物（包括水果的果汁和水果奶油）	100
04.1.2.5	果酱、果冻、果酱水果	100
05.1.2	可可混合物（糖浆）	300
05.1.3	可可酱	300
05.1.4	可可制品、巧克力	300
05.1.5	巧克力、巧克力替代品等类似产品	300
05.2	硬糖、软糖、方块糖等（不包括食品组代码 05.3 和 05.4 的食品）	300
05.3	口香糖	300
05.4	用于食品装饰的产品（如蛋糕装饰品），表面涂层（不是水果）和甜调味汁	300
11.4	其他糖和糖浆（如木糖、枫糖浆、糖衣）	200
11.6	甜味剂（包括高甜度的甜味剂）	GMP
12.5	酱汤、肉汁	40
13.5	除了食品组代码 13.1、13.4 和 13.6 的其他饮食食品（如节食功能性食品）	300
14.1.4	香味饮料（包括“能量运动饮料”或“电解质”饮料等特殊饮料）	40
INS 957 索马甜		
05.1.1	可可粉（粉）和可可蛋糕	GMP
05.1.4	可可制品、巧克力	GMP
INS 960 甜菊糖苷		
01.1.2	牛奶饮品、调味品和（或）发酵（如牛奶巧克力、可可牛奶、鸡蛋、饮用酸奶和乳清饮料等）	200
01.5.2	牛奶粉、奶油粉及同类产品	330

表 3-1.1（续）

食品组代码	食品种类	添加剂的最大使用限量 /（mg/kg）
01.7	牛奶甜点（如布丁、酸奶等）	330
02.4	含有脂肪的甜点（不包括食品组代码 01.7 的甜点）	330
03.0	冷藏的食物（包括水果的果汁和水果奶油）	270
04.1.2.3	腌渍的水果醋、油、盐水	100
04.1.2.4	经过巴氏杀菌的罐装或瓶装水果	330
04.1.2.5	果酱、果冻、果酱水果	360
04.1.2.6	粉碎的水果制品（如辣椒酱），除食品代码 04.1.2.5 以外	330
04.1.2.7	水果糖	40
04.1.2.8	水果加工产品（包括粉碎的捣碎水果、果泥、水果包衣和椰奶）	330
04.1.2.9	水果加工的甜点（包括水果口味的甜点）	350
04.1.2.10	发酵的水果制品	115
04.1.2.11	用于制作糕点的水果	330
04.1.2.12	水果熟制品	40
04.2.2.2	干蔬菜（包括真菌，根、块茎和根状茎的植物，豆类，芦荟）、海藻、坚果和种子	40
04.2.2.3	醋、油、水、盐或酱油腌制的蔬菜（包括真菌，根、块茎和根状茎的植物，豆类，芦荟）、海藻类	330
04.2.2.4	罐头、瓶装（巴氏杀菌）或密闭袋装的蔬菜（包括真菌，根、块茎和根状茎的植物，豆类，芦荟）和海藻	70
04.2.2.5	蔬菜（包括真菌，根、块茎和根茎的植物，豆类，芦荟）、海藻、坚果和种子（如花生酱）	330
04.2.2.6	蔬菜（包括真菌，根、块茎和根状茎的植物，豆类，芦荟）、海藻、坚果和种子（如蔬菜甜点、酱汁、蔬菜和糖浸泡等），除食品组代码 04.2.2.5 以外	165
04.2.2.7	发酵的蔬菜（包括真菌，根、块茎和根状茎的植物，豆类，芦荟）和发酵的海藻产品（不包括大豆发酵的产品，食品代码为 06.8.6、06.8.7、12.9.1、12.9.2.3）	200
04.2.2.8	煮熟或油炸的蔬菜（包括真菌，根、块茎和根茎的植物，豆类，芦荟）、海藻类	40
05.2	硬糖、软糖、方块糖等（不包括食品组代码 05.3 和 05.4 的食品）	700
05.3	口香糖	3500
06.3	早餐谷物（包括燕麦、意面）	350
06.5	由谷物和淀粉制成的甜点（如大米布丁、木薯布丁）	165
06.8.1	豆类饮料	200
08.3.2	未经过热处理肉制品、禽肉和肉末	100
09.3.1	海鲜、海鲜产品（包括磷虾、甲壳类动物、有鳞鱼）	100
09.3.2	用醋加工过的海鲜、海鲜产品（包括软体动物、甲壳类动物、有鳞鱼）	165
09.3.3	沙拉替代品、鱼子酱等产品	100
09.4	鱼、发酵鱼类制品或罐头产品（包括软体动物、甲壳类动物、有鳞鱼）	100

表 3—1.1（续）

食品组代码	食品种类	添加剂的最大使用限量 /（mg/kg）
10.4	含鸡蛋的甜点（如牛奶蛋羹）	330
11.6	甜味剂（包括高甜度的甜味剂）	GMP
12.2.2	香料	30
12.4	芥末	130
12.5	酱汤、肉汁	50
12.6.1	酱汁、乳汁形式的酱汁（如蛋黄酱、咸酱）	350
12.6.2	非乳液的形式呈现的酱（如番茄酱、辣椒酱、奶油酱、肉汁）	350
12.6.3	混合汁、酱料	350
12.6.4	酱汁（如鱼酱）	350
12.7	意面、沙拉和夹心果酱（不包括可可和杏仁酱）	115
12.9.2.1	酿造的酱油	30
12.9.2.2	不发酵酱油	165
12.9.2.3	其他类型的酱油	165
13.3	以特殊饮食为治疗目的的食品	350
13.4	减肥食品	270
13.5	除了食品组代码 13.1、13.4 和 13.6 的其他饮食食品（如节食功能性食品）	660
13.6	滋补食品	2500
14.1.3	Niktta 蔬菜、水果	200
14.1.4	香味饮料（包括“能量运动饮料”或“电解质”饮料等特殊饮料）	200
14.1.5	咖啡、茶、草药饮料和谷物饮料等类似产品（不包括可可饮料）	200
14.2.7	含酒精的饮料（如啤酒）	200
15.0	速食咸味食品	170
INS 961 纽甜		
01.1.2	牛奶饮品、调味品和（或）发酵（如牛奶巧克力、可可牛奶、鸡蛋、饮用酸奶和乳清饮料等）	20
01.2.1	发酵牛奶（纯）	100
01.3.2	含乳饮料产品	65
01.4.4	类似于奶油的产品	33
01.5.2	牛奶粉、奶油粉及同类产品	65
01.6.5	类似于奶酪的产品	33
01.7	牛奶甜点（如布丁、酸奶等）	100
02.3	脂肪乳化剂及其混合品和 / 或用于脂肪乳化剂调味的产品	10
02.4	含有脂肪的甜点（不包括食品组代码 01.7 的甜点）	100
03.0	冷藏的食物（包括水果的果汁和水果奶油）	100
04.1.2.1	冷冻水果	100
04.1.2.2	干果	100

表 3—1.1（续）

食品组代码	食品种类	添加剂的最大使用限量 /（mg/kg）
04.1.2.3	腌渍的水果醋、油、盐水	100
04.1.2.4	经过巴氏杀菌的罐装或瓶装水果	33
04.1.2.5	果酱、果冻、果酱水果	70
04.1.2.6	粉碎的水果制品（如辣椒酱），除食品代码 04.1.2.5 以外	70
04.1.2.7	水果糖	65
04.1.2.8	水果加工产品（包括粉碎的捣碎水果、果泥、水果包衣和椰奶）	100
04.1.2.9	水果加工的甜点（包括水果口味的甜点）	100
04.1.2.10	发酵的水果制品	65
04.1.2.11	用于制造糕点的水果	100
04.1.2.12	水果熟制品	65
04.2.2.1	冷冻蔬菜（包括真菌，根、块茎和根状茎的植物，豆类，芦荟）、海藻、坚果和种子	33
04.2.2.2	干蔬菜（包括真菌，根、块茎和根状茎的植物，豆类，芦荟）、海藻、坚果和种子	33
04.2.2.3	醋、油、水、盐或酱油腌制的蔬菜（包括真菌，根、块茎和根状茎的植物，豆类，芦荟）、海藻类	10
04.2.2.4	罐头、瓶装（巴氏杀菌）或密闭袋装的蔬菜（包括真菌，根、块茎和根状茎的植物，豆类，芦荟）和海藻	33
04.2.2.5	蔬菜（包括真菌，根、块茎和根茎的植物，豆类，芦荟）、海藻、坚果和种子（如花生酱）	33
04.2.2.6	蔬菜（包括真菌，根、块茎和根状茎的植物，豆类，芦荟）、海藻、坚果和种子（如蔬菜甜点、酱汁、蔬菜和糖浸泡等），除食品组代码 04.2.2.5 以外	33
04.2.2.7	发酵的蔬菜（包括真菌，根、块茎和根状茎的植物，豆类，芦荟）和发酵的海藻产品（不包括大豆发酵的产品，食品代码为 06.8.6、06.8.7、12.9.1、12.9.2.3）	33
04.2.2.8	煮熟或油炸的蔬菜（包括真菌，根、块茎和根茎的植物，豆类，芦荟）、海藻类	33
05.1.2	可可混合物（糖浆）	33
05.1.3	可可酱	100
05.1.4	可可制品、巧克力	80
05.1.5	巧克力、巧克力替代品等类似产品	100
05.2	硬糖、软糖、方块糖等（不包括食品组代码 05.3 和 05.4 的食品）	330
05.3	口香糖	1000
05.4	用于食品装饰的产品（如蛋糕装饰品），表面涂层（不是水果）和甜调味汁	100
06.3	早餐谷物（包括燕麦、意面）	160
06.5	由谷物和淀粉制成的甜点（如大米布丁、木薯布丁）	33
07.1	面包等烘焙食品	70
07.2	不同风味的蛋糕	80
09.3	渔业、水产品加工（包括磷虾、甲壳类动物、有鳞鱼）	10

表 3—1.1（续）

食品组代码	食品种类	添加剂的最大使用限量 /（mg/kg）
09.4	鱼、发酵鱼类制品或罐头产品（包括软体动物、甲壳类动物、有鳞鱼）	10
10.4	含鸡蛋的甜点（如牛奶蛋羹）	100
11.4	其他糖和糖浆（如木糖、枫糖浆、糖衣）	70
11.6	甜味剂（包括高甜度的甜味剂）	GMP
12.2	香料、香草、调味品（如方便面的香料）	32
12.3	醋	12
12.4	芥末	12
12.5	酱汤、肉汁	20
12.6.1	酱汁、乳汁形式的酱汁（如蛋黄酱、咸酱）	65
12.6.2	非乳液的形式呈现的酱（如番茄酱、辣椒酱、奶油酱、肉汁）	70
12.6.3	混合汁、酱料	12
12.6.4	酱汁（如鱼酱）	12
12.7	意面、沙拉和夹心果酱（不包括可可和杏仁酱）	33
13.3	以特殊饮食为治疗目的的食品	33
13.4	减肥食品	33
13.5	除了食品组代码 13.1、13.4 和 13.6 的其他饮食食品（如节食功能性食品）	65
13.6	滋补食品	90
14.1.3.2	Niktta 蔬菜	65
14.1.3.4	Niktta 蔬菜浓缩制品	65
14.1.4	香味饮料（包括“能量运动饮料”或“电解质”饮料等特殊饮料）	33
14.1.5	咖啡、茶、草药饮料和谷物饮料等类似产品（不包括可可饮料）	50
14.2.7	含酒精的饮料（如啤酒）	33
15.0	速食咸味食品	32
INS 962 双甜		
01.1.2	牛奶饮品、调味品和（或）发酵（如牛奶巧克力、可可牛奶、鸡蛋、饮用酸奶和乳清饮料等）	350
01.2.1	发酵牛奶（纯）	350
01.7	牛奶甜点（如布丁、酸奶等）	350
02.4	含有脂肪的甜点（不包括食品组代码 01.7 的甜点）	350
04.1.2.4	经过巴氏杀菌的罐装或瓶装水果	350
04.1.2.5	果酱、果冻、果酱水果	1000
04.1.2.8	水果加工产品（包括粉碎的捣碎水果、果泥、水果包衣和椰奶）	350
04.1.2.9	水果加工的甜点（包括水果口味的甜点）	350
04.2.2.3	醋、油、水、盐或酱油腌制的蔬菜（包括真菌，根、块茎和根状茎的植物，豆类，芦荟）、海藻类	200
04.2.2.6	蔬菜（包括真菌，根、块茎和根状茎的植物，豆类，芦荟）、海藻、坚果和种子（如蔬菜甜点、酱汁、蔬菜和糖浸泡等），除食品组代码 04.2.2.5 以外	350

表 3-1.1（续）

食品组代码	食品种类	添加剂的最大使用限量 /（mg/kg）
05.1.5	巧克力、巧克力替代品等类似产品	500
07.2	不同风味的蛋糕	1000
09.3	渔业、水产品加工（包括磷虾、甲壳类动物、有鳞鱼）	200
09.4	鱼、发酵鱼类制品或罐头产品（包括软体动物、甲壳类动物、有鳞鱼）	200
11.6	甜味剂（包括高甜度的甜味剂）	GMP
13.3	以特殊饮食为治疗目的的食品	500
13.4	减肥食品	450
13.5	除了食品组代码 13.1、13.4 和 13.6 的其他饮食食品（如节食功能性食品）	450
13.6	滋补食品	2000
14.2.7	含酒精的饮料（如啤酒）	350
INS 964 氢化葡萄糖浆		
01.2.1	发酵牛奶（纯）	GMP
INS 965（ⅰ）麦芽糖醇		
01.2.1	发酵牛奶（纯）	GMP
05.1.1	可可粉（粉）和可可蛋糕	GMP
05.1.4	可可制品、巧克力	GMP
INS 965（ⅱ）麦芽糖醇糖浆		
01.2.1	发酵牛奶（纯）	GMP
05.1.1	可可粉（粉）和可可蛋糕	GMP
05.1.4	可可制品、巧克力	GMP
INS 966 乳糖醇		
01.2.1	发酵牛奶（纯）	GMP
05.1.1	可可粉（粉）和可可蛋糕	GMP
05.1.4	可可制品、巧克力	GMP
INS 967 木糖醇		
01.2.1	发酵牛奶（纯）	GMP
05.1.1	可可粉（粉）和可可蛋糕	GMP
05.1.4	可可制品、巧克力	GMP
INS 968 赤藓糖醇		
01.2.1	发酵牛奶（纯）	GMP
14.1.5	咖啡、茶、草药饮料和谷物饮料等类似产品（不包括可可饮料）	GMP
INS 999（ⅰ）皂树皮提取物 1 类、INS 999（ⅱ）皂树皮提取物 2 类		
14.1.4	香味饮料（包括"能量运动饮料"或"电解质"饮料等特殊饮料）	50
INS 1001 胆碱的盐和胆碱的酯、INS 1100 α－淀粉酶		
06.2	面粉和淀粉（包括大豆粉）	GMP

表 3–1.1（续）

食品组代码	食品种类	添加剂的最大使用限量 /（mg/kg）
06.2.1	小麦	GMP
INS 1101（ⅰ）蛋白酶		
06.2.1	小麦	GMP
INS 1101（ⅱ）木瓜蛋白酶、INS 1101（ⅲ）菠萝蛋白酶		
08.1.1	肉类（包括禽类、新鲜生肉或切碎的肉）	GMP
INS 1102 葡萄糖氧化酶、INS 1104 脂肪酶、INS 1105 溶菌酶		
01.6.1	新鲜的奶酪	GMP
01.6.2	成熟的奶酪	GMP
14.2.2	苹果酒、梨酒	500
14.2.3	葡萄酒和甜葡萄酒	500
INS 1200 聚葡萄糖		
01.2.1	发酵牛奶（纯）	GMP
01.4.2	巴氏消毒的奶油、高温热处理（UHT）蛋清、搅拌型奶油以及（纯）奶油	GMP
05.1.1	可可粉（粉）和可可蛋糕	GMP
05.1.4	可可制品、巧克力	GMP
09.2.1	鱼、鱼片和冷冻的海鲜产品（包括磷虾、甲壳类动物、有鳞鱼）	GMP
10.2.1	液体蛋制品	GMP
10.2.2	冷冻的蛋制品	GMP
11.4	其他糖和糖浆（如木糖、枫糖浆、糖衣）	GMP
INS 1201 聚乙烯吡咯烷酮		
04.1.1.2	经过表面处理的新鲜水果	GMP
05.3	口香糖	10000
11.6	甜味剂（包括高甜度的甜味剂）	3000
12.3	醋	40
13.6	滋补食品	GMP
14.1.4.3	饮料香料（固体或液体）	500
14.2.1	啤酒和麦芽饮料	10
14.2.2	苹果酒、梨酒	2
INS 1202 聚乙烯聚吡咯烷酮（不溶）、INS 1203 聚乙烯醇		
13.6	滋补食品	45000
INS 1204 普鲁兰多糖		
04.2.2.7	发酵的蔬菜（包括真菌，根、块茎和根状茎的植物，豆类，芦荟）和发酵的海藻产品（不包括大豆发酵的产品，食品代码为 06.8.6、06.8.7、12.9.1、12.9.2.3）	GMP
06.2.1	小麦	GMP
06.4.1	面食、新鲜面制品和类似产品	GMP

表 3—1.1（续）

食品组代码	食品种类	添加剂的最大使用限量 /（mg/kg）
06.4.2	意粉、干面条和类似产品	GMP
12.6.2	非乳液的形式呈现的酱（如番茄酱、辣椒酱、奶油酱、肉汁）	50000
INS 1400 糊精、焙烤淀粉		
01.2.1	发酵牛奶（纯）	GMP
01.2.1.1	发酵后无热处理的发酵乳（纯）	GMP
01.2.1.2	发酵后经过热处理的发酵乳（纯）	GMP
01.2.2	未调味的发酵乳制品	GMP
01.4.2	巴氏消毒的奶油、高温热处理（UHT）蛋清、搅拌型奶油以及（纯）奶油	GMP
01.6.1	新鲜的奶酪	GMP
02.2.2	全脂、脱脂和脂肪混合牛奶	GMP
04.2.2.7	发酵的蔬菜（包括真菌，根、块茎和根状茎的植物，豆类，芦荟）和发酵的海藻产品（不包括大豆发酵的产品，食品代码为 06.8.6、06.8.7、12.9.1、12.9.2.3）	GMP
05.1.1	可可粉（粉）和可可蛋糕	GMP
09.2.1	鱼、鱼片和冷冻的海鲜产品（包括磷虾、甲壳类动物、有鳞鱼）	GMP
09.2.2	加工的鱼、鱼片和海鲜等冷冻产品（包括软体动物、甲壳类动物、有鳞鱼）	GMP
09.2.3	奶油酱加工过的海鲜和冷冻切碎的海鲜产品（包括软体动物、甲壳类动物、有鳞鱼）	GMP
09.2.4.1	熟制的鱼和海鲜产品	GMP
09.2.4.3	油炸或煎炒的鱼和海鲜产品（包括磷虾、甲壳类动物、有鳞鱼）	GMP
14.1.5	咖啡、茶、草药饮料和谷物饮料等类似产品（不包括可可饮料）	GMP
INS 1401 酸处理淀粉		
01.2.1	发酵牛奶（纯）	GMP
01.2.1.1	发酵后无热处理的发酵乳（纯）	GMP
01.2.1.2	发酵后经过热处理的发酵乳（纯）	GMP
01.2.2	未调味的发酵乳制品	GMP
01.4.2	巴氏消毒的奶油、高温热处理（UHT）蛋清、搅拌型奶油以及（纯）奶油	GMP
01.6.1	新鲜的奶酪	GMP
05.1.1	可可粉（粉）和可可蛋糕	GMP
06.4.3	熟制面食制品、熟面条及类似产品	GMP
09.2.2	加工的鱼、鱼片和海鲜等冷冻产品（包括软体动物、甲壳类动物、有鳞鱼）	GMP
09.4	鱼、发酵鱼类制品或罐头产品（包括软体动物、甲壳类动物、有鳞鱼）	GMP
11.4	其他糖和糖浆（如木糖、枫糖浆、糖衣）	GMP
14.1.5	咖啡、茶、草药饮料和谷物饮料等类似产品（不包括可可饮料）	GMP
INS 1402 碱处理淀粉		
01.2.1	发酵牛奶（纯）	GMP
01.2.1.1	发酵后无热处理的发酵乳（纯）	GMP

表 3—1.1（续）

食品组代码	食品种类	添加剂的最大使用限量 /（mg/kg）
01.2.1.2	发酵后经过热处理的发酵乳（纯）	GMP
01.2.2	未调味的发酵乳制品	GMP
01.6.1	新鲜的奶酪	GMP
02.2.2	全脂、脱脂和脂肪混合牛奶	GMP
05.1.1	可可粉（粉）和可可蛋糕	GMP
06.4.3	熟制面食制品、熟面条及类似产品	GMP
09.2.2	加工的鱼、鱼片和海鲜等冷冻产品（包括软体动物、甲壳类动物、有鳞鱼）	GMP
09.4	鱼、发酵鱼类制品或罐头产品（包括软体动物、甲壳类动物、有鳞鱼）	GMP
11.4	其他糖和糖浆（如木糖、枫糖浆、糖衣）	GMP
14.1.5	咖啡、茶、草药饮料和谷物饮料等类似产品（不包括可可饮料）	GMP
INS 1403 漂白淀粉		
01.2.1	发酵牛奶（纯）	GMP
01.2.1.1	发酵后无热处理的发酵乳（纯）	GMP
01.2.1.2	发酵后经过热处理的发酵乳（纯）	GMP
01.2.2	未调味的发酵乳制品	GMP
01.4.2	巴氏消毒的奶油、高温热处理（UHT）蛋清、搅拌型奶油以及（纯）奶油	GMP
01.6.1	新鲜的奶酪	GMP
02.2.2	全脂、脱脂和脂肪混合牛奶	GMP
05.1.1	可可粉（粉）和可可蛋糕	GMP
06.4.3	熟制面食制品、熟面条及类似产品	GMP
11.4	其他糖和糖浆（如木糖、枫糖浆、糖衣）	GMP
14.1.5	咖啡、茶、草药饮料和谷物饮料等类似产品（不包括可可饮料）	GMP
INS 1404 氧化淀粉		
01.2.1	发酵牛奶（纯）	GMP
01.2.1.1	发酵后无热处理的发酵乳（纯）	GMP
01.2.1.2	发酵后经过热处理的发酵乳（纯）	GMP
01.2.2	未调味的发酵乳制品	GMP
01.4.1	巴氏杀菌奶（纯）	GMP
01.4.2	巴氏消毒的奶油、高温热处理（UHT）蛋清、搅拌型奶油以及（纯）奶油	GMP
01.6.1	新鲜的奶酪	GMP
02.2.2	全脂、脱脂和脂肪混合牛奶	GMP
05.1.1	可可粉（粉）和可可蛋糕	GMP
06.4.3	熟制面食制品、熟面条及类似产品	GMP
08.1.1	肉类（包括禽类、新鲜生肉或切碎的肉）	GMP
08.1.2	肉类、家禽肉和新鲜肉末	GMP
09.2.1	鱼、鱼片和冷冻的海鲜产品（包括磷虾、甲壳类动物、有鳞鱼）	GMP

表 3-1.1（续）

食品组代码	食品种类	添加剂的最大使用限量 /（mg/kg）
09.2.2	加工的鱼、鱼片和海鲜等冷冻产品（包括软体动物、甲壳类动物、有鳞鱼）	GMP
09.2.3	奶油酱加工过的海鲜和冷冻切碎的海鲜产品（包括软体动物、甲壳类动物、有鳞鱼）	GMP
09.2.4.1	熟制的鱼和海鲜产品	GMP
09.2.4.3	油炸或煎炒的鱼和海鲜产品（包括磷虾、甲壳类动物、有鳞鱼）	GMP
09.2.5	熏制、干制、发酵或盐腌的鱼、海鲜产品（包括磷虾、甲壳类动物、有鳞鱼）	GMP
09.4	鱼、发酵鱼类制品或罐头产品（包括软体动物、甲壳类动物、有鳞鱼）	GMP
11.4	其他糖和糖浆（如木糖、枫糖浆、糖衣）	GMP
12.1.2	类似盐的产品	GMP
13.2	适用于 36 个月以下儿童的营养产品	50000
14.1.5	咖啡、茶、草药饮料和谷物饮料等类似产品（不包括可可饮料）	GMP
INS 1405 酶处理淀粉		
01.2.1	发酵牛奶（纯）	GMP
01.2.1.1	发酵后无热处理的发酵乳（纯）	GMP
01.2.1.2	发酵后经过热处理的发酵乳（纯）	GMP
01.2.2	未调味的发酵乳制品	GMP
01.6.1	新鲜的奶酪	GMP
05.1.1	可可粉（粉）和可可蛋糕	GMP
06.4.3	熟制面食制品、熟面条及类似产品	GMP
11.4	其他糖和糖浆（如木糖、枫糖浆、糖衣）	GMP
14.1.5	咖啡、茶、草药饮料和谷物饮料等类似产品（不包括可可饮料）	GMP
INS 1410 磷酸单淀粉		
01.2.1	发酵牛奶（纯）	GMP
01.2.1.1	发酵后无热处理的发酵乳（纯）	GMP
01.2.1.2	发酵后经过热处理的发酵乳（纯）	GMP
01.2.2	未调味的发酵乳制品	GMP
01.4.1	巴氏杀菌奶（纯）	GMP
01.4.2	巴氏消毒的奶油、高温热处理（UHT）蛋清、搅拌型奶油以及（纯）奶油	GMP
01.4.3	冰激凌	GMP
01.6.1	新鲜的奶酪	GMP
02.2.2	全脂、脱脂和脂肪混合牛奶	GMP
06.4.3	熟制面食制品、熟面条及类似产品	GMP
09.2.2	加工的鱼、鱼片和海鲜等冷冻产品（包括软体动物、甲壳类动物、有鳞鱼）	GMP
09.4	鱼、发酵鱼类制品或罐头产品（包括软体动物、甲壳类动物、有鳞鱼）	GMP
11.4	其他糖和糖浆（如木糖、枫糖浆、糖衣）	GMP
13.2	适用于 36 个月以下儿童的营养产品	50000

表 3–1.1（续）

食品组代码	食品种类	添加剂的最大使用限量 /（mg/kg）
14.1.5	咖啡、茶、草药饮料和谷物饮料等类似产品（不包括可可饮料）	GMP
INS 1411 二淀粉甘油酯		
13.2	适用于 36 个月以下儿童的营养产品	6000
INS 1412 磷酸酯双淀粉		
01.2.1	发酵牛奶（纯）	GMP
01.2.1.1	发酵后无热处理的发酵乳（纯）	GMP
01.2.1.2	发酵后经过热处理的发酵乳（纯）	GMP
01.2.2	未调味的发酵乳制品	GMP
01.4.1	巴氏杀菌奶（纯）	GMP
01.4.2	巴氏消毒的奶油、高温热处理（UHT）蛋清、搅拌型奶油以及（纯）奶油	GMP
01.4.3	冰激凌	GMP
01.6.1	新鲜的奶酪	GMP
02.2.2	全脂、脱脂和脂肪混合牛奶	GMP
06.4.1	面食、新鲜面制品和类似产品	GMP
06.4.2	意粉、干面条和类似产品	GMP
06.4.3	熟制面食制品、熟面条及类似产品	GMP
09.2.2	加工的鱼、鱼片和海鲜等冷冻产品（包括软体动物、甲壳类动物、有鳞鱼）	GMP
09.4	鱼、发酵鱼类制品或罐头产品（包括软体动物、甲壳类动物、有鳞鱼）	GMP
11.4	其他糖和糖浆（如木糖、枫糖浆、糖衣）	GMP
13.1.1	12 个月以下儿童的营养配方	5000
13.1.2	适用于 6~36 个月的儿童的营养强化剂	5000
13.1.3	适用于 12 个月以下婴幼儿特殊医疗用途的营养产品	5000
13.2	适用于 36 个月以下儿童的营养产品	50000
14.1.5	咖啡、茶、草药饮料和谷物饮料等类似产品（不包括可可饮料）	GMP
INS 1413 磷酸化二淀粉磷酸酯		
01.2.1	发酵牛奶（纯）	GMP
01.2.1.1	发酵后无热处理的发酵乳（纯）	GMP
01.2.1.2	发酵后经过热处理的发酵乳（纯）	GMP
01.2.2	未调味的发酵乳制品	GMP
01.4.1	巴氏杀菌奶（纯）	GMP
01.4.2	巴氏消毒的奶油、高温热处理（UHT）蛋清、搅拌型奶油以及（纯）奶油	GMP
01.4.3	冰激凌	GMP
01.6.1	新鲜的奶酪	GMP
02.2.2	全脂、脱脂和脂肪混合牛奶	GMP
06.4.1	面食、新鲜面制品和类似产品	GMP
06.4.2	意粉、干面条和类似产品	GMP

表 3-1.1（续）

食品组代码	食品种类	添加剂的最大使用限量 /（mg/kg）
06.4.3	熟制面食制品、熟面条及类似产品	GMP
09.2.2	加工的鱼、鱼片和海鲜等冷冻产品（包括软体动物、甲壳类动物、有鳞鱼）	GMP
09.4	鱼、发酵鱼类制品或罐头产品（包括软体动物、甲壳类动物、有鳞鱼）	GMP
11.4	其他糖和糖浆（如木糖、枫糖浆、糖衣）	GMP
13.1.1	12 个月以下儿童的营养配方	5000
13.1.2	适用于 6~36 个月的儿童的营养强化剂	5000
13.1.3	适用于 12 个月以下婴幼儿特殊医疗用途的营养产品	5000
13.2	适用于 36 个月以下儿童的营养产品	5000
14.1.5	咖啡、茶、草药饮料和谷物饮料等类似产品（不包括可可饮料）	GMP
INS 1414 乙酰化二淀粉磷酸酯		
01.2.1	发酵牛奶（纯）	GMP
01.2.1.1	发酵后无热处理的发酵乳（纯）	GMP
01.2.1.2	发酵后经过热处理的发酵乳（纯）	GMP
01.2.2	未调味的发酵乳制品	GMP
01.4.1	巴氏杀菌奶（纯）	GMP
01.4.2	巴氏消毒的奶油、高温热处理（UHT）蛋清、搅拌型奶油以及（纯）奶油	GMP
01.4.3	冰激凌	GMP
01.6.1	新鲜的奶酪	GMP
02.2.2	全脂、脱脂和脂肪混合牛奶	GMP
06.4.3	熟制面食制品、熟面条及类似产品	GMP
08.1.1	肉类（包括禽类、新鲜生肉或切碎的肉）	GMP
08.1.2	肉类、家禽肉和新鲜肉末	GMP
09.2.1	鱼、鱼片和冷冻的海鲜产品（包括磷虾、甲壳类动物、有鳞鱼）	GMP
09.2.2	加工的鱼、鱼片和海鲜等冷冻产品（包括软体动物、甲壳类动物、有鳞鱼）	GMP
09.2.3	奶油酱加工过的海鲜和冷冻切碎的海鲜产品（包括软体动物、甲壳类动物、有鳞鱼）	GMP
09.2.4.1	熟制的鱼和海鲜产品	GMP
09.2.4.3	油炸或煎炒的鱼和海鲜产品（包括磷虾、甲壳类动物、有鳞鱼）	GMP
09.2.5	熏制、干制、发酵或盐腌的鱼、海鲜产品（包括磷虾、甲壳类动物、有鳞鱼）	GMP
09.4	鱼、发酵鱼类制品或罐头产品（包括软体动物、甲壳类动物、有鳞鱼）	GMP
11.4	其他糖和糖浆（如木糖、枫糖浆、糖衣）	GMP
12.1.2	类似盐的产品	GMP
13.1.1	12 个月以下儿童的营养配方	5000
13.1.2	适用于 6~36 个月的儿童的营养强化剂	5000
13.1.3	适用于 12 个月以下婴幼儿特殊医疗用途的营养产品	5000

表 3−1.1（续）

食品组代码	食品种类	添加剂的最大使用限量 /（mg/kg）
13.2	适用于 36 个月以下儿童的营养产品	50000
14.1.5	咖啡、茶、草药饮料和谷物饮料等类似产品（不包括可可饮料）	GMP
INS 1420 乙酸酯淀粉		
01.2.1	发酵牛奶（纯）	GMP
01.2.1.1	发酵后无热处理的发酵乳（纯）	GMP
01.2.1.2	发酵后经过热处理的发酵乳（纯）	GMP
01.2.2	未调味的发酵乳制品	GMP
01.4.1	巴氏杀菌奶（纯）	GMP
01.4.2	巴氏消毒的奶油、高温热处理（UHT）蛋清、搅拌型奶油以及（纯）奶油	GMP
01.4.3	冰激凌	GMP
01.6.1	新鲜的奶酪	GMP
02.2.2	全脂、脱脂和脂肪混合牛奶	GMP
06.4.3	熟制面食制品、熟面条及类似产品	GMP
09.2.2	加工的鱼、鱼片和海鲜等冷冻产品（包括软体动物、甲壳类动物、有鳞鱼）	GMP
09.4	鱼、发酵鱼类制品或罐头产品（包括软体动物、甲壳类动物、有鳞鱼）	GMP
13.2	适用于 36 个月以下儿童的营养产品	50000
INS 1421 醋酸淀粉（用乙酸乙烯酯酯化）		
01.7	牛奶甜点（如布丁、酸奶等）	GMP
03.0	冷藏的食物（包括水果的果汁和水果奶油）	GMP
09.2.2	加工的鱼、鱼片和海鲜等冷冻产品（包括软体动物、甲壳类动物、有鳞鱼）	GMP
09.4	鱼、发酵鱼类制品或罐头产品（包括软体动物、甲壳类动物、有鳞鱼）	GMP
12.5	酱汤、肉汁	GMP
INS 1422 乙酰化双淀粉己二酸酯		
01.2.1	发酵牛奶（纯）	GMP
01.2.1.1	发酵后无热处理的发酵乳（纯）	GMP
01.2.1.2	发酵后经过热处理的发酵乳（纯）	GMP
01.2.2	未调味的发酵乳制品	GMP
01.4.1	巴氏杀菌奶（纯）	GMP
01.4.2	巴氏消毒的奶油、高温热处理（UHT）蛋清、搅拌型奶油以及（纯）奶油	GMP
01.4.3	冰激凌	GMP
01.6.1	新鲜的奶酪	GMP
02.2.2	全脂、脱脂和脂肪混合牛奶	GMP
06.4.3	熟制面食制品、熟面条及类似产品	GMP
09.2.2	加工的鱼、鱼片和海鲜等冷冻产品（包括软体动物、甲壳类动物、有鳞鱼）	GMP

表 3-1.1（续）

食品组代码	食品种类	添加剂的最大使用限量 /（mg/kg）
09.4	鱼、发酵鱼类制品或罐头产品（包括软体动物、甲壳类动物、有鳞鱼）	GMP
11.4	其他糖和糖浆（如木糖、枫糖浆、糖衣）	GMP
13.1.2	适用于 6~36 个月的儿童的营养强化剂	5000
13.2	适用于 36 个月以下儿童的营养产品	50000
14.1.5	咖啡、茶、草药饮料和谷物饮料等类似产品（不包括可可饮料）	GMP
INS 1440 羟丙基淀粉		
01.2.1	发酵牛奶（纯）	GMP
01.2.1.1	发酵后无热处理的发酵乳（纯）	GMP
01.2.1.2	发酵后经过热处理的发酵乳（纯）	GMP
01.2.2	未调味的发酵乳制品	GMP
01.4.1	巴氏杀菌奶（纯）	GMP
01.4.2	巴氏消毒的奶油、高温热处理（UHT）蛋清、搅拌型奶油以及（纯）奶油	GMP
01.4.3	冰激凌	GMP
01.6.1	新鲜的奶酪	GMP
02.2.2	全脂、脱脂和脂肪混合牛奶	GMP
06.4.3	熟制面食制品、熟面条及类似产品	GMP
08.1.1	肉类（包括禽类、新鲜生肉或切碎的肉）	GMP
08.1.2	肉类、家禽肉和新鲜肉末	GMP
09.2.1	鱼、鱼片和冷冻的海鲜产品（包括磷虾、甲壳类动物、有鳞鱼）	GMP
09.2.2	加工的鱼、鱼片和海鲜等冷冻产品（包括软体动物、甲壳类动物、有鳞鱼）	GMP
09.2.3	奶油酱加工过的海鲜和冷冻切碎的海鲜产品（包括软体动物、甲壳类动物、有鳞鱼）	GMP
09.2.4.1	熟制的鱼和海鲜产品	GMP
09.2.4.3	油炸或煎炒的鱼和海鲜产品（包括磷虾、甲壳类动物、有鳞鱼）	GMP
09.2.5	熏制、干制、发酵或盐腌的鱼、海鲜产品（包括磷虾、甲壳类动物、有鳞鱼）	GMP
09.4	鱼、发酵鱼类制品或罐头产品（包括软体动物、甲壳类动物、有鳞鱼）	GMP
11.4	其他糖和糖浆（如木糖、枫糖浆、糖衣）	GMP
12.1.2	代盐产品	GMP
13.1.1	12 个月以下儿童的营养配方	5000
13.1.3	适用于 12 个月以下婴幼儿特殊医疗用途的营养产品	5000
13.2	适用于 36 个月以下儿童的营养产品	60000
14.1.5	咖啡、茶、草药饮料和谷物饮料等类似产品（不包括可可饮料）	GMP

表 3-1.1（续）

食品组代码	食品种类	添加剂的最大使用限量 /（mg/kg）
INS 1442 羟丙基二淀粉磷酸酯		
01.2.1	发酵牛奶（纯）	GMP
01.2.1.1	发酵后无热处理的发酵乳（纯）	GMP
01.2.2	未调味的发酵乳制品	GMP
01.4.1	巴氏杀菌奶（纯）	GMP
01.4.2	巴氏消毒的奶油、高温热处理（UHT）蛋清、搅拌型奶油以及（纯）奶油	GMP
01.4.3	冰激凌	GMP
01.5.1	奶粉、奶油粉（纯）	4400
01.6.1	新鲜的奶酪	GMP
01.8.2	乳清和干乳清产品（不包括乳清干酪）	10000
02.2.2	全脂、脱脂和脂肪混合牛奶	GMP
06.4.3	熟制面食制品、熟面条及类似产品	GMP
09.2.2	加工的鱼、鱼片和海鲜等冷冻产品（包括软体动物、甲壳类动物、有鳞鱼）	GMP
09.4	鱼、发酵鱼类制品或罐头产品（包括软体动物、甲壳类动物、有鳞鱼）	GMP
11.4	其他糖和糖浆（如木糖、枫糖浆、糖衣）	GMP
14.1.5	咖啡、茶、草药饮料和谷物饮料等类似产品（不包括可可饮料）	GMP
INS 1450 辛烯基琥珀酸淀粉钠		
01.2.1	发酵牛奶（纯）	GMP
01.2.1.1	发酵后无热处理的发酵乳（纯）	GMP
01.2.1.2	发酵后经过热处理的发酵乳（纯）	GMP
01.2.2	未调味的发酵乳制品	GMP
01.4.1	巴氏杀菌奶（纯）	GMP
01.4.2	巴氏消毒的奶油、高温热处理（UHT）蛋清、搅拌型奶油以及（纯）奶油	GMP
01.4.3	冰激凌	GMP
06.4.3	熟制面食制品、熟面条及类似产品	GMP
13.2	适用于 36 个月以下儿童的营养产品	50000
INS 1451 乙酰化氧化淀粉		
01.2.1	发酵牛奶（纯）	GMP
06.4.3	熟制面食制品、熟面条及类似产品	GMP
13.2	适用于 36 个月以下儿童的营养产品	50000
INS 1503 蓖麻油		
05.1.4	可可制品、巧克力	350
05.2	硬糖、软糖、方块糖等（不包括食品组代码 05.3 和 05.4 的食品）	500

表 3-1.1（续）

食品组代码	食品种类	添加剂的最大使用限量 /（mg/kg）
05.3	口香糖	2100
13.6	滋补食品	1000
INS 1505 柠檬酸三乙酯		
10.2.1	液体蛋制品	2500
10.2.3	干燥和 / 或凝结的蛋制品	2500
14.1.4	香味饮料（包括"能量运动饮料"或"电解质"饮料等特殊饮料）	200
INS 1518 乙酸甘油酯、INS 1520 丙二醇		
01.7	牛奶甜点（如布丁、酸奶等）	GMP
03.0	冷藏的食物（包括水果的果汁和水果奶油）	GMP
05.2	硬糖、软糖、方块糖等（不包括食品组代码 05.3 和 05.4 的食品）	GMP
06.4.3	熟制面食制品、熟面条及类似产品	10000
12.2.2	调味品	GMP
12.6.1	酱汁、乳汁形式的酱汁（如蛋黄酱、咸酱）	GMP
12.6.2	非乳液的形式呈现的酱（如番茄酱、辣椒酱、奶油酱、肉汁）	GMP
INS 1521 聚乙二醇		
04.1.1.2	经过表面处理的新鲜水果	GMP
05.3	口香糖	20000
11.6	甜味剂（包括高甜度的甜味剂）	10000
13.6	滋补食品	70000
14.1.4	香味饮料（包括"能量运动饮料"或"电解质"饮料等特殊饮料）	1000

3-2 新加坡食品添加剂种类及最大使用限量

表 3-2.1 食品中允许使用的抗氧化剂及最大使用限量

食品种类	抗氧化剂的种类（名称）	添加剂的最大使用限量/（mg/kg）(以重量计算）
（a）无水的可食用油脂，无论是否凝固，人造黄油、维生素油以及每克（g）中维生素A含量不多于100000IU的浓缩油	没食子酸丙酯或没食子酸辛酯或没食子酸十二酯或它们的任何混合物	100
	丁基羟基茴香醚（BHA）	200
	二丁基羟基甲苯（BHT）	200
	叔丁基氢醌（TBHQ）	200
	抗坏血酸棕榈酸酯	200
	柠檬酸异丙酯混合物（包括柠檬酸单异丙酯）	100
	BHA和BHT的任何混合物	200
（b）部分丙三醇酯	没食子酸丙酯或没食子酸辛酯或没食子酸十二酯或它们的任何混合物	100
	丁基羟基茴香醚（BHA）	200
	二丁基羟基甲苯（BHT）	200
	叔丁基氢醌（TBHQ）	200
	抗坏血酸棕榈酸酯	500
	BHA和BHT的任何混合物	200
（c）加工用黄油	没食子酸丙酯或没食子酸辛酯或没食子酸十二酯或它们的任何混合物	80
	叔丁基氢醌（TBHQ）	160
	丁基羟基茴香醚（BHA）	160
	二丁基羟基甲苯（BHT）	160
	抗坏血酸棕榈酸酯	500
	BHA和BHT的任何混合物	160
（d）香精油和从香精油浓缩物中分离的油	没食子酸丙酯或没食子酸辛酯或没食子酸十二酯或它们的任何混合物	100
	丁基羟基茴香醚（BHA）	200
	二丁基羟基甲苯（BHT）	200
	叔丁基氢醌（TBHQ）	200
	抗坏血酸棕榈酸酯	500
	BHA和BHT的任何混合物	200
（e）苹果和梨	乙氧基喹	2
（f）每克（g）含有多于100000IU维生素A的制剂	丁基羟基茴香醚（BHA）	每1000IU维生素A中为10
	二丁基羟基甲苯（BHT）	每1000IU维生素A中为10
	BHA和BHT的任何混合物	每1000IU维生素A中为10

注：丁基羟基茴香醚、二丁基羟基甲苯或它们的混合物可以与没食子酸丙酯、没食子酸辛酯、没食子酸十二酯或它们的混合物一起使用，条件是抗氧化剂的总量应：在条目（a）和（b）指定的食品中最大使用限量不超过300mg/kg，在条目（c）指定的食品中最大使用限量不超过240mg/kg，在条目（d）指定的食品中最大使用限量不超过300mg/kg。

表 3–2.2 食品中允许使用的化学防腐剂及最大使用限量

食品名称	化学防腐剂的种类及最大使用限量 /（mg/kg）						
	以二氧化硫计算	苯甲酸	对羟基苯甲酸甲酯或对羟基苯甲酸丙酯	山梨酸	丙酸	亚硝酸钠	硝酸钠
啤酒	25	70	70	—	—	—	—
面包（以面粉重量计算）	—	—	—	—	3000	—	—
脱水卷心菜	2500	—	—	—	—	—	—
蜜饯果皮或切片和糖浆浸渍果皮	100	—	—	—	—	—	—
干酪（溶解酵素）	—	—	—	1000		—	—
圣诞布丁	—	—	—	—	1000	—	—
苹果酒	200	—	—	—	—	—	—
椰子粉	50	—	—	—	—	—	—
鸡尾酒（含酒精的）	120	400	—	—	—	—	—
咖啡（或咖啡混合物或液体提取物）	—	450	450	—	—	—	—
着色剂，如果以准许使用着色剂的溶液形式	—	2000	2000	1000	—	—	—
基于水果的餐后甜点，牛奶和乳酪	100	—	—	—	300	—	—
浓缩巧克力饮料	—	—	700	700	—	—	—
脂肪含量少于 80% 的涂抹脂肪	—	—	—	—	2000	—	—
糕点的填充物和顶端配料（以水果为基础）	350	800	800	450	1000	—	—
熏鱼和腌干鱼	—	—	—	—	—	—	—
乳液食用香精或调味果汁	350	800	800	—	—	—	—
糕点				1000	1000	—	—
用于生产饼干的面粉	200	—	—	—	—	—	—
水果，沾糖的，糖渍的或经糖浆初次浸渍的	100	1000	1000	1000	—	—	—
脱水水果（苹果、杏、无花果、油桃、桃子、梨、梅干、葡萄干）	2000	—	—	1000	—	—	—
加工用水果或果酱（除了番茄酱）	3000	—	—	1000	—	—	—
水果（除鲜果外的水果或本表中无另行规定的果肉）	350	800	800	1000	—	—	—
水果饮料或水果汁	120	400	400	400	—	—	—
果汁	120	400	400	400	—	—	—
浓缩果汁	350	800	800	1000	—	—	—
果冻	750	—	—	—	—	—	—
干姜根	150	—	—	—	—	—	—

表 3-2.2（续）

食品名称	化学防腐剂的种类及最大使用限量 /（mg/kg）						
	以二氧化硫计算	苯甲酸	对羟基苯甲酸甲酯或对羟基苯甲酸丙酯	山梨酸	丙酸	亚硝酸钠	硝酸钠
固体葡萄糖成分不少于 23.5% 的葡萄糖饮料	120	400	400	400	—	—	—
汉堡包及类似产品	450	—	—	—	—	—	—
果酱，包括出售的食用蜜饯	100	500	500	1000	—	—	—
杏仁蛋白软糖和坚果仁糊	—	—	—	1000	—	—	—
无论是否经过烹饪的、罐装的、盐腌的、腌制的、盐渍的或烟熏的肉类	—	—	—	—	—	125	500
无酒精饮料	—	—	—		—	—	250
液体果胶	250	—	—		—	—	—
梨酒	200	—	—	200	—	—	—
腌菜，不包括食用前需清洗的腌制蔬菜	100	250	250	1000	—	—	—
食用前需清洗的腌制蔬菜	100	1000	1000	1000	—	—	—
未加工的去皮马铃薯	50	—	—	—	—	—	—
脱水马铃薯	550	—	—	—	—	—	—
沙司	300	750	250	1000	—	—	—
香肠或做香肠用的肉	450	—	—	—	125	—	500
硅消泡乳液	1000	2000	2000	1000	—	—	—
稀释前可食用的无酒精饮料	350	800	800	1500	—	—	—
不稀释使用的无酒精饮料（除了水果饮料或水果汁）	70	160	160	300	—	—	—
精制淀粉	100	—	—	—	—	—	—
水解淀粉（固体）	70	—	—	—	—	—	—
水解淀粉（糖浆）(包括葡萄糖浆）	400	—	—	—	—	—	—
食糖或糖浆（不包括加工用葡萄糖的食糖或糖浆）	20	—	—	—	—	—	—
加工用食糖或糖浆	70	—	—	—	—	—	—
番茄浆、番茄酱或番茄浓汤	350	800	800	—	—	—	—
脱水蔬菜（除了卷心菜或马铃薯）	2000	—	—	—	—	—	—
醋	200	—	—	—	—	—	—
人造醋的仿造物	70	—	—	—	—	—	—
酒（包括含酒精的兴奋性饮料）	300	—	—	—	—	—	—
酸乳酪、水果	60	120	120	300	—	—	—

注：“—”指该项禁止加入食品中。

表 3-2.3　食品中允许使用的抗结剂及消泡剂及最大使用限量

添加剂种类	添加剂名称	最大使用限量
抗结剂	碳酸钙或碳酸镁	食品可含有不超过干态重量 2%
	羟基磷酸钙	
	食用骨质磷酸盐	
	硬脂酸镁	
	三硅酸镁	
	硅酸钙、硅酸铝钠、硅酸铝钙钠或硅酸铝钙	
	二氧化硅	
	氰亚铁酸钾、氰亚铁酸钠	盐中可含有不超过 10mg/kg
消泡剂	二甲基聚硅氧烷	食用油脂、果汁和果酒、无酒精饮料中含有量最多 10mg/kg

表 3-2.4　合成有机着色剂的名称及索引号

Red Shade： Allura red AC Amaranth Carmoisine Erythrosine Ponceau 4R	红色系： 诱惑红 苋菜红 淡红 赤藓红 胭脂红	 着色剂索引 160.35 着色剂索引 16185 着色剂索引 14720 着色剂索引 45430 着色剂索引 16255
Yellow shade： Quinoline yellow Sunset yellow FCF Tartrazine	黄色系： 喹啉黄 日落黄 FCF 柠檬黄	 着色剂索引 47005 着色剂索引 15985 着色剂索引 19140
Green shade： Fast green FCF Green S Chlorophyll—copper complex and sodium and potassium salts of cholorphyllin copper complex	绿色系： 坚牢绿 绿色 S 叶绿素铜络合物以及叶绿酸铜络合物的钠钾盐	 着色剂索引 42053 着色剂索引 44090 着色剂索引 75810
Blue Shade： Brilliant blue FCF Indigo carmine	蓝色系： 亮蓝 靛蓝二磺酸钠	 着色剂索引 42090 着色剂索引 73015
Brown shade： Chocolate brown HT	棕色系： 巧克力棕 HT	 着色剂索引 20285
Black shade： Brilliant black PN	黑色系： 来那个黑泥 PN	 着色剂索引 28440

表 3-2.5　准许食用的乳化剂和稳定剂的中英文名称

英文名称	中文名称
Acetylated mono—glycerides	乙酰化单甘油酯
Lactated mono—diglycerides	乳酸化单甘油脂
Tartaric acid glycerides	酒石酸甘油酯
Diacetyl tartaric acid glycerides	双乙酰酒石酸甘油酯
Citric acid glycerides	柠檬酸甘油酯
Agar	琼脂

表 3—2.5（续）

英文名称	中文名称
Alginic acid	海藻酸
Ammonium alginate	海藻酸铵
Calcium alginate	海藻酸钙
Potassium alginate	海藻酸钾
Sodium alginate	海藻酸钠
Carrageenan	卡拉胶
Caseinate， sodium and calcium	酪蛋白酸钠和酪蛋白酸钙
Cellulose， methyl， ethyl， methyl ethyl， Hydroxy propyl and hydroxyl methyl erivatives of	纤维素经甲基、乙基、甲基乙基、羟丙基甲基化后的衍生物
Carboxy methyl cellulose	羧甲基纤维素
Croscarmellose sodium	交联羧甲基纤维素纳
Dioctyl sodiumsulphosuccinate	二辛基磺基琥珀酸钠
Furcelleran	红藻胶
Gums	树胶
Acacia	阿拉伯胶树
Carob	角豆胶
Gellan	结冷胶
Ghatti	达瓦树胶
Guar	瓜尔胶
Karaya	刺梧桐树胶
Tragacanth	黄芪胶
Xanthan	黄原胶
Konjac flour	魔芋粉
Lecithin	卵磷脂
Mono and diglycerides of fatty acids	脂肪酸单、双甘油酯
Pectin	果胶
Calcium pectate	果胶钙
Sodium pectate	果胶钠
Polyglycerol esters of fatty acids	脂肪酸聚甘油酯
Polyoxyethylene（20）sorbitan monolaurate（polysorbate20）	聚氧乙烯山梨醇酐单月桂酸酯（聚山梨酸酯 20）
Polyoxyethylene（20）sorbitan mono—palmitate（polysorbate40）	聚氧乙烯山梨醇酐单棕榈酸酯（聚山梨酸酯 40）
Polyoxyethylene（20）sorbitan monostearate（polysorbate60）	聚氧乙烯山梨醇酐单硬脂酸酯（聚山梨酸酯 60）
Polyoxyethylene（20）sorbitan mono—oleate（polysorbate80）	聚氧乙烯山梨醇酐单油酸酯（聚山梨酸酯 80）
Polyoxyethylene（20）sorbitan tristearate（polysorbate65）	聚氧乙烯山梨醇酐三硬脂酸酯（聚山梨酸酯 65）

表 3–2.5（续）

英文名称	中文名称
Propylene glycol esters of fatty acids	丙二醇脂肪酸酯
Propylene glycol alginate	藻酸丙二醇酯
Quilaia（only in soft drinks，not exceeding 200 parts per million）	皂树皮（仅用于不含酒精的饮料，不超过 200mg/kg）
Starches，bleached（with chlorite，hypochlorite，hydrogen peroxide，or peracetic acid）and hypochlorite–oxidised	淀粉，漂白的（用亚氯酸盐，次氯酸盐，过氧化氢，或过氧乙酸）和用次氯酸盐氧化的
Di–starch phosphate prepared using sodium triphosphate，di–starch phosphate prepared using phosphorus oxychloride	用三磷酸钠制备的磷酸双淀粉，用磷酰氯制备的磷酸双淀粉
Phosphated di–starch phosphate	磷酸化磷酸双淀粉
Starch acetates	乙酸淀粉
Acetylated di–starch glycerol	乙酰化二淀甘油酯
Acetylated di–starch adipate	乙酰化二淀粉己二酸酯
Acetylated di–starch phosphate	乙酰化二淀粉磷酸酯
Starches octenyl succinic anhydride modified hydroxypropyl distarch phosphate	淀粉辛烯琥珀酸酐改良羟丙基淀粉磷酸盐
Stearoyl–2–lactylic acid and calcium salts	硬脂酰 –2– 乳酸及其钠和钙盐
Stearyl tartrate	酒石酸硬脂醇酯
Sorbitan monostearate	山梨醇酐单硬脂酸酯
Sorbitan tristearate	山梨醇酐三硬脂酸酯
Sorbitan mono–palmitate	山梨醇酐单棕榈酸酯
Sorbitan monolaurate	山梨醇酐单月桂酸酯
Sorbitan mono–oleate	山梨醇酐单油酸酯

表 3–2.6　准许使用的营养强化剂中英文名称

英文名称	中文名称
Ascorbic acid	抗坏血酸
Biotin	维生素 H
Calcium carbonate	碳酸钙
Calcium citrate	柠檬酸钙
Calcium glycerophosphate	甘油磷酸钙
Calcium oxide	氧化钙
Calcium pantothenate	泛酸钙
Calcium phosphate（mono–，di– and tri–basic）	磷酸钙、磷酸氢钙、磷酸二氢钙
Calcium pyrophosphate	焦磷酸钙
Calcium sulphate	硫酸钙
Beta–carotene	β – 胡萝卜素
Choline bitartrate	酒石酸氢胆碱

表 3–2.6（续）

英文名称	中文名称
Choline chloride	氯化胆碱
Ferric ammonium citrate	柠檬酸铁铵
Ferric phosphate	磷酸铁
Ferric pyrophosphate	焦磷酸铁
Ferrous gluconate	葡糖酸亚铁
Ferrous lactate	乳酸亚铁
Inositol	纤维醇
Iron citrate	柠檬酸铁
Isoleucine	异亮氨酸
Leucine	亮氨酸
Lysine	赖氨酸
Methionine	蛋氨酸
Niacin	烟碱酸
Niacinamide	尼克酰胺
Nicotinic acid	烟酸
Nicotinamide	烟酰胺
D–panthothenic acid	D– 泛酸钙（维生素 B_5）
D–panthothenyl alcohol	D– 泛醇
Phenylalanine	苯基丙氨酸
Potassium iodide	碘化钾
Pyridoxine	维生素 B_6
Pyridoxine hydrochloride	盐酸吡哆素
Pyrldoxal	吡哆醛
Pyridoxamine	吡哆胺
Riboflavin	核黄素
Riboflavin–5–phosphate	核黄素 –5– 磷酸酯
Sodium panthothenate	泛酸钠
Sodium phosphate（mono–，di– and tri–basic）	磷酸钠、磷酸氢钠、磷酸二氢钠
Thiamine	硫胺
Thiamine hydrochloride	盐酸硫胺
Thiamine mononitrate	单硝酸硫胺
Threonine	苏氨酸
Tocopherols	生育酚，维生素 E
Alpha–tocopherol acetate	乙酸维生素 E
Tryptophan	色氨酸
Valine	缬氨酸
Vitamin A	维生素 A

表 3–2.6（续）

英文名称	中文名称
Vitamin A acetate	乙酸视黄酯
Vitamin A alcohol	维生素 A 醇
Vitamin A palmitate	棕榈酸视黄酯
Vitamin B_{12}	维生素 B_{12}
Vitamin D_2	维生素 D_2
Vitamin D_3	维生素 D_3
Zinc gluconate	葡萄糖酸锌
Zinc sulphate	硫酸锌

表 3–2.7　准许使用的通用食品添加剂中英文名称

英文名称	中文名称
Acetic acid	乙酸
Acetone	丙酮
Adipic acid	己二酸
Alpha–acetolactate decarboxylase（from a genetically modified strain of Bacillus subtilis）	α – 乙酰乳酸脱羧酶（源自枯草芽孢杆菌的基因改良品种）
Alpha–amylase（endo–amylase from a genetically modified strain of Bacillus subtilis）	α – 淀粉酶（源自地衣芽孢杆菌的基因改良品种的内切淀粉酶）
Ammonium bicarbonate	碳酸氢铵
Ammonium hydroxide	氢氧化铵
Ammonium phosphate（mono–and di–basic）	磷酸铵（一铵和二铵）
Ammonium sulpahate	硫酸铵
Aspartame	天冬酰苯丙氨酸甲酯
Beeswax	蜂蜡
Beta–glucanase（endo–glucanase from Bacillus subtilis ）	β – 菊聚糖酶（源自枯草芽孢杆菌的内葡聚糖酶）
Beta–glucanase（endo–glucanase from Hunicola insolens）	β – 菊聚糖酶（源自 *Hunicola insolens* 的内葡聚糖酶）
Calcium carbonate	碳酸钙
Calcium chloride	氯化钙
Calcium citrate	柠檬酸钙
Calcium gluconate	葡糖酸钙
Calcium hydroxide	氢氧化钙
Calcium lactate	乳酸钙
Calcium phosphate（mono–，di–and tri–basic）	磷酸钙、磷酸氢钙、磷酸二氢钙
Calcium sulphate	硫酸钙
Candelilla wax	小烛树蜡
Carbon dioxide	二氧化碳
Carnauba wax	巴西棕榈蜡
Chymosin（produced by Escherichia coli）	凝乳酶（由大肠杆菌生产的）

表 3—2.7（续）

英文名称	中文名称
Citric acid	柠檬酸
Endo—protease （metallo protease from Bacillus amyloliquefaciens）	内蛋白酶（源自大肠杆菌生产的）
Erythritol	赤藻糖醇
Fumaric acid	富马酸
Gluconno delta—lactone	葡糖酸 — δ — 内酯
Glycerin or Glycerol	甘油或丙三醇
Glycerol eaters of citric，lactic and tartaric acids	柠檬丙三醇酯，乳酸和酒石酸
Helium	氦
High fructose syrup	高果糖糖浆
Hydrochloric acid	盐酸
Hydrogen peroxide	过氧化氢
Hygrogenated glucose syrup （maltitol and maltitol—based products）	氢化葡萄糖浆（麦芽糖醇和给予麦芽糖醇的产品）
Isomalt	异麦芽糖醇
Lactic acid	乳酸
Lactitol	乳糖醇
Magnesium carbonate	碳酸镁
Magnesium chloride	氯化镁
Magnesium oxide	氧化镁
Magnesium hydroxide	氢氧化镁
Magnesium stearate	硬脂酸镁
Magnesium sulphate	硫酸镁
Malic acid	苹果酸
Maltogenic amylase（amylase from a genetically modified strain of Bacillus subtilis）	麦芽淀粉酶 （淀粉酶源自枯草芽孢杆菌的基因改良品种）
Mannitol	甘露醇
Nitrogen	氮
Nitrous oxide	氧化亚氮
Oligofructose（from chicory root）	低聚果糖（源自菊苣根）
Papain	木瓜蛋白酶
Pentosanase（xylanase or hemicellulose from a genetically modified strain of Aspergillus oryzae ）	戊聚糖酶 （源自基因改良品种曲霉菌的木聚糖酶或半纤维素酶）
Peracetic acid	过乙酸
Phosphoric acid	磷酸
Polydextrose	聚糊精
Potassium acid tartrate	酒石酸钾
Potassium bicarbonate	碳酸氢钾

表 3—2.7（续）

英文名称	中文名称
Potassium carbonate	碳酸钾
Potassium chloride	氯化钾
Potassium citrate	柠檬酸钾
Potassium hydroxide	氢氧化钾
Potassium sulphate	硫酸钾
Potassium glycolic	丙二醇
Shellac	虫胶
Silica aerogel	硅补强剂
Sodium acetate	乙酸钠
Sodium chloride	氯化钠
Sodium aluminium phosphate	磷酸铝钠
Sodium bicarbonate	碳酸氢钠
Sodium carbonate	碳酸钠
Sodium citrate	柠檬酸钠
Sodium hydroxide	氢氧化钠
Sodium phosphate（mono—，di—and tri—basic）	磷酸钠、磷酸氢钠、磷酸二氢钠
Sodium potassium tartrate	酒石酸钾钠
Sodium pyrophosphate	焦磷酸钠
Sodium sesquicarbonate	倍半碳酸钠
Sodium sulphate	硫酸钠
Sodium tartrate	酒石酸钠
Sorbitol	山梨糖醇
Succinic acid	琥珀酸
Sucrose esters of fatty acids	脂肪酸蔗糖酯
Sulphuric acid	硫酸
Sulphurous acid	亚硫酸
Tartaric acid	酒石酸
Thaumatin	索马甜
Transglutaminase（transferase prepared from Streptoverticillium mobaraense variant）	转谷氨酰胺酶（由 Streptoverticillium mobaraense variant 制备的转移酶）
Trehalose	海藻糖
Xylitol	木糖醇

3-3 马来西亚食品添加剂种类及最大使用限量

表 3-3.1 食品中常用防腐剂的最大使用限量

食品名称	防腐剂最大使用限量 /（mg/kg）		
	二氧化硫（或以硫酸盐计算二氧化硫）	苯甲酸（或以其钠盐计算苯甲酸）	山梨酸（或以其钠、钙、钾盐计算山梨酸）
啤酒	25	—	—
奶酪、加工奶酪、奶酪酱和干奶酪	—	—	1000
辣椒酱	—	1000	—
果酒	200	—	—
咖喱酱	—	350	—
无水葡萄糖、葡萄糖浆	20	—	—
食用明胶	1000	—	—
香精香料乳剂	800	350	800
发酵大豆制品	—	1000	—
鱼露、马拉盏（东南亚一种虾酱）、虾膏和鱼	—	750	—
要求多于 50 倍稀释饮用的调味浓缩饮料	—	2000	—
果糖	20	—	—
蜜饯、果干、干制蜜饯包括葫芦、果皮、糖制肉豆蔻	2000	350	500
浓缩果汁	350	800	800
水果（腌制）	550	750	750
果肉、果泥	350	1000	1000
加工果肉	1000	1000	1000
姜（干制）	150	—	—
葡萄糖	40	—	—
葡萄糖浆	300	—	—
高果葡萄糖浆	40	—	—
糖霜	20	—	—
果酱、果冻和橘子酱	100	450	450
低热量的果酱、果冻和橘子酱	100	450	450
人造黄油	—	1000	1000
未加工的肉制品（除了汉堡肉）	150	—	400
复合果胶果酱	250	—	—
梨酒	200	—	—

表 3–3.1（续）

食品名称	防腐剂最大使用限量 /（mg/kg）		
	二氧化硫（或以硫酸盐计算二氧化硫）	苯甲酸（或以其钠盐计算苯甲酸）	山梨酸（或以其钠、钙、钾盐计算山梨酸）
腌制食品（除了水果腌制品和腌菜）	140	350	350
酱料（除了不在本表特定的）	300	750	—
直接饮用的软饮料（不包括矿泉水）	140	350	350
糖果	20	—	—
番茄酱	100	—	—
糕点上的装饰食品	230	800	800
干制、盐腌、干腌、干渍蔬菜	2000	750	500
蒸馏醋、混合醋、人造醋	70	—	—
葡萄酒，鸡尾酒，充气酒，干葡萄酒、甜酒，果酒排除苹果酒和佩里，蔬菜酒，蜂蜜酒、米酒和棕榈酒	450	—	200

注："—" 指该项禁止加入食品中。

表 3–3.2　部分食品中允许添加的防腐剂种类

食品	允许添加的防腐剂
面包	丙酸及其钠、钾和钙盐
肉罐头、加工肉罐头 肉与其他食品的罐头 腌制肉	硝酸钠、亚硝酸钠、硝酸钾、亚硝酸钾
着色剂（液态）	苯甲酸
调制面粉	山梨酸及其钠盐、钾盐和钙盐； 丙酸及其钠盐、钾盐和钙盐

表 3–3.3　食品中允许作为着色剂的人工合成色素名称及索引号

着色剂俗名	着色剂化学名	着色剂索引号
诱惑红	disodium salt of 6−hydroxy−5−[（2−methoxy−5−methyl−4−sulfophenyl）−azo]−2−naphthalene sulfonic acid	16035
苋菜红	trisodium salt of 1−（4−sulpho−lnaphthylazo）−2−naphthol−3：6−sulphonic acid	16185
亮黑	tetrasodium salt of 8−acetamido−2（7−sulpho−4−p−sulphophenylazo−lnaphthylazo）−l−napthol−3：5−disulphonic acid	28440
亮蓝	disodium salt of 4−[（4−（N−ethyl−p−sulphobenzylamino）−phenyl]−（2−sulphoniumphenyl）−methylene）[I−（N−ethyl−N−psulphobenzyl）−，L2，5_Cyclohexadienimine]	42090
淡红	disodium salt of 2−（4−sulpho−lnaphthylazo）−1−naphthol−4 sulphonic acid	14720
牛奶巧克力棕	disodium salt of 2：4−dihydroxy−3：5−di−（sulpho−l−naphthylazo）benzyl alcohol	20285
赤藓红	disodium or dipotassium salt of 2：4：5：7−tetraiodo−fluorescein	45430

表 3—3.3（续）

着色剂俗名	着色剂化学名	着色剂索引号
固绿	disodium salt of 4—（[4—（N—ethyl—p—sulphobenzylamino）—phenyl]—（4—hydroxy—2—sulphoniumphenyl）—methylene）—[1—（Nethyl—N—p—sulphobenzyl）—L2，5cyclohexadienimine）	42053
食用绿	disodium salt of di—（p—dimethylaminophenyl—2—hydroxy—3：6—disulphonap—thylmethanolanhydride	44090
靛蓝	disodium salts of a mixture of indigo 5：5′—disulphonic acid and indigo—5：7′—disulphonic acid	73015
胭脂红	trisodium salt of 1—（4—sulpho—inaphthylazo）—2—naphthol—6：8—disulphonic acid	16255
喹啉黄	disodium salt of disulfonates of 2—（2—quinolyl）indan—1，3—dione	47005
食品红	disodium salt of 8—acetamido—2—phenylazo—t—napthol—3：6—disulphonic acid	18050
日落黄	disodium salt of 1—p—sulphophenylazo—2—naphthol—6—sulphonic acid	15985
柠檬黄	trisodium salt of 5—hydroxyl—psulphophenyl—4—sulphophenylazopyrazole—3—carboxylic acid	19140

注：表中第三列中的颜色索引号是根据 1971 年由英国染色工作者学会、纺织化学家协会和美国染色工作者共同编辑的《颜色索引》制定的。表中规定的合成染料应符合以下标准：

纯染料……………………………………………最小百分比 85%

水不溶物…………………………………………最大百分比 0.1%

副染料……………………………………………最大百分比 0.4%

乙醚可提取物……………………………………最大百分比 0.2%

染料中间体………………………………………最大百分比 0.5%

亮黑、牛奶巧克力棕的纯染料的最小百分比和副燃料的最大百分比应如下：

纯染料……………………………………………最小百分比 70%

副染料……………………………………………最大百分比 15%

表 3–3.4　食品中允许添加的增味剂及其最大使用限量

增味剂种类	食品名称	最大使用限量 /（mg/kg）
松蕈酸、伞菌酸	除了含酒精饮料和干姜啤酒以外的饮料	20
	含酒精饮料、干姜啤酒、含蘑菇类的食品	100
	其他加工食品	20
总氢氰酸（游离型和结合型）	除了含酒精饮料和干姜啤酒以外的饮料	1
	杏仁蛋白软糖以外的糖果	25
	杏仁蛋白软糖	50
	核果果汁	5
	其他加工食品	1
蒲勒酮	除了含酒精饮料、干姜啤酒、含薄荷油或薄荷口味饮料以外的饮料	100
	含薄荷油或薄荷口味的饮料	250
	薄荷糖	350
	其他加工食品	25

表 3–3.4（续）

增味剂种类	食品名称	最大使用限量 /（mg/kg）
苦木素	除了含酒精饮料和干姜啤酒以外的饮料	5
	糖果	10
	含酒精饮料、干姜啤酒	50
	其他加工食品	5
奎宁	除了含酒精饮料和干姜啤酒以外的饮料	85
	含酒精饮料、干姜啤酒	300
	其他加工食品	0.1
侧柏酮	除了含酒精饮料和干姜啤酒以外的饮料	0.5
	酒精含量高于 25% 的饮料	10
	酒精含量低于 25% 的饮料	5
	其他加工食品	0.5

表 3–3.5 允许及禁止添加的增味剂种类

允许添加的增味剂	（1）谷氨酸盐（谷氨酸钠） 上述风味增强剂在无水的基础上应含有不低于 99% 谷氨酸盐，并且仅来自蔬菜来源。 （2）鸟苷酸、肌苷酸的钠盐、钙盐或其混合物 上述风味增强剂在无水的基础上应含有不少于 97% 或不超过相当于 102% 的鸟苷酸或肌苷酸的钠盐、钙盐，并且仅来自动物或蔬菜来源。 （3）酵母提取物、活性干酵母、自溶酵母或其混合物 上述风味增强剂（无水时）在每克（g）总叶酸［大约每克（g）酵母含 0.008mg 谷氨酸］中的含量应不超过 0.04mg，并且仅来自酿酒酵母、脆壁酵母、圆酵母或其混合物
禁止添加的增味剂	芦荟素、黄连素、β－细辛脑、杜松油、白菖油、可卡因、香豆素、二甘醇、二甘醇乙醚（卡必醇）、海棠素、硝基苯、木醋酸、黄樟脑和异黄樟脑、茴蒿素、黄樟油及其他对健康有害或可能对健康有害的增味剂

表 3–3.6 特定食品中允许添加的抗氧化物及其最大使用限量

食品	抗氧化物的种类及最大使用限量 /（mg/kg）					
	丙基、辛基、十二烷基没食子酸或其混合物	BHA	BHT	BHA、BHT 的混合物	TBHQ	BHA、BHT、TBHQ 的混合物
口香糖	—	200	200	200	—	—
椰乳、椰子粉、花生酱	100	200	200	200	200	200
食用油、食用脂肪、酥油（基于脂肪）	100	200	200	200	200	200（没食子酸盐不超 100mg/kg）
维生素油、浓缩维生素油	100	200	200	200	—	—
部分甘油酯	100	200	200	200	—	—
精油（包括其单独的和浓缩的调味料成分）	100	200	200	200	—	—

注："—"指该物质在该食品中禁止添加。

表 3-3.7　食品中允许使用的食品调节剂种类

（1）乳化剂和消泡剂	乙酰甘油、二甲聚硅氧烷、单硬脂酸甘油酯、卵磷脂、单甘酯、双甘酯及其乳酸、酒石酸、双乙酰酒石酸、柠檬酸酯的衍生物、磷酸及其钠、钾、钙的一价、二价、三价盐、聚甘油脂肪酸酯、聚甘油酯化蓖麻油酸、聚山梨酯、海藻酸丙二醇酯、丙二醇单酯、双酯、二氧化硅（非晶体）、酸性磷酸铝钠、焦磷酸钠、焦磷酸钾、酸性焦磷酸钾、酸性焦磷酸钠、源于植物油脂的脂肪酸钠盐、钾盐、三聚二缩磷酸盐的钠盐、钾盐、聚磷酸盐的钠、钾、钙盐、山梨醇酐脂肪酸酯、硬脂酰乳酰乳酸及其钠、钙盐、蔗糖甘油酯、蔗糖脂肪酸酯
（2）稳定剂、增稠剂、改性淀粉和凝固剂	阿拉伯胶、琼脂、海藻酸及其钠盐、钾盐、钙盐、铵盐和丙二醇藻朊酸酯、磷脂酸铵、乙烯二胺四醋酸二钠钙、柠檬酸钙、柠檬酸三钠、柠檬酸三钾、葡萄酸钙、乳酸钙、硫酸钙、碳酸盐、碳酸氢盐的钠盐、钾盐、钙盐、铵盐、刺槐豆胶、卡拉胶、酪蛋白盐的钠盐、钙盐、钾盐、粉状纤维素、甲基纤维素、甲基乙基纤维素钠、羧甲基纤维素、微晶纤维素、羟丙基纤维素和羟丙甲纤维素、糊精、磺基丁二酸钠二辛酯、面粉和淀粉、红藻胶、明胶、瓜尔豆胶、刺梧桐胶、氢氧化镁、改性淀粉、一氧化二氮、果胶、钾和钠的三聚磷酸盐，钠、钾、钙的一价、二价、三价磷酸盐、乙酸钾、氯化钾、氯化钙、硝酸钾、丙二醇、焦磷酸钾、钠、柠檬酸二氢钾、钠、多聚磷酸钠、钾、钙、山梨糖醇、黄芪胶、黄原胶
（3）酸度调节剂	醋酸、柠檬酸、反丁烯二酸、乳酸、苹果酸、酒石酸及其钠、钾、钙盐、己二酸、钠、钾、钙、镁、铵的碳酸盐，碳酸氢盐、钠、钾、钙的氢氧化物和氨水、磷酸及其钠、钾、钙的一价、二价、三价盐、酸性磷酸铝钠
（4）酶	淀粉酶、淀粉葡萄糖苷酶、菠萝蛋白酶、过氧化氢酶、纤维素酶、葡聚糖酶、无花果蛋白酶、葡聚糖水解酶、葡萄糖异构酶、葡萄糖氧化酶、蔗糖酶、麦芽糖酶、木瓜蛋白酶、果胶酶、胃蛋白酶、蛋白酶、朊酶、支链淀粉酶、凝乳酶、乳糖分解酶、脂肪酶
（5）溶剂	乙酸乙酯、酒精、乙酸甘油酯、二乙酸甘油酯、三乙酸甘油酯、异丙醇、丙二醇
（6）抗结剂	硅酸铝盐、硅酸铝钙、磷酸三钙、硅酸钙、碳酸镁、氧化镁、磷酸三镁、硅酸镁、肉豆蔻、软脂酸类和硬脂酸类的盐类（钠、钾、钙、铝、镁、铵）、二氧化硅（非晶体）、硅酸钠

表 3-3.8　食品中允许使用的食品调节剂种类

项目	食品添加剂
甜味剂	乙基麦芽酚
	硬脂酸镁
	麦芽酚
	微晶纤维素
	聚乙二醇（片状）
	PVP
	二氧化硅
	硬脂酸
	磷酸三钙
啤酒	磷酸钙
面包	氯化铵
	脂肪的钙盐、钠盐
	酸酰乳酸和延胡索酸酯
巧克力、白巧克力	聚甘油蓖麻醇酯
色素制备（液态）	酸度调节剂

表 3—3.8（续）

项目	食品添加剂
熏鱼、腌鱼、盐渍鱼	抗坏血酸
	抗坏血酸钠
	异抗坏血酸
	异抗坏血酸钠
干制香蕉	抗坏血酸
炼乳、淡奶	氯化钠
调味糖浆	抗坏血酸
面粉	抗坏血酸
	过氧化苯甲酰
	二氧化硫及亚酸盐
面粉调制	氯化铵
	脂肪的钙盐、钠盐
	酸酰乳酸和延胡索酸酯
水果饮料	抗坏血酸
果汁和果肉	抗坏血酸
果汁饮料	抗坏血酸
配制食盐	硫代硫酸钠
肉酱、加工肉制品	抗坏血酸
	抗坏血酸钠
	异抗坏血酸
	异抗坏血酸钠
意大利面	硅酸钠
食盐	亚铁氰化钾
	亚铁氰化钠
	柠檬酸铁铵
小麦粉、面包用的蛋白质增强面粉	溴酸钾
	L－半胱氨酸
葡萄酒，加气酒，干葡萄酒、甜酒、果酒、蔬菜酒、蜂蜜酒	澄清剂
	PVP

表 3–3.9 食品中允许添加的营养强化剂种类

（1）维生素和矿物质	α－生育酚乙酸酯、抗坏血酸、抗坏血酸棕榈酸酯、β－胡萝卜素、生物素、碳酸钙、柠檬酸钙、甘油磷酸钙、氧化钙、泛酸钙、磷酸钙、焦磷酸钙、硫酸钙、泛酸、泛醇、电解铁、磷酸铁、焦磷酸铁、葡萄糖酸亚铁、富马酸亚铁、乳酸亚铁、硫酸亚铁、叶酸、烟酸、烟酰胺、碘化钾、维生素 B_6、盐酸吡哆醇、吡哆醇、吡哆胺、核黄素、核黄素磷酸钠、抗坏血酸钠、碘化钠、泛酸钠、磷酸三钠、硫胺素、烟酸硫胺素、硝酸硫胺、天然维生素 E、维生素 A、维生素 A 醋酸酯、维生素 A 醇、维生素 A 棕榈酸酯、维生素 B_{12}、维生素 D_2、维生素 D_3
（2）必需氨基酸	赖氨酸、蛋氨酸
（3）必需脂肪酸	亚麻酸、亚油酸

表 3-3.10　食品中允许添加的营养强化剂及其最大使用限量

食品名称	营养强化剂的种类及最大使用量 /（mg/kg）				
	维生素 A、视黄醇、视黄酯、胡萝卜素（维生素 A 的 μg）*	维生素 B_1、硫胺素、盐酸硫胺素、硝酸硫胺素（硫胺素的 mg）	维生素 B_2、核黄素（核黄素的 mg）	维生素 B_6、吡哆醇、吡哆醛、吡哆胺（吡哆醇的 mg）	生物素（生物素的 mg）
面包	500	0.21	0.33	0.42	40
谷物早餐	2000	0.83	1.33	1.67	165
浓缩奶（加糖与不加糖）、脱脂乳、浓缩脱脂乳（加糖与不加糖）	670	0.82	0.44	0.56	55
脱水乳粉（全脂或脱脂）	2000	0.83	1.33	1.67	165
鸡精、蔬菜高汤、酵母提取液	12000	5.00	8.00	10.00	1000
面粉（小麦）	1000	0.42	0.67	0.83	85
溶解乳粉	4000	1.67	2.67	3.33	335
其他固体食品包括婴幼儿罐装食品、婴幼儿谷物辅食	1000	0.42	0.67	0.83	85
液体食品包括蔬菜汁、果汁、浓缩果汁、果汁糖浆、调味果汁糖浆（根据稀释计算）	600	0.25	0.40	0.50	—
食品（推荐量）	泛酸、泛醇（泛酸的 mg）	烟酸、烟酰胺、烟酰胺酸（烟酰胺的 mg）	维生素 C、抗坏血酸（抗坏血酸的 mg）	维生素 D、维生素 D_2、维生素 D_3（维生素 D 的 μg）*	维生素 E、生育酚（维生素 E 的 μg）
面包	1.46	2.3	6	83	4.2
谷物早餐	5.83	9.2	25	333	16.7
浓缩奶（加糖与不加糖）、脱脂乳、浓缩脱脂乳（加糖与不加糖）	1.94	3.1	8	111	5.6
脱水乳粉（全脂或脱脂）	5.83	9.2	25	333	16.7
鸡精、蔬菜高汤、酵母提取液	35.00	55.00	150	2000	100.0
面粉（小麦）	2.92	4.6	13	167	8.3
溶解乳粉	11.67	18.3	50	667	33.3
其他固体食品包括婴幼儿罐装食品、婴幼儿谷物辅食	2.92	4.6	13	167	—
液体食品包括蔬菜汁、果汁、浓缩果汁、果汁糖浆、调味果汁糖浆（根据稀释计算）	1.75	2.8	8	100	—

表 3—3.10（续）

食品（推荐量）	钙（钙的 mg）	碘（碘的 μg）	铁（铁的 mg）	磷（磷的 mg）	叶酸（叶酸的 μg）	维生素 B_{12}（维生素 B_{12} 的 μg）
面包	150	20	2.1	150	8	0.3
谷物早餐	580	85	0.3	580	32	1.2
浓缩奶（加糖与不加糖）、脱脂乳、浓缩脱脂乳（加糖与不加糖）	190	30	2.8	190	11	0.4
脱水乳粉（全脂或脱脂）	580	85	4.3	580	32	1.2
鸡精、蔬菜高汤、酵母提取液	3500	500	50.0	3500	192	7.2
面粉（小麦）	290	40	4.2	290	16	—
溶解乳粉	1170	165	16.7	1170	64	—
上文没有规定的其他固体食品包括婴幼儿罐装食品、婴幼儿谷物辅食	290	40	4.2	290	16	—
液体食品包括蔬菜汁、果汁、浓缩果汁、果汁糖浆、调味果汁糖浆（根据稀释计算）	180	25	2.5	180	9.6	—

注：* 是指该物质必须用以下规定方式表达其 mg 或 μg 单位。

a. 维生素 A 的 1 个国际单位等同于 0.3μg 的视黄醇；

b. 维生素 D 的 1 个国际单位等同于 0.025μg 的维生素 D_2、维生素 D_3；

c. 维生素 E 的 1 个国际单位等同于 1μg DL－α－生育酚乙酸酯。

表 3–3.11　营养强化剂的最大允许日常摄入剂量

营养强化剂名称	最大允许日常摄入量
维生素 A	5000μg
硫胺素	2.2mg
核黄素	3.2mg
吡哆醇（维生素 B_6）	4mg
生物素	400μg
泛酸	14mg
烟酸	22mg
抗坏血酸	100mg
维生素 D	800μg
维生素 E	50μg
钙	1.4g
碘	200μg
铁	20mg
磷	1.4g
叶酸	400μg
维生素 B_{12}	3μg

3–4 印度尼西亚食品添加剂种类及最大使用限量

表 3–4.1 食品组代码

食品组代码	食品种类
01.1	牛奶和以牛奶为基础的饮料
01.1.1	牛奶和酪乳（纯）
01.1.1.1	乳（原味）
01.1.1.2	酪乳（原味）
01.1.2	乳制品或发酵乳制品饮料（如牛奶巧克力、酸奶饮料、乳清饮料）
01.2	用肾素酶水解的发酵乳和乳制品（纯）、除了 01.1.2 类食品
01.2.1	发酵乳（纯）
01.2.1.1	没有加热的发酵乳制品（纯）
01.2.1.2	加热的发酵乳制品（纯）
01.2.2	用肾素酶凝固的牛奶（纯）
01.3	炼乳及其类似物（纯）
01.3.1	炼乳（纯）
01.3.2	奶精饮料（不是牛奶）
01.4	奶油（纯）及其类似物
01.4.1	巴氏灭菌的奶油（纯）
01.4.2	UHT 法灭菌的奶油、搅打的奶油、低脂奶油（纯）
01.4.3	附聚的奶油（纯）
01.4.4	奶油类似物
01.5	奶粉和奶油粉及其粉末类似物（纯）
01.5.1	奶粉和奶油粉（纯）
01.5.2	牛奶和奶油粉的类似物
01.6	奶酪及其类似物
01.6.1	无固化奶酪（生奶酪）
01.6.2	干酪
01.6.2.1	总干酪、包括奶酪皮
01.6.2.2	成熟奶酪皮
01.6.2.3	奶酪粉（如在制作奶酪酱时用于复溶）
01.6.3	乳清干酪
01.6.4	处理过的奶酪
01.6.4.2	经过加工的奶酪、加入了水果、蔬菜或肉类
01.6.5	奶酪类似物
01.6.6	乳清蛋白奶酪
01.7	用乳制品制成的甜点（如布丁、酸奶或水果酸奶）
01.8	乳清及乳清制品、除了乳清干酪
01.8.1	乳清液及其产品、乳清乳酪除外

表 3–4.1（续）

食品组代码	食品种类
01.8.2	乳清粉及其制品、乳清乳酪除外
02.0	脂肪、油和油乳剂
02.1	不含水的油脂（食用）
02.1.1	无水乳脂（AMF）、无水黄油和奶油、酥油
02.1.2	脂肪和植物油
02.1.3	猪脂肪、牛脂、羊脂、鱼油等动物脂肪
02.2	脂肪乳剂，尤其水包油型乳剂
02.2.1	脂肪含量不低于 80% 的脂肪乳制品
02.2.1.1	黄油和浓缩黄油
02.2.1.2	人造黄油及其类似产品
02.2.1.3	人造黄油和黄油的混合物
02.2.2	小于 80% 的含脂乳液
02.3	水包油型脂肪乳液，包括具有或剩余的脂肪乳液产品的混合物
02.4	用脂肪制成的甜点，不包括 01.7 类别的用乳制品制成的甜点
03.0	冰冻食品（食用冰），包括冰冻果子露和果汁冰糕
04.1.1	新鲜水果
04.1.1.2	经过整体与表面处理的新鲜水果
04.1.1.3	去皮或切割过的新鲜水果
04.1.2	处理过的水果
04.1.2.1	冷冻水果
04.1.2.2	干果
04.1.2.3	醋、油和盐溶液里面的水果
04.1.2.4	包装水果（巴氏灭菌 / 灭菌）
04.1.2.5	果冻和果酱
04.1.2.6	水果为主的产品（如酸辣酱），不包括 04.1.2.5 类产品
04.1.2.7	含糖水果
04.1.2.8	以水果为主的原材料，包括果肉、果酱、水果顶饰和椰奶
04.1.2.9	水果甜点（点心），包括用水果制成的甜点和水果味甜点
04.1.2.10	发酵水果制品
04.1.2.11	水果糕点制品
04.1.2.12	成熟水果
04.2.1	新鲜的蔬菜、豆类和谷物
04.2.1.2	新鲜涂有釉料或蜡、或用可作为保护剂的其他食品添加剂处理、有助于保持蔬菜的新鲜度和质量的蔬菜、豆类和谷类
04.2.1.3	被剥皮、切割或切碎（尽量最小）的新鲜蔬菜、豆类和谷物
04.2.2	经过加工的蔬菜、海藻、豆类和谷物
04.2.2.1	冷冻的蔬菜、坚果和谷物

表 3-4.1（续）

食品组代码	食品种类
04.2.2.2	干的蔬菜、海藻、豆类和谷物
04.2.2.3	在醋、油、盐溶液或酱油中的蔬菜和海藻
04.2.2.4	在罐头、瓶子或蒸煮袋中的蔬菜
04.2.2.5	单纯用蔬菜、豆类和种子制成的产品（如花生酱）
04.2.2.6	以蔬菜、坚果和谷物为原材料的产品（如甜点和蔬菜酱、含糖蔬菜）、不包括 04.2.2.5 类产品
04.2.2.7	蔬菜发酵产品（包括蘑菇、根和块茎、豆类和芦荟）和海藻、不包括 12.10 类食品
04.2.2.8	煮熟的蔬菜和海藻
05.0	棉花糖 / 糖果和巧克力
05.1	可可和巧克力制品，包括模拟巧克力和巧克力替代品
05.1.1	可可粉和可可块 / 可可饼
05.1.2	可可混合糖浆 / 可可混合物（糖浆）
05.1.3	用可可涂抹的食品、包括馅（填充）
05.1.4	可可和巧克力制品
05.1.5	模拟巧克力 / 替代巧克力产品
05.2	棉花糖 / 糖果，包括硬糖和软糖、牛轧糖等，不包括 05.1、05.3 和 05.4 类产品
05.2.1	硬糖果 / 硬糖
05.2.2	软糖
05.3	橡胶糖果 / 口香糖
05.4	装饰品（如面包店里的装饰品）、顶饰（非水果）和甜酱
06.1	五谷杂粮、包括米饭
06.2	面粉和淀粉
06.2.1	面粉
06.2.2	淀粉
06.3	早餐谷物、包括燕麦片
06.4	意面和面条及类似产品（如米纸、粉丝）、豆酱面条
06.4.1	意面和生面条及类似产品
06.4.2	意面和面条以及类似的面食产品
06.4.3	意面和预煮好的面条及类似产品
06.5	用谷物和淀粉制成的甜点（如八宝粥、木薯布丁）
06.6	面粉香料（如涂在鱼或鸡肉表面的）
06.7	年糕
06.8	豆制品
06.8.1	大豆饮料
06.8.2	大豆液体的薄层
06.8.3	新鲜的豆腐
06.8.4.1	用浓酱加工的半干豆腐
06.8.4	半干的豆腐

表 3-4.1（续）

食品组代码	食品种类
06.8.5	豆腐干
06.8.6	发酵的大豆
06.8.7	发酵的豆腐（如大豆奶酪）
07.0	烘焙食品
07.1	面包、新鲜烘焙产品和预混料
07.1.2	饼干、不包括甜饼干
07.1.3	其他烘焙产品（如百吉饼、英式松饼）
07.1.4	类似面包产品、包括面包馅和面包粉
07.1.6	新鲜面包和新鲜烘焙食品的预混料
07.2	特别焙烤制品（甜的、咸的、美味的）
07.2.1	蛋糕、曲奇饼和派饼（水果馅或蛋奶馅）
07.2.2	其他特殊的面包产品（如甜甜圈、甜面包卷、烤饼和松饼）
07.2.3	用于特殊烘焙产品的预混料（如蛋糕、煎饼）
08.0	肉类及肉制品、包括家禽肉和野味类
08.1	生的肉类、家禽和野味肉
08.1.1	以整体或碎片的形式存在的生的肉类、家禽和野味肉
08.1.2	被捣碎生的肉类、家禽和野味肉
08.2	加工的肉制品、家禽和野禽的全部或片段的形式
08.2.3	加工的肉制品、以整体或部分冷冻的家禽和野味肉（加工、储存以冷冻形式交易）
08.3	加工的肉制品、被捣碎的家禽和野禽
08.3.1.1	被捣碎腌制及还没烹饪的肉类、家禽和野味肉
08.3.1.2	被捣碎腌制及无需烹饪的肉类、家禽和野味肉
08.3.1.3	被捣碎发酵，不经热处理的肉类、家禽和野味肉
08.3.2	被捣碎，并进行热处理的肉类、家禽肉和野味肉
08.3.3	被捣碎加工，并进行冷冻处理的肉类、家禽和野味肉
08.4	可食性包装（可食用的)(例如，香肠肠衣）
09.0	鱼和渔业产品，包括软体动物、甲壳类动物、棘皮动物、两栖动物和爬行动物
09.1	新鲜的鱼及渔业产品，包括软体动物、甲壳类动物和棘皮动物、两栖动物和爬行动物
09.1.1	新鲜的鱼
09.1.2	新鲜的软体动物、甲壳类动物和棘皮类动物
09.2	鱼类和其他水产品，包括已经进行了处理的软体动物、甲壳类动物和棘皮动物
09.2.1	鱼类及渔业产品，包括冻结的软体动物、甲壳类动物和棘皮动物
09.2.2	鱼类及渔业产品，包括用面粉冷冻的软体动物、甲壳类动物和棘皮动物
09.2.3	粉碎（剁碎）和用酒腌制的鱼类产品（包括冻结的软体动物、甲壳类动物和棘皮动物）
09.2.4	鱼类和渔业产品，包括蒸、煮、炒或烤的软体动物、甲壳类动物和棘皮类动物
09.2.4.1	清蒸或水煮的鱼类和渔业产品
09.2.4.2	清蒸或水煮的软体动物、甲壳类动物和棘皮动物

表 3-4.1（续）

食品组代码	食品种类
09.2.4.3	鱼和渔业产品，包括经过炸或烤（烤箱或煤）的软体动物、甲壳类动物和棘皮动物
09.2.5	鱼类和渔业产品，包括熏制、干燥、发酵的软体动物、甲壳类动物和棘皮动物
09.3	鱼和渔业产品，包括软体动物、甲壳类和棘皮动物
09.3.1	鱼和渔业产品，包括用香料腌制或在冻胶里的软体动物、甲壳类动物和棘皮动物
09.3.2	鱼类和渔业产品，包括被加工成派克或浸泡在盐水溶液中的软体动物、甲壳类动物和棘皮动物
09.3.3	替代鲑鱼、鱼子酱及其他鱼子产品
09.3.4	鱼和渔业产品，包括半保存的软体动物、甲壳类动物和棘皮动物 （例如，鱼酱）
09.4	保藏的鱼和鱼制品、罐装或发酵的鱼类和渔业产品，包括软体动物、甲壳类和棘皮动物
10.1	新鲜的鸡蛋
10.2	蛋制品
10.2.1	液体蛋制品
10.2.2	冷冻蛋制品
10.2.3	干燥或加热至凝固的蛋制品
10.3	保存的鸡蛋、包括传统保鲜（碱化、腌制和罐头）的蛋制品
10.4	用鸡蛋制成的甜点（如乳蛋糕）
11.1	原糖和精制糖（精制）
11.1.1	无水葡萄糖、含水葡萄糖、果糖
11.1.2	糖粉、葡萄糖粉
11.1.3	绵白糖（绵白糖）、软红糖（软红糖）、葡萄糖浆、干葡萄糖浆、原糖
11.1.5	白砂糖
11.2	红糖（不包括 11.1.3 类食品）
11.3	糖和糖浆溶液以及转化糖（部分）(包括糖蜜，但不包括 11.1.3 类产品）
11.4	糖和其他糖浆（如木糖、枫糖浆、装饰糖），包括各种表糖浆（如枫糖浆）、用于装饰面包和冰产品的糖浆（焦糖糖浆、调味糖浆）和用于蛋糕装饰的糖（如用于曲奇饼的彩色糖晶体）
11.5	蜂蜜
11.6	甜味剂（包括人造甜味剂和一些含有高强度甜味剂的糖精）
12.0	盐、香料、汤、调味汁、沙拉、蛋白质产品
12.1	蛋白质产品
12.1.1	盐
12.1.2	盐的替代品
12.2	草药、香料和调味品（如方便面调味料）
12.2.1	草药和香料
12.2.2	调味料和调味品
12.3	醋
12.4	芥末
12.5	清汤和肉汤

表 3-4.1（续）

食品组代码	食品种类
12.5.1	快餐汤和肉汤（包括冷藏的罐装、瓶装汤）
12.5.2	粉和汤的混合物或肉汤
12.6	酱油及类似产品
12.6.1	乳化酱（如蛋黄酱、沙拉酱）
12.6.2	非乳化酱（如番茄酱、芝士酱、奶油酱、巧克力酱）
12.6.3	调味酱和肉汁
12.6.4	清酱（如鱼酱）
12.7	沙拉主题产品（如通心粉沙拉、土豆沙拉）和三明治（不包括类别为 04.2.2.5 和 05.1.3 的巧克力和坚果类产品）
12.8	酵母及类似产品
12.9	来自大豆的香料和调味品
12.9.2	酱油
12.9.2.1	发酵酱油
12.9.2.2	非发酵酱油
12.9.2.3	其他酱油
13.1.1	婴儿配方奶粉
13.1.2	高级配方
13.1.3	婴儿特殊医疗用途配方
13.2	处于婴儿阶段的婴幼儿食品
13.3	用于健康目的的特殊膳食食品，包括婴儿和儿童的（13.1 类食品除外）
13.4	用于减肥目的的特殊膳食食品
13.5	减肥食品（如膳食补充食品，不包括 13.1、13.2、13.3、13.4 和 13.6 类产品）
13.6	补品
14.0	饮料（不包括乳制品）
14.1.2	水果汁和蔬菜汁
14.1.2.1	果汁
14.1.2.2	蔬菜汁
14.1.2.3	浓缩果汁
14.1.2.4	浓缩蔬菜汁
14.1.3	水果花蜜和蔬菜花蜜
14.1.3.1	水果花蜜
14.1.3.2	蔬菜花蜜
14.1.3.3	浓缩水果花蜜
14.1.3.4	浓缩蔬菜花蜜
14.1.4	饮用水饮料，包括电解质运动型饮料和颗粒饮料
14.1.4.1	碳酸饮料
14.1.4.2	非碳酸饮料

表 3–4.1（续）

食品组代码	食品种类
14.1.4.3	饮用浓缩液（液体或固体）
14.1.5	咖啡、咖啡替代品、茶、浸泡草药、热麦片和谷物饮料，巧克力除外
14.2	酒精饮料（包括不含酒精或低酒精的类似饮料）
14.2.1	啤酒和麦芽饮料
14.2.2	苹果酒及梨酒
14.2.3	葡萄酒
14.2.3.1	无泡葡萄酒
14.2.3.2	气泡酒
14.2.3.3	加烈葡萄酒、甜葡萄酒
14.2.4	水果酒
14.2.5	蜂蜜酒
14.2.6	含有多于 15% 的乙醇酒精饮料
14.2.7	酒精味饮料（如啤酒、葡萄酒、冷却烈酒、低酒精清新剂）
15.0	零食
15.1	用土豆、谷物、面粉或淀粉（来自块茎和豆类）制成的零食食品
15.2	加工坚果、包括涂层的坚果和坚果混合物（如干果）

表 3–4.2　添加剂允许使用的食品组代码及最大使用限量

食品组代码	添加剂最大使用限量 /（mg/kg）
INS.385 二乙基乙二胺四乙酸钙（乙二胺四乙酸钙二钠）	
02.2.1、12.4、12.6.2、12.9.2	75
02.2.2、04.1.2.2、04.1.2.5、04.1.2.6、04.1.2.11、04.2.2.1、12.6.1	100
04.2.2.2	200
04.2.2.3、04.2.2.4、04.2.2.5、04.2.2.8、04.2.2.7	250
04.2.2.6	80
05.1.3	50
06.5	300
11.6	1000
12.2	70
14.1.4.1、14.1.4.2、14.1.4.2	33
INS.384 柠檬酸异丙酯	
02.1.2、02.2.1.2、02.2.2	100
02.1.3	200

表 3–4.2（续）

食品组代码	添加剂最大使用限量 /（mg/kg）
INS.576 葡萄糖酸钠；INS.577 葡萄糖酸钾	
01.1.2、01.3、01.4.3、01.4.4、01.5、01.6.1、01.6.2、01.6.4、01.6.5、01.7、01.8.1、02.2.2、02.3、02.4、03.0、04.1.2、04.2.2.2、04.2.2.3、04.2.2.4、04.2.2.5、04.2.2.6、04.2.2.8、05.0、06.3、06.4.3、06.5、06.6、06.7、06.8、07.0、08.2、08.3、08.4、09.3、09.4、10.2.3、10.3、10.4、11.6、12.2.2、12.3、12.4、12.5、12.6、12.7、12.8、12.9、12.1、13.4、13.5、13.6、14.1.4、14.2.1、14.2.2、14.2.4、14.2.5、14.2.6、14.2.7、15.0	GMP
13.3	GMP（婴儿用品除外）
INS.325 乳酸钠；INS.326 乳酸钾；INS. 350（ⅰ）苹果酸钠（苹果酸氢钠）、INS. 350（ⅱ）苹果酸钠；INS.422 甘油；INS.1200 改性聚葡萄糖	
01.5、01.7、02.2.1.2、03.0、04.1.2、04.2.2.2、04.2.2.3、04.2.2.4、04.2.2.5、04.2.2.6、04.2.2.7、05.0、06.3、07.0、08.2、08.3、08.4、09.3、09.4、13.4、13.6、15.0	GMP
13.5	GMP（婴儿用品除外）
INS.1518 甘油三乙酸酯	
01.3、01.4.3、01.4.4、01.6.1、01.6.2、01.6.4、01.6.5、01.7、02.4、04.1.2、04.2.2.5、04.2.2.6、05.0、06.5、06.7、07.0、08.2、08.3、09.2、09.3、10.4、12.2.2、12.4、12.5、12.6、12.7、15.0	GMP
INS.200 山梨酸；INS.201 山梨酸钠；INS.202 山梨酸钾；INS.203 山梨酸钙	
01.1.1、01.2.2、01.7、02.2.1.2、02.2.1.3、02.3、02.4、04.1.2.6、04.1.2.8、04.1.2.9、04.1.2.11、04.1.2.12、04.2.2.3、04.2.2.5、04.2.2.6、04.2.2.7、04.2.2.8、05.1、05.2、05.3、05.4、06.2、06.4.1、06.5、06.6、06.7、07.0、08.2、08.3、09.2.1、09.2.2、09.2.3、09.2.4.1、09.2.4.2、09.2.5、09.3、11.4、12.2、12.5、12.6、12.7、12.9.2.3、12.1、14.1.2.3、14.1.2.4、14.1.3.3、14.1.3.4、14.1.4	1000
01.3.2、14.2	200
01.6.4	3000
02.2.2	2000
03.0、04.1.2.2、04.1.2.5、04.1.2.7、04.1.2.10、04.2.2.2、15.1、15.2	500
04.1.1、04.1.2.1	375
13.6	1000（除了根据其他食品类别形成和输入的补充剂）
14.1.5	1000（用于即饮产品）
INS.210 苯甲酸；INS.211 苯甲酸钠；INS.212 苯甲酸钾；INS.213 苯甲酸钙	
01.7、04.1.2.5、04.1.2.9	200
02.2.1.2、02.2.1.3、02.2.2、02.3、02.4、04.1.2.6、04.1.2.8、09.3.2、12.6、12.7、12.9.3.2、14.1.3.3	1000
04.1.2.10、04.1.2.11、04.2.2.5、04.2.2.6、04.2.2.7、05.1.3、05.1.5、05.2、05.3、05.4、06.5、12.5	500
04.1.2.12	350
09.4、11.4	1000（不包括罐头）

表 3—4.2（续）

食品组代码	添加剂最大使用限量 /（mg/kg）
12.2.2、12.9.2.2、14.1.2.1、14.1.2.2、14.1.2.3、14.1.3.4、14.1.4.3、14.2.7	600
13.6	600（除了根据其他食品类别形成和输入的补充剂）
14.1.4.1、14.1.4.2	400mg/kg（除了在服用 900mg/kg 之前需要稀释的液体）
14.1.5	600（用于即饮液体产品）
INS.214 对羟基苯甲酸乙酯	
04.1.2.5	1000
INS.218 对羟基苯甲酸甲酯	
04.1.2.3、06.4.3、12.9.2.3	250
04.1.2.5、12.6.2、12.6.4、14.1.2.1、14.1.2.2	1000
06.4.1	500
12.2.2、12.9.2.1、12.9.2.2、12.1	600
14.1.5	450（用于即饮液体产品）
INS.220 二氧化硫；INS.221 亚硫酸钠；INS.222 亚硫酸氢钠；INS.223 偏亚硫酸氢钠；INS.224 偏亚硫酸氢钾；INS.225 亚硫酸钾；INS.227 硫化氢钙（亚硫酸钙）；INS.228 亚硫酸氢钾	
04.1.1.2	30
04.1.2.2、04.1.2.3、04.1.2.6、04.1.2.7、04.1.2.8、04.1.2.9、04.1.2.10、04.2.2.2、04.2.2.3、04.2.2.7、05.4、12.3	100
04.1.2.5、04.1.2.11、04.2.2.1、07.2.1、14.1.2.3、14.1.2.4、14.1.3.3、14.1.3.4、14.2、15.1	50
04.2.2.5、12.6、12.9.2.3	300
04.2.2.6、04.2.2.8、12.2	200
06.2	70
06.4.3、11.1.3	20
09.4	200（不包括罐头）
11.1.2、11.1.5	15
11.2、11.4	40
12.4	250（除了使用芥菜干混 500mg/kg）
INS.234 乳链菌素	
01.6	12.5
INS.249 亚硝酸钾；INS.250 亚硝酸钠	
01.6	20
08.2、08.3	30
INS.251 硝酸钠；INS.252 硝酸钾	
01.6、08.2、08.3	50

表 3—4.2（续）

食品组代码	添加剂最大使用限量 /（mg/kg）
INS.280 丙酸；INS.281 丙酸钠；INS.282 丙酸钙；INS.283 丙酸钾	
01.1.2	2500
01.6.4、02.2.2、04.1.2.6、07.0、12.6.1、14.1.2	2000
04.1.2.5	1000
INS.1105 盐酸酶（盐酸溶菌酶）	
01.6.2	GMP
14.2.2、14.2.3	500
INS.300 维生素（L— 抗坏血酸 C）；INS.302 抗坏血酸钙	
01.1、01.2、01.3、01.4、01.5、01.6、01.7、01.8.1、02.2.1、02.2.2、02.3、02.4、03.0、04.1.2、04.2.2、05.0、06.2、06.3、06.4、06.5、06.6、06.7、06.8、07.0、08.1、08.2、08.3、08.4、09.0、10.2.3、10.3、10.4、11.1、11.5、11.6、12.2.2、12.3、12.4、12.5、12.6、12.7、12.8、12.9、12.1、13.4、13.5、13.6、14.0、15.0	GMP
13.1.2	10mg/L（以即食产品计算）
13.3	GMP（婴儿用品除外）
INS.301 抗坏血酸钠；INS.303 抗坏血酸钾	
01.1、01.2、01.3、01.4、01.5、01.6、01.7、01.8.1、02.2.1、02.2.2、02.3、02.4、03.0、04.1.2、04.2.2、05.0、06.2、06.3、06.4、06.5、06.6、06.7、06.8、07.0、08.1、08.2、08.3、08.4、09.0、10.2.3、10.3、10.4、11.1、11.5、11.6、12.2.2、12.3、12.4、12.5、12.6、12.7、12.8、12.9、12.1、13.4、13.5、13.6、14.0、15.0	1000
13.1.2	10mg/L（以即食产品计算）
13.3	1000（婴儿用品除外）
INS.304 抗坏血酸棕榈酸酯	
02.1、02.2.1.2、02.2.1.3、02.2.2、02.3、12.2.2	400
02.4	150
06.3、13.2、13.5	200
06.4.3、15.0	100
13.1.1、13.1.3	10mg/L（单一或组合是根据即食产品计算的）
13.1.2	20mg/L（以即食产品计算）
13.3	40mg/kg［以即食产品（婴儿用品除外）计算］
INS.305 硬脂酸阿扑地尔（硬脂酸抗坏血酸酯）	
02.1、02.2.1.2、02.2.1.3、02.2.2、02.3	400
02.4	150

表 3–4.2（续）

食品组代码	添加剂最大使用限量 /（mg/kg）
INS.307A d－α 生育酚（维生素 E）；INS.307B 生育酚浓缩混合物；INS.307C dl－α－生育酚；INS.308 加马生育酚	
01.1.2、01.3、01.4、01.5、01.6、01.7、01.8、02.1.1、02.1.2、02.2.1.2、02.2.1.3、02.2.2、02.3、02.4、03.0、04.1.2、04.2.2、05.0、06.2、06.3、06.4、06.5、06.6、06.7、06.8、07.0、08.2、08.3、08.4、09.2、09.3、09.4、10.2、10.3、10.4、12.0、13.4、13.5、13.6、14.1.2、14.1.3、14.1.4、14.2、15.0	GMP
13.1.1、13.1.3	10mg/L（单一或组合、按即食产品计算，仅限于浓缩的混合生育酚）
13.1.2	20mg/L、以即食产品计算
13.2	300mg/kg 脂肪
13.3	GMP（婴儿用品除外）
INS.310 没食子酸丙酯	
02.1.1	100
02.1.2、02.1.3、02.2.1.2、02.2.1.3	200
02.2.2、12.5.2	200mg/kg（脂肪）
INS.315 恶臭酸（抗坏血酸）；INS.316 枸橼酸钠（异抗坏血酸钠）	
04.1.2.8	150
08.0	500
09.0	400
INS.319 叔丁基氢醌（TBHQ）	
02.1.2	180
02.1.3、02.2.1.2	200
02.2.1.3	150
02.2.2	140
06.4.3、15.1、15.2	180mg/kg（脂肪）
INS.320 丁基羟基二醇（BHA、丁基化羟基苯甲醚）；INS.321 丁基羟基甲苯（BHT）	
02.1.1、02.2.1.2	75
02.1.2、06.3、09.2.5、09.3、12.6.1、12.6.2、12.9.2.3	100
02.1.3、02.2.1.3、02.3、02.4、04.2.2.2、04.2.2.5、05.1.4、05.1.5、05.3、06.4.3	200
02.2.2、15.1	100mg/kg（脂肪）
INS.400 海藻酸；INS.401 藻酸钠（海藻酸钠）	
01.1.1.2	6000
01.1.2、01.3、01.4.3、01.4.4、01.5、01.6.1、01.6.2、01.6.4、01.6.5、01.8.1、02.1.2、02.1.3、02.2.2、02.3、02.4、03.0、04.1.2、04.2.2.1、04.2.2.2、04.2.2.3、04.2.2.4、04.2.2.5、04.2.2.6、04.2.2.7、04.2.2.8、05.0、06.3、06.4.2、06.4.3、06.5、06.6、06.7、06.8、07.0、08.2、08.3、08.4、09.2.2、09.3、09.4、10.2.3、10.3、10.4、11.6、12.1、12.2.2、12.3、12.4、12.5、12.6、12.7、12.8、12.9、13.4、13.5、13.6、14.1.4、14.2.1、14.2.2、14.2.4、14.2.5、14.2.6、14.2.7、15.0	GMP

表 3—4.2（续）

食品组代码	添加剂最大使用限量 /（mg/kg）
01.2.1.2、01.4.2、09.2.1、13.2	5000
01.4.1	1000
01.7、11.4	10000
13.3	GMP（婴儿用品除外）
INS.402 藻酸钾（海藻酸钾）	
01.1.1.1	5000（新鲜牛奶除外）
01.1.1.2	6000
01.1.2、01.3、01.4.3、01.4.4、01.5、01.6.1、01.6.2、01.6.4、01.6.5、01.7、01.8.1、02.1.2、02.1.3、02.2.2、02.3、02.4、03.0、04.1.1.2、04.1.2、04.2.1.2、04.2.2.2、04.2.2.3、04.2.2.4、04.2.2.5、04.2.2.6、04.2.2.8、05.0、06.3、06.4.2、06.4.3、06.5、06.6、06.7、06.8、07.0、08.2、08.3、08.4、09.3、09.4、10.2.3、10.3、10.4、11.6、12.1、12.2.2、12.3、12.4、12.5、12.6、12.7、12.8、12.9、13.4、13.5、13.6、14.1.4、14.2.1、14.2.2、14.2.3.2、14.2.4、14.2.5、14.2.6、14.2.7、15.0	GMP
01.2.1.2、01.4.2、09.2.1	5000
01.4.1	1000
11.4	10000
13.3	GMP（婴儿用品除外）
INS.404 藻酸钙（海藻酸钙）	
01.1.1.2、10.2.1、10.2.2	6000
01.2.1.2、01.4.2、09.2.1	5000
01.4.1	1000
01.1.2、01.3、01.4.3、01.4.4、01.5、01.6.1、01.6.2、01.6.4、01.6.5、01.7、01.8.1、02.1.2、02.1.3、02.2.2、02.3、02.4、03.0、04.1.1.2、04.1.2、04.2.1.2、04.2.2.2、04.2.2.4、04.2.2.5、04.2.2.6、04.2.2.8、05.0、06.3、06.4.2、06.4.3、06.5、06.6、06.7、06.8、07.0、08.2、08.3、08.4、09.3、09.4、10.2.3、10.3、10.4、11.6、12.1、12.2.2、12.3、12.4、12.5、12.6、12.7、12.8、12.9、13.4、13.5、14.1.4、14.2.1、14.2.2、14.2.3.2、14.2.4、14.2.5、14.2.6、14.2.7、15.0	GMP
04.2.2.3	500
11.4	10000
13.3	GMP（婴儿用品除外）
INS.406 琼脂	
01.1.1	4000（新鲜牛奶除外）
01.1.2、01.3、01.4.1、01.4.3、01.4.4、01.5、01.6、01.7、01.8.1、02.1.2、02.1.3、02.2.2、02.3、02.4、03.0、04.1.1.3、04.1.2、04.2.1.2、04.2.1.3、04.2.2.1、04.2.2.2、04.2.2.3、04.2.2.4、04.2.2.5、04.2.2.6、04.2.2.8、05.0、06.3、06.4.2、06.4.3、06.5、06.6、06.7、06.8、07.0、08.2、08.3、08.4、09.2.2、09.2.3、09.2.4、09.2.5、09.3、09.4、10.2、10.3、10.4、11.4、11.6、12.1、12.1.2、12.2.1、12.2.2、12.3、12.4、12.5、12.6、12.7、12.8、12.9、13.2、13.4、13.5、14.1.4、14.1.5、14.2.1、14.2.2、14.2.4、14.2.5、14.2.6、14.2.7、15.0	GMP

表 3-4.2（续）

食品组代码	添加剂最大使用限量 /（mg/kg）
01.2、01.4.2	5000
09.2.1	2000（仅用于表层）
13.3	GMP（婴儿用品除外）
INS.407 角叉菜胶	
01.1.1.1	10000（新鲜牛奶除外）
01.1.1.2	6000
01.1.2、01.3、01.4.3、01.4.4、01.5、01.6、01.7、01.8.1、02.1.2、02.1.3、02.2.2、02.3、02.4、03.0、04.1.1.2、04.1.1.3、04.1.2、04.2.1.2、04.2.1.3、04.2.2.1、04.2.2.2、04.2.2.3、04.2.2.4、04.2.2.5、04.2.2.6、04.2.2.8、05.0、06.3、06.4.3、06.5、06.6、06.7、06.8、07.0、08.2、08.3、08.4、09.2.2、09.2.3、09.2.4、09.2.5、09.3、09.4、10.2、10.3、10.4、11.6、12.1、12.1.2、12.2.2、12.3、12.4、12.5、12.6、12.7、12.8、12.9、13.4、13.5、13.6、14.1.4、14.1.5、14.2.1、14.2.2、14.2.4、14.2.5、14.2.6、14.2.7、15.0	GMP
01.2、01.4.2、11.4	5000
01.4.1	500
13.1.2	300mg/L（单一或组合、仅适用于基于牛奶和大豆的高级配方、以即食产品计算）；1000mg/L（单独或组合、仅用于基于蛋白质水解产物或氨基酸的液体形式的高级配方、根据产品准备消耗）
13.3	GMP（婴儿用品除外）
INS.407A 加工的桉树海藻	
01.1.2、01.3、01.4.1、01.4.3、01.4.4、01.5、01.6.1、01.6.2、01.6.4、01.6.5、01.7、01.8.1、02.1.2、02.1.3、02.2.2、02.3、02.4、03.0、04.1.1.2、04.1.2、04.2.1.2、04.2.2.2、04.2.2.3、04.2.2.4、04.2.2.5、04.2.2.6、04.2.2.8、05.0、06.3、06.5、06.6、06.7、06.8、07.0、08.2、08.3、08.4、09.2.3、09.3、09.4、10.2.3、10.3、10.4、11.6、12.2.1、12.2.2、12.3、12.4、12.5、12.6、12.7、12.8、12.9、12.1、13.4、13.5、13.6、14.1.4、14.1.5、14.2.1、14.2.2、14.2.4、14.2.5、14.2.6、14.2.7、15.0	GMP
01.2、01.4.2、09.2.1、09.2.2、09.2.4.1	5000
06.4.2、06.4.3、	8330
13.3	GMP（婴儿用品除外）
INS.418 结冷胶	
01.1.1	GMP（新鲜牛奶除外）
01.1.2、01.2.1.2、01.3、01.4、01.5、01.6.1、01.6.2、01.6.4、01.6.5、01.7、01.8.1、02.1.2、02.1.3、02.2.2、02.3、02.4、03.0、04.1.2、04.2.1.2、04.2.1.3、04.2.2.1、04.2.2.2、04.2.2.3、04.2.2.4、04.2.2.5、04.2.2.6、04.2.2.8、05.0、06.3、06.4.2、06.4.3、06.5、06.6、06.7、06.8、07.0、08.2、08.3、08.4、09.2、09.3、09.4、10.2.1、10.2.2、10.2.3、10.3、10.4、11.6、12.1.2、12.2.1、12.2.2、12.3、12.4、12.5、12.6、12.7、12.8、12.9、12.1、13.2、13.4、13.5、13.6、14.1.4、14.1.5、14.2、15.0	GMP

表 3-4.2（续）

食品组代码	添加剂最大使用限量 /（mg/kg）
11.3、11.4	500
13.3	GMP（婴儿用品除外）
INS.428 明胶	
01.1.2、01.5.1、02.4、04.1.2.9、05.0、12.6.3、14.1.4.1	GMP
01.6、01.7	5000
03.0	50000
INS.440 果胶	
01.1.1	GMP（新鲜牛奶除外）
01.1.2、01.2.1.1、01.2.2、01.3、01.4.3、01.4.4、01.5、01.6.1、01.6.2、01.6.4、01.6.5、01.7、01.8.1、02.1.2、02.1.3、02.2.2、02.3、02.4、03.0、04.1.2、04.2.1.2、04.2.1.3、04.2.2.2、04.2.2.3、04.2.2.4、04.2.2.5、04.2.2.6、04.2.2.8、05.0、06.2.1、06.3、06.4.2、06.4.3、06.5、06.6、06.7、06.8、07.0、08.2、08.3、08.4、09.2.3、09.2.4、09.2.5、09.3、09.4、10.2、10.3、10.4、11.4、11.6、12.1.2、12.2.1、12.2.2、12.3、12.4、12.5、12.6、12.7、12.8、12.9、12.1、13.4、13.5、13.6、14.1.4、14.1.2.1、14.1.2.3、14.1.3.1、14.1.3.3、14.1.5、14.2、15.0	GMP
01.2.1.2	10
01.4.2	5000
04.2.2.1	20
09.2.1	20000（用于水果、蔬菜、肉类或鱼类的装饰）
09.2.2	GMP（用于水果、蔬菜、肉类或鱼类的装饰）
13.1.2	10000mg/L（即食产品）
13.2	20000
13.3	GMP（婴儿用品除外）
INS.170（ⅰ）碳酸钙	
01.1.2、01.3、01.4.3、01.4.4、01.5、01.6.1、01.6.2、01.6.4、01.6.5、01.7、01.8.1、02.2.2、02.3、02.4、03.0、04.1.2、04.2.2.2、04.2.2.3、04.2.2.4、04.2.2.5、04.2.2.6、04.2.2.8、05.0、06.3、06.4.3、06.5、06.6、06.7、06.8、07.0、08.2、08.3、08.4、09.2.3、09.3、09.4、10.2.3、10.3、10.4、11.6、12.1.1、12.2.2、12.3、12.4、12.5、12.6、12.7、12.8、12.9、12.1、13.4、13.5、13.6、14.1.4、14.1.5、14.2.1、14.2.2、14.2.4、14.2.5、14.2.6、14.2.7、15.0	GMP
01.8.2	10000
13.3	GMP（婴儿用品除外）
INS.322（ⅰ）卵磷脂；INS.325 乳酸钠	
01.1.1.2、01.1.2、01.2.1.2、01.3、01.4、01.5、01.6.1、01.6.2、01.6.4、01.6.5、01.7、01.8.1、02.1.2、02.1.3、02.2.2、02.3、02.4、03.0、04.1.2、04.2.1、04.2.2.2、04.2.2.3、04.2.2.4、04.2.2.5、04.2.2.6、04.2.2.8、05.0、06.3、06.4.3、06.5、06.6、06.7、06.8、07.0、08.2、08.3、08.4、09.3、09.4、10.2、10.3、10.4、11.6、12.2.2、12.3、12.4、12.5、12.6、12.7、12.8、12.9、12.1、13.2、13.4、13.5、13.6、14.1.4、14.2.1、14.2.2、14.2.4、14.2.5、14.2.6、14.2.7、15.0	GMP

表 3—4.2（续）

食品组代码	添加剂最大使用限量 /（mg/kg）
01.2.1.1	2000
08.1.2	20000
13.3	GMP（婴儿用品除外）
INS.327 乳酸钙	
01.1.2、01.3、01.4.1、01.4.3、01.4.4、01.5、01.6.1、01.6.2、01.6.4、01.6.5、01.7、01.8.1、02.1.2、02.1.3、02.2.1、02.2.2、02.3、02.4、03.0、04.1.2、04.2.2.2、04.2.2.3、04.2.2.4、04.2.2.5、04.2.2.6、04.2.2.8、05.0、06.3、06.4.3、06.5、06.6、06.7、06.8、07.0、08.2、08.3、08.4、09.3、09.4、10.2.3、10.3、10.4、11.6、12.2.2、12.3、12.4、12.5、12.6、12.7、12.8、12.9、12.1、13.2、13.4、13.5、13.6、14.1.4、14.2.1、14.2.2、14.2.4、14.2.5、14.2.6、14.2.7、15.0	GMP
08.1.2	6000
13.3	GMP（婴儿用品除外）
INS.331（ⅰ）柠檬酸二氢钠	
0.1.1.1	1000（新鲜牛奶除外）
01.1.2、01.2.1、01.3、01.4.3、01.4.4、01.5、01.6.1、01.6.2、01.6.4、01.6.5、01.7、01.8、02.2、02.3、02.4、03.0、04.1.2、04.2.2.2、04.2.2.3、04.2.2.4、04.2.2.5、04.2.2.6、04.2.2.8、05.0、06.3、06.4.3、06.5、06.6、06.7、07.0、08.1.2、08.2、08.3、08.4、09.0、10.2.3、10.3、10.4、11.4、11.6、12.2.2、12.3、12.4、12.5、12.6、12.7、12.8、12.9、12.1、13.4、13.5、13.6、14.1.5、14.2.1、14.2.2、14.2.4、14.2.5、14.2.6、14.2.7、15.0	GMP
01.4.2、14.1.3.1、14.1.3.3	5000
13.3	GMP（婴儿用品除外）
14.1.2.1、14.1.2.3、14.1.4、	3000
INS.331（ⅱ）柠檬酸二氢铑（柠檬酸二氢钠）；INS.331（ⅲ）柠檬酸三钠	
0.1.1.1	1000（新鲜牛奶除外）
01.1.2、01.6.4、01.8.2、02.2、03.0、04.1.2.9、05.1.4、05.2、05.3、06.4.3、06.6、07.0、08.1.2、09.1、09.2、11.4、12.2.2、12.5.2、12.6.1、12.6.2、12.9、13.5、13.6、14.1.5、15.1	GMP
01.4.2、14.1.3.1、14.1.3.3	5000
13.3	GMP（婴儿用品除外）
14.1.2.1、14.1.2.3、14.1.4.1、14.1.4.2	3000
INS.332（ⅰ）柠檬酸二氢钾；INS.332（ⅱ）柠檬酸三钾	
0.1.1.1	1000（新鲜牛奶除外）
01.1.2、01.3、01.4.3、01.4.4、01.5、01.6.1、01.6.2、01.6.4、01.6.5、01.7、01.8、02.2、02.3、02.4、03.0、04.1.2、04.2.2.2、04.2.2.3、04.2.2.4、04.2.2.5、04.2.2.6、04.2.2.8、05.0、06.3、06.4.3、06.5、06.6、06.7、07.0、08.1.2、08.2、08.3、08.4、09.0、10.2.3、10.3、10.4、11.4、11.6、12.2.2、12.3、12.4、12.5、12.6、12.7、12.8、12.9、12.1、13.4、13.5、13.6、14.1.5、14.2.1、14.2.2、14.2.4、14.2.5、14.2.6、14.2.7、15.0	GMP
01.4.2、14.1.3.1、14.1.3.3	5000

表 3-4.2（续）

食品组代码	添加剂最大使用限量 /（mg/kg）
13.3	GMP（婴儿用品除外）
14.1.2.1、14.1.2.3、14.1.4	3000
INS.339（ⅰ）磷酸二氢钠（正磷酸一钠）；INS.339（ⅱ）磷酸二氢铋（正磷酸二钠）；INS.339（ⅲ）十三磷酸三钠（正磷酸三钠）；INS.340（ⅰ）磷酸一钾（单磷酸钾）；INS.340（ⅱ）磷酸二氢钾（正磷酸二钾）；INS.340（ⅲ）磷酸三钾（正磷酸三钾）	
01.1.2、11.4	1320
01.3.1、01.3.2、01.4.1、01.4.2、01.4.4、01.8.1、02.2.1、04.1.2.10、04.2.1.2、05.1、05.4、12.2.2	880
01.5	500
01.6.1、01.6.2、01.6.4、01.6.5	9000
01.8.2	4400
02.1	44
02.2.2、02.3、07.0、08.3、13.4	2200
02.4、03.0、04.1.2.9、14.2.5、14.2.6	220
04.1.2.1、04.1.2.4	200
04.1.2.2、04.1.2.7	10
04.1.2.3、04.1.2.8	1100
04.1.2.5、04.1.2.6	530
04.2.2.1	350
05.2	250
06.3	900
06.4.2、06.4.3、06.5、09.2、09.4	2000
06.6	2500
06.8.3、08.1.2、10.2.1、10.2.2、11.6、15.0	1000
08.2.3	1650
12.5.1、14.1.2.1、14.1.2.3、14.1.3.1、14.1.3.3	400
14.1.4.1	800
14.1.4.2	1300
14.1.5	500
INS.400 海藻酸；INS.405 藻酸丙二醇酯（海藻酸丙二醇酯）	
01.7	10000
05.4	20000
08.3.2	200
14.1.4	500
INS.407 卡拉根（卡拉胶）	
01.1.1.1	10000（新鲜牛奶除外）
01.1.1.2	6000

表 3—4.2（续）

食品组代码	添加剂最大使用限量 /（mg/kg）
01.1.2、01.3、01.4.3、01.4.4、01.5、01.6、01.7、01.8.1、02.1.2、02.1.3、02.2.2、02.3、02.4、03.0、04.1.1.2、04.1.1.3、04.1.2、04.2.1.2、04.2.1.3、04.2.2.1、04.2.2.2、04.2.2.3、04.2.2.4、04.2.2.5、04.2.2.6、04.2.2.8、05.0、06.3、06.4.3、06.5、06.6、06.7、06.8、07.0、08.2、08.3、08.4、09.2.2、09.2.3、09.2.4、09.2.5、09.3、09.4、10.2、10.3、10.4、11.6、12.1.2、12.2.2、12.3、12.4、12.5、12.6、12.7、12.8、12.9、12.10、13.4、13.5、13.6、14.1.4、14.1.5、14.2.1、14.2.2、14.2.4、14.2.5、14.2.6、14.2.7、15.0	GMP
01.2、01.4.2、11.4	5000
01.4.1	500
13.1.2	300 mg/L（单一或组合、仅适用于基于牛奶和大豆的高级配方、以即食产品计算）；1000mg/L（单独或组合、仅用于基于蛋白质水解产物或氨基酸的液体形式的高级配方、根据产品准备消耗）
13.3	GMP（婴儿用品除外）
INS.410 豆科植物（槐豆胶）	
01.1.2、01.3、01.4.3、01.4.4、01.5、01.6.1、01.6.2、01.6.4、01.6.5、01.7、01.8.1、02.2.2、02.3、02.4、03.0、04.1.2、04.2.2.2、04.2.2.3、04.2.2.4、04.2.2.5、04.2.2.6、04.2.2.8、05.0、06.3、06.4.3、06.5、06.6、06.7、06.8、07.0、08.2、08.3、08.4、09.3、09.4、10.2.3、10.3、10.4、11.6、12.2.2、12.3、12.4、12.5、12.6、12.7、12.8、12.9、12.1、13.4、13.5、13.6、14.1.4、14.1.5、14.2.1、14.2.2、14.2.4、14.2.5、14.2.6、14.2.7、15.0	GMP
01.4.2	5000
13.1.2	1000 mg/L（以即食产品计算）
13.3	GMP（婴儿用品除外）
INS.412 瓜尔胶	
01.1.1	6000（新鲜牛奶除外）
01.1.2、01.2.2、01.3、01.4.1、01.4.3、01.4.4、01.5、01.6.1、01.6.2、01.6.4、01.6.5、01.7、01.8.1、02.2.2、02.3、02.4、03.0、04.1.2、04.2.1.2、04.2.1.3、04.2.2.2、04.2.2.3、04.2.2.4、04.2.2.5、04.2.2.6、04.2.2.7、04.2.2.8、05.0、06.3、06.4.2、06.4.3、06.5、06.6、06.7、06.8、07.0、08.1.2、08.2、08.3、08.4、09.2.3、09.2.4、09.2.5、09.3、09.4、10.2、10.3、10.4、11.6、12.1.2、12.2.1、12.2.2、12.3、12.4、12.5、12.6、12.7、12.8、12.9、12.1、13.4、13.5、13.6、14.1.4、14.1.5、14.2、15.0	GMP
01.2.1.2、01.4.2	5000
02.1.2、02.1.3、04.2.2.1	20000
09.2.2	2000
11.4	10000
13.3	GMP（婴儿用品除外）

表 3-4.2（续）

食品组代码	添加剂最大使用限量 /（mg/kg）
INS.413 黄芪胶（黄蓍胶）	
01.1.1.2、01.1.2、01.2.1.2、01.3、01.4.3、01.4.4、01.5、01.6.1、01.6.2、01.6.4、01.6.5、01.7、01.8.1、02.2.2、02.3、02.4、03.0、04.1.1.2、04.1.2、04.2.2.2、04.2.2.3、04.2.2.4、04.2.2.5、04.2.2.6、04.2.2.8、05.0、06.3、06.4.2、06.4.3、06.5、06.6、06.7、06.8、07.0、08.1.2、08.2、08.3、08.4、09.3、09.4、10.2.3、10.3、10.4、11.4、11.6、12.1.2、12.2.1、12.2.2、12.3、12.4、12.5、12.6、12.7、12.8、12.9、12.1、13.4、13.5、13.6、14.1.4、14.1.5、14.2.1、14.2.2、14.2.4、14.2.5、14.2.6、14.2.7、15.0	GMP
01.2.2	5000
02.1.2、02.1.3	13000
13.3	GMP（婴儿用品除外）
INS.414 阿拉伯胶	
01.1.1.2、01.1.2、01.3、01.4.3、01.4.4、01.5、01.6.1、01.6.2、01.6.4、01.6.5、01.7、01.8.1、02.2.2、02.3、02.4、03.0、04.1.2、04.2.2.2、04.2.2.3、04.2.2.4、04.2.2.5、04.2.2.6、04.2.2.8、05.0、06.3、06.4.2、06.4.3、06.5、06.6、06.7、06.8、07.0、08.2、08.3、08.4、09.3、09.4、10.2、10.3、10.4、11.4、11.6、12.1.2、12.2.1、12.2.2、12.3、12.4、12.5、12.6、12.7、12.8、12.9、12.1、13.4、13.5、13.6、14.1.4、14.1.5、14.2.1、14.2.2、14.2.4、14.2.5、14.2.6、14.2.7、15.0	GMP
01.2.1.2、01.2.2、01.4.1、01.4.2	5000
02.1.2、02.1.3	15000
13.3	GMP（婴儿用品除外）
14.2.3	300
INS.416 刺梧桐胶	
01.1.1	200（新鲜牛奶除外）
01.1.2、01.3、01.4.3、01.4.4、01.5、01.6.1、01.6.2、01.6.4、01.6.5、01.7、01.8.1、02.1.2、02.1.3、02.2.2、02.3、02.4、03.0、04.1.2、04.2.1.2、04.2.1.3、04.2.2.1、04.2.2.2、04.2.2.3、04.2.2.4、04.2.2.5、04.2.2.6、04.2.2.8、05.0、06.3、06.4.2、06.4.3、06.5、06.6、06.7、06.8、07.0、08.2、08.3、08.4、09.2、09.3、09.4、10.2、10.3、10.4、11.4、11.6、12.1.2、12.2.1、12.2.2、12.3、12.4、12.5、12.6、12.7、12.8、12.9、12.1、13.2、13.4、13.5、13.6、14.1.4、14.1.5、14.2、15.0	GMP
01.2.1.2	5000
13.3	GMP（婴儿用品除外）
INS.422 甘油	
01.1.1.2、01.1.2、01.2.1.2、01.2.2、01.3、01.4.3、01.4.4、01.5、01.6.1、01.6.2、01.6.4、01.6.5、01.7、01.8.1、02.2.2、02.3、02.4、03.0、04.1.2、04.2.2.2、04.2.2.3、04.2.2.4、04.2.2.5、04.2.2.6、04.2.2.8、05.0、06.3、06.4.3、06.5、06.6、06.7、06.8、07.0、08.1.2、08.2、08.3、08.4、09.2.1、09.2.4、09.2.5、09.3、09.4、10.2.2、10.2.3、10.3、10.4、11.4、11.6、12.1.2、12.2.1、12.2.2、12.3、12.4、12.5、12.6、12.7、12.8、12.9、12.1、13.4、13.5、13.6、14.1.4、14.1.5、14.2.1、14.2.2、14.2.4、14.2.5、14.2.6、14.2.7、15.0	GMP

表 3—4.2（续）

食品组代码	添加剂最大使用限量 /（mg/kg）
04.1.1.2、04.2.1.2、08.1.1、09.1、09.2.2、09.2.3	GMP（用于水果、蔬菜、肉类或鱼类的装饰）
13.3	GMP（婴儿用品除外）
INS.432 聚山梨醇酯 20（聚氧乙烯（20）脱水山梨醇单月桂酸酯）； INS.434 聚山梨酯 40（聚氧乙烯（20）脱水山梨糖醇单棕榈酸酯）； INS.435 聚山梨酯 60（聚氧乙烯（20）脱水山梨醇单硬脂酸酯）； INS.436 聚山梨醇酯 65（聚氧乙烯（20）脱水山梨醇三硬脂酸酯）； INS.433 聚山梨酯 80（聚氧乙烯（20）脱水山梨糖醇单油酸酯）	
01.7、05.4、12.6.1	3000
02.1.2	5000（专门用于焙烧目的的脂肪乳剂）
02.2.1.2、02.2.1.3	1000（专门用于焙烧目的的脂肪乳剂）
02.2.2	10000（专门用于焙烧目的的脂肪乳剂）
06.2.1	5000
09.4、12.8	GMP
INS.445（ⅲ）木质树脂甘油酯（木松香甘油酯）	
14.1.4.1、14.1.4.2	100
INS. 450（ⅰ）二磷酸二（二磷酸二钠）；INS.450（ⅱ）二磷酸三钠（二磷酸二钠）；INS.450（ⅲ）二磷酸二铵（二磷酸二钠）；INS.450（ⅴ）二磷酸四钾； INS.450（ⅵ）二磷酸二钙；INS.450（ⅶ）二磷酸钙（二氢磷酸二钙）； INS.452（ⅰ）多磷酸钠；INS.452（ⅱ）多磷酸钾；INS.452（ⅲ）多磷酸钙钠（多磷酸钠）； INS.452（ⅳ）多磷酸钙	
01.1.2、11.4	1320
01.3.1、01.3.2、01.4.1、01.4.2、01.4.4、01.8.1、02.2.1、04.1.2.10、04.2.1.2、05.1、05.4、12.2.2	880
01.5	500
01.6.1、01.6.2、01.6.4、01.6.5	9000
01.8.2	4400
02.1	44
02.2.2、02.3、07.0、08.3、09.2、09.4、13.4	2200
02.4、03.0、04.1.2.9、14.2.5、14.2.6	220
04.1.2.1、04.1.2.4	200
04.1.2.2、04.1.2.7	10
04.1.2.3、04.1.2.8	1100
04.1.2.5、04.1.2.6	530
04.2.2.1	350
05.2	250
06.3	900
06.4.2、06.4.3	2000

表 3-4.2（续）

食品组代码	添加剂最大使用限量 /（mg/kg）
06.5	3000
06.6	2500
06.8.3、08.1.2、10.2.1、10.2.2、11.6、15.0	1000
08.2.3	1650
12.5.1、14.1.2.1、14.1.2.3、14.1.3.1、14.1.3.3	400
14.1.4.1	800
14.1.4.2	1300
14.1.5	500
INS.460（ⅰ）微晶纤维素	
01.1.1.1	GMP（新鲜牛奶除外）
01.1.2、01.3、01.4.1、01.4.2、01.5、01.6.2.3、01.6.5、01.7、04.1.2.8、04.2.2.2、05.1.1、05.4、06.2、06.3、06.5、06.6、06.8、07.1.4、07.1.6、07.2.3、10.2.3、10.4、12.2.1、12.2.2、12.5.2、12.6.3、12.8、12.9.2.3、12.1、13.4、13.5、13.6、14.1.4、14.1.5	GMP
12.1.2	22000
INS.460（ⅱ）纤维素粉末	
01.1.2、01.3、01.4.3、01.4.4、01.5、01.6.1、01.6.2、01.6.4、01.6.5、01.7、01.8.1、02.2.2、02.3、02.4、03.0、04.1.2、04.2.2.2、04.2.2.3、04.2.2.4、04.2.2.5、04.2.2.6、04.2.2.8、05.0、06.3、06.4.3、06.5、06.6、06.7、06.8、07.0、08.2、08.3、08.4、09.2、09.3、09.4、10.2.3、10.3、10.4、11.6、12.1.2、12.2.2、12.4、12.5、12.6、12.7、12.9、12.1、13.4、13.5、13.6、14.1.4、14.2.1、14.2.2、14.2.4、14.2.5、14.2.6、14.2.7、15.0	GMP
INS.461 甲基纤维素	
01.1.2、01.2.1.2、01.3、01.4.3、01.4.4、01.5、01.6.1、01.6.2、01.6.4、01.6.5、01.7、01.8.1、02.2.2、02.3、02.4、03.0、04.1.2、04.2.2.2、04.2.2.3、04.2.2.4、04.2.2.5、04.2.2.6、04.2.2.8、05.0、06.3、06.4.3、06.5、06.6、06.7、06.8、07.0、08.2、08.3、08.4、09.3、09.4、10.2.3、10.3、10.4、11.6、12.2.2、12.3、12.4、12.5、12.6、12.7、12.8、12.9、12.1、13.4、13.5、13.6、14.1.4、14.2.1、14.2.2、14.2.4、14.2.5、14.2.6、14.2.7、15.0	GMP
13.3	GMP（婴儿用品除外）
INS.463 羟丙基纤维素	
01.1.2、01.3、01.4.3、01.4.4、01.5、01.6.1、01.6.2、01.6.4、01.6.5、01.7、01.8.1、02.2.2、02.3、02.4、03.0、04.1.2、04.2.2.2、04.2.2.3、04.2.2.4、04.2.2.5、04.2.2.6、04.2.2.8、05.0、06.3、06.4.3、06.5、06.6、06.7、06.8、07.0、08.2、08.3、08.4、09.3、09.4、10.2.3、10.3、10.4、11.6、12.2.2、12.3、12.4、12.5、12.6、12.7、12.8、12.9、12.1、13.4、13.5、13.6、14.1.4、14.2.1、14.2.2、14.2.4、14.2.5、14.2.6、14.2.7、15.0	GMP
13.3	GMP（婴儿用品除外）

表 3–4.2（续）

食品组代码	添加剂最大使用限量 /（mg/kg）
INS.464 羟丙基甲基纤维素	
01.1.2、01.3、01.4.2、01.4.3、01.4.4、01.5、01.6.1、01.6.2、01.6.4、01.6.5、01.7、01.8.1、02.2.2、02.3、02.4、03.0、04.1.2、04.2.2.2、04.2.2.3、04.2.2.4、04.2.2.5、04.2.2.6、04.2.2.8、05.0、06.3、06.4.3、06.5、06.6、06.7、06.8、07.0、08.2、08.3、08.4、09.3、09.4、10.2.3、10.3、10.4、11.6、12.2.2、12.3、12.4、12.5、12.6、12.7、12.8、12.9、12.1、13.4、13.5、13.6、14.1.4、14.2.1、14.2.2、14.2.4、14.2.5、14.2.6、14.2.7、15.0	GMP
13.3	GMP（婴儿用品除外）
INS.465 乙基甲基纤维素	
01.1.2、01.3、01.4.3、01.4.4、01.5、01.6.1、01.6.2、01.6.4、01.6.5、01.7、01.8.1、02.2.2、02.3、02.4、03.0、04.1.2、04.2.2.2、04.2.2.3、04.2.2.4、04.2.2.5、04.2.2.6、04.2.2.8、05.0、06.3、06.4.3、06.5、06.6、06.7、06.8、07.0、08.2、08.3、08.4、09.3、09.4、10.2.3、10.3、10.4、11.6、12.2.2、12.3、12.4、12.5、12.6、12.7、12.8、12.9、12.1、13.4、13.5、13.6、14.1.4、14.2.1、14.2.2、14.2.4、14.2.5、14.2.6、14.2.7、15.0	GMP
13.3	GMP（婴儿用品除外）
INS.466 羧甲基纤维素钠	
01.1.1.1	3000（新鲜牛奶除外）
01.1.1.2	2000
01.2.1、01.4.1、01.4.2、11.4	5000
01.1.2、01.2.2、01.3、01.4.3、01.4.4、01.5、01.6.1、01.6.2、01.6.4、01.6.5、01.7、01.8.1、02.2.2、02.3、02.4、03.0、04.1.2、04.2.1.2、04.2.2.2、04.2.2.3、04.2.2.4、04.2.2.5、04.2.2.6、04.2.2.8、05.0、06.3、06.4.3、06.5、06.6、06.7、06.8、07.0、08.2、08.3、08.4、09.2.1、09.2.2、09.2.4、09.2.5、09.3、09.4、10.2.3、10.3、10.4、11.6、12.1.2、12.2.1、12.2.2、12.3、12.4、12.5、12.6、12.7、12.8、12.9、12.1、13.4、13.5、13.6、14.1.4、14.1.5、14.2.1、14.2.2、14.2.4、14.2.5、14.2.6、14.2.7、15.0	GMP
04.1.1.2、09.2.3	GMP（用于水果、蔬菜、肉类或鱼类的装饰）
13.3	GMP（婴儿用品除外）
INS.470（ⅰ）肉豆蔻酸、棕榈酸和硬脂酸及其钙、钾和钠（Ca、K、Na）盐； INS.470（ⅱ）油酸与钙、钾和钠（Ca、K、Na）盐	
01.1.2、01.3、01.4.3、01.4.4、01.5、01.6.1、01.6.2、01.6.5、01.7、01.8.1、02.2.2、02.3、02.4、03.0、04.1.2、04.2.2.2、04.2.2.3、04.2.2.4、04.2.2.5、04.2.2.6、04.2.2.8、05.0、06.3、06.4.3、06.5、06.6、06.7、06.8、07.0、08.2、08.3、08.4、09.2、09.3、09.4、10.2.3、10.3、10.4、11.6、12.1.2、12.2.2、12.4、12.5、12.6、12.7、12.9、12.1、13.4、13.5、13.6、14.1.4、14.2.1、14.2.2、14.2.4、14.2.5、14.2.6、14.2.7、15.0	GMP
INS.471 单脂肪酸和脂肪酸甘油二酯（脂肪酸的单甘油酯和二甘油酯）	
01.1.1	10000（新鲜牛奶除外）

表 3-4.2（续）

食品组代码	添加剂最大使用限量 /（mg/kg）
01.1.2、01.3、01.4.3、01.4.4、01.5、01.6.1、01.6.2、01.6.4、01.6.5、01.7、01.8.1、02.2.1.2、02.2.1.3、02.2.2、02.3、02.4、03.0、04.1.2、04.2.2.2、04.2.2.3、04.2.2.4、04.2.2.5、04.2.2.6、04.2.2.8、05.0、06.3、06.4.3、06.5、06.6、06.7、06.8、07.0、08.1.2、08.2、08.3、08.4、09.1、09.3、09.4、10.2.2、10.2.3、10.3、10.4、11.6、12.3、12.4、12.6、12.7、12.8、12.9、12.1、13.4、13.6、14.1.4、14.1.5、14.2.1、14.2.2、14.2.4、14.2.5、14.2.6、14.2.7、15.0	GMP
01.2、01.4.1、01.4.2、12.1.2、12.2.1、12.5	5000
02.1.2	20000
02.1.3	100000
04.1.1.2、08.1.1	GMP（用于水果、蔬菜、肉类或鱼类的装饰）
06.4.2	30000
09.2	10000
11.4	6000
13.1.1、13.1.2、13.1.3	4000mg/L（以即食产品计算）
13.2	15000
13.3	GMP（婴儿用品除外）
13.5	1500（以干重计）
14.2.3	18
INS.473 脂肪酸蔗糖酯（脂肪酸酯蔗糖）	
01.7	5000
02.2.1.2、05.1.1	10000
05.2	100
07.2.1	1300
12.8	100000
14.1.5	500
INS.475 脂肪酸聚甘油酯	
01.4.2	2000
02.2.2	4000
02.2.1.2	5000
05.1.4	500
06.4.3	250
07.2	10000
12.8	40000
INS.476 蓖麻醇酸酯的聚甘油酯（蓖麻油酸的聚甘油酯）	
02.2.2	4000
05.1.4	1500
07.2.1	125

表 3–4.2（续）

食品组代码	添加剂最大使用限量 /（mg/kg）
INS.477 酯丙二醇脂肪酸（脂肪酸的丙二醇酯）	
02.1.2	10000
02.2.1.2、02.2.2	20000
INS.481（ⅰ）硬脂酰 –2– 乳酸钠	
01.4.2、01.4.4、02.3	2000
INS.491 山梨糖醇单硬脂酸酯（脱水山梨糖单硬脂酸酯）； INS.492 山梨糖醇三硬脂酸酯（脱水山梨醇三硬脂酸酯）	
02.1.2	10000
02.2.2	20000
01.7	5000
05.2	GMP
06.4.3	1000
12.8	15000（条件是面包和面包面团中的最大残留量为 5000mg/kg）
INS.902 小烛树蜡	
05.3、05.4	GMP
14.1.4	200（因为使用了香精载体）
14.1.5	GMP（仅咖啡豆）
INS.1200 聚葡萄糖	
01.1.2、01.3、01.4.3、01.4.4、01.5、01.6.1、01.6.2、01.6.4、01.6.5、01.7、01.8.1、02.2.1.2、02.2.1.3、02.2.2、02.3、02.4、03.0、04.1.2、04.2.2.2、04.2.2.3、04.2.2.4、04.2.2.5、04.2.2.6、04.2.2.8、05.0、06.3、06.4.3、06.5、06.6、06.7、06.8、07.0、08.2、08.3、08.4、09.2.4、09.3、09.4、10.2.3、10.3、10.4、11.4、11.6、12.2.2、12.3、12.4、12.5、12.6、12.7、12.8、12.9、12.1、13.4、13.5、13.6、14.1.4、14.1.5、14.2.1、14.2.2、14.2.4、14.2.5、14.2.6、14.2.7、15.0	GMP
13.3	GMP（婴儿用品除外）
INS.1401 淀粉酸改性	
01.1.2、11.4、14.1.5	10000
01.3、01.4.2、01.4.3、01.4.4、01.5、01.6.1、01.6.2、01.6.4、01.6.5、01.7、01.8.1、02.1.2、02.1.3、02.2.2、02.3、02.4、03.0、04.1.2、04.2.2.2、04.2.2.3、04.2.2.4、04.2.2.5、04.2.2.6、04.2.2.8、05.0、06.3、06.4.3、06.5、06.6、06.7、06.8、07.0、08.2、08.3、08.4、09.2.2、09.3、09.4、10.2.3、10.3、10.4、11.6、12.2.2、12.3、12.4、12.5、12.6、12.7、12.8、12.9、12.1、13.4、13.5、13.6、14.1.4、14.2.1、14.2.2、14.2.4、14.2.5、14.2.6、14.2.7、15.0	GMP
13.3	GMP（婴儿用品除外）
INS.1403 淡淀粉（漂白淀粉）；INS.1404 氧化淀粉	
07.0、12.2.2、15.1	30000

表 3-4.2（续）

食品组代码	添加剂最大使用限量 /（mg/kg）
INS.1405 淀粉酶（酶处理淀粉）；INS.1410 磷酸单磷酸（单淀粉磷酸盐）；INS.1412 磷酸二钙；INS.1413 磷酸二磷酸磷酸盐（磷酸二钙磷酸盐）；INS.1414 磷酸二乙酯（乙酰化磷酸二氢盐）	
01.1.2、01.3、01.4.3、01.4.4、01.5、01.6.1、01.6.2、01.6.4、01.6.5、01.7、01.8.1、02.2.2、02.3、02.4、03.0、04.1.2、04.2.2.2、04.2.2.3、04.2.2.4、04.2.2.5、04.2.2.6、04.2.2.8、05.0、06.3、06.4.3、06.5、06.6、06.7、06.8、07.0、08.2、08.3、08.4、09.3、09.4、10.2.3、10.3、10.4、11.6、12.2.2、12.3、12.4、12.5、12.6、12.7、12.8、12.9、12.1、13.4、13.5、13.6、14.1.4、14.2.1、14.2.2、14.2.4、14.2.5、14.2.6、14.2.7、15.0	GMP
13.1.2	5000mg/L（根据即食产品计算大豆基配方的单一或组合）
13.3	GMP（婴儿用品除外）
INS.1420 醋酸淀粉	
01.1.2、01.3、01.4.1、01.4.2、01.4.3、01.4.4、01.5、01.6.1、01.6.2、01.6.4、01.6.5、01.7、01.8.1、02.1.2、02.1.3、02.2.2、02.3、02.4、03.0、04.1.2、04.2.2.2、04.2.2.3、04.2.2.4、04.2.2.5、04.2.2.6、04.2.2.8、05.0、06.3、06.4.3、06.5、06.6、06.7、06.8、07.0、08.2、08.3、08.4、09.2.2、09.3、09.4、10.2.3、10.3、10.4、11.6、12.2.2、12.3、12.4、12.5、12.6、12.7、12.8、12.9、12.1、13.4、13.5、13.6、14.1.4、14.2.1、14.2.2、14.2.4、14.2.5、14.2.6、14.2.7、15.0	GMP
13.2	50000
13.3	GMP（婴儿用品除外）
INS.1422 乙酰化己二酸（己二酸乙酰化二乙酸酯）；INS.1440 羟丙基淀粉；INS.1442 磷酸二丙酯磷酸羟丙酯（磷酸羟丙酯）	
01.1.2、01.3、01.4.3、01.4.4、01.5、01.6.1、01.6.2、01.6.4、01.6.5、01.7、01.8.1、02.2.2、02.3、02.4、03.0、04.1.2、04.2.2.2、04.2.2.3、04.2.2.4、04.2.2.5、04.2.2.6、04.2.2.8、05.0、06.3、06.4.3、06.5、06.6、06.7、06.8、07.0、08.2、08.3、08.4、09.3、09.4、10.2.3、10.4、11.6、12.2.2、12.3、12.4、12.5、12.6、12.7、12.8、12.9、12.1、13.4、13.5、13.6、14.1.4、14.2.1、14.2.2、14.2.4、14.2.5、14.2.6、14.2.7、15.0	GMP
13.3	GMP（婴儿用品除外）
INS.1450 辛烯基琥珀酸钠淀粉（辛酸辛酯琥珀酸淀粉）	
01.3、01.6.4、01.6.2、14.1.4.1、14.1.4.2	GMP
INS.1451 乙酰化氧化淀粉	
07.0、12.2.2、15.1	30000
INS. — 酪蛋白酸钠	
01.1.2、01.3.1、01.3.2、01.4.4、01.5、01.6、01.7、02.3、03.0、04.1.2.8、04.1.2.9、05.0、13.4、13.5、14.1.4.1	GMP
13.3	GMP（婴儿用品除外）
INS.100（ⅰ）姜黄素	
01.1.2、01.5.2、01.6.1、01.6.2、01.6.3、01.6.4.2、01.6.5、01.7、01.8、02.2.1、02.2.2、02.3、02.4、03.0、04.1.1.2、04.2.1.2、04.2.1.3、06.5、06.6、06.7、06.8.1、06.8.3、10.4、12.4、12.5、12.6、12.7、13.4、13.5、14.1.2、14.1.3、14.1.4、14.2	GMP

表 3–4.2（续）

食品组代码	添加剂最大使用限量 /（mg/kg）
04.1.2、04.2.2、05.4、06.4、08.2、08.3、08.4、09.2、09.3、09.4、11.4、12.2	500
05.1、05.2、11.6	300
05.3	700
06.3、06.8.2、06.8.4、06.8.5、06.8.6、06.8.7、07.0、15.0	200
10.2、10.3	50
INS.101 核黄素；INS.101（ⅱ）核黄素 5′– 磷酸钠；INS.101（ⅲ）核黄素（枯草芽孢杆菌）	
01.1.2、01.6.1、01.6.2、01.6.5、01.7、01.8、02.2.1.2、02.2.1.3、02.2.2、02.4、04.1.1.2、04.1.2.4、04.1.2.7、04.1.2.8、04.1.2.9、04.1.2.11、04.2.1.2、04.2.2.1、04.2.2.2、04.2.2.4、04.2.2.6、06.3、06.4、06.5、06.8.1、06.8.2、06.8.4、06.8.5、06.8.6、06.8.7、07.0、10.4、11.3、12.2、12.4、12.5、12.1、13.4、13.5、13.6、14.1.2.1、14.1.2.2、14.1.3.1、14.1.3.2、14.1.4、14.2.2、14.2.4、15.0	150
03.0、04.1.2.6、04.2.2.3、06.6	250
04.1.2.5、04.1.2.10、04.1.2.12、04.2.2.5、04.2.2.7、04.2.2.8、06.7	100
05.0、11.4、11.6	500
12.6	175
14.1.2.3、14.1.2.4、14.1.3.3、14.1.3.4	450
14.1.5	150（仅适用于植物饮料、传统饮料粉、粉末食品、青豆汁、大豆粉和饮料粉）
14.2.7	50
INS.120 胭脂红和胭脂虫提取物	
01.1.2、01.6.4.2、01.7、03.0、06.5、06.8.1、08.3.1.2、08.3.1.3、08.3.2、08.3.3、09.2.1、09.3.4、10.4、12.1、14.1.2.1、14.1.2.2、14.1.3.1、14.1.3.2、14.1.4、15.2	100
01.5.2、04.1.2.4、04.1.2.5、04.1.2.6、04.1.2.7、04.1.2.8、04.1.2.11、04.2.2.4、04.2.2.5、04.2.2.6、06.3、06.4、06.6、06.7、06.8.2、06.8.4、06.8.5、06.8.6、06.8.7、07.0、08.3.1.1、14.2.1、14.2.2、14.2.4、14.2.6、15.1	200
01.6.2.1	125
04.1.2.9	150
05.1、05.2、05.3、09.2.5、11.6、12.4、14.1.2.3、14.1.2.4、14.1.3.3、14.1.3.4、11.6、12.4、14.1.2.3、14.1.2.4、14.1.3.3、14.1.3.4	300
05.4、08.2、08.4、09.2.2、09.2.3、09.2.4.1、09.2.4.3、09.3.1、09.3.2、09.3.3、09.4、11.4、12.2.2	500
09.2.4.2	250
13.4、13.5	50
INS.141 叶绿素和叶绿素铜络合物；INS.141（ⅰ）叶绿素铜络合物；INS.141（ⅱ）叶绿素铜络合物	
01.1.2、01.7、02.0、03.0、04.1.2、04.2.2、05.0、06.3、06.4、06.5、06.6、06.7、06.8.1、06.8.2、06.8.4、06.8.5、06.8.6、06.8.7、07.0、08.2、08.3、08.4、09.2、09.3、09.4、10.4、11.6、12.2、12.5、12.6、12.7、14.1.2.1、14.1.2.2、14.1.3.1、14.1.3.2、14.1.4、15.0	30

表 3-4.2（续）

食品组代码	添加剂最大使用限量 /（mg/kg）
11.4、12.4、14.1.2.3、14.1.2.4、14.1.3.3、14.1.3.4、14.2	60
14.1.5	30（仅适用于植物饮料、传统饮料粉、粉末食品、青豆汁、大豆粉和饮料粉）
INS.150A 纯焦糖	
01.1.2、01.3.2、01.4.4、01.5.2、01.6.1、01.6.2、01.6.4.2、01.6.5、01.7、01.8.1、02.2.1.2、02.2.1.3、02.2.2、02.3、02.4、03.0、04.1.2、04.2.2.2、04.2.2.3、04.2.2.4、04.2.2.5、04.2.2.6、04.2.2.7、04.2.2.8、05.0、06.1、06.3、06.4、06.5、06.6、06.7、06.8、07.0、08.1.2、08.2、08.3、08.4、09.2.4.1、09.2.4.2、09.2.5、09.3、09.4、10.2.3、10.3、10.4、11.6、12.1.2、12.2.2、12.3、12.4、12.5、12.6、12.7、12.8、12.9、12.1、13.4、13.5、13.6、14.1.4、14.1.5、14.2、15.0	GMP
04.1.1.2、04.2.1.2、08.1.1、09.1.2、09.2.3、09.2.4.3	GMP（仅用于水果、蔬菜、肉或鱼的外层和装饰）
09.1.1	GMP（只在鱼子上）
09.2.1	GMP（仅适用于鱼浆和鱼子制品）
09.2.2	GMP（仅用于面包或面团涂层）
10.1	GMP（仅用于标记和品牌的产品的外表面）
12.2.1	GMP（仅适用于草药）
13.3	GMP（婴儿用品除外）
INS.150C 焦糖三氨法；INS.150D 焦糖 IV 氨亚硫酸盐工艺	
01.1.2	150
01.3.2、01.4.4、01.5.2、01.6.1、01.6.2.2、01.6.5、02.4、04.1.2.3、04.1.2.4、04.1.2.7、04.1.2.9、04.2.2.4、04.2.2.5、04.2.2.6、05.1.3、05.2、05.4、06.5、06.8.1、07.2.1、07.2.3、08.0、10.4、11.4、12.2.2、12.3、12.4、12.5.2、12.7、12.9、12.1、13.4、13.5、14.1.2.1、14.1.3.2、14.1.3.4、14.1.4、14.2.1、14.2.2、14.2.3.3、14.2.4、14.2.6、14.2.7、15.0	GMP
01.6.4.2	100
01.7	2000
03.0	1000
04.1.2.5、12.6	1500
04.1.2.6、04.2.2.3	500
04.1.2.8、04.1.2.11	7500
05.3	20000
06.3	2500
06.4.2	6500
06.4.3	10000
07.1、07.2.2	1200
09.1	GMP（对表面、仅对鱼卵）
09.2、09.3.3	GMP（对于鱼卵）

表 3–4.2（续）

食品组代码	添加剂最大使用限量 /（mg/kg）
09.4	500（对于鱼卵）
12.5.1	3000
13.3	GMP（婴儿用品除外）
INS.153 蔬菜碳	
01.6.1、01.6.2、01.6.3、01.6.4.2、01.6.5、01.6.6、03.0、04.1.2、04.2.2、05.0、06.3、06.4、06.6、06.7、06.8.2、06.8.4、06.8.5、06.8.6、06.8.7、07.0、08.2、08.3、08.4、09.2、09.3、09.4、11.4、11.6、12.2、13.5、15.0	GMP
INS.160a（ⅱ）天然 β－胡萝卜素	
01.1.2、01.3.2、01.5.2、01.6.2.2、01.6.2.3、01.6.3、01.6.4.2、01.7、02.1.2、02.1.3、02.2.2、02.3、02.4、03.0、04.1.2.3、04.1.2.4、04.1.2.5、04.1.2.7、04.1.2.9、04.2.2.5、04.2.2.6、04.2.2.7、05.1.3、06.4.2、06.4.3、06.5、06.6、07.0、09.2.4.2、09.2.5、09.3.3、10.2、12.4、12.5、12.7、12.1	1000
01.4.2	GMP
01.6.1、01.6.2.1、02.2.1.1、13.2、13.4、13.5、14.2.1、14.2.2、14.2.4、14.2.6、14.2.7	600
01.6.5	1000（于表面）
02.2.1.2、02.2.1.3	50
04.1.2.6、05.2、05.3、09.4、12.2	500
04.1.2.10	200
05.1.5	100
05.4	20000
06.3	400
08.2、08.3.3	5000（如上釉、涂层和装饰品）
08.3.1、08.3.2	20
08.4	5000
09.2.3、09.2.4.3、09.3.1、09.3.2、09.3.4	1000（如上釉、涂层和装饰品）
10.4	150
12.6.1、12.6.2、12.6.3、14.1.4	2000
13.3	600（婴儿用品除外）
INS.160b（ⅰ）胭脂 E	
01.1.2、01.7、06.8.1、14.1.2.1、14.1.2.2、14.1.3.1、14.1.3.2、14.1.4、14.2	5
01.6.4.2、01.6.5、01.6.6、01.8、02.3、02.4、04.2.2.1、04.2.2.3、04.2.2.4、04.2.2.6、06.3、06.4、06.5、06.6、06.8.2、06.8.4、06.8.5、06.8.6、06.8.7、07.0、10.4、12.4、12.5、12.6、12.7、15.0	10
02.1、02.2、05.4、11.4、12.2	30
03.0、04.1.2、04.2.2.2、04.2.2.5、04.2.2.7、04.2.2.8、05.1、06.7、06.8.3、08.2、08.3、08.4、09.2、09.3、09.4	20

表 3-4.2（续）

食品组代码	添加剂最大使用限量 /（mg/kg）
05.2、05.3、11.6	25
14.1.2.3、14.1.2.4、14.1.3.3、14.1.3.4	15
INS.160a（ⅰ）β－胡萝卜素；INS.160a（ⅲ）β－胡萝卜素（三叶草）；INS.160E β－apo－8′－胡萝卜素；INS.160F β－apo－8′－胡萝卜酸的乙酯	
01.1.2、04.1.2.9、04.1.2.11、06.5、06.8.1、10.4、14.1.2.1、14.1.2.2、14.1.3.1、14.1.3.2、14.1.4、14.2	150
01.6.1	35
01.6.2.1、01.7	100
01.6.2.2、05.2、05.3、05.4、11.4、11.6、12.2.2	500
01.6.4.2、04.1.2.2、04.1.2.4、04.1.2.7、04.1.2.12、04.2.2.2、04.2.2.4、04.2.2.8、06.3、06.8.2、06.8.4、06.8.4.1、06.8.5、06.8.6、06.8.7、07.0、15.0	200
02.2、03.0、13.4	50
04.1.1.2	GMP
04.1.2.1、04.1.2.3、04.1.2.5、04.1.2.6、04.1.2.8、04.2.2.1、04.2.2.3、04.2.2.5、04.2.2.6、05.1、06.4、06.6、06.7、12.4、12.5、13.5	300
14.1.2.3、14.1.2.4、14.1.3.3、14.1.3.4	450
14.1.5	150（仅适用于植物饮料、传统饮料粉、粉末食品、青豆汁、大豆粉和饮料粉）
INS.162 红色（甜菜红色）	
01.1.2、01.3.2、01.4.4、01.5.2、01.6.1、01.6.2、01.6.4.2、01.6.5、01.7、01.8.1、02.1.2、02.1.3、02.2.1.2、02.2.1.3、02.2.2、02.3、02.4、03.0、04.1.2、04.2.2.2、04.2.2.3、04.2.2.4、04.2.2.5、04.2.2.6、04.2.2.7、04.2.2.8、05.0、06.1、06.3、06.4.2、06.4.3、06.5、06.6、06.7、06.8、07.0、08.2、08.3、08.4、09.2.1、09.2.4.1、09.2.4.2、09.3、09.4、10.2.3、10.3、10.4、11.4、11.6、12.2.2、12.3、12.4、12.5、12.6、12.7、12.8、12.9、12.1、13.4、13.5、13.6、14.1.4、14.2.1、14.2.2、14.2.3.2、14.2.3.3、14.2.4、14.2.5、14.2.6、14.2.7、15.0	GMP
04.1.1.2、04.2.1.2、08.1.1、09.1.2、09.2.2、09.2.3、09.2.4.3	GMP（仅用于水果、蔬菜、肉或鱼的外层和装饰）
08.1.2	GMP（除新鲜或整个肉肠为1000mg/kg）
09.1.1	GMP（仅适用于鱼子）
09.2.5	GMP（仅适用于烟熏鱼制品）
10.1	GMP（仅用于标记和品牌的产品的外表面）
13.3	GMP（婴儿用品除外）
14.1.5	GMP（仅适用于大豆粉饮料）
INS.163 花青素	
01.1.2	150
01.7、02.4、05.1、06.3、07.1、10.4	200

表 3-4.2（续）

食品组代码	添加剂最大使用限量 /（mg/kg）
03.0、04.1.2.1、04.1.2.2、04.2.2.1、04.2.2.2、04.2.2.4、06.7、06.8.3、09.2	1000
04.1.1.2	6000
04.1.2.3、04.1.2.4、04.1.2.7、04.1.2.8、04.2.2.5、04.2.2.6、06.5、07.2、09.3、09.4、14.1.3.2、14.1.3.4、14.2	1500
04.1.2.5、04.1.2.6、04.1.2.9、04.1.2.10、04.1.2.12、04.2.2.3、04.2.2.8、05.3、05.4、06.6、12.5、15.0	500
04.2.2.7、06.8.1、14.1.2.1、14.1.2.2、14.1.3.1	100
05.2、11.4、11.6	10000
06.4、06.8.2、06.8.4、06.8.5、06.8.6、06.8.7	400
08.2、08.3、08.4	5000
13.5	250
14.1.2.3、14.1.2.4、14.1.3.3、14.1.4	300
INS.171 二氧化钛	
05.0	500
INS.102 靼靼酸号 19140（酒石黄）	
01.1.2、01.7、02.4、03.0、04.1.2.2、06.3、06.4、06.5、06.6、06.7、07.1.2、07.2.1、07.2.2、10.4、11.3、11.4、12.5.2、13.4、14.2	70
02.2.1	30
04.1.2.5、04.1.2.7、04.1.2.11、05.4	300
04.1.2.9	70
05.1.4、05.1.5、05.2、05.3、07.1.6、07.2.3、12.6.2	100
07.1.4	50
09.2.4、09.3、09.4	15
14.1.4.1、14.1.4.2	70
INS.104 黄色喹啉号 47005（喹啉黄）	
01.1.2、01.7、03.0、06.3、06.5、06.7、07.2.1、07.2.2、11.3、11.4	70
04.1.2.7、04.1.2.11	300
04.1.2.9	70
05.2.1、05.2.2、05.3、07.1.6、07.2.3	100
14.1.4	70
INS.110 日落黄 FCF	
01.1.2、01.7、03.0、06.3、06.5、06.7、07.1.2、07.2.1、07.2.2、10.4、11.3、11.4、12.6.2	70
04.1.2.5、04.1.2.7、05.4	300
04.1.2.9	70
05.1.4、05.1.5、05.2、05.3、07.1.4、07.1.6、07.2.3	100
09.2.4、09.3、09.4	15

表 3—4.2（续）

食品组代码	添加剂最大使用限量 /（mg/kg）
14.1.4.1、14.1.4.2	70
INS.122 偶氮玉红（二蓝光酸性红）	
01.1.2、01.7、02.4、03.0、06.3、06.5、06.7、07.2.1、07.2.2、11.3、11.4、13.4、13.5、14.2	70
04.1.2.5、04.1.2.7、04.1.2.11、05.4、07.1.4	300
04.1.2.9	70
05.2.1、05.2.2、05.3、07.1.6、07.2.3	100
09.2.4、09.3、09.4	15
14.1.4.1、14.1.4.2	70
INS.124 胭脂虫红 A	
01.1.2、01.7、02.4、03.0、04.1.2.2、04.1.2.5、06.3、06.5、06.7、07.2.1、07.2.2、11.3、11.4、12.6.2、13.4、13.5	70
04.1.2.9	70
05.1.3、05.1.4、05.1.5、05.2.1、05.2.2、05.3、07.1.4、07.1.6、07.2.3	100
05.4、07.1.2	300
08.2、08.3、08.4	30
09.2.4、09.3、09.4	15
14.1.4.1、14.1.4.2	70
INS.127 红细胞号 45430（红霉素）	
04.1.2.7、04.1.2.11、05.4	100
05.2.1、05.2.2、05.3	25
07.1.6、07.2.3	20
07.2.1	300
08.2、08.3	30
INS.129 诱惑红 AC	
01.1.2、01.7、06.3、06.5、06.7、07.2.1、07.2.2、11.3、11.4、12.5.2、13.4	70
04.1.2.5、04.1.2.7、04.1.2.11、05.4	300
04.1.2.9	70
05.1.4、05.1.5、05.2、05.3、07.1.2、07.1.3、07.1.6、07.2.3	100
14.1.4.1、14.1.4.2	70
15.1	15（仅适用于挤压食品）
INS.132 靛蓝（靛蓝胭脂红）	
01.1.2、01.7、02.4、03.0、04.1.2.5、06.3、06.5、06.7、07.2.1、07.2.2	70
04.1.2.9	70
05.1.4、05.1.5、05.2、05.3、07.1.6、07.2.3	100
05.4、07.1.2	300
14.1.4	70

表 3—4.2（续）

食品组代码	添加剂最大使用限量 /（mg/kg）
INS.133 蓝钴 FCF	
01.1.2、01.7、02.4、03.0、06.3、06.5、06.7、07.2.1、07.2.2、10.4、11.3、11.4、13.4、13.5、14.2、15.0	70
04.1.2.5、04.1.2.7、04.1.2.11、05.4	300
04.1.2.9	70
05.1.3、05.1.4、05.1.5、05.2、05.3、07.1.2、07.1.4、07.1.6、07.2.3	100
14.1.4.1	70
14.1.4.2	300
INS.143 绿色 FCF	
01.1.2、01.7、02.4、03.0、06.3、06.5、06.7、07.2.1、07.2.2	70
04.1.2.5、04.1.2.7、04.1.2.11、05.4	300
04.1.2.9	70
05.1.3、05.1.4、05.1.5、05.2.1、05.2.2、05.3、07.1.4、07.1.6、07.2.3、12.2.2	100
14.1.4.1、14.1.4.2	70
INS.155 棕色 HT	
01.1.2、01.7、02.4、03.0、06.3、06.5、06.7、07.2.1、07.2.2、13.5、15.1	30
04.1.2.9	30
05.1.3、05.1.4、05.1.5、05.2.1、05.2.2、05.3、05.4、07.1.6、07.2.3、11.3、11.4、12.6.2、12.6.3、13.4、14.2	50
INS.528 氢氧化镁	
01.6.4.2、04.2.2.2、04.2.2.3、04.2.2.4、04.2.2.5、04.2.2.6、04.2.2.7、12.6	1250
03.0	210
04.1.2、04.2.1.2	420
04.2.2.8	625
12.2.2	3125
12.5	6250
15.0	310
INS.341（ⅲ）磷酸三钙	
01.1.2	1320
01.4.2、05.1、12.2.2	880
01.5、12.5.2、14.1.5	500
04.1.2.9	220
06.3	900
11.1.1、11.1.2	3000
12.1.1	2000

表 3-4.2（续）

食品组代码	添加剂最大使用限量 /（mg/kg）
13.4	2200
14.1.4.1	800
14.1.4.2	1300
INS.470（ⅰ）肉豆蔻酸、棕榈酸和硬脂酸及其盐（钙、钾和钠（Ca、K、Na）盐）	
01.3.2、01.5、01.6.2.3、01.6.5、01.7、04.1.2.8、04.2.2.2、05.1.1、05.2、05.3、05.4、06.2、06.3、06.5、06.6、06.8、07.1.4、07.1.6、07.2.3、10.2.3、10.4、12.2.1、12.2.2、12.5.2、12.6.3、12.8、12.9.2.3、12.1、13.4、13.5、13.6、14.1.4、14.1.5	GMP
13.3	GMP（婴儿用品除外）
INS.470（ⅲ）硬脂酸镁	
05.2、05.3	15000
INS.500（ⅰ）碳酸钠	
01.3.2、01.5、01.6.2.3、01.6.5、01.7、04.1.2.8、04.2.2.2、05.1.1、05.4、06.2、06.3、06.5、06.6、06.8、07.1.4、07.1.6、07.2.3、10.2.3、10.4、12.1、12.2.1、12.2.2、12.5.2、12.6.3、12.8、12.9.2.3、12.1、13.4、13.5、13.6、14.1.4、14.1.5	GMP
13.3	GMP（婴儿用品除外）
INS.530 氧化镁	
01.3.2、01.5、01.6.2.3、01.6.5、01.7、04.1.2.8、04.2.2.2、05.1.1、05.4、06.2、06.3、06.5、06.6、06.8、07.1.4、07.1.6、07.2.3、10.2.3、10.4、12.9.2.3、13.4、13.5、14.1.4、14.1.5	2800
12.1.1、12.5.2、12.6.3	6250
12.1.2、12.2、12.8、12.1	12500
14.1.4.2	125
INS.535 氰化亚铁（II）(亚铁氰化钠)；INS.536 氰化钾（II）(亚铁氰化钾)；INS.538 氰化铁（II）(亚铁氰化钙)	
12.1、12.2.2	20
INS.551 精制二氧化硅（二氧化硅、无定形）	
01.3.2、01.5、01.6.2.3、01.6.5、01.7、04.1.2.8、04.1.2.9、04.2.2.2、05.2、05.1.1、05.4、06.2、06.3、06.4.3、06.5、06.6、06.8、07.0、10.2.3、10.4、11.6、12.5.2、12.6.3、12.8、12.9.2.3、12.1、13.4、13.5、13.6、14.1.5	GMP
12.1.1、12.1.2、14.1.4.2	10000
12.2	5000
15.0	700
INS.552 硅酸钙	
01.7、12.2.2、14.1.4	GMP
INS.554 硅铝酸钠	
14.1.5	500

表 3—4.2（续）

食品组代码	添加剂最大使用限量 /（mg/kg）
INS.553（ⅰ）硅酸镁	
01.3.2、01.5、01.6.2.3、01.6.5、01.7、04.1.2.8、04.2.2.2、05.1.1、05.4、06.2、06.3、06.5、06.6、06.8、07.1.4、07.1.6、07.2.3、10.2.3、10.4、12.9.2.3、13.4、13.5、14.1.5	2800
05.2	1250
12.1.1、12.5.2、12.6.3	6250
12.1.2、12.2、12.8、12.1	12500
14.1.4.2	125
INS.415 戈麦黄原胶	
01.1.2、01.3、01.4.1、01.7、05.0	GMP
01.4.2	5000
INS.941 氮；INS.942 一氧化二氮；INS.944 丙烷	
01.1.2、01.4.4、01.7、01.8.1、02.2.2、02.3、02.4、04.1.2.8、04.2.2.5、04.2.2.6、05.4、06.8.1、10.4、12.4、12.6、13.6、14.1.4、14.2.1、14.2.2、14.2.4、14.2.5、14.2.6、14.2.7	GMP
INS.901 蜂蜡	
04.1.1.2、04.2.1.2、05.1.4、05.1.5、05.2、05.3、05.4、07.2、13.6	GMP
INS.902 小烛树蜡	
04.1.1.2、04.2.1.2、05.1.4、05.2、05.3、05.4、07.2	GMP
INS.903 巴西棕榈蜡	
05.2、05.3	500
INS.904 虫胶	
01.6.4、04.1.1.2、04.2.1.2、05.1.4、05.1.5、05.2、05.3、07.2	GMP
INS.905c（ⅰ）微晶蜡	
01.6.2.2	10000
INS.332（ⅰ）柠檬酸二氢钾；INS.339（ⅰ）磷酸二氢钠（正磷酸单钠）；INS.339（ⅱ）磷酸二氢钠（正磷酸二钠）；INS.339（ⅲ）磷酸三钠；INS.340（ⅰ）磷酸单钾；INS.340（ⅱ）磷酸二氢钾（正磷酸二钾）；INS.450（ⅰ）二磷酸二钠（二磷酸二钠）；INS.450（ⅲ）二磷酸二铵（二磷酸二钠）；INS.450（ⅴ）二磷酸四钾；INS.450（ⅵ）二磷酸二钙；INS.451（ⅰ）三聚磷酸钠；INS.451（ⅱ）三聚磷酸钾；INS.452（ⅰ）多磷酸钠；INS.452（ⅱ）多磷酸钾；INS.452（ⅳ）多磷酸钙；INS.26 乙酸	
02.1.2、02.1.3	5000
01.1.2、01.2.1、01.3、01.4.3、01.4.4、01.5、01.6、01.7、01.8.1、02.2.1.2、02.2.1.3、02.2.2、02.3、02.4、03.0、04.1.2、04.2.1、04.2.2.1、04.2.2.2、04.2.2.3、04.2.2.4、04.2.2.5、04.2.2.6、04.2.2.8、05.0、06.3、06.4.3、06.5、06.6、06.7、06.8、07.0、08.2、08.3、08.4、09.3、09.4、10.2、10.3、10.4、11.6、12.1.2、12.2.1、12.2.2、12.3、12.4、12.5、12.6、12.7、12.8、12.9、12.1、13.4、13.5、13.6、14.1.4、14.2.1、14.2.2、14.2.4、14.2.5、14.2.6、14.2.7、15.0	GMP
13.2	5000
13.3	GMP（婴儿用品除外）

表 3-4.2（续）

食品组代码	添加剂最大使用限量 /（mg/kg）
INS.262 i 醋酸钠	
02.1.2、02.1.3、13.2	5000
02.2.1.1、02.2.1.2、02.2.1.3、02.2.2、04.2.1、04.2.2、06.3、10.2.1、10.2.2、12.2.2、12.5.2、12.6、12.9.2.3、13.6、15.1、15.2	GMP
06.1、06.2、06.4.2、06.4.3	6000
INS.263 醋酸钙	
01.1.2、01.3、01.4.3、01.4.4、01.5、01.6.1、01.6.2、01.6.4、01.6.5、01.7、01.8.1、02.2.2、02.3、02.4、03.0、04.1.2、04.2.2.2、04.2.2.3、04.2.2.4、04.2.2.5、04.2.2.6、04.2.2.8、05.0、06.3、06.4.3、06.5、06.6、06.7、06.8、07.0、08.2、08.3、08.4、09.3、09.4、10.2.3、10.3、10.4、11.4、11.6、12.2.2、12.3、12.4、12.5、12.6、12.7、12.8、12.9、12.1、13.2、13.4、13.5、13.6、14.1.4、14.2.1、14.2.2、14.2.4、14.2.5、14.2.6、14.2.7、15.0	GMP
13.3	GMP（婴儿用品除外）
INS.270 乳酸	
01.1.2、01.2.1、01.3、01.4.3、01.4.4、01.5、01.6.1、01.6.2、01.6.4、01.6.5、01.6.6、01.7、01.8.1、02.1.2、02.1.3、02.2.1、02.2.2、02.3、02.4、03.0、04.1.2、04.2.1、04.2.2、05.0、06.2.2、06.3、06.4.3、06.5、06.6、06.7、06.8、07.0、08.2、08.3、08.4、09.3、09.4、10.2、10.3、10.4、11.4、11.6、12.1.2、12.2、12.3、12.4、12.5、12.6、12.7、12.8、12.9、12.1、13.4、13.5、13.6、14.1.2.3、14.1.4、14.2.1、14.2.2、14.2.4、14.2.5、14.2.6、14.2.7、15.0	GMP
08.1.2	6000
13.1.1、13.1.2、13.1.3	GMP [只有 L（+）乳酸]
13.2	15000 [只有 L（+）乳酸]
13.3	GMP（婴儿用品除外）
INS.296 苹果酸	
01.1.2、01.2.1、01.3、01.4.3、01.4.4、01.5、01.6.1、01.6.2、01.6.4、01.6.5、01.6.6、01.7、01.8.1、02.2.2、02.3、02.4、03.0、04.1.2、04.2.1、04.2.2.1、04.2.2.2、04.2.2.3、04.2.2.4、04.2.2.5、04.2.2.6、04.2.2.8、05.0、06.3、06.4.2、06.4.3、06.5、06.6、06.7、6.8、07.0、08.2、08.3、08.4、09.3、09.4、10.2.3、10.3、10.4、11.6、12.2.2、12.3、12.4、12.5、12.6、12.7、12.8、12.9、12.10、13.4、13.5、13.6、14.1.2、14.2.1、14.2.2、14.2.4、14.2.5、14.2.6、14.2.7、15.0	GMP
02.1.2、02.1.3	100
13.3	GMP（婴儿用品除外）
14.1.4	10000
INS.297 富马酸（反丁烯二酸）	
01.1.2、01.3、01.4.3、01.4.4、01.5、01.6.1、01.6.2、01.6.4、01.6.5、01.7、01.8.1、02.2.2、02.3、02.4、03.0、04.1.2、04.2.2.2、04.2.2.3、04.2.2.4、04.2.2.5、04.2.2.6、04.2.2.8	GMP
05.0	1000
06.3、06.4.3、06.5、06.6、06.7、06.8、07.0、08.2、08.3、08.4、09.3、09.4、10.2.3、10.3、10.4、11.6、12.2.2、12.3、12.4、12.5、12.6、12.7、12.8、12.9、12.10	GMP

表 3-4.2（续）

食品组代码	添加剂最大使用限量 /（mg/kg）
13.3	GMP（婴儿用品除外）
13.4、13.5、13.6、14.1.4、14.2.1、14.2.2、14.2.4、14.2.5、14.2.6、14.2.7、15.0	GMP
INS.326 乳酸钾	
01.1.2、01.3、01.4.1、01.4.2、01.4.3、01.4.4、01.5、01.6、01.7、01.8.1、02.2.2、02.3、02.4、03.0、04.1.2、04.2.2.2、04.2.2.3、04.2.2.4、04.2.2.5、04.2.2.6、04.2.2.8、05.0、06.3、06.4.3、06.5、06.6、06.7、06.8、07.0、08.2、08.3、08.4、09.3、09.4、10.2.3、10.3、10.4、11.6、12.2.2、12.3、12.4、12.5、12.6、12.7、12.8、12.9、12.1	GMP
13.3	GMP（婴儿用品除外）
13.4、13.5、13.6、14.1.4、14.2.1、14.2.2、14.2.4、14.2.5、14.2.6、14.2.7、15.0	GMP
INS.328 乳酸铵乳酸铵（L－乳酸铵）	
01.1.2、01.3、01.4.3、01.4.4、01.5、01.6.1、01.6.2、01.6.4、01.6.5、01.7、02.2.2、02.3、02.4、03.0、04.1.2、04.2.2.2、04.2.2.3、04.2.2.4、04.2.2.5、04.2.2.6、04.2.2.8、05.0、06.3、06.4.3、06.5、06.6、06.7、06.8、07.0、08.2、08.3、08.4、09.3、09.4、10.2.3、10.3、10.4、11.6、12.2.2、12.3、12.4、12.5、12.6、12.7、12.8、12.9、12.1	GMP
13.3	GMP（婴儿用品除外）
13.4、13.5、13.6、14.1.4、14.2.1、14.2.2、14.2.4、14.2.5、14.2.6、14.2.7、15.0	GMP
INS.330 柠檬酸；INS.331（ⅰ）柠檬酸二氢钠；INS.332（ⅰ）柠檬酸二氢钾；INS.332（ⅱ）柠檬酸三钾；INS.333（ⅲ）柠檬酸三钙	
0.1.1.1	1000（除了新鲜的牛奶）
01.1.2、01.2.1、01.3、01.4.2、01.4.3、01.4.4、01.5、01.6.1、01.6.2、01.6.4、01.6.5、01.7、01.8、02.2、02.3、02.4、03.0、04.1.2、04.2.2.2、04.2.2.3、04.2.2.4、04.2.2.5、04.2.2.6、04.2.2.8、05.0、06.3、06.4.3、06.5、06.6、06.7	GMP
06.8	3000
07.0、08.1.2、08.2、08.3、08.4、09.0、10.2.3、10.3、10.4、11.4、11.6、12.2.2、12.3、12.4、12.5、12.6、12.7、12.8、12.9、12.1	GMP
13.1.1	GMP（仅用于柠檬酸、柠檬酸二氢钠和柠檬酸三钙）
13.1.2	GMP（仅用于柠檬酸和柠檬酸三钙）
13.1.3	GMP（仅用于柠檬酸、柠檬酸二氢钠和柠檬酸三钙）
13.2	25000（仅用于柠檬酸）
13.3	GMP（婴儿用品除外）
13.4、13.5、13.6	GMP
14.1.2.1、14.1.2.3	3000
14.1.3.1、14.1.3.3	5000
14.1.4、14.1.5、14.2.1、14.2.2、14.2.4、14.2.5、14.2.6、14.2.7、15.0	GMP

表 3-4.2（续）

食品组代码	添加剂最大使用限量 /（mg/kg）
INS.331（ⅱ）柠檬酸二氢钠；INS.334 酒石酸氢钾酒石酸、酒石酸；INS.336（ⅰ）酒石酸氢钾	
01.6.4	34000
01.7	1000
02.2.1.2、02.2.1.3、02.2.2、02.3、02.4	GMP
03.0	2000
04.1.2.1、04.1.2.2、04.1.2.3	GMP
04.1.2.4	1300
04.1.2.5、04.1.2.6	3000
04.1.2.7、04.1.2.8	GMP
04.1.2.9	20000
04.1.2.10	GMP
04.1.2.11	10000
04.1.2.12、04.2.2.5	GMP
04.2.2.6	2000
05.1.1	5000
05.1.2	2000
05.1.4、05.1.5	5000
05.2	20000
05.3	30000
05.4	8000
06.4.3	550
06.5	2000
07.1.2、07.1.3、07.2.1	5000
10.4	2000
11.6	GMP
12.2.2	7500
12.4	5000
12.5	250
12.6.1	2000
12.6.2	5000
12.6.3、13.2	GMP
13.3	200（婴儿用品除外）
13.4	2000
13.6	GMP
14.1.2.1、14.1.2.2、14.1.2.3、14.1.2.4、14.1.3.1	4000
14.1.3.2	1600
14.1.3.3	4000

表 3-4.2（续）

食品组代码	添加剂最大使用限量 /（mg/kg）
14.1.3.4	1600
14.1.4、14.2.1、14.2.2	2000
14.2.3.1	9000
14.2.4、14.2.5	GMP
14.2.6、14.2.7	3000
15.0	2000
INS.338 磷酸	
01.1.2	1320
01.3.1、01.3.2、01.4.1、01.4.2、01.4.4	880
01.5	500
01.6.1、01.6.2、01.6.4、01.6.5	9000
01.8.1	880
01.8.2	4400
02.1	44
02.2.1	880
02.2.2、02.3	2200
02.4、03.0	220
04.1.2.1	200
04.1.2.2	10
04.1.2.3	1100
04.1.2.4	200
04.1.2.5	530
04.1.2.6	530
04.1.2.7	10
04.1.2.8	1100
04.1.2.9	220
04.1.2.10、04.2.1.2	880
04.2.2.1	350
05.1	880
05.2	250
05.4	880
06.3	900
06.4.2、06.4.3	2000
06.5	3000
06.6	2500
06.8.3	1000
07.0	2200

表 3-4.2（续）

食品组代码	添加剂最大使用限量 /（mg/kg）
08.1.2	1000
08.2.3	1650
08.3	2200
09.2、09.4	2000
10.2.1、10.2.2	1000
11.4	1320
11.6	1000
12.2.2	880
12.5.1	400
13.4	2200
14.1.2.1、14.1.2.3	400
14.2.5、14.2.6	220
14.1.3.1、14.1.3.3	400
14.1.4.1	800
14.1.4.2	1300
14.1.5	500
15.0	1000
INS.350（ⅰ）苹果酸钠	
01.1.2、01.3、01.4.1、01.4.2、01.4.3、01.4.4、01.5、01.6、01.7、01.8.102.2.2、02.3、02.4、03.0、04.1.2、04.2.2.2、04.2.2.3、04.2.2.4、04.2.2.5、04.2.2.6、04.2.2.8、05.0、06.3、06.4.3、06.5、06.6、06.7、06.8、07.0、08.2、08.3、08.4、09.3、09.4、10.2.3、10.3、10.4、11.6、12.2.2、12.3、12.4、12.5、12.6、12.7、12.8、12.9、12.1	GMP
13.3	GMP（婴儿用品除外）
13.4、13.5、13.6、14.1.4、14.2.1、14.2.2、14.2.4、14.2.5、14.2.6、14.2.7、15.0	GMP
INS.350（ⅱ）苹果酸钠	
01.1.2、01.3、01.4.1、01.4.2、01.4.3、01.4.4、01.5、01.6、01.7、01.8.1、02.2.2、02.3、02.4、03.0、04.1.2、04.2.2.2、04.2.2.3、04.2.2.4、04.2.2.5、04.2.2.6、04.2.2.8、05.0、06.3、06.4.3、06.5、06.6、06.7、06.8、07.0、08.2、08.3、08.4、09.3、09.4、10.2.3、10.3、10.4、11.6、12.2.2、12.3、12.4、12.5、12.6、12.7、12.8、12.9、12.1	GMP
13.3	GMP（婴儿用品除外）
13.4、13.5、13.6、14.1.4、14.2.1、14.2.2、14.2.4、14.2.5、14.2.6、14.2.7、15.0	GMP
INS.352（ⅱ）苹果酸钙（DL- 苹果酸钙）	
01.1.2、01.3、01.4.3、01.4.4、01.5、01.6.1、01.6.2、01.6.4、01.6.5、01.7、01.8.1、02.2.2、02.3、02.4、03.0、04.1.2、04.2.2.2、04.2.2.3、04.2.2.4、04.2.2.5、04.2.2.6、04.2.2.8、05.0、06.3、06.4.3、06.5、06.6、06.7、06.8、07.0、08.2、08.3、08.4、09.3、09.4、10.2.3、10.3、10.4、11.6、12.2.2、12.3、12.4、12.5、12.6、12.7、12.8、12.9、12.1	GMP

表 3-4.2（续）

食品组代码	添加剂最大使用限量 /（mg/kg）
13.3	GMP（婴儿用品除外）
13.4、13.5、13.6、14.1.4、14.2.1、14.2.2、14.2.3、14.2.4、14.2.5、14.2.6、14.2.7、15.0	GMP
INS.355 己二酸；INS.356 己二酸钠；INS.357 己二酸钾	
05.2	30000
INS.500（ⅰ）碳酸钠	
01.1.2、01.4.1、01.4.2、01.7、01.8.2、02.1.2、02.1.3、02.2.1.1、05.1.1、05.2、05.3	GMP
06.4.2、06.4.3	2600
07.2.1、08.3.2、09.2.2、10.3、12.5.2	GMP
13.1.1	2000mg/L（单独或与钠、钾和钙含量的限制相结合、与即食产品相对应）
13.1.2	2000mg/L（以即食产品计算）
13.1.3	2000mg/L（单独或与钠、钾和钙含量的限制相结合、与即食产品相对应）
13.2	GMP
13.3	GMP（婴儿用品除外）
13.5、13.6、14.1.4.2、14.1.5、15.1	GMP
INS.500（ⅱ）碳酸氢钠	
01.1.2、01.3、01.4.1、01.4.2、01.4.3、01.4.4、01.5、01.6.1、01.6.2、01.6.4、01.6.5、01.7、01.8.1、01.8.2、02.1.2	GMP
02.1.3	1000
02.2.1.1、02.2.2、02.3、02.4、03.0、04.1.2、04.2.2.2、04.2.2.3、04.2.2.4、04.2.2.5、04.2.2.6、04.2.2.8、05.0	GMP
06.2.1	45000
06.2.2、06.3、06.4.3、06.5、06.6、06.7、06.8、07.0、08.2、08.3、08.4、09.2.2、09.2.4.1、09.2.4.3、09.3、09.4、10.2.3、10.3、10.4、11.6、12.2.2、12.3、12.4、12.5、12.6、12.7、12.8、12.9、12.1	GMP
13.1.1	2000mg/L（单独或与钠、钾和钙含量的限制相结合、与即食产品相对应）
13.1.2	2000mg/L（以即食产品计算）
13.1.3	2000mg/L（单一或组合限制钠、钾和钙含量、以即食产品计算）
13.2	GMP
13.3	GMP（婴儿用品除外）
13.4、13.5、13.6、14.1.4、14.1.5、14.2.1、14.2.2、14.2.4、14.2.5、14.2.6、14.2.7、15.0	GMP
INS.501（ⅰ）碳酸钾	
01.1.2、01.3、01.4.3、01.4.4、01.5、01.6.1、01.6.2、01.6.4、01.6.5、01.7、01.8.1、02.2.2、02.3、02.4、03.0、04.1.2、04.2.2.2、04.2.2.3、04.2.2.4、04.2.2.5、04.2.2.6、04.2.2.8、05.0、06.3、06.4.2、06.4.3、06.5、06.6、06.7、06.8、07.0、08.2、08.3、08.4、09.3、09.4、10.2.3、10.3、10.4、11.6、12.2.2、12.3、12.4、12.5、12.6、12.7、12.8、12.9、12.1	GMP

表 3—4.2（续）

食品组代码	添加剂最大使用限量 /（mg/kg）
13.1.1	2000mg/L（单独或与钠、钾和钙含量的限制相结合、与即食产品相对应）
13.1.2	2000mg/L（以即食产品计算）
13.1.3	2000mg/L（单独或与钠、钾和钙含量的限制相结合、与即食产品相对应）
13.3	GMP（婴儿用品除外）
13.4、13.5、13.6、14.1.4、14.2.1、14.2.2、14.2.4、14.2.5、14.2.6、14.2.7、15.0	GMP
INS.501（ⅱ）碳酸氢钾	
01.1.2、01.3、01.4.3、01.4.4、01.5、01.6.1、01.6.2、01.6.4、01.6.5、01.7、01.8.1、02.2.2、02.3、02.4、03.0、04.1.2、04.2.2.2、04.2.2.3、04.2.2.4、04.2.2.5、04.2.2.6、04.2.2.8、05.0、06.3、06.4.3、06.5、06.6、06.7、06.8、07.0、08.2、08.3、08.4、09.3、09.4、10.2.3、10.3、10.4、11.6、12.2.2、12.3、12.4、12.5、12.6、12.7、12.8、12.9、12.1	GMP
13.1.1	2000mg/L（单独或与钠、钾和钙含量的限制相结合、与即食产品相对应）
13.1.2	2000mg/L（以即食产品计算）
13.1.3	2000mg/L（单独或与钠、钾和钙含量的限制相结合、与即食产品相对应）
13.2	GMP
13.3	GMP（婴儿用品除外）
13.4、13.5、13.6、14.1.4、14.2.1、14.2.2、14.2.4、14.2.5、14.2.6、14.2.7、15.0	GMP
INS.503（ⅰ）碳酸铵	
01.1.2、05.1.1、05.1.4、07.2.1、13.6、15.1	GMP
INS.503（ⅱ）碳酸氢铵	
01.1.2、01.3、01.4.3、01.4.4、01.5、01.6.1、01.6.2、01.6.4、01.6.5、01.7、01.8.1、02.2.2、02.3、02.4、03.0、04.1.2、04.2.2.2、04.2.2.3、04.2.2.4、04.2.2.5、04.2.2.6、04.2.2.8、05.0、06.3、06.4.3、06.5、06.6、06.7、06.8、07.0、08.2、08.3、08.4、09.3、09.4、10.2.3、10.3、10.4、11.6、12.2.2、12.3、12.4、12.5、12.6、12.7、12.8、12.9、12.1、13.2	GMP
13.3	GMP（婴儿用品除外）
13.4、13.5、13.6、14.1.4、14.2.1、14.2.2、14.2.4、14.2.5、14.2.6、14.2.7、15.0	GMP
INS.504（ⅰ）碳酸镁	
01.1.1.2	1250
01.1.2	250
01.2.1.2、01.2.2	400
02.1.2	1250
08.1.2	2500
09.1、09.2	625
14.1.4.2	125

表 3—4.2（续）

食品组代码	添加剂最大使用限量 /（mg/kg）
INS.507 盐酸；INS.514（ⅰ）硫酸钠；INS.515（ⅰ）硫酸钾；INS.516 硫酸钙	
01.1.2、01.3、01.4.3、01.4.4、01.5、01.6.1、01.6.2、01.6.4、01.6.5、01.7、01.8.1、02.2.2、02.3、02.4、03.0、04.1.2	GMP
04.2.1.2、04.2.1.3	800
04.2.2.1	3500
04.2.2.2、04.2.2.3、04.2.2.4、04.2.2.5、04.2.2.6、04.2.2.8、05.0、06.3	GMP
06.4.2、06.4.3	5000
06.5、06.6、06.7、06.8、07.0、08.2、08.3、08.4、09.3、09.4、10.2.3、10.3、10.4、11.6、12.2.2、12.3、12.4、12.5、12.6、12.7、12.8、12.9、12.1	GMP
13.3	GMP（婴儿用品除外）
13.4、13.5、13.6、14.1.4、14.2.1、14.2.2、14.2.4、14.2.5、14.2.6、14.2.7、15.0	GMP
INS.524 氢氧化钠	
01.1.2、01.8.2、02.1.2、02.1.3、02.2.1、02.2.2、05.1.1、05.1.4、06.2.2、06.4、07.0	GMP
13.1.1	2000mg/L（单独或与钠、钾和钙含量的限制相结合、与即食产品相对应）
13.1.2	2000mg/L（以即食产品计算）
13.1.3	2000mg/L（单独或与钠、钾和钙含量的限制相结合、与即食产品相对应）
13.2、13.6、15.0	GMP
INS.525 氢氧化钾；INS.526 氢氧化钙（熟石灰）	
01.1.2、01.3、01.4.3、01.4.4、01.5、01.6.1、01.6.2、01.6.4、01.6.5、01.7、01.8.1、01.8.2、02.2.1.1、02.2.2、02.3、02.4、03.0、04.1.2	GMP
04.2.1.2、04.2.1.3	800
04.2.2.1	1000
04.2.2.2、04.2.2.3、04.2.2.4、04.2.2.5、04.2.2.6、04.2.2.8、05.0、06.3、06.4.3、06.5、06.6、06.7、06.8、07.0、08.2、08.3、08.4、09.3、09.4、10.2.3、10.3、10.4、11.1.5、11.6、12.2.2、12.3、12.4、12.5、12.6、12.7、12.8、12.9、12.1	GMP
13.1.1	2000mg/L（单独或与钠、钾和钙含量的限制相结合、与即食产品相对应）
13.1.2	2000mg/L（以即食产品计算）
13.1.3	2000mg/L（单独或与钠、钾和钙含量的限制相结合、与即食产品相对应）
13.2	GMP
13.3	GMP（婴儿用品除外）
13.4、13.5、13.6、14.1.4、14.2.1、14.2.2、14.2.4、14.2.5、14.2.6、14.2.7、15.0	GMP

表 3—4.2（续）

食品组代码	添加剂最大使用限量 /（mg/kg）
INS.575 葡萄糖酸内酯	
01.1.2、01.2.1、01.6.6、02.1.2、02.1.3、02.2.1.2、05.1.3、06.2.2、06.4.3、06.8.3、07.0、08.2、08.3.1、12.4、12.6、13.6、14.1.4	GMP
INS.578 葡萄糖酸钙	
01.1.2、01.3、01.4.3、01.4.4、01.5、01.6.1、01.6.2、01.6.4、01.6.5、01.7、01.8.1、02.2.2、02.3、02.4、03.0、04.1.2、04.2.2.2、04.2.2.3、04.2.2.4、04.2.2.5、04.2.2.6、04.2.2.8、05.0、06.3、06.4.3、06.5、06.6、06.7、06.8、07.0、08.2、08.3、08.4、09.3、09.4、10.2.3、10.3、10.4、11.6、12.2.2、12.3、12.4、12.5、12.6、12.7、12.8、12.9、12.1	GMP
13.3	GMP（婴儿用品除外）
13.4、13.5、13.6、14.1.4、14.2.1、14.2.2、14.2.4、14.2.5、14.2.6、14.2.7、15.0	GMP
INS.420（ⅰ）山梨醇；INS.420（ⅱ）山梨醇糖浆（山梨糖醇糖浆）	
01.1.2、01.3、01.5.2、01.6.1、01.6.2、01.6.4、01.6.5、01.7、02.4、03.0、04.1.2.2、04.1.2.5、04.1.2.7、04.1.2.9、04.1.2.11、05.0、06.3、06.4.3、06.5、06.6、07.2、08.1.1	GMP
08.1.2	5000
08.2、08.3、08.4、09.2.1、09.2.2、09.2.3	GMP
09.2.4.1	35000
09.2.4.2、09.2.4.3	GMP
09.2.5	35000
09.3、09.4、10.4、11.4、11.6、12.2.1、12.2.2、12.4、12.5、12.6、12.8、12.9	GMP
13.3	GMP（除婴儿用品外）
13.4、13.5、13.6、14.1.4、14.1.5	GMP
INS.421 甘露醇；INS.953 异麦芽酮糖醇 / 异麦芽糖醇	
01.1.2、01.3.2、01.4.3、01.4.4、01.5.2、01.6.1、01.6.2、01.6.4、01.6.5、01.7、01.8.1、02.2.2、02.3、02.4、03.0、04.1.2、04.2.2.2、04.2.2.3、04.2.2.4、04.2.2.5、04.2.2.6、04.2.2.8、05.0、06.3、06.4.3、06.5、06.6、06.7、06.8、07.0、08.2、08.3、08.4、09.3、09.4、10.2.3、10.3、10.4、11.6、12.2.2、12.3、12.4、12.5、12.6、12.7、12.8、12.9、12.1	GMP
13.3	GMP（婴儿用品除外）
13.4、13.5、13.6、14.1.4、14.1.5、14.2.1、14.2.2、14.2.4、14.2.5、14.2.6、14.2.7、15.0	GMP
INS.960 甜菊糖苷	
01.1.2	200（用于风味产品）
01.5.2	330［对于产品是调味料，并根据消费者准备的产品计算（消耗）］
01.7、02.4	330［以即食产品计算（消耗）］
03.0	160
04.1.2.3	100
04.1.2.4	330

表 3—4.2（续）

食品组代码	添加剂最大使用限量 /（mg/kg）
04.1.2.5	360
04.1.2.6	330
04.1.2.7	40
04.1.2.8	330
04.1.2.9	300［以即食产品计算（消耗）］
04.1.2.10	115
04.1.2.11	330
04.1.2.12、04.2.2.2	40
04.2.2.3	330
04.2.2.4	70
04.2.2.5	330
04.2.2.6	165
04.2.2.7	200
04.2.2.8	40
05.1	270［以即食产品计算（消耗）］
05.2	700
05.3	1000
06.3	250
06.5	165［以即食产品计算（消耗）］
06.8.1	200
07.1	165
07.2	160
08.3.2	100（仅适用于用于香肠制作的盐水）
09.2	240
09.3.1	100
09.3.2	165
09.3.3、09.4	100
10.4	330
11.6	GMP
12.2.2	30
12.4	130
12.5	50
12.6.1、12.6.2、12.6.3、12.6.4	350
12.7	115
12.9.2.1	30
12.9.2.2、12.9.2.3	165
13.3	230［婴儿产品除外，以消费者对产品进行计算（消耗）］

表 3-4.2（续）

食品组代码	添加剂最大使用限量 /（mg/kg）
13.4、13.5	100［以即食产品计算（消耗）］
14.1.2	100
14.1.3	200
14.1.4、14.1.5	100［以即食产品计算（消耗）］
14.2.7	200
15.0	170
INS.965 麦芽糖醇；INS.965（ⅰ）麦芽糖醇；INS.965（ⅱ）麦芽糖醇糖浆（麦芽糖浆） INS.966 乳糖醇；INS.967 肉豆蔻（木糖醇）	
01.1.2、01.3.2、01.4.3、01.4.4、01.5.2、01.6.1、01.6.2、01.6.4、01.6.5、01.7、01.8.1、02.2.2、02.3、02.4、03.0、04.1.2、04.2.2.2、04.2.2.3、04.2.2.4、04.2.2.5、04.2.2.6、04.2.2.8、05.0、06.3、06.4.3、06.5、06.6、06.7、06.8、07.0、08.2、08.3、08.4、09.1、09.3、09.4、10.2.3、10.3、10.4、11.6、12.2.2、12.3、12.4、12.5、12.6、12.7、12.8、12.9、12.1	GMP
13.3	GMP（婴儿用品除外）
13.4、13.5、13.6、14.1.4、14.1.5、14.2.1、14.2.2、14.2.4、14.2.5、14.2.6、14.2.7、15.0	GMP
INS.968 胡萝卜素（赤藓糖醇）	
01.1.2、01.4.3、01.4.4、01.5.2、01.6.1、01.6.2、01.6.4、01.6.5、01.7、01.8.1、02.2.2、02.3、02.4、03.0、04.1.2、04.2.2.2、04.2.2.3、04.2.2.4、04.2.2.5、04.2.2.6、04.2.2.8、05.0、06.3、06.4.3、06.5、06.6、06.7、06.8、07.0、08.2、08.3、08.4、09.3、09.4、10.2.3、10.3、10.4、11.6、12.2.2、12.3、12.4、12.5、12.6、12.7、12.8、12.9、12.1	GMP
13.3	GMP（婴儿用品除外）
13.4、13.5、13.6、14.1.4、14.2.1、14.2.2、14.2.4、14.2.5、14.2.6、14.2.7、15.0	GMP
INS.950 乙酰磺胺酸钾（安赛蜜）	
01.1.2	350
01.3.2	2000［以即食产品计算（消耗）］
01.5.2、01.7	350［以即食产品计算（消耗）］
02.3	1000
02.4	350［以即食产品计算（消耗）］
03.0、04.1.2.1、04.1.2.2	500
04.1.2.3	200
04.1.2.4	350
04.1.2.5、04.1.2.6	1000
04.1.2.7	500
04.1.2.8	350
04.1.2.9	350［以即食产品计算（消耗）］
04.1.2.10、04.1.2.11	350
04.1.2.12	500

表 3—4.2（续）

食品组代码	添加剂最大使用限量 /（mg/kg）
04.2.2.3	200
04.2.2.4	350
04.2.2.5	1000
04.2.2.6	350
04.2.2.7	1000
05.1.1、05.1.2	350［以即食产品计算（消耗）］
05.1.3	1000
05.1.4、05.1.5、05.2.1	500
05.2.2、05.2.3	1000
05.3	3000
05.4	500
06.3	1200
06.4	200
06.5	350［以即食产品计算（消耗）］
07.1、07.2.1、07.2.2	500
07.2.3	750
09.3	200
09.4	200
10.4	350
11.4	1000
11.6	GMP
12.2、12.3	2000
12.4	350
12.5	110
12.6.1	1000
12.6.2、12.6.3、12.6.4、12.7	350
13.3	450［婴儿用品除外，以即食产品计算（消耗）］
13.4、13.5	450［以即食产品计算（消耗）］
14.1.2.1、14.1.2.2	250
14.1.3.1、14.1.3.2	350
14.1.4	600［以即食产品计算（消耗）］
14.1.5	250［以即食产品计算（消耗）］
14.2.1、14.2.2	350
14.2.3	500
14.2.7、15.0	350

表 3-4.2（续）

食品组代码	添加剂最大使用限量 /（mg/kg）
INS.951 阿斯巴甜（天冬氨酰苯丙氨酸甲酯）	
01.1.2	600
01.3.2	6000［以即食产品计算（消耗）］
01.4.4	1000
01.5.2	1000［该产品准备用于消费的（消耗）］
01.6.5	1000
01.7	1000［以即食产品计算（消耗）］
02.3	1000
02.4	1000［以即食产品计算（消耗）］
03.0	1000
04.1.2.1、04.1.2.2	2000
04.1.2.8	1000
04.1.2.9	1000［以即食产品计算（消耗）］
04.1.2.10	2000
04.1.2.11	3000
04.1.2.12	2000
04.2.2.1、04.2.2.2、04.2.2.6	1000
05.1.1	3000［以即食产品计算（消耗）］
05.1.2	1000［以即食产品计算（消耗）］
05.1.3	3000
05.1.4	2500
05.1.5、05.2、05.3	3000
05.4、06.3	1000
06.5	1000［以即食产品计算（消耗）］
11.4	3000
11.6	GMP
12.2.2	2000
12.4	350
12.5	600
12.7	350
13.3	1000［婴儿用品除外，以即食产品计算（消耗）］
13.4	800［以即食产品计算（消耗）］
13.5	1000［以即食产品计算（消耗）］
14.1.4	600［以即食产品计算（消耗）］
14.1.5	600［以即食产品计算（消耗）］
15.0	500

表 3—4.2（续）

食品组代码	添加剂最大使用限量 /（mg/kg）
INS.952 甜蜜素（环己氨基磺酸盐）；INS.952 环丙酸；INS.952（ⅱ）环己烷氨基磺酸；INS.952（ⅳ）环己烷氨基磺酸钠（辛酸钠）	
01.1.2	250
01.7、02.4	250［以即食产品计算（消耗）］
03.0	250
04.1.2.4	500
04.1.2.5、04.1.2.6	1000
04.1.2.8	250
04.1.2.9	250［以即食产品计算（消耗）］
04.2.2.6	250
05.1.2	250［以即食产品计算（消耗）］
05.1.3、05.1.4、05.1.5、05.2	500
05.3	2000
05.4	500
06.5	250［以即食产品计算（消耗）］
07.2	600
10.4	250
11.4	500
11.6	GMP
12.6.1、12.7	500
13.3	400［婴儿产品除外，以消费者准备的产品计算（消耗）］
13.4、13.5	400［以即食产品计算（消耗）］
14.1.2.1、14.1.3.1	200
14.1.4	350［以即食产品计算（消耗）］
14.2.3、14.2.7	250
INS.954（ⅰ）糖精；INS.954（ⅳ）糖精钠（可溶性糖精）	
01.1.2	80
01.7	200［以即食产品计算（消耗）］
04.1.2.4、04.1.2.5	200
04.1.2.9	100［以即食产品计算（消耗）］
04.2.2.8	160
05.1.4、06.3	100
06.5	100［以即食产品计算（消耗）］
07.2.1、07.2.3	170
10.4	100
11.4	300
11.6	GMP

表 3-4.2(续)

食品组代码	添加剂最大使用限量 /(mg/kg)
12.5	110
12.6、12.9.2	160
13.3	200 [婴儿用品除外,以即食产品计算(消耗)]
13.4	150 [以即食产品计算(消耗)]
14.1.2.3	300 [以即食产品计算(消耗)]
14.1.4.1、14.1.4.2	120 [以即食产品计算(消耗)]
14.1.4.3	300 [以即食产品计算(消耗)]
14.1.5	100 [以即食产品计算(消耗)]
14.2.1、14.2.3、14.2.7	80
15.0	100
INS.955 三氯蔗糖 / 三氯半乳糖	
01.1.2	300
01.5.2	300 [仅适用于包含内容声明的产品,以消费准备的产品计算(消耗)]
01.6.5	500
01.7、02.4	400 [以即食产品计算(消耗)]
03.0	320
04.1.2.1、04.1.2.2、04.1.2.3	150
04.1.2.4、04.1.2.5、04.1.2.6	400
04.1.2.7	800
04.1.2.8	400
04.1.2.9	400 [以即食产品计算(消耗)]
04.1.2.10	150
04.1.2.11	250
04.1.2.12、04.2.2.1、04.2.2.2	150
04.2.2.3	400
04.2.2.4	150
04.2.2.5、04.2.2.6	400
04.2.2.7、04.2.2.8	150
05.1.4	580
05.2	1800
05.3	1500
05.4、06.3	1000
06.5	400 [以即食产品计算(消耗)]
06.6	300
06.7	200

表 3-4.2（续）

食品组代码	添加剂最大使用限量 /（mg/kg）
07.2.1	700
07.2.3	400
09.3.1、09.3.2、09.4	120
10.4	250
11.4	1500
11.6	GMP
12.2.2	700
12.3	400
12.4	140
12.5	600
12.6	450
12.7	1250
13.3	400［婴儿产品除外，以消费者对产品进行计算（消耗）］
13.4	320［以即食产品计算（消耗）］
13.5	400［以即食产品计算（消耗）］
14.1.3.1	250
14.1.3.3、14.1.3.4、14.1.4、14.1.5	300［以即食产品计算（消耗）］
14.2.7	700
15.0	200
INS.961 纽甜	
01.1.2	15
01.5.2	15［以即食产品计算（消耗）］
01.7	20［以即食产品计算（消耗）］
02.3	10
03.0	50
04.1.2.5	25
04.1.2.9	20
05.1.2	30［以即食产品计算（消耗）］
05.1.3、05.1.4、05.1.5	30
05.2	60
05.3	150
06.3	25
06.5	20［以即食产品计算（消耗）］
10.4	20
11.6	GMP
12.6.2	20

表 3-4.2（续）

食品组代码	添加剂最大使用限量 /（mg/kg）
13.4	30［以即食产品计算（消耗）］
14.1.2.1	25
14.1.4.1	17［以即食产品计算（消耗）］
14.1.4.2	15［以即食产品计算（消耗）］
14.1.4.3	30［以即食产品计算（消耗）］
14.1.5	8［以即食产品计算（消耗）］
INS.263 醋酸钙	
01.1.2、01.3、01.4.3、01.4.4、01.5、01.6.1、01.6.2、01.6.4、01.6.5、01.7、01.8.1、02.2.2、02.3、02.4、03.0、04.1.2、04.2.2.2、04.2.2.3、04.2.2.4、4.2.2.5、04.2.2.6、04.2.2.8、05.0、06.3、06.4.3、06.5、06.6、06.7、06.8、07.0、08.2、08.3、08.409.3、09.4、10.2.3、10.3、10.4	GMP
11.4	1500
11.6、12.2.2、12.3、12.4、12.5、12.6、12.7、12.8、12.9、12.1、13.2	GMP
13.3	GMP（婴儿用品除外）
13.4、13.5、13.6、14.1.4、14.2.1、14.2.2、14.2.4、14.2.5、14.2.6、14.2.7、15.0	GMP
INS.297 富马酸	
01.1.2、01.3、01.4.3、01.4.4、01.5、01.6.1、01.6.2、01.6.4、01.6.5、01.7、01.8.1、02.2.2、02.3、02.4、03.0、04.1.2、04.2.2.2、04.2.2.3、04.2.2.4、04.2.2.5、04.2.2.6、04.2.2.8	GMP
05.0	1000
06.3、06.4.3、06.5、06.6、06.7、06.8、07.0、08.2、08.3、08.4、09.3、09.4、10.2.3、10.3、10.4、11.6、12.2.2、12.3、12.4、12.5、12.6、12.7、12.8、12.9、12.1	GMP
13.3	GMP（婴儿用品除外）
13.4、13.5、13.6、14.1.4、14.2.1、14.2.2、14.2.4、14.2.5、14.2.6、14.2.7、15.0	GMP
INS.322（ⅰ）卵磷脂	
01.1.1.2、01.1.2、01.2.1.2、01.2.2、01.3	GMP
01.4.1	5000
01.4.2	5000
01.4.3、01.4.4、01.5、01.6.1、01.6.2、01.6.4、01.6.5、01.7、01.8.1	GMP
02.1.2、02.1.3、02.2.1.1	20000
02.2.1.2、02.2.2、02.3、02.4、03.0、04.1.1.2、04.1.2、04.2.1.2、04.2.2.1、04.2.2.2、04.2.2.3、04.2.2.4、04.2.2.5、04.2.2.6、04.2.2.8、05.0、06.2.1、06.3	GMP
06.4.2	5000
06.4.3、06.5、06.6、06.7、06.8、07.0、08.2、08.3、08.4、09.2.1、09.2.2、09.2.3、09.2.5、09.3、09.4、10.2.1、10.2.2、10.2.3、10.3、10.4、11.4、11.6、12.1.2、12.2.1、12.2.2、12.3、12.4、12.5、12.6、12.7、12.8、12.9、12.1	GMP

表 3—4.2（续）

食品组代码	添加剂最大使用限量 /（mg/kg）
13.1.2	5000mg/L（以即食产品计算）
13.2	15000（以干重计）
13.3	GMP（婴儿用品除外）
13.4、13.5、13.6、14.1.4、14.1.5、14.2.1、14.2.2、14.2.4、14.2.5、14.2.6、14.2.7、15.0	GMP
INS.331（ⅱ）柠檬酸二氢钠；INS.332（ⅰ）柠檬酸二氢钾	
0.1.1.1	1000（新鲜牛奶除外）
01.1.2、01.2.1、01.3、01.4.3、01.4.4、01.5、01.6.1、01.6.2、01.6.4、01.6.5、01.7、01.8	GMP
01.4.2	5000
02.2、02.3、02.4、03.0、04.1.2、04.2.2.2、04.2.2.3、04.2.2.4、04.2.2.5、04.2.2.6、04.2.2.8、05.0、06.3、06.4.3、06.5、06.6、06.7、07.0、08.2、08.3、08.4、09.0、10.2.3、10.3、10.4、11.4、11.6、12.2.2、12.3、12.4、12.5、12.6、12.7、12.8、12.9、12.1	GMP
13.3	GMP（婴儿用品除外）
13.4、13.5、13.6	GMP
14.1.2.1、14.1.2.3、14.1.4	3000
14.1.3.1、14.1.3.3	5000
14.1.5、14.2.1、14.2.2、14.2.4、14.2.5、14.2.6、14.2.7、15.0	GMP
INS.333（ⅲ）柠檬酸三钙	
0.1.1.1	1000（新鲜牛奶除外）
01.1.2、01.2.1、01.3、01.4.3、01.4.4、01.5、01.6.1、01.6.2、01.6.4、01.6.5、01.7、01.8	GMP
01.4.2	5000
02.2、02.3、02.4、03.0、04.1.2、04.2.2.2、04.2.2.3、04.2.2.4、04.2.2.5、04.2.2.6、04.2.2.8、05.0、06.3、06.4.3、06.5、06.6、06.7	GMP
06.8	3000
07.0、08.1.2、08.2、08.3、08.4、09.0、10.2.3、10.3、10.4、11.4、11.6、12.2.2、12.3、12.4、12.5、12.6、12.7、12.8、12.9、12.1	GMP
13.3	GMP（婴儿用品除外）
13.4、13.5、13.6	GMP
14.1.2.1、14.1.2.3、14.1.4	3000
14.1.3.1、14.1.3.3	5000
14.1.5、14.2.1、14.2.2、14.2.4、14.2.5、14.2.6、14.2.7、15.0	GMP
INS.339（ⅰ）磷酸二氢钠（正磷酸单钠）；INS.339（ⅱ）磷酸二氢钠（正磷酸二钠）；INS.339（ⅲ）磷酸三钠；INS.340（ⅰ）磷酸单钾；INS.340（ⅱ）磷酸二氢钾（正磷酸二钾）；INS.340（ⅲ）磷酸三钾（正磷酸三钾）；INS.341 磷酸钙；INS.341（ⅰ）磷酸一钙；INS.341（ⅱ）磷酸铋（正磷酸二钙）；INS.341（ⅲ）磷酸三钙	
01.1.2	1320
01.3.1、01.3.2、01.4.1、01.4.2、01.4.4、01.8.1	880

表 3-4.2（续）

食品组代码	添加剂最大使用限量 /（mg/kg）
01.5	500
01.6.1、01.6.2、01.6.4、01.6.5	9000
01.8.2	4400
02.1	44
02.2.1	880
02.2.2、02.3	2200
02.4、03.0、04.1.2.1、04.1.2.4	220
04.1.2.2、04.1.2.7	10
04.1.2.3、04.1.2.8	1100
04.1.2.5、04.1.2.6	530
04.1.2.9	220
04.1.2.10、04.2.1.2	880
04.2.2.1	350
05.1、05.4	880
05.2	250
06.3	900
06.4.2、06.4.3	2000
06.5	3000
06.6	2500
06.8.3	1000
07.0	2200
08.1.2	1000
08.2.3	1650
08.3	2200
09.2、09.4	2000
10.2.1、10.2.2	1000
11.4	1320
11.6	1000
12.2.2	880
12.5.1	400
13.4	2200
14.1.2.1、14.1.2.3、14.1.3.1、14.1.3.3	400
14.2.5、14.2.6	220
14.1.4.1	800
14.1.4.2	1300
14.1.5	500
15.0	1000

表 3-4.2（续）

食品组代码	添加剂最大使用限量 /（mg/kg）
INS.355 己二酸	
05.2	30000
INS.400 海藻酸	
01.1.1.2	6000
01.1.2、01.3、01.4.3、01.4.4、01.5、01.6.1、01.6.2、01.6.4、01.6.5、01.7、01.8.1	GMP
01.2.1.2、01.4.2	5000
01.4.1	1000
02.1.2、02.1.3、02.2.2、02.3、02.4、03.0、04.1.2、04.1.1.2、04.2.1.2、04.2.2.2、04.2.2.3、04.2.2.4、04.2.2.5、04.2.2.6、04.2.2.8、05.0、06.3、06.4.2、06.4.3、06.5、06.6、06.7、06.8、07.0、08.2、08.3、08.4、09.3、09.4、10.2.3、10.3、10.4	GMP
11.4	10000
11.6、12.2.2、12.3、12.4、12.5、12.6、12.7、12.8、12.9、12.1	GMP
13.2	5000
13.3	GMP（婴儿用品除外）
13.4、13.5、13.6、14.1.4、14.2.1、14.2.2、14.2.4、14.2.5、14.2.6、14.2.7、15.0	GMP
INS.410 角豆豆胶	
01.1.2、01.3	GMP
01.4.2	5000
01.4.3、01.4.4、01.5、01.6.1、01.6.2、01.6.4、01.6.5、01.7、01.8.1、02.2.2、02.3、02.4、03.0、04.1.2、04.2.2.2、04.2.2.3、04.2.2.4、04.2.2.5、04.2.2.6、04.2.2.8、05.0、06.3、06.4.3、06.5、06.6、06.7、06.8、07.0、08.2、08.3、08.4、09.3、09.4、10.2.3、10.3、10.4、11.6、12.2.2、12.3、12.4、12.5、12.6、12.7、12.8、12.9、12.1	GMP
13.1.2	1000mg/L（以即食产品计算）
13.3	GMP（除婴儿用品外）
13.4、13.5、13.6、14.1.4、14.1.5、14.2.1、14.2.2、14.2.4、14.2.5、14.2.6、14.2.7、15.0	GMP
INS.415 黄原胶	
01.1.1.1	GMP（新鲜牛奶除外）
01.1.1.2	3000
01.2.1.2、01.1.2、01.2.1.1、01.3、01.4.1	GMP
01.4.2	5000
01.4.3、01.4.4、01.5、01.6.1、01.6.2、01.6.4、01.6.5、01.7、01.8.1、02.2.2、02.3、02.4、03.0、04.1.1.2、04.1.2、04.2.1.2、04.2.1.3、04.2.2.1、04.2.2.2、04.2.2.3、04.2.2.4、04.2.2.5、04.2.2.6、04.2.2.8、05.0、06.3、06.4.3、06.5、06.6、06.7、06.8、07.0、08.2、08.3、08.4、09.2、09.3、09.4、10.2、10.3	GMP
10.4	5000

表 3－4.2（续）

食品组代码	添加剂最大使用限量 /（mg/kg）
11.4	GMP
11.6、12.1.2、12.2.1、12.2.2、12.3、12.4、12.5、12.6、12.7、12.8、12.9、12.1	20000
13.2	GMP（婴儿用品除外）
13.3、13.4、13.5、13.6、14.1.4、14.1.5、14.2、15.0	GMP
INS.417 哥塔拉（塔拉胶）	
01.1.1	GMP（新鲜牛奶除外）
01.1.2、01.2.1.2、01.2.2、01.3、01.4.1、01.4.2、01.4.3、01.4.4、01.5、01.6.1、01.6.2、01.6.4、01.6.5、01.7、01.8.1、02.1.2、02.1.3、02.2.2、02.3、02.4、03.0、04.1.1.2、04.1.2	GMP
04.2.2.1	83000
04.2.2.2、04.2.2.3、04.2.2.4、04.2.2.5、04.2.2.6、04.2.2.8、05.0、06.3、06.4.2、06.4.3、06.5、06.6、06.7、06.8、07.0、08.2、08.3、08.4、09.2、09.3、09.4、10.2、10.3、10.4、11.6、12.2.1、12.2.2、12.3、12.4、12.5、12.6、12.7、12.8、12.9、12.1、13.2	GMP
13.3	GMP（婴儿用品除外）
13.4、13.5、13.6、14.1.4、14.1.5、14.2、15.0	GMP
INS.419 茄替胶	
14.1.4.1、14.1.4.2	2000
INS.450（ⅰ）二磷酸二（二磷酸二钠）；INS.450（ⅱ）二磷酸三钠（二磷酸二钠）；INS. 450（ⅲ）二磷酸四钠；INS.450（ⅴ）二磷酸四钾；INS.450（ⅵ）二磷酸二钙（磷酸二钙）；INS.451（ⅰ）三聚磷酸钠；INS.451（ⅱ）三聚磷酸钾；INS.452（ⅰ）多磷酸钠；INS.452（ⅱ）多磷酸钾；INS.452（ⅲ）多磷酸钙钠（多磷酸钠）；INS.457 α－环糊精；INS.458 γ－环糊精	
01.1.2、01.3、01.4.3、01.4.4、01.5、01.6.1、01.6.2、01.6.4、01.6.5、01.7、01.8.1、02.2.2、02.3、02.4、03.0、04.1.2、04.2.2.2、04.2.2.3、04.2.2.4、04.2.2.5、04.2.2.6、04.2.2.8、05.0、06.3、06.4.3、06.5、06.6、06.7、06.8、07.0、08.2、08.3、08.4、09.3、09.4、10.2.3、10.3、10.4、11.6、12.2.2、12.3、12.4、12.5、12.6、12.7、12.8、12.9、12.1	GMP
13.3	GMP（婴儿用品除外）
13.4、13.5、13.6、14.1.4、14.2.1、14.2.2、14.2.4、14.2.5、14.2.6、14.2.7、15.0	GMP
INS.466 羧甲基纤维素钠	
01.1.1.1	3000（新鲜牛奶除外）
01.1.1.2	2000
01.1.2	GMP
01.2.1	5000
01.2.2、01.3	GMP
01.4.1、01.4.2	5000
01.4.3、01.4.4、01.5、01.6.1、01.6.2、01.6.4、01.6.5、01.7、01.8.1、02.2.2、02.3、02.4、03.0	GMP

表 3—4.2（续）

食品组代码	添加剂最大使用限量 /（mg/kg）
04.1.1.2	GMP（用于水果、蔬菜、肉类或鱼类的装饰）
04.1.2、04.2.1.2、04.2.2.2、04.2.2.3、04.2.2.4、04.2.2.5、04.2.2.6、04.2.2.8、05.0、06.3、06.4.3、06.5、06.6、06.7、06.8、07.0、08.2、08.3、08.4、09.2.1、09.2.2	GMP
09.2.3	GMP（用于水果、蔬菜、肉类或鱼类的装饰）
09.2.4、09.2.5、09.3、09.4、10.2.3、10.3、10.4	GMP
11.4	5000
11.6、12.1.2、12.2.1、12.2.2、12.3、12.4、12.5、12.6、12.7、12.8、12.9、12.1	GMP
13.3	GMP（婴儿用品除外）
13.4、13.5、13.6、14.1.4、14.1.5、14.2.1、14.2.2、14.2.4、14.2.5、14.2.6、14.2.7、15.0	GMP
INS.468 克罗斯卡洛钠（交联羧甲基纤维素钠）；INS.469 羧甲基纤维素钠水解酶；INS.470（ⅰ）肉豆蔻酸、棕榈酸和硬脂酸及其盐［钙、钾、和钠（Ca、K、Na）盐］	
01.1.2、01.3、01.4.3、01.4.4、01.5、01.6.1、01.6.2、01.6.5、01.7、01.8.1、02.2.2、02.3、02.4、03.0、04.1.2、04.2.2.2、04.2.2.3、04.2.2.4、04.2.2.5、04.2.2.6、04.2.2.8、05.0、06.3、06.4.3、06.5、06.6、06.7、06.8、07.0、08.2、08.3、08.4、09.2、09.3、09.4、10.2.3、10.3、10.4、11.6、12.1.2、12.2.2、12.4、12.5、12.6、12.7、12.9、12.1、13.4、13.5、13.6、14.1.4、14.2.1、14.2.2、14.2.4、14.2.5、14.2.6、14.2.7、15.0	GMP
INS.472A 脂肪酸和甘油的乙酸酯（乙酸和甘油的脂肪酸酯）	
01.1.1.2、01.2.1.2、01.1.2、01.2.2、01.3	GMP
01.4.1、01.4.2	10000
01.4.3、01.4.4、01.5、01.6.1、01.6.2、01.6.4、01.6.5、01.7、01.8.1、02.1.2、02.1.3	GMP
02.2.1.1	10000
02.2.2、02.3、02.4、03.0、04.1.2、04.2.2.2、04.2.2.3、04.2.2.4、04.2.2.5、04.2.2.6、04.2.2.8、05.0、06.3、06.4.3、06.5、06.6、06.7、06.8、07.0、08.2、08.3、08.4、09.2.1、09.2.4、09.2.5、09.3、09.4、10.2.3、10.3、10.4、11.4、11.6	GMP
12.1.2	5000
12.2.2、12.3、12.4、12.5、12.6、12.7、12.8、12.9、12.1	GMP
13.2	5000
13.3	GMP（婴儿用品除外）
13.4、13.5、13.6、14.1.4、14.1.5、14.2.1、14.2.2、14.2.4、14.2.5、14.2.6、14.2.7、15.0	GMP
INS.472B 丙三醇脂肪酸和乳酸酯（甘油的乳酸和脂肪酸酯）	
01.1.1.2、01.1.2、01.2.1.2、01.2.2、01.3、01.4.1、01.4.2、01.4.3、01.4.4、01.5、01.6.1、01.6.2、01.6.4、01.6.5、01.7、01.8.1、02.1.2	GMP
02.1.3	80000

表 3-4.2（续）

食品组代码	添加剂最大使用限量 /（mg/kg）
02.2.2、02.3、02.4、03.0、04.1.2、04.2.1.2、04.2.2.2、04.2.2.3、04.2.2.4、04.2.2.5、04.2.2.6、04.2.2.8、05.0、06.3、06.4.3、06.5、06.6、06.7、06.8、07.0、08.2、08.3、08.4、09.2、09.3、09.4、10.2.3、10.3、10.4、11.4、11.6	GMP
12.1.2、12.2.1	5000
12.2.2、12.3、12.4、12.5、12.6、12.7、12.8、12.9、12.1	GMP
13.3	GMP（婴儿用品除外）
13.4、13.5、13.6、14.1.4、14.1.5、14.2.1、14.2.2、14.2.4、14.2.5、14.2.6、14.2.7、15.0	GMP
INS.472C 甘油的脂肪和柠檬酸脂肪酸酯（甘油的柠檬酸和脂肪酸酯）	
01.1.2、01.3、01.4.3、01.4.4、01.5、01.6.1、01.6.2、01.6.4、01.6.5、01.7、01.8.1、02.2.2、02.3、02.4、03.0、04.1.2、04.2.2.2、04.2.2.3、04.2.2.4、04.2.2.5、04.2.2.6、04.2.2.8、05.0、06.3、06.4.3、06.5、06.6、06.7、06.8、07.0、08.2、08.3、08.4、09.3、09.4、10.2.3、10.3、10.4、11.6、12.2.2、12.3、12.4、12.5、12.6、12.7、12.8、12.9、12.1	GMP
13.3	GMP（婴儿用品除外）
13.4、13.5、13.6、14.1.4、14.2.1、14.2.2、14.2.4、14.2.5、14.2.6、14.2.7、15.0	GMP
INS.472e 脂肪酸酯和甘油二乙酰柠檬酸（甘油二乙酸和脂肪酸酯）	
01.1.2、01.2.1.2、01.2.2、01.3.2、01.4.2、01.4.3、01.4.4	5000
01.5.1、01.5.2、01.6.2.1、01.6.4、01.6.5、01.7、02.1.2、02.1.3、02.2.1.2、02.2.1.3、02.2.2、02.3	10000
02.4	5000
03.0	1000
04.1.2.2	10000
04.1.2.3	1000
04.1.2.6	5000
04.1.2.7	1000
04.1.2.8、04.1.2.10	2500
04.2.2.2	10000
04.2.2.3、04.2.2.7、04.2.2.8	2500
05.2	10000
05.3	50000
05.4、06.4.3	10000
06.5、06.6	5000
07.1	6000
07.2	20000
10.2.3、10.4	5000
12.1.2	16
12.4	10000

表 3–4.2（续）

食品组代码	添加剂最大使用限量 /（mg/kg）
12.5	5000
12.6	10000
12.7	5000
13.3	1250（婴儿用品除外）
13.4、13.5、13.6、14.1.4、14.2.2、14.2.4、14.2.6	5000
14.2.7	10000
15.1	20000
INS.500（ⅰ）碳酸钠	
01.1.2、01.4.1、01.4.2、01.7、01.8.2、02.1.2、02.1.3、02.2.1.1、05.1.1、05.2、05.3	GMP
06.4.2、06.4.3	2600
07.2.1、08.3.2、09.2.2、10.3、12.5.2	GMP
13.1.2	2000（以即食产品计算）
13.2	GMP
13.3	GMP（婴儿用品除外）
13.5、13.6、14.1.4.2、14.1.5、15.1	GMP
INS.500（ⅱ）碳酸氢钠	
01.1.2、01.3、01.4.1、01.4.2、01.4.3、01.4.4、01.5、01.6.1、01.6.2、01.6.4、01.6.5、01.7、01.8.1、01.8.2、02.1.2	GMP
02.1.3	1000
02.2.1.1、02.2.2、02.3、02.4、03.0、04.1.2、04.2.2.2、04.2.2.3、04.2.2.4、04.2.2.5、04.2.2.6、04.2.2.8、05.0	GMP
06.2.1	45000
06.2.2、06.3、06.4.3、06.5、06.6、06.7、06.8、07.0、08.2、08.3、08.4、09.2.2、09.2.4.1、09.2.4.3、09.3、09.4、10.2.3、10.3、10.4、11.6、12.2.2、12.3、12.4、12.5、12.6、12.7、12.8、12.9、12.1	GMP
13.1.2	2000（以即食产品计算）
13.2	GMP
13.3	GMP（婴儿用品除外）
13.4、13.5、13.6、14.1.4、14.1.5、14.2.1、14.2.2、14.2.4、14.2.5、14.2.6、14.2.7、15.0	GMP
INS.508 氯化钾	
01.1.2、01.3、01.4.3、01.4.4、01.5、01.6.1、01.6.2、01.6.4、01.6.5、01.7、01.8.1、02.2.2、02.3、02.4、03.0、04.1.2、04.2.2.2、04.2.2.3、04.2.2.4、04.2.2.5、04.2.2.6、04.2.2.8、05.0、06.3、06.4.3、06.5、06.6、06.7、06.8、07.0、08.2、08.3、08.4、09.3、09.4、10.2.3、10.3、10.4、12.2.2、12.3、12.4、12.5、12.6、12.7、12.8、12.9、12.1	GMP
13.3	GMP（婴儿用品除外）
13.4、13.5、13.6、14.1.4、14.2.1、14.2.2、14.2.4、14.2.5、14.2.6、14.2.7、15.0	GMP

表 3-4.2（续）

食品组代码	添加剂最大使用限量 /（mg/kg）
INS.509 氯化钙	
01.1.2、01.3、01.4、01.8.2、01.5、01.6.1、01.6.2、01.6.4、01.6.5、01.7、01.8.1、02.2.2、02.3、02.4、03.0、04.1.2	GMP
04.2.1.2	2900
04.2.1.3	800
04.2.2.1	4000
04.2.2.2、04.2.2.3、04.2.2.4、04.2.2.5、04.2.2.6、04.2.2.7、04.2.2.8、05.0、06.3、06.4.3、06.5、06.6、06.7、06.8、07.0	GMP
08.1.1	15000
08.2、08.3、08.4、09.3、09.4、10.2.3、10.3、10.4、11.6、12.2.2、12.3、12.4、12.5、12.6、12.7、12.8、12.9、12.1	GMP
13.3	GMP（婴儿用品除外）
13.4、13.5、13.6、14.1.4、14.2.1、14.2.2、14.2.4、14.2.5、14.2.6、14.2.7、15.0	GMP
INS.1101（ⅱ）木瓜蛋白酶；INS.1101（ⅲ）菠萝蛋白酶；INS.1400 糊精	
01.1.2、01.3、01.4.2、01.4.3、01.4.4、01.5、01.6、01.7、01.8.1、02.1.2、02.1.3、02.2.2、02.3、02.4、03.0、04.1.2、04.2.2.2、04.2.2.3、04.2.2.4、04.2.2.5、04.2.2.6、04.2.2.8、05.0、06.3、06.4.3、06.5、06.6、06.7、06.8、07.0、08.2、08.3、08.4、09.3、09.4、10.2.3、10.3、10.4、11.6、12.2.2、12.3、12.4、12.5、12.6、12.7、12.8、12.9、12.1	GMP
13.3	GMP（婴儿用品除外）
13.4、13.5、13.6、14.1.4、14.2.1、14.2.2、14.2.4、14.2.5、14.2.6、14.2.7、15.0	GMP
INS.1402 改性淀粉的碱（碱处理的淀粉）	
01.1.2、01.3、01.4.3、01.4.4、01.5、01.6.1、01.6.2、01.6.4、01.6.5、01.7、01.8.1、02.1.2、02.1.3、02.2.2、02.3、02.4、03.0、04.1.2、04.2.2.2、04.2.2.3、04.2.2.4、04.2.2.4、04.2.2.5、04.2.2.6、04.2.2.8、05.0、06.3、06.4.3、06.5、06.6、06.7、06.8、07.0、08.2、08.3、08.4、09.2.2、09.3、09.4、10.2.3、10.3、10.4	GMP
11.4	10000
11.6、12.2.2、12.3、12.4、12.5、12.6、12.7、12.9、12.1	GMP
13.3	GMP（婴儿用品除外）
13.4、13.5、13.6、14.1.4	GMP
14.1.5	10000
14.2.1、14.2.2、14.2.4、14.2.5、14.2.6、14.2.7、15.0	GMP
INS.1420 醋酸淀粉	
01.1.2、01.3、01.4.1、01.4.2、01.4.3、01.4.4、01.5、01.6.1、01.6.2、01.6.4、01.6.5、01.7、01.8.1、02.1.2、02.1.3、02.2.2、02.3、02.4、03.0、04.1.2、04.2.2.2、04.2.2.3、04.2.2.4、04.2.2.5、04.2.2.6、04.2.2.8、05.0、06.3、06.4.3、06.5、06.6、06.7、06.8、07.0、08.2、08.3、08.4、09.2.2、09.3、09.4、10.2.3、10.3、10.4、11.6、12.2.2、12.3、12.4、12.5、12.6、12.7、12.8、12.9、12.1	GMP
13.2	50000

表 3–4.2（续）

食品组代码	添加剂最大使用限量 /（mg/kg）
13.3	GMP（婴儿用品除外）
13.4、13.5	GMP
INS. – 酪蛋白酸钠	
01.1.2、01.3.1、01.3.2、01.4.4、01.5、01.6、01.7、02.3、03.0、04.1.2、.804.1.2.9、05.0	GMP
13.3	GMP（婴儿用品除外）
13.4、13.5、14.1.4.1	GMP
INS.333（ⅲ）柠檬酸三钙	
01.1.2、01.6.1、01.6.2、01.6.4、01.6.5、01.7、01.8.1、02.4、03.0、04.1.2、04.2.2.2、04.2.2.3、04.2.2.4、04.2.2.5、04.2.2.6、04.2.2.8、05.0、06.3、06.4.3、06.5、06.6、06.7	GMP
06.8	3000
07.0、08.1.2、08.2、08.3、08.4、09.3、09.4、10.2.3、10.3、10.4、11.6、12.2.2、12.5、12.6、12.7、12.9、12.1、13.4、13.5	GMP
14.1.4	3000
15.0	GMP
INS.621L– 谷氨酸钠；INS.622 单谷氨酸 L– 谷氨酸单钾（L– 谷氨酸钾）；INS.623 二谷氨酸钙	
01.1.2、01.3、01.4.3、01.4.4、01.5、01.6.1、01.6.2、01.6.5、01.7、01.8.1、02.2.1.2、02.2.1.3、02.2.2、02.3、02.4、03.0、04.1.2、04.2.2.1、04.2.2.2、04.2.2.3、04.2.2.4、04.2.2.5、04.2.2.6、04.2.2.8、05.0、06.3、06.4.3、06.5、06.6、06.7、06.8、07.0、08.2、08.3、08.4、09.2、09.3、09.4、10.2.3、10.3、10.4、12.1.2、12.2.2、12.4、12.5、12.6、12.7、12.9、12.1、13.4、13.5、13.6、14.1.4、14.2.1、14.2.2、14.2.4、14.2.5、14.2.6、14.2.7、15.0	GMP
INS.6265′– 鸟氨酸（5′– 鸟苷酸）；INS.627 5′– 瓜酸钠（5′– 鸟苷酸二钠）；INS.628 茜素 5′– 胍（5′– 鸟苷酸二钾）；INS.629 5′– 瓜酸钙（5′– 鸟苷酸钙）	
01.1.2、01.3、01.4.3、01.4.4、01.5、01.6.1、01.6.2、01.6.5、01.7、01.8.1、02.2.1.2、02.2.1.3、02.2.2、02.3、02.4、03.0、04.1.2、04.2.2.2、04.2.2.3、04.2.2.4、04.2.2.5、04.2.2.6、04.2.2.8、05.0、06.3、06.4.3、06.5、06.6、06.7、06.8、07.0、08.2、08.3、08.4、09.2、09.3、09.4、10.2.3、10.3、10.4、12.1.2、12.2.2、12.4、12.5、12.6、12.7、12.9、12.1、13.4、13.5、13.6、14.1.4、14.2.1、14.2.2、14.2.4、14.2.5、14.2.6、14.2.7、15.0	GMP
INS.630 5– 肌苷酸；INS.631 5′– 肌苷酸钠（5′– 肌苷酸二钠）；INS.632 5′– 肌苷酸钾（5′– 肌苷酸二钾）；INS.633 5′– 肌苷酸钙；INS.634 5′– 核糖核苷酸；INS.635 5′– 核糖核酸酶（5′– 核糖核苷酸二钠）	
01.1.2、01.3、01.4.3、01.4.4、01.5、01.6.1、01.6.2、01.6.5、01.7、01.8.1、02.2.1.2、02.2.1.3、02.2.2、02.3、02.4、03.0、04.1.2、04.2.2.2、04.2.2.3、04.2.2.4、04.2.2.5、04.2.2.6、04.2.2.8、05.0、06.3、06.4.3、06.5、06.6、06.7、06.8、07.0、08.2、08.3、08.4、09.2、09.3、09.4、10.2.3、10.3、10.4、11.6、12.1.2、12.2.2、12.4、12.5、12.6、12.7、12.9、12.1、13.4、13.5、13.6、14.1.4、14.2.1、14.2.2、14.2.4、14.2.5、14.2.6、14.2.7、15.0	GMP

表 3-4.2（续）

食品组代码	添加剂最大使用限量 /（mg/kg）
INS.263 醋酸钙	
01.1.2、01.3、01.4.3、01.4.4、01.5、01.6.1、01.6.2、01.6.4、01.6.5、01.7、01.8.1、02.2.2、02.3、02.4、03.0、04.1.2、04.2.2.2、04.2.2.3、04.2.2.4、04.2.2.5、04.2.2.6、04.2.2.8、05.0、06.3、06.4.3、06.5、06.6、06.7、06.8、07.0、08.2、08.3、08.4、09.3、09.4、10.2.3、10.3、10.4	GMP
11.4	1500
11.6、12.2.2、12.3、12.4、12.5、12.6、12.7、12.8、12.9、12.1、13.2	GMP
13.3	GMP（婴儿用品除外）
13.4、13.5、14.1.4、14.2.1、14.2.2、14.2.4、14.2.5、14.2.6、14.2.7、15.0	GMP
INS.410 刺槐豆胶	
01.1.2、01.3	GMP
01.4.2	5000
01.4.3、01.4.4、01.5、01.6.1、01.6.2、01.6.4、01.6.5、01.7、01.8.1、02.2.2、02.3、02.4、03.0、04.1.2、04.2.2.2、04.2.2.3、04.2.2.4、04.2.2.5、04.2.2.6、04.2.2.8、05.0、06.3、06.4.3、06.5、06.6、06.7、06.8、07.0、08.2、08.3、08.4、09.3、09.4、10.2.3、10.3、10.4、11.6、12.2.2、12.3、12.4、12.5、12.6、12.7、12.8、12.9、12.1	GMP
13.1.1、13.1.2、13.1.3	1000mg/L（以即食产品计算）
13.3	GMP（婴儿用品除外）
13.4、13.5、13.6、14.1.4、14.1.5、14.2.1、14.2.2、14.2.4、14.2.5、14.2.6、14.2.7、15.0	GMP
INS.412 瓜尔胶	
01.1.1	6000（新鲜牛奶除外）
01.1.2	GMP
01.2.1.2	5000
01.2.2、01.3、01.4.1	GMP
01.4.2	5000
01.4.3、01.4.4、01.5、01.6.1、01.6.2、01.6.4、01.6.5、01.7、01.8.1	GMP
02.1.2、02.1.3	20000
02.2.2、02.3、02.4、03.0、04.1.2、04.2.1.2、04.2.1.3	GMP
04.2.2.1	20000
04.2.2.2、04.2.2.3、04.2.2.4、04.2.2.5、04.2.2.6、04.2.2.7、04.2.2.8、05.0、06.3、06.4.2、06.4.3、06.5、06.6、06.7、06.8、07.0、08.1.2、08.2、08.3、08.4	GMP
09.2.2	2000
09.2.3、09.2.4、09.2.5、09.3、09.4、10.2、10.3、10.4	GMP
11.4	10000
11.6、12.1.2、12.2.1、12.2.2、12.3、12.4、12.5、12.6、12.7、12.8、12.9、12.1	GMP

表 3–4.2（续）

食品组代码	添加剂最大使用限量 /（mg/kg）
13.1.1	1000mg/L（对于即食产品计算含有水解产物的液体配方）
13.1.2	1000mg/L（以即食产品计算）
13.1.3	1000mg/L（对于即食产品计算含有水解产物的液体配方）
13.3	GMP（婴儿用品除外）
13.4、13.5、13.6、14.1.4、14.1.5、14.2、15.0	GMP
INS.415 黄原胶	
01.1.1.1	GMP（新鲜牛奶除外）
01.1.1.2	3000
01.2.1.2、01.1.2、01.2.1.1、01.3、01.4.1	GMP
01.4.2	5000
01.4.3、01.4.4、01.5、01.6.1、01.6.2、01.6.4、01.6.5、01.7、01.8.1、02.2.2、02.3、02.4、03.0、04.1.1.2、04.1.2、04.2.1.2、04.2.1.3、04.2.2.1、04.2.2.2、04.2.2.3、04.2.2.4、04.2.2.5、04.2.2.6、04.2.2.8、05.0、06.3、06.4.3、06.5、06.6、06.7、06.8、07.0、08.2、08.3、08.4、09.2、09.3、09.4、10.2、10.3、10.4	GMP
11.4	5000
11.6、12.1.2、12.2.1、12.2.2、12.3、12.4、12.5、12.6、12.7、12.8、12.9、12.1	GMP
13.2	20000
13.3	GMP（婴儿用品除外）
13.4、13.5、13.6、14.1.4、14.1.5、14.2、15.0	GMP
INS.417 塔拉胶	
01.1.1	GMP（新鲜牛奶除外）
01.1.2、01.2.1.2、01.2.2、01.3、01.4.1、01.4.2、01.4.3、01.4.4、01.5、01.6.1、01.6.2、01.6.4、01.6.5、01.7、01.8.1、02.1.2、02.1.3、02.2.2、02.3、02.4、03.0、04.1.1.2、04.1.2	GMP
04.2.2.1	83000
04.2.2.2、04.2.2.3、04.2.2.4、04.2.2.5、04.2.2.6、04.2.2.8、05.0、06.3、06.4.2、06.4.3、06.5、06.6、06.7、06.8、07.0、08.2、08.3、08.4、09.2、09.3、09.4、10.2、10.3、10.4、11.6、12.2.1、12.2.2、12.3、12.4、12.5、12.6、12.7、12.8、12.9、12.1、13.2	GMP
13.3	GMP（婴儿用品除外）
13.4、13.5、13.6、14.1.4、14.1.5、14.2、15.0	GMP
INS.419 茄替胶	
14.1.4.1、14.1.4.2	2000
INS.457 α－环糊精	
01.1.2、01.3、01.4.3、01.4.4、01.5、01.6.1、01.6.2、01.6.4、01.6.5、01.7、01.8.1、02.2.2、02.3、02.4、03.0、04.1.2、04.2.2.2、04.2.2.3、04.2.2.4、04.2.2.5、04.2.2.6、04.2.2.8、05.0、06.3、06.4.3、06.5、06.6、06.7、06.8、07.0、08.2、08.3、08.4、09.3、09.4、10.2.3、10.3、10.4、11.6、12.2.2、12.3、12.4、12.5、12.6、12.7、12.8、12.9、12.1	GMP

表 3-4.2（续）

食品组代码	添加剂最大使用限量 /（mg/kg）
13.3	GMP（婴儿用品除外）
13.4、13.5、13.6、14.1.4、14.2.1、14.2.2、14.2.4、14.2.5、14.2.6、14.2.7、15.0	GMP
INS.458 γ－环糊精	
01.1.2、01.3、01.4.3、01.4.4、01.5、01.6.1、01.6.2、01.6.4、01.6.5、01.7、01.8.1、02.2.2、02.3、02.4、03.0、04.1.2、04.2.2.2、04.2.2.3、04.2.2.4、04.2.2.5、04.2.2.6、04.2.2.8、05.0、06.3、06.4.3、06.5、06.6、06.7、06.8、07.0、08.2、08.3、08.4、09.3、09.4、10.2.3、10.3、10.4、11.6、12.2.2、12.3、12.4、12.5、12.6、12.7、12.8、12.9、12.1	GMP
13.3	GMP（婴儿用品除外）
13.4、13.5、13.6、14.1.4、14.2.1、14.2.2、14.2.4、14.2.5、14.2.6、14.2.7、15.0	GMP
INS.462 乙基纤维素；INS.466 羧甲基纤维素钠	
01.1.1.1	3000（新鲜牛奶除外）
01.1.1.2	2000
01.1.2	GMP
01.2.1	5000
01.2.2、01.3	GMP
01.4.1、01.4.2	5000
01.4.3、01.4.4、01.5、01.6.1、01.6.2、01.6.4、01.6.5、01.7、01.8.1、02.2.2、02.3、02.4、03.0	GMP
04.1.1.2	GMP（用于水果、蔬菜、肉类或鱼类的装饰）
04.1.2、04.2.1.2、04.2.2.2、04.2.2.3、04.2.2.4、04.2.2.5、04.2.2.6、04.2.2.8、05.0、06.3、06.4.3、06.5、06.6、06.7、06.8、07.0、08.2、08.3、08.4、09.2.1、09.2.2	GMP
09.2.3	GMP（用于水果、蔬菜、肉类或鱼类的装饰）
09.2.4、09.2.5、09.3、09.4、10.2.3、10.3、10.4	GMP
11.4	5000
11.6、12.1.2、12.2.1、12.2.2、12.3、12.4、12.5、12.6、12.7、12.8、12.9、12.1	GMP
13.3	GMP（婴儿用品除外）
13.4、13.5、13.6、14.1.4、14.1.5、14.2.1、14.2.2、14.2.4、14.2.5、14.2.6、14.2.7、15.0	GMP
INS.1101（iii）菠萝蛋白酶	
01.1.2、01.3、01.4.3、01.4.4、01.5、01.6.1、01.6.2、01.6.5、01.7、01.8.1、02.2.2、02.3、02.4、03.0、04.1.2、04.2.2.2、04.2.2.3、04.2.2.4、04.2.2.5、04.2.2.6、04.2.2.8、05.0、06.3、06.4.3、06.5、06.6、06.7、06.8、07.0、08.2、08.3、08.4、09.2、09.3、09.4、10.2.3、10.3、10.4、11.6、12.1.2、12.2.2、12.4、12.5、12.6、12.7、12.9、12.1	GMP
13.3	GMP（婴儿用品除外）

表 3—4.2（续）

食品组代码	添加剂最大使用限量 /（mg/kg）
13.4、13.5、14.1.4、14.2.1、14.2.2、14.2.4、14.2.5、14.2.6、14.2.7、15.0	GMP
INS.1400 糊精	
01.1.2、01.3、01.4.2、01.4.3、01.4.4、01.5、01.6、01.7、01.8.1、02.1.2、02.1.3、02.2.2、02.3、02.4、03.0、04.1.2、04.2.2.2、04.2.2.3、04.2.2.4、04.2.2.5、04.2.2.6、04.2.2.8、05.0、06.3、06.4.3、06.5、06.6、06.7、06.8、07.0、08.2、08.3、08.4、09.3、09.4、10.2.3、10.3、10.4、11.6、12.2.2、12.3、12.4、12.5、12.6、12.7、12.8、12.9、12.1	GMP
13.3	GMP（婴儿用品除外）
13.4、13.5、14.1.4、4.2.1、14.2.2、14.2.4、14.2.5、14.2.6、14.2.7、15.0	GMP
INS.1420 醋酸淀粉	
01.1.2、01.3、01.4.1、01.4.2、01.4.3、01.4.4、01.5、01.6.1、01.6.2、01.6.4、01.6.5、01.7、01.8.1、02.1.2、02.1.3、02.2.2、02.3、02.4、03.0、04.1.2、04.2.2.2、04.2.2.3、04.2.2.4、04.2.2.5、04.2.2.6、04.2.2.8、05.0、06.3、06.4.3、06.5、06.6、06.7、06.8、07.0、08.2、08.3、08.4、09.2.2、09.3、09.4、10.2.3、10.3、10.4、11.6、12.2.2、12.3、12.4、12.5、12.6、12.7、12.8、12.9、12.1	GMP
13.2	50000mg/kg
13.3	GMP（婴儿用品除外）
13.4、13.5、14.1.4、14.2.1、14.2.2、14.2.4、14.2.5、14.2.6、14.2.7、15.0	GMP
INS.412 瓜尔胶	
01.1.1	6000（新鲜牛奶除外）
01.1.2	GMP
01.2.1.2	5000
01.2.2、01.3、01.4.1	GMP
01.4.2	5000
01.4.3、01.4.4、01.5、01.6.1、01.6.2、01.6.4、01.6.5、01.7、01.8.1	GMP
02.1.2、02.1.3	20000
02.2.2、02.3、02.4、03.0、04.1.2、04.2.1.2、04.2.1.3	GMP
04.2.2.1	20000
04.2.2.2、04.2.2.3、04.2.2.4、04.2.2.5、04.2.2.6、04.2.2.7、04.2.2.8、05.0、06.3、06.4.2、06.4.3、06.5、06.6、06.7、06.8、07.0、08.1.2、08.2、08.3、08.4	GMP
09.2.2	2000
09.2.3、09.2.4、09.2.5、09.3、09.4、10.2.1、10.2.2、10.2.3、10.3、10.4	GMP
11.4	10000
11.6、12.1.2、12.2.1、12.2.2、12.3、12.4、12.5、12.6、12.7、12.8、12.9、12.1	GMP
13.1.2	1000mg/L（以即食产品计算）
13.3	GMP（婴儿用品除外）

表 3-4.2（续）

食品组代码	添加剂最大使用限量 /（mg/kg）
13.4、13.5、13.6、14.1.5、14.2.1、14.2.2、14.2.3、14.2.4、14.2.5、14.2.6、14.2.7、15.0	GMP
INS.462 乙基纤维素	
01.1.2、01.3、01.4.3、01.4.4、01.5、01.6.1、01.6.2、01.6.4、01.6.5、01.7、01.8.1、02.2.2、02.3、02.4、03.0、04.1.2、04.2.2.2、04.2.2.3、04.2.2.4、04.2.2.5、04.2.2.6、04.2.2.8、05.0、06.3、06.4.3、06.5、06.6、06.7、06.8、07.0、08.2、08.3、08.4、09.3、09.4、10.2.3、10.3、10.4、11.6、12.2.2、12.3、12.4、12.5、12.6、12.7、12.8、12.9、12.1	GMP
13.3	GMP（婴儿用品除外）
13.4、13.5、13.6、14.1.4、14.2.1、14.2.2、14.2.4、14.2.5、14.2.6、14.2.7、15.0	GMP
INS.466 羧甲基纤维素钠	
01.1.1.1	3000（新鲜牛奶除外）
01.1.1.2	2000
01.1.2	GMP
01.2.1	5000
01.2.2、01.3	GMP
01.4.1、01.4.2	5000
01.4.3、01.4.4、01.5、01.6.1、01.6.2、01.6.4、01.6.5、01.7、01.8.1、02.2.2、02.3、02.4、03.0	GMP
04.1.1.2	GMP（用于水果、蔬菜、肉类或鱼类的装饰）
04.1.2、04.2.1.2、04.2.2.2、04.2.2.3、04.2.2.4、04.2.2.5、04.2.2.6、04.2.2.8、05.0、06.3、06.4.3、06.5、06.6、06.7、06.8、07.0、08.2、08.3、08.4、09.2.1、09.2.2	GMP
09.2.3	GMP（用于水果、蔬菜、肉类或鱼类的装饰）
09.2.4、09.2.5、09.3、09.4、10.2.3、10.3、10.4	GMP
11.4	5000
11.6、12.1.2、12.2.1、12.2.2、12.3、12.4、12.5、12.6、12.7、12.8、12.9、12.1	GMP
13.3	GMP（婴儿用品除外）
13.4、13.5、13.6、14.1.4、14.1.5、14.2.1、14.2.2、14.2.4、14.2.5、14.2.6、14.2.7、15.0	GMP
INS.1200 聚葡萄糖	
01.1.2、01.3、01.4.3、01.4.4、01.5、01.6.1、01.6.2、01.6.4、01.6.5、01.7、01.8.1、02.2.1.2、02.2.1.3、02.2.2、02.3、02.4、03.0、04.1.2、04.2.2.2、04.2.2.3、04.2.2.4、04.2.2.5、04.2.2.6、04.2.2.8、05.0、06.3、06.4.3、06.5、06.6、06.7、06.8、07.0、08.2、08.3、08.4、09.2.4、09.3、09.4、10.2.3、10.3、10.4、11.4、11.6、12.2.2、12.3、12.4、12.5、12.6、12.7、12.8、12.9、12.1	GMP
13.3	GMP（婴儿用品除外）
13.4、13.5、13.6、14.1.4、14.1.5、14.2.1、14.2.2、14.2.4、14.2.5、14.2.6、14.2.7、15.0	GMP

3–5 菲律宾食品添加剂种类及最大使用限量

表 3–5.1 食品中添加剂种类最大使用限量

添加剂的种类	添加剂的名称	最大使用限量
抗结剂、抗结块剂	Aluminum Calcium Silicate（calcium aluminum silicate）硅酸铝钙	在盐中的含量：2%；GMP
	Calcium phosphate、tribasic 磷酸三钙	在盐中的含量：2%；GMP
	Calcium Silicate 硅酸钙	在盐中的含量：2%； 在发酵粉中的含量：5%；GMP
	Iron ammonium citrate 柠檬酸铁铵	在盐中的含量：25%
	Magnesium carbonate 碳酸镁	在盐中的含量：2%；GMP
	Magnesium silicate 硅酸镁	在盐中的含量：2%；GMP
	Myristates，palmitates，stearates of aluminum，calcium，magnesium potassium and sodium 肉豆蔻酸酯、棕榈酸酯、硬脂酸酯的铝盐、钙盐、镁盐、钾盐和钠盐	GMP
	Silicon dioxide 二氧化硅	2%
	Sodium aluminum silicate（sodium silica aluminate）硅酸铝钠	2%
	Sodium calcium alumino silicate 硅酸钠钙铝	2%
	Sodium ferrocyanide（ Yellow of Soda）亚铁氰化钠（黄色苏打）	在盐中的含量：13mg/kg （以无水亚铁氢化钠计算）
	Tricalcium silicate 硅酸三钙	在盐中的含量：2%
	Methyl paraben 尼泊金甲酯	0.1%
	Nisin 乳酸链球菌素	在加工乳酪中的含量：100mg/kg； 符合规定的管理准则
	Nitrate of potassium and sodium 硝酸钾、硝酸钠	500mg/kg
	Nitrite of sodium 亚硝酸钠	200mg/kg
	Propyl paraben 对羟基苯甲酸丙酯	0.1%
	Propionic acid and its calcium and sodium salt 丙酸及其钙盐、钠盐	0.2%
	Sorbic acid and its potassium，calcium and sodium salts 山梨酸及其钾盐、钙盐、钠盐	0.3%
	Sodium or potassium sulfite 硫化钠、硫化钾	不存在于作为维生素 B_1 来源的食品*
	Sulfur dioxide 二氧化硫	不存在于作为维生素 B_1 来源的食品*
抗氧化剂	Ascorbic Acid 抗坏血酸	GMP
	Ascorbyl palmitate 抗坏血酸棕榈酸酯	GMP
	Butylated hydroxyanisole 叔丁基羟基茴香醚 BHA	0.02%*
	Calcium ascorbate 抗坏血酸钙	GMP
	Dilauryl thiodipropionate 硫代二丙酸二月桂酯 DLTP	0.02%*

表 3–5.1（续）

添加剂的种类	添加剂的名称	最大使用限量
抗氧化剂	Erythorbic acid 异抗坏血酸	GMP
	Ethoxynquin 乙氧基喹	在辣椒粉、红辣椒中起护色作用的含量：100mg/kg
	Lecithin 卵磷脂	GMP
	Propylgallate 没食子酸丙酯	0.02 %*
	Sodium Ascorbate 抗坏血酸钠	GMP
	Sodium erythorbate 异抗坏血酸钠	GMP
	Stannous chloride 氯化亚锡	以锡计算：（11~20）mg/kg
	Thidipropionic acid 3– 巯基丙酸	0.02%*
	Tertiary butyl hydroquinone（TBHQ）	0.02%*
	Alpha–tocopherol α – 生育酚	GMP
	Tocopherol（mixed concentrate）生育酚（混合浓缩物）	GMP
抗菌剂	Benzoic acid and its potassium and sodium salts 苯甲酸及其钾盐、钠盐	0.1%
	Dehydroacetic acid and its sodium salt 脱氢乙酸及其钠盐	在去皮南瓜中的含量：65mg/kg
	Erythorbic acid 异抗坏血酸	GMP
	Metabisulfites of potassium and sodium 偏亚硫酸氢钾、钠	不允许存在于作为维生素 B_1 来源的肉类和食物中
	Methyl paraben 尼泊金甲酯	0.1%
	Nisin 乳酸链球菌素	在加工乳酪中的含量：100mg/kg；符合管理准则和相关规定
	Nitrate of potassium and sodium 硝酸钾、硝酸钠	500mg/kg
	Nitrate of sodium 亚硝酸钠	200mg/kg
	Prophyl paraben 尼泊金丙酯	0.1%
	Propionic acid and its calcium and sodium salt 丙酸及其钙盐、钠盐	0.2%
	Ascorbic acid and its potassium，calcium and sodium salts 抗坏血酸及其钾盐、钙盐、钠盐	0.3%
	Sodium or potassium sulfate 硫酸钠、硫酸钾	不允许存在于作为维生素 B_1 来源的食品中
	Sulfur dioxide 二氧化硫	不允许存在于作为维生素 B_1 来源的食品中
抗氧化剂增效剂	Calcium disodium EDTA 乙二胺四乙酸二钠钙	（25~340）mg/kg*
	Citric acid 柠檬酸	GMP
	Disodium EDTA 乙二胺四乙酸二钠	（36~500）mg/kg*
	Gum guaic（guaiac resin）愈创木脂	GMP
	Isopropyl citrate 柠檬酸异丙酯	0.02%
	Monoglyceride Citrate 柠檬酸单甘油酯	200mg/kg
	Phosphoric acid 磷酸	GMP
	Potassium citrate 柠檬酸钾	GMP
	Sodium citrate 柠檬酸钠	GMP

表 3−5.1（续）

添加剂的种类	添加剂的名称	最大使用限量
乳化剂	Acetic acid ester of mono and diglycerides 乙酸单甘油酯、乙酸二甘油酯	GMP
	Ammonium salt of phosphatidic acid 磷酸铵盐	在可可粉和可可糖混合物中的含量：50mg/kg
	Brominated vegetable oil 溴化植物油	在饮料中的含量：5mg/kg
	Cholic/Desoxycholic acid 胆酸 / 脱氧胆酸	在干制鸡蛋白中的含量：0.1%
	Diacetyl−tartaric acid ester of mono and di−glycerides 双乙酰酒石酸的单甘油酯和二甘油酯	GMP
	Diatyl sodium sulfosticcinate 二钠磺基琥珀酸酯	（0.5~25）mg/kg
	Ethoxylated mono and diglycerides（Polyglycerate 60）吐温 60	0.2%~0.5%
	Glycerol ester of wood resin 树脂丙三醇酯	在饮料中含量：110mg/kg
	Glyceryl lactoesters of fauy acids（Lactic acid esters of mono and diglycerides） 脂肪酸乳酸甘油酯（乳酸单甘油酯和乳酸双甘油酯）	GMP
	Glyceryl（glycol）monostearate 单硬脂酸甘油酯	在通心粉制品中的含量：2%；GMP
	Hydroxylated lecithin 羟基化卵磷脂	GMP
	Lactylic esters of fany acids 脂肪酸乳酰酯	GMP
	Lactylated fatty acids esters of glycerol and propylene glycol 乳酸脂肪酸丙二醇甘油混合酯	GMP
	Lecithin 卵磷脂	GMP
	Mono−and−di−glycerides 单双甘油酯	GMP*
	OX bile extract（Purified oxgall or sodium choleate） 牛胆抽提液（纯化牛胆汁或络胆酸钠）	在干制的鸡蛋白中的含量：0.1%； 在芝士中的含量：0.002%；GMP
	Polyglycerol esters of fatty acids 脂肪酸聚甘油酯	GMP
	Polyoxyethylene（8）stearate 聚乙氧基（8）硬脂酸盐	在焙烤食品中的含量：0.5%
	Polyoxyethylene（20）sorbitan mono−stearte（Polysorbate 60）聚氧乙烯（20）山梨醇酐单硬脂酸酯（聚山梨酸酯 60）	0.05%~1.0%*
	Polyoxyethylene（20）sorbitan tristearate（Polysorbate 65）聚氧乙烯（20）山梨醇酐双硬脂酸酯（聚山梨酸酯 65）	0.05%~0.5%*
	Polyoxyethylene（20）sorbitan monnoleate（Poysorbate 80）聚氧乙烯（20）山梨醇酐单油酸酯（聚山梨酸酯 80）	0.1%~1.0%
	Propylene glycol alginate 藻酸丙二醇酯	GMP
	Proplene glycol esters of fatty acids 脂肪酸丙二醇酯	GMP
	Sodium phosphate 磷酸钠	GMP
	Sodium stearoyl−2−lactylate 硬脂酰 −2− 乳酸钠	0.2%~0.5%
	Sorbitan monostearate 山梨酸酐单硬脂酸酯	在人造黄油中的含量：1.0%

表 3-5.1（续）

添加剂的种类	添加剂的名称	最大使用限量
乳化剂	Sorbitan tristearate 脱水山梨糖醇三硬脂酸酯	在液态和人造起酥油中的含量：3.0%
	Succistearin（stearoyl propylene glycol hydrogen succinate）琥珀酰硬脂酸甘油酯（丙烯乙二醇硬脂酰琥珀酸氢）	GMP
	Sucrose esters of fatty acids 蔗糖脂肪酸酯	1.0%~2.0%*
	Tartaric acid esters of mono and di-glycerides 酒石酸单甘油酯和酒石酸双甘油酯	1.0%~2.0%*
凝固剂	Aluminum Sulfate 硫酸铝	GMP
	Calcium carbonate 碳酸钙	GMP
	Calcium Chloride 氯化钙	GMP
	Calcium lactobionate 乳糖醛酸钙	GMP
	Calcium phosphate，monobasic 磷酸钙	GMP
	Calcium sulfate 硫酸钙	GMP
	Magnesium chloride 氯化镁	GMP
增味剂	Disodium guanylate 乌苷酸二钠	GMP
	Disodium inosinate 肌苷酸二钠	GMP
	Glutamic acid 谷氨酸	GMP
	Mono-ammonium glutamate 谷氨酸铵	GMP
	Mono-potassium glutamate 谷氨酸钾	GMP
	Monosodium glutamate 谷氨酸钠	GMP
面粉处理剂／面团改良剂	Acetone peroxide 过氧化丙酮	GMP
	Ammonium chloride 氯化铵	GMP
	Ammonium persulphate 过硫酸铵	在面粉中的含量：250mg/kg
	Ammonium phosphate，monobasic 磷酸铵	GMP
	Ammonium phosphate，dibasic 磷酸二铵	GMP
	Ammonium sulfate 硫酸铵	GMP
	Ascorbic acid 抗坏血酸	在面粉中的含量：200mg/kg
	Azodicabonamide 偶氮二甲酰胺	在面粉中的含量：45mg/kg
	Benzoyl peroxide 过氧化苯甲酰	在面粉中的含量：150mg/kg
	Calcium Bromate 溴化钙	在面粉中的含量：75mg/kg
	Calcium carbonate 碳酸钙	GMP
	Calcium iodate 碘酸钙	在面粉中的含量：45mg/kg
	Calcium lactate 乳酸钙	GMP
	Calcium peroxide 过氧化钙	在面粉中的含量：100mg/kg
	Calcium phophate，monobasic 磷酸钙	GMP
	Calcium phosphate，dibasic 磷酸二钙	GMP
	Calcium stearoyl-2-lactylate 硬脂酰 -2- 乳酸钙	在面粉中的含量：5000mg/kg
	Calcium Sulfate 硫酸钙	GMP

表 3−5.1（续）

添加剂的种类	添加剂的名称	最大使用限量
面粉处理剂 / 面团改良剂	Chlorine/chlorine dioxide 硫酸 / 二氧化硫	GMP
	L−cysteine（hydrochloride）L− 半胱氨酸	GMP
	Ethoxylated mono−and di−glycerides 乙氧单甘油酯和乙氧双甘油酯	在面粉中的含量：5000mg/kg
	Acrylic stearate 丙烯酸硬脂酸盐	在面粉中的含量：5000mg/kg
	Potassium bromate（banned 1994）溴酸钾（1994 年禁止使用）	在面粉中的含量：100mg/kg
	Potassium iodate 碘酸钾	在面粉中的含量：75mg/kg
	Potassium persulphate 过硫酸钾	在面粉中的含量：100mg/kg
	Sodium stearoyl−2−lactylate 硬脂酰 −2− 乳酸钠	在面粉中的含量：5000mg/kg
	Sodium stearyl fumarate 硬酯富马酸钠	在面粉中的含量：5000mg/kg
	Succinylated monoglycerides 琥珀酸单甘油酯	在面粉中的含量：5000mg/kg
食品酸味剂	Acetic Acid 乙酸	GMP（不包括醋或声称添加醋的食品产品）
	Citric Acid 柠檬酸	GMP
	Fumaric Acid 富马酸	GMP
	Lactic Acid 乳酸	GMP
	Malic Acid 苹果酸	GMP
	Phosphoric Acid 磷酸	GMP
	Tartaric Acid and their calcium, potassium and sodium salts 酒石酸及其钙盐、钾盐和钠盐	GMP
保湿剂	Glycerol（Glycerine）甘油（丙三醇）	GMP
	Propylene Glycol 丙二醇	GMP
	Sorbitol 山梨糖醇	GMP
	Triacen（Glycerol triacetate）三乙酸甘油酯	GMP
食用色素	Annatto extract 胭脂树橙提取物（C1 75120/ C1 Natural Orange+ELEC No. E160b）	GMP
	Beet powder（dehydrated beets）甜菜根粉末	GMP
	Beta−carotene β − 胡萝卜素（ELEC No.E160a）	GMP
	Beta−apo−8′carotenal β −a−8′ 胡萝卜醛（ELEC No.E160c）	GMP
	Canthaxanthin 角黄素（ELEC No.E161g）	GMP
	Carrot oil 胡萝卜油	GMP
	Caramel 焦糖	GMP
	Carmine/Cochineal extract 胭脂红 / 胭脂虫提取物（C1 75470 C1 Natural Red+）	GMP
	Curcumin 姜黄素（C1 75300 EEC No. E10）	GMP
	Fruit Juice/Vegetable Juice 果汁 / 蔬菜汁	GMP
	Grape skin extract（enocianine）grape color extract 葡萄皮提取物 / 葡萄色素提取物	GMP

表 3—5.1（续）

添加剂的种类	添加剂的名称	最大使用限量
食用色素	Iron oxides 氧化铁 Yellow（hydrated ferrie oxide）黄色（水合氧化铁）Red（anhydrous ferrie oxide）红色（无水氧化亚铁）(C1 77492、C1 77491）	GMP
	Paprika/Paprika oleoresin 辣椒粉 / 辣椒红	GMP
	Riboflavin（Lactoflavin/Riboflavin 5′ Phosphate—sodium 核黄素（核黄素 —5′— 核苷酸钠）	GMP
	Saffron 藏红花	GMP
	Titanium dioxide（pigment white 6）二氧化钛（钛白 6)(C1 774891）	1.0 %
	Turmeric/Turmeric eleoresin（Powdered turmeric，indian saffron）姜黄（姜黄根粉末，印度藏红花）	GMP
	Allura Red（FD & C Red # 40）诱惑红（C1 16035、C1Food Red 27）	GMP（单独或混合使用不可超过 300mg/kg）
	Amaranth（FD & C Red # 2）苋菜红（C116185 ELEC No. E123）	GMP（单独或混合使用不可超过 300mg/kg）
	Brilliant Black PN（Black PN，Brilliant Black PN）亮黑（C1 28—440、C1 Food Black 1 ELEC. No E151）	GMP
	Chocolate Brown HT（Brown HT，Brown HS）巧克力棕（C1 20285、C1 Food Brown 3）	GMP（单独或混合使用不可超过 300mg/kg）
	Brilliant Blue FCF（FD & C Blue # 1）亮蓝（C1 42090、C1 Food Bl）	GMP（单独或混合使用不可超过 300mg/kg）
	Citrus Red 2 橘红 2	仅适用于削了皮的食品：2 mg/kg
	Fast Green FCF（FD & C Green # 3）固绿（C1 42053、C1 Food Green）	GMP（单独或混合使用不可超过 300mg/kg）
	Indigotine（FD & C Blue # 2)(Indigo Carmine ）靛蓝（C1 73015、C1 Food Blue 2）	GMP（单独或混合使用不可超过 300mg/kg）
	Orange B 橙色	仅允许在肠衣中使用：150 mg/kg;
	Sunset Yellow（FD & C Yellow #6）日落黄（C1 15985、C1 Food Yellow 3EEC #E110）	GMP（单独或混合使用不可超过 300mg/kg）
	Tartrazine（FD & C Yellow #5）酒石黄（C1 19140、C1 Food Yellow 4 EEC # E102）	GMP（单独或混合使用不可超过 300mg/kg）
	Erythrosine（FD & C Red #3）赤癣红（C1 45430、C1 Food Red 14 EEC No. E127）	GMP（单独或混合使用不可超过 300mg/kg）
发酵剂	Ammonium bicarbonate 碳酸氢铵	GMP
	Ammonium phosphate、mono—and di—basic 磷酸铵、磷酸二铵	GMP
	Calcium phosphate、mono—basic 磷酸钙	GMP
	Dried yeast 干酵母	GMP
	Glucono—delta lactone 葡萄糖酸 — δ — 内酯	GMP
	Sodium acid pyrophosphate 焦磷酸钠	GMP
	Sodium aluminum phosphate 磷酸钠铝	GMP
	Sodium bicarbonate 碳酸氢钠	GMP

表 3－5.1（续）

添加剂的种类	添加剂的名称	最大使用限量
表面光亮剂	Beeswax 蜂蜡	在甜食中含量：0.4%；GMP
	Cadelilla Wax 小烛树蜡	在甜食中含量：0.4%；GMP
	Carnauba Wax 棕榈蜡	在甜食中含量：0.4%；GMP
	Castor Oil 蓖麻油	在硬糖中含量：500mg/kg；GMP
	Mineral Oil 矿物油	在糖果糕点中含量：0.2%；GMP
	Petrolatum 凡士林	在糖果糕点中含量：0.2% 在焙烤食品中含量：0.15% 在水果、蔬菜干制品中含量：0.02%
	Polyethylene glycol 聚氧乙烯	在新鲜水果中含量；GMP
	Rice bran Wax 米糠油	在糖果、新鲜水果蔬菜中含量：50mg/kg；在口香糖中含量：2.5%
营养强化剂	Copper Gluconate 葡萄糖酸铜	0.005%
	Ferric Phosphate 磷酸铁	在调味盐中的含量：0.01%
	Folic Acid（ Folacin ）叶酸	婴儿每天摄取量不得超过 0.1mg；4 岁以下的小孩每天摄取量不得超过 0.3mg；成人或 4 岁以上的小孩每天摄取量不得超过 0.4mg；孕妇或处于哺乳期的妇女每天摄取量不得超过 0.8mg
	Kelp 褐藻	允许添加在作为补充碘元素来源的食品中，每日摄取量以碘的含量计算：婴儿每日摄取量不得超过 0.045mg；4 岁以下的孩子每日摄取量不得超过 0.105mg；4 岁以上的孩子或成人每日摄取量不得超过 0.25mg；孕妇或处于哺乳期的妇女每日摄取量不得超过 0.03mg
	Potassium iodide 碘化钾	在盐中的添加量为 0.01mg，每日摄取量以碘含量计算：婴幼儿每日摄取量不得超过 0.045mg；4 岁以下的孩子每日摄取量不得超过 0.105mg；成人每日摄取量不得超过 0.225mg；孕妇或处于哺乳期的妇女每日摄取量不得超过 0.3mg
酸度调节剂	Acetic acid 乙酸	GMP
	Adipic acid 己二酸	GMP
	Citric acid 柠檬酸	GMP
	Gluconic acid 葡萄糖酸	GMP
	Hydrochloride acid 盐酸	GMP
	Lactic acid 乳酸	GMP
	Malic acid 苹果酸	GMP
	Phosphoric acid 磷酸	GMP
	Succinic acid 琥珀酸	GMP
	Sulfuric acid 硫酸	GMP
	Tartaric acid 酒石酸	GMP
	Ammonium bicarbonate 碳酸氢铵	GMP

表 3-5.1（续）

添加剂的种类	添加剂的名称	最大使用限量
酸度调节剂	Ammonium carbonate 碳酸铵	GMP
	Ammonium hydroxide 氢氧化铵	GMP
	Calcium carbonate 碳酸钙	GMP
	Calcium hydroxide 氢氧化钙	GMP
	Calcium oxide 氧化钙	GMP
	Magnesium carbonate 碳酸镁	GMP
	Magnesium hydroxide 氢氧化镁	GMP
	Magnesium oxide 氧化镁	GMP
	Potassium bicarbonate 碳酸氢钾	GMP
	Potassium carbonate 碳酸钾	GMP
	Potassium hydroxide 氢氧化钾	GMP
	Sodium Bicarbonate 碳酸氢钠	GMP
	Sodium carbonate 碳酸钠	GMP
	Sodium hydroxide 氢氧化钠	GMP
	Aluminum ammonium sulfate 硫酸铝铵	GMP
	Aluminum potassium sulfate 硫酸铝钾	GMP
	Aluminum sodium sulfate 硫酸铝钠	GMP
	Ammonium phosphate mono-and-di-basic 磷酸铝（一价与二价）	GMP
	Ammonium sulfate 硫酸铝	GMP
	Calcium citrate 柠檬酸钙	GMP
	Calcium gluconate 葡糖酸钙	GMP
	Calcium lactate 乳酸钙	GMP
	Calcium phosphate，mono-and-di-basic 磷酸钙（一价与二价）	GMP
	Calcium pyrophosphate 焦磷酸钙	GMP
	Potassium citrate 柠檬酸钾	GMP
	Potassium phosphate，mono-and-di-basic 磷酸钾（一价与二价）	GMP
	Sodium acetate 醋酸钠	GMP
	Sodium citrate 柠檬酸钠	GMP
	Sodium Phosphate，mono-and-di-basic 磷酸钠（一价与二价）	GMP
	Sodium pyrophosphate 焦磷酸钠	GMP

表 3—5.1（续）

添加剂的种类	添加剂的名称	最大使用限量
螯合剂	Calcium acetate 醋酸钙	GMP
	Calcium chloride 氯化钙	GMP
	Calcium citrate 柠檬酸钙	GMP
	Calcium diacetate 双醋酸钙	GMP
	Calcium disodium EDTA 已二酸四乙酸二钠钙	GMP
	Calcium gluconate 葡萄糖酸钙	GMP
	Calcium hexa metaphosphate 六偏磷酸钙	GMP
	Calcium phosphate，monbasic 磷酸钙	GMP
	Calcium phytate 肌醇六磷酸钙	GMP
	Calcium sulfate 硫酸钙	GMP
	Citric acid 柠檬酸	GMP
	Dipotassium phosphate 磷酸二钾	GMP
	Disodium EDTA 已二酸四乙酸二钾	GMP
	Disodium phosphate 磷酸二钠	GMP
	Isopropyl citrate 柠檬酸异丙酯	GMP
	Phosphoric Acid 磷酸	GMP
	Potassium Citrate 柠檬酸钾	GMP
	Sodium Acid Phosphate 磷酸钠	GMP
	Sodium diacetate 乙酸钠	GMP
	Sodium gluconate 葡萄糖酸钠	GMP
	Sodium hexa metaphosphate（sodium polyphosphate）六偏磷酸钠（多磷酸钠）	GMP
	Sodium metaphosphate 偏磷酸钠	GMP
	Sodium potassium tartrate 酒石酸钾钠	GMP
	Sodium phosphate 磷酸钠	GMP
	Sodium pyrophosphate（tetrasodium pyrophosphate）焦磷酸钠（焦磷酸四钠）	GMP
	Sodium tartrate 酒石酸钠	GMP
	Sodium tripolyphosphate 三聚磷酸钠	GMP
	Tartaric acid 酒石酸	GMP
	Stearyl Citrate 柠檬酸硬脂酰酯	0.15%
	Triethyl citrate 柠檬酸三乙酯	0.25%

表 3—5.1（续）

添加剂的种类	添加剂的名称	最大使用限量
稳定剂与增稠剂	Gum arabic（acacia）阿拉伯胶（刺槐胶）	GMP
	Gum Guar 瓜尔胶	GMP
	Gum karaya 梧桐树胶	GMP
	Gum tragacanth 黄芪胶	GMP
	Larch gum（arabinogalactan）松胶（阿拉伯半乳聚糖）	GMP
	Locust（carob）bean gum 槐树豆胶（角豆胶）	GMP
	Pectin 果胶	GMP
	Agar 琼脂	GMP*
	Alginic acid and its ammonium，calcium，potassium and sodium 海藻酸及其铵盐、钙盐、钾盐与钠盐	GMP*
	Carrageenan and its ammonium，calcium，potassium and sodium salts 角叉菜胶及其铵盐、钙盐、钾盐与钠盐	GMP*
	Furcelleran and its ammonium，calcium，potassium and sodium salts 红藻胶及其铵盐、钙盐、钾盐与钠盐	GMP*
	Dextrin/maltodextrin 糊精	GMP
	Ethyl cellulose 乙基纤维素	GMP
	Hydroxypropyl cellulose 羟丙基纤维素	GMP
	Hydroxypropyl methy cellulose 羟丙基甲基纤维素	GMP
	Methyl Cellulose 甲基纤维素	GMP
	Modified food starch 改性淀粉	GMP
	Sodium carboxymethyl cellulose 羟甲基纤维素	GMP*
	Xanthan gum 黄原胶	GMP
	Gelatin 明胶	GMP
	Calcium caseinate 酪蛋白钙	GMP
	Sodium caseinate 酪蛋白钠	GMP
甜味剂	Fructose 果糖	GMP
	Glucose（Dextrose）葡萄糖（右旋糖）	GMP
	Lactose 乳糖	GMP
	Maltose 麦芽糖	GMP
	Mannitol 甘露糖醇	GMP（该食品在合理预期消费时，日常可能摄入 20g 甘露糖醇或 50g 山梨糖醇的情况下，其标签必须标识"过量摄入可能导致腹泻"）
	Sorbitol 山梨糖醇	GMP（该食品在合理预期消费时，日常可能摄入 20g 甘露糖醇或 50g 山梨糖醇的情况下，其标签必须标识"过量摄入可能导致腹泻"）
	Xylitol 木糖醇	GMP

注：* 表示参考附录中相关食品产品的推荐水平。

表 3-5.2 其他食品添加剂的成分及最大使用限量

添加剂名称	添加剂成分	最大使用限量
In cola type beverages 可乐饮料	Caffeine 咖啡因	200 mg/kg
Texturizer 调质剂	Microcystalline 微晶纤维素	在冷冻甜品含量：2.0%
Color retention in ripe olives 成熟橄榄护色剂	Ferrous gluconate 葡萄糖酸亚铁	GMP
Enzyme activator in malting of Barley	Gibberellic acid and its potassium salt 赤霉酸及其钾盐	GMP
foaming agent in beverages 作为饮料增稠剂	Butadiene styrene rubber 丁二烯苯乙烯橡胶	GMP
As component of chewing gum base 作为口香糖胶基	Isobutylene－Isoprene Copolymer 丁基橡胶共聚物	GMP
	Natural Masticatory Substances 天然咀嚼物质	
	Lanolin 羊毛脂	
	Polyisobutylene 聚异丁烯	
	Polyvinyl acetate 聚乙烯醇	
	Terpene resin 萜烯树脂	
As source of nutrients 作为营养素来源	Whey 乳清	GMP
Antifoam Agent 消泡剂	Dimethyl polysiloxane 二甲基聚硅氧烷	可残留于牛奶中；在明胶甜品干配料中含量：100mg/kg；在其他食物或饮料中含量：10 mg/kg
Clarifying Agents 澄清剂	Bentonite 膨润土	GMP
	Polyvinyl polypyrrolidone 吡咯烷酮	在醋和饮料中发挥作用后过滤掉后，在啤酒中含量：10mg/kg；在醋中含量：40mg/kg；在酒中含量：60mg/kg
Catalyst 催化剂	Tannic Trifluoromethane 单宁三氟甲烷	GMP；可用于可可粉生产
	Sulfuric acid 硫酸	可用于棕榈油的替代物中，在成品中以氟化物含量计算，不得超过 2mg/kg
Contact Freezing Agent 接触结冻剂	Dichlorodifluoromethane 氟利昂 －12（二氯二氟甲烷）	GMP
Extraction/Carrier Solvents 提取物 / 载体溶剂	Acetone 丙酮	残留量不得超过 30mg/kg
	Ethylenedichloride 二氯乙烯（dichloroethane）	残留量不得超过 30mg/kg
	Hexane 已烷	在香料及天然提取物中残留量不超过 25mg/kg；在柠檬油中含量：6mg/kg；在啤酒花提取物中的含量：2%；在鱼蛋白中含量：0.15%
	Methyl alcohol 甲醇	在香料及天然提取物中残留量不超过 50mg/kg；在啤酒花提取物中含量：2%

表 3—5.2（续）

添加剂名称	添加剂成分	最大使用限量
Extraction/Carrier Solvents 提取物 / 载体溶剂	Methylene chloride 二氯甲烷（Dichloromethane）	在香料及天然提取物中残留量不超过 30mg/kg；在脱咖啡因咖啡中含量：10mg/kg
	Trichloroethylene 三氯乙烯	在脱咖啡因的研磨咖啡中含量：25mg/kg；在脱咖啡因的速溶咖啡中含量：10mg/kg；在调味料 / 蘸酱中含量：30mg/kg
Fat Crystal Modifier Filtration Aids 脂肪晶体修饰剂（食用油抑晶剂）	Oxystearin 羟基硬脂精	在土壤或组合权重中的含量：0.125%
	Diatomaceous earth 硅藻土	和 w/CFR 173.25 的要求一致
	Ion—exchange membranes 离子交换膜 Ion—exchange resins 离子交换树脂 Vegetable carbon activated 植物活性碳	和 w/CFR 173.25 的要求一致
Floculating Agent 絮凝剂	Acrylate—acrylamide—resin 丙烯酸	在甜菜糖和蔗糖生产的果汁中含量：5mg/kg； 烈酒中含量：100mg/kg
Lubricants、Anti—Stick Agents，Molding Aids 润滑剂、抗粘附剂与成型助剂	Acetylated monoglycerides 丙烯酸酯单甘油酯	GMP
	Castor Oil 蓖麻油	GMP
	Hydrogenated sperm oil 氢化鲸蜡油	GMP
	Mineral oil 矿物油	GMP
	Petrolatum 凡士林油	GMP
Propellant and Packaging Cases 推进剂与包装箱	Butane 丁烷	GMP
	Carbon dioxide 二氧化碳	GMP
	Chloropentafluoroethane 一氯五氟乙烷	GMP
	Nitrogen 氮气	GMP
	Nitrous Oxide 氧化氮	GMP
	Octafluorocyclobutane 八氟环丁烷	GMP
	Propane 丙烷	GMP
动物提取酶制剂	Catalase 过氧化氢酶	GMP
	Lipase 脂肪酶	GMP
	Pepsin 胃蛋白酶	GMP
	Rennet 凝乳酶	GMP
	Trypsin 胰蛋白酶	GMP
植物提取酶制剂	Amylase 淀粉酶	GMP
	Bromelain 菠萝蛋白酶	GMP
	Ficin 无花果蛋白酶	GMP
	Papain 木瓜蛋白酶	GMP

表 3–5.2（续）

添加剂名称	添加剂成分	最大使用限量
微生物提取酶制剂	Carbohydrates 糖类 (may contain one or more of the following: Amylase, cellulase, glucoamylase, b–bluconase, hemi–cellulase, invertase, lactase, pectinase) 可能含有一种或以上以下物质:(淀粉酶、纤维素酶、葡糖淀粉酶、葡萄糖甙酶、半纤维素酶、转化酶、乳糖酶、果胶酶)	GMP
	Catalase 过氧化氢酶	GMP
	Glucose Iomerase 葡萄糖异构酶	GMP
	Glucose Oxidase 葡萄糖氧化酶 Lipase 脂肪酶 Protease 蛋白酶	GMP
	Rennet 凝乳酶	GMP

表 3–5.3 其他添加剂在各食品组分中的最大使用限量

添加剂名称	食品组分	添加剂的最大使用限量
AGAR 琼脂	Ice cream、Ice cream mix、Ice milk 冰激凌、混合冰激凌、冻牛乳	0.5%
ALGINIC ACID 海藻酸	Infant Formula 婴儿配方辅食	单独使用添加海藻酸的量为: 0.3%。若与卡拉胶、瓜尔胶或卡拉胶和瓜尔胶一起复配使用，其总量不可超过 0.03%
	Cottage Cheese、Creamed cottage cheese 农家干酪、松软奶油干酪	0.5%
	Ice Cream、Ice Cream Mix Sherbet 冰激凌、混合果子露冰激凌	0.75%
BHA	Dehydrated potato shreds 脱水马铃薯片	50mg/kg
	Active dry yeast 活性干酵母	1000mg/kg
	Beverages & desserts prepared 饮料、甜品的半成品	2mg/kg
	Dry breakfast cereals 干制早餐谷物	50mg/kg
	Dry diced glazed fruit 水果干粒	32mg/kg
	Dry mixes for beverages & desserts 饮料甜品的干混合物	90mg/kg
	Emulsion stabilizers for shortening 起酥油乳化稳定剂	200mg/kg
	Potato flakes 马铃薯片	50mg/kg
	Potato granules 马铃薯粒	10mg/kg
	Sweet potato flakes 甜薯片	50mg/kg
	Chewing gum 口香糖	BHA 单独使用添加量为 0.02%，若与 BHT 或没食子酸丙酯复配使用，其总量不可超过 0.02%

表 3—5.3（续）

添加剂名称	食品组分	添加剂的最大使用限量
BHA	Chewing gum base 口香糖胶基	1000 mg/kg
	Essential oils、citrus oil flavors 香精油、柑橘香精油	BHA 单独使用添加量为 0.125%，若同时与 BHT 或没食子酸丙酯复配使用，其总量不可超过 0.12%
	Citrus oil 柑橘香精油	BHA 单独使用添加量为 0.5%；若与 BHT 或没食子酸丙酯复配使用，其总量不可超过 0.15%
	Partially defatted pork fatty tissue 部分脱脂猪肉脂肪组织 Partially defatted beef fatty tissue 部分脱脂牛肉脂肪组织	BHA 单独使用添加量为 0.0065%；若与 BHT 复配使用，其总量不可超过 0.0065%
	Vitamin A Liquid for addition to food 添加到食品中的维生素 A 溶液	5mg/1000000 单位
	Other unstandardized tools（except）unstandardized preparations of： meat by—products 其他未标准化工具（除了）未标准化标准品：肉制品	在食品中脂肪或油脂中含量：0.02%； 若与 BHT 或没食子酸丙酯复配使用： a）在肉类脂肪中其总量不可超过 0.02%； b）在食品的鱼油成分中其总量不可超过 0.02%； c）家禽及其肉制品
BHT	Dehydrated potato shreds 脱水马铃薯片	50mg/kg
	Dry breakfast cereals 干制早餐谷物	50mg/kg
	Emulation stabilizers for shortening 起酥油稳定剂	200mg/kg
	Potato flakes 土豆薄片	50mg/kg
	Sweet potato flakes 甜薯薄片	50mg/kg
	Chewing gum 口香糖	BHT 单独使用添加量为 0.02%；若与 BHA 或没食子酸丙酯复配使用，其总量不可超过 0.02%
	Chewing gum base 胶基糖果	1000mg/kg
	Essential oils、citrus oil flavors、dry flavors 香精油、柠檬香精油、柠檬香料	BHT 单独使用添加量为 0.125%；若与 BHA 或没食子酸丙酯复配使用，其总量不可超过 0.25%
	Citrus oils 柠檬油	BHT 单独使用添加量为 0.5%；若与 BHA 或没食子酸丙酯复配使用，其总量不可超过 0.5%
	Partially defatted pork fatty tissues 部分脱脂猪肉脂肪组织	BHT 单独使用添加量为 0.0065%；若与 BHA 复配使用，其总量不可超过 0.0065%
	Vitamin A liquid for addition to food 维生素 A 液态添加物	5mg/1000000 单元
	Parboiled rice 蒸谷米	0.0035%
	Rice（enriched）营养强化米	33mg/kg

表 3−5.3（续）

添加剂名称	食品组分	添加剂的最大使用限量
CALCIUM DISODIUM EDTA 己二酸四乙酸二钠钙	Cabbage，pickled 腌制卷心菜	220mg/kg
	Canned carbonated soft drink 碳酸软饮料罐头	33mg/kg
	Canned white potatoes 罐头马铃薯	110mg/kg
	Clams（cooked，canned）蛤蚌（熟制的、罐头的）	340mg/kg
	Crabmeat（cooked，canned）蟹肉（熟制的、罐头的）	275mg/kg
	Cucumbers pickled 腌黄瓜	220mg/kg
	Distilled alcoholic beverages 蒸馏酒精饮料	25mg/kg
	Dressings（non−standardized）（非标准）调味品	75mg/kg
	Egg product that is hard−cooked and consist in a cylindrical shape of egg 蛋制品（深加工的，包括圆柱形的鸡蛋）	在蛋黄部分的含量：220mg/kg
	Fermented malt beverages 发酵麦芽饮料	25mg/kg
	French dressing 法式调味料	75mg/kg
	Mayonnaise 蛋黄酱	75mg/kg
	Mushroom（cooked，canned）蘑菇（熟制的、罐头的）	200mg/kg
	Oleomargarine 人造黄油	75mg/kg
	Pecan pie filling 山核桃派馅	100mg/kg
	Potato salad 马铃薯沙拉	100mg/kg
	Processed dry pinto bean 加工干斑豆	800mg/kg
	Sandwich spread 三文治酱	100mg/kg
	Salad dressing 沙拉调味料	75mg/kg
	Sauces 酱料	75mg/kg
	Shrimp（cooked，canned）虾（熟制的、罐头的）	250mg/kg
	Spice extractives in soluble carriers 可溶性香料提取物	60mg/kg
	Spreads、artificially colored and lemon flavored or orange flavored 涂抹酱、人工添加色素、柠檬口味或香橙口味的	100mg/kg

表 3—5.3（续）

添加剂名称	食品组分	添加剂的最大使用限量
Carrageenan Concentrated 浓缩角叉菜胶	Cottage cheese、Creamed cottage cheese、Ice cream、Ice cream mix、Ice Milk、Ice milk mix 农家干酪、松软乳酪、冰激凌、混合冰激凌、冷冻牛奶、冰冻奶昔	0.5%
	Evaporated milk 浓缩奶	0.015%
	Sherbet 冰冻果子露	0.75%
	Infant formula based on isolated amino acids or protein hydrolysates or both 以氨基酸或蛋白质为基础的婴儿配方食品	角叉菜胶单独使用添加量为 0.1%；若与褐藻胶、瓜尔胶或褐藻胶和瓜尔胶复配使用，其含量不可超过 0.1%
	Infant formula 婴儿配方辅食	角叉菜胶单独使用添加量为 0.3%；若与褐藻胶或瓜尔胶复配使用，其含量不可超过 0.03%
	Sour cream 酸奶油	0.5%
	Cream cheese and Cream cheese spread 奶油及奶油涂抹酱	0.05%
DIACETYL TARTARIC ESTERS OF MONO AND DIGLYCERIDES 二乙酰酒石酸甘油单酯、二乙酰酒石酸甘油二酯	Edible fats and oils 食用脂肪及油脂	单独或与其他乳化剂复配使用量为 20g/kg
	Margarine 人造黄油	单独或与其他乳化剂复配使用量为 10g/kg
	Fumaric acid—acidulated foods: Dry gelatin dessert、Dry beverages base、Unrefined cane sugar 反丁烯二酸酸化食品：干的凝胶状甜点、干的饮料基料、未提炼的蔗糖（粗蔗糖）	在凝胶状甜点成品中含量：15mg/kg；在饮品成品中含量：10mg/kg；加工中的蔗糖汁液、糖浆或 masseruite 中每个百分点 0.5mg/kg，最终成品中的含量不超过 25mg/kg
	Cocoa fat in noncarbonated beverage containing cocoa 非碳酸型的可可饮料中的可可脂	在饮料成品中含量：25mg/kg
DISODIUM EDTA 己二酸四乙酸二钠	Canned black eyes peas 罐头黑豆	145mg/kg
	Canned cooked chickpeas 罐头鹰嘴豆	165mg/kg
	Canned kidney beans 罐头腰果	165mg/kg
	Canned strawberry pie filling 罐头草莓派馅	50mg/kg
	Cooked sausages 熟制香肠	36mg/kg
	Dressings（nonstandardized） （非标准化的）调味酱	75mg/kg
	French dressing 法式调味酱	75mg/kg
	Frozen white potatoes including cut potatoes 冷冻土豆（土豆块）	100mg/kg
	Mayonnaise 蛋黄酱	75mg/kg
	Ready to eat cereal products containing dried bananas 即食谷物产品包括香蕉干	在谷物混合产品香蕉干中的含量：315mg/kg
	Salad dressing 沙拉酱	75mg/kg
	Sandwich spread 三文治涂抹酱	100mg/kg
	Sauces 酱料	75mg/kg
FURCELLERAN 红藻胶	Ice cream and ice cream mix 冰激凌及冰激凌配料	0.5%

表 3—5.3（续）

添加剂名称	食品组分	添加剂的最大使用限量
GELATIN 明胶	Cottage cheese、Cream cottage cheese、Ice cream 农家干酪、松软奶酪、冰激凌	0.5 %
	Ice cream mix、Ice milk、Ice milk mix 冰激凌配料、冷冻牛奶、冷冻奶昔	
	Sherbet 冰冻果子露	
	Sour cream 酸奶油	
	Unstandardized foods 非标准化的食品	
	Cream cheese spread 奶油芝士涂抹酱	
MONO—AND DIGLYCERIDES 甘油单酯与甘油二酯	Cocoa、Ice cream、Ice cream mix、Ice milk、Ice milk mix、Milk chocolate、Sweet chocolate 可可、冰激凌、冰激凌配料、冻牛乳、冰奶昔、牛奶巧克力、甜巧克力	占乳化剂总量的 0.55%
	Infant formula 婴儿配方食品	添加量为 0.25%
	Non—edible sausage casings 非食用的香肠肠衣	在香肠肠衣中含量：0.35 %
	Margarine 人造奶油	0.75%
	Shortening 起酥油	添加量是 10.0%（在单甘油酯、双甘油酯、乳酸单甘油酯和乳酸双甘油酯复配使用的食品中，其总量不超过起酥油的 20.0%）
	Sherbet 冰冻果子露	0.75%
	Sour cream 酸奶油	0.3%
	Processed cheese、Processed cheese foods and Processed cheese spread—with or without added ingredients 加工芝士、加工芝士食品、加工芝士酱（有或无添加配料）	0.5%
POLYSORBATE 60 吐温 60	Whipped edible oil topping 生食用油	在生的食用油和生的食用油成品中含量：0.4%； 与山梨醇酐单硬脂酸酯复配使用时可超过 0.4%，要求吐温 60 的量不超过 0.77%，且山梨醇酐单硬脂酸酯不超过生的食用油成品的 0.27%
	Cake and cake mixes 蛋糕及蛋糕配料	在干重的基础上含量：0.46%。当与吐温 65 或山梨醇酐单硬脂酸酯复配使用时，吐温 60 不超过 0.46%，吐温 65 不超过 0.32%，山梨醇酐单硬脂酸酯超过 0.61%；不复配使用时以干重基础计可超过 0.66%
	Nonalcoholic mixes to be added to alcoholic beverage in the preparation 酒精饮料制备中不含酒精的配料	在不含酒精配料中的重量不超过 4.5%
	Yeast leavened bakery products 酵母发酵烘焙产品	以面团湿重计算，占 0.5%

表 3-5.3（续）

添加剂名称	食品组分	添加剂的最大使用限量
POLYSORBATE 60 吐温 60	Artificially sweetened gelatin 人工加糖凝胶	以干重计算，占 0.5%
	Chocolate flavored syrup 巧克力口味糖浆	以终产品计算，占 0.5%
	Powdered soft drink mixes 软饮料配料粉末	以混合物计算，占 4.5%
	Unstandardized confectionery coatings 非标准化的糖衣	添加量：0.5%；若与吐温 65、山梨醇酐单硬脂酸酯或山梨醇酐三硬脂酸酯同时复配使用，总量不可超过 1.0%
	Cake icing、cake icing mix 蛋糕糖霜、蛋糕糖霜配料	在糖霜蛋糕成品中含量：0.5%；若与吐温 80 或 / 和山梨醇酐单硬脂酸酯复配使用，其在糖霜蛋糕成品中的含量不可超过 0.5%
	Pudding、Pie filling 布丁、派馅	以干重计算，占 0.5%
	Beverage base or mix 饮料基料或配料	在饮料中的含量：0.05%；若与山梨醇酐单硬脂酸酯复配使用，总量不可超过饮料的 0.05%
	Sour cream substitute 酸奶油	0.1%
	Unstandardized dressings、Unstandardized prepared canned cooking sauces 非标准化涂抹酱、非标准化罐头酱汁	0.3%
	Unstandardized sandwich spreads and dips 非标准化三文治涂抹酱和蘸酱	0.2%
	Dry batter coating mix 配制干面糊衣	在作为预包装食品的汤中的含量：250mg/kg
	Dry batter coating mixes 配制干面糊衣调拌料	以干重计算，占 0.5%
POLYSORBATE 65 吐温 65	Flavored milk 调味乳	0.5%
	Ice cream、Ice cream mix、Ice milk、Ice milk mix 冰激凌、冰激凌调料、冻牛乳、冻牛乳调料	单独使用添加量为 0.1%；若与吐温 80 复配使用，总量必须不超过 0.1%
	Unstandardized frozen desserts 非标准化冷藏甜点	0.1%
	Cakes 小蛋糕	在食物干重中的含量：0.3%；若与吐温 60 复配使用，总量必须不超过干重的 0.5%
	Unstandardized confectionery coatings 非标准化糖衣	添加量：0.5%；若与吐温 60、山梨醇酐单硬脂酸酯或山梨醇酐三硬脂酸酯复配使用，总量不可超过 1.0%
	Beverage base or mix 饮料基料或配料	在饮料中的含量：0.5%；若同时与山梨醇酐单硬脂酸酯复配使用，总量必须不超过饮料的 0.05%
	Imitation dry cream mix 人造奶油调料（干）	添加量：0.4%；若与吐温 60、山梨醇酐单硬脂酸酯或吐温 80 各自复配或一起复配使用，总量不可超过 0.4%
	Breath freshener products in candy tablet or gum form 压片糖果或胶基糖果形式的口气清新产品	200mg/kg

表 3—5.3（续）

添加剂名称	食品组分	添加剂的最大使用限量
POLYSORBATE 80 吐温 80	Flavored Milk 调味乳	0.5%
	Ice cream、Ice cream mix、Ice milk、Ice milk mix 冰激凌、冰激凌调料、冻牛乳、冻牛乳调料	添加量：0.1%，若与吐温 80 复配使用，总量必须不超过 0.1%
	Unstandardized frozen desserts 非标准化冷藏甜点	0.1%
	Pickles and relishes 腌菜	0.5 %
	Beverage base or mix 饮料基料或配料	在饮料中含量：0.05%。若与吐温 60 复配使用，则其总使用量不可超过饮料的 0.05%
	Imitation dry cream mix 人造奶油调料（干）	添加量：0.01%；若与吐温 60、吐温 65 或山梨醇酐单硬脂酸酯复配使用，则其总使用量不可超过 0.4%
	Whipped vegetable oil topping 植脂鲜奶油	若使用吐温 60、吐温 65 或其他吐温，则其总使用量不可超过 0.4%
	Cake icing，cake icing mix 蛋糕糖霜及其配料	若使用吐温 60、吐温 65 或其他吐温，则其总使用量不可超过 0.5%
	Salt 食盐	10mg/kg
	Whipped cream 生奶油	0.1%
	Breath freshener product for use in tablet or gum form 压片糖果或胶基糖果形式的口气清新产品	100 mg/kg
	Cream cottage cheese 农家软乳酪	80 mg/kg
	Spice oils and spice oleoresins for use in pumping pickle employed in the curing of preserved meat or preserved meat by—products 用于泡菜或腌肉（腌肉制品）的香料油或香料树脂	在泡菜中的含量：0.2 %
	Non—edible sausage casings 非可食用的肠衣	在肠衣中含量：0.15 %
PROPIONATES 丙酸盐、丙酸酯	Bread、Buns、Rolls、Whole or crackles wheat 面包、小馒头、蛋卷、完整或破碎的小麦	在面粉中的含量：（1.57~3.76）g/kg
	Cakes 蛋糕	奶油中含量：（0.94~4.47）g/kg
	Fruit cake 水果蛋糕	在奶油中的含量：（1.26~3.78）g/kg；奶油含量越高，其含量应越少
	Piecrust filling 馅饼的馅料	奶油、馅料中含量：（1.27~3.12）g/kg
SODIUM CARBOXYMETHYCELLULOSE 羧甲基纤维素钠	Cottage cheese、Cream cottage cheese、Ice cream、Ice cream mix、Ice milk、Ice milk mix 农家干酪、农家乳酪、冰激凌、冰激凌配料、冻牛奶、冻牛奶配料	0.5%
	Sherbet 冰冻果子露	0.75%
	Processed cheese、Processed cheese foods、and Processed cheese spread（with or without added ingredients）加工奶酪、加工奶酪食品和加工奶酪酱（有 / 无配料）	0.5%
	Cream cheese、Cream cheese spread（with or without added ingredients）奶油干酪、奶油干酪酱（有 / 无配料）	0.5%

表 3—5.3（续）

添加剂名称	食品组分	添加剂的最大使用限量
SODIUM DIACETATE 乙酰乙酸钠	Breads and other yeast raised white flour products 面包和其他发酵白面粉制品	在面粉中含量：（2.2~3.78）g/kg
	Pie crast and filling 馅饼皮和馅料	在馅料中含量：（1.9~3.15）g/kg
	Cakes 蛋糕	在奶油中含量：（0.063~2.83）g/kg
	Fruit cake（low fruit）水果蛋糕（少量水果）	在奶油中含量：（2.2~2.83）g/kg
SODIUM STEAROYL LACTYLATE 硬脂酰乳酸钠	Baked products、pancakes、waffles 烘焙食品、薄煎饼、华夫饼	面粉重量的每 100 份中含量：0.5%
	used Icings、fillings、puddings、toppings and prepared 用于制备糖霜、馅料、布丁、糕点装饰配料	在配料中含量：0.4%~0.7%
	Substitutes for milk or cream in coffee 咖啡中牛奶或奶油的替代品	在可食用的脂肪水乳剂成品中的含量：0.3%
	Dehydrated potatoes 土豆片	在食品干重中含量：0.5%
	Snack dips 小食蘸料	在成品干重中含量：0.2%
	Cheese substitute & imitations & cheese product substitute 人造奶酪	在成品干重中含量：0.2%
	Sources or gravies 酱汁	在成品干重中含量：0.25%
	Sour cream substitute 人造酸奶油	在原料干重中含量：1.0%
SODIUM SULPHITE，POTASSIUM SULPHITEHYDROGEN SODIUM SULPHITE 亚硫酸钠、亚硫酸钾、亚硫酸氢钾	Quick frozen shrimps and prawns 冷藏虾	在生鲜产品可食用部分中含量为 100mg/kg；在熟制产品可食用部分中含量：30mg/kg
	Quick frozen lobsters 冷藏龙虾	在生鲜产品可食用部分中含量为 100mg/kg；在熟制产品可食用部分中含量：30mg/kg
	Biscuit dough 饼干生面团	最终产品中含量不超过 500mg/kg（以二氧化硫计）
	Cake、cake mix 蛋糕、蛋糕配料	在干基中含量：0.6%；若与吐温 80 复配使用，两者总量必须不超过干重的 0.7%
	Unstandardized confectionery coatings 非标准化糖衣	若与吐温 60 或山梨醇酐单硬脂酸酯复配使用，其总量不超过 1.0%
	Cake icing、cake icing mix 蛋糕糖霜、蛋糕糖霜配料	在糖霜成品中的含量：0.5%；若与吐温 80 或 / 和吐温 60 复配使用，其总量不超过 0.5%
	Beverage base or mix 饮料基料或配料	在饮料中的含量：0.05%；若与吐温 80 复配使用，两者总量必须不超过饮料的 0.5%；若同时与吐温 65 复配使用，两者总量必须不超过 0.255
	Dry soup base mix 干汤底	在预包装的汤中含量：250mg/kg
STANNOUS CHLORIDE 氯化亚锡	Asparagus packed in glass containers or fully—line 流水线生产的玻璃包装芦笋	以罐头中的锡计，含量：25mg/kg
SUCCINIC ACID 琥珀酸	Condiments & relished 佐酱和蘸酱	0.084%
	Meat products 肉制品	0.0061%
SUCROGLYCERIDES 蔗糖甘油酯	Edible fats & oil 食用油脂	单独使用或与其他乳化剂复配使用，用量：20g/kg
	Margarine 人造黄油	10g/kg

表 3—5.3（续）

添加剂名称	食品组分	添加剂的最大使用限量
SUCROSE ESTERS OF FATTY ACIDS 脂肪酸甘油酯	Cocoa powder & dry cocoa—sugar mixtures 可可粉或干可可糖混合物	单独或复配使用时含量：10g/kg
	Edible fats and oils 可食用脂肪或油脂	单独或复配使用时用量：20g/kg
SULFURIC ACID 硫酸	Alcoholic beverages 含酒精饮料	0.014%
	Cheeses 乳酪	0.0003%
SULPHUR DIOXIDE & OTHER SULPHITES 二氧化硫或其他亚硫酸	White sugar 白砂糖（Specification A）（Specification B）	20mg/kg 70mg/kg
	Powdered sugar 糖粉	20mg/kg（仅用于白砂糖制备时的残留量）
	Soft sugars 软糖	40mg/kg
	Anhydrous dextrose 无水葡萄糖	20mg/kg
	Dextrose monohydrate 一水葡萄糖	20mg/kg
	Glucose syrup 葡萄糖浆	400mg/kg（仅对于糖衣制备）
	Dried glucose syrup 干制葡萄糖浆	40mg/kg；150mg/kg（仅用于糖衣糖果的生产过程）
	Fructose 果糖	20mg/kg（源于原材料残留）
SULPHUR DIOXIDE & OTHER SULPHITES 二氧化硫或其他亚硫酸	Jam、Jellies、Citrus marmalade 果酱、果冻、柑橘果酱	成品中的残留量：100mg/kg
	Apricots 杏	2000mg/kg
	Peaches 桃子	2000mg/kg
	Nectarines 油桃	2000mg/kg
	Pears 梨	1000mg/kg
	Golden、bleached raisins 无核葡萄干	800mg/kg
	Sulfur bleached raisins 硫漂葡萄干	1500mg/kg
	Apples 苹果	800mg/kg
	Cabbage 卷心菜	（750~1500）mg/kg
	Potatoes 马铃薯	（200~250）mg/kg
	Carrots 胡萝卜	（200~250）mg/kg
SORBATES 山梨酸酯	Bakery products 烘焙食品	（0.32~3.15）g/kg
	Cake mixes、doughnut mixes 蛋糕、甜甜圈的配料	（0.5~0.944）g/kg
	Artificially sweetened jams，jellies and preserves 加糖调制果酱、果冻和蜜饯	最大含量不超过 0.1%
	Pickles and pickled products 泡菜和腌制产品	0.025%~0.05%；甜度较高的产品可以适当增加山梨酸酯的使用量
SORBITAN MONOPALMITATE 山梨醇酐单棕榈酸酯	Edible fats and oils 食用油脂	单独或复合使用时含量：20g/kg
	Margarine 人造黄油	10g/kg
SORBITAN MONOSTEARATE 山梨醇酐单硬脂酸酯	Imitation dry cream mix；vegetables oil creaming agent； Whipped veg.Oil topping； veg. Oil topping mix 人造奶油配料（干） 植物油乳化剂 植脂生奶油及其配料	除了植物油乳化剂外，吐温 65、吐温 60、吐温 80 单独使用或复合食用，其总使用量不超过 0.4%；对于植脂生奶油及其配料，山梨醇酐单硬脂酸酯和吐温 60 复合使用总量可超过 0.4%，如果山梨醇酐单硬脂酸酯用量不超过 0.27%，且吐温 60 用量不超过植物生奶油的 0.77%

3-6 文莱食品添加剂种类及最大使用限量

表 3-6.1 食品中允许使用的抗氧化剂种类及最大使用限量

序号	食品名称	抗氧化剂的描述	最大使用限量 / (mg/kg)(按重量计算)
(a)	无水的可食用油脂，无论是否凝固，人造黄油、椰子奶油、椰子奶油粉、花生酱，维生素油以及每克(g)中维生素 A 含量不多于 30000IU 的浓缩油	没食子酸丙酯或没食子酸辛酯或没食子酸十二酯或它们的任何混合物	100
		丁基羟基茴香醚(BHA)	200
		二丁基羟基甲苯(BHT)	200
		叔丁基氢醌(TBHQ)	100
		BHA 和 BHT 的任何混合物	200
		任何与 BHA 或者 BHT 或 TBHQ 混合的混合物	200
		生育酚	2000
		抗坏血酸	2000
(b)	部分丙三醇酯	没食子酸丙酯或没食子酸辛酯或没食子酸十二酯或它们的任何混合物	100
		丁基羟基茴香醚(BHA)	200
		二丁基羟基甲苯(BHT)	200
		叔丁基氢醌(TBHQ)	100
		BHA 和 BHT 的任何混合物	200
(c)	加工用黄油	没食子酸丙酯或没食子酸辛酯或没食子酸十二酯或它们的任何混合物	80
		丁基羟基茴香醚(BHA)	160
		二丁基羟基甲苯(BHT)	160
		BHA 和 BHT 的任何混合物	160
(d)	香精油和从香精油浓缩物中分离的油	没食子酸丙酯或没食子酸辛酯或没食子酸十二酯或它们的任何混合物	100
		丁基羟基茴香醚(BHA)	200
		二丁基羟基甲苯(BHT)	200
		叔丁基氢醌(TBHQ)	100
		BHA 和 BHT 的任何混合物	200
(e)	苹果和梨	乙氧基喹因	3
(f)	维他命油及浓缩物	加酸丙酸酯或八烯酸酯或十二烷基胆酸酯或混合物混合使用	100
		丁基羟基茴香醚(BHA)	200
		二丁基羟基甲苯(BHT)	200
		BHA 和 BHT 的任何混合物	200
		生育酚	100
		抗坏血酸	100

注：丁基羟基茴香醚或丁基羟基甲苯或其混合物在本表中规定的范围内，可以与在本表中规定的加酸丙酯或辛酯加酸或十二烷基酸酯或混合物混合使用。但抗氧化剂的总量不得超过指定用量。指定的食物项目（a）和（b）不得超过 300 mg/kg，指定的食物项目（c）不得超过 240 mg/kg 和指定的食品项目（d）不得超过 300mg/kg。

表 3-6.2　食品中允许使用的化学防腐剂种类及最大使用限量

食品名称	化学防腐剂种类及最大使用限量 /（mg/kg）						
	以二氧化硫计算	苯甲酸	甲基或丙基苯甲酸	山梨酸	丙酸	亚硝酸钠	硝酸钠
牛肉汉堡和同类产品	450	—	—	—	—	—	—
啤酒	—	25	70	70		—	—
面包	—	—	—	—	3000	—	—
大豆、牡蛎和鱼的酱汁	400	1000	—	—	—	—	—
脱水卷心菜	2500	—	—	—	—	—	—
蜜饯或切片	100	—	—	—	—	—	—
奶酪辣椒酱	—	—	—	1000	—	—	—
圣诞布丁（一种干果）	—	750	—	—	—	—	—
布丁苹果酒	200	—	—	—	1000	—	—
干椰子	50	—	—	—	—	—	—
鸡尾酒（酒精）	120	400	—	—	—	—	—
咖啡（或咖啡混合物或液体提取物）	—	450	450	—	—	—	—
以一种允许着色物质的溶液的形式存在的色素	—	2000	2000	1000	—	—	—
咖喱酱	—	350	—	—	—	—	—
甜点、水果、牛奶和奶油	100	—	—	—	300	—	—
左旋 / 右旋葡萄糖	20	—	—	—		—	—
巧克力浓浆	—	700	700	—	—	—	—
发酵的大豆产品	—	1000	—	—	—	—	—
面粉的馅料和配料（以水果为基础）	350	800	800	450	1000	—	—
鱼、烟熏和腌制	—	—	—	—	—	10	
鱼酱、虾酱	—	750	—	—	—	—	—
调味乳剂或黄糖浆	350	350	800	—	—	—	—
糖食点心	—	—	—	1000	1000	—	—
面粉（用于饼干和糕点制作）	200	—	—	—	—	—	—
果糖	20	—	—	—	—	—	—
脱水水果	100	1000	1000	1000	—	—	—
用于制造目的的水果或水果浆（除番茄浆外）	350	1000	—	1000	—	—	—
干制水果（包括提子干和小葡萄干）	2000	—	—	500	—	—	—
水果	140	350	—	350	—	—	—
果汁饮料	120	350	—	350	—	—	—
果汁、浓浆果汁	350	800	800	350	—	—	—

表 3-6.2（续）

食品名称	化学防腐剂种类及最大使用限量 /（mg/kg）						
	以二氧化硫计算	苯甲酸	甲基或丙基苯甲酸	山梨酸	丙酸	亚硝酸钠	硝酸钠
明胶	750	—	—	—	—	—	—
姜	150	—	—	—	—	—	—
葡萄糖（包括糖浆）	40	—	—	—	—	—	—
高果糖葡萄糖糖浆	40	—	—	—	—	—	—
糖粉	20	—	—	—	—	—	—
果酱（包括以饮食为目的出售的蜜饯）	100	450	—	450	—	—	—
人造黄油	—	1000	—	1000	—	—	—
杏仁糖和甜果仁酱	—	—	—	1000	—	—	—
腌渍或熏制的肉、罐头（包括煮熟和未煮熟）	—	—	—	—	—	—	—
果胶和果酱设置化合物	250	—	—	—	—	—	—
梨酒	200	—	—	200	—	—	—
咸菜	100	250	250	1000	—	—	—
生的和去皮的土豆	50	—	—	—	—	—	—
脱水土豆	550	—	—	—	1000	—	—
酱料 / 沙拉	300	750	250	—	—	—	—
硅抗泡乳液	1000	2000	2000	1000	—	—	—
用于直接消费的软饮料	70	160	—	300	—	—	—
稀释后的软饮料	350	800	—	800	—	—	—
淀粉（包括预产品）	100	—	—	—	—	—	—
淀粉、水解淀粉（固体）	70	—	—	—	—	—	—
淀粉、水解糖浆（包括葡萄糖糖浆）	400	—	—	—	—	—	—
糖或糖浆	20	—	—	—	—	—	—
番茄浆、浆糊和泥	100	—	—	—	—	—	—
盐渍、腌制、干腌的蔬菜	2000	800	800	450	1000	—	—
食醋	70	—	—	—	—	—	—
酒（包括酒精香甜酒）	300	—	—	200	—	—	—
酸奶	60	120	120	—	—	—	—

注："—"指该项禁止加入食品中。

表 3–6.3　食品中允许使用的人工甜味剂种类及其纯度

甜味剂名称	甜味剂含量
糖精	在无水的基础上，糖精含量不低于 99%
糖精钠	在无水的基础上，糖精钠含量不低于 99%，不超过 10% 的无水钠
阿斯巴甜（天门冬氨酰苯胺甲基酯）	在无水的基础上不少于 98%，不超过 102% 的阿斯巴甜

表 3–6.4　食品中允许使用的乳化剂、稳定剂调味剂及营养强化剂的种类及名称

添加剂种类	添加剂名称
乳化剂和稳定剂	乙酰化单甘酯；林格乳酸盐；酒石酸甘油酯，双乙酰酒石酸甘油酯；柠檬酸甘油酯；琼脂；海草酸；藻酸铵；藻酸钙；藻朊酸钾；海藻酸钠；磷脂酸铵；柠檬酸钙、三钠和柠檬酸三钾；葡萄糖酸钙；乳酸钙；硫酸钙；碳酸盐和碳酸氢钠、钾、钙和铵；卡拉胶；酪蛋白、钙、钠和钾；纤维素、甲基、乙基、甲基乙基、羟基丙基和羟基丙基衍生物；羧甲基纤维素；糊精；二辛磺化丁二酸钠；二甲聚硅氧烷；二甲聚硅氧烷；面粉和淀粉；红藻胶；树胶、金合欢、角豆、加蒂、瓜尔、卡拉雅、黄胶和黄原胶；卵磷脂；氢氧化镁；改性淀粉；脂肪酸单和双甘油酯；一氧化二氮；果胶、果胶酸钙；果胶酸酯钠；磷酸（正磷酸）及其钠、钾和钙、二碱和三碱盐；脂肪酸聚甘油酯；酯化蓖麻酸的多甘油酯；聚山梨酯；乙酸钾；盐酸钾和钙盐；硝酸钾；脂肪酸丙二醇酯；藻酸丙二醇酯；皂树皮（仅在软饮料中，不超过 200mg/kg）；二氧化硅无定形；淀粉漂白（含氯酸、低氯酸、过氧化氢或乙酸）和低氯氧化；磷酸二淀粉磷酸酯、磷酸三磷酸钠、用磷酰氯制备的二淀粉磷酸；含磷酸盐的二淀粉磷酸；淀粉醋酸盐；乙酰化二淀粉甘油、乙酰化二淀粉二酯；琥珀酸酐琥珀酸酐；磷酸铝钠（基体）；焦磷酸钠和焦磷酸钠（四磷酸钠和四磷酸钠）、钠和钾酸焦磷酸钠（二钠和二磷酸氢二磷酸）；钠和钾三聚磷酸盐；山梨醇酐脂肪酸酯；山梨醇；蔗糖甘油酯；蔗糖脂肪酸酯
调味剂	伞菌酸；芦荟素；小檗碱；桦树沥青油；杜松油；菖蒲油；可卡因；香豆素；二甘醇；二乙二醇单乙醚；二氢黄樟素；蜀羊泉；海棠素；男性蕨类植物；硝基苯；艾菊油；薄荷油；木醋液；芸香油；黄樟油精和异黄樟素；蛔蒿素；檫木油；薰草豆；含有氢氰酸的挥发性苦杏仁油以及任何其他有害健康的调味剂是被禁止的
营养强化剂	柠檬酸钙；抗坏血酸；抗坏血酸棕榈酸酯；维生素 H 碳酸钙；甘油磷酸钙；氧化钙；磷酸钙；磷酸钙（单、二、三基）；焦磷酸钙；硫酸钙；β－胡萝卜素；重酒石酸胆碱；氯化胆碱；电解铁；磷酸铁；焦磷酸铁；葡萄糖酸亚铁；乳酸亚铁；硫酸亚铁；叶酸；肌糖；异亮氨酸；亮氨酸；赖氨酸；蛋氨酸；烟酸；烟酰胺；烟酸；烟碱；泛酸钙原料药；D－泛醇 1；苯丙氨酸；碘化钾 维生素 B_6；盐酸吡哆醇；吡哆醛；核黄素；核黄素 −5′－磷酸；抗坏血酸钠；碘化钠；泛酸钠；磷酸钠（单、二、三基）；硫胺素；盐酸硫胺素；硝酸硫胺；苏氨酸；生育酚；α－生育酚乙酸酯；色氨酸；缬氨酸；维生素 A；维生素 A 醋酸酯；维生素 A 醇；维生素 A 棕榈酸酯；维生素 B_{12}；钙化醇；维生素 D

附录4　WTO其他成员对东盟各国提出的SPS特别贸易关注

新加坡

与阿根廷、澳大利亚、奥地利、比利时、巴西、加拿大、智利、捷克共和国、法国、德国、意大利、荷兰、波兰、罗马尼亚、新加坡、斯洛伐克共和国、斯洛文尼亚、西班牙和美国维持的与疯牛病相关的措施——瑞士的关注

G/SPS/R/8

新加坡代表团通知委员会称向新加坡出口牛肉的国家被要求证明其在过去六年里无疯牛病疫情。这项措施是符合SPS协议的规定的，并且将很快发出通告。新加坡代表强调说他们的保护水平是基于一项适当的风险评估的，而且这项措施适用于所有向新加坡出口牛肉和牛肉产品的国家；它不针对任何特定的国家。在过去六年没有爆发过疯牛病的国家能够向新加坡出口牛肉。值得注意的是，新加坡目前总的牛存栏数不到1000头，而且所有动物都是从澳大利亚进口的。因此，可以认为新加坡是一个无疯牛病的国家。新加坡代表团正在完成对瑞士代表团的答复的过程中。

与二噁英相关的通告——瑞士的关注

G/SPS/R/15

瑞士代表提请委员会关注对欧洲商品实施的与二噁英相关的限制。瑞士受到了这些限制的影响，尽管二噁英污染仅限于某些欧共体成员国，因为一些成员国的措施一般来说限制从欧洲进口。同时瑞士已经与马来西亚和新加坡解决了问题，而且瑞士代表对这两个国家的合作表示感谢。剩下的一个关于新加坡认证要求的小问题很快将得到解决。

印度尼西亚

新鲜水果和蔬菜——澳大利亚和美国的关注

G/SPS/R/7

澳大利亚和美国的代表要求对印度尼西亚在G/SPS/N/IDN/2中通告的关于新鲜水果和蔬菜的法规的范围，给予澄清。在与澳大利亚进行的双边讨论中，印度尼西亚当局已经提出了一个由于民族习惯带来的特别问题，这个问题显然被排除在了分发的法规草案之外。美国和澳大利亚的代表都敦促印度尼西亚考虑进行立法调整，以便使WTO成员方获得关于拟议措施的信息，并且有足够时间进行评估。澳大利亚代表对印度尼西亚当局为了满足提供额外信息的请求所做的大量工作表示赞赏。印度尼西亚代表对法规草案尚未完成表示遗憾，但是向委员会保证将在适当的时候提供包含详细信息的文件。

对新鲜水果进口的限制——新西兰的关注

G/SPS/R/20

新西兰代表指出，印度尼西亚已经实施了对从新西兰进口新鲜水果的限制，因为1996年5月在新西兰的一个居民区发现了两例果蝇。尽管新西兰实施了广泛的扑杀和监控计划后在最初发现果蝇周围200m之外没有发现果蝇，而且在三周后也没有扑杀到果蝇。新西兰正在进行的监控后来没有发现任何其他果蝇。很多WTO成员方在最初发现果蝇之后对新西兰水果产品实施了限制，但是这些限值被逐步撤销了。但是，尽管新西兰政府进行了大量的宣传，印度尼西亚继续对最初发现地15km半径内生产的所有水果实施进口限制，并且要求对来自新西兰其他地区的所有水果进行冷处理。新西兰的情况及其对印度尼西亚措施的关注在G/SPS/GEN/219.9中进行了详细的说明。新西兰代表报告称，在SPS委员会会议之前刚刚举行了双边磋商，在这次磋商中，印度尼西亚已经承诺对新西兰G/SPS/R/20文件第3页中提供的信息进行审查，并且澄清其是否要求任何进一步的信息。在这些磋商的基础上，新西兰有信心促进这个问题的解决，他们将适时报告给委员会。印度尼西亚代表指出，他已经注意到了新西兰的关注。在与新西兰的沟通中，印度尼西亚已经澄清了他们需要进一步的文件来支持新西兰没有地中海果蝇的主张。但是，印度尼西亚不准备维持根据SPS协议没有正当理由的措施，并且保持开放进一步的措施，以便取得可接受的结果。

G/SPS/R/21

新西兰代表注意到，这是新西兰第二次对印度尼西亚没有承认新西兰无地中海果蝇地位表达其关注。在以前的SPS会议上，他已经详细地说明了新西兰对这个问题的关注（G/SPS/GEN/219）。在本次SPS委员会会议期间已经再次进行了双边磋商，印度尼西亚已经表示其愿意向新西兰派出检查团，以研究果蝇监控和植物检疫出口保证系统的情况。新西兰宣布其乐于尽快接待这次访问，并且鼓励印度尼西亚完成安排，同时希望促进这个问题的解决。新西兰将向各成员通告这个问题的进展。

印度尼西亚代表承认其官员计划近期访问新西兰。他感谢新西兰的合作和愿意帮助接待计划中的访问。印度尼西亚希望这个访问可以为问题的解决取得迅速和令人满意的结果。

G/SPS/R/22

新西兰代表报告称，在来自印度尼西亚农业检疫中心的科学家成功对新西兰进行技术性访问之后，印度尼西亚官员于2001年5月已经通知新西兰，其对新西兰新鲜水果的进口限制已经被撤销，并且立即生效。新西兰希望这项政策的全面实施，并且期待向印度尼西亚消费者提供水果。通过善意和建设性安排，SPS问题可以友好地得到解决。

印度尼西亚代表确认已经进行了双边磋商，而且印度尼西亚已经向新西兰派出了一个团队验证果蝇已经被扑灭。结论是目前像冷处理这样的要求不再是必要的了。印度尼西亚将立即撤销目前对来自新西兰新鲜水果进口的限制。如果印度尼西亚在来自任何国家的进口水果中发现果蝇的证据，将重新实施限制。

口蹄疫限制——阿根廷的关注

G/SPS/R/25

阿根廷代表指出，他在最近的 SPS 委员会会议上已经对印度尼西亚对某些产品实施口蹄疫限制提出了关注。印度尼西亚在 2001 年 7 月已经通知阿根廷称其已经对这些产品重新分类。但是，阿根廷声称重新分类一直没有实施，阿根廷仍然不能出口相关的产品，主要是蔬菜和玉米。

印度尼西亚代表声称对阿根廷玉米的禁令已经从 2001 年 8 月起被撤销了。印度尼西亚希望在这个会议后以阿根廷就这个问题举行进一步的双边讨论。

G/SPS/R/31

阿根廷代表声称印度尼西亚对来自阿根廷的产品进口实施了限制，超出了世界动物卫生组织建议（G/SPS/GEN/240）的范围，包括了没有受口蹄疫影响的产品，即谷物。他请求印度尼西亚提供科学依据来证明其措施的合理性，否则撤销这些措施。阿根廷已经在一次非正式的双边会议上向印度尼西亚提供了文件，并且建议专家来访以解决这个问题。

印度尼西亚代表声称口蹄疫构成了严重风险，因为印度尼西亚没有这种疫病。这项禁令将被定期地评估，而且可以是临时性的，印度尼西亚专家的访问也正在考虑中。在与阿根廷的磋商中，这个问题正在取得进展，印度尼西亚将随时通告委员会。

G/SPS/R/34

印度尼西亚代表指出，在与阿根廷代表团举行的双边会议上已经讨论了这个问题。从地方性流行或者有疫苗接种口蹄疫非疫区地位的国家进口反刍动物和反刍动物产品，在等待印度尼西亚兽医公共卫生和动物卫生专家委员会做出进一步决议之前是被禁止的。他将在首都将他们进一步的考虑和说明通告给适当的官员。缺少对口蹄疫非疫区地位的承认。

欧共体代表指出，根据世界动物卫生组织标准，所有欧共体成员国都无口蹄疫疫情。但是，一些 WTO 成员方没有承认这个地位。从 2002 年以来，在欧共体领土范围内一直没有新的口蹄疫爆发记录。欧共体认为流行性得到了控制，而且这种疫病被完全扑灭了。根据世界动物卫生组织规则，当实施了扑灭政策和血清监控时，在最后被发现病例 3 个月后，各国可以恢复无疫病地位。以口蹄疫为理由，对欧共体产品的限制性措施是没有科学依据的。欧共体敦促所有成员方遵守 SPS 协议中关于承认无疫病地位的义务，并且撤销所有仍然实施的关于口蹄疫的进口限制。

G/SPS/R/35

阿根廷代表报告称，印度尼西亚继续禁止进口阿根廷蜜蜂。印度尼西亚要求原产国在发货之前 12 个月无口蹄疫疫情以及过去连续 3 年无疫苗接种。这些要求超出了世界动物卫生组织指南和建议。阿根廷代表请求印度尼西亚遵守世界动物卫生组织建议，或者提交风险分析来证明其措施的合理性。

巴西代表与阿根廷代表表达了相同的关注。印度尼西亚一直禁止进口来自巴西有疫苗接种口蹄疫非疫区的大豆和大豆产品。印度尼西亚的措施是与世界动物卫生组织指南和建议及 SPS 协议第 6

条不一致的。

印度尼西亚代表解释称，希望向印度尼西亚出口的任何国家，都必须按照印度尼西亚农业部第 1992 号法令的规定，无口蹄疫和牛瘟疫情。满足这些要求的国家被允许向印度尼西亚出口。关于阿根廷，在 2000 年阿根廷被宣布为口蹄疫非疫区时，允许进口了。但是，当暴发了疫情时，进口被暂停了。阿根廷和巴西一直没有被世界动物卫生组织宣布为无疫苗接种口蹄疫非疫区。相同的条件也适用于大豆和大豆产品，一旦疫情的爆发得到控制，将允许进口到印度尼西亚。

G/SPS/R/36/Rev.1

阿根廷代表回想称，从 2001 年 10 月开始已经在委员会上提出了印度尼西亚对来自阿根廷的肉类不合理限制的问题。他认为印度尼西亚实施的要求是与 SPS 协议第 2.2、5.1 和 3.3 条不一致的。印度尼西亚要求牛类产品来自在过去 12 个月无口蹄疫疫情的地区，以及在之前连续 3 年一直没有进行疫苗接种的地区。这些要求不仅超出了世界动物卫生组织《陆生动物卫生法典》的条款范围，而且它们也是没有合理性的，现在阿根廷已经恢复了其在南纬 42° 北部地区有疫苗接种无口蹄疫疫情的地位。阿根廷代表请求印度尼西亚采取相关措施，将其国家立法与世界动物卫生组织的建议相一致，或者提出证明其要求合理性的风险评估。

印度尼西亚代表表示，他将把阿根廷的关注转告回政府，使得适当的官员可以尽快地答复。但是，他的理解是印度尼西亚已经提交了批准和检验来自阿根廷的肉类产品出口的协议，并且正在等待阿根廷的答复。

G/SPS/R/37/Rev.1

阿根廷代表回想起在上一次会议上，阿根廷已经对印度尼西亚正在对肉类产品进口实施的一系列不合理的限制提出了质疑。这些限制是尤其与 SPS 协议第 2.2、5.1 和 3.3 条不一致的。印度尼西亚要求原产国在发货之前至少 12 个月无口蹄疫疫情，以及过去连续 3 年没有针对口蹄疫进行疫苗接种。这些要求超出了世界动物卫生组织法典所包含条款的范围，尤其是考虑到阿根廷已经恢复了无口蹄疫疫情地位。阿根廷从 2004 年 6 月的委员会会议开始就一直请求印度尼西亚提供关于其采取措施将这些要求符合国际标准以允许阿根廷出口入境的信息。巴西代表提出了与阿根廷相同的关注，由于相同的原因，巴西在肉类和肉类产品向印度尼西亚出口方面遇到了问题。

印度尼西亚代表指出，他已经注意到了这些关注，并且将把这些关注转告给政府。他通知委员会称已经计划进行一次双边会议，但是由于紧张的日程安排，会议被取消了。印度尼西亚仍然准备与阿根廷讨论这个问题。

G/SPS/R/39

阿根廷代表回想称，在过去四次委员会会议上，印度尼西亚对肉类产品不合理限制的问题一直被提起。印度尼西亚要求原产国在发货之前 12 个月无口蹄疫疫情，以及过去 3 年没有进行疫苗接种，这是与世界动物卫生组织建议不一致的。印度尼西亚已经指出其愿意推进双边谈判，但是对阿根廷提出的印度尼西亚卫生当局在 3 月检查整个阿根廷肉类生产链的要求，一直没有答复。

巴西代表解释称，巴西也遇到了印度尼西亚实施没有充分科学依据的壁垒的困难。巴西对印度尼西亚在双边会议后取消了对一种巴西产品的壁垒表示感谢，但是仍然对像热加工肉类这种产品进行限制，尽管技术措施保护产品免受口蹄疫感染。巴西请求印度尼西亚立即撤销这些不合理的壁垒。

印度尼西亚代表澄清说，印度尼西亚的政策是根据两个标准，即动物卫生和兽医公共卫生标准，保证进口动物源性产品的最大安全性。这些政策的总体目标是保持印度尼西亚作为无所有重大疫病疫情国家的地位，例如，口蹄疫和疯牛病，并且通过确保在印度尼西亚销售的动物的安全性，保护消费者的健康和精神慰藉。通过审查所有与动物疫病相关的信息，以及出口国的卫生实践，进行了风险分析。对于印度尼西亚，加工过程尊重穆斯林消费者的伊斯兰教规，也是非常重要的。

印度尼西亚也对潜在出口商进行了现场审查，以便收集直接和详细的信息，尤其是关于实施质量保证体系和食品安全体系的信息，作为批准进口的前提条件。在 2005 年 12 月，印度尼西亚已经通知阿根廷其准备访问阿根廷以便进行现场审查。印度尼西亚仍然在等待对这个重要问题的正面回应。

对乳制品进口的限制——阿根廷的关注

G/SPS/R/27

阿根廷代表说，由于在 2001 年爆发了口蹄疫，对很多阿根廷产品实施了不合理的卫生措施。在这些措施中，印度尼西亚禁止进口乳制品，这是与 SPS 协议和世界动物卫生组织指南不一致的。特别地，世界动物卫生组织法典规定，如果出口国的卫生当局证明已经引入了必要的要求，根据 G/SPS/R/27 第 4 页，乳制品可以被接受。印度尼西亚当局在没有给阿根廷国家农业和食品质量卫生局（SENASA）证明引入了世界动物卫生组织规定的要求的情况下，已经禁止了来自阿根廷的乳制品入境。阿根廷请求印度尼西亚提供充分的科学证据来支持其偏离世界动物卫生组织指南的措施。印度尼西亚代表声称，由于口蹄疫对阿根廷实施的进口限制仅适用于鲜奶。其他乳制品，包括脱脂奶、奶油、黄油、奶酪和酸奶不受限制。对鲜奶的限制是基于阿根廷没有被世界动物卫生组织列为口蹄疫非疫区国家的事实。

G/SPS/R/28

阿根廷代表指出，印度尼西亚允许除了液态奶之外的其他阿根廷乳制品进口到该国，但是，一直存在着某些实际困难。为了解决这些问题，阿根廷已经与印度尼西亚进行了会谈，并且正在等待印度尼西亚卫生部门的信息。

印度尼西亚代表报告称，由于口蹄疫实施的进口限制一直进适用于来自阿根廷的鲜奶；其他乳制品，包括脱脂奶、奶油、黄油、奶酪和酸奶一直不受限制。将向阿根廷发送一份调查问卷，只要调查问卷的第一个规定得到满足，印度尼西亚将向阿根廷派出一个检查团。印度尼西亚希望这将带来这个问题的解决。

G/SPS/R/29

阿根廷代表反复强调，该国对印度尼西亚对乳制品进口的不合理限制表示关注（G/SPS/GEN/324）。他回想起印度尼西亚代表曾经表示除了液态奶之外的乳制品是被允许进口的。此外，对于液态奶和其他产品，必须在开始出口之前进行检查访问。尽管阿根廷邀请进行这样的访问，而且收到了来自印度尼西亚的关于其他非口蹄疫疫情的调查问卷，但是限制仍然在实施。因此，阿根廷代表请求印度尼西亚予以澄清。

印度尼西亚代表回想起在 2002 年 11 月的双边会议后，阿根廷已经同意完成关于向印度尼西亚出口乳制品的要求的调查问卷。只有 1 页的调查问卷已经在 2003 年 1 月 27 日发送给阿根廷。印度尼西亚当局声称在阿根廷的 5 家工厂中，仅有一家采取了必要的控制。此外，如果阿根廷可以提供关于其控制计划的信息，将是有益的。已经同意，一旦收到反馈，将派出一名调查官员来对阿根廷必要的工厂进行现场审查。印度尼西亚代表有信心通过进一步双边努力来解决这个问题。

G/SPS/R/30

阿根廷代表回想起他在上一次会议上已经对印度尼西亚对阿根廷乳制品的限制提出了质疑，并且报告称已经在解决问题方面取得了良好的进展。印度尼西亚代表确认双边磋商已经达成了印度尼西亚向阿根廷派出检查人员的一致。

G/SPS/R/33

阿根廷代表回想起他曾经对印度尼西亚对不容易受疫病影响的产品实施口蹄疫限制的做法，提出了关注。在进行了乳制品风险分析后，印度尼西亚官员得出结论认为，阿根廷的出口不构成口蹄疫威胁。印度尼西亚的兽医部门已经通知阿根廷其撤销了这些限制，而且阿根廷认为这个问题得到了解决。

印度尼西亚代表报告称，来自印度尼西亚的检查团已经在 2004 年 1 月 12~20 日访问了阿根廷。印度尼西亚对阿根廷对口蹄疫的监控体系表示满意。被检查的 5 家工厂中有 2 家满足了印度尼西亚的要求，并且有资格向印度尼西亚出口奶粉，只要他们继续满足世界动物卫生组织建议的关于口蹄疫的动物卫生要求。

对动物产品中激素的禁令——美国的关注

G/SPS/R/28

美国代表声称这项法规的实施实际上将禁止使用多种生长激素，没有科学依据来支持这项措施。美国监管机构从 20 世纪 50 年代开始一直对得到批准的生长激素的使用和安全性进行研究。美国的关注是如果这些激素在使用时采用良好兽医实践的安全性。美国请求印度尼西亚提出科学数据来支持其计划的禁止措施。在没有科学数据的情况下，美国请求印度尼西亚尽快重新考虑这项建议。

得到澳大利亚和墨西哥支持的加拿大代表，对印度尼西亚显然禁止进口活牛和使用合成生长激素饲养的牛的牛肉的做法，表示了关注。很多关于这些措施基于风险的性质的质疑被特别强调，尤其是考虑到 WTO 中关于禁止生长激素措施的先例。他们请求印度尼西亚说明其是否已经进行了风险分析，并且提供其措施基于风险的依据的详细情况。

欧共体代表说明了其关于激素的立场。他指出 WTO 有关于这个问题的裁决，而且欧共体准备将其立法与专家组的裁决相一致。在这方面已经进行了很多工作，欧共体预期很快将能够确保欧盟的禁令完全与 WTO 相一致。

印度尼西亚代表指出，该国尚未实施这项法规，但是已经通告各成员方他们正在准备修订关于兽药分类的法令。尽管印度尼西亚尚未禁止生长激素促进剂，但是有理由相信生长激素可能对人类健康有害，这部分是由于发达国家的消费模式与印度尼西亚的消费模式不同。他进一步指出，对禽类使用生长激素促进剂，在国际上一直是被禁止的。

缺少对非虫害区的承认——美国的关注

G/SPS/R/43

美国代表对于2006年3月实施的印度尼西亚第37号法令（G/SPS/N/IDN/24）表示了关注，这项法令对水果进口制定了新的植物卫生要求，没有承认美国的无果蝇地区。几十年里，产自于无虫害地区的美国水果一直在没有检疫发病率的情况下被运往印度尼西亚。新的措施已经导致美国的新鲜水果在被出口到印度尼西亚之前接受毫无根据的虫害处理。美国代表指出，美国采用的国际植物检疫措施标准（ISPM）指南得到了其全球贸易伙伴的承认，但是印度尼西亚一直没有修改其对美国果蝇情况的评估，即使在美国已经与印度尼西亚进行广泛沟通，并且向印度尼西亚农业部提供了请求的信息之后。她进一步指出，印度尼西亚为检疫果蝇实施的措施是过于具有限制性的，在科学上是不合理的，并且已经影响了十一类美国水果的出口，包括苹果和葡萄。她请求印度尼西亚允许附有联邦政府植物检疫证书和证明葡萄在无果蝇地区种植的额外文件的美国葡萄进口。

澳大利亚代表表达了与美国相同的关注。澳大利亚正在与印度尼西亚直接合作，希望在不久的将来能够解决这个问题。

印度尼西亚代表报告称，在一次双边会议上已经与美国讨论了这个问题。基于他们的讨论，印度尼西亚有信心在不久的将来友好地解决这个问题。印度尼西亚将派出一个专家组对加利福尼亚州的无地中海果蝇葡萄种植区进行现场检查。印度尼西亚需要关于访问的现场的进一步信息，包括加利福尼亚州具体地点的葡萄生产区，实质性的地理信息，在加利福尼亚州生产区登记的葡萄种植户的名单，关于地面加工、包装和存储设施的信息，以及植物检疫认证的规程。印度尼西亚反复强调其承诺将尽快地以互惠的方式解决问题。

G/SPS/R/44

美国代表为美国在2006年10月首次提出的关于印度尼西亚第37号法令的关注，提供了新的信息。这些关注仅得到了部分解决，但是全面的解决是能够实现的。这项措施影响了美国11种园艺产品的出口。美国认为印度尼西亚实施了过度的与虫害相关的植物卫生要求，因为这些虫害不能定居，所有对印度尼西亚不构成植物卫生风险。

印度尼西亚代表表示他已经注意到了这些争论和提出的科学证据，并且将与美国继续解决这个问题。

G/SPS/R/45

美国代表为美国在2006年10月首次提出的关于印度尼西亚第37号法令的关注，提供了新的信息。这些关注仅得到了部分解决。这项措施继续影响美国多个州的苹果、梨和樱桃出口。在2007年5月，印度尼西亚已经举行了一次技术专家会议来考虑相关虫害是否实际上可以在印度尼西亚定居。美国认为这种贸易中断本不应该发生，并且希望迅速解决问题。

印度尼西亚代表澄清说，印度尼西亚仅禁止从存在印度尼西亚没有的果蝇，如果引入可能导致损害的国家进口水果和蔬菜。依据ISPM 26，产品必须来自无虫害地区，或者水果和蔬菜必须经过适当的处理。印度尼西亚已经向美国转交了一份在美国存在但是在印度尼西亚不存在的果蝇列表。印度尼西亚当局已经在美国进行了现场检查，以核实无地中海果蝇的地区，尽管形势令人鼓舞，但是印度尼西亚认为葡萄进口构成了非常高的风险。而且，在印度尼西亚不存在苹果实蝇，以及因为美国不能根据ISPM 26满足无虫害地区的要求，所以苹果必须经过蒸汽热处理、冷处理或者熏烟消毒。诱捕已经表明在美国的无虫害地区仍然存在苹果实蝇。与美国的论点相反，苹果实蝇可以在印度尼西亚定居，因为苹果是在高海波寒冷气候下生产的。印度尼西亚希望从美国获得进一步的技术信息，并且将继续进行双边努力来解决这个关注。

G/SPS/R/46

美国代表为在2006年10月首次提出的关于印度尼西亚第37号法令的关注，提供了新的信息。这些关注仅得到了部分解决。尽管苹果、梨和樱桃的出口已经恢复了，但是印度尼西亚要求对在出口地区不存在的虫害，或者不能在印度尼西亚领土上定居的虫害进行处理。美国仍然在等待印度尼西亚为美国在2007年5月的技术会议期间和之后提供的信息，给予书面答复，并且相信印度尼西亚将会继续进行技术讨论来解决这个问题。

印度尼西亚代表指出，他们在之前的委员会会议上已经对这个问题进行了澄清。美国和印度尼西亚在本次会议之前刚刚举行了一次双边会议，已经严肃地讨论了这个问题。印度尼西亚已经同意继续与美国进行进一步沟通。

活体动物和肉类产品的进口——巴西的关注

G/SPS/R/43

巴西代表对适用于动物和相关产品进口检疫规程的印度尼西亚政府第82/2000号法规，表示了关注。他指出第82/2000号法规不符合SPS协议第6条的区域化规定，也不符合世界动物卫生组织《区域性动物卫生法典》第1.3.5章，因为这个法规没有考虑产品原产地的卫生特点，并且要求出口国的全部领土都没有在印度尼西亚不存在的虫害。印度尼西亚法规的一个结果是，巴西经常因为口蹄疫的原因，其多种产品面临进口限制，即使产品来自非口蹄疫疫区。特别地，对在任何情况下都不会传播口蹄疫的商品，接受了国际认可能够灭活口蹄疫病毒的处理的肉类产品进行进口限制，以及限制热处理蔬菜产品，是没有科学合理性的。这些不合理的进口限制导致了巨大的经济损失。巴西代表敦促印度尼西亚根据风险评估采用合理的保护水平，考虑SPS协议和世界动物卫生组织标准的相关规定。阿根廷代表表达了与巴西相同的关注，并且敦促印度尼西亚调整其风险分析，以符合世界动物卫生组织标准。

澳大利亚和新西兰代表表达了关于印度尼西亚肉类产品进口法规草案（G/SPS/N/IDN/30）的类似关注。他们都表示他们准备在评议截止期限之前对法规草案提交评议。新西兰进一步指出印度尼西亚在其通告中没有说明起草的法令可能何时被通过。他们鼓励印度尼西亚与其他成员方合作，在通过法令草案之前解决其关注。澳大利亚声称其正在与印度尼西亚密切合作，并且希望在不久的将来能够解决与新法规相关的关注。

印度尼西亚代表指出，关于活体动物和肉类产品的进口，印度尼西亚一直在对其立法进行审查，并且很快将向WTO通告其关于各种物种肉类进口的新法令。新的法规取代了目前关于肉类进口要求的法规（第745/1992号法令）。对有资格向印度尼西亚出口供人食用的肉类和肉类产品的国家的最终要求之一是其非口蹄疫疫区地位。承认无疫情地位应当基于世界动物卫生组织的公告。对向印度尼西亚出口肉类的非口蹄疫疫区国家的一项进一步要求是畜牧业服务总司长（DGLS）进行案头审计和现场审计。关于动物进口，现有的法规将仍然有效。

对于疯牛病，印度尼西亚代表声称，从被世界动物卫生组织宣布为疯牛病风险微不足道的国家或者地区进口活体反刍动物和反刍动物产品的要求，已经在新法令中制定。根据新法规，原则上来自被世界动物卫生组织宣布为疯牛病风险微不足道的国家或者地区的活体反刍动物和反刍动物产品，被允许进口到印度尼西亚。从具有疯牛病风险的国家进口肉类和肉类产品是被禁止的。但是存在例外，例外包括世界动物卫生组织法典第 2.3.1.3.1 条中规定的源自去骨肉的肉类和肉类产品。向印度尼西亚出口肉类和肉类产品的额外要求是这些商品应当来自由 DGLS 批准的企业，并且也满足印度尼西亚的卫生食品要求。

在印度尼西亚提交之后，世界动物卫生组织的代表澄清道疯牛病章节的第 1 条包括了被判定为无论出口国的疯牛病形势如何都不具有疯牛病风险的安全商品列表。这个列表包括了可以进口的去骨骨骼肌肉，无论出口国的疯牛病形势如何。

G/SPS/R/44

巴西代表指出，巴西对印度尼西亚缺少对区域化的承认，表示关注。印度尼西亚已经表示其立法在进行修订，并且正在与世界动物卫生组织标准和 SPS 要求相一致，如在 G/SPS/N/IDN/30 中通告的。但是，巴西对立法修订的分析得出结论认为，印度尼西亚将仍然不承认口蹄疫和其他动物基本的区域化。巴西已经在规定的评议期之前，于 2006 年 10 月提出了其意见，但是印度尼西亚咨询点从未对提出的问题提供答复。巴西敦促印度尼西亚确保 SPS 协议第 6 条和世界动物卫生组织区域划分标准的全面应用。确定合理保护水平和措施必须依据 SPS 协议，基于风险评估。

印度尼西亚代表回想起由于其气候和在 5 年前发生的疫情暴发，所以口蹄疫对于印度尼西亚是一个非常敏感的问题。SPS 协议第 3.3 条允许成员方实施超出国际标准的要求。在这种情况下，印度尼西亚必须采用最高标准，在出口国已经被世界动物卫生组织宣布为非口蹄疫疫区之前，将应用这种标准。印度尼西亚希望继续就这个问题与巴西磋商。

由于甲型 H1N1（A/H1N1）流感对猪肉产品的进口限制——墨西哥的关注

G/SPS/R/55

墨西哥代表对由于 A/H1N1 流感对活猪、猪肉产品和副产品实施进口限制，表示了关注。在 2009 年 4 月 23 日宣布暴发禽流感后，墨西哥已经遵守了 WTO 和其他相关国际建议。G/SPS/GEN/921 文件提供了关于墨西哥政府为控制这种疾病采取的措施的信息，以及关于病毒及其传播形式的信息。墨西哥敦促成员方向委员会通告采取的与这种病毒相关的措施。联合国粮农组织和世界动物卫生组织指出，没有证据表明这种病毒可以通过食品传播，墨西哥对亚美尼亚、巴林、中国、加蓬、印度尼西亚、约旦和苏里南继续在没有法律或者科学依据的情况下限制猪肉和猪肉产品的进口，感到失望。墨西哥对中国、印度尼西亚和约旦在这个问题上与其举行双边磋商表示赞赏，并且准备与其他国家举行双边磋商。澳大利亚、巴西、加拿大、多米尼加共和国和美国支持墨西哥的关注，巴西在文件 G/SPS/S/GEN/922 中提供了进一步的信息。

印度尼西亚代表感谢墨西哥和美国与其举行双边磋商，并且强调印度尼西亚致力于保护其领土和产业免受这种病毒侵害。

中国代表强调了中国是世界上人口最多的国家这一事实，并且强调了这种病毒可能对其公共卫生系统造成的压力。尽管采取了措施防止这种疾病进入中国，但是仍然已经存在发现这种病毒的情况，这说明了其是如何传染的。中国实施的临时性措施考虑到了其众多的人口、其对通过人际间传播的疾病的敏感性、中国是世界上最大的猪肉生产国，以及猪肉是该国消费量最大的肉类产品的事实。中国已经取消了对经过 70℃处理的猪肉的禁令。中国专家将继续与其他成员方合作。中国已经向 WTO 通告了其措施。

约旦代表指出其只是对活猪的运输和进口采取了暂停措施，而且经过热处理的猪肉产品免于这种暂停措施。临时性措施将被经常修改。

G/SPS/R/56

墨西哥代表提出了由于墨西哥在 2009 年 4 月出现人感染 A/H1N1 流感病毒的病例，包括中国、加蓬、印度尼西亚和约旦在内的多个成员方继续对猪肉产品维持不合理的限制。在 2009 年 5 月，墨西哥已经提交了一份文件（G/SPS/GEN/921），提供了关于控制措施、病毒特点及其传播形式的信息。墨西哥已经采取了及时和有效的措施来控制病毒，防止其传播到世界其他地区，但是针对墨西哥猪肉产品的措施是没有法律或者科学依据的。墨西哥请求实施了这种措施的贸易伙伴立即取消这些不必要的贸易壁垒。在来自墨西哥的生猪或者家禽中一直没有发现 A/H1N1 流感，仅在人类身上发现过。世界动物卫生组织、世界卫生组织和联合国粮农组织已经澄清称通过食用猪肉被感染 A/H1N1 流感的风险被认为是不存在的。墨西哥强调国际组织，尤其是世界动物卫生组织，需要加快研究关于 A/H1N1 流感从人类向动物传播和反之的风险的可获得的科学信息。墨西哥向那些在疫情全球流行期间一直完全支持墨西哥的成员方，以及已经完全撤销因为疫情实施的贸易限制的成员方表示感谢。

加拿大代表回想起世界卫生组织已经宣布了人类流感大流行，以及管控这种爆发对公共卫生的影响是至关重要的。多个 WTO 成员方为应对 H1N1 流感病毒采取的针对生猪、猪肉和猪肉产品的贸易措施，是没有任何科学依据的。猪肉产品的安全性是基于全球证据的，并且得到了联合国粮农组织、世界动物卫生组织和世界卫生组织声明的支持；在动物身上发现流行性 H1N1 菌株与全球人类流感大流行无关。加拿大对已经取消对来自加拿大的产品进口限制的贸易伙伴表示感谢，同时对继续维持限制的其他贸易伙伴感到失望。

欧共体代表指出，欧共体当局继续密切监控人感染 A/H1N1 流感病例，以确保兽医和生产行业高度的警觉，以及有效地监控动物种群。如果出现疫情暴发，欧共体可以实施充分的监控计划。世界动物卫生组织的一份声明澄清了对来自出现人类或者动物病例的国家的生猪和猪产品进口采取措施，是没有意义的，不符合世界动物卫生组织以及其他相关国际机构的国际标准。尽管国际组织做出了明确的声明，但是多个成员方仍然继续对来自欧共体成员国的生猪和猪肉实施不合理的禁令或者其他不必要的措施。这些贸易措施不能解决真正的挑战，即病毒在人类之间的传播。

美国代表支持墨西哥、加拿大和欧共体的关注。尽管一些成员方已经取消了其对活猪、猪肉和猪肉产品的禁令，但是他们转而实施了没有科学根据的复杂的要求。美国农业产品，包括猪肉和活猪，是安全的，为防止流感传播而对这些产品进行贸易限制，是没有科学证据支持的，也不是国际公共卫生、食品安全和动物卫生机构建议的。美国敦促所有 WTO 成员方遵守其 WTO 义务，遵循相关国家组织的建议，不实施任何与 H1N1 相关的禁令或者测试要求，或者取消目前实施的这种禁令，使得猪肉和猪肉产品的贸易不受不必要的中断。

澳大利亚、巴西、智利、日本和新西兰的代表支持墨西哥、加拿大、欧共体和美国的主张。

加纳代表请求关于 A/H1N1 流感传播的进一步信息，以便消除公众的担心。他指出很多发展中国家采取贸易限制措施来应对公众对流行病的反应，大部分这些国家没有能力对流行病进行正确的风险分析。

世界动物卫生组织代表声称，A/H1N1 流感病毒实际上是在人与人之间传播的，但是保持对动物的监控是重要的。世界动物卫生组织鼓励成员方报告与人类疾病相关的在生猪身上发现的 H1N1 病例，并且回想起猪肉和猪肉产品贸易不会构成任何风险。世界动物卫生组织也表示其将与其他组织合作，继续监控情况的发展。

秘书处承认对于一些 WTO 成员方，尤其是发展中国家，在可能爆发 H1N1 流行时确定从哪里获得信息，不是容易的事情。秘书处指出将这类信息提供给委员会是有用的。关于流行性 H1N1，包括世界卫生组织、联合国粮农组织和世界动物卫生组织在内的国际组织已经通过多份联合声明向公众提供了信息。从流行的早期阶段开始，国际组织就澄清限制贸易的措施是不合理的。由于担心流行可能对贸易的影响，WTO 已经决定加入一个声明。最后，秘书处指出需要考虑确保在这种形势下，容易向公众和当局提供信息的方法。

中国代表指出，在 2009 年 4 月 A/H1N1 流感爆发之后，中国已经采取了应急的临时性措施来防止病毒被引入到中国。已经通告给 WTO 的这项措施符合 SPS 协议，尤其是第 5.7 条，通过对受影响的国家和地区采取区域化对待，SPS 协议的其他原则也得到了遵守，并且依据可获得的科学信息，取消了对熟制猪肉产品的禁令，确保了措施对贸易的限制最低。中国了解关于这个问题的关注，并且正在积极地寻求额外信息，以便更客观地评估风险。中国欢迎可以帮助完成评估的所有意见或者科学研究。中国将根据评估的结论重新考虑其临时性措施，并且将任何修订通知其贸易伙伴。

约旦代表声称对猪肉产品进口的暂停已经被取消。成员方关于临时暂停进口活猪的关注，已经被包括在农业部技术标准委员会用于修订措施的议程中。

印度尼西亚的园艺产品许可证——美国的关注

G/SPS/R/69

美国对作为 G/LIC/Q/IDN/32 通告给进口许可委员会的印度尼西亚贸易部第 30 号法规以及农业部第 60 号法规表示关注。这些措施都没有通告给 SPS 委员会供贸易伙伴评议，而且两项法规都将食品安全作为主要目标。两项法规都导致需要实施可能中断贸易的进口许可制度，但是几乎没有为出口商和进口商提供信息和符合要求的时间。相应地，印度尼西亚被请求通告其第 30 号和第 60 号法规，并且在实施之前提供评议时间，并且提供关于进口许可制度对于保护人类、动物和植物卫生是有必要的科学证据。新西兰支持美国的关注，并且鼓励印度尼西亚通过及时地向相关 WTO 委员会通告，更充分地说明其措施。

印度尼西亚承认美国和新西兰关于农业部第 60 号法规和贸易部第 30 号法规的关注。第 60 号法规已经作为一项 SPS 措施通告，但是文件尚未分发。印度尼西亚指出其已经以双边方式与美国讨论了这个问题，并且将继续进行。

印度尼西亚关闭口岸——美国的关注

G/SPS/R/66

美国提出了关于印度尼西亚计划关闭几个水果和蔬菜进口入境口岸的关注，口岸包括雅加达的主要口岸（丹戎不鲁），这个计划最初计划从 2012 年 3 月 19 日开始，但是推迟到了 2012 年 6 月 19 日。口岸关闭将威胁到 90% 出口到印度尼西亚的新鲜水果和蔬菜，而且口岸关闭措施不是以透明方式进行的。美国指出其愿意与印度尼西亚合作来解决印度尼西亚关于水果和蔬菜进口的任何合理的植物卫生关注，同时也促进这些产品的贸易。美国敦促印度尼西亚将这些贸易限制通告给委员会，并且提供支持这些措施的科学证据。

欧盟同意口岸关闭将导致不必要的贸易中断，并且回想起所有的 SPS 措施都应当与需要相比不具有更多的贸易限制，并且符合 SPS 协议。欧盟同样鼓励印度尼西亚将其起草的措施通告给 WTO，并且为贸易伙伴提供足够的时间进行正式的评议和相关的讨论。

澳大利亚也对印度尼西亚修订了园艺法规表示了关注，园艺产品对于澳大利亚出口商具有重大商业利益，澳大利亚指出其愿意与印度尼西亚合作来解决这个问题。智利表示其正在密切地跟踪这个问题，并且等待印度尼西亚的通告，以便以双边方式解决这个问题。

加拿大对在未来可能对其他商品实施类似的口岸关闭表示了关注，例如动物源性食品，这可能对加拿大向印度尼西亚的出口产生负面影响。

新西兰对雅加达海港一直没有被纳入可接受入境口岸表示了特别的关注，因为新西兰 90% 的园艺出口是通过这个港口入境的。口岸关闭将导致更高的成本和更长的运输时间，影响易腐烂的园艺产品的质量、价值和保质期。新西兰请求提供实施这项法规的依据，同时说明印度尼西亚关于口岸容量的评议，认为通过将贸易转移到更少和更小的口岸来限制园艺进口口岸的数量将使问题更加复杂。尽管推迟法规实施的做法得到了欢迎，但是新西兰请求撤销这些法规，因为否则对新西兰的贸易将是不能进行的。新西兰希望与印度尼西亚进行建设性的合作，并且强调需要一种透明的方式。

南非与其他成员方一起请求印度尼西亚将这项法规通告给委员会，并且提供必要的依据和文件。南非指出其愿意与印度尼西亚合作来找到解决方案。

印度尼西亚报告称农业部已经发布了新的 2012 年第 15 号和 16 号法规，这些法规将第 89 号和第 90 号法规的实施从 2012 年 3 月 19 日推迟到 2012 年 6 月 19 日。法规实施的推迟是为了向利益相关方和贸易伙伴提供足够的时间来建设基础设施，例如仓库、冷库和冷链运输，以防止新鲜水果和蔬菜在配送过程中腐烂。两项新法规都为几个口岸规定的具体的政策。从 2012 年 6 月 19 日开始，所有园艺产品都只能通过 4 个口岸入境——棉兰市的巴拉望海港、泗水的孟加锡海港、海岬海港以及雅加达的苏加诺—哈达国际机场——并且不再允许通过雅加达口岸（丹戎不鲁）入境。这些新法规的依据是基于：（ⅰ）检验检疫和食品安全部门在丹戎不鲁发现了 19 例威胁印度尼西亚农业的案例；（ⅱ）检验检疫和食品安全实验室在丹戎不鲁进行检验的能力有限；（ⅲ）在入境口岸缺少检验检疫设施；以及（ⅳ）相对于需要检验的产品数量，检验检疫人员的数量不足。印度尼西亚指出其将尽快地通告和分发这项法规。

印度尼西亚对园艺产品的市场准入限制（STC 318）——新西兰的关注

G/SPS/R/67

新西兰报告称，与印度尼西亚进行的富有成果的讨论已经处理和解决了与进口新西兰园艺产品相关的某些关注。印度尼西亚应当根据相关的 WTO 协议及时地通告其可能影响园艺产品的贸易措施，以便更清晰地阐述其措施，并且与相关的 WTO 成员国就这些规定进行协商。

南非支持与市场开放有关的法规应当通告给 WTO 的要求。但是，印度尼西亚在 2012 年 5 月的法规通告中没有为成员国在 2012 年 6 月 19 日法规实施之前进行评议提供具体的时间表。尽管如此，南非还是对这些法规进行了评议，但是没有收到印度尼西亚的任何答复。各方还要求印度尼西亚对有关恢复通过雅加达港口从部分成员国进口产品的媒体报道予以澄清，并且详细说明豁免的依据。南非希望就这个问题与印度尼西亚紧急举行双边会谈，因为南非的出口旺季开始了。

欧盟持有与新西兰相同的关注，并且指出尽管印度尼西亚实施的新法规为进口开放了更多的港口，但是情况并没有显著地改善。印度尼西亚以国家承认为基础，为少数几个国家提供了使用雅加达主要入境口岸的优先权，但是却没有为欧盟提供这样的优先权，尽管欧盟具有较高的食品安全和植物卫生标准。很明显这是一项贸易限制性措施，它对欧盟的出口商构成了竞争劣势，因为水果和蔬菜从其他口岸通关意味着更长的运输时间，增加了成本，并且难以保证极易腐烂产品的质量。此外，该法令也尚未通告给 WTO。欧盟敦促印度尼西亚取消不必要的贸易限制措施，并且依据 SPS 协议实施措施，包括通过 SPS 通告系统提前发布通告，允许评议，以及为企业适应新的措施提供足够的时间。

日本对印度尼西亚实施的与口岸关闭相关的措施表达了关注，并且表示愿意就这个问题与印度尼西亚政府密切地合作。

澳大利亚表达了与新西兰相同的关注，并且对印度尼西亚针对一系列 SPS 相关问题开展的建设性双边措施表示感谢。澳大利亚同时鼓励印度尼西亚将其所有措施通告给相关的 WTO 委员会。

韩国支持新西兰提出的关注，并且欢迎印度尼西亚最近决定将关于园艺产品的新的进口法规推迟到 2012 年 9 月份实施。韩国寻求与印度尼西亚进行双边讨论以寻求一个解决方案。

印度尼西亚澄清说各方关注的法规已经被取消，并且由已经在 2012 年 7 月通告给 WTO 的农业部第 42/2012 和 43/2012 号法令取代（G/SPS/N/IDN/53 、G/SPS/N/IDN/54 和 G/SPS/N/IDN/54/Corr.1）。这些备受关注的、针对进口进入印度尼西亚境内的某些新鲜水果和 / 或新鲜蔬菜以及新鲜球茎蔬菜形式的新鲜植物产品的植物检疫措施，于 2012 年 6 月 19 日生效。在 2012 年 3 月 SPS 委员会会议之后，印度尼西亚已经在雅加达与相关成员国举行了建设性的双边和技术性会议，并且已经以双边方式解决了大部分问题，而且对进一步的双边讨论持开放态度。

印度尼西亚关闭口岸（G/SPS/N/IDN/53，G/SPS/N/IDN/54 和修订 1）(STC 330）——中国和欧盟的关注

G/SPS/R/69

中国对印度尼西亚针对新鲜水果和蔬菜进口修订的植物检疫措施表示了关注，这些措施于 2012 年 6 月生效，并且于 2012 年 7 月通告给 WTO。要求包括对食品安全和控制系统的认证以及为水果和蔬菜指定 4 个口岸（不包括雅加达的丹戎不鲁海港）。对使用印度尼西亚主要贸易口岸的限制将负面影响与中国的贸易，因为 90% 的中国水果和蔬菜是通过雅加达进入印度尼西亚的。中国与印度尼西亚的水果和蔬菜贸易历史悠久，其监管体系监控来自水果和蔬菜出口的风险。中国质疑这项措施的科学合理性，因为印度尼西亚强调的虫害没有在中国发生。国际惯例是在实施对出口国的食品安全控制体系进行认证的过程之前，进口国首先在其入境口岸加强检验制度来确保进口食品和蔬菜的安全性。中国已经提交了一份认证其食品安全控制体系的正式申请，并且鼓励印度尼西亚安排一次检查访问来审查中国的检验检疫体系。

欧盟对印度尼西亚针对新鲜水果和蔬菜，以及新鲜球茎形式的新鲜植物产品的限制性检验检疫措施，表达了与中国相同的关注。在上一次 WTO SPS 会议上，印度尼西亚已经声称其已经通过双边方式解决了大部分问题，并且已经在国家承认的基础上向很多国家开放了雅加达的主要入境口岸。只有数量有限的国家已经被允许优先进入印度尼西亚，而其他国家只能使用数量有限的入境口岸，并且仍然不能使用雅加达的主要口岸。尽管与印度尼西亚进行了双边讨论，但是欧盟出口仍然不必要地受到阻碍或者承受更高的成本，而且印度尼西亚一直没有为这些贸易限制措施和歧视性的优先进入提供合理依据。欧盟敦促印度尼西亚取消不必要的贸易限制措施，并且依据 SPS 协议实施措施，包括提前发布通告，使得在贸易中断措施实施之前，贸易伙伴可以考虑评议。

泰国表达了与中国和欧盟相同的关注，指出泰国是向印度尼西亚出口水果和蔬菜的主要国家，其出口已经受到了负面的影响。泰国请求印度尼西亚取消这项措施，以便降低壁垒，加强贸易。

印度尼西亚承认其农业部第 42/2012 和 43/2012 号法规的发布已经在一些成员方当中引起了关于限制某些新鲜水果和蔬菜以及新鲜球茎形式的新鲜植物产品入境口岸的关注。印度尼西亚一直没有关闭其园艺产品进口的口岸，但是在寻求通过有效管理和法规防止植物疾病和虫害的传播。其最大的海港丹戎不鲁没有适当的设施来实施检验检疫措施，例如，园艺产品的物理检验和扣留。为了防止植物疾病和虫害的传播，并且考虑到丹戎不鲁巨大的活动量，进口被重新安排到拥有必要基础设施的其他口岸。这些口岸是棉兰市的巴拉望海港、泗水的孟加锡海港、海岬海港以及雅加达的苏加诺—哈达国际机场。印度尼西亚正在采取措施来改善丹戎不鲁的检验检疫设施，包括在检验检疫、海关和其他相关部门之间建立一个一体化系统；发展和改善现有的基础设施来在检验检疫期间在口岸区存放进口的商品；以及为集装箱提供专门的入境地点和出境地点。这项改进计划的第一阶段将在 2013 年年底之前完成。根据在 2010—2011 年由植物检验检疫官员进行的一项评估的结果，这些全面的步骤被认为是必要的，这次评估确定了 15 种以前从未在印度尼西亚出现的外来植物疾病。在大部分情况下，这些植物疾病是在进入丹戎不鲁口岸的园艺产品中发现的。印度尼西亚仍然担心越来越多的拦截案例对其植物和消费者保护构成严重的威胁。

印度尼西亚关闭口岸（G/SPS/N/IDN/53，G/SPS/N/IDN/54 和 G/SPS/N/IDN/54/ 修订 1）——中国的关注（第 330 号）

G/SPS/R/70

中国对印度尼西亚第 89、第 90、第 42 和第 43 号法规（G/SPS/N/IDN/48、G/SPS/N/IDN/49、G/SPS/N/IDN/53、G/SPS/N/IDN/54）表示关注，这些法规于 2011 年 12 月发布，修订

了针对进口新鲜水果和蔬菜的检验和检疫措施。这些法规要求对食品安全和控制体系进行认证，并且仅允许新鲜水果和蔬菜通过不包括雅加达丹戎不鲁海港在内的四个特定的印度尼西亚口岸入境。这些限制负面影响与中国的贸易，因为90%的中国水果和蔬菜是通过雅加达进入印度尼西亚的。中国也表达了关于第30号和第60号法令（G/SPS/N/IDN/58）的关注，于2012年发布的这些法令要求由贸易部为某些水果和蔬菜产品的进口出具安全许可证。因为印度尼西亚已经推迟授予这些许可证，中国农产品向印度尼西亚的出口已经出现了急剧下滑。印度尼西亚贸易部也已经限制了进口数量许可证，并且要求水果和蔬菜产品在出口之前在原产国口岸接受检查。从2012年8月至11月，中国已经4次邀请印度尼西亚来验证中国的检验和检疫安全体系。印度尼西亚曾经系统地请求调查中国大蒜的果蝇非虫害区。考虑到大蒜不是果蝇的宿主，因此中国邀请印度尼西亚更广泛地核实其检验体系，而没有将调查限于大蒜。在2012年12月，印度尼西亚答复称，在没有得到关于计划对大蒜中果蝇进行调查的答复的情况下，不会在中国进行调查。中国已经成功地为水果和蔬菜的出口建立起一个安全体系，并且已经向超过18个国家和地区出口水果，包括欧盟、美国、加拿大、澳大利亚和日本。中国希望双方能够在SPS磋商和于2008年12月签署的中国与印度尼西亚合作谅解备忘录的框架下，进一步加强其检验服务，并且快速地解决检验和检疫问题。

欧盟支持中国提出的关注，强调拒绝使用雅加达口岸显著地增加了向印度尼西亚出口的成本。印度尼西亚认为其措施是合理的，指出其已经发现越来越多的拦截案例，对其植物和消费者保护构成了严重威胁，但是印度尼西亚从未报告过关于欧盟产品的拦截。尽管与印度尼西亚进行了多次双边讨论，但是欧盟一直没有收到证明这些贸易限制措施合理性，或者解释仅有少数国家可以优先使用雅加达口岸的歧视性待遇的说明。欧盟敦促印度尼西亚立即取消这些没有必要的贸易限制性措施，着眼于将对贸易的负面影响降至最低，仅以非歧视性方式采取SPS措施。

阿根廷、智利、韩国、中国台湾和乌拉圭也报告称口岸关闭正在影响其贸易，并且声称他们愿意与印度尼西亚进行磋商来为这个问题找到快速的解决方案。智利指出其已经向印度尼西亚提供了必要的信息来证明其产品没有果蝇和其他虫害，但是一直没有收到任何答复。阿根廷认为这个问题应当尽快地解决，因为相关产品（水果）是季节性和易变质的产品。

印度尼西亚强调了其与中国紧密的双边贸易关注，并且强调中国是印度尼西亚最大的农产品供应国。印度尼西亚政府仍然在建设雅加达的口岸基础设施，包括为检验检疫和海关部门提供的检验设施。新的检验系统应当在2012年年底之前完成，同时，贸易伙伴在履行了规定的食品安全调查和认证程序后，应当使用其他指定的口岸。印度尼西亚敦促成员方通过其驻雅加达大使馆获得关于如何取得认证的信息。

G/SPS/R/71

中国对印度尼西亚要求出口前检验、只能通过小型港口入境以及配额限制的新鲜水果和蔬菜的植物检验和建议措施，表示关注。中国已经为其出口的水果和蔬菜建立起了检验和建议监控体系，并且从未从印度尼西亚收到过关于中国水果中存在虫害问题的任何报告。雅加达口岸关闭增加了运输成本，影响了产品的保存，削弱了市场竞争力。中国要求印度尼西亚取消在相互承认中国和印度尼西亚主管当局实施的新建立的监控体系之后，由第三方检验的要求。中国也鼓励印度尼西亚实施双方在2013年5月签署的协议，并且进行现场调查，为8种水果和蔬菜产品授予证书。最后，中国请求印度尼西亚取消对来自中国的水果和蔬菜的配额限制，以促进两国之间贸易的顺利发展。

欧盟支持中国提出的关注，强调雅加达口岸关闭显著地增加了向印度尼西亚出口的成本。印度尼西亚一直声称其措施是合理的，指出其已经发现的拦截案例，对其植物和消费者保护构成了严重威胁，但是印度尼西亚从未报告过关于欧盟产品的拦截。尽管进行了多次双边讨论，但是欧盟一直没有收到证明印度尼西亚贸易限制措施合理性，或者解释可以优先使用雅加达口岸的歧视性待遇的说明。因此欧盟敦促印度尼西亚取消这些对欧盟产品不合理和歧视性的限制。

南非也提出了与中国相同的关注，指出雅加达的口岸关闭和强制性使用SGS认证，阻碍了对印度尼西亚贸易，并且增加了运输和认证成本。尽管提交了所有关于其出口安全性的必要信息，但是南非一直没有从印度尼西亚收到有利的答复。因此，南非请求印度尼西亚取消这些不合理和歧视性的措施。

智利、韩国和中国台湾也表达了与中国相同的关注，并且希望问题能够很快得到解决。智利报告称在提供了关于其水果出口的所有必要信息后，已经与印度尼西亚举行了一次双边会议。

印度尼西亚指出其正在与中国以双边形式解决这个问题。在2013年5月22日已经与印度尼西亚农业部举行了一次会议，两国已经同意完成一项关于农业和食品产品出口检验和检疫要求的可延长协议。印度尼西亚解释称已经采取的措施是为了确保消费者安全，因为过去在来自现在针对印度尼西亚提出关注的成员方之一的进口土豆中拦截到了外来检疫性有害生物。印度尼西亚也指出，只要检疫和海关部门使用的口岸基础设施和检验设施建设完成，雅加达口岸将立即重新开放。

G/SPS/R/73

中国指出，自2011年12月以来，印度尼西亚农业部已经连续发布部长命令（G/SPS/N/IDN/48、G/SPS/N/IDN/49、G/SPS/N/IDN/53、G/SPS/N/IDN/54），修订了针对进口新鲜水果和蔬菜的检验和检疫措施。中国认为，这些命令要求对控制体系进行认证、限制进口许可证的数量、要求出口产品来自无果蝇地区，以及将入境口岸限制在不包括雅加达主要口岸丹戎不鲁的具体口岸，严重影响了其水果和蔬菜出口。两国已经在已有检验和监控体系基础上进行了多年的贸易，而且印度尼西亚从未通知中国关于任何虫害或者食品安全相关的问题。中国在2013年4月25日已经向印度尼西亚建议了一项关于水果和蔬菜检验和建议相互承认协议，并且敦促印度尼西亚尽快研究这个协议。中国也请求印度尼西亚取消对中国水果和蔬菜的配额限制，并且提供其措施的科学依据。

智利指出其已经与印度尼西亚进行了双边谈判，并且希望这个问题能够在下一次委员会会议之前解决。

欧盟提出了与中国相同的关注，指出因为包括丹戎不鲁在内的多个入境口岸的关闭，某些园艺产品的贸易持续受到不必要的阻碍。根据从一些国家收到关于其食品安全和植物卫生状况的信息对这些国家开放这个口岸，但对其他国家不开放，似乎是歧视性的。欧盟已经按照请求，提供了关于欧盟食品安全和植物保护体系的所有请求的信息，但是印度尼西亚仍然维持入境限制。

印度尼西亚回想起过去其经历的几次虫害爆发，包括木瓜感染副球菌属以及马铃薯金线虫在土豆中的传播，并且指出除了虫害，一些进口的新鲜产品构成了食品安全威胁，超出了允许的霉菌毒素和化学物限值。印度尼西亚检验检疫设施有限，对于植物检验检疫官员而言，工作负担太重。丹戎不鲁口岸正在进行必要的设施改善，以缓解 SPS 风险。印度尼西亚强调，这种风险缓解，是依据 SPS 协议第 6 条进行的。印度尼西亚没有完全关闭这个口岸，而是在某些条件下将其开放。印度尼西亚也已经修订了其园艺和动物产品法规，取消了某些在原产国的认证要求，并且要求登记的进口商应当至少进口其进口许可数量的 80% 以维持其作为登记进口商的地位。

印度尼西亚雅加达关闭口岸——智利的关注（第 330 号）

G/SPS/R/75

智利对其水果出口由于印度尼西亚农业部发布的于 2012 年 6 月生效的第 42 号和第 43 号法规，难以使用雅加达口岸表示关注。智利已经向印度尼西亚提供了证明其无果蝇地位的所有必要文档，并且已经请求正式承认其这种地位。到目前为止，智利尚未被印度尼西亚承认无果蝇，尽管其他国家已经被授予这种地位。尽管智利提出了邀请，但是印度尼西亚当局尚未对智利进行现场技术访问。智利指出印度尼西亚的措施是与 SPS 协议的目的不一致的，并且进一步敦促印度尼西亚尽快为其关注找到解决方案。

韩国重复了智利的关注，指出自从口岸关闭以来，其新鲜农产品向印度尼西亚的出口遇到了困难。已经举行了多次双边讨论，请求的信息也提供给了印度尼西亚政府，包括一项果蝇调查的结果。韩国敦促印度尼西亚尽快地解决这个问题。日本进一步支持这个关注，并且请求印度尼西亚为这个问题找到解决方案。

印度尼西亚回想起已经关闭了雅加达口岸，以保护消费者免受在通过这个口岸进口的新鲜产品中发现的新的虫害和疾病的威胁。印度尼西亚没有地中海果蝇，正在尤其对来自存在地中海果蝇的国家的产品采取预防措施。印度尼西亚检疫局（IQA）已经通告在 2013 年智利葡萄种植区瓦尔帕莱索地区发现了地中海果蝇。由于地中海果蝇能够远距离飞行，因此 IQA 担心来自智利的产品可能负面影响印度尼西亚的各种水果和蔬菜的种植。鉴于其控制地中海果蝇可能传播的能力有限，印度尼西亚仅批准来自具有无地中海果蝇地位的国家的产品，或者依据《国际植物保护公约》指南进行处理的产品。

智利强调从 2013 年开始，《国际植物保护公约》规定如果爆发被迅速发现和控制，保留对国家无虫害地位的承认。智利再次邀请印度尼西亚技术专家访问智利来验证对这些爆发的迅速管控和扑灭。而且，在其水果出口被实施限制之前，智利没有收到过任何警告。智利反复强调其致力于双边努力来解决这一贸易关注。

G/SPS/R/78

智利回想起其关于由于印度尼西亚农业部于 2012 年 6 月发布的第 42 号和第 43 号法规，其水果出口难以使用雅加达口岸的关注。智利已经向印度尼西亚提供了证明其无果蝇地位的所有必要文档，并且已经邀请印度尼西亚当局到现场进行技术访问，但是访问一直没有进行。到目前为止，智利尚未被印度尼西亚承认无果蝇，尽管智利已经满足了《国际植物保护公约》规定的国际标准。智利指出印度尼西亚的措施是与 SPS 协议的目的不一致的，并且进一步敦 促印度尼西亚在下一次委员会会议上宣布解决方案。

在印度尼西亚对农产品的进口许可证制度方面，中国台北与智利具有相同的关注。中国台北指出这个制度是复杂、繁重和耗费时间的，并且不符合国民待遇义务。中国台北请求印度尼西亚使其进口程序符合所有相关的WTO协定。

印度尼西亚解释称，已经采取的措施有效地控制了虫害爆发，而且并不是禁止通过丹戎不鲁口岸进口水果和蔬菜。印度尼西亚澄清说农业部的第42号和第43号法规是依据SPS协议第6条发布的。印度尼西亚确认收到了智利提供的额外文件，并且通知智利称相关当局目前正在审查文件。

印度尼西亚对牛肉的进口限制和承认区域化原则——巴西的关注

G/SPS/R/61

巴西代表对印度尼西亚的第82/200号法规表示关注，这部法规似乎不符合SPS协议第6条。印度尼西亚已经通告了对法律的修订，这项修订将允许承认无病害地区，当局已经开始关于从巴西进口肉类的双边讨论。但是，在2010年8月，印度尼西亚法院已经废除了立法的这个方面。巴西希望印度尼西亚当局采取所有必要的措施来修订法律，并且通告给WTO。巴西已经获得世界动物卫生组织对其无口蹄疫地位的承认。

印度尼西亚代表指出，该国拥有大约7000个岛屿，印度尼西亚消灭口蹄疫几乎用了100年。政府已经寻求制定与国际标准一致的法规，但是这些标准在宪法法院一直受到质疑。因此，从尚未完全扑灭口蹄疫的地区进口是被禁止的。

G/SPS/R/62

巴西代表对印度尼西亚的第82/200号法规表示关注，这部法规似乎不符合SPS协议第6条。印度尼西亚已经通告了对法律的修订，这项修订将允许承认无病害地区，当局已经开始关于从巴西进口家禽的双边讨论。但是，在2010年8月，印度尼西亚法院已经废除了立法的这个方面，而且在2010年11月18日印度尼西亚已经提交了一份通告（G/SPS/N/IND/43），这份通告没有承认区域化原则，禁止进口家禽肉。

印度尼西亚代表指出，该国用了100年的时间才完全扑灭口蹄疫，因此决定将关于动物和动物产品进口的法规从基于地区修改为基于国家，意味着保护印度尼西亚免受曾出现口蹄疫的国家构成的威胁。印度尼西亚已经寻求制定与国际标准一致的法规，但是这些标准在宪法法院一直受到质疑。因此，从尚未完全扑灭口蹄疫的地区进口是被禁止的。

G/SPS/R/64/Add.1

巴西回想起其曾经在委员会会议和双边会议期间的众多场合提出过这个关注。巴西请求印度尼西亚采取必要的措施来保证承认区域化原则。在2009年4月，印度尼西亚已经向WTO通告了第18/2009号法律（G/SPS/N/IDN/40），这部法律如果实施，将允许承认无口蹄疫地区。但是，在2010年8月，印度尼西亚法院已经废除了立法的这个方面，而且在2010年11月18日印度尼西亚已经提交了一份通告（G/SPS/N/IND/43），这份通告没有承认区域化原则，并且禁止从无口蹄疫地区进口肉类。巴西指出这部法规已经作为第50/Permentan/OT.140/9/2011号法令生效，而且最终文本没有修改肉类进口制度。因此，尽管存在世界动物卫生组织标准，但是印度尼西亚仍然没有承认区域化原则，并且禁止从无口蹄疫地区进口肉类。巴西要求印度尼西亚采取所有必要的措施来保证修改第50/Permentan/OT.140/9/2011号法令，以便符合多边规则。

印度尼西亚回应称，这个问题在双边会议期间已经进行了广泛的讨论。印度尼西亚指出，在第18/2009号法律中，关于动物和动物产品的进口法规已经被从基于地区修改为基于国家，以保护印度尼西亚免受出现口蹄疫的国家构成的威胁。关于进口活牛、牛肉及其副产品的卫生要求，只能从具有无病害地位的国家进口。印度尼西亚指出其正在考虑对其进口法规进行新的修订。

印度尼西亚对家禽肉的进口限制——巴西的关注

G/SPS/R/56

巴西代表对由于与国际标准不一致的印度尼西亚立法而对巴西家禽肉进行限制表示关注。尽管印度尼西亚宣称接受区域化原则，但是其一直没有为对巴西家禽肉的限制提供任何卫生理由。巴西与印度尼西亚针对这个贸易措施进行的磋商贯穿了2009年，巴西已经提供了表明其家禽肉和副产品符合相关国际标准，甚至符合印度尼西亚法规的信息。巴西请求提供限制措施的卫生依据，或者取消限制。

印度尼西亚代表表示其当局愿意与巴西举行双边会议来为这个问题找到解决方案。

G/SPS/R/64

巴西指出其满足了关于家禽肉的所有世界动物卫生组织要求，并且向超过170个国家出口家禽肉，但是印度尼西亚市场仍然是关闭的。在2009年10月，巴西已经对印度尼西亚禁止措施的科学依据提出质疑，但是尽管举行了几次双边会议，印度尼西亚市场仍然对巴西鸡肉、鸭肉和火鸡肉关闭。关于鸡肉，印度尼西亚最近已经发布了第50/Permentan/OT.140/9/2011号法令，这项法令在没有科学依据的情况下禁止进口整鸡和机械分割的鸡肉产品。关于鸭肉和火鸡肉，尽管印度尼西亚已经同意向巴西派出一个代表团来对生产设施进行认证，但是印度尼西亚一直没有对巴西反复请求为代表团设定日期做出回应。

印度尼西亚回复称这个问题已经在双边农业工作组会议期间，以及在2011年10月的巴西－印度尼西亚联合委员会期间进行了广泛的讨论。在磋商过程中，印度尼西亚已经通知巴西，称在向巴西派出检查团之前，需要更多的时间确保内部协调，而且印度尼西亚农业部将在2012年进行其技术研究。

G/SPS/R/73

巴西反复强调了对印度尼西亚限制巴西家禽肉出口的关注。巴西向超过170个国家出口家禽产品，并且满足了所有相关的世界动物卫生组织要求。在2009年5月，巴西已经指出了其在向印度尼西亚出口家禽肉方面的利益，并且因此已经与印度尼西亚卫生当局举行了双边磋商。在2009年10月，巴西已经提出过关于这项似乎没有科学依据的禁令的关注，并且在2011年再次提出这项关注。尽管从那时起进行了多次双边会议，但是对家禽肉的进口限制仍然在实施。在巴西家禽肉出口商，尤其是鸡肉出口商在总体上面临困难的背景下，巴西对印度尼西亚最近实施的法规提出了特别的质疑，并且请求印度尼西亚新的法规没有规定对家禽肉进口实施法律限制。而且，巴西请求印度尼西亚提供适用于家禽肉进口的法规的详细清单，并且解释家禽肉卫生证书批准程序中延误的原因。

印度尼西亚反复强调在原则上，该国没有禁止家禽肉的进口，如果安全和清真食品要求得到满足。制定了家禽肉要求的修订后的法规，已经于2013年得到批准。根据修订后的法规，出口国必须在至少90天周期内没有高致病性禽流感、鸡新城疫以及鸭病毒性肝炎。出口家禽肉的企业也必须实施一套清真食品制度，这意味着这种企业只能生产清真产品。清真要求适用于原产国的所有屠宰场，而且家禽肉的进口必须在企业和原产国层次上通过实施动物卫生制度和产品文件安全保证的检验和现场认证。印度尼西亚保证其将继续与成员方密切合作来解决这个问题。

印度尼西亚新的肉类进口条件——欧共体的关注

G/SPS/R/55

欧共体代表指出，印度尼西亚关于疯牛病的进口限制是不合理的，并且高于世界动物卫生组织的标准。印度尼西亚禁止从疯牛病风险不确定或者可控的成员方进口，而且不考虑出口国的风险状况，禁止进口已经被世界动物卫生组织确定为安全可贸易的产品。欧共体欢迎印度尼西亚新的立法包括了区域化原则，但是质疑其将区域化原则适用范围仅限于口蹄疫，这是与世界动物卫生组织《陆生动物卫生法典》不一致的。似乎新的进口条件在2009年4月开始实施时，完全没有考虑欧共体的评议。欧共体请求印度尼西亚承诺接受区域化原则，并且为超出世界动物卫生组织标准的措施提供明确的科学依据。

印度尼西亚代表表示愿意在双边磋商中进一步讨论这个问题。

G/SPS/R/56

欧共体表达的关注，与印度尼西亚于2009年4月首次引入的进口制度、繁重的认证过程和多年来不尊重国际标准，尤其是印度尼西亚实施的不必要和不合理措施所针对的疯牛病和其他疾病相关。欧共体已经以书面形式和在各种与印度尼西亚双边会议上表达了其关注。欧共体已经请求印度尼西亚提供其偏离国际标准的合理性及其风险分析，但是没有得到答复。

印度尼西亚代表指出其关于生肉和/或者可食用副产品进口和销售的2009年第20号农业法规符合国际标准。从2009年9月4日起，农业部第3229号法令允许从爱尔兰进口去骨肉，企业批准程序取决于各国分别进行的疯牛病风险评估。印度尼西亚和欧共体在2009年10月对这个问题做出了建设性承诺。

亚美尼亚、巴林、中国、加蓬、印度尼西亚、约旦和苏里南由于甲型H1N1流感维持的对猪肉产品的进口限制——墨西哥的关注

G/SPS/R/55

墨西哥代表对由于甲型H1N1流感对活猪、猪肉产品和副产品实施进口限制，表示了关注。在2009年4月23日宣布暴发禽流感后，墨西哥已经遵守了WTO和其他相关国际建议。G/SPS/GEN/921文件提供了关于墨西哥政府为控制这种疾病采取的措施的信息，以及关于病毒及其传播形式的信息。墨西哥敦促成员方向委员会通告采取的与这种病毒相关的措施。联合国粮农组织和世界动物卫生组织指出，没有证据表明这种病毒可以通过食品传播，墨西哥对亚美尼亚、巴林、中国、加蓬、印度尼西亚、约旦和苏里南继续在没有法律或者科学依据的情况下限制猪肉和猪肉产品的进口，感到失望。墨西哥对中国、印度尼西亚和约旦在这个问题上与其举行双边磋商表示赞赏，并且准备与其他国家举行双边磋商。澳大利亚、巴西、加拿大、多米尼加共和国和美国支持墨西哥的关注，巴西在文件 G/SPS/S/GEN/922 中提供了进一步的信息。

印度尼西亚代表感谢墨西哥和美国与其举行双边磋商，并且强调印度尼西亚致力于保护其领土和产业免受这种病毒侵害。

中国代表强调了中国是世界上人口最多的国家这一事实，并且强调了这种病毒可能对其公共卫生系统造成的压力。尽管采取了措施防止这种疾病进入中国，但是仍然已经存在发现这种病毒的情况，这说明了其是如何传染的。中国实施的临时性措施考虑到了其众多的人口、其对通过人际间传播的疾病的敏感性、中国是世界上最大的猪肉生产国，以及猪肉是该国消费量最大的肉类产品的事实。中国已经取消了对经过 70℃处理的猪肉的禁令。中国专家将继续与其他成员方合作。中国已经向 WTO 通告了其措施。

约旦代表指出其只是对活猪的运输和进口采取了暂停措施，而且经过热处理的猪肉产品免于这种暂停措施。临时性措施将被经常修改。

马来西亚

与二噁英相关的通告——瑞士的关注

G/SPS/R/15

瑞士代表提请委员会关注对欧洲商品实施的与二噁英相关的限制。瑞士受到了这些限制的影响，尽管二噁英污染仅限于某些欧共体成员国，因为一些成员国的措施一般来说限制从欧洲进口。同时瑞士已经与马来西亚和新加坡解决了问题，而且瑞士代表对这两个国家的合作表示感谢。剩下的一个关于新加坡认证要求的小问题很快将得到解决。

检验价格表——巴西的关注

G/SPS/R/49

巴西代表注意到，最近批准的马来西亚立法制定了每家巴西企业每年 30000 美元检查费的标准，即使在没有任何卫生违规的情况下也是如此。尽管马来西亚一直试图证明这个费用是支付其成本所需要的，但是显然这些费用是与 SPS 协议不一致的。根据附录 C，所有费用都应当与对国内行业收取的费用公平相当的，而且不得高于服务的实际成本。马来西亚显然对出口国收费过高，而且不清楚是否对本国生产商征收了任何费用。

欧共体代表提出了与巴西相同的关注，因为他们曾经遇到类似的问题。显然这项收费是与成本不成比例的，而且年度支付这种费用的要求将阻碍出口商。尽管他们赞赏马来西亚承担了其自己的检察人员前往其他国家时的成本，但是他们请求马来西亚修改收费表。

澳大利亚代表也表达了对马来西亚的要求对贸易影响的关注。不清楚这个收费表是如何制定出来的，也不清楚为什么对不同的贸易伙伴适用了不同的费率。这可能对肉类贸易产生显著影响，马来西亚被请求解释其目前的要求，并且考虑替代方法。

新西兰代表也表达了相同的关注，并且进一步指出问题。马来西亚在事后以双边形式向新西兰通知了这些要求，马来西亚一直没有提交正式的 WTO 通告。他请求马来西亚推迟实施这项要求，发出通告，并且提供评议和讨论的时间，以及考虑评议意见。乌拉圭代表支持其他各方提出的关注，并且也担心如果其他国家效仿，这项措施可能形成不受欢迎的先例。

马来西亚代表指出成本一直在增加，并且成了国家预算的负担。这项收费将允许马来西亚继续检验，没有中断。这项措施尚未实施，而且马来西亚正在与出口国进行磋商。建议的措施已经于 2008 年 3 月通告，并且提供了评议期。

马来西亚与批准家禽肉工厂相关的进口限制——巴西的关注

G/SPS/R/79

巴西提出了关于马来西亚政府延迟批准巴西家禽肉出口工厂和对适用的国际卫生认证缺乏定义的关注。从 2010 年开始，巴西一直在为进入马来西亚的家禽肉市场进行谈判，在 2014 年 3 月之前一直没有马来西亚的代表团来审计巴西的工厂。从那时起，巴西仅收到关于一家企业的反馈。根据巴西的说法，这种情况违反了 SPS 协议附录 C 第 1（a）段。巴西也已经建议采用国家卫生证书来支持其家禽肉的出口，但是马来西亚一直没有对这个请求给予答复。马来西亚从未为未经审批的工厂提供科学依据。最终审计报告和对建议的证书的答复，也被过度地延迟了。巴西确信马来西亚的措施不符合 SPS 协议第 2 条和第 5 条的规定，因为它导致了成员方之间任意和不合理的歧视，而且没有考虑将负面贸易影响降至最低的目标。这项措施也是与 SPS 协议第 8 条和附录 C 中包含的关于控制、检验和批准程序的规定不一致的，因为它对开放马来西亚市场产生了过度和不必要的延误。因此，巴西请求马来西亚当局批准巴西的家禽肉出口工厂，并且对巴西提出的关于国际卫生证书的建议做出答复。

如巴西所提到的，马来西亚答复称必须进行检验。结果已经通告给巴西，已经批准了一家工厂，有三家工厂被拒绝，因为他们未能符合马来西亚的清真标准。马来西亚鼓励巴西大使馆向马来西亚兽医局提出书面请求。

马来西亚对猪肉和猪肉产品的进口限制——欧盟的关注

G/SPS/R/64

欧盟表达了对马来西亚于 2011 年 7 月 1 日实施的对猪肉和猪肉产品的进口限制的关注。但是，在双边讨论中，欧盟已经收到限制将很快被取消的保证。欧盟将继续与马来西亚密切合作来确保欧盟出口可以依据 WTO 义务恢复。

加拿大表达了与欧盟相同的关注，因为其猪肉和猪肉产品出口从 2011 年 7 月 1 日开始也已经被没有通告的情况下被禁止。马来西亚一直没有将其修改进口要求或者禁令的情况通知加拿大，而且加拿大从马来西亚收到的关于猪肉进口要求的信息是相互矛盾的。加拿大鼓励马来西亚在科学依据基础上制定进口条件，并且考虑为猪肉进口制定制度性批准方式，而不是每一家工厂分别批准。

美国也对在没有正当科学证据的情况下就实施新的进口要求表示关注。美国在 2011 年 6 月被告知如果其在 2011 年 7 月 1 日之前提交一份企业调查问卷，则可以继续出口猪肉和猪肉产品。美国将继续与马来西亚合作来促进对美国企业食品安全体系的审计，但是期望马方将允许所有经过联邦检验的猪肉企业有资格向马来西亚出口。

马来西亚指出，正在与受影响的成员方针对这个问题进行双边磋商，并且希望尽快解决这个问题。

G/SPS/R/69

欧盟指出其对马来西亚对猪肉和猪肉产品的进口限制一直表示关注。在最近的双边讨论中，马来西亚已经指出其已经解决了某些欧盟特别的关注，并且将继续与欧盟密切合作来找到快速和长久的解决方案。欧盟欢迎这一积极的信号，并且将继续与马来西亚进行建设性对话，致力于通过在马来西亚实施保证可持续贸易的透明的进口程序，尽快地解决问题。

马来西亚报告称正在进行双边讨论，并且希望尽快地为这个问题找到相互接受的解决方案。

G/SPS/R/73

尽管在以前的委员会会议上已经提出了其关注，但是欧盟仍然在马来西亚面临猪肉和猪肉产品的贸易限制。马来西亚对多种动物疾病实施了与动物卫生相关的条件，这些条件偏离了世界动物卫生组织标准，而且不是基于风险评估的。对外国屠宰场的批准程序，是不必要的漫长和繁重的，而且批准申请经常不能得到马来西亚兽医局的处理。此外，欧盟出口商面临的是一个非自动的进口许可系统，这个系统是不必要地冗长和繁重的，而且不透明。欧盟高兴地报告称马来西亚已经承诺在本周早些时候举行的双边会议期间为这个问题找到解决方案。

马来西亚提到已经举行了双边讨论，而且双方已经取得了积极进展，希望为这个问题找到快速的解决方案。

马来西亚对植物和植物产品的进口限制——巴西的关注

G/SPS/R/58

巴西代表对马来西亚由于一部关于南美叶枯性病害的法规而对植物和植物产品实施进口限制表示关注。巴西认为这部法规是没有科学依据的。马来西亚的进口限制显然是基于亚太地区植物保护组织（APPPC）关于南美叶枯性病害内容中的一项规定的。但是，APPPC 的其他成员方没有对巴西执行这项规定。联合国粮农组织的一位代表进行了一项虫害风险分析来验证南美叶枯性病害是否对马来西亚构成风险，但是一直没有发现风险。因此，巴西请求马来西亚允许从巴西进口植物和植物产品。

日本代表指出这种贸易限制也是日本的关注。日本承认 APPPC 修订其法规以便与 SPS 协议一致的努力。

马来西亚代表指出其在会议之前没有收到来自巴西的任何信息，因此无法与其技术官员协商。马来西亚邀请巴西以书面形式提出其关注，以便可以提供答复。

G/SPS/R/81

巴西再次对马来西亚由于一部关于南美叶枯性病害的法规而对植物和植物产品实施进口限制提出关注。从 2010 年开始，当这个问题被首次提出时，在符合亚太地区植物保护组织（APPPC）植物卫生标准的基础上，措施一直没有变化。巴西回想起这项法规没有科学依据，并且通过不必要的实验室分析增加了出口成本。在 2009 年，联合国粮农组织已经完成了一项虫害风险分析，没有发现对于马来西亚的风险。在委员会会议的间隙已经举行了双边会议，并且将在吉隆坡再次举行双边会议。

马来西亚报告称其正在审查关于南美叶枯性病害的进口条件，并且欢迎与巴西就这个问题进行双边讨论。

菲律宾

关于中国水果进口的通告——中国的关注

G/SPS/R/26

中国代表回想起菲律宾已经在 G/SPS/N/PHL/35 中通告对来自中国的水果进口采取紧急限制措施。通告指出实施这项措施是因为在某些进口水果中发现了苹果蠹蛾。但是，两国的技术专家都已经再次确认被拦截的虫子为桃蛀果蛾，是一种常见的虫害。在此基础上，菲律宾取消了检疫禁令，但是通告的附件没有说明对虫害的错误识别（G/SPS/N/PHL/35/Add.1）。菲律宾代表确认进一步的调查表明被拦截到的虫子不是苹果蠹蛾，而是桃小食心虫，一个菲律宾以前不知道的物种。在被确定为被感染出口产品来源的地点进行处理，有效地杀灭这种昆虫的条件下，菲律宾已经取消了这项临时性禁令。这项决议反映在通告的附件中，但是菲律宾同意进一步纠正通告中提供的信息，避免混淆，并且避免导致其他成员方可能对中国农产品不必要的限制。

肉类和乳制品认证——加拿大的关注

G/SPS/R/28

加拿大代表对菲律宾农业部发布的备忘录指令 MO7 的影响表示关注，指出这个指令将对加拿大的肉类和乳制品出口产生严重影响。尽管加拿大没有拒绝关于进口产品在采用 HACCP 规程的工厂中生产以及为此提供认证的要求，但是不清楚菲律宾的生产商是否也面临类似的要求。第三方独立认证的要求是没有根据的，不是最低贸易限制的选项。加拿大政府当局，即加拿大食品检验局，准备证明向菲律宾出口的产品是在符合 HACCP 要求的工厂中生产的，不需要再由第三方进行额外认证。

得到澳大利亚、韩国、新西兰和美国支持的欧共体代表表达了关于菲律宾肉类和乳制品认证要求的关注。欧共体认证要求已经充分强调了 HACCP 合规。澳大利亚认为菲律宾的拟定措施是不符合 SPS 协议的。很多成员方感觉第三方认证是没有根据和不合理的。在这方面，他们敦促菲律宾推迟关于肉类和乳制品检验和认证要求的拟定措施。

菲律宾代表澄清说，要求由第三方审计机构进行 HACCP 合规认证，是因为多起有记录可查的进入该国产品被污染的案例。菲律宾担心不是所有货物都来自充分满足 HACCP 合规性的工厂。这些措施并不意味着取代或者重复出口国的检验体系，而是对其补充。菲律宾认为已经为贸易伙伴提供了适当和充分的时间，并且预计贸易限制不会产生问题，尤其是对于宣称 HACCP 合规的国家。菲律宾代表指出 HACCP 是由联合国粮农组织和世界卫生组织批准和推广的通用指南。他已经注意到各方的评议，并且致力于与关注的各方举行讨论来找到一个可接受的解决方案。

G/SPS/R/29

加拿大代表报告称在2003年2月24日，菲律宾农业部已经宣布要求对工厂进行第三方HACCP认证的第7号备忘录指令的实施，被推迟了。加拿大对菲律宾已经取消这项措施感到高兴。欧共体、新西兰和美国的代表支持加拿大所做的声明。

菲律宾代表感谢各代表团所做的评议，并且确认MO7已经被无限期推迟了。

菲律宾对新鲜肉类进口的限制——美国的关注

G/SPS/R/63

美国声称菲律宾的第22号行政指令（AO 22）及其后续草案，已经不相称地影响了来自其他国家的贸易。不清楚为什么主要针对进口冷冻、冷藏肉和冷冻肉产品规定的冷链要求没有同样适用于鲜肉。在AO 22和新的行政指令草案中的可追溯性、包装和标签要求给在菲律宾上市销售的冷藏肉和肉产品造成了额外的负担，而且显然没有进行支持采用这些措施的风险评估。这项要求似乎是没有科学合理性的，似乎是对进口歧视性的，并且破坏了冷藏肉的食品安全优势。没有遵循任何标准的国际惯例，导致了这些措施仅仅是为了限制贸易的印象。美国请求菲律宾提供风险评估的副本，并且暂停实施AO 22及其后续草案，以及向WTO通告。

加拿大表达了关注，认为指令AO 22及其替代草案仅仅涉及了冷藏冷冻肉的安全问题，但是没有为实施与鲜肉不同的食品安全措施提供任何科学依据。这些措施似乎不相称地影响了进口的肉类。这项措施已经在没有通告WTO的情况下实施，并且考虑到缺乏科学依据，加拿大请求暂停实施AO 22，直至对替代措施进行修订，以包括针对鲜肉的相当的食品安全要求。

欧盟支持美国的关注，并且注意到AO 22的修订目前正处于国内协商过程，欧盟请求菲律宾澄清为什么对主要由其本国生产的热鲜肉的要求低于主要来自进口的冷藏冷冻肉的要求。于2010年发布的新立法没有通告给WTO，没有提供支持性非风险评估，也没有考虑评议的机会。因此，欧盟请求暂停实施AO 22。

菲律宾声称关于处理冷藏和冷冻肉类和肉类产品的规则和法规包含在AO 22中，这是一项入境后措施，旨在改善该国直至零售网点的肉类卫生和肉类安全系统。AO 22将由地方政府单位在国家肉类检验部门的帮助下设施。AO 22没有实施额外的要求，也没有修改与向菲律宾出口肉类和肉类产品入境前措施相关的规定。这项措施的依据是美国农业部的冷藏肉法规，这部法规要求在冷冻条件下解冻，并且在食用前始终处于冷链中。这也是食品法典委员会《加工和处理速冻食品实践规范》（CAC/RCP 8—1976）和美国食品药品管理局（FDA）所建议的，所以菲律宾采用了这个最佳标准。菲律宾假定美国和其他贸易伙伴已经为其实践规范进行了风险评估，因此菲律宾在实施相同措施时不需要自己再进行风险评估。菲律宾也没有义务通告基于食品法典委员会实践规范的措施。AO 22不是歧视性的，因为它同时适用于进口和国产肉类。但是AO 22不适用于新鲜屠宰的肉类，这是不同的产品。没有针对热鲜肉产品的食品法典委员会标准，菲律宾承认需要对新鲜屠宰的肉类进行风险评估。这项风险评估将基于可获的研究和贸易伙伴提供的数据进行，并且制定指南。

美国指出菲律宾宣称是基于美国农业部风险评估一部分的这些措施，需要与这项风险评估中确定的风险相称的。菲律宾采用的管理工具和决策远远超出了在风险评估中确定的程度，美国请求菲律宾提供额外的科学证据来证明其措施的合理性。

G/SPS/R/64

美国声称菲律宾的第22号行政指令（AO 22）已经不相称地影响了来自其他国家的贸易。不清楚为什么主要针对进口冷冻、冷藏肉和冷冻肉产品规定的冷链要求没有同样适用于鲜肉。在AO 22和新的行政指令草案中的可追溯性、包装和标签要求给在菲律宾上市销售的冷藏肉和肉产品造成了额外的负担，而且显然没有进行支持采用这些措施的风险评估。这项要求似乎是没有科学合理性的，似乎是对进口歧视性的，并且破坏了冷藏肉的食品安全优势。美国请求菲律宾暂停实施AO 22，并且向WTO通告。

加拿大和欧盟同样对AO 22及其替代草案表达了关注，认为它们仅仅涉及了冷藏冷冻肉的安全问题，但是没有为实施与鲜肉不同的食品安全措施提供任何科学依据，这不相称地影响了进口肉类。加拿大指出其目前在与菲律宾进行合作，来提供科学数据和分析，以支持关于菲律宾鲜肉处理实践的风险评估，并且请求暂停实施AO 22，直至修订替代措施，以包括与为冷藏冷冻肉制定的要求相当的鲜肉食品安全要求。欧盟指出菲律宾一直没有提供支持性风险评估，而且措施没有通告给WTO，因为没有考虑为贸易活动提供评议机会。

菲律宾答复称AO 22是关于处理冷藏和冷冻肉类和肉类产品的一项入境后措施，旨在改善该国直至零售网点的肉类卫生和肉类安全系统。AO 22没有实施额外的要求，也没有修改与向菲律宾出口肉类和肉类产品入境前措施相关的规定。这项措施的依据是美国农业部的冷藏肉法规，这部法规要求在冷冻条件下解冻，并且在食用前始终处于冷链中。这也是食品法典委员会《加工和处理速冻食品实践规范》（CAC/RCP 8—1976）和美国食品药品管理局（FDA）所建议的。AO 22不是歧视性的，因为它同时适用于进口和国产肉类，但是不适用于新鲜屠宰的肉类，这是不同的产品。没有针对热鲜肉产品的食品法典委员会标准。菲律宾指出他们最近与美国进行了建设性的讨论，希望很快可以解决这个问题。

泰国

第11号公共卫生法规——美国的关注

G/SPS/R/36/Rev.1

美国代表注意到，作为对在G/SPS/N/THA/116中通告的泰国公共卫生部第11号法规的大量评议的回应，泰国已经将其实施从2004年12月推迟到2005年3月，但是一直没有解决美国提出的实质性问题。在这部法规中，很多美国新鲜食品产品被分类为高风险类别，这是没有科学依据的。因此，对于进入泰国市场的美国出口产品，现在要求繁重和高成本的检测和符合病原体要求、杀虫剂和重金属残留水平认证。他敦促泰国暂停实施这项法规，直至已经对受影响的每种产品进行了基于科学的风险评估。距离这项法规生效的日期仅有数周的时间，美国出口商没有准备好满足这些要求。可能出现严重的贸易中断和损失。

新西兰代表也对第11号法规的检测和认证要求表示关注，并且指出这项法规是与SPS协议第2.2、第2.3、第3.3和第5条和附录B第5段不一致的。她请求泰国进一步推迟这项法规的生效日期，以便进行实质性的修订。

泰国代表表示他将向相关的泰国当局转达美国和新西兰的关注。这项法规是国家食品战略计划的一部分，这个计划旨在加强泰国从农场到餐桌或者出口市场的安全和质量控制措施。这项法规没有相对于国内食品产品歧视进口产品的意图。

G/SPS/R/37/Rev.1

美国代表回想起泰国已经在 2005 年 5 月 23 日通告了对第 11 号法规的修订，为 WTO 成员方提供评议仅留出了 38 天的时间。美国认为这个时间对于出口商熟悉法规的变化是不够的，也没有为成员方提出评议提供足够的时间，泰国也没有时间考虑 WTO 成员方可能提出的评议。美国仍然对很多美国产品在泰国第 11 号法规中被分类为"高风险"的科学依据表示严重关注。也仍然不清楚泰国是否将对国产产品要求进行认证和检测。在 2005 年 6 月 24 日，美国得到通知称第 11 号法规的实施将被推迟到 2005 年 12 月 31 日。美国对这些进展表示赞赏，并且鼓励泰国当局讨论第 11 号法规，并且制定符合 SPS 协议的措施来管控可能记录的风险。

日本代表提到日本对泰国政府引入新的法规作为国家食品战略计划一部分的意图表示赞赏。但是，像第 11 号法规这样的法规，旨在加强国产和进口食品的安全和质量控制措施，应当是基于有科学基础的风险评估以及食品法典委员会采用的风险分析工作原则的。为了避免不合理的贸易壁垒，风险管理应当确保在所有情况下决策过程中的透明和一致性。日本请求提供关于建议法规和相关国际标准之间关系的信息。

泰国代表答复称将在全国实施的食品标准符合相关的国际标准。要求卫生证书，是减轻进口商在边境负担的最佳选项，而且也是符合食品法典委员会标准的。从首次通告第 11 号法规开始，泰国一直尽最大努力处理来自成员方的大部分评议。一些与食品法典委员会不一致的食品标准已经被取消，等待进一步的基于科学的评估。来自泰国卫生部的一名官员陪同泰国代表团参加会议，以便与对第 11 号法规表示关注的成员方进行会谈。

G/SPS/R/39

美国代表对泰国多次推迟，并且如在 G/SPS/N/THA/116/Add.5 中所通告的最终取消第 11 号法令的实施，表示赞赏。但是，基础法令仍然在实施，其总体要求是食品必须通过未详细说明的检测和认证过程被证明是安全的，这仍然是令人关注的。已经举行了广泛的双边讨论，强烈鼓励泰国重新考虑法令的框架，并且在做出最终决策之前，将所有修改充分提前地通告给 WTO 成员方进行评议。

泰国代表澄清说，基于一些成员方的评议，关于食品卫生证书的要求已经被取消，目前的审查关注于高风险食品产品。这项审查将基于科学的风险评估。泰国相信基于国际标准证明卫生的食品是促进贸易的一种方法。泰国也愿意在国际指南的基础上承认其他措施的相当性。

暂停活家禽和家禽屠体的进口——墨西哥的关注

G/SPS/R/39

在评估从尼加拉瓜进口鲜橙的风险时，哥斯达黎加应当考虑可获得的科学证据，以及相同疾病在其本国领土上的患病率。哥斯达黎加的风险分析表明，成熟果实不是疾病的传播途径，因此成熟的进口水果不构成任何植物卫生风险。哥斯达黎加没有提供关于为了避免疾病从哥斯达黎加南部传播到北部的国内措施的信息。哥斯达黎加采取的对来自尼加拉瓜的进口产品紧急禁止的措施，是不合理的，超出了维持哥斯达黎加适当的植物卫生保护水果所需的程度。

哥斯达黎加代表表示仅收到了尼加拉瓜关注的技术细节，并且将转达给适当的当局。哥斯达黎加通告的目的是促进两国之间的贸易。尼加拉瓜符合要求，因为其鲜橙产自于无虫害地区，哥斯达黎加没有禁止从尼加拉瓜进口鲜橙。

泰国对食用葡萄、苹果和梨的限制——南非的关注

G/SPS/R/64

南非指出由于泰国新的第 3 号植物检疫法案，其新鲜水果，尤其是食用葡萄、苹果和梨的出口已经被停止。这项法案禁止在完成虫害风险分析（PRA）之前进口某些新鲜产品。一项临时规定允许在等待完成 PRA 期间，允许在禁止之前进口的产品入境泰国。南非一直寻求采用这项允许个别批准的规定，并且建议在完成 PRA 之前实施某些最低要求。南非敦促泰国对其出口实施这项临时性安排，并且完成 PRA，以便受影响产品的贸易可以恢复。

泰国确认在国家植物保护机构（NPPO）完成 PRA 之前，某些新鲜水果和植物的进口是被禁止的。南非的玉米出口已经获得了临时性豁免，但是在规定的截止日期之前没有为任何其他新鲜产品请求豁免。泰国建议两国的国家植物保护机构直接接触来为这个问题找到一个相互满意的解决方案。

G/SPS/R/69

南非回想起由于泰国新的植物检疫法案，其新鲜水果，尤其是食用葡萄、苹果和梨的出口已经被停止。这项法案禁止在完成虫害风险分析（PRA）之前进口某些新鲜产品。一项临时规定允许在等待完成 PRA 期间，允许在禁止之前进口的产品入境泰国。因为在第一个截止日期之前一直没有提交将其认为是历史出口国的申请，所以南非一直寻求采用这项允许个别批准的规定，并且建议在完成 PRA 之前实施某些最低要求。尽管如此，虽然历史上向泰国出口水果，但是南非的新鲜水果现在被排除在了泰国市场之外。尽管南非已经提供了进行规定的 PRA 所需要的信息，但是泰国当局一直没有说明可能何时进行 PRA。在过去四年半里一直在进行技术和外交层次上的磋商，以便根据临时性规定恢复历史出口国对泰国的贸易。尽管南非欢迎最近达成的允许其向泰国出口新鲜柑橘类水果的协议，但是南非仍然对继续禁止食用葡萄、苹果和梨以及核果表示关注。这项禁令已经实际中断了对泰国安全的水果出口，使南非成长中的市场的生产商和出口商失去机会，而且限制了泰国消费者的选择。南非敦促泰国取消禁令，使得历史贸易可以恢复，并且尽快完成规定的 PRA。

塞内加尔请求提供这项关于食用葡萄和苹果的禁令的植物卫生理由的信息。

泰国确认在国家植物保护机构（NPPO）完成 PRA 之前，根据泰国植物检疫法案，某些新鲜水果和植物的进口是被禁止的。所有相关措施已经通告给了 WTO。南非向泰国出口食用葡萄和其他水果的请求，目前正在由泰国国家植物保护机构进行虫害风险评估。虫害风险评估要求对不同的虫害进行不同的处理，可能包括冗长的技术讨论。泰国向南非出口新鲜产品，例如山竹和龙眼，也接受类似的虫害风险评估程序。泰国指出其已经批准了来自南非柑橘属植物的虫害风险评估，允许进口柑橘类水果。泰国建议两国的国家植物保护机构直接接触来为这个问题找到一个相互满意的解决方案。

越南

越南不当延误乳制品和肉类产品的批准程序——智利的关注

G/SPS/R/81

智利对越南不当延误乳制品和肉类产品的批准程序表示关注，指出尽管其从 2009 年开始就已经说明了向越南出口乳制品和肉类产品的利益，但是仅仅在 2011 年收到越南官方兽医局请求更多信息的答复。智利进一步解释称其在 2012 年已经提交了所有必要的信息，以及关于为指定产品出具卫生出口证书的建议。这使得越南在 2015 年 2 月批准了乳制品证书。在智利对这个结果表示赞赏的同时，智利指出其仍然没有收到允许乳制品行业出口的证书清单的批准。关于肉类产品，智利告知委员会称尽管越南已经在 2013 年通知其批准了 10 家肉类加工厂，但是仍然要求由越南对个别证书进行批准审查。智利概述了其基于多次请求，为了向越南提供新的、更新的以及以前提交的信息而采取的各种补助，最近是在 2015 年 7 月。智利强调尽管其在此期间一直没有收到任何答复，但是首都官员已经通知称最近已经收到来自越南的沟通。智利确认其动物卫生状况是优良的，没有可能限制出口的重大疾病，而且其卫生健康服务的质量保证了这种形势。智利对与越南积极的双边关系表示赞赏，并且希望这个问题可以依据 SPS 协议第 2.2、第 5 和第 6 条以及附录 C（1a）迅速地得到解决。

越南对植物产品的限制——智利的关注

G/SPS/R/81

智利对越南限制猕猴桃、苹果、樱桃和葡萄进口表示关注。智利解释称其拥有向越南出口水果的历史，在历史上其从未收到在其出口产品中发现虫害的通告。从 2011 年开始，智利已经提交了关于这些水果的植物卫生信息，以便越南进行虫害风险分析（PRA）。除了其他法规植物，越南随后在 2014 年通告了两项法规（G/SPS/N/VNM/53 和 G/SPS/N/VNM/56），概述了关于 PRA 的新规定。在 2015 年 2 月，越南发布了对智利水果产品的 PRA，但是智利注意到在文件中存在几处与列出的虫害相关的不准确之处。智利随后请求越南对其评议提供答复，并且确认在正在完成单独的 PRA 和出口条件的双边协议的同时，4 种水果的出口可以继续进行。智利后来邀请越南的检查人员对智利水果产品的生产和出口体系进行验证。但是，就在这个月，智利收到了越南对其评议的答复，其答复提供了 60 天的回复期限。智利特别关注的是新措施要求对水果放射线处理，因为在其余越南或者其他成员方的贸易历史上是从未要求过的。智利要求越南依据 SPS 协议考虑其评议，并且表示其愿意继续双边磋商，以便对新措施达成一致，在不影响正常贸易的情况下提供适当的植物卫生安全。

越南答复称其正在修订法规，以便符合国际惯例。越南已经分发了 G/SPS/N/VNM/53 和 G/SPS/N/VNM/53/Add.1，以便向成员方通告越南农业与农村发展部的通知，这个通知涉及在进口到越南之前受监管物品和接受 PRA 的受监管物品的列表。越南指出将继续为与越南存在历史贸易的商品出具进口许可证，智利供人食用的蔬菜出口已经得到批准，没有受到这项法规的影响。越南强调 PRA 已经完成，而且其正在等待智利的答复。越南进一步指出其愿意讨论和解决实施新法规所引起的任何问题。

越南由于果蝇对水果的限制——智利的关注

G/SPS/R/81

智利对越南由于果蝇对园艺产品进行限制表示关注。在 2015 年 8 月，越南通知智利其暂停了水果进口，因为智利没有被承认为无果蝇地位，而且在越南能够进行 PRA 之前，不能重新取得这种地位。智利解释称从 1980 年开始，智利就一直实施由国家植物保护机构（NPPO）管理的一项果蝇计划，通过这项计划，智利维持着国家果蝇检测系统（SNDMF）。国家果蝇检测系统确保了智利符合国际植物保护公约指导原则。智利已经在 3 次昆虫生命周期中扑灭了所有爆发地区的果蝇。目前，在智利爆发了两次地中海果蝇疫情，每一次智利都及时地启动了纠正措施实现了扑灭。智利指出因为其已经采取措施扑灭了虫害，一直没有出口来自虫害流行地区的水果，而且在发货之前所有水果出口都进行了检验。因此，智利认为越南的措施是不相称的，而且没有科学依据，敦促越南遵守 SPS 协议，特别是第 2.2 条、第 2.3 条、第 3 条、第 5.4 条、第 5.5 条、第 5.6 条和第 6 条。最后，智利感谢越南与其举行双边磋商，并且表示愿意继续以积极方式解决这个问题。

越南答复称由于地中海果蝇临时停止出具进口许可证，旨在保护越南的植物卫生免受虫害引发的风险的侵害。智利在 2015 年 3 月至 5 月经历了地中海果蝇的爆发。在 2014 年 10 月，越南农业与农村发展部发布了虫害清单，其中果蝇被分类为第 1 组检疫性有害生物。这一组列出了以前从未被引入到越南的高风险虫害。通知已经通告给 WTO（G/SPS/N/VNM/63 和 G/SPS/N/VNM/63/Add.1），越南进一步指出临时性暂停是符合 ISPM 11 的。尽管越南已经向智利发出了公文，请求关于虫害爆发的更多信息，以便进行 PRA 和其他监管建议程序，但是越南尚未收到足够的信息来开始这个过程。越南请求智利与越南主管当局密切合作来恢复讨论。

越南对内脏的禁令——美国的关注

G/SPS/R/62

美国代表对越南从 2010 年 7 月 7 日开始针对内脏产品进口实施临时性禁止措施表示关注。尽管越南声称实施这项禁令是由于对食品安全的担心，但是不顾多个贸易伙伴的反复请求，越南既没有向 WTO 通告这项措施，也没有为这项禁令提供任何科学依据。美国已经在以前的委员会会议和跨太平洋伙伴关系会议的间隙以双边方式提出了这个问题，但是尚未见到这项禁令有任何变化。

加拿大代表支持美方的关注。加拿大在这项禁令已经实施后才获知，而且没有获得任何对这项措施的科学解释。这项禁令已经导致 2009 年 420 万加元的贸易被立即禁止了。加拿大已经向越南提出多次取消这项禁令的请求，但是加拿大驻越南大使馆已经获知越南准备部分取消这项禁令。但是，越南随后引入了关于内脏进口的额外 SPS 要求，加拿大希望这些要求是基于科学的。

欧盟、新西兰和澳大利亚的代表支持美国和加拿大所提出的关注。

越南代表答复称采取紧急措施临时暂停进口内脏是应对重大的公共卫生关注。根据 2009 年的世界卫生组织报告，800万越南人存在与食品相关的健康问题。越南了解到贸易伙伴提出的关注，并且正在寻找解决方案。但是，作为一个资源有限的发展中国家，加强其检验程序和提供统一的指导原则，是需要一些时间的。越南已经取消了其对家禽和猪内脏的禁令，目前正在与美国和其他贸易伙伴讨论来找到一个兼顾越南人类卫生形势和贸易的适当的解决方案。

G/SPS/R/63

美国对越南从2010年7月开始，在没有提供任何科学证据或者通告的情况下限制内脏贸易表示关注。自那时起，越南已经取消了对牛、猪和家禽的心脏、肝脏和肾脏的禁令，但是维持着对所有其他内脏产品的禁令。迄今为止，尽管多方多次请求提供禁令的科学依据，但是一直没有提供这种信息，美国敦促越南立即取消其不合理的禁令。

欧盟表达了类似的关注，并且指出这项禁令严重影响了欧盟的内脏出口。这项禁令是与越南的SPS协议规定的义务不一致的，因为这项措施没有通告；尽管贸易伙伴请求，但是一直没有提供科学证据，而且对国内内脏产品没有类似的措施，因此是对外国进口的歧视。最近对禁令的修改，允许恢复进口某些红色内脏，是一个积极的步骤，但是对其他种类内脏的禁令仍然在实施。越南被要求立即取消其对所有内脏的禁令，或者提供风险评估和科学依据。越南未来在实施这类措施方面应当保持克制，并且遵守SPS协议中透明要求和其他义务。

新西兰支持美国和欧盟提出的全面关注，特别是在缺少通告和科学证据方面，并且请求越南进口取消这项禁令。

越南答复称没有禁止进口内脏的正式法规。在2009年期间和2010年早期，进口的冷藏动物和动物产品被发现违反了越南的食品安全要求；在此期间，越南发现和处理了94t肉类、4257t内脏和234000t鸡肉。为了保护越南消费者，政府发布第1152号文件，请求相关机构更好地控制进口的动物产品。农业与农村发展部（MARD）颁布了关于控制动物产品进口登记和管理的第25号通告，和关于监管动物产品中污染物水平的检测和控制标准的第29号通告。为了继续进行动物内脏贸易，MARD的动物卫生部于2011年3月23日颁布了一份官方文件来指导红色内脏的进口。在2011年6月1日，MARD向越南海关署发出了第1528号文件，通知他们决定允许红色内脏贸易。根据来自动物卫生部的数据，在2011年3月至5月，越南从美国和加拿大进口了179t红色内脏。越南仍然禁止所有白色内脏贸易，并且准备对白色内脏进行风险评估。越南愿意与相关成员方举行双边会议，并且寻求更多的信息和数据，以便进行以开放白色内脏贸易为目的的风险评估。

G/SPS/R/67

美国回想起越南在2010年7月对来自包括美国在内的所有国家的内脏进口实施临时禁令。这项措施从未通告给WTO，并且没有提供科学数据来支持越南的食品安全关注。在经过数月的讨论之后，越南在2011年4月发布了取消对猪和家禽的心脏、肝脏和肾脏（红色内脏）进口禁令的官方通告，在2011年5月又取消了对牛的相同内脏产品的禁令，但是没有实施。2011年11月，越南提出它将在3个月内完成对暂停内脏贸易的法律审查。由于没有收到任何与这项审查相关的信息，美国于2012年5月再次向越南发送了一封信件。美国对越南继续对牛、猪和家禽的内脏产品实施进口禁令持续关注，并且敦促越南立即取消对内脏的所有禁令。

欧盟支持美国提出的关注。越南对红色内脏的禁令仅在2011年部分地解除了，越南表示这项禁令的进一步解除需要等待风险评估的结果。欧盟对越南最近通告将很快取消禁令表示欢迎。

新西兰对越南的禁令表示了全面的关注，因为越南没有通告过这项措施，也没有提供科学依据。新西兰要求尽快地取消禁令。

澳大利亚对越南已经取消了对红色内脏的禁令表示欢迎，但是对白色内脏贸易仍然被禁止表示失望，因为这对澳大利亚的贸易具有重大影响。

越南重申其临时性的措施目的在于保护人类健康免受食品中的污染物、毒素和致病生物的侵害。越南已经加强技术管理，并且提高其人员工作能力以促进食品的质量控制；因此，红色内脏的进口已经在2011年恢复。对白色内脏重新开放其市场正在考虑中，越南将继续与其贸易伙伴开展双边对话。

越南对内脏的禁令——欧盟和美国的关注（第314号）

G/SPS/R/64

欧盟指出，越南从2010年7月开始实施的禁令，严重影响了欧盟的内脏出口，并且回想起越南以前曾经表示其准备进行风险评估。越南声称已经采取了这些措施，因为进口的冷藏动物和动物产品被发现违反了越南的食品安全要求。但是，越南已经指出没有在欧盟产品中发现违规情况，因此对欧盟内脏的进口禁令是不合理的。而且，因为对国产内脏产品没有类似的措施，所以这些措施是歧视外国进口产品的。欧盟欢迎越南部分取消了对红色内脏的禁令，并且希望越南承诺在2011年年底之前取消禁令。

美国对越南在没有科学依据和向WTO或者贸易伙伴提供通告的情况下限制内脏的做法表示关注。在几个月的讨论后，农业与农村发展部（MARD）已经在2011年7月提供了一份官方指示，表示将取消对红色内脏的限制，后来取消了对来自牛的产品的限制。但是，所有其他产品，例如，来自牛、猪和家禽的胃和肠，仍然被禁止。美国敦促越南立即取消对内脏的所有禁令。

新西兰支持欧盟和美国提出的全面关注，特别是在缺少通告和科学证据方面。

越南重申其临时性的措施目的在于保护人类健康免受食品中的污染物、毒素和致病生物的侵害，措施的目的不是实施贸易限制。考虑到其贸易伙伴的关注，越南正在考虑如何防止措施的负面影响，并且已经取消了对红色内脏的限制。但是，作为一个资源有限的发展中国家，越南当局需要时间收集进行风险评估的信息。越南敦促贸易伙伴提供相关信息和技术合作来促进这个过程。

G/SPS/R/66

欧盟对越南禁止进口内脏，特别是白色内脏，表示持续关注。从2010年7月开始实施的禁令，严重影响了欧盟的内脏出口。尽管越南以前曾经声称这项临时性措施是为了保护人类健康，但是其尚未提供风险评估。这项措施已经影响了没有出现任何安全问题的欧盟内脏产品的出口。这项禁令是不合理的，也是不相称的，因为对国产内脏产品没有类似的措施，所以这项措施是歧视外国进口产品的。欧盟敦促越南立即取消限制内脏进口的所有其他限制。

美国表达了与欧盟相同的关注，并且注意到这项措施没有通告，也没有向贸易伙伴提供支持其声称的安全担忧的信息。尽管已经取消了对红色内脏的禁令，但是被称为白色内脏的所有其他内脏产品，例如胃和肠，仍然是被禁止的。越南被要求提供科学评估，或者立即取消对所有内脏的禁令。

越南重申其临时性的措施目的在于保护人类健康免受食品中的污染物、毒素和致病生物的侵害。考虑到贸易伙伴的关注，并且促进包括内脏在内食品产品的贸易，越南已经发布了很多文件，例如食品安全法律，以促进对食品进口的控制和管理。对红色内脏的禁令已经被取消，对白色内脏的禁令仍然在实施，是因为在国际标准中缺少对内脏的明确定义。越南专家正在与贸易伙伴密切合作来明确地定义内脏，并且讨论其他相关问题，以便找到适当的解决方案。但是，作为一个资源有限的发展中国家，越南当局需要时间收集进行风险评估的信息。越南敦促相关贸易伙伴提供相关信息和技术合作来促进完成研究过程。

G/SPS/R/69

欧盟反复表达了对越南实施内脏进口限制的关注。越南已经澄清说这项禁令是由于食品安全担忧临时性实施的，并且在双边讨论之后已经取消了对红色内脏的禁令，越南还确认在从欧盟进口的内脏中没有发现问题。但是，对白色内脏的禁令仍然在实施，而且没有进行科学评估。欧盟敦促越南迅速找到解决方案，以便取消不合理的措施。

澳大利亚、新西兰和美国也指出目前对白色内脏的禁令影响了他们的贸易，并且请求越南取消这项禁令。

越南重申这是一项临时性措施，目的在于保护人类健康免受内脏中的污染物、毒素和致病生物的侵害，同时提高其人员能力以确保进行检验。资源限制和人员能力已经延误了取消对白色内脏的禁令，但是这个问题在考虑中。越南赞赏与其贸易伙伴的关系，并且愿意与他们合作来找到友好的解决方案。

G/SPS/R/70

欧盟对越南在几乎 3 年里禁止进口内脏，特别是白色内脏，表示持续关注。越南过去已经澄清这项禁令是由于在进口内脏中发现食品安全问题而临时性实施的。但是，越南也已经确认在从欧盟国家进口到越南的内脏中没有发现问题。此外，越南一直没有提供任何证明这项禁令合理性的风险评估，尽管各方多次请求。尽管对红色内脏的禁令已经被取消，但是对白色内脏的禁令仍然在实施，继续影响着欧盟出口。欧盟表示其愿意与越南共同合作来找到一个快速的解决方案，并且进一步敦促越南取消不合理的措施。

美国回想起越南在 2010 年 7 月对内脏进口实施了临时性的禁令，这项禁令从未通告给 WTO，而且一直没有提供证明这项禁令合理性的科学数据。越南在 2011 年 4 月发布了取消对猪和家禽的心脏、肝脏和肾脏（所谓的"红色内脏"）进口禁令的官方通告，在 2011 年 5 月又取消了对牛的相同内脏产品的禁令。但是这项取消没有实施。2011 年 11 月，越南承诺将在 3 个月内完成法律审查以取消对内脏贸易的禁令。但是，由于没有收到任何与这项审查相关的信息，美国于 2012 年 5 月向越南发送了一封查询信件。美国仍然高度关注越南继续实施的禁令，并且敦促越南立即取消对美国内脏产品的禁令。

越南解释称采用这项措施是为了应对在 2010—2011 年期间进口到越南的内脏产品中出现的多起被污染案例。在与美国和其他贸易伙伴的双边合作中，越南已经获得了关于这些国家卫生和食品安全控制体系的重要信息，并且已经在基于这些信息准备一份报告。越南希望在几个月内取消这项禁令。一部新的安全法律要求准备向越南出口白色内脏的企业获得认证。越南将与欧盟和美国进一步合作，以便在未来为白色内脏重新开放市场。

G/SPS/R/71

欧盟反复强调越南对白色内脏的禁令是不相称的，因为越南已经确认在从欧盟进口的所有内脏中没有发现问题。在以前举行的双边讨论以及 SPS 委员会期间，越南已经表示其准备取消这项禁令。但是，3 年过去了，禁令仍然在实施。欧盟愿意继续致力于为这个问题找到解决方案，并且敦促越南迅速取消这项不合理的禁令。

美国在越南有选择地禁止内脏产品的做法，与欧盟持有相同立场。这项禁令引发了对越南遵守其 WTO 义务的强烈质疑。美国敦促越南立即取消这项禁令，并且确保所有新的法规是透明、基于科学的，不是过度限制贸易的。

澳大利亚表达了对欧盟和美国立场的支持，并且提出其对于禁令没有进行风险分析，没有根据的关注。澳大利亚赞赏越南取消了对红色内脏的禁令，但是敦请越南在白色内脏产品方面取得进展。

越南指出实施这项禁令是出于对公共安全的担心。越南农业部、发展部和海关正在考虑新的进口措施，而且越南希望相关贸易伙伴帮助其进行这个过程。

G/SPS/R/73

欧盟欢迎越南取消对红色内脏的禁令，并且对越南表示对白色内脏的禁令也将被取消的信息表示赞赏。但是，越南已经对白色内脏实施了多项新的进口条件，包括额外的登记要求以及只能使用该国 3 个入境点的限制。越南没有将进口条件的这种变化通告给贸易伙伴，欧盟认为这些条件是负担过重和冗长的。

美国也感谢越南宣布取消对内脏的贸易限制，但是也对越南针对特定产品要求的可能的额外条件和认证表示关注。美国请求提供越南进口要求的完整清单，以及支持这些要求的科学证据。

澳大利亚和智利表示了与欧盟和美国相同的关注，并且敦促越南与贸易伙伴合作，基于科学原则制定进口条件。

参 考 文 献

［1］陈俭，侯长林，宋艳．中国农产品出口东盟影响因素研究［J］．国际贸易问题，2017（11）：36－47.

［2］谭亮．一带一路下中国－东盟农产品贸易影响因素与对策［J］．农业经济，2017（10）：94－96.

［3］李雨晴．东盟技术性贸易壁垒对我国农产品出口的影响［D］．武汉：湖北工业大学，2017.

［4］陈岚，王琼．影响中国农产品出口东盟的因素及应对之策［J］．四川文理学院学报，2017，27（03）：114－117.

［5］李江华，司丁华，王雪琪，席兴军，初侨．东盟与中国食用农产品法规和标准比较研究［J］．食品科学，2017，38（11）：283－290.

［6］郭媛媛．贸易便利化对中国－东盟农产品贸易影响实证研究［D］．昆明：云南财经大学，2017.

［7］胡旺存，秦军．中国与东盟农产品贸易结构现状及前景［J］．农村经济与科技，2017，28（02）：62－63.

［8］周晓燕．"一带一路"战略下深化中国对东盟农产品出口的思考［J］．农业工程，2017，7（01）：119－120.

［9］孙宇格．贸易便利化对中国－东盟农产品贸易的影响研究［D］．宁波：宁波大学，2017.

［10］初侨，席兴军，兰韬，等．中国－东盟农产品贸易壁垒现状分析与标准化发展建议［J］．标准科学，2016（12）：118－121.

［11］刘应元，李雨晴．东盟技术性贸易壁垒对我国农产品出口的影响［J］．特区经济，2016（11）：103－105.

［12］林春贵，刘建华，黄帅，等．特别贸易关注视角下东盟技术性贸易壁垒研究［J］．轻工标准与质量，2016（05）：23－27.

［13］林春贵，蔡雪妍，任春华，等．"一带一路"战略下东盟技术性贸易措施对中国出口的影响及对策研究［J］．中国标准化，2016（08）：119－126.

［14］胡遥．浅析我国对东盟农产品"走出去"战略［N］．新农村商报，2016－04－06（B11）.

［15］李琳．中国与东盟农产品贸易竞争性与互补性研究［D］．北京：首都经济贸易大学，2016.

［16］林春贵，黄欣欢，张玉晴，等．"一带一路"战略下东盟技术性贸易措施分析及对策研究

[J]. 中国标准化，2016 (02): 101−106.

[17] 马明欢 . 中国与东盟国家农业贸易技术性贸易壁垒法律制度研究 [D]. 昆明：云南大学，2015.

[18] 原瑞玲，田志宏 . CAFTA 如何改变中国 − 东盟的农产品贸易？——第一个十年的证据 [J]. 农业经济问题，2014，35 (04): 58−63+111.

[19] 朱惠 . 广东与东盟国家农产品贸易的现状与发展趋势研究 [J]. 广东外语外贸大学学报，2012，23 (03): 82−86.

[20] 何佳杰 . 中国对东盟农产品出口标准化问题研究 [D]. 昆明：昆明理工大学，2012.

[21] 吕洵 . 2003 年以来中国与东盟的农产品贸易状况分析 [D]. 广州：暨南大学，2013.

[22] 姜康，王文君，陈琼，等 . 从技术性贸易措施的角度看东盟自贸区全面升级 [J]. 中国标准导报，2015 (12): 48−52.

[23] 朱惠 . 广东与东盟农产品贸易中的竞争性与互补性研究 [J]. 国际经贸探索，2012，28 (07): 67−78.

[24] 韩永红 . 论中国 − 东盟食品安全合作法律机制的构建——一种区域合作软法治理的思路 [J]. 云南大学学报 (法学版)，2012，25 (03): 142−147.

[25] 韩永红 . 论中国 − 东盟食品安全合作法律机制的构建 [J]. 广西政法管理干部学院学报，2012，27 (03): 80−85.

[26] 尤丽都孜·司地克，吴巧生 . 中国 − 东盟农产品的比较优势及贸易提升策略研究[J]. 农业经济，2017 (01): 117−119.

[27] 孔雪 . 中国与东盟国家农产品贸易互补性问题研究 [J]. 现代营销 (下旬刊)，2016 (05): 3.

[28] 郑晶，潘苏，张智彪，等 . 中国 − 东盟自由贸易区农产品贸易格局分析 [J]. 华南农业大学学报 (社会科学版)，2015，14 (03): 123−131.